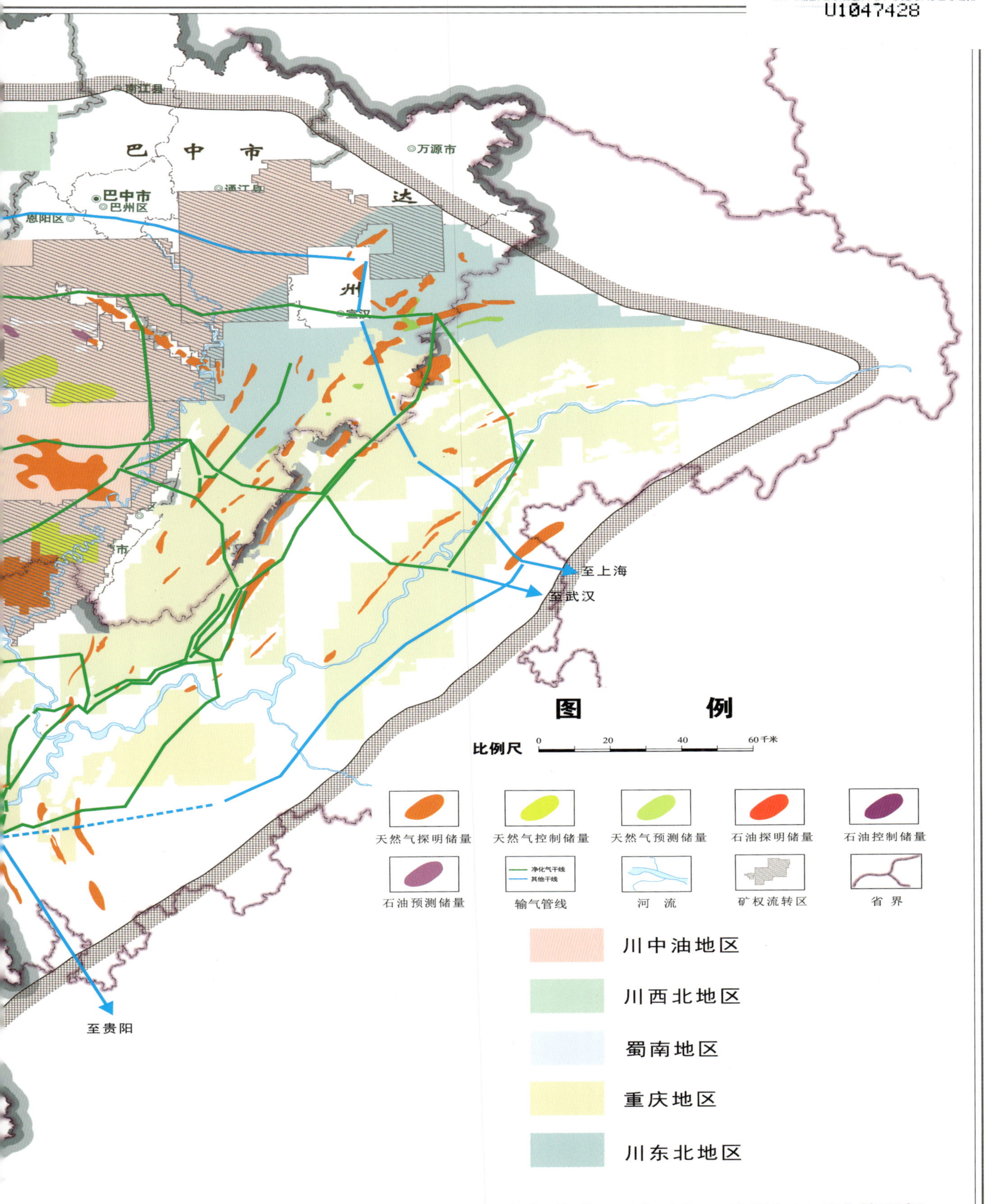

编审单位：西南油气田公司气田开发管理部

制图单位：勘　研　院

四川油气田年鉴

2023

西南油气田编志办公室　编

石油工业出版社

图书在版编目（CIP）数据

四川油气田年鉴. 2023 / 西南油气田编志办公室编.
—北京：石油工业出版社，2023.10
ISBN 978-7-5183-6200-4

Ⅰ. ①四… Ⅱ. ①西… Ⅲ. ①油气田—四川—2023—年鉴 Ⅳ. ①F426.22-54

中国国家版本馆CIP数据核字（2023）第147383号

四川油气田年鉴　2023
SICHUAN OIL AND GAS FIELDS YEARBOOK 2023

封面设计：汤　静
策划编辑：吴保国
责任编辑：邵冰华　艾　嘉
责任校对：张　磊
出版发行：石油工业出版社
（北京安定门外安华里2区1号 100011）
网　址：www.petropub.com
图书营销中心：（010）64523731
编辑部：（010）64523592
经　销：全国新华书店
印　刷：北京中石油彩色印刷有限责任公司

2023 年 10 月第 1 版　2023 年 10 月第 1 次印刷
889×1194 毫米　开本：1/16　印张：33.75　插页：36
字数：1100 千字

定　价：298.00元
（如出现印装质量问题，我社图书营销中心负责调换）

中国石油

图说 2022

Pictures Special

SICHUAN OIL AND GAS FIELDS YEARBOOK

四川油气田年鉴 2023

油气勘探打开新局面

2022年，四川油气田新增天然气地质储量1.2万亿立方米、探明地质储量2 725亿立方米、SEC储量638亿立方米，均居集团公司之首，6项成果获集团公司表彰奖励，其中大页1H井勘探取得重大突破，开辟页岩气勘探新领域，被中央主流媒体宣传报道。

1. 2022年11月30日，西南油气田公司大页1H井测试获日产页岩气32.06万立方米，是中国石油首次在二叠系吴家坪组页岩气勘探取得的重大突破　　唐锐峰　摄
2. 2022年11月8日，川东北作业分公司罗家24井飞仙关组测试获日产天然气206.68万立方米，测试产量创西南油气田公司2022年新井测试气量新高，无阻流量刷罗家寨气田单井最高纪录，是中国石油担任川东北天然气项目作业者后在罗家寨气田钻获的第一口日产超过200万立方米的高含硫工业气井　　雷震中　摄

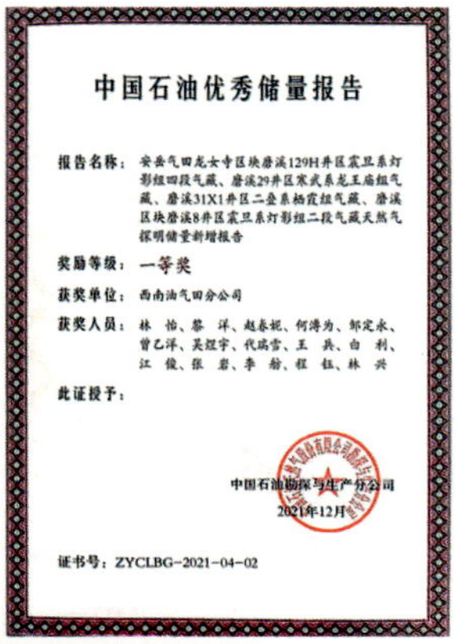

中国石油优秀储量报告

报告名称：安岳气田龙女寺区块磨溪129H井区震旦系灯影组四段气藏、磨溪29井区寒武系龙王庙组气藏、磨溪31X1井区二叠系栖霞组气藏、磨溪区块磨溪8井区震旦系灯影组二段气藏天然气探明储量新增报告

奖励等级：一等奖

获奖单位：西南油气田分公司

获奖人员：林 怡、黎 洋、赵春妮、何溥为、邹定永、曾乙洋、吴煜宇、代瑞雪、王 兵、白 利、江 俊、张 岩、李 韵、程 钰、林 兴

此证授予：

中国石油勘探与生产分公司

2021年12月

证书号：ZYCLBG-2021-04-02

榮譽證書

[HONOR CERTIFICATE]

ZK-DZXH2022-D08-01

中国石油西南油气田分公司：

你单位完成的“四川盆地川中古隆起北斜坡蓬莱气区立体勘探取得重大突破”项目荣获中国地质学会 2021 年度十大地质找矿成果。

特发此证。

中国地质学会

2022 年 3 月 2 日

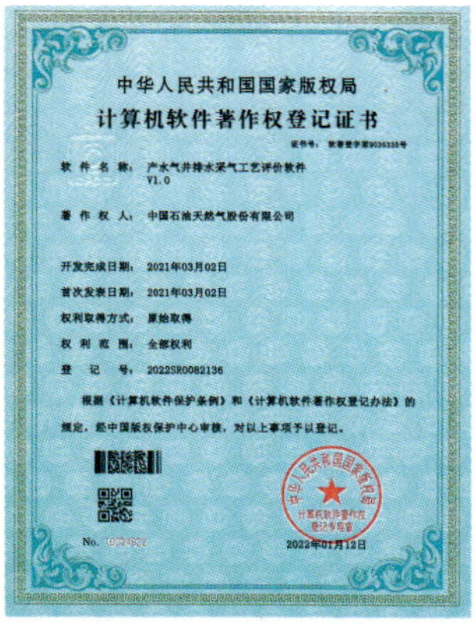

中华人民共和国国家版权局

计算机软件著作权登记证书

软 件 名 称：产水气井排水采气工艺评价软件 V1.0

著 作 权 人：中国石油天然气股份有限公司

开发完成日期：2021年03月02日

首次发表日期：2021年03月02日

权利取得方式：原始取得

权 利 范 围：全部权利

登 记 号：2022SR0082136

根据《计算机软件保护条例》和《计算机软件著作权登记办法》的规定，经中国版权保护中心审核，对以上事项予以登记。

2022年01月12日

3. 2022 年 11 月 4 日，西南油气田公司磨溪 031-H3 井经测试获日产天然气 116.31 万立方米，刷新高石梯—磨溪区块栖霞组测试产量纪录　　罗 乐 摄

4. 2022 年 2 月 7 日，西南油气田公司收到《安岳气田龙女寺区块磨溪 129H 井区震旦系灯影组四段、磨溪 29 井区寒武系龙王庙组、磨溪 31X1 井区二叠系栖霞组气藏、磨溪区块磨溪 8 井区震旦系灯影组二段气藏天然气探明储量新增报告》被股份公司评为“中国石油优秀储量报告一等奖”证书　　黎 洋 摄

5. 2022 年 3 月 2 日，西南油气田公司“四川盆地川中古隆起北斜坡蓬莱气区立体勘探取得重大突破”项目获中国地质学会 2021 年度十大地质找矿成果　　岑永静 摄

6. 2022 年 1 月 12 日，西南油气田公司自主研发的软件著作“产水气井排水采气工艺评价软件 V1.0”被国家版权局正式登记并发布　　蔡道钢 摄

7. 2022 年 3 月 22 日，西南油气田公司在资阳安岳县高石 137 井灯影组四段测试获日产天然气 106.36 万立方米，标志四川盆地灯影组四段新类型勘探获重要新发现，开辟规模勘探开发新领域　　陈洲洋 摄

8. 2022 年 4 月 7 日，西南油气田公司金秋气田 8 号砂组金浅 818-8-H1 井测试获日产天然气 41.8 万立方米，无阻流量日产天然气 66.34 万立方米，“小夹角井”再获重大突破　　王锦西 摄

9. 2022 年 6 月 3 日，天研院研发的“曼尼希碱型酸化缓蚀剂及其制备方法”获国家知识产权局发明专利授权　　张庆南 摄

证书号第 5203933 号

发明专利证书

发 明 名 称：曼尼希碱型酸化缓蚀剂及其制备方法

发 明 人：吴文刚；王道成；刘友权；孙川

专 利 号：ZL 2018 1 1383941.2

专利申请日：2018 年 11 月 20 日

专 利 权 人：中国石油天然气股份有限公司

地 址：100007 北京市东城区东直门北大街 9 号中国石油大厦

授权公告日：2022 年 06 月 03 日　　授权公告号：CN 111196919 B

国家知识产权局依照中华人民共和国专利法进行审查，决定授予专利权，颁发发明专利证书并在专利登记簿上予以登记。专利权自授权公告之日起生效。专利权期限为二十年，自申请日起算。

专利证书记载专利权登记时的法律状况。专利权的转移、质押、无效、终止、恢复和专利权人的姓名或名称、国籍、地址变更等事项记载在专利登记簿上。

局长
申长雨

2022 年 06 月 03 日

第 1 页（共 2 页）

其他事项参见续页

产量规模实现新突破

2022年，四川油气田新建天然气年产能104.7亿立方米，产量383.4亿立方米，增量占集团公司天然气产能增量的38%，连续8年产量保持年均超30亿立方米高速增长，油气产量当量3 061.8万吨，成为集团公司第四个跨入3 000万吨油气产量当量行列的大油气田。

1　3
2　4

1. 2022年12月26日，西南油气田公司油气产量当量跨越3 000万吨　郑海涛　摄
2. 2022年6月23日，川西北气矿双鱼001-H6井钻至井深9 010米、栖霞组层位完钻，成为中国石油第一口超9 000米的水平井，创中国陆上最深天然气井纪录　陈　真　摄
3. 2022年12月31日，川庆钻探工程公司威远页岩气年度产量突破26亿立方米，连续8年实现产量增长　许晓天　摄
4. 2022年8月18日，川庆川西钻探公司40123钻井队在南充市高坪区承试的南充1井获百万立方米高产工业气流，支撑南充地区深层天然气开发取得重大新进展　张海龙　摄

1. 2022 年 5 月 16 日，川中油气矿蓬 54 井累计生产原油 100 002 吨，成为西南油气田公司首口原油累计产量突破 10 万吨的油井　　赵阳春　摄
2. 2022 年 9 月 30 日，蜀南气矿安岳高石梯多层系开发首口先导试验井高石 009–H2 井测试获日产 109.7 万立方米高产工业气流，标志着高石 1 井区灯影组二段气藏开发先导试验评价取得重要进展　　王子丹　摄
3. 2022 年 4 月 15 日，西南油气田公司部署在川东大猫坪西长兴组小生物礁群的滚动评价井云安 012–X11–C1 井长兴组测试获日产天然气 205.66 万立方米、日无阻流量 426 万立方米，刷新四川盆地生物礁储层段最厚（1 160 米）、储层钻遇率最高（近 90%）、单井测试产量最高等多项纪录　　郑元涛　摄

4. 2022 年 7 月 28 日，西南油气田公司铁山坡气田飞仙关组气藏坡 002-H3 井飞仙关组测试获日产气 126.16 万立方米，标志中国石油全面自主开发高含硫气田首战告捷　　罗　乐　摄

5. 2022 年 1 月 13 日，集输工程所牵头研发的“天然气集输管网腐蚀及风险防控技术”被评为集团公司 2021 年十大科技进展，为十大科技进展中唯一的储运专业技术　　邓钦月　供

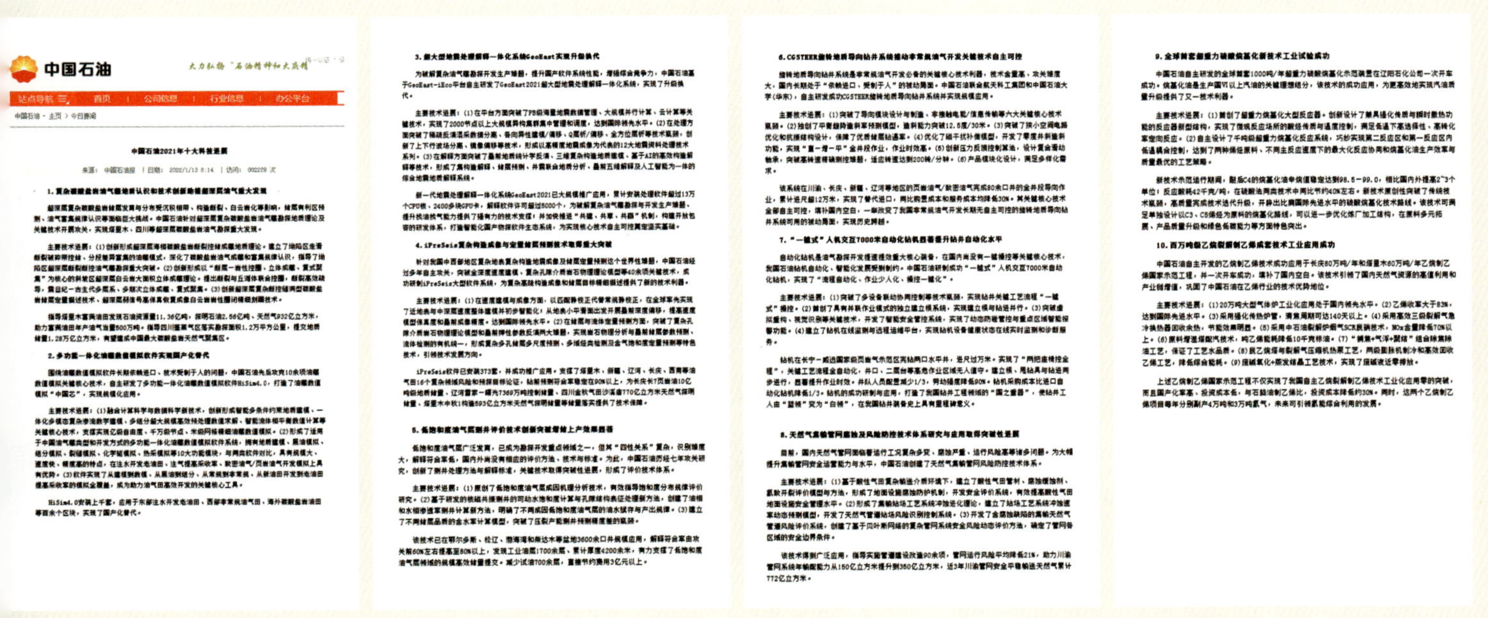

中国石油　大力弘扬“石油精神和大庆精神”

站点导航 三 | 首页 | 公司信息 | 行业信息 | 办公平台

中国石油 - 主页 > 今日要闻

中国石油2021年十大科技进展

来源：中国石油报 | 日期：2022/1/13 8:14 | 访问：002229 次

1. 复杂碳酸盐岩油气藏地质认识和技术创新助推超深层油气重大发现

超深层复杂碳酸盐岩储层发育与分布受沉积相带、构造断裂、白云岩化等影响，储层有利区预测、油气富集规律认识等面临巨大挑战。中国石油针对超深层复杂碳酸盐岩油气藏勘探地质理论及关键技术开展攻关，实现塔里木、四川等超深层碳酸盐岩油气勘探重大发现。

主要技术进展：(1)创新形成超深层海相碳酸盐岩断裂控储成藏地质理论。建立了坳陷区走滑断裂破碎带控储、分段差异富集的油藏模式，深化了碳酸盐岩油气成藏和富集规律认识，指导了坳陷区超深层断裂断控油气藏勘探重大突破。(2)创新形成以“断层—岩性控圈、立体成藏、复式聚集”为核心的斜坡区超深层白云岩大面积立体成藏理论。提出断裂与丘滩体联合控圈，断裂高效疏导，震旦纪—古生代多层系、多期次立体成藏、复式聚集。(3)创新超深层复杂断控缝洞型碳酸盐岩储层定量描述技术、超深层弱信号高保真恢复成像白云岩岩性圈闭精细刻画技术。

指导塔里木富满油田发现石油资源量11.36亿吨，探明石油2.56亿吨、天然气932亿立方米，助力富满油田年产油气当量500万吨。指导四川蓬莱气区落实勘探面积1.2万平方公里，提交地质储量1.28万亿立方米，有望建成中国最大碳酸盐岩天然气聚集区。

2. 多功能一体化油藏数值模拟软件实现国产化替代

围绕油藏数值模拟软件长期依赖进口、技术受制于人的问题，中国石油先后攻克10余项油藏数值模拟关键核心技术，自主研发了多功能一体化油藏数值模拟软件HiSim4.0，打造了油藏数值模拟“中国芯”，实现规模化应用。

主要技术进展：(1)融合计算科学与数据科学新技术，创新形成智能多条件约束地质建模、一体化多模态复杂渗流数学建模、多组分超大规模高效预处理数值求解、智能流体相平衡数值计算等关键核心技术，支撑实现亿级自由度、千万级节点、米级网格精细油藏数值模拟。(2)形成了适用于中国油气藏典型和开发方式的多功能一体化油藏数值模拟软件系统，拥有地质建模、黑油模拟、组分模拟、裂缝模拟、化学驱模拟、热采模拟等10大功能模块，与同类软件对比，具有规模大、速度快、精度高的特点，在注水开发老油田、注气提高采收率、致密油气/页岩油气开发模拟上具有优势。(3)软件实现了从建模到数模、从黑油到组分、从常规到非常规、从新油田开发到老油田提高采收率的模拟全覆盖，成为助力油气田高效开发的关键核心工具。

HiSim4.0安装上千套，应用于东部注水开发老油田、西部非常规油气田、海外碳酸盐岩油田等百余个区块，实现了国产化替代。

3. 超大型地震处理解释一体化系统GeoEast实现升级换代

为破解复杂油气藏勘探开发生产难题，提升国产软件系统性能，增强综合竞争力，中国石油基于GeoEast-iEco平台自主研发了GeoEast2021超大型地震处理解释一体化系统，实现了升级换代。

主要技术进展：(1)在平台方面突破了PB级海量地震数据管理、大规模并行计算、云计算等关键技术，实现了2000节点以上大规模异构集群集中管理和调度，达到国际领先水平。(2)在处理方面突破了稀疏反演混采数据分离、各向异性建模/偏移、Q层析/偏移、全方位层析等技术瓶颈，创新了上下行波场分离、镜像偏移等技术，形成以高精度地震成像为代表的12大地震资料处理技术系列。(3)在解释方面突破了叠前地质统计学反演、三维复杂构造地质建模、基于AI的高效构造解释等技术，形成了集构造解释、储层预测、井震联合地质分析、叠前五维解释及人工智能为一体的综合地震地质解释系统。

新一代地震处理解释一体化系统GeoEast2021已大规模推广应用，累计安装处理软件超过13万个CPU核、2400多块GPU卡，解释软件许可超过5000个，为破解复杂油气藏勘探与开发生产难题、提升找油找气能力提供了强有力的技术支撑；并加快推进“共建、共享、共赢”机制，构建开放包容的研发体系，打造智能化国产物探软件生态系统，为实现核心技术自主可控奠定坚实基础。

4. iPreSeis复杂构造成像与定量储层预测技术取得重大突破

针对我国中西部地区复杂地表复杂构造地震成像及储层定量预测这个世界性难题，中国石油经过多年自主攻关，突破全深度速度建模、复杂孔隙介质岩石物理理论模型等40余项关键技术，成功研制iPreSeis大型软件系统，为复杂高陡构造成像和储层目标精细描述提供了新的技术利器。

主要技术进展：(1)在速度建模与成像方面，以匹配静校正代替常规静校正，在全球率先实现了近地表与中深层速度整体建模并初步智能化；从地表小平滑面出发开展叠前深度偏移，提高速度模型保真度和叠前成像精度，达到国际领先水平。(2)在储层与流体定量预测方面，突破了复杂孔隙介质岩石物理理论模型和叠前弹性参数反演两大难题，实现岩石物理分析与叠前储层参数预测、流体检测的有机统一，形成复杂多孔储层多尺度预测、多域经典检测及含气饱和度定量预测等特色技术，引领技术发展方向。

iPreSeis软件已安装373套，并成功推广应用。支撑了塔里木、新疆、辽河、长庆、西南等油气田16个复杂领域风险和预探目标论证，钻前预测符合率稳定在90%以上，为长庆长7页岩油10亿吨级地质储量、辽河雷家一碾米7369万吨控制储量、四川金秋气田沙溪庙770亿立方米天然气探明储量、塔里木中秋1构造593亿立方米天然气探明储量等储量落实提供了技术保障。

5. 低饱和度油气层测井评价技术创新突破增储上产效果显著

低饱和度油气层广泛发育，已成为勘探开发重点领域之一，但其“四性关系”复杂，识别难度大，解释符合率低，国内外尚没有相应的评价方法、技术与标准。为此，中国石油历经七年攻关研究，创新了测井处理方法与解释标准，关键技术取得突破性进展，形成了评价技术体系。

主要技术进展：(1)原创了低饱和度油气层成因机理分析技术，有效指导饱和度分布规律评价研究。(2)基于研发的核磁共振测井的可动水饱和度计算与孔隙结构表征处理新方法，创建了油相和水相渗透率测井计算新方法，明确了不同成因低饱和度油气层的油水赋存与产出规律。(3)建立了不同储层品质的含水率计算模型，突破了压裂产能测井预测精度差的瓶颈。

该技术已在鄂尔多斯、松辽、渤海湾和柴达木等盆地3600余口井规模应用，解释符合率由攻关前60%左右提高至80%以上，发现工业油层1700余层、累计厚度4200余米，有力支撑了低饱和度油气层领域的规模高效储量提交。减少试油700余层，直接节约费用3亿元以上。

6. CGSTEER旋转地质导向钻井系统推动非常规油气开发关键技术自主可控

旋转地质导向钻井系统是非常规油气开发必备的关键核心技术利器，技术含量高、攻关难度大，国内长期处于“依赖进口、受制于人”的被动局面。中国石油联合航天科工集团和中国石油大学(华东)，自主研发成功CGSTEER旋转地质导向钻井系统并实现规模应用。

主要技术进展：(1)突破了导向模块设计与制造、非接触电能/信息传输等六大关键核心技术瓶颈。(2)独创了平衡趋势造斜率预测模型，造斜能力突破12.5度/30米。(3)突破了狭小空间电路优化和抗振结构设计，保障了优质储层钻遇率。(4)优化了磁干扰补偿模型，开发了零度井斜造斜功能，实现“直—增—平”全井段作业，作业时效高。(5)创新压力反馈控制算法，设计复合滑动轴承，突破高转速精确测控难题，适应转速达到200转/分钟。(6)产品模块化设计，满足多样化需求。

该系统在川渝、长庆、新疆、辽河等地区的页岩油气/致密油气完成80余口井的全井段导向作业，累计进尺超12万米，实现了替代进口，同比购置成本和服务成本均降低30%。其关键核心技术全部自主可控，填补国内空白，一举改变了我国非常规油气开发长期无自主可控的旋转地质导向钻井系统可用的被动局面，实现历史跨越。

7. “一键式”人机交互7000米自动化钻机显著提升钻井自动化水平

自动化钻机是油气勘探开发提速提效重大核心装备，在国内尚没有一键操控等关键核心技术，我国石油钻机自动化、智能化发展受到制约。中国石油研制成功“一键式”人机交互7000米自动化钻机，实现了“流程自动化、作业少人化、操控一键化”。

主要技术进展：(1)突破了多设备联动协同控制等技术瓶颈，实现钻井关键工艺流程“一键式”操控。(2)首创了具有并联作业模式的独立建立根系统，实现建立根与钻进并行。(3)突破虚拟重构、视觉识别等关键技术，开发了智能安全管控系统，实现了动态防碰管控与重点区域智能报警功能。(4)建立了钻机在线监测与远程运维平台，实现钻机设备健康状态在线实时监测和诊断服务。

钻机在长宁—威远国家级页岩气示范区完钻两口水平井，进尺过万米。实现了“两把座椅控全程”，关键工艺流程全自动化，井口、二层台等高危作业区域无人值守。建立根、甩钻具与钻进同步进行，显著提升作业时效。井队人员配置减少1/3，劳动强度降低90%。钻机采购成本比进口自动化钻机降低1/3。钻机的成功研制与应用，打造了我国钻井工程领域的“国之重器”，使钻井工人由“蓝领”变为“白领”，在我国钻井装备史上具有里程碑意义。

8. 天然气集输管网腐蚀及风险防控技术体系研究与应用取得突破性进展

目前，国内天然气管网面临着运行工况复杂多变、腐蚀严重、运行风险高等诸多问题。为大幅提升集输管网安全运营能力与水平，中国石油创建了天然气集输管网风险防控技术体系。

主要技术进展：(1)基于酸性气田复杂输送介质环境下，建立了酸性气田管材、腐蚀缓蚀剂、氢致开裂评价模型与方法，形成了地面设施腐蚀防护机制，开发安全评价系统，有效提高酸性气田地面设施安全管理水平。(2)形成了集输站场工艺系统冲蚀进化理论，建立了站场工艺系统冲蚀速率动态预测模型，开发了天然气管道站场风险识别控制系统。(3)开发了含腐蚀缺陷的集输天然气管道风险评价系统，创建了基于贝叶斯网络的复杂管网系统安全风险动态评价方法，确定了管网各区域的安全边界条件。

该技术得到广泛应用，指导实施管道建设改造90余项，管网运行风险平均降低21%，助力川渝管网系统年输配能力从150亿立方米提升到350亿立方米，近3年川渝管网安全平稳输送天然气累计772亿立方米。

9. 全球首套超重力硫酸烷基化新技术工业试验成功

中国石油自主研发的全球首套1000吨/年超重力硫酸烷基化示范装置在辽阳石化公司一次开车成功。烷基化油是生产国Ⅵ以上汽油的关键理想组分，该技术的成功应用，为更高效地实现汽油质量升级提供了又一技术利器。

主要技术进展：(1)首创了超重力烷基化大型反应器。创新设计了兼具强化传质与瞬时散热功能的反应器新型结构，实现了微观反应场所的酸烃传质与温度控制，满足低温下高选择性、高转化率定向反应。(2)自主设计了千吨级超重力烷基化反应系统，巧妙实现第二反应区和第一反应区内低温耦合控制，达到了两种烯烃原料、不同主反应速度下的最大化反应协同和烷基化油生产效率与质量最优的工艺策略。

新技术示范运行期间，耐后C4的烷基化油辛烷值稳定达到98.5－99.0，相比国内外提高2~3个单位；反应酸耗42千克/吨，在硫酸法同类技术中同比节约40%左右。新技术原创性突破了传统技术瓶颈，高质量完成技术迭代升级，并跻身比肩国际先进水平的硫酸烷基化技术路线。该技术可满足单独设计以C3、C5烯烃为原料的烷基化路线，可以进一步优化炼厂加工结构，在原料多元拓展、产品质量升级和绿色低碳能力等方面特色突出。

10. 百万吨级乙烷裂解制乙烯成套技术工业应用成功

中国石油自主开发的乙烷制乙烯技术成功应用于长庆80万吨/年和塔里木60万吨/年乙烷制乙烯国家示范工程，并一次开车成功，填补了国内空白。该技术引领了国内天然气资源的高值利用和产业链增值，巩固了中国石油在乙烯行业的技术优势地位。

主要技术进展：(1)20万吨大型气体炉工业化应用处于国内领先水平。(2)乙烯收率大于83%，达到国际先进水平。(3)采用强化传热炉管，清焦周期可达140天以上。(4)采用高效三级裂解气急冷换热器回收余热，节能效果明显。(5)采用中石油裂解炉烟气SCR脱硝技术，NOx含量降低70%以上。(6)原料增湿提配汽技术，吨乙烯能耗降低10千克标油。(7)“捕集+气浮+聚结”组合除焦除油工艺，保证了工艺水品质。(8)脱乙烷塔与裂解气压缩机热泵工艺，两级膨胀机制冷和高效回收乙烯工艺，降低综合能耗。(9)废碱氧化+蒸发结晶工艺技术，实现了废碱液近零排放。

上述乙烷制乙烯国家示范工程不仅实现了我国自主乙烷裂解制乙烯技术工业化应用零的突破，而且国产化率高、投资成本低，与石脑油制乙烯比，投资成本降低约30%。同时，这两个乙烷制乙烯项目每年分别副产4万吨和3万吨氢气，未来可引领氢能综合利用的发展。

服务油气再上新台阶

2022年，川庆钻探工程公司坚定践行“一体两面”，深入推进“四提”工程，全年完成钻井进尺780万米、压裂酸化1.55万层次，优质服务西南油气田公司、长庆油田公司、塔里木油田公司，油气田油气产量当量再攀高峰。

1. 2022年10月20日，川庆川西钻探公司50017钻井队年累计进尺突破三万米，刷新川渝页岩气区块历史最快纪录 陶涛 摄
2. 2022年7月20日，重庆页岩气公司在足203H5-8井完成首个6口井平台工厂化压裂施工作业，创国内膨胀管裸眼封堵段长828米新纪录 颜杨 摄
3. 2022年11月19日，川庆川东钻探公司70516钻井队年累计进尺突破万米，成为2022年川庆钻探工程公司在川渝常规气区域首支突破万米的钻井队 张啸 摄
4. 2022年6月9日，重庆页岩气公司在渝西区块足203H5-2井首次应用299米大管径膨胀管666米长段裸眼封堵技术成功 李斌 摄

1. 2022 年 4 月 7 日，西南油气田公司首口台阶水平井——会浅 1H 井完井　王忠涛　摄
2. 2022 年 6 月 4 日，川庆川西钻探公司 90005 钻井队在广元市剑阁县承钻的川渝地区首口“八开八完”井——红星 1 井钻至井深 7 779 米完钻　郑鸿韬　摄
3. 2022 年 2 月 1 日，西南油气田公司申请的“一种页岩气水平井重复压裂的评估方法”获国家发明专利授权　吴天鹏　摄
4. 2022 年 9 月 13 日，西南油气田公司榕山输气站天然气余压发电项目正式并入国家电网系统运行，并按所发电量计费，标志着西南油气田公司首个双转子天然气余压发电项目试点成功　黄　然　摄

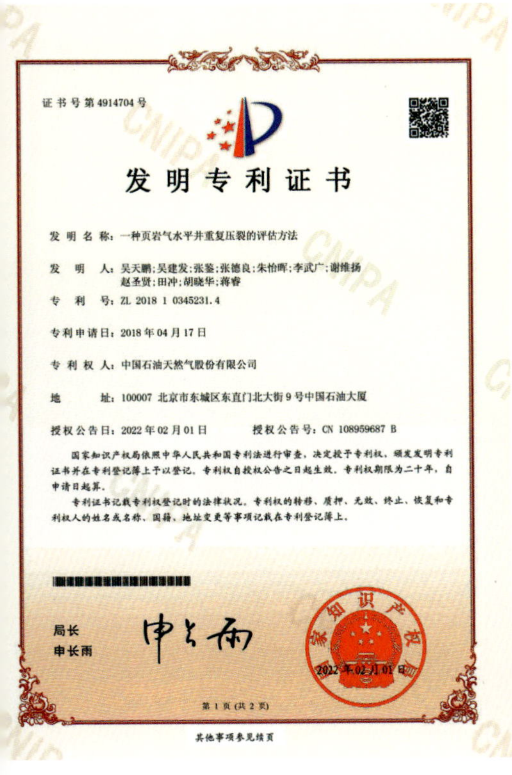

证书号第4914704号

发明专利证书

发明名称：一种页岩气水平井重复压裂的评估方法

发明人：吴天鹏；吴建发；张鉴；张德良；朱怡晖；李武广；谢维扬
赵圣贤；田冲；胡晓华；蒋睿

专利号：ZL 2018 1 0345231.4

专利申请日：2018年04月17日

专利权人：中国石油天然气股份有限公司

地址：100007 北京市东城区东直门北大街9号中国石油大厦

授权公告日：2022年02月01日　　授权公告号：CN 108959687 B

国家知识产权局依照中华人民共和国专利法进行审查，决定授予专利权，颁发发明专利证书并在专利登记簿上予以登记。专利权自授权公告之日起生效。专利权期限为二十年，自申请日起算。

专利证书记载专利权登记时的法律状况。专利权的转移、质押、无效、终止、恢复和专利权人的姓名或名称、国籍、地址变更等事项记载在专利登记簿上。

局长
申长雨

2022年02月01日

第1页（共2页）

其他事项参见续页

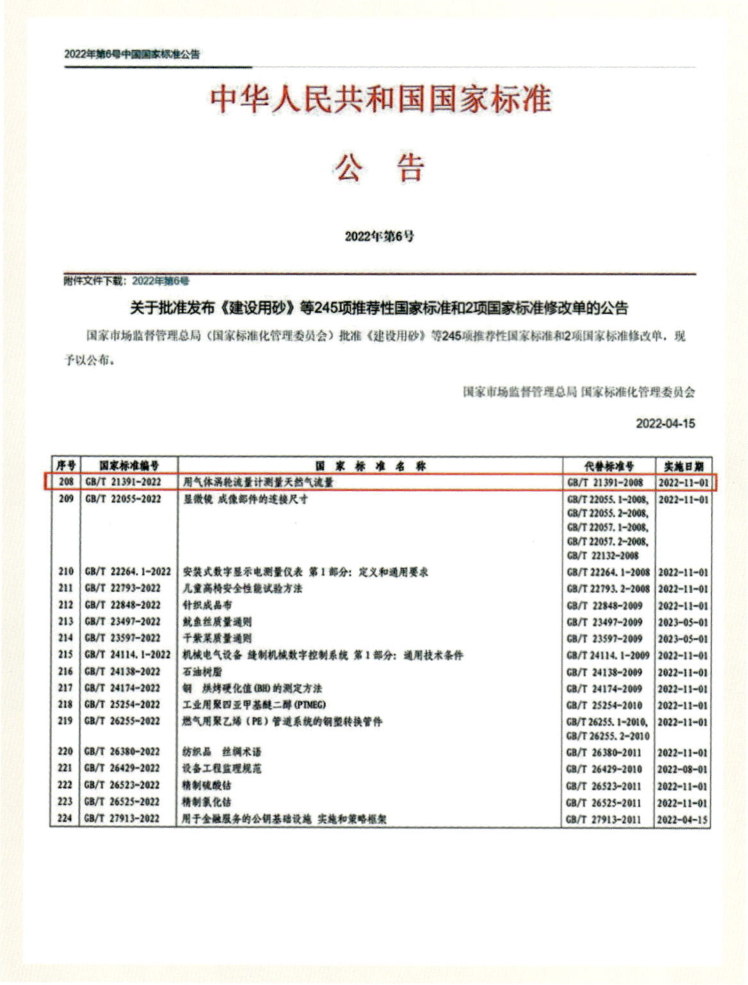

2022年第6号中国国家标准公告

中华人民共和国国家标准

公　告

2022年第6号

附件文件下载：2022年第6号

关于批准发布《建设用砂》等245项推荐性国家标准和2项国家标准修改单的公告

国家市场监督管理总局（国家标准化管理委员会）批准《建设用砂》等245项推荐性国家标准和2项国家标准修改单，现予以公布。

国家市场监督管理总局 国家标准化管理委员会

2022-04-15

序号	国家标准编号	国　家　标　准　名　称	代替标准号	实施日期
208	GB/T 21391-2022	用气体涡轮流量计测量天然气流量	GB/T 21391-2008	2022-11-01
209	GB/T 22055-2022	显微镜 成像部件的连接尺寸	GB/T 22055.1-2008, GB/T 22055.2-2008, GB/T 22057.1-2008, GB/T 22057.2-2008, GB/T 22132-2008	2022-11-01
210	GB/T 22264.1-2022	安装式数字显示电测量仪表 第1部分：定义和通用要求	GB/T 22264.1-2008	2022-11-01
211	GB/T 22793-2022	儿童高椅安全性能试验方法	GB/T 22793.2-2008	2022-11-01
212	GB/T 22848-2022	针织成品布	GB/T 22848-2009	2022-11-01
213	GB/T 23497-2022	鱿鱼丝质量通则	GB/T 23497-2009	2023-05-01
214	GB/T 23597-2022	干紫菜质量通则	GB/T 23597-2009	2023-05-01
215	GB/T 24114.1-2022	机械电气设备 缝制机械数字控制系统 第1部分：通用技术条件	GB/T 24114.1-2009	2022-11-01
216	GB/T 24138-2022	石油树脂	GB/T 24138-2009	2022-11-01
217	GB/T 24174-2022	钢　烘烤硬化值(BH)的测定方法	GB/T 24174-2009	2022-11-01
218	GB/T 25254-2022	工业用聚四亚甲基醚二醇(PTMEG)	GB/T 25254-2010	2022-11-01
219	GB/T 26255-2022	燃气用聚乙烯（PE）管道系统的钢塑转换管件	GB/T 26255.1-2010, GB/T 26255.2-2010	2022-11-01
220	GB/T 26380-2022	纺织品　丝绸术语	GB/T 26380-2011	2022-11-01
221	GB/T 26429-2022	设备工程监理规范	GB/T 26429-2010	2022-08-01
222	GB/T 26523-2022	精制硫酸钴	GB/T 26523-2011	2022-11-01
223	GB/T 26525-2022	精制氯化钴	GB/T 26525-2011	2022-11-01
224	GB/T 27913-2022	用于金融服务的公钥基础设施 实施和策略框架	GB/T 27913-2011	2022-04-15

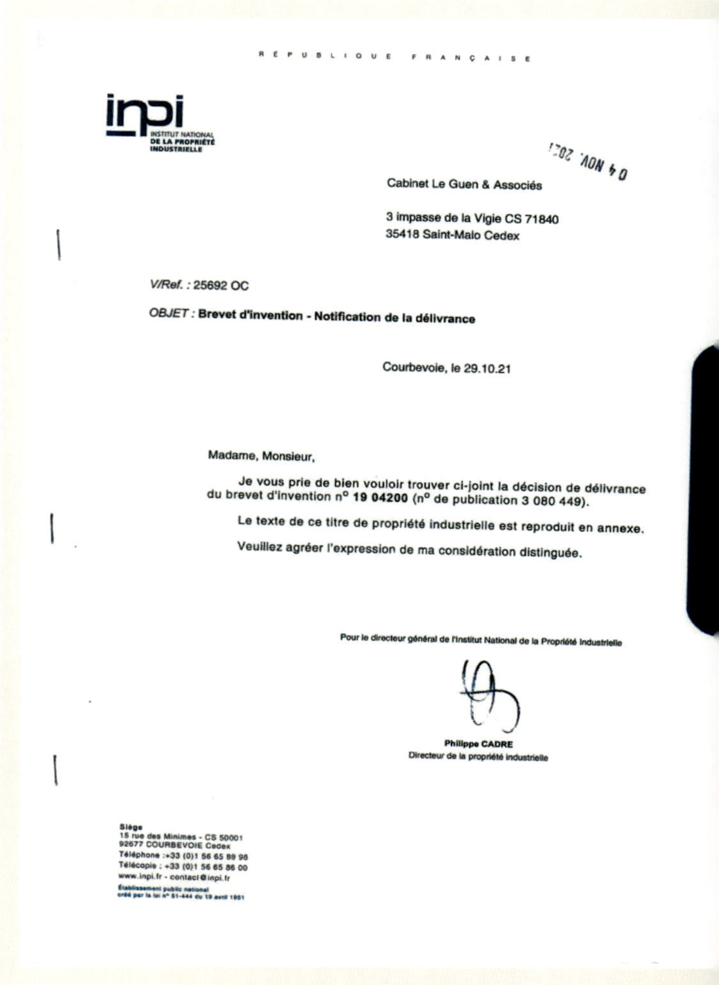

RÉPUBLIQUE FRANÇAISE

inpi INSTITUT NATIONAL DE LA PROPRIÉTÉ INDUSTRIELLE

04 NOV. 2021

Cabinet Le Guen & Associés

3 impasse de la Vigie CS 71840
35418 Saint-Malo Cedex

V/Réf. : 25692 OC

OBJET : **Brevet d'invention - Notification de la délivrance**

Courbevoie, le 29.10.21

Madame, Monsieur,

Je vous prie de bien vouloir trouver ci-joint la décision de délivrance du brevet d'invention n° **19 04200** (n° de publication 3 080 449).

Le texte de ce titre de propriété industrielle est reproduit en annexe.

Veuillez agréer l'expression de ma considération distinguée.

Pour le directeur général de l'Institut National de la Propriété Industrielle

Philippe CADRE
Directeur de la propriété industrielle

Siège
15 rue des Minimes - CS 50001
92677 COURBEVOIE Cedex
Téléphone :+33 (0)1 56 65 89 98
Télécopie : +33 (0)1 56 65 86 00
www.inpi.fr - contact@inpi.fr
Établissement public national
créé par la loi n° 51-444 du 19 avril 1951

1	2	4	5
		6	7
3		8	

2022年，四川油气田川渝地区天然气销量305.9亿立方米，突破300亿立方米大关，最高日销量1.04亿立方米，销售均价同比上涨0.25元/米^3，市场占有率始终保持在75%以上，持续巩固西南地区最大天然气生产和供应企业领跑地位。

1. 2022 年 4 月 15 日，天研院制定的国家标准《用气体涡轮流量计测量天然气流量》正式发布　张庆南　摄
2. 2022 年 1 月 12 日，天研院申请的国际发明专利“一种质量—时间法测量天然气流量的原级装置及工艺”获法国专利局签发授权通知书　张庆南　摄
3. 2022 年 11 月 30 日，天研院自主研发，所属能特公司自主生产的中国石油 CT 系列硫黄回收催化剂在俄罗斯炼油厂硫黄回收装置应用成功　张庆南　供
4. 2022 年 12 月 27—29 日，燃气分公司建设的中国石油首个燃气无泄漏示范区通过西南油气田公司完工验收　卢　万　摄
5. 2022 年 11 月 17 日，相国寺储气库相储 17 井开井采气，意味着相国寺储气库正式进入第九采气周期　刘　燕　摄
6. 2022 年 12 月 30 日，西南油气田公司在雅安召开铁钱庙阀室至雅安配气总站供气工程完工交接会　郑媛玉　摄
7. 2022 年 4 月 7 日，西南油气田公司与云天化集团有限责任公司在昆明签订战略合作协议　林　业　摄
8. 2022 年 3 月 24 日，西南油气田公司与泸天化（集团）有限责任公司在成都签署战略合作协议　郑海涛　摄

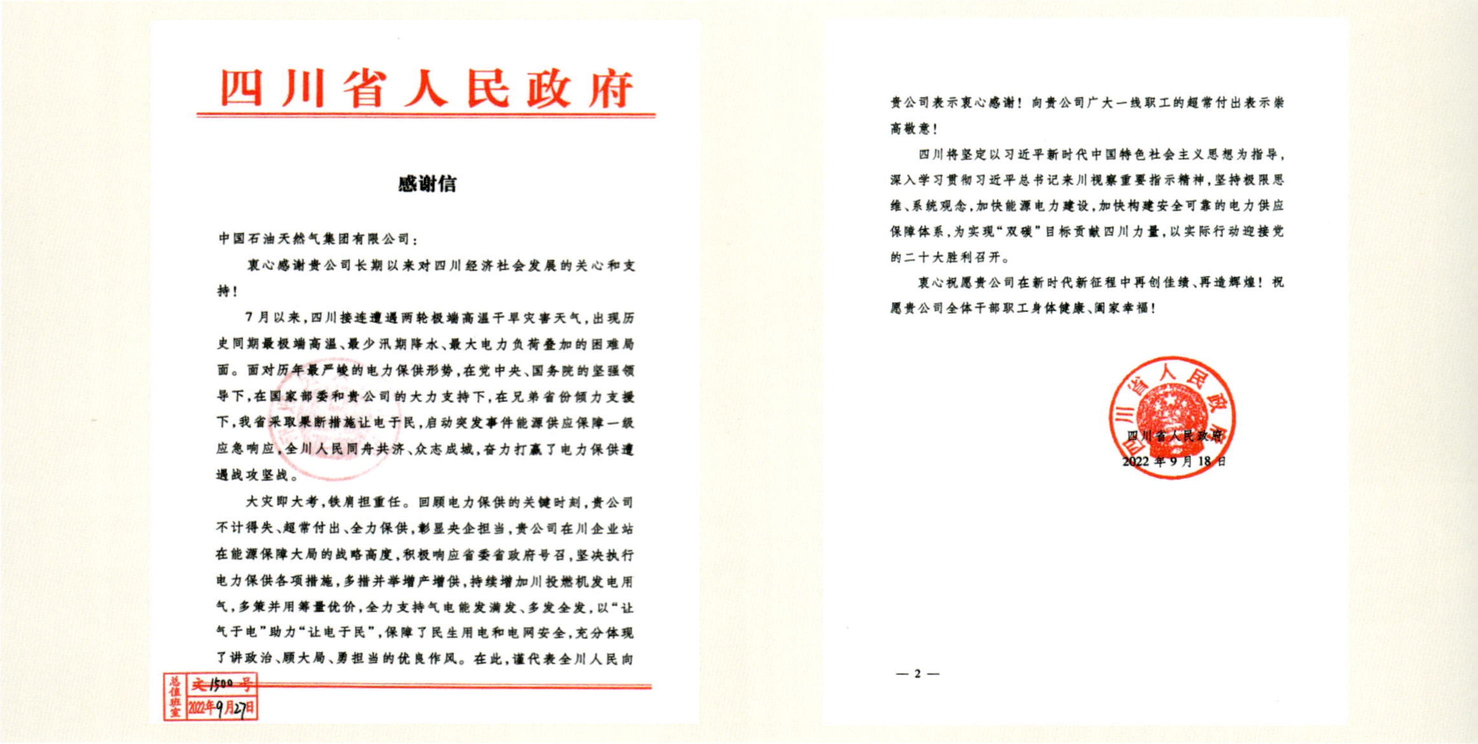

四川省人民政府

感谢信

中国石油天然气集团有限公司：

衷心感谢贵公司长期以来对四川经济社会发展的关心和支持！

7月以来，四川接连遭遇两轮极端高温干旱灾害天气，出现历史同期最极端高温、最少汛期降水、最大电力负荷叠加的困难局面。面对历年最严峻的电力保供形势，在党中央、国务院的坚强领导下，在国家部委和贵公司的大力支持下，在兄弟省份倾力支援下，我省采取果断措施让电于民，启动突发事件能源供应保障一级应急响应，全川人民同舟共济、众志成城，奋力打赢了电力保供遭遇战攻坚战。

大灾即大考，铁肩担重任。回顾电力保供的关键时刻，贵公司不计得失、超常付出、全力保供，彰显央企担当，贵公司在川企业站在能源保障大局的战略高度，积极响应省委省政府号召，坚决执行电力保供各项措施，多措并举增产增供，持续增加川投燃机发电用气，多策并用筹量优价，全力支持气电能发满发、多发全发，以“让气于电”助力“让电于民”，保障了民生用电和电网安全，充分体现了讲政治、顾大局、勇担当的优良作风。在此，谨代表全川人民向贵公司表示衷心感谢！向贵公司广大一线职工的超常付出表示崇高敬意！

总值班室 文1500号 2022年9月27日

四川将坚定以习近平新时代中国特色社会主义思想为指导，深入学习贯彻习近平总书记来川视察重要指示精神，坚持极限思维、系统观念，加快能源电力建设，加快构建安全可靠的电力供应保障体系，为实现“双碳”目标贡献四川力量，以实际行动迎接党的二十大胜利召开。

衷心祝愿贵公司在新时代新征程中再创佳绩、再造辉煌！祝愿贵公司全体干部职工身体健康、阖家幸福！

四川省人民政府

2022年9月18日

—2—

经营管理取得新成效

SICHUAN OIL AND GAS FIELDS YEARBOOK **2023**

1 2 3 4 5 6

2022年，四川油气田改革三年行动收官，风险管控力度持续加大，治理能力水平不断提高，实现营业收入663.4亿元，利润总额134.8亿元，经济增加值（EVA）106.4亿元，全员劳动生产率156.4万元/人，经营指标创历年最好水平。

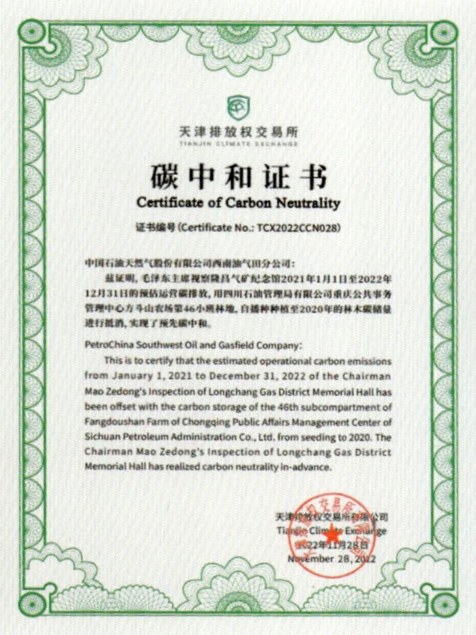

1. 2022 年 9 月 18 日，四川省人民政府向集团公司就西南油气田公司“让气于电”助力“让电于民”发来感谢信　　邹晓琴　供
2. 2022 年 3 月 2 日，川中油气矿通过四川省健康企业现场考评验收，成为西南油气田公司首家获集团公司和四川省“双达标”的健康企业。图为四川省健康企业考评组在磨溪 008-17-X1 井考评　　赵阳春　摄
3. 2022 年 2 月 16 日，西南油气田公司和四川省地质调查研究院共建的页岩气评价与开采四川省重点实验室在四川省科技工作会议上获“四川省科技创新工作先进平台”称号　　何家欢　摄
4. 2022 年 11 月 28 日，西南油气田公司取得重庆市丰都县方斗山农场林业碳汇项目碳中和证书，标志西南油气田公司首个碳中和林得到认证　　吴　洁　摄
5. 2022 年 2 月 15 日，工程院编著的国内首部系统讲述固井工作液实验及相关仪器设备操作规程和管理制度的《固井实验室管理》在石油工业出版社正式出版发行　　何　雨　摄
6. 2022 年 5 月 12 日，宝石花油服公司泸州项目部在泸州市江阳区成立　　向　恒　摄

安全第一 质量至上
四川越盛能源集团有限公司江油分公司石英砂生产基地
投产仪式
矢志能源
创造和谐

长庆固井公司数字化指挥中心

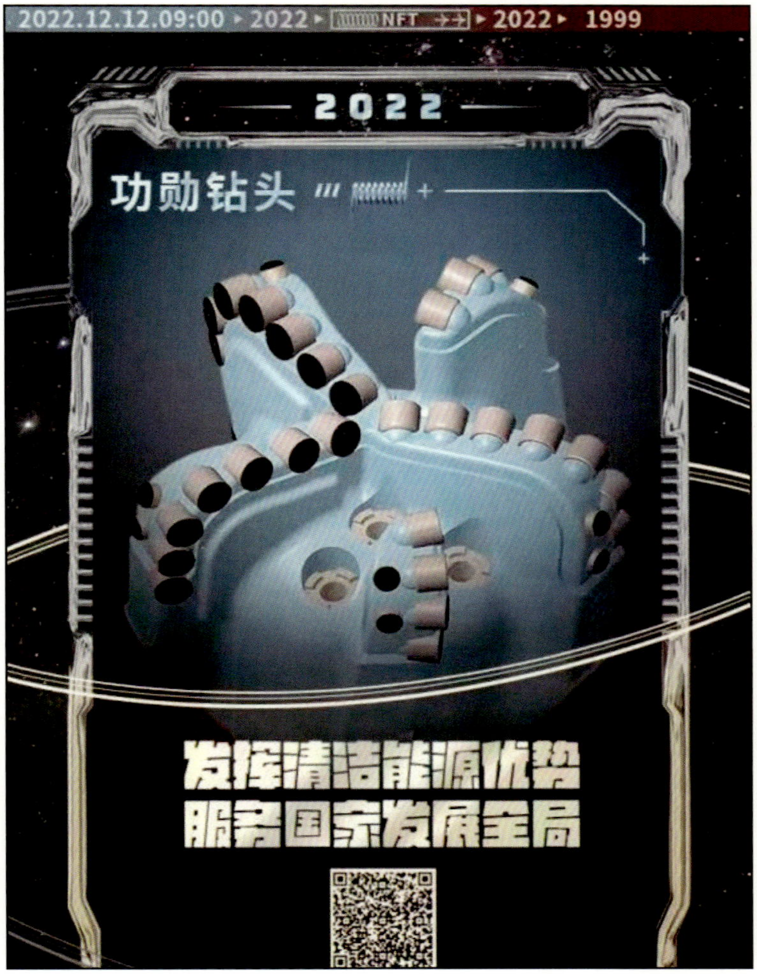

1. 2022 年 1 月 23 日，川庆越盛公司江油石英砂生产基地建成投产　　叶蕲枘　摄
2. 2022 年 12 月 30 日，川庆长庆固井公司数字化指挥中心在西安揭牌启用　　郭旭亮　摄
3. 2022 年 3 月 31 日，西南油气田公司华创星空城油气大厦项目在成都市成华区正式破土动工　　蔡文文　供
4. 2022 年 12 月 12 日，长宁公司发布首个数字藏品“功勋钻头”　　刘绮莉　摄

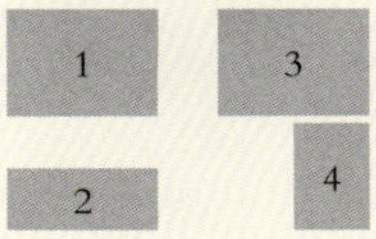

领导视察

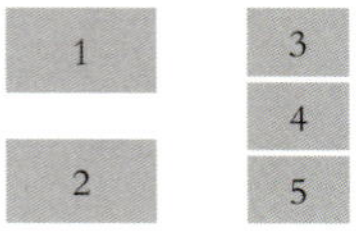

1. 2022年4月13日，厄瓜多尔总统吉尔莫·拉索列（中）出席川庆厄瓜多尔分公司承钻的伊什平戈钻井总包项目首井投产仪式 李治伟 摄
2. 2022年6月30日，西南油气田公司执行董事、党委书记姜鹏飞（左三）在重庆向重庆市市长胡衡华（右五）汇报工作 陈维 供
3. 2022年4月21日，中共四川省委常委、常务副省长罗文（前中）到工程院科技成果展厅、模拟试验井、油气井增产技术实验室调研。图为在模拟试验井调研 丰欣平 摄
4. 2022年4月7日，中共四川省委常委、副省长李云泽（前中）到天然气净化总厂安岳净化公司开展工作调研 黎一民 摄
5. 2022年12月30日，四川省副省长罗强参加在遂宁市举办的四川省地热资源开发利用现场会 赵阳春 摄

领导视察

1. 2022 年 3 月 7 日，四川省人民政府副省长陈炜（前左三）到川港公司调研　　杜丰成　摄
2. 2022 年 8 月 11 日，中共四川省委常委、绵阳市委书记曹立军（左三）到西南油气田公司蓬莱气区重点探井蓬深 6 井调研　　陈婷婷　摄
3. 2022 年 3 月 30 日，民盟中央专职副主席、全国人大常委会委员、财政经济委员会副主任委员谢经荣（右五）一行到天然气净化总厂遂宁净化公司调控中心调研　　李　静　摄
4. 2022 年 3 月 8—9 日，四川省政协副主席、党组成员杜和平（右二）到西南油气田公司泸 203 井、泸 20H153 平台、宁 201 井区中心站调研。图为在宁 201 井区中心站调研　　向欣荣　摄
5. 2022 年 11 月 17—18 日，集团公司董事、总经理、党组副书记侯启军（右三）到蜀南气矿阳 101 中心站宣讲党的二十大精神并调研部分驻川企业　　郑海涛　摄
6. 2022 年 7 月 19 日，集团公司党组成员、纪检监察组组长钱朝阳（右）到川庆川西钻探公司 50051 钻井队承钻的威 202H23 平台调研指导工作　　张海龙　摄
7. 2022 年 7 月 22 日，集团公司党组成员、副总经理谢军（左四）在重庆市参观中国西部国际投资贸易洽谈会中国石油展台　　邓鼍湘　摄

党的二十大精
一名党员一面旗帜一个支部一座堡垒
QHSE

CORPORATION OF CHINA
中铝集团
中国铝业集团高端制造股份有限公司
N3
2

基层调研

1	3
2	4

1. 2022 年 1 月 19 日，西南油气田公司执行董事、党委书记姜鹏飞（右一）在蜀南气矿泸 203H5 压裂平台现场办公　郑海涛　摄
2. 2022 年 11 月 16—17 日，川庆钻探工程公司执行董事、党委书记王治平（右三）到川庆胜探 1 井、泸页 1 井调研检查工作。图为在泸页 1 井调研检查工作　张　玥　摄
3. 2022 年 11 月 8 日，西南油气田总经理、党委副书记何骁（前左二）一行在川庆川东钻探公司 90031 钻井队承钻的蓬深 13 井调研　朱绍文　摄
4. 2022 年 3 月 8 日，川庆钻探工程公司总经理、党委副书记、安全总监李雪岗（左二）到川庆川东钻探公司 70555 队承钻的自 301 井检查调研　薛　柯　摄

重要会议

1. 2022 年 1 月 11 日，西南油气田公司在成都市召开 2022 年工作会暨五届一次职代会　郑海涛　摄
2. 2022 年 1 月 20—21 日，川庆钻探工程公司在成都市召开 2022 年工作会暨三届三次职代会、工代会　王　敏　摄
3. 2022 年 1 月 10 日，西南油气田公司在成都市参加集团公司视频干部大会　韩　超　摄
4. 2022 年 6 月 9—10 日，川庆钻探工程公司在成都市召开第二次党代会　王　敏　摄
5. 2022 年 3 月 11 日，川庆钻探工程公司在成都市召开 2022 年党建工作部署会　卢　宏　摄
6. 2022 年 4 月 20 日，西南油气田公司工会在成都市召开第五届会员代表大会　韩　超　摄

中国石油西南油气田分公司

中国共产党川庆钻探工程公司第二次代表大会

川庆钻探工程公司
2022年党建工作部署会
2022年3月 成都

西南油气田公司工会第五届会员代表大会第一次会议

勘探开发、管输与天然气化工

1. 2022 年 6 月 13 日，川庆长庆钻井总公司举办鄂尔多斯盆地页岩气领域勘探现场推进会暨惠平 1 井开钻启动仪式　苏建军　摄
2. 2022 年 11 月 9 日，长宁公司宁 242 井完成压裂施工，标志着长宁公司垂深超 4 000 米深层页岩气水平井钻完井技术取得重大突破　肖勇军　摄
3. 2022 年 11 月 5 日，长宁公司长宁 H32-1 井 139.7 毫米油层套管固井完成施工作业，标志着长宁公司首个年度“五开五完”双钻机平台诞生　李　晶　摄
4. 2022 年 7 月 28 日，川庆川东钻探公司 70255 钻井队承钻的国内最高含硫整装气田首口自主开发井——坡 002-H3 井经测试获日产天然气 126.16 万立方米，无阻流量 259.05 万立方米　陈　立　摄

5. 2022年9月30日，西南油气田公司先导试验井——高石009-H2井灯影组二段测试获日产天然气109.7万立方米高产工业气流　　王峻源　摄
6. 2022年7月20日，西南油气田公司磨溪台内灯影组四段气藏针对孔洞型储层部署的第一口试采井——磨溪019-H3井测试获日产天然气61.62万立方米　　王峻源　摄
7. 2022年1月5日，西南油气田公司川中古隆起磨溪构造磨溪8井区北部重点储量井磨溪134井灯影组二段测试获日产气51.68万立方米，证实高石梯—磨溪区块灯影组二段气藏具有良好的勘探开发潜力　　赵志宏　摄
8. 2022年7月22日，西南油气田公司位于重庆市潼南区的高石045-H2井栖霞组，经测试获日产天然气108.75万立方米，成为高石梯—磨溪区块首口栖霞组测试日产气量超100万立方米的水平井　　王峻源　摄

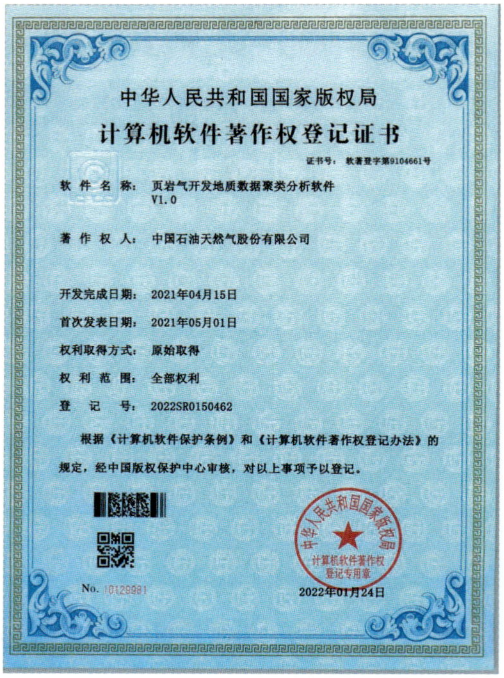

中华人民共和国国家版权局

计算机软件著作权登记证书

证书号：软著登字第9104661号

软 件 名 称：页岩气开发地质数据聚类分析软件 V1.0

著 作 权 人：中国石油天然气股份有限公司

开发完成日期：2021年04月15日

首次发表日期：2021年05月01日

权利取得方式：原始取得

权 利 范 围：全部权利

登 记 号：2022SR0150462

根据《计算机软件保护条例》和《计算机软件著作权登记办法》的规定，经中国版权保护中心审核，对以上事项予以登记。

No. 10129981

2022年01月24日

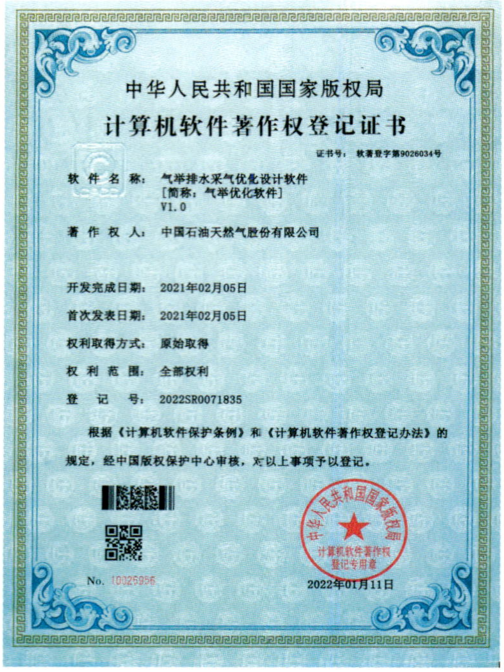

中华人民共和国国家版权局

计算机软件著作权登记证书

证书号：软著登字第9026034号

软 件 名 称：气举排水采气优化设计软件 [简称：气举优化软件] V1.0

著 作 权 人：中国石油天然气股份有限公司

开发完成日期：2021年02月05日

首次发表日期：2021年02月05日

权利取得方式：原始取得

权 利 范 围：全部权利

登 记 号：2022SR0071835

根据《计算机软件保护条例》和《计算机软件著作权登记办法》的规定，经中国版权保护中心审核，对以上事项予以登记。

No. 10025956

2022年01月11日

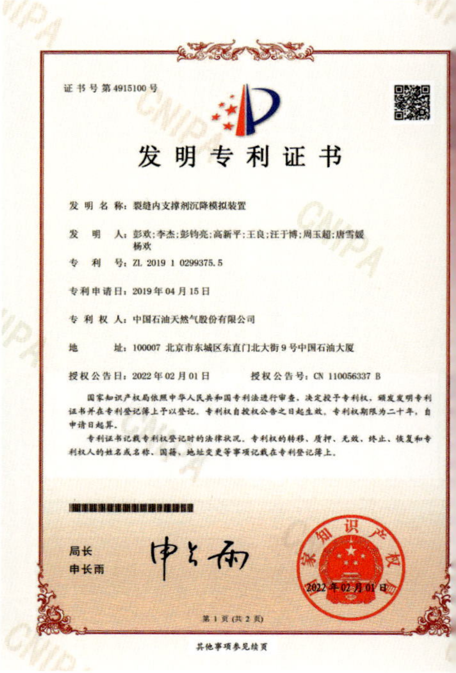

证书号第4915100号

发明专利证书

发 明 名 称：裂缝内支撑剂沉降模拟装置

发 明 人：彭欢；李杰；彭钧亮；高新平；王良；汪于博；周玉超；唐雪媛；杨欢

专 利 号：ZL 2019 1 0299375.5

专利申请日：2019年04月15日

专 利 权 人：中国石油天然气股份有限公司

地 址：100007 北京市东城区东直门北大街9号中国石油大厦

授权公告日：2022年02月01日　　授权公告号：CN 110056337 B

局长 申长雨

2022年02月01日

第1页（共2页）

勘探开发、管输与天然气化工

1. 2022 年 1 月 24 日，西南油气田公司自主研发的软件著作“页岩气开发地质数据聚类分析软件 V1.0”被国家版权局正式登记并发布，是首个页岩气开发地质领域国家软件著作权　　赵圣贤　摄
2. 2022 年 1 月 11 日，西南油气田公司自主研发的软件著作“气举优化软件 V1.0”被国家版权局正式登记并发布　　蔡道钢　摄
3. 2022 年 2 月 1 日，西南油气田公司申请的储层改造实验评价技术——“裂缝内支撑剂沉降模拟装置”获国家发明专利授权　　彭　欢　摄
4. 2022 年 4 月 10 日，川东北作业分公司罗家 24 井顺利开钻　　雷震中　摄
5. 2022 年 11 月 26 日，川中油气矿天然气年产量达 100 亿立方米，连续 7 年年产量突破 100 亿立方米大关　　张　舜　摄
6. 2022 年 8 月 15 日，西南油气田公司自主研发的管径 323.9 毫米管道基线检测器在输气处煎（茶）—籍（田）线、彭（籍田）—籍（观音）线管道现场应用成功，填补西南油气田公司管道基线检测器自主研发的空白　　李玉丹　摄
7. 2022 年 12 月 30 日，川庆苏里格项目经理部天然气年产量达 19.12 亿立方米，为 8 年来新高，实现产量 18 亿立方米以上连续稳产 12 年的目标　　蒋　勇　摄
8. 2022 年 10 月 25 日，川中北部采气处蓬探 1 井区试采干线建成正式投运　　曹　爽　摄

川中油气矿天然气调控中心
2022年11月26日 星期六
2022年川中油气矿累计天然气产量
100.00000000 亿方

热烈庆祝西南油气田首台自主研发基线检测器成功应用

祝贺苏里格项目经理部2022年天然气产量突破19亿方连续稳产十二年

蓬探1井区试采干线顺利投运

勘探开发、管输与天然气化工

1. 2022 年 1 月 30 日，相国寺储气库自 2013 年投运以来累计采气量 100.09 亿立方米，突破 100 亿立方米。图为相国寺储气库压气站员工现场开通阀门作业　　刘　燕　摄
2. 2022 年 1 月 26 日，川庆苏里格项目经理部天然气井口产量达 552.9 万立方米，创风险作业历年冬季保供平均日产气量新高。图为桃 7–9 集气管理站检查注醇橇运行情况　　向之昕　摄
3. 2022 年 3 月 11 日，西南油气田公司铜锣峡储气库铜储 1 井和铜 12 井停止采气，重庆天然气储运有限公司（全国首家混合所有制储气库运营企业）代储代采 4 000 万立方米天然气的储气服务及采气交付工作完成。图为铜 12 井全貌　　崔　跃　摄
4. 2022 年 7 月 13 日，输气处首次在在役管道停气连头工程中进行“氮驱与天然气回收”试点　　郑剑雄　摄
5. 2022 年 5 月 30 日，西南油气田公司首个自营超深高含硫气藏试采地面工程——苍溪天然气净化二厂投料试运行一次成功　　谢　佳　摄
6. 2022 年 11 月 14 日，长宁公司宁 H23 平台多功能加热装置完成安装并投入现场使用，标志长宁公司解决天然气采输工艺冰堵问题的新设备、新工艺、新技术实现现场应用实践　　戴　璐　摄
7. 2022 年 9 月 27 日，川庆页岩气项目经理部开启页岩气藏立体开发科研攻关部署　　许晓天　摄

工程技术、生产建设服务

1. 2022 年 3 月 1 日，川庆国际工程公司在位于厄瓜多尔热带雨林中的伊什平戈钻井总包项目井场实施钻井作业　　李治伟　摄
2. 2022 年 3 月 4 日，西南油气田公司长宁 H30-7 井 311.2 毫米井眼钻进至井深 1 141 米，24 小时完成进尺 703 米，打破宁 209H15-4 井 311.2 毫米井眼 24 小时进尺 626 米纪录　　代　锋　摄
3. 2022 年 12 月 13 日，川庆长庆固井公司 GJ23217 固井队在榆 37-3ZH4 井完成 2022 年储气库项目固井施工作业　　申　皓　摄
4. 2022 年 7 月 26 日，川庆钻采院定向井、精细控压等特色技术助力双鱼 001-H6 井创造中国石油陆上最深水平井纪录　　仲斌燕　摄
5. 2022 年 4 月 15 日，川庆苏里格项目经理部桃 7-13-2X1 水平井测试获无阻流量 215.6 万立方米天然气，是 2022 年首口完试的百万立方米级气井，也是首口超 200 万立方米的水平井。图为桃 7-13-2X1 水平井实施压裂酸化作业　　向之昕　摄
6. 2022 年 7 月 5 日，天然气净化总厂申请的“一种污水过滤装置”发明专利获国家知识产权局授权证书，标志天然气净化总厂在国家发明专利领域取得新突破　　瞿　杨　摄
7. 2022 年 7 月 29 日，国内首个移动式车载压缩机气举作业隔声罩在蜀南气矿泸 203H6A 平台 250-10 号车载压缩机上正式投运　　王　浩　摄
8. 2022 年 3 月 21 日，西南油气田公司首座天然气分布式能源站——川东北气矿西外基地公寓楼天然气分布式能源站建成投运　　邓　彬　摄

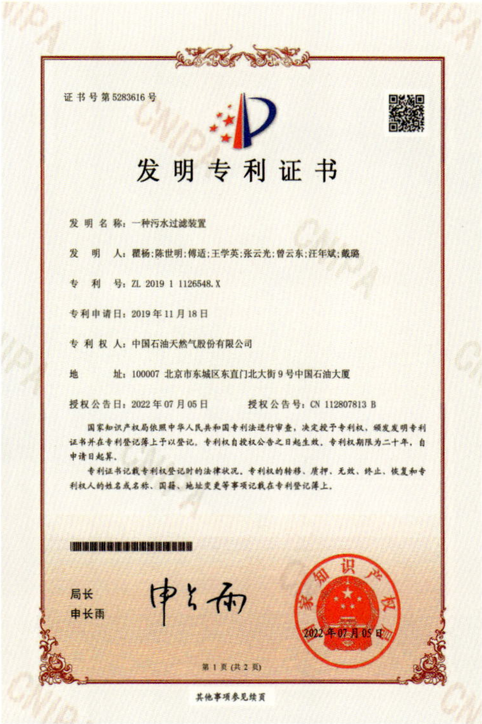
证书号第5283616号

发明专利证书

发明名称：一种污水过滤装置

发 明 人：瞿杨;陈世明;傅适;王学英;张云光;曾云东;汪年斌;戴璐

专 利 号：ZL 2019 1 1126548.X

专利申请日：2019年11月18日

专利权人：中国石油天然气股份有限公司

地 址：100007 北京市东城区东直门北大街9号中国石油大厦

授权公告日：2022年07月05日　　授权公告号：CN 112807813 B

国家知识产权局依照中华人民共和国专利法进行审查，决定授予专利权，颁发发明专利证书并在专利登记簿上予以登记。专利权自授权公告之日起生效。专利权期限为二十年，自申请日起算。

专利证书记载专利权登记时的法律状况。专利权的转移、质押、无效、终止、恢复和专利权人的姓名或名称、国籍、地址变更等事项记载在专利登记簿上。

局长
申长雨

国家知识产权局
2022年07月05日

第1页(共2页)

其他事项参见续页

工程技术、生产建设服务

1. 2022 年 2 月 17 日，川庆安检院在广汉市调试自主研发的亚洲首台高压力等级、大通径 140 兆帕 540 毫米防喷器型式试验装置　　马瑞艺　摄
2. 2022 年 1 月 18 日，川庆井下作业公司在泸 203H5 平台首次使用自动化供液控制系统　　庞　圆　摄
3. 2022 年 8 月 5 日，川庆蜀渝公司重庆分公司承建大安 1H–32 平台钻前工程　　曾靖渭　摄
4. 2022 年 3 月 29 日，西南油气田公司威远、泸州区块页岩气集输干线工程濑溪河水平定向钻穿越回拖一次成功，标志着西南地区长输管道设计压力最高（12 兆帕）、材质钢级最高（X80）、管径最大（1 219 毫米）的水平定向钻工程完工　　米　明　摄
5. 2022 年 8 月 9 日，成化总厂在绵阳市三台县金浅 822 井试采天然气回收试验站投产成功　贺龄萱　供
6. 2022 年 5 月 27 日，川庆长庆钻井总公司首套“井场数字化办公中心”在 70232 钻井队建成并试点　　苏建军　摄
7. 2022 年 1 月 1 日，川庆钻探工程公司满载“土库曼斯坦复兴气田 3 口续钻井项目”物资的中亚专列从德阳国际铁路物流港出发前往土库曼斯坦口岸　马　里　摄

庆祝威远泸州区块页岩气集输干线工程（6标段）直径1219毫米 长度826.6米濑溪河定向钻回拖成功

热烈庆祝金浅822试采气回收试验站投产成功

东风
热烈祝贺
中土专列圆满发运
DF7C 5278

工程技术、生产建设服务

1 4
2 3 5

1. 2022 年 2 月 23 日，川西北气矿文 1 井完成沙溪庙组致密气大型加砂压裂施工　谢　佳　摄
2. 2022 年 4 月 7 日，川庆蜀渝公司自贡项目部党委为中浅 206 井组青年突击队授旗　李　琪　摄
3. 2022 年 8 月 10 日，安研院党委在四川盆地铁山坡气田飞仙关组气藏开发产能建设项目脱水站施工现场为川东北高含硫气田开发地面工程驻场的质量安全环保监督工作党员突击队授旗　胡思琪　摄
4. 2022 年 8 月 7 日，川庆重庆运输总公司在毛乌素沙漠搬迁苏 36-8-2 井　唐阳睿　摄
5. 2022 年 9 月 1 日，川庆重庆运输总公司在中深 101 井进行搬迁作业　唐阳睿　摄

工程技术、生产建设服务

1. 2022 年 3 月 9 日，川庆长庆监督公司安全监督员在川庆 50007 钻井队李 105 井施工现场检查钻井液泵空气包安全阀　　吴洪海　摄
2. 2022 年 3 月 1 日，川庆重庆运输总公司遂宁分公司大件设备搬家车辆前往罗家 24A 井场　　刘　毅　摄
3. 2022 年 8 月 20 日，川港公司投资建设的中国石油天然气管道首次穿越金沙江的攀枝花门站至米易供气管道工程金沙江定向钻穿越控制性工程，经过近 12 小时完成拖管，属首次“一孔拖两管”方式定向钻穿越拖管成功　　段　宇　摄
4. 2022 年 11 月 8 日，川庆井下作业公司在足 203H9 平台进行压裂酸化作业　　庞　圆　摄
5. 2022 年 10 月 2 日，川东北作业分公司宣汉净化厂完成年度装置大修　　文　钊　摄
6. 2022 年 8 月 11 日，川庆页岩气项目经理部威 202 井区集气站在深夜停电的情况下按照指令配合倒换流程、灵活调整，全力保生产　　庄鑫源　摄
7. 2022 年 11 月 16—19 日，川庆井控应急救援中心参加第十届中国（绵阳）科技城国际科技博览会国际应急装备展。图为展出的一体化井口重置装置　　李　月　摄

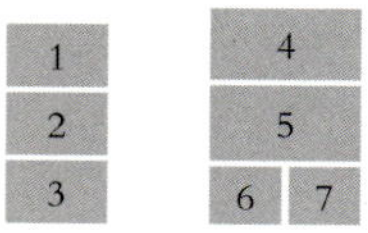

打造安全清洁开发典范　树立国际合作运营标杆
精益生产运维　精细作业计划　精准产能配置

科研、营销、对外合作与交流

1. 2022年6月14日，西南油气田公司在成都市参加集团公司重大科技专项“西南油气田公司天然气上产300亿立方米关键技术研究与应用”项目（视频）验收会　杨艺微　摄

2. 2022年3月29日，川庆钻探工程公司在成都市召开科技与信息创新大会，表彰杰出青年科技创新人才　王　敏　摄

3. 2022年10月28日，西南油气田公司在成都市召开院士工作站首届院士（专家）咨询论证会　韩　超　摄

4. 2022年4月30日，四川省石油学会召开2022年度科技成果评价会，川庆地研院牵头完成的“威远页岩气效益开发地质工程一体化技术创新及规模化应用”成果整体达到国际先进水平，其中基于元素相的储层精细评价技术达到国际领先水平　李　璇　摄

5. 2022年6月7日，西南油气田公司在成都市召开2022年深层页岩气井套管变形防控技术交流会　任柯霓　摄

1	3
	4
2	5

科研、营销、对外合作与交流

1　3
　 4
2　5

1. 2022 年 5 月 6 日，西南油气田公司在成都市召开首届气藏动态分析专业技术竞赛启动会　韩　超　摄
2. 2022 年 12 月 1 日，西南油气田公司在成都分会场参加集团公司首批数字化转型、智能化发展试点单位实施进展推进会　郑海涛　摄
3. 2022 年 11 月 7 日，西南油气田公司在成都市召开首届一线创新成果现场推介大会。图为创新成果展示　韩　超　摄
4. 2022 年 3 月 14 日，西南油气田公司在成都市召开 2022 年勘探工作会　郑海涛　摄
5. 2022 年 3 月 9 日，川庆钻探工程公司在成都市召开 2022 年市场工作会议　卢　宏　摄

西南油气田公司2022年勘探工作会

川庆钻探工程公司2022年市场工作会

科研、营销、对外合作与交流

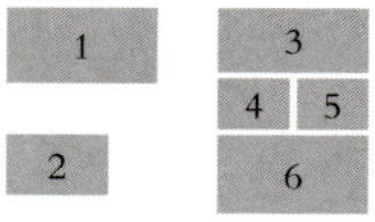

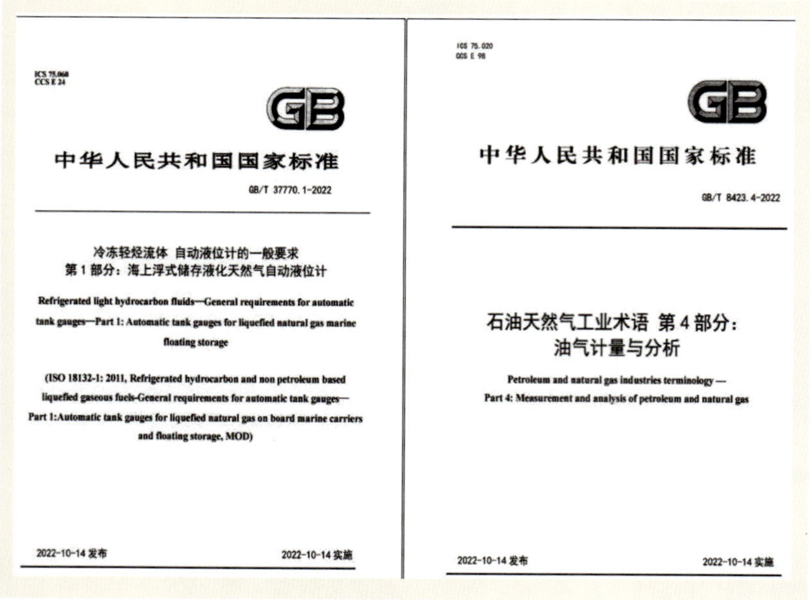

ICS 75.060
CCS E 24

GB

中华人民共和国国家标准

GB/T 37770.1-2022

冷冻轻烃流体 自动液位计的一般要求
第 1 部分：海上浮式储存液化天然气自动液位计

Refrigerated light hydrocarbon fluids—General requirements for automatic tank gauges—Part 1: Automatic tank gauges for liquefied natural gas marine floating storage

(ISO 18132-1: 2011, Refrigerated hydrocarbon and non petroleum based liquefied gaseous fuels-General requirements for automatic tank gauges—Part 1:Automatic tank gauges for liquefied natural gas on board marine carriers and floating storage, MOD)

2022-10-14 发布　　2022-10-14 实施

ICS 75.020
CCS E 98

GB

中华人民共和国国家标准

GB/T 8423.4-2022

石油天然气工业术语 第 4 部分：
油气计量与分析

Petroleum and natural gas industries terminology —
Part 4: Measurement and analysis of petroleum and natural gas

2022-10-14 发布　　2022-10-14 实施

1. 2022 年 7 月 21—24 日，集团公司党组成员、副总经理谢军（右二）一行到首次参展中国西部国际投资贸易洽谈会的川庆钻探工程公司展台，听取川庆钻探工程公司自研的 CG STEER 旋转地质导向钻井系统介绍　郑海波　摄
2. 2022 年 10 月 14 日，天研院起草的 2 项标准纳入国家标准　张庆南　摄
3. 2022 年 3 月 9 日，川庆钻探工程公司在成都市召开新能源开发利用、清洁能源替代与电代油工作研讨会　谷学涛　摄
4. 2022 年 5 月 13 日，西南油气田公司在成都市召开《天然气产运储销一体化协同方案》审查会　韩　超　摄
5. 2022 年 9 月 4 日，西南油气田公司收到四川省能源局向包括西南油气田公司在内的全省能源企业就极端灾害天气造成电力保供失衡所做保供工作发来感谢信　邹晓琴　供
6. 2022 年 10 月 21 日，西南油气田公司与西南石油大学在成都市签订战略合作协议　韩　超　摄

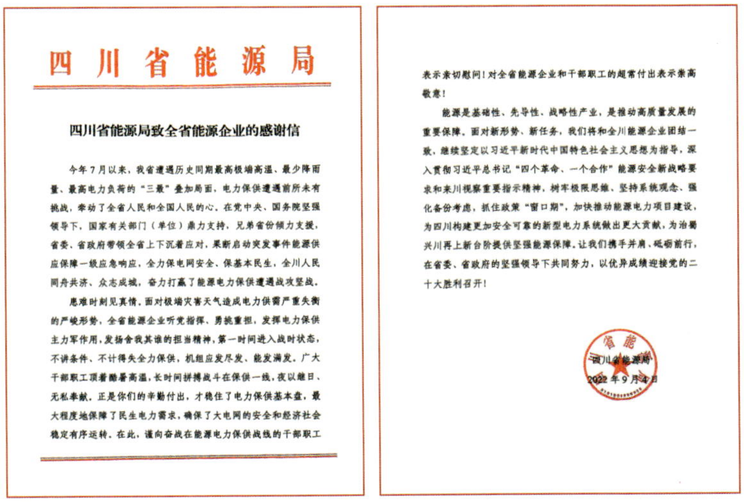
四川省能源局

四川省能源局致全省能源企业的感谢信

今年7月以来，我省遭遇历史同期最高极端高温、最少降雨量、最高电力负荷的“三最”叠加局面，电力保供遭遇前所未有挑战，牵动了全省人民和全国人民的心。在党中央、国务院坚强领导下，国家有关部门（单位）鼎力支持，兄弟省份倾力支援，省委、省政府带领全省上下沉着应对，果断启动突发事件能源供应保障一级应急响应，全力保电网安全、保基本民生，全川人民同舟共济、众志成城，奋力打赢了能源电力保供遭遇战攻坚战。

患难时刻见真情。面对极端灾害天气造成电力供需严重失衡的严峻形势，全省能源企业听党指挥、勇挑重担，发挥电力保供主力军作用，发扬舍我其谁的担当精神，第一时间进入战时状态，不讲条件、不计得失全力保供，机组应发尽发、能发满发。广大干部职工顶着酷暑高温，长时间拼搏战斗在保供一线，夜以继日、无私奉献。正是你们的辛勤付出，才稳住了电力保供基本盘，最大程度地保障了民生电力需求，确保了大电网的安全和经济社会稳定有序运转。在此，谨向奋战在能源电力保供战线的干部职工表示亲切慰问！对全省能源企业和干部职工的超常付出表示崇高敬意！

能源是基础性、先导性、战略性产业，是推动高质量发展的重要保障。面对新形势、新任务，我们将和全川能源企业团结一致，继续坚定以习近平新时代中国特色社会主义思想为指导，深入贯彻习近平总书记“四个革命、一个合作”能源安全新战略要求和来川视察重要指示精神，树牢极限思维、坚持系统观念、强化备份考虑，抓住政策“窗口期”，加快推动能源电力项目建设，为四川构建更加安全可靠的新型电力系统做出更大贡献，为治蜀兴川再上新台阶提供坚强能源保障。让我们携手并肩、砥砺前行，在省委、省政府的坚强领导下共同努力，以优异成绩迎接党的二十大胜利召开！

四川省能源局

2022年9月4日

科研、营销、对外合作与交流

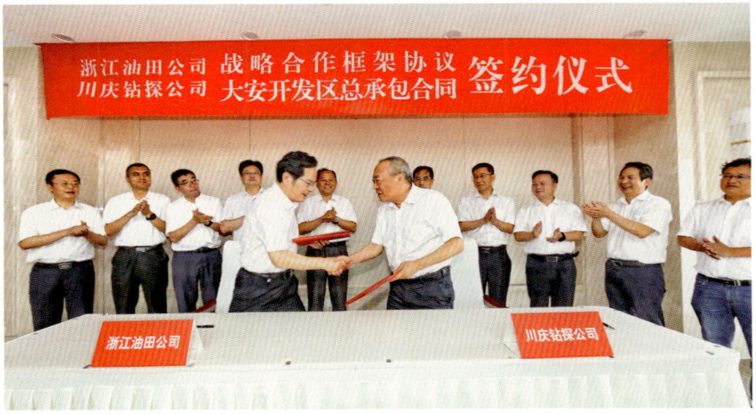

1. 2022 年 5 月 27 日，西南油气田公司与东方地球物理公司在成都市签订共建西南物探研究院合作协议　　任柯霓　摄
2. 2022 年 6 月 13 日，西南油气田公司与达州市人民政府在成都市签订战略合作协议书　　韩　超　摄
3. 2022 年 4 月 27 日，川庆钻探工程公司与四川日报社在成都市签署战略合作协议　　谷学涛　摄
4. 2022 年 6 月 24 日，川庆钻探工程公司与浙江油田公司在成都市签订战略合作框架协议暨大安开发区总承包合同　　卢　宏　摄
5. 2022 年 5 月 23 日，川庆长庆固井公司与咸阳师范学院在咸阳秦汉基地签订战略合作框架协议　　郭旭亮　摄
6. 2022 年 6 月 8 日，西南油气田公司与华能集团广西分公司在成都市签订战略合作协议　　杨舒然　摄

科研、营销、对外合作与交流

1	3
	4
2	5

1. 2022 年 10 月 20 日，川庆钻探工程公司与西南石油大学在成都开展工作交流座谈，并签订《战略合作框架协议》《地热能联合研究院共建协议》和《工程技术联合研究院共建协议》　卢　宏　摄
2. 2022 年 8 月 17 日，西南油气田公司与中国东方电气集团在成都签订框架合作协议　郑海涛　摄
3. 2022 年 1 月 4 日，西南油气田公司与攀枝花市人民政府在攀枝花市签订战略合作协议　熊　剑　摄
4. 2022 年 1 月 13 日，西南油气田公司与中铁快运公司在成都签署战略合作协议　任柯霓　摄
5. 2022 年 3 月 1 日，巴基斯坦油气开发有限公司（OGDCL 公司）召开钻井液项目总结表彰大会，感谢川庆巴基斯坦分公司在 2019—2021 年以优异的作业表现完成 77 口井的钻井液技术服务　黎　凌　摄

攀枝花市人民政府　中国石油西南油气田分公司
战略合作协议签约仪式

西南油气田公司
中铁快运公司
战略合作协议签订仪式
中国石油西南油气田公司

Oil & Gas Development Company Limited
Exploration & Production Leader in Pakistan
VISION
To be a leading multinational Exploration and Production Company
MISSION
To become the leading provider of oil and gas to the country by increasing exploration and production both domestically and internationally, utilizing all options including strategic alliances.
To continuously realign ourselves to meet the expectations of our stakeholders through best management practices, the use of latest technology, and innovation for sustainable growth, while being socially responsible.

安全生产、企业管理、公益事业

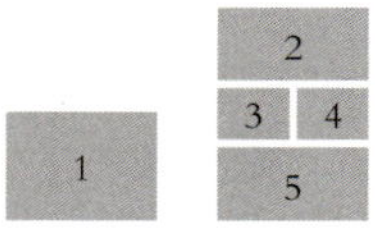

1. 2022 年 11 月 11 日，西南油气田公司在成都市召开“安眼工程”上线运行启动仪式　　胡思琪　摄
2. 2022 年 6 月 23 日，西南油气田公司与重庆市万州区联合开展企地应急抢险演练　　郑海涛　摄
3. 2022 年 10 月 28 日，西南油气田公司与四川省经济和信息化厅联合开展四川省天然气迎峰度冬“压非保民”预案演练　　焦思敏　摄
4. 2022 年 8 月 5 日，川庆井控应急救援中心成功完成西 51 井救援响应任务　　周　卫　摄
5. 2022 年 11 月 18 日，2022 年四川省油气行业安全生产暨油气管道保护培训演练在成都市青白江区举行　　郑剑雄　摄

四川省
“压非保民”预案演练
中国石油西南油气田公司

2022年全省油气行业安全生产
暨油气管道保护培训演练
中国·成都
2022年全省油气行业安全生产暨油气管道保护培训演练

安全生产、企业管理、公益事业

1. 2022 年 4 月 14 日，川庆川东钻探公司与西南油气田公司开发事业部、川东北气矿，联合万源市罗文镇天然气开发地方工作指挥部、罗文镇人民政府在川庆川东钻探公司承钻的坡 002-H4 井开展硫化氢泄漏突发事件地企联动应急演练　薛　柯　摄
2. 2022 年 6 月 15 日，川庆长庆监督公司与川庆长庆钻井总公司、长庆油田公司苏里格气田开发分公司在川庆 50626 钻井队苏 36-0-16C3 井开展 2022 年上半年井控突发事件联合应急演练　尚庆明　摄
3. 2022 年 4 月 25 日，川庆页岩气项目经理部开展《职业病防治法》宣传周活动　卢　另　摄
4. 2022 年 9 月 2 日，川庆井控应急救援中心在广汉市成立首个劳模工作室——刘伟劳模创新工作室　周　卫　摄
5. 2022 年 6 月 9 日，西南油气田公司采气技能专家刘辉、王川洪入选集团公司“石油名匠”重点培养对象，与工程院一级工程师谢南星和页岩气研究院一级工程师林盛旺分别签订为期 3 年的师徒协议　刘　辉　供
6. 2022 年 9 月 28 日，西南油气田公司在成都举办第六届十大杰出青年评选会　敬宇翔　摄
7. 2022 年 8 月 30 日，川庆钻探工程公司在集团公司 EISC 揭牌仪式暨建设进展视频汇报会上，连线川庆 80019 钻井队施工现场，听取数字化钻井队建设情况汇报　王　敏　摄
8. 2022 年 6 月 15 日，川庆长庆钻井总公司举行西安片区首个健康小屋揭牌仪式　苏建军　摄

安全生产、企业管理、公益事业

1. 2022年1月11日，川庆钻探工程公司在成都召开2022年《集体合同》《女职工特殊权益保护专项集体合同》平等协商会议　谷学涛　摄
2. 2022年11月28日，西南油气田公司出版发行《西油工匠》劳模画册　丁扬阳　供
3. 2022年6月20日，西南油气田公司与贵州销售公司在成都联合开展消费帮扶产品推介会　韩　超　摄
4. 2022年3月28日，西南油气田公司在成都市召开“传承百年志、奋进新征程、建功500亿”团员青年动员大会暨青年马克思主义者培养工程启动会　杨舒然　摄
5. 2022年5月30日，川庆培训中心举办“透视现状，思辨未来”青年辩论活动　刘雪冬　摄
6. 2022年9月29日，中国石油西南华南片区党建工作协作区通过视频形式召开启动会　杨艺微　摄
7. 2022年6月27日，四川省职工职业技能大赛暨川庆钻探工程公司第六届石油钻井工（井控）职业技能比赛在川庆培训中心钻井实训井场开幕　余艾颖　摄

安全生产、企业管理、公益事业

1 2 7 8
3 4 9 10
5 6 11 12

1. 2022 年 9 月 7 日，西南油气田公司代表中国石油向四川省“9 · 5”泸定地震灾区捐款 敬宇翔 摄
2. 2022 年 10 月 11 日，西南油气田公司执行董事、党委书记姜鹏飞（左一）到四川省九龙县调研并捐赠定点帮扶资金 韩 超 摄
3. 2022 年 8 月 1 日，川庆巴基斯坦分公司发动众筹为当地抗洪受灾群众捐款 杨远程 摄

4. 2022 年 6 月 24 日，长宁公司实施“四川发布·精神午餐”公益读书项目在宜宾市兴文县古宋镇第二小学启动　廖姝程　摄
5. 2022 年 4 月 25 日，川庆安检院在广汉市开展“我为碳中和种树，绿色低碳在行动”全民义务植树活动　马瑞艺　摄
6. 2022 年 4 月 4 日，川庆长庆钻井总公司在庆阳市开展“缅怀先烈丰功伟绩，弘扬先烈革命精神”主题清明祭扫和“植绿、爱绿、护绿，我为碳中和种棵树”主题义务植树党日活动　高　岗　摄
7. 2022 年 3 月 11 日，西南油气田公司执行董事、党委书记姜鹏飞（左一）参加机关在成都开展的义务植树活动　敬宇翔　摄
8. 2022 年 3 月 25 日，川庆酒店管理公司在成都开展“植树践行低碳，共创绿色家园”活动　曾　琰　摄
9. 2022 年 5 月 9 日，川庆钻探工程公司与石渠县人民政府在成都召开定点帮扶工作推进会　卢　宏　摄
10. 2022 年 9 月 20 日，川庆培训中心志愿者获社区赠送“支援社区协助抗疫、爱心奉献共同发展”锦旗　王　云　摄
11. 2022 年 3 月 3 日，川庆长庆监督公司陇东区域青年志愿者在甘肃庆阳市镇原县屯字镇建华小学开展“学雷锋献爱心”助学活动　章占江　摄
12. 2022 年 8 月 30 日，川庆页岩气项目经理部与威远县教育和体育局联合召开爱心助学见面会　许晓天　摄

党建、精神文明建设

1 2 3 4 5 6 7 8

1. 2022 年 10 月 16 日，西南油气田公司在成都市集中组织收看党的二十大开幕式　郑海涛　摄
2. 2022 年 12 月 30 日，川庆钻探工程公司在成都市召开学习贯彻党的二十大精神宣讲报告会　卢　宏　摄
3. 2022 年 11 月 14 日，川庆钻探工程公司在成都市召开“青春理响”理论宣讲团组建暨党的二十大精神宣讲启动会。图为向“青春理响”理论宣讲团授旗　卢　宏　摄

4. 2022 年 1 月 12 日，西南油气田公司在成都市召开工作会上，表彰的先进集体和个人与领导合影　　韩　超　摄
5. 2022 年 7 月 1 日，西南油气田公司在成都市召开庆祝中国共产党成立 101 周年暨基层党建强基固本提升工程总结会　　杨艺微　摄
6. 2022 年 6 月 17 日，西南油气田公司机关党委在成都市召开机关第二次党代会　　敬宇翔　摄
7. 2022 年 4 月 15 日，西南油气田公司在成都市召开所属单位纪委书记 2021 年度述职视频会　　史汉宸　摄
8. 2022 年 4 月 28 日，川庆钻探工程公司在成都市召开第五届十大杰出青年表彰大会　　卢　宏　摄

党建、精神文明建设

1. 2022 年 6 月 21 日，西南油气田公司在成都市召开宣传思想文化工作会，表彰宣传思想工作先进单位　　敬宇翔　摄
2. 2022 年 5 月 31 日，川庆钻井液公司在成都市举办成立十周年座谈会暨 2021—2022 年“十大突出贡献职工”表彰仪式　　唐仪中　摄
3. 2022 年 7 月 12 日，川庆钻探工程公司执行董事、党委书记王治平（右九）带领班子成员、机关处（室）领导干部 30 余人到天府家风馆感悟廉洁文化、弘扬良好家风　　卢　宏　摄

4. 2022年5月10日，川庆长庆钻井总公司在西安市召开第三次党代会　　苏建军

5. 2022年10月24日，输气处工会在成都市以视频形式召开第五届会员代表大会第一次会议　　郑剑雄　摄

6. 2022年1月25日，西南油气田公司与川庆钻探工程公司在成都市联合举办老同志情况通报会暨迎春座谈会　韩　超　摄

7. 2022年1月25日，西南油气田公司与川庆钻探工程公司在成都市联合举办新年团拜会　　韩　超　摄

8. 2022年12月26日，西南油气田公司在成都市举办“党旗下的石油红”油气产量当量跨越3000万吨发布活动　丁扬阳　供

9. 2022年7月6日，西南油气田公司“青马工程”第一期示范培训班（理论）在成都市结业　　杨艺微　摄

1 2　7
3 4　8
5 6　9

党建、精神文明建设

1 2 7 8
3 4 9 10
5 6 11

1. 2022 年 4 月 28 日，川庆钻探工程公司在成都市举行“喜迎二十大、奋进新征程”为主题的庆“五一”先进劳模座谈会暨第十五批“工人先锋号”授牌仪式　　卢　宏　摄
2. 2022 年 7 月 1 日，川庆培训中心被成都市高新区党工委“两新”工委授予“成都高新区党建共建先进单位”称号　　余艾颖　摄
3. 2022 年 1 月 25 日，西南油气田公司执行董事、党委书记姜鹏飞（左二）、川庆钻探工程公司执行董事、党委书记王治平（左四）看望慰问离退休人员董金璧（左三）　　罗瑜晖　摄
4. 2022 年 10 月 13 日，川庆国际工程公司在成都举办第三届故事汇暨微电影《逐梦》首映式，其作品获中国石油微电影展播一等奖　　王轶林　摄
5. 2022 年 4 月 26 日，物资分公司在成都市举办第十四届青年论坛　　韩　真　摄

6. 2022 年 7 月 11 日，西南油气田公司在全国石油职工第二届广播体操网络公开赛中获混合团体组一等奖、混合创编组二等奖、混合团体组最佳人气奖、混合创编组最佳人气奖等奖项　丁扬阳　供
7. 2022 年 7 月 8 日，川庆川东钻探公司等单位组成的铁山坡党建联盟到四川省万源市罗文镇开展首次主题党日活动　薛　柯　摄
8. 2022 年 6 月 29 日，川西北气矿在四川广元市举办庆祝中国共产党成立 101 周年主题党日活动暨“征气驿道”投用仪式　张益瑞　摄
9. 2022 年 6 月 29 日，川庆长庆钻井总公司在城川革命历史和红色文化教育基地开展红色教育活动　李传华　摄
10. 2022 年 9 月 29 日，西南油气田公司组织员工到天府家风馆开展廉洁教育　王任杰　摄
11. 2022 年 11 月 7 日，川庆钻探工程公司在成都市启动首批技术工人疗休养活动　卢　宏　摄

1 2 4 5 3 6 7 8 9 10

党建、精神文明建设

1. 2022 年 7 月 15 日，西南油气田公司在勘研院举办“云游实验室”科普活动　　韩　超　摄
2. 2022 年 3 月 11 日，川庆川东钻探公司团建联盟在重庆市渝北区新葵幼儿园开展“享绿色、倡环保”主题青年志愿服务活动　　刘雨晴　摄
3. 2022 年 6 月 5—30 日，川庆钻探工程公司在川庆培训中心举办青年人才基础力夯筑训练班　　余艾颖　摄

4. 2022 年 3 月 7 日，川庆长庆固井公司青年志愿者到西安市长庆老年公寓慰问，聆听老石油人讲述征战油气田的峥嵘岁月　　郭旭亮　摄

5. 2022 年 3 月 30 日，川庆钻采院工会、团委在广汉市三水小学开展送温暖献爱心活动　　林　薇　摄

6. 2022 年 8 月 26 日，四川页岩气公司在泸县玄滩镇阳 101 脱水站开展"携手'童'行、共绘未来"主题活动　　陈　焘　摄

7. 2022 年 4 月 28 日，川庆长庆钻井总公司在西安市举办首届"钻塔杯"全民健身运动会　　苏建军　摄

8. 2022 年 1 月 6 日，西南油气田公司选送的微视频作品《矢志擒气龙、赤诚报国心》，在四川广播电视台举办的四川省国资系统庆祝中国共产党成立 100 周年微视频大赛颁奖典礼上获特等奖、最具艺术性作品奖　　魏艺萌　摄

9. 2022 年 10 月 17 日，西南油气田公司选送的作品《青山真情》在第九届亚洲微电影艺术节上获奖　　丁扬阳　供

10. 2022 年 1 月 25 日，川庆厄瓜多尔分公司志愿者参与春苗行动，为上千名中国同胞接种新冠疫苗　　李治伟　摄

亚洲微电影艺术节

中国石油天然气集团有限公司西南油气田公司川东北气矿：

贵单位报送的《青山真情》荣获"第九届亚洲微电影艺术节"

能源中国单元好作品

中国电视艺术家协会

2021年11月

《四川油气田年鉴》编纂委员会

主　任
何　骁　李雪岗

副主任
董焕忠　喻著成

委　员（以姓氏笔画为序）
万永生　马广文　王　欣　王　㛃　卢尚勇　付　强　冯　勐
朱　进　朱力洋　朱国武　刘力铭　刘怀平　刘思冬　刘晓天
刘海峰　李　林　李　银　李官华　杨　帅　杨　刚　杨再勇
杨洪志　肖玉辉　张　川　张　庆　张　英　张　明　张增年
陈力力　苟昭辉　罗　明　香　军　侯　斌　聂小明　党录瑞
钱　浩　徐　迪　徐非凡　黄　宁　黄雪松　董剑南　蒋国平
喻建胜　曾　剑　曾　翀　曾青松　谢祥锋　谢继容　蔡激扬
戴正海

《四川油气田年鉴》编辑部

主　编
代华明　卢尚勇

副主编
高　琼　刘思冬

编　辑
林　勇　孔令兴　闵　军　叶玉茹

审　核
段义贤

校　对
张　丽　刘　巍　李　红　皮淑慧　于　刚　佘　慧　高　攀

编辑说明

一、《四川油气田年鉴》（简称《年鉴》）为中国石油西南油气田公司和中国石油川庆钻探工程公司联合主办的大型专业年刊，是一部全面、系统、翔实记载四川油气田年度基本情况和发展状况的资料性工具书。年鉴编纂工作始终坚持以马克思列宁主义、毛泽东思想、邓小平理论、“三个代表”重要思想、科学发展观和习近平新时代中国特色社会主义思想为指导，遵循实事求是的原则，力求做到思想性、资料性、准确性和科学性的统一。

二、《年鉴》2023 卷为 1996 年创刊后连续编辑出版的第 28 卷，除彩版特刊、个别表格内容外，记事时限 2022 年 1 月 1 日至 12 月 31 日，记事范围为西南油气田公司和川庆钻探工程公司的作业区域。全书采用分类编纂，由综合情况、动态信息和辅助资料三大部分组成，设总述、特载、大事记、勘探・开发、工程技术服务、市场・营销、生产服务、质量安全环保・节能节水、科技・对外合作交流、企业管理、矿区服务・公益事业、党群工作・精神文明建设、单位概览、机构・人物、附录和索引等 23 个类目。

三、《年鉴》2023 卷采用全彩色设计，文字部分以类目、分目、条目分层设置，内容以条目体为主，辅以按类目标序的随文图表，特载、机构和附录中部分内容原文照录或选录；图片部分以铜版纸彩版和随文配彩照形式，专题化、形象化地突出企业的主营业务和年度特色，全方位反映四川油气田的年度大事、要事、特事。

四、为行文简洁，文中主要记事机构（单位）称谓按行业和系统惯例简称，并在书目前设置“主要记事机构（单位）称谓对照表”，多个称谓机构，按所设具体业务选取称谓。大事记中以“△”标示同日或同月，附录中设置“常用英文缩略词”，以利阅读、查对。书末设置索引，并附使用说明。

五、《年鉴》2023 卷刊用的稿件、资料、图片均由主办单位各部门和各单位提供、审核，记载的统计数据以主办单位统计部门提供的数据为准，统计部门未提供的数据，以主管部门的数据为准。

Declaration of the *Yearbook of Sichuan Oil and Gas Fields*

I. The Yearbook of Sichuan Oil and Gas Fields (hereinafter called the Yearbook) is sponsored by PetroChina Southwest Oil & Gasfield Company and CNPC Chuanqing Drilling Engineering Co., Ltd. It is a practical reference yearbook with complete and full-detailed information about what and how happened during the period of each year in Sichuan oil and gas fields. The Yearbook is compiled based upon the Marxism-Leninism, Mao Zedong Thought, Deng Xiaoping Theory, the important thought of "Three Represents", Scientific Outlook on Development, and Xi Jinping Thought on socialism with Chinese characteristics in the new era. And followed by the principle of seeking truth from facts, the Yearbook aims to achieve the unity of ideology, information, accuracy and scientificity.

Ⅱ. The Yearbook 2023 is the 28th volume in series started in 1996 which records, except for the contents of special color edition and individual tables, annual events and data from Jan. 1 to Dec. 31, 2022, which covers the operation areas of PetroChina Southwest Oil & Gasfield Company and CNPC Chuanqing Drilling Engineering Co., Ltd. This book consists of three main parts: general information, dynamic data, and reference materials. There are 23 columns including Overview, Features, Chronicle of Events, Exploration & Development, Engineering & Technical Services, Sales & Marketing, Production & Services, QHSE Management & Energy/Water Conservation, Science and Technology & Information & International Communication and Cooperation, Business Management, Community & Public Services, The Communist Party-Masses Work & Spiritual Civilization Construction, Outline of Companies, Organizations, Figures, Appendixes, and Special Collections in Pictures.

Ⅲ. The Yearbook 2023, full of substantial information with texts and full-color pictures, is compiled by categories in different columns. Except for the original manuscripts and the collected data in such columns as Feature, Organizations, Figures, Appendix and the additional Relevant Information, texts in the other columns are in the three-leveled structure of class heading, sub-head, and entry, being illustrated by graphs and charts. Pictures, inserted in some color pages or in the texts, can reflect more literally and vividly particular topics in series of annual events, important affairs, and achievements of each sector in Sichuan oil and gas fields operated by CNPC Chuanqing Drilling Engineering Co., Ltd. and PetroChina Southwest Oil & Gasfield Company.

Ⅳ. The Yearbook 2023, to be more compact in words, chooses the way to abbreviate the names of all involved organizations and companies according to the conventional or traditional naming ways. For the convenience of checking and searching, the symbol of "△" is used to mark the same day or the same month in the Chronicle of Events and the table of the Abbreviated Names of Main Organizations and Departments is inserted before the Contents as well as the Commonly Used Abbreviations and Acronyms in the Appendixes. In addition, the instructions are also included in the index attached to this book.

Ⅴ. The Yearbook 2023 collects data, materials and pictures from all the departments or offices of companies which have been reviewed by the leaders and have passed their confidential audit. Most statistical data are provided by the statistical departments of the sponsored companies, and the other data are also provided by the department in charge.

主要机构（单位）称谓对照表

全 称	简 称
中国石油天然气集团有限公司	集团公司或中国石油集团
中国东方电气集团有限公司	东方电气
国家石油天然气管网集团有限公司	国家管网集团
中国石油天然气股份有限公司	股份公司或中国石油
中国石油川渝地区石油企业协调组	川渝协调组
四川石油管理局有限公司	四川石油管理局
中国石油集团油田技术服务有限公司	中油技服
中国石油天然气股份有限公司西南油气田分公司	西南油气田公司
中国石油天然气集团公司川庆钻探工程有限公司	川庆钻探工程公司
中国石油天然气集团公司天然气销售川渝分公司	天然气销售川渝分公司
中国石油天然气集团公司川渝页岩气前线指挥部	川渝页岩气前线指挥部
中国石油天然气股份有限公司西南油气田分公司川中油气矿	川中油气矿
中国石油天然气股份有限公司西南油气田分公司重庆气矿	重庆气矿
中国石油天然气股份有限公司西南油气田分公司蜀南气矿	蜀南气矿
中国石油天然气股份有限公司西南油气田分公司川西北气矿	川西北气矿
中国石油天然气股份有限公司西南油气田分公司川东北气矿	川东北气矿
中国石油天然气股份有限公司西南油气田分公司川中北部采气管理处	川中北部采气处
中国石油天然气股份有限公司西南油气田分公司输气管理处	输气处
重庆相国寺储气库有限公司	相国寺储气库公司
中国石油天然气股份有限公司西南油气田分公司天然气净化总厂	天然气净化总厂
中国石油天然气股份有限公司西南油气田分公司成都天然气化工总厂	成化总厂
中国石油天然气股份有限公司西南油气田分公司川东北作业分公司	川东北作业分公司
四川长宁天然气开发有限责任公司	长宁公司
中国石油天然气股份有限公司西南油气田分公司勘探开发研究院	勘研院
中国石油天然气股份有限公司西南油气田分公司天然气研究院	天研院
中国石油天然气股份有限公司西南油气田分公司工程技术研究院	工程院
中国石油天然气股份有限公司西南油气田分公司安全环保与技术监督研究院	安研院
中国石油天然气股份有限公司西南油气田分公司页岩气研究院	页岩气研究院
中国石油天然气股份有限公司西南油气田分公司集输工程技术研究所	集输工程所

全 称	简 称
中国石油天然气股份有限公司西南油气田分公司天然气经济研究所	经研所
中国石油天然气股份有限公司西南油气田分公司勘探事业部	勘探事业部
中国石油天然气股份有限公司西南油气田分公司开发事业部	开发事业部
中国石油天然气股份有限公司西南油气田分公司重庆页岩气勘探开发有限责任公司	重庆页岩气公司
中国石油天然气股份有限公司西南油气田分公司四川页岩气勘探开发有限责任公司	四川页岩气公司
中国石油天然气股份有限公司西南油气田分公司新能源事业部	新能源事业部
中国石油天然气股份有限公司西南油气田分公司致密油气勘探开发项目部	致密油气项目部
中国石油天然气股份有限公司西南油气田分公司通信与信息技术中心	信通中心
中国石油西南油气田燃气分公司	燃气分公司
中国石油天然气股份有限公司西南油气田分公司新闻中心	新闻中心
四川华油集团有限责任公司	华油公司
四川川港燃气有限责任公司	川港燃气公司
中国石油天然气股份有限公司西南油气田分公司物资分公司	物资分公司
四川家益石油房地产开发有限责任公司	家益公司
四川华成油气工程建设监理有限公司	华成监理公司
中国石油天然气集团公司重庆地区石油企业工作协调小组	重庆协调小组
中国石油天然气股份有限公司西南油气田分公司综合服务中心	综合服务中心
四川宝石花鑫盛油气运营服务有限公司	宝石花油服公司
中国石油天然气股份有限公司西南油气田分公司宝石花汽车服务公司	宝石花汽车服务公司
四川宝石花医疗管理有限公司	宝石花医疗公司
中国石油天然气集团公司川庆钻探工程有限公司长庆指挥部	川庆长庆指挥部
中国石油天然气集团公司川庆钻探工程有限公司川东钻探公司	川庆川东钻探公司
中国石油天然气集团公司川庆钻探工程有限公司川西钻探公司	川庆川西钻探公司
中国石油天然气集团公司川庆钻探工程有限公司长庆钻井总公司	川庆长庆钻井总公司
中国石油天然气集团公司川庆钻探工程有限公司新疆分公司	川庆新疆分公司
中国石油天然气集团公司川庆钻探工程有限公司国际工程公司	川庆国际工程公司
中国石油天然气集团公司川庆钻探工程有限公司苏里格项目经理部	川庆苏里格项目经理部
中国石油天然气集团公司川庆钻探工程有限公司井下作业公司	川庆井下作业公司
中国石油天然气集团公司川庆钻探工程有限公司长庆井下技术作业公司	川庆长庆井下技术作业公司
中国石油天然气集团公司川庆钻探工程有限公司试修公司	川庆试修公司
中国石油天然气集团公司川庆钻探工程有限公司长庆固井公司	川庆长庆固井公司

全称	简称
中国石油天然气集团公司川庆钻探工程有限公司钻采工艺技术研究院	川庆钻采院
中国石油天然气集团公司川庆钻探工程有限公司地质勘探开发研究院	川庆地研院
中国石油天然气集团公司川庆钻探工程有限公司安全环保质量监督检测研究院	川庆安检院
四川蜀渝石油建筑安装工程有限责任公司	川庆蜀渝公司
中国石油天然气集团公司川庆钻探工程有限公司重庆运输总公司	川庆重庆运输公司
中国石油天然气集团公司川庆钻探工程有限公司长庆石油工程监督公司	川庆长庆监督公司
中国石油天然气集团公司川庆钻探工程有限公司钻井液技术服务公司	川庆钻井液公司
中国石油天然气集团公司川庆钻探工程公司页岩气勘探开发项目经理部	川庆页岩气项目经理部
中国石油天然气集团公司川庆钻探工程有限公司页岩气工程项目部	川庆页岩气工程项目部
中国石油井控应急救援响应中心	川庆井控应急救援中心
四川越盛能源集团有限公司	川庆越盛公司
中国石油天然气集团公司川庆钻探工程有限公司纪检审计中心	川庆纪检审计中心
中国石油天然气集团公司川庆钻探工程有限公司培训中心	川庆培训中心
中国石油天然气集团公司川庆钻探工程有限公司酒店管理公司	川庆酒店管理公司
中国石油天然气集团公司工程设计有限责任公司西南分公司	CPE 西南分公司
中国石油天然气集团公司西部钻探工程有限公司	西部钻探工程公司
中国石油天然气集团公司长城钻探工程有限公司	长城钻探工程公司
中国石油天然气集团公司渤海钻探工程有限公司	渤海钻探工程公司
中国石油天然气集团公司海洋工程有限公司	海洋工程公司
中国石油天然气股份有限公司勘探与生产分公司	勘探与生产分公司
中国石油天然气股份有限公司天然气与管道公司	天然气与管道公司
中国石油天然气股份有限公司工程技术分公司	工程技术分公司
大庆油田有限责任公司	大庆油田公司
中国石油天然气股份有限公司华北油田分公司	华北油田公司
中国石油天然气股份有限公司大港油田分公司	大港油田公司
中国石油天然气股份有限公司长庆油田分公司	长庆油田公司
中国石油天然气股份有限公司新疆油田分公司	新疆油田公司
中国石油天然气股份有限公司塔里木油气田分公司	塔里木油田公司
中国石油天然气股份有限公司浙江油田分公司	浙江油田公司
中国石油天然气股份有限公司西南管道公司	西南管道公司
中国石油天然气股份有限公司西部管道分公司	西部管道公司

全 称	简 称
中国石油天然气股份有限公司四川销售分公司	四川销售公司
中国石油天然气股份有限公司重庆销售分公司	重庆销售公司
中国石油天然气股份有限公司西南化工销售分公司	西南化工销售公司
中国石油天然气股份有限公司四川石化有限责任公司	四川石化公司
中国石油集团东方地球物理勘探有限责任公司	东方地球物理勘探公司
中国石油国际勘探开发有限公司	中油国际公司
中国石油化工集团公司	中国石化集团
中国石油化工股份有限公司	中国石化
中国石油天然气股份有限公司宝鸡石油机械有限责任公司	宝石机械公司
川油广汉宏华有限公司	宏华公司
中国石油天然气股份有限公司西南油气田重庆分公司	西南油气田重庆分公司
中国海洋石油总公司	中国海油
中国华油集团公司	华油集团
昆仑能源有限公司	昆仑能源公司
中国石油天然气集团公司办公厅	集团公司办公厅
中国石油报四川记者站	记者站
中国共产党四川省委员会	中共四川省委
四川省人民政府	四川省政府
中国共产党重庆市委员会	中共重庆市委
重庆市人民政府	重庆市政府
中国共产党成都市委员会	中共成都市委
成都市人民政府	成都市政府
国有资产监督管理委员会	国资委
经济和信息化委员会	经信委
发展与改革委员会	发改委
安全生产监督管理局	安监局
安全生产管理委员会	安委会

目　录

图片特辑

总　述

特　载

大 事 记

勘探 · 开发

工程技术服务

市场 · 营销

生产服务

质量安全环保·节能节水

科技 · 对外合作与交流

企业管理

单位概览

机构·人物

附　录

索引

CONTENTS

Business Management

Community & Public Services

The Communist Party-Masses Work / Spiritual Civilization Construction

Outline of Companies

Organizations & Figures

Appendixes

Index

总　述

Overview

四川油气田概述

【概貌】 四川油气田是指位于中国西南四川盆地以天然气为主、石油为辅的油气产区，横跨四川省、重庆市，在四川盆地有矿权面积10.33万平方千米，是中国重要天然气工业基地。2004年，四川油气田建成国内首个天然气年产量上100亿立方米的大气区，实现“川气出川”；2006年，成为国内首个以生产天然气为主的千万吨级大油气田。历年累计生产天然气5 752亿立方米、石油695万吨。四川油气田油气业务由西南油气田公司和川庆钻探工程公司承担。

西南油气田公司是中国石油天然气集团有限公司在西南地区最大的天然气生产、供应企业，主要负责四川盆地油气勘探开发、天然气输配和终端销售业务。是中国天然气工业的奠基者和技术标准的主要制定者，也是国内唯一具有天然气上、中、下游一体化发展特色和优势的地区公司。油气生产主要分布于川中、蜀南、重庆、川西北、川东北5个油气区，天然气年生产能力超过400亿立方米，石油年生产能力5万吨。有油气田内部近7万千米的集气、输气、燃气管道和1座最大应急日采气能力3 100万立方米的储气库；区域管网通过中（卫）贵（阳）线和忠（县）武（汉）线与中亚、中缅、西气东输等骨干管道连接，是中国能源战略通道的西南枢纽，年综合输配气能力超过440亿立方米。2022年，西南油气田天然气产量383.35亿立方米，在川渝地区天然气销量305.9亿立方米，产量和销量均创历史新高，生产石油液体6.96万吨，油气产量当量3 061.8万吨，成为集团公司第四个跨入3 000万吨油气产量当量行列的大油气田。川南页岩气储量、产量跃居国内第一，建成国内首个千万吨级页岩气田。西南油气田公司所产天然气主要销往川、渝地区，并辐射滇、黔、鄂、湘等省、市，有1 000余家大中型工业用户和2 500多万户居民家庭，以及1万多家公用事业用户。天然气在川渝地区市场占有率始终保持在75%以上，在一次能源消费结构中占12%，高于全国5.9%的平均水平，行业利用率80%。2022年，西南油气田公司在四川省企业100强中排名第16位，在成都市企业100强中排名第9位。

川庆钻探工程公司是集团公司全资工程技术服务企业，享有独立对外经济贸易和经济技术合作业务权。主营钻井工程、录井、固井、储层改造、试油修井及油气合作开发等业务，国内市场主要服务于西南油气田公司、长庆油田公司、塔里木油田公司，作业区域分布于四川、重庆、陕西、甘肃、宁夏、内蒙古、新疆7个省（自治区、直辖市）；海外市场主要集中在土库曼斯坦、巴基斯坦、厄瓜多尔等国家，同时服务于壳牌、道达尔等国内反承包项目及地方企业。2022年，完成钻井进尺759万米，压裂酸化1.55万层次，生产天然气45.1亿立方米。实现营业收入376亿元，利润总额3.85亿元。2022年，川庆钻探工程公司在四川省企业100强中排名第27位，在成都市企业100强中排名第18位。（叶玉茹　汪亚军）

【油气层系】 截至2022年底，四川盆地（简称盆地）内发现油气储层29套（图1），绝大多数气田都具有至少两个或两个以上的气层或气藏。四川盆地基底为前震旦系变质岩或岩浆岩，其上为总厚0.6万～1.2万米的沉积盖层。其中，震旦系至中三叠统为海相沉积，厚4 000～7 000米，以碳酸盐岩为主。震旦系分为上、下两统，震旦系下统在盆地内局部分布，厚度较小，只在川东北、川东南、鄂西及黔东等凹陷有沉积，盆地外围分布较广；上统在盆地内发育良好，岩性、岩相及厚度分布较稳定。寒武系、奥陶系、志留系在四川盆地内广泛分布，属地台型沉积，乐山—龙女寺古隆起区存在不同程度剥蚀。泥盆系、石炭系在盆地内大面积缺失，泥盆系只在盆地西部边缘有沉积，石炭系分布在盆地东部和西部盆缘区。二叠系在盆地内广泛分布，其中阳新统以海相碳酸盐岩为主，乐平统岩相分异明显，盆地西南部分布玄武岩和陆相沉积。三叠系中下统为一套局限海台地沉积，膏岩分布广，厚度也较大。三叠系上统为海陆过渡相含煤沉积，以碎屑岩为主，厚250～3 000米。侏罗系—第四系全为陆相碎屑岩，厚2 000～5 000米，其中侏罗系在盆地均有分布，白垩

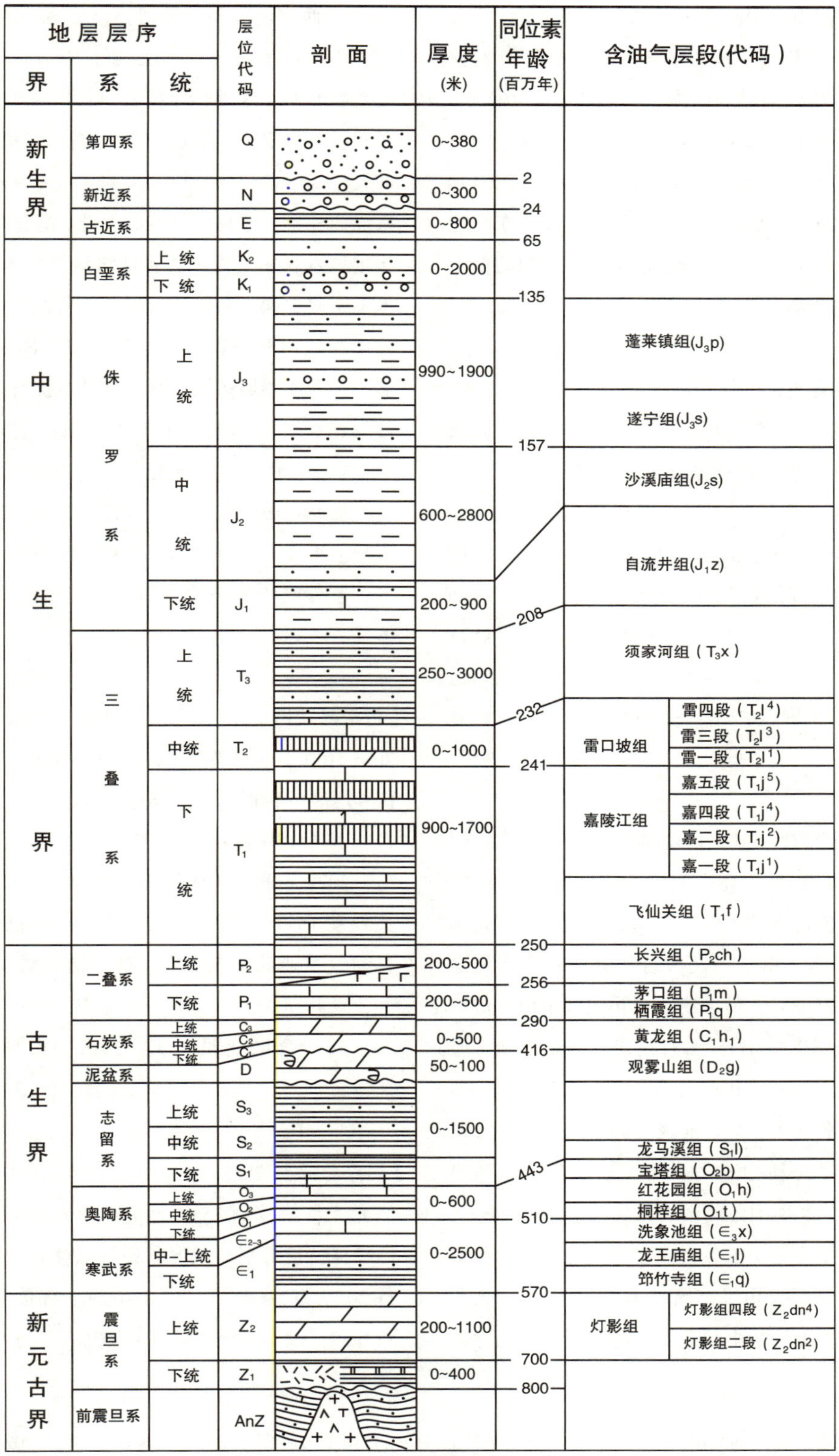

图 1 四川盆地油气储层地质层系图

系分布在川北、川西南、川南地区，其余地区缺失。古近系—新近系主要由冲积扇、河流洪积的砂泥岩及砾石组成，第四系分布在现代河流的两岸，一般厚 0 ~ 100 米。盆地内已探明常规气田和非常规油气田 135 个（含中国石化及中国石油各勘探公司发现的油气田），其中气田 130 个、油田 6 个，分布在盆地五大构造区域内，即川东高陡褶皱带、川南低陡褶皱带、川西南低陡褶皱带、川北低平褶皱带、川中平缓褶皱带。（周　刚）

【油气资源】 四川盆地天然气资源总量 38.8 万亿立方米，四川油气田在四川盆地有常规天然气和致密气总资源量 13.38 万亿立方米，页岩气总资源量 17.29 万亿立方米。截至 2022 年底，四川油气田在四川盆地登记常规天然气和页岩气矿业权项目 155 个，总面积 10.33 万平方千米，矿权范围内资源量 30.7 万亿立方米。当年新增天然气三级储量超万亿立方米（含页岩气），其中探明天然气地质储量 3 241 亿立方米（含页岩气），连续 19 年实现天然气储量高峰增长，历年累计获探明天然气地质储量 43 191.5 亿立方米（含页岩气）。（周玉彬）

【科技资源】 截至 2022 年底，西南油气田公司形成以组织、技术、平台和保障四大体系为核心的科技创新体系，与西南石油大学、成都理工大学、中国石油大学（北京）、中国石油大学（华东）等 5 所高校合作共建 6 个四川盆地（特色技术）研究中心，借助集团公司内部单位优势资源，成立“四大技术支持中心”，打造出“理论创新 + 应用试验 + 成果转化”的一体化产研平台。有直属科研院所 7 家，国家级实验平台 2 个、省部级实验平台 3 个、公司级实验平台 13 个，博士后工作站 1 个（分站 7 个）。科研工作者 2 800 余人，享受国务院政府特殊津贴专家 11 人，在聘集团公司级技术专家 2 人，集团公司技能专家工作室 4 个；在聘西南油气田公司级首席技术专家 14 人，企业高级专家 18 人，一级工程师 113 人；集团公司技能专家 12 人、西南油气田公司级技能专家 52 人、高级技师 166 人、资深技师 58 人。2022 年，申请国家专利 378 件，授权发明专利 128 件，年授权量首次突破 100 件。6 件国外专利通过集团公司审查，其中首件国际标准必要专利“一种天然气中含硫化合物含量的火焰光度在线检测的方法及系统”获批，授权国外专利 5 件。登记软件著作权 50 件，认定技术秘密 2 件。获省部级科学技术进步奖 19 项、技术发明奖 3 项，获集团公司基础研究奖 2 项。西南油气田公司油气田开发首席专家胡勇获集团公司首届突出贡献奖。在勘探领域拓展、开发井产量提升、致密气规模效益开发、页岩气 EUR 提升等方面取得重大突破，完善“断层—岩性控圈、立体成藏、复式聚集”成藏理论，形成常规气强非均质性气藏精细描述等技术、致密气优质储层精细预测等技术、页岩气“甜点”区评价与井网优化部署技术、紫外吸收光谱法分析硫化氢检测技术等代表性技术体系。（孔　玲　闵怡薇）

【机构与队伍】 2022 年底，西南油气田公司设置机关职能处室 16 个、机关附属机构 2 个、直属机构 11 个、二级单位 44 家；有在册员工 28 966 人，其中合同化员工 24 101 人、市场化用工 4 865 人[1]。

2022 年底，川庆钻探工程公司有二级单位 25 家、机关处室 15 个、机关附属机构 9 个、机关直属机构 3 个。有油气主业队伍 839 个，其中钻井队 313 个、固井队 17 个、录井队 182 个、井下作业队 98 个。员工总量 25 016 人，其中合同化员工 17 522 人、市场化用工 7 494 人。（闵怡薇　周漳睿）

【资产总况】 2022 年底，西南油气田公司资产总额 1 458.15 亿元，负债总额 354.9 亿元，所有者权益 1 103.25 亿元，持续保持良好财务状况。设备综合管理系统 2.0 中在册设备 20.23 万台，原值 161.03 亿元，净值 91.7 亿元，新度系数 0.57，设备综合完好率 99.03%，综合利用率 61.6%，平

[1] 勘误：2022 卷该条目西南油气田公司在册员工、合同化员工、市场化用工人数统计有误，正确内容应为“2021 年底，西南油气田公司在册员工 29 894 人，其中合同化员工 25 284 人、市场化用工 4 610 人。”

均故障停机率0.08%，维修费用率2.19%，重特大设备事故为0。

2022年底，川庆钻探工程公司资产总额391亿元。有主要生产设备9 326台（套），其中集团公司在编钻机272台（含5 000米及以上钻机197台）；固井专业含水泥车202台，橇装固井机2台；井下专业含压裂车（橇）270台、修井机128台；综合录井仪130套，各类车辆680台。设备新度系数0.29。 （罗潇寒 樊 勇）

【历史沿革】 四川油气田历史悠久，油气生产管理机构可追溯至1949年11月西南军政委员会工业部接管的中国石油有限公司四川油矿探勘处和重庆营业所。1950年7月1日，四川油矿探勘处和重庆营业所合并，设立中华人民共和国成立后四川第一个石油机构——中央燃料工业部石油管理总局重庆办事处，统一管理四川石油探勘和物资转运工作。1952年6月，中央财经委决定，重庆办事处划归西南军政委员会工业部直接领导，但行政上仍接受中央燃料工业部和西南军政委员会工业部双重领导。11月，中央燃料工业部石油管理总局撤销重庆办事处，成立西南军政委员会工业部西南石油探勘处。1954年4月，中央燃料工业部石油管理总局撤销西南石油探勘处，分别成立西南石油钻探处和地质处，负责西南地区的钻探和地质工作。1955年5月，鉴于钻井和地质工作因归口不同部门管理而带来协调难度较大的问题，中央燃料工业部石油管理总局合并西南石油钻探处和地质处，成立四川石油探勘局（行政级别局级），统一领导四川地区石油地质、钻探及隆昌炭黑厂生产。当年9月，四川石油探勘局划归新成立的石油工业部领导，11月更名为四川石油勘探局，机关设在成都市小关庙街附4号，1957年秋迁往成都市府青路一段3号。1958年5月，四川石油勘探局改组为四川石油管理局（行政级别正局级），统一领导四川、云南、贵州、广西地区的石油地质勘查、钻探、油气开发等工作。1958年11月—1967年1月，因生产工作需要，先后成立的川中会战总指挥部（1958年11月—1959年3月）和四川石油会战指挥部（1966年2月—1967年1月），均为会战时期的临时行政管理机构，对外仍称四川石油管理局。

1967年3月，四川石油管理局军事管制委员会成立。1968年10月，经四川省革命委员会批准，四川石油管理局革命委员会成立，与军管会并存，实行革委会一元化领导。1969年3月11日，中共四川石油管理局革命委员会核心小组成立。1970年5月，经四川省革命委员会核心领导小组批准，四川石油管理局革命委员会核心领导小组成立。同年7月1日，经国务院批准，四川石油管理局下放给四川省管理，实行省、部双重管理，以地方为主的领导体制，业务上由新成立的燃料化学工业部管理，同时更名为四川省石油管理局。1974年3月，经中共四川省委同意，四川省石油管理局军事管制委员会撤销。1978年7月，经中共四川省委批准，四川石油管理局不再沿用革委会体制，将行政名称由四川省石油管理局革命委员会改为四川省石油管理局，实行党委领导下的局长分工负责制。1979年7月，四川省革委会、石油工业部党组决定，四川省石油管理局恢复为四川石油管理局，仍实行石油工业部和四川省双重领导，恢复以部管为主的管理体制。其后，四川石油管理局先后历经中国石油天然气总公司和中国石油天然气集团公司的领导，其工作职责、行政级别和机关所在地均未变化。

1999年7月18日，集团公司批准四川石油管理局重组改制方案，油气勘探、开发、管输、炼化、营销、部分科研业务等核心业务划入新成立的中国石油四川油田公司，工程技术服务、加工制造、生产服务、多种经营和社会服务等非核心业务仍由四川石油管理局管理，四川石油管理局享有独立对外经济贸易和技术经济合作业务权。10月20日，经集团公司批准，中国石油四川油田公司更名为中国石油西南油气田公司；12月24日，按照股份公司统一规定，股份公司西南油气田公司更名为股份公司西南油气田分公司。2000年1月1日，西南油气田分公司和四川石油管理局开始独立运作。西南油气田分公司作为股份公司所属地区分公司，行政上由股份公司直接领导，业务上由勘探与生产分公司归口管理。

按照集团公司集约化、专业化、一体化整体协调发展的体制改革总体思路，为适应建设综合性国际能源公司的战略需要，2008 年 2 月 25 日，由原四川石油管理局、长庆石油勘探局及塔里木油田的工程技术等相关业务单位组建成立川庆钻探工程公司，将四川石油管理局所属的 20 家单位划转新组建的川庆钻探工程公司，同时授权西南油气田分公司对重组后的四川石油管理局业务、资产、人员实施全面委托管理，实行“一个领导班子、一套机关职能、一体化运作、分账核算”的管理体制，保留四川石油管理局独立法人、工商税务登记资格。至此，西南油气田分公司和川庆钻探工程公司分别成为股份公司和集团公司在四川油气田的地区公司与直属单位。

按照集团公司天然气销售体制改革精神，2016 年 11 月，天然气销售西南分公司成立（正局级），与西南油气田公司一体化运行，下设云南、贵州、广西 3 个分公司和重庆、成都、泸州、遂宁、绵阳、达州 6 个销售部，主要负责川、渝、滇、黔、桂五省（自治区、直辖市）的天然气市场开发、营销管理、资源平衡，以及终端销售业务合作和管网规划运行的具体衔接协调工作。2017 年 11 月底，四川石油管理局完成公司制改制，更名为四川石油管理局有限公司。同年 12 月 26 日，按照集团公司工程技术板块改革重组部署，川庆钻探工程公司将所属物探公司、测井公司、油建公司、科宏公司、佳诚检测公司等 5 家单位分别移交东方地球物理勘探有限责任公司、测井有限公司、工程建设有限公司。

2018 年 10 月，股份公司调整天然气销售管理体制，天然气营销系统实行一系列机构整合与区域调整，中国石油天然气股份有限公司天然气销售西南分公司更名为中国石油天然气股份有限公司天然气销售川渝分公司，依托西南油气田公司设立，业务上由天然气销售分公司（昆仑能源有限公司）管理，业务范围由统一管理川、渝、滇、黔、桂天然气市场变更为统一管理川渝天然气市场，实行独立经营、独立核算。工商注册时间 2018 年 11 月 27 日，执行时间 2019 年 1 月 1 日。

2022 年 1 月，川庆钻探工程公司股东由集团公司变更为中油技服。

四川地区油气业务管理沿革情况见图 2。（闵　军）

年度工作概述

【经营业绩】 2022 年，西南油气田公司天然气产量 383.35 亿立方米，创历史新高；川渝地区天然气销售量 305.9 亿立方米；生产石油液体 6.96 万吨。全年实现税前利润 134.76 亿元，同比增长 10.47%，经济增加值 106.49 亿元，投资回报率 12.14%。缴纳税费 69.93 亿元。

2022 年，川庆钻探工程公司完成钻井进尺 759 万米，同比增长 14.8%；压裂酸化 1.55 万层次，增长 25%；生产天然气 45.1 亿立方米，增长 2.3%，再创历史新高。实现营业收入 376 亿元，利润总额 3.85 亿元。缴纳税费 2.9 亿元。（钟　宁　汪亚军）

【油气勘探】 2022 年，西南油气田公司在页岩气、蓬莱气区、致密气、盆地二叠系等领域取得系列新成果，探明天然气地质储量 3 241 亿立方米（含页岩气）、SEC 储量 763 亿立方米，均居集团公司之首，6 项成果获集团公司表彰奖励。页岩气领域取得重大突破。大页 1H 井吴家坪组钻遇优质页岩气储层 13 米，测试获日产气 32.1 万立方米，估算有利区资源量超万亿立方米，获集团公司油气勘探重大发现成果特等奖。推进深层页岩气集中评价，自 201 井区新增页岩气探明地质储量 671 亿立方米，获集团公司油气勘探重大发现成果二等奖。蓬莱气区立体勘探取得重要成果。蓬探 1 井区灯影组二段实现规模效益增储，新增探明天然气地质储量 1 284 亿立方米；东坝 1 井区灯影组四段、龙王庙组首获工业气流，获集团公司油气勘探重大发现成果一等奖。蓬莱气区震旦系—下古生界已获地质储量 7 964 亿立方米，万亿立方米储量基础进一步夯实。致密气勘探开发一体化取得成效。天府气区沙溪庙组实现规模增储，新增探明天然气地质储量 770 亿立方米，两年时间高效探明千亿立方米大气田；须家河组获重要新发现，永浅 1 井测试获日产气 31.3 万立方米。天府气区致密气勘探获集团公司油气勘探重大发现成果三等奖。盆地二叠系勘

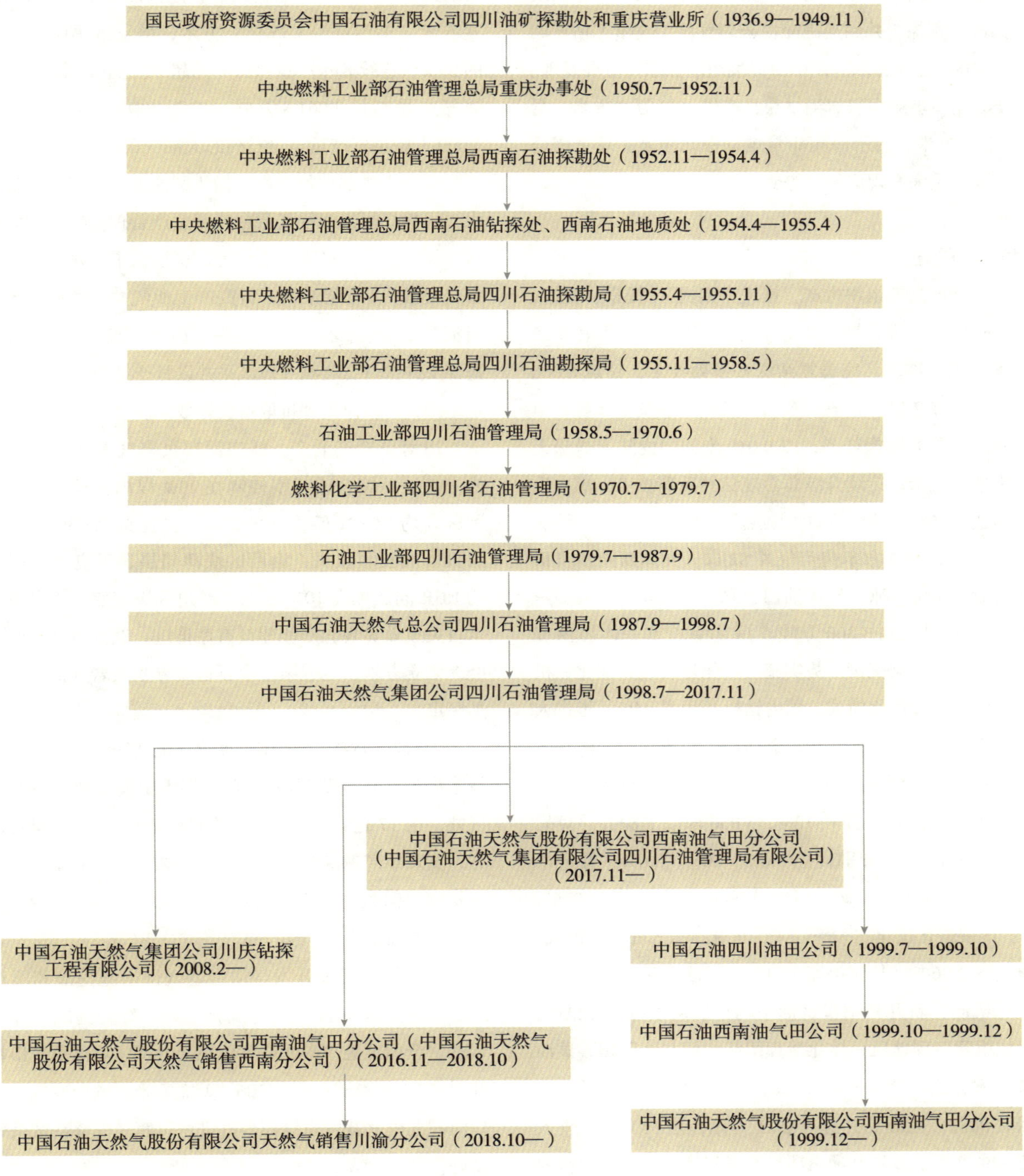

图2 四川地区油气业务管理沿革图

探取得重要进展。川中茅口组新获3口工业气井，多口井钻遇气层，落实龙女寺—南充、角探1井区两大千亿级规模增储区。宜探1井钻遇礁滩白云岩气层188米，估算储量规模1 000亿立方米。川中雷口坡组勘探取得重要发现。充探1井雷口坡组泥灰岩测试获日产气10.9万立方米、凝析油47立方米，揭示海相非常规勘探新领域，获集团公司油气勘探重大发现成果二等奖。（叶玉茹）

【工程技术服务】2022年，川庆钻探工程公司坚持协调、共享、均衡、高效组织生产，推进“四提”（提素、提速、提质、提效）工程，钻完井整体提速8%，创指标纪录55项。围绕生产需求，完善复杂深井系列技术，钻成8 000米以上超深井7口，完成川东北、长庆盐下及土库曼斯坦高含硫高风险井钻探任务，以9 010米创国内陆上最深天然气水平井纪录；持续升级非常规钻井系列技术，川中致密气提速36.5%，平均单井无阻流量103万米³/日。钻成无阻流量超百万立方米高产气井82口，支撑西南油气田公司跨越3 000万吨、长庆油田公司突破6 500万吨、塔里木油田公司达到3 300万吨。深化甲乙方一体协同提效，结合新冠肺炎疫情形势实施生产闭环管理，优化钻机套搬、分段钻井作业模式，国内钻机利用率94%。推进人员、物资、设施、基地共享，盘活用工。成立亏损治理专班，对口帮促、精准施策，工程技术业务实现整体减亏。钻完井平均单队进尺提升12%，5 000米以上深井、页岩气井、致密油气井分别提速6.6%、10%、8.6%；推进单井创效，平均单井周期、可控成本达标率分别为72%、62%。压裂酸化优化“大平台+工厂化+长水平段”模式，压裂效率2.06段/日、提速15.1%。试油修井建立预警纠偏运行机制，新开井钻机试油平均单层周期减少12.8%。跨单位组建工程地质一体化治理团队，钻井、压裂、试油故障时率分别下降8.5%、9.5%、6.3%。海外业务抓住市场回暖机遇，完成钻井进尺21.1万米，增长17%，收入增长34%；厄瓜多尔P油田项目产量稳居该国同期运行的老油田增产项目首位。（汪亚军）

【天然气开发】2022年，西南油气田公司坚持提产提效、控减提率，在川中古隆起、川南页岩气、致密气和老区气田的天然气生产取得新进展。新建天然气年产能104.7亿立方米，年产量383.35亿立方米，增量占集团公司增量的38%，连续8年产量保持年均超30亿立方米高速增长，油气产量当量3 061.8万吨，成为集团公司第四个跨入3 000万吨油气产量当量行列的大油气田。

川中古隆起评价上产。做优磨溪龙王庙组气藏整体治水，精细灯影组四段气藏台缘带生产管理，年产能力连续两年保持在150亿立方米以上。多层系未开发区评价取得多点突破，4套层系获8口高产工业气井，磨溪145井无阻流量281.8万米³/日。蓬莱气田实施勘探开发一体化，蓬探1井区灯二气藏3口试采井以日产量69.5万立方米稳定生产，开发早期评价取得良好效果。

川南页岩气上产。抓中深层页岩气老井产能维护和外围拓展，综合递减率控制在20%以内，长宁、威远外围区井均EUR（最终可采储量）同比提高15%。强化深层页岩气技术攻关，渝西区块薄储层、正应力态区域井均EUR同比提高10%以上，泸州区块套变、压窜防治技术攻关成效显现，产能建设有序推进，获批方案年产规模85.5亿立方米，建成第二个百亿立方米页岩气田的信心更加坚定。

天府气田致密气一体化评价。配套完善四大开发主体技术序列，在金秋区块培育39口无阻流量超百万立方米气井，用17亿立方米开发工作量建成23亿立方米年产能力，实现年产量翻两番。加快平面拓区、纵向拓层，简阳区块须家河组、梓潼区块沙一段多口井获高产工业气流，增储上产前景广阔。

老区气田精细开发。加强老气田措施挖潜和滚动扩边，全面实施40亿立方米稳产工程，综合递减率控制在7.2%。全面推进川东北高含硫稳产上产，罗家寨气田补充井罗家24井测试日产量206.7万立方米，铁山坡气田和渡口河—七里北开发建设稳步推进。川西二三叠系试采效果良好，全面建成20亿立方米年产能。（叶玉茹）

【油气合作开发】2022年，川庆钻探工程公司克服资源品位下降、限电控产、外输不畅等困难，深化“三个一体化”，威远页岩气年产量连续8年增长，苏里格致密气年产量在连续11年稳产18亿立方米的基础上再上19亿立方米。在威远页岩气风险合作区块，平均水平段长首次突破1 900米，4米箱体钻遇率97.3%，完钻井平均周期59.6天，均创历年最优；加砂强度、液体效率创历年新高，28口测试井平均单井产量25.6万米^3/日，提高15.4%，建成3个100万立方米平台，创川渝地区页岩气最大丛式井平台（12口井）纪录；措施增产4.5亿立方米，累计生产页岩气26亿立方米，增长2.8%。在苏里格合作区块，总结形成“高产井”捕获模式，动态Ⅰ类+Ⅱ类井比例提高8.3%，测试获无阻流量超百万立方米气井9口，“西进”战略取得重大成果；措施增产4亿立方米，递减率控制在18.6%，累计生产天然气19.1亿立方米、同比增长1.7%，凝析油1.27万吨、同比增长15%。在老区挖潜合作，川渝地区优选5个区块53口井，加强先导性试验评价，累计增产天然气561万立方米、石油液体产品82吨。

（汪亚军）

【天然气销售】 2022年，西南油气田公司把握产运储销一体化优势，动态组织、优化资源，科学平衡资源配置，实现产业链、供应链平稳高效运行。在川渝地区天然气销量305.9亿立方米，最高日销量1.04亿立方米，销售均价同比上涨0.25元/米^3，市场占有率始终保持在75%以上，持续巩固西南地区最大天然气生产和供应企业领跑地位。面对高温、限电、疫情、地震等不利影响，实时调整生产节奏，采取降管存、增销量、控代输、提上载等措施，实现产量超计划完成，日产量最高1.18亿立方米。按期投运威远—泸县、威远—乐山等重点气田采输管道和地面工程，新增川南页岩气集输能力100亿米^3/年，保障产能高效发挥。研判供需形势，灵活实施压非保民、价价联动等营销策略，最大程度发挥可中断客户“削峰填谷”作用，保障需求侧稳定可靠。主动配合地方人民政府招商引资，在四川泸县、都江堰、古蔺等新区推进终端燃气市场整合，新增市场规模50亿米^3/年，持续扩大市场后路。高效组织资源，发挥相国寺储气库调峰保供作用，精细优化注采运行，实现能注尽注、应采尽采，全年注气27.4亿立方米、采气23.8亿立方米，均创历史新高。按照“确保上载、兼顾西南”原则，全年向国家管网集团上载天然气94.6亿立方米，同比增加30.7亿立方米，在有效保障川渝民生用气的基础上，支持集团公司天然气供应链平稳运行。在川渝地区电力最紧缺的时期，以“让气于电”助力“让电于民”，向四川省投资集团有限责任公司、华能重庆两江燃机发电有限责任公司电厂供气1.7亿立方米，同比增长240%，获川渝地区政府特别表彰。（叶玉茹）

【新能源建设】 2022年，西南油气田公司加快绿色产业布局，统筹谋划绿色转型顶层设计，明确“天然气+五大业务链”绿色发展西南模式，推进新能源指标获取和项目落地。风光指标获取。加强与地方人民政府和企业的沟通、联系，先后到“三州一市”（四川省阿坝州、甘孜州、凉山州、攀枝花市）、重庆、云南、宁夏等地获取风光指标，在攀枝花锁定10万千瓦光伏指标。与东方电气、中国电建集团成都勘测设计研究院有限公司等12家企业签订战略协议，组建资源竞争联合体，为项目落地奠定基础。新能源项目落地见效。加快推进天然气余压发电、分布式光伏等7个清洁电力项目落地，率先实施中国石油首个规模化天然气余压发电示范工程，累计开工装置14台（套），建成4套，装机规模0.8万千瓦；利用龙王庙组气藏磨溪X210井采出水伴生地热资源，开展中低温地热发电先导试验，建成投运国内首个气田水地热ORC发电装置，装机规模80千瓦。继龙王庙气田水产出首批成品碳酸锂之后，在磨152井成功投运国内首套气田水提锂中试装置，年产碳酸锂规模50吨。（叶玉茹）

【安全环保管理】 2022年，西南油气田公司严格落实安全生产十五条硬措施，突出隐患集中整治，抓实环保污染防治，巩固安全环保稳定态势，连续4年获集团公司“QHSE先进企业”称号。安全管控能力不断增强。抓基层安全环保执行力建设，实施4类36项行动措施，对标新安全生产法，厘清各方责任，突出岗位执行落实与考核问责，将“三管三必须”（管行业必须管安全、管业务必须管安全、管生产经营必须管安全）要求压实到各管理层级。深化安全监管数字化转型，深度集成视频监督和智能分析功能，率先建成“安眼工程”（安全生产智慧眼可视化智能化识别工程），违章上报和处置时间跃升至分钟级。集中整治重点领域安全风险，统筹推进安全生产大检查、城镇燃气等9个国家专项行动及油气井井控、集输管道等5个集团整治任务；全年投入资金5.4亿元，实施隐患治理项目123个，本质安全水平持续提升。强化应急处置保障能力建设，启动区域应急抢维修队伍整合，健全消防救援体系，夯实两小时保供圈井控应急资源，应急处置能力全面升级。加大污染防治力度，着力废水风险整治，推进“一站一策”分级分类治理，完成364个历史遗留钻井液池、80个固化池隐患整治工作量的60%。实施工业废气达标升级改造，完成宣汉、忠县等7个净化厂尾气达标整改，提前实现净化厂尾气排放全面达标，二氧化硫年减排1 150吨。强化噪声超标整治，完成牧马山配气站降噪工艺调整，中央环保督察问题按期整改销项，有序推进84座超标站场排查问题整改。推动绿色矿山建设，46个矿权具备绿色矿山创建条件，完成24个矿权，12个矿权进入国家绿色矿山名录，占川渝地区国家绿色矿山30%，12个矿权进入四川省绿色矿山名录，占四川省级绿色矿山46%。

2022年，川庆钻探工程公司贯彻新《安全生产法》，进一步完善全员安全环保职责和“3+N”安全生产责任清单，升级推进“三标一规范”。落实安全生产十五条硬措施，加强敏感时段升级管理，完成安全生产专项整治三年行动，建立健全制度措施清单571项，发现整改问题隐患9 018项，重点领域风险全面受控，川庆钻探工程公司获集团公司“QHSE先进企业”称号。完善井控管理体系，优化工艺流程，升级装备配套，处置Ⅲ级井控突发事件12井次、溢流60井次。做好污染防治工作，配合中央生态环保督察，整改隐患757项。抓好清洁生产和节能减排，节能4 742吨标准煤、节水0.9万立方米。制定碳达峰碳中和路径，二氧化碳压裂用量4.2万吨，太阳能年供电能力520万千瓦·时。川庆钻探工程公司被集团公司认定为绿色企业。加快健康企业建设，干预调岗146人，动态调整新冠肺炎疫情防控措施，守住不发生聚集性疫情底线，海外实现“两稳两争两保”目标。（叶玉茹　汪亚军）

【科技发展】 2022年，西南油气田公司坚持把科技创新与信息化建设作为强企支撑，开展攻关研究、成果培育、数字化转型，企业发展内生动力不断增强。加快构建天然气全产业链技术谱系，推进深层页岩气有效开采关键技术等重大科技项目攻关，实施协同创新，全年组织科研项目880余项，新开项目“三新”占比82.8%，投入研发费用8.67亿元，全面完成集团公司1.67%的研发投入强度指标。加大科技成果培育力度，申请国家专利378件，授权129件；申请国外专利6件，授权5件。制（修）定国际标准1项、国家标准5项、行业标准7项、集团公司企业标准1项，获中国标准创新贡献奖提名。获省部级科技奖励25项，其中一等奖7项、二等奖10项，获奖数量创历史新高；被认定为集团公司创新型企业。参加集团公司第二届创新大赛，获一等奖6项、二等奖6项、三等奖2项，其中勘探开发专业获奖数量居集团公司榜首。聚焦数据共享和应用集成，统筹线上一体化协同建设，构建“勘探开发、生产过程、产运储销”三个一体化顶层设计，制定“管理＋技术＋操作”全业务链数字化实施路径，数字化转型协同推进。试点二级单位为主体的“两化融合”管理体系贯标评定，推动34个数字化转型试点项目建设，开展13类数据专项治理，建成西南算力中心，打造数据从采集、传输、存储到分析应用的管理架构和治理体系，实现数据统一集中化管理。以组织机构精简、生产管理变革为核心，重点推进站场物联网无人值守改造、新型采气管理区作业区数字化转型等工程，持续提升生产现场安全联锁控制水平，逐步实现大型站场少人值守、中小站场无人值守。

2022年，川庆钻探工程公司召开科技与信息化创新大会，制定本级科技自立自强“双十条”措施，确立“八二”（80%的经费解决现场生产难题、20%的经费用于前沿技术攻关）原则优化顶层设计，奖励一批突出贡献个人和集体。实施关键核心技术攻关任务，自主研发150℃旋转导向系统规模推广74口井，175℃旋转导向系统完成样机总装联调；开展陆上井控应急救援关键装备研究，研究形成溢流早期实时监测预警系统和抢险破拆机器人。健全两级 EISC，开发 14 项核心软件完善辅助决策功能，研发司钻领航仪、电子液面坐岗仪等 16 项产品，措施实时推达现场 6 507 条，数字化钻井、压裂队等 9 项应用场景落地，“数字川庆”从数据治理向数据利用、从后台支撑向一线应用的建设阶段迈进。（叶玉茹 汪亚军）

【经营管理】 2022 年，西南油气田公司改革三年行动收官，风险管控力度持续加大，治理能力水平不断提高，实现营业收入 663.4 亿元，利润总额 134.8 亿元，经济增加值 106.4 亿元，经营指标创历年最好水平。全面重构投资控制体系，优化投资结构，试行页岩气钻井“日费制”，抓实钻井地面造价管理，加大集约化招标和集中采购力度，实现控制投资 15.8 亿元，投资回报率保持在 12% 以上。持续完善成本管控体系，加大可控成本费用压减力度，推进生产组织精细管理，关停高能耗、低负荷净化厂，外包业务有保有压，“五项”费用下降 30% 以上，油气操作成本下降 1.7%。有序开展销售推价和客户用气结构核查，加强需求侧精细管理，促进资源向高端、高效市场流动，川渝市场销售均价较门站价提高 29%，实现增收 137.3 亿元。统筹推进“油公司”模式、三项制度改革和对标世界一流管理提升等重点工作，完成改革三年行动 74 项任务，形成对标世界一流管理提升行动成果 43 项。深化西南油气田公司机关机构改革，优化调整组织人事劳资、矿区管理、离退休管理、资本运营等职能；全面开展二级单位“三定”（定职责、定机构、定编制）工作，整合生产单位地质勘探、开发、井工程、管道管理、科技信息、维稳信访、矿区服务、离退休等管理机构；精简优化三级单位，持续整合业务相近、体量偏小、边际效益差的生产经营单位，以及生产保障、生产辅助与后勤服务业务管理机构，专业化管理造价、抢险维修、信息化运维、QHSE 监督、人力资源服务等业务，实行区域共建共享运行模式，超额完成集团公司提出的机构数量、领导职数、两级机关编制定员各压减 10% 的指标任务。持续加强法人企业治理结构规范运行，开展国有产权管理问题专项治理，全面推进合规管理体系建设，在 5 个单位试点配备总法律顾问，抓实重大法律论证及纠纷案件受控处理，有效防范经营与法律风险。

2022 年，川庆钻探工程公司运用矩阵式管理，分层级分解落实 106 项指标，推动提质增效走深走实。总承包国内深层页岩气、大安区块、盐下高含硫、塔里木油田公司迪北等一批项目，进入延长油田市场；在海外签订厄瓜多尔 ISHPINGO（伊什平戈）钻井总承包合同，创该国单体项目签约金额纪录（3.56 亿美元）；创新增供气贸易款支付工程款模式，促成土库曼斯坦 3 个技术服务项目落地。建立“总部对总部、年底抵扣清算”预付款模式，开展“陈欠清收攻坚年”专项行动，压减存量合同资产，收回以前年度欠款，抓好汇兑管理、资产盘活、纳税筹划等综合创效，自由现金流大幅改善。制定精细成本管控措施 26 条，在大宗物资价格大幅上涨的情况下，多措并举节约采购资金；“电代油”用电 5.7 亿千瓦·时，增长 66%，百元收入营业成本改善 0.27 元。完成改革三年行动任务 69 项，形成成果 188 项；“十四五”前两年机构及领导职数分别压减 10%，全面实施二级、三级单位领导班子任期制。专题部署推进依法合规治企和强化管理六个方面举措，开展“严肃财经纪律、依法合规经营”综合治理和“合规管理强化年”活动，重点领域突出问题得到有效整治。

（叶玉茹 汪亚军）

【党建工作】 2022 年，西南油气田公司党委将党建与生产经营有效融合，推进党的二十大精神学习，内外环境和谐稳定，涌现出党的二十大代表、全国第十四届人大代表等一批先进典型人物。将学习贯彻习近平新时代中国特色社会主义思想作为首要政治任务，党的二十大代表谢利平和西南油气田公司党委班子成员带头宣贯党的二十大精神，全年组织“第一议题”学习 32 次，学习内容 128 项，在学懂弄通、学深悟透上见到新成效。把坚持和加强党的全面领导作为政治责任，进一步完善与模拟法人体制相匹配的制度机制，规范党委前置研究，优化“三重一大”等决策事项清单，促进党的领导作用充分发挥。推进基层党建“三基本”（基本组织、基本队伍、基本制度）建设和“三基”（基层建设、基础工作、基本功训练）工作有机融合，全面落实8项机制27项举措，持续提升基层党建工作质量。推进人才强企工程，开展首期人力资源价值评价，组织新一轮优秀年轻干部调研和青年干部实践锻炼，健全完善专业技术人员培养体系，持续建强科技人才队伍，入选“青年科技人才培养计划”人员数量居集团公司前列。提升维稳信访工作质效，维护企业正常生产经营秩序，保障员工群众合法权益，受到集团公司通报嘉勉。围绕“十四五”重大战略、重点工程、重要项目，动员广大职工投身主题劳动技能竞赛，掀起职工建功立业热潮。统筹全媒体多平台协同发声，外媒宣传及内网信息采用量均居集团公司前列。意识形态平稳受控，主题教育有声有色，政研成果屡获佳绩，文化方案落地落实，创作和推广《晓光》等一大批优秀文化成果，卓越文化品牌建设全面提速。突出关键少数，加强对“一把手”和两级党委领导班子监督，建设具有西油特色的廉洁文化。持续构建巩固“大监督”格局，发挥纪检、巡察、审计专职监督作用，增强监督“三道防线”贯通协同效能，整治形式主义、官僚主义，持之以恒落实中央八项规定精神。创新巡察方式，探索建立两级巡察上下联动机制，抓好巡察共性问题整改，完成五年巡察全覆盖。

2022年，川庆钻探工程公司党委制定迎接党的二十大举措22项，“第一议题”学习文章112篇，推进习近平总书记重要指示批示精神再学习、再落实、再提升，推动党史学习教育常态化、长效化。完善基层党建“三基本”建设与“三基”工作有机融合机制，推进区域党建联盟和党支部标准化规范化建设，深化“四创四当”（创建学习型基层组织，在党性修养上争先进；创建服务型基层组织，在服务群众上争模范；创建敬业型党员队伍，在本职岗位上争先锋；创建奉献型党员队伍，在岗位示范上争标兵）主题实践，“两个作用”充分发挥。推进“六型”机关创建工作，服务基层满意度保持在95%以上。落实“两个责任”，推动政治监督细化、实化、具体化，一体推进“三不”，深入纠治“四风”，采取“专项＋提级”模式分别巡察2个二级单位和6个三级单位，实现对所属各级党组织巡察全覆盖，全年受理信访举报、处置问题线索分别下降33%、25%，信访量为10年最低，立案数和处分人数分别上升10%、28%。开展“人才强企工程推进年”活动，调整配备处级干部156人次，引进海外高层次人才3人。组织“转观念、勇担当、强管理、创一流”主题教育，培育攻坚文化和家文化，选树宣传“川庆榜样”4人，3个集体获省级“工人先锋号”荣誉，2人获省级五一劳动奖章。落实职代会制度，征集处理提案14件，满意度100%，建立“职工信箱”运行制度。落实政策调增工资，推动全员收入稳定增长。多方筹集防疫物资，协调海外轮休，保障疫情期间员工生命安全和身心健康。健全“我为员工群众办实事”长效机制，投入专项资金1 069.6万元，实施办实事项目122项，帮扶慰问职工613.5万元。组织劳动竞赛，兑现奖励2 722万元。开展合理化建议和“五新五小”活动，首次获四川省“‘五小’活动先进单位”称号。抓维稳信访安保工作，获集团公司“2022年度平安企业”称号。（叶玉茹　汪亚军）

【西南油气田公司油气产量当量突破3 000万吨】 2022年，西南油气田克服高温、限电、疫情、地震等多重困难，加快勘探开发节奏和进度，常规气、页岩气、致密气“三驾马车”齐发力，当年开钻井和投产井均在300口以上，新建年产能超过100亿立方米。截至2022年12月26日，西南油气田生产天然气376亿立方米、原油6.8万吨，按热量值1 255立方米天然气相当于1吨原油计算，油气产量当量突破3 000万吨，创历史新高，成为集团公司第四个跨入3 000万吨油气产量当量行列的大油气田。截至12月31日，生产天然气383.4亿立方米，同比增长8.2%；生产石油液体6.96万吨，完成率116%。油气产量当量3 061.8万吨，建成国内第五大油气田。（叶玉茹）

【川渝协调组成员单位经营业绩】 2022年，西南油气田公司新增天然气三级储量1.2万亿立方米，居集团公司之首；生产天然气383.35亿立方米，成为集团公司第四个跨入3 000万吨油气产量当量行列的大油气田；在川渝地区天然气销量305.9亿立方米，首次突破300亿立方米大关。川庆钻探工程公司实现营业收入376亿元，同比增长12%，净利润3.08亿元；完成钻井进尺759万米，创近3

年新高，钻获无阻流量超百万立方米高产气井82口，创中国石油陆上9 010米的最深天然气水平井纪录，全年创指标纪录55项。重庆销售公司经营业绩继续位列销售系统第一方阵，全年实现营业收入333.58亿元，净利润3.86亿元，净利润、经济利润（EVA）等6项指标考核封顶，连续2年获集团公司"先进单位"称号，连续3年获评集团公司年度业绩考核A级企业。四川销售公司主要业绩指标继续保持稳健增长态势，全年实现油气销量1 040万吨，营业收入953亿元，连续5年油气销量站稳千万吨。四川石化公司全年加工原油839万吨，营业收入581亿元，主要生产装置连续运行时长突破5年，创集团公司炼化企业最高水平，获集团公司2022年度"先进集体""生产经营先进单位"和"质量健康安全环保节能先进企业"等称号。西南化工销售公司销售化工产品531.6万吨，再创历史新高，实现销售收入363亿元，价格对标缩差、全员劳动生产率继续保持领先，市场份额占比56.1%。昆仑金融租赁有限责任公司资产总额609亿元，净利润14.46亿元，同比增长6%，净资产收益率11.16%；全年缴纳税费6.5亿元，同比增长7.9%；资产质量良好，各项指标优于监管要求，全面完成集团公司下达的经营任务，效益贡献排名集团公司第29位，连续6年蝉联集团公司A级企业，人均净利润连续7年保持1 000万元以上，位列全国68家金融租赁公司前三。 （石 卉）

【企业协调】 2022年，川渝协调组除日常加强向地方人民政府联系汇报外，在集团公司领导到川渝两地调研时，专题向中共四川省委、四川省政府主要领导汇报驻川石油企业工作情况，中国石油在川渝地区的品牌影响力不断提升。各地市党政主要领导在重要节假日都要现场慰问川渝石油企业一线员工，转达地方各级党委和政府的关心关怀。

西南油气田公司引进战略合作方，利用社会资本，创造良好的外部发展环境。四川销售公司、重庆销售公司加大合资合作力度，规范投资建设管理。其中，四川销售公司2022年新开发加油（气）站63座，油气网点总数2 290座，新投运137座，运营站总数2 024座，其首座加氢站、首座站外充电站、首座"油、气、重卡换电"综合能源站相继投运；重庆销售公司全年新投运油气电氢终端项目46个，如期完成首座油库（黄桷嘴）浮盘及高效密封项目，投运光伏项目10个、试运营加氢站1个、充换电项目14个、综合能源项目1个。四川石化公司建成集团公司新能源重点项目燃料电池氢气装置，赋能"成都氢谷"建设，"一干两支"航空煤油管输网络打造成型，助力成都建设国际空港枢纽。

加强协调与服务，发挥中枢纽带作用。统筹协调，完成集团公司董事，总经理、党组副书记侯启军等多名党组成员到川渝石油企业工作调研，企事业单位及地方人民政府到川渝石油企业的拜访、签约等公务活动。西南油气田公司配合地方人民政府，参与"成华区8月疫情防控专班""成都'9·1'疫情防控专班"，协调相关部门、单位开展防控工作，参与重庆、达州、泸州、遂宁、江油等多地应急信息收、编辑、报送任务，获地方新冠肺炎疫情防控指挥部好评。

加强维稳与宣传，营造企业良好的内外部环境。协调组成员单位加大与中共四川省委、省政府，以及中共重庆市委、市政府相关部门的协调力度，加强重点时段的维稳工作，了解和掌握员工群众的思想状况和关注的热点问题，开展有针对性的政策宣传和思想教育，实现区域内队伍和谐稳定。协调组成员单位通过官方新媒体主动发声，对外展示中国石油在川渝石油企业的生产经营成果，以及履行社会责任所做的乡村振兴工作，让社会了解、理解、支持中国石油。与新华社、新华网、人民网、《四川日报》等主流媒体沟通交流，加大正面报道力度，宣传川渝石油企业在履行"三大责任"方面作出的重要贡献。 （石 卉）

【社会责任履行】 2022年，西南油气田公司与相关部门一同科学处置辖区地震、管道泄漏等30余起突发事件。"9·5"泸定地震发生后，西南油气田公司受集团公司委托向四川省"9·5"泸定地震灾区捐款人民币5 000万元。持续抓好新冠肺炎疫情防控常态化管理，配合组织召开疫情防控领导小组会议50余次，传达贯彻国家、地方政府及集团公司疫情防控最新要求，研究部署防控措施，科学精准抓好疫情防控工作落实。同乡村振兴有效衔接，巩固拓展脱贫攻坚成果。西南油气田公司党委全年召开6次会议专题研究乡村振兴工作，主要领导及相关部门、所属单位到受援地调研10余人次。以改善帮扶地群众生产生活条件、实现稳定增收为目标，投入1 100万元定点帮扶四川省九龙县，对口支援重庆市开州区，自主帮扶重庆、泸州等市县，巩固提升脱贫攻坚成果。组织开展“乡村振兴、消费帮扶、你我同行”的帮扶产品现场推介活动，在终端燃气客户服务大厅设立消费帮扶专柜，持续加大消费帮扶力度，提升帮扶产品的品牌影响力，全年累计购买帮扶地价值2 200余万元的农副产品。在九龙县组织开展第九批“一对一”结对捐助家庭困难学生活动，资助195人次24.4万元。川庆钻探工程公司投入430万元助力石渠振兴，消费帮扶351.7万元。（杨品成）

责任编辑：叶玉茹

特 载

Features

突出三个导向　推进四大工程
全力打造高质量发展双标杆企业

——在西南油气田公司2022年工作会暨五届一次职代会上的报告（摘要）
（2022年1月11日）

西南油气田公司总经理　何　骁

一、2021年工作回顾

2021年，公司深入贯彻习近平总书记重要指示批示精神和党中央决策部署，认真落实集团公司各项工作要求，全面加强党的建设，扎实开展党史学习教育，持续推进增储上产，加速深化改革创新，实现了生产经营稳中有进，质量效益不断提升，确保了“十四五”良好开局。一是油气勘探成果丰硕，落实四个万亿级增储上产新阵地，“稳”的基石更加巩固。二是产销同创历史新高，双双迈上350亿立方米新台阶，“进”的势头更加强劲。三是产能建设又好又快，连续三年新建年产能100亿立方米以上，“优”的局面快速形成。四是创新能力不断提升，系列科技成果亮相国家“十三五”科技创新成就展，“新”的动能加速成长。五是深化改革纵深推进，改革三年行动超额完成集团公司“90%”的任务目标，“活”的动力竞相迸发。六是弘扬伟大建党精神，胜利召开公司第三次党代会，“忠”的信念更加坚定。

（一）聚焦增储上产，形成勘探开发崭新格局

一是勘探取得四项重大新成果。在蓬莱气区、深层页岩气、盆地二叠系、陆相致密气形成规模增储新阵地，获得集团公司油气勘探三项大奖。蓬莱气区立体勘探再获重大突破。灯二段台缘带蓬探101井测试获日产气231万立方米，创盆地灯影组测试新纪录，提交控制储量2 179亿立方米；灯四段台缘带蓬深1井首次测试获气，东坝1井钻遇纯气层169米，估算预测储量6 000亿立方米。蓬莱气区灯二段、灯四段、沧浪铺组已落实地质储量1.06万亿立方米，基本形成万亿大气区。泸州深层页岩气勘探取得重大成果。提交探明储量5 138亿立方米、预测储量7 695亿立方米，探明了国内规模最大的深层页岩气田，基本落实三级储量2万亿立方米，获得集团公司油气勘探重大成果特等奖。盆地二叠系勘探取得重要新进展。建立川北多期台缘带沉积新模式，在双鱼石栖霞组提交探明储量510亿立方米；提出川西—川中茅二段缓坡型台缘新认识，角探1井、磨溪145井茅二段分别测试获日产气112万立方米、212万立方米，提交预测储量2 130亿立方米，估算资源量达1.4万亿立方米，获得集团公司油气勘探重要发现一等奖。致密气勘探开发一体化成绩喜人。集中评价金秋气田沙二段，提交探明储量648亿立方米、控制储量215亿立方米；甩开预探天府气区沙一段，永浅6井测试获日产气36.5万立方米，创盆地沙溪庙组直井测试最高纪录，提交控制储量1 620亿立方米，估算预测储量2 390亿立方米。陆相致密气已落实地质储量4 874亿立方米，展现出万亿增储潜力，获得集团公司油气勘探新成果二等奖。

二是开发获得四项重要新进展。聚焦川南页岩气、安岳气田、金秋气田致密气和老区四大领域，精细生产组织，天然气产量再上新台阶。川南页岩气建成国内首个千万吨级页岩气田。中深层页岩气突出控递减、增动用、拓外围，综合递减率控制在20%以内，长宁、威远外围区块评价效果优于预期，稳产基础持续夯实。深层页岩气产能建设全面展开，累计投产井112口，日产量突破500万立方米，实现国内深层页岩气产量持续领跑；

加大勘探开发技术攻关及试验，泸州区块首批5口高产培育井井均EUR达到1.75亿立方米，深层提产攻坚战首战告捷。安岳气田150亿立方米产能规模全面建成。龙王庙组气藏实施整体治水和滚动扩边，实现90亿立方米规模稳产6年；灯四气藏台缘带“双18亿”产能建设圆满收官，用36亿立方米开发工作量建成60亿立方米年产能力。多层系60亿立方米产能建设拉开序幕，灯四台内气藏3口评价井全部获得百万立方米高产工业气流；灯二气藏先导试验加快推进，部署试验井5口；栖霞组气藏开发评价多点开花，3口探井试采效果好，高石001-X45井保持70万立方米稳产近50天。金秋气田致密气开发建设有序推进。形成以窄河道砂体为核心的地质工程一体化高产井培育技术，实施效果一轮比一轮好，12口水平井无阻流量均超百万立方米；秋林16井区试采效果优于预期，用50万立方米开发工作量建成150万立方米日产能力。老区稳产上产成效显著。老气田稳产42亿立方米，综合递减率控制在8%以内；新领域上产持续推进，川西二三叠系建成年产能17亿立方米，罗家寨气田年产工业气23.8亿立方米，铁山坡气田开发“中中合作”（中国石油西南油气田公司与中国石化中原油田分公司签署铁山坡气田原料气委托加工协议）顺利落地，渡口河—七里北气田开发建设全面启动。

（二）聚焦价值导向，构建扩销增效多元模式

充分发挥产运储销一体化优势，统筹科学调配，精准靶向施策，加快绿色转型，切实构建多元化供应体系。一是供应保障扎实有力。瞄准管网输配瓶颈，高效推动威远—乐山等3条输气管道、万华化学等6条供气管道建成投运，顺利完成平桥输气站扩容改造，管网输气量突破400亿立方米，创历史新高。积极克服区域地震、资源吃紧等不利影响，按照“一方气不少”的原则，精细生产组织，科学调峰用气，积极筹措资源，冬保期间天然气日均稳产1亿立方米以上，外输15亿立方米，为全国保供作出了重要贡献。二是市场营销量效齐增。科学制定营销策略，通过优化价格方案、健全“价价联动”机制、启动夏季价格复议等举措，增收超30亿元。主动配合地方政府招商引资，推动气电、绿色化工、煤改气等供气项目落地，新增市场规模24.5亿立方米。全力打造“铂金终端”，推动6家直供用户移交，通过竞合共赢模式开拓内江、雅安、绵阳等市场，持续扩大终端份额，终端销量超90亿立方米。三是新能源业务全面启动。强化顶层设计，明确公司“十四五”绿色能源业务发展规划，搭建三级组织管理架构，推动新能源发展快速起步。与地方政府建立战略合作关系，初步锁定“十四五”期间攀枝花境内优质光伏资源，落实4个分布式光伏发电项目。加快项目建设，攀枝花钒钛园区配气站分布式光伏项目建成投产，榕山输气站余压发电项目成功投运，实现新能源业务“零”的突破。积极推动技术研究，部署余压发电、管道掺氢输送、龙王庙气田水锂溴资源利用等一批研究项目，为形成相应技术体系和推广应用奠定基础。

（三）聚焦风险管控，巩固安全环保稳定态势

以安全环保管控2.0版本为主线，积极构建安全环保长效机制，大力提升重点领域风险防控能力，安全环保风险全面受控。一是安全环保管控能力持续提升。全面实施工程技术、开发生产等9大重点领域提升行动，深化基层安全生产执行力建设，努力打通执行落实“最后一公里”。攻坚安全生产专项整治三年行动，推行“责任清单执行无漏项”信息化监管，扎实开展安全环保履职能力评估，全员安全环保意识和能力进一步提升。二是重点领域风险管控力度持续增强。聚焦井控重大风险管控，持续打造“四位一体”（制度、技术、管理、应急）井控管理体系，组建井控专家队伍，建成8个“两小时”应急保障圈，井控能力显著增强。高度警惕燃气安全，扎实开展终端燃气业务安全诊断，进一步完善燃气应急抢险、检维修管理流程，切实推进燃气安全管控能力提升。积极推进“安眼工程”建设，抓实重点产能区块、重点工程建设项目监督，为公司生产建设筑牢屏障。三是绿色低碳发展态势持续向好。大力推进绿色矿山创建，完成17个矿权的国家级绿色矿山自评估，统筹部署绿色企业建设，推动集团公司第一批绿色企业创建试点，公司被评为首批“中国石油绿色企业”。统筹推进污染物达标排放，加强甲烷与VOCs协同管控，攻坚钻井过程污染防治，全年甲烷减排量超5 000吨，提前半年实现历史遗留油基岩屑“清零”目标，

公司重点排污单元全面达标。

（四）聚焦改革创新，激发加快发展动力活力

坚持以改革创新为根本动力，推动经营理念、组织模式、管理方式变革，提高资源配置效率，不断释放发展活力。一是精益管理水平稳步提升。深入推进提质增效专项行动，牢固树立“先算后干、成本倒逼”理念，实施具体措施432条，实现提质增效44亿元，始终保持自由现金流为正。进一步强化预算管控，实施降低油气完全成本三年行动计划，天然气完全成本每千立方米同比减少21元。优化钻前运行模式，实施钻前工程“三同步”（井位勘定与设计方案、钻前设计与井位审查、设计审查与井位批复同步），钻前准备周期平均缩短20天。大力推广钻井“日费制”管理模式，长宁区块15口井钻井周期同比缩短43天、机械钻速同比提高112%。强化物资设备管理，持续推进零库存和电商采购，全年供货周期缩减10%，库存降低15%，采购资金节约12%。突出依法治企和合规管理，构建起“内控、风险、合规”三位一体内控体系，实现各项业务依法合规高效运行。二是“油公司”模式改革蹄疾步稳。围绕业务归核化方向，有序剥离物业业务、整合矿服业务，按期完成华盛公司改制和乘用车业务第一阶段整合。深化川中北部新型管理区改革试点，积极推动川东北次新区改革工作，全面启动新型采输气作业区达标建设，两级管理模式不断完善。大力推进井工程优化调整，整合工程技术资源，实施“公司—项目部”两级管理，运行效率和管控水平进一步提升。持续开展组织机构优化调整，撤并二三级机构26个，压减中、基层领导职数2%以上，瘦身健体成效明显。突出价值导向，开展薪酬分配体系优化调整，全面启动岗位价值评价工作，强化核心骨干激励力度，合理拉开收入差距，充分发挥了薪酬的激励约束作用。三是科技创新成果丰硕。两项国家重大科技专项圆满收官，在深层碳酸盐岩气藏、页岩气两大领域形成技术示范和引领。实验室平台建设有序推进，天然气质量控制和能量计量实验室成功升级为“国家市场监管重点实验室”，成为集团公司相关技术领域科技创新和成果转化新高地。科技成果培育效果显著，全年获省部级科技奖励13项，授权发明专利75件，制定国际标准1项、国家标准4项、行业标准6项，公司核心竞争力和行业影响力不断提升。四是数字化转型有序推进。不断夯实数字化转型基础，在二级单位试点独立开展两化融合体系贯标评定，着力打造符合各单位特点的跨业务、跨领域新型能力。大力开展物探、开发生产数据专项治理，初步完成西南区域湖测试环境部署，进一步满足数据归档、应用支持和生产需求。以“勘探开发工程技术一体化”为先期试点，形成了覆盖五院两所的业务协同场景，为下步实施流程化管理作好了准备。

（五）聚焦党的建设，发挥党建引领政治优势

全面贯彻落实新时代党的建设总要求和新时代党的组织路线，坚定不移提高党的建设质量，以高质量党建为“十四五”开好局起好步提供坚强保证。一是政治引领不断强化。严格执行“第一议题”制度，巩固深化“不忘初心、牢记使命”主题教育成果，精心组织党史学习教育，扎实开展庆祝中国共产党成立100周年系列活动，胜利召开公司第三次党代会擘画新时代奋斗蓝图，用践行“两个维护”的新作为彰显政治担当。二是基层基础不断夯实。以完善党领导基层治理制度性安排为重点，全面落实党建工作责任制，持续推进基层党建“强基固本提升工程”，深化党建“三联”（党委或党总支委员联系党支部、党支部委员联系班组、党员联系生产经营岗位）责任示范点、党支部达标晋级管理，彻底解决了党员空白班组问题，基层党组织政治功能和组织力有效提升。三是作风保障不断加强。推进政治监督具体化常态化，坚持精准高效问责，健全完善纠治“四风”长效机制，强化巡察政治定位，构建上下联动工作格局，提升一体推进“三不”综合效应，坚定不移深化党风廉政建设和反腐败斗争，公司良好政治生态进一步巩固。四是桥梁纽带不断筑牢。以保持和增强群团工作政治性、先进性、群众性为主线，扎实推进“一个阵地、五个家”（把工会建成党的群众工作坚强阵地，企业和职工最可信赖的创新之家、和谐之家、温暖之家、文化之家、服务之家）建设，广泛组织主题劳动和技能竞赛，深入开展“青字号”学习实践活动，全心全意为职工群众办实事、做好事、解难事，充分激发职工群众主动性和创造性，党的群众工作阵地更加牢固。

（六）聚焦民生福祉，营造和谐稳定良好氛围

坚持以人为本，着眼员工群众所急、所难、所盼，内聚人心、外树形象，努力将发展成果更多惠及广大员工。一是惠民工程取得新进展。统筹精准帮扶和普惠服务，续航“三大关爱行动”（针对患重疾职工实施的“重大疾病关爱续航行动”、针对困难老党员实施的“‘光荣在党50年’暖心关爱行动”、针对一线职工健康服务的“‘送健康’关爱行动”），做优“四季送”品牌，做细“四有”（生病住院有慰问、退休离职有欢送、结婚生育有祝福、家庭突变有探望）服务，全年发放慰问金4 800万元，覆盖近2万人。扎实开展“夕阳红关爱工程”，帮扶慰问离退休员工及家属1万余人次，成为中国石油唯一一家荣获“全国老干部工作先进集体”的地区公司。二是文化建设焕发新活力。持续深化“合气文化”内涵，公司企业文化建设荣获“全国企业文化建设优秀成果一等奖”。大力弘扬石油精神和大庆精神、铁人精神，充分发挥文化阵地矩阵教育作用和传播功能，毛泽东主席视察隆昌气矿纪念馆获评首批中央企业爱国主义教育基地，成为享誉行业内外的精神教育高地。三是乡村振兴贡献新作为。巩固拓展脱贫攻坚成果，接续推进乡村振兴，大力开展捐资助学活动，通过深化消费帮扶、提升受援地基础设施建设和产业发展等方式，定点帮扶四川省九龙县，对口支援重庆市开州区，自主帮扶宜宾、泸州、南充等地，充分彰显国有企业的政治担当。四是平安建设塑造新态势。强化平安体系建设，建立健全多元化诉求反映渠道，源头预防化解重大风险，全面实现“三个绝不允许”（绝不允许发生属地规模性集访和进京访，绝不允许发生涉访个人极端行为，绝不允许发生因信访问题引发的负面炒作）“两个坚决防止”（坚决防止涉油气暴力恐怖事件，坚决防止重特大涉油气刑事案件）硬性目标，信访总量、来访人次和集体访实现三个“硬下降”，和谐稳定局面进一步巩固。

二、面临的形势与任务

当前，公司正处于新旧动能加速转换、新老阶段相互交替的关键时期，总体来看，机遇与挑战并存，希望与困难同在。我们必须充分认识形势变化，不断增强把握机遇的能力和应对挑战的本领，在当前及今后一段时期，锚定“打造新时代党建工作和天然气全产业链创新创效双标杆企业”目标不动摇，汇聚推动高质量发展的强大合力。

（一）这是传承伟大建党精神，高举旗帜接续奋斗，坚决做党和国家最可信赖骨干力量的责任担当

在庆祝中国共产党成立100周年大会上，习近平总书记首次提出并阐释了伟大建党精神，这是中国共产党的精神之源。新中国石油工业自诞生之日起，就在党的正确领导和精神感召下成长壮大，开辟了中国特色社会主义石油工业发展之路，凝练形成的石油精神和大庆精神、铁人精神，也成为中国共产党人精神谱系中不可或缺的一部分。西南油气田60余年的发展，也正是因为一代代川油人始终坚持把党的领导作为最大优势、把伟大精神作为继往开来的宝贵财富，前赴后继、矢志不渝，逐步建成了我国首个完整的天然气工业体系，全面建成了300亿战略大气区，为保障国家能源安全作出了重要贡献。进入新时代、新阶段，习近平总书记统筹“两个大局”，对石油战线作出了“能源的饭碗必须端在自己手里”的重要指示，这是高举伟大旗帜接续奋斗的动员令，是引领石油行业高质量发展的指南针。西南油气田作为集团公司天然气上产主力军，要把打造双标杆企业作为传承伟大建党精神的必然选择和迈向高质量发展的重要阶梯，努力建设更加坚实可靠的天然气工业基地，坚决做党和国家最可信赖的骨干力量。

（二）这是把握天然气大发展有利条件，坚定信心乘势而上，坚决做强做优做大国有企业的实际行动

集团公司深入践行国家碳达峰、碳中和“3060”战略，把加强天然气清洁能源可持续供应作为“减碳”的重要举措，2021年天然气产量当量再次超过石油，稳油增气的基础进一步巩固。戴厚良董事长明确提出，中国石油要大力发展天然气业务，加快页岩气、致密气等非常规天然气资源规模效益开发，并要求四川盆地在推动集团公司绿色发展中发挥中坚作用，让我们充满信心和底气。同时也要看到，川渝两地正深度融入“一带一路”国家发展战略，积极打造成渝地区双城经济圈，作出了加快建立绿色

低碳技术创新体系、培育绿色低碳优势产业集群等发展部署，对天然气增储上产和产业链、创新链布局寄予了更大期望，天然气产业处于大发展黄金时期的基本判断没有改变。我们要完整、准确、全面贯彻新发展理念，充分发挥自身在资源、管理、技术、人才等方面的优势，把打造双标杆企业作为助力推进能源革命、建设能源强国的重要抓手，作为实现天然气“产量”与“价值”同步提升的必由之路，用更好的发展成效、更优的经营业绩，切实带动地方经济社会发展，兑现给集团公司党组的庄严承诺。

（三）这是保持战略定力，抢抓机遇加快转型，着力防范化解内部风险挑战的必然要求

要清醒地看到，公司发展还面临诸多风险和挑战，突出表现在五个方面：一是创效盈利能力不够强。净资产收益率、投资资本回报率还不够高；天然气完全成本居高不下，预计今年为每千立方米 902 元，大幅超出集团公司提出的每千立方米 845 元指标。二是发展速度节奏不够快。公司各业务领域各单位发展速度、发展质量参差不齐，油气上产、新能源发展速度还不够快，制约了公司整体发展进程，对标国内先进同行、世界一流企业还有不小的差距。三是治理体系不够现代化。管理体制尚未完全理顺，市场化经营机制亟待健全，激励约束还不够精准有效，精细化管理还需大力提升。四是自主创新能力不足。科技战略规划不够系统，对前瞻性、颠覆性技术超前储备和布局不足，部分关键理论和核心技术突破存在滞后，科技创新支撑发展的作用发挥不够。五是风险管控难度进一步加大。井控、油气泄漏等安全风险管控面临较大挑战，非技术因素对油气上产的影响愈发凸显；国家严格执行油气矿权硬退减政策，集团公司内部矿权流转持续加码，公司矿权保护面临前所未有的压力。

面对复杂严峻的发展形势，我们必须保持战略定力，加强战略谋划，紧紧围绕打造双标杆企业目标不动摇，在奋进高质量发展的过程中把握机遇、应对挑战、赢得主动，推动公司实现更有质量、更有效率、更可持续的发展。

当前及今后一个时期，公司的工作思路是：以习近平新时代中国特色社会主义思想为指导，全面贯彻党的十九大、十九届历次全会精神和集团公司各项决策部署，锚定“打造新时代党建工作和天然气全产业链创新创效双标杆企业”目标不动摇，统筹两大业务、突出三个导向、推进四大工程，奋力开创公司高质量发展新局面，为集团公司建设基业长青的世界一流企业作出新贡献。

要统筹“油气上产、新能源发展”两大业务

加快油气上产，就是要聚焦“海陆并举、常非并重、油气兼顾”，突出集中勘探，强化风险勘探，积极寻找规模增储新阵地；坚持“新区上产、老区稳产”并重，加快推进川南页岩气、川中古隆起、盆地致密气、老区气田等领域上产稳产，实现资源向产量的高效转化。

加速新能源发展，就是要按照“绿色引领、多能集约、低碳驱动、创新集成、循环发展”方针，聚焦内部清洁替代、清洁电力、氢能、战略性伴生资源和 CCS/CCUS（碳捕集与封存 / 碳捕集、利用与封存）五大产业，加快核心技术攻关，创新合资合作模式，形成新能源与油气业务全面融合、协同发展的新格局。

要突出“效率、成本、安全”三个导向

突出效率导向，就是要围绕推进公司治理体系和治理能力现代化目标，进一步解放和发展生产力，大力破除体制机制的弊端，积极探索生产组织、运行机制、管控手段转型升级的有效途径，持续推动信息化与生产建设、经营管理有机结合，促进各方面活力竞相迸发。

突出成本导向，就是要牢固树立“一切成本皆可降”的理念，坚持事前算赢、成本倒逼，把“四精”要求融入生产经营各个环节，建立常态化提质增效机制，大力实施技术创新降本、深化改革降本、精细管理降本等革命性举措，确保公司效益向上、成本向下。

突出安全导向，就是要深入贯彻习近平总书记关于总体国家安全观的重要论述，统筹发展和安全，牢固树立“大安全”理念，突出生产作业风险受控，经营管理依法合规，员工身心健康发展，综治维稳和谐稳定，切实构建起全天候、立体式、多维度的安全稳定发展新格局。

要推进“科技创新、数字化转型、人才强企、党建与生产经营融合”四大工程

推进科技创新工程，就是要围绕实现高水平科技自立

自强的目标，始终把科技创新摆在公司发展全局的核心位置，瞄准制约发展的瓶颈问题、阻碍科技创新的体制机制问题，大力实施科技创新“1+4”（1个科技创新工作行动指南，科研生产一体化管理、成果转化创效、大项目制、人才晋升绿色通道4个试点方案）改革方案，全面激发公司科技创新活力。

推进数字化转型工程，就是要准确把握“转型”的深刻内涵，突出构建“勘探开发工程技术、天然气生产过程管控、天然气产运储销”三个一体化协同工作模式，推动业务管理向流程管理转变，着力跨领域、跨部门工作流程整体优化，切实推动公司组织效率、运营效率、治理效能提档升级。

推进人才强企工程，就是要牢固树立“人才是第一资源”的理念，突出“队伍结构合理、人员接替有序、技术技能过硬、用工方式灵活”，系统推进“七大人才专项工程”（党建引领人才保障专项工程、组织体系优化提升专项工程、人才价值提升专项工程、领导班子功能强化专项工程、经营管理队伍建设专项工程、专业技术队伍发展引领专项工程、技能人才培养开发专项工程），构建完善“生聚理用”人才发展机制，加快形成更加积极、更加开放、更具吸引力的人才政策环境和制度优势。

推进党建与生产经营融合工程，就是要牢牢把握两个“一以贯之”，把生产经营的重点、改革发展的难点、员工关心的热点作为党建工作的出发点和落脚点，丰富党建工作载体，建立相融互促考核评价标准，推动党建工作与生产经营目标一致、责任同担，切实将党建优势转化为发展优势。

三、2022年重点工作部署

2022年主要生产经营指标是：全年新增天然气探明储量2 500亿立方米、SEC储量611亿立方米；天然气产量385亿立方米，其中页岩气130亿立方米；石油液体产量6万吨；新能源替代量14.29万吨标准煤；川渝市场销售天然气320亿立方米；实现营业收入625亿元，利润总额141.8亿元，EVA102.3亿元。

重点抓好以下六个方面工作：

（一）做强做优主营业务，构建多能互补新格局

一是强力推进高效勘探。坚持科学部署、加快推进，确保持续规模优质增储和获取战略新发现，进一步夯实公司快速发展根基。集中勘探蓬莱气区海相多层系。整体部署、分步实施，推进蓬探1井区灯二段气藏评价勘探，力争提交探明储量1 500亿立方米；加快控制东坝1井区灯四段气藏储量规模，力争2023年整体提交探明储量3 500亿立方米。加快陆相致密气勘探。主攻川中核心建产区沙一段，坚持勘探开发一体化部署，力争提交探明储量1 500亿立方米、控制储量1 000亿立方米。甩开预探川西、川东陆相致密气，加快准备上产新区块。积极评价盆地二叠系。加大茅二段台缘带勘探力度，抓好角探1井区、龙女寺地区集中评价，力争提交探明储量500亿立方米、控制储量1 500亿立方米。加快评价川北多期台缘带、川西南部栖霞组，进一步扩大勘探成果。强化风险勘探和甩开预探。围绕扬子北缘、克拉通台内、前陆盆地三大领域，加强区带评价和目标论证，突出抓好万米科探井论证工作，确保全年论证风险探井8 ~ 10口，力争获得2 ~ 3个战略新发现。积极拓展页岩油新领域，加强富集规律、渗流机理研究，明确富集层段和区块，持续提升储层改造技术，实施探井2口，力争取得新突破。做好勘探高效管理。抓好物探技术统筹管理，强化地震采集、处理、解释质量提升，加强测井解释技术攻关，为井位部署、气藏描述和试油选层提供有力支撑。扎实做好矿权保护工作，积极推进“探转采”，确保依法合规生产，切实维护公司矿权利益。

二是快速推进规模建产。围绕“常规气稳步增产、页岩气规模上产、致密气效益建产”三条主线，高效组织、精细开发，确保公司迈上油气当量三千万吨新台阶。推进川南页岩气规模上产。中深层页岩气狠抓产能维护，提前开展增产措施，确保综合递减率控制在20%以内；加快长宁、威远稳产区新井提产提效，力争新投产井119口，新建年产能37亿立方米。深层页岩气着力培育一批井均EUR达到1.7亿立方米的高产井，形成可复制可推广的开发技术体系；加强生产要素保障，快速推进泸州、渝西、

威远区块产能建设，确保新投产井118口，新建年产能38亿立方米。推进川中古隆起稳步上产。龙王庙组气藏科学实施调整方案，抓好整体治水和外围滚动建产，阶梯降产至60亿立方米并长期稳产；灯四台缘带实施优化配产和产能补充，持续巩固60亿立方米稳产基础；加快安岳气田未开发区上产，完成高石梯地区多层系立体开发方案，启动南区净化厂建设前期工作。在蓬莱气区狠抓蓬探1井区集中开发和东坝1井区试采评价，完成蓬探1井区灯二气藏开发方案编制，启动净化厂Ⅰ期和外输建设。推进盆地致密气快速上产。加快金秋气田、天府气区、五宝场气田产能建设，确保新投产井106口，新建年产能23亿立方米。大力推进勘探开发一体化，密切跟踪川西和川东北地区3口探井的钻试情况，积极准备外围建产区块。推进老区气田稳产上产。在老气田方面，加大措施挖潜和滚动扩边，综合递减率控制在8%以内，确保40亿立方米长期稳产。在新领域方面，高效完成川西二三叠系试采评价，加快地面配套建设，整体建成年产能20亿立方米；川东北高含硫抓好罗家寨气田平稳生产，加快双“10亿”开发建设进度，实现铁山坡气田首气。

三是加速推进新能源业务。加快推进区域内风、光、地热资源普查及关键技术研究，全面加强项目经济评估，按照效益优先、典型示范的原则，储备一批优质项目。着力推动风光电产业发展。充分利用自有资源，加快剑阁、苍溪、仪陇等净化厂分布式光伏示范站点建设，争取年内顺利完工。积极扩展区外资源，加强与政府、企业沟通对接，争取在云南等地落地一批分布式光伏示范工程。加快部署余压发电项目，推动安边输气站等4座余压发电示范站点建设，确保装机规模达4 000千瓦。着力打造伴生资源工程。聚焦天然气伴生资源，推进川中致密气“乙烷回收+LNG+提氦”项目建设，年内完成龙王庙气田水锂溴提取装置建设，有序推进卧龙河气田碳捕集先导试验，形成适用于天然气行业的技术路线。着力推进氢能产业起步。发挥管网、资源等优势，牵头组建氢能产业联盟，汇集氢能制、运、储、用、研各环节高端企业及院校等力量，力争打造国内领先的氢能产业基地。

（二）互融互促产运储销，培育效益发展增长点

在生产组织上有效统筹，在扩销推价上精准施策，确保全面完成年度销售任务，川渝地区市场占有率保持在78%以上。一是提升管网输配能力。加快推动大川中外输管道、联络管道建设和铜梁压气站扩建，满足安岳气田、蓬莱气区和致密气上产需求。推进威远—江津输气管道建设，力争年内全线投产，进一步打通川南页岩气上产通道，确保管网输气量达到440亿立方米。二是强化天然气供应保障。坚持“一方气不少”的原则，做好产运储销地上链条分析纠偏，优化装置检维修时间，不断提升生产运行效率，确保日均产气量达1亿立方米以上。统筹协调资源配置，最大限度组织管网气量，充分发挥储气库调峰能力，保障市场供应平稳有序。三是大力推进扩销增效。加强市场管控力度，精准研判市场形势，科学编制月度销售计划，切实做到引领市场把控节奏。优化营销策略，推升合同内销售价格，坚持额外气市场化定价，积极推进线上交易，实现销售价值最大化。积极与政府、企业对接沟通，优选气电、煤改气、LNG等优质项目开展战略合作，力争新增市场规模40亿立方米。四是积极打造“铂金终端”。加快南充、绵阳等区域整合，在宜宾、重庆及区外市场加大并购力度，推进直供客户向终端移交，推动终端不断发展壮大，实现终端销售100亿立方米以上。

（三）严抓严管风险防控，打造安全环保升级版

牢固树立安全发展、绿色发展理念，聚焦风险防控，狠抓责任落实，坚决守住安全环保底线。一是持续提升QHSE管理体系运行实效。统筹集中审核、自主审核和指导审核等方式，系统性开展全覆盖审核和专项审核，进一步深化QHSE体系审核质量。持续开展领导干部安全环保履职能力评估，加快基层站队QHSE标准化建设，积极创建集团公司示范站队。二是持续提高安全环保风险管控能力。全面深化安全生产责任制建设，大力推动“两个现场”标准化管理，落实落地安全生产奖惩和“油公司”模式现场监管，抓实抓细执行力建设。强化重点领域安全专项治理，深入开展隐患常态化排查治理，完善“一本账”管理机制，将“三管三必须”（管行业必须管安全、管业务必须管安全、管生产经营必须管安全）要求落实到业务

工作中，切实提升重点领域风险管控能力。三是持续抓好疫情防控和员工健康管理。压实“四方”（属地、部门、单位和个人）责任、落实“四早”（早发现、早报告、早诊断、早隔离）要求，抓好疫情常态化防控措施，坚决巩固疫情防控成果。统筹职业病危害场所检测及现状评价，启动主要生产单位健康企业创建达标工作，持续做好“送健康到基层”活动，切实保障员工身心健康。四是持续推动绿色低碳转型。开展新型钻井液研究，加快钻井废物合规处置技术研发、引进和试点，实现聚磺钻井液减量化和可替代化。做好碳监测评估试点、甲烷减排工程和 VOCs 排查整改等项目，建立天然气行业碳排放统计核算标准，加快推动清洁化、低碳化、循环化改造升级。建立生态环境保护管控平台，形成生态环保大数据库，推动智能化、数字化与生态环境保护业务融合。

（四）谋深谋远改革创新，推进公司治理现代化

把改革创新贯穿发展全过程，着力破除体制机制障碍，实现管理机制更加灵活、管理效率持续提升，不断提高公司内生动力和发展活力。一是纵深推进改革攻坚。坚决打赢改革三年行动收官战，全面启动组织体系优化提升工程，实施数字化条件下“三定”工作，力争年内二、三级机构和中基层领导职数分别压减 10% 以上；优化完善两级机关管控界面，逐步构建以战略型管控为主的差异化管控体系和“油公司”制度体系。抓好川中北部新型管理区改革达标验收和总结推广，大力推动川东北次新区转型，确保新区和次新区实现两级管理。持续完善工资总额决定机制，探索非控股合资公司工资总额备案管理，强化市场化薪酬接轨，构建现代化“油公司”薪酬管控体系。积极推动用工方式转型，深化“管理＋技术＋核心技能岗位”直接用工，优化第三方用工管理，确保全年员工总量控制在 26 000 人以内。二是加快推动高水平科技自立自强。抓好科技攻关和成果培育，组织做好集团公司重大专项、重大现场试验等项目攻关，推动震旦系勘探、深层页岩气开发、致密油气勘探开发、天然气能量计量等领域科技成果转化，为增储上产提供有力支撑。加快科技创新体制机制优化调整，抓好技术基础强化、管理优化提升、创新生态营造，启动科研生产一体化等 4 个改革试点，积极打造“科技创新西南特区”。三是深入推进数字化转型。以推进“三个一体化协同”为抓手，着力数字化转型组织体系建设，实施项目制管理，形成目标导向、过程管控、评价审核的管理闭环。着力推进数据治理，建立覆盖全业务领域的数据治理制度和标准体系，推动“数据资源”转化为“数据资产”。着力提升基础设施保障能力，打造西南区域统一算力中心，构建数字化运营生态体系，为公司数字化转型提供坚实支撑。四是持续开展提质增效专项行动。严格投资管控，通过优化投资结构、优化方案设计、严格造价管理等举措，确保投资资本回报率在 13% 以上。加强成本控制，推进控本降费行动和三年完全成本压降计划，强化上中下游整体联动、产运储销一体控降，确保天然气完全成本硬下降。坚持效益采购，以“工厂端”质控和“工厂到现场”配送为抓手，推广“大采购、大物流、小库存”模式，实现供应链供货周期平均缩减 20%，库存降低 10%。

（五）压紧压实党建责任，巩固良好政治生态圈

坚持和加强党的全面领导，牢固树立大抓基层鲜明导向，统筹推进党建与生产经营改革发展深度融合，以高质量党建引领高质量发展新局面。一是全面加强党的政治建设。深化党史学习教育成果，推动理想信念教育常态化制度化，始终把学习贯彻习近平总书记重要指示批示精神作为“第一议题”，聚焦双标杆企业建设目标和“上产 500 亿”奋斗主题，不断提高政治判断力、政治领悟力、政治执行力，确保党中央决策部署和习近平总书记重要指示批示精神在公司一贯到底、落实落地。二是全面强化干部队伍建设。贯彻落实新时代党的组织路线，抓实人才强企工程方案组织实施，加强优秀年轻干部预备队和战略预备队建设，有序推动“英才计划”，扎实推进两级领导人员任期制和契约化管理，把对党忠诚、政治可靠作为第一位要求，全面增强领导干部思想淬炼、政治历练、实践锻炼、专业训练，不断提高为党在经济领域奋斗的工作本领和水平。三是全面深化基层组织建设。把基层党支部建设作为重中之重，加强基层党支部工作考核评价，健全完善党支部达标晋级管理机制，推动党支部考评定级、“五型”班组创建、基层站队 QHSE 标准化建设等工作相融互促，把融合推进情况作为党建工作责任制考评的重点内容，压紧

压实党建责任，不断夯实基层基础，提高党领导基层治理的效能。四是全面抓实党风廉政建设。把握政治监督核心要求，把对“一把手”和领导班子的监督真正落实落细，进一步健全为基层减负常态化机制，坚决破除形式主义、官僚主义，精准落实政治巡察要求，融合贯通监督资源，提高日常监督针对性和实效性，构建系统集成、协同高效的监督共同体，长效巩固反腐败工作成果和风清气正的良好政治生态。

（六）关心关注民忧民盼，凝聚干事创业向心力

坚持以员工群众对美好生活的向往为出发点，持续开展“我为员工群众办实事”实践活动，着力惠民生、筑文化、护平安，为发展创造和谐稳定的良好条件。一是推进民生重点工程。筹划“十四五”职工幸福生活工程，重点聚焦工作环境改善、健康水平提升、员工家庭保障等方面，切实增强职工获得感、幸福感、安全感。进一步做好兜底帮扶，做到对困难群体精准帮扶全覆盖，切实解决员工迫切需求。二是打造文化崭新名片。进一步扩大合气文化影响力，推动合气文化进机关、进基层、进一线，持续塑造品牌形象、拓展品牌内涵。加强文化阵地建设，做好工业文化遗产保护利用，丰富线上线下文化表现形式，展示和讲述好发展路上的石油故事，不断提升公司文化软实力。三是接续助力乡村振兴。坚持定点帮扶、自主帮扶相结合，不断扩大智力帮扶、深化消费帮扶，探索优化更具石油特色的措施和机制，为高质量推进乡村振兴再立新功。坚持“开发一方气田、造福一方百姓”的理念，助力资源地基础设施建设、基础条件改善，为人民群众美好生活再赋新能。四是切实维护稳定大局。加强舆论引导，进一步完善突发事件新闻应急机制，健全舆情管理联动体系，守好网络舆论阵地。强化源头预防，紧盯敏感时段、重点群体、关键部位，抓早抓小防范风险、化解矛盾，筑牢平安防线，营造和谐稳定的内外部环境。

（西南油气田公司办公室、党委办公室　供）

创新进取　接力攻坚
推动公司高质量发展迈上新台阶

——在川庆钻探工程公司2022年工作会、三届三次职代会上的工作报告（摘要）
（2022年1月20日）

川庆钻探工程公司执行董事、党委书记　王治平

一、2021年工作回顾

2021年是公司承压前行、起步筑基取得重要成果的一年。一年来，面对服务价格下降、大宗物资涨价、市场竞争加剧和税费政策调整等困难挑战，我们在集团公司党组的坚强领导下，以“12236”部署为引领，大力推进三大战略，以提质增效为主线，着力稳增长、强管理、抓创新、破困局，各方面工作取得新成效。主营业务全面增长。全年完成钻井进尺661万米、增长15%，压裂酸化1.28万层次、增长2%；生产天然气44.1亿立方米、增长3.3%，再创历史新高。服务油气成效突出。打成蓬探101井、双探108井、秋林209-8-H2井、甫沙8CS井等一批重大发现井和115口高产油气井，创造53项领先工程纪录，支撑西南、长庆、塔里木三大油气田产量当量续创新高，先后收到技服贺信18次、受到业主表扬54次。科技攻关成果领先。获省部级以上科技奖励12项、授权发明专利111项，自研旋转导向钻井系统入选国家“十三五”科技创新成就展和集团公司2021年十大科技创新成果。公司成为钻探企业中唯一一家获评集团公司创新型企业的单位，并再次通过国家高新技术企业认定。经营业绩好

于预期。全年实现收入335亿元、增长2.2%，提质增效贡献25.2亿元，解困扭亏初见成效，实现考核利润2.7亿元、超额完成下达指标。党的建设扎实有力。庆祝建党百年活动有声有色，党史学习教育深入开展，以政治建设为统领，组织建设、思想文化建设、队伍建设、党风廉政建设、制度建设进一步加强，2020年党建责任制考核被集团公司评为“A+”档。公司实现“十四五”稳健开局，为今后一个时期高质量发展打下坚实基础。

重点抓了以下工作。

一是以党史学习教育为抓手，全面从严治党纵深推进。深入学习贯彻党的十九届五中、六中全会精神，建立公司党委“第一议题”制度，认真学习习近平总书记重要讲话和重要指示批示精神；出台加强党的政治建设意见，持续肃清流毒影响，践行“两个维护”坚决有力。融合推进党史学习教育和“转观念、勇担当、高质量、创一流”主题教育，圆满完成3个阶段9项规定动作；扎实开展“我为员工群众办实事”实践活动，投入专项资金2 454万元，解决员工急难愁盼问题100余项。统筹党建“三基本”建设与“三基”工作，开展党员“四创四当”主题实践活动，打造形成45个“党建+”示范亮点工程。启动实施人才强企工程，调整配备处级干部97人次，引进高层次人才1人，3人入选国务院政府特殊津贴专家。逐级压实党风廉政建设责任，一体推进“三不”，深入开展“作风建设年”活动，聚焦疫情防控、提质增效做实监督，高质量开展两轮巡察，全年处置问题线索、立案审查、纪律处分数量分别下降26%、65%、52%。严格落实意识形态工作责任制，建立石油精神学习宣贯长效机制，选树首个“川庆榜样”，开展攻坚文化课题研究，及时处置敏感舆情事件41起。创新开展团青工作。加强与统战代表人士联系。认真落实职代会制度，审议通过8个报告，征集办理提案28件。切实关心关爱员工，投入资金792万元帮扶救助1 334户；推进“健康小屋”建设试点；投入7 623万元建设、维修改造生产基地，不断改善员工生产生活条件。开展系列劳动竞赛和专业技术比赛，考核奖励2 432万元，表彰合理化建议和“五新五小”优秀成果57项，公司涌现出“全国工人先锋号”2个和省级先进集体1个、个人5人。积极服务乡村振兴战略，投入241万元助力石渠县巩固拓展脱贫攻坚成果，消费扶贫223万元。

二是强化“四提”带动，工程技术各业务协同发展。钻完井业务优化生产组织、扩大资源共享、治理故障复杂，平均有效井间周期缩短6.5天，故障复杂时率下降18%，4 000米以上深井、页岩气井、致密油气井分别提速18%、16%、15%；国内自有钻机利用率提高4个百分点，在钻机减少13台的情况下完成进尺增长19%；压裂形成“6311”“43452”组织模式，川渝、长庆地区压裂效率分别提高24%、14%；录井业务强化远程支撑、一体服务，钻井液业务突出互联共享、提升效率，固井业务着力集约资源、提高质量，试修业务推行区域统筹、项目管理，钻前业务坚持“四个提前、一个靠前”，运输业务强化共享、提升运力，监督业务严抓安全、狠反违章，共同推动生产高效运行。海外业务“与疫同行”，扎实抓好市场开发和项目运行，完成钻井进尺18万米、增长30%；P油田项目年产原油突破130万桶，回款率达89.5%，实现收入效益双增长。培训、酒店业务克服疫情冲击，提升服务品质，超额完成经营指标；多元经济业务强化管理、做实项目，实现收入58亿元、利润4 500万元。

三是突出深耕细作，风险合作业务持续增产增效。克服资源劣质化、投资紧张、外输不畅等困难，深化“三个一体化”，加强开发全过程管理，实现产量效益双提升。威远区块完善高产井培育技术，优质页岩钻遇率97.4%，“甜蔗”区完成测试的36口井平均产量23.7万米^3/日、开发效果提升14.7%，4个平台半支4口井测试产量超百万立方米，全年页岩气产量突破25亿立方米、再创历史新高。苏里格区块坚持“稳定中区、拓展西区”，强化“一区一策”地质基础研究，新获无阻流量超百万方高产井5口；精细生产管理，推广大井丛方式布井、小井眼钻完井，新建产能6.7亿立方米，Ⅰ+Ⅱ类井比例90%，生产天然气18.8亿立方米，连续11年稳产18亿立方米。致密气合作区块完钻6口、压裂4口，获无阻流量超百万立方米高产井3口，实现当年部署当年见气。

四是狠抓提质增效，经营管控能力实现新提升。坚持开源与节流并重，部署推进7个方面28项措施。建立市场评估和开发奖励机制，拓展总包服务模式，泸州北和阳101深层页岩气总包、太和气区总包及老井挖潜、致密气风险合作等协议相继落地；海外市场开发逆势上扬，新中标阿姆河第六轮钻修井和复兴气田续钻井总包等一批高端项目。全年新签合同金额358亿元、增长15%，其中海外市场42亿元、增长27%、创近年新高；川渝地区关联交易、深层页岩气市场份额分别达到100%、35%，长庆地区水平井市场份额达到70%。强化资金、资产精细管理，实现创效4.2亿元；依法享受财税优惠政策，节税增效5.3亿元；深入开展“两金”压控三年行动，以前年度欠款回收率87%，存量存货压降率80%。强化投资全过程闭环管理，节约资金1.6亿元。推进供应链管理体系建设，优化采购策略，节约资金24.5亿元。强化人员统筹调剂，盘活内部用工1 180人，创新组织模式减配315人，分流安置218人。开展重点单位亏损专项治理，推进单井安全提速创效工程，实现工程技术业务控亏目标。

五是主动创新变革，发展动力活力不断增强。成立公司关键核心技术攻关任务领导小组，优化3大工程技术中心管理运行机制，建成16个首席技术专家领衔的科技创新团队，深化4个企校创新联合体建设。投入科研项目经费3.9亿元，开展公司级以上课题攻关373项，新增成果80项，推广创新成果191项，实现创效1.8亿元。自研旋转导向钻井系统现场试验和产业化落地取得重大进展，综合性能达到国际先进水平。以超长水平井、大井丛高效钻完井为代表的页岩油勘探开发工程技术实现革命性跨越，创造亚洲陆上最大水平井平台（华H100页岩油平台）、最长水平段（5 256米）等纪录。数字化转型初见成效，建成运行两级工程作业智能支持中心（EISC），提供决策支撑406次，提高处置效率18%；数字化作业现场、数字化气田管理高效推进。改革三年行动完成63项任务、整体进度91%，获评集团公司三项制度改革考核优秀企业。与成华区政府签订合作协议，顺利完成厂办大集体改革。持续开展“瘦身健体”，压减法人企业2个。

六是强化专项整治，各类风险总体平稳受控。大力宣贯新安全生产法，健全全员安全生产责任体系，推行安全生产清单制管理。深化QHSE体系建设，整改审核问题3 698个。深刻汲取“1·25”事故教训，聚焦井控、高处作业、起重作业等重点领域，集中组织安全生产、反“三违”专项整治，完善双重预防机制，投入安全专项资金1.8亿元、整治隐患104项，严重及以上违章数量逐月减少，事故起数下降70%。建立公司及各单位生态环境保护重大事项议事规则，发布《长江经济带生态环境保护工作方案》，整治环境隐患653项。实施“碳中和、碳达峰”行动，电代油用电量3.3亿千瓦·时，工业废水废气达标排放率、固体废物处置率100%。扎实开展井筒质量三年专项整治，固井质量合格率88.4%，井身质量合格率94.6%。常态化开展疫情防控，精心做好海外项目防疫和员工身心健康管理，应接人员疫苗接种率100%，保持“零疑似、零确诊”良好态势。强化依法合规治企，统筹开展审计、重点领域监管、法律纠纷案件处置，挽回和避免直接经济损失3 954万元。加强平安建设，扎实做好维稳信访安保防恐工作，抓好海外社会安全，大局保持和谐稳定。

二、面临的形势和任务

当前，外部环境更加错综复杂，各种挑战困难明显增多。我们要准确认清发展中的变与不变，立足当下、着眼长远，坚定不移做好自己的事情，保持公司稳健效益发展良好态势。

一是政策取向总体趋紧，考核压力更加突出。在国内经济增速下行、“双碳”战略实施和国际油价难以预期的宏观背景下，集团公司提出低成本发展的战略举措，投资、经营政策更加严谨审慎，要求国内原油、天然气单位完全成本分别控制在48美元/桶、0.795元/米^{3}以内，工程技术服务降价压力仍然存在。中油技服考核政策更加突出效益效率导向，加大净利润和运营质量指标考核权重，对百元营业收入成本、人均劳动生产率、自由现金流等提出更高要求，公司全面完成指标需要付出更大努力。

二是市场形势好中有忧，增收压力更加突出。尽管国内工作量保持增长态势，但结构上呈现“常”降“非”增“深”多、水平井段长不断增加的特点，工程技术作业投入、难度、风险不断增大。同时在难动用区块实施低价总包、合作开发模式风险也大，我们稍有不慎或组织不力就可能出现亏损。海外市场逐步复苏，但防疫、汇率等因素对效益影响较大。这些变化导致工程技术业务提速难以提效、增量难以增收，实现保本或盈利更加艰难。

三是经营管控难度增大，成本压力更加突出。资产规模偏大、利用率不高、收益率低，投资规模与现金流状况还不匹配，对后期成本带来较大压力；垫资项目增多叠加刚付要求、结算滞后，资金统筹平衡、保持现金流为正更为艰难；大宗物资价格不确定性和人工成本刚性增长，公司用工规模大与结构性富余并存、人均产值低，后辅单位相对效率低，固定成本压降困难；经营转型还不到位，生产与经营、技术与经济有机协调的制度流程和运行方式还没有效形成，部分领导干部对标意识不强，对解决深层次问题还有畏难情绪，主动性不够、办法不多，进一步提质增效面临较大压力。

但也要看到：油气仍是我国的主体能源，国内天然气供不应求，中央对能源安全的重视前所未有，提出要提升能源供给保障能力，实施新一轮找矿战略行动，集团公司稳油增气总体部署没有变；西南、长庆、塔里木三大油气田正处于增储上产加速期，产能建设投资进一步增加，海外业务整体稳步健康发展，公司市场有利区位优势没有变；公司风险合作业务发展总体向好，合作方式更加多元，持续增长有空间，有望建成400万吨油气当量的中型油气田，效益支柱作用没有变；公司资产、财务状况稳健，技术实力国内领先，队伍整体战斗力强，竞争制胜的基础没有变。这些是我们战胜困难、稳健发展的底气所在。

综合分析内外部形势，挑战严峻不容懈怠，机遇当前不进则退，解决工程技术业务不盈利矛盾，仍是当前公司改革发展最紧迫、最主要的任务。我们要充分用好“四个没有变”的有利条件，把握窗口期机遇，强化战略执行、战术优化，标本兼治、扬长补短，在传承中发展，在创新中突破，全力打赢破解主要矛盾攻坚战。要坚持稳中求进、问题导向，着眼完成今年目标任务，持续深化提质增效专项工程，做细做实各项工作，确保主要生产经营指标和质量持续改善；要强化战略引领、系统思维，着眼增强盈利能力和发展动能，深化实施三大战略，在解决主要矛盾上持续发力，以重要领域和关键环节突破，带动公司加快转型升级。

三、2022年重点工作安排

2022年是党的二十大召开的政治大年，也是公司在新起点实施“十四五”规划的重要一年。公司工作的总体思路是：以习近平新时代中国特色社会主义思想为指导，深入贯彻党的十九大和十九届历次全会精神，认真落实集团公司党组和中油技服工作部署，完整、准确、全面贯彻新发展理念，坚持稳中求进总基调，全面加强党的领导和党的建设，聚焦攻坚工程技术业务不盈利矛盾，强化创新意识、系统思维，突出战略引领、问题导向，持续推进“12236”总体部署，统筹推进提质增效和三大战略，着力抓好服务油气、创新驱动、管理变革、人才强企、风险防控，高质量完成各项目标任务，以优异业绩迎接党的二十大胜利召开。

预算主要生产经营目标是：完成钻井进尺700万米，生产天然气45亿立方米，实现主营业务收入345亿元、净利润3.16亿元。

围绕实现全年目标，着力抓好4个方面14项重点工作。

（一）坚持党的领导，引领保障公司高质量发展

贯彻全面从严治党战略方针，坚决落实党对国有企业领导的根本原则，持续加强党的建设，以党建工作新成效为改革发展提供坚强政治保证和组织保证。

（1）深化全面从严治党。全面落实加强政治建设重点措施，深入学习贯彻党的十九届六中全会精神和总书记重要讲话、重要指示批示精神，巩固拓展党史学习教育成果；把迎接二十大召开和学习宣贯二十大精神作为重大政治任务，精心组织、抓好落实，持续提高党员干部政治判断力、政治领悟力、政治执行力，忠诚捍卫“两个确立”，坚决做到“两个维护”；严明政治纪律政治规矩，持续肃清流毒影响。深化“三级联动”党建工作机制，推进基层党建“三基本”建设与“三基”工作有机融合，落实“四同步”“四对接”要求，深化“四创四当”主题实践活动，持续打造特色“党建品牌”和“党建+”示范亮点工程。

筹备召开公司第二次党代会。严格落实意识形态工作责任制，加强阵地管理，开展“转观念、勇担当、强管理、创一流”主题教育活动。加强文化引领，开展石油精神和大庆精神铁人精神再学习再教育再实践再传播，推进“企业文化品牌年”活动，研究培育攻坚文化，推动“家”文化建设。突出“关键少数”强化“三项监督”，着力加强对“一把手”和领导班子的监督，持续深化“三不”机制建设，精准运用“四种形态”，从严抓好正风肃纪，围绕“四个落实”“三个聚焦”高质量开展两级巡察。

（2）实施人才强企工程。以工程思维系统推进人才强企，实施领导干部培养“五大工程”。大力选拔优秀年轻干部，着力培育“预备队”和“战略预备队”。注重科股级干部后备队伍培养，实施“青马工程”、青年人才基础夯筑工程和基层骨干人才执行力建设工程，加大管理、技术、安全人才培养力度，推动双向交流、管理与技术交叉，促进年轻干部由业务型向复合型转变。制定《千人计划实施方案》，常态化开展国内外高层次人才引进。按需组建“四跨”创新团队，力争建设 1 ~ 2 个集团公司挂牌的企业级创新示范团队。探索人才分级分类精准评价，开展钻井工程专业人员业绩能力评价积分制试点。全面实施企业领导人员任期制和契约化管理，建立能上能下、能进能出岗位聘任机制。加大科级干部公开竞聘力度，有序推进副处级干部竞聘，为优秀人才搭建公平公正、展示能力的平台。坚持干部提拔、技能人才聘到管理岗位向一线边远、条件艰苦地区倾斜，持续畅通基层人才成长渠道。实施核心骨干人才能力素质提升计划，构建“线上理论教学 + 线下实操训练”培训新模式，着力打造素质过硬队伍。

（3）凝聚全员智慧力量。加强民主管理，建立员工思想状况动态分析机制，及时解决员工合理诉求。坚持发展成果惠及全员，持续开展送温暖、送清凉、送健康、送关爱，健全扶贫帮困工作长效机制，深化“我为员工群众办实事”专项工作，加强“职工小家”建设。抓好创新工作室建设，组织系列主题劳动竞赛和技术比赛，深入开展合理化建议、“五新五小”技术改进和 QC 等群众性创新活动。狠抓健康企业建设，慎终如始抓好常态化疫情防控，多渠道组织海外人员倒班轮休，巩固疫情防控“双零”成果；树立“大卫生、大健康”理念，强化职业健康管理，切实减少非生产亡人事件。坚持党建带团建，持续开展“青字号”系列活动。加强统战工作。落实维护稳定工作责任制，抓好维稳信访安保防恐和海外社会安全工作。积极助力乡村振兴战略。

（二）深化提质增效，着力增强价值创造能力

围绕完成全年生产经营指标任务，以开源节流、增量增收为发力点，有效提升各业务产值和价值贡献。

（1）全力以赴抢抓高效市场。进一步完善市场开发管理机制，加强公司层面统筹力度，激发各单位市场开拓积极性；正确处理好与甲方和竞争对手关系，持续扩大效益市场规模，力争新签合同金额 320 亿元、国内主要市场占有率稳中有升。川渝地区优先保障蓬莱气区、深层页岩气、致密气合作开发、川东北高含硫、老井挖潜等重点市场，抓好大庆、浙江、吉林油田流转区块项目运行及深层页岩气协议执行，积极稳固市场份额。长庆地区重点抓好致密油气大平台项目管理，积极跟进海相页岩气、盐下高含硫天然气、储气库、老井改造等市场，稳固扩大壳牌长北、道达尔苏南市场，稳妥推进延长油田等项目，力争水平井市场占有率达到 65% 以上。塔里木地区主攻富满、博孜—大北等重点区块，积极开拓油基钻井液、测试、旋转导向等技术服务市场，力争工作量增加 5% 以上。海外业务坚持以市场开发为基础、效益发展为中心，精心运作土库曼斯坦复兴气田续钻井和阿姆河第六轮钻修井等项目，积极推动“两优”项目落地；加强厄瓜多尔 P 油田项目精细管理和 T 油田总包项目管理；拓展巴基斯坦单项技术服务，全力实现减亏目标；积极开拓中东地区油气场站运维、腐蚀监测、井控服务等业务，力争新签合同金额 3.2 亿美元。

（2）提高工程技术业务整体质效。坚持协调、共享、均衡、高效组织生产，统筹抓好资源调配、协同共享、运行优化，着力提高效率效益工作时间。强化装备队伍统筹管理，有序引进、规范管理外部队伍，确保自有钻机平均利用率达到 90% 以上。强化全业务链共享顶层设计，建立内部资源共享定价及结算办法，形成钻具、井控、车辆、机修维保等全面共享方案，大力推广钻机套搬、大

平台设备设施共享，推动特种车辆就地集中、减少路途损耗，促进整体资源利用最优化。持续优化生产管理，钻完井业务以多打进尺为导向，突出最佳工作周期目标，提升EISC管理能力和EISS系统应用水平，精准管控各生产环节，严抓技术模板执行，深化故障复杂专项治理，抓好定向仪器失效治理，力争钻完井整体提速5%、故障复杂降低10%；压裂酸化业务着重分析压前准备工序，探索交叉进场生产模式，分析优化生产准备环节，力争压前准备时间缩短20%；试油修井业务强化完井及原钻机试油精细组织，注重复杂、事故预防处置技术和工具集成，建立技术模板，着力解决生产不连续、效率低问题。推进井筒质量全生命周期管理，严把入井材料质量关，强化套变防治攻关，力争井身质量合格率达到97%、固井质量合格率达到91.5%、页岩气压裂丢段率1%以内。钻前、运输、监督检测、酒店、培训等业务突出提效降本，抓好精益管理，全力支撑主业发展。越盛公司充分发挥新体制优势，加快转型升级，努力实现效益发展。

（3）推进风险合作业务提产增效。围绕400万吨油气产量当量奋斗目标，深化“三个一体化”，做精地质研究、做细开发管理、做实成本管控，努力提升开发效果和经营效益。威远区块突出“深拓浅扩”，细化勘探开发方案，协调落实上产投资，探索完善甜橘、柠檬区效益开发模式，努力提高单井EUR，精细生产全过程管控，力争生产页岩气26亿立方米以上，每立方米完全成本控制在0.825元以内，其中操作成本控制在0.2元以内。苏里格区块坚持“西进战略”，以提高单井EUR和区块采收率为重点，持续深化综合地质研究，探索共建共享合作模式，积极推进电代油、气发电等方式，加快勘探突破和效益建产，力争生产天然气19亿立方米、凝析油1.1万吨。致密气合作区块做精储层综合评价研究，探索高产井培育方法，完善高效建井模式，保障建井质量，研究返排液再利用处理工艺、密闭测试等措施，确保单井产量稳步提升，力争产量分成1亿立方米。西南油气田老井挖潜项目强化地质精细研究，优选区块、优化工艺、严控成本，努力实现产量分成1亿立方米。

（4）加快提升经营管理效能。制定提质增效中长期规划，逐步形成“措施制定、实施执行、分析对标、改进提高”管理闭环，完善激励约束机制和考核评价体系，做到定量考核、定性评价、奖优惩怠。坚持“效益优先”原则，综合考虑各业务特点及盈利能力差异，科学测算分解预算指标。深入推进“十四五”规划实施，启动相关投资项目。坚持“科学评价、总量控制，方向明确、刚需为主”的原则，正确处理投资规模与各单位经营压力及中长期发展的关系，以自由现金流为正倒推投资总额，重点保障风险合作、生产急需、科技攻关、数字化转型及安全环保等项目，强化投资全过程闭环管理，确保投资效益最大化。精细研究工程计价标准，深入分析工程项目效益，以科学合理的工程造价指导公司经营活动。全面开展资产分类管理，持续优化资产质量和结构。编制实施基地设施共享和重点基地综合利用方案，减少外租场地和费用。全面强化资金管理，建立以自由现金流为核心的资金管理机制，加强结算和应收账款全过程管控，保持适度合理的“两金”规模，提高“两金”运营水平。制定解困扭亏专项扶持政策，建立完善“超额利润”“大幅减亏”奖励机制。依法筹划税收工作，实现综合所得税率稳中有降。坚持依法合规治企，开展“合规管理强化年”活动，高效做好结算、生产经营安全、经济责任等专项审计，加强重点领域财务稽查，着力抓好问题整改，防范化解经营风险。

（三）推进三大战略，持续提升创新动能活力

以提升核心竞争力为目标，突出创新驱动、管理变革，找准战略落地着力点，推动转型升级取得新突破。

（1）深入实施技术立企战略。健全党委领导科技创新工作机制，建立两级科技创新工作会议制度，实施科研攻关“八二”布局和重点项目“揭榜挂帅”，持续抓好工程技术中心与科技创新团队建设，有序推进“钻完井工程试验平台”建设。全年科技研发投入强度达到4%，形成创新成果100项以上，确保关键核心技术和重点任务攻关计划完成率均达100%，科技进步贡献率达到60%以上。高端技术领域重点开展万米超深层钻完井技术、耐高温高造斜旋转地质导向系统、智能化精细控压钻井系统、井眼轨迹智能导航系统等研究，抓好抗温200℃高密度水基钻井液体系、井下数据连续波传输技术、230℃/140兆帕抗硫

试油测试关键装备、智能压裂优化设计软件等攻关；常用工具产品领域加快井下多参数随钻测量仪、高性能 PDC 钻头、可变径稳定器、非常规打捞工具、井漏探测器、高温高压井下封隔器等工具、产品自主研发；安全环保技术领域积极推进集团公司井控应急专项研究，攻关突破复杂深井井控及应急救援瓶颈难题，系统开展油基、水基钻井液废弃物处理研究，完善钻完井清洁生产施工工艺和资源化综合利用技术。坚持实施“公司顶层设计 + 所属单位自主推广”模式，力争应用自主创新成果 100 项以上，创效 2 亿元以上。筹备召开公司科技与信息化创新大会。

（2）大力推进数字赋能战略。围绕构建“智慧钻探”，总结前期经验，加强系统研究，有序推进 9 大应用场景 11 个支持项目落地，启动钻井、井下、录井、试修、固井、智能油气场站等 23 支数字化队伍试点建设。深化工程智能一体化系统应用，升级完善 EISS 系统事故复杂智能预警、方案实时优化等辅助决策功能，健全 EISC 运行工作流程和管理制度，启动工程技术大数据、专家知识库建设和自主工程软件研发，逐步实现由经验钻井向科学钻井、事后处置向实时全过程、人工监管向人工 + 智能管控、“单打独斗”向工程地质协同一体化转变。持续推进数字化气田建设，开展自动开关井技术研究，推进气井设备设施标准化管理，优化集输信息管理平台，加快数字管网建设，有效降低劳动强度、提高气井采收率。探索建立经营决策支持平台，实施生产、物资、财务等系统数据联动和融合分析，建立关键指标（KPI）分析决策工具，有效提升经营分析深度和精度。

（3）扎实抓好成本领先战略。坚持以整体效益最大化为出发点，全面实施单项项目效益工程行动，理顺项目管理流程，明确以安全环保为基础、经营效益为重点的责权利关系，完善项目考核和核算办法。坚持专业围绕项目转、后勤围绕一线转，打破机关职能管理条块分割，建立“企业 + 项目部”矩阵式管理模式，统筹财务、生产、装备、工程技术等管理力量，把有限的管理技术人才向一线项目团队充实，减少不必要的中间环节，推动从宝塔式多层级管理向发挥项目团队作用的扁平化管理转变。深化全员、全要素、全过程目标成本管理，实施百元营业收入成本指标考核，加大可控生产变动费用考核力度，推动后辅支撑保障向提高效率效益、逐步与市场化服务价格对标接轨转变。严格执行人工成本峰值管理，从严从紧合规安排福利费、培训费等费用支出。聚焦供应链稳定高效运行和总成本降低，科学筹划供应工作，完善物资价格预测、监控、联动调整机制，扩大集采、储备共享规模，全力保质控价。

（4）全面完成改革三年行动。认真落实集团公司和中油技服全面深化改革工作部署。实施企业组织体系优化提升工程，统筹开展两级机关“三定”工作，推进机构编制资源归核聚焦，压减非主业非优势业务机构，完成二三级机构、领导职数压减指标。深入开展员工减配优化，推进基层单位机关（项目部）大岗位管理，提升人力资源价值。强化劳动合同管理，健全员工市场化退出机制，深化用工方式转型，构建与业务结构相适宜的用工模式；梳理分析各单位人力资源结构，有效盘活存量；坚持社会化用工规模与工作量相匹配，清退非必需社会化用工。发挥薪酬考核激励作用，完善工资总额决定机制，突出效益效率、质量安全环保等考核指标，将增量工资与效益效率、工作量、收入和科技研发等指标挂钩，制定实施科技型企业项目收益分红激励指导意见；强化两级机关与上级下达指标、部门主管指标联责考核，实行考核结果强制分布，合理拉开机关部门之间、各单位领导之间绩效考核差距和单位之间工资总额差距。优化提速创效考核机制，抓先进、带后进，推动单机单队作业效率稳步提升。总结提炼管理创新经验，探索推动企业对标管理提升与发展能力评价相融合，开展全方位对标管理。优化海外项目管控模式，构建国内外人才双向交流良性机制。健全控参股企业管理制度，推动越盛公司、旋转导向新设公司规范运行。按照集团公司统一部署，深化纪检体制改革。

（四）突出严抓严管，加快推进安全绿色发展

坚持“严细实”总基调，强化“四全”“四查”管理，深化 QHSE 管理体系和双重预防工作机制建设，全面完成 QHSE 各项指标。

（1）健全体系管理。深入贯彻落实新安全生产法，修订机构和岗位安全环保职责，提档升级“3+N”责任清单，

加快提升安全生产专业化管理能力。推进体系管理与生产业务深度融合，培育安全管理、制度、物态、执行文化，全面推广 QHSE 数字化队伍试点成果，在钻井、试修等 7 个专业创建 32 支“三标一规范”2.0 版示范标杆队。以管理人员、基层关键岗位、业务外包队伍等为重点，强化安全培训和履职能力评估，深入开展安全生产培训“走过场”专项整治。

（2）强化风险管控。完成安全生产专项整治三年行动。精准实施风险分级防控，紧盯特殊敏感时期和重点时段，完善风险预警机制，深化反“三违”专项整治，推进现场安全生产网格化管理，用好风险控制工具，突出抓好高危作业、道路交通、承包商、特种设备、危化品、油气生产等重点风险防控。始终把井控安全摆在突出位置，严格落实井控主要责任清单和安全包保管理措施，强化设计源头把关和联合会审，全面开展井控评估分级工作，抓好超深井、“三高”井、高强度压裂等重点领域井控管理，加强深井小井眼起下钻、双密度钻井井控工艺研究，坚决杜绝井喷事故。深化应急体系建设，评估完善应急预案，高质量推进井控应急救援响应中心和“2 小时”应急资源保供圈建设，开展井控、油气泄漏等应急实战演练，精准果断处置突发风险。

（3）做实环保节能。认真落实生态环境保护重大事项议事制度，做好中央环保督察及“回头看”迎检工作，建立公司生态环境保护督查制度，深入推进黄河流域、长江经济带生态环境治理。加快绿色低碳企业建设，制定实施公司“碳达峰、碳中和”行动方案，编制完成新能源业务发展专项规划；以“清洁替代”为突破口，大力实施“电代油”“气代油”、钻井用大功率发电机储能及井电系统优化等节能减碳技术攻关，有序推进碳捕集工程，逐步扩大二氧化碳压裂、驱采规模，开展集气场站、后勤基地太阳能综合利用示范，推动能源消费绿色升级。

（川庆钻探工程公司办公室、党委办公室　供）

勇毅前行创标杆　接续奋斗谱新篇
以优异业绩迎接党的二十大胜利召开

——在西南油气田公司 2022 年党的建设会议上的工作报告（摘要）
（2022 年 2 月 18 日）

西南油气田公司党委副书记、工会主席　李宝军

一、2021 年工作回顾

一年来，公司党委在全面推进各项工作的同时，重点抓了五件大事。一是扎实组织开展党史学习教育。把开展党史学习教育作为重大政治任务，高站位谋划、高标准开展，通过升级打造毛主席视察隆昌气矿纪念馆，开展“心里有话对党说”讲述活动，举行“学百年党史，聚奋进力量”主题党日活动等方式做活载体，切实将党史学习教育成果转化为推动公司发展的强大动力。二是组织开展庆祝建党百年系列活动。把庆祝建党百年活动与推动公司中心工作紧密融合，组织开展“凝心铸魂”“初心如磐”“红心向党”“齐心奋进”“同心筑梦”五大迎百年主题活动，集中展示党和国家历史性成就，有效激发公司全体党员和广大干部员工奋发作为，推动了公司各项工作再上新台阶。三是胜利召开公司第三次党代会。按期完成公司“两委”换届选举工作，全面总结公司近五年党建工作成果经验，举旗定向新征程，动员各级党组织、广大党员干部和员工群众积极投身“上产 500 亿”新会战，为打造新时代党建

工作和天然气全产业链创新创效标杆企业，擘画了蓝图、统一了思想、积蓄了力量。四是抢抓机遇推进“十四五”良好开局。认真贯彻落实习近平总书记对石油战线的重要指示批示精神，完整准确全面贯彻新发展理念，四个万亿级增储上产新阵地先后落实，产销双双创历史新高，建成国内首个千万吨级页岩气田，一批新能源项目建成投产和成功投运，绿色低碳转型“零”突破，系列科技成果亮相国家“十三五”科技创新成就展，整体生产经营稳中有进，实现了“十四五”良好开局。五是推动全面深化改革取得阶段性成效。全力推动国企改革三年行动计划，统筹“油公司”模式改革、三项制度改革、对标世界一流管理提升行动、专项配套改革等重点工作，制定实施人才强企工程实施方案、加快推进科技创新行动指南和数字化转型行动方案。超额完成集团公司党组明确的“90%”任务目标，公司治理体系和治理能力现代化水平不断提升。

一年来，公司党委积极适应领导体制变革，充分发挥党委“把方向、管大局、促落实”的领导作用，把“抓好党建作为最大的政绩”，科学构建规范高效的决策运行机制，始终坚持从严从实主基调，全面加强领导班子建设，扎实推动全面从严治党向纵深发展向基层延伸，党的自身建设各个方面取得新进展和成效。

（一）政治引领力显著增强

始终把加强政治建设摆在首位，“两个维护”更加坚定自觉。坚持不懈强化理论武装。严格落实“第一议题”制度，通过党委会及时学、理论学习中心组深入学的方式，时刻与党中央对标对表，全年组织党委会、党委理论学习中心组学习会集体学习研讨习近平总书记重要讲话和重要指示批示精神22次，分片分层开展党的十九届六中全会精神专题宣讲300余场，推动了新时代党的创新理论常学常新。做深做实党史学习教育。举办党史学习教育专题读书班，开通“西油党史学习教育频道”，充分利用四川油气田“发展印记”、属地“红色资源”“红色游学路线”教育矩阵，确保党史学习教育入脑入心，将“我为员工群众办实事”贯穿始终，办理个人住房“商转公”为员工节约贷款利息3 000万元，完成90多个职工食堂标准化改造，一线员工群众生产生活条件持续改善。深入推进主题教育活动。扎实开展“转观念、勇担当、高质量、创一流”主题教育活动，结合提质增效、改革创新等重点部署，广泛开展主题教育宣讲和大讨论，深入查找短板差距，研究制定3 700余项改进措施，取得明显成效。坚决防范意识形态渗透。严格落实意识形态工作责任制，进一步严肃宣传工作纪律，从严把好新闻“出口关”和媒体采访“入口关”，开展全覆盖有害敏感信息自检自查，全面彻底肃清流毒影响。

（二）基层组织力巩固深化

认真贯彻落实新时代党的建设总要求和党的组织路线，始终固堡垒、强管理、促发展。压紧压实管党治党责任。以推动全面从严治党主体责任落实，统筹各项工作任务，健全完善“述评考用”机制，运用“铁人先锋”等平台拓展党建工作责任制考评，公司党组织书记述职评议工作在全国第一届石油石化企业基层党建论坛上做经验交流。持续开展“强基固本提升工程”。坚持重点部署与常态化推进相结合，召开三基工作推进会，结合党委巡察、党建工作责任制检查考评等情况反馈，研究制定《关于进一步加强基层党组织建设的意见》《关于推进基层党建“三基本”建设与“三基”工作有机融合的实施意见》，促进基层党建与基层管理全面融合。全面夯实基层党建要素保障。加大党建政策理论研究和实践创新研究力度，《党建工作“述评考用”机制研究》获集团公司优秀党建研究成果一等奖；实施党支部书记示范培训“星火计划”，开展“最美书记”巡礼展播、“最美书记开讲啦”走进党校走进基层等活动，推动形成抓基层强基础的常态化工作格局。持续壮大先进模范群体。召开庆祝中国共产党成立100周年暨先进表彰大会，隆重表彰选树公司“两优一先”和党建“十大模范榜样”“十大经验典型”“十大标杆集体”，川中油气矿遂宁作业区磨溪党支部、勘探开发研究院开发所党支部荣获集团公司基层党建“百面红旗”。

（三）队伍战斗力持续提升

坚持党管干部、党管人才，统筹选育管用，打造忠诚干净担当的高素质专业化队伍。持续打造专业年龄结构更加合理的干部队伍。明确队伍结构优化“路线图”，加大优秀年轻干部选拔培育力度，选派年轻干部到地方政府挂职，利用重大项目、重点科技攻关课题组建青年团队，扩大领导人员横向、纵向交流和岗位规范调整，深入研判勘探、开发等八大专业两级干部接替需求，量身定制专业年轻干部培养选拔计划，推动专业年龄结构持续改善，促进技术总师作用发挥，基本实现主要单位技术总师全覆盖配备。努力优化干部选拔考核体系。首次公开遴选二级领导人员，在公司机关、直属单位广泛推行竞争上岗，有序推进领导人员任期制和契约化管理，完成36家单位中层领导人员任期契约签订，优化领导人员考核测评系统，严格按照优秀比例不超过50%的标准开展定性评价。全面加大人才培养发掘力度。长远谋划各专业领军人才战略储备，开展技术专家增补选聘，常态化实现专业技术序列岗位“能上能下”、薪酬“能增能减”，全面启动实施“英才计划”，从近三年高校毕业生中遴选重点培养人才，新入职高校毕业生首次实现“集团公司、分公司、二级单位”三级培训，促进了人才快速成才。广泛激发员工队伍内生动力。推进各级党组织联系各级专家全覆盖，持续开展“弘扬爱国奋斗精神、建功立业新时代”活动，充分调动人才队伍爱岗立业热情和创新创造激情。

（四）文化向心力更加强劲

聚焦公司改革发展新形势新任务，有效传播展示企业良好形象。壮大主流思想舆论。坚持团结稳定鼓劲、正面宣传为主，持续健全舆情通联机制，紧紧围绕打造双标杆企业，开展“庆祝建党100周年、党史学习教育、疫情防控、全面上产500亿、冬季保供、安全生产”等重大主题宣传，为公司高质量发展营造了良好舆论氛围。推进媒体业务深度融合。打造公司官方微信“西油记+”媒体传播矩阵，创新推出形式多样的新媒体作品，策划“岂曰无衣与子同袍”“石油地理”等系列专题，第一时间发布公司勘探开发、科技创新、党的建设等重点新闻，累计阅读人次达到180余万，向社会公众生动传递石油声音。提升企业品牌形象。举办四川石油会战史馆开馆仪式、国家工业遗产“隆昌气矿圣灯山气田旧址”揭牌仪式，开展合气文化品牌传播推广劳动竞赛，发挥五大石油精神教育基地、八大党员教育基地、公司及基层单位文化展厅的文化传播功能，推动“合气文化”进机关、进班组、进一线；把帮扶工作作为重要政治任务，用经得起检验的业绩为持续巩固脱贫成效、努力推进乡村振兴贡献石油力量，公司被评为“四川省脱贫攻坚先进集体”，企业良好品牌形象进一步塑造。

（五）拒腐防变免疫力不断提高

加强党风廉政建设和反腐败工作，党风企风持续向上向好。推进政治监督具体化常态化。及时跟踪掌握各级党组织落实“第一议题”制度情况，加强对各级党组织坚持党的全面领导、落实全面从严治党主体责任情况及重点工作的监督检查，确保上级重大决策部署落实到位。坚持不懈纠治“四风”。重点针对违规公车使用、违规收送礼品礼金、违规吃喝等问题以及重要节假日开展监督检查，高效精准追责问责，严防“四风”问题反弹回潮，落实常态化预防提醒机制，定期通报典型案例，持续刊载廉洁文章，推进作风建设长效化。扎实做好党委巡察工作。首次在一轮巡察中同时开展常规巡察、专项巡察和“回头看”，深化运用“双向反馈”机制，共发现问题402个，移交34个共性问题、21条工作建议，形成了上下联动、同题共答、标本兼治的工作格局。一体推进“三不”机制。持续保持反腐败斗争高压态势，组织召开信访举报专项治理会、公司作风建设大会，开展对新提任和进一步使用的中层领导干部“六个一”廉洁教育，对发生员工违法问题的所属单位党委书记、纪委书记约谈提醒，始终严明纪律要求，持续巩固拓展反腐败斗争压倒性胜利。

（六）群团凝聚力作用凸显

坚持“党建带群建、群建促党建”，群团组织桥梁纽带作用进一步发挥。持续增进民生福祉。以“我为群众办实事”为主题，续航“三大关爱行动”，实施“夕阳红关爱工程”，一体推进“送清凉”“送健康”等基层一线服务活动，惠及群体超3万人次，“精准帮扶+普惠服务”工作格局进一步巩固。深度助力上产攻坚。搭建与“油公司”模式相匹配的“两赛一创”平台，深入开展4项四川省“5+1”现代产业劳动竞赛，“建设气大庆、建功‘十四五’、奋进新征程”主题劳动和技能竞赛，成功入列国家“十四五”引领性竞赛项目库。践行青春时代风尚。召开公司第二次团代会，选举产生新一届委员，深化“青字号”品牌创建，以“青年论坛”“五小”评比为抓手，充分激发青年创新创效活力，精心策划“迎接建党100周年，回顾党史百年历程”主题团日活动促进学习成果转化，选树第四届“十佳大学毕业生”，丰富完善“青年人才库”，勘探事业部团支部成功创建中央企业“五四”红旗团支部。深入建设平安油气田。强化平安体系建设，信访总量、来访人次和集体访实现三个“硬下降”，信访处理率、初访结案率、纠纷排查率实现三个“百分之百”，持续做好离退休人员服务管理职能平稳衔接工作，成为集团公司唯一被中央组织部表彰的“全国老干部工作先进集体”。

二、2022年党的建设总体思路及下步重点工作安排

新征程、新阶段赋予党建工作新的使命任务，需要以一往无前的争先姿态，坚定不移强“根”铸“魂”。2022年，公司党的建设总体思路是：以习近平新时代中国特色社会主义思想为指导，深入学习贯彻党的十九大、十九届中央委员会历次全体会议精神，全面贯彻落实新时代党的建设总要求和新时代党的组织路线，大力弘扬伟大建党精神，巩固深化党史学习教育成果，坚持从严从实总基调，扎实推进党的建设与生产经营管理深度融合，着力提高党建工作质量，以打造新时代党建工作标杆引领保障天然气全产业链创新创效标杆企业建设，以优异业绩迎接党的二十大胜利召开。

总体目标是：

全力打造政治建设始终过硬的标杆。“第一议题”制度健全，把学习贯彻习近平总书记重要讲话和重要指示批示精神作为各级党组织的“第一议题”，党史学习教育制度机制常态化长效化建立，党的创新理论学习入脑入心，始终在贯彻落实习近平总书记重要讲话和重要指示批示精神、党中央决策部署上走在前列。

全力打造党的领导坚强有力的标杆。在完善企业治理中全面加强党的领导，党委发挥领导作用的体制机制健全，基层党组织决策、执行、监督有力，党建工作与生产经营深度融合，始终在发挥党的领导优势、提升治理效能上走在前列。

全力打造基层基础全面夯实的标杆。党领导基层治理的制度体系系统完备，基层党组织政治功能和组织力全面增强，党员干部先锋模范作用充分发挥，基层党组织工作标准严格规范，党建品牌特色鲜明，始终在强基固本，提升基层党组织标准化规范化建设上走在前列。

全力打造干部人才担当作为的标杆。大力实施人才强企工程，干部“选育管用”机制和人才“生聚理用”机制健全完善，干部队伍结构全面优化，人才价值全面提升，领导人员管理监督全面加强，党员干部教育培训体系化全覆盖，充分激励党员干部建功立业，始终在敢于斗争、担当作为上走在前列。

全力打造正风肃纪从严从实的标杆。紧扣“两个维护”，强化政治监督长效机制，对“一把手”和领导班子监督有力，坚决反对“四风”，培土加固中央八项规定精神堤坝，坚持零容忍反对和惩治腐败，党委巡察高质量全覆盖，巡察整改责任落实机制健全，始终在正风肃纪、标本兼治上走在前列。

全力打造组织保障科学长效的标杆。党的建设工作领导小组工作机制健全，党建工作责任层层压实，党建工作责任制考评体系动态完善，切实加强党务工作者队伍建设，完善党的建设工作会、党风廉政建设和反腐败工作会、党群工作联席会等会议机制，始终在履责担责、协调推进上走在前列。

根据上述总体思路和目标，2022年公司党的建设要重点抓好六个贯穿始终：

（一）把一以贯之“讲政治”贯穿始终

旗帜鲜明讲政治是马克思主义政党的根本要求。一是深入学习贯彻党的十九届六中全会精神。持续分层级、多样式组织开展学习培训研讨，建立党史学习教育常态化、长效化制度机制，不断巩固拓展党史学习教育成果，推动公司上下深刻认识“两个确立”的决定性意义，不断增强捍卫“两个确立”、做到“两个维护”的坚定性和自觉性。二是全力做好迎接宣传贯彻党的二十大工作。按照党中央工作要求和党组工作部署开展相关工作，动员引导广大干部群众以实际行动迎接党的二十大胜利召开，学习好、宣

传好、贯彻好党的二十大精神，紧紧团结在以习近平同志为核心的党中央周围，奋进新征程建功新时代。三是健全完善党组织发挥领导作用的体制机制。认真落实《关于中央企业在完善公司治理中加强党的领导的意见》《所属企业党委在公司治理中发挥领导作用的评价办法（试行）》，修订公司《“三重一大”决策制度实施细则》，健全执行董事授权下的总经理办公会机制，督促指导各单位党委班子科学决策、民主决策、依法决策，促进把方向、管大局、促落实领导作用充分发挥，推动制度优势转化为治理效能。四是锤炼对党绝对忠诚的政治品格。认真落实《党组关于进一步加强党的政治建设的重点措施》，以强化政治理论教育、严肃党内政治生活、严格“第一议题”制度、规范重大事项请示报告等为重点，全面提升各级党组织、党员干部政治领悟力、政治判断力、政治执行力，确保习近平总书记重要指示批示精神和党中央重大决策部署在西南油气田落地生根。

（二）把聚精会神“抓党建”贯穿始终

没有脱离党建的业务，也没有脱离业务的党建。一是抓好党建与生产经营深度融合。树立“管业务必须管党建”的理念，严格落实“四同步、四对接”，优化公司党建与生产经营管理深度融合的顶层设计，探索模拟法人治理结构、合资公司、机关党建与业务融合的规律和路径，进一步巩固“大党建”工作格局，形成党员领导干部全员抓党建的合力和党建与生产经营管理同频共振的良好态势。二是抓实基层党建“三基本”建设和“三基”工作有机融合。突出党领导基层治理主线，以认真落实《中国共产党国有企业基层组织工作条例（试行）》、公司党委《关于进一步加强基层党组织建设的意见》为重点，督促指导基层党组织强化制度执行、创新融合载体、推进融合试点，抓好“示范党支部”“红旗单位”“红旗班组”“十佳百优”班组长选树，围绕生产经营重点工作，发挥好战斗堡垒作用。三是抓严考核评价制度执行。修订完善公司《党建工作责任制考核评价实施细则》，坚持定量考核与定性考核相结合，持续精简优化、动态调整考评指标，注重考核过程管理，深化党支部达标晋级，督促指导党支部“六位一体”量化考评体系落实落地，强化考核结果运用，切实把党建工作考准考严考实，促进党建工作脱虚向实。四是抓强党群干部队伍建设。进一步规范党群机构和岗位设置，落实同职级同待遇要求，试点开展从业资格认证，选优配强党群岗位，加大激励保障力度。探索党群干部培养长效机制，规范基层党支部书记和基层党务工作者业务培训，推动党务和业务干部“双向交流”，组织开展“建功新征程、喜迎二十大”岗位实践，梯次培养党务和业务“双优”的复合型干部。

（三）把真心实意“育人才”贯穿始终

人才是企业发展的第一资源，企业的发展离不开人。一是加强预备队和战略预备队建设。加快推进优秀年轻干部人才培养，从思想淬炼、政治历练、实践锻炼、专业训练等方面制定专项培养方案，推动“旭日计划”“红日计划”落实落地和“英才计划”有序实施，依托“石油科学家培育计划”等项目工程，聚焦关键性技术难题和科研任务，加大紧缺、优秀复合型人才培养力度。二是加强各级领导班子建设。严格三个“三分之一”原则，加大优秀年轻干部和各年龄段选配力度，优化各级领导班子结构，常态化做好领导人员任期监督管理，强化过程跟踪和业绩指标激励约束，推进任期契约管理从指标向责任落实，印发《人力资源价值评价实施方案（试行）》，开展首轮人力资源价值评价，坚决压实各级领导班子，尤其是党政主要领导“带队伍、育人才”工作责任，努力推动人力资源保值增值。三是配套健全人才强企制度体系。制定完成公司人才强企工程有关配套方案文件，结合实际加大人才强企工程有关课题研究，强化干部人才履职情况考核，建立核心岗位体系价值图谱，优化完善科学合理、各有侧重的人才评价体系，树立科学的人才观和人才理念，构建“生聚理用”人才发展闭环链条。四是强化精准激励。持续规范公司荣誉表彰管理，优化完善薪酬分配体系，坚持精神鼓励与物质奖励相结合，持续强化对核心骨干人才的精准激励，做到荣誉与业绩相称、褒奖与贡献相当。

（四）把守正创新“铸文化”贯穿始终

文化自信是更深沉持久的力量，也始终是推动企业发展的不竭动力。一是加强思想政治教育。常态化制度化抓好理想信念教育，长效推动习近平新时代中国特色社会主义思想进机关、进基层，开展“转观念、勇担当、强管理、创一流”主题教育活动，深化形势目标任务教育，认真落实党组《关于新时代加强和改进思想政治工作的指导意见》，深化宣传思想工作研究，持续做好一人一事的思想政治工作，凝聚企业发展正能量。二是加强新闻宣传力度。突出党的二十大、全国“两会”等重大会议，以及“两节”等重要时段，策划系列重点主题宣传，加强网络宣传平台建设和选题策划，实现新媒体产品由“多”向“精”转变，深度广泛参与“中国石油－公众开放日活动”，全方位展示公司生产经营、科技创新、党的建设等方面成就，营造良好的舆论环境。三是加强意识形态工作。强化责任意识、阵地意识和忧患意识，不断增强意识形态工作文化底蕴，高度重视新媒体时代的意识形态传播，构建全媒体舆情管理体系，完善突发事件新闻应急预案、舆情研判、会商和网络评论工作机制，积极稳妥应对舆情，正确引导舆论，牢牢掌握意识形态工作领导权和主动权。四是加强品牌推广传播。制定企业文化引领工程实施方案，加强各级各类文化阵地建设和使用，用心用力创作文艺精品，做好文化创意产品研发，持续开展石油精神、大庆精神铁人精神再学习、再教育、再实践、再传播，把“合气文化”作为入职教育、员工培训的必修课，促进“合气文化”品牌落实落地。

（五）把从严从实“履责任”贯穿始终

责任到位，工作才能落实到位。一是落实全面从严治党主体责任。紧紧围绕加强和改善党的全面领导，强化责任担当，狠抓责任落实，严格履行全面从严治党主体责任清单，建立高效规范的政治监督机制，突出对“关键少数”特别是“一把手”和领导班子的监督，从严从实加强年轻干部教育管理，强化政治教育和政治训练，持续深化党风廉政建设宣传教育，推进全面从严治党过程和效果相统一。二是落实全面从严治党监督责任。支持各级纪检机构发挥好监督专责作用，推动党内监督和其他各类监督贯通协同，重点聚焦上级重大决策部署，将履行监督第一职责与服务发展第一要务紧密结合，围绕学习贯彻党的二十大精神、落实集团公司党组工作安排和要求、落地公司“十四五”规划等重点工作，加强对同级党委、下级党委和纪委履行责任情况的监督力度，督促各级党组织担当作为。三是落实巡察成果运用和问题整改政治责任。统筹安排常规巡察，深化专项巡察，探索“提级巡察”“交叉巡察”等方式，推动巡察监督与纪律监督统筹衔接，促进公司两级巡察有序承接、有效贯通，倒逼问题整改走深走实，强化成果运用、深化标本兼治，为高质量发展保驾护航。

（六）把激发活力“带群团”贯穿始终

党的群团工作只能加强、不能削弱，只能改进提高、不能停滞不前。一是坚持党对群团工作的统一领导。进一步压实各级党组织对群团工作的领导责任，完善党建带群建带团建制度机制，把群团建设纳入党建工作总体部署，定期听取群团组织工作汇报，专题研究群团工作，并作为党建工作责任制考核的重要内容，统筹群团组织工作资源配置和使用，尊重群团组织性质和特点，支持依法依章程开展工作。二是坚持发挥桥梁纽带作用。持续推进“一个阵地、五个家”建设和团青“四大工程”，健全以职工代表大会为基本形式的民主管理制度，加大推进产业工人队伍建设改革力度，落实推动好青年马克思主义者培养工程，建强“工字号”“青字号”品牌，提升工会、共青团号召力影响力，聚焦公司勘探开发、生产经营等关键领域，广泛深入开展劳动技能竞赛、青年文明号、青年岗位能手等活动，引导和鼓励广大职工群众、团员青年建功立业。三是坚持加大拓展普惠深度。把实施“十四五”职工幸福生活工程融入“上产500亿”全过程，加大特色服务项目多元化供给，形成“职工需求推动、工会组织联动、线上线下互动”普惠服务机制，做好精准帮扶工作，优化“造血”帮扶、消费帮扶等工作措施，推进巩固脱贫攻坚成果与乡村振兴有效衔接。四是坚持维护巩固和谐稳定大局。实践和发展新时代“枫桥经验”，坚持维权维稳相结合，盯紧党的二十大、全国“两会”、成都大运会等重要活动、敏感时段的重点人群和关键部位，抓早抓小防范化解重大风险，畅通职工群众诉求表达渠道，做好新形势下退休社会化管理服务工作，建设更高水平的平安油气田。

同志们，新时代党建工作标杆和天然气全产业链创新创效标杆必须做到相融互促。我们要进一步牢固树立为党在经济领域奋斗的理念，完整全面准确贯彻新发展理念，服务和融入新发展格局，牢牢把握稳中求进工作总基调，以创建党建工作标杆推动天然气全产业链创新创效标杆建设，始终做到抓党建从生产出发、抓生产从党建入手，统筹好“油气上产、新能源发展”两大业务，突出“效率、成本、安全”三个导向，推进“科技创新、数字化转型、人才强企、党建与生产经营融合”四大工程，毫不动摇地做强做优主营业务，严抓严管风险管控，持续强化依法合规管理，大力提升治理效能，不断开创高质量发展新局面，以改革发展成效检验党建工作成效，奋力夺取上产500亿新会战新胜利。

（西南油气田公司办公室、党委办公室　供）

在川庆钻探工程公司2022年工作会、三届三次职代会、工代会结束时的讲话（摘要）

（2022年1月20日）

川庆钻探工程公司执行董事、党委书记　王治平

一、把握形势变化，接力攻坚主要矛盾

关于今年的形势，公司党委、公司作出了“三个更加突出、四个没有变”的深入分析，指出解决工程技术业务不盈利矛盾仍是公司当前最紧迫、最主要的任务。我们要准确把握时与势、危与机，进一步厘清思路、优化部署，全力以赴打赢这场攻坚战。

一是要抓住攻坚窗口期。“窗口期”是解决问题、加快发展的最佳时间节点，同时也是风险矛盾的“加剧期”。一方面，我们具备“四个没有变”的有利条件，集团公司稳油增气是“天时”，市场区位优势是“地利”，公司风险合作业务效益发展和竞争制胜基础是“人和”，这些为我们攻坚创造了有利的战略空间。但更要看到，在油价预期不明、政策总体趋紧、作业对象更趋复杂的不利态势下，市场化、低成本约束加剧，工程技术盈利难度进一步加大。如果我们不能在这段时期取得有效突破，将会面临严峻的生存危机。大家必须增强时不我待、不进则退的紧迫感，抢抓窗口期的难得机遇，主动适应新变化，创新思路举措，巩固发展基础，构筑竞争优势，尽快扭转工程技术业务不盈利的被动局面，保持公司稳健效益发展良好态势。

二是要打好攻坚持久战。市场化是大势必然，低成本是客观要求。自2008年重组以来，适应市场化、低成本一直是工程技术企业改革发展的主线。公司工程技术业务不盈利，根源就是不适应当前市场化、低成本的发展环境。公司以施工作业为主、盈利能力低，增收难增效；用工规模大、生产效率低、资产负担重、后辅机关费用高，成本管控不力；重生产、轻经营，组织结构、管理模式、运行机制跟不上市场变化，经营短板突出。这些既有历史遗留的“沉疴固疾”，也有市场化冲击带来的“转型阵痛”，需要以刮骨疗伤的勇气和敢于攻坚的担当深化改革、久久为功。我们必须摒弃怨天尤人、等待观望的消极思想，继承创新、主动作为，紧盯主要矛盾系统谋划、精准实施，以坚定的决心和恒心，在市场化低成本环境下闯出一条效益发展之路。

三是要落实攻坚路线图。攻坚主要矛盾，必须兼顾当前与长远、治标与治本，稳中求进，蹄疾步稳。在今年公司总体部署中，攻坚主要矛盾是主线，首要是坚持党的领导、加强党的建设，基础是守住安全环保红线，关键是统筹推进提质增效和三大战略，标本兼治推动攻坚取得新

进展：深化提质增效是治标之策，重在精益管理、持续改进，通过开源节流、多干多收，推动工程技术业务增收增效和风险合作业务提产提效，全面完成考核指标，牢牢守住效益发展、队伍稳定的底线；实施三大战略是治本之道，重在创新驱动、变革突围，立足解决深层次、机制上的突出问题，找准战略落地的突破口和着力点，加强创新性、先导性试点，不断增强公司发展动能和核心竞争力。

二、注重策略方法，抓好攻坚重点任务

攻坚主要矛盾，完成全年目标，既要准确理解公司整体战略意图，更要把握重点工作部署，找准发力方向，以新思路、新方法破解难题，打开局面。

一是增强系统观念，着力提高整体效益。一体化是公司的突出优势，但现阶段更多体现在“形”上，在“质”上做得还不够，各自为阵的问题依然突出。部分单位、部门仅从自身利益考虑问题、推进工作，总包工程中各专业工作导向还没有完全统一到项目整体效益上，成为深化协同、扩大共享、共降成本的阻碍。面对低成本加速演进的不利形势，各单位、各部门要思想统一、目标合一、步调一致。要把整体利益摆在首要位置。进一步强化“一盘棋”思想，凡事从大局着眼、从整体考虑，服从公司党委、公司总体工作安排；公司层面要加快探索形成一体统筹、精准激励、共赢共进的有效机制，打造利益共同体，特别是要加快建立内部责任认定规则，在考核中分清责任，科学评价各单位贡献，充分调动大家积极性、发挥各自优势，最大限度减少内耗。要把项目管理作为主攻方向。深入分析前期项目管理存在的问题，主动学习国际油服先进项目管理模式，探索形成责权利清晰的项目管理机制，在业务外包管理、老井挖潜、深层页岩气总包等风险较大项目和重点探井、大平台井等高价值项目加快试点，通过单项项目效益提升向规模效益集成转变。要把资源共享作为重要抓手。针对各区域特性，完善共享顶层设计，强化业务统筹，深化队伍、资源、设备等全方位共享，建立内部共享管理运行机制，逐步打破单位间行政阻隔，推动从单位内部共享向区域和公司整体资源共享转变，提高资源利用效率和创效能力。

二是树牢创新意识，不断增强发展动能。创新是推动企业进步发展的第一动力。习近平总书记强调，科技创新、制度创新要协同发挥作用，两个轮子一起转。我们抓创新，首要是转变思想观念。老观念解决不了老问题，也难以应对新情况。油气工程技术服务一些观念、习惯和模式沿袭几十年，形成了路径依赖和思维定式，已难以适应新变化新要求。要敢于刀刃向内、自我革新，主动从那些不合时宜的观念、做法和体制束缚中解放出来，以新思路、新理念、新认识解决问题、推进工作。要坚持研究先行，更加注重前瞻性思考和系统性谋划，针对市场营销、项目管理、技术攻关、组织模式变革等热点难点开展研究，形成更科学合理、更具操作性的对策措施和解决方案。我们抓创新，核心是加强科技攻关。这几年公司科研投入不断加大，但科研选题和产出质量不高，对解决工程瓶颈难题支撑还不够全面，关键技术体系仍然薄弱。针对这些问题，今年我们提出以“八二”原则布局科技攻关项目，即80%的经费解决现场生产难题、20%的经费用于前沿技术攻关，目的就是要提高科技贡献率。要整合全公司创新资源，强化科技立项研究和选题管理，找准技术攻关和发展方向，持续突破工程瓶颈、技术壁垒。要着眼未来若干年，以“十年磨一剑”的精神集中力量抓好一批核心技术研发，以技术领先在市场竞争中赢得先机。要加快推进数字化转型、智能化发展，深化数字技术与工程技术融合研究，集成历史数据、专家优势和先进理念，推动从经验型管理向以大数据为支撑的精益管理转变。我们抓创新，关键是深化改革管理。今年是国企改革三年行动收官之年，好改的能改的都改了，剩下的大都是难啃的“硬骨头”。要树立已完成不等于有实效、进度达标不等于效果达标的理念，加快未完成任务攻坚进度，深入开展已完成任务“回头看”，切忌搞数据改革、账面改革。要以三项制度改革为突破口，加大工效挂钩力度，进一步完善考核激励政策。这里着重强调一下对标管理的问题。当前，公司内部单位间发展不平衡的问题较为突出。比如我们钻井业务，同样的装备在同一区块，队伍之间生产效率效益差距非常大，反映出各单位队伍管理水平参差不齐，没有形

成相互学习、取长补短的良好氛围。要以周期、成本最优为核心，因地制宜开展同质业务对标分析，在公司月度生产会上主动对照内外部先进队伍、领先指标找差距、补短板，以管理提升带动整体提速、效益提速，力争在技服劳动竞赛中取得更好成绩；要以管理效能提升为目标，主动对标学习国内外先进企业，加快探索管理变革、组织模式创新的思路举措，逐步建立现代企业组织管理架构和生产经营模式，以高效能治理促进高质量发展。

三是强化经营理念，持续改善经营质量。这几年各单位经营管理水平普遍有了提高，但还有很大提升空间，特别是对一些习以为常的工作，不善于从成本和收益角度进行反思，大手大脚、粗放经营的现象仍然存在，造成一些不必要的成本和不该有的浪费。要转变关联交易思维模式。牢固树立市场营销理念，找准市场定位，强化谋略意识，精心维护与甲方互利共信的战略合作关系，积极与外部企业构建战略同盟，增强市场掌控力和话语权；要敢于与兄弟单位拼技术、拼价格，与民营企业比质量、比安全，做到同类服务价格最低、质量最优，差异化服务最超值、最高效，以优质服务成为甲方最可信赖的合作伙伴。要做优生产经营策划。坚持事前算赢、算赢再干，建立市场、企管、生产、技术、造价、财务等业务部门协调联动机制，加强与市场价格相适宜的人、机、料核算体系和综合配套政策研究，以非常规的思维和经营管理模式应对市场变化；要更加重视前期设计，充分发挥地质工程、技术经济一体化优势，做优工程施工、成本管控、结算回款方案，强化过程控制和预警纠偏，最大限度减少浪费、提高效益。要加快推进后辅业务市场化。坚持养人不养亏损单位、养人不养亏损业务，认真测算后勤辅助业务现有成本水平与市场化价格的差异，处理好自己干与业务外包的效益关系，在提高工效方面全力推进计件制，促进后辅业务从单纯保障向提高效率效益、逐步与市场化服务价格接轨转变，推动后辅单位扭亏解困取得新突破。

三、强化党建引领，凝聚攻坚强大合力

应对复杂严峻形势，完成破局攻坚任务，需要我们各级党组织认真落实全面从严治党责任，以提升党的建设质量为主线，强化组织保障，突出队伍建设这个重点，通过育才提能、文化凝心、民生聚力，更好地激发全员智慧力量。

一是要建设坚强队伍。公司发展要转型，人才素质必须率先提升。要牢固树立“人才是第一资源、没有人才一切归零”的理念，以工程思维推进人才强企。这里着重强调三个方面。要加快推进干部队伍年轻化。当前，公司干部队伍年龄老化、结构不合理问题非常突出，干部接替面临巨大压力。要把发现、培育、使用作为干部年轻化的关键环节，围绕培育“预备队”和“战略预备队”，分层级推进干部队伍接替计划，突出从基层锻炼成长，以科股级干部为重点加强后备队伍培养，对成熟的优秀年轻干部大胆提拔使用。要强化复合型人才培养。由于业务定位和历史原因，一直以来公司都是以引进培养工程主体专业人才为重点，这既是我们的优势，也导致人才结构相对单一，特别是经营管理人才非常紧缺。要紧跟公司改革发展需要，进一步调整人才培养思路，加大双向交叉任职力度，从过去单纯注重提升业务能力，向注重培养讲政治、懂经营、善管理的复合型干部转变。要加强高层次人才引进。目前公司技术专家“盖层太厚、断层隐忧”的问题较为突出，解决这个问题既需要自主培养，也需要引进高端成熟人才。要解放思想、打开思路，吃透用好集团和技服人才政策，统筹运用内外资源和多种平台，以有竞争力的薪酬吸引人，以个性化的措施激励人，确保引得进、留得住、用得好。

二是要打造特色文化。文化是一个企业的灵魂，是支撑企业攻坚克难的不竭精神动力。特别是我们干工程技术的，长期野外作业，工作强度高，安全风险大，干部员工非常辛苦，没有一股精气神是不行的。回顾公司发展历程，正是全体干部员工迎难不畏难、知难不言难、破难不避难，树起了“复杂油气攻坚者”的品牌形象，初步形成了具有川庆特色的“攻坚文化”。面对改革发展的繁重任务，我们更加需要依靠文化的力量凝聚人心、提振士气。要深挖大庆精神铁人精神时代内涵，紧密结合公司实际和队伍特质，着力培育攻坚文化，丰富提升

“复杂油气攻坚者”形象。要大力倡导“家”文化，把员工对美好生活的追求与公司奋斗目标统一起来，引导员工增强“主人翁”意识，共建企业关爱员工、员工热爱企业的和谐川庆，增强全员文化自信，凝聚奋进新征程的强大精神动力。

三是要做好群众工作。员工群众是推动公司发展的基石，一切工作都离不开他们。要牢固树立“以人民为中心”的思想，始终将群众工作放在重要位置，继续开展好“我为员工群众办实事”实践活动，持续改善基层一线及边远站点生产生活条件，加强职工心理和健康管理，不断增强队伍凝聚力和员工归属感。要高度重视员工群众思想动态，关注基层员工对单位管理和领导干部工作的意见建议，引导员工依法合理表达诉求，对信访举报属实的要严查快办，及时向群众反馈结果；对于员工群众普遍关注、反映强烈的问题，要开展专题分析，找准问题根源，优化管理流程，堵塞管理漏洞。要强化宗旨意识，改进工作方法，切忌简单粗暴、“一刀切”，增强政策措施的针对性和实效性，真正为员工群众办实事解难事，不断提高群众满意度；要积极引导基层干部主动抓好思想政治工作，提高聚人心、带队伍的能力。

抓好部署推动落实，关键要靠领导干部担当作为。各级领导干部要以身作则、带头实干，以新状态、新作风打好破局攻坚持久战。要做到政治坚定。把握正确政治方向，持续提高政治“三力”，巩固党史学习教育成果，运用党在不同时期应对复杂局面的成功经验，在危机中育先机，于变局中破困局。要锻造过硬本领。把握好“国之大者、企之要情”，提高综合素质，特别是主要领导干部要弄懂生产技术、精通经营管理、掌握党建知识，不断提高科学决策、破解难题的能力。要锤炼实干作风。树立正确政绩观，把雷厉风行和久久为功结合起来，力戒形式主义、官僚主义，抓部署、抓执行、抓督查，以钉钉子精神做实做细各项工作，干出实实在在的业绩。要严守廉洁底线。企业要健康发展，必须有一个风清气正的环境，关键是各级领导干部要率先垂范，自觉遵守中央八项规定精神和廉洁从业各项要求，不做违法乱纪的事情。基层单位领导要把心思和精力放在安全生产、经营管理和带好队伍、关爱员工上，把有限的工资用在员工身上，决不允许把工资、生活费甚至通过盗卖国家财物，向上级有关人员、领导送钱送物“勾兑”关系。各级项目部、机关领导要公正公平为基层办事，决不允许发生“吃拿卡要”的事情，严禁收受基层干部员工和有业务往来企业人员的钱物；要管好身边人，严禁出现亲属经商办企业与公司发生业务往来的行为。各级党委要认真履行党风廉政建设主体责任，各级纪委和纪检机构要严格监督执纪问责，加强对领导干部的监督和教育管理，对违规违纪行为，发现一起严查一起。　　（川庆钻探工程公司办公室、党委办公室　供）

责任编辑：闵　军

中国石油

大事记

Chronicle of Events

2022年四川油气田大事记

1月

4日 西南油气田公司在天府气区天府101井优选“复合土酸解堵+加砂压裂”储层改造工艺，上试须家河组三段，测试获日产气28.07万立方米，四川盆地陆相致密气勘探取得重要新发现，开辟规模增储新层系。该井由川庆川西钻探公司70547钻井队承钻。

△ 西南油气田公司与攀枝花市人民政府在成都签订战略合作协议。西南油气田公司执行董事、党委书记张道伟，副总经理何小川；中共攀枝花市委书记张正红，市长虞平、副市长任礎军出席签约仪式。

5日 经集团公司党组研究决定：李雪岗任中国石油集团川庆钻探工程有限公司安全总监（中油任〔2022〕1号）。

△ 川中古隆起磨溪构造磨溪8井区北部重点储量井磨溪134井灯影组二段测试获日产气51.68万立方米，证实高石梯—磨溪地区灯影组二段气藏具有良好的勘探开发潜力。

△ 经中国地方志指导小组、中国地方志学会联合评定，西南油气田公司编纂的《四川油气田年鉴（2020）》获第八届全国地方志专业年鉴特等奖。

6日 西南油气田公司选送的微视频《矢志擒气龙，赤诚报国心》，在四川广播电视台举行的四川省国资系统庆祝中国共产党成立100周年微视频大赛颁奖典礼上，获特等奖、最具艺术性作品奖。

7日 经集团公司党组研究，并商得中共四川省委同意，集团公司党组决定：姜鹏飞任西南油气田分公司党委委员、书记。免去张道伟的西南油气田分公司党委书记、委员职务（中油党组任〔2022〕1号）。

△ 经集团公司研究决定：姜鹏飞任中国石油驻川渝地区企业协调组组长，张道伟不再担任中国石油驻川渝地区企业协调组组长职务（中油人资〔2022〕5号）。

△ 经股份公司研究，并商得中共四川省委同意，股份公司决定：姜鹏飞任四川石油管理局有限公司执行董事，同时聘任为四川石油管理局有限公司总经理。免去张道伟的四川石油管理局有限公司执行董事、总经理职务（中油任〔2022〕3号）。

7—8日 重庆页岩气公司首个开发方案《渝西页岩气田足203井区开发方案》通过集团公司审查，标志集团公司4 000～4 500米深层页岩气地质评价、优快钻井及高效开发等关键技术取得突破，形成深层页岩气可复制和推广的技术体系。6月9日，该方案获中国石油勘探与生产分公司批复。

10日 西南油气田公司主导完成的国际技术报告ISO/TR 7262《天然气—煤层气质量指标及ISO/TC193现行标准的适应性》发布。该报告针对煤层气开采使用特点，参照ISO 13686《天然气—质量指标》要求，研究煤层气质量和相关质量参数情况，并考察ISO/TC 193分析测试标准对煤层气分析测试的适应性，为煤层气开发利用提供技术支撑。该报告于2018年列入集团公司国际标准培育计划项目，填补该领域国际标准空白。

11日 川庆钻探工程公司与中国石化石油机械股份有限公司在成都就装备技术服务与合作等开展工作交流。川庆钻探工程公司执行董事、党委书记王治平，总工程师谭宾；中国石化石油机械股份有限公司董事长、党委书记谢永金，副总经理刘强等参加交流。

△ 川庆钻探工程公司股东由集团公司变更为中油技服。

11—12日 西南油气田公司2022年工作会暨五届一次职代会以视频形式在成都召开。大会听取和审议《突出三个导向，推进四大工程，全力打造高质量发展双标杆企业》工作报告、质量安全环保工作情况通报、党风廉政建设和反腐败工作情况通报、选人用人情况工作报告，审议并通过大会各项报告、决议，听取领导班子及成员述职述廉，民主评议和测评领导班子及成员，签订业绩合同和QHSE责任书，并表彰先进集体和劳动模范，颁发执行董事特别嘉奖。西南油气田公司领导班子成员、首席专家、助理、副总师，机关处（部）室负责人，各单位主要负责人、办公室主任、职工代表等250余人在成都主会场，重庆和四川华阳、泸州、遂宁、达州、江油等10个分会场参会。

12日 西南油气田公司申请的国际发明专利“一种质

量—时间法测量天然气流量的原级装置及工艺”获法国专利局签发的授权通知书，成为西南油气田公司在天然气流量测试技术领域获得的第二个国际发明专利。

△ 西南油气田公司自主开发的《气举排水采气优化设计软件 V1.0》和《产水气井排水采气工艺评价软件 V1.0》两项排水采气专业化软件，获国家版权局计算机软件著作权登记证书。

13 日 西南油气田公司在川渝市场的天然气日销售量 10 055 万立方米，首次突破 1 亿立方米，创历史新高，同比增加 1 156 万立方米，增长 13%。

△ 川庆钻探工程公司自主研发的 CG STEER 旋转地质导向钻井系统入选中国石油 2021 年“十大科技进展”。

△ 川庆钻探工程公司获 2021 年度集团公司“工程技术服务企业市场开发先进单位”称号。

14 日 在集团公司召开的 2022 年工作会上，西南油气田公司获“中国石油绿色企业”称号，为集团公司首批 8 家“中国石油绿色企业”之一。

17 日 重庆气矿员工、集团公司技能大师、集团公司“石油名匠”刘辉入选中国能源化学地质工会“大国工匠”名录。中国能源化学地质工会开展的“大国工匠——能源化学地质篇”（第七季）学习活动推出 80 人，中国石油 8 人上榜。

18—19 日 西南油气田公司《金秋气田金浅 5H、秋林 16、中浅 1 井区沙二气藏开发方案》通过股份公司勘探与生产分公司审查。该方案是川中致密气评价上产 35 亿立方米工程的支撑方案，设计年产工业气量 17 亿立方米。勘探与生产分公司、西南油气田公司、东方地球物理勘探公司西南分公司、中国石油工程建设有限公司西南分公司（CPECC 西南分公司）等单位 85 人在北京参加会议。

19 日 川庆钻探工程公司与中国石化华北石油工程有限公司以传真签约方式签订战略合作框架协议，就建立高层互访和沟通机制，加强地质研究及设计、钻井工程设计及施工、油气测试等方面合作达成共识。

20 日 川庆钻探工程公司在成都召开 2022 年工作会暨三届三次职代会、工代会。会议听取和审议《创新进取，接力攻坚，推动公司高质量发展迈上新台阶》的工作报告，全面贯彻落实集团公司和中油技服工作部署，总结成绩、分析形势、明确任务，号召广大干部员工创新进取、接力攻坚，推动企业高质量发展迈上新台阶，以优异业绩迎接党的二十大胜利召开。会议以视频会议形式召开，主会场设在川庆钻探工程公司科研综合楼，在成都、西安、重庆、新疆设分会场。川庆钻探工程公司领导、专家、总经理助理、总法律顾问、副总工程师，机关各处室（直附属单位）负责人、职工代表、工会会员代表以及列席代表 180 余人在主（分）会场参加会议。

21 日 川庆钻探工程公司与海洋工程公司在成都就技术合作等开展工作交流。川庆钻探工程公司总经理、党委副书记、安全总监李雪岗，总工程师谭宾；海洋工程公司总经理、党委副书记沈双平，副总经理魏士鹏等参加交流。

△ 川庆川东钻探公司 70563 钻井队承钻的云安 012-X11-C1 井钻至井深 6 737 米完钻，标志该井以 1 759 米礁体钻遇率 100% 的成绩刷新下川东区块 149.2 毫米小井眼地质导向最长纪录。

23 日 川庆钻探工程公司 50502 钻井队承钻的金浅 831-8-H1 井测试获日产气 59.36 万立方米、日无阻流量 184.03 万立方米，刷新四川盆地致密气金浅 8 井区无阻流量纪录。

24 日 川庆钻探工程公司在成都召开党史学习教育总结会议，学习贯彻习近平总书记重要指示精神和中央党史学习教育总结会议、集团公司党史学习教育总结会议精神，总结川庆钻探工程公司党史学习教育工作，巩固拓展学习教育成果，弘扬伟大建党精神，推动公司高质量发展，以优异成绩迎接党的二十大胜利召开。川庆钻探工程公司领导、总经理助理、副总师；机关各处室（直附属单位）、部分二级单位主要负责同志；党史学习教育领导小组办公室、工作组成员在主会场参会。

△ 西南油气田公司自主研发的软件著作“页岩气开发地质数据聚类分析软件 V1.0”（登记号：2022SR0150462）被国家版权局正式登记并发布，为西南油气田公司获得的首个拥有著作权的页岩气开发地质领域国家软件。

△ 西南油气田公司申请的“页岩气井压后有效裂缝体积计算软件”获国家版权局计算机软件著作权登记证书。

29 日（土库曼斯坦时间） 土库曼斯坦正式颁布《关于批准天然气康采恩签订为其提供相关设备、材料及配套服务的补充协议》的2577号总统令，标志川庆钻探工程公司与土库曼斯坦天然气康采恩签订的3个单项技术服务项目正式启动，合同总金额1.06亿美元。

30日 相国寺储气库历年累计采气量100.09亿立方米，突破100亿立方米。相国寺储气库2013年6月29日投运，历经“九注七采”，最大日采气量2 884万立方米。

△ 中共四川省委书记彭清华在成都接见西南油气田公司执行董事、党委书记姜鹏飞，并听取工作汇报。

本月 集输工程技术研究所牵头研发的“天然气集输管网腐蚀及风险防控技术”被评为集团公司2021年“十大科技进展”，为“十大科技进展”中唯一的储运专业技术。

本月 川庆钻探工程公司被认定为中国石油天然气集团有限公司创新型企业。

2月

1日 西南油气田公司申请的“一种页岩气水平井重复压裂的评估方法”（专利号：ZL201810345231.4）获国家发明专利授权。

△ 四川省企业联合会、四川省企业家协会发布2021年四川省百强企业榜单，长宁公司以全省百强企业人均利润排名第一、人均资产排名第二、净利润额排名第15的成绩再次上榜，获四川省百强企业综合排名第87位，较2020年度提升6个位次；获四川省服务业百强企业第35位，较2020年度提升17个位次。

5日 川庆钻探工程公司承钻的威远区块威204H79-11井钻至井深5 750米完钻，该井横向偏移距长1 712米，创国内页岩气井最长横向偏移距纪录。

7日 西南油气田公司《安岳气田龙女寺区块磨溪129H井区震旦系灯影组四段、磨溪29井区寒武系龙王庙组、磨溪31X1井区二叠系栖霞组气藏、磨溪区块磨溪8井区震旦系灯影组二段气藏天然气探明储量新增报告》，被股份公司评为“中国石油优秀储量报告一等奖”。优秀储量报告奖由股份公司2020年设立，西南油气田公司连续两年获一等奖。本次中国石油有4家单位获一等奖，西南油气田公司是唯一获天然气探明储量报告一等奖的单位。

16日 在2022年四川省科技工作会议上，西南油气田公司和四川省地质调查研究院共建的页岩气评价与开采四川省重点实验室获“四川省科技创新工作先进平台”称号。

17日 四川省人民政府副省长罗强在成都接见西南油气田公司执行董事、党委书记姜鹏飞，总经理、党委副书记何骁，并听取西南油气田公司工作汇报。

△ 川庆钻探工程公司与中国石化华北石油工程有限公司在成都就进一步深化战略合作、实现互利共赢等开展工作交流。川庆钻探工程公司执行董事、党委书记王治平，总工程师谭宾；中国石化华北石油工程有限公司总经理、党委副书记罗宏志，副总经理艾昆等参加交流。

△ 川庆钻探工程公司与昆仑银行在成都就深化合作开展工作交流。川庆钻探工程公司执行董事、党委书记王治平，总会计师何强；昆仑银行行长何放，副行长王峥嵘等参加交流。

18日 西南油气田公司2022年党的建设工作会、党风廉政建设和反腐败工作会以视频形式在成都召开。执行董事、党委书记姜鹏飞出席会议并讲话，党委副书记、工会主席李宝军作题为《勇毅前行创标杆，接续奋斗谱新篇，以优异业绩迎接党的二十大胜利召开》的党委工作报告，纪委书记徐晓炜受西南油气田公司党委委托，作题为《勇担时代使命，从严压实责任，为油气田全力打造双标杆企业提供坚强保障》的党风廉政建设和反腐败工作报告。总经理、党委副书记何骁主持会议，党委委员康建国、董焕忠、陈景富、乐宏、杨雨、何小川、雍锐出席会议。会议设1个主会场和36个分会场，922人参会。

△《中国日报》在官网刊文介绍川庆钻探工程公司厄瓜多尔分公司20年发展历程。主要报道川庆钻探工程公司扎根厄瓜多尔20年，高效钻完井上千口，创造多项钻井工程纪录，成为以钻修井总包、日费服务为主，集油田增产、固控、钻井液、定向、固井、机修等多项技术服务于一体的当地第二大油气工程技术服务企业的发展历程。

△ 川庆钻探工程公司在成都召开2022年党风廉政建设和反腐败工作会议，学习贯彻十九届中央纪委六次全会和四川省纪委十一届六次全会精神，落实集团公司2022年党风廉政建设和反腐败工作会议部署要求。川庆钻探工程

公司执行董事、党委书记王治平，总经理、党委副书记李雪岗，党委副书记、工会主席喻著成，集团公司井控抢险首席专家、川庆钻探工程公司副总经理伍贤柱，副总经理金学智，纪委书记樊尚珍参加会议。

△ 川庆钻探工程公司获巴基斯坦国家石油公司3部钻机共10口井的日费服务授标，合同金额3 000万美元。

中旬 西南油气田公司编著的《固井实验室管理》由石油工业出版社正式出版发行，该专著是国内首部系统讲述固井工作液实验及相关仪器设备操作规程和管理制度的出版物。

22日 四川省南充市生态环境局完成仪陇天然气净化厂排污许可证变更申请的审批，标志西南油气田公司在四川境内的净化厂排污许可证补充尾气污染物排放量的换证工作全面完成。

23日 蓬深8井333.4毫米井眼钻至茅口组顶部5 828米“四开”中完，累计周期186天，创蓬莱气区射洪—盐亭区块“六开”井身结构最快钻井纪录。

23—24日 股份公司组织召开四川盆地2022年第一轮风险探井目标审查视频会。会上，西南油气田公司、大庆油田公司、中国石油勘探开发研究院分别围绕四川盆地震旦系、二叠系下统、二三叠系礁滩、须家河组致密气、侏罗系页岩油等重点风险勘探领域认识进展、有利区带、目标落实等方面作专题报告。勘探与生产分公司副总经理赵邦六、何海清，西南油气田公司总地质师杨雨，首席专家沈平、杨跃明，四川盆地研究中心及东方地球物理勘探公司西南物探院相关人员40余人在各分会场参加视频会议。

27日 西南油气田公司部署在双鱼石区块卢家漕构造二叠系上统底界构造高点附近的滚动评价井双鱼001-X9井测试获日产气156.17万立方米。该井完钻井深8 365米，完钻层位栖霞组，钻遇白云岩储层段长382.3米，平均孔隙度3.3%。该井由川庆钻探工程公司70120钻井队承钻，钻井首次引入Power-V垂直钻井技术和首次在川渝地区应用219.08毫米 ×168毫米丢手注水泥器，机械钻速提高231.25%，全井固井合格率94.98%，解决超深、超高温、超高压、裸眼段长、同一层位钻井液窗口密度窄等多项钻井技术难题。

3月

2日 西南油气田公司“四川盆地川中古隆起北斜坡蓬莱气区立体勘探取得重大突破”项目获中国地质学会“2021年度十大地质找矿成果”称号。西南油气田公司勘探团队针对四川盆地川中古隆起北部斜坡区油气成藏特点，创新提出以“断层—岩性控圈、立体成藏、复式聚集”为核心的超深层天然气立体成藏理论，支撑了四川盆地川中古隆起北斜坡蓬莱气区立体勘探取得重大突破。蓬莱气区风险探井蓬探1井、角探1井相继钻获日产气100万立方米工业气流，取得历史性勘探重大战略新发现，突破川中古隆起大型斜坡区超深层碳酸盐岩天然气富集成藏认识的“禁区”。该气区累计落实地质储量超万亿立方米。

△ 川庆钻探工程公司中标厄瓜多尔国家石油公司ISHPINGO（伊什平戈）油田钻完井一体化服务项目并签订合同，合同工作量40口井，合同金额约2.3亿美元。

△ 川中油气矿通过四川省健康企业现场考评验收，成为西南油气田公司首家集团公司和四川省“双达标”健康企业。

4日 西南油气田公司在金浅5H井区6号砂组部署的开发评价井金浅516-6-H1井6号砂组测试获日产气62.08万立方米、日无阻流量152.21万立方米。截至当日，完成金浅5H井区6号砂组试油11口井，累计获测试日产量426.3万立方米，累计获日无阻流量1 166.8万立方米，其中3口水平井测试获日无阻流量超200万立方米。

7日 四川省人民政府副省长陈炜一行到西南油气田公司川港燃气公司南充嘉能储配站调研天然气安全生产工作。四川省政府副秘书长徐志文，省住房和城乡建设厅一级巡视员贾德华，省民政厅党组成员、副厅长邓为，中共南充市委副书记、市长古正举，副市长崔竹君，西南油气田公司党委委员、副总经理何小川，川港燃气公司相关负责人等参加调研。

8日 重庆气矿女工谢利平当选集团公司第二届“感动中国·巾帼风采”人物，为西南油气田公司唯一获此殊荣的女职工。

8—9日 四川省政协副主席、党组成员杜和平到西南油气田公司泸 203 井、泸 20H153 平台、宁 201 井区中心站调研，了解钻井、压裂、排采、地质储层情况及平台、中心站生产情况，听取现场人员对总体开发方案、产能建设规模、投资、管理模式、信息化建设等方面的汇报，调研西南油气田公司在泸州市、宜宾市境内的页岩气开发、生产、供销、管网规划等情况以及"十四五"期间页岩气勘探开发规划，重点询问推动绿色清洁开发和加快项目建设的具体举措。四川省政府、省政协，泸州市政府、市政协，宜宾市政府、市政协，泸县县委、县政府、县政协，珙县县委，西南石油大学，西南油气田公司相关人员参加调研。

9 日 泸 203H75 平台 4 口井 103 段压裂施工完成。该平台是泸州区块首个完成压裂施工的深层提产攻坚平台，平均用液强度 31.2 米^3/ 米、平均加砂强度 2.9 吨 / 米，设计符合率 100%，井筒完整性 100%。

上旬 2021 年度集团公司第三届专利奖评审结果发布，西南油气田公司获集团公司专利金奖 1 项、银奖 2 项、优秀奖 2 项，占获奖总数的 15%，获奖数量再创新高，连续 3 年实现获奖全满贯。

11 日 铜锣峡储气库铜储 1 井和铜 12 井停止采气，从 2021 年 11 月 26 日开始以来的商业调峰采气正式结束，重庆天然气储运有限公司（全国首家混合所有制储气库运营企业）"代储代采" 4 000 万立方米天然气的储气服务及采气交付工作完成。铜锣峡储气库位于重庆市渝北区境内，设计库容量 13.8 亿立方米，工作气量 9.2 亿立方米，建成后日均采气量 766 万立方米，季节调峰最大日采气量 1 380 万立方米，预计 2023 年全面建成。

△ 阳 101H75–4 井钻进至井深 5 690 米完钻，水平段长 1 600 米，钻井周期 67.1 天，215.9 毫米井段钻井周期 24 天，优质储层钻遇率 100%，再次刷新四川页岩气公司泸州区块深层页岩气最短钻井周期纪录和 215.9 毫米井段最短钻井周期纪录。

△ 西南油气田公司与四川销售公司在成都签订战略合作协议。川渝地区企业协调组组长，西南油气田公司执行董事、党委书记姜鹏飞，副总经理董焕忠；四川销售公司执行董事、党委书记赵厚川，常务副总经理陈清，副总经理蒋胡民出席签约仪式。

14 日 川中北部采气管理处所辖灯影组气藏累计产气 100.03 亿立方米，突破 100 亿立方米。

16 日 西南油气田公司部署在金浅 8 井区 8 号砂组的开发评价井金浅 817–8–H1 井测试获日产气 38.27 万立方米，日无阻流量 80.81 万立方米，该井于 2021 年 10 月 29 日开钻，12 月 20 日完钻。

△ 经集团公司党组研究，并商得中共四川省委同意，集团公司党组决定：何强任西南油气田分公司党委委员，免去陈景富的西南油气田分公司党委委员职务（中油党组任〔2022〕61 号）。

△ 经股份公司研究，并商得中共四川省委同意，股份公司决定：聘任何强为西南油气田分公司总会计师，任期至 2023 年 12 月 31 日；免去陈景富的西南油气田分公司总会计师职务，另有任用（石油任〔2022〕51 号）。

17 日 川庆钻探工程公司与中国航天科工集团第三研究院在成都就 CG STEER 国产旋转地质导向钻井系统产业化合作开展工作交流。川庆钻探工程公司总经理、党委副书记、安全总监李雪岗，副总经理金学智；航天三院院长助理赵连元等参加交流。

18 日 川庆钻探工程公司 70597 钻井队承钻的塔里木油田哈得 30–H8 井测试获日产原油 168 立方米，日产天然气 20 559 立方米。

20 日 川庆钻探工程公司 50711 钻井队使用自研旋转导向系统作业的金浅 511–6–H4 井钻至井深 3 436 米完钻，单趟进尺 3 010 米，其中水平段长 1 006 米，钻井周期 11.77 天，创国产自研旋转导向系统单趟进尺、四川盆地致密气"二开一趟钻"、单井最短周期、单只钻头最高进尺等 4 项工程纪录。

21 日 西南油气田公司首座天然气分布式能源站——川东北气矿西外基地公寓楼天然气分布式能源站建成投运，满足近 200 名员工的热水供应和员工食堂对热水的需求，达到设计要求。

22 日 由川庆钻探工程公司 70573 钻井队承钻、50656 队承试的高石 137 井灯影组四段测试获日产气 106.36 万立方米，证实德阳—安岳裂陷槽内发育灯影组四段侵蚀残余台缘，具有良好的勘探潜力。该井是继灯影组二段测试获日产气超 100 万立方米后，取得的又一重要成果，标志四川盆地灯影组四段气藏新类型勘探获得重要新发现，开辟了规模勘探开发新领域。

△ 勘探与生产公司召开2021年无泄漏示范区建设进展和2022年无泄漏示范区建设方案审查视频会，审查通过西南油气田公司2022年示范区建设方案。西南油气田公司在总结“复杂地形含硫气田无泄漏示范区”建设经验成果基础上，创新开展“整装气田无泄漏示范区、高含硫气田无泄漏示范区、致密气田无泄漏示范区、页岩气田无泄漏示范区”四类典型气田示范区建设，同时启动股份公司燃气管道无泄漏示范区建设，标志中国石油首个燃气管道无泄漏示范区建设拉开序幕，在国内燃气行业属首次。

△ 川庆钻探工程公司将四川越盛实业开发总公司更名为四川越盛能源集团有限公司（川庆劳发〔2022〕11号）。

24日 经集团公司党组研究决定：孙虎、张新刚任中国石油集团川庆钻探工程有限公司党委委员，免去何强的中国石油集团川庆钻探工程有限公司党委委员职务（中油党组任〔2022〕65号）。

△ 经集团公司研究决定：聘任孙虎为中国石油集团川庆钻探工程有限公司副总经理；聘任张新刚为中国石油集团川庆钻探工程有限公司总会计师；以上人员任期至2023年3月24日。免去李雪岗的中国石油集团川庆钻探工程有限公司安全总监职务；免去何强的中国石油集团川庆钻探工程有限公司总会计师职务，另有任用（中油任〔2022〕37号）。

△ 输气处完成的威远—乐山输气管道工程（青平—乐山总站—甘霖站）投运，较计划提前20.3小时。该工程新建直径813毫米干线管道117千米，设计压力6.3兆帕，设计年输气量53.53亿立方米，新建输气站2座、阀室5座，改扩建站场2座。该管道是威远、泸州区块天然气外输新通道，缓解乐山区域供气不平衡状况。

25日 西南油气田公司申报的《低效气井综合治理评价系统V1.0》获国家版权局计算机软件著作权登记证书。

27日 19时，威远、泸州区块页岩气集输干线工程沱江定向钻穿越一次回拖成功，标志威远站—6号阀室段最后关键控制性工程完工。沱江定向钻穿越是西南油气田公司首次直径1 016毫米大口径长输管道定向钻穿越，穿越段长1 010.6米，管道规格为直缝埋弧焊钢管，设计压力6.3兆帕，穿越孔洞为8级扩孔且最终直径1 422毫米。

28日 国内首个深层百亿立方米页岩气田累计开钻建产井369口，投产井106口，日产气量突破500万立方米，标志川南地区深层页岩气规模上产迈上新台阶。

29日 中共四川省委副书记、省长黄强在成都接见西南油气田公司执行董事、党委书记姜鹏飞，总经理、党委副书记何骁，并听取工作汇报。

△ 川庆钻探工程公司科技与信息化创新大会在成都召开。会议贯彻落实集团公司科技与信息化创新大会精神，全面总结川庆钻探工程公司“十三五”以来科技与信息化工作进展，安排部署科技与信息化创新重点工作，表彰在科技与信息化创新工作中作出突出贡献的单位、团体和个人。川庆钻探工程公司执行董事、党委书记王治平，总经理、党委副书记李雪岗，党委副书记、工会主席喻著成，集团公司井控抢险首席专家、川庆钻探工程公司副总经理伍贤柱，副总经理金学智，纪委书记樊尚珍，总工程师谭宾，总经理助理、副总师、机关处室负责人、先进代表在主会场参加会议。

△ 威远、泸州区块页岩气集输干线工程濑溪河水平定向钻穿越回拖一次成功。该工程所用管道为西南地区首条直径1 219毫米大口径长输管道，设计压力最高（12兆帕）、材质钢级最高（X80）、管径最大（1 219毫米）。工程穿越段位于国家级水产资源保护区，全长820米，穿越管道为直缝埋弧焊钢管，穿越孔洞为11级扩孔且最终直径1 600毫米。

30日 四川省政协副主席杜和平一行到西南油气田公司天然气净化总厂调研。杜和平强调，地企双方要加强合作、互利互惠，积极抢抓成渝地区双城经济圈建设机遇，推进天然气清洁能源生产和绿色低碳发展，为实现双碳目标作出积极贡献。

本月 四川盆地渡口河—七里北气田飞仙关组气藏开发产能建设项目初步设计获股份公司批复。至此，西南油气田公司川东北铁山坡、渡口河—七里北两个高含硫气田开发产能建设项目前期工作全部完成，标志国内最高含硫整装气田开发全面转入实施阶段。

4月

1日 西南油气田公司天然气产量100.2亿立方米（工业产量98.1亿立方米），同比增加6.6亿立方米，增长7.1%，同比提前7天实现产量破100亿立方米。

2日 川庆钻探工程公司与长庆油田公司在西安就奥陶系盐下领域勘探合作开展工作交流并签订合作协议。川庆钻探工程公司副总经理孙虎，长庆油田公司副总经理付金华等参加交流。

6日 西南油气田公司申请的国际发明专利“高含硫气藏元素硫溶解度测定装置及方法”获美国专利商标局签发的授权通知书，为高含硫气藏开发实验领域获得的第二件国际发明专利。

7日 西南油气田公司完成会浅1H井采气树安装，标志西南油气田公司首口台阶水平井完井。会浅1H井是四川盆地川东北地区龙会场区块首口页岩油预探井，钻探目的是评价龙会场区块凉高山组含油气性。该井利用龙会005-H2井原井眼进行双层套管开窗侧钻，首次采用台阶水平井实施凉高山二段砂岩和凉高山一段页岩靶体，两套靶体纵向垂深差40米。

△ 中共四川省委常委、副省长李云泽到天然气净化总厂安岳净化公司调研，听取安岳地区天然气产业发展情况、安岳气田勘探开发情况、天然气净化总厂和安岳净化公司概况介绍，了解安岳净化公司项目建设、产能产量、生产运行、安全环保、经营管理、缴纳税费情况及安岳净化公司建成投产后对地方经济发展起到的积极作用，询问特种设备管理、应急物资储备、物联网系统运用等工作开展情况。中共资阳市委书记元方，四川省应急厅、省市场监管局和资阳市有关部门负责人参加调研。

△ 川庆钻探工程公司40646钻井队承钻的金秋气田金浅8井区金浅818-8-H1井测试获日产气41.8万立方米、日无阻流量66.34万立方米。该井是西南油气田公司为申报储量部署在金浅8井区沙二段8号砂组的评价井，井眼轨迹与地层最大主应力方向0.5度，是四川盆地致密气“小夹角井”的首口无阻流量超50万立方米的一类工业气井。

11日 西南油气田公司以1.2克/厘米^{3}高强度超低密度钻井液体系完成四川盆地川东地区老鹰岩构造高部位的风险探井鹰探1井219.08毫米尾管固井（悬挂井段3 154 ~ 5 502米）声幅测井解释工作，固井质量合格率99.68%，优质率89.94%，创川渝地区深井尾管固井最低钻井液密度纪录。

12日 川庆钻探工程公司80025钻井队承钻的德探1井首次在井深超过7 400米井段完成双筒取心，最高单次取心进尺18.2米，刷新国内超深井震旦系灯影组单次取心进尺最长纪录。

13日（厄瓜多尔当地时间） 厄瓜多尔总统吉列尔莫·拉索出席由川庆钻探工程公司CCDC-66队承钻的ISHPINGO（伊什平戈）项目首口井A005井投产仪式。

14日 股份公司决定：西南油气田公司康建国、徐春春退休（石油人资〔2022〕45号）。

△ 阳101H65-6井钻进至井深6 400米完钻，水平段长2 320米，钻井周期69.8天，铂金靶体钻遇率100%，造斜段+水平段“一趟钻”完钻，平均机械钻速9.2米/时，单趟钻进尺2 821米，再次刷新泸州区块深层页岩气单趟钻进尺纪录。

15日 西南油气田公司部署在川东大猫坪西长兴组小生物礁群的滚动评价井云安012-X11-C1井长兴组测试获日产气205.66万立方米、日无阻流量426万立方米，刷新四川盆地生物礁储层段最厚（1 160米）、储层钻遇率最高（近90%）、单井测试产量最高等多项纪录。该井由川庆钻探工程公司70563钻井队承钻。

△ 川庆钻探工程公司苏里格区块桃7-13-2X1井测试获无阻流量215.6万米^3/日。

△ 西南油气田公司主持修订的国家标准《用气体涡轮流量计测量天然气流量》（GB/T 21391—2022）正式发布，于2022年11月1日正式实施。该标准由国家市场监督管理总局以2022年第6号国家标准公告发布，替代原有的《用气体涡轮流量计测量天然气流量》（GB/T 21391—2008）。

16日 西南油气田公司部署在川中低缓构造带金华区块金浅5H井区的开发井金浅12-8-H1井钻至3 360米完钻，首次在致密气领域大偏移距（偏移距605米）三维井中实现“二开一趟钻”，“二开”钻井周期8.1天，机械钻速27.79米/时，刷新金浅区块“二开”最高机速纪录。

17 日 阳 101H37-1 井完钻，四川页岩气公司首个钻试一体化平台完成钻井作业。阳 101H37 平台部署 6 口井，平均钻井周期 84 天，完钻井深 6 231 米，水平段长 1 942 米，铂金箱体钻遇率 85%，创阳 101 井区平台井均最短钻井周期纪录。

18 日 蓬深 12 井“四开”333.4 毫米井眼钻至 5 871 米中完，钻井周期 60.38 天，刷新射洪—盐亭区块“四开”333.4 毫米井眼钻进周期最短纪录；“一开”至“四开”完钻周期 156.63 天，创该区块同井段钻井施工进度最快纪录。

19 日 蓬莱气区灯影组二段气藏第一口评价井蓬探 101 井按定产日产气 30 万立方米投产，油压 43.6 兆帕，生产运行平稳。该井位于四川盆地川中古隆起蓬莱构造高部位，2020 年 10 月 31 日开钻，2021 年 5 月 24 日完钻，灯影组测试获日产气 220.88 万立方米。

△ 川中油气矿磨溪 009-X1 井累计生产天然气 40.08 亿立方米，为龙王庙组气藏首口累计产量突破 40 亿立方米的单井。

21 日 中共四川省委常委、常务副省长罗文到工程院调研，参观工程院科技成果展厅、模拟试验井、油气井增产技术实验室，询问工程院在创新创效、打破国外技术垄断、带动广汉市“油气装备制造基地”产业链发展等方面取得的成效，了解四川盆地天然气勘探开发现状和西南油气田公司工程技术发展情况。四川省政府副秘书长徐志文，四川科技厅厅长吴群刚，德阳市常务副市长罗智波，西南油气田公司总地质师杨雨，以及四川省科技厅、发改委、财政厅和德阳市发改委、科技局、财政局，广汉市委市政府等单位负责人，西南油气田公司工程院负责人参加调研。

22 日 经集团公司党组研究决定：张志东任中国石油集团川庆钻探工程有限公司党委委员（中油党组任〔2022〕79 号）。经集团公司研究决定：张志东任中国石油集团川庆钻探工程有限公司副总经理、安全总监（中油任〔2022〕43 号）。

△ 川庆钻探工程公司威远风险作业区块历年累计产量突破 100 亿立方米。

23 日 川庆钻探工程公司 90018 钻井队承钻的蓬深 2 井钻至井深 7 930 米完钻，刷新蓬莱气区井深最深纪录。

△ 金秋气田金浅 508-6-H1 井和金浅 822-8-H2 井测试求产，分别获日产气 59.96 万立方米、62.82 万立方米，日无阻流量分别为 106.9 万立方米、141.93 万立方米。

24 日 川庆钻探工程公司使用自研旋转导向 CG STEER 承钻的金浅 815-8-H2 井钻至井深 3 888 米完钻，“一趟钻”进尺 3 451 米，刷新四川盆地致密气“一趟钻”进尺纪录。

△ 川庆钻探工程公司地研院员工何鑫、高仪君获重庆市 2022 年五一劳动奖章。

△ 川庆钻探工程公司 YS48133 队完成亚洲陆上最长水平井靖 51-29H1 井（水平段长 5 256 米）45 段 218 簇压裂施工，创亚洲陆上天然气井最长水平段储层改造纪录。

△ 西南油气田公司牵头、联合中国计量科学研究院申报的 2022 年国家计量比对项目“天然气组成分析用气体标准物质计量比对”获批实施。该项目为西南油气田公司首次主导国家计量比对项目。

25 日 西南油气田公司与都江堰市集能燃气有限公司（简称集能燃气公司）洽谈合资合作事宜，双方签订合资合作备忘录。集能燃气公司同意将其特许经营权范围内的都江堰市青城山旅游装备产业功能区南区和龙池景区 16.6 平方千米的燃气市场交由西南油气田公司合作开发。集能燃气公司为都江堰市唯一的城市燃气公司，取得都江堰市全域的燃气特许经营权至 2035 年。

△ 川庆钻采院定向井公司获 2022 年四川省工人先锋号。

25—27 日 西南油气田公司组织管道管理部、基建工程处、质量安全环保处等职能部门和安全环保与技术监督研究院、输气处等单位开展威远、泸州区块页岩气集输干线工程（威远输气站—6 号阀室段）完工交接检查。

26 日 重庆气矿永川作业区丹 7 井中心站获重庆市工人先锋号。

27 日 四川页岩气公司阳 101H10 平台 4 口生产井累计生产天然气突破 2 亿立方米，成为泸州区块首个井均产气量达 5 000 万立方米的页岩气开发平台。该平台位于四川盆地川南低褶带阳高寺构造北翼得胜向斜，平台有 4 口井，井均 EUR 产量 1.51 亿立方米，于 2020 年 11 月至 2021 年 2 月投产，其中阳 101H10-4 井 EUR 1.89 亿立方米。

△ 川庆钻探工程公司与四川日报社在成都签订战略合作

协议。川庆钻探工程公司党委副书记、工会主席喻著成，四川日报报业集团党委委员、副总编辑钟岚等人参加签字仪式。

△ 川庆钻探工程公司苏里格区块苏 59-16-40AH 井测试获无阻流量 127.05 万米 ^{3}/ 日。

28 日 川庆钻探工程公司 70508 钻井队承钻的塔里木油田公司富源 303-H6 井测试获日产原油 208 立方米、天然气 6.7 万立方米。

△ 长宁公司多次与宜宾市、兴文县、珙县地方人民政府协调，收到宜宾市人民政府第一笔 1 亿元退款，历时 3 年的增值税留底退税问题得到解决。

△ 川庆 70227 钻井队获四川省工人先锋号，川庆 50004 队党支部书记尹珩获四川省五一劳动奖章。

本月 西南油气田公司作为主要起草单位参与编制的《排污单位自行监测技术指南 · 陆上石油天然气开采工业》（编号 HJ1248—2022）由生态环境部 2022 年第 7 号公告发布，批准为国家生态环境标准，自 2022 年 7 月 1 日起实施。

5 月

4 日 川庆钻探工程公司获集团公司钻井设计甲级资质。

△（厄瓜多尔当地时间）厄瓜多尔新任能矿部部长萨维尔 · 维拉 · 格鲁诺尔到川庆钻探工程公司厄瓜多尔 ISHPINGO（伊什平戈）项目 ISHA-006H 井调研。

6 日 由西南油气田公司牵头完成的“大型整装含硫气田采出水处理及资源化关键技术与应用”成果通过中国工程院院士吴丰昌等 7 名专家组成的专家组鉴定审查。专家组认为成果总体达到国内领先水平，其中采出水中无机硫液相可控氧化技术达到国际先进水平。该成果由西南油气田公司联合西南石油大学、中国石油工程建设公司西南分公司等单位，依托省部级、企业级多个重点项目，经 10 年攻关，形成含硫气田采出水“硫提纯、盐除杂、水达标”3 项关键创新技术成果，获发明专利 8 件、实用新型专利 5 件，发表论文 20 篇。成果应用于安岳气田，实现采出水安全高效处理，支撑安岳气田产能建设和安全开发，累计节约废水、废渣、废气的处置费用 5.1 亿元，为四川盆地天然气绿色效益开发提供技术保障。

△ 工程院申请的“生产管柱”获国家知识产权局发明专利证书。该专利是 2022 年工程院在排水采气技术领域获得授权的第四件发明专利。

8 日 宁 209H47-10 井 215.9 毫米井眼钻进至井深 4 123 米，龙马溪组水平段日进尺 828 米、日平均机械钻速 63 米 / 时，日进尺首次突破 800 米、日平均机械钻速首次超过 60 米 / 时，打破此前宁 209H72-3 井日进尺 777 米的纪录，创中国页岩气钻井速度新纪录。

11 日 《泸州页岩气田阳 101 区块开发方案》获股份公司批复，是继长宁、威远双 50 亿米 ^{3}/ 年后的川南页岩气第三个 50 亿米 ^{3}/ 年开发方案，也是深层首个 50 亿立方米产能建设项目，标志川南深层页岩气正式进入大规模上产阶段。

△ 川庆钻探工程公司 50046 钻井队采用自研旋转导向系统承钻的秋林 221-8-H2 井钻至井深 3 965 米完钻，单趟钻获进尺 3 570 米，创四川盆地致密气单趟钻最高进尺纪录。

△ 川庆钻采院钻井液技术服务公司 ZY5025 钻井液队获集团公司“2019—2021 年度工程技术金牌队”称号。

12 日 川庆钻探工程公司与中油测井公司在成都开展工作交流。川庆钻探工程公司执行董事、党委书记王治平，总工程师谭宾；中油测井公司执行董事、党委书记金明权，副总经理石玉江等参加交流。

△ 大安 2H 井压裂过程中发生泄压旋塞刺漏、井口 1 号及 4 号阀门失效事件，川庆井控应急救援中心调派抢险人员和设备赶赴现场参与险情侦察、井口处置、连续油管安装等工作，5 月 13 日更换井口装置，解除险情。

16 日 川中油气矿蓬 54 井安全生产 18 354 天，累计生产原油 100 002 吨，成为西南油气田公司首口原油累产突破 10 万吨的油井。

16—17 日 川庆钻探工程公司 70130 钻井队承钻的东坝 1 井在震旦系灯影组四段台缘带首次测试获日产气 20.28 万立方米，70574 队承钻的蓬深 3 井在灯二段台缘带测试获日产气 22.06 万立方米，标志四川盆地川中古隆起蓬莱气区勘探再获重大新发现。

17 日 川庆钻探工程公司在成都召开“人才强企工程推

进年”启动会，安排部署“人才强企工程推进年”重点工作。川庆钻探工程公司执行董事、党委书记王治平；党委副书记、工会主席喻著成等参加会议。

20日 蓬莱气区首口投产井蓬探1井自2021年1月19日投入试采后，至5月20日累计生产天然气1.01亿立方米，突破1亿立方米。蓬探1井为蓬莱气区灯影组首口发现井。

△ 《泸州页岩气田开发规划方案》获勘探与生产分公司批复，该方案为西南油气田公司首个页岩气开发规划方案，方案设计规模200亿立方米，稳产15年，是中国石油《天然气开发管理纲要》新版发布后编制完成的设计规模最大的开发规划方案。

21日 川庆钻探工程公司40122钻井队承钻的金浅12-8-H2井钻至3 380米完钻，水平段长1 060米，钻井周期8.16天，创四川盆地致密气水平井最短钻井周期纪录。

24日 2022年四川省职工职业技能大赛暨川庆钻探工程公司职工职业技能比赛、第五届井下作业工职业技能比赛在成都举行。四川省总工会党组成员、副主席彭闯，川庆钻探工程公司党委副书记、工会主席喻著成出席开幕式。

△ 《泸州页岩气田泸206井区开发方案》获中国石油勘探与生产分公司批复，该方案获批复后，四川页岩气公司在泸州页岩气田获72.5亿立方米方案批复，为泸州页岩气田北部在“十四五”末实现年产100亿立方米奠定基础。

△ 川中油气矿磨溪008-20-X1井完成井口阀门更换，标志西南油气田公司首口“Y”型井口带压换阀作业完成。

25日 西南油气田公司所属相国寺、铜锣峡等5大储气库累计注气10.12亿立方米，突破10亿立方米，同比提高127%。其中，相国寺储气库注气超7.1亿立方米，同比创新高。

△ 蓬探1井至人和寨阀室出站阀门开启，川中北部采气管理处蓬探1井区试采干线正式投运，为蓬莱气区快速上产打通集输通道。

26日 川庆钻探工程公司与西南石油大学在成都就推进重点项目攻关、提高研究效率、培养数字化人才等开展工作交流。川庆钻探工程公司执行董事、党委书记王治平，总经理、党委副书记李雪岗；西南石油大学校长张烈辉等参加交流。

△ 西南油气田公司与东方地球物理勘探公司签订共建西南物探研究院合作协议，推动四川盆地物探工作再上新台阶。西南油气田公司执行董事、党委书记姜鹏飞，副总经理董焕忠，总地质师杨雨；东方地球物理勘探公司执行董事、党委书记苟量，副总经理、安全总监杨举勇，副总经理苟云辉出席签订仪式。

28日 川庆钻探工程公司威远区块威204H79-7井钻至井深5 146米完钻，标志集团公司川渝页岩气首个超大丛式平台——威204H79平台11口井全部完钻。

30日 蓬莱气区中深103井测试获日产气126.88万立方米，成为蓬莱气区蓬探1井区灯影组二段气藏第三口测试获百万立方米级气井。

△ 川西北气矿苍溪天然气净化二厂产品气合格外输，稳定日处理量70万立方米，各项参数指标正常，设备装置运行平稳。该厂投运，标志西南油气田公司首个自营超深高含硫气藏（埋深7 000米左右，硫化氢含量超过90克/米^3）试采地面工程投料试运一次性成功。剑阁区块礁滩气藏试采地面工程新建天然气净化厂1座，新改建单井2座、集气站1座，配套集输气管线56千米。

6月

1日 川庆钻探工程公司苏里格区块苏46-16-62X1井测试获无阻流量157.97万米^3/日。

1—2日 金秋气田中浅1井区中浅203平台的6-H1井和9-H1井测试分别获日产气72.56万立方米、29.16万立方米。中浅203平台井是西南油气田公司根据中浅1井区6号、9号砂组区域地质—地震攻关成果部署的开发平台，2022年1月7日开始钻井作业。

3日 工程院申报的“一种确定页岩自吸量的方法和装置”，获国家知识产权局国家发明专利授权。

△ 天研院申请的“曼尼希碱型酸化缓蚀剂及其制备方法”获国家知识产权局发明专利授权，标志西南油气田公司在酸液技术领域的自主创新进程中再获突破。该专利主要针对高温酸化作业过程中面临的管柱腐蚀穿孔与断裂风

险大、酸化作业安全风险高等难题，研发出的一种新型酸化缓蚀剂。该缓蚀剂在高石梯—磨溪区块、川西深层的酸化作业中得到广泛应用。

4日 川庆90005队承钻的红星1井钻至井深7 779米完钻，标志川渝地区首口“八开八完”非标井正式完钻。

6日 威远、泸州区块页岩气集输干线工程（重庆段）188号桩正式打火组焊。该线路起于四川省泸州市与重庆市永川区交界点，途经重庆市永川区和江津区，止于江津增压站，全线水平长约59千米（含长江隧道），沿线新建永川站1座，改扩建江津增压站1座，新建9号、10号阀室2座，线路穿越长江1次、临江河1次、等级公路9次。工程于2022年9月20日完成主体封焊，10月底完工交接。

7日 《金秋气田金浅5H、秋林16、中浅1井区沙二气藏开发方案》获勘探与生产分公司批复，为致密气川中核心建产区首个获批的开发方案，也是股份公司首批全生命周期试点项目，标志金秋气田快速上产稳产工程进入新阶段。

△ 勘研院研发的“径向电阻率测试方法与装置”“一种页岩气体渗透率测定方法”项目获第16届北京发明创新大赛两项银奖。该赛事于2021年9月28日开始，来自全国32个省（自治区、直辖市）的1 600个项目参与，涉及材料领域、能源环保领域、生物医药、现代农业、社会事业领域、汽车领域及其他领域，评选出特等奖1项、金奖20项、银奖70项、铜奖139项。

8日 西南油气田公司与四川省委政法委在成都座谈交流。双方围绕页岩气勘探开发、能源供应保障、稳定风险防范、网络舆情应对、地企合作机制、应急处置联动、平安建设等工作交换意见。西南油气田公司执行董事、党委书记姜鹏飞，党委副书记、工会主席李宝军；中共四川省委政法委常务副书记、平安四川办主任李世成，中共四川省委政法委副书记、平安四川办副主任屈晓华，平安四川办副主任杨勇出席会议。

9日 川庆钻探工程公司与加拿大GRAN TIERRA公司签订厄瓜多尔CHARAPA（查拉帕）、CHANANGUE（查南格）油田的钻机日费项目合同，合同金额448万美元。

△ 西南油气田公司采气技能专家刘辉、王川洪入选集团公司“石油名匠”重点培养对象，与工程院一级工程师谢南星和页岩气研究院一级工程师林盛旺分别签订为期3年的师徒协议。

△ 集团公司党组研究决定：余朝毅任西南油气田公司副总经理；免去其四川长宁天然气开发有限责任公司党委书记、总经理职务。集团公司党组研究决定：赵松任四川长宁天然气开发有限责任公司党委书记、总经理（二级特类正）。

9—10日 中国共产党川庆钻探工程公司第二次代表大会在成都召开。会议以习近平新时代中国特色社会主义思想为指导，总结过去五年发展成效和纪检监察工作主要成果，提出今后五年发展总体思路、“五个迈上新台阶”奋斗目标、“七个坚持”重点工作和“12335”的纪检工作目标任务。会议选举产生中国共产党川庆钻探工程公司第二届委员会和中国共产党川庆钻探工程公司第二届纪律检查委员会。四川省国资委党委专职副书记吴晓曦参加会议并讲话，川庆钻探工程公司党员代表168人参加会议。

11日 天府气区永浅1井须四段测试获日产31.26万立方米，天府气区致密气再获重要工业产层，须家河组立体勘探获重大新发现。

△ 川庆钻采院取心作业在满深171h井超深水平井7 837.7米处取心成功，刷新塔里木油田公司水平井取心深度纪录。

13日 西南油气田公司与达州市人民政府在成都签订战略合作协议。川渝协调组组长，西南油气田公司党委书记、执行董事姜鹏飞，总经理、党委副书记何骁，副总经理何小川；中共达州市委书记邵革军，市委副书记、市长严卫东，市委常委、常务副市长丁应虎，市委常委、秘书长、政法委书记孙俊，副市长张俊懿出席签约仪式。

13—14日 川庆钻探工程公司党委副书记、工会主席喻著成到定点帮扶点甘孜州石渠县开展调研慰问，代表川庆钻探工程公司与石渠县签订“瓦须乡高寒优质牧草种植基地建设项目”捐赠协议。

14日 中国石油川南页岩气累计产气量501.2亿立方米，建成中国首个累计产量突破500亿立方米的页岩气田。

△ 川庆钻探工程公司与海峡能源有限公司在成都就进一步深化合作等开展工作交流。川庆钻探工程公司执行董事、党委书记王治平；海峡能源有限公司总裁刘自强，副

总裁李冰南等参加交流。

15 日 工程院申请的“生产管柱”获国家知识产权局发明专利证书。该专利是 2022 年工程院在排水采气技术领域获得授权的第四件发明专利。

17 日 川庆钻探工程公司、西南油气田公司与工程材料研究院就科技与产业共同发展、科研成果转化等开展工作交流。川庆钻探工程公司执行董事、党委书记王治平，总工程师谭宾；西南油气田公司副总经理、总工程师、安全总监乐宏；工程材料研究院执行董事、党委书记刘亚旭，副总经理戚东涛等参加交流。

18 日 土库曼斯坦总统谢尔达尔·别尔德穆哈梅多夫出席由川庆钻探工程公司总包的阿姆河公司巴格德雷合同区 B 区西部新气田投产仪式。中国驻土库曼斯坦大使钱乃成，集团公司总经理、党组副书记侯启军等出席投产庆典仪式。

△ 川庆钻探工程公司威远区块威 204H47 平台上半支 5 口井累计测试产量 117.88 万米^3/日，成为威远页岩气风险作业区块当年首个百万立方米平台。

21 日 川港燃气公司 2022 年重点工程建设项目之一的攀枝花门站至米易供气管道工程组焊开工。该工程起于攀枝花门站，途径攀枝花市仁和区大龙潭彝族乡，盐边县红格镇、益民乡、新九乡，止于猛粮分输站。供气管道设计压力 6.3 兆帕，日输气能力 350 万立方米，全长约 49 千米，总投资 2.1 亿元，建成后具备向攀枝花江北地区盐边县、米易县，以及后期向凉山州供应管道天然气的条件。工程项目定向钻穿越金沙江江底 1 084.9 米为控制性工程，另外穿越 G5（京昆高速）2 次、穿越沿江高速 2 次、穿越成昆铁路 1 次、穿越国道及乡村公路 206 次。

△ 西南油气田公司召开宣传思想文化工作会议。会议的主要任务是贯彻落实中央和集团公司党组关于宣传思想文化工作的决策部署，全面总结近三年西南油气田公司宣传思想文化工作，交流经验，表彰先进，安排下一步重点工作，统一思想，凝聚力量，为上产 500 亿立方米，发展新征程提供思想保障、舆论支持、精神动力和文化条件。

22 日 重庆市人大常委会主任、党组书记张轩，四川省人大常委会副主任、党组书记王宁率川渝两省市部分全国人大代表一行 32 人，到毛泽东主席视察隆昌气矿纪念馆调研川渝能源保障一体化建设情况。四川省人大常委会副主任、党组成员王雁飞、宋朝华；重庆市人大常委会副主任、党组副书记吴存荣，副主任、党组成员莫恭明；中共内江市委副书记、市长李丹，四川省人大常委会委员、内江市人大常委会党组书记、主任戴震，中共内江市委常委、常务副市长何政参加调研。

△ 川庆钻探工程公司与西部钻探工程公司在成都开展工作交流。川庆钻探工程公司执行董事、党委书记王治平，党委副书记、工会主席喻著成，总会计师张新刚；西部钻探工程公司执行董事、党委书记张忠志，副总经理何君，总会计师范芒等参加交流。

△ 威远构造南翼斜坡的 201H54 平台 6 井 311.2 毫米井眼单日进尺 605 米，超过同平台 7 井打出的 583 米，创深层页岩气区块单日进尺最高纪录。

23 日 川庆钻探工程公司 90011 钻井队承钻的双鱼 001–H6 井钻至井深 9 010 米完钻，完钻层位栖霞组，成为中国石油第一口超 9 000 米的水平井，创国内陆上最深天然气水平井纪录。

△ 川庆钻探工程公司与渤海装备公司在成都就开展联合攻关、加大合作力度等开展工作交流。川庆钻探工程公司执行董事、党委书记王治平，副总经理、安全总监张志东；渤海装备公司执行董事、党委书记周荣学，总经理刘玉贵，副总经理张同钟等参加交流。

△ 工程院自主研制的 177.8 毫米低温可溶桥塞在天府 7 井现场应用，桥塞泵送、坐封、丢手、承压稳定可靠，保障了天府 7 井分段压裂作业实施。西南油气田公司可溶桥塞实现从适用于 114.3 毫米至 177.8 毫米套管的全覆盖，形成的系列产品为页岩气、致密气压裂分段提供关键工具支撑。可溶桥塞系列化研制及现场应用方面再次取得重大突破。

24 日 双探 107 井累计产气 10 024 万立方米，为双鱼石区块南区第二口累计产气破亿立方米的气井。该井为栖霞组气藏超深、高温、高压、中含硫气井，于 2021 年 8 月 17 日一次性投产。

△ 川庆钻探工程公司与浙江油田公司在成都开展工作交流，签订《战略合作框架协议》和《大安开发区页岩气钻压试效益合作一体化总承包框架合同》。川庆钻探工程公

司执行董事、党委书记王治平，副总经理金学智，总会计师张新刚；浙江油田公司执行董事、党委书记汪鉴定，副总经理、总地质师梁兴，总会计师兼新能源事业部总经理李仲等参加交流。

25 日 川庆钻探工程公司完成磨溪 019–H3 井分段酸化作业，施工总液量 4 393.6 立方米，刷新川渝地区酸化注入液量最大纪录。

27 日 2022 年四川省职工职业技能大赛暨川庆钻探工程公司第六届石油钻井工（井控）职业技能比赛在成都举行。四川省总工会党组成员、副主席彭闯；川庆钻探工程公司党委副书记、工会主席喻著成出席。

△ 川庆钻探工程公司 50043 钻井队承钻的金浅 815–8–H2 井沙二段测试获日产气 71.8 万立方米、日无阻流量 163.54 万立方米，刷新四川盆地致密气金浅 8 区块的测试产量纪录。

28 日 四川页岩气公司全资子公司四川泸州页岩气公司向泸县税务局申请的增值税留抵退税款项全部到账，完成留抵退税工作。

△ 川庆钻探工程公司与宝鸡钢管公司在成都开展工作交流。川庆钻探工程公司执行董事、党委书记王治平；宝鸡钢管公司副总经理杨军锋等参加交流。

△ 西南油气田公司与泸州市人民政府在泸州市南苑宾馆签订战略合作协议。勘探与生产分公司副总经理郑新权；西南油气田公司总经理、党委副书记何骁，副总经理雍锐、余朝毅；中共泸州市委副书记、市长余先河，市委常委、常务副市长何洪波，副市长靳地胜出席签约仪式。

29 日 阳 101 脱水站至威江线 6 号阀室管线正式进气投运，进气瞬量 126 万米^3/日，打通泸州深层页岩气田阳 101 井区上载川渝大管网高压外输通道，为该井区规模上产奠定基础。该管线全长 18.8 千米，由四川页岩气公司建设的阳 101 脱水站至阳 101–1 脱水站直径 610 毫米干气联络线 16.2 千米与蜀南气矿建设的阳 101–1 脱水站至威江线 6 号阀室直径 813 毫米外输管线 2.6 千米组成。

△ 川庆钻探工程公司与吉林油田公司在成都就筹建吉林油田 CCUS 实训基地等开展工作交流。川庆钻探工程公司执行董事、党委书记王治平，党委副书记、工会主席喻著成；吉林油田公司副总经理王伶威等参加交流。

30 日 中共重庆市委副书记、市长胡衡华在重庆接见西南油气田公司执行董事、党委书记姜鹏飞和副总经理董焕忠，并听取工作汇报，重庆市副市长郑向东、市政府秘书长欧顺清，双方相关部门负责人参加会议。

△ 川中油气矿致密油气金浅 5H 井区首座浅冷脱水脱烃集气站以日产 35 万立方米进入试生产阶段，标志致密气建产由单个平台转入区块整体投产阶段。金浅 5H 集气站位于四川省射洪市东岳乡神鹤村，建设规模日处理能力 100 万立方米，具有脱水脱烃、集气、分离计量、增压、油水拉运等功能，先期接入金浅 512 平台和西浅 3 平台，铺设管线 36 千米。

△ 在重庆市召开的第二届重庆四川技术转移转化大会上，勘研院牵头完成的《基于市场化条件下的天然气区块动态估值评价与实践》获 2021 年度“川渝产学研创新成果奖一等奖”，通过四川省科技协同创新促进会组织的院士专家鉴定。成果是产学研合作创新的成功典范和优秀案例，为国内天然气矿权区块估值定价提供了测算理论依据，也为市场化条件下国家调控天然气资产定价政策提供理论支撑。

△ 重庆气矿阿姆河西部气田投产队分别在土库曼斯坦巴格德雷合同区 B 区加迪恩集气站、第一天然气处理厂、外输站等 3 个值守点向业主方完成操作移交，阿姆河西部气田试运投产任务取得成功。

本月 致密气中浅 1 井区以致密气“试油测试 + 排采生产 + 一体化脱水脱烃”三同步快速建产模式，完成中浅 203 平台、中浅 204 平台、中浅 201 平台等 5 座平台 7 口井的临时排采投运，新增天然气日产能 108 万立方米。截至 6 月底，中浅 1 井区日产天然气 130 万立方米。金秋气田金浅 5H 井区、秋林 16 井区、中浅 1 井区是致密气川中核心建产区的“三驾马车”。

本月 由西南油气田公司党委策划，党委宣传部、党委组织部、专家顾问组共同指导，行政事务中心（档案中心）主导，重庆气矿、蜀南气矿和天然气净化总厂共同完成的图文集《川油史记》由人民日报出版社出版（2022 年 5 月第 1 版、第一次印刷），包括《圣灯之光》《石油师入川》《川中石油会战》《四川石油会战》《32111 血战火海》《科威特灭火》和《建功阿姆河》7册，总计16万字、图片560余幅。

7月

1日 川庆钻探工程公司与中国航天科工集团公司第三研究院第三十三研究所在成都就攻克关键核心技术，共享成果转化收益等开展工作交流。川庆钻探工程公司执行董事、党委书记王治平，副总经理金学智；中国航天科工集团公司第三研究院第三十三研究所所长周祖洋等参加交流。

4日 川中油气矿联合西南石油大学等相关单位，在实验室从40升高浓度氯化锂溶液中制得100克氢氧化锂和400克碳酸锂粉末，气田水提锂先导试验取得阶段性成果。

5日 川庆钻探工程公司40113钻井队承钻的中浅2-6-H2井对6号砂组测试获日产气80.7万立方米，创四川盆地致密气金秋气田中浅1井区6号砂组测试产量纪录。

△ 天然气净化总厂申请的“一种污水过滤装置”发明专利获国家知识产权局授权证书，标志天然气净化总厂在国家发明专利领域取得新突破。该专利主要解决单体设备或系统清洗过程中存在的污水过滤网面积小、污水流通量不足等缺陷，并提供一种可以根据污水流量大小改变过滤面积的污水过滤装置，避免清洗污水四溢，减小环境污染风险，达到清洁环保检修的目的。

6日 川庆钻探工程公司苏里格区块苏46-2-68X2井测试获无阻流量146万米^3/日。

△ 四川盆地最高压力天然气井角探1井以瞬产量10万米^3/日投产，关井油压113.56兆帕，生产运行稳定。该井投产，标志西南油气田公司首套高压络合铁脱硫装置投产试运。

7日 川庆钻探工程公司作业的长庆油田致密气靖51-29平台完成最后一口井测试，平台14口井累计获无阻流量1 285万米^3/日，其中4口井获无阻流量超100万米^3/日，2口井获无阻流量超200万米^3/日，最高无阻流量283.66万米^3/日。

11—15日 川庆钻探工程公司总经理、党委副书记李雪岗到定点帮扶点甘孜州石渠县开展乡村振兴工作调研，与石渠县签订2022年消费帮扶框架协议。

13日 川庆钻探工程公司与中石化国际石油工程公司在成都就全面深化合作等开展工作交流。川庆钻探工程公司执行董事、党委书记王治平，副总经理金学智；中国石化国际石油工程公司总经理、党委副书记张从邦等参加交流。

14日 川庆钻探工程公司与中油国际公司在成都就加大技术创新力度、推动钻井提速、推进集团公司海外项目等开展工作交流。川庆钻探工程公司执行董事、党委书记王治平，副总经理金学智，总工程师谭宾；中油国际公司总经理、党委副书记何文渊，总工程师刘有超等参加交流。

17日 川庆钻探工程公司50502钻井队承钻的西南油气田公司中浅206-9-H1井用时14.63天完井，创四川盆地致密气钻完井周期最短纪录。

18日 天府气区沙溪庙组永浅9井、永浅12井两口直井分别测试获日产气14.4万立方米、21.2万立方米，天府气区沙溪庙组勘探再获重大新进展。

18—20日 集团公司党组成员、纪检监察组组长钱朝阳到驻川渝地区部分石油企业调研。钱朝阳强调要深入贯彻落实习近平总书记关于“能源的饭碗必须端在自己手里”的重要指示精神，结合实际融入生产经营、改革创新、提质增效等各项工作中，为集团公司持续高质量发展作出贡献。调研期间，钱朝阳到川庆钻探工程公司50051钻井队承钻的威202H23钻井平台指导工作，川庆钻探工程公司纪委书记樊尚珍参加调研。

19日 在宁夏银川举办的集团公司首届油气田开发数字化运维技术竞赛上，西南油气田公司4名员工分别获金牌1枚、银牌2枚和铜牌1枚，1名员工获“优秀裁判”称号，西南油气田公司获团体第三名。

△ 在第四届全国油气开发专业职业技能竞赛暨中国石油首届技术技能大赛中，西南油气田公司川中油气矿选手李勇获银牌，李黎和张滨滟获铜牌，实现奖牌层级和数量历史性突破。该竞赛由集团公司和中国就业培训技术指导中心联合主办，长庆油田公司承办，中国石油、中国石化、延长集团等所属23家地区企业91名选手参赛，为集团公司举办的采油工行业层级最高、规模最大、范围最广的一

次职业技能竞赛。

20 日 川庆钻探工程公司 YS68146 队完成西南油气田公司足 203H3 平台 6 口井 208 段压裂作业，压裂时效 2.01 段 / 日，创渝西深层页岩气压裂时效最高纪录。

△ 磨溪区块磨溪 8 井区的试采井磨溪 019–H3 井测试获日产气 61.62 万立方米，该井为磨溪台内灯影组四段气藏针对孔洞型储层部署的第一口试采井。

21 日 中坝 81 井热中子测井仪器起出，川西北气矿首次热中子测井作业收官。川西北气矿选取完整揭示须家河组须二段地层的中坝 46 井、中坝 81 井开展 PNNPLUS 测井，采用带压电缆施工工艺，测试项目包括磁性定位、自然伽马、温度、热中子探测等，其中磁性定位、自然伽马用于测井曲线深度校正，热中子探测用于剩余油气藏评价。中坝 46 井、中坝 81 井热中子测井作业的实施，填补川西北气矿热中子测井技术空白。

22 日 川庆钻探工程公司 70561 钻井队承钻的安岳气田二叠系栖霞组气藏首口工艺井高石 045–H2 井测试获日产气 108.75 万立方米。

△ 中国最大的超深低孔复杂岩溶型气藏——安岳气田震旦系灯影组气藏累计产气突破 200 亿立方米，平均日产气量超 1 900 万立方米。安岳气田震旦系灯影组储层为四川盆地最古老的白云岩岩溶型储层，位于四川盆地中部遂宁市大英县、资阳市安岳县及重庆潼南境内。自 2011 年 7 月高石 1 井在震旦系获得重大突破后，展现出川中古隆起区震旦系—下古生界领域良好的勘探前景。

△ 第四届中国西部国际投资贸易洽谈会在重庆悦来国际会议中心开幕，集团公司党组成员、副总经理谢军代表中国石油出席开幕式，并到中国石油展台参观。中国西部国际投资贸易洽谈会开幕式由重庆市委副书记、政法委书记李明清主持，中共重庆市委副书记、市长胡衡华，商务部党组副书记、国际贸易谈判代表兼副部长王受文，四川省副省长田庆盈分别致辞。本次会议以“走进西部、洽谈未来”为主题，采取“专题展会 + 高峰论坛 + 投资贸易活动”、线上线下相结合的形式举办，设投资贸易和产业促进两大展区 12 个展馆，展览规模 16 万平方米，来自全球的 899 家企业参展。中国石油展示区划分成“担当使命的中国石油”“绿色低碳的中国石油”“科技创新的中国石油”“互联互通的中国石油”“奉献赋能的中国石油”5 大单元，通过图文、影像、互动沙盘、实物模型等多种方式，展现中国石油近年来在勘探开发与能源保供、智能炼化、智慧销售、参与共建“一带一路”、履行社会责任等领域的最新成果与贡献。

22—24 日 西南油气田公司参赛队伍在第四届全国石油石化专业职业技能竞赛暨集团公司首届消防战斗员技术技能大赛中，获团体金奖和团队单项金奖，5 名选手分获 4 块银牌和 1 块铜牌，消防专业在集团公司职业技能竞赛中取得突破。该竞赛是集团公司企业专职消防队伍发展史上层次最高、范围最广、规模最大的一次竞赛，分 6 个项目，来自集团公司所属单位的 24 支队伍 120 名选手参加。

23 日（土库曼斯坦当地时间） 土库曼斯坦副总理沙黑姆 · 阿布德拉赫曼诺夫到川庆钻探工程公司承钻的土库曼斯坦复兴气田 3 口续钻井项目土 –60 井检查指导工作，肯定川庆钻探工程公司 15 年来在土库曼斯坦天然气勘探开发中作出的杰出贡献，并希望能够进一步发挥钻完井技术优势，推动双方在复兴气田事故复杂停工处理领域的深度合作。

24 日 川中油气矿选手邓川获全国石油石化专业职业技能竞赛暨集团公司首届技术技能大赛消防战斗员竞赛个人银牌。

25 日 在 2022 年新疆油田公司压裂用黏土稳定剂公开招标中，西南油气田公司自主研发的 CT5–8 黏土稳定剂中标，为公司油化产品首次在国内市场上中标，标志油化产品外销市场取得新突破。本次新疆油田招标黏土稳定剂 7 000 吨，是为满足其勘探井和开发井大规模体积压裂过程中储层保护的需要。

27 日 川庆钻探工程公司被评为集团公司 2021 年度业绩考核 A 级企业。

28 日 川庆川东钻探公司 70255 钻井队钻试的集团公司高含硫整装气田铁山坡气田首口自主开发井坡 002–H3 井飞仙关组测试获日产气 126.16 万立方米，日无阻流量 259.05 万立方米，硫化氢含量 233.57 克 / 米 ^{3}，标志中国石油全面自主开发高含硫气田首战告捷。

29 日 泸 203H6A 平台 250–10 号车载压缩机移动式隔声

罩正式投运，噪音降低 40 分贝，泸 203H6-7 井油套压差从 14.63 兆帕降至 8.66 兆帕，日产气增加 2 万立方米，日排液量从 10 ~ 80 立方米升至 130 立方米左右，气井积液得到缓解。该装置为国内首个移动式车载压缩机气举作业隔声罩。

31 日 川庆钻探工程公司在亚洲陆上最大水平井平台华 H100 平台完成 28 口井 1 435 层次压裂作业，日均压裂效率 6.24 段 / 日，创单日最高压裂 23 层等工程纪录。

本月 川庆钻探工程公司制作的《追着石油走》获四川省国资委 2022 年度国有企业优秀形象宣传片一等奖。

本月 川庆钻探工程公司 70524 钻井队承钻的塔里木油田公司首口风险总承包井富源 3-H3 井测试获日产原油 120.7 立方米、日产天然气 22.8 万立方米。

8 月

5 日 西 51 井因套管升高短节破裂导致泄漏着火，川庆井控应急救援中心第一时间组织人员和装备到现场参与制定应急处置方案，完成井口切割，于 8 月 8 日 11 时 45 分结束抢险作业。

8 日 川中油气矿致密气日产量 515 万立方米，年累计产气 6.13 亿立方米，同比增长 356%。9 月 30 日，致密气日产量 650 万立方米，年累计产气 9 亿立方米，同比增长 401%。

△ 重庆页岩气公司完成足 203H2 平台 2 口井 66 段压裂施工，主体施工排量（18 ~ 19.1）米 ^{3}/ 分，施工压力 96 ~ 119 兆帕，平均用液强度 41.31 米 ^{3}/ 米，平均加砂强度 4.49 吨 / 米，井筒完整性 100%，丢段率 0%，平均压裂时效 2 段 / 日，最高时效 3 段 / 日。其中足 203H2-3 井平均加砂强度 4.61 吨 / 米，创集团公司深层页岩气单井加砂最高纪录。

11 日 中共四川省委常委、绵阳市委书记曹立军到西南油气田公司蓬莱气区重点探井蓬深 6 井（川庆钻探工程公司 90025 钻井队承钻）调研油气资源勘探开发及安全生产工作。中共绵阳市委常委姚永红，副市长刘海昌，西南油气田公司副总经理何小川、总地质师杨雨，绵阳市政府部门、盐亭县相关负责人等参加调研。

15 日 西南油气田公司自主研发的管径 323.9 毫米管道基线检测器在输气处煎籍线、彭籍线管道现场应用，有效解决管道中心线精准定位及力学评估问题，填补西南油气田公司管道基线检测器自主研发的空白，为提高管道完整性管理水平提供支撑。西南油气田公司成为股份公司 16 家油气田公司中首家应用自主研发设备开展管道内检测的企业。

16 日 中共重庆市委常委、副市长陈鸣波一行到 2022 中国国际智能产业博览会重庆馆“重庆气矿智慧管道展厅”检查指导。

△ 川庆钻探工程公司与延长油田正式签订产能建设施工合同，以总承包方式承揽延长油田页岩油（致密油）87 口水平井的钻完井和压裂试油工程，合同金额 8.42 亿元。

17 日 西南油气田公司与中国东方电气集团股份有限公司签订框架合作协议。中国东方电气集团股份有限公司总经理、党组副书记徐鹏，总经理助理、东方电气股份公司副总裁王为民；西南油气田公司执行董事、党委书记姜鹏飞，副总经理董焕忠出席签订仪式。

18 日 川中油气矿仪陇采油气作业区龙岗 001-8-1 井被全国创建青年文明号活动组委会授予“一星级全国青年文明号”称号。

△ 川庆钻探工程公司 70505 钻井队承钻、川庆川西钻探公司 40123 队承试的南充 1 井在茅口组二段测试获气 100.6 万米 ^{3}/ 日、无阻流量 207.6 万米 ^{3}/ 日，是继角探 1 井、磨溪 145 井后的第三口百万立方米气井，标志川中地区茅口组继八角场、龙女寺、合川地区勘探取得突破后，在南充地区气藏评价再获重大新进展。

19 日 集团公司总经理、党组副书记侯启军到川庆钻探工程公司作业的华 H100 平台调研指导工作，强调要不断探索非常规资源高产稳产技术和高效勘探开发模式，把资源优势转化为经济优势和发展优势。川庆钻探工程公司副总经理孙虎等参加调研。

20 日 由川港燃气公司投资建设的攀枝花门站至米易供气管道工程金沙江定向钻穿越控制性工程，历时近 12 小时完成拖管。该工程于 4 月 25 日正式启动，总穿越实长 1 084.9 米，为水域大型穿越，系中国石油天然气管道首次穿越金沙江。

22 日 川庆钻探工程公司与渤海钻探公司在成都就技术攻关、深化合作等开展工作交流。川庆钻探工程公司执行董事、党委书记王治平，总经理、党委副书记李雪岗，总会计师张新刚；渤海钻探公司执行董事、党委书记刘光木，总工程师王灿，副总经理杜成良等参加交流。

24 日 川庆钻探工程公司威远区块威 204H47 平台 8 口井累计获测试日产量 289.5 万立方米，成为威远风险作业区块当年首个超两百万立方米的平台。

25 日 川庆钻探工程公司与重庆天然气储运有限公司签订铜锣峡、黄草峡储气库钻试一体化工程总包项目合同，项目涉及 17 口井，合同金额 3.88 亿元。

28 日 川庆钻探工程公司苏里格合作区块桃 7-12-19X8 井测试获无阻流量 131.26 万米^3/ 日。

30 日 集团公司董事长、党组书记戴厚良，总经理、党组副书记侯启军在集团公司 EISC 中心与川庆钻探工程公司 80019 钻井队承钻的蓬深 12 井作业现场进行视频连线。

9 月

4 日 经集团公司党组研究决定：葛枫任川东北作业分公司党委委员、书记，免去文士豪的川东北作业分公司党委书记、委员职务（中油党组任〔2022〕199 号）。

△ 经股份公司研究决定：聘任葛枫为川东北作业分公司总经理（二级特类正），任期至 2023 年 12 月 31 日；免去文士豪的川东北作业分公司总经理职务，另有任用（中油任〔2022〕142 号）。

△ 川庆钻探工程公司 YS48131 队完成国家级页岩油开发示范区华 H90-3 井水平段 5 060 米的压裂作业，创亚洲陆上页岩油压裂最长水平段纪录。

6 日 川庆钻探工程公司 50035 钻井队承钻的西南油气田公司永浅 204 井完钻，钻井周期 7.96 天，创四川盆地致密气钻井周期最短纪录。

△ 川中油气矿自主研发的自动清管装置通过调控中心远程控制，在遂宁作业区蓬莱 002-X7 至蓬莱 002-4-X1 管线完成自动清管作业，为川中油气矿首次实现天然气集输管道远程自动清管。

7 日 集团公司向四川省“9·5”泸定地震灾区捐款人民币 5 000 万元，将国务院国资委倡议落到实处，全力支持抗震救灾和灾后重建工作。四川省政府副秘书长刘全胜，四川省民政厅党组书记、厅长益西达瓦；川渝协调组组长，西南油气田公司执行董事、党委书记姜鹏飞出席捐赠仪式。益西达瓦、姜鹏飞分别代表四川省慈善联合总会、集团公司接受捐赠和交接。

12 日 川庆钻探工程公司 70212 钻井队承钻的铁山坡气田飞仙关组气藏建产井坡 002-X2 井初测获日产气 131.35 万立方米、天然气日无阻流量 224.81 万立方米，硫化氢含量 238.08 克 / 米^3。首轮 3 口建产井累计获测试日产量 405.38 万立方米，标志铁山坡气田首轮 3 口井的井工程建设收官。

13 日 西南油气田公司榕山输气站天然气余压发电项目正式并入国家电网系统运行，并按所发电量计费，标志西南油气田公司首个双转子天然气余压发电项目试点成功。

17 日 川庆钻探工程公司 50035 钻井队承钻的西南油气田公司永浅 202 井测试获日产气 58.68 万立方米，取得四川盆地天府含气区致密气勘探开发的重大突破。

22 日 在国家协调劳动关系三方召开全国和谐劳动关系创建示范经验交流会上，重庆气矿获“全国和谐劳动关系创建示范企业”称号。

23 日 川庆钻探工程公司 YS42130 队在长庆油田靖 77-27 井组完成 141 段压裂作业，标志国内最大规模燃气发电电驱压裂试验取得成功。

△ 四川页岩气公司分布式光纤实时压裂监测井阳 101H37-4 井完成 24 段压裂作业，标志国内深层页岩气分布式光纤邻井实时压裂监测技术首次应用获得成功。

24 日 西南油气田公司天然气日工业产量 1.12 亿立方米，同比增加 1 913 万立方米，创历史新高。截至当日，新区累计投产新井 245 口，新建配套产能 83.64 亿立方米；开发井有效率 100%，9 口试油井井均测试日产量 101 万立方米；老区累计实施采气工艺措施 6 200 井次，增产气量 22 亿立方米，气田综合递减率控制在 8% 以内。

25 日 国内最大海相碳酸盐岩整装气藏——龙王庙组气藏累计生产天然气突破 700 亿立方米大关。气藏累计投产气井 64 口，日产气 2 406 万立方米，生产运行平稳，安全环保受控。2012年12月5日，龙王庙组气藏第一口井投产。

27日 磨溪区块磨溪8井区的试采井磨溪019-H4井测试获日产气82.89万立方米，磨溪台内灯影组四段气藏受走滑断层控制的缝洞型储层评价取得重要进展。该井于2021年8月开钻，2022年5月完钻，完钻井深6 760米，完钻层位灯四段，测井解释储层累计厚780米，采用裸眼封隔器完井。酸化测试稳定油压30.37兆帕，无阻流量133.77万米^3/日。

29日 金浅5H东集气站产品气外输，标志西南油气田公司致密油气最大处理规模单体装置投运，原料气日处理规模150万立方米。

30日 川庆钻探工程公司70189钻井队承钻的西南油气田公司高石009-H2井测试获日产气109.7万立方米。

△ 至9月30日，川中致密气日产量650万立方米，年累计产气9亿立方米，同比增长401%。累计投产新井42口，集气站2座，贡献日产量450万立方米。

本月 川庆钻探工程公司与厄瓜多尔国家石油公司（PEC）增加ISHPINGO（伊什平戈）油田钻完井一体化服务项目合同工作量，预估工作量由40口井增至70口井，合同金额由2.3亿美元增至3.8亿美元，创川庆钻探工程公司厄瓜多尔市场合同金额新高。

本月 川庆钻探工程公司与洛克石油公司（ROC）签订川中八角场致密气项目定向服务合同，合同金额约2 000万元，标志川庆钻探工程公司在国内反承包市场获新突破。

本月 在北京举行的“砥砺辉煌十年·强国复兴有我”第五届中央企业优秀故事发布活动上，西南油气田公司微电影《晓光》获中央企业优秀故事一等奖，是中国石油推送作品中唯一获一等奖的视频作品。《晓光》以四川省夹江县发展历程为背景，讲述西南油气田公司帮助当地陶瓷厂通过“煤炉气”改“天然气”完成产业转型升级、走向绿色发展之路的故事，展现在“煤改气”过程中家庭环境、社会环境和企业自身的变迁，以及中国石油树立“绿水青山就是金山银山”的理念，实施绿色低碳发展战略，助力国家“双碳”目标实现和生态文明建设，书写高质量发展“绿色答卷”的生动实践。

本月 在集团公司首届审计数据仓库建模大赛上，西南油气田公司选送的“二级集中采购物资执行风险分析模型”“天然气营销风险预警分析模型”“天然气营销分析模型”和“资金支付分析模型”分获个人一等奖、二等奖，西南油气田公司获团体二等奖和团体创新奖。本次大赛有70家单位107个作品参赛，参赛内容涉及生产经营、物资采购、招投标、销售、工程建设等审计重点领域，最终评选出个人一等奖2个、二等奖3个，团体一等奖4个、二等奖6个、三等奖和创新奖若干。

10月

4日 川渝地区首个钻机“气代油”项目在川庆川东钻探公司70175队承钻的大安2H1-2井正式投入运行。

7日 相国寺储气库第十周期注气工作结束，安全注气生产188天，日最大注气量1 518万立方米，累计注气21.5亿立方米，期末库存量44.06亿立方米，达容率97.9%，日注气量、单周期注气量、库存量均创历史新高。

8日 川庆钻探工程公司采用自主研发的国内最大容量连续管滚筒在长庆油田桃2-6-30H1井完成通井及首段开层作业，完成水平段作业长3 931米，创国内连续管通井射孔最长水平段纪录。

△ 中国企业联合会与中国企业家协会联合发文公布2022中国服务企业500强，华油公司上榜，名列第352位，较2021年上升1位。

13日 川庆钻探工程公司采用自主研发并获国家发明专利的“高渗透或破碎地层的旋转割心工艺”完成蓬深6井灯影组四段7 899.5 ~ 7 912.5米、7 928.79 ~ 7 953.6米井段取心任务，刷新蓬莱气区灯影组取心最深纪录。

△ 川庆钻探工程公司CCDC-06队完成土库曼斯坦天然气康采恩复兴气田3口续钻井项目——GOG-20井，标志中土两国元首2021年5月6日电话会议后中土能源合作首个落地项目主体钻井工程安全提前完成。

15日 川庆钻探工程公司50699钻井队承钻的长庆油田青石峁气田首口气水平井李22-21H2井测试获无阻流量36.8万米^3/日，刷新青石峁气田单井产量纪录，取得鄂尔多斯盆地页岩气勘探重大突破。

18日 由天研院牵头制定的两项国家标准《石油天然气工业术语 第4部分：油气计量与分析》（GB/T 8423.4—

2022）及《冷冻轻烃流体 自动液位计的一般要求 第1部分：海上浮式储存液化天然气自动液位计》（GB/T 37770.1—2022）正式发布。

20日 西南油气田公司天然气产量300亿立方米，较2021年提前22天实现该目标。

△ 川庆钻探工程公司与西南石油大学在成都就教学工程、学科建设、科研改革、人才建设等开展工作交流，并签订《战略合作框架协议》《地热能联合研究院共建协议》《工程技术联合研究院共建协议》。川庆钻探工程公司执行董事、党委书记王治平，总经理、党委副书记李雪岗，党委副书记、工会主席喻著成，总工程师谭宾；西南石油大学党委书记陈永灿，党委副书记、校长张烈辉，副校长郭建春、刘向君、祝效华等参加交流。

△ 川庆钻探工程公司与中国航天科工集团公司第三研究院第三十三研究所共同出资成立的国产自研旋转导向公司——四川天石和创科技有限公司在成都市金牛区完成注册，注册资金3亿元。

21日 西南油气田公司与西南石油大学在成都续签战略合作协议，双方将本着互利共赢原则，持续深化交流合作，着力打造油气科技创新高地、企校合作共赢典范，实现油气勘探开发领域技术创新、助推能源行业高质量发展，保障国家能源安全。

25日 金浅5H井区致密气金浅511平台金浅511-6-H2井测获日产气70.97万立方米、日无阻流量201.01万立方米。金浅511平台分两批实施4口井，平均钻井周期21.78天，平均完钻井深3 919米，完钻层位沙溪庙组，平均水平段长1 514米。该平台试油改造测试工作全部完成，测试日产量累计263.38万立方米、日无阻流量累计762.39万立方米，刷新致密气平台无阻流量纪录。

△ 川庆钻探工程公司与华为技术有限公司在成都就油气行业数字化转型等开展工作交流。川庆钻探工程公司执行董事、党委书记王治平，华为技术有限公司副总裁、油气系统部CEO刘超等参加交流。

△ 川庆钻探工程公司制定《川庆钻探工程有限公司2022年二三级机构及领导职数压减方案》，印发《关于下达公司所属单位2022年基层领导职数控制计划的通知》（川庆劳发〔2022〕34号），全面开展二三级机构和中层、基层领导职数压减工作。2021年和2022年两年压减二级机构5个、三级机构60个、中层领导职数33人、基层领导职数214人，压减比例均在10%以上。

30日 西南油气田公司在蓬莱气区部署的评价井中深103井灯二气藏测试获日产气126.88万立方米，成为蓬莱气区蓬探1井区灯影组二段气藏第三口百万立方米级气井。

△ 天府气田简阳区块永浅204井沙河街组一段测试获日产气35.76万立方米，证实该区块具备良好的勘探开发潜力。

31日 川庆钻探工程公司与济柴动力有限责任公司签订战略合作协议。

本月 西南油气田公司在蓬探1井区部署的评价井蓬探106井灯影组二段气藏获测试获日产气85.1万立方米。

11月

1日 天府气田金秋区块秋林220-8-H2井沙溪庙组致密气测试获日产气95.34万立方米、日无阻流量211.74万立方米，夯实致密气快速规模效益开发基础。

2日 天高线B段复线工程历时4个月建设后投产，为万州区块天然气产能发挥提供保障。

△ 重庆页岩气公司足203H5-8井299毫米大管径膨胀管长段裸眼封堵作业取得成功，下入膨胀管828.14米，打破足203H5-2井创造的国内666米封堵段长纪录。

3日 足203H5-3井完钻，完钻井深5 900米，全井钻井周期85天。其中，“四开”215.9毫米井眼段长2 252米，钻井周期10.12天，平均机械钻速14.59米/时，首次实现渝西区块“四开”造斜段+水平段“一趟钻”目标，刷新国内深层页岩气“四开”钻进“一趟钻”最短周期纪录。

△ 川庆钻探工程公司与中国职业安全健康协会在成都开展工作交流。川庆钻探工程公司执行董事、党委书记王治平，副总经理、安全总监张志东；中国职业安全健康协会党委委员、副理事长张凤山，副主任张德有、杨学文等参加交流。

△ 川庆钻探工程公司与东方电气集团有限公司在成都就装备智能、绿色环保、节能减排等领域科研攻关和成果转化等开展工作交流。川庆钻探工程公司执行董事、党委书记王治平，副总经理、安全总监张志东；东方电气集团有

限公司副总裁兼集团公司总经理助理王为民，东方宏华总经理朱桦等参加交流。

4 日 川庆钻探工程公司 70542 钻井队钻试的安岳气田磨溪构造首口滚动评价井磨溪 031–H3 井测试获日产气 116.31 万立方米、日无阻流量 255.54 万立方米，为川中地区栖霞组气藏第三口百万立方米级高产气井，标志安岳气田二叠系栖霞组气藏开展工艺井提高单井产量试验取得重大新进展，为安岳气田多层系开发方案编制奠定资源基础。

7 日 川庆钻探工程公司 CCDC–8 队钻试的土库曼斯坦复兴气田 3 口复钻井项目土 –60 井测试获日产气 296.38 万立方米，创土库曼斯坦单井天然气日产量最高纪录。

8 日 川庆川东钻探公司 70237 钻井队承钻的罗家 24 井（9 月 22 日钻至井深 5 250 米完钻）飞仙关组测试获日产气 206.68 万立方米、日无阻流量 1 183.65 万立方米。测试产量创西南油气田公司 2022 年新井测试气量新高，创川东北高含硫罗家寨气田单井无阻流量最高纪录，该井也是中国石油担任川东北天然气项目作业者后在罗家寨气田钻获的第一口测试产量超过 200 万立方米的高含硫工业气井。

△ 安岳气田高石梯深层多层系开发第二口先导试验井高石 009–H1 井测试获日产气 110.7 万立方米，是继 9 月 30 日高石 009–H2 井测试获日产气 109.7 万立方米后，灯影组二段气藏开发先导试验的又一口 100 万立方米高产井，展示出高石 1 井区灯影组二段气藏良好的开发潜力。该井由川庆钻探工程公司 70516 钻井队承钻。

9 日 四川省副省长罗强到西南油气田公司生产现场调研地热发电项目建设情况。四川省人民政府副秘书长刘全胜，西南油气田公司总经理何骁参加调研。

12 日 川庆川东钻探公司 70556 钻井队承钻的首口筇竹寺组预探井资 201 井完钻，完钻井深 6 630 米，垂深 4 600 米，取心进尺 247.75 米，筇竹寺组水平段单趟进尺 1 087 米，创川渝页岩气井井深最深、垂深最深、取心进尺最长及筇竹寺组水平段单只钻头进尺最长 4 项纪录。

14 日 长宁公司宁 H23 平台多功能加热装置完成安装并投入现场使用，标志长宁公司解决天然气采输工艺冰堵问题的新设备、新工艺、新技术实现现场应用实践。

17 日 天府气田盐亭区块沙河街组一段首口水平井金浅 509–1–H1 井测试获日产气 39.8 万立方米、日无阻流量 84.24 万立方米。该井是盐亭区块的气藏评价井，部署目的是利用上试井测试沙河街组一段 1 号砂组的含气性，进一步评价该区块沙一段气藏水平井提高单井产量情况。西南油气田公司为推进川中核心建产区致密气立体勘探开发进程，在沙河街组二段气藏、沙河街组一段气藏、须家河组气藏等区块部署气藏评价井 7 口，完成试油井 6 口，在开发评价方面实现预期目标。

△ 经集团公司党组研究决定：川庆钻探工程公司金学智退休（中油人资〔2022〕228 号）。

17—18 日 集团公司总经理、党组副书记侯启军到西南油气田公司蜀南气矿泸州采气作业区阳 42 井中心站和川庆钻探工程公司压裂作业的泸 203H6B 平台调研指导，听取川渝地区页岩气工程技术服务整体情况汇报，了解在深层页岩气勘探开发领域关键技术的进展情况，肯定数字化压裂示范队工作成效。川庆钻探工程公司执行董事、党委书记王治平，总工程师谭宾；西南油气田公司副总经理佘朝毅；中油测井总经理、党委副书记胡启月参加调研。

18 日 西南油气田公司年累计处理含硫天然气 200.23 亿立方米，较计划提前 14 天突破 200 亿立方米大关。

24 日 中国自主研发的百万立方米级天然气固定床羰基硫水解成套技术在天然气净化总厂万州分厂一次投产成功，并稳定运行 400 余小时，标志中国在天然气深度脱除羰基硫领域打破国外制约，填补国内技术空白。

△ 四川省石油天然气科技奖励委员会会议暨学会第七届第四次理事长办公会在成都召开。四川省石油学会理事长、西南油气田公司执行董事、党委书记姜鹏飞出席会议，四川省石油学会常务副理事长、西南油气田公司总地质师杨雨主持会议。会议听取学会秘书处对四川省石油天然气科学技术奖相关工作的专题汇报，审定 2022 年度科技奖励项目名单并投票表决产生首个四川省石油天然气科技奖特等奖。会议还审定学会 2022 年度优秀集体和优秀个人名单、2023 年度经费支出预算计划。

26 日 川中油气矿天然气产量 100 亿立方米，连续 7 年（2016 年起）天然气年产量突破 100 亿立方米。

27 日 川庆钻探工程公司完成集团公司首口筇竹寺水平预探井资 201 井的固井作业，该井以 139.7 毫米油层套管创川渝页岩气水平井固井井深最深（6 630 米）、垂深最深（4 606.58 米）、液柱压差最大（51.6 兆帕）纪录。

28 日 西南油气田公司取得重庆市丰都县方斗山农场林业碳汇项目碳中和证书，标志西南油气田公司首个碳中和林得到认证。该项目选取方斗山农场第 46 小班林地为实施对象，面积 21 600.11 平方米（32.4 亩）碳储量 366.25 吨二氧化碳，是集团公司首个以挖掘存量林地资源碳储量形式实现碳中和的林业碳汇项目。

29 日 磨溪区块磨溪 8 井区的试采井磨溪 019-H2 井灯影组四段测试获日产气 91.48 万立方米、日无阻流量 144.49 万立方米。该井是磨溪台内灯四气藏针对缝洞型储层部署的试采井，完钻井深 6 227 米，完钻层位灯影组四段。

△ 西南油气田公司牵头承担的集团公司标准研究项目“油气田 CCUS/CCS 标准体系研究”通过专家组验收审查，标志集团公司首个新能源新产业领域标准体系建立。

30 日 西南油气田公司部署在重庆市梁平区的大页 1H 井测试获日产页岩气 32.06 万立方米，发现四川盆地页岩气规模增储新层系，是中国首次在二叠系吴家坪组页岩气勘探取得重大突破。该井由川庆钻探工程公司 70570 钻井队承钻。

△ 由西南油气田公司自主研发、生产的中国石油 CT 系列硫黄回收催化剂在俄罗斯卢克石油下诺夫哥罗德炼油厂硫黄回收装置上应用成功，国产气体净化产品首次出口欧洲市场并成功应用。中国石油 CT 系列硫黄回收催化剂曾获国家科学技术进步奖二等奖，在国内 200 多套硫黄回收装置上应用。

△ 中共四川省委书记王晓晖在成都接见西南油气田公司执行董事、党委书记姜鹏飞，并听取工作汇报。

本月 西南油气田公司编纂的《四川油气田年鉴（2021）》获中国石油和化学工业优秀出版物奖·图书奖一等奖。

12 月

1 日 川庆钻探工程公司 90011 钻井队承钻的国内陆上最深天然气水平井——川西北部双鱼石区块开发滚动评价井双鱼 001-H6 井栖霞组测试获日产气 106.66 万立方米、日无阻流量 209.17 万立方米。

△ 重庆页岩气公司完成足 206H1-1 井连续油管井下电视测试作业，录取资料精度满足解释要求，标志国内首口深层页岩气井段内多簇压裂射孔孔眼磨蚀定量评价现场试验取得成功。

△ 重庆气矿向天然气发电调峰客户——华能重庆两江燃机发电有限责任公司（重庆区域唯一一家天然气发电调峰企业，单日最高发电约 2 000 万千瓦·时）单日供气 425 万立方米，为历史最高值。重庆气矿是其唯一气源保供单位。

3 日 西南油气田公司首批部署的深层页岩气日费制井阳 101H11-4 井完钻，完钻井深 6 090 米，水平段长 2 160 米，铂金靶体钻遇率 100%。该井钻井周期 58.61 天，215.9 毫米井眼“一趟钻”进尺 2 830 米，打破深层页岩气钻井周期和“一趟钻”进尺纪录。阳 101H11 日费制平台整体提速明显，平台 4 口井前“三开”平均钻完井周期 26.77 天，打破深层页岩气前“三开”钻完井周期纪录。

7 日 川庆钻探工程公司申报的“CG STEER 旋转导向钻井系统研制与应用”获 2022 年度四川省石油天然气科学技术奖特等奖。

△ 川庆钻探工程公司苏里格合作区块苏 5-15-37H 井测试获天然气日无阻流量 110.77 万立方米。

△ 川庆钻探工程公司采用自主研发的 SPQ121-66 定向井取心工具完成中国石化西北局顺北 84 井取心作业，在井深 9 050.66 ~ 9 055.66 米取心 5 米，收获率 98%，创国内取心深度最深纪录。

8—9 日 西南油气田公司召开 2022 年度油气田开发年会，总结 2022 年油气开发工作取得的成果，部署 2023 年重点工作。

10 日 川庆钻探工程公司承担的土库曼斯坦复兴气田 3 口续钻井项目土 -20 井测试获日产气 308 万立方米。

13 日 天府气田沙溪庙组致密气建产平台中浅 206 平台的中浅 206-6-H1 井测试获日产气 74.34 万立方米，平台累计获日产气 227.58 万立方米，是第 16 个测试日产气量超过百万立方米的平台。

14 日 川庆 90005 钻井队承钻的遂探 1 井将重达 251 吨的直径 508 毫米的套管下放至井深 1 097.42 米，刷新川渝地区同类型套管下深最深、浮重最重、660.4 毫米井眼

1101 米井深最深 3 项纪录。

15 日　川中油气矿中浅 206 平台、中浅 3 平台、中浅 204 平台向双合集气站二期扩建工程进气，标志致密气中浅 1 井区日处理原料气 150 万立方米的浅冷装置建成投运。

17 日　川庆川东钻探公司 90025 队承钻的蓬深 6 井在灯影组二段 149.2 毫米井眼 8 366.9 ～ 8 375.4 米井段完成取心作业，一趟钻完成取心进尺 8.5 米，心长 8.5 米，收获率 100%，刷新中国石油川渝地区取心深度纪录。

19 日　川庆钻探工程公司 DY07623 队生产一班获全国总工会“安康杯”竞赛优胜班组称号。

20 日　川庆钻探工程公司“冉鹏创新工作室”“潘勇劳模和工匠人才创新工作室”获评集团公司“劳模和工匠人才创新工作室”称号。

△　重庆气矿采气技能专家工作室领衔专家王川洪获评中国能源化学地质工会第八季“大国工匠”。本季“大国工匠”共评出 80 人，中国石油有 7 名技能人才上榜。

21 日　中国石油 2022 年度国内陆上最大三维地震勘探项目——南充三维地震勘探项目较计划提前 4 天竣工。该项目是西南油气田公司按照集团公司安排而实施的重要三维地震勘探项目，施工区域位于四川省南充、广安等 9 个县（市），设计施工面积超 4 200 平方千米，实施生产炮 20 万余炮，参加人员 6 200 余人。

△　黄草峡储气库建设工程正式启动，黄草峡储气库从先导性试验进入整体建库冲刺阶段。

22 日　川庆钻探工程公司首次获四川省“职工‘五小’活动先进单位”称号。

23 日　在集团公司第二届创新大赛生产创新工程建设专业比赛颁奖大会上，相国寺储气库公司参赛项目“提高脱水装置尾气热能利用率”获中国石油第二届创新大赛生产创新工程建设专业比赛一等奖。

26 日　至当日 8 时，西南油气田公司生产天然气 376 亿立方米、原油 6.8 万吨，按热量值 1 255 立方米天然气相当于 1 吨原油计算，油气产量当量突破 3 000 万吨，创历史新高，约占全国 2022 年天然气产量的 17%，西南油气田成为继长庆油田、大庆油田、渤海油田、塔里木油田之后的中国第五大油气田。

△　川庆钻探工程公司印发《关于调整公司部分机构设置的通知》（川庆劳发〔2022〕50 号），整合人事处（党委组织部）和劳动工资处，成立人力资源部（党委组织部）；设立人事服务中心（中国石油川庆钻探技能人才评价中心），为人力资源部（党委组织部）附属机构。将维护稳定工作办公室（信访办公室、保卫处）调整为办公室（党委办公室）附属机构；将工程造价中心调整为对外合作和市场开发处（外事办公室、工程项目管理部）附属机构。

28 日　川庆钻探工程公司撤销西安结算中心（川庆劳发〔2022〕51 号）。

29 日　川庆钻探工程公司张勇在第十六届全国高技能人才评选中获全国技术能手。

30 日　西南油气田公司位于龙王庙组气藏的磨 152 井成功投运国内首套气田水提锂中试装置，日处理含锂气田水 500 立方米，年产碳酸锂规模 50 吨。

△　川庆钻探工程公司苏里格合作区块 2022 年生产天然气 19.07 亿立方米，创近 8 年产量新高，18 亿立方米以上的年产量连续稳产 12 年。

△　西南油气田公司磨溪龙王庙组气藏磨溪 X210 井采出水地热利用先导试验工程并网发电，国内首个气田伴生资源地热 ORC（低温余热发电）项目建成投产，西南油气田新能源业务发展取得新突破。

△　四川省地热资源开发利用现场会在遂宁市召开。遂宁市地热资源开发利用先导试验工程首电仪式在川中油气矿磨溪 X210 井举行。会上，遂宁市安居区汇报低碳地热现代农业产业园区规划建设情况，川中油气矿汇报磨溪 X210 井生产运行及 ORC 发电项目运用基本情况，并就地热产业与环境保护协调高质量发展等方面作交流发言。四川省副省长罗强，省政府副秘书长刘全胜，西南油气田公司总经理何骁，西南油气田公司首席专家文绍牧，中共遂宁市委副书记、市长刘会英，川中油气矿矿长、党委副书记方进，川中油气矿党委书记、副矿长杨子海，以及相关市州分管负责人、油气矿相关负责人、地热资源开发利用有关企业代表、专家团队等出席会议。

31 日　川庆钻探工程公司威远风险作业区块 2022 年生产天然气 26 亿立方米，日均产气 712.32 万立方米，连续 8

年实现产量硬增长。

△ 川庆钻探工程公司50046钻井队全年累计钻井进尺34 500米，创川渝地区钻井队年进尺最高纪录。

本年 西南油气田公司高效推进常规气、规模开发页岩气、加快发展致密气，保障天然气产量持续快速增长。生产天然气383.4亿立方米，同比增长8.2%；石油液体6.96万吨，完成率116%。油气产量当量3 061.8万吨。

（闵 军 秦海旭 苏志刚）

责任编辑：闵 军

中国石油

勘探·开发

Exploration and Development

SICHUAN OIL AND GAS FIELDS YEARBOOK

四川油气田年鉴 2023

油气勘探

【概述】 2022年，西南油气田公司油气勘探工作贯彻落实习近平总书记“能源的饭碗必须端在自己手里”等重要指示批示精神，按照集团公司决策部署、勘探年会和西南油气田公司工作会精神，抓勘探研究、勘探部署、勘探生产、提质增效、矿权储量管理等工作，保障勘探持续实现战略新发现、规模效益增储。甩开预探和集中评价相结合，在海相碳酸盐岩、陆相致密气、海相非常规勘探领域取得多项重大勘探成果，获集团公司奖项6项。其中，“四川盆地大页1H井吴家坪组页岩气勘探取得重大突破”获集团公司油气勘探特等奖，“四川盆地川中古隆起北斜坡东坝1井天然气勘探取得重要发现”获集团公司油气勘探一等奖，“四川盆地充探1井雷口坡组泥灰岩油气勘探取得重要发现”和“四川盆地威远、渝西地区深层页岩气勘探取得重要进展”获集团公司油气勘探二等奖，“四川盆地天府气区致密气勘探取得新进展”和“四川盆地茅口组一段泥灰岩致密气勘探取得新发现”获集团公司油气勘探三等奖。全年新增三级储量1.2万亿立方米（含页岩气），其中提交探明天然气地质储量3 241亿立方米（含页岩气），连续19年实现天然气储量高峰增长，为西南油气田公司建成3 000万吨油气产量当量的大油气田奠定资源基础。（周玉彬）

2022年6月11日，西南油气田公司永浅1井须四段测试获日产31.26万立方米高产工业气流。意味着天府气区须家河组立体勘探获重大新发现　曾青高　摄

【勘探工作量】 2022年，西南油气田公司完成三维地震采集7 019平方千米，完成二维地震采集560千米；累计落实探井65口，其中风险探井5口、常规探井60口，完成率100%，完成全年探井部署任务。新开钻井60口，完钻井68口，探井进尺26.51万米，试油获油气井64口82层，探井成功率82.46%，井口测试累计获日产气1 142万立方米。2018—2022年勘探工作完成情况见表1。（周玉彬）

表1　2018—2022年西南油气田公司勘探工作量完成情况一览表

年份	地震		探井		新增常规天然气探明地质储量	投资（万元）
	二维（千米）	三维（平方千米）	井数（口）	进尺（米）	（亿立方米）	
2018	3 103.84	3 212.00	25	135 423.50	163.40	384 271
2019	4 774.35	3 365.77	47	228 055.43	1 139.40	572 760
2020	1 711.29	3 437.98	45	239 815.92	993.83	602 900
2021	830.00	2 711.00	54	267 900.00	1 282.74	605 384
2022	560.00	7 019.00	65	265 100.00	2 570.00	716 800

【吴家坪组页岩气勘探取得重大突破】 2022年，为寻找页岩气战略接替新层系、新领域，西南油气田公司在川东地区大天池构造带龙门潜伏构造部署大页1H井，探索开江—梁平海槽内吴家坪组海相页岩储层质量及含气性。2022年7月6日，大页1H井钻至井深6 037米完钻，水平段长1 500米；10月27日，开井见气；11月30日，获测试日产气32.06万立方米。实钻证实大页1H井获高产的层系页岩储层横向连续稳定分布、质量优、含气性好。大页1H井获高产工业气流，在川东地区吴家坪组实现新突破，发现具备工业开采价值的页岩气新层系，进一步拓展了四川盆地海相页岩气勘探领域。（闵　军）

【四川盆地天府气区致密气勘探取得新进展】 2022年，西南油气田公司主攻川中—川西沙溪庙组、须家河组，完试探井15口，获工业气井13口，实现规模探明、平面扩区、纵向拓层。其中，甩开预探川西地区沙一段，文1井测试获日产气26.26万立方米，实现平面扩区；天府气田天府101井、永浅1井须家河组三段、四段、五段测试获高产工业气流，实现纵向拓层；实施勘探开发一体化，首次探明千亿立方米的天府大气田，新增天然气探明地质储量1 349亿立方米。（周玉彬）

【蓬莱气区万亿立方米地质储量基础】 2022年，西南油气田公司蓬莱气区立体勘探获得突破性进展，其中集中评价灯影组二段台缘带，蓬探1井区灯影组二段上部气藏新增天然气探明地质储量1 284亿立方米；东坝1井灯影组四段测试获日产气28.54万立方米，灯影组四段台缘带首获工业气流，角探1井区蓬深8井、蓬深9井灯影组四段发现优质丘滩相储层，含气性好，灯影组四段上亚段大面积含气；东坝1井寒武系龙王庙组测试获日产气20.28万立方米；蓬深7井、蓬深9井寒武系沧浪铺组钻遇厚层优质气层。整个蓬莱气区立体勘探获天然气三级储量超万亿立方米，万亿立方米储量基础进一步夯实。（周玉彬）

【四川盆地雷口坡组泥灰岩新类型勘探】 2022年，西南油气田公司在充探1井雷三[2]亚段泥灰岩段测试获日产气10.87万立方米、凝析油47.04立方米，取得四川盆地海相层系凝析油最高产量。结合二维、三维地震资料，识别出川中地区有利勘探目标区，该区成为海相非常规油气勘探新领域。（周玉彬）

【四川盆地茅口组一段泥灰岩致密气勘探】 2022年，西南油气田公司针对茅口组泥灰岩部署新探1井，钻探证实该井茅一段泥灰岩储层厚42.7米，试油测试获日产气4.46万立方米，开拓了四川盆地油气勘探新领域。地震资料分析认为，川东茅一段眼皮状泥质泥晶灰岩广覆式分布，有利区面积大，具有良好油气勘探潜力。（周玉彬）

【储量管理】 2022年，西南油气田公司围绕完成8 500亿立方米三级储量和611亿立方米SEC储量关键绩效指标（KPI）考核指标，统筹储量、产量和效益之间的关系，突出源头效益增储。结合蓬探1井区灯影组二段气藏、天府气田致密气和川南页岩气勘探开发部署及运行安排，动态跟踪生产实施进展和成效，加强气藏描述、储层精细评价、地震储层分布预测、含气性检测攻关等相关工作，开展储量参数研究，确保储量可升级性、可动用性和经济性；全面摸排具备提交条件的区块和零散井，加强开发井距和储量基本参数论证，做好SEC储量扩边新发现评估工作；加强老区气田生产动态跟踪监测，落实提高采收率和增产的措施，管控操作成本，实现老区PD（证实已开发）储量平稳过渡；结合开发方案执行效果，加强跟踪PUD（证实未开发）储量区的建产井投产情况，统筹存量PUD储量升级，控制储量核销风险。完成40个油气田161个油气评估单元SEC证实储量的自评估工作。全年新增天然气三级储量超万亿立方米（含页岩气），其中提交探明天然气地质储量3 241亿立方米（含页岩气），完成股份公司下达的储量考核指标，连续19年实现天然气储量高峰增长。（李卓沛）

【矿权管理】 2022年，西南油气田公司利用同盆地置换和已退减保护区抵扣政策，结合勘探开发和研究最新进展，优化、细化退减预案，提前完成申报，同时加强审批进程跟踪协调，全面完成国家实行 25% 硬退减新政策后的首轮探矿权到期换证，尽最大努力保护好盆地内优质有效区的矿权，为企业发展提供优质资源区块。提前准备采矿权要件和申报材料，跟踪审批进展，协调完成历史探明储量集中转采，西南油气田公司采矿权总面积增至 1.75 万平方千米。结合开发需要，向自然资源部申请办理开采报备 30 个，控制面积 561 平方千米，保障探矿权内试采依法合规。有关单位和部门配合，详细统计 2021 年度勘探开发工作量、投资、生产及封井、土地复垦等情况，合理优化方案，规避风险，严格审查，真实、准确、规范、按时完成 148 个矿权勘探开发生产及法定义务履行信息填报，并在自然资源部官网向社会公示。组织勘探、开发、土地等部门，按照政府现场核查要求，提前准备落实各项资料，并根据检查组要求通过现场、视频、摄像等形式完成汇报、举证、答疑，通过四川省、重庆市对西南油气田公司 15 个矿权区块的监督检查，切实维护好企业利益和形象。截至 2022 年底，西南油气田公司在四川盆地有 155 个油气矿业权，面积 10.33 万平方千米。其中：探矿权 23 个，面积 8.58 万平方千米；采矿权 132 个，面积 1.75 万平方千米。

（李林娟）

【南充三维地震勘探项目】 南充三维地震勘探项目是西南油气田公司依据股份公司“重点盆地油气高效勘探专题推进会”要求部署实施的重要三维地震勘探项目，也是集团公司 2022 年度面积最大的三维项目。项目施工区域位于南充、广安等 9 个县（市），资料满覆盖面积 2 519.09 平方千米，设计施工面积 4 243.96 平方千米，生产炮 200 117（井炮 166 756、震源 33 421）炮，参战人员 6 200 余人。自立项后，由西南油气田公司主导设计，以地质目标为导向强化采集参数，炮道密度较邻区提升 21%，设计一次性通过股份公司审查。与东方地球物理勘探公司等 3 家单位成立前线项目联合指挥部，派技术专家驻扎现场，全方位保障施工质量、安全及工期，高质量推进项目开展；推行甲乙方一体化、地质物探一体化、采集处理解释一体化，统筹部署，责任到人，环环相扣；以地质需求为目标，处理解释人员现场支撑采集工作，保障采集质量；野外采集情况实时反馈室内，有效保障精细化处理解释设计。项目施工过程中，严格按照设计开展过程质量控制，保障关键环节优质可控；对项目各关键节点细化安排、落实到人；结合生产运行，强化过程质量控制规范管理。多项指标创四川盆地地震勘探纪录：首次在四川盆地运用无人机回收节点 QC 数据，较人工回收效率提升 30 倍，全工区巡查率 100%，回收率 98%；首次全面应用激光雷达技术，障碍识别精确率 85% 以上，井位施测正点率提高 4%；持续优选适应四川盆地特点的可控震源设备，优化震源激发参数、施工条件，取得四川盆地最好的可控震源资料，纯震源激发地震资料二叠系地层连续可追踪；创四川盆地地震勘探采集最高日效 2 308 炮、生产日效 1 370 炮的纪录，平均采集速度较以往增长 38%。2022 年 12 月 21 日，项目较计划提前 4 天竣工。

（张福宏）

油气田开发

【概述】 2022 年，西南油气田公司开发生产以“十四五”规划为指引，加强精益管理和技术创新，常规气、页岩气、致密气“三驾马车”齐发力，全面完成年度各项任务，油气产量当量迈上 3 000 万吨新台阶，开发管理水平持续提升。全年天然气井口产量 391.23 亿立方米、工业产量 383.35 亿立方米（商品量 365.45 亿立方米，商品率 95.33%），工业产量同比增加 29.17 亿立方米，增长 8.24%，增量占集团公司增量的 38%，连续 8 年产量保持年均超 30 亿立方米速度增长，油气产量当量 3 061.8 万吨，成为集团公司第四个跨入 3 000 万吨油气产量当量行列的大油气田。截至 2022 年底，获气田 119 个，在册总井数 3 666 口，其中气井 3 499 口、回注水井 162 口、观察井 5 口。3 499 口气井中，其中已投产井 3 492 口、未投产井 7 口。截至 2022 年底开井 2 353 口，日产气 11 947 万立方米（表 2）。

（熊正禄）

表 2　2022 年西南油气田公司天然气（含页岩气）井口产量统计表

单　位	开井（口）	日产气（万立方米）	年产气（亿立方米）
川中油气矿	289	3 443	115.47
蜀南气矿	1 355	4 853	154.26
重庆气矿	446	938	27.03
川西北气矿	138	635	22.93
川东北气矿	65	179	6.12
川中北部采气处	54	994	35.44
川东北作业分公司	6	900	29.73
川中油气矿（伴生气）	0	6	0.26
合　计	2 353	11 947	391.23

【气藏评价】 2022 年，西南油气田公司安排开发前期项目 144 项，其中各类方案编制 41 项、年度开发部署 45 项、规划编制研究 10 项、跟踪评价项目 14 项、储量管理项目 16 项、开发综合研究项目 18 项。安排常规气（含致密气）气藏评价项目 3 项，涉及三维地震采集 1 项（320 平方千米）、评价井 2 口、资料录取 11 井次、方案编制 5 项、专题研究 6 项。安排页岩气气藏评价项目 5 项，涉及三维地震采集 4 项（1 077 平方千米）、评价井 33 口（新部署 19 口、直改平 14 口），方案编制 3 项、专题研究 19 项。

常规气大猫坪东野外三维采集预计 2023 年 1 月完成。完成致密气 2 口评价井试油，其中金浅 509-1-H1 测试获日产气 39.8 万立方米，永浅 207 井测试获日产气 5.24 万立方米。编制的 4 项方案中，《天府气区永浅 3 井组沙一段气藏开发先导试验方案》获股份公司批复，《金秋气田金浅 8 井区沙溪庙组气藏开发方案》待批复，其余方案正有序开展。中坝储气库三维采集野外作业预计 2023 年 1 月完成采集。安排页岩气项目三维采集 4 项，2022 年 6 月底完成 2 项（329 平方千米），1 项（宜 202 井区东）正开展野外施工，预计 2023 年 3 月完成采集，1 项（荣 232 井区）暂缓至 2023 年实施。编制的 3 项方案中，《自 201 井区页岩气开发方案》待批复，《渝西区块（含自贡）开发规划方案》编制完成，正编制 1 项。17 口直井改水平井，完钻 6 口、正钻 8 口、暂缓 3 口，19 口评价井正论证 1 口、实施钻前工程 11 口、钻机搬安 1 口、正钻 6 口，19 项专题研究按计划有序开展。（熊正禄）

【开发储量】 2022 年，西南油气田公司完成 9 个气田开发利用方案编写和审查上报，完成年度可采储量标定，开发储量管理平台上线运行。完成 13 个气田可采储量标定，标定后增加探明已开发可采储量 327.66 亿立方米、经济可采储量 285.11 亿立方米。复（核）算九龙山和庙高寺 2 个气田探明储量，并通过股份公司审核。新增 3 个气田 45 个储量计算单元，新增天然气探明地质储量 3 241.53 亿立方米、技术可采储量 1 493.46 亿立方米、经济可采储 1 160.09 亿立方米，其中页岩气新增 1 个气田 1 个储量计算单元，新增页岩气探明地质储量 671.33 亿立方米、技术可采储量 154.4 亿立方米，经济可采储量 131.47 亿立方米。以 62 美元 / 桶油价评估，2022 年底西南油气田公司 SEC 储量 4 721.49 亿立方米（含页岩气 SEC 储量 558.01 亿立方米），SEC 储采比 12.32，原油及凝析油 20.5 万吨。其中，PD（证实已开发）储量天然气 2 843.02 亿立方米、原油及凝析油 12.34 万吨，PUD（证实未开发）储量天然气 1 878.47 亿立方米、原油及凝析油 8.16 万吨。（熊正禄）

【常规气产能建设】 2022 年，西南油气田公司开钻常规气井 30 口（含储气库注采井），完钻井 19 口，钻井进尺 14.61 万米，试油井 16 口，获气井 16 口，测试累计获日产气 1 638.23 万立方米。配套井 30 口，新建配套年产能 17.06 亿立方米。加强地质工程一体化技术攻关和设计优化，开发井有效率 100%，滚动勘探开发获气率 100%。其中，开发井试油井 11 口，获气井 11 口，测试获日产气 1 078.69 万立方米；滚动勘探开发试油井 5 口，获气井 5 口，测试获日产气 559.54 万立方米。安岳气田多层系开发评价取得新进展，获高产气井 7 口，井均测试日产气 97.35 万立方米，灯影组建立“寒底能量减弱 + 内部亮点”模式，栖霞组建立“弱波谷 + 亮点”优质储层地震响应模式。川东北高含硫试油井 4 口，井均测试日产气

166.42万立方米，优化地震层速度模型和地质导向模型，优质储层钻遇率85%以上，其中罗家24井优质储层钻遇率近100%，测试获日产气206.68万立方米。川西二三叠系再获高产气井3口，井均测试日产气106.64万立方米，针对栖霞组气藏产水新情况，及时调整靶体，避开断裂复杂带，其中双鱼001–X9井栖霞组测试获日产气156.17万立方米。川东老区复杂小礁体效益开发获新进展，大猫坪长兴组按“长水平段顺礁顶”高产井模式部署的云安012–X11–C1井测试获日产气205.66万立方米，刷新四川盆地生物礁储层段最长、储层钻遇率最高、测试产气量最高等多项纪录。川东冯家湾石炭系云安002–X11井测试获日产气73.53万立方米，为川东石炭系小圈闭开发积累了经验。开展低阻储层测井评价攻关，为南充1井茅口组上试提供有效支撑，该井茅口组下储层电阻率低，流体性质不易判识，通过地质—测井联合攻关，判定下储层为气层，上试获日产气100.6万立方米，证实南充地区茅口组上下两套储层均具有良好含气性。（熊正禄）

2022年2月27日，西南油气田公司双鱼001–X9井栖霞组经测试获日产气156.17万立方米　夏富国　摄

【致密气产能建设】 2022年，西南油气田公司开钻致密气井61口，完钻井72口，钻井进尺26.89万米，试油井85口，获气井83口，测试累计获日产气3 074.47万立方米，配套井68口，新建配套年产能17.49亿立方米。高效完成气藏评价，沙溪庙组和须家河组部署7口气藏评价井，试油井6口，获气井6口，测试获日产气128.55万立方米。定型沙河街组二段气藏主体开发技术，完成2 000米长水平段、“二开一趟钻”、加砂强度优化、控砂工艺和低温可溶桥塞等5项技术。金浅5H井区完钻水平井12口，试油井11口，获气井井均测试日产气48.85万立方米，其中金浅511平台4口井测试累计获日产气263.38万立方米，刷新致密气平台井测试产量最高纪录。优化致密气“试油测试＋排采生产＋一体化脱水脱烃”三同步快速建产模式，推进上产工程。实现宽60米、厚6米的河道精细刻画，储层钻遇率由76%升至93%，含气性预测精度超过90%。优化储层改造工艺，小夹角、低压气井改造取得重要进展，研究“大簇间距＋暂堵转向”裂缝延伸调控技术，形成地球物理、气藏描述、工程技术及开发优化四大主体技术序列。按照“开发方案编制与储量提交同步、井位论证与开发方案编制同步、地面初设与开发方案编制”三同步模式，完成金浅8井区实施方案中20口建产井的试油并全部获气，井均测试日产气44.53万立方米。按照“一体化滚动评价、区块先导试验、集中建产”思路，在永浅3井区纵向3套砂组立体部署丛式水平井10口，完钻井8口、正钻井2口，实钻证实3套砂组平均储层钻遇率94%，且砂体含气性较好。川东五宝场先导试验证实纵向多层系、多砂组含气性，五宝浅020–H1井测试获日产气20.73万立方米，试采4个月，日产气6.5万立方米，累计产气0.11亿立方米。川西北部梓潼区块勘探评价获突破，优选有利区285平方千米，区内投产井2口，配套日产能6万立方米。开钻页岩油藏评价井2口，其中正钻井1口（公119H井），试油井1口（中兴201井），中兴201井压裂施工26段1 668米，液量34.5米^3/米，加砂量3.8吨/米。

（熊正禄）

2022 年 4 月 23 日，西南油气田公司金浅 508-6-H1 井经测试获 59.96 万立方米高产天然气　　王峻源　摄

【页岩气产能建设】 2022 年，西南油气田公司批复页岩气井位 244 口（评价井 24 口、建产井 220 口），开钻井 213 口（评价井 25 口、建产井 188 口），完钻井 249 口（评价井 11 口、建产井 238 口），钻井进尺 151.64 万米，完成压裂井 229 口（评价井 11 口、建产井 218 口）。投产井 216 口，新建配套年产能 58.58 亿立方米。按照“战略突破海相，战略准备过渡相、陆相”思路，优先勘探深水陆棚相页岩，组织实施资 201 井、威页 1H 井、大页 1H 井，在德阳—安岳裂陷槽内、槽缘斜坡部署资 201 井、威页 1H 井，在开江—梁平海槽深水陆棚区部署的大页 1H 井测试获日产气 32 万立方米，取得重大突破，落实 5 000 米以浅有利区 1 200 平方千米。川南地区天宫堂构造实施的宜 205 井、宜 207 井、宜 208 井、宜 209 井控制建产有利区范围，落实有利建产区 480 平方千米。自 205 井区评价井效果好，新完成的评价井自 301 井和自 213 井 Ⅰ 类储层连续厚度分别为 8.9 米和 15.6 米，落实有利建产区 483.16 平方千米。2022 年，西南油气田公司新增页岩气三级地质储量 3 037.12 亿立方米，其中新增探明页岩气地质储量 671.33 亿立方米。宁 209H29 井区等 3 项开发方案获西南油气田公司批复，合计年产规模 8 亿立方米，实现“小步快跑、滚动接替”。阳 101 井区开发方案年产规模 50 亿立方米通过集团公司总部审查，等待批复。自 205 井区等 6 项开发方案通过西南油气田公司审查，合计年产规模 74 亿立方米。　（熊正禄）

【采油气工艺】 2022 年，西南油气田公司完成采油气工艺措施 7 695 井次，其中常规气 381 井次、页岩气 7 314 井次；年度增产天然气 32.54 亿立方米，其中常规气 10.76 亿立方米、页岩气 21.78 亿立方米。推行精细化管控，确保采气工艺措施有序推进，强化方案设计把关，加快工艺实施进度。注重制度建设，发布《西南油气田分公司采油气工艺措施管理办法》。注重人才队伍培养锻炼，每月组织 1 个专项技术交流，提升专业人员业务素质和技术水平。针对高石梯—磨溪灯影组气藏井口和井下堵塞情况，形成井口和井下堵塞治理技术体系，采取反向吹扫、捕屑器应用、泵注有机解堵剂、酸化解堵及连续油管解堵等工艺或复合工艺，实施 47 井次，解堵 18 口，恢复日产量 217 万立方米。形成中深层页岩气全生命周期采气工艺方案，致密气井下节流工艺在观浅 1 井和秋林 20H 井应用；引进挪威 Scan Well 公司的井屏障检测新技术，解决检测仪器无法下入目的井深、极易遇卡阻、超深井作业深度受限等难题。发布《西南油气田公司老井井下作业监督管理办法》，创新老井井下作业、带压作业现场检查方式。建立“甲方代表 + 专职监督 + 视频监控”三结合现场管控模式，开展页岩气气井带压作业专项检查 2 次，检查气井带压作业现场 13 个；开展应急演练 5 井次，发现问题 17 个。完成全部 WOM 井口隐患整改工作。开展弃置井封堵作业

井 63 口。按照“最高标准、最严要求、最优装备、最强队伍”要求，形成高含硫隐患井封堵治理技术模板，提前 110 天完成坡 5 井区 3 口井封堵。吸取西 51 井升高短节泄漏着火事件教训，开展隐患排查，按照“高风险隐患立即治理、中低风险隐患分步实施”原则，编制完成《2022—2025 年油气井隐患治理方案》，2022 年完成隐患治理 170 项。成立西南油气田公司井完整性管理中心，统筹考虑建井、开发生产、井筒修复、弃置等全生命周期管理，在集团公司内首创井完整性管理体系审核制度，完成川中油气矿和川西北气矿审核试点。（熊正禄）

【天然气集输】 2022 年，西南油气田公司在役天然气集输井站 2 046 座（生产井场 1 299 座、集输站场 747 座），有采气、集气管道 12 659.3 千米，天然气增压机组 265 台，脱水装置 126 套，气田水回注站 64 座、输水管道 2 635.5 千米。全年增压气量 126.49 亿立方米，矿场脱水处理气量 151.56 亿立方米，干法脱硫处理气量 5.94 亿立方米，气田水回注 193.9 万吨。建立重点区域集输动态分析联合工作机制，构建集输管网分析模型，做深集输系统适应性分析，开展管道站场适应性改造。剑阁区块礁滩气藏试采地面工程投运一次成功，首次采用镍基合金材质 825 双金属复合管、首个高含硫 TEG 脱水装置、高含硫气田水气提装置、闪蒸气增压回收装置，增加天然气日净化能力 140 万立方米。建成阳 101 井脱水站，扩建足 202 井脱水站、泸 203 井脱水站和泸 203 井脱水站—泸县站输气管道工程，新增页岩气日脱水规模 900 万立方米。铜锣峡、黄草峡储气库先导试验地面工程按期投运。提前 10 天完成阳 101 井、足 202 井、泸 207 井、威 204 井、宁 216 井脱水站 6 套脱水装置大修。完成《地面集输生产动态管理办法》等 5 项制度修订，开展地面建设和生产管理对标规范等 9 项标准制编。开展地面自控系统调研和地面系统生产管理自检评估等分析研究项目 46 项，完成地面专业分公司级科技项目 6 项。建立预防性天然气泄漏监测系统，在川西北双鱼石区块，建成首个涵盖单井到净化厂整个地面集输系统的无泄漏示范区。实施“单井无人值守、大中型站厂少人值守、气田分区联锁控制和远程支持协作”生产管控新模式，两个现场实现“岗位标准化、属地规范化、管控数字化”全覆盖。试点作业区数字化管理平台，整合双鱼石试点成果，重塑信息化条件下操作岗位职责流程标准，实现生产操作过程数字化管控。简化老区集气站 28 座、单井站 95 座，拆除冗余设备 105 台（套），减少用工需求 90 余人。编制天然气商品率提升行动方案，部署 75 项具体工作及措施，保障 2022 年天然气商品率指标完成。（熊正禄）

【天然气净化】 2022 年，西南油气田公司处理天然气 227.35 亿立方米，同比增加 7.29 亿立方米。生产硫黄 68.51 万吨，同比增加 2.77 万吨。年净化处理量实现 220 亿立方米重大跨越，较 2021 年提前 14 天突破 200 亿立方米大关。国内最大的安岳天然气净化集群持续发力，2022 年实际处理量 156.3 亿立方米，年均负荷率 103%，年净化天然气量全国第一。克服新冠肺炎疫情防控影响，推进项目建设，形成高含硫安全生产管控体系及投产指导技术文件，苍溪净化二厂一次投产成功。因雷三气藏产能下降，川西北天然气净化厂低负荷运行困难、生产运行成本高，2022 年 6 月 30 日关停。国内首套胺液在线深度复活装置 11 月 1 日在苍溪天然气净化一厂投运，通过优化工艺流程、检测方式、设备选型、操作参数、控制程序等措施，形成西南油气田公司自主知识产权的胺液深度复活技术，整体技术处于国际领先水平。优化调整溢流堰高度，将 60 亿立方米装置脱硫塔溢流堰高度从 35 毫米调至 80 毫米，有机硫脱除率提高约 10%。角探 1 井脱硫装置正式投入试运行，西南油气田公司首套高压络合铁脱硫装置成功应用，发挥边远单井产能。高质量完成净化厂双达标改造，二氧化硫年减排率超过 85%，年减排二氧化硫 1 611.6 吨。在集团公司首届油气田开发数字化运维技术竞赛中，天然气净化总厂代表队获 1 金 2 银。修订《天然气净炼化装置性能考核管理办法》等 2 项制度，修订发布《天然气净化操作岗工作质量标准》等 2 项标准。净炼化专标委组织专家审查并发布《天然气净化装置工艺操作规程编制规范》等 13 项企业标准；组织 3 次《天然气净化厂 DCS 流程画面设置规范》等 10 项净（炼）化标准宣传

贯彻培训会，84 人参加。（熊正禄）

2022 年 2 月 25 日，四川省资阳市委书记元方（前中）到天然气净化总厂安岳净化公司考察调研。图为在一楼大厅听取情况介绍 黎一民 摄

【新能源工程】 2022 年，西南油气田公司与济柴动力公司联合开展股份公司科研课题“天然气压差发电技术及装备研究”，着力解决天然气压差发电核心装备的润滑、密封难题。组织建设万州净化厂等天然气余压发电示范工程 6 个，装机规模 5 600 千瓦。编制完成《天然气净化厂余压发电装置操作维护手册》，编制并发布《天然气差压发电装置设计规范》《天然气差压发电装置运行规范》《天然气差压发电装置维护规范》企业标准。打通天然气 +CCS/CCUS 技术壁垒，制定《西南油气田公司 CCUS/CCS 专项行动方案》，制定建设规划和攻关路线，启动碳捕集、输送、封存、利用系列技术攻关；编制《卧龙河气田 CCUS-EGR 先导试验方案》，拟依托引进净化分厂尾气开展二氧化碳捕集，开展卧龙河气田二氧化碳回注，提高气藏采收率。推进“天然气 + 伴生资源”工业化示范，完成氦气资源业务发展工作实施方案。建成提锂室内实验装置，完成龙王庙组气藏气田水 500 吨 / 日提锂中试装置建设并投产试运。开展天然气 + 氢能技术储备，熔融法甲烷裂解制氢和碳材料室内实验小试成功，正开展掺氢天然气的氢气分离提纯技术研究。（熊正禄）

2022 年 12 月 16 日，西南油气田公司万州净化厂开展余压发电项目施工作业 熊正禄 供

【轻烃生产】 2022 年，西南油气田公司各轻烃装置以生产技术管理为基础、生产风险管控为提升要素，通过推进技术进步和节能降耗，实现生产全过程受控，提升装置运行管理水平。优化三台轻烃站罐区运行方式，安岳油气处理厂实施不凝气回收技术改造，实现不凝气回收处理，提升装置本质安全。发布《天然气采输班组浅冷脱水脱烃岗位工作质量标准（试行）》，规范 J-T 阀浅冷脱水脱烃岗位的工作质量标准。2022 年生产液化气和稳定轻烃 18 608.6 吨。新建致密气浅冷脱水脱烃装置成 4 套，新增天然气处理能力 390 万米 ^{3}/ 日，全年实际处理气量 3.44 亿立方米。

（熊正禄）

【化工生产】 2022 年，西南油气田公司完成页岩气和致密气 4 套试采放空气橇装回收装置建设和投产试运，支撑气藏开发提速和产能建设。按照“一个闭环、两个界面、三个过程”要求，设备设施检修维护工作安全受控，投产一次成功。推进新能源开发业务，开展气田水提锂小试和中试装置建设和运行。2022 年生产氦气 9.67 万立方米，完成计划产量 7 万立方米的 138.1%，回收零散气 1.57 亿立方米，完成计划 0.85 亿立方米的 184.7%。（熊正禄）

【储气库生产建设】 2022 年，西南油气田公司储气库注气 27.42 亿立方米、采气 23.21 亿立方米。其中：相国寺储气库注气 21.5 亿立方米，采气 22.91 亿立方米；建设库铜锣峡注气 0.98 亿立方米，采气 0.3 亿立方米；黄草峡注气 3.7 亿立方米；牟家坪、老翁场注气 1.24 亿立方米。全面启动相国寺储气库扩压增量工程，安全提压至 29.6 兆帕，库存量 44.06 亿立方米，成为国内首座提压运行的大型储气库，建成 3 100 万立方米的日采气能力。完成 5 个微地震浅井监测站建设和试运行。批复“两峡”（铜锣峡、黄草峡）储气库注采井位 14 口，铜锣峡储气库开钻注采井 4 口，黄草峡储气库开钻注采井 2 口，加快推进“两峡”注采管道和集注站建设。完成牟家坪和老翁场储气库先导试验主体工程。牟家坪完钻先导试验井牟储 1 井，完成先导试验地面工程建设；老翁场先导试验井老储 1 井正钻进，先导试验地面主体工程完工。启动万顺场储气库前期评价工作，开展中坝储气库三维地震采集。率先在国内开展含硫气藏（铜锣峡、黄草峡）改建储气库，首次开展针对含硫化氢气藏的循环注采试验。黄草峡储气库在国内首次采用离心式国产压缩机组。牟家坪—老翁场储气库群是国内首座缝洞型储气库群，开展多尺度缝洞体空间精细雕刻，明确缝洞型气藏气井产能及渗流特征。

（熊正禄）

2022 年 1 月 1 日，相国寺储气库相国寺集注站在大雪中开展第八采气期作业

刘 燕 摄

油气管道

【概述】 2022 年，西南油气田公司管道业务围绕“上产 500 亿”战略目标，全力打造双标杆企业，推进重点管道规划投运，开展管道安全排查整治，提升燃气管道管理能力，加强管道完整性管理，稳固管道运行安全平稳，深化数字化转型，管输能力进一步提升，管道业务发展稳定向好。

（胡 明）

【管道建设】 2022 年，西南油气田公司建成投产威远—江津输气管道（威远—泸县—6 号阀室段）。其中：威远输气站—泸县站管道直径 1 016 毫米，设计压力 6.3 兆帕，年输气能力 100 亿立方米；泸县站—江津压气站管道直径 1 219 毫米，设计压力 12 兆帕，年输气能力 350 亿立方米，该管道是西南油气田公司有史以来建设压力最高、管径最大的输气管道。建成投运威乐线（井研—乐山段）、泸 203 井站—泸县输气管道、阳 101 井站—6 号阀室输气管道，西南油气田公司管网综合输配能力达到 440 亿米^3/年。

（胡 明）

2022 年 9 月 21 日，西南油气田公司威远、泸州区块页岩气集输干线工程长江隧道穿越贯通

黄 然 摄

【管道运行】 2022 年，西南油气田公司在运输气管线 1 万余千米，失效率为“零”，系有史以来首次；在运燃气管线 4.69 万千米，失效率 29.89 次 /（千千米 · 年），连

续5年下降。全年输气量442亿立方米，高峰期日输气量1.5亿立方米，上载国家管网集团天然气93.5亿立方米，国家管网集团下载天然气17亿立方米，代输中国石化天然气等16亿立方米。DNV（挪威船级社）对西南油气田公司开展管道完整性管理审核，审核结论“水平7级”。（胡　明）

【风险管控】 2022年，西南油气田公司完成籍眉线太和集中隐患等5项隐患整改，整改率100%。对照2014—2017年油气长输管道隐患整治攻坚隐患清单开展“回头看”，187处隐患全部完成销项闭环。确定重庆主城区管道安全风险管控方案，完成193千米管道检测，停运碳大线、卧渝线C段等9.2千米隐患管段，系统提升主城区安全风险管控能力。完成500千米管道高后果区“一线一案”编制，签订地企共管协议，将管道风险全部纳入国家管理平台监管，形成多级管道安全保护目标责任体系和应急联动快速反应机制。启动首次大规模燃气管道安全排查整治，排查燃气管道隐患6 652项，通过地企联动、多措并举、全程督导，整改完成率100%，全方位消除沉积多年的“硬骨头”。建成燃气隐患全生命周期信息管理系统，实现排查、整治、销项“一张图”。（胡　明）

【终端燃气管理】 2022年，西南油气田公司全面建设国内首个“燃气管道无泄漏示范区”，打造4阶段程序，实现燃气管道和站场“双零”目标，打造集团公司燃气无泄漏管理示范标杆。创新建立智能分布式加臭系统，达到全管网臭剂消耗量最低，实现加臭系统全生命周期经济高效的目标。构建“一个总体要求+N个指导意见+X个配套规范和标准”的燃气管理体系。创新引入智能化技术，利用北斗卫星导航系统精准定位，广泛应用输配气站场智能运行控制等4个系统平台，助力燃气管道安全管控能力提质提效。（胡　明）

【数字化管道建设】 2022年，西南油气田公司编制完成管道业务数据治理总体规划和实施方案，开展在役管道数字化恢复和数据治理专项治理，完成300余条输配气场站和500余条输气管道主数据治理工作。管道管理平台新增功能9项，开发接口120个，处理1 797条业务工作流，更新1 000余条基础台账数据，实现大量表单的线上填报及多项业务工作的线上流转。以平桥输气站和威江线建设为契机，建成“一站一线一中心”智能示范，应用新型感知手段、数据共享与系统集成交互，实现精准感知与自动化生产，建成智能管道样板。以“中小站场无人值守、大型站场少人值守”为目标，升级完善站场自控、安防、通信及供配电部分，完成重庆气矿、蜀南气矿49座输配气站无人值守改造，优化现场操作人数91人，中小场站无人值守率76.6%。（胡　明）

合作区块油气勘探开发

【概述】 川庆钻探工程公司油气合作业务区块包括内蒙古苏里格地区和四川威远页岩气风险作业。2022年，油气合作业务贯彻落实中油技服总体部署和川庆钻探工程公司年度工作会精神，结合油气开发实际，紧盯年度任务目标，从提质增效入手，统筹推进新井上产、老井稳产、措施增产工作，油气合作开发业务呈现稳中求进、质效齐增态势，两区块年产天然气量45.12亿立方米，创历史新高。其中，苏里格合作区块年产天然气19.12亿立方米，威远页岩气风险作业区块年产天然气26亿立方米。（王　嘉）

【苏里格合作区块生产建设】 2022年，川庆钻探工程公司在苏里格合作区块开钻井58口，完钻井60口，完井60口，进尺25.84万米。当年开展试油井58口，完成试油井58口，修井7口；敷设34条管线42千米，完成井口安装56口。完成苏59-2集气站气田水罐扩建工程和苏59-1集气站新增电驱压缩机本体及变电橇安装。生产天然气19.12亿立方米、销售凝析油1.27万吨，分别同比增加3 300万立方米和1 670吨。（王　嘉）

【页岩气风险作业区块生产建设】 2022年，川庆钻探工程公司在四川威远页岩气风险勘探项目完成钻前平台10个、复垦施工平台6个。开钻井35口，完钻井41口，完成进尺19万米。完成压裂井34口633段，正压裂2个平台5口井；投产井31口，完成测试井22口。建成集气站1座、采气平台6座，敷设采气管线17.27千米。生产页岩气26亿立方米，同比增加7 100万立方米。（王　嘉）

【苏里格合作区块技术运用】 2022年，川庆钻探工程公司针对桃7区块、苏59区块、苏5区块、苏46区块新井储层劣质化现状，重点在静态Ⅲ类储层低品质井设计方面针对性地开展加砂量和压裂参数的优化设计，从加砂强度、铺置浓度等方面提升改造强度。依托三维砂体设计水平井方案，采用精准分段、增加簇数、定点射孔、缝内转向、极限加砂等方式，改造河道砂体，形成苏里格水平井储层改造设计特色技术。开展变黏压裂液体系试验与应用，该压裂液具有低摩阻、低伤害、高抗盐、高悬砂等特点，满足在线混配和实时变黏需求，与储层改造工艺、施工参数匹配度高，实现“工程—液体”一体化，同时具有较强的适应性和稳定性。开展控液增砂技术研究，通过减少前置液比例、暂堵后直接加砂、提高平均砂浓度等措施，降低液体使用量，提高使用率，减少液体对地层的伤害。开展致密气压裂新工艺攻关，通过全三维压裂工程模拟分析和真三轴大物模水力压裂实验分析，厘清致密砂岩中水力裂缝扩展和多级支撑剂铺置的动态规律，创新提出以前置液、前置携砂液、主体携砂液、顶替液为组合的四段式压裂泵注程序。该项工艺缩减纯液相前置液，提高整体砂液比，在配置目标动态缝长的同时，实现缝体内支撑剂的整体铺置。针对Ⅱ类、Ⅲ类储层，解决瓜尔胶滞留地层的伤害。利用纳米修复剂的破坏吸附作用力，改变砂岩表面润湿性，改善瓜尔胶压裂液在多孔介质的流动性，增强返排效果。推进复合排水采气工艺现场应用，分析气井储层、压力及生产动态特征，提出复合工艺对策；利用各单项工艺措施优势，扩大工艺应用范围，有效排出井筒积液或实现停喷积液井的有效治理。西区综合排水采气实验区在结合泡沫排水、柱塞、自动注剂等常规排水采气措施下，陆续开展储层解水锁、密闭抽吸等先导性工艺试验，实验区日均增产天然气2.27万立方米，累计增产1 377.63万立方米。2022年，复合排水采气工艺在600口井应用，日增产气量106.5万立方米，累计增产4.08亿立方米。（王　嘉）

【页岩气风险作业区块技术运用】 2022年，川庆钻探工程公司在威远区块开展微纳米支撑剂、纤维等材料现场应用，优化现场接入流程，保障新材料在使用时关键参数达到设计要求。在威202H21-7井开展纤维辅助携砂试验，累计产量为同平台半支井之最，EUR较邻井提升7.7%；在威204H79-6井开展“纤维+缝端暂堵剂”防压窜试验，试验段复合缝端暂堵压力2兆帕，较相邻段单一缝端暂堵提升0.7兆帕，邻井压力响应降至0.36兆帕，取得初步防窜效果。升级长段多簇压裂工艺，平均簇间距首次突破10米以内，通过“控排量+长段多簇”分流，缓解局部应力集中，完成的31口压裂井中发生套变的井有7口，套变率22.6%，较2021年42%的套变率下降近50%；持续升级暂堵工艺及配套措施，暂堵工艺由“粗放式”向“精准式”发展；研发多频精准暂堵工艺配套，优化多频暂堵配套设备与地面工艺流程，以远程控制旋塞开关方式实现3级不停泵投球，提高作业效率，降低施工风险。开展钻井液降密度提速试验，选择小偏移距下倾井威204H66-9井常规导向钻进，钻井液密度降至1.89～1.98克/厘米^3，平均机械钻速10.18米/时，同比近两年二维下倾井机械钻速7.25米/时提速40.41%，单井提速取得成效。持续推进挖潜增产新工艺，首次应用“油管内连续油管+液氮泡沫冲砂+电驱循环气举”复合工艺，解堵后实施电驱气举排液复产，解决前期措施效果差、成本高等问题；首次在威204H50-5开展不压井更换穿孔油管作业，避免压井液伤害储层，有效发挥气井产能；首次开展负压开采试验，采用螺杆增压机在威204H6平台6口井增压生产，井口压力降至0.2兆帕，增强了气井携液能力，平台日增产天然气0.6万立方米；首次试用中性—弱酸性螯合解堵液洗井工艺，在溶解井下堵塞物的同时避免对井下管柱造成伤害，提升措施的适应性。（王　嘉）

【苏里格合作区块生产管理】 2022 年，川庆钻探工程公司在苏里格合作区块开展异常气井动态分析，建立气井异常跟踪台账；依据气井产能与携液（泡）能力，按照气井全生命周期理念实行差异化管理，落实制度与工艺措施双重管理保障，保障气井平稳生产运行。紧盯增收目标，深耕老井挖潜，针对性开展滚动式优化排查，形成措施规模，组织“气井问诊”，推行“一井一策”，实现老井挖潜量效升级，区块老井综合递减控制在 19% 以内。规模应用自动化工艺设备，提高气井生产时率。开展技术模板参数优化研究应用，精细制定柱塞气举、自动间开及自动注剂 3 项自动化设备技术参数，组织现场工艺实施。推进数智融合，以数字化生产监控为中心，实行集中管理、统一调度，形成“远程监视调控、区域集中值守、电子巡井巡站、无人机巡线、应急处置联动”管理新模式，实现 17 座集气站无人值守，1 448 口单井电子巡检及 1 900 余千米管线无人机巡线等数字化功能，促进生产流程规范化、信息化。创新引入气井动液面连续监测技术，以信息化技术手段将液面数据实时传输至监控平台，反馈井底积液变化规律，解决工艺井和重点生产井液面连续监测问题。（王　嘉）

2022 年 7 月 15 日，川庆苏里格项目经理部苏里格风险合作辖区苏 5 区块以日产 100 万立方米的天然气产量输送至用户。图为正在生产作业的苏 5-1 集气管理站全貌　向之昕　摄

【威远页岩气合作区块生产管理】 2022 年，川庆钻探工程公司在威远页岩气合作区块加强三维地震资料随钻技术更新研究，提高微幅构造、储层预测精度，入靶点预测综合误差平均 5.1 米。精细三维地质建模，优化地质导向方案，建立平台特殊录井标准剖面，完善“快速建模、小层识别、精准着陆、轨迹智能预警”等技术，建立钻遇异常“快速联动、适时调整”一体化管理机制，保障储层钻遇率。1—12 月完钻井 39 口，平均水平段长 1 887 米，龙一$_{1}^{1}$小层平均钻遇率 98.3%，4 米箱体钻遇率 97.3%，创历年新高。通过引进吸收和自主创新，完善采输工艺体系，建立具有针对性的页岩气采气工艺技术系列，优化老井挖潜增产措施，为提高气井采收率提供支撑。精细化动态跟踪分析管理，以“精细描述、精细调整、精细挖潜、精细方法”建立“日跟踪、周分析、月总结、单井单策”机制，形成“动态分析与故障识别，井下动态监测，复杂处理，跟踪评价，动态分析”老井管理路线循环，全年识别气井异常 152 井次，完成阶段动态分析 1 086 井次。结合气井生产情况及动态监测手段，针对不同类型的井筒复杂井，以故障识别、动态监测、复杂处理、效果跟踪为主线，及时调整气井生产制度及生产方式，差异化开展气井生产管理，提升气井生产时率及产气量。在内输系统压力下降基础上，创新开展页岩气水平井全自动泡沫排水、电驱高压压缩机循环注气、螺杆泵混输增压、油管内连续油管氮气泡沫冲砂、下倾井水平段油管加深、微泡液洗井、不压井更换油管等排水采气工艺，逐步形成页岩气“水平段油管加深 + 地面增压 + 电驱高压压缩机循环气举 + 泡沫排水”复合工艺模式，井筒携液能力和气井生产时率均有提高，措施效果较前期单项工艺大幅提升。针对威 202H13-1 井井筒出砂、节流情况，优选洗井液开展洗井作业；针对威 202H13-7 井油管内节流堵塞，形成“油管内连续油管氮气泡沫冲砂 + 电驱循环气举”复合工艺，解决前期措施效果差、成本高的问题。持续优化智慧气田建设，建成以生产数据系统、安全防护系统、辅助决策系统三大模块为核心，SCADA 系统、气田水管理系统、视频监控系统、周界报警系统、激光云台监测系统为支撑的生产管理平台，形成自动化生产、智能化控制、数字化管理的开发新形态和无人值守、电子巡检、一个气田一个中心的页岩气

生产运行模式，实现生产管理的自动报警和远程监视、控制。（王　嘉）

【页岩气合作区块集输管网系统完善】 2022 年，川庆钻探工程公司在威远页岩气合作区块完善内输系统，拓宽产能发挥通道，实现产能最大化。建成、投用威 202H18 集气站—威 202 脱水站集气干线，发挥威 202H10 平台—威 202 脱水站已建管线输送能力，提高管输效率。“五站六线”（5 个集气站，4 条干线、2 条联络线）实现互联互通，威 204 井区 3 个站的环状、威 202 井区环状、“联络线干 + 枝状管网”集输功能进一步完善，各集气站气量实现互相倒换。在威 202H18 集气站等 5 个重要枢纽节点完善分输功能，实现区域产量精细调控，根据下游情况，动态调整输送至脱水站的气量，将脱水站处理瓶颈影响因素降至最低。完善多级增压工程建设，形成多级增压系统，老井平台增压基本实现全覆盖。“高压直输、低压增压、高低压分输、集中 + 平台结合”的集输系统适应各种工况，保障气井产能有效发挥。推广电驱循环注气压缩机应用，新投运各型号压缩机 19 台，为低压井稳产，积液井、压窜井复产提供保障。（王　嘉）

责任编辑：闵　军

中国石油

工程技术服务

Engineering & Technical Services

钻井工程

【概述】 2022 年，西南油气田公司开钻井 292 口，完钻井 334 口，年累计进尺 192.41 万米。其中，常规气开钻井 42 口，完钻井 51 口，进尺 29.66 万米；致密气开钻井 89 口，完钻井 100 口，进尺 34.58 万米；页岩气开钻井 151 口，完钻井 180 口，进尺 125.88 万米；储气库开钻井 8 口，完钻井 1 口，进尺 1.51 万米；页岩油开钻井 2 口，完钻 2 口，进尺 0.78 万米。

2022 年，川庆钻探工程公司从事钻井作业及钻井工程技术服务工作的二级单位有 9 个，其中二级钻探公司 5 个，包括川庆川东钻探公司、川庆川西钻探公司、川庆长庆钻井总公司、川庆新疆分公司、川庆国际工程公司；钻井工程技术服务的二级单位有 4 个，包括川庆钻采院、川庆长庆固井公司、川庆井下公司（固井作业）、川庆钻井液公司。钻井系统人员 21 630 人。在册钻井队 311 支，其中川庆川东钻探公司 50 支、川庆川西钻探公司 56 支、川庆长庆钻井总公司 149 支、川庆新疆分公司 33 支、川庆国际工程公司 23 支。截至 2022 年底，川庆钻探工程公司开钻井 2 166 口，完井 2 156 口，完成井进尺 752.4 万米。其中，自有钻机开钻井 1 535 口，完成 1 536 口，完成进尺 540.95 万米，平均机械钻速 12.42 米/时，平均钻机月速 2 390 米/（台·月），完成井平均井深 3 467 米，平均建井周期 50.21 天，平均钻井周期 35.03 天，平均完井周期 8.89 天；页岩气外招队开钻井 49 口，完成井 42 口，进尺 32.89 万米；长庆地区合作队开钻井 582 口，完成井 578 口，进尺 178.56 万米。在集团公司的国内市场开钻井 1 460 口，完成 1 459 口，完成钻井进尺 519.84 万米，平均机械钻速 12.53 米/时，平均钻机月速 2 417 米/（台·月），完成井平均井深 3 482 米，平均建井周期 50.95 天，平均钻井周期 34.56 天，平均完井周期 8.96 天。国内自有钻井市场钻井总时间 1 549 041 小时，钻井生产时效 93%。井身质量合格率 100%、固井质量合格率 100%、取心收获率 95.76%。

（汪　瑶　甘红梅）

【钻井指标纪录】 2022 年，西南油气田公司双鱼 001-H6 井攻克超深、超高温、超高压、纵向多压力系统、安全密度窗口窄、地层非均质性极强等难题，完钻井深 9 010 米，水平段长 1 085 米，创中国石油陆上最深天然气水平井纪录。国内首口“八开八完”井红星 1 井完钻井深 7 779 米，该井位于山前推覆体构造带，断层多、地层倒转导致地层分层、埋深、压力、稳定性都存在不确定性，实钻地层与设计差异大，创新探索 5 大类 14 项特色钻完井技术，摸清 3 套二叠系重复地层、5 条断裂带与 1 次设计外地层倒转，制定吴家坪组铝土质泥岩与碳质页岩层段“分段承压 + 油基钻井液 + 偏心钻头”等技术方案，钻穿复杂带完钻。蓬莱气区德探 1 井完钻井深 7 660 米，钻井周期 316.72 天，为射洪—盐亭区块“六开六完”井初步实现 360 天提速目标的第一口井，创同区块同类型井最快钻井纪录。深层页岩气 4 口井实现 215.9 毫米井眼“一趟钻”，其中阳 101H11-4 井完钻井深 6 090 米，水平段长 2 160 米，铂金靶体钻遇率 100%，钻井周期 58.61 天，215.9 毫米井眼“一趟钻”进尺 2 830 米，打破深层页岩气钻井周期和“一趟钻”进尺纪录。沙溪庙致密气 6 口井“二开”215.9 毫米井眼实现“一趟钻”，平均机械钻速 24.42 米/时，完钻周期 9.13 天，其中金浅 12-8-H2 井完钻井深 3 380 米，水平段长 1 060 米，钻井周期 8.16 天，机械钻速 38.78 米/时，创沙溪庙致密气水平井最短钻井周期、最快机械钻速纪录。

2022 年，川庆钻探工程公司创钻井纪录 18 项。双鱼 001-H6 井安全钻至井深 9 010 米完钻，创中国陆上最深“三高”井水平井纪录，下入直径 184.15 毫米套管 3 833 米，创川渝地区下入直径 184.15 毫米套管最长纪录。双探 102 井完成国内开窗点最深（7 420 米）、钢级最高（155V）、壁厚最厚（15.83 毫米）的 184.15 毫米套管的开窗侧钻作业。红星 1 井完钻井深 7 779 米，是川渝地区首口“八开”非标井身结构井。蓬深 13 井创蓬莱气区射洪盐亭区块“五开五完”井最短完钻周期 216.28 天纪录。蓬深 6 井非标直径 184.15 毫米套管悬挂下深至 7 780 米，创蓬莱气区此类套管下深最深纪录。蓬探 106 井完钻井深 6 027 米，钻井周期 260 天，创蓬莱气区“六开”井身结构井最快钻井周期纪录。蓬探 105 井在 3 734.38 米嘉二^{3}亚段采用 2.6 克/厘米^{3}水基钻井液钻过异常高压盐水层，刷新中国石油国内水基钻井液最高密度纪录。高石 009-H2 井钻至井深 6 680 米，水平段长 1 060 米，刷新高石梯区块灯影组二段水平段长度纪录。永浅201井完钻井深2 030米，钻井周期7.77天，创致密气钻井周期最短纪录。秋林221-8-H2井单趟进尺3 570米，创致密气区块单趟钻井进尺最高纪录。威页1H井完钻井深4 480米，钻井周期124.71天，创深层页岩气筇竹寺组目的层井最短钻井周期纪录。泸203H9-5井完钻井深5 515米，钻完井周期81.34天，创深层页岩气泸203区块最短钻完井周期纪录。威204H79平台威204H79-11井横向偏移距1 712米，创川渝地区页岩气最长横向偏移距纪录。顺北84井在井段9 050.66～9 055.66米取心作业，收获率98%，创国内水平井取心深度最深纪录。富源3-H3井完钻井深8 136米，钻井周期116.02天，创井深大于8 000米井最快完钻纪录。克深1901井完钻井深8 110米，钻井周期266.6天，创中国新疆南天山井深大于8 000米井最快完钻纪录；直径196.85毫米+206.38毫米套管下至井深6 793.28米回接至井口固井，一次封固段长6 793.28米，固井质量合格率98.4%，创国内套管一次封固段最长纪录。自主研发的282.58毫米尾管悬挂器固井工具在蓬深6井井深6 418米完成尾管固井施工，刷新该尺寸国产尾管悬挂器应用井深最深纪录。自主研发114.3毫米衬管丢手工具在双探106井井深7 896米完成衬管施工，刷新中国石油自主研制该类型工具应用井最深纪录。（汪　瑶　甘红梅）

【区域市场钻井指标】 2022年，川庆钻探工程公司在川渝地区开钻井185口，完成井187口，钻井进尺94.94万米，平均机械钻速6.30米/时，平均钻机月速1 033.6米/（台·月）；完成井平均井深4 753米，平均建井周期163.8天，平均钻井周期127.62天，平均完井周期20.14天。在长庆地区开钻井1 243口，完成井1 241口，钻井进尺407.65万米，平均机械钻速18米/时，平均钻机月速3 914米/（台·月）；完成井平均井深3 213米，平均建井周期30.74天，平均钻井周期17.86天，平均完井周期6.89天。在新疆地区开钻井28口，完成井31口，钻井进尺17.47万米，平均机械钻速4.91米/时，平均钻机月速913米/（台·月）；完成井平均井深6 587米，平均建井周期179.86天，平均钻井周期141.9天，均完井周期24.27天。在海外市场开钻井75口，完成井77口，完成钻井进尺21.11万米，平均机械钻速9.85米/时，平均钻机月速1 844米/（台·月）。完成井平均井深3 089米，平均建井周期70.59天，平均钻井周期43.06天，平均完井周期7.47天。（甘红梅）

【重点区块钻井】 2022年，川庆钻探工程公司在川渝地区、新疆塔里木盆地、长庆地区陇东区块、土库曼斯坦阿姆河区块完成一批深井和超深井钻井。在川渝地区的高石梯—磨溪区块开钻井10口，完井8口，完成井平均井深6 586米，平均建井周期281.94天，钻井周期237.34天，完井周期22.49天，平均机械钻速4.15米/时，平均钻机月速762.78米/（台·月）。在川渝地区的蓬莱气区开钻井14口，完井19口，完成井平均井深6 642米，平均建井周期452.12天，钻井周期359.95天，完井周期61.49天，平均机械钻速3.45米/时，平均钻机月速477.57米/（台·月）。在川渝地区的双鱼石区块，当年无新开钻井，完井4口，完成井平均井深8 458米，平均建井周期680.2天，钻井周期572.57天，完井周期80.63天，平均机械钻速3.09米/时，平均钻机月速397.5米/（台·月）。其中，双鱼001-H6井钻进过程中，钻井队克服井下环境恶劣、井底温度超过172℃、井底压力大于130兆帕、轨迹频繁调整、定向托压严重、粘卡频繁等一系列困难，完成中国陆上最深天然气水平井双鱼001-H6井的钻井。在川渝下川东区块，开钻井12口，完井11口，完成井平均井深5 208米，平均建井周期319.4天，钻井周期251.31天，完井周期32.25天，平均机械钻速3.89米/时，平均钻机月速569.24米/（台·月），其中坡002-H3井是首口自主完成的高含硫气井，全井完钻周期147.79天，创川东北高含硫区块最快完钻井纪录。在新疆塔里木盆地库车山前区块，开钻井11口，完井10口，完成井平均井深6 594米，平均建井周期281.78天，钻井周期215.64天，完井周期50.93天，平均机械钻速3.79米/时，平均钻机月速720.63米/（台·月），其中满深20井完钻井深8 235米，垂深7 653.51米，最高造斜率14.5度/30米。在新疆塔北区块开钻井7口，完井9口，完成井平均井深7 678米，平均建井周期157.26天，钻井周期139.15天，完井周期7.37天，平均机械钻速8.08米/时，平均钻机月速1 558.12米/（台·月）。在新疆塔中区块开钻井10口，完井12口，完成井平均井深6 334米，平均建井周期 123.68 天，钻井周期 93.01 天，完井周期 14.74 天，平均机械钻速 7.25 米 / 时，平均钻机月速 1 359.73 米 /（台 · 月）。在长庆地区陇东区块开钻页岩油井 44 口，完井 51 口，完成井平均井深 3 651 米，完成井平均钻机月速 3 948 米 /（台 · 月），平均机械钻速 15.71 米 / 时，平均建井周期 35.17 天，平均钻井周期 24.83 天，平均完井周期 5.72 天。在土库曼斯坦阿姆河区块开钻井 1 口，完井 1 口井，完成井平均井深 3 466 米，完成井平均钻机月速 622 米 /（台 · 月），平均机械钻速 4.81 米 / 时，平均建井周期 267.39 天，平均钻井周期 154.09 天，平均完井周期 12.92 天。（甘红梅）

2022 年 3 月 21 日，川庆长庆钻井总公司 70165 钻井队在承钻的风险勘探重点井韦平 1 井起钻作业　邵小兵　摄

【页岩气钻完井】 2022 年，川庆钻探工程公司开钻页岩气井 70 口，完井 88 口。其中，长宁区块无新开钻井，完钻 6 口，完成井平均井深 4 844 米，机械钻速 10.56 米 / 时，钻机月速 1 873 米 /（台 · 月），平均建井周期 87.24 天，平均钻井周期 70.93 天，平均完井周期 6.66 天；威远页岩气开钻井 34 口，完钻 42 口井，完成井平均井深 5 116 米，机械钻速 10.2 米 / 时，钻机月速 2 582 米 /（台 · 月），平均建井周期 71.06 天，平均钻井周期 52.15 天，平均完井周期 7.59 天。开钻的 70 口页岩气井中，深层页岩气井 36 口，完井 40 口，完成井平均井深 5 900 米，平均机械钻速 5.64 米 / 时，平均钻机月速 1 078.48 米 /（台 · 月），平均建井周期 187.45 天，钻井周期 151.96 天，完井周期 16.36 天。（甘红梅）

【页岩气钻井“日费制”管理】 2022 年，西南油气田公司在深层页岩气推广钻井“日费制”和技术“日费制”，通过地质工程一体化、钻井设计优化、提速配套工具优化和“钻井参数、科学钻井、中完管理、标准作业时效”4 个强化管理，推广目的层“一趟钻”技术，加强生产运行组织，主导钻完井工程技术，有效实现钻井提速。“日费制”井开钻 38 口，完钻 42 口，进尺 24.16 万米，其中长宁区块“日费制”开发井完钻 38 口，平均钻井周期 51.4 天，“日费制”井同比缩短 1.15 天，“总承包”同比缩短 24.15 天。深层开发井实施“日费制”2 个平台，“三开”完成井平均钻完井周期 28.82 天，同比阳 101 井区指标 46.23 天缩短 17.41 天；深层评价井实施“日费制”5 口，其中泸页 2 井导眼段完钻，钻井周期 115.73 天，区域钻井周期同比缩短 36.3 天。（汪　瑶）

【致密气钻完井】 2022 年，川庆钻探工程公司在川渝地区开钻致密气井 74 口，完井 86 口，完成井平均井深 3 335 米，完成井平均钻机月速 3 075 米 /（台 · 月），平均机械钻速 16.63 米 / 时，平均建井周期 45.24 天，平均钻井周期 25.54 天，平均完井周期 7.87 天。在长庆区域开钻致密气井 77 口，完井 77 口，完成井平均井深 3 939 米，完成井平均钻机月速 3 804 米 /（台 · 月），平均机械钻速 16.28 米 / 时，平均建井周期 40.24 天，平均钻井周期 20.65 天，平均完井周期 10.35 天。（甘红梅）

【水平井钻井】 2022 年，川庆钻探工程公司累计完成水平井 545 口，进尺 225.03 万米；钻机月速 2 309 米/（台·月），机械钻速 10.71 米 / 时；完成井平均井深 3 901 米，平均建井周期 58.08 天，平均钻井周期 41.8 天，平均水平段长 940 米。

在川渝地区完成水平井 121 口，进尺 59 万米，钻机月速 1 614 米 /（台 · 月），机械钻速 8.12 米 / 时，完成井平均井深 4 795 米，平均建井周期 103.7 天，平均钻井周期 78.08 天，平均水平段长 1 411 米。其中，金浅 511-6-H4 井“一趟钻”钻至 3 436 米完钻，“一趟钻”完成致密气区块“二开”钻进，“一趟钻”进尺 3 010 米，创国产旋转导向工具致密气“一趟钻”进尺最多纪录；威 202H28-5 井“造斜段 + 水平段”“两趟钻”完钻，单趟钻

进尺 2 152 米，全井钻井周期 39.86 天；阳 101H75-4 井钻进至井深 5 690 米完钻，旋转导向钻进“造斜段 + 水平段”“两趟钻”完钻，平均机速 8.17 米 / 时，“铂金”靶体钻遇率 76.1%，215.9 毫米井段钻井周期 24 天，全井钻井周期 57.94 天，刷新泸州区块深层页岩气全井钻井周期纪录，同比同区块最优钻井周期指标缩短 9.86 天；秋林 221-8-H2 井创单趟钻进尺 3 570 米纪录。50502 钻井队承钻的金浅 501-8-H3 井完钻井深 3 600 米，完钻周期 12.42 天，刷新金华区块平台井组单井最快完钻纪录。50035 钻井队承钻的西浅 3-6 平台井组，西浅 3-6-H1 井以日进尺 1 100 米刷新致密气区块单日最高进尺纪录（之前纪录 1 020 米），同时创致密气区块“一开”中完最快周期 1.94 天纪录。

在长庆区域完成水平井 406 口，进尺 150.81 万米，钻机月速 3 046 米 /（台・月），机械钻速 13 米 / 时，完成井平均井深 3 535 米，平均建井周期 41.84 天，平均钻井周期 28.62 天，平均水平段长 841 米。

在新疆区域完成水平井 13 口，进尺 9.26 万米，钻机月速 1 272 米 /（台・月），机械钻速 7.49 米 / 时，完成井平均井深 7 113 米，平均建井周期 151.28 天，平均钻井周期 126.12 天，平均水平段长 444 米。塔里木油田首口总包试点井富源 3-H3 井完钻井深 8 136 米，完钻周期 116.02 天，完井周期 118.27 天，创中国陆上井深大于 8 000 米井最快钻完井周期纪录（中国石化西北局最快完井周期的顺北 4-12H 井为 128 天），领跑富满区域钻井提速。70601 钻井队承钻的 ZG29-H7 井“一开”406.4 毫米井眼钻至 1 499 米，下 273.05 毫米套管，“二开”241.3 毫米井眼钻至 5 867 米，一次性下入 200.03 毫米套管，封固井段 0 ~ 5 866 米，封固段长 5 866 米，2022 年 7 月 1 日用双密度双凝水泥浆体系固井，一次上返成功，封固井段固井质量合格。（甘红梅）

【重点区块钻井提速】 2022 年，西南油气田公司完善以“个性化 PDC 钻头 + 长寿命螺杆 / 旋转导向 + 优质钻井液”为主体的优快钻井技术，迭代更新重点区块提速模板，推进新工艺新技术，实现重点区块钻井提速。蓬莱气区结合实钻情况及时优化井身结构，开展大尺寸井眼及难钻地层提速配套研究，加大“垂钻工具 + 大扭矩螺杆 + 个性化钻头”组合拳现场试验，射洪—盐亭区块“六开六完”井第一轮井完钻井深 7 792 米，机械钻速 2.46 米 / 时，钻井周期 528 天；第二轮井完钻井深 7 471.5 米，机械钻速 3.19 米 / 时，钻井周期 417 天，同比缩短 21.02%。中江—蓬莱区块“五开五完”井第一轮井完钻井深 6 373.6 米，机械钻速 4.12 米 / 时，钻井周期 280 天；第二轮井完钻井深 6 157.4 米，机械钻速 4.22 米 / 时，钻井周期 254 天，同比缩短 9.29%。泸州区块深层页岩气推广“地面降温 + 高温旋导 + 欠平衡钻井”的提速组合拳，推动泸州区块深层页岩气钻井提速迈入 2.0 时代，完钻 45 口开发井，平均井深 5 979.5 米，钻井周期 104.61 天，机械钻速 6.83 米 / 时，钻井周期同比缩短 2.8%。长宁区块推广“日费制”管理模式，精细过程管控，以“打模板、树标杆”来持续推动钻井周期进一步缩短，完钻 41 口开发井，平均完钻井深 4 950.9 米，钻井周期 55.25 天，机械钻速 12.46 米 / 时，钻井周期同比缩短 25.97%。沙溪庙组致密气固化“二开二完”井身结构，采用“大尺寸钻杆 + 大排量 + 高转速 + 高钻压”的“两大两高”提速模式，配套个性化强攻击性钻头，推广国产旋转导向工具，实现钻井周期持续缩短，完钻 56 口开发井，平均完钻井深 3 716.8 米，钻井周期 17.28 天、机械钻速 20.71 米 / 时，钻井周期同比缩短 7.45%。

2022 年 3 月 4 日，川庆钻探工程公司在成都召开 2022 年井筒作业整体提速工作启动视频会　谷学涛　摄

2022 年，川庆钻探工程公司在川渝、长庆、新疆、海外四大市场自有钻机钻井进尺 540.95 万米，平均机械钻速 12.42 米 / 时，平均钻井周期 35.03 天。与 2021 年同口

径对比，钻完井周期整体提速 9.21%，其中 5 000 米深井（气井）提速 5.03%、（油井）提速 6.84%，页岩气提速 6.25%（其中平台产建井提速 16.86%），致密油气井提速 19.3%。克深山前整体平均钻完井周期 280.85 天，较该区域平均值缩减 90.98 天，提速 24.47%；富满区块平均钻完井周期 158.68 天，较该区域平均值缩减 31.32 天，提速 16.48%。

（汪　瑶　甘红梅）

【蓬莱气区超深井提速】 2022 年，川庆钻探工程公司在中江—蓬莱区块通过优化井身结构提速，将井身结构优化为“六开”，射洪—盐亭区块 374.65 毫米套管由须家河组二段顶部 / 雷口坡组顶部优化至须家河组顶部，在蓬深 6 井、德探 1 井等 8 口井实施，455 毫米井眼段钻井时间由平均 135 天缩短至平均 50 天，累计节约钻井时间 440 天；节约 374.65 毫米套管 1 091 吨。编制射洪—盐亭区块（五开、六开）、蓬探区块（五开）、中江区块（六开）、蓬阳 1 区块（五开）、蓬阳 2 区块（五开）6 个井区钻井提速模板，编制《蓬莱气区钻井提速指导意见》，制定模板执行考核管理办法和单井钻井提速技术方案 9 份、实时优化技术支持报告 40 份，建成提速模板智能管理平台。开展提速工具和钻头试验，研制适用于蓬莱气区凉高山组—自流井组地层的高效 PDC 钻头，在蓬探 106 井沙溪庙组二段—珍珠冲层段开展现场试验，单只钻头进尺 668.89 米，“一趟钻”钻穿沙溪庙组二段—珍珠冲层段，平均机械钻速 6.04 米 / 时，平均机械钻速较邻井平均水平提高 27.2%。须家河组难钻地层开展“钻头 + 大扭矩螺杆”试验，初步实现 PDC 钻头取代进口复合钻头，其中蓬探 107 井、蓬探 108 井均实现“一趟钻”钻穿须家河组三段—须家河组一段，平均机速分别为 3.28 米 / 时和 4.43 米 / 时，较提速模板分别提高 31.2% 和 77.2%。在雷口坡组—嘉陵江组—飞仙关组快钻层段开展“钻头 + 垂钻 + 大扭矩螺杆”试验，垂钻工具累计作业 14 口井，进尺 2 万余米，平均机械钻速 6.58 米 / 时，钻速同比提高 34.6%。实施优化钻井工作模式，引进钻井实时优化系统开展现场远程支持，通过钻头优选、钻井参数实时优化等措施，在蓬深 10 井、蓬探 108 井、蓬探 109 井、蓬探 301 井、泸 203H9-5 井开展钻井实时优化软件现场试验，取得初步成效。其中，蓬深 10 井须家河地层钻进，成为射洪—盐亭区块第一口“二趟钻”钻穿须家河组的井，平均机械钻速 3.5 米 / 时，较邻井机械钻速提高 26.7%；蓬探 108 井“一趟钻”自沧浪铺组钻进至麦地坪组中完，趟钻进尺 639.25 米，为单趟钻进尺最长井。开展长筒取心、螺杆取心、破碎地层取心攻关，制订超深井、破碎地层取心方案模板，在蓬莱气区取心 44 井次 137 筒次，取心总进尺 1 149.1 米，总收获率 93.08%，平均单筒进尺 8.39 米，取心收获率同比提高 2.5%，取心进尺提高 246%，平均单筒进尺提高 5.5%；完成中国石化西北局部署在新疆顺北区块的勘探井顺北 84 井 9 055.66 米处取心任务，创国内取心深度最深纪录；红星 1 井以 7 711.9 米创国内 139.7 毫米井眼定向井取心深度最深纪录；泸探 1 井以井斜 68 度创国内 149.23 毫米井眼最大井斜密闭取心纪录。

（甘红梅）

【致密气区块钻井提速】 2022 年，川庆钻探工程公司完成 34 口致密气井钻井液服务，密度范围（1.4 ~ 1.48）克 / 厘米^3，平均钻井液密度 1.44 克 / 厘米^3，形成区域钻井液密度技术模板，金浅 501-8-H4 井等 4 口井实现“一层套管一趟钻”，水平井平均全井机械钻速 22.7 米 / 时，较上年度区块 16.6 米 / 时提高 36.75%。应用致密气自研强封堵油基钻井液体系及井眼清洁配套技术，减少造斜段“大肚子”，40 ~ 85 度易垮斜井段井眼扩大率平均 24.4%（最低 8.4%，最高 32.34%），较上年度平均 48%（最低 42.9%，最高 83.77%）降低 49.16%，全年未发生压差卡钻、垮塌卡钻复杂。配套可降解携砂技术，在打完造斜段和完钻时间断携砂，减少岩屑床的形成，保障井眼清洁和通畅，全年未发生因井眼清洁问题导致的卡钻复杂。推广致密气“一趟钻”钻井技术，当年完成致密气 46 井次水平井作业（含直改平），18 口井实现造斜段 + 水平段“一趟钻”，成功率 39.13%。“一趟钻”施工井平均单趟进尺 2 252.97 米，钻进周期 8.52 天，平均机械钻速 19.72 米 / 时，三项指标相比区域平均水平分别提高 29.1%、42.1% 和 37.5%。6 口井实现一层套管“一趟钻”，单趟钻最高进尺 3 570 米，水平井全井机械钻速最高 38.78 米 / 时。金浅 12-8-H2 全井作业周期 8.16 天。

（甘红梅）

【页岩气区块提速】 2022 年，川庆钻探工程公司在深层页岩气施工水平井 48 井次，累计进尺 180 568 米，施工过程中坚持“高温旋转导向＋高扭矩低转速螺杆＋地面降温设备＋高抗磨 PDC 钻头”的施工模式，解决深层页岩气水平井温度高、振动大、地层研磨性强的难题。页岩气水平井平均机械钻速 8.45 米/时，较 2021 年的 6.07 米/时提高 39.2%；深层页岩气施工井 215.9 毫米井眼平均钻井周期 31.03 天，同比缩短 11.27 天，平均机械钻速同比提升 34.1%。其中，泸 203H9–5 井运用“SLB 高温旋导＋自研钻井液降温装置＋主动降密度技术”综合提速工艺，完钻井深 5 515 米，钻井周期 73.48 天，同比区块平均周期 109.24 天缩短 35.76 天，刷新深层页岩气泸 203 区块钻井周期纪录；足 203H9–3 井钻至井深 7 020 米完钻，箱体钻遇率 100%，刷新区块页岩气作业井深最深纪录。运用自有 ATC 旋转导向服务的威 202H28–5 井“造斜段＋水平段”“两趟钻”完钻，“一趟钻”进尺 2 152 米，全井钻井周期 39.86 天。阳 101H75–4 井“造斜段＋水平段”两趟旋导钻至完钻井深 5 690 米，平均机速 8.17 米/时，铂金靶体钻遇率 76.1%，215.9 毫米井段钻井周期 24 天，全井钻井周期 57.94 天，刷新泸州区块深层页岩气全井钻井周期最短纪录，同比同区块最优钻井周期指标缩短 9.86 天。威页 1H 井筇竹寺组首次运用“螺杆＋三筒取心”技术，取心 11 趟次，其中双筒常规 1 趟次、螺杆双筒取心 6 趟次、螺杆三筒 4 趟次，取心总进尺 223.5 米，收获率 99.9%，平均机械钻速 1.9 米/时，相比常规取心提高 183%，累计节约钻井周期 13 天。威 204H66–9 井水平段采用常规控压技术，钻井液密度从 2.07 克/厘米^{3}降至 1.89 克/厘米^3，实现进尺 1 754 米，降密度后平均机械钻速 9.92 米/时，相较邻井威 204H66–4 井的 5.6 米/时（密度 2.15 ~ 2.17 克/厘米^3）提高 71%。（甘红梅）

【川东北高含硫区块提速】 2022 年，川庆钻探工程公司在川东北高含硫区域进一步优化井身结构，配套高含硫井控装备，引入配套精细控压技术、优快定向井配套技术、配套工程作业支持系统，主导数字化钻井队建设，提前预警，多专业配合推进川东北高含硫区域钻井提速。其中，坡 002–H3 井完钻周期 147.79 天，创川东北高含硫区块最快完钻井纪录；在精细控压保障下，罗家 24 井“四开”使用垂钻工具提速，同比罗家 20 井提速 111%，创同区块周期最短、单趟进尺最长、机械钻速最高 3 项纪录，“五开”使用旋导技术后，较罗家 20 井平均机速提高 97%。（甘红梅）

【长庆地区钻井提速】 2022 年，川庆钻探工程公司在长庆地区设置 20 个提速项目和 4 个重点项目，将网格化区块与直线化重点项目结合，重点关注 5 类重点井。实施单井目标管理，对标各开次完井工序时间定额，分井型统计单井周期达标率，对不达标井进行一轮井一分析。完钻井平均井深 3 212 米，钻机月速 3 970 米/（台·月），机械钻速 17.99 米/时，钻完井周期 23.35 天，同比缩短 1.3 天，提速 5.16%，其中页岩油平均井深 3 490 米，钻机月速 4 093 米/（台·月），机械钻速 16.76 米/时，钻完井周期 26.78 天，同比缩短 1.52 天，提速 5.37%。青石卯区块一井一工程，6 口井实现表层“一趟钻”。李 20–29H1 井试验测漏仪识别漏层，“桥塞＋水泥”堵漏成功，顺利入靶。全年完成定向井 17 口，平均钻井周期 29.4 天；水平井 9 口，平均钻井周期 87.95 天。刷新长北二期小井眼定向井最短钻井周期 6.04 天等 83 项最优技术指标。（甘红梅）

【新疆区块钻井提速】 2022 年，川庆钻探工程公司在新疆区块采取“大扭矩螺杆＋垂直钻井工具”、抗高温弯螺杆＋高温 MWD 配合“一阶段降斜、二阶段稳斜”等特色技术，在富满、新区及山前区域提速取得突破。其中克深 1901 井在“二开”444.5 毫米井眼机械钻速 8.85 米/时，较邻井克深 19 井、克深 17 井提升 113% 以上；行程钻速 83.38 米/日，较邻井克深 19 井、克深 17 井提升 48% 以上。富源 303–H2 井首次实现“一趟钻”完成“二开”，平均机械钻速 17.94 米/时，创富源区块同井型“二开”最快纪录；二开钻进用时 15.67 天，创富源区块同井型“二开”用时最短纪录；完钻周期 125.48 天，较设计周期提前 29 天。（甘红梅）

【井工程质量】 2022 年，西南油气田公司严格按照标准规范和工程设计执行井身质量过程管控措施，强化轨迹控制，严格执行设计工艺、参数、钻具组合等技术措施和井斜、全角变化率等监测要求；项目建设单位和工程监督单位全覆盖监管所有井的井身质量，工程技术处实时跟踪重点井、复杂井的井身质量，保障井斜、全角变化率、靶区和储层钻遇率符合设计。严格执行固井相关管理要求，分级分类管理，强化组织施工；对钻井液窄安全密度窗口井，没有摸清窗口值之前不允许开展固井施工设计，溢漏复杂地层必须提高地层承压能力以满足施工要求；专职固井监督团队负责一类井、复杂井固井施工全过程现场监督，强化井眼准备工作，实行“菜单式”监管，步步确认，实现全过程、全工序检查标准化、施工程序化、作业规范化；定期组织项目建设单位、钻井承包商、固井承包商、测井公司等相关单位开展固井质量分析会，专题分析近期固井质量情况、固井难点、存在问题，制定整改措施，持续提升固井质量。2022 年完成井井身质量红线合格率 98.4%，固井质量红线合格率 92.5%。（汪　瑶）

【气体钻井】 2022 年，川庆钻探工程公司在金浅 511–7–H1 井、坡 002–H5 井、坡 005–X4 井、柴 909 井、柴 910 井、自 22 井开展 6 井次气体钻井作业，进尺 2 779.57 米，平均机械钻速 9.09 米 / 时，平均机械钻速同比提高 22.49%。其中，柴 909 井将浅表层大尺寸井眼防漏治漏与防斜打快技术结合，钻井综合效益提升；在金浅 511–7–H1 井开展氮气钻水平井现场试验，在储层箱体中穿越 480 米，实现甲方对“地质甜点”高钻遇率目标；铁山坡高含硫气区的坡 002–H5 井在 753 ~ 1 651 米井段平均机械钻速较坡 002–H4 井 741 ~ 1 520 米井段平均机械钻速提升 38%。（甘红梅）

【精细控压钻井与固井技术】 2022 年，西南油气田公司应用精细控压钻井 52 井次、精细控压固井 19 井次。其中，在蓬莱区块 333.4 毫米井眼应用精细控压钻井 4 井次，进尺 5 416.57 米；在蓬莱区块 241.3 毫米井眼应用精细控压钻井 16 井次，进尺 22 772.34 米，较邻井减少漏失量 373.48 立方米，减少复杂损失时间 15.85 天；在蓬莱区块 160 毫米井眼应用精细控压钻井 7 井次，进尺 2 548 米；在蓬莱区块 149.2 毫米井眼应用精细控压钻井 6 井次，进尺 1 667 米。在高石 009 区块 241.3 毫米及 165.1 毫米井眼应用精细控压钻井 2 井次，进尺 5 887 米，较邻井减少漏失量 820 立方米，减少复杂损失时间 21 天。在双鱼 001–H6 井眼应用精细控压钻井，进尺 1 338 米。在长宁区块 215.9 毫米井眼应用精细控压钻井 1 井次，进尺 566 米。在蓬莱区块 241.3 毫米井眼应用精细控压固井 12 井次，固井质量合格率 51.8%、优质率 24.2%，较邻井分别提高 2.87%、3.56%。在高石 009 区块 241.3 毫米井眼应用精细控压固井 3 井次，固井质量合格率 76.09%、优质率 38.62%，较邻井分别提高 4.62%、14.61%。双鱼 001–H6 井 241.3 毫米井眼应用精细控压固井，固井质量合格率 84.47%、优质率 55.24%。

2022 年，川庆钻探工程公司采用精细控压技术服务 60 口井 87 井次，完成钻井进尺 91 193.44 米，其中高石梯—磨溪区块 14 井次、蓬莱气区 24 井次、高含硫区块 6 井次、双鱼石区块 3 井次、其他区块 10 井次。组织常规控压钻井 65 口井。其中，新疆区块完成 30 口井，完成钻井进尺 47 100 米；页岩气区块完成 35 口井，完成进尺 98 013.29 米，创近 4 年新高。利用精细控压技术，通过释放地层能量的方式，解决蓬莱气区 6 口井须家河组、雷口坡组等层位钻遇异常高压造成的井下复杂；通过高精度质量流量计，及时发现 7 口井溢流；中深 101 井、中深 103 井探索钻井液密度下限，实现高低压地层合打，其中中深 103 井钻井液漏失量减少 80.71%，复杂时间减少 63.5%，首次完成中深区块高压筇竹寺（设计压力系数 2.05）、低压灯影组（设计压力系数 1.12）合打任务。精细控压固井保障井筒质量完整性，形成“压而不漏、放而不涌”的自动控压固井技术，实时动态监控固井过程浆柱结构运移状态，实现井筒压力自动闭环控制，该技术累计应用 42 井次，控制井筒压力在安全密度窗口范围内，实现固井过程压稳防漏，顶替效率超过 92%，固井成功率 100%，固井质量平均合格率由 67.24% 升至 82.5%，为主产层低密度钻进创造有利的安全条件。在土库曼斯坦复兴气田开展 3 井次精细控压技术应用，在卡洛夫—牛津阶高密度钻井液造成恶性漏失和漏转喷井下复杂井段，解决西方油服公司在复兴气田复杂层段无力完钻的难题。（汪　瑶　甘红梅）

【欠平衡钻井技术】 2022 年，西南油气田公司应用欠平衡钻井 155 井次。其中，在长宁页岩气区块 215.9 毫米井眼应用欠平衡钻井 52 井次，进尺 172 339 米，钻井液密度降低（0.15 ~ 0.35）克 / 厘米^3，平均机械钻速 14.21 米 / 时，区块指标同比提高 22.92%。在泸州深层页岩气区块 215.9

毫米井眼应用欠平衡钻井 42 井次，进尺 55 400 米，钻井液密度降低 0.18 克 / 厘米 ^{3}，平均机械钻速 9.12 米 / 时，较邻井提高 24.1%。在渝西深层页岩气区块 215.9 毫米井眼应用欠平衡钻井 61 井次，进尺 191 023 米，钻井液密度降低（0.15 ～ 0.2）克 / 厘米 ^{3}，平均机械钻速 7.62 米 / 时，较邻井提高 45.42%。（汪　瑶）

【垂直钻井技术】 2022 年，西南油气田公司应用垂直钻井系统 23 口井，累计进尺 39 421.58 米。其中，在蓬莱气区 333.4 毫米井眼应用贝克休斯公司 ATK–V、斯伦贝谢公司 Power–V 垂直钻井 11 井次，进尺 11 970.04 米，井斜控制在 1.5 度以内，平均机械钻速 7.25 米 / 时，较蓬莱气区邻井机速提高 44%。在高含硫区块 455 毫米、444.5 毫米井眼应用斯伦贝谢公司、贝克休斯公司、渤海钻探工程公司、航天深拓的垂直钻井 7 井次，进尺 5 386.35 米，井斜控制在 1.5 度以内，平均机械钻速 5.59 米 / 时，较邻井提高 27%；在高含硫区块 333.4 毫米、311.2 毫米井眼应用斯伦贝谢公司、贝克休斯公司、渤海钻探、航天深拓的垂直钻井 7 井次，进尺 7 442.58 米，井斜控制在 1.5 度以内，平均机械钻速 4.25 米 / 时，较邻井提高 21%。在下川东区块 558.8 毫米井眼应用渤海钻探工程公司 VTD、斯伦贝谢公司 Power–V 垂直钻井 1 井次，进尺 2 126.12 米，井斜控制在 1.5 度以内，平均机械钻速 2.85 米 / 时，较邻井提高 9%；在下川东区块 455 毫米、444.5 毫米和 431.8 毫米井眼应用渤海钻探 VTD、贝克 ATK–V 垂直钻井 5 井次，进尺 4 293.7 米，井斜控制在 1.5 度以内，平均机械钻速 6.31 米 / 时，较邻井提高 24%；在下川东区块 333.4 毫米、311.2 毫米井眼应用航天深拓 A4、哈里伯顿 RVS 垂直钻井 3 井次，进尺 6 304.1 米，井斜控制在 2.5 度以内，平均机械钻速 5.21 米 / 时，较邻井提高 31%。在双鱼石区块双鱼 001–H6 井眼应用斯伦贝谢公司的垂直钻井 1 井次，进尺 1 898.69 米，井斜控制在 0.7 度以内，平均机械钻速 4.66 米 / 时，较邻井提高 5%。（汪　瑶）

【膨胀管封隔技术】 2022 年，西南油气田公司开展高抗挤膨胀管材料研发、规格尺寸定型、配套工具等技术攻关，在膨胀管主体技术、井筒准备等方面形成 6 大技术系列 11 项核心技术，建立膨胀管裸眼封堵标准规范。开展不同尺寸膨胀管与井眼尺寸匹配关系研究，形成基于原井眼—扩眼—膨胀管尺寸关系的井身结构拓展方案，定型 194 毫米、299 毫米尺寸的膨胀管，在长宁区块、渝西区块应用成功。长宁区块宁 209H33 平台 3 口井将 215.9 毫米井眼扩眼至 241.3 毫米，下入直径 194 毫米膨胀管，应对韩家店组—石牛栏组低压造成恶性漏失频发、常规堵漏承压技术难以奏效的情况；足 203 井区 H5 平台 2 口井将 311.15 毫米井眼扩眼至 346.08 毫米，应用直径 299 毫米膨胀管，解决须家河组—嘉陵江组三段承压堵漏技术难以满足上部地层与下一步高压气层合打的难题，封固段长超过 600 米，恶性井漏处理周期从 58.3 天缩至 16.29 天，刷新国内膨胀管现场应用最大尺寸纪录。（汪　瑶）

【中国陆上最深天然气水平井】 双鱼 001–H6 井位于广元市剑阁县，是西南油气田公司部署在双鱼石区块田坝里构造的超深、超高温、超高压的开发水平井，由川庆钻探工程公司 90011 队承钻。西南油气田公司履行甲方职责，发挥生产指挥中心的技术支撑和联合项目部靠前指挥的优势，实施地质工程一体化，优化井身结构，优选提速工具，落实钻井参数及措施，攻克超深、超高温、超高压、纵向多压力系统、安全密度窗口窄、地层非均质性极强等难题，创区块机械钻速最快、直径 184.15 毫米悬挂套管段最长、直径 241.3 毫米井眼裸眼段及直径 149.2 毫米小井眼水平段最长等多项纪录，为中国石油超深井优快钻井积累技术和经验，也为四川盆地深层油气勘探开发奠定基础。据钻井日志记载，双鱼 001–H6 井井温超过 180℃，地层压力超过 130 兆帕，硫化氢含量 6 克 / 米 ^{3}。该井历时 471.88 天，实际钻井周期 294.22 天，生产时效 94.7%、纯钻时间 2 667.18 小时、机械钻速 3.61 米 / 时。2022 年 6 月 23 日 13 时，该井钻至井深 9 010 米完钻，完钻层位栖霞组，成为中国石油第一口超 9 000 米的水平井，创中国陆上钻探最深天然气水平井纪录。2022 年 12 月 1 日，双鱼 001–H6 井栖霞组测试获气 106.66 万米 ^{3}/ 日、无阻流量 209.17 万米 ^{3}/ 日。（王　强）

【重点风险探井红星 1 井】 红星 1 井位于四川省江油市二郎庙镇，是股份公司部署在四川盆地川西北部龙门山山前带红星潜伏构造的第一口重点风险探井，主探二叠系下统栖霞组、兼探泥盆系观雾山组，设计钻探垂深 7 740 米。红星 1 井由川庆钻探工程公司 90005 钻井队承钻，2019 年 7 月 24 日开钻。2019 年 8 月 10 日，红星 1 井 609 毫米套管采用内插管法完成固井施工作业，是中国石油川渝地区首次使用 609 毫米套管固井，创中国石油川渝地区固井套管最大尺寸纪录。该井创川渝地区 762 毫米、558.8 毫米、431.8 毫米钻头钻深纪录，609 毫米、473.08 毫米套管下深纪录，国内 139.7 毫米井眼定向井取心深度纪录。2022 年 6 月 4 日，该井钻至井深 7 779 米完钻，国内首口“八开八完”井完成下 114.3 毫米尾管固井施工，标志中国首口“八开八完”井身结构井正式完钻。（闵　军）

【罗家 24 井】 罗家 24 井位于罗家寨气田 A 井场，同井场有罗家 11H 井、罗家 12H 井、罗家 13H 井 3 口生产井，2022 年 4 月 10 日由川庆川东钻探公司 70237 钻井队开钻。西南油气田公司和川庆钻探工程公司在组织钻井过程中，按照集团公司“最高标准、最严要求、最强队伍、最优装备”要求，以打造高含硫气田“标杆井”为目标，紧扣井控安全，加强井完整性全生命周期管理。融合中外钻完井技术优势，开展钻井设计全球同行评审，优化各项技术细节，实现须家河组平均机械钻速 4.02 米 / 时，创川东北高含硫区块须家河组平均机械钻速最快纪录。首次在国内陆上引进高精度随钻测斜（Trulink）技术，“一趟钻”高质量完成 215.9 毫米井眼定向钻井作业，创 215.9 毫米井眼雷口坡组—飞仙关组造斜段周期最短、“一趟钻”进尺最长、机械钻速最高 3 项纪录。实施 244.48 毫米技术套管超低密度固井作业，降低地层水泥浆漏失风险，全井固井质量合格率和优质率双达标；使用“垂直钻井 + 旋转导向 + 精细控压”技术，井身质量合格率 100%。9 月 22 日，罗家 24 井安全钻进至 5 250 米完钻，钻井周期 165 天，平均机械钻速 6.05 米 / 时，较计划钻井周期提前 3 天完钻，实现罗家 24 井高质量建井目标。11 月 8 日，罗家 24 井飞仙关组测试获气 206.68 万米 ^{3}/ 日、无阻流量 1 183.65 万米 ^{3}/ 日，测试产量创西南油气田公司 2022 年新井测试气量新高，日无阻流量创罗家寨气田单井最高纪录。该井是川东北天然气项目作业权移交后中国石油担任川东北天然气项目作业者在罗家寨气田钻获的第一口日产超过 200 万立方米的高含硫工业气井。（闵　军）

钻井液

【概述】 川庆钻探工程公司钻井液从业人员 1 439 人，其中教授级高级专业技术职称 1 人、高级专业技术职称 110 人、中级专业技术职称 303 人；按学历分有博士研究生 9 人、硕士研究生 77 人、本科 432 人。2022 年，钻井液工作围绕提质增效，提升超深井、超长水平钻井液技术水平，井漏和卡钻专项治理取得成效。开展系列钻井液技术攻关，攻克瓶颈技术；推进钻井液服务保障工作，保障蓬深 6 井完钻井深 9 026 米的亚洲最深井纪录等深井、超深井的安全钻进。当年为 2 211 口井提供钻井液技术服务，完成进尺 706.87 万米。完成井平均井深 3 197.06 米，增加 120.1 米，增长 3.9%；钻机月速 2 416.93 米 / 月，机械钻速 12.54 米 / 时；钻完井周期 38.73 天，同比减少 3.49 天，提速 7.97%。完成 5 000 米以上深井气井 138 口、深井油井 13 口，深井提速 6.64%。完成致密油气井 316 口，平均井深 3 718 米，同比减少 421 米，钻完井周期 29.46 天，提速 8.57%。在提供钻井液服务的区域堵漏 1 191 次，一次堵漏成功 668 次，成功率 56.09%，同比提高 7.66%，完成进尺 518.98 万米，漏失钻井液 16.64 万立方米，万米漏失量 320.65 立方米，同比减少 16.06%。钻井液业务收入 24.42 亿元，同比增加 2.6 亿元，增长 11.9%。（李晓阳）

2022 年 6 月 30 日，川庆钻井液公司重庆管理部在广胜 1 井举办基层队 HSE 标准化建设观摩活动　　龙　琼　摄

【钻井液技术攻关】 2022年，川庆钻探工程公司开展钻井液科研项目45项，其中集团公司级5项、中油技服级4项，申请科技奖励13项，申请发明专利8件、软件著作专利1件，论文发表14篇。研发抗200℃水基钻井液用降滤失剂、润滑剂和降黏剂；联合高校研究二氧化碳污染机理，研发形成抗酸气污染钻井液体系，在高石009-H4井开展先导试验。开展硫化氢对钻井液污染及防硫除硫技术研究，优化体系防硫除硫配方工艺，开发川东北高含硫地层承压堵漏材料。开展钻井液智能调度及可视化研究，从输送距离、供求平衡、经济效益三方面推荐智能调度方案，实现钻井液数据和转运流程可视化及调度智能化。以复合抑制技术为核心，提高钻井液防塌能力，降低钻井液密度，促进重点区域钻井提速。在蓬莱气区蓬深101井、蓬深104井、遂深1等井的上部井段应用高钾双聚低固相技术，试验降低钻井液密度，实现机械钻速快速提升，井壁稳定。蓬深101井660.4毫米井眼钻井液密度从1.45克/厘米^{3}降至1.18克/厘米^3，3.6天钻完700米；蓬深104井406.4毫米井眼钻井液密度从原1.7克/厘米^{3}降至（1.07～1.27）克/厘米^3，4.5天钻完1 170米，较邻井快15天。在致密气水平井应用“塑性颗粒+树脂纤维”技术，构建致密泥饼，降低钻井液在砂岩层的渗漏，钻井液密度从1.7克/厘米^{3}降至1.45克/厘米^3，杜绝卡钻故障发生，平均钻井周期10天左右，永浅201井完钻周期7.77天。在长庆油田苏里格地区应用“复合盐低固相技术+复合强封堵”技术，解决水平井塌漏问题，减少一层技术套管，扭转前期复杂多、周期长的困难局面，提速明显；延长46口页岩油水平井，以钻井液密度（1.23～1.25）克/厘米^{3}完钻，钻井顺利，钻井周期20天。在新疆以高密度聚合物钻井液体系攻克吉迪克组硬脆性泥岩高应力、破碎的垮塌和卡钻难题，克深1901井“三开”中完较设计提前57天，博孜19井中完提前94天，麦探1井实现塔西南区块下寒武系易垮塌卡钻地层安全快速钻进。

（李晓阳）

【井漏复杂攻关】 2022年，西南油气田公司针对“漏、塌、溢、浸”等钻井工程难题，开展地层压力预测、异常压力分布、小断层及裂缝预测等分析，通过“钻前预测、钻中快速跟踪、钻后定量评价”形成系统性应对方案，实现有效预防、快速处置，提升现场治漏效率。升级配套“刚性粒子+桥接”堵漏、高失水堵漏、“凝胶+桥浆”堵漏及“凝胶+水泥”堵漏等系列堵漏工艺技术，提高现场堵漏材料及配方的原钻具通过性，优化体系配套，升级堵漏工艺，现场治漏效率提升，一次堵漏成功率61%。针对漏失通道尺寸判定不清、堵漏材料与漏层尺寸间匹配性差等难题，研发温控固化剂，引入超分子聚合物、结构强化剂、缓凝剂，形成适用地层温度60～160℃、固化时间可调、密度达2.5克/厘米^{3}的温控型固化堵漏技术，现场应用效果良好。集成应用随钻树脂纤维、颗粒型随钻胶结型材料、多级配封堵刚性颗粒等材料，形成油基随钻封堵剂，对于油基钻井液条件下的微小漏失治理取得良好效果。研发形成多种油基钻井液桥堵材料。其中，片状油基堵漏剂具有微膨胀性，克服传统堵漏剂在油基钻井液中分散性差的缺点，提高油基钻井液的堵漏成功率，在长宁区块等100余口页岩气井成功应用，堵漏成功率66%；油膨胀型堵漏剂含有“吸油膨胀胶结剂+亲油性堵漏材料”，利用吸油膨胀特性，在漏层中变形充填裂缝，有效封堵漏层，在蓬深1等井应用50余井次，一次堵漏成功率高于60%；油基高滤失固化堵漏剂，采用基础油直接配置，固结后抗压强度大于4兆帕，丰富了油基钻井液治漏手段。

2022年，川庆钻探工程公司以“塑性粒子+纤维封堵”构成钻井液多元封堵技术核心，结合优质流变性和大排量洗井，降低故障复杂发生。应用多元多聚和优化高温稳定性能，有效治理长裸眼小井眼垮塌和井眼清洁难题，在龙岗64井、高石018-H3井、泸探1井等井实现安全顺利钻井。长水平段超深井低密度油基钻井液在罗家24井、坡002H4井等井应用，保障低压高渗低层长段小井眼安全快速钻进。在长庆陇东深层水平井应用“强封堵+精细操作”技术，钻井15口，故障为零。升级油基解卡液技术，优化、固化处理剂技术要求和工艺配方，结合钻井液强化高渗低压井段封堵技术，发生压差卡钻19井次，一次泡液解卡16井次，一次解卡率升至80%以上，遏制了故障蔓延。开展蓬莱气区酸性气体污染防治，研究超高密度钻井液二氧化碳污染机理，优化综合处置措施，及时消除酸根离子影响，在蓬深7井、蓬深8井、蓬深9井、蓬探106井、蓬探108井等井，处理茅口组污染时间平均缩短至1天，处置时间下降70%。同时，研发形成高密度抗二氧化碳稀释剂，研究试验抗二氧化碳体系，在高石 009-H4 入井试验，钻井液性能稳定，技术成果得到初步验证。

（汪　瑶　李晓阳）

【地质工程钻井液一体化】 2022 年，川庆钻探工程公司多专业联合攻关，开展工程地质一体化的井漏预防和治理。在川渝地区组建井漏治理办公室，推进“地质工程钻井液一体化”高效治漏，集成应用多技术，多专业、多单位协同制定现场施工规范。推进新技术新产品试验，开发温敏固结堵漏、多功能固结堵漏、油膨胀性堵漏等新技术，开展 2 000 井次井井漏大数据分析，实现治漏信息支撑，形成区域井漏特征和治漏提示；依托“井漏预防与堵漏新技术研究与试验”专项，针对不同漏失特征，推广刚性颗粒＋桥浆复合堵漏技术、固结堵漏技术、凝胶＋纤维水泥等多种组合治漏技术方案。当年在川渝地区堵漏 410 次，一次堵漏成功 261 次，成功率 63.66%，同比提高 6.43%。堵漏作业进尺 82.64 万米，漏失钻井液 75 559.95 立方米，万米漏失量 914.28 立方米，同比减少 27.32%，井漏复杂时率 3.75%，同比降低 1.5 个百分点，下降 28.59%。细化长裸眼堵漏找漏方法，规范逐次堵漏工序，优化固井井筒承压要求，2022 年在川渝地区承压堵漏 26 井次，其中 23 次完成承压目标，达标率 88.5%，单井承压平均耗时由上年的 267.7 小时降至 133.38 小时，同比下降 50.18%。在苏里格水平井长裸眼井漏治理中，应用温度、环空流速等测井找漏技术确定漏层位置，提高漏层识别成功率，堵漏成功率 100%。运用油基钻井液堵漏技术一次性解决塔里木油田公司博孜 25 井“五开”耗时两个多月井漏复杂难题，恢复正常钻进。

（李晓阳）

【钻井液生产保障】 2022 年，川庆钻探工程公司在川渝地区建成钻井液转运站 7 个，正在建设中的 1 个，具备 2.1 万立方米储备能力，常备储备量 8 000 立方米左右，能保障川渝地区 95% 的井在 2 小时内使用到钻井液。在长庆地区自主研发用于水基钻井液钻屑干湿分离装置，实现精细化钻井液不落地，钻屑含水量由以前的 40% 以上降至不足 30%，全面取代废钻井液破胶压滤，减少钻井废弃量。

（李晓阳）

【川渝地区钻井液服务】 2022 年，西南油气田公司持续完善重点区块钻井液模块方案和承压堵漏模板，细化分段钻井液工艺技术，优化钻井液配方及处理剂配比，保障水基钻井液和油基钻井液的综合性能优良。针对蓬莱气区长兴—龙潭—茅口井普遍发生二氧化碳酸性气体严重污染，破坏钻井液流变性能问题，钻井液用量超过 7 000 立方米，现场采取提高钻井液密度压稳地层等措施，实钻密度最高达 2.5 克 / 厘米^3，但超高密度体系对酸气污染更加敏感。通过深入研究与分析酸气污染机理，制定综合防治措施，同时强化处理剂优选、体系固相容量限提升、封堵润滑性等，形成抗酸性气体污染钻井液体系，抗碳酸根 / 碳酸氢根污染 1 万毫克 / 升以上。针对四川盆地多个构造的井壁失稳难题，在聚磺钻井液中引入润湿反转、固相粒度分布调节、瞬时失水控制等技术，形成具有即时封堵井壁孔隙、胶结近井壁带微裂缝的油润湿性致密滤饼，在高石梯—磨溪、莲花山等大斜度长页岩井段和破碎性垮塌井段应用，节约钻井周期 33.5%，井径扩大率降低 52%，划眼时率降低 93.9%。针对川东北高含硫低压储层钻井难题，储层设计钻井液密度仅（1 ～ 1.05）克 / 厘米^3，通过高效除硫剂研发、多元多级软硬结合高效封堵材料设计，形成低密度抗硫油基钻井液技术，实现 3% 除硫剂加量下，体系密度、封堵等各项需求满足要求，保障高含硫井的安全钻进。针对页岩气区块破碎带断层、裂缝发育，产层龙马溪组岩石脆性指数高，施工水平段长易形成岩屑床的主要问题，通过研发纳米封堵剂，实现微—纳米级孔缝封堵，结合多元封堵和段塞封闭工艺技术，满足页岩气水平井的封堵固壁要求；利用水平井岩屑床厚度的相关影响因素研究成果，优化钻井液水力参数和流变参数，改善水平段悬浮携砂井眼清洁能力，解决水平井岩屑沉淀床阻卡问题，形成页岩气强封堵油基钻井液技术，保障川渝页岩气水平井的优快钻井。

2022 年，川庆钻探工程公司在川渝地区完成溢流压井 52 井次，启动三级井控应急响应处置程序 8 次。完成 4 个成熟区块 10 个钻井液提速模板，编制《压差卡钻量化分析及应对措施》《蓬莱气区小井眼井壁失稳分析及下步应对措施》等工艺规范指导现场作业，推进钻井提速工程。采取多种措施降低故障复杂时率，保障区域安全钻进。在技术管理方面，细化区块钻井液技术模板，分别下达材料成本、重点区块模板执行率、甩干油回用及各项复杂控制指标；完善和推广酸气污染治理技术模板，降低污染治理成本；细化密度控制措施，杜绝上部大尺寸井眼粘卡；强化小井眼段性能及密度控制，强化封堵性和失水造壁性；致密气区块钻井液密度降至（1.4～1.45）克/厘米^3，在降低沿程损耗的同时解决长段划眼阻卡的问题，实现零卡钻。通过强化技术管理攻关和复杂治理，持续降低事故复杂率，川渝地区钻井故障复杂时率降低13.11%。井漏治理办公室协调复杂井漏预防治理，开展新技术研究、新材料现场实验，完善主要区域堵漏工艺规范，攻关形成8系列20项技术。川渝地区堵漏410次，一次堵漏成功261次，成功率63.66%。（汪　瑶　李晓阳）

【长庆地区钻井液服务】 2022年，川庆钻探工程公司持续优化钻井液体系，创建青石茆新区技术模板，加速“气化宁夏”建设步伐，通过体系优选、强化性能、优化工程参数，完井11口，常规井提速52.23%，水平井提速25.24%。完善抗高温钻井液技术，规范自上而下17个层位返速匹配标准及不同井深下钻井液最佳性能参数，推动陇东气井量质齐升，完成37口井，其中气水平井15口，提速9.84%。优选双盐低固相钻井液技术，推广运用氯化钠—氯化钾强抑制钻井液体系，累计应用53口井，平均钻井周期17.34天，保障延长总承包项目稳健发展。优化CQCG-G钻井液体系性能，集成长南165.1毫米气井小井眼快速钻井配套技术，完成小井眼464口，平均机械钻速24.07米/时，电测成功率86.64%，其中反承包项目完成37口井，电测成功率91.89%。开发CQST-2钻井液体系，完成5口盐下高含硫井，平均钻井周期53.88天。研发强封堵高黏切水基钻井液体系，应用3井次，保障页岩气、灰岩水平井施工安全。开展二氧化碳注气区配套钻井液技术研究，采用塌漏分治、“三开”性能优化及密度控制等措施，在新源31平台完成更新井5口，平均钻井周期20.46天，助力长庆油田CCUS项目建设。持续推广CQSP-RH钻井液体系，完成超长水平段水平井3口，较上年钻井周期减少4.8%，每米钻井液成本下降23.71%，其中桃2-6-30H1井水平段4 443米。开发多参数漏层识别技术，降低单井堵漏次数，指导井漏治理，其中李20-29H1井漏层定位至3 078米，通过固化堵漏实现靶向治漏一次成功。采取随钻旁通阀不起钻堵漏技术，减少起下钻趟数，提高钻井时效，全年应用17口井，开阀堵漏37次，减少起下钻时间1 500小时。规模化应用超分子凝胶堵漏技术，解决高承压堵漏难题，凝胶抗温能力从95℃升至120℃，应用26井次，平均单井堵漏时间降低23.52%，平均单井堵漏成本降低7.85%。加强钻井清洁生产设备工艺研发，围绕水基钻井液废弃物处理，开展钻井综合利用处理、钻井液废弃物处理回用等技术，实现“源头清洁化、过程减量化、末端资源化、装备集成化”的钻井清洁生产新模式。实施钻井液“不落地”1 258井次，拉运岩屑及无害化处置1 006口井53.64万立方米，平均单井534立方米；合理重复利用钻完井液10.08万立方米，重复利用率72.33%。开展抗泥包润滑剂研发与试验、抗220℃淡水基钻井液降滤失剂研发及长庆地区深层页岩气水平井水基钻井液体系研发等系列技术攻关，在新型堵漏剂、高效润滑剂、抗超高温关键处理剂及配套技术体系方面取得成效。完善实验平台功能，提升支撑保障能力，全年支撑各类实验研究1 000组，整体仪器运行工时986小时，仪器设备使用饱和率78%，为各类科研项目实施提供技术支持。（李晓阳）

【新疆地区钻井液服务】 2022年，川庆钻探工程公司转变在新疆钻井液技术服务思想，争取甲方在合同费用和考核追加条款上给予更多支撑；把控追加资料质量关，做到现场资料、生产报表、追加报告等资料完整翔实，实现合同外工作量应追尽追；督促井队和项目部完成好合同外工作量签认。当年产建事业部完成15口井考核钻井液追加收入1 318.31万元，实现盈利1 428.54万元。针对塔西南勘探区块易塌易漏破碎性地层故障复杂频发，制约钻井安全提速难题，开展“塔西南勘探区块破碎性地层钻井液技术研究及应用”。开展高密度聚合物钻井液体系研究应用，攻克吉迪克组垮塌和卡钻难题，克深1901井完钻周期266.6天，刷新该区块超深井最短钻井周期纪录。利用水基欠饱和盐水钻井液解决盐岩蠕变和目的层井漏两大难题，实现大北13井高压盐层和低压目的层套打，为塔里木油田大北区块盐底卡层开辟另一种可行的技术方案，大北13井完钻周期139.9天，刷新大北区块超深井最短钻井周期纪录。优化技术模板，树立“全力保障工程降低事故复杂时率，为钻井安全提速提供优质服务”工作理念，地质、钻井、钻井液、装备、定向等特殊工艺技术“五位一体”，节约建井周期和钻井液维护费。2022 年，产生水基钻井液 10 816 立方米，回收重复利用 8 240 立方米，处置 2 576 立方米，水基钻井液回收率 76.18%，节约钻井液材料费 628.86 万元，扣除运输费 109.73 万元，实现降本 519.13 万元。塔北、塔中区块 15 口井碳酸盐岩目的层漏失钻井液 3.32 万立方米，恶性井漏发生后使用低成本方案，配制钻井液 1.91 万立方米，降低成本 72 元 / 米 ^{3}，节约材料费 137.52 万元。（李晓阳）

【页岩气钻井液服务】 2022 年，川庆钻探工程公司从助推钻井提速提效、降低故障复杂率等方面保障页岩气高效低成本开发，完成页岩气平台产建井 51 口，平均井深 5 259 米，同比增加 244 米，钻机月速 1 978.92 米 /（台 · 月），机械钻速 8.38 米 / 时；提速 10.05%。针对自 201 井区、自 202 井区普遍存在龙一 ^{2} 与龙一 ^{1} 灰色页岩和黑色页岩过渡带地层破碎、易垮塌问题，优化技术措施，制定多元多级封堵防塌方案，使用“刚性粒子 + 树脂纤维 + 沥青胶粒”封堵，改善泥饼质量，提高井浆封堵性能，在自 201H54 平台取得良好效果。总结已完井经验教训，配合钻井主体，制定《泸 203H10 平台钻井液施工方案》《自 201H54 平台钻井液施工方案》《大安区块钻井液施工方案》等系列施工方案模板，优化技术思路方法，细化具体措施，为作业一线安全快速施工提供技术保障。组织技术力量，为大安区块提供优质钻井液技术服务，助推钻井提速提效。大安 1H26–1 井 29.92 天钻完“三开”中完，井深 3 563 米，第一个实现 30 天内“三开”钻完目标，创大安区块前“三开”最短钻井周期纪录。大安区块第一口开发井水平井大安 2H1–1 井钻井周期 82.94 天，创大安区块最深井深、最短钻井纪录。在自贡、大安、威远等区块上部地层采取强封堵强抑制降密度措施，解放机泵负荷，加大钻进排量，提高机械钻速，创造一系列新的纪录。（李晓阳）

【海外市场钻井液服务】 2022 年，川庆钻探工程公司在土库曼斯坦开展钻井液服务 15 口井、完井液服务 13 口井，完成钻井液服务 10 口井、完井液服务 13 口井，完成内部价值工作量 986 万美元、外部市场价值工作量 313 万美元，全年重复利用钻井液 5 316 立方米，节约钻井液费用约 212 万美元。南美市场的厄瓜多尔分公司在稳住已有钻井液技术服务市场前提下，开拓新的市场，6 支钻井液项目技术服务作业队至当年 10 月 20 日完成钻井液服务井 49 口，同比增长 32.4%，进尺 14.6 万米，完井液服务 23 口井，未发生安全环保事件；秘鲁钻井液技术服务项目因新冠肺炎疫情停工 8 个月后重新启动，完成 1 部钻机 5 口井的钻完井液技术服务工作量，累计钻井进尺 7 070 米。巴基斯坦石油天然气开发有限公司北部和中南部区块的 2 个钻井液合同收官，现场钻井液技术服务实现全员本土化，在巴基斯坦油服市场树立川庆钻探工程公司“川庆钻探钻井液”（CCDC Drilling Fluid）品牌。（李晓阳）

【钻井液质量控制】 2022 年，川庆钻探工程公司钻井液服务单位加强井筒质量建设，严格监控入井材料和流体，抽检入井材料 2 804 次。川庆钻井液公司质检入库油田化学剂 976 批次，出具合格质检报告 961 份，退回不合格的 13 批次产品；支撑进尺服务 258 口井，开展钻（完）井液自查 6 万余次，关键性能指标均符合设计和区块模板要求。川庆钻采院抽检入井材料 21 次，检测的 57 个性能指标均达标，入井材料及流体质量达标率 100%。川庆新疆分公司抽检入井材料 18 次，检测的 113 个性能指标均达标，入井材料及流体质量达标率 100%。川庆长庆钻井总公司批次抽检入井材料样品 1 789 个，发现不合格的产品 22 批次，并作停用处理，合格率 98.8%，入井材料质量合格率 100%。（李晓阳）

固井

【概述】 2022 年，川庆钻探工程公司完成固井施工作业 13 194 井次，其中固井 8 468 井次，其他注水泥浆作业（含二固技措井）4 726 井次。其中：川庆井下作业公司完成各类固井施工 2 098 井次（固井 1 165 井次，其他注水泥浆作业 933 井次），注入水泥量 155 664.35 吨；川庆长庆固井公司完成固井施工作业 11 096 井次（固完井 3 534 口 7 303 井次，二固技措井和老井封井 1 499 口 3 404 井次），注入水泥量359 412吨。固井质量合格率92.9%（总井数3 446口，不合格井243口），固井胶结质量优质率提高3.26个百分点（83.16%升至86.42%）。其中，川庆长庆固井公司固井质量解释评价3 158口，158口井固井质量不合格，合格率95%；川庆井下作业公司固井质量解释评价517口，51口井固井质量不合格，合格率90.2%。

（谭雷川）

【固井工艺技术研究应用】 2022年，川庆钻探工程公司在龙兴1井、蓬深4井、双鱼001-X8井、德探1井、红星1井、双鱼001-H6井、蓬阳1井等12井次推广应用自动控压固井技术，CemMaster PLus固井工程优化设计软件应用295井次、固井施工实时仿真模拟系统现场应用15井次，电测解释平均合格率82.86%，封固质量较常规固井提升，基本解决窄安全密度窗口固井技术瓶颈，全自动精细控压固井技术日渐完善。针对川渝地区复杂深井下套管难题，持续升级优化CemMaster固井工程设计软件，改进通井管柱相容性算法，引入井眼曲率因素，分析管柱曲率和井眼曲率匹配性，匹配合适再进行钻具组合与套管柱的加权刚度系数叠加比较。针对高含硫气井窄密度窗口下套管时，激动压力导致井漏、气窜等问题，建立基于温度场变化的激动压力计算模型，该压力模型在磨溪151井的误差13.4%、蓬莱13井的误差20.5%、坡002-H4井的误差18.5%，3口井平均误差17.5%，为高含硫气井下套管速度计算提供依据。

（谭雷川）

【固井工具研制】 2022年，川庆钻探工程公司针对蓬莱气区深井、超深井复杂下套管中途开泵影响悬挂器座挂问题，完成套管循环压力无限制尾管悬挂器结构设计、套管循环压力无限制尾管悬挂器液缸压力传递控制机构设计和单元试验，套管循环压力无限制尾管悬挂器液压力传递控制机构与悬挂器主体结构匹配设计，完成各类图纸设计100余张。完成365.13毫米×273.05毫米高压重载尾管悬挂器的研制，该悬挂器密封压力90兆帕，封隔压力70兆帕，抗拉强度和悬挂能力达到3 000牛，在蓬深6井固井作业中，365.13毫米×273.05毫米高压重载尾管悬挂器创川渝井深6 418米和悬挂段长3 716米两项纪录。177.8毫米×127毫米高温尾管悬挂器在磨溪107-C1井创高石梯—磨溪地区127毫米尾管段长新纪录。完成273.05毫米×177.8毫米尾管悬挂器的高压气密封压力等级升级，通过第三方90兆帕气密封性能试验，川庆井下作业公司的尾管悬挂器迈上新台阶。自主研制的TPF-140全通径套管漂浮器于2022年7月9日在致密气井中浅206-9-H2井成功入井；11月27—29日，TPF-140全通径套管漂浮器先后在永浅211井、永浅3-1-H2井应用，套管下入顺畅，达到套管安全下入目的。针对深层高泵压、高回压固井后高压试压窜漏难题，研制新型“Ω”双胶塞，油层套管固井压力等级由60兆帕升到90兆帕，产品在泸州、自贡、黄瓜山等深层页岩气应用16井次，满足垂深超4 300米（大页1垂深4 334米）、井深超6 400米（泸203H9-1井深6 410米、水平段2 550米）施工泵压超65兆帕的深层页岩气固井作业要求，该产品在深层页岩气固井作业得到推广。

（谭雷川）

【固井工作液研制】 2022年，川庆钻探工程公司自主研发的树脂水泥体系在威202H28-2井244.48毫米管固井中完成首次现场试用，经检测浆体无问题，泵注作业正常，对该井进行相对声幅测井评价，第一胶结面树脂水泥浆封固段（1 800～2 100米）优质率53.05%，合格率95.35%；第二胶结面树脂水泥浆封固段（1 800～2 100米）优质率74.19%，合格率98.77%，封固段测井质量均高于全井固井水平，证明树脂水泥浆较常规水泥浆能有效提高固井质量，长久保持井筒密封。自主研发的适用于200℃的超高温悬浮稳定剂在蓬深7井和蓬探105井127毫米尾管固井中应用，应用温度160℃，性能稳定，填补川庆钻探工程公司超高温悬浮剂空白。自主研发的高强韧性低密度韧性防窜钻井液在大页1H井273.05毫米套管使用，效果良好，电测优质率77%，合格率98.4%；在川南储气库牟储1井244.48毫米套管和老储1井273.05毫米套管应用密度1.5克/厘米^{3}和密度1.9克/厘米^{3}的韧性防窜钻井液体系，电测初步解释合格率均超98%，其中牟储1井优质率91%。铜储5井技术套管采用1.3克/厘米^{3}高强韧性低密度水泥浆，固井质量合格率99.6%，优质率93.4%。固井优质率成果为该体系在储气库中继续应用奠定了基础。自主研发的防腐蚀水泥浆在川东北坡005-X3井应用，施工防腐蚀水泥浆封固井段

500 ～ 745 米，实际注入防腐蚀水泥浆 25 立方米，平均密度 1.92 克 / 厘米 ^{3}，泵压 11 ～ 13 兆帕。该防腐蚀水泥浆的研制与应用，提高了川庆钻探工程公司在高含硫气藏固井领域的竞争力。（谭雷川）

【克深 1901 井固井】 克深 1901 井是塔里木油田公司部署在塔里木盆地库车坳陷克拉苏构造带拜城断裂带克深 19 号构造东翼的评价井。该井“四开”采用 196.85 毫米 +206.38 毫米套管回接至井口，2022 年 11 月 15 日，川庆井下作业公司新疆分公司完成回接固井作业，注入水泥浆 132 立方米，施工泵压 21 ～ 27 兆帕，一次封固段长 0 ～ 6 793.28 米，固井质量合格率 98.4%，创集团公司一次性固井水泥封固段最长纪录。（谭雷川）

【东河 1-H9 井治理】 东河 1-H9 井是塔里木油田“老井”套损治理井，人工井底 6 320 米，在井深 4 215.41 米处套管错断变形。施工井段井下情况复杂，具有井深、温度高、小间隙、排量低、高泵压、水平井等难点，无法以常规方法开展注塞作业，随即采用连续油管注塞治理。2022 年 2 月 14 日，川庆井下作业公司新疆分公司采用“拖动式”连续油管注水泥塞施工，注入水泥浆 18.2 立方米，封固井段 4 800 ～ 6 313 米，段长 1 513 米，创集团公司连续油管注水泥塞施工段长纪录。（谭雷川）

【博孜 25 井固井】 博孜 25 井是塔里木油田公司的重点预探井，由川庆新疆分公司 90002 队承钻，川庆井下作业公司 GJ36212 队负责固井作业。该井 431.8 毫米井眼同时钻遇高压气层和低压漏层，压力窗口窄，累计漏失钻井液 1.4 万立方米，井筒内高压气层压不稳、排不尽，井下情况复杂。2022 年 3 月 15—17 日，通过下入 365.13 毫米套管，采用双级固井工艺，累计注入水泥量 690 吨，施工排量 5 米 ^{3} / 分钟，解决该井大尺寸井眼恶性漏失和井控复杂，为下一步正常钻进提供保障，创集团公司单开次固井注入水泥量最多纪录。（谭雷川）

【蓬深 6 井固井】 2022 年 3 月 10 日，川庆钻探工程公司完成 282.58 毫米非标套管悬挂固井施工作业，以套管下深 6 418 米、裸眼段长 3 510.98 米、悬挂段长 3 716.67 米、最大浮重 452 吨，创太和气区块非标悬挂套管下深最深、裸眼段长最长、悬挂段长最长、悬重最重 4 项纪录。8 月 25 日，完成 184.15 毫米非标套管悬挂固井施工，累计下入非标套管 228 根，创太和气区块 241.3 毫米井眼非标悬挂套管下深最深、裸眼段长最长、悬挂段长最长、管柱最大悬重最重 4 项纪录。

该井存在裸眼段长、尾管入井困难、固井施工时间长且井温高等技术难点，对尾管悬挂工具的性能保障是一项极大挑战。该井工具入井、送钻、坐挂、丢手、注水泥等均一次性成功，浮箍密封良好，为川渝超深复杂油气井大套管尾管悬挂固井技术探索提供攻坚“利器”。

（谭雷川）

【中寒 2 井固井】 中寒 2 井是塔里木油田公司部署在塔里木盆地中央隆起塔中凸起北斜坡中寒 6 号构造的预探井，2022 年 2 月 27 日，川庆钻探工程公司井下作业新疆分公司在该井 8 156 ～ 8 456 米完成注水泥塞作业，打破原双探 7 井注水泥塞井深 7 770 米的纪录，创川庆钻探工程公司注水泥塞作业深度 8 456 米的纪录。（谭雷川）

【桃 2-6-30H1 井固井】 桃 2-6-30H1 井是长庆油田公司部署的一口天然气超长水平段水平井，位于内蒙古自治区鄂尔多斯市乌审旗苏力德苏木蘑菇滩村，由川庆 70210 钻井队承钻。该井为“三开”结构水平井，完钻井深 7 883 米，目的层盒 8 段，裸眼段长 3 931 米，2022 年 5 月 7 日开钻，7 月 27 日完钻，8 月 8 日下套管作业，8 月 10 日套管下至井底，经 13 小时循环处理钻井液，排量每分钟 200 ～ 880 升，最高排量时压力 8.6 ～ 9.8 兆帕，8 月 10 日 20 时 37 分实施固井作业，累计注入液量 58 立方米（前置液 4 立方米、水泥浆 54 立方米）、压胶塞 4 立方米（排量 0.5 米 ^{3}/分，泵压 0.5 兆帕），替量至 54.8 立方米起压（设计量 55.1 立方米）碰压，起压 18 兆帕，碰压至 23 兆帕，稳压 10 分钟后压力升至 24.2 兆帕，泄压后断流，常压关井候凝。该井水平段固井一次上返封固段长 5 653 米，创长庆区块水平井套管固井一次性封固段最长纪录。应用漂浮下套管技术，选 1.4 克 / 厘米 ^{3} 耐压低摩阻钻井液 +1.9 克 / 厘米 ^{3} 高强韧性钻井液体系，利用固井仿真一体化系统，多项模拟顶替效率等，配套水平井固井工艺，完成固

井施工作业，固井质量合格。（谭雷川）

2022年8月10日，川庆长庆固井公司在苏里格区块桃2-6-30H1井实施114.3毫米水平段固井施工 谭雷川 供

录井

【概述】 2022年，西南油气田公司录井业务由中国石油的川庆钻探录井公司、渤海钻探录井公司、大庆钻探录井公司、长城钻探录井公司、西部钻探录井（吐哈）公司和中国石化的中原录井公司、江汉录井公司、西南录井公司、华东录井公司9家单位提供，当年完成录井527口，其中综合录井527口，综合录井覆盖率100%。地质预报9 328次，工程预报1 396次，预报准确率均为100%；取心井数58口396筒次，累计进尺4 213.66米，心长4 031.96米，收获率95.7%；录井验收113口，其中录井质量优秀62口、良好39口、合格12口，无不合格井，录井质量合格率100%。考核录井队伍79支，“千分制”平均得分927分。

2022年，川庆钻探工程公司录井专业应对新冠肺炎疫情及市场挑战，加强技术管理，提升录井质量，全面保障生产需求；优化人才队伍结构，评聘高级专业技术职称16人，选聘技师、高级技师28人，选聘二级、三级工程师21人。当年完成国内外录井进尺396万米，同比增长12.82%；录井施工1 434口井，同比增长18.12%。完成地质导向140井次，储层平均钻遇率97%；完成地质设计2 560口，单井跟踪解释评价90口。油化施工8万余井次，实验分析样品1万余个。关键层位卡准率、油气显示发现率、异常预报率均100%。录井专业实现经营收入8.41亿元。（王翔 李斌）

【录井市场服务】 2022年，川庆钻探工程公司优化录井市场业务布局，站稳川渝市场，稳步拓展长庆市场，维持土库曼斯坦阿姆河等科研项目工作量。全方位支撑苏里格区块、威远页岩气风险作业区块及厄瓜多尔分公司等区块的业务，国内科研市场新增蜀南气矿、川中北部采气管理处的地质研究业务。紧跟油气田勘探开发、上产稳产部署，一体化统筹特殊录井、地质导向、跟踪评价、排水采气、实验分析业务，实现国内外市场均衡发展。苏里格合作区块开发效果提升，获百万立方米级气井8口，年产量超19亿立方米，创历史新高。威远页岩气风险作业区块井区立体开发研究取得多项成果，年产气超26亿立方米。厄瓜多尔分公司的P油田通过加强储层预测攻关和加快南部开发规划，落实潜力区4个，年产油120万桶，超历史同期水平。土库曼斯坦阿姆河项目形成增压开采优化、精细建模等技术体系，34个气田平稳生产，部署开发井30余口，新增日产量超千万立方米，年产气145亿立方米。在西南油气田公司挖潜老井，先导试验初显成效，优选区块5个，实施措施井53口，增加天然气产量443万立方米、原油79.5立方米；确定潜力接替区块5个，论证地质目标48个，为后续产能发挥奠定基础。（李斌）

【录井新工艺新技术研究试验与应用】 2022年，西南油气田公司继续使用元素伽马技术，确保钻井过程中准确卡准层位、合理进行储层评价；开展水平井岩屑流录井监测技术研究与应用，快速识别水平井井壁稳定情况；试验在线氯离子检测技术，快速识别水基钻井液中氯离子含量；试验现场核磁共振技术，快速解释岩心、岩屑样本中的关键储层评价参数；试验同位素录井技术，寻找页岩气水平井地质甜点区。

2022年，川庆钻探工程公司推广应用录井新技术，部署地质工程一体化跟踪评价。全年投入6 500万元用于科技研发，形成8大勘探开发技术体系、6大录井技术系列，7项科技成果达国际先进水平。申报发明专利34件，省部级科技奖、专利奖 27 项，多项成果应用于自营区块，产生效益 4 850 万元。推进数字赋能工作，支撑“数智化”转型，开展数字化井场试点，建设主链路双网络。研发完成“数字井场集成技术深化与推广研究”项目和“工程作业智能支持系统 3.0”。勘探开发地质综合支持平台（GSP）实现井筒地质全数据管理、线上生产协同、远程技术支撑一体化。发挥 EISC 工程地质一体化作用，形成“专家决策 + 指令直达 + 现场执行”的技术支持架构，支撑高风险井安全钻井。川庆地研院获川庆钻探工程公司“‘十三五’科技创新先进单位”和“‘十三五’信息化工作先进单位”称号。（王　翔　李　斌）

试油修井及地层测试

【概述】 2022 年，西南油气田公司完成试油井 301 口（常规井 56 口、页岩气井 160 口、致密油气井 85 口）。其中，探井 39 口 62 层，累计获测试日产量 768.97 万立方米；开发井 17 口，累计获测试日产量 1 710.77 万立方米；致密气井 85 口，累计获测试日产量 3 073.83 万立方米；页岩气井未测试求产。

2022 年，川庆钻探工程公司开展试油修井及地层测试技术服务业务的二级单位有川庆井下作业公司、川庆长庆井下技术公司、川庆试修公司、川庆新疆分公司、川庆国际工程公司、川庆钻采院。在册总人数 2 803 人。有试油队 56 支、大修队 32 支、侧钻队 6 支、地面计量队 23 支、地层测试队 9 支、带压作业队 25 支、连续油管队 38 支、试井队 8 支。配套试油修井主要动力设备 244 台（套），其中通井机 110 台、车载式修井机 134 台、带压作业机 22 套、连续油管车 26 套、试井车 11 台。配套测试设备及工具 126 台（套），其中液气分离器 101 台、测试工具 25 套。施工作业区域遍及川、渝、陕、甘、宁、内蒙古、晋、新疆等省（自治区、直辖市），同时在土库曼斯坦等国家开展国外工程技术服务，具有丘陵、沙漠、戈壁、山地、黄土塬等复杂环境施工作业的能力和经历，先后与国外多家知名专业化公司开展技术交流与合作，形成一系列独特的“三高”“三低”试油修井及地层测试技术，领先全国多项作业纪录。2022 年，川庆钻探工程公司完成试油（气）1 590 井次 1 782 层，同比增加 259 井次 292 层；修井 649 井次，同比增加 454 井次。完成地层测试作业 138 井次，同比减少 132 井次。完成带压作业 747 井次，同比增加 241 井次。完成连续油管作业 2 420 井次，同比增加 387 井次。（周小金　陈　曦）

2022 年 4 月 10 日，川庆试修公司 S23526 试井队在高石 138 井实施封堵作业　罗润菁　摄

【重点（特色）试油工程】 2022 年，川庆钻探工程公司在蓬莱气区震旦系灯影组应用先射孔再酸化测试、射孔酸化测试联作工艺完成 13 井 29 层试油，其中东坝 1 井灯影组四段上段、蓬深 3 井灯影组二段上段测试，分别获日产天然气 20.28 万立方米、20.06 万立方米，是川中古隆起蓬莱气区继灯二段、沧浪铺组、茅口组获重大勘探突破后，开辟的又一规模增储新层系、新区块。（陈　曦）

【清洁化生产】 2022 年，川庆钻探工程公司在高石梯—磨溪、双鱼石构造等“三高”井持续优化并推广应用通刮一体化工艺 74 井次、试油完井（封闭）一体化工艺 5 井次、射孔酸化测试联作工艺技术 27 井次，减少压井和起下管柱次数，减少压井液使用。（陈　曦）

【带压作业】 2022 年，川庆钻探工程公司完善带压作业标准制度 7 项，开展关键岗位能力评估分级，升级改造应急逃生系统，服务保障能力得到持续提升。完成带压完井作业 703 井次，最高作业压力 22 兆帕；带压修井作业 18 井次，最高作业压力 23.8 兆帕。（陈　曦）

【连续油管作业】 2022年，川庆钻探工程公司持续攻关连续油管技术，提高连续油管深井作业效率、长水平段井作业技术水平和安全作业能力。升级长水平井的连续油管作业技术，推广以限扭矩防卡保护器、多次开关循环工具、自动换向双向水眼磨鞋、飓风洗井工具等6项防卡工具为核心的连续油管作业防卡技术，制定连续油管水平井防卡解卡推荐作法，应用43趟次，故障复杂降低。开发连续油管疲劳预警系统，全过程记录连续油管作业使用情况，实时跟踪管柱疲劳寿命，应用115井次，占比95.5%，异常点精准描述96%以上，计算速度提高9倍，油管失效率降低60%，连续油管使用率同比提升8%，施工异常复杂同比下降22%。2022年，连续油管作业2 420井次，其中桃2-6-30H1井创国内连续油管最大下深7 361米、最长水平段3 931米施工纪录。（陈　曦）

【储层改造分段工具】 2022年，西南油气田公司自主研发的可溶桥塞实现系列化，在页岩气、致密气等区块推广应用83井次，累计使用1 082套，现场施工成功率100%，部分型号被集团公司认定为自主创新重要产品。全金属可溶桥塞规模化应用1 000余套，工具承压稳定、溶解残留物少、溶解速率可控，实现不同储层分段需求全覆盖，较常规可溶桥塞连续油管通井时效提高50%以上，压后采用冲洗头直接通井，为压裂分段及快速排液生产提供技术支撑。创新研发套变井压裂分段工具，包括外径60毫米、70毫米和79毫米超小直径全金属可溶桥塞，满足最小通径65毫米以上套变井有效分段压裂需要，开展现场试验10井次，填补国内大套变井机械封隔的空白，为套变井压裂分段提供新的技术支持。2022年11月17日，集团公司总经理侯启军在泸县泸203H6B平台现场检查、参观小直径可溶桥塞运用情况。针对现场生产中非标、大井筒无成熟配套产品难题，自主研制外径190毫米、145毫米大井筒低温可溶桥塞，在天府7井、洋嘉1井等井开展6井次现场应用，填补国内大套管可溶桥塞分段加砂压裂的空白，实现储层改造工具的突破与发展。研制的外径239.7毫米速钻桥塞在自222井完成井筒暂闭作业，为处理大尺寸井筒暂闭复杂难题提供了技术支撑。

2022年，川庆钻探工程公司自主研发的悬挂完井一体化封隔器完成V3检测，并在磨溪019-H2井成功应用。（周小金　陈　曦）

【试油工艺技术改进与运用】 2022年，西南油气田公司针对射孔酸化测试联作中出现的管柱断裂问题，采取优化工艺、工具配套措施，升级超深井射孔酸化测试联作技术，攻克超深井射孔爆轰效应突出难题，试油周期持续降低，当年应用27井次，工艺成功率100%，平均试油周期45.56天，较非联作工艺降低15.57%。攻关井筒清洁一体化工艺技术，联合研制127～193.68毫米全系列通刮一体化工具，一趟管柱实现通刮洗作业，缩短井筒准备时间，现场应用59井次，成功率100%，作业效率提升40%。完善试油—暂闭—完井一体化工艺技术，联合研发具备井下开关井功能的可控封堵阀，实现测试—封堵、测试—暂闭—投产多种功能，现场试验6井次，单井转层周期缩短70%。优化试油安全控制技术，开展高温、高压深井"深、小、非"的复杂井完整性评价与设计、管柱力学校核、控压排液等技术研究，提供准确的试油井筒控制压力，保障"三高"气井试油安全，当年应用30井次，未发生井筒失效事件。完善地面高效安全测试技术，研制超高压高含硫气井集分离、除砂、实时除硫、压力监控、数据自动采集、硫化氢—二氧化碳在线监测、气水自动计量、远程精细控制八大功能于一体的地面测试远程控制工艺流程，满足140兆帕的地面安全测试作业，保障超高压高含硫气井地面安全，当年累计测试12井次，测试成功率100%，资料录取成功率100%。

2022年11月2日，川庆试修公司S23526试井队在磨溪53井开展上试作业　罗润菁　摄

2022年，川庆钻探工程公司持续完善射孔酸化测试联作工艺，优化上筛管、起爆器、丢枪接头等联作管柱结构，改进压井观察方式，修订专项作业要求，联作管柱埋卡预防能力得到有效提升。（周小金　陈　曦）

【储层改造工艺技术运用】 2022年，西南油气田公司迭代升级地质工程一体化精准酸压技术2.0，水平井平均测试日产量100.63万立方米，同比提升28.43%。该技术在高石梯—磨溪灯影组四段气藏台内低渗区建产井应用3井次，井均测试日产量78.66万立方米，同比提升84%；在高石梯—磨溪灯影组二段气藏应用2井次，井均测试日产量100.2万立方米，同比提升180%，支撑高石梯区块多层系开发建产升级。在川西栖霞组气藏应用3井次，井均测试日产量106.04万立方米。持续攻关致密气多缝压裂技术2.0版，致密气改造效果持续提升，当年推广应用43口井，井均测试日产量40.98万立方米，同比提升10.8%。通过地质—工程一体化持续优化压裂参数，实施复合暂堵工艺，提高储层均匀动用程度，推动天府气田致密气产量跨上15亿立方米台阶，实现快速建产，其中在金秋沙溪庙组金浅511平台实施4口井，平台无阻产量762.39万米^3/日，创平台最高产量纪录。建立不同地质单元—平台—井段的差异化压裂模式，改善支撑剂铺置剖面，优化暂堵转向工艺，完善以复杂裂缝均匀起裂、多簇裂缝全域扩展、裂缝网络高效支撑为核心的页岩气体积压裂技术2.0版，长宁区块和大足区块井均EUR分别为1.19亿立方米和1.36亿立方米，同比提高14%和36%。攻关页岩气井套变压窜综合防控技术，针对泸州深层页岩气井套变、压窜频发情况，采用“双控+双优”压裂模式，有效降低压裂复杂，套变率由49%降至24%，压窜率由70%降至50%。攻关吴家坪组新层系压裂技术，大页1H井压后测试日产量32.06万立方米。（周小金）

【阳101H1-1井清洁解堵】 阳101H1-1井是四川页岩气公司的第一口深层页岩气先导试验井，完钻井深6 280米，油管下深4 056.98米。该井清洗解堵作业前生产油压下降较快，日产气量由8.5万立方米降至2.4万立方米，转为套管生产后产量未见恢复，判断井筒内油污堵塞采气通道，导致产量递减。工程院与四川页岩气公司针对堵塞情况，结合深层页岩气井钻完井工艺和压裂技术，开展堵塞物室内分析评价，优选清洗解堵剂配方，制定“泵注清洗解堵剂段塞+气举推送+关井憋压+开井返排”组合工艺技术方案。截至2022年6月5日，工程院首次完成深层页岩气井筒清洁解堵技术服务，解堵后日产气量稳定在6万立方米以上，最高10万立方米。阳101H1-1井井筒清洁解堵作业的成功，为深层页岩气井持续稳定开采提供技术解决方案。（闵　军）

【金浅815-8-H2井试油】 金浅815-8-H2井位于四川省绵阳市三台县古井镇，是西南油气田公司部署在四川盆地川中低缓构造带金浅8井区金华鼻状构造北西翼斜坡的评价井，井型为水平井。该井于2021年8月29日开钻，2022年4月25日完钻，完钻井深3 888米、垂深2 323.66米，完钻层位沙溪庙组二段。西南油气田公司根据金浅8井区最新区域地质认识、地震攻关成果，总结区块改造经验，与邻井物性对比分析，结合本井应力夹角、井眼轨迹、储层特征及钻录井显示，在8号砂组“分段多簇+变黏滑溜水+高强度连续加砂”工艺基础上，开展“暂堵颗粒+暂堵粉末+暂堵球”复合暂堵工艺。全井分11段试油，平均加砂强度4.91吨/米、平均用液强度16.16米^3/米。2022年6月27日完成试油作业，测试获日产气71.8万立方米。（闵　军）

压裂酸化

【概述】 2022年，川庆钻探工程公司从事压裂酸化技术服务业务的二级单位有川庆井下作业公司和川庆长庆井下技术公司，在册从业人员4 270人，拥有压裂酸化队伍56支。配套有压裂酸化泵车274台，总计水功率586 100高马力，其中1000型—2000型压裂泵车20台、2000型压裂泵车135台、2000型以上压裂泵车119台，压裂酸化辅助设备109台，其中仪表车40台、混砂车51台、制氮车4台、液氮泵车14台。施工作业区域涵盖川渝、长庆、新疆等国内油气田，同时在土库曼斯坦等国家开展国外工程技术服务，先后与国外多家知名专业化公司开展技术交流与合作。2022 年，川庆钻探工程公司完成加砂压裂 2 085 井次 15 564 层（段），同比增加 408 井次 3 152 层（段），挤入压裂液 1 585.92 万立方米，同比增加 175.37 万立方米，挤入支撑剂 173.2 万立方米，同比增加 38.38 万立方米。完成酸化 298 井次 473 层（段），同比减少 2 井次、增加 46 层段，挤入酸液量 11.78 万立方米，同比增加 0.43 万立方米。（鄂玄吉）

2022 年 11 月 14 日，川庆井下作业公司在深层页岩气泸 203H6 平台实施工厂化压裂作业　　鄂玄吉　供

【储层改造工艺技术运用】 2022 年，川庆钻探工程公司在川中致密气区块应用储层改造系列新工艺、新技术，推广致密气全域支撑压裂增产技术，动态缝内支撑剂纵横向全域铺置程度超过 45%，当年在沙溪庙组应用 21 井次，平均单井获测试日产气 40.67 万立方米、天然气无阻流量 92.07 万立方米。在内蒙古苏里格区块开展纳米修复剂应用试验 3 井次，单位压降累计产气 197.3 万米 ^{3}/ 兆帕，累计产量较邻井提高 24.6%。在苏里格区块开展气悬浮压裂工艺试验 1 井次，提升支撑剂铺置距离，压后测试获天然气日无阻流量 22.15 万立方米。开展穿层压裂工艺试验，在非含油储层、泥质含量高的层段采用定向射孔、加酸、加大前置液造缝、段塞突破等方式，沟通储层，实现体积改造，在长庆区块试验 4 口井 14 段，成功 14 段，成功率 85.7%，沟通井筒附近油层 700 米。在川西北双 43-74C4 井开展恒定砂浓度加砂压裂试验，排量和摩阻均恒定，地面施工压力变化直接反映井底压力变化，方便施工状况判断，为精确施工奠定基础。在陇东页岩油合 H9 平台 4 口井开展“双压裂”试验 88 段，压裂效率 5.3 段 / 日，单日最高压裂 10 段，实现单套混砂供液系统同时供给两口井同步压裂，为大平台高效施工提供支撑。（鄂玄吉）

【二氧化碳加砂压裂储层改造】 2022 年，川庆钻探工程公司持续推进二氧化碳压裂规模化应用，完成 53 井 299 层，二氧化碳用量 4.31 万吨，超近 5 年总量。在华 H100-19 井创新完成国内首次“连续油管底封拖动 + 前置二氧化碳工艺”试验，改造后平均增产 9.8%，气井整体排液周期缩短 18%，特别是在陇东天然气低压致密Ⅱ类储层改造中，应用二氧化碳前置增能压裂后，所有井一次排通，较前期每口井采用气举阀制氮排液方式，排液周期缩短 65% 以上，增能助排效果明显。持续推进 CCUS（碳捕获、利用与封存技术），变“碳”为宝，跟进长庆油田公司 CCUS 提高采收率示范工程，研发二氧化碳驱连续管注气完井工艺，开展二氧化碳泵注技术服务 15 口井，累计泵注二氧化碳 4.65 万吨。（鄂玄吉）

【纤维携砂压裂】 2022 年，川庆钻探工程公司在威 204H79-6 井组织开展“纤维 + 缝端暂堵剂”防压窜试验，试验段复合缝端暂堵压力响应 2 兆帕，较相邻段单一缝端暂堵提升 0.7 兆帕，同时邻井压力响应降低至 0.36 兆帕，取得初步的防窜效果。首次开展纤维携砂工艺试验的威 202H21-7 井，8 个月累计产量较同平台邻井提高 33%，EUR 提升 7.7%。（鄂玄吉）

【页岩气水平井压裂】 2022 年，川庆钻探工程公司优化以“多缝换缝网 + 粉砂换陶粒 + 暂堵换排量”为核心的压裂工艺（2.0 版），形成以最佳 EUR 为目标的压裂参数优化设计技术。以 7 ~ 9 簇裂缝代替前期 3 簇不完善缝网，提升缝网覆盖程度；结合支撑剂铺砂浓度与导流能力非线性关系特征，证实裂缝铺砂浓度升至 5 千克 / 米 ^{2}，石英砂比例 80%，满足页岩气生产需求，平均液体效率 9.4 米 ^{3}/ 吨（历年最低）；采用 20 ~ 70 目与 1 ~ 2 毫米组合段内暂堵，实现多簇裂缝分级起裂，100 目与 20 ~ 70 目组合缝内暂堵提升裂缝均匀扩展；通过暂堵转向酸实现在适度排量下（12 米 ^{3}/ 分钟），射孔簇分级开启和均匀进

液。在威远风险合作区块推广应用31口井579段，持续推进降本增效。（鄂玄吉）

2022年8月28日，川庆长庆井下技术公司在水平井靖77-27H2井实施工厂化压裂作业　　鄂玄吉　供

【压裂液】 2022年，川庆钻探工程公司开展高分子微纳米降滤支撑剂现场试验，铺置距离更远，支撑微裂缝，在裂缝末端微纳米支撑剂聚集成团，实现缝端封堵及降滤，在威207井试验成功。攻关页岩气改造入井体系，升级研发第三代环保多用稠化剂、乳液型高分子微纳米支撑剂、纳米乳液排驱剂、60～130℃的温度响应性超分子凝胶暂堵剂等5项液体添加剂和适用于160～175℃深层页岩气藏的耐温压裂液体系，为页岩气、致密气的增储上产提供新技术手段。（鄂玄吉）

【高石045-H2井酸化作业】 高石045-H2井是西南油气田公司部署在高石梯构造高石18井区的开发井，目的是通过开展工艺井单井产量提高试验，评价该区栖霞组薄云岩储层储量的可动性及稳产能力。该井于2021年11月开钻，2022年4月完钻，完钻井深5 360米，完钻层位栖霞组，测井解释储层累计厚541米，采用裸眼封隔器完井。西南油气田公司树立地质地震一体化、地质工程经济一体化理念，组织地质、录井、导向、工程等多专业人员联合攻关，2022年7月22日对高石045-H2井酸化作业，措施后测试稳定油压35.37兆帕，获测试日产气108.75万立方米、日无阻流量222.8万立方米。该井测试获高产，展示了安岳气田二叠系良好的勘探开发潜力。（闵　军）

井控

【概述】 2022年，西南油气田公司贯彻习近平总书记关于安全生产的重要论述，落实集团公司井控工作部署，树立“一切事故都是可以避免的”“防范胜于救灾”意识，践行“大井控”理念，一手抓新冠肺炎疫情防控，一手抓井控管理，夯实“及时发现、正确关井”的工作基础，抓实“高效处置、应急保障”的关键要素，推进“四位一体”“油公司”井控管理体系建设，构建井控安全长效机制，全面提升井控管理水平，为西南油气田公司油气产量当量跨越3 000万吨台阶提供井控安全保障。

2022年，川庆钻探工程公司面对新冠肺炎疫情多点频发、生产组织困难、安全风险增大等挑战，贯彻集团公司井控工作要点，围绕集团公司两个工作目标开展井控工作，坚持“不发生、控得住、治得了”的井控理念，依靠科技创新好井控，健全管理体系和制度标准，狠抓过程管控，细化工艺流程，升级装备配套，推进EISC建设，强化技能培训，提升应急能力，井控形势总体平稳。川庆钻探工程公司被评为集团公司井控工作先进企业，19人获集团公司“井控工作先进个人”称号。（张　杨　朱仁发）

【井控安全管理】 2022年，西南油气田公司加强井控管理，推进井控安全管理各项工作，守住井控安全红线底线。健全井控制度体系，分析研究井控工作难点与管理弱点，组织修订、印发《钻井井控实施细则》和《井下作业井控实施细则》，编制《钻试现场井控安全管理图册》，从严从细规范井控工作。针对中江—蓬莱、足203井区和自201井区的区域裂缝发育、钻井液安全密度窗口窄、局部异常高压，易发生井漏、溢流的难点，持续优化井控配套技术，研究调整必封点，优化井身结构，实现提速、防风险、降复杂目标。突出井控技术总结提炼和优化提升，全年制定技术模板6项、重点工序作业程序10项，完成专项研究报告1份，把控作业过程井控风险。坚持“油公司”模式甲方主导，推进溢漏智能监测预警技术先导试验，持续推广精细控压技术，提升溢漏及时发现与处置能力。项目建设单位在开钻（工）前，严格从“施

工班组、岗位人员、生产工序、工艺技术、设备设施、作业环境”六个方面评估施工队伍，合格后方可开工验收，全年开展“六个评估”342 队次，组织开钻（工）验收 265 井次、各开次验收 248 井次、钻开油气层验收 299 井次、试油开工验收 303 井次，开展人员应知应会测评 1 385 人次、钻开油气层前应急演练考评 111 井次，做到不符合条件禁止施工。开展深层页岩气和川东北高含硫区块作业队伍井控能力专项评估，重点关注关键岗位人员井控能力，评估队伍 49 支。专题部署党的二十大、节假日等特殊时期井控安全管理工作，先后 8 次细化各项井控升级管控提要求并制定相应安全技术措施和预案，强化各层级 EISC 远程监管，开展“四不两直”井控隐患检查，监管风险防控措施执行，有效管控重点井、关键环节井控风险。突出专家技术支撑，井控专家对溢流、井漏等复杂工况和电测、下套管、带压作业等关键环节提供井控技术指导 1 490 井次，16 家钻探企业配备井控专家 173 人，承包商均满足 1 ~ 3 支队伍配备 1 名专家的要求，在目的层或油气层钻进、试油、溢流处置等井控关键环节驻井把关 863 井次。

2022 年，川庆钻探工程公司严格执行井控“一把手”工程，分别于 1 月 4 日、6 月 27 日、9 月 27 日和 12 月 27 日召开 4 次井控工作领导小组会议，于 6 月 27 日、12 月 27 日分别召开两次井控例会，总结井控工作、安排部署下一步工作。落实集团公司特殊敏感时期井控升级要求，细化升级措施 5 项，领导“四不两直”检查等要求 4 项。制定国庆节、党的二十大期间井控升级措施 18 条。加强新冠肺炎疫情期间井控安全管理，“日梳理”重点井措施，“周排查”区域应急物资储备，分区域派驻应急人员 130 人次。以井控安全检查促进现场井控管理水平提高，对集团公司 2022 年度井控检查提出的 24 个整改问题、集团公司 2022 年冬季井控专项督查提出的 78 个整改问题、川庆钻探工程公司上半年井控检查和井控考核中提出的 871 个整改问题，落实整改人、整改措施和整改期限，及时完成整改。创新开展驻井跟班井控检查，涵盖一级、二级井控风险井 76 口，提出整改问题 826 个。开展井控重点工作现场督查，发布 3 期 8 项监督检查要点，检查整改问题 448 个。修订安全监督井控监督责任清单，明确安全监督的 8 项井控职责、28 项工作任务。新增带压作业安全监督工作方案，编制安全监督实施细则，明确 2 种监督方式 5 类 41 项旁站监督要点。

（张　杨　朱仁发）

2022 年 6 月 11 日，川庆长庆钻井总公司 50712 钻井队在承钻的盐下高含硫井米 172 井开展含硫井控演习　邵小兵　摄

【井控装备管理】 2022 年，西南油气田公司升级井控装备配套，全面实现一级井控风险井重晶石粉罐和钻井液转浆装置配套，加重速度提高 2 倍，钻井液周转时间缩短 2 小时，提高了应急处置效率；推动放喷管线由通径 80 毫米、压力 21 兆帕普通管线到通径 103 毫米、压力 35 兆帕防紊流、大通径管线升级，应急放喷能力提高 1.7 倍，使用寿命增加 1 倍以上；推动由铸钢弯头到耐冲蚀弯头升级，薄弱环节抗冲蚀能力提升 3 倍以上，保障了应急状态下安全放喷。

2022 年，川庆钻探工程公司投入专项配套资金 2 亿元购置井控装备，购置防喷器 180 台、控制装置 37 套、节流压井管汇 58 套、液气分离器 13 套为主的井控装备。加强装备检维修，检维修防喷器组 1 235 套、控制系统 339 套、井控管汇 614 套，开展第三方检测各类设备 150 台（套），完成 22 口井 3 847 件放喷管线现场检测工作。推进井控装备共享使用，川渝地区钻井共享使用井控装备 164 台（套），钻井—试修共享使用 28–105（通径 280 毫米，额定工作压力 105 兆帕）防喷器组及配套 22 台（套），钻井—精细控压共享使用液气分离器 62 井次，协调 3 套 35–70（通径 350 毫米，额定工作压力 70 兆帕）防喷器组到海外使用，3 套液气分离器、3 套管排架到长庆油田高含硫项目使用。开展变径闸板、耐高温胶芯、起下钻自动灌浆系统、试压泵远程控制装置、井口失控应急点火装置、压通式旋塞阀等装备技术交流，组织页岩气压裂大闸门技术交流和失效分析、带压作业应急逃生装置改造方案论证，以及井控装备检测及判废标准研讨，修订完成《井控管汇定期检验规范》。（张　杨　朱仁发）

【井控基础管理】 2022年，西南油气田公司聚焦管理提升，持续增强井控工作执行力。采用“专项检查+随机抽查”新模式，从制度落实、设计执行、人员能力、装备管理、井控应急等方面全方位排查井控隐患，根治“低、老、坏”问题，提升作业现场井控管理水平，接受集团公司年度井控检查和冬季井控督查，累计检查23井次，开展防喷演习20井次，查出问题164项；局级层面开展所有一级风险井和部分重点井井控检查2次，累计检查89井次，开展防喷演习38井次，查出问题413项；各二级单位对所属井开展井控检查，开展日常检查861井次，开展应急演练258井次，发现问题4 664项；工程技术监督中心排查西南油气田公司所有井，累计查出问题22 148项，均完成闭环整改。深化评估分级成果运用，经集团公司评定，四川盆地属于极高风险盆地，确认在西南油气田公司从事钻完井及井下作业的236支施工队伍中，实现井控能力与施工井风险等级相匹配的队伍有219支，匹配率92.8%，对井控能力与施工井井控风险不匹配的队伍严格落实集团公司五项升级管控措施，实现井控风险精准防控。

2022年，川庆钻探工程公司印发年度井控工作要点，从7个方面系统安排年度33项井控管理重点工作。根据井控管理人员变动情况，调整本级井控领导小组和井控管理网络人员，落实井控安全工作党政同责，完善三级井控管理网络。落实集团公司2项8条井控管理过程考核要求，细化川庆钻探工程公司9条考核要求。井控工作领导小组组长同7个机关处室、19家二级单位签订井控目标责任书，组织4次井控工作领导小组会议。主持修订国家井控标准3项、行业标准2项，制定和修订集团公司标准3项、川庆钻探工程公司标准9项；修订川庆钻探工程公司井控工作管理办法，制定双密度钻井作业井控要求、气井带压作业现场管理规范等6项技术要求。健全区域井控专家配置，根据区域井控风险及队伍防控能力，配备井控管理人员和井控专家97人。（张　杨　朱仁发）

【井控应急管理】 2022年，西南油气田公司聚焦应急管理，持续夯实井控工作保障力。加强应急资源监管，明确7座应急钻井液储备站及罐车值班、6大重点区域应急车辆值班值守管理要求，建立管理台账，定期挂网公示，保障区域井控应急资源保供能力。规范应急资源调动，西南油气田公司井控管理领导小组办公室授权勘探事业部和开发事业部分别负责统一协调、调配应急钻井液和应急车辆，发生井控突发事件时，第一时间调度储备站和值班点迅速装车和出动，并将实时导航信息连续上报，为作业现场和EISC压井施工决策提供支撑。完善“两小时”保供圈，启动西南油气田公司井控应急资源整合与应急能力提升工作方案编制，推进渝西和沐川钻井液储备站建设，开展应急钻井液资源整合前期工作，推动应急资源“共建共享”。加强重点区域井控专家靠前值守，落实渝西区块和泸州区块常驻1名一级井控专家和2名井控管理人员，发生溢流时立即上井指导处置。

2022年，川庆钻探工程公司启动井控突发事件专项应急预案Ⅲ级应急响应8井次，成功处置大安2H井地面旋塞刺漏和西51井井口泄漏着火井控突发事件。完善井下作业应急处置程序，制定压裂、连油及带压作业井控突发事件分级标准，编制带压作业、连续油管作业现场井控突发事件应急处置程序；完善连续油管应急处置配套方案。规范页岩气外包队伍井控基础信息模板、信息汇报流程、压井处置模板、处置权限及审批等流程。11月4日开展泸203H6-2井Ⅱ级井控突发事件应急演练和

2022年8月6日，西南油气田公司与川庆钻探工程公司在川庆钻探工程公司EISC（远程技术支持中心）跟踪西51井井口泄漏着火井控突发事件应急处置　　朱仁发　供

Ⅲ级井控突发事件应急演练12井次，以及铁山坡高含硫井钻开目的层前地企四方联合演练2井次。完善应急资源保障体系，有川渝区域应急钻井液转运站7个和应急重晶石粉保障点6个，具备5 000立方米以上的应急钻井液和1万吨以上重晶石粉的保供能力，并固定一定数量的运输车值班；遂宁、重庆、江油等6处保障点配备压裂车和应急水泥区域应急值班。持续推进井控应急救援响应中心建设，建立72项管理制度、配套5项应急救援装备。

（张　杨　朱仁发）

【溢流井情况分析】 2022年，西南油气田公司在钻井过程中发生溢流30井次（常规井13井次、页岩气井17井次），同比减少18.9%，处置总耗时425.8时，同比减少37%，单井平均处置时间14.2小时，同比减少22.4%。按溢流工况分析，钻进工况下发生溢流21井次，占比70%；起下钻工况下发生溢流3井次，占比10%；其他工况下发生溢流6井次（下套管1井次、处理井漏2井次、钻塞1井次、降密度作业2井次），占比20%。按溢流层位分析，目的层发生溢流4井次（常规气井栖霞组、龙潭组各1井次，页岩气井龙马溪组2次），占比13.3%；过渡层发生溢流26井次（常规气井主要集中在嘉陵江组3井次，页岩气井主要集中在茅口组6井次、石牛栏组5井次），占比86.7%。按钻井液密度分析，实钻密度、压井液密度均在设计范围内发生溢流7井次，占比23.3%；实钻密度在设计范围、压井液密度超设计发生溢流18井次，占比60%；实钻密度、压井液密度均超设计范围发生溢流3井次，占比10%；实钻密度低于设计下限发生溢流2井次，占比6.7%。溢流主要原因为钻遇异常高压、漏溢转换、钻遇油气显示、钻遇裂缝、处理复杂、违规作业6个方面。

2022年，川庆钻探工程公司钻井完成进尺758.9万米，发生溢流28井次，平均每钻进27.1万米发生溢流1井次。28井次的溢流中，其中川渝地区15井次、新疆地区11井次、长庆地区2井次，同比减少24井次。所有溢流均做到及时发现、及时正确关井和正确处置，其中1立方米以内的溢流22井次（占比78.57%），平均溢流量0.74立方米，平均单井溢流处置时间12.14小时，同比减少14%。启动Ⅲ级井控突发事件8井次，与2021年持平，未启动Ⅱ级及以上井控突发事件。分析溢流发生原因，主要是钻遇异常高压油气水和缝洞发育地层（22井次），占比78.57%；井漏转溢流（4井次），占比14.29%；起钻抽汲（1井次），占比3.57%；将钻井液密度调整后发生溢流（1井次），占比3.57%。

（张　杨　朱仁发）

【井控培训管理】 2022年，西南油气田公司井控培训坚持整体策划，分类实施。开展井控取（换）证培训，根据集团公司井控培训矩阵，坚持“分层次、分专业、分岗位”的培训理念，制定2022年井控培训计划，结合新冠肺炎疫情常态化防控实际，灵活采用“线上＋线下”的方式，开展例行井控培训9批次，全年组织22名处级干部参加集团公司井控分级定点培训、375名技术人员和管理干部参加井控及硫化氢防护培训。首次启动“井控明白人”培训，组织40名工程技术专业科级干部、管理人员开展关井操作、应急处置和井控制度培训，发掘一批“井控明白人”，重点培养一批懂技术、会管理、能应急的井控指挥人才。加强页岩气作业队伍关键岗位能力培训，针对现场关键岗位人员获取四川培训中心井控证件不足50%的问题，页岩气区块65支队伍224人分两批次开展岗位能力提升针对性培训，重点提升坐岗人员溢流发现能力、司钻正确关井能力、技术干部应急处置能力。

2022年，川庆钻探工程公司举办取证换证培训600期，培训60 566人次，合格率99.2%。举办集团公司井控分级定点培训班、井控专职教师培训班5期，培训343人次。开展技术人员、正副司钻、坐岗人员、连续油管、带压作业主操作手等关键人员分岗位培训1 399人次，组织第六届石油钻井工（井控）职业技能比赛等3项公司级技能比赛。编写试修专业二级井控能力培训方案及课件，编制2021年井控典型案例汇编，开展典型案例分享培训。

（张　杨　朱仁发）

地面工程

【概述】 2022年，西南油气田公司基建系统克服高温、山火、新冠肺炎疫情对物资材料和施工力量组织困难等不利影响，开展致密气快速上产，净化厂“双达标”（工业污染源要达到国家或地方规定的污染物排放标准，空气和地面水按功能区达到国家规定的环境质量标准），天高线B段和蓬探1井区试采干线，威远、泸州区块页岩气集输干线，高含硫建设等重点项目工程，保障勘探开发进展节奏不受钻前工程和地面工程影响，无上报质量、安全、环保事故和事件。全年实施基建投资项目190项，完成投资72.68亿元（钻前工程14.8亿元、地面工程57.88亿元），新（扩）建集气站78座，敷设集输管道915千米，建设增压站9座、脱水站3座，安装致密气浅冷脱水、脱烃装置4套；改（扩）建净化厂4座；建成钻前平台（井场）148座。新增天然气日处理能力1 350万立方米、川南页岩气年集输能力100亿立方米、区域市场年供气能力47亿立方米。骨干管网年综合输送能力达440亿立方米，年外输能力128亿立方米。新建天然气井场装置314套，新增配套年产能104.7亿立方米。其中，新建常规天然气井场装置30套，年配套产能17.06亿立方米；新建致密气井场装置68套，年配套产能20.34亿立方米；新建页岩气单井装置216套，年配套产能67.29亿立方米。新井当年贡献天然气产量53.1亿立方米，占天然气年产量的13.8%。西南油气田公司年度天然气生产能力400亿立方米。（舒玉春）

【威远—泸州区块页岩气集输干线工程】 威远—泸州区块页岩气集输干线工程（简称威江线工程）是集团公司2021年油气田地面建设重点工程项目，2022年被列入国家油气管网设施重点工程，是保障威远、泸州、渝西三大页岩气产区上产、缓解地区供气紧张并兼顾富余气出川的重要工程，由输气处建设，中国石油工程建设有限公司西南分公司施工，总投资30.13亿元。威江线工程横跨川渝，管道设计长211.3千米，实际长208.97千米，由两段不同直径的管线组成：威远输气站—泸县站直径1 016毫米长99.87千米（设计99.6千米）输气管道，泸县站—江津压气站直径1 219毫米长109.1千米（设计111.7千米）输气管道。沿线扩建威远输气站、江津增压站，新建泸县输气站、永川输气站及10座干线截断阀室。沱江定向钻穿越、濑溪河水平定向钻穿越和长江隧道工程是威江线重要控制性工程。沱江定向钻穿越（直径1 016毫米长输管道）2021年10月28日开工，2022年3月27日一次回拖成功，穿越段长1 010.6米，威远站—6号阀室段最后关键控制性工程完工。濑溪河定向钻穿越（直径1 219毫米长输管道）2022年3月29日回拖一次成功，穿越段长820米；5月25日，威远站—泸县站—6号阀室117.4千米建成投运；12月27日，6号阀室—江津压气站段91.6千米主体焊接、试压完成。长江隧道工程位于重庆市江津区滩盘镇横山村三组与白沙镇芳阴村五组之间，全长1 638.6米，设计采用“斜井—平巷—斜井”穿越方式，最大埋深约101米，江底段顶板至江底最小埋深约70米，采用钻爆法两端掘进。该工程2021年12月3日开工，2022年9月21日，长江隧道穿越贯通（比正常施工工期提前29天）；12月27日，长江隧道主体焊接成功，威江线工程最后一个关键控制性工程完工。（舒玉春）

【净化厂“双达标”改造项目】 西南油气田公司“双达标”改造项目涉及4个分厂6座已建净化厂尾气处理装置、羰基硫水解及精脱硫装置的新建和改扩建，总投资达9.78亿元。万州分厂是西南油气田公司首座高含硫净化厂，该厂产品气升级达标改造及尾气治理改造项目分别于2021年1月和12月立项，总投资3.15亿元，2022年5月15日正式停产实施改造，改造包括新建“羰基硫水解＋精脱硫”装置、氧化吸收尾气处理装置，拆除并升级改造原有综合楼、电站、中控室、空氮站、锅炉、循环水、污水等辅助配套设施，更换主体装置中硫黄回收风机、酸气空冷器、贫液后冷器等12台重要设备等内容。2022年11月2日，项目改造完成并一次性投产成功，产品气质量及尾气排放控制指标均达到国际先进水平。11月17日，川中油气矿磨溪天然气净化厂尾气处理装置成功进气投运。2022年，西南油气田公司先后完成引进分厂、大竹分厂等5个“双达标”改造项目，并全部完工复产，实现当年批复、当年投产，全面满足产品气质量、尾气排放标准。

（舒玉春）

【铁山坡气田飞仙关组气藏开发产能建设】 铁山坡气田飞仙关组气藏开发建设工程由川东北气矿建设，新建集气井站2座、集气支干线24千米、400万米^3/日脱水增压站1座。2022年5月24日，地面工程建设正式打火组焊；12月29日，集气干线主体焊接完工，为气田脱水站和集气直线的建设创造了条件。该工程为川渝地区首次在湿硫

化氢接触的设备与管道全部采用 L360QS+825 双金属复合材料。（舒玉春）

【金浅气田 17 亿立方米开发地面工程】 2022 年 1 月 18—19 日，西南油气田公司《金秋气田金浅 5H、秋林 16、中浅 1 井区沙二气藏开发方案》通过股份公司勘探与生产分公司审查。该方案是大川中致密气评价上产 35 亿立方米工程的支撑方案，设计年产工业气量 17 亿立方米，方案为致密气川中核心建产区首个开发方案。川中油气矿承担 17 亿立方米的地面工程建设任务，工程涉及 4 个集气脱水站、26 个平台和 200 余千米管线。建设过程中，川中油气矿克服钻机到位滞后、协调困难、极端天气等不利因素，创新采用"试油测试 + 排采生产 + 一体化脱水脱烃"三同步快速建产模式，4 个月完成管道建设，提前打通生产通道，同时采用车载脱水、脱烃装置提前排采投产。2022 年 5 月 30 日，致密油气金浅 5H 井区首座浅冷脱水脱烃集气站（日处理能力 100 万立方米，具有脱水脱烃、集气、分离计量、增压、油水拉运等功能）以日产 35 万立方米进入试生产阶段，标志致密气建产由单个平台转入区块整体投产阶段。2022 年，金浅 5H 井区东集气站、中浅 1 井区双合集气站（扩建）、金 23 井区集气站先后建成投运。2022 年 8 月初，投产致密气新井 27 口，同比增长 67%，贡献日产量 279 万立方米，致密气川中核心建产区日产量突破 500 万立方米；新开建设项目 8 个，新建管道 251.6 千米，建设工作量同比增长 646%。截至 2022 年底，西南油气田公司致密气日产量从年初的 260 万立方米升至 680 万立方米。（舒玉春）

2022 年 11 月 21 日，西南油气田公司金浅 5H 东集气站开展安全生产作业　李先兵　摄

【剑阁区块礁滩气藏试采地面工程】 剑阁区块礁滩气藏试采地面工程位于广元市苍溪县永宁镇境内，总投资 12.06 亿元，由西南油气田公司建设，中国石油工程建设有限公司西南分公司施工。2020 年 5 月 9 日开工，2022 年 6 月投运。建设过程中，采用硫化氢、有机硫一次性脱除，高含硫气田氧化吸收尾气处理，双金属复合管等先进技术，建成首个自营超深高含硫试采工程，摆脱中国石化对原料天然气的处理限制，保障了气藏产能发挥。（舒玉春）

2022 年 1 月 21 日，西南油气田公司剑阁区块礁滩气藏试采地面工程龙岗西净化厂开展投料生产作业　李　安　摄

【泸 203 脱水站工程】 泸 203 脱水站工程由蜀南气矿建设，中国石油工程建设有限公司西南分公司施工。2021 年 11 月 1 日开工，2022 年 6 月 9 日投运，工程在泸 203 井区新建 450 万米 ^{3}/ 日脱水装置 1 套。该工程解决了泸 203 井区外输瓶颈，是川南页岩气区块单体处理量最大的脱水装置，也是泸 203 井区页岩气上产 20 亿立方米产能建设地面集输脱水与配套工程的组成部分。（舒玉春）

【渝西区块脱水工程（二期）】 渝西区块脱水工程由重庆页岩气公司建设，中国石油工程建设有限公司西南分公司施工。该工程在足 202 脱水站扩建日处理 150 万立方米三甘醇脱水装置 1 套，2022 年 4 月 8 日开工，2022 年 12 月 15 日完成调试。工程完工标志足 203 井区开发方案 9.5 亿立方米的年产能建设规模基本完成，保障了足 203 井区 300 万米 ^{3}/ 日产能发挥。（舒玉春）

【天高线 B 段复线建设工程】 天高线 B 段复线起于云安 012-1 井，止于万州末站，管线长 30.3 千米，设计输气量

200 万米^3/ 日，主要解决地面集输系统与气田产能发挥不适应的问题，由重庆气矿建设。2022 年 7 月 17 日，重庆气矿完成天高线 B 段复线建设项目穿越瀼渡河管道施工，穿越管道长 63 米，水平穿越长 57 米。10 月 29 日，完成天高线 B 段复线停气碰口作业及隐患整改，作业涉及云安 012–1 井、万州末站等 7 个站场扩建工程、隐患整改，以及复线新建设备、系统调试等多个项目。大猫坪区块高含硫天然气生产进入快车道。11 月 2 日，天高线 B 段复线向万州净化厂供气，打开川东地区高含硫原料气输送通道，标志重庆气矿天高线 B 段复线工程历时 4 个月建设后投产，为万州区块大猫坪西长兴组生物礁、冯家湾石炭系气藏天然气整体产能发挥提供了保障。（舒玉春）

【蓬探 1 井区试采集气站及蓬探 1 井区试采干线建设工程】 该工程由川中北部采气管理处建设，分 3 个标段进行，一标段由四川石油天然气建设工程有限责任公司施工，二标段由中国石油天然气第一建设有限公司施工，三标段由中国石油天然气第七建设有限公司施工，工程总投资 1.85 亿元。2022 年 7 月工程开工，建设内容包括新建集气站 1 座，敷设集气干线 43.25 千米。蓬探 1 井区试采干线起于试采集气站，止于北 3 集气站。设计压力 9.9 兆帕，管径 300 毫米的管线 46.1 千米，设计日输量 285 万立方米。2022 年 10 月 25 日，蓬探 1 井至人和寨阀室出站阀门开启，川中北部采气管理处蓬探 1 井区试采干线正式投运，为蓬莱气区快速上产打通集输通道。（舒玉春）

2022 年 12 月 13 日，西南油气田公司蓬探 1 井区试采集气站实施安全生产作业
徐诗皓　摄

【储气库项目】 2022 年 2 月，西南油气田公司牟家坪储气库先导性试验工程开工，2022 年 6 月全面完工投产，为整体建库奠定基础。完成相国寺储气库扩压增量工程综合进度 22%，日处理 300 万立方米应急脱水装置于 2022 年 11 月 5 日完工投运。相国寺储气库全年注气 21.5 亿立方米，采气 22.91 亿立方米，库存量 44.07 亿立方米，再创历史新高，具备日采气 3 100 万立方米的能力。完成老翁场储气库先导性试验工程综合进度 62%、铜锣峡储气库综合进度 25%。（舒玉春）

【常规气页岩气标准化设计】 2022 年，西南油气田公司在常规气、页岩气地面工程建设中，标准化设计应用覆盖率 100%，规模化采购率 79%，重点场站建设均采用工厂化预制、模块化建设。当年应用一体化集成装置 302 套，建设视觉形象站场 180 座。与常规设计相比，节约投资 4.5%，缩短设计工期 23%、建设工期 20%，减少定员 112 人，减少用地 167 亩。在页岩气长宁、昭通、威远成熟区块的新井采用评价合格的复用橇装设备，全年复用 15 套。针对泸州区块页岩气高温、高压特点，平台井推广“井口精细控压 + 两相流计量 + 中压旋流除砂分离”工艺，在中压除砂工艺基础上，实现平台井轮换计量，简化地面工艺流程，集成除砂分离一体化成橇装设备。完成平台三维模型设计审查，确定泸 203H64 平台和泸 203H8 平台为试验平台，待平台井压裂完成后开展现场试验，根据试验结果完善深层页岩气地面建设标准化设计，计划于 2023 年 9 月发布。（舒玉春）

【致密油气地面建设标准化设计】 2022 年，西南油气田公司根据金秋气田沙溪庙组致密油气井生产现状，探索生产规律，总结排采期、稳产期、递减期特点，形成一套适用于西南油气田沙溪庙组致密油气高效开发建设的标准化设计文件，包括钻前工程、钻前地面一体化、平台井站、集气站、浅冷脱水脱烃站、公用工程和非标设备定型图集。当年完成《西南油气田致密油气地面建设标准化设计》各专业分册编制，待油气与新能源公司审批后发布实施（预计 2023 年 9 月）。（舒玉春）

【标准化管理】 2022年，西南油气田公司78个限上项目实施“五个”标准化管理，现场“低、老、坏”通病得到有效遏制，焊接一次合格率持续保持在高位。开展地面工程标准化施工现场HSE风险分析，全面清理分析10大类76项风险作业，量化评估出Ⅳ级风险13项、Ⅲ级风险45项、Ⅱ级风险43项、Ⅰ级风险2项，形成《西南油气田基建工程标准化施工现场HSE风险清单》。建立地面工程标准化承包商HSE培训体系，明确承包商三大类人员19类工种17类通用/专业HSE知识培训课程及学时，编制承包商HSE培训教材库和试题库；建立标准化承包商HSE履职能力评估体系，细化明确16张评估表，涵盖“作业前—过程中—竣工后”“施工+监理+检测+技术服务”全时段全覆盖的标准化承包商HSE履职能力评估体系，明确评估内容、评估依据、评分标准和评估方式，并将评估结果纳入地面工程建设年度考核。 （舒玉春）

【储运专业标准体系建设】 2022年，西南油气田公司依托基建工程专业标准体系、天然气与管道专业标准体系，从开发专业标准体系中识别储运专业归口标准，构建储运标准体系，初步形成储运专业标准体系框架，其中集输专业标准320项、基建工程专业标准482项、天然气与管道专业标准504项。开展储运标准制定、修订工作，2022年发布集团公司企业标准1项、西南油气田公司企业标准11项，参与国家标准3项、集团公司标准4项，牵头开展行业标准1项、西南油气田公司标准20项；申报2023年集团企业标准5项，包括储气库地面系统完整性管理技术规范、高含硫化氢气田用碳钢、低合金钢锻件技术规范等。 （舒玉春）

【《西南油气田钻机整合基础图册》编制】 2022年5月30日，西南油气田公司组织人员完成《西南油气田钻机整合基础图册》验收。图册编制历时一年半，调研钻机218台，收集基础数据3 400余条，形成35种单机基础和8种整合基础图册，内容涵盖统一场面尺寸、确定各机型基础配套和总体布置原则，为钻机调配、运行安排、钻前设计、基础优化等提供准备依据和方便。该图册编制是西南油气田公司近20年来首次对钻机底座及附属设施开展的一次基础数据调查和应用整合研究。 （舒玉春）

【施工图设计审查】 2022年，西南油气田公司地建部门介入工程前期审查工作，参与100项次工程前期工作，对前期方案和设计提出建设性意见和建议。采用专项审查、集中审查、线上线下审查相结合的方式，分批次推进限上项目施工图设计审查，保障施工图设计的工作进度，项目施工图设计审查率100%，全年开展限上项目施工图设计审查15批次，提出优化意见600余条。其中，铁山坡产能建设项目在初步设计基础上完善设计工作量，优化支线长度0.8千米、干线长度0.9千米，优化站场总图布置和工艺流程；针对高含硫双金属首次大规模应用，组织相关单位开展多方调研和多轮次对接讨论，完成3大领域10项二级指标、41项三级指标的对比分析。 （舒玉春）

【地面建设新工艺新技术运用】 2022年，西南油气田公司创新适合川渝地区山区复杂地形下高钢级大口径管道的组合全自动焊接技术，其中威江线首次在川渝地区直径1 016毫米管道（材质X70）和直径1 219毫米管道（材质X80）推广应用组合自动焊，全线采用组合全自动焊18 466道焊口，RT（射线检测）一次合格率98.18%，PAUT（相控阵超声波检测）一次合格率93.31%。在铁山坡项目中开展双金属复合管材料应用攻关。铁山坡项目是川渝地区首次在湿硫化氢接触的设备与管道全部采用双金属复合材料、第一个实际应用《耐腐蚀合金双金属复合管焊接及无损检测技术标准》（SY/T 7464—2020）的项目，采用全自动焊接，焊接工艺上首次划分过渡层，无损检测采用“激光扫描和数码相机成像+射线检测+相控阵及全自动超声波检测”，同时将传统RT射线检测升级为DR数字射线，解决根部内凹、烧熔塌陷、根部及层间未熔合及密集气孔等缺陷，确保焊接质量。 （舒玉春）

【智能化工地管理】 2022年，西南油气田公司发布《油气田地面建设工程数字化测量测绘类数据采集规范》（Q/SY XN 0594—2022）等8项企业标准，规范数字化信息采集、电子签章、二维码应用、三维模型交付、施工数据填报、管理移交及视频监控。继续在22项（累计44项）地面工程中应用数字化项目管理及数字化交付，交付模型（含设计模型和竣工模型）96个、结构化数据308余万项、测量数据19余万条、带状地形图数据1 200余千米、影像数据（含卫星影像和航飞影像）4 500余平方千米、可视化资料53TB。其中，在威远、泸州区块页岩气集输干线工程采用“设计中线+逐点测量+过程记录”的形式，完成117千米管线的孪生场景构建，并可将脱密管道数据交付至A4系统和管道管理平台支撑管道生产运营管理；利用平台提供的工程资料线上流程化管控能力，形成工程竣工资料标准化、结构化、线上化，形成线上审签流程3 649条，产生竣工文件4 629项；在磨溪天然气净化厂硫黄回收装置尾气治理改造工程中，新建装置采取“三维设计—解析加工—数据叠加—三维竣工”的正向形式，完成工厂孪生场景构建；既有装置采取“激光扫描—逆向构建—数据补充—三维竣工”的反向形式，完成孪生构建，最终形成面向整个工厂，以工厂对象为核心的数字孪生交付体系，向物联网管理系统提供工厂全量数据，支撑工厂生产运维管理应用；铁山坡项目首次在地面工程中提前开展信息化基础设施建设，完成电子沙盘及站场三维模型建设、自动焊机数据可视化功能开发；采集管道施工、检测、测量数据3 533条，自动焊机实时数据157万条，现场可视化图像资料769条；在线流程管控累计填报文档1 318条，设备物资二维码制作8 749条，实现管道建设焊接过程数据的实时智能采集，同时建成覆盖全线的64处固定摄像头、11处移动摄像头，专人坐岗无死角监控，实现视频监控全覆盖、人员定位全跟踪和施工数据全采集的智能工地建设。

（舒玉春）

责任编辑：闵　军

中国石油

市场·营销

Markets & Marketing

SICHUAN OIL AND GAS FIELDS YEARBOOK

四川油气田年鉴 2023

市场开发与管理

【概述】 2022年，西南油气田公司市场开发业务抓住川渝地区“打造万亿级绿色化工基地”“电力缺口矛盾凸显”“新能源新材料企业迅猛发展”等契机，科学研判市场，紧盯重点领域，推进终端市场开发，全力配合新能源指标获取，取得新增市场规模再创新高、新项目投产贡献逐步凸显、终端新区域市场进一步扩大、天然气撬动新能源稳步推进的成效。新增市场年用气规模49.98亿立方米，新项目投产增量13.59亿立方米，超额完成各项考核指标。

2022年度，川庆钻探工程公司市场开发业务立足国内外基础市场，优化市场结构，以技术创新为引领，发挥高端业务创效能力，扩展非常规油气服务市场，稳固反承包市场，高效发展海外市场，拓展新业务市场、EPC总包市场及一体化服务市场，外部市场份额增加，保障市场占有率稳中有升。提升单井（单项目）创效能力，开展单井安全提速创效工程，在川渝地区分阶段推进井工程一体化统筹管理，以优质服务赢得甲方信任，实现市场服务能力持续提升，市场开发工作取得良好成效。2022年，新签合同金额374.8亿元，同比增加16.8亿元，增长4.7%。其中：国内集团公司内部市场新签合同金额323.2亿元，同比增加19.6亿元，增长8%；国内集团公司外部市场新签合同金额18.9亿元，同比增加4.6亿元，增长31%；海外新签合同4.93亿美元。海外及外部市场收入50.7亿元。其中，海外市场收入25亿元，国内外部市场收入25.7亿元。

（陈晓霞　周　薇）

【国内工程技术服务市场】 2022年，川庆钻探工程公司在国内工程技术服务市场有施工作业队852支，其中钻机288台、试修测试队214支、固井队24支、录井队182支、钻井液144支。国内市场完成进尺758.9万米，同比增长15%。

川渝市场服务。川庆钻探工程公司优先保障蓬莱气区、深层页岩气、川东北高含硫等重点区域市场，在西南油气田公司关联交易市场份额继续保持100%，其中在西南油气田公司自营深层页岩气市场占有率62.98%。开发并进入储气库市场，与重庆天然气储运有限公司签订钻试一体化总包合同，合同金额3.88亿元，项目涉及17口井，实施周期2022年6月至2025年，当年开钻4口井，进尺1万米。持续开发浙江油田公司在川渝流转区块市场，当年6月与浙江油田公司签订《大安开发区页岩气钻压试效益合作一体化总承包框架合同》，业务涉及大安区块100余口井的钻前工程和钻试一体化总包，以及区块的用水、网电等，截至2022年底，大安区块上钻机7台，开钻井13口，累计进尺3.74万米。

长庆市场服务。川庆钻探工程公司在长庆油田公司的钻井市场占有率35.5%，签订《奥陶系盐下领域勘探合作协议》，开展奥陶系盐下马四气藏风险探井和常规探井工程总承包服务，拓展后期试采和天然气回收业务。进入延长油田总包市场，参与延长油田致密（页岩）油一体化总包项目投标并中标，合同金额8.42亿元。项目实施周期2022年6月至2023年6月，当年开钻井53口，完井52口井，累计进尺18万米。开拓长庆区域储气库项目市场，与长庆石油勘探局有限公司榆林储气库管理分公司签订《2022年储气库项目钻井工程技术服务合同》，合同金额3.96亿元，合同工作量19口井（水平井11口、定向井8口）。

塔里木市场服务。川庆钻探工程公司在塔里木油田钻井市场占有率18.02%。川庆新疆分公司紧跟业主方勘探生产需求，补齐设备短板，围绕塔里木油田勘探“五大有利区带”和博大、塔河南岸成熟开发区块，持续推进“一字号”风险探井和塔里木油田钻井风险总承包改革试点井的跟踪和开发市场工作，在迪北区块3口井实施风险总承包，其中位于新疆阿克苏地区库车县境内的迪北104-H1井于12月31日开钻，在塔里木油田迪北区块的风险总承包项目正式启动。

国内反承包市场服务。川庆钻探工程公司在国内反承包市场新签合同额5.65亿元，完成产值8.92亿元，同比增长71%。其中，道达尔苏南项目完钻21口，钻井进尺79 845米，完成155口井的压裂试气一体化作业和21口井的速度管柱作业；壳牌长北项目完钻19口，钻井进尺72 007米，完成4口双分支水平井的试气作业和24口小井眼井的压裂试气一体化作业。在壳牌全球钻井承包商KPI综合评比中，川庆长庆钻井总公司70210钻井队被壳牌中国公司授予“4 Years Goal Zero”（4年零事故）HSE业绩优秀奖牌，川庆长庆井下技术作业公司被长庆油田苏南作业分公司评为“苏南十周年诚信服务商”。2022 年 10 月 14 日，完成雪佛龙川东北项目第一口补充开发井罗家 24 井，11 月 8 日测试获日产气 206.68 万立方米，无阻流量 1 183.65 万米 ^{3}/ 日，刷新罗家寨气田单井最高无阻流量纪录。（周　薇）

【国外工程技术服务市场】 2022 年，川庆钻探工程公司海外市场设立土库曼斯坦、巴基斯坦、厄瓜多尔、中东、阿富汗、吉尔吉斯斯坦、玻利维亚、秘鲁、伊拉克、伊朗 10 个海外分公司，有海外施工队伍 95 支。海外作业队伍聚焦“高质量”发展，应对新冠肺炎疫情挑战，国际业务实现安全平稳发展，新签合同金额 4.93 亿美元，超额完成 3.2 亿美元的市场目标。其中，土库曼斯坦市场签约 296 万美元，巴基斯坦市场签约 4 490 万美元，厄瓜多尔市场签约 4.4 亿美元，中东市场签约 538 万美元。深挖传统基础市场，开拓单项技术服务市场，跟踪评估海外新项目 20 个，向集团公司报备 19 个，获备案批准 10 个，签订合同并通过备案核准 10 个，办理厄瓜多尔国家石油公司（PEC）42 队修井日费项目、巴基斯坦石油有限公司（PPL）3 部钻机日费服务项目核准延期。签订包括土库曼斯坦天然气康采恩 3 个技术服务合同、厄瓜多尔伊什平戈（ISHIPINGO）区块钻完井一体化服务首期及延期合同，伊拉克艾哈代布采办、监督服务合同和哈法亚 CPF3 运行服务项目合同等在内的各类服务和贸易合同 37 个，中标 PPL 公司 4 部钻机服务项目和 POL 钻机项目。（周　薇）

【承包商准入管理】 2022 年，西南油气田公司根据集团公司规定和要求，结合实际全面梳理重塑市场管理工作流程，修订发布《西南油气田公司承包商、服务商、供应商管理办法》，进一步优化市场管理程序，规范市场管理行为。推进承包商安全环保管控 2.0 提升，组织开展承包商安全生产专项检查及 HSE 体系审核，重点抽查承包商违法分包、转包、挂靠资质等行为，对检查发现的 308 个问题进行举一反三、闭环整改。组织新申请准入承包商审查，受理新准入申请 84 家，实际引入符合资格和能力要求的 56 家，优化和提升市场环境。组织 689 家承包商年度业绩综合考评，对存在不良业绩的 35 家承包商分别给予通报批评、警告、严重警告、暂停准入（交易）资格、取消准入资格的处理决定。

2022 年，川庆钻探工程公司修订完善《承包商管理办法》，明确“年度准入”和“临时准入”界面，优化考核方式，细化准入分类目录，承包商管理实现分类分级全覆盖管理。突出业绩管理，完成 2022 年度 649 家承包商业绩考核评价，对 13 家观察使用的承包商冻结交易资格 6 个月，对 15 家不合格的承包商取消准入资格，对 2 家 HSE 考核不合格的承包商纳入黑名单管理，对 16 支钻机服务业务外包队伍分别作出警告和清退处理，清理资源库内连续 3 年无业绩的 89 家承包商。完成 2022 年度承包商新增准入工作，新增准入承包商 66 家，其中安全环保类 33 家、工程建设及检维修 1 家、设备维修 11 家、网络信息 21 家。开发承包商培训管理子系统，组织开展承包商主要负责人培训，728 名承包商主要负责人报名参加在线培训，考试合格 648 人，通过率 89%。（黄涛澄　闫　涛）

【供应商准入管理】 2022 年，西南油气田公司组织 426 家供应商年度业绩综合考评，对存在不良业绩的 11 家供应商分别给予通报批评、警告、暂停交易权限的处理。组织开展联合监督抽查，强化供应商动态监管，对 101 家供应商的质量抽检不合格产品给予暂停产品交易权限等处理。（黄涛澄）

【天然气市场规划】 2022 年，西南油气田公司编制完成 2023—2027 年天然气业务发展规划，掌握市场开发主动权。滚动规划广泛使用在川气东送二线相关工程、西南油气田油气开发上产及出川外输方案、管道建设、合资合作项目等工作中，五矿一处、三大终端公司的规划质量提升。开展市场调研，摸清新区域、新园区、新产业、替代能源现状。定期收集市场信息，编制《天然气市场资讯》。市场开发相关人员参与西南油气田公司规划前期重大事项、重要报告的审查工作 23 项，为合资合作项目、股权收购项目提供意见和建议。完成“天然气与水风光融合发展研究”课题，《关于推动川渝地区天然气发电与水风光融合发展的建议》在集团公司《领导参阅》（2022 年第 11 期）发表，获集团公司总经理侯启军、副总经理焦方正等领导的批示。《天然气产业高质量协调发展体系构建与实践》获四川省科学技术进步奖二等奖；总结市场开发经验，《以新增百亿市场消纳能力支撑上产为目标的川渝市场企地协同规模效益开发管理创新与实践》获西南油气田公司“2021年度管理创新奖”优秀成果类三等奖；《“十四五”销售规划》获西南油气田公司优秀成果奖，主要编写人获集团公司“规划工作先进个人”称号。

（陈晓霞）

【“地企协同”市场开发】 2022年，西南油气田公司深化企地合作模式，围绕“上产500亿”，主动与政府建立沟通机制，提供天然气产业发展咨询服务，配合开展招商引资。优选符合共同发展利益的地区开展深化合作，为西南油气田公司勘探开发、大型项目、终端新市场、风光新能源等综合业务高质量、中长期发展强化顶层设计。与四川南充、达州地方人民政府签订战略合作协议，推进福建永荣控股集团有限公司、浙江正凯集团有限公司等大型项目落地，新增年用气需求超25亿立方米。（陈晓霞）

2022年6月6日，西南油气田公司与达州市政府在成都召开座谈交流会　韩　超　摄

【“川渝气电”项目开发】 2022年，西南油气田公司市场开发业务提前布局，统筹川渝两地气电发展。联合各发电企业成立“气电政策研究”小组，研究气电上网价格机制并形成研究成果，促成川渝两地政府出台“两部制”电价政策。与四川省、重庆市能源局沟通对接，两地政府为解决电力缺口问题，提出“十四五”四川建成气电1 200万千瓦，重庆新建500万千瓦、储备600万千瓦。由中国石油供气的6个项目开工，年用气需求39.7亿立方米。其中：四川省4个，装机规模515万千瓦，年用气需求25.8亿立方米；重庆市2个，装机规模189万千瓦，年用气需求13.9亿立方米。（陈晓霞）

【天然气撬动新能源】 2022年，西南油气田公司市场开发业务落实集团公司“天然气增量资源换风光电指标”的要求和部署，以《关于支持川渝气电发展促进天然气上产及新能源发展的请示》呈报股份公司，推动川渝气电产业发展。向四川省人民政府呈报《关于风光资源开发利用工作情况的汇报》《关于恳请给予西南油气田公司风光资源开发指标的请示》，得到四川省省长黄强、副省长罗强的批示；反复与四川省发改委能源局沟通，10月配合完成《关于加快推进多能互补电源建设的激励措施》征求意见。中国石油新能源项目的获取大多依靠投资换取，推动四川省人民政府出台气电配套风光政策。经多轮沟通对接，与四川省攀枝花市，重庆市丰都区、黔江区等地方人民政府，以及重庆三峡水利电力（集团）股份有限等企业达成共识，以天然气资源保障为条件，获取风光指标。（陈晓霞）

【高端精细化工开发】 2022年，西南油气田公司抓住绿色化工产业发展机遇，推进川渝基础化工向高端精细化工转变。配合四川达州、南充、内江等地市人民政府开展招商引资，高端精细化工头部企业入驻四川，精细化工产业持续升级，川渝地区以“甲醇、尿素、合成氨、氢氰酸”为代表的基础化工实现向“可降解塑料、改性材料、维生素”等为代表的高端精细化工转变。2021—2022年，四川天然气化工产值从4 000亿元增至6 000亿元。推动重庆渝通天然气管道有限公司、达州玖源新材料有限公司微量元素肥等90个项目投运，2022年用气6.94亿立方米；跟

2022年4月23日，川东北气矿高新区输配气站至达州玖源新材料有限公司输气管道正式通气，标志着川东北气矿又一家大型工业用气客户投运用气，“直供+”新型营销模式取得新成效　秦　汉　摄

踪重庆炘扬航能源有限公司、重庆市江津区昆仑燃气有限公司、四川港华合纵能源有限公司等直供新投30个项目投资建设进度。（陈晓霞）

【新材料项目开发】 2022年，川渝地区光伏玻璃、燃料电池、储能电池等新能源制造企业呈快速发展之势，对天然气的需求不断增加。“十四五”期间新增用气规模10亿米³/年。锂电产业方面，宁德时代、蜂巢科技、格力钛、融捷锂业、川能投等头部企业在宜宾、眉山、遂宁、攀枝花、新津、邛崃、金堂等区域加快布局锂电产业，新增市场规模5亿米³/年。光伏产业方面，通威多晶硅、协鑫颗粒硅、和友玻璃、江津武骏玻璃等大型项目主要分布在乐山、江津、攀枝花等区域，新增市场规模5亿米³/年。（陈晓霞）

【终端市场开发】 2022年，西南油气田公司持续开发新区域终端市场，华油公司取得内江高新区，燃气分公司取得威远页岩气综合利用化工园、安岳高铁新城等3个新区域市场，约400平方千米。与重庆丰都、开州、万州，四川遂宁等地对接，力争取得丰都工业园区、开州浦里新区、万州长岭化工园、遂潼产业园等燃气市场经营权；对前期开发的眉山天府新区、眉山高新区、天邛产业园等整装市场开展后评价工作。2022年，投产运营的眉山环天川港公司实现营业收入3 215万元，净利润609万元；眉山华油公司营业收入1.68亿元；成都天新公司（天邛产业园）营业收入15 478万元，净利润3 100万元。（陈晓霞）

【新项目投产管理】 2022年，西南油气田公司市场开发工作针对天然气资源紧张、高温限电、集团公司严控新项目投产等多重因素，组织相关部门和单位研究新项目投产政策，重新梳理新项目投产工作相关流程，解决90个项目投产，实现投产新项目天然气增量13.59亿米³/年，完成年计划13亿立方米的104.54%，同比增加4.19亿立方米，增长49%。自2017年以来，新开发项目具备58亿米³/年的销售能力，占西南油气田公司川渝地区销量305.6亿立方米的19%，占同期新增销量的57%。（陈晓霞）

【氢能业务市场开发】 2022年，西南油气田公司组织四川省、重庆市30多家氢能相关大型企业研讨氢能在工业和交通领域的应用问题，牵头组织中国石油在四川省和重庆市川渝企业成立氢能产业促进会。截至2022年底，四川省有80余家企业入会，重庆市有40余家企业入会。挖潜和开发西南油气田公司天然气用户氢能相关项目，优选出巨宏新材料公司制氢项目、玉龙化工合成氨放空气环保治理技改项目、卡贝乐驰放气提纯项目3个潜在合作项目，至2022年底，项目处于投资论证阶段。跟进交通相关技术研发和应用情况，协助并参与四川省内江市归德镇—连界镇货运铁路氢能示范项目。（陈晓霞）

2022年5月6日，西南油气田公司在成都举办川渝氢能产业发展座谈会 杨舒然 摄

【市场开发基础管理】 2022年，西南油气田公司修订完善《西南油气田公司市场开发管理办法》，进一步优化、规范市场开发管理。加强营销管理平台建设，优化市场开发、市场规划子系统模块内容，统一直供和终端客户信息，收集各销售部、三大终端公司信息系统运行中存在的问题，沟通对接系统开发商，组织相关人员线上培训。完成2017—2022年704个新开发和潜在项目，以及市场规划基础数据1万余条信息录入工作，提升项目从规划、开发到投产信息的全面性和准确性。（陈晓霞）

【榕山输气站天然气余压发电项目并入国家电网系统】 榕山输气站天然气余压发电项目是西南油气田公司首个外供清洁能源项目，安装1台220千瓦、2台250千瓦双转子膨胀机发电机机组，利用输气处合江输气作业区榕山输气站供气余压发电，总装机容量720千瓦，满负荷条件下年发电量576万千瓦·时。为保障该项目早日并网运行，西南油气田公司于2021年10月28日成立新能源项目专项小组，统筹前期方案审查、项目实施、运行维护等阶段工

作，全过程对立项备案、设备安装、系统调试、并网验收、签订并网供电合同等项目关键环节把关，与天华公司、国家电网泸州公司、地方人民政府对接协调，保障项目落地。同年 11 月 9 日，土建项目施工。2022 年 1 月，相继完成管道安装、电气仪表安装调试、土建恢复、完工验收等工作。在机组运行期间，西南油气田公司结合管网运行情况，合理调配管网资源，克服天然气压力波动大、高温天气等影响，保障项目发电机平稳运行。同时，归纳总结项目建设和运维过程中的技术难点、手续办理流程，分析价款组成和相关制度政策，编制《天然气余压发电新能源项目实施操作手册》，实现“做法成标准、示范变规范”，为后续同类项目实施提供支撑。该项目发电产生的冷能，每年可提供 123 万吨冷却水供天华公司和天华富邦公司循环冷却水降温使用，节约标准煤 1 660 吨，减排二氧化碳 4 600 吨。2022 年 9 月 13 日，榕山输气站天然气余压发电项目正式并入国家电网系统运行。

（黄　然　胡云川）

【气田水提锂中试装置投运】 2022 年 6 月底 7 月初，西南油气田公司联合西南石油大学，采取“气田水预处理 + 高效锂离子筛吸附剂提锂”技术路线，从气田水中成功提取 40 升高浓度氯化锂溶液，并制得氢氧化锂 100 克、碳酸锂 400 克。此举为国内油气田行业首次从气田水提取锂元素，实现气田提锂技术“零突破”。同年 9 月，西南油气田公司采用“气田水各类杂质深度脱除 + 低浓度锂高选择性吸附剂 + 组合膜分离浓缩 + 锂沉淀”技术路线，独立在龙王庙组气藏气田水中提制出工业级纯度的碳酸锂。12 月 30 日，西南油气田公司联合中国石油工程建设西南分公司、华东理工大学，在龙王庙组气藏的磨 152 井成功投运国内首套 500 米 ^{3}/ 日气田水提锂中试装置，年产碳酸锂规模 50 吨，气田水提锂工艺由预处理系统、锂吸附脱附系统、富锂液净化浓缩、碳酸锂结晶系统、深度处理系统五部分组成。

（闵　军）

【国内首个气田伴生资源地热发电项目建成投产】 磨溪龙王庙组气藏中部平均温度 141℃，属深层、中温地热资源。磨溪 X210 井是西南油气田公司部署在龙王庙组气藏主要水侵通道上的增压气举主动排水井，该井产水最多、温度最高、热能最丰富，日均产气田水 600 立方米，井底温度 140℃，井口温度 103℃。西南油气田公司与成都理工大学、东方电气集团联合组成气田水伴生地热资源利用研究团队，根据气藏水体特征，结合遂宁市人民政府打造低碳农业示范区的规划目标，制定地热发电、稻谷烘干、温室种植、水产养殖的地热梯级利用方案，实施磨溪 X210 井采出水地热利用先导试验工程。该工程于 2022 年 7 月 4 日启动，采用地热 ORC 发电工艺技术，装机规模 80 千瓦，年发电量 46 万千瓦·时。12 月 20 日，完成工程现场施工及设备调试。12 月 30 日，国内首个气田水伴生地热 ORC 发电装置投运并网发电，西南油气田公司新能源业务发展取得新突破。磨溪 X210 井采出水地热利用先导试验工程作为川渝首个中低温地热发电综合利用示范项目，是四川省地热产业发展专题会议中明确提出的“2+X”示范项目（先行先试重点工程和典型的“天然气 +”项目），也是西南油气田公司“天然气 + 伴生资源”的绿色能源西南模式的重要探索，投运后全年可减少外购电 40 万千瓦·时，年节约标煤 122 吨，减少二氧化碳排放 343 吨。（闵　军）

【川渝分公司经营业绩】 天然气销售川渝分公司负责川渝地区天然气销售，天然气市场调查、技术咨询及天然气销售相关业务等，截至 2022 年底资产总额 35.42 亿元，其中固定资产原值 818.39 万元，净值 246.58 万元，固定资产主要为通信设备及设施、工具及仪器、其他设备等。2022 年，销售天然气 256.83 亿立方米，同比增加 3.72 亿立方米，增长 1.47%；营业收入 467.93 亿元，同比增加 63.36 亿元，增长 15.66%，实现利润总额 5.82 亿元。（张先洁）

【川渝分公司经营管理】 2022 年，天然气销售川渝分公司在预算引领、提质增效、精细管理、产融结合、数字转型等方面发力，全面完成各项业绩指标。围绕提质增效推动天然气顺价推价工作，加大线上交易力度，增收 107.79 亿元（与门站价相比）。保持极限管控力度，销售及财务费用同比下降 886 万元，降低 16%。贯彻执行国家税收优惠政策，取得增值税留抵退税 5 513 万元。坚持先款后气，预收气款月均余额 21.7 亿元，年度实现上存资金利息收入近 8 000 万元。加强资金收支监控，保障资金安全运行，加强资金计划管理，月计划执行率平均保持在 94% 以上。推进产融结合，搭建客户与昆仑银行的融资桥梁，帮助 22 家天然气客户实现融资贷款 8.7 亿元。助推数字化转型，天然气销售川渝分公司成为四川省全面数字化电子发票试点单位，成功开具全电发票，同时与昆仑数智科技公司合作开发全电发票开具管理系统，为实现全电发票的自动传输、开具及交付作准备。推广“石油商旅”平台，优化签约酒店，完善财务共享平台，加强逻辑审核，提升员工出行的便利性及报销的高效性。（张先洁）

营销管理

【概述】 2022 年，西南油气田公司营销系统树立“全员参与、统筹发展、一体协同”的“大营销、大格局、大思路”理念，以打造“销售板块川渝样板”为目标，突出效益导向，灵活营销策略，跟踪市场变化，取得量增价升、市场份额稳固的良好成效。至年底，销售天然气 404.6 亿立方米，同比增加 29.4 亿立方米，其中在川渝地区销售 305.9 亿立方米（不含外输气量），同比增加 9.7 亿立方米，增长 3.3%。（邹晓琴）

2022 年 7 月 5 日，西南油气田公司在成都召开 2022 年市场营销工作半年总结会　邹晓琴　供

【营销计划管理】 2022 年，西南油气田公司科学编制销售计划，强化计划管理，有效应对“供不应求”和“供过于求”特殊时段天然气的销售形势，克服气温、新冠肺炎疫情、地震等不利因素影响，执行月计划、周平衡、日指定的营销部署。加强销售监测，提升“十日滚动”预测准确率，提高计划执行力，在川渝地区销售天然气 305.9 亿立方米，同比增加 9.7 亿立方米，增长 3.3%，实现资源过剩情况下产业链平稳运行和资源紧张情况下市场稳定供应，产业链运行情况历年最优。（邹晓琴）

【营销策略研究】 2022 年，西南油气田公司销售面临市场供求频繁转换、政策密集出台、客户诉求日益增加的多重挑战，营销系统发挥一体协同优势，精研营销策略，快速应市而变，“增量”“增效”双向发力，“保供”“保畅”灵活切换。年初启动“价价联动”刺激无合同量可中断调峰客户持续生产，日均增销约 1 200 万立方米，累计增收 9.65 亿元，确保西南油气田公司不限产、不压产。春节期间，综合分析各类客户用气特点，围绕产销动态平衡情况，细化可中断客户增量方案，采取合同内外价格一致的方式，保障可中断客户节日期间按 95% 高负荷运行，最大限度发挥填谷作用，日均销量 2 000 万立方米，弥补节日城市燃气自然减量，维持川渝天然气产业链平稳运行。12 月，面对气温下降叠加中亚气短供（影响气量约 3 000 万米 ^{3}/ 日）形势，全国天然气资源严重供不应求，西南油气田公司及时启动应急预案，最高压减可中断客户用气 2 000 万米 ^{3}/ 日，为全国民生保供贡献川渝力量。（邹晓琴）

【天然气保供】 2022 年，为确保川渝地区供气稳定，西南油气田公司多方筹措资源，争取合同资源配置，向集团公司总部争取合同资源 311.2 亿立方米，实际用气同比增加 15 亿立方米，增长 5.1%，城市燃气合同量首次在上年实际用量基础上考虑适当增加，实现居民和大民生用气全覆盖。发挥自有管网运行优势，累计从中国石化组织资源 2.1 亿立方米，采购合资公司页岩气资源 5.6 亿立方米，弥补区域市场资源缺口，有效保障川渝地区民生用气安全平稳。春节期间，全国性寒潮突发，西南油气田公司启动“压非保民”Ⅱ级应急预案，先后 3 轮压减区域可中断调峰客户用气量 800 万米 ^{3}/ 日，保障北京冬奥会和全国两会期间川渝民生用气的稳定供应。针对春耕时节化肥客户用气需求旺盛情况，落实川渝地区地方人民政府提出的为春耕化肥“保供稳价”要求，向集团公司总部争取 1 900 万立方米合同外资源，实施“价价联动”，支持化肥企业正常生产经营。针对川渝地区 8 月突发的持续、极端高温灾害天气带来严峻的电力供需形势，西南油气田公司“让气于电”，助力“让电于民”，累计向达州四川川投燃气发电有限责任公司和华能重庆两江燃机发电有限责任公司电厂供气 1.65 亿立方米，增长 240%，保障电厂用气需求。针对四川省和重庆市人民政府于 9 月商请提出“将 8 月受限

电影响未用完的合同气量调剂到2022年9月至2023年3月统筹使用”的诉求，西南油气田公司向集团公司总部争取资源留存，利用自营超产气量累计向川渝可中断客户增供合同外用气约3 700万立方米，助力四川省和重庆市人民政府冲刺2022年经济目标任务。（邹晓琴）

【天然气推价与结算】2022年，西南油气田公司营销业务在分析市场形势基础上，结合同业推价水平和西南油气田公司勘探开发实际，合理确定按二档浮动气价执行的价格政策，即非居用气价格在非采暖季和采暖季上浮分别30%和44.75%；推动居民用气价格按要求（5%）上浮到位，非居民气价随市场转换灵活定价，在保障勘探开发和生产建设后路畅通的同时，保障企业效益最大化。根据西南油气田公司制定的天然气销售偏差结算相关制度的要求，结

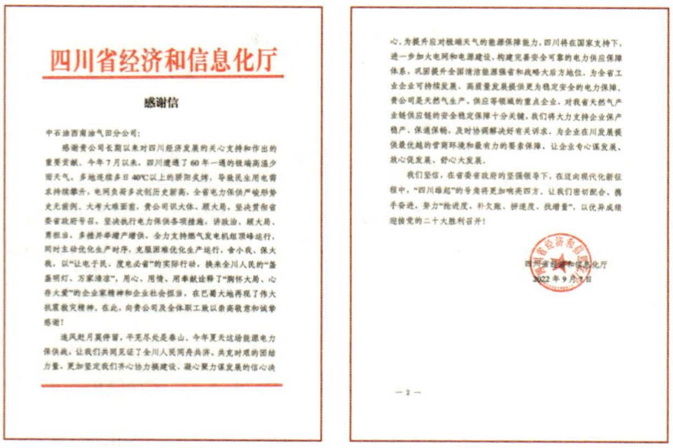

四川省经济和信息化厅

感谢信

中石油西南油气田分公司：

感谢贵公司长期以来对四川经济发展的关心支持和作出的重要贡献。今年7月以来，四川遭遇了60年一遇的极端高温少雨天气，多地连续多日40℃以上的骄阳炙烤，导致民生用电需求持续攀升，电网负荷多次创历史新高，全省电力保供严峻形势史无前例。大考大难面前，贵公司识大体、顾大局，坚决贯彻省委省政府号召，坚决执行电力保供各项措施，讲政治、顾大局、勇担当，多措并举增产增供，全力支持燃气发电机组顶峰运行，同时主动优化生产时序，克服困难优化生产运行，舍小我、保大我，以“让电于民、度电必省”的实际行动，换来全川人民的“盏盏明灯、万家清凉”，用心、用情、用奉献诠释了“胸怀大局、心存大爱”的企业家精神和企业社会担当，在巴蜀大地再现了伟大抗震救灾精神。在此，向贵公司及全体职工致以崇高敬意和诚挚感谢！

逢风赶月莫停留，平芜尽处是春山。今年夏天这场能源电力保供战，让我们共同见证了全川人民同舟共济、共克时艰的团结力量，更加坚定我们齐心协力搞建设、凝心聚力谋发展的信心决心。为提升应对极端天气的能源保障能力，四川将在国家支持下，进一步加大电网和电源建设，构建完善安全可靠的电力供应保障体系，巩固提升全国清洁能源强省和战略大后方地位，为全省工业企业可持续发展、高质量发展提供更为稳定安全的电力保障。贵公司是天然气生产、供应等领域的重点企业，对我省天然气产业链供应链的安全稳定保障十分关键，我们将大力支持企业保产稳产、保通保畅，及时协调解决好有关诉求，为企业在川发展提供最优越的营商环境和最有力的要素保障，让企业专心谋发展、放心促发展、舒心大发展。

我们坚信，在省委省政府的坚强领导下，在迈向现代化新征程中，“四川雄起”的号角将更加响亮四方。让我们密切配合、携手奋进，努力“抢进度、补欠账、拼速度、找增量”，以优异成绩迎接党的二十大胜利召开！

四川省经济和信息化厅

2022年9月7日

— 2 —

2022年9月7日，四川省经济和信息化厅向西南油气田公司就公司“让气于电”助力“让电于民”发来感谢信　　邹晓琴　供

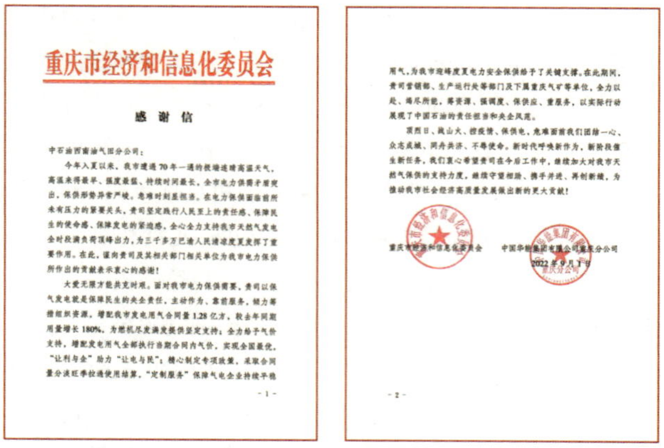

重庆市经济和信息化委员会

感 谢 信

中石油西南油气田分公司：

今年入夏以来，我市遭遇70年一遇的极端连晴高温天气，高温来得最早、强度最猛、持续时间最长，全市电力供需矛盾突出，保供形势异常严峻。危难时刻显担当，在电力保供面临前所未有压力的紧要关头，贵司坚定践行人民至上的责任感、保障民生的使命感、保障发电的紧迫感，全心全力支持我市天然气发电全时段满负荷顶峰出力，为三千多万巴渝人民清凉度夏发挥了重要作用。在此，谨向贵司及其相关部门相关单位为我市电力保供所作出的贡献表示衷心的感谢！

大爱无限方能共克时艰。面对我市电力保供需要，贵司以保气发电就是保障民生的央企责任，主动作为、靠前服务，倾力筹措组织资源，增配我市发电用气合同量1.28亿方，较去年同期用量增长180%，为燃机尽发满发提供坚定支持；全力给予气价支持，增配发电用气全部执行当期合同内气价，实现全国最优，“让利与企”助力“让电与民”；精心制定专项政策，采取合同量分淡旺季拉通使用结算，“定制服务”保障气电企业持续平稳

- 1 -

用气，为我市迎峰度夏电力安全保供给予了关键支撑。在此期间，贵司营销部、生产运行处等部门及下属重庆气矿等单位，全力以赴、竭尽所能，筹资源、强调度、保供应、重服务，以实际行动展现了中国石油的责任担当和央企风范。

顶烈日、战山火、控疫情、保供电，危难面前我们团结一心、众志成城、同舟共济、不辱使命。新时代呼唤新作为，新阶段催生新任务，我们衷心希望贵司在今后工作中，继续加大对我市天然气保供的支持力度，继续守望相助、携手并进、再创新绩，为推动我市社会经济高质量发展做出新的更大贡献！

重庆市经济和信息化委员会　　中国华能集团有限公司重庆分公司

2022年9月1日

- 2 -

2022年9月1日，重庆市经济和信息化委员会向西南油气田公司就公司“让利于企”助力“让电于民”发来感谢信　　邹晓琴　供

合近年来偏差结算实践经验，全面修订合同文本中偏差结算相关条款，为供气、用气双方偏差结算的执行提供依法合规保障。（邹晓琴）

【天然气线上交易】2022年，西南油气田公司营销系统按照天然气销售分公司关于线上交易工作安排，利用市场化手段调节供需，坚持线上平台“公平、公开”配置资源，利用价格杠杆平抑供需矛盾，推进常态化线上交易，保障了产业链平稳运行和销售效益提升。当年完成天然气线上交易2.56亿立方米，增效3.49亿元。（邹晓琴）

【客户管理与服务】2022年，西南油气田公司营销系统先后组织油气销售业务、终端市场管理和基础管理工作等方面的合规监督检查，提升营销工作依法合规管控水平。以“试点第三方核查＋自查结合”方式，开展“以量代例”的结构核查，全面实现民生用气量固化的工作目标，维护供气、用气双方利益。以“五强”（强修订、强签订、强履约、强应用、强轮训）手段抓实抓细天然气购销合同签订与履约各环节，规范天然气购销行为，提升合同执行符合率。从“精神学习、任务落实、政府对接、客户督办、日常监督”入手，79家无资质客户专项治理全面清零，解决以前未能解决的历史遗留问题。树立“客户至上”理念和“服务创造价值”的客服意识，实施“客户参与在线评价”的双向互评，推行优服宝App，提升天然气客户服务价值与水平，2022年客户服务满意度100%。在集团公司总部组织的满意度调查中，西南油气田公司总平均分9.72分，同比提高0.08分。（邹晓琴）

【货款回收】2022年，西南油气田公司坚持先款后货原则，加强各单位货款回收预警与催收。全年天然气应收货款647.3亿元，实收647.3亿元，货款回收率100%。年末预收款余额23.5亿元。（邹晓琴）

天然气销售

【概述】2022年，国际地缘政治摩擦升级给能源行业带来深刻变革，进口资源组织困难，天然气供需整体偏紧，

叠加新冠肺炎疫情反复、高温限电、地震和中亚气短供等因素，给区域天然气市场发展带来巨大挑战，西南油气田公司天然气销售通过夯基础、强管理、争效益，持续做大做强做优市场营销，在川渝市场天然气销售量305.9亿立方米（不含外输气量），突破300亿立方米，同比增加9.7亿立方米，增长3.3%；在川、渝、云、贵、桂、陕终端市场突破100亿立方米，达104.06亿立方米。当年，西南油气田公司在川渝地区销售川渝市场销售均价每千立方米1 976元，较门站价每千立方米上涨449元，同比上涨245元。天然气销售总量404.6亿立方米，同比增加29.4亿立方米，增长7.83%。2022年天然气产销量见表1。

（邹晓琴）

【天然气销售结构】 2022年，西南油气田公司响应集团公司总部“以量代例”结构核查要求，真实反应用气流向，依法合规维护销售效益，持续推动区域供气范围内的用气结构优化，全年化肥用气量下降22.9%，非居用气量结构提升10.5%。为保障北方冬季采暖、北京冬奥会和全国两会等特殊时段民生用气，持续加大外输力度，全年外输量增加20亿立方米。天然气外销结构变化情况见表2。

（邹晓琴）

【天然气区域销售】 2022年，西南油气田公司所供的四川、重庆和云南区域的天然气销售量呈不同程度的增长。其中，在重庆市的销售量增长最大，同比增加5.4亿立方

表1　2022年西南油气田公司天然气产销量一览表

单位：万立方米

指　标	2022年	2021年	同比增减量	增幅（%）
天然气产量	3 833 526	3 614 833	218 693	6.04
自产量	2 822 218	2 636 759	185 459	7.03
合作产量	1 011 308	978 074	33 234	3.40
川中对外合作项目	39 684	36 130	2 554	9.84
川东北天然气项目	297 300	287 586	9 714	3.38
长宁页岩气	553 469	568 828	–15 359	–2.70
重庆页岩气	25 018	17 118	7 900	46.15
四川页岩气	147 022	68 412	78 610	114.91
外购量	539 727	401 896	137 831	34.30
天然气商品量	3 666 097	3 383 424	282 673	8.35
销售合计	4 046 107	3 752 464	293 643	7.83

表2　2022年西南油气田公司天然气外销结构变化情况一览表

单位：万立方米

类　别	2022年	2021年	同比增减量	增幅（%）
销售合计	4 046 107	3 752 464	293 643	7.83
化肥结构量	176 596	229 175	–52 579	–22.94
居民结构量	922 811	910 044	12 767	1.40
非居民结构量	1 793 995	1 624 054	169 941	10.46

续表

类　别	2022 年	2021 年	同比增减量	增幅（%）
调峰气	79 259	84 698	–5 439	–6.42
额外气（非居民）	86 061	114 070	–28 009	–24.55
线上市场化交易	25 525	59 901	–34 376	–57.39
线下气量	60 536	54 169	6 367	11.75
储气库垫底气	59 154	43 296	15 858	36.63
放空气回收	18 683	10 402	8 281	79.61
忠武线外输	204 685	197 770	6 915	3.50
磨铜线外输	364 957	208 211	156 746	75.28
江纳线外输	168 687	132 197	36 490	27.60
注相国寺储气库	166 638	190 087	–23 449	–12.34
外输云贵	4 579	8 459	–3 880	–45.87

米，增长 6.4%；在四川省的销售量增长有限，同比增加 3.9 亿立方米，增长 1.9%；在云南省的销售量基数较小，同比增加 0.4 亿立方米，增长 7.7%。2022 年天然气区域销售情况见表 3。　（邹晓琴）

【终端市场销售】 2022 年，西南油气田公司终端销售锚定方向、迎难而上，依靠批发零售一体优势，获得上游端支持，实现百亿“黄金终端”里程碑跨越。发挥终端燃气价格属地管理的灵活定价机制，带动九龙万博、乐山

表 3　2022 年西南油气田公司天然气区域销售情况一览表

单位：万立方米

区　域	2022 年	2021 年	同比增减量	增幅（%）
销售总量	4 046 107	3 752 464	293 643	7.83
四川省	2 117 164	2 077 936	39 228	1.89
重庆市	888 052	834 426	53 626	6.43
云南省	53 507	49 681	3 827	7.70
储气库垫底气	59 154	43 296	15 858	36.63
放空气回收	18 683	10 402	8 281	79.61
忠武线外输	204 685	197 770	6 915	3.50
磨铜线外输	364 957	208 211	156 746	75.28
江纳线外输	168 687	132 197	36 490	27.60
注相国寺储气库	166 638	190 087	–23 449	–12.34
外输云贵	4 579	8 459	–3 880	–45.87

表 4　2022 年西南油气田天然气终端市场分省区销售一览表

单位：亿立方米

区　域	2022 年	2021 年	同比增减量	增幅（%）
销售总量	104.06	92.35	11.71	12.68
四川省	69.00	65.44	3.56	5.44
重庆市	28.54	20.07	6.47	29.32
云南省	0.91	0.46	0.45	97.82
贵州省	1.21	0.57	0.64	112.28
广西壮族自治区	1.64	1.04	0.60	57.69
陕西省	2.77	2.77	–0.005	–0.20

表 5　2022 年西南油气田三大终端燃气平台天然气销售一览表

单位：亿立方米

平台名称	2022 年	2021 年	同比增减量	增幅（%）
华油公司	56.45	49.73	6.72	13.51
川港燃气公司	28.34	25.15	3.19	12.68
燃气分公司	19.28	17.48	1.8	10.48

协鑫科技等项目投产用气，全年增销超 2.5 亿立方米，创收超 1 800 万元。按“政府参与、主体多元、业务广泛、竞合共赢”原则，推进区域市场整合，2022 年储备市场规模超过 2 亿立方米：泸县全域 30 年特许经营权、都江堰青城山旅游装备产业功能区南区和龙池景区 16.6 平方千米市场、达州川港市场扩至 250 平方千米等。持续发挥产、运、销一体优势，加大终端资源池建设，自有终端采购中国石化等外部资源量 5.9 亿立方米用于补充川渝终端市场缺口，稳固了终端市场基石，外购气平均价格 1.68 元 / 米 ^{3}，创效近 5 亿元。天然气终端市场分省区销售情况见表 4，天然气三大终端燃气平台天然气销售情况见表 5。

（邹晓琴）

石化产品销售

【概述】 2022 年，西南油气田公司石化产品销售在转观念、树品牌、优模式、强效益等方面不断完善，修订石化产品定价机制、应急措施和内部结算方法，增强石化产品销售面对市场复杂局面的应急处置能力，保障油气田生产的平稳正常运行。4 月，针对四川石化来函告知其乙烯装置混合石脑油进料硅含量超标、相关储罐受污染事项，西南油气田公司主动开展沟通协调，5 月底装置恢复正常运行；提前组织人员分析成化总厂苍溪二厂和川东北高含硫项目铁山坡气田硫黄产能，靠前谋划硫黄产销，做好新市场规划和用户储备。全年石化产品销售收入 25.15 亿元，同比增加 9.72 亿元，增长 63%，石化产品销售量和效益取得历史性突破。

（邹晓琴）

【石油液体产销】 2022 年，西南油气田公司石油液体产品产销计划 6 万吨，生产石油液体 6.95 万吨，销售石油液体 6.94 万吨，同比增加 0.67 万吨；销售收入同比增加 1.36 亿元，增长 65%。

（邹晓琴）

【化工产品产销】 2022 年，西南油气田公司生产硫黄 68.1 万吨，销售硫黄 67.98 万吨，同比增加 2.54 万吨，销售收入同比增加 4.91 亿元，增长 49.1%。试采井回收气销售

1.57 亿立方米，同比增加 0.64 亿立方米，销售收入同比增加 3.46 亿元，增长 138.9%。（邹晓琴）

【主要化工产品价格】 2022 年，西南油气田公司销售的原油年均价格 5 823 元 / 吨，同比增加 1 859 元 / 吨；硫黄销售年均价格 2 190 元 / 吨，同比增加 657 元 / 吨；液化气销售年均价格 3 842 元 / 吨，同比增加 1 204 元 / 吨。主要化工产品销售价格见表 6。（邹晓琴）

表 6　2022 年西南油气田公司主要化工产品销售价格一览表

单位：元 / 吨

产　品	2022 年均价	2021 年均价	增减量	增减率（%）
原油（含凝析油、稳定轻烃）	5 823	3 964	1 859	46.90
硫黄	2 190	1 533	657	42.90
液化气	4 676	3 472	1 204	34.70

责任编辑：闵　军

生产服务

Production Services

SICHUAN OIL AND GAS FIELDS YEARBOOK

四川油气田年鉴 2023

物资采购与供应

【概述】 2022年，西南油气田公司物资采购管理工作做精做优集团化采购，在物资需求业务前伸、物资需求标准化推进、物资集中采购质效提升、区域共享机制建立、信息化建设应用等方面服务于西南油气田公司发展大局，为增储上产和生产建设项目提供物资保障。当年采购物资金额39.44亿元（不含3家页岩气生产单位、3家终端燃气销售单位及其他非ERP上线单位），完成铁山坡气田开发地面工程、威远—泸州区块页岩气集输干线工程、净化厂“双达标”工程、致密气产能建设等重点领域的勘探开发及地面建设物资保障任务。两级集中采购度99%，节约采购资金3.96亿元，采购资金节约率10.04%，制造商直采率78.39%，期末库存降低率7.54%，超额完成各项指标。

2022年，川庆钻探工程公司物资采购系统坚持以“合规、质量、效率、效益”为目标导向，以“保障供应、合规管理、规范采购、保证质量、控降成本”为结果导向，开展采购供应提质增效价值创造行动，完成集团公司和川庆钻探工程公司下达的采购管理绩效考核指标和提质增效目标，采购物资同比增长12.15%。川庆钻探工程公司获集团公司“物资采购管理先进单位”称号，采购管理对标评估A档，获中油技服创新管理成果奖三等奖。

（向方倩　赵　芸）

2022年5月29日，川庆川西钻探公司遂宁共享保障库开展发料作业　　郑　涛　摄

【物资采购管理制度建设】 2022年，西南油气田公司物资采购管理工作持续开展标准化建设和制度修订工作，完成集团公司《特殊无缝套管采购技术规格书》和《特殊无缝油管采购技术规格书》编制，并于2022年10月正式发布。组织开展“石油专用管四级试验评价研究”“石油专用管分时保供库存研究”“物资采购价格大数据分析”“‘油公司’模式下物资保障优化提升”等课题研究，发布《西南油气田公司集中采购方案模板》《西南油气田分公司物资仓储管理实施细则》；开展物资计划管理工作调研，修订《物资计划管理实施细则》，从源头提升采购业务整体效率和管控能力。

（向方倩）

【仓储管理】 2022年，西南油气田公司开展库存物资“先进先出”仓储基础管理工作检查，持续优化库存结构，对管理存在的问题以查促改、以改促进。统一管理地面管线防腐厂物资业务，划清项目建设单位、物资分公司职责界面，加强工程建设项目大宗管材类物资过程管控。加快报废物资处置，当年处置报废物资回收资金419万元。规范库存物资实物操作和账务处理，建立月度结算工作对接制，开展季度抽查和季度通报，提升结算工作质量和时效，库存周转次数与结算及时率均大幅提高；加大对存量应收账款清收力度，降低应收账款规模；加强应付账款管理，压实主体责任，加大历史遗留问题清理力度。

2022年，川庆钻探工程公司利用信息化手段提升仓储管理效能，决策系统仓储模块整合生产需求与库存信息，查询各单位库存规模和结构变化情况，提高库存分析及管理效率，做到过程监督有效。在ERP系统仓储管理模块与采购2.0系统之间，升级物资代储代销管理平台，规范代储代销行为，扩大代储代销的品种规模与范围，持续动态监督各单位代储代销情况。物资管理部组织相关部门和有关单位物资管理人员开展物资仓储管理、应急物资储备管理、危险化学品仓储管理检查，督促各受检单位整改完善检查发现的问题，提高仓储管理水平。2022年底，库存物资比年初下降10.1%；库存周转次数37.25次，完成集团公司下达的年末库存降低率5%以上或库存周转次

数 10 次以上的考核指标。（向方倩　赵　芸）

【物资保供】2022 年，西南油气田公司提前谋划井工程物资采购，向集团公司申请设定专属标包（油套管专包 13 个、采气井口专包 4 个），确保各类物资均有 2 ~ 3 家供应商支撑。完善必检物资手册中紧急需求情况下石油专用管硫化氢应力腐蚀开裂试验报告应急处理程序，提高保供效率。加强与组长单位沟通协调，结合含硫气田工况特性，申请抗硫、高抗硫阀门自主招标，为选择熟悉含硫工况的厂家及产能建设物资保障创造条件。启动常规气阀门及致密气各类通用物资代储代销工作，转变原库存实物储备方式，采用厂家原材料、半成品、成品储备模式，推动物资代储代销落实落地，节省采购时间和采购成本，降低库存资金占用。

2022 年，川庆钻探工程公司受日趋复杂国际形势和新冠肺炎疫情冲击，大宗物资原材料价格大幅波动，上半年重晶石粉、陶粒、压裂砂、工业白油、化工料等大宗物资生产保供存在困难，下半年四川出现高温限电、供应链断裂等情况，物资供应难度加大，物资管理部实时跟踪市场行情动态和主要原材料价格变动情况，了解使用单位物资需求及供应商供应情况，每周收集、整理、分析大宗物资采供情况，组织协调采购、供应、运输、验收、结算等事宜，采取多种措施，解决供需矛盾。（向方倩　赵　芸）

【物资采购合规管理】2022 年，西南油气田公司物资采购管理完成“物资采购价格大数据审计”发现问题的整改工作，梳理采购流程制度近 30 项，降低制度流程风险。成立采购指标治理及监督执行工作组，对比分析各单位采购数据，严格控制硬创订单，开展监督指导、检查考核等工作，提升二级物资目录采购率。梳理采购流程，推进项目物资采购目录框架招标，形成集采目录，提高目录点击率与集中采购度。引入第三方咨询机构，全过程诊断评估物资采购业务，根据诊断提出的管理提升建议和措施实施整改，达到合规、质量、效率、效益的管理目标。

2022 年，川庆钻探工程公司优化采购供应管理机制、工作流程和采购管理模式，编制工程与服务采购管理规定；加强采购过程动态考核，每半年在川庆钻探工程公司范围内通报采购过程及采购资料的动态考核情况。加强工程与服务分类编码应用，推进采购需求标准化，完善工程服务线上审批流程，加强专业、质量安全和造价等部门的审核把关；统一和规范工程与服务项目采购报审流程，推行两级采购流程全面线上运行，实现工程与服务采购流程标准化和合规管理。开展两期采购供应制度学习及实务讲解线下培训班和视频培训，培训 410 人次，促进采购供应系统人员素质和业务水平的提升；到兄弟单位、生产现场开展学习和业务交流，提炼并推广工作中的优秀经验。树立全生命周期综合采购成本最低理念，加大物资、工程和服务采购结果执行和结算管理的抽查，保障采购结果正确执行，结算真实准确，加强业务总包、外包管理，统筹总包、外包资源，增强市场把控能力；加强采购项目实施过程动态考核，探索采购项目结果使用跟踪评价，加强采购项目的总结分析，评估综合成本，防止因压降价格导致采购的产品、工程和服务质效下降，实现全生命周期综合采购成本最低。加强物资、工程和服务采购环节管理，推进标准化采购，完善更新招标模板库，招标方案中设定价格、技术评分最低标准；优化、固化成熟招标方案并推广应用，指导用户单位根据生产实际，制定合理的采购技术要求，减少非标准采购和超功能采购；加强川庆钻探工程公司招标专家库建设和专家管理，强化无效异议及投标造假投标人的统计管理及失信行为处理；优化招标委托流程，并在川庆钻探工程公司范围内统一推广招标委托流程，减轻招标项目的工作强度，提高工作效率，增强招标过程风险管控能力，提高项目实施质量。

（向方倩　赵　芸）

【物资集中采购管理】2022 年，西南油气田公司物资采购管理工作发挥规模采购优势，参与集团公司一级物资集中采购，推进天然气橇装设备集中采购，为页岩气、致密气项目快速建产提供物资保障。加强二级物资目录建设和使用，探索多渠道、多方式建立目录，增加目录采购金额 6 528 万元，二级物资目录采购率 51%，较 2021 的 32% 上升约 19%，节约采购成本超 10%。加强终端燃气板块集中采购管理，提高终端燃气板块目录执行率。推进内部优势产品的推广使用和采购工作，与成都能特科技发展有限公司、咸阳宝石钢管钢绳公司等内部企业签订内部优势产品框架采购协议；与西部钻探工程公司等页岩气可回收滑溜水使用单位沟通协调，促进西南油气田公司内部优势产品页岩气可回收滑溜水在工程技术服务市场推广。

2022年，川庆钻探工程公司两级集中采购度100%，完成集团公司下达的95%考核指标。作为集团公司工业白油集中采购授权组长单位，负责集团公司2022—2023年度工业白油集中采购工作，组织编写集中采购方案，配合集团公司组织招标，负责工业白油价格动态管理和保供协调工作。2022年4月完成集采工作，根据原油市场波动分别调整价格4次。根据集团公司安排，作为成员单位参加专用管、重晶石粉、支撑剂等70余种一级物资的集中采购工作，履行成员单位职责，收集整理上报川庆钻探工程公司采购需求计划，协助编制审查采购方案和技术规格书，配合完成招标采购实施、供应商考察、价格调整、保供协调、招标方案和招标文件模板建立、国资委数据提报等工作。配合开展中油技服集中和协同采购工作，组织开展级油井水泥等12个一级物资的集中采购工作，组织开展钻机电控系统、应急中心物资等10个二级物资专业协同采购工作，编制20个招标方案和75个标包，维护集团公司利益。动态调整川庆钻探工程公司“三集中”采购目录，编制2022年度采购进度表，结合市场价格波动情况，明确物资集中采购时间节点，优化采购策略，加大物资“三集中”采购力度和质效；推进工程和服务集约化采购，根据工程和服务项目采购需求，整合集约化项目，项目整合率79.7%，在提高物资、工程与服务采购效率的同时，突出采购规模化优势。加强采购计划管理，加强采购与生产经营相结合，科学制订采购计划，加强对计划准确率、及时率和执行率的考核；推行标准化采购，减少一单一采和非标采购。（向方倩　赵　芸）

【物资采购结果共享】 2022年，川庆钻探工程公司根据《川渝地区全面共享工作实施方案》，供应链管理共享主要以采购结果共享为核心，物资储备信息共享为支撑，实现采购结果与仓储资源共享，推动质检与配送共享，优化项目资源配置。推动目录外物资所属单位之间采购结果共享，提高采购效率；开展物资仓储资源共享，创建川庆钻探工程公司仓储全面共享平台，组织召开共享协调会，创建物资调剂信息共享平台，推动共享机制良性发展。（赵　芸）

【采购成本控制】 2022年，川庆钻探工程公司制定《川庆钻探公司物资、工程、服务采购及仓储管理提质增效价值创造行动实施措施》，提出6大类19项措施，层层压实经营责任，督促所属单位开展提质增效价值创造行动。定期组织数据分析，开展工作通报，及时跟踪、督促提质增效工作开展情况，保障提质增效目标实现，当年物资采购资金节约率8.01%，完成集团公司下达的物资采购资金节约率5%考核指标。加强采购与生产经营相结合，开展生产经营所需物资、工程与服务供应市场动态跟踪和科学研判，组织近3年采购数据分析，印发《川庆钻探公司2022年度物资、工程和服务采购计划表》，编制《2022年物资、工程和服务招标采购计划安排表》，科学制定采购计划。按照“精准施策，分类实施”工作原则和“因物制宜，一物一策”采购策略，精准制定采购策略，做好市场监控和价格联动，对价格大幅上涨物资，适当延长采购价格执行周期，采用以量换价的模式提升供应商积极性，关注重要设备、大宗原材料市场价格，及时启动调价机制，利用价格波动潮汐，增加或减少库存储备；工程与服务项目通过优化计价体系和授标原则，按照性价比最优、少量优秀的原则选择多个中标人，激励承包商进一步降价。坚持内部优先，挖掘降本潜力。加大进口物资国产化替代力度，减少进口物资采购额度。在依法合规前提下，优先采购集团公司内部企业的产品和服务，推动内部采购成本硬下降，维护企业整体利益。（赵　芸）

【物资采购监管】 2022年，川庆钻探工程公司创新采购监督检查方式，依托管理信息系统先后开展采购合规性监督检查、科研项目专项检查、可不招标项目全覆盖检查、招标项目专项抽查等四类检查，当年检查采购项目1 719项，金额99.42亿元，发现疑似问题292个，经现场核验确认问题146个，针对确认的问题，督促相关单位制定整改措施219项并完成整改销项。加强投标人负面清单管理，制定并发布《招标项目合规管理承诺书》，督促采购单位将合规管理承诺作为关键响应条款，纳入招标方案和招标文件。加强投标人违规行为处理，处罚存在围标串标等失信行为的5家投标人。构建川庆钻探工程公司决策支持系统物资采购价格监管模块，及时发现物资采购价格异常信息并预警。

（周宇佳）

【物资采购质量控制】 2022年，西南油气田公司通过仓储辅助管理系统质量控制模块实现质量管理全流程信息化管理，达到业务合规、全程受控、信息可塑的工作目标。基本建立物资采购质量管理标准化体系，编制完成井工程和地面建设23项重要物资专项质控方案，提升铁山坡项目建设采购物资质量控制水平；编制完成监造标准模板36项，统一不同监造机构对各类必监物资的质量控制标准，解决关键环节质量控制难点，提升整体监造管理水平；发布《必检物资质量检验手册》。招标引入法国船级社BV开展质量咨询服务，按照世界一流企业质量管理标准，评估西南油气田公司已有采购物资质量管理体系，明确工作目标、内容、实施计划和进度安排，推进各项采购物资质量管理工作提升。为保障铁山破高含硫项目采购物资质量满足技术要求，组织编制和审查采购物资专项质控方案、监造计划和监造细则标准模板，参与采购方案质控条款审查，组织对所有与原料气接触的设备、管材、管件供应商进行生产过程飞检（事先不通知被检查部门实施的现场检查）；组织、协调处理监督检查和监造反馈的质量问题，保障项目采购物资质量全面受控，为重点项目采购物资质量管控保驾护航。

2022年，川庆钻探工程公司坚持“质量第一、安全高效、源头把关、过程控制”原则，对物资供应全过程实施有效质量控制。严格新增准入审查，规范供应商业务流程，从源头上确保供应商质量；查摆集团公司《关于2022年供应商考核评价工作及发现问题情况通报》中反映的问题，各单位制定相关问题整改措施，强化合规管理，严格选商，规避采购风险。完善供应商失信惩戒机制，加强问题供应商管理，严格处理产品抽查不合格的供应商和各类违规违纪供应商，持续优化供应商资源；鼓励向优质供应商采购，促进采购资源向优质供应商集中，提高物资采购整体质量，处置存在质量问题的产品及其供应商28家。严格采购方案合规性审核，加强各项目单位和专业部门对技术方案的编制和审查，持续加强集中采购方案专家评审，提升招标采购方案编制质量，严格把好采购方式选择、评标方法（评标标准）确定等主要关口，推进采购项目精益化管理，引导各单位建立和落实采购招标方案专家评审机制，促进整体招标采购方案质量提升。加强直达料验收和现场料管理，严把物资入库验收关，保证现场材料质量不降低、价值不损失、入井材料符合规定要求；采取现场联合监督检查等方式，督促各单位对质量抽检发现的问题及时整改并处理；所属各单位职能部门对物资验收入库工作管理把关，任何物资未经质量验收合格，不得办理入库和结算手续，2022年入库物资验收率100%。质量安全环保处组织对采购物资质量抽查，当年完成物资质量抽查660批次，并按季度进行通报。物资管理部对集团公司、川庆钻探工程公司产品质量监督抽查结果通报中涉及的本级管理的供应商或相关产品交易资格予以冻结，督促所属单位停止使用并进行排查，采取退货、换货、索赔等方式处理，杜绝不合格品流入生产领域。

（向方倩　赵　芸）

【库存物资调拨与管控】 2022年，西南油气田公司围绕六大重点建产区块形成区域内成本最优、效率最高的仓储布局。根据井工程项目建设形势，靠前协调，掌握厂家排产动态和项目施工进度，严格按钻井设计方案，优化物资调拨流程，保障井工程项目建设需求。上线运行仓储辅助系统调拨功能，实现井工程物资调拨全面线上管理，提高调拨工作时效和准确性。针对川中、自贡区块井工程，将大宗物资集结地前移，复制运用“筠连1+N”总包服务模式。提前策划金秋、西充、天府三大致密气区块服务方案，保障致密气加快上产阶段时仓储配送服务得以快速开展。以油套管和支撑剂作为井工程大宗物资调配核心，研究井工程生产进度及物资消耗规律，以柔性生产订单调整匹配供需变量差异，控制厂家库资源12.58万吨，节约资金占用4.57亿元。动态调控物资流向、流量、流速，油套管供应工作量增加8.4万吨，在工作量增长44%的基础上，区域库库存仍保持低位运行；压裂支撑剂库存周转18.5次，创历史新高。持续开展井工程物资库存分析，加强井工程物资运行过程管控，丰富常规物资储备，加快物资周转。持续清理2年以上库存物资，推进技术部门和设计单位开展平代调剂使用，全年开展平库调剂物资3 100余吨，减少资金占用约7 700余万元，积压物资下降54%。推动集团公司内部地区公司之间的物资调剂工作，与吉林油田公司、青海油田公司开展套管价让，平库利用800余吨。丰富储备方式，推进石油专用管半成品储备，在以原成品规格储备3 750吨石油专用管基础上，新增半成品光管储备1 460吨，增强物资保障能力，减少库存积压。（向方倩）

【物资信息化应用】 2022年，西南油气田公司成立数字化转型及数据治理、物资编码描述规范化建设、集中采购指标治理及监督执行3个专项工作组，建立工作方案和计划大表，明确工作内容和责任人，纳入督办事项，有序开展各项工作。参加集团公司物资编码规范性描述，编写完成5个大类物资编码描述规范，开展西南油气田公司常用物资编码规范性治理，清理不规范编码170万条。开展物资管理业务对标，分析短板问题和原因，建立短期和远期治理方案，目录采购率、上网采购率和制造商直接采购率等短板指标得到提升，初步达到近期治理目标。在西南油气田公司数字化转型总体部署下，推进供应链管理一体化平台建设，按照“6·30”“9·30”“12·30”阶段目标，推进平台功能优化、软件开发、测试上线，物资业务全部流程在平台运行，全部数据在平台自动取数和计算，实现供应链全环节实时状态可视化、待办例外自动提示、目录选择和必检物资自动管控、业务指标实时对标展示。

2022年，川庆钻探工程公司全面运用ERP、电子采购信息系统，网上采购率100%。整合ERP、电子采购信息系统数据，向采购管理工作“数字赋能”，开展物资采购大数据统计分析，监测大宗物资及原材料市场变化情况，每月跟踪物资采购价格变动，进一步研判市场大宗物资价格，为两级“三集中”采购目录调整、价格调整、优化采购策略、审计检查、绩效考核、采购管理等方面提供数据参考和支撑。在ERP系统中新增及维护库存地点69个，派生角色新增及调整607个；在电子采购2.0系统中维护电商订单审批流13个，新增和维护账号93个，处理ERP接口问题33个，报表优化1个；在电子招标投标平台维护审批流31个，新增和维护账号46个，新增角色6个，分配权限77个。处理MM+电采+招投标+仓储+GRC各类系统问题992个。清理2022年物资系统冗余数据和采购管理权限，保障采购数据准确性与安全性。在物资采供管理决策支持平台上，完善实时数据报表化，实现每月报表自动生成，自定义查询采购、库存数据等功能，减少基层统计工作量；完善采购、仓储数据统计分析模块，实现对物资采购、仓储数据的抽查和跟踪管理，监督指导川庆钻探工程公司所属各单位物资采购、仓储管理工作。物资管理部门审核川庆钻探工程公司所属单位申请所需物资编码18 220条，核准新增9 941条，分发2 205条，并向集团公司MDM平台报审。（向方倩　赵　芸）

【物资招标管理】 2022年，西南油气田公司将招标管理职能从物资设备管理部调整到企管法规处，进一步推进市场、招标、合同一体化管理。构建“1+N”招标管理制度体系，制定《招标管理实施细则》《集中集约化招标管理实施细则》《专业化招标管理实施细则》《招标评审专家和专家库管理实施细则》《投标人失信管理实施细则》，统一归口非招标采购管理，健全组织架构、制度流程和规范标准，发布《工程及服务非招标采购管理实施细则》。同步开发非招标业务及管理信息系统，开展业务上线工作。按照建设统一管控体系要求，全面推进采购全业务链系统运行，将招标、可不招标业务审批，市场准入、非招标采购、合同履行业务纳入一体化信息系统，构建市场准入—选商方案（或招标）—采购实施—结果审批—合同备案—在线评价—结算验收—业绩考核—承包商出库全业务逻辑流程，以及评委履职评价—现场监督辅助流程；设置系统触发条件，构建风险预警—核实核查—整改闭环—管理业绩考核的招标监管业务流程。推动问题检视和风险管控常态化，实现全覆盖、无差别业务监管和系统留痕责任可追溯，深化合规性管理。按照“十四五”规划招标专章年度规划安排，推进集中集约化招标工作，在完成地面建设工程集约化招标基础上，推进钻、试、采上游业务集约化招标，推动上游业务市场化；配合页岩气前指实施川渝页岩气 47 类项目集团化招标工作，全年发布两级集约化招标项目成果 232 项（含西南油气田公司层级 52 项），覆盖西南油气田公司地面建设工程 90%、钻井等上游业务 50%、生产运行及配套项目 60%。发挥集中规模优势，综合节支率 5.62%，建设工程对比投资概算节约资金 3.5 亿元，减少同类型招标频次，平均缩短项目采购周期 30 天，招标效率提高。

2022 年，川庆钻探工程公司贯彻落实集团公司招标业务“六项禁令”，加强招标项目管理，对项目委托、招标文件编制确认、招标文件购买、开评标、中标候选人所在公司、结果反馈、异议处理、投标保证金退还 8 个方面的工作流程查漏补缺，保证项目可靠委托实施的运行进度和质量。组织的集采招标项目全部委托集团公司内部专业招标机构。优化 A8 系统建立的委托流程、招标文件确认流程及异议处理流程，招标项目委托实现自动编号、优化部分审核功能，提高工作效率。强化监督检查，补齐短板，促进招标运行规范，招标过程中全年无有效异议与投诉。委托招标率 100%，完成集团公司下达的 100% 考核指标。

（李　涛　赵　芸）

运输生产

【概述】 川庆钻探工程公司运输服务主要为油气田勘探开发、油气田地面建设单位提供钻机和试油队搬迁、大宗物资运输、危化品运输、气田水和返排液运输、地面建设、大件吊装及运输、载人车辆服务、应急保障等专业服务，其中大型钻井设备搬迁、山地大宗物资运输、大型吊装作业是经营优势。川庆重庆运输公司是集团公司西南地区规模最大的专业运输物流企业，下设成都、遂宁、渝运、渝安和汽车服务分公司，以及重庆安齐盛实业有限公司、长庆运输事业部、新疆运输事业部和青海运输事业部等 12 个基层单位，服务区域覆盖国内 21 个省（自治区、直辖市），主要为西南油气田、长庆油田、塔里木油田、青海油田、新疆油田、吐哈油田、浙江油田等油气勘探开发企业和中国石化相关炼化企业，以及各钻探工程公司等企业提供运输服务，在国外主要为土库曼斯坦、乌兹别克斯坦、哈萨克斯坦等 5 个国家提供服务。2022 年，川庆钻探工程公司稳固发展 1 个核心市场，发展 3 个区域市场，开拓 4 个专项市场，做精做强国际合作项目业务，跟进长输管道建设的运输吊装市场及仓储管理服务，有从德国、日本进口和国产的各型运营车辆 530 余台，根据业务需要，可集约服务商各类车辆及工程机具 2 300 余台。其中，各型货车 1 500 余台、各型吊车 400 余台；各类型生产指挥车 500 余台；罐式货车、真空吸排车、危险品运输车等专用车 600 余台。2022 年，搬迁钻机 291 台次，同比减少 7 台次，下降 2.35%；搬迁试油队 686 队次，同比增加 58 队次，增长 9.24%；完成货运量 858.48 万吨，同比增加 26.76 万吨，增长 3.22%；完成货物周转量 13.95 亿吨 · 公里，同比减少 1.04 亿吨 · 公里，下降 6.94%；完成吊车作业 59.73 万台 · 时，同比减少 1.66 万台 · 时，下降 2.7%；安全行驶里程 8 963.4 万千米；运行载人车辆 22.95 万台次，行驶里程 2 328 万千米。

（何　虹）

2022 年 12 月 26 日，川庆重庆运输总公司长宁中队在宜宾召开载人车辆晨会　何　虹　供

【川渝地区核心运输市场服务】 2022年，川庆钻探工程公司运输业务在川渝地区油气田勘探开发运输吊装市场的份额占整个运输市场服务份额的62%。其中，川庆钻探工程公司川渝内部交易市场占43%，西南油气田公司关联交易市场占13%。该市场主要为川庆钻探工程公司二级单位和西南油气田公司“五矿一处”提供生产物资、危险品、生产废水及气田水等运输服务。2022年，在川渝地区货运量600.68万吨，货物周转量7.04亿吨·公里，吊车台时34.94万台·时。 （何 虹）

【区域市场运输服务】 2022年，川庆钻探工程公司运输业务在长庆、新疆和青海市场设有3个区域市场。长庆区域市场份额占26%，主要服务于川庆长庆钻井总公司、川庆长庆井下技术公司、川庆长庆固井公司、川庆苏里格项目部等单位钻试队搬迁、生产物资运输和值班车服务等，同时进一步扩展华北油田分公司、西安意通公司，以及外部物流市场。新疆区域市场份额占6%，主要服务于在川庆新疆分公司、渤海钻探工程公司塔里木公司、塔里木油田公司、四川石油天然气建设工程有限责任公司、川庆蜀渝公司、巴州川石油气田工程技术有限公司等单位的运输服务。青海区域市场份额占6%，主要服务于青海油田公司等单位的钻机搬迁和地面物资运输及天然气回收、气举排液、轮采捞油业务等新兴业务。2022年，长庆、新疆、青海3个区域市场货运量257.8万吨，货物周转量6.91亿吨·公里，吊车作业台时24.79万台·时，天然气回收8 722.51万立方米，产烃7 586.7吨，采出液交原油（从井里提出混合油，交至作业区提炼原油）5.84万吨。 （何 虹）

2022年8月25日，川庆重庆运输总公司长庆运输事业部运输车队通过长庆二路管控路段 唐阳睿 摄

【专项市场运输服务】 2022年，川庆钻探工程公司运输业务在页岩气、川庆钻探工程公司之外的市场、国际业务和载人车辆公务用车服务等专项市场方面占市场份额的17%。页岩气业务主要为川庆钻探工程公司内部各专业化公司在长宁等页岩气区块及渤海钻探工程公司、浙江油田公司、吉林油田公司的页岩气区块提供运输服务，2022年货运量11.02万吨，货运周转量1 322.4万吨·公里。外部项目主要服务长输管道物流项目，客户单位主要有四川石油天然气工程建设有限责任公司、渤海装备巨龙钢管公司等，2022年货运量14.81万吨，货运周转量1 648.65万吨·公里。国际业务主要服务于川庆国际工程公司海外项目国内物资集结运输，2022年货运量2.47万吨，货运周转量296.4万吨·公里。载人车辆公务用车业务依托共享服务平台，推进公务用车专业化管理，主要为川庆钻探工程公司所属单位及中国石油内部市场提供载人车辆服务，2022年载人车辆使用19.77万台次，运行1 533.38万千米。 （何 虹）

【运输车辆管理】 2022年，川庆钻探工程公司在清洁化生产、集输管网建设、场站建设、仓储服务、国际货代业务及跨国运输、天然气回收处理等工程项目中，据客户需求提供运输服务。立足“数字引领”战略，持续创新管理模式，将信息化建设融入车辆管理，推进数据整合及深度应用，初步建成运输综合数据中心和智能监控中心，形成“一单车、一任务、一跟踪、一受控”的单车信息管理体系，搭建完善以物流供应链一体化信息平台为核心的综合管理平台和以宝石花GPS监控系统、视频监控系统、道路风险管控平台为核心的信息化管理网络，数字化驱动高质量发展见到成效。按规定时间开展天然气场站及管道风险排查，推进两个场站数智化监控和监测系统同步并

进，对场站实施 360 度监控。坚持设备运行状态分析，每月汇总设备运转过程中出现的异常情况，通过运行数据比对及时判断设备运转完好度，预估后期故障周期，提前制定措施，准确排除潜在隐患，确保设备完好性。延伸信息化服务模式，初探物流平台市场。在总结“好运来”平台载人车辆共享服务基础上，完成小件货运程序设计及“货拉拉”平台接口对接工作，并上线运行，解决服务单位小件、小批次物流需求与现有车型不匹配的浪费问题，推进综合大数据和智能监控“两个中心”建设。1—12 月“曹操”专车接单量 4 122 单，新增货运业务（货拉拉）78 单、快递业务 18 189 单。完善信息沟通机制，信息延伸至各级调度，通过“即时通”建立机关、分公司、基层队、驾驶员及作业现场间的信息沟通桥梁，及时共享一线生产信息。推行单车行程计划管理，把控“装、卸、运、停、修”关键节点，利用科技手段提高对车辆运行动态掌控能力。1—12 月监控各型车辆运行作业 12 万余台次，抽查吊车作业视频 2.8 万余台次，语音喊话制止违章苗头 215 余起，发送语音提示信息 8 452 余条。抓好生产任务调派时的“安全交代”和现场的监督力量，突出风险管理。针对不同任务性质，优选人员、车辆，把控调派源头，降低运行风险。1—12 月派驻监督 402 人次，其中钻机搬迁现场 330 余人次，重点井 300 余人次，监督派驻覆盖率为 100%；视频监控现场作业点 2.2 万余点次，进行高危作业提示 170 余次。（何　虹）

2022 年 9 月 5 日，川庆重庆运输总公司在安全生产监控大厅开展吊装作业监控　唐阳睿　摄

信息化建设

【概述】 2022 年，西南油气田公司数字和信息化工作贯彻落实集团公司数字化转型和提质增效总体要求，围绕“快速上产 500 亿”目标，以“万物互联、深度感知、趋势预测”为指引，持续深化“两化融合”，打造“油公司”模式下“管理 + 技术 + 操作”的全业务链数字化一体协同运营模式，助力西南油气田公司业务变革和创效，同时探索推进人工智能、大数据、物联网等新技术应用，强化技术跨界融合创新，为推动数字化转型夯实 IT 赋能保障。

2022 年，川庆钻探工程公司信息化工作推进数字赋能战略，以“业务需求导向、做实应用赋能”为主线，打造数字化现场、智能运行管理、智能经营决策和智能装备与产品云应用生态体系；加强信息化管理体系建设，完善机关与基层两级信息化管理职责、制度、流程、考核细则，数字化发展环境持续向好，内部信息化支撑能力增强；开展 5G、物联网、轻量湖等新技术应用，保障数字化转型项目高质量完成。（蒋　勋　彭　鑫）

2022 年 3 月 29 日，川庆钻探工程公司在成都召开科技信息化大会，邀请中国工程院院士、中国石油集团工程技术研究院总工程师孙金声作《中国石油工程前沿技术与高端装备战略思考及建议》的线上讲座　彭　鑫　供

【基础设施建设与网络安全】 2022 年，西南油气田公司在信息基础设施建设方面，完成核心网络改造升级、区域网

络接入、软交换升级、算力中心建设、数据安居共享安全升级、物联网试点建设等基础建设内容。推进 Win10 操作系统正版化，完成红帽系统 12 套 CentOs 8 操作系统的替换工作，部署 2023 年 CentOs7 操作系统的替换工作；推广桌面 WPS Office 办公软件应用，范围覆盖西南油气田公司机关及所属各单位；依托梦想云和公司云平台推进专业商业软件的云化部署和共享应用。在网络安全保障方面，完成网络安全一体化防护能力建设方案、DMZ 区设备采购及安装部署、重要节点保障、编制生产网基线配置标准、推进现场标准化基线配置、应用系统上线检测前期项目工作。

2022 年，川庆钻探工程公司数据中心有 84 台标准机柜，部署 321 台（套）基础设施设备，部署各类交换机等网络设备 714 台，部署各类服务器（含虚机服务器）658 台，接入桌面计算机 1.3 万台、其他 IT 网络设备 0.2 万台。开展 S-DWAN 试点，率先完成试修、钻前工程等 55 支队伍的应用，数字化现场网络部署效率提升 80%，成本降低 30%。（蒋　勋　彭　鑫）

【数字化转型重点项目】 2022 年，西南油气田公司遵循数字化转型总体部署，按照整体规划、分步实施、试点先行的实施策略，围绕 12 个典型业务场景，重点开展 1 个区域湖及梦想云环境、3 个一体化协同工作环境、5 类配套基础设施建设，实施 18 个项目群 34 个项目，全面启动 12 个重点业务场景中配套试点项目，其中方案阶段 3 个，设计阶段 10 个，建设阶段 10 个，完成 10 个项目。（蒋　勋）

【数据治理】 2022 年，西南油气田公司落实集团公司“促进数据流通和共享应用，深入挖掘数据价值，构建公司数据资产生态”的要求，信息管理部牵头制定“健全数据治理体系、构建数据资源体系、推进数据资产管理”三大实施步骤，全面启动数据资源的体系化建设，有序推进 13 类数据专项治理。组织编制并发布《西南油气田公司数据治理工作总体方案》，明确数据治理三级组织机构及工作路径，以处室为单位，清理在用数据标准、数据管理制度和数据资源，形成数据治理的基础台账，发布《2022 年分公司数据治理专项实施方案审查意见》，保障西南油气田公司年度数据专项治理工作完成。（蒋　勋）

【信息化管理服务能力建设】 2022 年，西南油气田公司制定和完善涵盖项目管理、数据管理、运维管理、网络安全、考核评价 5 个方面的规章制度 40 项，形成数字化管理制度体系，为系统推进数字化转型提供制度保障。加强人员技能水平提升，将核心技能人才投入到数字化核心项目中，以项目建设促能力提升；制订专项培养计划，聚焦数字化复合型人才能力建设，着重提升在自控、信息、数字化领域的多专业综合素质；挑选技术、作风“双过硬”的管理、技术与技能能手 21 人开展集训，组建以集团公司技能专家、一级工程师为核心的高水平教练团队，制订针对性培训方案和训练课程，开展多轮次全封闭模拟竞赛，优选 6 人代表西南油气田公司参加 2022 年集团公司首届油气田开发数字化运维技术竞赛，获 1 金牌、2 银牌、1 铜牌和团体三等奖。

2022 年，川庆钻探工程公司按照集团党组《关于数字化转型、智能化发展的指导意见》，持续深化数字化转型智能化发展战略研究，加强与华为公司、昆仑数智、成都信息工程大学等战略合作，把工程作业智能支持系统（EISS）平台功能深度开发与数字化转型应用场景建设结合起来，集成工程地质大数据，开展核心算法和理论模型攻关，把专家经验和工程知识结构化、标准化、模块化，打造高水平的工程软件，成为支撑 EISC 和数字化现场建设运行的“智能中枢”。在利用数字化推进组织变革上发力，深化 EISC 应用，构建技术支撑“智慧后台”，健全“一体化协同、精细化控制、扁平化管理”运行机制，推动传统生产组织和技术支撑模式加快转变；以工程项目为对象，探索建立扁平精简的组织机构和全过程项目管理运营机制，促进川庆钻探工程公司组织体系优化提升；打造生产经营数字运营中心，推进跨部门、跨业务的数据共享和集成应用，实现物流、信息流、资金流“三流合一”，推动从经验型管理向以大数据为支撑的精益管理转变，进一步提高管理决策的精准度。信息管理部会同劳动工资处，加快推进数字与信息技术服务中心机构设立，建立统一的数字化转型智能化发展运营服务机制，形成与“平台＋服务”运营模式相适应的项目管理保障。注重培养、引进数字化专业人才，尤其是掌握数据科学、熟悉业务的复合型人才，提高利用数据发现、解决问题能力。（蒋　勋　彭　鑫）

【数字化现场建设】 2022年，川庆钻探工程公司总结前期经验，加强系统研究，推进9大应用场景11个支持项目落地。完成钻井、井下、录井、试修、固井、智能油气场站等23支数字化队伍试点建设，以及28支钻井队司钻领航仪、液面电子坐岗轻量化配置部署。在钻井作业现场单支队伍最多部署12大类500余个传感器，配备15台智能手持终端，建成采集器、云平台、离线模式、无线局域网，建立前后端音频、视频快捷通道，数字化钻井队建立全量化、轻量化模板，井控风险防范能力增强，钻井现场数字化试点基本形成可复制的数字化现场新模式。在压裂现场部署7大类传感器采集300余项数据，较传统现场数据增长80%。在固井现场部署7大类传感器，实现160余项数据的自动采集，组建现场局域网络，提高前后端交互和掌控全局能力。在试修作业现场部署5大类70余个传感器120余项数据。在带压作业现部署3大类24个传感器27项数据。各类基础设施建设提升作业感知能力和透明度，为作业现场科学施工提供决策依据。持续推进数字化气田建设，开展自动开关井技术研究，推进气井设备设施标准化管理，优化集输信息管理平台，加快数字管网建设，降低劳动强度，提高气井采收率，管网巡线效率提高2.5倍，苏里格和威远地区实现25人集中管理20座集气站1 509口井。推进数字化生产经营中心建设，依托经营决策支持平台，构建8大主题326个关键指标经营决策驾驶舱，实施生产、物资、财务等系统数据联动和融合分析，建立关键指标（KPI）分析决策工具，提升经营分析深度和精度。（彭　鑫）

2022年11月17日，集团公司董事、总经理、党组副书记侯启军（右一）到川庆钻探工程公司泸203H6B页岩气平台调研并现场参观数字化转型情况　庞　圆　摄

【远程智能支持中心持续升级】 2022年，川庆钻探工程公司深化工程智能一体化系统应用，升级完善EISC系统事故复杂智能预警、方案实时优化等辅助决策功能，健全EISC运行工作流程和管理制度，启动工程技术大数据、专家知识库建设和自主工程软件研发，逐步实现由经验钻井向科学钻井、事后处置向实时全过程、人工监管向人工＋智能管控、“单打独斗”向工程地质协同一体化转变，川庆钻探工程公司钻完井整体提速5%。（彭　鑫）

【云应用生态系统打造】 2022年，川庆钻探工程公司扩建云资源池，全面提升信息资源服务能力。算力提升39%，达到4 101核；存储容量提升80%，达到2.5拍字节（PB）；虚拟服务器796台，云桌面2 155个，资源利用率提升30倍。建立实时监控、智能预警、统一调度的资源管理，服务响应能力提升50%以上，完善网络安全体系，可自动识别80%左右的工作及流量，信息安全平稳可控。（彭　鑫）

【生产管理系统建设】 2022年，川庆钻探工程公司生产系统建设围绕中油技服EISC建设部署，挖掘工程技术大数据价值，梳理工作任务清单，明晰专家在钻进、起下钻等各工况下的任务与责任，并编制相应管控模块。优化完善专家大数据快速分析工具，自动推送预警、警示信息到值班干部、当班司钻岗位，实现前置性管理，有效消减风险，当年监控井控风险井、故障复杂井和重点提速井155口（钻井116、试油井39），风险提示推达现场3 729条，钻井、试油故障复杂时率分别下降18.3%和22.6%，6 000

米以上深井节约 45.58 个钻机台月，钻井作业逐步由经验钻井向智能钻井、科学钻井转变。综合应用自主研发的起下钻智能安全分析评价、智能压井等功能，提高溢漏判断精准性，预警时间较常规判断提前 3 ~ 5 分钟。开发现场资料综合处理模块，共享多专业、多岗位信息，一键生成各类生产报表、井史，现场岗位资料“减负”明显，仅钻井队就减少手工填报 2 078 项。（彭　鑫）

【经营管理系统建设】 2022 年，川庆钻探工程公司推进 ERP2.0 和电采系统等经营管理系统应用。财务集成凭证率 51.82%（上年同期 46.2%），集成性趋于上升，资产平台生成转资、折旧及报废凭证 13 750 张。ERP 的稳定运行，提高了成本控制、营收管理水平及整体经营管理能力。电子采购 2.0 系统平稳运行，创建采购方案 2 844 个，采购结果 5 711 个，委托签约订单 322 个，采购订单 9 085 个，其中有效电商点选订单 3 317 个（上年同期 2 554 个），保障了川庆钻探工程公司物资采购过程管控到位。（彭　鑫）

【技术应用与研究】 2022 年，川庆钻探工程公司自主研发 26 类关键钻井参数智能预警，及时推送相关技术措施及决策，专家通过 EISC 平台进行多井远程实时监测、工程智能模拟分析、复杂情况决策分析和远程技术支持，实现生产动态感知全面化、生产运行协同化、决策支持精准高效化、风险预警响应快速化；自主研发起下钻智能安全分析评价模块、智能压井模块、电子液面坐岗模块和提速模板考核模块，提高溢漏判断精准性，降低误报率，溢流预警时间较常规提前 3 ~ 5 分钟；自主研发司钻领航仪，对起下钻、钻进、循环 3 大类工况下 17 种风险进行智能预警，降低工程故障复杂率，在 24 口井应用，助力工程故障复杂下降 19.21%；自主研发防漏堵漏数据挖掘模块，建立 2 种裂缝漏失数据模型，完善双鱼石、蓬莱等区块数据收集与整理，现场试验 28 井次，预测准确率 63.6%，推荐方案堵漏成功率 60.2%。（彭　鑫）

【系统维护与管理】 2022 年，川庆钻探工程公司建立运维管理体系，进一步明确信息化机构工作职责、工作流程、项目计划、项目执行等内容，搭建信息化工作管理体系，增强对信息化项目执行过程的风险管控。合规应用软件，采用集团公司配发神州网信版 Win10 系统构建全新云桌面模板，构建正版化桌面 260 余个。先后完成冬奥会、冬残奥会召开期间和集团公司关键基础设施检查及国家、四川省、成都市 3 次“HW2022 行动”及国庆、党的二十大召开等关键节点 8 次网络安全重保工作。（彭　鑫）

石油建筑安装

【概述】 川庆钻探工程公司石油建筑安装主要在川渝、长庆、新疆等区域负责钻前施工、房屋建筑、装饰装修、清洁生产、勘察设计及其他地面建设施工等业务。2022 年，川庆钻探工程公司石油建筑安装抓细项目策划，无缝对接“土地—施工”。抓实“全链条”管理，严格工期目标，面对疫情、高温、限电等影响，发挥大型机械设备效能，找准关键部位和关键工序，完成多轮提速保储任务。施工钻前工程 172 个（新开工程 150 个、钻具搬迁安装项目 158 个），新开工作量同比下降 26%。其中，川渝地区钻前工程同比下降 29%，苏里格地区钻前工程同比下降 29%，新疆地区钻前工程同比下降 100%，土库曼斯坦钻前工程同比增长 100%。施工房建及其他工程 269 个（含跨年工程 69 个），完工 219 个。资源化利用工程施工项目 54 个（跨年项目 32 个、新开项目 22 个），完工项目 22 个，在建项目 32 个。累计收集、转运水基岩屑 54 349.78 立方米，收集转运废水 717 立方米，激活处理岩屑 57 238.54 立方米，待烧结处理岩屑 18 293 立方米。有重载场面 PC 板 7 434 张（新生产 PC 板 2 288 张、3 米板 5 146 张），使用 6 155 张。其中，首次使用 11 个钻前工程 4 843 张，二次使用 3 个平台 1 312 张，待投入使用 1 279 张（含 2 米板 351 张）。（殷安庆　周　学）

【市场开发】 2022 年，川庆钻探工程公司石油建筑安装市场站稳守住西南油气田公司及川庆钻探工程公司核心市场，关联交易钻前工程市场继续保持100%。完成西南油气田公司“五矿一处”等19家业主单位签订框架合同27项，累计金额21.52亿元，锁定并守住核心市场工作总量。参与多元市场竞争，先后在川渝、新疆、苏里格等区域取得突破，中标西南油气田公司铁山坡净化场坪工程、铜锣峡储气库集注站边坡工程，重庆页岩气足209井、足210井井场工程和足201H8A平台钻前工程，塔里木油田公司大二线工业园供水管网改造工程、哈得生活园区维护维修工程，中油测井公司石油射孔器材及配套件生产线新建项目，川庆井控应急救援中心建设项目等施工项目，中标金额3.45亿元。 （殷安庆　周　学）

【建筑安装市场管理】 2022年，川庆钻探工程公司石油建筑安装的建筑工程施工总承包壹级资质、石油化工工程施工总承包贰级资质、地基基础工程专业承包壹级资质、工程勘察（工程测量专业）丙级资质等14项资质通过集团公司工程建设承包商公开招标资格评审，并按要求通过“集团公司承包商管理平台”的信息登记审核，取得承揽集团公司工程建设业务的入场券。加强工程项目投标管理，规范投标组织形式和管理行为，结合投标工作管理实际需要，修订《四川蜀渝石油建筑安装工程有限责任公司招标采购和对外投标管理办法（试行）》（蜀渝制发〔2018〕4号），并发布新的投标管理办法。

（殷安庆　周　学）

【铁山坡气田飞仙关组气藏开发产能前期工程】 该项目由西南油气田公司建设，川庆蜀渝公司负责施工。建设项目包括脱水站、大湾清管站场平及进站道路。其中，脱水站场平施工总面积22 395平方米，包含土石方挖填及转运、挂铁丝网喷播有机基材、直立式挡土墙修建、边坡植草复绿；进站道路3 146米，整体式路基宽4.5米，包含土石方挖填及转运、挂网喷砼、衡重力式挡土墙修建、土工格栅铺设、路基路面修筑、AC-20C中粒式沥青铺设、波形护栏安装及附属工程等专业施工内容。施工期间，针对地理环境恶劣、地质情况复杂，以及高温暴雨“冰火两重天”的气候状况，施工团队以打造“地企合作共建绿色通道，披荆斩棘开发清洁能源”优质工程为目标，组织建设项目部、设计、监理等单位现场办公10余次，提升施工效率。针对项目进站道路横坡陡（横坡60～80度）、临边高度大（40～50多米）等特点，依据现场实际踏勘，按照现行标准和规范编写详细施工组织设计及专项施工方案20余个，坚持“方案如何写，现场如何干的”管理理念，加强现场过程监管。自项目开工后，施工项目部严格执行报审报验程序，落实所有“停检点、必检点”施工顺序加强现场质量管理。项目于2021年12月25日开工，2022年5月17日完成脱水站场平土石方，2022年9月23日完工。 （殷安庆　周　学）

2022年7月20日，川庆蜀渝公司在铁山坡气田飞仙关组气藏开发产能前期工程施工作业　　陈　奎　摄

【入园技改项目】 入园技改项目是四川宝石机械专用车有限公司项目，由川庆蜀渝公司施工。工程本项目总建筑面积37 741.61平方米，包含联合厂房、主大门和油化库3个子工程。其中，联合厂房建筑面积36 694.61平方米，为门式钢结构厂房加贴建混凝土框架结构；油化库建筑面积291.67平方米，为单层钢筋混凝土框架结构；主大门建筑面积88.5平方米，为单层钢筋混凝土框架结构。面对外部环境复杂、多专业配合施工、工艺复杂等困难，施工团队以“零事故，零伤害，零污染”为核心，以目标成本为导向，实施精细化管理。项目完成施工方案31份，送检材料135种，技术复核59次，安全文件宣讲91份。该项目于2021年2月18日开工，2022年底完成工程进度的96.86%，完工时间预计2023年2月。

（殷安庆　周　学）

【永浅 210 井组钻前工程】 永浅 210 井组钻前工程由西南油气田公司投资建设，川庆蜀渝公司负责施工。工程建设内容包括：井场平面有效尺寸 114 米 ×42 米，挖土石方 9 454 立方米，回填土石方 9 023 立方米，安砌总量 3 324.27 立方米；改建路 100 米，新建路 124 米。根据建设单位 20 天"极限具搬"工期要求，施工方组织人员编制《项目工期进度计划》《工程搬安保钻方案》《工程抢建施工方案》等，现场组织好人、机、料，做好备选方案。工程开工后，项目部用 3 天时间完成场面土石方施工。受新冠肺炎疫情影响，材料供应困难，影响工程进度。为保障项目施工时间节点可控，项目部重新编制《工程进度施工方案》，将每日施工任务分解落实到责任人，每日按汇总工程的完成程度及时调整节点，统筹工程进度纠偏。工期内未发生一例安全质量事故和疫情输入及蔓延事例。工程于 2022 年 8 月 30 日开工，9 月 13 日具备搬安条件，历时 15 天。（殷安庆　周　芓）

【高石 140 井钻前工程】 高石 140 井钻前工程由西南油气田公司勘探事业部投资建设，川庆蜀渝公司负责施工。工程建设内容包括：修建新建公路 0.02 千米，改建公路 1.77 千米，修建规模 109×42 米的井场 1 座，容量 500 立方米的钢筋混凝土应急池 1 个，挖土石方 10 107 立方米，回填土石方 9 434 立方米，安砌 1 167 立方米，浇筑混凝土 2 593 立方米。该井工期紧、压力大，施工项目团队面对疫情材料停供、线杆拆迁、土地扯皮等棘手问题，科学策划，靠前指挥，现场帮扶，严格执行施工标准，落实安全措施，保障工程质量和安全全面受控。工程于 2022 年 10 月 31 日开工，11 月 30 日具备搬安条件，历时 31 天，实际工期 23 天。（殷安庆　周　芓）

管具

【概述】 2022 年，川庆钻探工程有限公司从事钻井修井作业单位有川庆川东钻探公司、川庆川西钻探公司、川庆长庆钻井总公司、川庆新疆分公司、川庆国际工程公司和川庆试修公司等 6 个公司，从事定向钻井技术服务的单位有川庆钻采院。川庆川东钻探公司、川庆川西钻探公司和川庆长庆钻井总公司所用钻具均自主购买、管理、使用，各单位工程技术管理部门负责钻具技术管理，生产运行部负责钻具的运行管理，下属钻具井控（管具）公司负责在用钻具的维修、送井、回收及管理。川庆川东钻探公司、川庆川西钻探公司和川庆长庆钻井总公司由所属钻具井控（管具）公司检测所用钻具。川庆新疆分公司在塔里木油田作业的钻井队所使用的钻具主要由塔里木油田公司（山前）及西部钻探工程公司（台盆区）提供钻具和工具，自有钻具的维修检测主要采用外包服务方式进行。川庆国际工程公司海外作业使用自有钻具，钻具的管理由下属的分公司自主负责，钻具的检测和维修委托项目所在国的专业化钻具服务公司负责。川庆试修公司所用钻具全部从川庆川东钻探公司、川庆川西钻探公司租赁使用，没有自有钻具。川庆钻采院所属定向井技术服务公司自主管理使用的无磁钻具、接头等钻具，维修检测采用外包服务方式进行。2022 年，使用钻杆总量 282.82 万米，同比增长 12.01%；使用钻铤总量 10.09 万米，同比下降 15.78%。（谭雷川）

【钻具技术管理】 2022 年，川庆钻探工程有限公司持续加强钻具使用管理制度建设，强化基础工作管理，各钻井作业单位和管具管理单位贯彻、学习《川庆钻探工程有限公司钻具技术管理规定》，优化完善钻具采购技术条件和使用要求，提升钻具技术管理水平。各钻井作业单位和管具管理单位，根据各自作业区域钻具使用特点，完善本单位钻具使用管理规定。完善基础资料、实物管理台账，规范钻具检修、检测模式、检测程序。加强外包检修钻具的质量控制与管理，建立、完善钻具失效资料库，开展钻具失效原因分析，完善预防钻具失效措施。

钻具使用管理。开展钻具组合优化，在大尺寸井眼段推广应用减震器；水平井推广使用加重钻杆、加厚钻杆替代钻铤；页岩气井推广应用旋转导向钻井技术，改善钻具的作业工况，减少钻具失效和井下复杂情况的发生。执行新钻具入库验收及钻具出场检验、检测制度，开展钻具分类分级检测工作，保障送井钻具质量满足钻井作业的要求。推广应用自动化清洗、除锈、钻具螺纹快速清理、探伤检测仪，快速、有效检测钻杆管体；采用超声波、磁粉探伤技术检测接头螺纹；配备便携式钻杆杆体电磁检测、钻杆加厚过渡带超声相控阵检测及荧光磁粉缺陷检测设备等，及时发现缺陷钻杆。加强钻井现场钻具使用管理，严格执行入井钻具定期检查、倒换使用规定。执行钻铤、接头、扶正器等钻具的强制使用检测、维修周期规定，对钻铤损坏螺纹采取切头新车扣方式处理，减少钻具疲劳损伤发生的概率。

钻具信息管理。试验推广 RFID 钻具身份识别技术，继续完善钻具管理系统，川庆安检院结合各钻探公司实际试验效果，重点把握钻具动态管理，进一步优化钻具管理系统。各钻探公司及时、真实上报钻工具使用管理、钻具失效等存在的问题，便于系统建设及开展针对性预防研究。

钻具使用检查。重点检查钻具公司钻具检测维修、上井钻具出场检测管理情况、钻井作业现场钻具使用管理。结合各类现场检查，检查钻井队现场钻具管理规定执行情况和钻井队钻具探伤制度执行情况，以及钻具倒换使用、入井工具强制检测维修周期情况，促进现场钻具使用管理。

钻具全生命周期管控。按照依法合规要求，清理技术服务外包外租情况，建立完整的准入、使用、评价和追责等承包商管理体系。严把工具现场验收关，严格入井门槛，要求提供第三方检测报告、设备使用记录的证明文件，做到工具身份清楚、使用时间清楚。针对钻工具数量、检测服务存在的缺口及使用问题，各钻井公司结合自身实际，全方位对比分析自有钻具、检测能力与承包商钻具、检测服务从经济、钻工具使用管理方面情况，探索钻工具使用的最优化方案。（谭雷川）

【钻具失效机理及预防技术研究攻关】 2022 年，川庆钻探工程公司工程技术处组织，川庆安检院牵头，川庆川东钻探公司、川庆川西钻探公司、川庆新疆分公司参与，继续开展钻具失效机理及预防措施研究，针对川渝地区、新疆地区深井、超深井、页岩气水平井钻具失效多发、损失时间较多的情况，开展现场调研，从钻井设计、井筒工况、地质情况、现场工作参数和钻井液性能等方面入手，收集整理分析钻具失效原因，提出整改措施并督促实施。组织开展钻具使用技术交流，参与专业管具研究检测机构主办的培训，学习国内外钻具制造、检测维修管理标准，重点是 NS-1TM、DS-1TM 等标准，交流、学习国内外工程技术服务公司钻具管理、使用经验，提出川庆钻探工程公司钻具管理的改进意见和建议。邀请国内外专业管具研究机构、主要的钻具生产厂家到川庆钻探工程公司交流，了解钻具技术发展状况。（谭雷川）

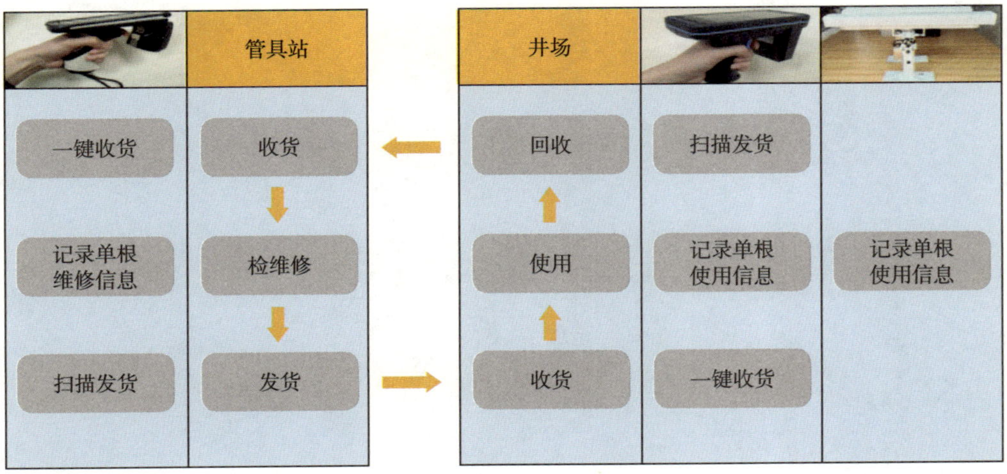

2022 年 10 月 5 日—11 月 20 日，川庆川西钻探公司对蓬探 105 井外径 139.7 毫米钻具实行单根追踪。图为动态适时跟踪方案　谭雷川　供

【钻具检测与维修】 2022年，川庆川东钻探公司、川庆长庆钻井总公司的钻具检测与修理管理由下属的钻具公司负责；川庆川西钻探公司少数钻具、塔里木工程公司所有钻具由具有资质的专业钻具服务企业负责检测与修理；厄瓜多尔、巴基斯坦等海外地区由川庆国际工程公司委托国内外钻具维修公司在作业区域的维修站点，对使用钻具检测修理；土库曼斯坦的钻具检测由川庆钻探工程公司内部有资质的人员检测，钻具由所在作业区域的维修站点修理。加强钻具检测与维修设备的配备，提高钻具周转率。川渝、长庆区域推广使用钻杆无损检测和全自动清洗系统，增加无损检测探伤设备配备数量，钻具管理单位配备齐全超声波标准试块和实物刻槽试样，提高超声波检测精度，提高钻具检测效率。钻井队配备便携式超声波探伤仪，加强钻井队人员操作培训，提高现场钻具无损检测人员的技能，促进钻修井作业现场钻具使用管理。推广应用钻具螺纹加工自动输送线、立体智能仓库，提升设备设施的自动化水平和机械化程度，减轻员工的劳动强度，提高效益效率。执行钻具回场检测定级管理制度，推广DS-1标准。对承包商工具，提高检测标准，规范钻具、钻井工具检测、定级、维修和送井程序，严格执行清洗、外观、校直、探伤、修扣、磷化、喷焊、分级等作业工序，完善钻具、钻井工具出场送井程序，确保送井钻具、钻井工具“无损检测、螺纹检验、出厂检验证”齐全，未发现不合格钻具出场投入使用。 （谭雷川）

2022年7月15日，川庆川西钻探公司管具站开展钻具无损检测
谭雷川 供

责任编辑：闵 军

中国石油

质量安全环保·节能节水

QHSE Management & Energy/Water Conservation

SICHUAN OIL AND GAS FIELDS YEARBOOK

四川油气田年鉴 2023

安全生产

【概述】 2022年，西南油气田公司贯彻落实国家、集团QHSE工作部署，坚持“控风险、除隐患、推体系、强业务、严监管、保目标”工作思路，聚焦快速上产风险管控，打造安全环保2.0版本，狠抓执行力建设，深化QHSE体系运行，推进专项行动、绿色低碳发展，抓实新冠肺炎疫情防控和全员健康管理，强化质量计量管控，安全环保形势持续向好，安全环保治理体系和治理能力再上新台阶，为建设双标杆企业、夺取“上产500亿”新会战全面胜利奠定坚实基础。

2022年，川庆钻探工程公司深入贯彻党和国家有关质量安全环保精神，严格落实年初QHSE工作部署，未发生一般C级及以上工业生产安全事故，环保节能、职业健康、质量管理等方面指标均控制在集团公司下达的指标范围内，安全环保形势平稳受控。（曾维烁　罗先志）

【安全生产专项行动】 2022年，西南油气田公司统筹推进国家9个专项行动、集团公司5个整治任务，重点领域风险防控能力显著提升。党委会专题部署，QHSE委员会13次专题研判，业务领域强力推进，分片负责、分级开展，领导“四不两直”247次，组织保障坚强有力。统筹一体推进安全生产专项整治三年行动、城镇燃气安全排查整治、危险化学品安全风险集中治理、安全生产培训“走过场”专项整治、安全生产大检查、房屋建筑物安全专项整治、安全生产专项整治自查整改、城镇燃气安全生产“百日行动”、冬春消防安全专项整治等9个国家专项行动，以及油气集输管道、储气库、油气井井控、净炼化装置检维修、城镇燃气等集团公司5个重点整治任务，各级督导检查19 270次，信息化督办2.6万个问题整治，行动措施层层落实。常态化开展政企协作，接受各级政府、能源、经信、住建等行业主管部门专项调研检查308次，选派24名专家支撑国家应急管理部、四川省能源局等监管部门工作，起草4项部委规章和多个标准规范，企地协作能力显著增强。（曾维烁）

【现场作业风险管控】 2022年，西南油气田公司坚持“执行标准不降、审核力度不降、处罚要求不降、措施保障不降”，推动以作业许可为核心的现场风险管控体系实效运行，72 649项风险作业全部受控。部署“十个方面”升级管控措施，发布192项升级管理清单，5轮会商3 071项特殊敏感时段风险作业，科处级领导靠前管控，704名监督前出旁站，保障党的二十大等特殊时段安全作业。强化作业许可执行，实施两轮全覆盖审核，警示问责15家基层单位；完成考核3 366人，562名不合格人员禁止参与作业，持续保持作业现场高压态势。全面推行安全网格化监管，围绕厂、站检修参建各方责任，建立273项安全监管工作标准，片区长主导推动联管机制实效运行，大修项目全面受控。（曾维烁）

【重点领域风险防控】 2022年，川庆钻探工程公司实施井控作业报告，“一井一案”的评估、评审和验收制度，形成以井控管理规定为中心，固井、精细控压、双密度钻井等特殊作业井控要求为补充的井控管理体系，制订管理规范、技术要求、应急处置等标准规程6项，推广应用司钻领航仪、电子智能坐岗辅助系统和出口流量监测装置，实现溢流动态监控和智能预警。开展危化品安全风险评估，完善柴油安全管理制度，督促办理危化品经营许可证。开展油气场站安全风险评估，建立重点管控清单，动态管控油气采输风险。（钟　凯）

【事故事件管理】 2022年，川庆钻探工程公司组织开展反“三违”等一系列专项整治，加大违章隐患治理力度，推行高危作业预约报备、现场把关人员到场确认、风险防控方案分级审查等多项制度。从事故事件、违章隐患、动态风险、短板要素4个类别，实施“四图”（事故事件图、违章隐患图、动态风险图、短板要素图）分析评价模式，定期研判风险趋势，精准评估薄弱环节，明确改进方向。运用安全监督管控平台，从5个维度开展钻井队和安全监督优势互补的精准画像，实现派驻监督与钻井队伍最佳匹配，增强管控能力。通过事故事件、隐患违章大数据分析发现，倒查重复性“三违”行为，安全形势总体向好，未发生一般C级及以上生产安全事故。（钟　凯）

【安全环保管控2.0】 2022年，川庆钻探工程公司始终将习近平总书记关于安全生产重要论述和重要指示批示作为第一议题进行学习研讨，带头落实国务院十五条硬措施，检查督导整治任务 86 项，整改问题 1 927 个。对标应急管理部约谈中国石化提及的表观现象、表面问题和深层次问题等 17 个方面，剖析突出问题 437 项，制定对策措施 662 项，全面完成整改销项。完善各级“3+N”责任清单 9 358 份，厘清责任界面，担当尽责、主动作为。发布特殊敏感时段升级管理办法、升级管控清单和禁止作业清单，全面实施升级审批、科级干部现场把关等 5 个升级管控措施，严守“四条红线”。深化“四不两直”检查、安全里程碑活动，细化班组“四环节”风险管控机制，“大抓基层”得到有力实践。（钟 凯）

【“安眼工程”建设】 2022 年，西南油气田公司率先建成“安眼工程”，助推安全监管数字化转型。坚持信息化监管创新创效，集成生产、安全重点数据，实现监控视频智能辨识，“两个现场”全覆盖、全过程监控预警，全面落实“无监控不作业”。坚持业务需求导向，油气开发、基建工程等专业深度参与，数据平台共建共享，实现油气生产和监管重点数据关联集成、管理流程环环相扣，成为各领域落实“三管三必须”、抓现场监管的新手段。强化制度完善和系统运用，再造数字化监督管理流程，配套追责标准，构建监督机构线上监控、现场监督联动响应的“人工 + 智能”监督新模式，违章行为发现处置实现分钟级飞跃，实现违章行为量级下降。（曾维烁）

2022 年 8 月 10 日，西南油气田公司副总经理、安全总监乐宏在信通中心听取“安眼工程”专题汇报 安 心 摄

【承包商 HSE 监管】 2022 年，西南油气田公司严把承包商“五关”（承包商的单位资质关、HSE 业绩关、队伍素质关、施工监督关、现场管理关），推动承包商 HSE 管理能力持续提升。严把资质准入，对照 12 条承包商 HSE 基本条件，从严管控承包商企业资质能力，限制 163 家不满足 HSE 准入条件的承包商进入市场，强化承包商源头管控。严把过程监管，打破碎片化检查模式，委托集团公司安全监督中心从 7 方面对 100 家承包商开展 HSE 专项审核；狠抓“三表一书”、双区长、施工门禁等措施落地，确保全过程受控。严肃问责查处，修订提高 HSE 合同违约处理力度，违约金最高可扣 100 万；处理承包商 59 家，向 45 家问题较多的承包商发出《整改提示函》，末位淘汰承包商占比 4.6%，震慑现场违规行为。

2022 年，川庆钻探工程公司明确责任界面，外包监督规范化。制定发布外包监督管理办法，明确两级机关外包监督业务管理职责、管理流程、管理标准、考核要求以及责任追究。制定发布外包监督岗位责任清单，明确外包监督 6 项岗位职责，23 项工作任务，72 项工作标准，75 项工作结果；组织驻、巡井外包监督 188 人签订履职承诺，督促外包监督照单履职。理清业务流程，外包管理深入化。完善制度流程，支撑企管法规处制定发布油田技术服务业务外包 QHSE 管理办法，按照“三管三必须”（管行业必须管安全、管业务必须管安全、管生产经营必须管安全）要求，明确相关处室业务外包 QHSE 管理职责，杜绝业务外包 QHSE 管理盲区。严抓特殊敏感时期外包队伍监管，国庆节至党的二十大期间，组织对 90 支外包钻井队开展全覆盖安全检查，督促整改各类问题隐患 1 829 项，针对检查发现的 19 个队、21 个典型问题，组织两家发包单位扣减相应服务商合同款 14 400 元，并在片区会通报相应钻井队，为国庆期间及党的二十大胜利召开营造良好环境。持续强化承包商 HSE 监管。修订完善深层页岩气钻机服务项目 HSE 合同，重点规范甲乙方权利义务，明确

2022 年 10 月 28 日，川庆钻探工程公司质量安全环保处徐非凡（中）到阳 101H6 平台调研 罗先志 供

现场安全环保管理界面和各自承担的安全生产、健康与环保责任，促进各方履行HSE管理责任，落实现场HSE管理要求。严格承包商HSE准入审查，针对准入审查流程繁琐、节点多等问题，优化驳回整改提交流程，实行点对点管理，做到管理高效、务实。严格开展承包商HSE准入审查，审查通过112家，驳回整改99次。主要问题为，安全管理人员安全培训合格证类问题占26.8%，工伤保险缴纳证明材料类问题占25.8%，HSE、质量、环境等认证证书类问题占19.5%，主要负责人安全培训合格证类问题占15.5%，安全生产规章制度清单类问题占10.4%。对多次驳回整改的单位进行指导36次。（曾维烁　卫金平）

【安全隐患排查治理】2022年，西南油气田公司狠抓常态化隐患排查治理，夯实生产现场本质安全。“业务＋安全”联合开展燃气、零散气、自控等专业检查，合力推进老旧管道、超限容器、停产井等隐患排查，全面清理现场风险隐患。加大隐患治理力度，按照“分级治理”原则，实施123个治理项目，单位主要负责人挂牌实施，系统建账、统一督办、节点考核，全年隐患治理项目全面完成。在油气微泄漏监测领域，首家建立涵盖系统选型、架设、预警全链条工作程序，填补行业空白，从技术试点到全面推广，全面升级现场安全风险感知能力。

2022年，川庆钻探工程公司以安全生产专项整治三年行动2个专题6个专项收关攻坚为抓手，系统分析问题隐患，查找深层次原因，计划布置的85项和持续新增的51项任务全面完成。统筹推进的危化品、供气用气等10项重点整治活动，以业务为主导，相关部门协同推进，发布工作规范8个，固化一批可复制可推广的长效管理模式。应用“智能＋人工”监管模式，在11支数字化钻井队试点违章隐患智能辨识与预警系统，实现86项典型物态隐患、违章行为的24小时不间断辨识和预警，被纳入中油技服“互联网＋安全生产”项目在板块推广。开展设备完整性试点，建立设备全生命周期管理模块8个、管理程序18个；投入2.1亿元治理隐患项目118项，有效提升本质安全管理水平。（曾维烁　钟　凯）

【安全教育与培训】2022年，西南油气田公司开展全员安全教育与培训，推动各级干部员工树牢安全发展理念。克服川渝地区多轮新冠肺炎疫情影响，坚持开展安全生产知识和管理能力培训，促进企业安全生产合法合规。建立处级领导人员月度安全环保培训测试机制，完成领导干部培训1 200人次，专题测试参加与合格率均达到100%，强化“第一责任人”主体责任全面落实。建立标准化培训、实操考核、能力测评机制，分专业开发20门培训教程、2 700道考核题库、12类实操橇装体验场景、11类300项关键工种能力测评清单，累计培训承包商关键人员6 683人，推动承包商HSE管理能力不断加强。（曾维烁）

【安全生产培训“走过场”专项整治】2022年，川庆钻探工程公司组织各单位清理各类证件23类109 873个，其中内部单位66 162个证件、承包商43 711个证件；发现并整改问题195个，更新过期证件1 171个，开展现场培训7 217人次。安全监督机构对105个作业现场督查验证，发现并督促整改55个问题。将安全生产培训“走过场”纳入大检查、体系审核范围，督促整改教育培训方面问题269个。认真分析中油技服安全生产培训“走过场”专项督查发现问题，修订培训制度2项，整改问题24个。（龚忠利）

【HSE监督检查】2022年，西南油气田公司始终保持严抓严管高压态势，筑牢快速上产监督屏障。聚焦增速上产风险，增设3家专职监督站；发布55条突出问题判定标准，建立监督机构履职审核和人员能力评估机制，充实井工程、地面外委HSE监督，现场“严监管”态势持续增强。坚持专项检查工作方式，在硫化氢防控、页岩气交叉作业等15个监管难点开展专项检查，支撑业务领域安全生产决策部署；强化日常监督检查力度，对剑阁礁滩气藏试采工程等4个重点项目、71项公司级风险作业实施驻场、旁站等常态化监督，严控现场作业风险。

2022年，川庆钻探工程公司加强现场隐患违章查纠和数据分析。现场监督共叫停37场次，排查治理隐患377 446个，辨识纠正违章24 734起，安全监督累计处理违章绩效考核扣款515.44万元。修订HSE违章扣款和奖励事项，加大对现场的查纠和激励力度。奖励207.5万元。运用工程思维和数学方法，调整生产安全预警系统功能，组织安全监督学习四图评价方法，对违章隐患进行分析，提出针对性改进建议300多项。对二级单位进行隐患违章自查考核排名，激励广大员工立足现场、立足岗位管控风险，有效杜绝事故事件的发生。完善安全监督责任体系。梳理近年来有关井控文件52项，发布安全监督井控责任清单，明确8项职责、28项任务、64项标准、103项工作结果，完善安全监督井控检查表、井控旁站清单，统一川渝、新疆、海外总包项目、长庆盐下高含硫现场派驻安全监督的井控职责。组织召开安全监督工作座谈会，在国庆、党的二十大期间，加强值班值守、远程视频监控，严格执行禁止作业升级管控要求。跟踪川渝、长庆、新疆区域疫情期间一二类井控重点井监督派驻情况16井次，对升级管控期间履职不到位的4人进行处罚。深刻吸取事故教训，强化重点领域监管。中国石化“3·6”永页10–2HF井爆燃事故后，及时补充加强带压作业现场监督力量。印发《关于进一步加强带压作业安全监督的通知》，明确带压作业各环节监督派驻、巡检频次，增加带压作业培训课程，配合完善2项带压作业标准。吸取西部钻探“7·14”事故教训，组织监督对照反思，严格吊装等高危作业旁站，严格执行“七个必须”。系统整改基层反映的问题。坚持每期安全监督培训班都组织安全监督座谈会，协调机关8个处室、9个二级单位对61个基层员工提出的问题进行持续跟踪整改。发布、宣贯石油天然气行业《钻井安全监督规范》行业标准，组织编制《井下安全监督规范》行业标准。（曾维烁　任　英）

【应急体系建设】 2022年，西南油气田公司完善区域应急保障体系，加强地下、地上两个系统应急资源配置与应急能力建设。加强应急力量建设，制订应急抢险能力提升工作方案，系统推进井控、开发、燃气、消防、通信5个领域应急能力专项提升，完善大应急管理体系。强化井控应急资源“2小时保供圈”建设，在江油等7个重点区域建设7座以加重钻井液为核心的应急储备站，建立同区域井应急互保机制，增强井控两小时应急保障能力。联合重庆市万州区政府开展含硫天然气管道泄漏地企联动“双盲”应急演练，所属13支应急队伍参与演练，检验领导干部、救援队伍应对突发事件的快速响应、协同配合、专业处置及应急装备物资调配能力。（曾维烁）

2022年6月23日，西南油气田公司以视频形式参加与重庆市万州区联合开展的应急抢险演练　郑海涛　摄

【交通安全管理】 2022年，西南油气田公司交通安全工作围绕专业风险防控，坚持新冠肺炎疫情防控和交通安全管控同步发力，各项工作稳步推进，未发生一般B级及以上道路交通安全事故，道路交通安全形势持续稳定。3 023辆机动车辆安全运行里程累计6 200万千米。强化运行过程监管，根据季节变化动态辨识道路风险，设置高风险点、高风险路段电子围栏290处，实现风险路段提前预警。坚持西南油气田公司、监督中心、车管单位“三级”监控，210人专兼职监控员实现全路段管控。开展每月违章及风险数据通报、分析，坚持源头防控，提前遏制不安全驾驶苗头。强化车队专业化建设，指导发布《驾驶业务外包驾驶员管理规定》，规范业务外包8项考评标准和16项过程管控要求，遴选淘汰驾驶员62名。采用“线上＋线下”培训方式，开展交通风险警示与防御性驾驶技能培训83次，建立每月微信考核机制，累计已参与4.2万人，有效提升驾驶员安全技能和意识。抓违法违规驾驶行为整治，建立驾驶员“红黄牌”分级管理机制，配套制定27项道路交通安全记分条款。常态化实施“禁酒令”“限车速保平安”检查，坚持交通违法违章行为“零容忍”，处罚违规违章驾驶员45人。

2022年，川庆钻探工程公司修订印发《公司道路交通安全管理办法》，明确职责，规范管理。开展道路交通专项整治活动，强化道路交通安全管理工作，消除事故隐患，有效防范化解道路交通安全风险。推进车队标准化建设，突出“人、车、路、监控、管理”五位一体，抓好道路交通安全。月度开展驾驶员动态能力评估，实施驾驶员ABC分类管理，组织防御性驾驶培训，提升驾驶员安全意识和事故预防能力。推进车辆动态监控系统及不安全驾驶行为自动监控系统的应用，严肃查处超速、超时和疲劳驾驶等违反安全行车“十不准”行为。针对季节特点和极端气候变化，及时发布预警信息，抓好汛期、冬季道路

交通安全，督促长庆区域各单位制订并落实冬休队伍回撤方案。（黄　宇　聂　磊）

2022年12月8日，川庆页岩气项目经理部员工在威远采输作业区开展冬季消防安全培训　庞琪明　摄

【**消防安全管理**】2022年，西南油气田公司强化消防安全应急保障体系建设，构建重点单位固定值守、关键区域30分钟、一般区域2小时“三圈层”消防应急保障圈消防救援体系顶层设计。按照四川省住房和城乡建设厅工作安排，同中国石化、西南交通大学等单位完成“石油天然气工程消防设计审查验收课题研究”。25个增压、脱水场站和22栋公共高层建筑开展消防安全诊断评估。投资更新消防战斗车9台，抢险装备615台（套），补充业务外包消防战斗人员23人，采取内部培训转岗、业务外包等方式补充消防车驾驶员46人，专职消防队伍参加集团首届消防技能大赛，获团体金奖和单项金奖。

2022年，川庆钻探工程公司强化火灾隐患源头控制，严格执行建设项目消防设计审查、变更审批以及竣工验收制度，确保建设项目消防设施“三同时”落实到位。狠抓消防安全知识教育和培训演练，将消防安全知识纳入新员工入厂三级教育内容，组建基层单位志愿消防队1 312支，定期开展应急演练。全面排查整治火灾隐患，发现并消除火灾隐患548个，投入414.6万元隐患整改资金，升级改造老旧消防设备设施和消防器材。在油气集输无人值守站全面推行智能化预警消防装置。试点推广应用智慧消防项目，强化消防重点部位巡查和动火作业安全监控。

（谭卫军　聂　磊）

【**危化品安全风险集中治理**】2022年，川庆钻探工程公司强化组织领导，明确工作任务。成立以主要领导为组长的工作专班，统筹推进危化品安全风险集中治理工作。结合安全生产专项整治三年行动，制订危化品安全风险集中治理方案，分解任务清单，完成工作任务31项。完善标准规程，补齐管理短板。针对各单位实验室安全管理标准不统一的情况，制定发布《实验室危险化学品安全管理规范》。组织编制各单位《危化品安全技术说明书汇编手册》，规范各危化品安全警示标志、标签198份。开展危化品安全培训853人次，提升岗位操作技能。严格流程管理，防范事故事件。抓好危化品采购管理，严格生产、经营资质查验，实行“一票否决”，强化源头管控。按照四川省、陕西省危化品“禁限控”目录，对标检查，严管4种“控制类”危化品。狠抓危险货物运输安全，开展危货个性化培训，编制《近期典型内外部事故事件分析》警示资料，举办知识培训3期，培训280人次。实行驾押人员岗位“两单两卡”（岗位风险清单、岗位职责清单、岗位操作卡、岗位应急处置卡）管理，实施危化品“电子运单”。全面推广车辆防撞监控和360行车系统。排查危化品车辆175台，整改过期证件64个、安全设施隐患14项。开展专项治理，防控油气采输风险。对照《陆上石油天然气站场安全风险分级评估细则》，组织对苏里格17座集气站、威远页岩气4座集气站开展评估，发现整改问题6项。续开展管线隐患排查，辨识高后果区16处，并对6处顶管和穿越管线实施每日巡查，整改管线占压8处，治理管道隐患68处。开展油气采输、油品运输和化工生产专项检查督查。吸取“7·21”“9·13”事故教训，领导带队开展实验室、后辅单位等单位开展“四不两直”检查，发现整改问题61项。成立2个检查评估组对5家单位涉危单位开展检查评估工作，发现并整改问题218个。组织各单位自查自改问题581个。（龚忠利）

环境保护

【**概述**】2022年，西南油气田公司学习贯彻习近平生态文明思想，落实“资源在保护中开发、在开发中保护”的要求，围绕油气资源勘探开发绿色发展目标，高效推进“碳达峰、碳中和”工作进度，强化污染防治攻坚，夯实生态环境保护基础工作。

2022 年，川庆钻探工程公司以构建生态环境保护长效机制为重点，坚持绿色发展，强化集团公司环境保护工作要点实施，推进实施钻井清洁生产，做好油基岩屑减量化工作，加大作业现场环保隐患排查整治；推动钻井压裂电代油技术应用和新能源发展，积极申报绿色企业，并获评中国石油“绿色企业”。（王瀚悦　何天鹏）

【环境保护管理】 2022 年，西南油气田公司重点聚焦生态环境工作薄弱环节，打造“生态环境三大机制”，支撑产能建设实施。深入打好污染减排攻坚战，五类重点污染物减排成效显著，污染减排管控能力迈上新台阶。持续推进双碳工作和绿色低碳转型，有序推进绿色矿山建设，清洁生产技术水平持续提升，环境风险可控，绿色低碳成效显著。

2022 年，川庆钻探工程公司坚持党委会决策生态环境保护重大事项制度，召开落实习近平生态文明思想专题党委（扩大）会议，组织学习习近平总书记关于黄河流域、长江经济带生态环境保护与高质量发展主要精神，审议通过《公司党委关于深入打好污染防治攻坚战实施方案》，通报第二轮中央生态环保督察典型案例及公司对照问题检视情况。深入打好污染防治攻坚战，部署安排 52 个重点项目。制定实施《生态环境保护规定任务清单和禁止清单》等专项制度，印发《关于进一步规范水基岩屑资源化利用过程管理的通知》和《关于进一步加强危险废物处理过程管控工作的通知》，细化高风险环节管理要求，强化过程管控。开展环境监理专项工作，组织环境监理站对页岩气总包项目、川渝地区水基钻井岩屑利用处置、苏里格和页岩气合作开发项目进行专项环境监理检查。（王瀚悦　何天鹏）

【环境监测】 2022 年，西南油气田公司各单位按照《自行监测工作方案》，开展废气、废水、噪声和周边环境质量等四方面 700 余项指标的环境监测，完成全年监测任务。

2022 年，川庆钻探工程公司按计划完成固定污染源废水监测 73 次、钻井及压裂废水监测 89 井 162 井次、生活污水 117 井次、钻井边界噪声监测 387 井次、固定场所厂界噪声监测 92 点次的、柴油机尾气监测 13 井次；完成环境质量监测水质环境质量现状调查 197 井次和场站 667 点次、地下水监测 169 井次和场站 398 点次，土壤样监测 18 个钻井平台 93 个点次，测试放喷环境空气监测 7 井 26 点次，固体废物资源化利用过程监测 148 点次，完成甲烷泄漏检测 26 个场站；完成应急和纠纷监测 43 井次；取得监测数据 47 753 个。（王瀚悦　何天鹏）

【环境隐患治理】 2022 年，西南油气田公司完成 130 个生态环境隐患治理；完成长江经济带重点污染防治项目 2 项，集团公司环保隐患专项投资治理项目 5 项，全覆盖评估池类历史遗留隐患治理，计划 2023 年彻底消除历史遗留池类隐患。

2022 年，川庆钻探工程公司组织开展环境风险排查治理工作，制定《2022 年生态环境隐患排查治理工作方案》，通过二级单位自检自查、上半年 QHSE 审核、生态环境保护专项检查以及环境监理检查等多种方式进行排查，形成《2022 年度生态环境风险隐患排查报告》，排查整改隐患 753 余项，对 2 项重大隐患制定整改方案，纳入隐患治理计划。强化污物源管理，优化工艺技术，改进治理设施，降低污染物排放，对现有的 6 座水泥干混站除尘装置升级改造，增配二级新型除尘装置及粉尘监测装置，建设喷漆专用厂房并配套挥发性有机物处理设施，开展助剂厂 VOCs 治理设施升级改造。（王瀚悦　何天鹏）

【污染防治】 2022 年，西南油气田公司开展噪声污染防治，完成噪声超标情况排查，提出噪声超标场站工艺优化意见和后续治理方案，针对治理瓶颈深入开展噪声超标机理研究和噪声超标治理技术研究；全面完成工业废气达标升级改造，完成大竹、磨溪、引进和万州 4 个净化厂尾气达标整改工程；高效推进 VOCs 排查整治，重点抓好 VOCs 自查问题的整改销项，完成年度整治计划；加快实施工业废水风险整治，返排液回用率 86.3%，优于 85% 的控制指标要求；强化固体废物合规管理，完成 86 万吨钻井固废合规处置。（王瀚悦）

【清洁生产】 2022 年，西南油气田公司参与集团公司绿色企业创建和申报工作，组织编制《西南油气田公司绿色企业创建行动方案》，通过集团公司第一批绿色企业评定；加快推进温室气体统计、监测与防治体系建设，推广甲烷管控示范工程，完成川西北双鱼石区块甲烷管控试点项目建设，实现碳减排 3.6 万吨 / 年；高效推动甲烷监测试点，完成LDAR数据传输软件以及碳减排环保管控系统框架搭建，初步实现碳减排数字化管控。打造低碳示范区，完成川南页岩气300亿立方米上产和安岳气田180亿立方米上产低碳建设方案编制；创新实施长输管道放空气回收工艺，实现管存天然气回收利用3.9万立方米，减少二氧化碳排放量84.8吨，减少氮氧化物排放量2.14吨。

（王瀚悦）

【环保科研与技术创新】 2022年，西南油气田公司承担并参与各级在研科技项目64项，高级别项目承担数量显著增加。组织举办专家讲坛15期，专家论坛5期，博士论坛7期，为科研人员搭建学术交流平台，促进科技人才成长成才。获绿色低碳的科研成果有集团公司科学技术进步奖、四川省科学技术奖等5项，获环保节能绿色技术专利29项，发表相关论文47篇。开展“大型整装含硫气田采出水资源化利用关键技术与示范应用”等8项技术的推广应用。发布转化类成果4项、科技难题攻关6项；其中“页岩气压裂返排液综合处理技术及成套处理装备”入选四川省科学技术协会第二届“科创中国·天府科技云服务大会”现场和网络发布。

2022年，川庆钻探工程公司持续优化钻井清洁生产工艺技术，进一步规范作业过程及竣工资料管理，推进钻井清洁生产作业标准化建设，组织起草国家标准《页岩气 环境保护 第2部分：生产作业环境保护推荐作法》。开展“页岩气开发土壤污染风险评估与修复技术研究”“钻井试油环境风险防控与环境监理决策系统研究”“光催化降解钻井废液有机物技术研究”等10余项低碳、环保科研项目研究工作，成果申请发明专利10件、申请软件著作权1项、发表论文6篇。“水基钻井废弃物控制与分类资源化利用关键技术及应用规模”获2022年度四川省石油天然气科学技术奖二等奖。（王瀚悦　何天鹏）

【建设项目环保管理】 2022年，西南油气田公司开展项目环评117个、环保验收68个，建设项目环保“三同时”执行率100%。支撑勘探开发进程，5项区块开发项目环评均纳入四川省生态环境厅重点支持项目调度清单，取得环评批复4个。

2022年，川庆钻探工程公司组织对页岩气勘探开发项目、苏里格天然气勘探开发项目的竣工环境保护自主验收和水土保持验收工作，组织相关工作协调分析会，开展现场查勘并组织专家验收会7次；完成页岩气项目部、苏里格项目部59个项目的竣工环保和水土保持验收工作。

（王瀚悦　何天鹏）

【污染源管理】 2022年，西南油气田公司所属新增生产设施严格按照《固定源排污许可分类管理名录》取得排污许可证或进行排污登记，有18个重点排污单元需按证落实自行监测计划，其中9个生产单元已按期提交排污许可执行报告季报，其余9个生产单元排污许可为年度报告，排污许可执行报告提交率100%。（王瀚悦）

【环境监督】 2022年，西南油气田公司完成3项专项监督，包括重点风险源安全环保专项监督、固体废弃物管控环保专项监督及环保设备设施运行管理专项监督；开展常规监督，包括9项生产现场、建设现场生态环境保护监督以及对二级单位QHSE监督站环保监督计划执行情况的监督；开展3项信息化监督，包括重点区域视频监督、污染源在线监测（控）合规排污、按证排污、达标排污监督及固废合规管理监督。（王瀚悦）

【环保教育与培训】 2022年，西南油气田公司开展安全环保主题线上培训课程1次，讲解环境隐患项目管理要求、环境监督、环境新技术及建设项目环境管理等知识，有效提升环保从业人员的理论水平和业务能力。

2022年，川庆钻探工程公司组织环境管理与清洁生产人员管理能力提升培训，重点培训法律法规、规章制度、环境管理与统计、钻井清洁生产技术与环境管理等内容，提升二级单位管理人员的业务能力和管理水平。

（王瀚悦　何天鹏）

质量技术监督

【概述】 2022年，西南油气田公司质量技术监督工作紧密围绕“上产500亿”发展战略，贯彻落实高质量发展方针和总体要求，聚焦主要风险和关键节点，完善质量管理体系和量值溯源体系，突出质量、计量工作的基础保障作用和监督促进作用，服务生产建设，全面完成各项工作任务，外销产品质量合格率保持 100%，质量管理体系认证保持有效，树立重质守信形象，维护合法利益。

2022 年，川庆钻探工程公司质量计量标准化工作按照集团公司、中油技服整体工作部署及川庆钻探工程公司工作安排，围绕井筒施工作业，以井筒和入井材料、工具质量为重点，健全制度标准和 QHSE 管理体系，严格过程质量监管，强化工程、产品和服务质量管控能力，为高质量发展提供保障。 （倪 锐 范湘军）

【质量管理体系建设】 2022 年，西南油气田公司质量管理体系持续有效运行，ISO 9001—2015 质量管理体系认证保持有效。制定《西南油气田公司井筒质量监督管理规定》，明确管控要求，强化井工程施工过程监督。

2022 年，川庆钻探工程公司梳理在用质量管理制度，修订《质量监督管理办法》《标准化管理办法》和《群众性质量活动管理规定》，规范管理流程，落实工作职责。发布《井筒质量巡查监督工作规范》《产品质量监督抽查工作规范》《质量风险评估及防控指南》等企业管理标准，细化管理要求。遵照集团公司、中油技服 QHSE 管理体系审核安排，坚持“一体化、差异化、精准化”审核原则，扎实开展上下半年 QHSE 体系一体化、全要素审核，督促整改质量问题 390 项。 （倪 锐 范湘军）

2022 年 1 月 26 日，西南油气田公司总经理何骁（中）出席在成都召开的 2022 年质量健康安全环保工作视频会议 杨艺微 摄

【产品质量抽查】 2022 年，西南油气田公司严把油气产品出厂质量关。开展气质监测 5 800 点（次），天然气合格率保持 100%，开展 CNG、工业硫黄、原油、凝析油、稳定轻烃、液化石油气等化工产品质量监测 68 批次，产品质量受控；纵深推进采购物资与地面工程质量融合式监督。根据铁山坡等重点项目进度精准开展物资抽检和施工质量监督，质量监督向产品制造和施工环节延伸，监督地面工程 115 个、抽检物资 1 500 批次，问题整改率 100%，有效排除工程质量隐患。

2022 年，川庆钻探工程公司以入井工具、材料为重点，对所属 18 个单位组织产品质量监督抽查 660 批次，发现不合格产品 35 批次，总体抽查合格率 94.7%，挽回直接经济损失 270 万元。针对钻（修井）机、成套压裂设备、井控产品等重点产品开展驻厂监造，完成监造各型钻机 4 台、修井机 6 台、井口装置（含套管头）262 台、防喷器 66 台、橇装设备 40 套、分离器 6 台、储液罐 150 座。开展重点井钻井液性能监督抽检 89 井次（含 6 000 米以上超深井 22 井次），检测性能指标 1 952 项，30 项不符合钻井设计，总体符合率 98.46%。 （倪 锐 范湘军）

【井工程质量监督】 2022 年，西南油气田公司全面完成集团公司井工程质量考核指标。将井身、固井质量、压裂丢段要求全部纳入工程设计，开展设计专项检查，促进设计优化；创新建立“监督中心 + 事业部”联合办公模式，靠前监督，配套建设井工程质量信息化管理模块，实现井身、固井、入井流体质量收集、处理和统计分析功能。监管力度持续加强，开展质量监督 633 井次，保障井工程质量稳步提升；持续强化入井流体质量监管。实现现场检测数据实时传输、自动生成入井流体检测报告等功能，入井流体检测报告发放周期由 7 天提升至 3 天，检测工作效率和数据时效性均大幅提升，完成入井流体及材料检测 840 井次，检测量较 2021 年增长 53%，入井流体质量全面受控。

2022 年，川庆钻探工程公司完善质量监督机制，修订《质量监督管理办法》，发布企业标准《井筒质量巡查监督工作规范》，明确井筒质量监督工作流程，规范巡查监督工作程序和检查项目。以威远页岩气和苏里格油气合作区块为监管重点，组织井筒质量巡查 311 井次，按季度通报发现的典型问题，督促整改井筒质量相关问题 1 447 项，保障各项施工技术措施落实落地。印发《关于进一步强化井筒质量管控的通知》，严格要求将“七条红线”（集团公司井身质量、固井质量不合格判“七条红线”）判定标准融入工程和施工设计，狠抓施工过程变更等关键环节的管控。坚持井筒质量月通报、季考核制度，并针对存在的问题，召开专题分析会议，制定并落实改进措施。各级职能部门每天收集重点项目施工数据，视频监督现场作业状况。重点井和施工关键环节，组织专家和技术人员上井开展技术交底和现场指导，及时处理现场质量问题。

（倪　锐　范湘军）

【质量综合管理】 2022年，西南油气田公司围绕生产建设现场实际，各级干部员工开展QC小组活动积极性大幅提升，涌现一批接地气、有效益的小改造、新办法，在提质增效、安全环保等方面取得显著效果，在质量提升、安全环保、节能增效等专业方面开展QC小组活动469个。获集团公司2021年优秀成果奖三等奖2项，获“质量信得过班组”称号2个。

2022年，川庆钻探工程公司修订《群众性质量活动管理规定》，指导注册QC小组项目678个。组织优秀QC小组活动成果和质量信得过班组的推荐和评审，对评选的59项优秀QC小组活动成果和30个质量信得过班组进行表彰。参与集团公司2022年度优秀群众性质量活动成果评选，获一等奖1项、二等奖1项、三等奖2项、质量信得过班组4个，获中央企业质量管理小组成果发表二等奖1项。开展“质量月”活动，以“创造质量价值，增强企业韧性，助力高质量发展”为主题，安排“三开展、四推进”（开展质量管理宣传教育、开展质量风险隐患排查、开展自产产品质量清查、推进重点标准宣贯实施、推进井筒质量三年整治、推进质量风险分级防控、推进质量管理信息化建设）7项重点工作，集中从意识宣贯和教育、制度建立和配套、隐患排查和管控、专项整治和帮促等方面开展工作，推进质量管控提升。（倪　锐　范湘军）

【计量管理】 2022年，西南油气田公司健全量值传递溯源体系，完成800余台流量计的检定、校准和测试任务；川中油气矿、燃气分公司和天研院等单位32项最高计量标准通过四川省市场监督管理局建标和授权考核；开展天然气能量计量系统性能评价；强化输差监控，规范天然气计量管理，对7个二级单位的40余个交接计量站进行监督检查和量化考核，杜绝较大计量纠纷。

2022年，川庆钻探工程公司强化专用计量器具管理，组织开展计量工作基本情况和在用石油专用计量器具情况调查，掌握计量管理总体情况，加大专用计量器具的管理力度。举办计量员取证培训班，52名一线计量人员“理论+实操”培训考核合格，取得计量员资质证书。利用计量信息系统，做好远程监管和现场管理核查。帮促安检院开展二氧化硫气体检测仪等4项计量标准装置的资质到期复查，督促各单位完成计量器具检定44 176件（次），有效保障各项计量数据准确可靠。（王　治　范湘军）

【标准化管理】 2022年，川庆钻探工程公司修订《标准化管理办法》，强化标准制修订过程管理。发挥地质工程一体化优势，推进标准与科技成果的转化，分批次发布《作业许可管理规范》《上锁挂签管理规范》《大平台钻井作业安全监督规范》等95项企业标准，牵头或参与13项国家标准、行业标准和集团公司企业标准的制定、修订。牵头起草的两项标准分别获2022年行业标准创新贡献项目特等奖和二等奖，9人获先进个人或突出贡献奖表彰。对《精细控压钻井技术规范》等105项到期企业标准组织复审，最终确认58项继续有效、46项需修订（纳入年度标准制修订计划）、1项废止。下达34项重点标准实施计划，做好重点标准的配备，督促业务主管部门开展标准实施的宣贯和指导。组织开展在用标准实施情况清查，对所属单位上报的51项标准执行问题进行梳理，会同相关业务管理部门，制定落实整改措施，促进重点标准在现场的贯彻执行。

（范湘军）

节能节水

【概述】 2022年，西南油气田公司深挖内部潜力，努力实现能耗总量有效控制和能效水平持续提升，单位气田生产综合能耗同比下降3.21%，完成节能量0.87万吨标准煤，节水26.40万立方米，全面完成集团公司年度节能节水考核指标。

2022年，川庆钻探工程公司消耗能源45.98万吨标准煤，新鲜水用量1 417万立方米，完成技术措施节能量4 732吨标准煤，节约新鲜水0.9万立方米。

（周　非　吴　彤）

【节能管理】 2022年，西南油气田公司突出降本增效。从落实目标责任、夯实管理基础、强化制度和体系建设、严格节能审查、实施节能监测、开展科研攻关、节能挖潜和技术改造、推进能效对标、能源管控试点等方面整体推进，持续提升能源利用效率，助推高质量绿色发展。开展净化厂节流损失治理。系统性节能监测，完成重点用能设备监测 415 台；监测供用能系统 30 个，基本用能单元 349 个，三级单位区块整体监测 9 个。节能监测从单台设备向系统监测的转化，推动系统、区域节能改造和优化工作的实施。严格执行节能评估审查制度。组织完成四川盆地渡口河—七里北气田飞仙关组气藏开发产能建设项目、天然气净化总厂万州分厂硫黄回收装置尾气治理改造工程等重点工程的节能评估和节能报告报审，实现节能源头管控，开展公司监测级和净化业务优化级能源管控系统建设。

2022 年 3 月 9 日，西南油气田公司渡口河—七里北气田飞仙关组气藏开发产能建设项目初步设计获股份公司批复，标志国内最高含硫整装气田开发转入实施阶段。图为在开发建设项目现场开展推进活动　　马　俊　摄

2022 年，川庆钻探工程公司组织召开节能减排与新能源利用研讨会。4 家二级单位针对节能减排、新能源利用及电代油工作进行交流发言，机关有关处室分别就电代油工作、节能减排和新能源利用、“十四五”新能源业务规划等进行报告和重点工作安排。完善能源管理制度。修订完成《川庆钻探工程公司节能节水管理办法》《川庆钻探工程公司节能节水监测管理办法》，制定《川庆钻探工程公司能源计量管理办法》。组织开展后勤基地及办公楼照明改造，各单位后勤基地及办公楼累计更换 LED 灯 2 万余盏；川庆川西钻探公司、川庆页岩气项目部、川庆长庆固井公司开展新能源试点，在机关办公楼楼顶、钻井队、威 204 集气总站屋顶、后勤基地楼顶安装太阳能板及进行太阳能路灯试点；川庆重庆运输总公司推进新能源车辆的使用，投入 3 台比亚迪宋 PLUS 纯电动车为川庆页岩气项目经理部提供服务保障。强化节能监测、能源审计工作。完成 56 台柴油机及发电机、34 台钻井泵、10 台压裂泵、10 台压缩机的节能监测工作；组织对川庆川东钻探公司、川庆川西钻探公司、川庆长庆钻井公司、川庆井下作业公司、川庆苏里格项目部进行能源审计。围绕节能宣传周“绿色低碳，节能先行”主题和全国低碳日“落实双碳行动，共建美丽家园”的主题，结合生产经营实际，组织开展形式多样、内容丰富的节能宣传活动。举办节能管理与低碳知识培训班培训班。系统学习能源管理制度和有关标准宣贯，能源审计要求和问题分析，作业现场和后勤基地能源管控，碳达峰碳中和的概念与温室气体核算方法。各单位 82 人参加培训。（周　非　吴　彤）

2022 年 8 月 1 日，川庆页岩气项目部首批纯电动生产经营用车投入使用　　谢海涛　摄

【节能技术运用】 2022 年，西南油气田公司持续推广应用节能“四新”技术，实现气田高效开发和节能降耗，推进应用节能型电动机、变压器，开展低效高耗设备的清理淘汰工作。落实技措节能项目 11 个，实现技措节能 8 691 吨标准煤；持续开展增压、脱水系统和井站工艺流程优化等老气田节能适应性调整改造工作，零散气放空天然气回收；继续推广节能高效设备，淘汰高耗低效电机、变压器 109 台。

2022 年，川庆钻探工程公司持续推进电代油。在川

渝地区、长庆地区、新疆地区实施钻机“电代油”469井次，用电5.05亿千瓦·时，替代柴油12万余吨。在26个平台实施电动压裂（压裂3 483段，其中四川井下1 502段、长庆井下1 981段），用电量6 718万千瓦·时，替代柴油1.6万余吨。推进钻井液、压裂液回收利用。回收利用钻井液26.23万立方米，回收利用压裂液230.97万立方米。（周 非 吴 彤）

【节能科研工作】 2022年，西南油气田公司为解决现阶段在天然气开发生产中的节能技术和管理瓶颈，开展气田典型耗能设备优化级能源管控模型研究；参与完成集团公司《气田固定资产投资项目节能报告编写规范》标准的修订。

2022年4月18日，西南油气田公司在成都召开新能源工作专题研讨会 韩 超 摄

2022年，川庆钻探工程公司开展《生产基地与办公楼宇智慧能源管控系统》研究，完成试点建筑节能改造，形成楼宇能源管控软件。开展《风能、光能等新能源在生产基地和采输场站的利用》研究，形成“风光储充”设备一体化电气汇流系统设计，可实现风能和太阳能利用的实时运行监测和远程传输与控制，实现新能源利用的精细化数字化管理。开展《钻井用大功率发电机储能及井电系统优化技术》研究，完成电动钻机现场调研和运行测试，设计储能—柴油发电机组系统参数，完成储能系统并离网无缝切换装置研发。编制完成石油天然气行业标准《石油天然气工业能源审计 第2部分：工程技术服务》，修订完成集团公司企业标准《石油钻井设备节能技术措施效果测试与计算方法》。（周 非 吴 彤）

职业健康

【概述】 2022年，西南油气田公司履行职业病防治主体责任，组织开展生产单位主要负责人、管理人员职业卫生管理资格证取证培训，依法依规组织开展职业卫生管理各项工作，全面完成集团公司下达的各项考核指标，无新发职业病。

2022年，川庆钻探工程公司落实国家《职业病防治法》，执行集团公司职业健康工作部署，建立健全职业健康管理制度，坚持“预防为主、防治结合”的方针，以抓好职业病危害防控为主线，以职业健康监护管理为重点，完善职业健康技术支持保障体系，夯实职业健康基础工作。（曾 灵 彭 铧）

【作业场所检测】 2022年，西南油气田公司安排落实740余万元专项费用，开展1 338个职业病危害作业场所、8 187个检测点定期检测，以及618个场所现状评价，检测率100%，对7个噪声超标场所进行系统整改。

2022年，川庆钻探工程公司对存在职业病危害的单位开展职业病危害作业场所检测，检测作业场所802个，完成率100%，并落实公告告知。对职业病危害因素浓（强）度超过国家职业卫生标准限值的，积极采取治理措施、防范措施，改善员工作业环境。（曾 灵 彭 铧）

【职业健康监护】 2022年，西南油气田公司投入1 800余万元，对9 500余名接害员工开展职业健康体检，体检率100%。对1 445名员工进行复查，对54名职业禁忌症员工进行调岗。

2022年，川庆钻探工程公司开展以“五个一”活动为载体的《职业病防治法》活动，通过案例讲述、播放教育片等形式，组织5 000余名接触职业病危害因素人员学习了解工作场所职业病危害，提高个人防护意识。组织接触职业病危害因素和特殊作业人员体检5 172人，体检率100%，加强职业健康体检发现异常的健康管理、职业禁忌证调岗，与接害人员签订《个人职业健康体检结果告知卡》，如实告知员工职业健康体检结果，做好妥善安置。（曾 灵 彭 铧）

【职业病防护设施“三同时”】 2022 年，西南油气田公司开展职业病危害预评价 110 个，职业病防护设施设计 90 个，职业病危害控制效果评价及验收 53 个，确保工程建设项目合规。

（曾　灵）

员工健康

【概述】 2022 年，西南油气田公司坚决贯彻党中央、国务院关于加强健康工作决策部署，将健康油气田建设纳入安全环保管控能力提升方案，制定发布《2022 年健康企业建设实施计划》《关于做好 2022 年度健康管理工作的通知》，细化工作任务和内容，一体化管控员工健康和安全生产。

2022 年，川庆钻探工程公司把员工生命安全和身体健康放在首位，树立“大卫生、大健康”理念，落实“员工健康与安全生产并重”要求，健全完善员工健康制度规程，构建大健康管理和服务体系，创建健康工作环境，倡导健康文明生活方式，营造健康促进良好氛围。

（曾　灵　彭　锌）

【健康体检】 2022 年，西南油气田公司坚持开展全员健康体检，投入 5 700 余万元开展更加精准的“固定 + 自选项目组”差异化健康体检，结合员工健康体检总检报告分析，针对性增加心脑血管疾病、早癌等筛查项目。依托专业医疗机构，开展近年来员工健康体检结果大数据分析，根据风险评估结果实行分级分类管理。

2022 年，川庆钻探工程公司发布《员工健康负面清单》，明确特殊作业、野外施工作业、后勤操作岗位、夜间工作员工健康条件。根据员工健康现状，优化员工年度健康体检项目，突出心脑血管筛查和基础慢病检测，实行差异化体检，制定有针对性的“3+N”体检套餐，科学合理设置特征体检项目和慢病专属项目，提高体检项目的针对性和自主选择性。

（曾　灵　彭　锌）

【健康企业】 2022 年，西南油气田公司总结提炼试点单位建设经验，提速健康企业建设，完善健康管理组织机构，发布三项建设工作指南，主要生产单位全面启动省级健康企业创建。输气处代表西南油气田公司成功通过集团公司健康企业达标验收，重庆气矿、蜀南气矿安岳油气处理厂、川西北气矿剑阁天然气净化厂成功创建省级健康企业。其余单位同步开展加强员工健康管理专项提升工作，结合单位性质、工作特点等实施一系列强化员工健康服务举措。

2022 年，川庆钻探工程公司发布实施《加强员工健康管理工作实施方案》，明确工作目标及重点任务，健全健康管理体制机制，为高质量发展提供坚实的健康保障。邀请知名医院心血管内科、外科急救等领域的专家，开展健康知识大讲堂。通过“川培在线”小程序播放癌症预防知识、心血管疾病防治知识等视频讲座，受众人群 4 万余人。组织员工广泛参与铁人先锋 App 健康知识答题，参与人数 2.5 万余人。通过“今日川庆”官微，发布疾病预防与急救、营养膳食、心理健康等知识，倡导健康工作生活方式。在办公场所、后勤场所有序建设“健康小屋”，在野外作业现场试点配备便携式随诊包，在重点工作场所推广使用除颤仪（AED），完善健康基础设施。开展健步走、跳绳、羽毛球等丰富多彩的体育健身活动，引导员工树立“每个人是自己健康第一责任人”的理念。

（曾　灵　彭　锌）

【健康保障】 2022 年，西南油气田公司改善基层生产生活环境，加大一线班组健康资源投入，在生产现场、集中办公区结合实际情况分层级、分类别建设健康小屋 42 个，完善 53 个重点场所 AED 设施配置，因地制宜为基层场站配置健身器材、设置健身设施、铺设健身步道。关爱员工心理健康，培训 50 名工会干部作为心理关爱网格员，为 4 000 余名基层员工开展心理健康筛查，制定干预指导意见，并开展线上心理疏导课。把党史学习教育的学习成效转化为实际行动，以“我为员工群众办实事”实践活动相关要求为指引，连续 3 年组织开展“把健康送到基层一线、把实事办到员工身边”实践活动。各级单位组织专家团队到 306 个基层场站“送健康”。推行“让员工最好一餐在食堂”，为 51 个区域性集中食堂提供现场指导服务 112 次，提出食堂改进建议 43 条，全面推行“三减三健”（减盐、减油、减糖，健康口腔、健康体重、健康骨骼）活动，结合食堂标准化建设升级打造健康食堂。深入开展职业病防治法宣传周“五个一”活动，组织主题宣讲 403 次、宣传咨询 277 次、各类专题讲座 124 次，宣讲受众达 31 239 人次。

2022 年，川庆钻探工程公司充分依托专业机构对员工个人和单位群体健康情况开展分析、评估，为 4 万余人提供医学指导意见，防范化解健康风险。推广应用员工健康管理系统，实现电子档案、监测预警、分析评估、健康干预等功能，强化体检结果分析应用，掌握健康整体现状及变化趋势，指导和服务员工健康管理。在主要生产区域与当地医疗机构建立“绿色医疗”服务通道，保障突发疾病和工伤员工得到及时有效救治。在各施工作业现场、后勤场所指定兼职卫生（急救）员，开展专项培训，提高现场急救处置能力。（曾　灵　彭　锌）

QHSE 体系

【概述】 2022 年，西南油气田公司构建安全环保主动履责长效机制，将“三管三必须”法定要求压实到各管理层级，推动员工执行力建设，推动安全生产责任“到岗到人”。创新实施“前馈式”审核，推动“审核促管理”发挥实效，促进审核理念由“被动应对检查”向“自我管理提升”转变。

2022 年，川庆钻探工程公司围绕“疫情要防住、经济要稳住、发展要安全”总目标，贯彻落实集团公司、中油技服的工作部署，面对疫情多点频发、生产组织困难、井控安全风险突出、高含硫作业增多、生产任务繁重等多重挑战，坚持严字当头、严抓严管，强化风险防控和隐患治理，全年未发生一般 C 级及以上生产安全事故和有责交通事故，环保节能、职业健康、质量管理等方面指标均控制在集团公司下达指标范围内。川庆钻探工程公司获集团公司 2022 年“QHSE 先进企业”和“绿色企业”称号。

（李显文　田衍亮）

2022 年 9 月 21 日，西南油气田公司在成都召开 QHSE 委员会会议　张　寻　摄

【安全环保责任制建设】 2022 年，西南油气田公司构建安全环保主动履责长效机制。对标新《安全生产法》企业 20 项职责，修订发布《质量健康安全环保管理职责规定》，将“三管三必须”法定要求压实到各管理层级。持续完善安全生产责任制建设，承担集团公司《“两个清单”编制及应用方法研究》项目，编制岗位风险隐患清单和安全生产责任清单，打造双重预防机制，推动安全生产责任“到岗到人”；培育的输气专业清单化管理样板在四川省发改委组织的“全省油气行业安全生产暨油气管道保护工作培训演练”活动中观摩推广，得到高度评价。运用信息化手段严抓执行监管，在基层单位试点开发履责考核系统，将责任清单融入人力资源综合考核，初步构建“责任清单执行无漏项”信息化监管手段，持续推动员工执行力建设。以追责问责倒逼责任落实，高压问责传导压力，对典型事件发生单位、审核检查发现突出问题的人员问责 1 238 人，其中处级 4 人、科级 134 人。（张　燕）

【QHSE 管理体系审核】 2022 年，西南油气田公司创新实施“前馈式”审核，推动“审核促管理”发挥实效。深入挖掘审核问题数据价值，对近 3 年体系审核发现问题与监督检查典型问题进行数据分析，准确定位各单位管理弱项和典型重复问题，形成“管理弱项清单”和“重复问题负面清单”，指导公司针对性开展精准审核。严把“三环节”（前、中、后三个环节）提升审核质量，前端严控审核计划针对性，以“两个清单”精准定位历史典型重复性问题管理脉络；中端严控审核过程质量，制定 19 项重点审核内容，技术组与现场组双轨并行，每日核查问题清单、定向发布提示单，保证审核过程无漏项；后端严控审核通报质量，审核组与现场、二级单位“双对接”，确保问题准确无误。各级审核发现并整改问题 8 374 个，对 121 个严重问题严格按照记分管理规定严肃问责。辅导推动基层管理自我提升，组织各单位提前对照重复问题负面清单举一反三自查整改问题 2 184 个，对照个性化管理弱

项清单系统改进提升管理弱项 112 个，提前修改完善管理职责 57 个、制度规程 35 个，推动审核理念由“被动应对检查”向“自我管理提升”转变。

2022 年，川庆钻探工程公司落实“一体化、差异化、精准化”审核要求，修订《质量健康安全与环境管理体系审核管理办法》和 QHSE 量化审核标准，结合生产情况、新冠肺炎疫情要求和风险防控，突出重大风险管控、重点工作落实、重要制度执行、严重问题整改情况审核验证，统筹审核检查督导工作，采用“全要素审核 + 三年行动计划专题审核 + 驻点审核 / 专项审核”的方式，开展上、下半年 QHSE 管理体系审核，11 个审核组围绕 5 个聚焦、5 项重点及安全生产十五条硬性措施 86 项具体检查内容，运用访谈测试、核实验证、应急演练、管理追溯等方法，两次审核检查 25 个二级单位，审核 415 个施工作业现场（驻点审核 24 个），发现整改问题 4 215 个，其中严重问题 94 个，追溯典型问题 146 个，问责 258 人次。迎接中油技服上、下半年对四川、鄂尔多斯、塔里木地区和海外项目的 QHSE 审核，两次审核发现整改 477 个问题。QHSE 管理体系顺利通过北京中油认证有限公司认证监督审核。（李显文　田衍亮）

2022 年 3 月 16 日，川庆钻探工程公司在成都召开 2022 年上半年 QHSE 管理体系审核启动会　卢　宏　摄

【QHSE 管理体系建设】 2022 年，川庆钻探工程公司运用工程思维和数学方法完善管理体系，依据集团公司 HSE 信息系统数据、HSE 预警系统数据、上下半年审核问题数据和各单位动态风险数据，运用四图评价方法从事故事件、违章隐患、动态风险和短板要素 4 个方面，分析画像安全生产管理情况，挖掘运行规律、特点和不足，提出针对性改进建议。运用安全生产情况四图评价结果，针对各单位安全生产情况和数据特点，下发安全生产现状分析提示函 23 份。（田衍亮）

【基层站（队）QHSE 标准化建设】 2022 年，西南油气田公司以“示范站队”创建为抓手，优化业务管理流程及工作质量标准，助推建设质量再提升。构建建设标准体系，从强规范和抓执行双发力，形成 65 项工作流程、356 个建设标准，建立贴合实际、成熟可复制的建设标准体系。强化示范站队培育，在油气开发、净化化工、输气、燃气等专业成功再培育 11 家公司级示范站队，持续引领基层“三标”管理质量提升。注重 QHSE“下沉式”帮扶，选派专家“上门问诊”，针对扁平化试点单位组织机构及风险特点，优化调整 QHSE 标准化管理流程及防控重点，确保试点单位改革及生产期间安全环保受控。承担制定的《基层站队 HSE 标准化建设及示范站队评选管理办法》，成为集团公司各企事业单位、专业公司成员企业基层站队 HSE 标准化建设工作的指南，主导的“基层站队标准化减负研究课题”获集团优秀软科学研究奖。

2022 年，川庆钻探工程公司落实集团公司基层队站 HSE 标准化建设要求，结合数字化、智能化建设路径，细化标准化现场、标准化操作、标准化管理和规范化控制建设内容，明确公司级示范队申报、审查、验收相关要求。各单位制定落实本单位基层队站 HSE 标准化建设质量提升实施方案，明确建设目标、建设重点和验收标准，落实牵头部门、保障措施和完成时间节点，按照《基层队站 HSE 标准化建设示范队站评审验收标准》验收打分，择优申报公司级示范队 87 个。结合上、下半年 QHSE 审核，对申报的示范队站验收打分，依据各级政府检查、上级单位和川庆钻探工程公司审核检查结果，确定公司级示范队站 69 个，建设集团公司级示范队 2 个。（罗　旭　田衍亮）

【海外 HSSE 管理】 2022 年，西南油气田公司贯彻落实集团公司、西南油气田公司新冠肺炎疫情防控工作各项要求，实现疫情防控“三零”目标。全面贯彻落实集团公司、西南油气田公司“外防输入，内防扩散”的新冠防疫总要求，涉外业务实现疫情防控的“零输入、零传播、零感染”。实现 QHSE“三零”目标。所有各合作项目均实现安全环保运行，实现零死亡、零工伤、零污染，较好地

完成 QHSE 各类控制指标。其中川东北项目安全连续生产 5 784 天、川中项目安全连续生产 1 437 天。

2022 年，川庆钻探工程公司持续抓好海外新冠肺炎疫情防控和人员倒班，守住双零底线。海外项目未发生社会安全伤亡事件，实现“两稳、两争、两保”的阶段性目标。健全国际业务常态化疫情防控工作机制。健全川庆钻探工程公司、涉外单位、海外分公司（项目部）三级联防联控机制，及时传达和落实上级安排和指令。组织涉外单位和海外分公司（项目部）严格按照要求，动态修订疫情常态化防控方案并在集团公司备案。落实“1026”专项工作部署，推动超期工作员工稳步倒班。利用各种资源完成接返海外滞留员工的“1026”专项工作部署，通过临时航班（包机）接回土库曼斯坦、伊拉克、巴基斯坦和阿联酋等境外项目滞留中方员工 161 人，返岗 78 人，实现疫情“零输入”，获集团公司书面表扬。标准化构建“四位一体”海外医疗保障体系，及时组织“SOS”包机医疗转运。按照集团公司要求，标准化构建国际业务监测、预警、防控、救治“四位一体”医疗保障体系。及时向集团公司汇报土库曼斯坦现场员工突发疾病事件，每日组织进行远程诊断，并落实“SOS”转运包机相关事宜，保证海外员工的生命安全。通过包机、经第三国中转等方式推动员工轮换倒休 711 人次，在川庆钻探工程公司推进和高度重视下，海外超期工作人员年底实现清零。组织中外方员工疫苗接种，加固疫情防控堡垒。国际业务在册员工 565 人完成两剂疫苗和加强针接种，其中海外在岗员工 238 人，加强针接种率 100%。中方员工加强针接种率 100%；外籍在册员工 3 111 人接种疫苗，接种率 100%，在岗 1 655 人完成 2 剂接种，接种率 100%。及时发布安全预警，推进巴基斯坦、伊拉克等项目本土化工作进程。密切关注项目所在国政局、外交和各种社会复杂情况等动态信息。针对项目地频发社会安全事件的严峻形势，及时发布安全预警信息。巴基斯坦“4·26”恐怖袭击事件发生后，第一时间通报信息，并督促巴基斯坦项目升级社会安全管理，动态调整社会安全风险评估和应急撤离方案。按中油技服要求，指导编制项目运营管理实施方案。按集团公司要求，与长城钻探、中油测井共享人力和财务等资源，总人数控制在 20 人，计划 2023 年底前实现在巴基斯坦全境零中方人员。推进伊拉克项目本土化工作，员工本土化率 66.5%，计划 2023 年末员工本土化率 81%。识别社会安全风险，强化安保措施。多国社会安全形势动荡，分项目针对性制定社会安全和疫情防控风险排查表模版，开展 2 次海外项目全覆盖风险排查，发现 6 项社会安全隐患，均督促落实整改完成，确保海外项目生命财产安全。根据集团公司海外项目备案规定，审查巴基斯坦、秘鲁、厄瓜多尔等海外高风险国家项目的安保方案 26 个，做到一项目一方案，有针对性地识别社会安全风险，并督促在项目实施过程中落实措施。防微杜渐，开展社会安全应急演练。5 月 31 日，组织公司级巴基斯坦项目海外社会安全突发事件应急演练。演练磨合国内与海外项目之间的协调联动机制，提高海外现场各岗位的应急处置能力。组织国际业务 QHSSE 体系审核和安全生产大检查。开展 QHSSE 体系第五组审核工作，上半年发现问题 153 项，下半年发现问题 124 项，均已督促整改完毕。组织海外项目开展安全生产大检查，编制包含 15 项措施在内的《安全生产大检查和访谈内容表》，指导落实各项措施。（邓　伟　周　薇）

【海外 HSSE 培训】 2022 年，川庆钻探工程公司组织参加集团公司海外防恐安全线上线下培训 43 期（次），培训 208 人次，其中管理人员培训 24 人次。因公出国（境）团组和海外项目人员的防恐安全培训率 100%。按培训计划，7 月组织开展社会安全体系管理培训 1 期，38 名海外项目管理人员参培。（周　薇）

责任编辑：林　勇

中国石油

科技·对外合作与交流

Science & Technology / International Communication and Cooperation

SICHUAN OIL AND GAS FIELDS YEARBOOK

四川油气田年鉴 2023

科技发展

【概述】 2022年，西南油气田公司科技工作贯彻落实集团公司与西南油气田公司的决策部署和工作要求，围绕“油气上产、新能源发展”两大业务，坚持科技先行，把推动科技体制机制改革、提升技术进步、强化知识产权和成果培育、落实成果转化、促进平台提升作为重点工作，为全力打造高质量发展“双标杆”企业、夺取“上产500亿”新会战全面胜利奠定坚实基础、提供有力保障。

2022年，川庆钻探工程公司贯彻落实集团公司科技创新发展部署，实施“技术立企”战略，狠抓关键核心技术攻关与科技成果转化创效，全面完成各项年度科技重点任务。获集团公司“创新型企业”称号，通过国家知识产权优势企业复核认定，保持国家高新技术企业资格。隆重召开科技创新大会，确立打造油气工程技术创新高地新目标。（孔　玲　毛　斌）

2022年3月29日，川庆钻探工程公司在成都召开科技与信息化创新大会，川庆地研院获“科技创新先进单位”“信息化工作先进单位”。图为川庆地研院以视频形式参加会议　　李　璇　摄

【经费投入】 2022年，西南油气田公司下达各级科研经费36 463万元。其中，四川省95万元，股份（集团）公司4 126万元，油气和新能源分公司投入4 253万元，公司级科研项目投入27 989万元。突出科技项目原创性，加强“三新”鉴定，新开分控科研“三新”项目占比82.8%，经费计划占比90.7%；强化预算指导和执行检查，年度科技项目经费执行率78.2%。制定发布《西南油气田公司研发投入操作指南》，规范研发支出统计口径，加强“三新”鉴定，实行全成本预算核算，推进加计扣除工作。科技投入支出合计16.85亿元，同比增长12.18%，其中科技项目费用8.77亿元、科研机构费用8.08亿元。研发费使用提质增效，进度匹配性稳步提升，R&D研发支出8.67亿元，同比增长14.06%，申报加计扣除额3.21亿元。

2022年，川庆钻探工程公司科技研发投入持续增强，科技投入15.27亿元，占主营业务收入4%。下拨项目经费3.40亿元，其中集团公司1.17亿元、中油技服0.17亿元、川庆钻探工程公司2.06亿元。（孔　玲　毛　斌）

【科研项目】 2022年，西南油气田公司组织实施各级科技项目604项。其中：集团公司科技管理部项目40项；油气和新能源分公司项目22项；四川省科技项目1项；公司级科技项目350项，联合攻关（揭榜挂帅）项目13项，技术支持中心项目31项，勘探综合研究项目81项，技能人才项目17项，院士工作站及咨询项目7项；二级单位科技项目42项。

2022年，川庆钻探工程公司创新开展关键核心技术攻关任务“揭榜挂帅”，编制年度攻关重点任务清单，推行项目制管理与月度领导会议制度，重点任务严格实施“挂图推进”，项目按期完成率100%。超额完成国家“1025”专项二期年度任务。精细管控国家“1025”专项，攻关进度大幅提前，超额完成样机试制与总装联调，通过集团公司年度评估。高效推进集团、中油技服重大科技项目。牵头和参与的集团公司、中油技服项目研发进度任务完成率100%，“含硫井安全作业关键技术研究与应用”等集团公司项目通过验收，“工程作业智能支持系统3.0构建研究”等23个中油技服项目全部完成各项技术经济指标。重点攻关任务收官。验收项目155项，新增科技创新成果100项，形成随钻超声井径测量系统等关键工具10项、可降解携砂剂等关键油化品10项、钻井液地面降温装置等关键装备5套、钻井工程风险预警等关键软件5套，全面实现核心技术自主可控，替代国外或国内产品。（孔　玲　毛　斌）

【进站院士合作项目】 2022年，西南油气田公司与贾承造、罗平亚、胡文瑞、黄维和4名进站院士持续深化合作，助力“十四五”建成500亿立方米战略大气区开展技术和决策咨询攻关研究。为深化陆相致密油气的成藏富集理论，开展四川盆地致密气资源量、重点区块成藏机制、油气分布规律的研究，划分致密气有利勘探区带、明确勘探中长期发展战略领域，提出战略规划目标。开展蓬莱气区长裸眼段提高承压能力防漏堵漏机理研究，形成一套适合于蓬莱气区裂缝封堵提高地层承压能力评价方法和长裸眼段高效承压防漏钻井液体系及配套工艺，攻克复杂井漏、减少漏失损失、降低勘探成本。提出适用于中国页岩气“一体化”特色的勘探开发体系构架建议，为页岩气有效降低成本的开发模式探索提供技术咨询。开展天然气管网精细管控关键技术及数字化平台研发，为从根本上提升输气管网的管理水平提供核心技术支持，为下一步管网智能辅助决策技术攻关奠定基础，助力“智能油气田”规划目标的实现。（孔　玲）

【科技管理】 2022年，西南油气田公司强化与专业高校的合作，实施第二轮“揭榜挂帅”，西北大学、中国石油大学、长江大学、西南石油大学中榜，主要开展立体成藏过程及机理研究等七大方向攻关研究。加大业务主导和顶层设计，实施立项指南制，组织完成140余项科技项目立项，确保攻关研究有的放矢、稳步实施。强化科技攻关的目标引领和业务主导，实施公司级科技项目350项，完成199项科技项目验收，验收优良率100%。

2022年，川庆钻探工程公司聚焦科技创新和创效工作，优化完善科技创新体制机制，提升科技治理能力，激发创新活力。推行关键核心技术项目“揭榜挂帅”，开展“5bit/s以上泥浆连续波随钻测量系统”等9项关键核心技术“揭榜挂帅”，在川庆钻探工程公司范围内招聘8名领军骨干，调动优秀科研人才干事创业的积极性。优化工程技术中心运行管理机制，修订工程技术中心管理办法，发挥其规划设计、科研攻关、人才培养、转化创效等方面的作用，打造研发、试验、应用创新链。推进联合攻关开放合作，企校创新联合体持续建设，与西南石油大学新设立地热能联合研究院，运行创新联合体合作项目43项，验收企校合作项目36项。持续加大科技人员激励，修订《科学技术奖励办法》，增设突出贡献等8类人物奖，评选出突出贡献科技创新人才3人、杰出青年科技创新人才10人，在科技创新大会上隆重表彰，全方位开展科技创新先进典型经验和优秀人才事迹宣传报道，营造出浓厚的科技创新、科技创效、干事创业的良好氛围。（孔　玲　毛　斌）

【科技专项组织管理】 2022年，西南油气田公司重大科技项目组织推进有力，完成一批重大科技项目，取得系列重大成果和应用实效。重大专项“西南油气田天然气上产300亿立方米关键技术研究与应用”以95.13分的高分通过集团公司最终验收。通过该专项攻关，在油气勘探开发、降本增效等方面攻克一批卡脖子技术，取得一批原创性技术，同时也培养一批专家。形成的3大创新认识、17项关键技术和7项标志性成果，支撑天然气上产300亿立方米，同时为“十四五”天然气上产夯实资源基础。股份公司重大现场试验项目“深层页岩气有效开采关键技术攻关与试验”已完成，取得重大进展，创建深层页岩气有效开采六大技术体系、15项核心技术，关键开发技术指标大幅提升，研发具有自主知识产权的核心装置、产品及工具17台（套），形成一批标志性知识产权成果。围绕“十四五”致密气增储上产目标，设立第四个重大科技专项，组织开展致密气规模增储、成藏理论和地球物理预测技术，产能、EUR评价、效益开发技术对策、工程关键技术攻关，形成四川盆地致密气高效勘探开发理论和配套技术系列，为盆地致密气规模增储上产提供理论技术支撑。（孔　玲）

【科技平台建设】 2022年，西南油气田公司统筹安排，落实资金，完善配套，开展科研项目攻关、科技奖励和专利标准申报，加强实验室人才培养，稳步推进各级实验平台建设。高含硫气藏开采先导试验基地、天然气质量控制和能量计量重点实验室通过集团公司第三轮重点实验室和试验基地运行评估。页岩气评价与开采四川省重点实验室获四川省重点实验室五年周期评估和“四川省科技厅2021年四川省科技创新工作先进平台”称号“双优秀”，受到四川省科技厅通报表扬。加快科技信息平台建设，丰富完善平台功能，优化系统可操作性和稳定性，为科技创新提供良好的基础保障条件；发布《西南油气田公司科技管理数字化转型实施方案》，编制《西南油气田公司科技业务数据治理实施方案》《西南油气田公司科技资源共享指导意见》，为构建形成科技数字化平台、实现科技资源和生产业务资源共享做好规划部署与制度保障。

2022年，川庆钻探工程公司坚持“支撑科技、保障生产”原则，发挥科技基础条件平台支撑作用，持续完善平台功能。强化科技基础平台支撑作用。分析测试样品

11 246件，编写实验研究报告15 349份，制修订工作制度18项，仪器设备使用率平均88%，科技平台运行安全平稳受控。持续推进科技基础条件平台建设。“钻完井工程综合试验平台”获集团公司投资1 469万元，完成3 000米循环系统主要设备加工，井下工具功能性试验系统、三轴振动测试系统已全面完成设计论证。“工业产品质量控制和技术评价实验室”开展大型维修改造工程，持续改善研究人员的研究环境。（孔 玲 毛 斌）

【咨询服务】 2022年，西南油气田公司以勘探—开发—科技为主线，以“咨询评估、专项调研、专题研究”三大业务为着力点，推进咨询业务。搭建决策咨询制度体系。以《西南油气田公司决策咨询管理办法》为总纲，编制技术咨询中心专家费用管理、专家管理、咨询业务管理3项实施细则，形成“1+3”决策咨询制度体系，为咨询工作走向规范化、标准化迈出坚实一步。稳步推进“咨询评估、专项调研、专题研究”三大核心业务工作。组织常规气、页岩气、致密气主要上产领域开发方案审查28项，提出咨询建议超1 000余条；积极拓展咨询评估业务范围，为相关业务处部室和生产单位提供科技、企管、储气库、电力等专业咨询评估26项，咨询服务支撑作用发挥更加全面。开展“十四五”油气勘探后备领域与下一步勘探方向、四川盆地矿权保护工作面临的挑战与对策等调研工作，相关建议已被采纳，实现调研成果向生产的高效转化。专题研究项目成果“关于持续推进四川盆地天然气规模效益勘探开发的建议”得到集团公司主要领导批示，技术咨询中心牵头开展的公司级重点科研项目“西南油气田天然气技术架构研究和谱系建设”有序推进。（孔 玲）

【博士后科研工作站】 2022年，西南油气田公司持续加强博士后工作站建设和管理。借助博士后工作站引进培养高水平科技人才，新进站博士后16人，出站博士后10人。由出站博士后形成的科研成果丰富，共取得专利、软著、论文等成果50余件（篇），支撑重点领域技术进步和生产效率提升。博士后工作站进站博士111人，出站68人，其中留在西南油气田公司工作59人，在站43人。

2022年，川庆钻探工程公司持续规范博士后科研工作站管理，引进2名博士进站工作。加强博士后日常经费申请，分别获中国博士后科学基金二等资助和四川省博士后经费资助2人次。1名博士后完成研究任务，考核合格出站。在站博士后4人。（孔 玲 毛 斌）

【专利与知识产权】 2022年，西南油气田公司将知识产权管理、专利分析与布局贯穿科研项目全过程，促进知识产权与科技项目研发的深度融合，针对全产业链以及重点技术领域形成技术系列专利保护网，满足关键技术攻关、自主知识产权保护、创新效益增值等方面的应用需求。强化技术交底书和权利要求书的撰写质量，强化专利申请的必要性审核和重要性A、B、C分类，首次采用发明人自评、专家打分、管理人员及负责人打分多级定量评价方法进行分类评价与管理，提升专利质量。建立专利分类奖励制度，设立专利奖，突出提高专利质量的价值导向。通过相关措施落实，申报专利数量再创历史新高，申请国家专利378件，年申请量排名集团第三（油田企业排名首位），授权发明专利128件，年授权量首次突破100件大关。6件国外专利通过集团公司审查，其中首件国际标准必要专利获批，授权国外专利5件。登记软件著作权50件，认定技术秘密2件。申报的“一种页岩气扩散能力检测方法、装置及系统”等5件专利分别获集团公司第三届专利奖金奖、银奖和优秀奖，获奖数量位列集团公司首位，连续3年实现获奖全满贯。

2022年，川庆钻探工程公司推进知识产权保护体系建设，知识产权保护工作开启新局面。知识产权创造水平明显提升。组织申报专利373件，发明专利申请占比95%以上，获得授权170件，超额完成集团公司计划指标。组织开展“自动导向钻井技术”“钻井复杂监测预警及控制技术”专利导航与布局工作，核心技术知识产权培育更加科学合理。知识产权成果喜人。组织各级知识产权奖励申报，获集团公司专利银奖、优秀奖各1项，四川省创新创业奖1项，授奖等级及数量实现新突破。知识产权工作体系持续优化。提升知识产权管理效率，建立知识产权价值评价方法体系，完善维持、放弃的评估制度，提升知识产权无形资产质量。强化专利代理人才培养，开展专利奖评审，激励科研人员知识产权创造热情。（孔 玲 毛 斌）

【标准】 2022年，西南油气田公司优化标准化管理架构，调整标准化技术委员会，下设12个专业标准化技术委员会，专标委秘书处依托科研院所，统一管理、统一协调，充分发挥引领作用。突出专业主导，根据生产业务发展需要，制修订、发布实施各级标准。作为第一起草单位，发布实施国际标准1项、国家标准5项、行业标准7项、集团公司企业标准1项、西南油气田公司企业标准50项。组织开展《天然气水合物生成温度模拟测试方法》等11项国际标准培育项目工作，其中《天然气中元素硫溶解度测定方法》等3个培育项目正式进入国际立项申报阶段。主导制定的《煤层气技术指标及试验方法适应性》国际技术报告正式发布，填补煤层气质量检测国际标准空白。

（孔　玲）

【学会工作】 2022年，四川省石油学会坚持打造科技咨询和科学技术奖励评定工作品牌，推动行业学术交流，提升学会的行业影响力和知名度。加强资质建设，提升依法合规能力。学会秘书处积极组织资质建设，智库专家质量显著提升，先后获批成为国家科技部科技评估中心和中国科技评估与成果管理研究会理事单位、“中国社会组织评估等级AAAAA”（5A级学会），学会评价机构的社会公信力，会员组织力、学术引领力、科技支撑力、国内影响力持续提升。创新开展第二届四川省石油天然气科学技术奖励评定。在四川省科技厅的指导和支持下，开展四川省科技厅“鼓励和规范社会力量设立科技奖励研究”项目，并作为四川省科技奖励体系改革社会力量设奖的两个试点单位之一，科学规范组织第二届四川省石油天然气科学技术奖励评定，组织行业专家600余人次，完成25家单位、56个项目的评价和科技成果评奖工作，经过初评、复评、终评，评选出特等奖1个、一等奖9个、二等奖27个，得到科技厅和各会员单位肯定。组织四川省科学技术进步奖推荐工作。3月，成为2022年四川省唯一新增的“四川省科学技术奖”提名单位，受川庆钻探工程公司、西南石油大学、东方地球物理公司等单位的委托，开展科技成果鉴定、技术评价服务项目13个，推荐5项优秀成果申报四川省科学技术进步奖，为会员单位科技创新工作提供支撑。受新冠肺炎疫情影响，全国学术交流活动受到影响较大，通过与会员单位和会员密切交流，与地方政府沟通协调，严谨细致做好安全防护工作，推动学会专委会组织页岩气、致密气、集输等专业性技术交流活动10余次。

（孔　玲）

2022年10月28日，西南油气田公司联合四川省石油学会在成都召开院士（专家）咨询论证会　　杨　帆　摄

科技攻关与创新

【概述】 2022年，西南油气田公司科技工作贯彻落实国家创新驱动发展战略和集团公司、西南油气田公司工作会精神，树立和贯彻新发展理念，坚持科技创新在发展全局中的核心地位，全力推进科技创新工程，全面增强自主创新能力，支撑引领高质量发展。围绕“油气上产、新能源发展”两大业务，加大各级科技攻关项目组织，加快关键核心技术攻关，在地质勘探、钻井工程技术、油气田开发、页岩气勘探开发、地面工程、天然气净化、质量与计量、信息技术、经济与管理、党建研究、新能源等方面取得新进展和新突破。

2022年，川庆钻探工程公司深化科技项目管理，完成各级攻关任务。创新开展关键核心技术攻关任务“揭榜挂帅”，编制年度攻关重点任务清单，推行项目制管理与月度领导会议制度，重点任务实施“挂图推进”，项目按期完成率100%。在钻井工程、油气田开发工程、地质工程、安全环保技术、信息技术5个方面取得新发展和新突破。

（孔　玲　毛　斌）

【地质勘探】 2022年，西南油气田公司新发现德阳—绵阳凹陷内具备形成大型构造—地层复合圈闭条件，新发现龙门山推覆体下盘原地构造，指导红星1井勘探获得重大新突破；恢复茅口组“南隆升、北拉张；南岩溶、北沉积”格局，形成“一缘一隆”“断溶群”三大勘探方向，资源规模超万亿立方米；系统评价川东地区吴家坪组深水陆棚相页岩有利区，大页1H井测试获30.26万立方米高产工业气流，发现海相页岩气勘探新层系，开辟龙马溪组页岩气接替新领域；提出陆相致密油气为一套全油气系统，形成须家河组有序成藏和沙溪庙组次生改造两套成藏体系认识，创新复杂砂体刻画与含气性精细预测技术，提升“隐蔽”型河道砂体刻画和砂体含气性判别能力，实现纵向拓层、平面扩区，陆相致密气探明浅层优质千亿立方米大气田，川中—川西万亿气区基本形成。（孔　玲）

【钻井工程技术】2022年，西南油气田公司开展钻完井提速提效技术攻关，加快重点区块勘探开发步伐。不断优化完善以“个性化PDC钻头+长寿命螺杆/旋转导向+优质钻井液”为主体的优快钻井技术，迭代更新重点区块提速模板，推进新工艺新技术，实现重点区块钻井提速。持续升级复杂超深井固井技术，针对复杂超深井窄安全密度窗口地层固井环空平衡压力控制难度大、喇叭口气窜风险高、固井质量合格率低易造成重大安全隐患的难题，以提高固井质量、确保井筒完整性为宗旨，深入开展气窜机理分析，优化升级控压固井工艺，试验遇气自愈合水泥浆体系和顶部封隔器，在高石梯—磨溪、蓬莱气区等重点区块重点井推广应用24井次，平均固井质量优质率44.3%、合格率75.6%，固井质量稳中有升。聚焦碳酸盐岩高效开发，强化基础理论研究，开展储层改造专项攻关，形成以“‘机械封隔+段内暂堵’分段、不同类型储层差异化酸压改造、地质工程技术经济一体化参数优化设计”为核心的精准酸压技术2.0。井均测试获天然气99.37万米^3/日，平均测试产量同比提高26.83%，创“十三五”以来历史新高。针对深层页岩气井套变频发，严重影响压裂效果及建产节奏，立足于气井全生命周期套变防控理念，坚持地质工程一体化做法，强化地质特征分析，精准预测井下复杂风险，研究并制定差异化压裂技术政策，探索形成基于参数控制与施工节奏控制的“双控”压裂模式，深层页岩气井压裂复杂情况得到控制，川南深层页岩气井套变率由52%降至33%。

2022年，川庆钻探工程公司在钻井工程技术方面，CG STEER-150旋转地质导向钻井系统实现产业化，现有工具15串，建成1个工具维保基地，具备120串/年的维保能力，推动进口工具服务价格大幅下降；CG STEER-175-15型高温、高造斜旋转地质导向钻井工具样机并完成成套样机的总装联调。研制形成175℃/172兆帕高温高压随钻测量系统，探索出高端测量装备国产化自主化模式，降低进口工具作业成本。开发一套适用于页岩气的水基钻井液体系配方，实现摩阻扭矩降低30%以上，应用成本较油基降低30%以上，成功实现对油基钻井液的部分替代。研发形成抗温220℃的高温降滤失剂、抗温200℃的复合微纳米降滤失剂和油基钻井液恒流变控制剂，保持国内复杂深井钻井液领先地位。150℃井下多次开关旁通阀、直井随钻测斜系统等系列钻井工具产品全面实现自主化。（孔　玲　毛　斌）

2022年10月24日，西南油气田公司执行董事、党委书记 姜鹏飞（右二）到泸州区块深层页岩气阳101H11泸州区块深层页岩气首个“日费制”钻井试验平台现场调研　韩　超　摄

【页岩气勘探开发】2022年，西南油气田公司富集高产理论不断发展，基于“三控”大面积富集理论，着重深化动态成藏演化研究，创新形成“古地理、古隆起、古埋深”控制下的差异成藏富集理论，落实有利勘探区带。断裂预测技术水平持续提升，瞄准“断裂预测精度更高、预测成果支撑更好、断裂风险预警更准”三大目标，首次建立多级断裂预测定量评价技术，识别泸州地区易压窜风险断裂145条，预测精度提升至66%。水平井测井解释精度提高，构建基于页岩各向异性的水平井测井响应校正模型，集成创新页岩气水平井储层精细评价技术，首次建立川南“铂金”靶体快速识别标准，水平井关键储层参数与直井相对误差降低至5%以内。气藏精细描述体系更加完善，着力天然裂缝表征、页岩纹层识别、孔隙连通性表征、气藏流体赋存等研究，形成涵盖14大类44项关键参数的页岩气藏精细描述体系，助力打造数字化透明页岩气

藏。开发机理认识更加深入，围绕页岩气赋存和流动的科学问题，通过室内实验、微观模拟和数值模拟等手段，深化页岩气采出动用规律认识，创新形成页岩气全生命周期开发机理技术体系。合理焖井时间持续优化，通过综合水岩作用实验、“压、焖、采”一体化模拟和焖井压降大数据分析，确立焖井时间设计原则，明确中深层、深层页岩气井最大焖井时间。差异化返排制度初步建立，强化返排气液流动规律分析，形成人工裂缝导流能力评价技术 2.0，掌握不同区块压后人工裂缝导流能力变化规律，初步形成差异化返排制度设计方法，编制并发布《西南油气田公司页岩气井控压返排指导做法》。（孔 玲）

【油气田开发技术】 2022 年，西南油气田公司开展开发技术攻关，取得重大进展和生产支撑效果。攻关形成安岳台内“薄丘滩 + 弱岩溶 + 走滑断裂”控储模式，建立地质—地震高产井部署模式，形成地质工程一体化精准酸压技术 2.0，单井产量大幅提升，2 口先导试验井（高石 009-H2 井、高石 009-H1 井）均获 110 万米³/ 日高产气量，较探井提高 60%。形成灰岩背景下薄层强非均质性云化储层半定量识别技术，云化储层地震预测符合率由 60% 提高到 80%，高石 001-X45 井以 60 万米³/ 日的产气量稳定试采 1 年，单井动态储量 40.5 亿立方米；2 口滚动评价井分别获 116 万米³/ 日、108 万米³/ 日高产气量，平均无阻流量 239 万米³/ 日。在页岩气领域，构建以 EUR 为核心的动态分析技术体系，全面推广早期下油管 + 精细控压，中后期下油管、泡排、柱塞气举等采气工艺 600 余次，综合递减率控制在 20%。形成以气井生产动态、试井解释资料为主要依据的堵塞判识方法，分级分类制订针对性解堵措施方案，累计实施 47 井次，成功解除 18 口气井的严重堵塞，维护产量 217 万米³/ 日。在致密气领域，形成“四大”主体技术序列，形成窄河道精细处理技术，实现三维地震河道聚焦成像，砂体特征更清晰；形成河道砂体三维精细刻画技术，实现砂组精细刻画；建立致密气“甜点”优选技术，明确富气层段和富气区，快速优选开发有利区；研发河道砂岩气藏储量评价技术，明确储量可动性及单井 EUR；实施全生命周期 EUR 动态跟踪评价，提升储量动用及 EUR 评价结果的可靠性，培育 24 口无阻流量超百万方的高产工业气井，建成23亿米³/年的产能，年产量迈上 15 亿立方米新台阶，增量占公司 40% 以上，形成新的产量增长极。

2022 年，川庆钻探工程公司在油气田开发技术方面，研制形成 140 兆帕远程电控自动投球器、柔性压裂管汇系统、CQ-CPV 阀、延时开启趾端滑套等配套工具，提速提效效果明显。形成 3 000 米超长水平段连续油管气井带压作业技术，具备 60.33 毫米 8 000 米、50.8 毫米 11 000 米的连续管装备和作业能力，实现国内首次 60.33 毫米 8 000 米连续管作业装备的现场应用，并刷新国内连续管水平井最深和最长水平段两项施工纪录。配套形成致密砂岩河道砂体支撑剂全域支撑、基于海相页岩水化损伤特性的压裂增效技术等核心技术，保障致密气和页岩气的增产稳产。

（孔 玲 毛 斌）

【地面工程技术】 2022 年，西南油气田公司自主研发致密气杀菌缓蚀技术，杀菌率高于 99.9%，有效抑制点蚀、将整体腐蚀速率控制到 0.076 毫米 / 年以下；自主研发气液混输管线缓蚀剂成膜特性测试方法，形成气液混输管线缓蚀剂应用技术，为大产水井缓蚀剂应用提供解决方案；针对川渝地区特点，突破复杂地质地貌区域干涉雷达 InSAR 监测关键技术，形成一套适合西南油气田公司的管道地质灾害干涉雷达监测推荐做法；建立离心式压缩机状态监测流程和推荐做法，实现储气库往复式压缩机进出口管道寿命量化评价；页岩气平台橇装复用评价技术获首次应用，在有效控制风险的同时节约设备采购成本 600 余万元；完善阴极保护疑难故障处置方法、特高压及地铁杂散电流干扰腐蚀防护技术，阴极保护测试评价提升一体化技术应用进一步拓展；整合形成站场工艺系统关键设备运行冲蚀识别及风险控制技术，建成全站工艺流动在线监测平台，具备实时监测全站流速分布、冲蚀速率分布及预警功能，形成壁厚减薄趋势知识图谱库；形成行业内首个气田水输送管道高后果区识别方法，形成气田水输送管道完整性管理策略，修订气田水管道风险评价指标，为完整性管理工作提供指导；发布《提升高含硫气田集输系统安全生产管控能力若干措施的指导意见（试行）》，实现首个自营超深高含硫气藏地面工程一次性成功投产及安全平稳运行；研究形成集团公司内首个工程建设标准建库，支撑工程建设标准最大限度共享和对地面工程建设项目的辅助决策管理。

2022 年，川庆钻探工程公司在地质工程技术方面，针对苏里格西区高含水气藏，形成适用于苏里格西区致密砂岩含水气藏“甜点”预测及含气富集区筛选技术，提出“烃源控区、相带控储、断砂控输、圈闭控藏”四控新认识。形成复杂气田群“定区带、定位置、定目标”的综合地质评价技术，为阿姆河右岸东部南区主力气田井位部署提供指导。形成适用于川渝页岩气主产区不同地质特征条件和不同勘探程度下龙马溪组立体开发的地质评价与有利区优选技术体系，有效指导威远和泸州区块龙马溪组页岩气立体开发。开发一套基于水平井资料的地层精细对比及轨迹归位自动识别系统，实现大批量水平井轨迹快速、准确、智能化归位处理，提高小层划分、对比的工作效率。

（孔　玲　毛　斌）

2022年5月30日，西南油气田公司苍溪天然气净化二厂产品气合格外输，标志着西南油气田公司首个自营超深高含硫气藏试采地面工程投料试运一次性成功　　刘　梅　摄

【天然气净化与化工】 2022年，西南油气田公司围绕天然气净化、硫黄回收尾气处理及天然气提氦新工艺新技术等方面开展攻关并取得成果。针对净化厂脱硫溶液受污染引发溶液发泡、产品气不合格等一系列问题，开展脱硫溶液中致泡物质来源及控制指标研究，建立醇胺溶液中复杂有机污染物定性及定量分析方法，首次明确脱硫溶液中各类外来污染物的来源及发泡关键因素，提出致泡物质的控制指标。开发胺液在线深度复活技术工艺包，创新形成自动化污水减排再利用技术，与其他胺液净化技术相比，污水排放量下降40%，建成国内首套胺液在线深度复活工业装置并在川西北气矿苍溪净化一厂成功投用，热稳定盐及致泡性杂质脱除率98%以上。针对复合金属氧化物对二氧化硫的吸附再生特性及反应动力学开展研究，明确吸附剂类型、组成、制备技术及反应条件对二氧化硫吸附/再生反应过程的影响。开展氧化吸收尾气处理工艺胺液中热稳定盐含量分析技术研究，建立热稳定盐分析方法，提出溶液中二氧化硫氧化程度的分析指标，为装置运行优化提供技术支撑。建成变压吸附纯化粗氦实验装置和催化脱氢催化剂评价测试平台，建立“低温冷凝+常温变压吸附”粗氦纯化工艺模型，开展工艺优化及氦中氢、氧和氮等杂质脱除及催化剂制备与评价方法研究，开发出“脱氢+干燥+低温冷凝+常温变压吸附”的粗氦纯化新工艺包，并应用于盐亭天然气处理厂工程氦气精制装置初步设计。新工艺单位产品电耗降低48.7%以上，液氮消耗下降47%以上，产品纯度从99.7%～99.99%提高至99.995～99.999%，综合氦气收率提高至99.9%以上，解决现有国外粗氦纯化工艺产品纯度不稳定、国内粗氦纯化工艺能耗高等关键问题。

（孔　玲）

【HSE与节能减排技术】 2022年，西南油气田公司在安全体系方面，突出硫化氢、油气泄漏等重点风险防控，开展作业场所安全防护距离、埋地PE管道可靠性研究，深度利用体系审核大数据，开展QHSE管理风险评价研究；在环保方面，深化噪声防治、钻井废物合规处置研究，巩固中央环保督查工作成果；在节能减排方面，持续强化节能经济运行，推进能源管控系统建设，初步建立气田碳资产开发技术及管理体系。

（孔　玲）

【安全环保技术】 2022年，川庆钻探工程公司在安全环保技术方面，远程腐蚀在线监测技术实现自主化；研制出非满管出口流量实时监测、桅杆式井口重置装置、无螺栓井口连接装置和激光远程点火装置等关键装备，人员安全性和重置效率明显增强；研制油气场站全自动化巡检机器人并配套形成基于多传感器融合的自主建图导航定位系统，可在油气场站地面非改造的情况下，实现巡检机器人自主路径规划与动态壁障的全自动化运行；研发一种适用于钻井废液有机物降解的光催化剂TiO2-Au2%，降解率达95%以上；形成废弃水基钻井液压滤液回用配制钻井液技术，配制的钻井液体系性能满足现场钻进要求，缓解安全环保压力。

（毛　斌）

【质量与计量技术】 2022年，西南油气田公司针对GB 17820标准中4个指标（二氧化碳、总硫、硫化氢及发热量）的测定，创新研制天然气关键质量指标一体化分析仪，通过对其有效性、检出限、重复性、准确性和适应性进行验证，达到GB 17820规定的质量指标和检测方法要求；研发形成具有自主知识产权的便携式、在线式加臭剂（四氢噻吩和无硫加臭剂）检测设备，成本较同类进口产品降低50%以上，实现燃气中加臭剂含量快速准确检测；研制针对高含硫原料气杂质过滤的预处理装置，解决高含硫原料气中杂质容易造成离线分析仪器管路堵塞的难题；创新建立气体标准物质压力指示进样方法，有效提高标准物质重复性，实现不确定度水平提升；创新形成全量程不确定度0.05%质量时间法原级标准装置升级改造的方案，为进一步提升我国天然气流量量值溯源技术水平奠定基础；攻关解决复杂管网能量动态变化的仿真预测关键技术难题；组织攻关高含硫、页岩气和致密气等领域的计量新技术开发，为快速上产提供技术支撑。（孔　玲）

【信息技术】 2022年，西南油气田公司基于深度学习算法、图像数据处理、大数据驱动、智能化预警、网络安全防护等信息化技术手段，围绕气田业务智能化应用和数字化转型，在岩石薄片智能化鉴定、化学药剂防腐智能加注、页岩气自喷井预警、页岩气井工程项目投资成本动态管控、输配气站场及净化厂设备状态故障诊断、云平台网络安全防护等方面，加强科研攻关、技术研发和集成应用，促进科研、生产数据的有效结合，为数字化转型提供技术成果支撑。

2022年，川庆钻探工程公司在信息技术方面，开发钻具全生命周期智能管理系统，实现钻具采购、调配、使用、检维修直至报废等各个环节的一体化管理；开发钻井工程风险预警软件，实现溢流、井漏等钻井风险的实时预警；开发集成于EISC监控平台的钻井实时故障复杂处理专家系统，实现川渝地区钻井复杂处理快速决策与智能支持，有效降低钻井故障复杂时率；建设基于川庆一体化平台的川庆监督管理系统，实现与一体化系统之间数据共享互通、内外网转换、监督人员管理、监督生产运行管理、监督数据统计分析等功能，加快现场发现问题的整改速度。（孔　玲　毛　斌）

【经济与管理】 2022年，西南油气田公司围绕经营管理提升及决策支撑，开展相关研究并取得成果。针对四川盆地致密气产业高质量发展面临的主要挑战，开展西南地区致密气规模效益开发管理模式与政策研究，明确致密气产业发展的定位与目标，设计战略管理创新模型，并提出相应的战略管理实施路线。结合油气田企业特点，开展针对性的企业发展能力评价研究，构建包含五大板块的33家二级单位企业发展能力的评价指标体系，对企业发展能力进行初评，找出存在的问题并提出对策建议。为满足科技项目后评估需要，开展项目后评估体系及管理模式研究，针对不同类型项目特点，设计出差异化指标，初步构建科技项目后评估指标体系。（孔　玲）

【新能源】 2022年，西南油气田公司围绕气田伴生资源利用、制氢输氢及CCUS等方面，开展相关研究并取得成果。针对现有传统盐湖卤水吸附提锂工艺，在用于锂含量低、杂质组分复杂的气田水提锂时出现不适用的问题，联合中国石油工程建设公司西南分公司、华东理工大学开展攻关，开发出气田水预处理+高效锂离子筛吸附剂提锂成套技术，建成处理能力达500米^3/日的龙王庙组气藏气田水提锂全流程中试装置，实现气田水复杂杂质及多元素共存体系下低浓度锂资源的绿色分离、富集和提取。通过研究，在磨溪X210井建成国内首台气田水伴生地热ORC发电试验装置，且成功投运，在气田水规模为600米^3/日，发电前后气田水温度分别为103℃、70℃的工况条件下，年可发电40万千瓦·时，节约标准煤122吨，减少二氧化碳排放343吨。建成熔融法甲烷裂解制氢室内模拟评价装置，建立气固液相全组份分析表征方法，通过优化反应条件，确保甲烷转化率及碳材料品质的提升，实现甲烷单程转化率高达36%、产出气氢气浓度高达50%，并产出碳纳米管。在调研分析国内外现有管道掺氢输送标准、掺氢环境中方法适用性的基础上，建立管线钢原位慢应变拉伸+原位疲劳性能+原位断裂韧性的氢脆敏感性测试方法，提出以掺氢前后疲劳裂纹扩展速率的比值作为管线钢氢脆敏感性的表征参量。研究并形成“膜分离+真空变压吸附”掺氢天然气的氢气分离提纯技术，明确在掺氢比为10%、15%、20%的条件下，分离提纯高纯氢（≥99.99%）的技术可行性和经济性。针对醇胺法捕集低浓度二氧化碳存在能耗较高、变质腐蚀等难点问题，结合叔胺低反应焓和多胺高吸收速率的优点，研发具有高吸收性能、较低再生能耗的混合胺脱碳溶剂PC-1，并在格尔木炼油厂进行工业应用，实现对二氧化碳的深度脱除，脱除率介于

85% ~ 99%。（孔 玲）

【党建研究】 2022 年，西南油气田公司重点围绕党建理论，开展习近平总书记重要指示批示、中央重大决策部署、党内法规制度等政策研究；开展加强党的政治建设、党的领导体制机制、组织体系建设、加强和改进党的群众工作、思想文化建设研究，提炼深化党的建设相关经验并形成规律认识。重点围绕党建工作实践创新，开展贯彻落实上级重大决策部署具体工作实践、党建与生产经营深度融合具体实践、“三基建设”、党员干部队伍建设、“互联网 + 国企党建”、作风建设研究，形成长效机制，为党建工作提质增效升级提供决策支撑。（孔 玲）

2022 年 6 月 22 日，安研院与工程院在成都举办“党建结对联建”启动仪式 胡思琪 摄

科研成果

【概述】 2022 年，西南油气田公司围绕天然气地质理论与勘探、钻完井、油气田高效开发关键瓶颈技术及工具等方面加大攻关力度，取得丰硕成果，科技支撑引领作用成效显著，为主营业务发展和年度储量产量任务的全面完成提供支撑。

2022 年，川庆钻探工程公司遵循攻关成果化、推广效益化、成果市场化的原则，坚持成果要解决实际问题、要全面自主可控、要转化创效的导向，大力推进科技创新成果转化创效工作。自主创新成果影响力持续增强，全年科技成果获得省部级、集团公司科技奖励 10 项、行业科技奖励 10 项，2 项产品通过集团公司自主创新重要产品认定、7 项成果经集团公司鉴定为国际先进水平。成果转化创效规模持续扩大，全面实施“公司顶层设计 + 所属单位自主实施”的科技成果两级推广应用模式，推广应用成果 147 项，实现经济效益 3.1 亿元，全面完成提质增效与中油技服推广应用考核指标。重点工程技术支撑能力不断提升，推广实施“自研旋转导向 + 个性化 PDC 钻头 + 降温系统”一体化钻井提速技术，支撑深层页岩气开发提速提效，体积压裂 2.0 技术助力威远风险作业区增产稳产，陇东页岩油集成推广控压钻井、全油基生物润滑剂、低密高强水泥浆等攻关成果，创下多项区块新指标和一项亚洲陆上钻井新纪录。科技成果转化奖励再创新高，获集团成果转化奖金 313 万元，位列集团公司“第一梯队”；首次开展内部科技成果推广应用创效激励，实施创效奖金 490 万元。（孔 玲 毛 斌）

【省部级科学技术奖】 2022 年，西南油气田公司获省部级科技奖励 25 项（其中牵头 15 项），包括一等奖 7 项、二等奖 10 项、三等奖 7 项。油气田开发首席专家胡勇获集团公司首届突出贡献奖，获奖数量为历年最多（表 1）。

2022 年，川庆钻探工程公司获得省部级、集团公司级科学技术进步奖 8 项（牵头申报 4 项、联合申报 4 项），其中一等奖 2 项、二等奖 4 项、三等奖 2 项（表 2）。评出公司级科学技术进步奖 36 项，其中一等奖 6 项、二等奖 10 项、三等奖 20 项（表 3）。（孔 玲 毛 斌）

【科学技术奖】 2022 年，西南油气田公司评选出突出贡献奖 1 人，青年科技奖 2 人，技能人才奖 1 人（表 4）。评选基础研究奖 2 项，其中一等奖 1 项、二等奖 1 项。评选技术发明奖 2 项，其中一等奖 1 项、二等奖 1 项；评选科学技术进步奖 58 项，其中特等奖 1 项、一等奖 11 项、二等奖 16 项、三等奖 30 项（表 5）。（孔 玲）

【技术发明奖】 2022 年，川庆钻探工程公司获集团公司技术发明奖 2 项（独立申报），评选出川庆钻探工程公司技术发明奖 4 项，其中一等奖 3 项、二等奖 1 项（表 6、表 7）。（毛 斌）

表 1　西南油气田公司获省部级及以上科技奖励一览表

奖项名称	项目名称	主要完成者	等级
四川省技术发明奖	四川盆地页岩气地质工程一体化高效开发关键技术与装备研发	刘清友 朱海燕 佘朝毅 欧成华 黄志强 刘勇 李奎东	一等奖
四川省科学技术进步奖	龙门山冲断带超深层碳酸盐岩勘探理论技术与双鱼石大气田发现	杨雨 张本健 冉崎 汪华 姜鹏飞 肖笛 唐玉林 雷程	二等奖
	川南百亿方产量页岩气清洁开发关键技术及工业化应用	张烈辉 朱进 梁仁刚 李静 刘文士 王红磊 谭超 刘春艳	二等奖
	复杂环境气体钻井安全控制关键技术及应用	许期聪 李皋 邓虎 李红涛 徐冰青 干建华 徐忠祥 周井红	二等奖
	油气及地热钻井高效钻头关键技术与产业化应用	杨迎新 况雨春 叶道辉 汪瑶 王新东 陈炼 文永川 任海涛	二等奖
	大型整装含硫气田采出水处理及资源化关键技术与应用	王兴睿 王兵 杨杰 任宏洋 杨立 张永红	三等奖
	天然气勘探开发全业务链协同关键技术与应用	汪福勇 王杨 张恩莉 董焕忠 陈雁 周燕	三等奖
	川渝天然气管网服役安全关键技术及工业化应用	何小川 徐婧源 罗金恒 邓宽海 程华 武刚	三等奖
	国家天然气千亿立方米级产能基地战略体系构建与应用	何春蕾 段言志 胡俊坤 陈媛媛 王瑞莲 王俊	三等奖
	复杂地表复杂构造油气藏全深度域速度建模与成像关键技术及规模化应用	张华 张晓斌 陈伟 张建辉 金德刚 郑健	三等奖
	四川盆地有水气藏治水提高采收率关键技术及规模化应用	谭晓华 梅青燕 任利明 李溢龙 陈颖莉 卢虹林	三等奖
集团公司突出贡献奖		胡勇	
集团公司技术发明奖	隐蔽型复杂岩性地层气藏高精度地震储层成像关键技术	冉崎 陈康 董世泰 梁瀚 张光荣 张宇生 熊艳 张旋 韩嵩 何青林	一等奖
	页岩气井压裂关键分段工具研发与推广应用	王学强 喻成刚 付玉坤 杨云山 帅春岗 喻冰 刘辉 张芳芳	二等奖
集团公司基础研究奖	多旋回强挤压背景下海相页岩气“甜点”评价及富集高产模式研究	赵圣贤 施振生 张成林 张鉴 王书彦 郭伟 刘文平 张小涛	二等奖
	天然气价格市场化改革理论深化研究	何春蕾 段言志 王良锦 高千惠 何润民 谭琦	三等奖
集团公司科学技术进步奖	克拉通盆地深层超深层碳酸盐岩原生油气成藏理论与应用	赵文智 汪泽成 文龙 沈安江 潘建国 杨海军 刘伟 王晓梅 潘文庆 周波 谢武仁 黄士鹏 姜华 罗冰 石书缘 陈永权 张建勇 李闯 王华建 丰超	一等奖
	川南页岩气新一代压裂技术及应用	郑新权 郑有成 李德旗 王欣 唐建荣 付永强 沈建国 唐凯 曾波 何凯 易新斌 李彦超 卢海兵 邹清腾 沈骋 王萌 吴天鹏 黄浩勇 李明 曾冀	一等奖

续表

奖项名称	项目名称	主要完成者	等级
集团公司科学技术进步奖	CGSTEER 旋转导向钻井系统	陆灯云 白璟 孙海芳 韩烈祥 张继川 谢意 陈力力 张德军 肖占朋 李雷 刘伟 贾利春 付强 王明华 罗鑫 范宇 张庆 干建华 张斌 简利	一等奖
	炼油与化工领域硫黄回收新技术研发与工业化应用	常宏岗 温崇荣 郭成华 胡勇 傅敬强 张素娟 熊钢 何金龙 王军 陈昌介 朱荣海 范锐 刘宗社 岑嶺 程林 彭子成 胡超 倪伟 唐忠怀 许娟	一等奖
	油气田管道完整性管理关键技术与规模应用	陈宏健 罗金恒 高健 张彦军 朱丽霞 刘芳 唐德志 付勇 王珂 杨锋平 谷坛 李冰 李宏斌 范永昭 王荣敏 李凯双 张红磊 马卫锋 张华 张昆	一等奖
	川中古隆起震旦系台内勘探理论技术创新与应用	彭瀚霖 田兴旺 马奎 张本健 周刚 谢冰 梁虹 王文之 常少英 杨岱林 王云龙 李勇 田瀚 赵春妮 彭达	二等奖
	四川盆地老区气田提高采收率关键技术及规模化应用	梅青燕 张连进 胡勇 杨山 郑伟 徐轩 朱斌 徐昌海 赵益 钟克修 严予晗 兰雪梅 张禄权 张楷 李旭成	二等奖
	可溶材料研发与可溶桥塞研制	刘宇 杨雄文 程鹏 张志成 MatthewPatsy 张国田 岳建鹏 张自成 郭兴午 刘怀亮 王方明 JianhuiXu 张勇 汤科 岳文翰	二等奖
	天然气管道本质安全保障关键技术	张文艳 熊娟 李勇 李晓霜 陈敬东 刘良果 安建川 罗敏 钟雪 侯胜 程华 钱浩 王峰 黄海 杨红	二等奖

表 2　川庆钻探工程公司获省部级、集团公司级科学技术进步奖项目一览表

奖项名称	项目名称	主要完成者	等级
四川省科学技术进步奖	复杂环境气体钻井安全控制关键技术及应用	许期聪 李皋 邓虎 李红涛 徐冰青 干建华 徐忠祥 周井红	二等奖
	四川盆地海相气藏压裂酸化关键技术创新与工程应用	管彬（6）	二等奖
	复杂地层环境响应型高效钻井液技术及工业化应用	何涛（4） 李茂森（8）	二等奖
集团公司科学技术进步奖	CG STEER 旋转导向钻井系统	陆灯云 白璟 孙海芳 韩烈祥 张继川 谢意 陈力力 张德军 肖占朋 李雷 刘伟 贾利春 付强 王明华 罗鑫 范宇 张庆 干建华 张斌 简利	一等奖
	川南页岩气新一代压裂技术及应用	沈建国（7） 李彦超（12）	一等奖
	页岩气压裂增效降本关键技术及规模化应用	刘伟 管彬 朱炬辉 张俊成 石孝志 任勇 李磊 陈明忠 杨亚东 鲍晋 李然 郑云川 龚蔚 邓才 周文高	二等奖

续表

奖项名称	项目名称	主要完成者	等级
集团公司科学技术进步奖	四川页岩气高效开发关键地质技术及应用	李香华 伍翊嘉 赵 磊 何 嘉 吴宗蔚 王 滢 黎 菁 唐 谢 杨 宇 李 波	三等奖
	高含盐油田水连续混配胍胶压裂液技术及规模化应用	高 燕（3） 王改红（7） 邵秀丽（8）	三等奖

表 3　川庆钻探工程公司科学技术进步奖一等奖项目一览表

项目名称	主要完成单位	主要完成者
8000 米级复杂超深井安全快速钻井技术	川庆钻采院、川庆川西钻探公司、川庆川东钻探公司、川庆新疆分公司、川庆井下作业公司	许期聪 罗 鑫 胡 军 陆灯云 晏 凌 王 军 连太炜 喻可彬 李洪兴 刘 伟 甘 涛 曾敏偲 周长虹 陶怀志 舒小波 付华才 刘素君 冯予淇 张 松 李 照
川庆 EISC 智能支持管理系统	川庆钻采院、工程技术处（远程技术支持中心）、信息管理部、川庆川东钻探公司、川庆川西钻探公司	付 强 钱浩东 张治发 曾 静 贺立勤 罗 鑫 谢寅溥 陈星玮 叶林祥 雷智博 陈思锦 张 帆 姚先荣 唐 梦 王舒迟 邓 君 乔豁通 谭雷川 张 林 袁海平
川渝地区复杂井漏治理关键技术深化研究与规模化应用	川庆钻井液公司、工程技术处（远程技术支持中心）、川庆钻采院	岳砚华 冉启华 周华安 李晓阳 谢显涛 何 劲 马光长 何 涛 陈俊斌 王 君 范 劲 黄 平 刘智敏 赵正国 海 波 舒小波 肖沣峰 钱思蓓 张 松 陈 勇
页岩气藏缝控体积改造技术与规模应用	川庆页岩气项目经理部、川庆井下作业公司、川庆地研院	张 庆 沈建国 李彦超 管 彬 邓 才 钱 斌 朱炬辉 肖剑锋 陈星宇 杨亚东 何 封 王一萱 邹龙庆 曾凌翔 李俊翔 任 勇 冯 强 蔡默仑 张俊成 王 荣
页岩气生产动态井下测控技术及应用	川庆钻采院、川庆页岩气项目经理部、川庆地研院、川庆井下作业公司、川庆国际工程公司	庞东晓 补成中 韩 雄 岳砚华 张 庆 邓 虎 岳 明 李枝林 徐忠祥 何 超 王 欣 聂 捷 张 腾 袁灿明 卢 齐 廖 兵 李伟成 陈雨松 王志敏 任巧占
致密油气藏长水平段钻完井关键技术	川庆钻采院、川庆长庆钻井总公司、川庆长庆固井公司、低渗透油气田勘探开发国家工程实验室	倪华峰 李晓明 许朝阳 袁 卓 韦海防 王清臣 王培峰 胡祖彪 杨 赟 韩成福 段宏超 石崇东 杨晓峰 张 勤 马学如 童泽亮 刘 磊 杜松涛 姜 和 赵胜斌

表 4　西南油气田公司科技奖励人物奖一览表

奖项名称	姓　名	工作单位
突出贡献奖	吴建发	页岩气研究院
青年科技奖	何家欢	勘研院
	段言志	经研所
技能人才奖	王川洪	重庆气矿

表5　西南油气田公司科技奖励项目奖（一等奖及以上）一览表

奖项名称	项目名称	主要完成者	等级
西南油气田公司基础研究奖	高精度天然气流量计量标准装置及测量技术	王　强　任　佳　彭利果　宋　彬　张　强　何　敏　孔　波　刘丁发　赖忠泽　邵　璟	一等奖
西南油气田公司技术发明奖	储层改造液体关键性能评价方法及添加剂分子设计与构效关系	敬显武　刘友权　许　园　曾　嵘　吴文刚　王　良　曾　冀　原　励　李　伟	一等奖
西南油气田公司科学技术进步奖	四川盆地陆相致密气成藏有利区优选及效益开发	王小娟　肖　尧　曹正林　吴长江　杨　曦　潘　珂　曾青高　李明秋　关　旭　韦腾强　陈双玲　王会强　刘　敏　朱　讯　张少敏　洪海涛　刘　柏　张晓丽　杨广广　宋林珂　朱　华　邓清源　王旭丽　肖红林　杨曦冉　胥伟冲　赵　娟　白　蓉　丰　妍　罗　皓	特等奖
	四川盆地中深层页岩气排水采气工艺技术	叶长青　杨　健　郑　健　陈家晓　张华礼　向建华　李泊春　余　帆　魏林胜　潘春锋　王庆蓉　池崇荣　邓　悟　黄　晶　谭　昊	一等奖
	四川盆地下二叠统天然气富集规律与勘探发现	张本健　陈　骁　陈　聪　高兆龙　彭　骁　李天军　龙　隆　彭瀚霖　任丽梅　袁小玲　山述娇　谢静平　徐诗薇　胡罗嘉　安虹伊	一等奖
	川西超深复杂构造碳酸盐岩气藏效益开发关键技术及应用	兰雪梅　肖富森　王俊杰　文　雯　任利明　李　飞　黄天俊　狄贵东　邓　惠　庄小菊　孙志昀　刘　耘　陶夏妍　彭浩天　张　岩	一等奖
	深层页岩气有利区优选技术与应用	朱逸青　田　冲　杨　杨　罗　超　陈丽清　吴　伟　戴　赟　杨雨然　钟可塑　杨　雪　文山师　高　翔　胡　曦　吴　涛　张　伟	一等奖
	有机硫深度脱除与脱硫溶液性能监控技术	常宏岗　颜晓琴　刘其松　王　军　李金金　郑　斌　刘　可　孙　刚　刘宗社　彭维茂　许　娟　吴明鸥　陈庆梅　余　军　易　铧	一等奖
	泸州区块深层高温高压页岩气井优快钻完井关键技术	王业众　周　峰　沈欣宇　陈　烨　付　志　温　博　罗　增　邱峋晰　钟成旭　吴　双　张佩玉　罗越耀　张　震　刘　森　万秀梅	一等奖
	高风险装置检测评估关键技术研究及应用	齐昌超　林　冬　崔铭芳　鲍明昱　刘兢建　郭霄雄　高　健　刘　畅　孙明楠　秦　林　杜炘洁　王　磊　叶华伦　张　健　舒　洁	一等奖
	页岩气压裂返排液回用与达标外排高效处理关键技术与应用	陈天欣　朱　进　李　静　刘春艳　向启贵　杨　杰　胡金燕　吴　懈　易　畅　周　微　雷　宇　刘　源　陈　满　王　越　王兴睿	一等奖
	深层—超深层油气藏智能刻画技术研究及其在二叠系栖霞组的应用	张恩莉　张　亚　梁大庆　杨　航　黎　萌　白晓亮　周　燕　龚　诚　胡　欣　吴　婷　李　亚　乔艳萍　张琳羚　孙启蒙　张　芮	一等奖
	储气库商业化运营模式及市场化定价机制	王盟浩　李森圣　罗旻海　何春蕾　姚　莉　段言志　尹　涛　李　锐　谭　琦　高　芸　唐治平　王　宇　李　琳　崔　跃　蒲蓉蓉	一等奖
	合气文化品牌塑造与传播实践	李　季　钟　琳　黄吉鑫　张昕尧　赵　虹　辜　穗　程　丹　彭　刚　于智博　徐　鑫　邹　曦　王　蓓　顾超珲　郭思怡　马新平	一等奖

表6 川庆钻探工程公司获集团公司技术发明奖项目一览表

项目名称	主要完成者	等级
恶性漏失复合胶固堵漏技术及关键装备	朱明明 王伟良 李德波 吴付频 石崇东 屈艳平	三等奖
油水井套管阴极保护智能化新技术	高宝元 李昭辉 张新发 郭 亮 徐 军 吴保玉	三等奖

表7 川庆钻探工程公司技术发明一等奖项目一览表

项目名称	主要完成单位	主要完成者
连续油管非常规气井高效开发成套作业技术	川庆井下作业公司	卢秀德 刘 伟 孙兆岩 管 彬 刘志尧 朱炬辉 李源源 石孝志 宋 丹 李军龙 李剑秋 向 刚 陈明忠 罗 杨 张俊成
压启式试油完井一体化工艺技术	川庆试修公司	贾 海 张明友 贺秋云 王东林 曾小军 徐茂荣 潘 登 黄靖富 黄 船 谢 胜 涂 敖 陈华良 谢 奎 廖 刚 蔡佳成
随钻测控地面—井下闭环通讯关键技术	川庆钻采院	张德军 陆灯云 冯思恒 白 璟 李 雷 汪 洋 王新建 陈 东 谭清明 高 林 黄崇君 胡 超 郑海波 廖 冲 连太炜

【**基础研究奖**】 2022年，川庆钻探工程公司评选出基础研究奖5项，其中一等奖1项、二等奖2项、三等奖2项（表8）。 （毛 斌）

【**人物奖**】 2022年，川庆钻探工程公司评选出公司级科技创新团队奖共3项、科技创新人才奖2人、青年科技创新人才奖2人、科技创新技能人才奖1人（表9）。（毛 斌）

表8 川庆钻探工程公司基础研究奖一等奖项目一览表

成果名称	主要完成单位	主要完成者
页岩微—宏观力学特性耦合评价及井眼坍塌预测研究	川庆钻采院、工程技术处（远程技术支持中心）、川庆钻井液公司、国家能源页岩气研发中心	贾利春 邓 虎 刘殿琛 付 强 陶怀志 王 兰 唐 贵 陈俊斌 赵正国 万夫磊 段慕白 刘 伟 周 杨 张 林 黄 兵

表9 川庆钻探工程公司人物奖获奖者一览表

奖 项	获奖者
科技创新团队奖	8000米级深井超深井钻井技术创新团队
	深层页岩气钻井提速技术创新团队
	页岩气地质工程一体化技术创新团队
科技创新人才奖	钱浩东 朱炬辉
青年科技创新人才奖	高 燕 肖沣峰 汪 敏

海外合作项目

【概述】 2022年，西南油气田公司有序推进境外项目人员轮换，合理确定员工在外工作时长，提前做好人员健康体检评估、出国立项、疫苗注射、护照换发、出境证明等人员动迁准备，重点加强回国远端防控和回国途中防控，最大限度减少回国感染新冠肺炎疫情风险。办理护照30本次，健康体检67人次，防恐安全培训50人次。配合组织11批次75人包机（含1人次国际SOS医疗包机）或中转回国，实现超期海外工作2年人员清零；配合组织9批次53人包机动迁海外生产现场，其中包括重庆气矿23名技术人员到土库曼斯坦现场进行短期投产试运工作。参加集团公司“欢聚云端，健康你我”在线系列活动，组织召开春节海外员工座谈会，领导视频连线慰问海外项目人员。开展“我为员工办实事”活动，发放海外员工调查问卷，梳理员工困难清单，建立常态化新冠肺炎疫情防控。拓展海外业务。自2021年与管道局签订战略合作框架协议以来，和管道局召开4次协调会，派员参与管道局哈法亚GPP项目投产试运行项目，一个月内完成商务谈判和合同签订、人员选拔、防恐培训、外事教育、出国健康体检、护照信息采集、签证和出国立项资料提交、技术方案编制、动迁防疫物资等10余项工作。项目人员分两批次，分别于4月和5月动迁到土库曼斯坦现场，并在合同规定时间内，提前完成投产试运任务，全部员工在9月初分3批次全部回到国内，该项目得到中国石油工程建设公司的高度赞赏。重启四川石油管理局土库曼斯坦分公司在海外的业务。土库曼斯坦分公司采取和集团内部其他单位合作经营的方式继续推进唯一境外公司的正常运行。通过集团公司国际业务社会安全五维绩效考核。上半年开始筹备五维绩效考核的相关工作，经过半年时间准备，积累大量基础资料，并正式发布《西南油气田公司国际业务社会安全管理规定》和《西南油气田公司国际业务社会安全突发事件应急预案（修订）》，通过现场审核，以“良好”级的评定成绩通过集团公司的考核，为涉外业务的开展奠定坚实的安全基础。

2022年，川庆钻探工程公司在海外市场具有油气田勘探开发生产服务一体化优势，并在服务的资源国设有分公司、项目部，有专业技术研究和管理团队，以及配套设备实施和专业操作人员，本地化服务程度高，能够有效办理因公出国人员一切手续，为承担的海外项目快速有效完成提供全方位服务支撑。（邓　伟　周　薇）

【作业组织与市场分布】 2022年，川庆钻探工程公司海外市场主要分布在土库曼斯坦、巴基斯坦、厄瓜多尔等；设立土库曼斯坦、巴基斯坦、厄瓜多尔、中东、阿富汗、吉尔吉斯斯坦、玻利维亚、秘鲁、伊拉克、伊朗10个海外分公司。海外施工队伍95支，其中钻机23台、修井队10支、录井队15支、固井队3支、定向井队2支、钻井液队23支、测试队17支、酸化压裂队1支、连续油管队1支。综合地质研究主要分布在土库曼斯坦、厄瓜多尔、哈萨克斯坦、伊朗、伊拉克等国家，国际贸易以迪拜为中心，辐射到南亚、中东、中亚等地区的国家。（周　薇）

【工程技术服务项目】 2022年，川庆钻探工程公司克服新冠肺炎疫情带来的不利影响，深挖传统基础市场、开拓单项技术服务市场，跟踪评估海外新项目20个，向集团公司报备19个，获集团备案批准10个，已签订合同并通过备案核准10个，办理厄瓜多尔国家石油公司（PEC）42队修井日费项目、巴基斯坦石油有限公司（PPL）3部钻机日费服务项目核准延期。签订包括土库曼斯坦天然气康采恩3个技术服务合同，厄瓜多尔伊什平戈（ISHPINGO）区块钻完井一体化服务首期及延期合同，伊拉克艾哈代布采办、监督服务合同和哈法亚CPF3运行服务项目合同等在内的各类服务和贸易合同37个，中标PPL公司4部钻机服务项目和POL钻机项目。海外市场新签合同金额4.93亿美元，超额完成年度3.2亿美元的目标；实现收入26.2亿元，完成年度目标21亿元的124.8%。

在土库曼斯坦新签合同金额296万美元。继3口续钻井项目后，再次以增供气贸易款支付工程款的模式促成天然气康采恩沉寂五年之久的3个技术服务项目落地实施，价值1.06亿美元；推进土库曼斯坦复兴气田二期300亿立方米产能建设项目相关工作，开展复兴气田三期100亿立方米天然气产能建设总承包项目资格预审工作。提前完成复兴气田3口续钻井项目，测试日产量刷新土库曼斯坦纪录，土库曼斯坦国家部长、天然气康采恩总裁、中油技服致信祝贺；阿姆河第六轮钻修井当年实现钻井“9开7完”，修井“12开12完”，累计进尺25 200米，在10月召开的阿姆河项目十五周年暨“6·30”“9·30”工程总结大会上，川庆钻探工程公司土库曼斯坦分公司被授予“最佳承包商”称号。

在厄瓜多尔获签约合同金额4.4亿美元。继坦博科查（TAMBOCOCHA）油田一体化服务项目后，与厄瓜多尔国家石油公司成功签订伊什平戈（ISHIPINGO）钻完井一体化服务项目，合同金额2.06亿美元；其后甲方又主动追加1.54亿美元工作量，创在厄瓜多尔单个项目最高合同金额纪录；与新业主加拿大GRAN TIERRA公司签订1部钻机服务合同，合同金额448万美元；积极深化中资企业竞合关系，与中国石化在厄瓜多尔子公司签订萨查（SACHA）钻井液固控技术服务及SACHA管材贸易合同，总金额3 300万美元；签约PCR钻机日费服务、安第斯（ANDES）钻机日费服务、ANDES修井日费服务、厄瓜多尔国家石油公司修井日费服务等项目；PARAHUACU油田（简称P油田）增产服务项目累计产量402万桶，其中当年产量119万桶，持续开展地质基础研究、后续井位论证部署、井眼轨迹优化等工作，完成油田南部整体开发方案的编制，推动南区F井场入场施工。

在巴基斯坦签订合同金额4 490万美元。克服当地严峻的社会安全和经济形势不利影响，中标PPL公司4部钻机服务项目和POL钻机项目。推进OGDCL公司1部钻机合同续签，精心组织PPL公司1部2000HP钻机日费服务项目投标，努力促成东方石油公司开展钻井总包项目评估和谈判工作；跟进PPL、OGDCL钻井液技术服务项目，力争重返钻井液技术服务市场。巴物资装备中心获得API 7-1等厂家大修授权资质，利用资质优势扩大机修机制业务和BOP大修认证业务。

在中东市场，签订合同金额538万美元。以油气运维、油田腐蚀、检验检测三大基础业务为抓手，紧密跟踪中工国际B9项目、CPPM腐蚀防护服务等重点目标市场，续签艾哈代布采办服务、监督服务合同，与大庆油田签订哈法亚CPF3运行服务项目合同。

在其他市场，续签秘鲁钻井液固控服务、密切跟踪秘鲁58区块项目进展，为甲方提供前期技术支撑，争取获钻井一体化总包服务。（周 薇）

【国内合作项目】 2022年，西南油气田公司补充开发井建设安全平稳推进。川东北项目首口补充开发井罗家24井较计划提前3天完钻，测试获日产天然气206.68万立方米，无阻流量1 183.65万立方米，交出新井测试产量最高、罗家寨气田单井无阻流量最高的答卷，并创下须家河组平均机械钻速最快、飞仙关造斜周期最短、一趟钻进尺最长、机械钻速最高、井身质量100%合格5项纪录。川中项目切入储能赛道，加速推进产能补充井建设工作，完成角77井钻前工程，同步开钻角75井组3口井，12月下旬完钻；完成角76井压裂作业，12月上旬进行测试。高桥中学搬迁取得关键性突破。川东北项目高桥中学搬迁是西南油气田公司近年最大迁建规模项目，10年来，经过180余轮次艰难协调，克服政府在建设标准、投资规模、用气指标优惠等方面期望高、诉求多等重重困难，迁建工作得以实质性开展，一举突破后续产能建设最大制约瓶颈。川东北项目大修施工提质提效。大修面对工作量最大、难度最高的双重考验，以“重安全、抓质量、争进度、保产量”为目标，完成752个大修技改项目，其中单列装置用时34.7天，较计划39天提前4.3天，多处理原料天然气约3 900万立方米，一次性连续更换3套脱硫吸收塔、集气站更换3套进气过滤分离器，创造最短检修时间、影响产量最小的纪录，切实提升装置本质安全水平。川中项目脱烃装置和外输管线建设高效推进。川中项目提前谋划，精细组织角70井站场平和外输管线施工，确保角70井3套65万米^3/日浅冷脱烃装置、商品气外输大兴阀室13千米管线计划于2023年3月投运。川中项目开发调整方案持续优化。加强与集团公司总部、西南油气田公司有关业务处部室沟通协调，与川中项目作业者密切协作，在完成沙溪庙气藏到2027年方案初稿基础上形成4种工作推进思路和方案，统筹考量矿权变更、储量申报、方案审批要件和执行等因素，推动形成实践性更强、可行性更高的推进方案。（邓　伟）

2022年11月8日，川庆川东钻探公司70237钻井队承钻的罗家24井测试获日产天然气206.68万立方米、无阻流量日产天然气1 183.65万立方米，刷新罗家寨气田单井最高无阻流量纪录
王　林　摄

【油气合作开发】 2022年，西南油气田公司国内对外合作生产超额完成各项指标任务，产量再创历史新高。完成天然气净产量28.58亿立方米，比计划超产2.08亿立方米，完成年度指标26.5亿立方米的108%，同比增长4%；生产凝析油6 159.2吨、硫黄39.52万吨，凝析油产量同比增长4.7%、硫黄产量同比增长3.2%。提质增效成效显著，项目效益大幅提高。合作业务实现中方帐利润38 695万元，剔除长期付息资金利息22 071万元，同口径完成税前利润60 766万元，比下达的预算指标25 613万元增加35 153万元，完成年度利润指标的237.25%，单位成本控制在预算指标范围内。其中：川东北项目中方实现利润24 890万元，剔除长期付息资金利息22 071万元，同口径完成年度利润指标的294.91%；川中项目中方实现利润13 451万元，完成年度利润指标的138.84%。（邓　伟）

反承包项目

【概述】 2022年，川庆钻探工程公司国内反承包市场分布在道达尔苏里格南项目、壳牌长北项目、雪佛龙川东北项目等。业务涵盖钻前施工、钻井、录井、固井、钻井液、井下压裂、试气等。国内反承包市场增长有力，取得较好的生产经营业绩。新签合同金额5.65亿元，完成产值8.92亿元，同比上升71.0%。（周　薇）

【道达尔苏里格南项目】 2022年，川庆钻探工程公司在往年1部40钻机的基础上增加1部50钻机，开钻21口、完钻21口、钻井进尺79 845米，完成155口井的压裂试气一体化作业和21口井的速度管柱作业，川庆长庆井下技术公司被长庆油田苏南作业分公司评为“苏南十周年诚信服务商”。（周　薇）

【壳牌长北项目】 2022年，川庆钻探工程公司开钻19口、完钻19口、钻井进尺72 007米，完成4口双分支水平井的试气作业和24口小井眼井的压裂试气一体化作业。同时，在壳牌全球钻井承包商KPI综合评比中取得较好成绩，川庆长庆钻井总公司70210钻井队被壳牌中国授予“4 Years Goal Zero”（4年零事故）HSE业绩优秀奖牌。（周　薇）

【其他工程项目】 2022年，川庆钻探工程公司在川渝地区，雪佛龙川东北项目于10月14日完成第一口补充开发井罗家24井，11月8日测试日产天然气206.68万立方米，无阻流量1 183.65万立方米，刷新罗家寨气田单井最高无阻流量纪录。该井安全风险较高，作业难度较大，川东北作业分公司致函赞扬各参战单位的过硬技术和合作精神。（周　薇）

外事管理与交流

【概述】 2022年，西南油气田公司在新形势下国际合作与交流持续扩大。在新冠肺炎疫情期间架起外事桥梁，精细组织各项外事活动，参与国际油气行业组织开展的线上技术交流和研讨会11次，促进与国际石油行业的技术与信息的互通。

2022年，川庆钻探工程公司外事工作贯彻执行国家、集团公司外事管理工作的方针政策，围绕中心工作和国际业务发展目标，坚持常规工作高质量，重点工作求突破，服务发展有成效的工作目标，优质高效完成各项工作任务，为国际业务持续安全有效发展提供坚实的外事保障。获集团公司2021年度“外事管理工作先进集体”称号。

（邓　伟　周　薇）

【外事事务】 2022年，川庆钻探工程公司国际政治经济及社会安全形势十分严峻，国家和集团公司对新形势下外事管理工作提出更加严格的要求，川庆钻探工程公司高度重视外事管理工作，重申新形势下严格遵守外事管理规定的重要性和严肃性，通过政策的宣贯落地，提升工作执行力。立足国际国内两个大局，坚持外事工作“一条龙”服务，建立定期汇报交流机制，形成上下衔接、信息通畅、运行有效的工作，为国际化经营营造良好的外部环境。

（周　薇）

【海外业务管理】 2022年，川庆钻探工程公司坚持服务管理并重的原则，以服务带动管理，以管理促进服务，保障因公出国（境）管理工作的健康发展。按照集团公司“非必要不外出”的总体要求，对海外项目派出团组和人员进行清查，严禁未经审批派出团组，严禁持因公护照私自在第三国或国内办理签证，对派出不规范和违规派出的项目单位加大督查力度，确保各项规定执行准确到位。同时严格项目外派人员的审查，要求外派人员持有相符的外语考试成绩、合格的防恐证书、健康体检评估合格方能派出，推进外派项目人员适应海外业务健康安全有效发展的需要。申报出国团组77个，申报团组人数857人次。

（周　薇）

【外事教育】 2022年，川庆钻探工程公司完善因公出国（境）行前教育工作，做到团组行前签订《因公出国（境）承诺书》全覆盖；每次动迁必建群，及时指导、了解动迁情况；加强到达现场后的日常教育，促进项目员工及时适应海外工作环境。

（周　薇）

【出国（境）人员管理】 2022年，西南油气田公司严抓回国人员国际旅途防疫工作，严格执行回国人员入境管理，做好人员动迁管理，提升防控和应急处置能力，增强海外员工安全健康保障能力，累积动迁100人次，境外38名员工身体健康，实现境外项目疫情防控和社会安全“零聚集性疫情”“零染疫亡人”“零伤亡”目标。

（邓　伟）

【证照管理】 2022年，川庆钻探工程公司督促各海外分公司加强现场护照管理，全面检查护照签证有效期，对护照即将到期而暂时不能回国的员工及时申请在境外换发护照，规避风险。同时，督促各涉外单位对回国人员护照及时收缴，回国人员护照回缴率100%。

（周　薇）

【合作交流与外事活动】 2022年，西南油气田公司切实履行窗口职责，主动创新管理模式，着力优化业务流程，组织新冠肺炎疫情期间外事活动，提前谋划、精细安排，持续深入推进对外交流与合作。协调斯伦贝谢公司到访等外事会见活动；组织技术专家与加拿大阿尔伯塔硫黄研究院、美国材料保护与性能协会等国际组织开展线上技术交流7次，参加TC193/SC1/WG8、WG24、WG26等国际标准化组织工作组线上研讨会4次；组织审译与意大利施诺慕公司《投资意向协议》，完成电视纪录片《青春红》脚本字幕翻译等中、外文资料2万余字，优质高效完成翻译任务。构筑对外合作业务新模式，全面打造国际交流新平台，扩大自身行业影响力和话语权，加强国际合作人才队伍建设，充分整合利用各类培训资源，优化培训计划方案，旨在培养具有国际化视野、专业水平高、外语能力强、综合素质优的复合型人才，为国际化战略人才储备提供保障。克服困难，协调海外项目人员外语达标高级培训班开班，参加集团公司外语达标考试，获预期成绩，为海外项目奠定储备人员基础；参与集团公司人事部和国际部组织的国际业务和外事管理岗位标准化培训在线直播课程，以及北京石油管理干部学院开展的在线直播培训课程，为拓展国际业务做好知识储备；组织开展行业国际标准召集人评审选拔工作，充实国际化人才储备。

2022 年，川庆钻探工程公司建立领导与国外石油公司高层之间的沟通交流机制，借助国际先进技术和管理理念的窗口，搭建国际化交流平台，为树立国际化形象奠定坚实基础。

（邓　伟　周　薇）

责任编辑：林　勇

中国石油

企业管理

Business Management

SICHUAN OIL AND GAS FIELDS YEARBOOK

四川油气田年鉴 2023

改革与管理

【概述】 2022年，西南油气田公司贯彻落实集团公司决策部署，锚定“上产500亿、奋斗800亿”工作目标，做好改革创新和依法合规治企，推进企业治理体系和治理能力现代化，推动业务转型升级和高质量发展。改革三年行动与对标世界一流管理提升行动完成率100%,“两项改革”均提前完成国务院国资委和集团公司考核目标。

2022年，川庆钻探工程公司学习贯彻党的二十大精神，按照集团公司总体部署，强化合规管理，突出问题导向，坚持守正创新，统筹推动依法合规治企、企业深化改革、内控与风险管理、采购监管及承包商管控等重点工作，完成各项考核任务，组织参与的重点工作连续两年进入川庆钻探工程公司十大新闻。 （黄韬澄 张远莉）

2022年10月17日，西南油气田公司在成都市召开集团公司管理层测试见面会 黄韬澄 供

【产业结构调整】 2022年，西南油气田公司围绕深化改革和创新发展两条主线，持续推进业务归核化，优化调整产业结构，推动资源向主营业务集聚，提高企业核心竞争力。明确新能源事业部职能定位，强化业务一体化运营，加快绿色低碳新能源新材料业务发展；按照集团公司储气库业务合资合作工作部署要求，完成储气库业务相关组织体系建设工作，将四川石油管理局有限公司相国寺储气库相关资产注入重庆相国寺储气库有限公司，明确运行管理模式和机构设置，确保合资公司运转顺畅、各项工作平稳推进。加快推进新型管理区作业区建设，组织开展达标验收工作，21个新型采气作业区、8个新型输气作业区建设达标率100%，构建“公司—作业区”两级管理新模式。联合组建“六大特色研究中心”和“四大技术支持中心”，打造出“理论创新+应用试验+成果转化”的一体化研发效能平台，推广国家科技重大技术12项，形成创新认识3项、核心技术17项，取得7大标志性成果；数字西油整体布局一体推进，围绕“快速上产、安全受控、提质增效”，建成以操作层面“岗位标准化、属地规范化、管理数字化”及管理层面“自动化生产、数字化办公、智能化管理”两个“三化”为特点的数字化气田。

2022年，川庆钻探工程公司推动旋转导向产业化股权合作项目正式落地，通过与集团公司业务部门协调，反复论证沟通，优化完善项目可研报告，开展法律尽调和资产评估，牵头与中国航天科工集团第三研究院第三十三所商讨接洽，完成新设公司章程、出资协议、“三会”议事规则的制定，于当年10月20日正式成立四川天石和创科技有限公司，该项目加速推进旋转地质导向系统产业化应用，为油气勘探开发提供国产利器，也为破除西方“卡脖子”困境奠定坚实基础。 （黄韬澄 肖 磊）

【发展战略研究】 2022年，西南油气田公司把企业发展战略研究融入国企改革三年行动、对标世界一流管理提升行动、依法合规治企和强化管理对照检查等专项行动中，持续推动企业高质量发展。按照改革三年行动总体目标任务，以“油公司”模式改革为统领，运用在线督办系统，通过“月例会、季通报、年考核”，实行挂图作战、挂表督战，全面完成5个方面26大类74项改革任务，完成率100%，并梳理改革标志性成果94项，提炼形成9篇改革成果。对标世界一流管理提升行动总体目标任务，安排部署战略管理、组织管理等8大方面43个重点任务107项工作举措，通过固化工作流程和效果评价机制，建立完善“对标、建标、执行、达标、创标”的管理闭环，确保实施进度和成果完成率均100%。从“转变思想观念、完善公司治理、依法合规治企、强化精益管理、提升管理能力”5个方面，查摆出问题27个，分析4个方面原因，制定19个方面65条整改举措，并督导所属37家单位召开对照检查专题会，查摆问题580余项，制定整改措施1 020余条，提升依法合规治企能力。

2022年，川庆钻探工程公司聚力改革攻坚，完善工作方案，多次组织召开专题推进会，提前两个月完成中国特色现代企业制度、优化业务结构、健全市场化经营机制等5个方面69项任务，改革三年行动收官。总结改革三年行动成果成效，收集任务成果188项、佐证资料220余项，向集团公司报送《因地制宜，多措并举，稳慎推动厂办大集体改革全面收官》等7篇改革典型案例，总结提炼的《川庆钻探改革三年行动谱写发展新篇章》等材料在《中国石油企业》《四川石油报》发表，在集团公司书面交流改革经验。针对制约企业发展的难点症结，开展调研分析，形成《对集团公司未来三年深化改革意见建议》《钻采院发展现状调研》《对越盛公司完善法人治理的建议》等管理报告。（黄韬澄　肖　磊）

【规章制度建设】 2022年，西南油气田公司推进制度全生命周期闭环管理，编制发布《西南油气田公司2021年度规章制度评价报告》，废止526项失效、无效规章制度，全年归口审查企业层面制度草案41项，企业层面发布制度35项。构建科学、规范、高效的制度流程体系，启动制度流程优化专项工作，编制印发《西南油气田公司制度流程优化工作实施方案》，开展制度清理与适应性分析，推进制度数量和文本瘦身，两级制度总量控制在1 000项以内。

2022年，川庆钻探工程公司系统开展规章制度适应性评价，根据国家相关法律法规和上位制度开展合规性分析。梳理发布2021年失效制度目录及2022年制度建设计划，并跟踪制度建设计划执行情况。全年新建川庆钻探工程公司级规章制度11项，修订23项，废止26项，转发上位制度7项；加强制度审查，提高制定制度质量，全年对52项制度提出审查意见81条。（黄韬澄　杨与嘉）

【内控与全面风险管理体系建设】 2022年，西南油气田公司在体系建设方面，承担完成集团公司业务流程管理制度和风险评估规范企业标准修订工作。组织40家所属单位及其对外投资公司开展业务流程适用性分析，配合机关16个处（部）室和单位制度配套流程49个，指导7家所属单位新建及修订流程76个。开展制度流程体系优化，形成《制度流程优化目录清单》，为全面开展制度流程优化简化和信息化奠定基础。修订形成新版《内部控制管理手册》和《权限手册》，完善完成流程文档和系统配套体系文件工作。在风险管理方面，完成发布《西南油气田公司2022年度风险管理报告》、管控方案及检查计划，组织十大风险责任部门及所属单位按季度实施风险事件跟踪监测，制定应对措施80余项。组织领导、机关处室、所属单位3 300多人参与重大风险评估。制订管控计划，落实责任措施，总结提炼风险管控亮点成效及典型案例，编制《西南油气田公司2023年风险管理报告》。加强风险事件日常动态管理，做到所属单位风险事件100%线上报送，全年收集和更新Ⅲ级及以下风险事件13起。在体系监督方面，印发年度内控测试方案，对30家二级单位、14家三级单位、18家投资控股公司、33个生产作业现场开展内控专项测试，提出管理建议，通报测试情况，完成测试问题回头看。指导所属单位开展自我测试，48家单位实现线上测试和实时监督，上线测试覆盖率100%、重要流程覆盖率92.45%、关键控制覆盖率94%，提前完成集团公司考核指标。完成管理层测试、外部审计的迎审、沟通、协调工作，代表集团公司对塔里木油田公司开展管理层测试。开展所属单位2022年度考核评价，形成《西南油气田公司2022年度内部控制与风险管理评价报告》。在2022年集团公司管理层测试、外部审计中未发现内部控制管理缺陷，仅以11个一般性例外事项通过集团公司管理层测试与外部审计。全年未发生1起重要、重大风险事件，内控与风险管理体系运行质量和成效获集团公司“杰出”级高度评价。

2022年，川庆钻探工程公司根据集团公司顶层设计新要求，新建《权限手册》，更新《内部控制管理手册》《流程文档》，修订“SP05.14.03.01线索初核”等流程73个，新增“MP01.02.01.03.01企业首席专家选聘”等流程2个。牵头完成集团公司企标《风险事件管理程序》复审。开展年度前十大风险评估，印发《川庆钻探工程公司2022年度风险管理报告》。开展风险信息跟踪监控，印发《重大经营风险事件管理实施意见》，全年无重大风险事件发生。完成年度内控自我测试，在测试报告中新增管理报表专题，关注关键业务的基础工作情况，对财务、采购、合同和制度等关键环节进行风险提示，对标展示基础工作，对6个业务领域提出整体优化建议，发挥测试工具在优化内部管控、提升风险预警方面的功能；全面落实整改销项工作机制，例外事项整改完成率100%，内控与风险管理工作收到集团法律与企改部表扬函。（黄韬澄　杨与嘉）

【管理创新理论研究与成果】 2022年，西南油气田公司围绕构建管理创新体系，通过“揭榜挂帅”、赛马制等方式进行有方向，有针对性地开展管理创新项目培育筛选，创造出一批具有特色的、高水平的管理创新成果。新建发布《西南油气田公司管理创新工作实施细则》和《西南油气田分公司管理创新奖励实施细则》，通过创新评奖方式、规范评审程序、细化评审标准，建立健全管理创新长效激励机制；通过揭榜挂帅、赛马制等方式开展管理创新评比，组织开展2021年度管理创新奖评比，评出42项优秀管理创新成果、57篇优秀论文；建立多层次、多维度的成果推广机制。其中，《新发展格局下大型油气田企业低成本高质量发展战略及实施路径》等成果获2021年度石油石化企业现代化创新优秀成果一等奖，并推荐入选第二十九届全国企业管理现代化成果评比。

2022年，川庆钻探工程公司结合生产经营管理实际，针对性开展管理创新理论研究，总结提炼的《推动智控技术实践应用，助力企业管理转型升级》《工程服务集中采购与管理优化实践》分获中油技服管理创新成果一等奖和三等奖，获经济奖励160万元；管理创新成果《“大共享”在工程技术服务企业的实践应用》《钻井工程区域项目制+专业化运行与管理》、论文《非常规油气经济高效开发方式探究》获中国石油企业协会石油石化企业管理现代化创新优秀论文一等奖。全年有18项管理创新成果、68篇论文获四川石油企业协会、中国石油企业协会、中油技服奖励，数量创历史新高；总结提炼的《凝心聚力、创新攻坚，专业化改革重组助力试修公司高质量发展》等6篇管理创新经验在集团公司、中油技服发布、刊载。

（黄韬澄　曹博超）

【基础建设】 2022年，川庆钻探工程公司构建常态化对标机制，落实集团公司、中油技服强化对标管理提升工作要求，编制并组织实施《强化对标管理工作实施方案》，构建企业发展能力信息化评价体系，建立人员装备配备、作业施工效率、工程技术参数、财务经营管理4个方面的指标库；选取装备与人员、生产技术、财务经营等方面的指标进行横向、纵向对比分析，形成4家钻井业务、2家井下业务、风险合作区块业务、中油技服钻探企业等4份对标分析报告，督促所属单位认识差距，补齐短板，持续提升。突出基层先进典型选树，有10名优秀基层干部分别被四川省企协授予“十佳管理者”和“优秀基层管理者”。

（常　友）

规划计划

【概述】 2022年，西南油气田公司围绕“新三步走”发展战略目标，全面贯彻新发展理念，服务和融入新发展格局，突出战略规划引领执行，加速绿色转型升级，狠抓前期工作质量和进度，系统优化投资结构，全面重构投资控制体系，抓好竣工验收、统计、后评价、基础管理、党建等各项工作，完成383亿立方米天然气的年度产量目标。

川庆钻探工程公司规划计划工作坚持和加强党的领导，坚持稳中求进工作总基调，发布“十四五”发展规划；严控投资规模、优化投资结构、确保重点项目，提升投资效益；深化统计分析与后评价；深化落实提质增效专项方案部署，助力油气田公司发展，坚定执行“技术立企、成本领先、数字赋能”三大战略，引领川庆钻探工程公司加快转型升级、迈上高质量发展新台阶。（李　琦　樊　勇）

2022年8月22日，中国石油在泸州召开首届CCSCCUS-EGR（碳捕集与封存碳捕集、利用与封存—提高天然气采收率）专题研讨（视频）会　梁志远　摄

【中长期发展规划】 2022年，西南油气田公司优化整体战略布局，以科学规划引领企业高质量发展。完成“十四五”规划编制，规划成果获集团公司优秀规划一等奖，西南油气田公司获集团公司“规划工作先进集体”称号。按照集团公司做好油气供应安全、加强天然气全产业链中长期发展规划研究的总体要求，持续深化中长期发展战略目标研究工作，细化落实“十四五”后三年工作部署，加强“十五五”“十六五”发展目标论证，明确2025年上产500亿立方米，2035年奋斗目标800亿立方米。编

制完成未上市业务中长期发展规划，按照“盈利业务持续增效、亏损业务持续减亏、无关业务有序退出”原则，确立未上市业务中长期高质量协同发展目标，推进未上市业务有效益、可持续、高质量发展。

2022 年，川庆钻探工程公司编制完成新能源业务发展专项规划，融入集团公司新能源业务发展体系，推进企业实现绿色、效益、可持续转型发展。根据中油技服对川庆钻探工程公司“十四五”发展规划的批复意见，调整完善川庆钻探工程公司“十四五”规划发展指标，报领导审批同意后，1 月正式行文发布“十四五”发展总体规划，并获集团公司“十四五”规划优秀成果三等奖。为确保各项规划目标有机统一、协调一致、同步推进和有效落实，完成对所属单位“十四五”发展规划的审查批复工作，主要对各单位“十四五”发展定位、发展目标、重点部署和发展举措等提出审查批复意见，与各单位充分沟通并报领导审批后，5 月下达给各单位。落实国家“碳达峰、碳中和”战略目标和集团公司实现绿色低碳转型、高质量发展部署，主动融入集团公司新能源新业务发展体系，在 2021 年编制形成规划草案的基础上，继续加强外部调研咨询，落实相关产业发展政策，深化以生产用能清洁替代、地热和 CCUS、环保产业化等业务发展架构的规划方案，征求完成机关相关部门意见，修改完善后形成规划建议稿。根据集团公司《开展为上市企业高质量协同发展规划编制工作的通知要求》，结合企业“十四五”发展总体规划，5 月编制形成规划初稿并上报中油技服。（李　琦　樊　勇）

【项目前期管理】 2022 年，西南油气田公司提升项目前期管理，以严谨设计推动高质量发展。全年累计批复产能规模 89.85 亿米^3/年，保障川东北高含硫、泸州深层页岩气、蓬莱气区、天府气田致密气，以及磨溪 145 井、蓬探 101 井等各类产能建设、新区试采及先导试验、重点探井、评价井试采项目的设计批复，有力支撑企业快速上产。聚焦川渝富余气出川外输，配合集团公司完成出川外输与国家管网“一站一线”4 个交气点方案，为架构出川外输方案奠定基础；完成大英—同安集输气管道工程、自 205 井区地面骨架工程等项目可行性研究，确保蓬莱、天府、自 205 井区外输通道畅通；预判市场发展，批复夹江县高端陶瓷工业园区供气管道工程等项目设计，确保重点用户按时供气。加速西南储气中心建设，完成铜锣峡和黄草峡 2 个储气库建设工程可行性研究报告和初步设计上报，完成牟家坪、老翁场储气库配套管道管道工程可行性研究，同步启动牟家坪、老翁场、万顺场储气库地面建设前期工作。推进老油气田改造、隐患治理，批复磨溪 008-H26 井气举排水采气工程等老油改项目初步设计，确保基础性大气田稳定生产和老区的持续挖潜；完成荣县天然气净化厂脱硫工艺改造工程前期工作，解决尾气达标问题的同时为氦气资源提供战略保障；全年批复川西北气矿平籍线和邛西外输回龙阀室隐患治理项目等各类隐患项目 45 个，累计消除隐患 384 个。推动数字化转型稳步前进，聚焦数据共享和应用集成，系统推进跨专业、跨业务、跨地域线上一体化协同建设，推进勘探开发工程技术一体化协同平台，新型输气作业区、输气站场物联网无人值守改造等工程建设，打造规划计划与投资管控平台，完善 9 大业务模块，实现“流程数字化、管控平台化、业务协同化、分析智能化”。

2022 年，川庆钻探工程公司非安装设备重点组织编报更新钻机、改造钻机、新购电驱压裂机组等三类及以上项目可行性研究报告 4 个并获批，批复新购顶驱、新购带压作业机、新购固井水泥车等 4 类项目可行性研究报告 6 个。基本建设项目重点组织完成应川庆急抢险救援中心项目初步设计及概算审查批复；开展钻完井综合试验平台工房项目可行性研究报告初评并上报中油技服，完成项目评审；完成长庆井下贺旗基地器材库房建设项目可行性研究报告初评；长庆钻井马岭基地倒班公寓项目项目可行性研究报告获中油技服批复，并完成项目初步设计批复。信息化投资参与完成川庆钻探工程公司数字化转型智能化发展项目可行性研究与建议计划上报工作。新设股权投资项目“旋转地质导向钻井系统产业化新设股权项目”是集团公司 2022 年重点项目，也是川庆钻探工程公司成立以来第一个新设股权投资项目，项目于 9 月 28 日获集团公司批复。新能源新业务项目完成苏里格地区光伏发电站项目建设方案编制和初步审查，加快推进地方报批、土地使用等前期工作。（李　琦　樊　勇）

【投资计划管理】 2022 年，西南油气田公司强化投资控制，以效益优先保障企业高质量发展。把保障企业完成储量、产量、产能建设任务目标作为第一要务，统筹投资来源，加强项目前期工作、项目建设进度和投资计划安排的衔接，紧密跟踪方案设计进展情况，全年落实集团公司新增投资规模266亿元，保障快速增储上产和泸州深层页岩气、川东北高含硫、致密气、蓬莱气区、页岩油、威江线、储气库、新能源等重点领域重大项目投资。组织相关各方，清理自营、控股公司和参股公司等全部投资主体，常规气、页岩气、致密气勘探开发等全部领域投资控制情况，提出重构投资控制管理体系工作建议，受到各级领导的肯定。按照股份公司统一部署，对金秋致密气17亿立方米开发项目实行全生命周期管理，组织编制完成《金秋气田沙二气藏致密气全生命周期项目管理实施组织方案》，推进管理授权和“三同步”建设模式，用17亿立方米案工作量快速建成23亿立方米生产能力，方案执行情况优于设计。

2022年，川庆钻探工程公司坚持“严谨投资、精准投资、效益投资”的原则，正确处理投资规模与各单位经营压力及中长期发展的关系，以自由现金流为正倒推投资总额，重点保障油气风险作业、生产急需、科技攻关、数字化转型智能化发展及安全环保等项目。全年下达投资45.62亿元。其中，重点安排非安装设备投资8.54亿元，占总投资的18.7%。提高钻机作业效率，改善钻机结构，强化新能源利用，增加电动钻机、深井钻机数量，主要更新ZJ90DB钻机2台，更新一代、二代ZJ70DB钻机各1台；支持钻机电动化、自动化升级，改造ZJ50DB、ZJ70DB钻机20台；促进钻井提速提效，新购500吨顶驱9台；强化钻井参数，提高机泵能力，更新钻井泵23台；支持试修业务向高端发展，新购带压作业机4套；践行绿色低碳发展，提升压裂装备整体性能，推进储层改造工艺技术发展，提高压裂作业在油气勘探开发中的支撑保障力度，新购电驱压裂机组2套12万水马力；保持固井队伍规模，逐步报废施工压力低、排量小的老旧设备，更新双机泵固井水泥车2台，1000型大功率水泥车1台。油气合作开发业务投资26.87亿元，占总投资的58.9%。落实苏里格项目弥补递减产能建设投资、威远页岩气威211方案投资及40亿立方米稳产方案剩余投资，确保苏里格项目天然气产量19亿立方米，页岩气天然气产量26亿立方米目标实现。基本建设项目投资1亿元，占总投资的2.2%，重点安排井控应急救援中心、长庆固井高沟口基地倒班公寓和长庆钻井马岭基地员工倒班公寓项目建设。坚持投资“一本账”管理，长摊项目投资7.3亿元，占总投资的16.0%，全力保障生产经营，保障安全生产；安全隐患治理资本化项目投资1.77亿元，占总投资的3.9%，着力防控重大风险，消除所属单位安全环保隐患；科技资本化项目投资0.14亿元，占总投资0.3%。按照集团公司和中油技服统一部署，根据《“严肃财经纪律、依法合规经营”综合治理专项行动执行方案》，落实关于加强投资管理工作的要求，牵头组织开展投资合规管理自检自查工作，对发现的问题已全部整改完成。加强项目实施过程管理和验收工作，跟踪和监督落实项目实施进度，严格执行投资项目闭环管理，满足合规管理要求。按照油气风险合作开发项目竣工验收工作流程，完成苏里格项目2021年产能建设验收；组织完成长庆井下贺旗基地倒班公寓项目竣工验收；督促完成自贡还建基地项目完工交工，投入试运行。抓好房屋场地资产租赁审批和费用控制工作，租金规模控减6.3%。组织开展生产基地利用情况联合监督检查，促进提高基地利用和管理水平。（李 琦 樊 勇）

【统计管理】 2022年，西南油气田公司夯基础、重服务，推动“生产型”统计向“经营型”统计转变。按照集团公司构建“现代化服务型统计体系”总体思路和要求，推进建立与西南油气田公司管理体制和管控要求相适应的统计工作体系。突出时效性、准确性，抓好常规统计业务，全年完成各类统计报表及资料汇编近500份；围绕油气产量、项目实施及投资完成等情况，向地方监管部门报送生产销售、产值、投资及能源消耗等报表100余份，为地方GDP核算、企地关系协调和建设项目实施创造有利条件。强化基础工作，完善统计工作体系，修订2022年综合统计核算报表制度，开展统计工作交流检查，通过以查促改提升统计数据质量，统计制度执行力。着力信息监测分析，拓展统计服务深度和广度，利用统计数据资源优势，开展已开发油气田效益评价及各类专题分析，为企业提质增效、控投降本等提供数据支持和信息参考。

2022年，川庆钻探工程公司完成2021年综合统计年报和2022年定期综合统计报表的编制、上报工作。完成国家统计联网直报系统数据填报工作，配合地方政府有关部门做好主要经济指标预测、数据查询与解释。完成集团公司2021年未上市投资、油服业务统计年报审核工作。完成川庆钻探工程公司《2021年统计资料汇编》，并配合中油技服完成《中油技服2021年统计资料汇编》。牵头组织开展生产信息统计规范应用工作，发挥统计监督作用。持续开展专题统计分析，鼓励基层单位结合生产经营实际情况撰写专题分析报告，收到各单位上报优秀统计分析报告48篇，获集团公司2022年度优秀统计分析报告二等奖1篇、三等奖2篇。（李 琦 樊 勇）

【后评价管理】 2022年，西南油气田公司强化综合评价成效，以决策参谋支撑企业高质量发展。突出决策参谋，项目后评价作用更加凸显，完成首次报集团公司董事会审议的《长宁页岩气勘探开发一体化项目后评价报告》，为页岩气规模效益开发提供决策支撑；配合集团公司做好中国石油页岩油气勘探开发、油气生产物联网项目等3项专项后评价，强力支撑集团公司专项评价工作；完成集团公司详细后评价项目《川东北天然气对外合作项目后评价》，把项目自评价作为提高高含硫国际合作项目管理能力、推动作业公司高质量发展的"利器"。严把效益关口，持续完善公司经济评价工作体系，首次发布《西南油气田分公司经济评价工作指导意见》，建立方案经济评价编制模板，把方案经济评价报告编制标准化、工作方式流程化，满足企业业务发展及投资决策的需要，提高经济评价的质量和水平；科学规范测算方案效益，提升方案经济评价工作质量、推动项目获批进程、助力企业低成本高质量发展，全年完成7项开发方案、6项建设项目可行性研究报告经济评价内容审查。强化竣工验收，保障地面建设竣工验收工作规范有序，修订发布《西南油气田分公司油气田地面建设项目竣工验收管理实施细则》，夯实管理基础，持续提升地面建设竣工验收业务管理能力；执行竣工验收月度年度计划制度，确保项目建成后及时跟进，全年完成竣工验收项目139项。

2022年，川庆钻探工程公司坚持投资项目后评价全覆盖，细化项目资料收集与梳理，加强详评项目自评价报告、简评项目简化评价报告编制工作，客观分析项目经济效益，提高后评价报告质量。全年开展详评项目4个、简评项目9个，填表项目3个。配合集团公司页岩气勘探开发项目专项后评价工作，完成数据提供和自评价报告编制工作。开展投资项目后评价管理培训，推进后评价报告编制质量提升，形成一套具有行业特色、科学全面的后评价管理培训课程体系。（李 琦 樊 勇）

【投资控制管理】 2022年，西南油气田公司完善投资控制体系，以精准管控确保企业高质量发展。主动转变职能，原概算管理科更名为投资控制科，履行投资控制和造价管理等相关职能，统筹投资管控相关工作，提升投资控制水平和管理效率，推动企业高质量发展。加强投资管控，初步重构投资控制管理体系，完成由计划统筹、业务主导、专业支撑的"13455"投资控制管理体系建议方案，发布《西南油气田分公司投资控制管理办法》，采用"投资切块管理"方式压实各业务管理部门投资控制主体责任，厘清投资项目决策、设计、准备、施工和竣工等各阶段，投资、成本、效益投资控制责任主体。加强精准考核，发布《西南油气田分公司投资控制指标管理实施方案》，以井工程为重点，强化勘探开发项目总量控制、成本控降、投资效益等指标考核。加强合规管理，全年批复物探、井工程概算134项，批复概算总投资85.17亿元，有效推动工程高效合规运行；下达批复方案开发井投资控制指标17个，跟踪批复方案井工程760口，跟踪项目投资32.9亿元，确保井工程投资成本控制在方案批复井工程总投资内。（李 琦）

【新能源管理】 2022年，西南油气田公司加速绿色转型升级，以突破创新促进企业高质量发展。成立"双碳"与新能源领导小组，完善组织体系，编制发布《新能源业务职责及管理指导意见》；加快绿色产业布局，统筹谋划绿色转型顶层设计，明确"天然气+五大业务链"绿色发展西南模式与2029年实现碳达峰的工作目标。风光指标获取取得"新突破"，依托天然气资源优势，主动出击区外市场，在攀枝花锁定10万千瓦光伏指标；与东方电气股份有限公司、中国电建成都勘测设计院等12家企业签订战略协议，组建资源竞争联合体，为项目落地奠定基础。重点项目落地取得"新进展"，光伏发电方面，首个矿权范围外分布式光伏工程宁夏和宁化学分布式光伏（一期）加速推进，项目践行"天然气+新能源"发展思路，依托天然气用户风光资源，装机规模4.7兆瓦；余压发电方面，首个规模化天然气余压发电示范工程率先实施，累计开工14台（套），建成4套，装机规模0.8万千瓦，为下一步中国石油余压发电业务"规模化、效益化、产业化"发展提供样板；气田水提锂方面，继龙王庙气田水产出首批成品碳酸锂之后，在磨152井成功投运国内首套气田水提锂中试装置，年产碳酸锂规模 50 吨；地热发电方面，利用龙王庙组气藏磨溪 X210 井采出水伴生地热资源，开展低温地热发电先导试验，建成投运国内首个气田水地热 ORC 发电装置，装机规模 80 千瓦；开展国内首个注二氧化碳提高气藏采收率先导试验方案研究。（李 琦）

【基础工作】 2022 年，川庆钻探工程公司落实党中央“疫情要防住、经济要稳住、发展要安全”的总体要求，在集团公司党组的坚强领导下，紧跟中油技服工作部署，以价值创造为导向，深入推进三大战略，精准施策提质增效，全力打好抗疫保产提效主动仗，各项工作迈上新台阶。制订 2022 年规划计划工作要点，安排部署规划计划 5 个方面 20 项重点工作。推动集团公司发展计划部第二党支部与川庆 90011 钻井队党支部开展结对共建活动。举办综合统计与投资项目后评价管理培训班，培训 42 人次；举办规划计划业务培训班，机关处室及二级单位线上线下培训 65 人。（樊 勇）

生产运行管理

【概述】 2022 年，西南油气田公司围绕“统筹两大业务（油气上产、新能源发展）、突出三个导向（效率、成本、安全）、推进四大工程（科技创新、数字化转型、人才强企、党建与生产经营融合）”总体要求，战高温、防疫情、保供电、抗地震，加强产、运、储、销统筹，确保天然气安全生产链平稳顺畅运行，完成全年生产运行工作任务。获四川省人民政府“2022 年应对极端灾害天然气能源电力保供工作突出贡献集体”称号，获集团公司“冬季保供先进单位”称号。

2022 年，川庆钻探工程公司生产运行系统围绕油田企业发展战略和工作目标，发挥一体化协同主力军优势，强化资源统筹共享，优化生产组织运行，各项生产指标均创历史新高。全年动用钻机 475 台，开钻井 2 182 口，完成钻井进尺 758.9 万米。其中：川渝地区动用钻机 143 台，进尺 127.6 万米；长庆地区动用钻机 285 台，进尺 593 万米；新疆地区动用钻机 22 台，进尺 17.2 万米；国际业务动用钻机 25 台，进尺 21.1 万米。其他与井筒作业相关的井下作业、固井、录井、运输工作量均有大幅增长。（陈 叶 何 虹）

2022 年 11 月 16 日，西南油气田公司与盐亭县人民政府就加快盐亭天然气处理厂土地使用开展工作对接 刘育晋 摄

【天然气调度】 2022 年，西南油气田公司生产天然气 383.4 亿立方米、原油 6.96 万吨，油气产量当量迈上 3 000 万吨新台阶；川渝市场销售天然气 305.87 亿立方米，创历史新高。多措并举强化注气资源筹措，完成 27.42 亿立方米注气任务；科学统筹装置检修安排，缩短检修时间 52 天，减少产量影响 3.2 亿立方米；严格“一节一案”，通过降管存、增销量、控代输、提上载等措施，实现节假日无指令性压产。狠抓老井稳产保效和新井提速提效，提高自产气保障能力，确保常备状态下日产量超 1.17 亿立方米，战备状态下日产量超 1.2 亿立方米；加强区域整体协同联动，统筹浙江油田公司、大庆油田公司、吉林油田公司等兄弟油田及中国石化等外部气源 41.99 亿立方米，资源组织量再创新高。加强外输调配，年外输上载 93.5 亿立方米；相国寺储气库日采气量连续 15 日超 2 800 万立方米，累计采气上载量同比增加 9.6 亿立方米，有效保障北京冬奥会和川渝民生稳定用气；按期建成威江线、威乐线等 4 条管线，打通泸州区块页岩气外输通道，川南页岩气年新增 100 亿立方米集输能力、47 亿立方米区域市场供气能力。（陈 叶）

【钻井运行】 2022 年，西南油气田公司开钻井 361 口，完钻井 395 口，进尺 218 万米。实时跟踪、优化调整大钻机运行，全年高峰时期动用钻机 218 台、压裂车组 31 套，有序推进蓬莱气区等重点领域的勘探开发。加快推进页岩

气评价井专项行动，部署和实施同向发力，全年实施评价井 37 口，实现实施进度同比提速超 40%；围绕天府气田致密气储量提交进度安排，创井场修建 20 天、钻井周期 9 天、完井周期 3.4 天等多项区域最高纪录，完成天府气田千亿立方米储量任务提交献礼工程；按照“统筹管理、业务主导、协同联动、分级负责”原则，推进重点项目进度管控信息系统上线试运行，实现数字化赋能项目管理工作新突破。全面统筹井工程运行，抓好井位部署、征地、钻前、设备搬安、钻完井、酸化压裂六大环节衔接，实现运行效率同比提升 5%；重点领域跟踪 300 余井次、协调督办 100 余井次，及时纠偏、整改，提升井工程运行效率。

（陈　叶）

【应急抢维修】 2022 年，西南油气田公司推进地面生产系统应急抢维修专业化管理，各区域抢维中心组织实施站场、管道抢险抢修 54 次，完成设备设施大修等项目作业 153 项，完成日常维修维保作业 8 599 项，累计减少对天然气产量影响 1 445 万立方米。整合完成 6 座区域应急物资储备库建设，发布区域库应急物资配置指导标准，按标准补充配置应急物资 420 余万元，并建立社会化供应厂商网络清单以满足应急需求；加强管理成果转化，制定《维抢修中心机具设备配置指南》等企业标准 2 项；编制《应急抢险能力提升专项工作方案》，从井控、地面生产、终端燃气、消防和应急通信 5 个方面部署具体工作举措。首次开展应急抢维修业务提质增效专项活动，实现降本创效 2 669 万元；实施 20 项跨单位抢维作业服务，内部劳务结算 3 220 万元，实现内部资源共享及外委成本节约。

（陈　叶）

【防灾减灾】 2022 年，川渝地区遭遇 60 年一遇的极端高温干旱灾害性天气，同时发生多轮区域性强降雨天气过程，西南油气田公司在落实防灾减灾工作部署的同时，推行灾害防治常态化精细化管理，实行信息日报、主汛期周报、重要时段报告制度，实时发布预警 2 万余条、106 万余人次，编制发布汛期信息周报 18 期。组织各单位自检自查，并启动专项检查，抓好灾害隐患动态排查，挂牌督办发现的重点隐患问题。对 1 035 处管道河流穿跨越段、84 处山洪地质灾害风险点、22 处低洼易涝场站等重点部位按“一线一案”“一站一卡”原则完善应急预案，落实管控措施。有效应对川渝地区 3.0 级及以上地震 82 次。开展专项应急预案演练 100 余次，并通过“5・12”防灾减灾日专项宣传活动，提升全员防灾减灾意识及能力。

2022 年，川庆钻探工程公司强化风险防控，推动稳健效益发展。落实极端天气预警和 24 小时值班值守制度，每周监控排查防洪防汛重点要害部位，组织召开 3 次专题会议安排部署汛期安全生产工作，开展汛期隐患排查与治理。审核各单位应急演练计划，组织川庆长庆监督公司等 5 家单位完成应急培训及应急预案修订工作，举办应急业务管理培训，迎接国家应急管理部安全专项工作检查、集团公司应急能力评估、中油认证审核和中油技服 QHSE 专项审核等 6 次。梳理所辖地区自然灾害及风险隐患，及时汇报突发事件及受损情况 12 次，参与井控应急抢险等。应对“厄瓜多尔全国大罢工社会安全突发事件”“巴基斯坦全国特大洪水自然灾害突发事”等。

（陈　叶　何　虹）

【水电管理】 2022 年，西南油气田公司在极端持续高温干旱灾害性天气电力供应最紧缺时期，以“让气于电”助力“让电于民”，向华能重庆两江燃机发电有限责任公司、川投（达州）燃气发电有限公司两大燃气电厂日供气量最高突破 600 万立方米，同比增长 100%，为打赢电力保供攻坚战贡献石油力量。完善水电业务全生命周期管理制度体系，执行“日跟踪、周分析、月通报、季总结、年考核”及定期召开分析会工作机制，促进管理水平提升；组织电力设施春检与电力管理专项检查，督促问题整改，保障电力系统安全平稳运行；加强与地方供水供电公司的沟通协调，探索“油公司”模式下与专业化综合供电服务单位合作新模式，优化水电应急处置机制，提高水电保障能力。抓好科技项目攻关，强化架空线路防雷、净化装置抗晃电等薄弱环节技术攻关，年供电可靠率 99.86%；优化完善“投建运”供电模式，全面推行“购电成本 + 服务费”电费结算方式，探索建立钻井、压裂、生产阶梯电价机制；建成水电信息化管理平台 2.0，实现数据采集、汇总与集中展示等功能，助力水电业务统筹管理与决策支撑。加快推进无人值守变电站建设，通过技术赋能实现减员增效，35 千伏及以上变电站无人值守率 33%，累计精简变电站值班员工 50 余人；落实固化典型做法持续降本、聚焦关键环节深度挖潜、加快业务转型创新创效三大类 12 项电

力业务提质增效价值创造专项行动措施，全年降本 6 846 万元。（陈　叶）

2022 年 3 月 28 日，西南油气田公司在成都以视频形式召开 2022 年电力管理工作会暨春检启动会　王　蓉　摄

【土地管理】 2022 年，西南油气田公司探索形成“四个一”用地保障机制，即“测设征地一体化、施工协调一起推、工作节假日一样干、机关基层一起上”，优管理、压责任、聚合力，为 166 个项目供地 11 390 亩，平均供地周期 35 天，较控制周期缩短 13%，实现高效率供地。通过节约集约用地管理模式，挖掘节地潜能，节约用地 3 115 亩，节约成本 2.1 亿元；复垦还耕土地 1 125 亩，退回税费 689.23 万元；完成 9 个项目 268 亩土地盘活处置，取得收益 9 313.26 万元。发布集团公司范围内首个较国家标准缩减约 15%用地规模的约束性指标《西南油气田公司石油天然气工程用地指标》；绵阳地区油气废弃地复垦作为四川省首个油气废弃地复垦换指标试点项目，获四川省自然资源厅批复；编制西南油气田公司林业碳汇方案，建立与天津碳排放交易所对接渠道，方斗山农场试点项目成为西南油气田公司取得首个碳中和证明书。（陈　叶）

【油地关系协调】 2022 年，西南油气田公司对 428 个建设项目开展现场协调 968 次，向地方政府专题汇报 361 次，召开专题协调会议 326 次，开展 184 个项目 617.92 千米农村公路通行协调工作，解决各类受阻事件 375 次，协调地方政府对项目建设采取保护性措施 56 次，平均协调周期 5 天。提升生产协调效率，完成首份《油气建设项目报批事项指南》，分析油气建设项目内、外部手续关联性，探索油气建设项目快速办理行政许可路径。科学研判天府气田致密气、页岩气评价井、蓬莱气区储量井、牟老储气库等重点项目推进堵点、难点，提前制定针对性措施，着力项目建设过程的保障协调。推行产建运销一体化对外协调工作机制，多维协调南充市、绵阳市、成都市相关行政管理部门，加快建设项目火工证、铁路穿越许可、路由选址等外部行政手续办理，确保中台 108 井组试采地面集输工程、牟储 1 井、致密气等重点产能建设项目进度。举办油地协调培训班，邀请四川省交通厅、成都铁路局领导讲授穿越规定，提升协调人员业务能力。（陈　叶）

【生产组织】 2022 年，川庆钻探工程公司统筹调配设备资源，优化生产组织模式，精益生产过程管控，互补共享资源优势，提质增效成效显著，生产组织指标取得突破。面对多重因素叠加造成钻井工作量不均衡等问题，采取调整、引进、新购、升级改造等措施缓解工作量增加与自有主体设备不足及结构不完善之间的矛盾。全年国内自有钻机利用率 90.8%，同比增长 2.8 个百分点。川渝地区致密气高峰期引进中油技服成员企业钻机 7 部；页岩气引进中国石化钻机 23 部、民营钻机 2 部，为保障常规井正常作业，把 2 部 7 000 米钻机改造为 8 000 米钻机，川庆川东钻探公司与川庆川西钻探公司互换钻机 1 部；长庆地区实施周动态分析，根据各产建项目进度调整钻机需求，先后调整钻机 85 队次，把 6 台 5 000 米机械钻机升级改造为电动钻机，保障天然气评价项目、天然气探盐下、储气库、延长油田、陇东页岩油、致密气及苏里格等重点项目开发；在新疆地区，新购 1 部 9 000 米钻机，在土库曼斯坦项目，引进中国石化钻机 2 部。投入压裂酸化车辆 1 000 余台 220 余万水马力。编制《川庆钻探工程有限公司井筒作业整体提速实施方案》，细化井间拆搬安、中完、完井、井筒作业关键生产环节组织措施，规范组合方式，推行设备设施减配，实现井筒全生命周期全过程提速提效，平均有效井间周期 14.53 天，同比缩短 6.8%；平均中完周期 5.44 日 / 井次，同比缩短 8.2%。川渝地区形成蓬莱、高石梯—磨溪、深层页岩气、威远页岩气中完及完井提速模板，川渝地区平均中完周期 11.14 日 / 井次，同比缩短 19%。川庆川西钻探公司中完（完井）周期同比下降 14.17%，减少 694.52 天；蓬探 105 井 10.56 天三开中完、蓬探 109 井 6.57 天二开中完、蓬探

108 井五开悬挂 + 回接固井周期 33.27 天、威 204H79–7 井完井周期 3.76 天、蓬探 106 井四开中完 25.85 天、三开中完周期 13.9 天等多项纪录被刷新。川庆川东钻探公司自 3 月起成立钻机井间搬安提速小组，搬迁 30 口井，平均周期 24.1 天，同比提速 35.46%。推行分段钻井、接替试油、平台双机及钻机套搬作业，统筹资源互补共享，搬迁共享钻机 3 井次 6 部钻机，减少设备运输 127 车次，节约运输周期 8.75 天。根据钻机型号、道路情况等，实施“运输车 + 拖车”分段运输组织模式，提高车辆装载率，实现最优运行成本控制。推广“好运来”车辆共享平台，累计订单 5 362 单。在前期实施川渝地区钻具井控设备维保共享基础上，印发《川渝地区全面共享工作实施方案》，川渝地区共享工作取得良好成效。根据中油技服《内部装备共享管理办法（试行）》通知，编制《川庆钻探工程公司装备共享管理办法》。借鉴长庆地区华 H100 大平台作业模式，5 月川渝地区首个页岩气超大丛式平台威 204H79 平台 2 排 11 口井全部完钻，平均钻完井周期 53.76 天。华 H90–3 井刷新亚洲陆上页岩油最长水平段 5 060 米的压裂施工纪录，靖 51–29H1 平台创亚洲陆上最长水平段 5 256 米新纪录。在高石梯—磨溪区块、长宁、威远等 7 个钻井液站点固定投入应急保障车辆 24 台，统筹安排应急值班 3.79 万车次，完成中深 101 井、蓬深 5 井、龙兴 1 井等 411 井次急料 4.08 万吨，吊车共享 2 308 单任务。印发《川渝地区 2022 年钻机试油提效工作方案》，全年完成试油 66 层，新开井钻机试油平均单层周期 48.42 天，同比提速 13%；川渝地区原钻机试油钻机 41 台，减少 20 台，同比压减 33%。开展 8 000 米及以上钻机作业效率分析，编制《川庆钻探工程有限公司 8 000 米及以上钻机提速提效专项治理方案》，制定单队工作目标，动态跟踪深井钻机运行情况，对标集团公司新购主体设备考核指标，优先部署未达标钻机及设备入场作业，近 3 年投资的钻机增效率 86%；督促各单位完成单队年度工作目标，承钻的双鱼 001–H6 井完钻井深 9 010 米，创中国石油最深井和中国陆上最深气井记录，收到集团公司发展计划部贺信。（何　虹）

【生产协调】 2022 年，川庆钻探工程公司分区域实施差异化生产协调方式，强化单位间协同配合，全年钻井乙方阻停 0.1%，同比减少 0.04 个百分点；钻井甲方因素阻停时间 9 249 小时，比 2021 年 12 941 小时压减 28.5%；试油甲方因素组停时间 3 057.84 小时，比 2021 年 6 438.61 小时压减 52.5%。强化与集团公司、中油技服的沟通协调机制，定期召开各专业生产保障会，贯彻落实上级工作部署与安排。川渝地区每月与西南油气田公司召开钻井运行和压裂酸化运行对接会，编制月度生产运行计划，紧跟西南油气田公司“十四五”发展规划，多渠道落实工作量，保障蓬莱气区、致密气、页岩气等重点项目勘探开发，川渝地区完成钻井进尺 127.6 万米，同比增长 57%，占西南油气田公司总进尺 217.6 万米的 59%。（何　虹）

【重点工程保障】 2022 年，川庆钻探工程公司围绕建设单位和生产建设任务，从生产、技术、设备等多方面保障西南油气田公司蓬莱气区、致密气、页岩气等重点项目勘探开发，提升苏里格天然气合作开发和威远页岩气风险服务保障水平。钻前工程跟踪井位勘定、设计评审，了解征地进度，督促川庆蜀渝公司提前进行土地协调、钻前施工，配合有序搬安，推广装配式场面板应用 4 278 张。强化压前准备，持续提升压裂效率。推行“准备先行、即到即压、即压即走”施工模式，打造专业压前准备队伍，紧密工序衔接，压前准备周期 14.41 天，同比减少 0.84 天。3—4 月，川庆钻探工程公司与所属 10 家主要生产单位交流座谈，形成报告并协调解决各单位及单位间存在的各类 14 项问题。为保障页岩气工程进度，使用旋挖机进行表层开钻作业 43 井次。根据各区域疫情防控形势及防疫要求，合理安排生产任务，适当调整钻前、井间搬迁等作业时间，结合井下风险与工况对钻压试现场的作业进度和工序进行优化。（何　虹）

【基础管理】 2022 年，川庆钻探工程公司加强车辆租赁审批与合规管理，印发《关于开展租赁运输车辆专项检查的通知》，对所有二级单位的租赁车辆资质及外委运输车辆开展为期 2 个月的专项工作检查，持续督促整改措施落实。调研川庆川东钻探公司等 5 家单位的油基岩屑运输现状并形成调研报告，针对川渝地区油基岩屑运输处置承包商资质不全、监管不到位、油基岩屑运输存在泄漏风险等问题进行整改。制定印发《川庆钻探工程有限公司物流运输服务商管理办法（试行）》。开展交通安全专项整治三年行动及节假日期间危险物品运输审批。（何　虹）

财务资产

【概述】 2022年，西南油气田公司树立“一切成本皆可降”的理念，推进提质增效、低成本发展战略。以规范、高效的财务运行，优异的决策支持、价值创造、风险管控能力，服务企业生产经营，取得优异成绩。全年实现税前利润134.76亿元，同比增长10.47%；经济增加值106.49亿元，投资回报率12.14%，均创历史佳绩。

2022年，川庆钻探工程公司财务系统广大干部员工在集团公司、中油技服和川庆钻探工程公司正确领导下，落实工作部署，围绕企业发展战略，以提质增效为抓手，以资金回款为主线，持续提升企业财务管理风险防控、合规管理、服务发展和价值创造能力，为企业高质量发展持续贡献财务力量。（钟　宁　张　欢）

2022年2月17日，西南油气田公司财务处在成都召开2022年主要生产单位财务工作交流会　陈　宇　摄

【预算管理】 2022年，西南油气田公司将生产经营52项具体目标、全面深化改革、合规管理等工作融入提质增效价值创造行动中，制定具体实施措施和重点工作任务清单，全年实现提质增效38亿元，其中控制投资16亿元、开源创收17亿元、降本增效5亿元。推进控本降费行动，强化“五项”费用、外包支出、材料、燃料动力等成本管控，严控非生产性支出。推动成本压降三年行动计划，完成2021年区块完全成本分析，开展常规气、页岩气和致密气达产达效和成本价值规律研究。开展“零基预算”，按“零基预算”与“管业务也要管成本”相结合的预算方法一体化编制2023年运行费预算。以全面预算管理引领生产经营的持续优化，推动生产要素向优质高效项目流动，突出差异化预算管理，强化预算滚动调整机制，重点抓好各单位月度成本均衡管理。推动财务信息化建设，打造一套成熟的集指标管控、预算执行分析、成本支出分析、效益管控和预警为一体的财务分析预警信息系统。

2022年，川庆钻探工程公司以“技术立企、成本领先、数字赋能”三大战略为引领，坚持事前算赢的价值理念，深化“零基预算”管理，持续完善预算编制方法体系，细化预算编制颗粒度，加强财务预算与业务规划的紧密衔接和有效协同。综合考虑各业务板块特点及盈利能力差异，科学测算分解各单位年度财务预算指标，引领各单位自我加压、主动提升。强化预算过程管控，全面推行月度预测、滚动预算和季度考核，提升预算纠偏能力，确保整体经营效益平稳受控。综合研判国内外形势，定期收集生产经营动态情况，分析大宗材料价格走势、美元汇率波动、新冠肺炎疫情等因素对企业经营结果影响，开展多频次全年经营成果预测，前置保障措施及时化解经营风险，确保年度主要预算目标实现。实施精准帮扶，领导对重点亏损企业实施“一对一”帮扶，从生产、经营、管理上多维度精准帮扶。开展亏损原因分析和专业对标工作，找准问题症结，助力亏损企业尽快扭亏脱困。研究出台实效帮扶政策，协同开展试油提质提效专项工作，持续完善“同比减亏”“减亏资金全额留用”等激励政策，着力减轻亏损企业负担，调动企业治亏内生动力和积极性，全级次子企业全部实现盈利，亏损治理工作取得阶段性成效。（钟　宁　张　欢）

【成本管理】 2022年，川庆钻探工程公司完善提质增效管理模式，突出全产业链“四精”管理，以价值创造为导向、专项考核为驱动、以闭环管理为抓手，通过矩阵式管理推进专项工作，激发经营管理活力，形成具有川庆钻探工程公司特色的管理模式，实现贡献17.51亿元。强化顶层设计，研究确定“两利四率”（“两利”指利润总额和净利润，“四率”指资产负债率、营业利润率、劳动生产率和研发投入强度）等5类关键管控要素，制定可量化指标107项，细化形成6个方面33项185条具体工作措施，增强行动方案的精准度和可操作性。持续优化提质增效专项工作考核机制，完善定量指标和定性指标考核评分细则，开展专项工作考核，督促各单位补短板抓落实。按季开展专项工作通报，制定阶段性改进措施11项，组织8家单位经验交流。开展2021年专项工作评优选先工作，评选表彰专项工作先进单位8家、先进处室8个、先进集体58

个、先进个人 120 人、优秀案例 4 篇，推动全员参与提质增效价值创造工作积极性。（张 欢）

【资金管理】 2022 年，西南油气田公司加强资金债务管理，降低融资成本，推动建立利润、现金流“双核”驱动机制。完善“年预算、季预测、月计划、周控制、日安排”资金紧平衡管控机制。加强债务警戒线管理，完成年度资产负债率指标的考核。确保全年“两金”增幅不高于收入增幅，超额完成总部指标。推进清欠工作，确保不突破零新增目标底线。强化资金统筹管理，优先保障民营企业、中小企业账款和农民工工资的支付。推进债务风险问题专项治理行动。加强担保授信业务监督，规范专项业务管理。推进产融结合管理工作，开展西南区域 2021 年产融结合考核评价；推广“商信通”，增强协同效应；强化参股公司融资管理。

2022 年，川庆钻探工程公司以资金安全为核心，提高资金使用效率和价值创造能力。坚持资金集中统筹规划，强化资金计划过程管控，持续改善自由现金流；梳理资金支付需求，严格分级分类管理，资金头寸优先保障刚性支出，弹性支出方面执行以收定支原则调控，利用票据调节现金流出周期，开票规模同比扩大 40.05%，缓解现金压力。贯彻落实国务院和国资委稳增长、纾困惠企促就业精神，滚动开展应付农民工、民企及中小企业欠款清理排查工作，保障农民工、民企及中小企业专项资金支付。把“两金”压控工作和陈欠清收专项工作相融合，开展陈欠清收攻坚年专项行动，坚持“降存量、控增量、防风险、促长效”工作原则，大幅压降陈欠规模、严控新增欠款、降低坏账风险，对 18 家单位下达陈欠清理目标任务，挂牌督办重点清收项目 60 余项，全年收回 2022 年以前的欠款近 7 亿元，新增欠款收回率 98.87%，“两金”压控指标综合完成率 120%。强化汇率风险管控，抢抓美元汇率上涨窗口期，结合海外项目经营实际和美元风险敞口情况，主动结汇 2.4 亿美元，实现汇兑收益 1.05 亿元；加强对境外单位财务主管动态管理，做到应派尽派，严格考核，发挥财务主管探头作用，确保境外资金安全。（钟 宁 张 欢）

【关联交易】 2022 年，西南油气田公司优化关联交易对账系统，提升内部交易管理水平。对接成都共享，试点对账业务移交，加快财务转型。持续维护关联方信息，核实、更新 400 余家关联方信息。持续提升关联交易信息质量，票、账、表三方齐核查，做好与集团公司持续性关联交易上限管理。加快关联交易结算，督促各单位落实“当月开票、当月挂账、当月清零”，改善结算滞后的状况，西南油气田公司主要关联交易单位支付率 99.99%。（钟 宁）

【结算管理】 2022 年，川庆钻探工程有限公司提升结算效率。开创“总部对总部、年底抵扣清算”预付款模式缓解资金压力，通过统筹支付油料款方式提高资金结算效率。组织召开结算工作推进会 3 次，分解下达结算工作任务清单 2 批，梳理 5 大类具体项目问题 100 余项基本问题，靶向制订改进措施。建立月度结算分析模式，累计报送关联交易动态信息 8 期，累计通报 9 期，上报结算分析报告 4 期。加大收入结算考核力度，向责任单位和责任人传递压力和动力，推动结算工作提速增效。全年累计开票结算同比增长 10.1%，其中境内收入结算率同比上升 0.67 个百分点。开展 2021 年跨年项目结算清理，对 13 家所属单位与 6 家油气田公司 885 个未结算项目进行梳理，建立“日通报、周总结”督导方式，采取“先清扫小油田，后攻克重点油田”的策略，在既定时间内与相关油气田企业未结算额 55.42 亿元基本达成一致。推进合同资产管理工作，抓细抓实合同资产分析研究，协调结算难点市场，重点解决形成时间长、结算分歧大的存量合同资产结算问题，去化率 73.44%，完成博孜 3 井抢险救援费用的开票结算。（张 欢）

【“两金”压控与陈欠清收】 2022 年，川庆钻探工程公司将“两金”压控工作和陈欠清收专项工作相融合，开展陈欠清收攻坚年专项行动，坚持“降存量、控增量、防风险、促长效”工作原则，大幅压降陈欠规模、严控新增欠款、降低坏账风险，对 18 家单位下达陈欠清理目标任务，挂牌督办重点清收项目 60 余项，以前年度欠款回收率 64.49%，新增欠款收回率 98.87%，“两金”压控指标封顶完成。（张 欢）

【会计核算】 2022 年，西南油气田公司强化财务分析力度，完善预算、核算联动机制。每月重点分析资产负债表、损益表环比，同比等数据重大和异常变化的情况，合理优化库存天然气出入库流程。梳理管输业务，靠实成本分摊比例，与管道部就管输成本监审要求及年度监审报表开展业务研讨，对公司管输成本趋势、管道业务管理模式、加大管道业务投入等进行深入沟通，为做好管输成本监审打下基础。全过程参与相国寺储气库有限公司的合资工作，提供财务解决方案，就储气库业务划转做好账务体系建设及配置。组织2022年新发布的《会计手册》培训，开展现场调研。

2022年，川庆钻探工程公司推进集团公司“四统一”重点项目首批试点工作，组织协调各单位进行交易平台、报表平台、租赁系统各项功能和各类型交易测试，实现统一报表平台全级次上线，推进统一组织架构、统一交易平台、统一会计核算体系、租赁系统开展，推动建立统一核算标准、流程和规范租赁业务，健全统一的财务核算和报告体系。推进财务会计信息质量巩固提升专项行动，落实集团公司财务会计信息质量巩固提升工作要求，强化组织领导和统筹推进，做到检查全覆盖，结合检查发现的问题梳理总结，健全完善防范会计信息虚假问题的长效机制，坚持治标与治本相结合，在“治已病”的基础上，重点“防未病”，提升依法合规经营能力水平，会计信息质量得到持续巩固和提升。（钟宁 张欢）

【股权管理】 2022年，川庆钻探工程公司持续完善对全资子公司日常管理模式，理顺子公司和代管分公司之间交叉业务、存量资金盘活问题；对参股公司按照《中华人民共和国公司法》、集团公司要求进行管理，落实股利分配，确保股利全部足额、及时到账，全年收到现金股利0.38亿元。在《中华人民共和国公司法》框架下推进建立参股公司财务监控、风险控制的流程和管理机制，提升对参股公司有效监管能力；推进低渗透油气田国家工程研究中心新增股权项目相关工作。（张欢）

【资产与保险管理】 2022年，西南油气田公司开展资产分类评价工作，按照评价标准，客观分析评价结果，对于低效负效老油气区块，重点分析低效负效区块形成原因，落实制度针对性措施。合理计提折耗，控降完全成本，全年实现压降折耗3亿元。提前谋划SEC储量评估，在确保实现PD储量合理增长的同时，合理消化资源枯竭气田资产，做到储量与成本同步效控制。构建固定大修理效益效果分析模型，建立分控大修与采油气工艺措施效益效果评价机制。落实上级政策，推进房租减免，全年获减租户1 572户，减免租金3 810万元，帮助服务业领域困难行业及个体工商户渡过难关。开展公有房屋专项清查，完成36家单位公有房屋清理，清盘非生产用房面积332万平方米。完成重庆气矿铜锣峡、黄草峡气藏及储气库项目前期投入处置等8个项目请示上报。指导储气库管理处完成73.39亿元资产注入相国寺储气库公司。开展医疗改革无偿划转土地房产摸底。

2022年，川庆钻探工程公司开展资产分类评价工作，精准分析现状，促进高常效资产创效能力，分析低负效资产形成原因，针对性制订盘活目标和实施方案，提高资产使用效率和效益。动态压控租赁费用规模，同比节约租赁费用4亿元，租赁预算管控成效显著。坚持“一盘棋”盘活闲置资产，会同生产、装备等部门，统筹安排和调剂生产设备，降低设备闲置率，提高整体资产创效效益，其中国内钻机综合利用率同比提升2.8%。采取单项指标考核、加大奖惩激励、缩短评估备案时间等多措并举，有力措施，处置资产同比增长10%，资产处置效率不断提升。贯彻落实房租减免工作的决策部署，推进房租减免工作，全年减免25户租户租金130余万元，发挥国有企业关键时刻“稳定器”作用。（钟宁 张欢）

【价税管理】 2022年，西南油气田公司完成2021年度非常规天然气中央财政补贴的资料申报工作，获非常规天然气补贴13.25亿元，其中页岩气补贴12.5亿元、致密气补贴0.8亿元。以市场为导向，优化企业内部资源配置，设立西南油气田公司内部产品及劳务价格管理委员会，会同营销部修订《硫黄内部结算价格调价机制》。加强税收筹划，减轻企业税收负担。延迟缴纳四川石油管理局持有新华盛公司49%股权的企业所得税12.89亿元，降低资金占用成本。配合完成相国寺储气库合资工作，进项税转移至储气库公司。2021年企业所得税累计节约10.99亿元，企业综合所得税率从20%下降到15%。组织税收自查自纠，梳理涉税风险，规范纳税行为，查补税费0.81亿元。牵头召开中国石油四川区域税收交流视频会，促进四川区域中国石油所属单位税收工作的交流协作。

2022年，川庆钻探工程公司以“依法经营、诚信纳税”为宗旨，累计缴纳境内外税费6.5亿元。精准推进增值税留抵退税工作，针对国家颁布的增值留抵退税新政，结合企业实际精准定位政策落地业务及范围，靶向细化政策执行目标及环节，收到增值税留抵退税及出口退税等

2.04亿元。实施国家减税降费组合支持政策的规范实施，开展企业所得税年度汇算清缴，实现减税增利0.93亿元，其中研发费用加计扣除节税0.53亿元，西部大开发税率优惠节税0.34亿元，残疾人工资加计扣除、安全生产设备抵税等其他政策抵税0.06亿元。加强自用成品油耗用源头管理，依法合规申报成品油消费税返还0.43亿元。参与四川省全面数字化电子发票试点建设工作，作为唯一首票开票企业成功开具四川省内首张“全电发票”，为企业降本增效开辟新的通道，也促进财税工作向“数智化”转型迈进。（钟宁 张欢）

【机关财务管理】 2022年，西南油气田公司严格机关财务管理，加强“五项”费用和日常运行费用的把控。加强与处（部）室的沟通，及时处理预算执行中存在问题，确保费用控制在预算范围内。改进企业留存党费的管理模式，逐步规范代管单位党费报销单据的填报。稳步推进会计学会的管理，完成协会年审和法人代表的离任审计。

2022年，川庆钻探工程公司机关财务立足服务机关，坚持“依法合规，热情服务，严守秘密”理念，着力服务窗口硬件、软件建设，累计办理各类业务超过0.5万笔，业务处理依法合规，热情周到服务员工，服务窗口建设取得突破。坚持以资金计划为抓手，运用信息化手段，实现资金审核审批全覆盖，确保资金安全受控运行。坚持公开、公平、公正处置报废资产，完成处置116项，实现历史遗留资产和低效无效资产双清零，打通挂网公示、公开竞买、合同签订全过程报废资产处置链条。坚持依法扣税依法纳税，用好个税优惠政策，实现人均节税超万元，让政策红利惠及每一位员工。坚持费用预算、会计核算一体部署、一体推进，确保费用均控制在预算目标内。坚持程序合规、审批完备、手续齐全，确保党费、工会和团费等表外资金安全规范运行。（钟宁 张欢）

【财务监督与基础工作】 2022年，西南油气田公司开展“2022财务合规建设年”活动，推进全层级常态化财会监督工作，发布《常态化财会稽查实施方案》，从“事后监督”向“过程监督”转变，从“被动迎审”向“主动稽查”转变。开展全覆盖财务大检查，强化数字化稽查方法，摸排财务运营管控中存在的风险和隐患。完成集团公司会计信息质量巩固提升、债务风险、依法纳税等各类专项检查，完成监察、审计、内控、风控、党风廉政建设和反腐败、反舞弊等大监督相关工作，构建全面覆盖、全程管控、常态长效的财会监督体系，提升财务合规管理水平，降低财务风险，促进企业依法合规经营。在财务处开辟专栏，对公有房屋清查、提质增效、四川石油财会稿件等重点专项工作开展通报，提升各单位对财务工作的认识和重视程度，促进财务管理水平的提高。制定《无形资产管理实施细则》《资金计划管理实施细则》《关于保障农民工工资支付的指导意见》等制度规范16个，明确管理机构与职责、细化管理流程与制度，构建规范化管理体系。

2022年，川庆钻探工程公司针对违规违纪报销差旅费等突出问题，开展科研项目差旅费监督检查和违规违纪报销差旅费专项整治工作。结合“合规管理强化年”“严肃财经纪律、依法合规经营”综合治理行动，统筹开展会计信息虚假问题、依法纳税问题、虚假贸易业务等5个专项治理工作，发现整改问题19项，及时补缴税款。完成川庆钻探工程公司原执行董事离任审计迎审工作任务。强化巡视巡察及审计发现问题整改督导及成果运用，梳理优化督导业务流程，编制巡察、审计整改问题清单，明确督导责任和时间节点，及时追踪整改进度，业务监管有的放矢，监管效能持续提升。持续优化财务内控管理，结合岗位调整和制度修订，调整完善财务内控管理流程35个、风险控制文档3个，将财务监管融入业务流程之中，从制度流程上防范系统性操作风险。（钟宁 张欢）

【商业保险】 2022年，西南油气田公司加强保险管理组织领导和监督检查。开展保险业务梳理自查2次，落实保险管理责任。定期开展赔案清理，推进理赔服务方便通畅。加强保险政策宣贯，强化提升各单位风险意识。夯实精细化管理能力，维护企业权益。落实保险管理责任，促进产融结合。

2022年，川庆钻探工程公司推进商业保险集中管理工作，发挥统保优势，开展特殊险种审批、投保、备案工作。编制年度商业保险计划，集团公司统保的主要投保险种为雇主责任险（国内、国外）、综合责任险、石油天然气钻井设备一切险（国内、国外）等，保障关联交易市场、外部市场、境外项目的保险保障需求，保障员工的切身利益；加强与保险公司沟通协调，依规推进出险案件的报案、资料收集、理赔工作，加快理赔案件结

案，资产损失得到合理补偿，有效转移企业经营风险。（钟　宁　张　欢）

【财务共享】 2022年，西南油气田公司优化共享平台运行，完成报表业务、总账业务，租赁系统全部移交。实现共享平台和合同系统对接运行；改进对个人集中支付的批量支付，缩短员工报账周期。4月向成都共享中心移交办公费用审核业务，10月移交8家所属单位报销审核业务。组织所属10家控股公司及土库曼斯坦分公司开展共享服务体系建设。完成集团公司统一报表平台推广上线工作，组织完成集团公司统一交易平台系统测试工作。收集整理上市、未上市单位1999—2003年财务历史账套数据库备份文件。加快资产数字化管理平台建设。

2022年，川庆钻探工程公司加强与中国石油共享运营有限公司成都中心的沟通合作，深化巩固“三项业务”移交成果，财务共享上线累计提单110万笔，居同板块上线单位提单量首位，凭证共享率99.7%、资金支付笔数、支付金额共享率均99.99%。（钟　宁　张　欢）

股权与资本运营

【概述】 2022年，西南油气田公司（四川石油管理局）有全口径各层级法人实体187家。按照国资委国有和非国有法人企业统计口径来分，国有法人企业（即国有全资和控参股公司）72家，其中上市公司26家、未上市公司46家；非国有法人企业（即国有参股再投资公司）115家。西南油气田公司直接管理11家，委托华盛公司和所属单位管理176家。（黄韬澄）

【股权业务类型】 2022年，西南油气田公司（四川石油管理局）投资公司经营业务主要有7类，包括油气勘探开采业务、天然气终端销售业务、储气及管道运输业务、油气工程技术服务业务、房地产开发业务、医疗服务，以及其他业务。（黄韬澄）

【公司治理及股东行权】 2022年，西南油气田公司根据股权业务管理职能调整实际，以及持续深化改革要求，组织两级股权管理单位及业务部门厘清管理职责，明晰管理界面，逐步修订管理制度，优化业务流程。指导监督各层级投资公司严格按《中华人民共和国公司法》要求加强治理体系建设，规范治理结构设置与运行，督促股东代表、董监事忠诚履职，组织开展调查研究。优化投资公司“三会”议案管理，严格议案审查，加强重大事项股东内部决策审批，强化控参股公司行权管控，有效防范投资风险。改善董监事履职质量，协同推进法人企业董监事组织体系和管理体系的进一步完善，配合做好我方派出董监事的选拔推荐。抓好国有产权管理问题专项治理，按照国务院国资委、集团公司关于“严肃财经纪律，依法合规经营”专项治理的统一部署，制订专项治理工作方案，组织开展全层级国有产权管理问题专项排查整治、产权系统和股权系统核查工作。（黄韬澄）

【专职董事监事管理】 2022年，川庆钻探工程公司设立专职董监事办公室，主要负责参股企业管理工作。明确机关职能处室对参股企业的管理职责和界面，梳理议案管理流程，推进现有参股企业实施现代企业法人治理，组织参股企业股东会、董事会及监事会议案审议，探索高效“三会”决策流程，全年组织召开参股企业管理委员会9次，审议议案38项，签署股东会决议11份；与成都东广能源有限公司、海峡能源公司、中国航天科工集团第三研究院第三十三所等合资方开展工作对接，畅通股东方交流渠道；完成新设股权登记工作，完成川庆越盛公司、鄂尔多斯市海川能源科技有限公司及四川天石和创科技有限公司的产权登记；梳理参股企业现状，建立参股企业价值评估体系，完成长庆化工集团有限公司、川庆越盛公司、鄂尔多斯市海川能源科技有限公司等3家参股企业价值评估；规范实施股利分配，对外投资公司股利分配完成率100%。（罗晓宇）

企业资质

【资质审查与考评】 2022年，西南油气田公司根据生产需求，经现场考察及初审，在3月、9月分2批次向集团公司申报6支队伍资质换证复审、8支队伍资质升级，集团公司新批准9支钻井队伍资质、5支钻井队资质由丙级升级为乙级。组织对矿权范围内作业的油气田技术服务队伍资质情况进行全面摸排清查，聘请第三方机构开展能力测评，强化作业现场管理。

2022年，川庆钻探工程公司有集团公司颁发的石油工程技术服务总承包企业资质，所属单位取得集团公司工程技术服务企业资质25家。其中：钻井工程技术服务企业资质4家，即川庆川东钻探公司、川庆川西钻探公司、川庆长庆钻井总公司、川庆新疆分公司；固井工程技术服务企业资质2家，即川庆长庆固井公司、川庆井下作业公司；井下作业工程技术服务企业资质4家，即川庆新疆分公司、川庆井下作业公司、川庆长庆井下技术作业公司、川庆试修公司；录井企业资质1家，即川庆地研究院；连续油管技术服务企业资质2家，即川庆井下作业公司、川庆长庆井下技术作业公司；定向井工程技术服务企业资质4家，即川庆钻采研究院、川庆川东钻探公司、川庆川西钻探公司、川庆长庆钻井总公司；钻井液工程技术服务企业资质4家，即川庆钻井液公司、川庆川东钻探公司、川庆川西钻探公司、川庆长庆钻井总公司；带压作业企业资质3家，即川庆长庆井下技术公司、中国石油井控应急救援中心、川庆试修公司。有集团公司钻井工程设计企业资质2家，即川庆钻采研究院、川庆长庆钻井总公司。川庆钻探工程公司有属于集团公司资质管理范畴的工程技术服务施工作业队伍725支，其中钻井队伍288支、固井队22支、录井队伍182支、大修队40支、试油队56支、带压作业队17支、压裂队56支、测试队39、连续油管队伍25支。（黄韬澄　王贵刚）

【评估与申报】2022年，川庆钻探工程公司配合集团公司认定的资质评估机构北京康布尔石油技术发展有限公司，对川庆川东钻探公司、川庆川西钻探公司、川庆长庆钻井总公司、川庆新疆分公司、川庆长庆井下技术公司和川庆试修公司的98台钻机、39台试修设备进行资质评估，确保工程技术服务队伍设备性能完全符合队伍资质等级要求。全年完成内部3家企业、314支队伍的资质初审和申报工作，其中乙级升甲级队伍9支。完成业务外包的114家外部企业、248支外部队伍的资质初审和申报工作。（王贵刚）

【资质审查与考评】2022年，川庆钻探工程公司按照集团公司资质管理委员会要求，资质初审领导小组组织专家组，分专业完成所有申报资质队伍的资料审查，按比例抽查施工现场。川庆钻探工程公司资质专业考核组从人员素质、装备与设施、管理及业绩、井控4个方面，分批次集中对申报资质队伍初审考核评分。按照集团公司《关于开展2022年油气田技术服务企业和队伍资质检查的通知》（工单资质办〔2022〕10号）要求，成立资质迎检领导小组，印发《关于做好迎接集团公司2022年油气田技术服务企业及队伍资质检查的通知》(资质办发〔2022〕1号)，抽查工程技术服务企业7个、队伍85支，其中钻井队27支、井下作业队伍31支、录井队27支，责令相关单位对检查存在的问题进行现场和限期整改，确保队伍现场实际情况符合资质等级要求。8月23—30日，集团公司资质检查组对川庆钻探工程公司川渝地区内部及外包工程技术服务企业和队伍进行检查，抽查工程技术服务企业7家、钻井队10支、压裂队1支、连续油管作业队1支、测试队1支、录井队10支。（王贵刚）

【综合管理】2022年，川庆钻探工程公司落实集团公司《工程技术服务企业及队伍资质管理规定》和各专业《队伍资质审核标准》，有序开展日常资质管理工作；坚持“谁引进、谁负责，谁使用、谁监管”原则，抓好业务外包企业和队伍的资质初审和申报工作，严把队伍资质准入关，择优选择队伍，加强现场监管，推进队伍现场HSE管理水平，抓好队伍提质提速提效，杜绝井喷事故的发生，保障页岩气勘探开发钻井需求。推行《企业及队伍资质管理考核细则（试行）》和《企业及作业队伍资质管理办法》，按时考核所属基层单位资质管理工作。国内725支队伍全部取得集团公司资质，动用队伍资质合格率100%。推行和完善集团公司A7资质管理子系统，组织申报资质单位完成井筒工程设计资质、工程技术服务企业和队伍资质的网上录入、初评和上报工作，保证集团公司A7资质管理子系统的有效推广和应用。依照队伍资质审核标准要求，分层次、分专业、有重点、有计划地开展岗位人员培训工作，队伍岗位人员井控证、HSE证、司钻证等证件持证率100%。资质初审领导小组办公室组织公司所属单位2名二级副人员和5名资质管理业务骨干，分别于10月和11月参加为期7天的“集团公司2022年资质管理培训班”，提升资质管理人员的管控能力。按照集团公司资质管理规定和西南油气田公司《钻井队伍施工作业范围与资质匹配关系专家论证管理暂行规定》要求，会同西南油气田公司资质管理办公室，对川庆钻探工程公司在川渝地区从事“三高”井施工的5支乙级钻井队，按程序进行资质备案管理。健全队伍资质动态管理体系，随时掌握队伍人员、设备和施工现状，对设备更新、人员变化及资质升级的队伍及时进行资质变更，促进队伍资质等级与实际人员、装备、业绩水平相一致，确保队伍资质“证实相符”；按时编制资质管理月报、季报和年报，确保队伍资质信息畅通。（王贵刚）

人事

【概述】 2022年，西南油气田公司贯彻落实党的二十大精神，推进人才强企工程，统筹“选育管用”建设“三强”干部队伍，突出“高精尖缺”培养造就优秀专业技术人才，干部人才队伍朝气蓬勃。

2022年，川庆钻探工程公司贯彻落实“十四五”工作总体思路和发展部署，以组织人事工作价值创造为主线，建设坚强有力领导班子，打造创新创效人才队伍，高效推进领导班子建设、人才队伍建设、自身建设等各项工作，以高质量人事工作服务川庆钻探工程公司高质量发展。（闵怡薇　王静丽）

【领导班子建设】 2022年，西南油气田公司党委按照“分工合理、专业配套、优势互补、功能齐全”原则，做好领导人员选拔任用工作，优化各级领导班子年龄、专业结构，坚持关键岗位常态化交流轮岗机制，探索实施纪委书记专职化及派驻纪检组管理机。全年调整中层领导人员188人次，其中提拔71人、进一步使用3人、交流调整84人次、退出领导岗位免职30人。按照干部管理权限，全年调整机关部门和相关单位基层领导人员223人次，其中提拔121人，交流调整86人次，退出领导岗位免职16人。坚持“双向进入、交叉任职”，探索在燃气终端公司、绝对控股投资公司优化、规范治理结构，实行党委书记和董事长（执行董事）由1人担任、总经理（党委副书记）分设的领导体制，选配具有较强管党治党意识和治企兴企本领的复合型领导人员担任“一把手”，把党的建设与完善治理有机统一起来，发挥党组织“把方向、管大局、促落实”作用，提升企业运转效率，选配党委书记、董事长（执行董事）4人。严肃领导班子和领导人员考核管理，优化考核评价方式，首次明确领导人员年度考核中本班子优秀比例不超过50%，将考核结果作为任期综合评价的重要依据。深化任期制改革，扩大实施范围，完善考核指标，约定刚性退出，全体中层领导、子企业基层领导按期完成新契约签订。截至2022年底，西南油气田公司有在岗中层领导人员416人，因年龄原因退出领导岗位保留待遇104人；在岗416人中有中层正职127人、中层副职289人；有中共党员416人，平均年龄47.8岁；有大学本科及以上文化程度405人，副高级以上专业技术职称341人。有基层领导人员3 021人，其中，大学本科及以上学历2 760人，中级及以上专业技术职称2 800人。

2022年，川庆钻探工程公司推进企业领导人员管理工作体系建设，坚持优结构与强功能、培养与使用、提升个人战斗力与组织合力并重，打造政治过硬、引领发展的坚强领导集体。川庆钻探工程公司领导班子2021年度考核测评综合得分在集团公司排名第12位，在工程技术企业排名第4位，连续多年排名靠前。配合集团公司完成2名局级领导民主推荐考察工作。坚持和完善领导班子定期综合分析研判制度，分类对领导班子进行重点考核和综合分析，更新完成所属单位“一班子一策”“一人一策”，针对性提出领导班子建设重点任务和具体措施，打造高素质专业化干部队伍。注重选优配强一把手，强化学专业、干专业干部选配，推进配置性交流、培养性交流、制度性交流。坚持好干部标准，选准用好干部，调整配备中层领导人员156人次，其中提拔副总师1人、提拔二级正职16人、提拔二级副职31人、进一步使用8人。按照3个“三分之一”原则，注重选好用好各年龄段干部，形成老、中、青梯次配备。截至2022年底，川庆钻探工程公司中层领导人员40岁以下19人、41~45岁41人、46~50岁104人、51~55岁107人，整体梯次配备更加明显，年龄结构得到改善，班子整体功能不断增强。生产技术二级单位专业技术总师配备率高于80%，有效强化技术管理力量。组织完成公司所属单位、机关处室（直附属单位）领导班子及领导人员2021年度民主测评，对5人进行提醒谈话。截至2022年底，有在岗中层领导人员300人，其中二级正职81人、二级副职219人；二级正职平均年龄

51.89岁；二级副职平均年龄48岁。硕士研究生及以上文化程度28人，大学文化程度253人，大专文化程度18人，中专及以下文化程度1人；正高级专业技术职称5人，副高级专业技术职称251人，中级专业技术职称41人，初级专业技术职称3人。（闵怡薇　王静丽）

【干部队伍建设】 2022年，西南油气田公司印发《大力发现培养选拔优秀年轻干部行动计划》，组织实施优秀年轻干部“红日”“旭日”专项行动计划，同步打造优秀年轻干部“蓄水池”，分阶段实现领导班子梯次配备、有序接替，两级领导人员年龄结构优化提前实现“1/5”配备目标，主要生产和科研单位技术总师、40岁左右年轻干部全覆盖配备，主体专业占比70%。开展新一轮优秀年轻干部调研，摸底各级党组织中具有较强专业能力、基层岗位历练扎实、工作实绩突出、发展潜力较大的优秀年轻干部，从中择优掌握360余名两级领导人员，为党委选贤任能提供重要参考。选拔55名青年干部参加实践锻炼，加强对实践锻炼岗位的摸底和对年轻干部人才库的盘点，提高人员选派的针对性，加大基层领导人员交流挂职力度，帮助青年干部人才加强历练、快速成长。建立健全董事会、监事会制度，构建内部权力制衡约束机制，组织2名外部董事参加履职能力提升培训，全年调整投资公司董监事32人次。印发《关于规范领导人员任职回避和公务回避的实施细则》，同步开展中层领导人员回避事项治理，有5人因亲属关系调整工作岗位。规范领导人员兼职管理，梳理委派到对外投资公司担任董监事、社会团体担任相关职务情况，严格兼职管理、严肃兼职审批流程、严控兼职个数，全年审批领导人员兼职45人次。截至2022年底，西南油气田公司有在册员工28 966人，其中在岗28 552人；在岗员工中有管理、专业技术人员14 086人、占49.3%；具有大学本科及以上学历的有10 932人（含研究生学历1 598人）、占77.61%，大专学历2 796人、占19.8%；30岁及以下1 287人、占9.1%，31～40岁4 866人、占34.5%，41～50岁4 102人、占29.1%，51岁以上3 831人、占27.2%，平均年龄43岁。

2022年，川庆钻探工程公司推进人才强企工作体系。召开“人才强企工程推进年”启动会，统筹推进13个方面48项重点工作，开展人才强企工程推进情况督导检查。印发活动简报2期，“三强”干部锻造等10余篇信息刊登在集团公司《企业动态专刊》、人才强企网页专栏，科技创新团队建设经验入选集团公司《人才强企优秀案例集》。常态化开展优秀年轻干部在机关和基层单位之间双向挂职交流，畅通年轻干部成长渠道。推进实施企业领导人员任期制和契约化管理，修订完善川庆钻探工程公司《所属领导班子和领导人员综合考核评价和任期制管理办法》，所属二级、三级单位（包括机关部门）领导班子成员全面推行任期制和契约化管理工作，契约文本制（修）签订率100%。推行两级机关科级岗位竞争性选拔机制，通过竞争上岗方式聘任上岗人员占新聘管理人员总数50%。制定川庆钻探工程公司《人力资源价值评价办法》，强化人才价值评价结果应用。推进川庆钻探工程公司机关“大部门、大岗位制”，研究制定《机关一般管理人员岗位聘任管理规定》，保障改革大局稳定。畅通基层骨干人才培养渠道，聘任科级钻井队队长30人，一级、二级、三级钻井队队长7人，从操作岗位聘用到管理或专业技术岗位108人，激发基层骨干人才工作内生动力。开展中层领导人员任职回避情况摸底，对6名涉及任职回避的领导人员亲属进行岗位调整。对所属单位开展领导班子建设、优秀年轻干部培养调研和选人用人检查督导工作。组织对8家二级单位开展干部选拔任用工作廉洁风险专项监督检查。对拟提拔59名处级、20名机关科级干部开展政治素质、廉洁从业情况鉴定、干部人事档案任前审核等工作。平稳完成2022年高校毕业生招聘工作，引进150人，“双一流”院校毕业生占比58.67%，定向为长庆区域单位生产一线技术技能岗引进21人。推进急需紧缺成熟人才引进工作，引进47人。制定印发《关于加强越盛油服公司员工招聘和管理工作的建议意见》，为生产一线精准补充专业技术人员。构建国内外人才双向交流良性机制，交流7人。推进新员工基础能力培养，完成151名新员工入职集中培训，14名2021年经管、党群专业管培生基础能力培养及工作单位分配。截至2022年底，有管理、专业技术人员8 544人，占41.36%；其中女员工1 567人，平均年龄40.7岁。具有硕士研究生及以上文化程度1 004人，占11.75%；大学文化程度5 758人，占67.39%；大专文化程度1 516人，占17.74%。30岁以下729人，占8.53%；31～40岁3 233人，占37.84%；41～50岁2 577人，占30.16%；51～60岁2 005人，占23.47%；平均年龄42.3岁。（闵怡薇　王静丽）

【干部培训】 2022年，西南油气田公司组织参加党的十九届六中全会精神和习近平总书记重要指示批示精神专题培训7期，实现中层及以上领导人员培训全覆盖。

2022年，川庆钻探工程公司实施正职领导力提升、副职综合管理力提升、年轻干部成长力培育、青年人才基础力夯筑和全员执行力建设的人才培育“五大工程”，提升各级领导干部引领发展、履职担当能力。通过线上学习方式组织中层及以上领导干部完成5个网络专题学习，进一步提升领导干部理论素养。组织对76名二级正、副职领导进行经营管理能力测评，结合测评结果对分管市场经营的二级副职领导开展经营管理能力提升培训，提升业务能力、带队伍能力、创先创新创造创效能力。推荐选送21人次参加集团公司第76期党校、第3期领导本领提升、第28期中青年干部、第2期“青马工程”等培训班。组织1 926人次参加国际业务项目高级管理人员HSSE领导力培训、两级技术专家学术研修等培训学习。举办中青年干部、钻井技术员轮训、两级机关管理人员国际化能力素质提升等培训班，培训557人次。（闵怡薇　王静丽）

【专业技术干部及专家管理】 2022年，西南油气田公司党委推进专业技术岗位序列改革，修订《西南油气田分公司专业技术岗位序列技术专家管理办法》；公开竞聘钻井工程等9个专业领域技术专家岗位，新聘企业高级专家3人、一级工程师12人，扩大企业领军人才队伍规模；3名“80后”技术骨干分别聘任到企业高级专家和一级工程师岗位，加强专业技术人才队伍，改革成果显现明显。继续实施“英才计划”，新选拔10名2022年入职优秀高校毕业生，建立轮岗锻炼、导师配备机制，组织参与重大项目攻坚，为青年战略预备力量培育“铺路子、压担子”。推进科技人才培养，18人入选集团首批青年科技人才培养名单，入选人数在集团公司所属企事业单位中排名第4位；推进工程硕博士培养改革试点，2名青年科技人才获准攻读石油与天然气及新能源新材料领域博士研究生，推荐2名技术专家担任工程硕士培养企业导师；青年科技人才周理入选第十四批四川省学术和技术带头人及后备人选。选送1人参加集团公司第十二期两级技术专家学术研修班、5名人参加集团公司专业技术骨干进修班。做优做强人才储备池，招收大学生222人，聚焦重点院校，提高校园招聘标准，引进清华大学、北京大学等顶尖学府博士研究生，引进高校毕业生硕士研究生及以上占比65%，“985”“211”院校和“双一流”占比75%。强化博士后工作站创新运用，搭建青年高端人才引进培育和科学技术研究应用优势平台，在站博士后首次获中国博士后科学基金项目资金资助，形成“引进一名博士后、突破一项技术难题、培育一批技术人才”的链式效应，全年引入四川大学等高校博士后16人，提升企业科技创新能力。为所属单位招聘成熟专业人才32人。

2022年，川庆钻探工程公司印发《关于进一步加强高素质人才联系服务的通知》，制定党委领导联系服务专家沟通记录册，推动联系服务科学化、常态化、制度化。贯彻落实集团公司《关于进一步完善专业技术岗位序列制度的实施意见》，选聘企业高级专家16人、一级工程师32人。编制发布12岗18人的高层次人才引进计划，开展海内外高层次创新人才引进专项行动，成功引进海外知名公司资深技术专家3人，引才成效得到集团公司高度评价。推荐3人参评国家高层次人才特殊支持计划项目、中央企业荣誉表彰项目，2人入选四川省第十四批学术和技术带头人后备人选，31人入选成都市成华区“东骄华章计划”，高层次人才队伍不断壮大。18人入选集团公司“青年科技人才培养计划”，针对性制定培养周期任务目标书，落实人选管理、精准培养、工作平台、激励保障等4个方面13项重点举措，加快青年科技人才成长步伐。制定实施《川庆千人计划实施方案》，建立首批406人培养人选库，落实入库人员“一人一策”定制式培养。选送2人参加集团公司两级技术专家学术研修、3人参加集团公司专业技术骨干进修班，自主举办钻井技术员、井下作业技术员培训班3期，培训128人，人才素质能力持续提升。实施川庆钻探工程公司重点科技项目“揭榜挂帅”，8名青年科技人才成功揭榜，有力提升青年人才创新创效动力活力。组织7名技术专家参加集团公司咨询会诊活动，促进创新思维互通、技术成果共用、实践经验共享。川庆钻探工程公司获批成都市企业人才工作站。（闵怡薇　王静丽）

【职称评定与管理】 2022年，西南油气田公司结合集团公司数字化转型、智能化发展及疫情防控常态化趋势，首次以在线形式开展集团公司职称水平考试工作，组织西南油气田公司内部参考人员和川庆钻探工程公司、昆仑数智公司等9家企事业单位外委人员977人参加考试，设置考点 6 个。响应集团公司职称评审向科研和生产一线倾斜的政策要求，履行审核职责，完成系统申报、分类审核、专业评审等工作流程，全年推荐正高级专业技术职称 20 人，评审副高级专业技术职称 331 人、中级专业技术职称 286 人，副高级专业技术职称及以上科研一线专业技术人员占比 64%。截至 2022 年底，取得各类专业技术职称人员 10 608 人，其中具有正高级专业技术职称人员 59 人、副高级专业技术职称人员 2 570 人、中级专业技术职称人员 5 992 人、初级专业技术职称人员 1 987 人。

2022 年，川庆钻探工程公司深化职称制度改革，召开职称评审政策解读会宣贯职称制度新要求。做好职称评审工作，推荐 12 人参加集团公司正高级专业技术职称评审，151 人通过副高级职称评审，推荐 59 人参加集团公司副高级职称委托评审和集中专业化评审。全年有 176 人晋升高级专业技术职称、273 人晋升中级专业技术职称。截至 2022 年底，有各类专业技术职称人员 8 531 人，其中有正高级专业技术职称 42 人、副高级专业技术职称 1 721 人、中级专业技术职称 4 762 人、初级专业技术职称 1 175 人。聘任企业首席专家 6 人，企业高级专家 41 人，一级工程师 82 人，二级、三级工程师 343 人。

（闵怡薇　王静丽）

【领导干部出国（境）人员管理】 2022 年，西南油气田公司严格执行领导干部登记备案和证件管理有关规定，坚持把党委管理干部信息与公安部门出入境管理信息同步更新，实现登记备案全覆盖，确保管理衔接顺畅、准确到位；严格因私出国（境）证件管理，加强一人多证清理，对证件全部实施集中统一管理，履行因私出国（境）申请审批、证件借还程序，加强与保密机构、纪检机构链接，从源头防范风险。全年新增、撤销备案登记 102 人，新增管理因私出国（境）证件 59 本。加强风险预判，针对近两年疫情蔓延、国际形势复杂等情况，加强劝阻和解释，杜绝敏感时期出国（境）风险。

2022 年，川庆钻探工程公司严格出国人员政审管理工作。持续做好因公出国政审和因私出国人员的备案工作，强化监督和指导，建立护照管理制度，未发生出国外事事件。严格执行备案人员因私出国（境）证照集中统一保管，分级管理。截至 2022 年底，集中保管证照 537 本。严格执行出国人员政审管理规定，办理因公出国（境）人员政审 216 人次，办理登记备案人员因私出国护照领取 4 人次，新增备案手续 40 人，撤销手续 29 人。

（闵怡薇　王静丽）

【基础管理】 2022 年，西南油气田公司党委调动管理、专业技术岗位人员 260 人，促进企业人才的合理有序流动。组织制定人才强企工程推进工作考核细则，将把二级单位人才强企工作考评结果按 5% 权重纳入年度绩效考核，传导压力落实责任；印发《关于组织做好“人才强企工程推进年”活动有关工作的通知》，通过示范引领、基层全面推进、员工广泛参与，实现主题活动与常态工作互融互推、平台建设与制度建设有机融合，有效整合企业内部资源，打造企业战略人才力量，全方位引进用好人才；印发《人力资源价值评价实施细则（试行）》，树牢“人才是第一资源”理念，健全“生聚理用”人才发展机制，聚焦经营管理、专业技术、操作技能 3 支人才队伍实力、活力、效力，综合考虑评价得分与进步性得分，客观准确评价所属党组织人力资源价值保值增值情况，把评价结果作为领导班子任期考核重要指标，压实压紧各级党政主要领导干事业、带队伍、育人才的责任，同步开展首期人力资源价值评价，了解掌握各单位人力资源现状。推进管理和专业技术人员档案专项审核，严格把握组织认定和问题处理 2 个关键环节，对 14 家单位开展人事档案专项审核工作督导检查，按期完成干部人事档案专项审核 3 年全覆盖收尾。西南油气田公司被评为集团公司人事档案专项审核工作先进单位，4 人被评为先进个人。完成《中国石油组织史资料》2022 年征编资料上报，启动《西南油气田组织史资料》企业卷新一轮 5 年续编；开展组织史资料交叉审核，督促各单位完成 2016—2020 年组织史资料基层卷续编及出版。西南油气田公司被评为集团公司组织史编纂工作先进单位，2 人被评为先进个人。

2022 年，川庆钻探工程公司做好系统信息维护，坚持人力资源管理系统应用、人事统计、人事信息报送考核通报制度，增强对人事管理的服务支持力度。高质量完成 2021 年度国务院国资委、中央在川企业人才资源统计报表和集团公司季度、业务报表填报。做好组织人事信息报送工作，反映工作亮点和特色。按照“凡提必审”的要求，对 79 名拟提拔处科级人员进行干部人事档案任前审核。强化人事档案管理督导检查，对 21 家基层单位进行专项检查，全面完成川庆钻探工程公司三级正副职人事档案监督检查指导工作，杜绝档案漏洞产生。干部人事档案专项审核实现应审尽审全覆盖，累计审核 8 570 人，调查核实 67 人，组织认定 1 721 人。3 人被评为集团公司人事档案专项审核先进工作者，川庆钻探工程公司获集团公司“人事档案专项审核工作先进单位”称号。完成川庆钻探工程公司组织史总部卷（2021 年）相关资料上报，《川庆钻探工程公司组织史资料》企业卷、基层卷（2019—2021 年）的编纂及出版备案稿的上报。川庆钻探工程公司被评为集团公司组织史资料编纂工作先进单位，1 人获评先进个人。

（闵怡薇　王静丽）

【组工队伍建设】 2022 年，西南油气田公司抓好组织部部长监督管理，严格执行沟通、报批等程序，选择新任职组织部部长参加干部考察、党委巡察等重点工作，在实践中积累经验；严肃任前谈话制度，共组织对 7 名新任职组织部部长开展谈话，帮助其尽快进入新角色。

2022 年，川庆钻探工程公司开展学习“五性”活动，确保队伍忠诚可靠，公道正派。推行业务讲学常态化，坚持系统内“部门讲堂”和每周四定期业务学习研讨制度，提升发现和解决问题的主动性。形成公司组织人事系统自身建设工作架构，用好提升行动、岗位历练、“四创四当”、绩效考核等四个抓手持续推进自身建设落实落细。以加强自身建设信息季度报送为平台，加强单位间经验交流，督促二级单位组织人事部门抓好新进人员上岗、业务提升、骨干人员能力提升三个阶段培训。选好配强组织人事部门领导，组建联合考察组对 3 家单位组织部部长岗位补充人选开展民主推荐考察工作，对 1 人暂缓提拔。做好二级单位拟提拔组织人事部门领导 10 人跟岗锻炼工作，加强过程管理考核，提升业务能力，加强作风建设，确保锻炼效果。坚持年度述职评议制度、完成组织人事系统年度考评，对工作组织不力、效果不明显的，及时提醒、督促整改。开展部门人员年度履职述职和岗位绩效考核，持续提升工作绩效。开展理论研究，论文《打造一流组织人事队伍的探索与实践》获四川省石油政研会川庆钻探工程公司分会 2018—2022 年优秀政研论文（成果）一等奖。人事处（党委组织部）获 2021 年度组织人事信息报送工作先进单位等 3 个局级以上集体荣誉，21 人次获个人表彰。

（闵怡薇　王静丽）

劳动工资

【概述】 2022 年，西南油气田公司以深化三项制度改革和“油公司”模式改革为核心，稳步推进组织体系优化、用工方式转型和分配制度深化改革 3 条主线，完善教育培训和技能人才开发 2 个体系，为企业发展提供人力资源支撑。截至 2022 年底，有在册员工 28 966 人，其中合同化员工 24 101 人、市场化用工 4 865 人。

2022 年，川庆钻探工程公司围绕提质增效和三大战略，提升组织体系效能，深化三项制度改革，优化人力资源配置，强化考核分配激励约束，激发人才创新活力，完善员工培养模式，为企业高质量发展提供人力资源支持。截至 2022 年底，川庆钻探工程公司员工总量 25 016 人，其中合同化员工 17 522 人、市场化用工 7 494 人。

（闵怡薇　周漳睿）

【劳动组织与管理】 2022 年，西南油气田公司启动所属单位“三定”（定职责、定机构、定编制）工作，整合生产单位地质勘探、开发、维稳信访、矿区业务等管理职能，在油气生产单位构建“2+4+3+3+N”的三级单位机构框架，建立“公司 + 科研院所”两级管理模式，推行造价、自控计量、行政事务、人力资源服务等业务区域共建共享运行新模式，确保压减机关和二三级机构、基层领导人员职数、机关编制定员各 10% 以上，显化富余人员达到在岗员工总数 3%。创新优化机关职能体系，整合组织人事劳资业务管理机构，人事处（党委组织部）、劳动工资处（培训管理中心）整合成立人力资源部（党委组织部、培训管理中心、党委机构编制委员会办公室）。压减机关职能部门 1 个、机关职能部门内设机构 1 个，机关总定员压减 6 人。加快推进业务发展归核化，把新能源项目部更名为新能源事业部，明确职能定位，强化业务一体化运营。明确相国寺储气库合资公司机构编制及人员划转相关事宜，设立蜀南气矿储气库建设项目部，加快牟家坪、老翁场储气库项目建设，完成储气库业务相关组织体系建设。优化调整物资分公司机构编制，构建适应“油公司”管理模式需要的供应链体系。调整工程技术处、开发事业部机构编制，设立井完整性管理机构，在工程院增设井完整性技术研究所，通过对井工程业务管理机构、具体实施单位、技术支撑单位进行强化，提升井工程全生命周期安全管控水平。开展新型采气管理区作业区建设达标验收，21个新型采气作业区、8个新型输气作业区建设达标率100%，达到预期目标。

2022年，川庆钻探工程公司优化机构职能，合理调整组织架构。印发《关于设立公司专职董监事办公室的通知》，在企管法规处（内控与风险管理处）设立专职董监事办公室，加大参控股企业管控力度；印发《关于调整页岩气工程项目部机构编制的批复》，优化川庆页岩气工程项目部机构编制，保障川渝地区页岩气、致密油气钻完井工程技术服务；印发《关于调整新疆分公司内部机构设置的批复》，精减川庆新疆分公司部分内部机构设置及人员编制，提升机构效能；按照厂办大集体改革管理需要，印发《关于四川越盛实业开发总公司更名为四川越盛能源集团有限公司的通知》，确保参股企业合法合规运营；印发《关于设立延长项目经理部的通知》，明确机构编制及职能界面，推进川庆钻探工程公司延长项目相关工作；印发《关于设立钻采工程技术研究院新能源研究中心、〈钻采工艺〉编辑部的批复》，设立新能源研究中心、《钻采工艺》编辑部与科技研发中心合署办公，助推企业新能源产业发展，加强《钻采工艺》期刊办理工作；印发《关于调整安全环保质量监督检测研究院内部机构设置的批复》，优化调整安检院机构编制，满足业务发展需要；印发《关于调整公司部分机构设置的通知》，整合人事处（党委组织部）和劳动工资处为人力资源部（党委组织部），设立人事服务中心（中国石油川庆钻探技能人才评价中心），把维护稳定办公室（信访办公室、保卫处）、工程造价中心由机关直属机构调整为机关附属机构；印发《关于撤销西安结算中心的通知》，撤销机关附属机构西安结算中心，其职能和人员调整至川庆长庆指挥部。（闵怡薇　邱金华）

【劳动用工管理】 2022年，西南油气田公司强化员工总量控制，把员工总量控制任务和人力资源盘活目标纳入重点管控单位全员劳动生产率考核指标，规范外派到控参股公司员工的管理，全年员工净减少928人，超额完成集团公司下达的员工总量控制任务；持续盘活人力资源，全年统一调剂盘活60余人，指导和督促各单位内部盘活370余人。抓好业务外包全面管控，制定《西南油气田分公司规范业务外包管理行动方案》，编制《开展主营和生产保障操作业务第三方用工推广实施方案》，加快构建与“油公司”业务结构相匹配的“直接用工+第三方用工”人力资源配置模式。全年下达业务外包项目551项、控制费用13.9亿元，采取清退外包项目转自主运维、转内部单位承揽，优化作业频次，优化业务成本等方式控制费用，比计划多减少2 000余万元。加强劳动合同管理，按期完成700余名员工劳动合同续订、292名新入职或调入员工劳动合同签订，完成22名员工的劳动合同解除；结合部分单位正职领导调整情况，完成22人劳动合同管理授权调整。做好特殊工时制度贯彻落实，全年审查符合综合工时制条件7 245人，其中管理、专业技术401人，操作技能6 844人。组织各单位把272名安置残疾人信息录入系统。

2022年，川庆钻探工程公司加强员工总量管理，新办理特殊工种提前退休69人，依法解除劳动合同34人。新增员工指标主要用于招录大学毕业生、引进成熟人才和安置退伍军人。根据企业施工区域和所属单位间工作量的不平衡，内部劳务输出928人；把30名富余人员转岗到钻井业务外包监督岗位；针对35名年龄较大且不适应一线工作的员工进行培训，考核取证后转岗为安全监督；发挥技术和服务优势，通过工程承揽等方式，开拓企业间劳务输出386人；制定印发《关于下达2022年社会化用工控制计划的通知》，贯彻社会化用工规模与工作量相匹配原则，对各单位社会化用工实行月度监管和新增用工申报制度，加强对社会化用工的管控；注重依法合规，结合新《安全生产法》和各省、自治区、直辖市陆续修订的《人口与计划生育条例》，根据企业发展的需要，与工会修订完善并重新签订《集体合同》和《女职工特殊权益保护专项集体合同》。（闵怡薇　刘嘉伟）

【薪酬管理】 2022年，西南油气田公司深化薪酬分配改革，提升薪酬激励约束效能。修订印发《西南油气田分公司工资总额管理办法》，利用完成度、贡献率和改善值3个维度制定单独奖扣政策，发挥薪酬分配的激励约束作用。成立专项奖检查小组，采取单位自查、随机抽查和重点检查等方式对所属单位专项奖实施情况深入检查，同步修订《西南油气田分公司专项奖管理办法》，持续提升重点群体精准激励效能，发挥专项奖的补充激励作用。

2022年，川庆钻探工程公司优化完善工资总额决定机制，把各单位增量工资与效益效率、工作量和科技创新创效指标挂钩，强化工资总额分配导向；新增科技创新激励保障、高层次人才激励保障单列工资总额，保障科研领军人才及团队、引进的海外高层次人才薪酬水平；明确工资总额重点向利润贡献大、劳动生产率和人工成本投入产出效率高、科技创新成效显著、工作条件艰苦的单位倾斜，根据员工贡献合理拉开收入分配差距；建立工资水平调控机制，通过与外部、内部对比，合理确定收入水平，确保员工队伍稳定；坚持人工成本与经济效益和工作量保持同向变动的调控机制，合理控制人工成本；优化完善专项奖励制度，通过精简奖励项目、限制奖励额度、健全专项奖励预算审批和公示制度等，规范专项奖励分配秩序；突出薪酬分配精准激励，对科研人员，按照研发过程、成果获奖、转化创效等环节分别开展考核激励，开展科技型企业项目收益分红激励，调动科研人员创新创效积极性，为企业构建中长期激励政策奠定基础；分区域开展提质增效劳动竞赛，奖励创造新指标、取得新突破的基层作业队，激发员工工作积极性。（闵怡薇　吴　旭）

【业绩考核】 2022年，西南油气田公司优化中层领导人员业绩指标设置，突出战略引领、价值创造、创新驱动、绿色低碳的考核导向；加强党建和人才强企工作考核力度，推动党建工作与生产经营深度融合，传递生产经营压力；修订完善《西南油气田公司机关员工绩效考核实施细则》，推行考核结果强制排序，提升机关管理效能。按照集团公司任期制和契约化管理工作“双70”“双50”“双80”等新政策新要求，优化调整企业中层领导人员年度和任期经营业绩指标，重新制作、签订中层领导人员年度和任期经营业绩责任书，同步修订《西南油气田分公司绩效管理办法》《西南油气田分公司中层领导人员考核实施细则》，确保任期制改革工作有序推进。制定《西南油气田公司绩效体系审核管理办法（试行）》，推动持续深化全员绩效考核、提升绩效管理水平、营造绩效文化良好氛围，发挥绩效考核导向引领作用，确保企业经营目标实现。

2022年，川庆钻探工程公司完善业绩考核机制，根据上级下达的考核指标和川庆钻探工程公司年度重点工作安排，优化年度业绩考核指标体系，在突出效益效率、提质增效、科技创新创效、党建工作评价等关键指标基础上，结合各单位业务性质差异化制定考核指标和权重，同时配套考核指标细则、强化考核指标过程管控，把考核结果与月度预支奖挂钩，层层传递压力，激励各级领导人员以上率下、担当作为。修订业绩考核制度，增设任期经营业绩考核，引导各单位注重长期价值创造、突出业绩导向；强化季度考核、增设半年预考核机制，突出业绩考核时效性和针对性；限制奖励加分值、取消单项指标得分保底线、明确联责考核指标奖扣方式、实行考核结果强制分布等，加大考核兑现奖惩力度。（闵怡薇　吴　旭）

【员工培训管理】 2022年，西南油气田公司抓好“技术骨干专项培训工程”“经营能力提升专项培训工程”和“人才价值提升专项培训”3项专项培训工程，克服新冠肺炎疫情对培训项目组织带来的不利影响，通过线上培训等措施，开展培训项目1 486个培训90 507人次，培训项目启动率85.4%。瞄准关键人群、关键能力，研发宝石花油服公司新员工入职培训、新能源人才队伍建设专项培训、数字化转型业务培训、青年马克思主义者培养等精品培训项目。推广应用“中油e学”系统，丰富网络培训资源。举办首届微课大赛，30余家单位瞄准勘探、开发、储运等主营业务领域员工履职能力薄弱点，以MG动画、真人视频等呈现方式制作106门微课，最终评选出43个获奖项目。加快建设采油气培训基地数字化升级改造工程，统筹布局采气、输气培训基地和净化培训基地数字化升级工程，培训数字化转型展现初步成果。开展培训业务分级授权考评，授予16家单位甲级资质、12家单位乙级资质、8家单位丙级资质；在续聘西南油气田公司级兼职培训师过程中首次引入课程制作能力考核，进一步优选培训师资。

2022年，川庆钻探工程公司推进培训数字化转型、强化师资队伍建设、加强岗位标准化培训建设，提升培训管理水平。全年各单位在“中油e学”管理平台录入培训项目计划460个，启动培训班893班次，组织员工参与线上培训62 765人次，总学习时长77余万小时，人均31.5小时，占总培训人次60%，活跃度73.35%。各单位自主开发线上学习平台，结合“腾讯会议”“钉钉”等公共平台开展线上培训，组织碎片化学习，提高全员培训时效。完成兼职培训师54人3年聘期考核，续聘42人，解聘12人；遴选11名实操经验丰富人员参与中油技服组织的连续油管、带压作业关键岗位技能培训，聘为川庆钻探工程公司级兼职培训师。举办兼职培训师能力提升培训班，优选各单位石油钻井、井下作业专业兼职培训师31人，打破传统“7日集中式”培训模式，设置线上预训、线下集训、在岗转化3个阶段，注重兼职培训师专业领域培训能力与其课程、课件开发能力“双提升”，历时3个月，培养川庆钻探工程公司级优秀兼职培训师25人，形成涵盖精品课件、讲师手册、学员手册、课程题库25套，达到“师课同出”的效果。全年选派43人参加集团公司新入职员工培训催化师、专兼职教师师资骨干、井控教师、安全培训师培训。组织开发钻井队副司钻、井下作业工、采气工相关岗位技能操作手册，形成一套完整的岗位标准化培训教材，在各基层单位进行推广应用。参与集团公司人力资源部组织的培训管理者岗位标准化培训教材编审工作。选派9人参加集团公司岗位标准化培训教材编写，其中牵头承担设备管理模块编写工作。选派43人参加集团初、中、高级岗位标准化资质取证培训。全年培训104 223人次，其中经营管理人员20 758人次、专业技术人员19 734人次、操作技能人员63 731人次。各类安全培训30 449人次，资质取（复）证培训19 359人次，合计49 808人次。送外培训9 366人次，内部培训94 857人次。（闵怡薇　刘　刚）

2022年3月29日，西南油气田公司培训管理中心线上培训教室正式投入运行　乐彦婷　摄

【人力资源管理系统】 2022年，西南油气田公司坚持业务主导，推广应用系统功能，借助信息化技术提高人力资源管理水平。扩大干部管理平台应用范围，将副科级以下人员纳入系统，统一动态管理“三龄两历”（学历、工作经历，年龄、工龄、党龄）、家庭成员、任免表等重要信息，实现干部数据的集中维护和合规管控。优化员工管理流程，分解用工计划指标，强化岗位需求信息管理，实现劳动用工的精细化管控。推广员工自助服务，增加企业年金、重疾险信息查询渠道，发布个人数据变动情况年度报表，为员工提供便捷的人事信息服务。持续在系统中优化业务，在业务中优化系统，促进系统与业务深度融合。

2022年，川庆钻探工程公司加强人力资源管理系统运行管理，坚持月度数据质量检查及整改，确保人力资源系统数据准确性、完整性和规范性，在集团公司月度、季度系统应用情况通报中，川庆钻探工程公司排名前列。按集团公司人力资源部工作部署，推动人力资源管理系统人事通讯录和新版员工自助（中油员工宝）等新功能应用。定期向川庆钻探工程公司领导、相关业务部门提供人力资源统计数据、分析报告，为企业决策提供人力资源数据支撑。（闵怡薇　严　勇）

【职业技能等级认定】 2022年，西南油气田公司完成职业技能等级认定8批次502人次。完成8个工种企业认定题库修订，开发油气管道保护工高级技师认定题库和培训教材、采气工初中高级认定在线学考项目，参与采油工在线学考项目开发，组织高技能人才开发219个课件，助力8个主体工种技师高级技师认定前培训。新取得职业技能等级资格398人，其中特级技师60人、高级技师17人、技师36人、高级工68人、中级工24人、初级工193人。

2022年，川庆钻探工程公司推进技能等级认定工作，根据新冠肺炎疫情情况，按照属地和企业要求稳步开展认定工作，累计实施6个批次认定1 245人。推进“学分制”培训管理，组织编制石油钻井工和井下作业工技师（高级技师）“学分制”等级认定线上课程，并上线运行，本年度累计培训122人，认定10个工种369人，新增取得技师资格77人、高级技师资格26人。（闵怡薇　邹　俊）

【技能专家队伍建设】 2022年，西南油气田公司推进高技能人才培养，发挥技能专家工作室功能，组织培训高技能人才136人；推荐2人作为集团公司“石油名匠”重点培养人员，并跨单位配备技术专家作为导师。11人获评“成华工匠”、4人获评“成都工匠”称号；参加全国和集团公司采油工、消防战斗员和数字化运维竞赛，获1金7银4铜，以及团体一等奖、三等奖各1个，9人通过竞赛晋升为高级技师、1人晋升为技师，1人从初级工晋升到高级工。创新高技能人才岗位管理，设立技能专家岗位，按岗位界定工作目标和职责，将聘任等级与津贴、薪酬与岗位、兑现比例与履职挂钩，实现“集团要求和单位需求”“岗位职责和专家任务”“绩效考核和专家考核”有机结合，为高技能人才施展才能、发挥作用提供更加有力的支撑。坚持技术技能融合服务生产，建立高技能人才创新基金、制订工作室管理办法和高技能人才岗位管理指导意见，为解决一线生产难题、创新创效提供经费保障，针对劳模和工匠人才创新工作室与技能专家工作室实行资源共享、同评共建，推进技术与技能融合、“红工衣和白大褂”相互支撑，技术与高技能人才联合攻关，促进生产效能提升。构建创新模式推动提质增效，开展首届一线创新成果推介活动，通过征集、成果优化、现场试用，优化完善63项创新成果，采取线上投票、线下评选、签订使用意向书，首次实现一线创新成果跨单位规模化推广，为提质增效提供支撑。

2022年底，川庆钻探工程公司有在聘集团技能专家14人、企业技能专家41人、首席技师39人。按照集团公司工作要求和川庆钻探工程公司人才强企行动方案，开展企业技师协会成立筹备工作，搭建高技能人才舞台，促进技能人才作用发挥。以技能攻关和技改革新带动人才培养，申报11个集团公司级一线生产难题，其中2项获批为集团公司创新基金项目。发布30个企业级一线生产难题，督促各单位组织攻关；发布一线操作员工岗位创新成果评选方案，促进全员创新；组织首届生产创新比赛，有22个项目参赛，6个项目获奖。（闵怡薇　邹　俊）

工程造价

【概述】 2022年，西南油气田公司围绕“跨越400亿，迈上新台阶”目标任务，落实投资管理要求，加强制度创新、管理创新和技术创新，以造价业务专业化集中管理为契机，推动建立“大造价”管理模式，推进企业全领域、全过程造价管理，发挥好决策参谋、技术支撑、指标控制、综合研判四大作用。

2022年，川庆钻探工程公司工程造价围绕企业总体工作部署和提质增效相关要求，按照“对外统筹、对内管控，强化基础、管好项目，建好队伍、当好参谋”的工作思路，以需求为导向做好工程造价管理，完善计价体系，由“关联交易定额、结算”向“市场和效益”为中心转变、由单纯概算审查向全过程造价管理转变、由开源为重心向开源节流并重的管理方式转变、由事后算账向事前控制转变，开创高质量发展新局面。（卜　嘉　任惠琴）

2022年6月29日，西南油气田公司造价中心在成都举办庆祝建党101周年大会暨“弘扬伟大建党精神强化使命责任担当”岗位讲述比赛活动　钟雅璟　摄

【工程项目审查】 2022年，西南油气田公司审查工程项目649项，审减额146 686万元，审减率6.73%。其中，审查投资估算51项，审减额32 600万元，审减率7.08%；审查概算524项，审减额111 187万元，审减率6.98%；审查预算12项，审减额451万元，审减率1.58%；审查结算43项，审减额2 249万元，审减率2.93%；控制价编审19项，审减额197万元，审减率0.95%。

2022年，川庆钻探工程公司工程造价加强油气合作项目概算审查，审查苏里格及威远页岩气钻前工程、钻井系统工程、完井系统工程、地面建设工程等项目概算203个，审查概算金额21亿元，审减0.91亿元，审减率4.33%；开展参股企业合同费用审查，审查项目86个，审查金额38.69亿元，促进项目设计优化，节约投资。

（卜　嘉　任惠琴）

【重点领域造价管理】 2022年，西南油气田公司突出钻井系统工程和地面建设工程两个重点领域的造价管理。编制钻井系统工程区块成本控制指标，严格区块成本指标考核。编制下达29个区块45项钻井区块成本指标，探井综合指标同比下降3.27%，开发井综合指标较开发方案下降5.72%。实现成本指标的全覆盖，提升成本指标的科学性、合理性、指导性。以预警管理为主要抓手，加强设计阶段“事前”管控，促进设计简化优化、加强技术论证，合理减少投资需求。全年参加钻前设计审查69井次，优化方案后减少投资需求7 100多万元。钻井系统工程预警181井（组），减少投资需求22 370万元。坚持投资成本分析与评价制度，找出影响成本变化的主要因素，为后续合理采取有效措施精准管控提供支撑。开展方案及估算审查质量，创新平台井标准井估算方法，考虑平台井共建共享成本优势，获集团公司好评。地面建设工程坚持以投资效益为中心，加强设计方案内容、施工技术要求审查比选，为提质增效把好源头关。参与方案（初设）审查，提出优化建议40余条，促进技术与经济的紧密结合。在项目的审查上继续将已批复同类型项目造价指标作为标尺，衡量项目投资是否合理。对单位投资偏高项目，通过向主管部门反馈，调减过剩设计工作量；对投资偏低项目，查找降低投资的原因，形成由经济指标追溯设计工程量的反向约束机制。

2022年，川庆钻探工程公司工程造价聚焦重点项目，深化造价分析。开展铁山坡高含硫修井项目造价分析，通过施工成本和结算相关资料核实，形成高含硫修井项目结算意见和建议，通过沟通和协调，调整费用1 500万元；收集老井挖潜相关资料，开展造价分析，多次与甲方协商措施投入核算标准，通过多轮谈判和协调，最终按照初始诉求标准一次性措施投入核算；开展铜锣峡、黄草峡储气库项目造价分析，论证该项目的可行性，为企业的重大决策提供支撑；开展金浅501-8-H4井造价写实，完成致密气项目工程造价分析，从多角度为后期决策提供参考；开展川渝地区5 500米以深井、非标井、风险探井专题分析，协调取得阶段成果。开展川、渝地区钻井单位经营情况及钻机试油亏损情况分析，完成《川渝地区钻井工程盈亏分析报告》《2021年钻机试油盈亏分析及建议报告》，精准找亏止亏，提出优化建议，为扭亏脱困助力。推动西南油气田公司编制《103-35放喷管线、重晶石灰罐计价标准（暂行）》《103-35放喷管线施工便道计价标准（暂行）》《连续油管作业技术服务计价标准（暂行）》《不压井装置作业技术服务计价标准（暂行）》《天然气环保燃烧装置技术服务计价标准（暂行）》《140兆帕旋流除砂器、捕屑器技术服务计价标准（暂行）》《二氧化碳前置压裂工程价格》7项临时计价标准；配合长庆油田分公司开展《长庆油田分公司2023年钻井系统工程技术服务造价指标》编制工作，推动补充编制《CNI纳米变黏滑溜水压裂液体系价格》。

（卜　嘉　任惠琴）

【设备材料价格管理】 2022年，西南油气田公司审批地面建设工程超概算批复10%及以上控制价调整24项，审减190.2万元，审减率8.39%；审批采购控制价23项，审减419.84万元，审减率7.31%；核定二级物资“三集中”采购控制价8 723项。发布《地面工程设备材料价格信息》4期16.93万项220.88万条、《非安装设备价格信息》4期1.05万条、《钻井系统工程预算定额未定价工具材料价格信息》4期10类1 224项信息；转发集团公司中国石油工程建设项目设备材料综合参考价格1期0.12万条，发布四川省和重庆市地方材料信息各12期36.44万条、西南油气田公司物资采购ERP数据12期6.29万条。完成价格调查10 729项，发布柴油价格信息24次。完成集团公司石油建设工程设备材料价格管控机制研究、石油建设工程大宗材料价格趋势预测分析研究、石油建设项目基础设备材料价格数据库动态研究和橇装设备应用情况调研、上报68个工程260项橇装设备等造价数据，为集团公司投资控制和优化建设节奏提供数据支撑。

（卜　嘉）

【定额研究计价管理】 2022年，西南油气田公司发布钻前工程估算指标，涵盖27个区块38项指标，为建设单位投资估算提供指导性意见，对项目决策和投资管控起到支撑作用。配合集团公司物探工程市场化定额修编和井中地震工程定额编制工作。发布《关于石油建设安装工程计日工与窝工计价说明的通知》，为合理确定工程造价提供计费依据；修订《西南油气田分公司天然气管道氮气置换临时性计价标准》。组织所属26家单位的造价管理人员参加《石油建设安装工程计价依据应用技术交底》、新版概算指标、预算定额及相关费用定额视频宣贯会，及时解答问题，推进定额顺利应用。与业务主管部门探讨外包计价标准编制内容、计价方式和使用范围，共同建立外包业务计价标准，发布管道巡护业务外包、终端燃气管道巡护业务外包、终端燃气客户呼叫业务外包计价标准。实地调研成都市同类型办公物业价格，把调研的物业价格在造价管理平台上发布，并根据市场调研价格及时更新，保障物业参考价的时效性和市场性。

2022年，川庆钻探工程公司工程造价开展计价体系研究，编制完善计价标准，保障结算顺利进行。通过资料收集，结合现场调研，编制印发《川渝地区共享服务计价标准》《成都龙潭龙远基地租赁价格标准》《川渝地区钻具井控、机修、机制服务市场化计价标准（试行）》《川庆钻探工程有限公司川渝地区页岩气连续油管工程计价标准》，修订《川渝地区正压式空气呼吸器、气体检测仪及对讲机租赁服务计价标准》，规范内部单位结算依据；修订印发《苏里格钻前工程2022年计价标准》《苏里格油气合作开发项目钻井系统工程计价标准（2022版）》《苏里格油气合作开发项目完井系统工程计价标准（2022版）》，完善油气合作项目概算审查标准；组织修订《控参股企业服务计价标准（试行）》，为合规管理提供保障；组织编制《威远页岩气项目单井费用控制和结算标准》，为威远页岩气项目控降投资提供保障。完成长宁、威远、深层页岩气及致密气4个区块标准井市场化定额测算分析，提升收入预计的准确性，为重大决策提供造价依据；统计川、渝地区近3年200余口常规井机型、设计井深、实际井深、实钻周期、定额周期等相关数据资料，完成川、渝地区钻井工程分区块定额造价分析，为下一步市场策略制定提供参考依据，受集团公司高度评价。组织参加集团公司《市场化计价规则》修编；完成钻机拆迁安、钻井、钻井液、固井、压裂、酸化、录井、定向井、连续油管、试修等主要专业内部参考计价标准编制；完成中油技服安排的《西南、塔里木、长庆地区计价依据和结算存在问题及建议》《集团公司市场化计价规则修编的意见与建议》。

（卜　嘉　任惠琴）

【造价信息系统管理】 2022年，西南油气田公司推进造价数字化管理系统开发工作。坚持“业务主导、以用促建”理念，搭建起“流程最优、效率最高、体验最好、成本最低”的无纸化办公平台。更新优化勘察设计取费激励系数等指标库，逐步实现造价指标由纯人工分析到自动化生成的转变；工程设备材料价格信息形成办公、管理、跟踪评价等全数字化管理模式；打破数据壁垒，与物采供应链平台实现数据互通，促进双方价格管控的信息化和自动化。研究钻井设计智能识别及快速估算软件，“人工智能在井工程造价管理中的应用研究”进入项目实施阶段。研究通过人工智能方法，实现钻井造价编审工作的智能化，建立快速估算模型，提升工作效率，节约人力资源。

2022年，川庆钻探工程公司推动工程造价信息化建设，通过调研学习其他单位造价信息系统建设的先进经验，完成造价信息系统初步设计并科研立项，工程造价信息系统获川庆钻探工程公司批准进入“十四五”数字化运营项目，初步完成系统架构、前期测试、模块建立、信息资料录入等工作。

（卜　嘉　任惠琴）

【工程项目结算管理】 2022年，西南油气田公司结算采用新举措，制定“分段结算法”。先把审查后由各方确认的部分出具结算书，再把存在争议的形成争议问题清单表，把问题逐项处理后再办理第二阶段结算。避免因资料缺失、计价争议等问题而导致整个工程结算工作滞后。就争议问题清单与各单位建立沟通机制，组织召开协调会12次，并联合四川省造价总站采取业务指导，累计仲裁、销项多个重点项目的结算纠纷问题100余条，提升结算办理时效。把重点项目按单项或单位工程分解任务180项，科学分配结算时间和人员，定期通报结算完成进度，落实工作清单。

（卜　嘉）

【造价业务基础管理】 2022年，西南油气田公司抓好考核授权管理，开展年度测评及授权。印发《关于对分公司相关单位2022年造价管理能力授权的通知》，综合测评18家单位2021年工程造价管理能力，根据测评结果进行2022年分级授权。加强造价咨询管控，分阶段完成造价咨询集约化招标。印发《关于2021年西南油气田公司造价咨询企业年度考核情况的通报》，对造价咨询企业开展年度考核，建立健全长效考核机制，形成咨询企业大数据库；组织编写招标方案，针对不同专业划分标段，科学合规设置评标条款和评分标准；联合企管法规和招标中心等部门对招标文件提供业务支持，确保招标工作顺利实施。转发《石油建设安装工程概算指标》等文件，找准新版计价文件关键点进行分析测算，使文件更具针对性和可操作性；发布《石油建设项目专项评价及验收费用补充说明》，弥补集团公司专项评价在小投资领域费用标准的空白，提高小投资项目专项评价的可操作性；收集53个投资项目专项评价费合同，形成合同价、批复价、专项评价标准的对比数据，横向对比专项评价实际费用，督促相关单位严格落实规定；拓宽造价指标内容和类型，细化集输管道、站场、穿跨越等工程单项指标，增加净化厂、高含硫管道等工程单项指标，单独编制集团公司批复项目单项指标，增加指标的指导性参考性。推进造价合规管理，有序实行造价岗位认证。根据集团公司关于“从事工程造价业务的人员必须通过工程造价岗位认证”的新要求，完成175人次地面建设岗位认证，79人次钻井工程岗位认证。根据《工程项目建设领域专项治理实施安排与督办表》安排，从理顺价格机制、完善量价确认机制、建立全过程投资控制等多方面制订专项方案，确保督办事项到位，助力工程合规性建设。西南油气田公司作为集团公司《石油建设安装工程概算指标（2022版）》《石油建设安装工程预算定额（2022版）》的参编单位，组织推进新版定额应用，为集团公司各单位在使用定额时遇到的问题作出解释答疑15条。

2022年，川庆钻探工程公司工程造价开展制度建设，制定印发《外包工程及服务结算审核实施细则》《内部工程结算管理办法》2个管理办法，规范工程造价管理；加强造价写实，完成致密气金浅501-8-H4井单井造价写实，整理收集川、渝致密气区块各专业写实资料，为后续工作提供参考依据；指导川庆长庆钻井总公司等3家单位开展工程造价业务培训，组织参与集团公司第二届造价青年论坛项目获得钻探企业唯一入选优异成绩；组织开展集团公司物探钻井工程、地面建设工程专业岗位认证234人，提升业务人员素质；发布2022年油气合作项目物资材料价格信息，为合同签订、工程结算提供支撑。

（卜　嘉　任惠琴）

工程技术与监督

【概述】 2022年，西南油气田公司工程技术与监督工作结合增储上产年度任务，推进“两大业务”（储量提交、上产任务）“三个导向”（目标导向、效率导向、安全导向）“四大工程”（工程提质、钻井提速、试油提产、管理提效）各项要求落地，井控安全形势持续稳定向好，钻完井周期缩短，故障复杂时效降低，井工程质量达标，单井产量大幅提升，为油气产量当量迈上3 000万吨新台阶贡献坚实的工程技术力量。

2022年，川庆钻探工程公司工程项目管理工作落实中油技服总体部署和单项项目（单井）效益工程整体安排，推进单井安全提速创效工程，提升单项项目（单井）创效能力。

（聂尊浩　周　薇）

2022年8月5日，西南油气田公司在成都召开泸州区块套变防控和提高单井产量试验方案审查（视频）会　　阳　星　摄

【工程技术管理制度建设】 2022年，西南油气田公司制定、修订《西南油气田公司钻井故障、复杂管理办法》《试油工程技术管理办法》《西南油气田公司工程技术监督管理实施细则》《井下作业井控实施细则》4项管理制度，加强现场管控力度，保障井筒完整性，夯实井工程质量与安全保障能力，为安全、高效、有序钻完井提供支撑与保障。

（聂尊浩）

【工程技术管理】 2022年，西南油气田公司严格工程设计管理，执行钻井、固井、试油方案会审及设计审查审批制度，组织审查重点井、复杂井工程设计方案，严格变更管理。组织会审单井及平台井钻井245口井的方案、134井次的固井方案、94井次试油/压裂酸化方案，完成324口钻井工程设计、105井次变更设计、140井次固井施工设计、436井次试油/压裂酸化设计审批。精细工程技术过程管控，建立技术专家团队，依托工程作业智能支持系统（EISC）和DOC全时段跟踪现场施工、全方位实施生产调度、全角度掌控设计执行，发现异常及时纠偏；针对重点复杂井、高风险井的关键环节和重大施工作业靠前指导、重要技术措施把关，制订“一井一策”预案，层层督促执行，并将故障复杂作为精细管理第一要务，完善故障复杂分类分级快速决策和处置机制，健全关键要素保障机制，坚持故障复杂专项研讨会制度，做到精准过程处置决策，明确故障复杂处置追踪责任人，提升故障复杂处理效率，提高生产时效，挖掘提速潜力。强化以QHSE为核心的井控安全管理，推进溢漏智能预警技术先导试验和精细控压技术应用，提升溢漏及时发现与处置能力。升级井控装备配套，推动防紊流、大通径放喷管线和耐冲蚀弯头等井控设施升级，有效提高钻井液加重和周转效率，保障应急状态下的安全放喷。加强应急资源监管，明确应急钻井液储备站及应急车辆值班备勤要求，建立管理台账；加快推进渝西区块钻井液储备站建设。强化重点区域井控专家靠前值守，落实渝西区块和泸州区块常驻1名一级井控专家和2名井控管理人员，发生溢流立即上井指导处置。

（聂尊浩）

【工程项目管理】 2022年，西南油气田公司聚焦公司重点区域快速建产，联合钻探公司在蓬莱气区、川东北高含硫区块成立前线指挥部，紧盯目标抓施工进度，全过程甲方主导加强生产组织和后勤保障，安全平稳高效地完成重点区域的建产工作，其中铁山坡6口新钻井于2021年10月15日首口井开钻至2023年3月9日完成钻井试油工作任务，历时17个月，钻井总进尺29 887米，平均完钻井深4 981米，钻井周期177天，试油周期16.5天，测试产量1 027.73万米^3/日。6口井井工程质量优质，井筒完整性可靠有效，投资成本控制在开发方案内。

2022年，川庆钻探工程公司开展单项项目效益工程建设，印发工程项目管理工作要点，指导各单位计划年度创效管理工作。制订工程项目管理年度工作计划，按时间节点设立重点事项进度，作为过程管理和监控基准，推进落实重点工作。要求亏损严重的4家单位开展亏损出血点治理工作，对亏损较大的区域和基层队，分别制定扭亏或减亏目标，并制定详细的保障措施，明确奖罚政策。制定工程项目管理考核细则，考核各单位的规范管理和管理效果，落实中油技服“两挂钩一否决”，要求单井考核覆盖率100%。以年度单井目标周期达标提升率、年度单井目标成本达标提升率、年度盈利（控亏）单井比例提升率等量化指标考核各单位创效结果。2022年，单井周期达标率提升12.7%，为年度目标的106%；单井可控成本达标率提升11.7%，为年度提升目标的117%；川庆钻探工程公司盈利（减亏）井比例提升8.8%，为年度提升目标的110%。

（聂尊浩　周　薇）

【井工程质量管理】 2022年，西南油气田公司完善井工程质量控制体系，强化井筒全生命周期质量管理，从井身质量和固井质量、入井流体及材料质量、页岩气丢段率4个方面入手，提升井工程质量管理水平。优化钻井工程设计，加强井身轨迹控制，优化钻具组合，强化轨迹实时监控，对井身质量超标井及时制定纠偏措施，井身质量合格率逐年提升。强化固井方案会审、施工组织、过程管控，推广精细控压压力平衡法固井技术，实行固井作业分级分类管理，全面推行施工“步步确认”，固井质量稳步提升。健全现场检测质控体系，提升质控标准，规范不合格品处理程序，严格落实抽检计划确保监管到位，有力确保入井流体、材料（工具）质量受控。严格执行“川渝页岩气井套损套变预防及处理指导意见”，贯彻建立控制施工节奏、控制注入强度的“双控”压裂模式，采用“区域分散压裂、井间隔井压裂、段间错位推进、参数渐进防控、小直径桥塞压裂”等方式有效降低压裂丢段率，保证井筒完整性。2022年井身质量红线合格率98%，固井质量红线合格率92.5%，页岩气压裂丢段率0.28%，钻井液、水泥浆抽检覆盖率分别为100%、95%，压裂液、酸液检测覆盖率均100%，不合格项整改率100%，完成集团公司考核指标。

（聂尊浩）

【“日费制”钻井管理模式】 2022年，西南油气田公司在长宁页岩气区块推广全“日费制”钻井，在深层页岩气联合中油技服试行总包模式下的技术“日费制”钻井，甲方统筹“日费制”项目整体运作，主导钻完井工程技术，发挥油公司技术、经营、管理“三位一体”协调优势，依托专业团队，加强地质工程一体化、技术经济一体化，精细刻画地层剖面，优化井身结构、井眼轨迹、钻井液密度，优选钻头及配套提速工具，钻井提速取得阶段性成果。“日费制”井开钻38口、完钻42口，进尺24.16万米。其中长宁区块“日费制”开发井完钻38口，平均钻井周期51.4天，同比缩短1.15天，较2022年“总承包”缩短24.15天；深层开发井实施“日费制”2个平台，三开完成井平均钻完井周期28.82天，同比阳101井区指标46.23天，缩短17.41天；深层评价井实施“日费制”5口，其中泸页2井导眼段完钻，钻井周期115.73天，同比区域钻井周期缩短36.3天。

（聂尊浩）

【监督管理】2022年，西南油气田公司在册监督614人，其中住井监督464人，巡井（项目部）监督89人，远程监督34人，室内管理人员27人。通过持续完善监督专业，补齐“日费制”监督、井下作业监督、测井监督，建立多元化监督队伍，构建井筒全生命周期监督体系。围绕西南油气田公司油气勘探开发目标，多措并举提升监督履职能力。规范监督选聘流程，严把监督聘用入口关，每月由业务主管部门组织监督入职选拔，一级至五级监督由各专业总监督负责选拔，2022年面试监督209人，面试通过106人，通过率50.72%。完善监督培训体系，建立监督上岗前培训、日常培训、专项培训制度，组建10人培训师团队，编制各专业培训课件50项，教材2部，考试题库8套，采用“线上线下”的培训方式，形成培训课件标准化，培训内容订单化，培训师资专业化。严格监督履职考核，建立“5+2”七级监督考核制度，工程技术监督中心＋项目建设单位联合量化考核，实行“季度考核定绩效＋半年考核定等级＋年度考核定去留”的分级考核模式，2022年监督级别晋升23人次，处罚监督37人次，清退及末位淘汰28人次，追责监理公司8次。建立监督服务机构年度考核机制，对其量化打分，完成驻川11个监督服务机构的考评工作并上报集团公司。（聂尊浩）

【工程项目联合监督检查】2022年，西南油气田公司采用“专项检查＋随机抽查”新模式，从制度落实、设计执行、人员能力、装备管理、井控应急等方面全方位排查井控隐患，狠抓“低、老、坏”问题根治，提升作业现场井控管理水平，全年接受集团公司年度井控检查和冬季井控督查23井次，开展防喷演习20井次，查出问题164项，公司层面对所有一级风险井和部分重点井开展两次井控检查，累计检查89井次，开展防喷演习38井次，查出问题413项，各二级单位对所属井开展井控检查，累计开展日常检查861井次，开展应急演练258井次，发现问题4 664项，工程技术监督中心对公司所有井排查，累计查出问题22 148项，所有问题均完成闭环整改。

2022年，川庆钻探工程公司到致密气项目对川庆川西钻探公司和川庆新疆分公司开展单井创效监督检查，督促川庆川西钻探公司和川庆新疆分公司致密气项目单井创效管理工作，指导查找单井周期、单井可控成本管理短板，补齐管理弱项。（聂尊浩　周　薇）

设备管理

【概述】2022年，西南油气田公司设备管理聚焦保障主营业务发展需求，完善治理能力与体系，部署2022—2025年设备管理提升推进方案，助力企业天然气产量跨越400亿立方米。截至2022年底，设备综合管理系统2.0中在册设备20.23万台，原值161.03亿元，净值91.7亿元，新度系数0.57，设备综合完好率99.03%，综合利用率61.6%，平均故障停机率0.08%，维修费用率2.19%，重特大设备事故为0。获设备类国内外专利授权34项，完成设备类科技攻关成果9项，研发“径向电阻率测试方法与装置”获北京发明创新大赛银奖（省部级），“集输管道智能化主动防护技术”获四川石油学会科学技术进步和创新二等奖，“一种提高重型吊装效率的新器具研发”获集团公司第二届创新大赛三等奖。

2022年，川庆钻探工程公司设备管理工作按照“安全第一、科学规范、创新驱动、两化融合、节能环保”的管理原则，以设备全生命周期管理为主线，完善设备管理体系，加强设备设施完整性和可靠性管理，协同推进自动化和设备信息化建设，促进装备数字化转型、智能化发展，开展清洁能源替代，为完成全年安全生产经营工作目标提供可靠的装备支撑。截至2022年底，有在册台数9 338台（套），设备综合完好率98.1%，资产原值184.67亿，净值58.49亿，设备新度系数0.32，设备利用率71%，钻井主

2022年8月24日，西南油气田公司物资设备管理部在成都召开业务对接会　何　涛　摄

要设备故障停机率0.5%，无一般B级及以上设备事故发生。扩大钻井、压裂现场电代油应用规模和综合利用率，总用电量5.68亿千瓦·时，是2021年的173.17%，替换柴油15.8万吨。全年完成中油技服、川庆钻探工程公司自动化项目31项792台（套），设备数量完成率104%，其中二层台机械手累计推广165队。（罗潇寒　沈凡儿）

【科技创新】 2022年，川庆钻探工程公司推进重大技术装备的应用，完成二代自动化钻机工业性试验，实现关键工艺流程"一键式"操作。申报的《"大共享"在工程技术服务企业的实践应用》获中国石油企业协会石油石化企业管理现代化创新优秀成果一等奖，《推动智控技术实践应用，助力企业管理转型升级》获中油技服管理创新一等奖和四川省石油企业管理协会创新成果一等奖，"适用于非常规油气开采的系列直驱绞车及控制系统"获陕西省科学技术奖三等奖，8篇论文收录于2022中国石油石化设备管理技术交流大会论文集，科技创新工作取得积极成效。

（沈凡儿）

【生产设备运行管理】 2022年，西南油气田公司设备总体安全平稳运行，在用压缩机组192台，累计增压天然气135.5亿立方米，其中储气库压缩机完成注气21.5亿立方米、页岩气压缩机增压24.6亿立方米。净化装置累计净化天然气227.06亿立方米，工业泵累计处理各类溶液量2.73亿立方米。聚焦重点设备运行管理，及时解决故障难题，充分保障主营业务发展需求。针对牟家坪储气库先导试验工程RTY3360机组发动机故障，安岳净化公司文丘里塔超级不锈钢冲蚀、主胺液循环泵等重点机泵降噪，剑阁厂性能考核锅炉出口温度偏高和压力容器壁厚数据异常等疑难问题，专题分析，制订专项解决方案。开展往复式、离心式压缩机组及配套设备备品备件集中采购和代储代销，有效缩短到货周期，提高现场维护维修效率。分析上下游压气站联合运行模式，研究宁纳线离心压缩机降压运行方案，年累计节约电费1 070万元，确保上游气田增产。208台设备开展在线监测诊断，累计监测42.7万小时，预警1 006次，平均诊断准确率超83%，助力数字化油气田建设。在特殊、保供等时段持续优化并落实508台设备升级管控清单，发布设备分类管控要求，抽查生产现场28个，无设备带病运行，在保障生产的同时促进设备综合利用率提升6.6%。

2022年，川庆钻探工程公司完成川渝地区2部7000+钻机升级ZJ80DB钻机、长庆地区6部ZJ50L钻机电动化改造、5部带压作业机等关键设备的技术方案审查、厂内监造、安装调试并投用。完成32部钻机底座加高，以及5台80～150吨修井机底座加高，保障区域生产作业需求。完成川庆新疆分公司和川庆国际工程公司钻机改造方案编制和专家论证。按照中油技服3年内完成5 000米、7 000米机械钻机电动化改造总体要求及安排，完成2023年20台机械钻机电动化升级改造方案编制并上报中油技服，其中5 000米钻机11台、7 000米钻机9台。编制印发《机泵配套使用技术模板》，完成35台泥浆泵液力端52兆帕升级改造、4台2200马力及以上大功率钻井泵的现场配套应用等工作，提升机泵运行效率和作业能力。推进按质换油工作，4次组织专题技术研讨和推广应用会，提升润滑油经济管理，在润滑油延长换油周期、国产化替代等方面成效显著，全年节约润滑油成本1 683万元。推进设备现场管理，重点针对动力机组暖机、安全运行、设备检维修等工作，组织系统分析、提出保障措施，印发加强设备运行保障、动力机组使用管理、重点设备设施安全管控等系列指导意见，规范设备现场管理，提升设备运行效率。

（罗潇寒　沈凡儿）

【数字化转型】 2022年，川庆钻探工程公司完成试修、固井专业信息系统建设和推广，在100余支基层队上线运行。挖掘数据利用价值，指导装备技术提升、结构优化，实现设备管理全生命周期溯源点全覆盖，使用责任可追溯。加强系统考核和数据质量管理，集中开展系统数据清理，开展闲置设备清理，推动13家单位285台（套）有调剂价值的设备再利用。制定更新改造设备信息数据验收标准，要求设备符合企业数据标准和数据管理规范，数据接口测试必须纳入设备验收清单。以实际需求为导向，推进生产设备的信息化与自动化结合，推进自动化钻机设备数据自动化采集、远程监测和远程技术，在11部钻机完成实时数据采集和3D建模集成分析，采用大数据分析支撑设备预防性维保、自动化监测和设备故障辅助诊断。开展"井筒工程设备运行管理及预警系统研究"科技项目攻关，完善钻机专业在线监测和预警分析模块。围绕设备管理需求，利用系统数据，建立易损件统计分析、润滑油按

质换油等功能模块，推进生产、工程、设备数据融合，为EISS系统建设和完善做好设备数据支撑。（沈凡儿）

【生产设备技术管理】 2022年，西南油气田公司加强化重点设备选型、验收、安装调试、调剂、报废等环节技术管理，为41批次305台设备的购置把关，报废处置设备设施799台（套）。开展相国寺扩容等5个储气库工程压缩机组、新能源余压发电示范工程等在建重点项目的设备选型论证，与设备厂家、科研院所开展技术交流和设计联络，完成35台次压缩机组和新能源设备技术文件编制、审查。开展在用余压发电设备运行状况调研并发布技术评价报告，规范余压发电设备的选型、使用、维护等管理要求。推动设备类一级、二级物资集中采购，完成锅炉加热炉及燃烧器、天然气处理橇新增准入供应商考察，完成炼化专用设备一级物资管理小组对板式塔、吸收塔等的准入审查。组织川中龙岗增压工程、致密油气金秋气田增压工程等10台电驱压缩机组的出厂验收，确保设备采购、安装、试运行质量。启动40类设备现场检查要求转化企业标准工作，完善企业设备管理体系架构。以数据治理驱动设备管理系统功能完善，推动数据质量提升，系统内用户1 618人，入库数据完整率99.93%。

2022年，川庆钻探工程公司落实集团公司自主创新重大技术装备推广应用，完成1台二代自动化钻机和2台DYJ110/105DD型带压作业机的应用评价。推进钻机井口自动化建设，加大二层台机械手、液压吊卡等标准化配置，全年实施二层台改造15队，累计165队，国内5 000米及以上钻机配置率91%。推动自动化钻机减人增效，在112部钻机减配211人，节约人工成本2 402万元。增强压裂现场长寿命易损件应用，推广长寿命泵阀箱165套和阀体阀座235套、单通道大管径压裂管线6套、拼接式蓄水装置10套，持续提升压裂设备整体运行效率。牵头新产品、新技术试验评价，其中新研制重载外置式气动卡瓦，避免深井、超深井钻具重载夹伤，满足“一吊一卡”作业要求；新产品泵吸式负压振动筛，降低岩屑含液量，但无法满足岩屑直接装袋要求。开展国产变频器、多功能臂架式铁钻工等项目评价，其中国产大功率变频器在1部ZJ90DB和7部ZJ50DB钻机应用。开展225T修井机自动化改造配套及现场应用，完成120T修井机自动化改造方案制订及招标采购，提升修井作业的自动化和电动化水平。组织2部新型多功能机具现场试用，具备吊装、举升平台等5种功能，规避现场零星吊装和高处作业风险。推进行吊式磁吸排管装置在二代钻机应用，满足不同管径钻具多层摆放、钻具磁吸移送猫道等要求，作业效率和安全性大幅提升。推广载人载物电动绞车29台，封井器移运装置8套，现场高处作业和封井器安装作业更加安全便捷。推进重点关键设备的高性能易损件应用，其中陶瓷缸套在重点井全面应用，川渝地区97台顶驱全部配置高性能密封冲管。做好设备选型技术审查，完成各型主要设备技术方案审查40余项，批复长摊资产设备1 500余台（套），参与报废设备技术审查1 200余项。抓好设备监造验收关，落实关键设备驻厂监造，严格执行设备验收分级管理，以技术协议、技术规范、合同等为验收标准，确保新设备质量。强化设备租赁管理，完善租赁设备管理制度，规范在申报审批程序、实物管理、监督检查等方面，严格设备准入管理、验收管理和过程管理，全年批复设备租赁23项，资金约17亿元。（罗潇寒　沈凡儿）

【设备完整性管理】 2022年，川庆钻探工程公司推进设备完整性工作强化组织保障，成立以企业领导为组长的领导小组，下设推进办公室和实施工作组，确保试点工作高质量、高标准执行。做好方案制订，组织专题讨论会4次，参与集团公司和中油技服研讨会7次，确保方案系统科学、契合方向。完善装备完整性管理体系，形成上下衔接、科学严谨的管理制度；搭建装备完整性信息平台，形成智联互通、高效管理的分级架构；打造装备完整性示范现场，形成管理规范、技术完备的钻井现场。严格新型设备风险管控，对青岛北美拼装式返排液存储装置、燃气涡轮发电机组等14个项目，落实“四新”管理程序，确保风险控制措施全面有效。加大更新改造、技术改进等设备变更管理，完成带压作业机逃生滑道等5项重大设备变更，按照设备变更管理制度，全面辨识设备变更风险。增强关键设备设施的风险管控，按期开展“一季一主题”设备安全管理活动，重点落实关键设备高空运行、井场电气安全、压裂现场防火、设备防冻保温等专项检查，并做好高压管汇风险升级管理和分级防控，规范深层页岩气平台压裂管汇合规使用。督促集团公司、川庆钻探工程公司两级QHSE体系审核757个设备设施类问题整改销项，制定针对性的管理提高措施。组织设备类安全技术措施项目专家审查，对 11 家单位 62 个设备隐患治理项目，从实施方案的必要性、可行性等方面进行立项审查。强化特种设备安全管理，规范现场应急处置方案、应急处置卡、安全检查表，统一工作模板。按照年度滚动计划，检查评估 6 家单位 1 323 台（套）特种设备，督促问题整改 209 项，安全生产专项整治三年行动结束。（沈凡儿）

【设备管理体系建设】 2022 年，西南油气田公司修订《中国石油西南油气田分公司设备管理办法》《中国石油西南油气田分公司天然气压缩机组管理办法》，制定修订动设备、电力、车辆及数据信息化等相关企业标准 8 项。统筹集输、净化、储气、水电、科技等设备基础工作，对标评审设备管理制度，开展旋喷泵、余压发电机等关键设备的技术评价。推行设备提升“十四五”专项方案在 24 家所属单位落地，确保年度计划任务高效完成。加快设备健康管理中心建设，制定“三个阶段”规划目标，推行“三级管理”模式运行，实现设备“信息化、智能化”的集中管控和专业化分析诊断，助力数字化油（气）田建设。成功建设第二批 14 座设备管理提升示范站，管理经验覆盖上产主营业务，标杆效应引导设备管理持续向好。

2022 年，川庆钻探工程公司召开设备管理工作会，传达集团公司装备管理工作会精神，部署全年设备管理工作。围绕设备全生命周期管理环节，制定重大技术装备推广应用管理办法、设备综合管理办法、设备租赁管理实施细则、设备安全风险管理规范 4 项制度。修订设备管理办法、设备使用管理规定，并参与制订中油技服装备租赁管理办法等制度，规范设备管理。牵头开展钻机气代油配置技术规范、钻机综合液压站配置技术规范、井场防爆电器检查与维护规范等 5 项川庆钻探工程公司级企业标准，并完成 19 项制修订的机械专业企业标准评审。梳理完善设备安全操作规程，清理发布一级目录 157 项、二级目录 1 671 项、三级目录 1 623 项。按照新安全生产法要求，完成设备风险分级防控方案制定，明确风险防控目标、风险分级防控责任、风险防控措施等内容。组织各单位完成设备本质安全风险分析和等级评估，形成设备安全风险清单。分级编制设备专项风险防控方案和应急预案，加强风险防控措施的实施和监督检查，落实设备风险分级管控措施。（罗潇寒　沈凡儿）

【设备节能减排】 2022 年，川庆钻探工程公司统筹规划电（气）代油规模应用，成立电（气）代油领导小组，分级建立专项工作组，组织召开 7 次专题研讨会和推进会，保障电（气）代油顺利进行。建立电（气）代油周报、月报制，从开钻即通电，提升实施队伍数量和提高单井用电比例等方面督促电（气）代油加大推广实施。结合油价高企和上半年工作推进情况，召开半年工作总结会，将电代油用电量目标调整为突破 5 亿千瓦·时，促进节能减排和提质增效工作再提升，全年累计实施钻机电代油 486 井次、30 个平台实施电驱压裂 3 546 段，累计用电 5.68 亿千瓦·时，超额完成工作目标。推动机械电代油装置直驱传动技术的试用推广，制订相关指导意见，推动 16 套直驱整传式机械电代油装置的应用。加强电代油安全及应急管理，从电代油设备、刹车系统、动力设备的日常维护、使用管理、应急处置等方面进行规范，重点降低网电意外断电风险。制定并印发电驱压裂设备使用管理规范，强化电驱压裂施工现场的技术管理工作。做好夏季枯水限电时期动力保障，清理各机型动力设备，针对性制定常规动力方案，确保限电期现场动力保障和生产安全。利用苏里格项目部自用气和外部商品气推动长庆区域钻机气代油实施，加大清洁能源替代。在长庆区域组织开展涡轮燃气发电设备和压裂设备的先导性试验，验证方案的适用性、安全性和经济性，为下一步工作奠定基础。在川渝地区钻井及压裂施工中开展燃气发电机组的试验应用，以“网电＋燃气发电”的供电模式补充个别井位网电供电容量不足的情况，减少柴油使用。全年“气代油”累计用气 390 万立方米。（沈凡儿）

【设备质量安全管理】 2022 年，西南油气田公司设备“三率”指标保持良好，QHSE 体系审核设备问题占比 13.6%，呈逐年下降态势，问题均在年内完成闭环，本质安全管控到位。全年完成设备半年检查、年度专项考核检查及安全生产大检查等，检查 24 家所属单位发现问题 455 个，无重大设备隐患。特种设备三年行动计划收官，特种设备合规管理进一步夯实，巩固安全生产基础。完成 18 台超年限使用容器的整改，推进 286 台超限容器、36 台隐患水套炉、14 台压缩机组仪表柜防爆系统隐患治理及 5 台车载式和整体式压缩机组大修立项，累计投入资金约 8 800 万元。组织第三方对 318 台锅炉、加热炉对标检测，发现、整改

16类问题；接受油气和新能源分公司高风险装置东北检测中心对燃烧器及安全联锁装置的年度专项检测，发现并整改问题19项。 （罗潇寒）

【设备提质增效】 2022年，西南油气田公司开展2 143台（套）设备的提质增效工作，实现降本创效12 993.26万元。通过调剂利旧、有偿使用等方式共享设备124台（套），创效约2 300万元。调剂改造RTY3360机组用于牟9井、RTY275机组用于龙岗001–23井，节约资金1 150万元。与成都压缩机公司开创合作新模式，改造闲置增压机组提前投产发挥产量，增量3万米^3/日，节约费用140万元。页岩气外输压气站采用联合运行模式，大幅节省电耗，年增效1 260万元；零散气回收业务租用LNG、CNG工艺装置，年回收气15 682.15万立方米，创效4 704.59万元。

（罗潇寒）

【设备业务培训】 2022年，西南油气田公司立足数字化、信息化建设，针对性开展设备人才培养，由强化人员理论素质向培训应用实操转变，全年通过线上线下、讨论互查等多形式开展设备综合业务培训班和动设备状态监测高级培训班，培训110余人次，主要聚焦设备状态监测诊断、提质增效分析、信息系统管理以及设备数据治理等专业技能，为推动管理提升和数字化转型夯实基础。全年开展设备专题技术交流会14次，分别针对储气库离心式压缩机组成套、车载压缩机工艺优化、余压发电技术应用、设备信息化功能完善等进行研讨，持续促进物资设备业务管理能力和技术水平的提升。

2022年，川庆钻探工程公司参与集团公司、中油技服等举办的观摩会，主要参加集团公司组织的长庆石化公司、广西销售装备公司完整性管理试点工作会等会议，学习借鉴相关企业和单位先进经验和做法。组织与宝石机械公司、济柴动力公司、宏华公司等科研单位、专业厂家的技术研讨和关键装备联合攻关，共同推进装备技术的进步。采用线上或线下方式，开展特种设备事故应急预案管理等培训，提升设备操作人员素质。组织年轻的设备管理人员到川庆设备处轮训学习，增强专业技术知识和管理水平。 （罗潇寒 沈凡儿）

审计监督与评价

【概述】 2022年，西南油气田公司把审计工作融入企业改革发展，坚持稳中求进的工作总基调，发挥内部审计的监督服务职能。完成审计项目72个，发现问题1 159个，发现问题金额3.9亿元，取得经济成果2.78亿元，其中直接经济成果2亿元。取得不可用货币计量审计成果有审计建议50条，呈报专题报告及管理建议书12份，促进完善规章制度16项。根据审计意见，追责内部员工184人次。审计项目获集团公司优秀审计项目一等奖1个、二等奖1个、三等奖3个。审计论文获集团公司2022年度优秀审计论文一等奖2篇、二等奖2篇、三等奖2篇。“新时期集团公司审计工作创新与发展研究”获2022年度集团公司软科学研究优秀课题。《全面构建“五维度”计划立项新机制，精准服务公司风险管控与成本效益管理》获西南油气田公司管理创新二等奖。参加集团公司首届审计数据仓库建模大赛，2个作品分获个人组一等奖、二等奖，2个作品分获团体组二等奖、创新奖。

2022年，川庆钻探工程公司审计处精准把握内部审计“经济体检”的新时代审计职责定位，统筹规划审计工作目标和关注重点，加深业审融合的深度，推动内部审计数字化与智能化发展，为实现高质量发展再上新台阶提供监督服务保障。全年组织实施审计项目34项，其中经济责任审计项目16个、投资与建设审计项目12个（含跟踪审计项目3个）、管理及专项审计项目4个、集团公司授

2022年2月8日，西南油气田公司审计处在成都召开审计系统工作纪律专题会议 肖鑫 摄

权自审项目2个。1个审计项目获集团公司优秀审计项目三等奖，5篇论文分获集团公司优秀审计论文一等奖、二等奖、三等奖。（周　越　杨　虹）

【审计管理】 2022年，西南油气田公司制定《中国共产党中国石油西南油气田分公司党委审计工作领导小组工作规则》及相关办公室工作细则，定期汇报重要工作、审计要情；把凝聚监督合力作为“重要任务”，完成党风廉政建设和反腐败工作协调小组安排的各项联合监督任务，牵头召开2次反舞弊协调会议，推进联动监督体系建立。紧跟“三个导向”，发挥审计服务影响力，即紧跟效率导向，全力服务增储上产与扩销增效；紧跟成本导向，全力服务成本管控与提质增效；紧跟安全导向，全力服务风险防范与依法合规。加快对集团公司、西南油气田公司2022年及以前年度审计发现但未整改闭环问题的督促整改，选取4家单位开展审计回访，提升基层单位合规管理水平。制定集团公司《违规经营投资责任追究工作规范》与西南油气田公司内部工程建设审计追责标准，促进追责工作标准化、规范化开展；确保专项任务成效好，完成集团公司8个审计项目的迎审工作与西南油气田公司设租寻租、债务风险、合规管理等6个领域专项治理，联合相关部门拍摄合规微电影《审计风云》，借助新媒体力量展现反舞弊大监督工作成效。抓实技术升级，优化自建审计数据库系统2.0，深化审计监督管理平台运用，探索开展多种形式、多种类型的数据关联比对分析；抓实质量升级，推广“两段式”审计模式运用从经济责任审计、工程审计向重大专项审计推进，建立审计业务领域动态分析制度，为企业决策提供支撑；抓实能力升级，开展理论研究和标准化建设，牵头制定、修订专业标准2项和课题研究成果2项，形成集团公司层面课题研究成果1项，评选优秀审计工作底稿50份、优秀审计项目17个；通过选拔业务骨干分批次参加实践锻炼、举办继续教育培训及到集团审计工作先进单位开展学习交流，提升审计人员学习能力、实践能力、执行能力。

2022年，川庆钻探工程公司坚持党委及主要负责人直接领导下的内部审计领导体制，加快构建集中统一、全面覆盖、权威高效的审计监督体系。健全和完善审计处及纪检审计中心的党支部建设，加强内部审计重大工作的顶层设计、统筹协调和督促落实；审计处与纪检审计中心年初召开联系会议，加强对审计计划、重点任务、审计时效、审计项目组织等重要事项的管理和指导。完善企业内部各项审计制度，印发《内部审计工作规定》《内部审计处理规定》和《审计整改工作实施细则》。优化运行集中审理和A8协同平台审理笺相结合的运转流程，层层负责，将审理结果纳入审计质量考核，提高审计实施方案的指导性和可操作性，将“质量强审”理念贯穿始终，确保实现审计目标和提高审计报告质量。（周　越　杨　虹）

【审计信息化建设】 2022年，西南油气田公司主动拓展审计工作信息化视野、提高信息化水平，以信息化助推审计工作高质量发展。提升数字化审计思维，定期参加审计部举办的《审计人员数字化能力建设》视频培训，学习审计系统各类数仓建模经验分享；参加集团公司数字化转型研讨交流会，分享大数据审计思路和方法，推进数字审计模式的常态应用。逐步完善数字化业务链条，升级自建审计数据库系统2.0，实现计划立项、项目实施、项目审理、后续整改等业务在线运行与管理；指导华盛公司审计服务中心完成审计数据库系统开发、环境部署和数据初始化以及系统投运等工作；申报4项知识产权专利获国家知识产权局专利受理，为审计战略转型提供技术支撑。深化平台推广应用，在经济责任审计、工程项目审计和设租寻租问题专项整治排查工作中，推出多条线索并直接形成问题底稿，问题查实率60%，对重大风险预警覆盖率100%。加快模型优化迭代，提出新增模型思路11个，调整平台模型思路18个，完成新增模型6个，审计信息化平台更加实用完善。实现数据融合互通，运用RPA机器人技术，实现审计数据库系统2.0与集团公司统建系统的交互功能，大幅减少审计人员系统填报工作量，实现审计工作效率提升。

2022年，川庆钻探工程公司以科研课题为载体，继续开展题为“川庆公司审计管理信息系统开发”的跨年研究工作，实现信息化技术重构与迭代促进企业内部审计工作管理模式向敏捷化、智能化的实质转型，按照科研项目实施进度计划，完成平台的初步搭建，通过平台大数据筛查和分析，为试点项目准确输出现场查证疑点，提升审计时效和质量；响应集团公司第一届审计数据仓库建模大赛，选派数据仓库运用优秀审计人员利用数据资源和数据分析工具，坚持实用原则，围绕创新性、技术性和实用性等方面完成并按时报送参赛作品，聚力内审创新发展。

（周　越　杨　虹）

【专项审计】 2022 年，西南油气田公司专项审计全力服务中心工作，有效促进各项重大决策部署落实。关注增储上产工作质效，首次开展钻完井工程项目管理情况专项审计，找出影响钻完井工程质量、安全、进度和制约成本控制的主要原因，挽回直接经济损失 453.81 万元，提出建立“技术 + 经济”双监督模式的管理建议。关注扩销增效管理合规，开展天然气销售业务专项审计，促进实现销售效益最大化。关注物资保供管控成效，开展公司重点工程甲供料管理专项审计，做好加速上产期间的物资保障服务支撑。关注安全生产风险受控，开展三大终端平台燃气业务安全生产管理跟踪审计，针对查出的 139 个问题，督促隐患整改，助力燃气安全管理能力提升。关注经营管理依法合规，开展川东北天然气项目作业权移交情况专项审计，厘清权责义务，推动完成移交工作遗留事项，助力集团公司审计整改闭环。

2022 年，川庆钻探工程公司聚焦企业发展大局，强化专项审计及审计调查。围绕企业三年行动改革、特色鲜明及领先发展的油气工程技术综合服务商建设和提质增效等专项行动，开展专项审计及审计调查项目 4 个。

（周　越　杨　虹）

【经济责任审计】 2022 年，西南油气田公司开展 33 个领导干部经济责任审计，聚焦经济责任和规范权力运行，在行政领导经济责任审计中，对 30 个问题提出追责处理，落细落实“有权必有责、用权必担责、滥权必追责”的监督要求，同时运用好“三个区分开来”，客观公正评价领导人员任期经营业绩和经济责任，促进履职尽责、担当作为。在工会主席经济责任审计中，肯定工会管理层为企业改革发展凝聚力量，营造和谐氛围做出大量工作，加大对不合规问题处理力度，收回超标准报销相关费用，促进规范工会经费和送温暖资金的使用。在对外投资公司领导经济责任审计中，揭示“三重一大”决策事项执行不到位、选商方式不合规、计量管理不规范等共性问题，并对多计提折旧、合同履行不合规等问题，追责处理内部员工 2 人次。

2022 年，川庆钻探工程公司按照“离任必审，强化任中”的原则，强化履职情况的监督，对责任者任职期间企业资产、负债、权益和损益的真实性、合法性、合规性、效益性及重大经营决策等有关经济活动进行监督评价，客观评价、界定责任者任期经济责任。全年组织实施经济责任审计项目 16 个，其中提拔为局级领导的处级领导 1 人、处级领导 10 人、提拔为处级领导的科级干部 5 人。

（周　越　杨　虹）

【工程建设审计】 2022 年，西南油气田公司工程建设审计紧盯提质增效目标实现，持续推进工程审计全覆盖，在重点工程跟踪审计中，重点关注金秋气田金浅 5H、秋林 16、中浅 1 井区沙二气藏开发工程，威远页岩气田自 205 井区开发工程（自营）等两个工程，及时指出并纠正建设过程中涉及选商与合同签订、施工现场管理等问题。在钻前工程结算审计中，重点关注计价依据、结算方式、工程量计算、定额套用及价差调整等内容，审查长宁公司、四川页岩气等 8 家单位，结算审减 7 401.21 万元，审减率 1.4%~12.13%，为保障页岩气、致密气等规模效益开发、助力成本管控贡献审计力量。在地面建设及其他工程竣工决（结）算审计中，重点关注投资完成情况、建设程序履行及建设管理情况等内容，审查川中油气矿、输气管理处等 19 家建设单位，揭示出多结算工程费用、工程余料未退库等共性问题，有效节约投资 1.03 亿元，促进全面提升项目管理水平，助推工程建设降本增效。

2022 年，川庆钻探工程公司紧盯制约企业效益增长的关键要素，推进权限范围内的工程项目审计全覆盖，开展重点工程建设项目跟踪审计和工程结算审计项目 12 个。

（周　越　杨　虹）

【审计问题整改】 2022 年，西南油气田公司通过“专项行动 + 审计回访”双模式，开展问题整改核查验收。定期开展问题整改督导，针对 2021—2022 年集团公司审计下达意见，完成 47 个问题的督导闭环整改，就仍在整改期内的问题持续跟踪督办；针对西南油气田公司 2021 年及以前年度审计发现但未整改闭环的问题开展 9 轮 55 次督导，推动 125 个问题整改闭环。组织开展审计回访，涉及重庆气矿、长宁公司、重点地面建设项目部等 6 家单位，从政策宣贯、风险提示、整改通报等方面进行宣贯交流，全面优化审计整改工作质效。加大追责处理力度，

2022 年下达审计意见中，追责内部员工 184 人次，含解聘岗位职务 1 人，共扣减薪酬 7.72 万元；对外部单位追缴违约金 33 次 50.89 万元。

2022 年，川庆钻探工程公司完善审计整改长效机制，提高审计整改工作制度化、规范化水平。印发审计整改工作实施细则，明确审计发现问题整改工作职责、业务流程及督办程序。针对 2021 年审计整改中存在的问题，印发《关于进一步加强审计整改工作的通知》，强化落实审计整改工作责任主体，从审计整改工作报告、审计整改督促检查等方面完善审计整改工作机制，确保审计整改工作落地见效。落实审计整改督导责任，提升整改质量。强化审计整改工作的日常督导和跟踪检查，核实各项整改措施和整改效果，促进相关整改牵头部门联动履职，把以往年度审计发现问题的整改情况列为必审内容，追究整改不力及敷衍整改的单位和个人的责任，做好审计监督“后半篇文章”。推动被审计单位审计整改落实，规范管理水平和提高风险管控能力，有效应用审计成果。

（周　越　杨　虹）

【违规经营投资责任追究】 2022 年，西南油气田公司完善责任追究组织体系，根据领导班子及小组相关成员职务变动情况，调整违规经营投资责任追究领导小组及其办公室成员，落实责任追究工作，健全责任追究制度体系，参与编制集团公司《违规经营投资责任追究工作规范》，对违规经营投资责任追究工作方法进行细化，明确责任追究工作流程，分类处置类型，程序、责任追究处理程序，以及责任追究工作文书模板等内容，确保监督追责工作严谨规范，运行有据可依；建立容错纠错机制，在公司范围内转发《中国石油天然气集团有限公司经营投资尽职合规免责事项清单（2021 年版）》，编制《西南油气田分公司尽职合规免责事项台账》，明确容错纠错边界，鼓励引导管理人员担当作为、干事创业，为西南油气田公司依法合规经营提供有力保障。落实监督追责信息化、定期报告等机制，应用国有资产监督管理运行系统，完成企业基本信息、企业追责制度、以往年度定期报告和违规经营投资责任追究工作信息等内容的填报，定期向审计部报送违规经营投资责任追究工作情况。2022 年未收到业务部门、所属单位、党委巡察等移交问题线索，未发现违规追责问题线索。

2022 年，川庆钻探工程公司配合完成集团公司《违规经营投资责任追究工作规范》征求意见反馈工作，按照集团公司最新《违规经营投资责任追究约谈工作实施细则》《违规经营投资责任追究督办工作实施细则》要求，对违规经营投资行为坚持发现一起、查处一起，严肃追究相关人员责任，打通审计监督“最后一公里”，实现审计监督多层次、无盲区、全覆盖，为维护国有资产安全、防止国有资产流失提供监督保障。

（周　越　杨　虹）

【审计业务培训】 2022 年，西南油气田公司开展审计业务学习培训，提升队伍素质能力。优选 24 名业务骨干分 3 批次参加审计业务实践锻炼，有效充实保障审计资源；组织审计人员参加集团公司审计法视频培训学习；到集团公司审计服务中心沈阳分中心、吉林油田审计部开展学习交流，进一步开阔审计视野，拓宽工作思路；通过“中油 e 学”线上视频方式对公司审计系统 62 人开展审计继续教育培训，建设高素质专业化审计干部队伍，助力审计工作发展。

2022 年，川庆钻探工程公司组织审计人员 1 人次参加集团公司审计部审计数据仓库建模优秀作品培训，组织审计人员 42 人次参加集团公司“全面学习落实新修订审计法”专题讲座，并通过日常个人自学、讨论等方式，引导广大审计人员强化法制思维、依法审计，提高履职能力。

（周　越　杨　虹）

法律事务

【概述】 2022 年，西南油气田公司落实中央依法治国新理念、新思想、新战略和集团公司法治工作部署，围绕企业改革发展中心任务，采取有效措施，推动依法治企取得新的进展和成绩。研究制定《西南油气田公司进一步深化法治企业建设实施方案》《西南油气田公司法治示范企业创建工作行动计划》，明确法治建设总体目标和 9 类 27 个方面法治建设重点内容，构建“十四五”期间依法治企的总蓝图。获四川省国资国企 2022 年“法治宣传教育先进单位”称号，位居入围在川 6 家央企榜首；获集团公司“法治在我心中”主题演讲比赛一等奖。

2022年，川庆钻探工程公司按照集团公司法律和企改部的工作部署，有序推进依法治企和法律管理工作，突出做好法律风险防控，实现“抓合规、控风险、控风险，促效益”的目标，法律风险平稳受控。

（黄韬澄　李跃文）

2022年3月11日，西南油气田公司企管法规处召开民主生活会和组织生活会　黄韬澄　摄

【合规管理】2022年，西南油气田公司推动“合规管理强化年”“经营业务合规专项”工作，编制印发实施总方案，开展“合规进岗位”，形成28个部门420多个岗位的合规职责描述。开展合规培训，解读宣传《中央企业合规管理办法》，参加集团公司合规培训3万多人次。扎牢合规基础业务，建立企管法规部门统一对外法律授权的制度。追踪法律环境变化，适时发布年度合规报告、QHSE法律法规及其他要求的合规性评价报告和清单。策划股权业务合规建设，强化“应建尽建”法人公司董事会，突出董事会机构健全、职权落实及制度完善，以“良好”评定通过集团公司初审。理顺参股企业管理界面，提出管理体制、治理方式、行为规范、管控平台“四新”合规管理举措。

2022年，川庆钻探工程公司根据集团合规管理要求，开展“合规管理强化年”“严肃财经纪律、依法合规经营”专项活动，构建以主要领导为合规管理第一责任人、总法律顾问牵头、法律部门归口统筹、相关部门协同联动的合规管理组织体系。通过线上和线下方式进行全员合规培训，培训完成率100%。（黄韬澄　雍　幸）

【合同管理】2022年，西南油气田公司提升合同流转效率和管理能力，狠抓合同管理突出问题治理，印发《西南油气田分公司合同管理办法》，发布标准文本69个、合同管理专项通报2期，完成《专利实施许可》等6个集团公司合同文本适应性修订，西南油气田公司和四川石油管理局分获四川2020—2021年度省级“守合同重信用企业”称号。分别于2022年3月、10月启用合同管理信息系统与财务共享平台、档案系统集成。全年审批签订合同17 444份，标的金额13 967 002.56万元。其中西南油气田公司签订合同13 973份，标的金额8 195 984.97万元；四川石油管理局签订合同2 852份，标的金额192 721.9万元；川渝销售分公司签订合同619份，标的金额5 578 295.69万元。全年对86份合同57家合同相对人追究违约责任，收取违约金52.44万元。合同在线编辑率95.41%，高于集团公司80%考核指标。其中，西南油气田公司95.33%，四川石油管理局97.65%，川渝销售分公司87.08%。西南油气田公司事后合同发生率控制在0.13%，四川石油管理局事后合同发生率控制0.18%，川渝销售事后合同发生率控制0%，均低于集团公司1%考核指标。

2022年，川庆钻探工程公司规范调整在用的23个合同示范文本，全面推行使用合同文本“辅助审查”功能，所属单位标准合同文本在线使用率提高到84.15%，退回率下降到12.3%，达到年度提质增效15%的目标，合同文本质量明显提升；推进合同系统与财务共享平台、档案系统融合，履约填报质量与真实性明显提高，提高合同归档效率；强化合同计划管理，对合同计划的制订、计划跟踪落实等工作进行指导，事后合同率0.25%，优于集团公司事后合同及年度提质增效2%的目标。（黄韬澄　张一翔）

【法律风险防控】2022年，西南油气田公司开展高风险岗位风险排查，并形成机关《西南油气田分公司合规高风险岗位人员风险清单》423份。组织梳理资源权属、安全生产、生态环境与保护等11个业务类别的合规义务清单，编制《西南油气田分公司合规义务和风险数据库》，涉及风险点360个。针对土地管理、安全环保等合规高风险领域，开展全面的风险排查，制定风险治理措施并督促整改落实。

2022年，川庆钻探工程公司发布《侵犯公司知识产权合同纠纷法律风险警示书》《承包商违反禁止非法转包违法分包合同约定的法律风险提示书》《高压电伤人案件法律风险提示书》4个法律风险提示书，指导基层单位梳理总结相关法律风险，加强合同履行管控，企业法律风险整体受控。

（黄韬澄　雍　幸）

【重大项目法律论证与审查】 2022年，西南油气田公司严格把关法律合规审查，审查机关层面制、修订制度46项，提出法律意见60余条；对新能源项目、相国寺储气库项目、社会化移交遗留问题等重大事项，提出法律合规审查意见70余次。

（黄韬澄）

【普法宣传教育】 2022年，西南油气田公司开展普法宣传教育。发布《西南油气田公司2022年普法工作计划》并严格实施，编制印发《西南油气田公司2021年度法治建设及依法合规经营自评报告》《法律咨讯》刊物2期和党委中心组学法材料2期。组织"法治在我心中"主题演讲，广泛讲述企业法治故事。开展以宪法为重要内容的"12·4"国家宪法日活动，并与四川省司法厅、四川省工会联办法律知识答题，发放领导干部法治知识简明读本8 000余册。

2022年，川庆钻探工程公司总结法律工作成绩，形成《聚焦四个突出，强化法律服务专业保障能力全面提升》经验材料，川庆钻探工程公司作为6家先进单位之一，在集团公司领导干部会上作合规管理经验交流发言。开展普法教育，结合"八五"普法规划和年度普法计划安排，开展"12·4宪法宣传日"活动；组织全员通过"中油e学"平台完成"八五"普法学习。开展"法治在我心中"演讲比赛，川庆钻探工程公司获集团公司优秀组织奖，推送作品分别获集团公司一等奖、二等奖、三等奖；总结生产经营中的典型纠纷案例，编制成典型案例印发组织学习，利用网页《法治川庆》专栏和今日川庆"法治进行时"栏目进行发布和宣传，通过以案说法的形式，提高员工法治意识。

（黄韬澄　雍　幸）

【纠纷案件诉讼与管理】 2022年，西南油气田公司有效处理纠纷案件。落实集团公司纠纷案件"控增减存"督办专项要求，在案件处理质量和效率上下功夫，组织排查梳理未结案件，提出处理措施。实施案件警示教育机制，涵盖4类业务领域，梳理汇编典型案例24件，加强源头治理，系统性控增效果良好。全年处理案件51起，结案22起，胜诉20起，胜诉率90.9%，避免、挽回损失约1.5亿元。

2022年，川庆钻探工程公司加大重大纠纷案件的检查督导，组织涉案单位和外部律师分析研判巴基斯坦税务案案情，制订详细处置方案，按照"政府协商和依法诉讼"同步推进的工作思路，采取"境内外双律师"办案机制，案件处置策略得当，妥善处理境外重大税务纠纷等20起纠纷案件，避免经济损失3 500万元；强化外部监管规避风险，追究服务商侵犯企业知识产权的违规违约责任，企业知识产权领域维权首战告捷，收回知识产权6项，追回违约金21万元；集团公司书面表扬川庆钻探公司2022年纠纷案件处置工作，对完成集团公司年度纠纷案件"减存量、控增量"目标作出的贡献给予肯定。

（黄韬澄　雍　幸）

【工商商标管理】 2022年，开展西南油气田公司、四川石油管理局公司经营范围变更工作，西南油气田公司经营范围由原来的6项变更为34项，四川石油管理局有限公司经营范围由原来的20项变更为43项。办理重庆气矿、蜀南气矿、物资分公司等单位负责人变更，指导新能源事业部、四川西油新能源有限公司工商注册相关工作。摸清西南油气田公司商事主体底数，从法律关系、管理关系编制西南油气田公司商事主体图谱。

2022年1月11日，完成川庆钻探工程公司法定代表人变更，法人代表由李爱民变更为王治平；完成总经理变更，总经理由王治平变更为李雪岗。2022年11月，川庆钻探工程公司股东由中国石油天然气集团有限公司变更为中国石油集团油田技术服务有限公司。2022年6月15日，完成川庆钻探工程公司监事变更，监事由谭林波变更为杨帅。

（黄韬澄　白晓洪）

行政综合管理

【概述】 2022年，西南油气田办公室（党委办公室）坚持以习近平新时代中国特色社会主义思想为指导，以迎接党的二十大胜利召开为主线，围绕高质量发展，以及为主营业务服好务的目标，落实党委、行政各项决策部署，坚持超前谋划、主动作为，履行参谋助手、综合协调和服务保障职能，圆满完成各项工作任务。

2022年，川庆钻探工程公司办公室（党委办公室）发挥综合协调、参谋助手、服务保障等职能，完成各项工作任务。获2022年度集团公司“信息工作先进单位”称号，保密管理论文分获四川省石油企协管理创新论文二等奖、中国石油企业协会优秀论文三等奖，2人获四川省“国家安全人民防线建设先进个人”称号。

（王　宇　梁治国）

2022年8月26日，西南油气田公司办公室在成都举办“云课堂”培训班　王禹杰　摄

【秘书工作】 2022年，西南油气田公司办公室（党委办公室）坚持立足全局、统筹协调，针对全局性工作，需多个部门共同办理的重大事项，办公室主动牵头抓总，协调调度，形成上下贯通、有序运转、无缝对接的格局。面对产能建设加快、重点工程增多，企地用气、合资合作需求日益强烈，联络协调任务繁重而艰巨，办公室集结力量、克服困难，组织开展地方政府、企事业单位来西南油气田公司拜访、会见签约等公务活动130余次，为勘探开发、生产经营工作任务开展提供支撑。完成集团公司总经理、党组副书记侯启军，党组成员、纪检监察组组长钱朝阳赴四川地区石油企业工作调研方案及接待实施工作，获集团公司领导肯定。开展2019—2022年党建制度清理评价和废改立释工作，定期维护党建制度文件管理系统，牵头组织党群部门梳理汇总2021年党建制度，巩固党建制度规范化、信息化建设成果。编制发布《关于中共中国石油西南油气田分公司委员会前置研究讨论重大经营管理事项清单》，严把上会议题“入口关”，全年组织召开党委会25次，审查议题119项；召开总经理办公会8次，审查议题30项；召开领导工作例会20次，形成会议纪要20期。

2022年，川庆钻探工程公司办公室（党委办公室）修订“三重一大”决策制度实施细则，制定党委前置研究讨论重大经营管理事项清单，建立其他重要经营管理事项清单，并指导所属单位厘清决策事项界面，细化决策事项清单，完善决策制度流程，做到各治理主体不缺位不越位，提高决策科学化水平。提高“三重一大”决策和运行监管系统数据报送工作质量，在规定时限内上传会议26个、议题136个。制定党委向集团公司党组请示报告事项分工清单，建立所属单位向上级党委请示报告制度，加强重大事项请示报告管理。加强重大会议、重大活动统筹协调，完成川庆钻探工程公司“三会”、党代会、科技与信息化创新大会等重要会议筹办9次，相关兄弟企业、高校院所、地方政府等单位交流座谈39次。牵头修订《党委进一步贯彻落实中央八项规定精神实施细则》。严格会议计划管理及计划外会议审批，根据新冠肺炎疫情防控形势减少线下会议，召开视频会议同比增长16%，会议费用控制在预算范围内。加强公务用车管理，从严审批租赁公务用车，推广利用共享平台、地区共享出行，控制公务用车规模。规范业务招待和内部接待管理，从严落实商务招待管理要求，完善费用报销审批流程，促进招待接待活动合规运行。落实领导人员请假制度，办理党委管理干部请销假287人次。

（王　宇　梁治国）

【督办工作】 2022年，西南油气田公司办公室（党委办公室）围绕企业中心工作、重大决策等，开展督查督办和跟踪问效，重点对“三重一大”决策事项、年度或阶段性重点工作任务、领导关注事项进行立项督办，在创新思路、改进方式上下功夫，提升工作质量和水平，做到“批必督、督必办、办必果、果必报”。全年立项督办重点工作任务涉及勘探、开发、新能源等9大类业务51项具体工作任务，确保企业各项决策有序推进。

2022年，川庆钻探工程公司办公室（党委办公室）坚持“围绕中心，突出重点”，完成督办事项447个，保证党委、行政工作部署和决策事项的落地落实。其中，分解集团公司、中油技服和川庆钻探工程公司年度重点工作任务118项，细化量化目标任务，平稳高效推进目标落实；督办党委会、领导工作例会、党建工作领导小组办公会等会议要求235项；梳理督办领导检查调研收集的问题建议和提出的工作要求68项；督促办理各单位意见建议10项、职工提案14项；协调业务部门参与，抓好前期研究分析和分解立项，跟踪督办老井挖潜项目等重点工作。调整、延伸督办管理系统功能，实现机关部门和所属单位全覆盖。做好支持配合，持续督促机关部门强化业务督办。

（王　宇　朱　杰）

【文书机要】 2022年，西南油气田公司办公室（党委办公室）按照党委的要求，严控公文数量，坚持公文“三个不发”原则，实现发文数量受控的目标要求；严把审文关，严格各环节审批，狠抓公文质量，确保收文及时高效、发文质量扎实过硬。全年收文6 452份、发文2 325份，分别同比减少15.6%、18.3%。政务信息采集质量及文字水平显著提升，上报数量同比翻番，采纳量提升90%，报国家部委（中央办公厅、国务院办公厅和国资委办公室）的信息数量排名集团公司第一；集团公司信息积分排名跃居第二，相比2021年提升3个名次。

2022年，川庆钻探工程公司办公室（党委办公室）科围绕服务保障稳健发展中心工作，为各类公文的高效运转、印章安全管理使用、机要文件安全传递提供优质服务。强化公文审核，以全力确保公文质量为抓手，确保发文质量过硬，杜绝不规范公文，全年审核发文772份，上报公文实现“零退文”。强化公文处理枢纽职能，加强公文运转协调办理，共办文普件4 271份、机要文件264份。坚持做好公文督促办理，于办理时限前提醒相关承办部门，确保有关工作按时限高效完成；定期督促各单位（部门）完成公文系统待办文件的清理工作，按季度通报办文情况，加快公文办理效率，办结率同比提升22%。按照集团公司精简公文的要求，全力压减发文数量，确保当年发文数量不超过上年。开展公文业务讲座6场，组织征订《秘书工作》杂志130份，持续提升办公室系统的业务能力。加强日常用印流程管控和印章安全管理措施，严格审核印章使用流程，确保合规安全用印。组织开展印章规范管理专项检查，严格落实各级用印审批把关责任。优化依托A8系统的印章使用线上审批流程，并于年底正式推广运行。严格遵守机要文件管理纪律，细化落实签收登记、传阅追踪、定期回收、安全保管等各环节工作，确保机要文件安全管理。完成2021年度机要文件清退工作。

（王　宇　王　涛）

【政策研究】 2022年，西南油气田公司办公室（党委办公室）紧扣企业年度重要生产经营任务，收集掌握国际国内、能源行业的时事热点，结合勘探开发、新能源、改革创新等方面实际情况，积极思考、系统策划，全年编印28期《领导参阅》，为企业发展提出对策建议。筹备召开2022年党的建设工作会，起草党委工作报告，制定年度党委工作要点，完成党委交办的各项工作任务。起草《关于设立西南油气田公司“党委信箱”有关情况的调研报告》《西南油气田公司软科学研究奖励办法（征求意见稿）》《关于巡察整改反馈问题有关情况的报告》等文稿，为领导决策提供参考。

（王　宇）

【文稿起草】 2022年，川庆钻探工程公司办公室（党委办公室）完成“三会”、党代会、党风廉政建设和反腐败工作会、领导干部会等会议材料，完成领导在基层党委书记述职评议会、市场工作会、科技与信息创新大会、提质增效工作推进会、HSE委员会等会议上的讲话材料。完成川庆钻探工程公司在集团公司工作会、中油技服工作会等会议上的发言材料。完成党委关于落实全面从严治党主体责任情况报告和党委学习贯彻落实习近平总书记重要指示批示精神情况报告等重要报告。完成党委、行政上报集团公司党组、集团公司、中油技服的2021年工作总结。完成川庆钻探工程公司与成华区政府、石渠县政府的工作交流材料等。全年撰写各类重要文稿70余篇，约35万余字。

（汪亚军）

【信息管理】 2022年，川庆钻探工程公司办公室（党委办公室）围绕党委、行政的中心工作，发挥信息辅助为领导决策的作用，提升政务信息质量。学习集团公司重要会议精神和重点工作部署，跟进落实集团公司重要工作部署、重要会议议定事项的进度，实时向上级报送相关重点信息。围绕企业中心工作，坚持以领导关注为导向，收集机关部门和二级单位反映的热点、焦点信息，更好服务领导决策。提升信息报送时效，制订信息工作“月计划、周进度、日安排”，实行素材收集“点对点”“定制化”。完善政务信息载体，升级改版《领导参阅》，摸索形成固定的信息收集渠道，发挥《领导参阅》辅助领导决策作用。全年编报《川庆要情》183期，《川庆动态》1 323期，《领导参阅》35期，编印《公司信息》250期，信息工作年度排名位列集团公司所属企业第5位，连续4年进入集团公司所属企业前10，连续14年获集团公司“信息工作先进单位”称号。（苏志刚）

【数智建设】 2022年，西南油气田公司办公室（党委办公室）创新办公室系统培训方式，采取“线上＋线下”的方式，通过“宝利通”延伸至各单位的云端课堂，每月举办1期，每期聚焦一个企业主营业务和办公室业务，全年培训超1 000余人次，提升办公室系统人员业务能力。打造协同办公业务全流程化，制定“因私、因公请假”“全公司印章管理台账”“节假日应急联系人名单”“应急信息报送”等多个系统表单，提升工作效率和管理水平。提升网络保密技术水平；完成办公专网升级改造工作，安装国产化终端计算机及配套设备；会同信息管理部门全面推广安装“终端敏感数据审计系统”，逐步实现对所有办公电脑全覆盖监控。（王　宇）

【值班与应急】 2022年，西南油气田公司办公室（党委办公室）发挥应急协调、信息沟通作用，落实应急领导小组指令，会同相关部门处置“西51井井口着火”“成都‘9·1’疫情”“‘2·14’达卧线达石段发生天然气泄漏”等30余起突发事件、敏感事件，坚持24小时值班值守，确保应急信息畅通。全年收集各类应急信息118条，编辑、上报信息42期，收集和上报数量均远超2021年。参与“成华区8月疫情防控专班”“成都‘9·1’疫情防控专班”，协调相关部门、单位开展防控工作，参与重庆市、达州市、泸州市、遂宁市、江油市等多地应急信息收编报任务，获地方新冠肺炎疫情防控指挥部好评。参与疫情防控领导小组会议，撰写会议纪要48期。严格领导干部在岗值班带班，坚持做好党的二十大、区域静默等敏感时期、重要时段、节假日的值班值守工作。

2022年，川庆钻探工程公司办公室（党委办公室）优化完善运行模式，提升值班效能，确保值班工作平稳运行。重视节假日和重点时段值班值守工作，做到每个节假日印发通知，重点时段升级值班值守管理，严明值班纪律，加强值班情况抽查，适时开展值班情况通报，形成有效工作闭环，值班值守进一步规范。根据集团公司最新值班工作要求，梳理值班接警、处置、跟踪、报告等工作流程，完善值班工作程序，优化值班运行，确保值班工作高效运行。落实应急工作职责，做好应急协调，参与大安2H井地面旋塞阀刺漏等9起应急处置。

（王　宇　苏志刚）

【保密工作】 2022年，西南油气田公司办公室（党委办公室）在“4·15”全民国家安全教育日保密宣传活动和以“网络保密”为主题的保密宣传周活动中，征集到保密论文25篇、保密故事31个、保密案例11个，并优选8部作品报集团公司保密办，为集团保密宣传教育工作提供支持。组织参加中央保密委员会办公室（国家保密局）举办的“保密故事大家讲”活动，选送作品获“保密故事优秀讲述人”称号。加强保密培训，组织机关及所属各单位开展“讲保密党课”活动，累计36场次750余人参加。组织所有涉国密人员、涉商密人员参加中国保密在线网站上举办的“保密教育线上培训”，全部取得合格证书。开展保密检查，选择9个机关处室（部门）和10个二级单位，从保密工作机构、涉密活动管理、网络保密管理等6个方面开展保密检查，摸清企业保密工作现状，找准存在的漏洞和短板，优化完善保密管理。

2022年，川庆钻探工程公司办公室（党委办公室）坚持党管保密、依法治密，贯彻习近平总书记关于保密工作的重要指示批示精神和戴厚良提出的“三个坚定不移”保密工作要求，2人获四川省国家安全厅“人民防线建设工作先进个人”称号，保密管理成果论文获四川省石油企业协会二等奖、中国石油企业协会三等奖各1个，全年未发生失泄密事件。组织召开年度保密委员会会议、国家安全人民防线建设小组会议。在党委中心组集中学习相关保密法律法规和上级会议精神，成立两级国家安全人民防线建设小组。组织签订《保密责任书》《保密协议》，更新补充签订7 003份。印发保密工作要点和国家安全人民防线建设工作要点，编制印发《国家安全人民防线内控清单》《2022年度保密宣传培训教育方案》。在党的二十大、疫情防控、龙远大厦搬迁、工作会、科技信息大会、党代会等重点敏感时段，印发专项保密管理要求、应急预案。修订《中国石油集团川庆钻探工程有限公司保密工作管理办法》。开展2021年度定密事项清查工作，清理定密事项59项，整改不规范问题3个。开展涉密人员年度审核，组织进行全员岗位保密风险识别，梳理形成岗位保密风险258条。完成四川省涉密电子政务内网接入工作，完成办公专网自主可控替代等设备采购工作。开展涉密设备增配，配置涉密计算机、信号干扰仪等设备44台。向物业公司发放《保密提醒函》《物业服务保密协议》，强化物业服务人员管理，开展机关重点会议室进行保密环境检测。开展社交软件专项整顿，完成互联网工作平台群组清理1 250个，14个所属单位实现微信群全关闭。强化信息发布审查工作，排查网站800余个，公众号等新媒体16个，未发现泄密情况。开展基层信息传输失泄密隐患排查，梳理检查内容17大项98小项，印发整改通知单24份，违规外发数量同比下降91%。组织开展安全防范自检自查，发现并整改问题3项，组织国际业务岗位人员开展手机安全保密专项检测。开展保密宣传活动，发布国家安全宣传信息25篇，公众号推文7篇。完成各级领导、保密干部和涉密人员国家保密局在线培训全员取证。组织集团公司西南片区新入职大学生观看失泄密攻防技术演示，《中国石油报》头版“2022年保密宣传周活动综述”予以报道。组织员工观看央视国家安全纪录片《无声的功勋》，2.5万余名员工参与“密码视界”“保密观”“铁人先锋”中保密密码知识学习与答题活动。开展保密宣传教育进现场，推动保密培训“进队站、进班组”，参培人员4 490人，征集保密论文、故事、案例等文化作品75篇。

（王　宇　张　宇　刘亚奇）

【机关事务】 2022年，西南油气田公司机关事务管理坚持“服务为本的工作”理念，以打造优质安全的办公环境为目标。在办公用房管理方面，坚持统筹安排，实时更新《成都市办公用房情况统计表》，制订页岩气分析实验中心场地协调方案，为新能源事业部等新成立的单位调剂办公用房，制定《西南油气田公司新旧机关办公区调配建议方案》，使机关办公区布局及分配更加合理。在食堂管理方面，开展提升服务品质、菜品制作交流、安全知识培训等活动，累计开展各类培训110次5 764人次。落实好减糖、减盐、减油的“三减”菜品制作要求，每周推出1次轻食餐，确保员工餐食健康，全年两个食堂累计就餐人数44.79万人次，累计完成公务接待53次，接待宾客663人次。在工程维修方面，完成机关办公区域维修140余项，利用夜间、周末及节假日，不影响员工工作，做到零星维修当日完成。在周转房管理方面，制定发布《西南油气田公司员工周转房管理办法》，共安排周转房入住29人次、退房21人次，开展灯具、门锁、门窗、墙面维修，用气软管更换等方面的维修20余次。在办公家具管理方面，全年采购4批次265万元，构建办公家具维修机制，以维修替代购置，力求降低成本。在疫情防控方面，定期研究疫情防控工作，建立快速响应机制，办公区域共消杀15次，上门为机关员工核酸采样90次。

2022年，川庆钻探工程公司机关事务中心履行“保障、管理、服务”职责，落实“两个保障”，公共事务科、机关事务科被评为川庆钻探工程公司2022年度先进集体和疫情防控先进集体。牵头办公楼后勤管理工作，集中资金资源，统一配置标准、服务标准，与驻楼单位共担运行费用，全年保障总部办公楼正常运行。按照“合规、集中、有备用”的原则，优化调整16个部门的办公用房。开展文印中心保密工作检查，组织签订物业保密协议。严格落实“四方责任”，持续抓好人员管理、场所管理、应急管理，实现疫情防控工作目标。加强物业管理，落实物业、安保、文印、云打印服务质量“四合一”月度考核、物业服务满意率季度考核。推进健康楼宇、安全楼宇标准化建设。按川庆钻探工程公司维稳办方案，完成部分安防系统升级改造。委托第三方进行消防、电气安全检测，建立办公楼6个方面安全风险分级管控和隐患排查治理双重预防工作机制。组织安全监督开展大楼安全检查，全年查出隐患507个，违章82个。依托川庆钻探工程公司A8系统，推进机关事务审批流程信息化。落实《创建节约型机关实施办法》，牵头制定15条节能措施，设立曝光台曝光浪费行为。与地方电力公司签订直购电优惠合同，每季度开展大楼电耗分析，克服高温、疫情等影响，全年用电能耗降低约12%，实现川庆钻探工程公司“年度电能消耗降低10%”工作要求。

（冯媛媛　刘文涛　李　兵）

【档案管理】 2022年，西南油气田公司档案管理工作坚持“巩固基础，优势突围”，探索档案人才队伍建设新方法，明确地质资料管理界面，建立归档和汇交情况定期通报制度，提升地质资料管理质量效能。全年汇交26个矿权的成果资料801份、电子文件3 094个，数据量220吉字节，委托保管原始地质资料12 622件。获自然资源部“地质资料管理工作表现突出单位”称号、全国地质资料馆“地质资料信息报送与年报编报优秀单位”称号，5人获自然资源部“地质资料管理工作表现突出个人”称号。全年接收机关2021年度管理类档案7 197件、2018—2020年度会计类档案1 187卷、荣誉类实物档案38件；接收油气勘探开发综合类档案（K01）归档12卷、光盘5张，345口单井类档案（K02）1 577件（含纸质1 232件）、光盘314张，物探类档案（K03）42卷、光盘41张；接收2020年度70个科技成果获奖项目档案74卷、光盘71张。开展“两个清查”档案专项行动，解决部分历史档案遗留问题，清理档案系统账号，确保档案信息安全。加强新成立单位建档归档指导，确保档案业务协同发展。抓宣传编研，“微＋档案”宣传纵深推进，继续突破。《川油史记》丛书1套7册由人民日报出版社完成出版，档案中心、川东北气矿撰写的案例分别获集团公司档案信息资源开发利用优秀案例一等奖、三等奖，档案中心案例同时获评四川省经济科技档案工作创新与开发利用优秀案例；蜀南气矿撰写的论文获中国档案学会档案文化专业委员会“新发展理念下档案文化建设的创新与实践”征文二等奖。档案中心与新闻中心联合制作的《喜迎二十大：镇馆之宝》微视频获集团公司档案微视频评选一等奖、《千人读档：逐梦川中》在四川省档案馆官微和“兰台之家”展播。

2022年，川庆钻探工程公司办公室（党委办公室）推进档案治理体系、资源体系、利用体系、安全体系建设，提高档案工作规范化水平和服务能力。全年接收档案15 057卷、62 206件，利用档案1 522人次、9 100卷、13 139件。成立档案工作领导小组；建立完善档案工作管理网络；完善档案归档范围确认制；将机关归档工作纳入企业绩效考核内容。落实集团公司工程建设项目档案管理办法，对重点建设项目和油气合作项目进行检查指导。推行公文电子归档，公文电子单套制归档率60%；开展合同管理系统与档案管理系统集成推广，实现合同管理系统和档案管理系统集成应用。试点档案库房共建共享，组织推动越盛能源大厦档案用房统一设计、统一装修、统一管理。梳理档案机构和岗位安全管理职责，指导所属单位完善涉密档案借阅流程和手续，筑牢档案安全及保密防线。举办“喜迎二十大，档案颂辉煌”系列宣传，举办档案业务培训班1期，培训学员70余人；组织60余人次参加国家档案局、集团公司的档案业务培训及讲座。与长庆油田公司合作，开展工程数据档案一体化融合探索研究。

（张　丽　范淑清）

【志鉴管理】 2022年，西南油气田公司完成《四川油气田年鉴（2022）》出版、发行，该书有文字80余万字、图（表）320余幅。完成向四川省国资委提供四川油气田（1949—2021）的大事记文字和图片，完成向集团公司年鉴2022卷供稿工作。在基础管理方面，利用安全生产月清理库房、货架柜，消除潜在安全隐患。西南油气田公司行政事务中心（档案中心）被评为2021年度四川省直部门地方志工作先进单位。1人被集团公司评为年鉴志书骨干。

2022年，川庆钻探工程公司办公室（党委办公室）完成并上报集团公司年鉴2022卷、中油技服年鉴2022卷、四川油气田年鉴2022卷、四川年鉴2022卷供稿。印发川庆钻探工程公司2022卷年鉴编纂大纲，收集整理各处室和各单位报送年鉴资料。完成川庆钻探工程公司年鉴2020卷编纂工作。

（林　勇　汪亚军）

【专项工作】 2022年，川庆钻探工程公司办公室（党委办公室）开展“三公”管理专项联合监督检查，通过专项检查、现场抽查、交叉检查等方式，发现问题16个，完成全部整改并销项。督导整改党委巡察发现共性问题以及“三公”等方面49个问题，全部整改销项。落实违规吃喝问题专项治理工作方案，督促8个机关党支部、9个单位整改4个方面12个问题。开展会议作风整顿，严肃会议作风纪律，并通报会风检查情况，推动各级会风持续向好。

（梁治国）

【队伍建设】 2022年，川庆钻探工程公司办公室（党委办公室）以开展习近平总书记重要指示批示精神再学习再落实再提升活动为主线，加强党建和业务工作的深度融合，提升支部凝聚力和战斗力。坚持把政治理论学习作为党支部年度工作计划重要内容，开展集中学习 37 次，党小组会 24 次，跟进学习习近平总书记最新重要讲话、指示精神，深入结合党内规章制度、中央大政方针、企业战略部署等内容，紧密联系业务实际开展专题研讨 12 次。组织全员收看习近平总书记在中国共产党第二十次全国代表大会上的报告，收集学习资料并做好党课宣讲，结合岗位工作开展学习研讨，引导支部全体党员把思想和行动统一到党的二十大精神上来。落实“三会一课”、主题党日、民主评议党员等组织生活制度，召开支委会 15 次、党员大会 13 次。开展“转观念、勇担当、强管理、创一流”等主题党日活动 12 次，党支部书记讲授专题党课 2 次。党课《高举旗帜，接续奋斗，坚持用习近平新时代中国特色社会主义思想引领办公室工作持续提升》获机关党委优秀党课。开展 2021 年度组织生活会与民主评议党员，按规定完成党支部换届工作。做好党员发展工作，1 名预备党员按期转正，1 名积极分子递交入党申请书。强化党建平台应用，党建平台上线率 100%，资料录取率 100%，在“接续奋斗勇担当，建功喜迎二十大”知识竞赛中，获优秀组织奖，支部全员竞赛成绩名列前茅。逐级签订党风廉政责任书 20 份，开展典型案例警示教育，定期开展廉洁提醒、答题测试活动，组织学习员工违规行为处理规定，并邀请专家现场授课 2 次，引导全员提高合规意识。开展挂职锻炼、跟岗锻炼，多途径、多岗位培养锻炼，进一步优化办公室人员结构。（梁治国）

责任编辑：孔令兴

中国石油

矿区服务·公益事业

Community & Public Services

矿区管理

【概述】 2022年，西南油气田公司矿区管理锚定“打造新时代党建工作和天然气全产业链创新创效双标杆企业”目标，克服新冠肺炎疫情、高温、限电等不利因素影响，着眼“转型发展、保障生产、服务员工”工作主线，按计划推进办公物业、工业物业、食堂服务、医疗购买服务、特殊群体管理、民生项目建设、提质增效、矿区安全稳定等重点工作，取得初步成效，保持平安稳定和谐局面。（蒋　超）

2022年6月2日，西南油气田公司对健康食堂试点单位开展达标验收工作，工程院机关食堂成为首家通过达标验收的食堂　蒋　超　摄

【生产保障服务】 2022年，西南油气田公司矿区管理着力在办公物业、员工食堂、医疗服务等方面，为西南油气田公司高质量发展提供保障。按照《办公物业管理服务等级规范》等相关标准，加强物业区域风险管控、配套设施运行维护、管理服务的运营协调等工作，矿区管理部组织人员先后到20余个主要办公物业项目开展检查指导，监督物业服务质量和安全管理工作水平提升；针对提出的57个服务质量问题，协调物业服务单位予以整改落实。按照《西南油气田公司员工食堂管理办法》规定，改善用餐环境，提高服务质量，保障员工饮食安全，员工食堂服务满意度保持在90分以上；印发《西南油气田公司健康食堂建设指导意见》，完成试点食堂达标验收，总结推广试点创建经验，指导各单位开展“三减”（减油、减盐、减糖）和健康饮食宣传培训，提升食堂健康管理水平；开展智慧食堂创建工作调研，推进健康智慧食堂建设。开展“送健康到一线”医疗服务，组织医疗保障服务到油气田生产一线活动41次，开展心肺复苏、AED（自动体外除颤器）、硫化氢预防等医疗技能培训宣传，354人通过AHA急救员取证培训，员工自救互救能力持续提高。提升“健康小屋”医疗保障能力，建成投用西南油气田公司机关、重庆气矿、川西北气矿、输气处等单位“健康小屋”31个，开展慢病长期监测管理、康复理疗、外伤急救包扎、体检报告解读、健康咨询等服务；完成员工心理筛查13 150人次。关心女员工健康，开展女员工HPV疫苗注射，完成四川省职工“心灵驿站”和“妈咪宝贝屋”建设资格申报。（蒋　超）

【提质增效】 2022年，西南油气田公司矿区管理部按照提质增效价值创造行动总体部署，逐条梳理矿区业务提质增效各项工作，印发《西南油气田公司2022年矿区业务提质增效价值创造行动配套方案》，明确矿区业务提质和增效两项目标，聚焦办公物业、员工食堂和医疗保障服务，提级管理楼堂馆所、专业技术用房和公共用房维修改造及租用事项，加强经营性房屋和收缩基地管理，严格矿区业务安全风险管控，提高服务效率和水平，保障提质增效各项工作落实落地。全年物业服务满意度90分，医疗综合服务满意度90分，各单位物业服务外包业务费用保持2021年度标准不变，职工家属区企业权利人的设施、建筑物业管理费保持2021年度标准不变，医疗服务支出（成都片区办公区域医疗服务、员工体检档案管理及健康管理服务、一线员工培训服务）保持2021年度标准不变，矿区分控成本类项目总费用控制在西南油气田公司下达的预算规模范围。（蒋　超）

【矿区建设项目】 2022年，西南油气田公司矿区管理工作克服新冠肺炎疫情影响，围绕安全环保隐患治理，抓实非生产区域公有房屋维修改造，严格控制办公、科研、专业技术用房等楼堂馆所维修改造规模和标准，完成矿区建设年度计划，项目施工质量和安全环保得到有效管控。加强成本类项目初步设计审查审批，保障矿区建设项目依法合规、安全有效推进，当年完成矿区成本类项目计划和西南油气田公司房屋建筑物安全隐患整治专项费用8 591万元。审查川东北气矿调控指挥中心维修改造、重庆气矿梁平作业区倒班公寓维修改造等28个重点矿区项目的初步设计，批复概算7 740万元，审减率9.9%。专项工作方面，抓好“华创星空城”油气大厦项目建设，督促家益公司加强与地方人民政府沟通协调，推进项目建设有序开展；加强普

洱“家益·春风云庭”项目质量督导工作，针对检查发现的问题，督促家益公司完成整改闭环；抓实自贡毛家坝石油基地拆迁还建工作，组织人员与自贡市人民政府及相关还建单位多轮商谈，解决还建协议中对建设装修标准、范围、内容等方面存在的分歧，促成地方人民政府追加建设资金 3 000 余万元，有效推进项目建设。（蒋　超）

【房产管理】 2022 年，西南油气田公司矿区管理工作持续夯实公有房屋权籍、安全、使用、租赁、修缮、报废等基础管理，公有房屋实现安全、规范管理。利用川油物业公司独立法人资质成立储气库合资公司的整体部署契机，矿区管理部指导川油物业将经营性房产移交至综合服务中心管理，完成资产清理、台账建立、合同变更等工作；指导综合服务中心梳理安全管理和维修维护中的职责界面，修订完善经营性资产委托管理协议模板，明确资产委托管理工作指标，推动经营性资产合规有序运行。落实政府和集团公司经营性房产新冠肺炎疫情期间减租政策，指导编制承诺书、通知单和申请表，完善房屋租金减免减租流程和统计表，为 1 566 家中小微企业和个体工商户减免租金 3 603 余万元。为推进房屋产权完善提供政策支持，动态跟踪掌握产权办理进程，研究解决产权完善过程中出现的问题，加快产权办理进程。突破隆圣家园产权办理瓶颈，完成产权办理 382 户，完成率超过 50%；督促蜀南气矿推进威远临溪 B 区产权办理工作，2022 年底完成土地测绘工作；督促指导川中油气矿推进射洪输气队小区的产权完善工作，2022 年底完成土地房屋测绘工作；督促川中钻试基地完成该小区的产权办理。加强收缩基地安全管理和有序处置，落实属地管理责任，排查治理隐患，保障收缩基地整体安全受控。借助隆昌市人民政府打造圣灯“1958 小镇”红色旅游项目建设契机，矿区管理部指导蜀南气矿开展现场调查和处置模式比较分析，编制《隆昌打造“1958 小镇”合作初步方案》，并通过西南油气田公司 2022 年第 4 次党委会审议决策，成立隆昌打造“1958 小镇”合作指导协调小组，制订工作运行大表，加快收缩基地处置进程。针对原石油总机厂片区单身楼搬迁腾退信访事项，编制基础调查信息表，提供政策指导支持。指导家益公司编制搬迁腾退工作方案，理清处置流程，实现共性问题迅速解决。对 29 间有异议的房屋，以法律主导、固化证言证据，编制处置建议报告供领导研究决策，租住户搬迁腾退协议签订率 90%，实现拆除。落实房屋建筑物安全专项整治工作部署，印发《西南油气田公司房屋建筑物安全专项整治工作方案》，制定安全隐患排查技术要点及图解，紧盯重点单位关键节点，完成房屋建筑物隐患排查 7 466 栋，发现一般隐患 722 项、重大隐患 53 项。组织开展隐患整改“回头看”和自检评估工作，完成经营性自建房隐患消项，年底前隐患整改完成率 85%，未完成隐患整治的房屋全部停用。加强住房补贴发放管理，完成近 1.9 万人住房补贴信息统计和核对，涉及补贴金额近 1 150 万元；针对调出人员及地方和军队房屋清理需求，做好政策解答，出具证明文件，做好房改服务工作。（蒋　超）

2022 年 6 月 1 日，西南油气田公司在成都召开房屋建筑物安全专项整治工作（视频）部署会　杨艺微　摄

【义务植树】 2022 年，西南油气田公司按照“方便员工、重在参与、不拘形式、灵活多样”原则，开展全民义务植树活动，油气田机关及所属单位参加义务植树人数 3 852 人，义务植树 5 900 余株；参与“我为碳中和种棵树”捐资尽责活动 14 037 人，捐资金额 502 824 元。编制西南油气田公司“十四五”绿化发展规划，明确绿化工作发展目标、重点任务、保障措施等，推进方斗山农场等 4 个碳汇林、碳中和林项目建设。（蒋　超）

2022 年 3 月 11 日，西南油气田公司机关在成都开展义务植树活动　敬宇翔　摄

【平安矿区建设】2022年，按照西南油气田公司安全环保管控2.0升级版要求，矿区管理各部门持续加强矿区业务安全风险管控，落实属地政府疫情防控规定和西南油气田公司疫情防控工作部署，抓生产办公区、生活区、员工食堂等重点领域新冠肺炎疫情防控保障工作，统筹疫情防控常态化工作。加强化学性医疗废物监管，督促四川宝石花医疗做好医疗机构化学性医疗废物管理，化学性医疗废物鉴别鉴定率和合规处置率100%。开展矿区服务安全检查，组织对家益公司QHSE体系审核及2021年体系审核问题“回头看”，发现新问题62项，督促指导该单位按期完成整改闭环。按照西南油气田公司安全生产大检查工作部署，分专业编制安全检查表，全面排查安全风险和问题隐患，全面督导、检查安全生产专项整治三年行动，落实矿区服务业务重点任务，完成对家益公司、宝石花汽服、四川宝石花医疗的安全生产大检查，发现问题隐患43项，督促3家单位采取措施消除各类安全风险隐患，把问题整改销项，至12月底，整改完成40项。解决事关员工群众切身利益的重点、难点问题，推进重庆怡秀、卧龙苑石油小区住宅楼阳台隐患整治。制定控制措施，落实资金，审定隐患整治方案；针对南充石油新城小区业主反映的外墙渗漏、要求退还多收的房款等情况，成都石油路15号2栋业主反映的房屋问题及重庆怡秀小区阳台隐患等问题，组织现场核实，与员工群众沟通交流，了解情况，编制专项调研报告，提出处理建议；对原川油物业员工反映的人员分流安置的8个问题，矿区管理部会同机关相关部门，与员工面对面沟通，从集团公司相关要求、员工身份、业务、工作性质、党组织关系、工作地点不变、收入不降等方面解释，得到员工本人理解，并表示将不再上访、希望尽快上岗。落实西南油气田公司五届一次职工代表大会相关提案，指导重庆气矿摸底调查各中心站生活配套设施现状及相关需求情况，结合实际情况制定整改措施，落实专项费用，改善一线员工住宿条件。（蒋　超）

【人口和计划生育】2022年，四川油气田持续抓好计划生育工作。完成计划生育政策性文件清理，废止原四川石油管理局计划生育规范性文件7份；收集整理机关独生子女家庭基本信息，慰问西南油气田公司和川庆钻探工程公司机关独生子女家庭员工800余人。（蒋　超）

离退休人员管理

【概述】2022年，西南油气田公司离退休服务管理工作主动适应退休人员社会化管理的新形势、新要求，突出信息化、精准化、规范化建设，深化离退休政治建设、思想建设和组织建设，落实离退休职工的政治和生活待遇，引导广大离退休人员为“打造新时代党建工作和天然气全产业链创新创效双标杆企业”传播好声音，增添正能量，作出新贡献。与川渝两地19个市66个区（县）268个街道579个社区建立常态化移交机制，全年完成2 062名退休人员常态化移交和572名党员关系转接，离退休服务满意率始终保持在98%以上。（商　倩）

2022年11月1日，西南油气田公司离退休管理部（老干部处）走访慰问输气处百岁老人甘梅先（中）　王　静　摄

【退休人员社会化管理工作】2022年，西南油气田公司离退休服务管理工作适应退休人员社会化管理的新要求，做好退休人员服务管理职能平稳衔接工作。梳理常态化移交流程，发挥集团公司离退休职工管理办公平台信息化优势，与属地档案馆签订常态化移交人员档案数字化整理协议，提供精准数据支撑。规范企业新退休人员人事档案、党组织关系和少部分属于街道和社区服务管理职能的移交，保障退休人员移交过程依法合规、信息准确无误。遵循“街道和社区为主导，企业精准补位”的原则，建立企地定期联席会议制度，与地方街道和社区组织召开退休人员常态化移交联席会74场次，覆盖企业离退休工作人员、街道和社区工作人员、退休人员500余人；召开企地党建共建活动150余场次，企业退休人员1.7万余人次参与。

关注退休人员思想动态，针对政治大年的特殊性，完善矛盾纠纷快速反应和联合处置机制，构建起退休人员“大维稳”工作格局和符合实际的综合治理体系，确保离退休人员队伍和企业矿区和谐稳定。（商　倩）

【离退休管理服务】 2022年，西南油气田公司落实离退休人员的“两项待遇”。政治待遇方面，坚持老干部学习、阅文、听报告、参加重要会议和重大政治活动等制度，通过《四川石油报》、西南油气田公司微信公众号等宣传媒体发布《致四川油气田全体离退休老同志的慰问信》。全年走访慰问和帮扶老干部、老红军遗孀、老干部遗孀、困难离退休职工、供养直系亲属等7 000余人次，发放帮扶及慰问金3 000余万元。生活待遇方面，离休干部费用准确、及时、足额发放，当发放离休干部地方生活补贴348.5万元，报销医疗费697.2万元；发放离退休人员集团公司节日慰问金10 989万元、油气田节日慰问金4 850万元、货币化疗养费3 395万元。联合四川宝石花医院创新制定退休职工体检“1+X”方案并实施，开展“精准服务送健康”活动，满足四川油气田离退休人员体检个性化、差异化需求。坚持重大节日走访看望老红军遗孀、离休干部、老领导和困难老同志代表，开展“精准关怀，粽香传情”“不忘石油军魂，感怀峥嵘岁月”等慰问老干部活动，采取上门走访、召开座谈会等形式，向油气田394名老干部和老干部遗孀送上祝福。做精做实离休干部“一人一策”服务，为6名离休干部提高享受中组部副省（部）级医疗待遇，为12名离休干部提高享受中组部副省（部）级医疗报销标准，为25名副厅局级退休老干部办理四川省特约医疗待遇，连续5年为中华人民共和国成立初期退休干部提高困难生活补贴。（商　倩）

【企地党建共建】 2022年，西南油气田公司离退休服务管理工作树立“抓党建就是抓发展，抓好党建促发展”导向，创新党建工作思维和路径，实现党建、自建、业务管理的横向融合和纵向发展，推动离退休人员发挥正能量作用。落实西南油气田公司《关于做好企业退休人员社会化管理形势下与街道和社区开展“党建共建 活动联办 场所共用”工作的指导意见（暂行）》，在健全完善企业退休人员权益保障、健康关怀和困难帮扶3项工作基础上，与辖区街道和社区实现互联互动互融，丰富群体活动联办载体，形成企地“共建共治共享”工作机制，并逐步在川渝各片区单位进行经验推广。配合街道和社区，组织2.6万余名离退休人员通过多种方式收听收看中国共产党第二十次全国代表大会开幕会直播。通过“离退休干部工作和石油金秋”等微信公众号帮助离退休人员及时了解党和国家关于离退休工作的方针政策，采取“听学＋线上”相结合模式，强化正面宣传引导，抓好意识形态教育。根据中组部老干部局“建言二十大”和“我看中国特色社会主义新时代”调研活动要求，结合新冠肺炎疫情防控实际，组织召开座谈会11场次，175名离退休人员参与座谈，个别访谈108人，广泛向油气田老同志征集诤言良策，形成专项报告2篇，并上报集团公司。结合实际，因地制宜开展共建工作，探索共建网格设置。以“街道和社区—片区负责人—企业”三级联动体系为基本架构，建立“片区联系人”机制；以“支部培育—企业推荐—社区选用”为基本序列，建立“银龄人才”推荐选用机制，实现企业管理与社区治理的深度融合。全程督办企业退休人员社会化管理后党组织关系移交落实情况，与属地街道和社区沟通对接，做好已移交人员服务管理的衔接，保障企业退休人员合法权益和合理待遇。（商　倩）

【老年思想政治教育】 2022年，西南油气田公司离退休服务管理工作始终坚持把习近平总书记关于老龄工作和老干部工作的重要指示批示精神作为工作的根本遵循和指南，与习近平总书记对中国石油系列重要指示批示精神相结合，围绕传播好声音、增添正能量目标，发动离退休干部党员带头融入社区治理，实现基础治理与离退休干部作用发挥同频共振、互融共进。聚焦主题加强阵地建设，配合街道和社区及时组织老同志学习宣传贯彻党的二十大精神，跟进学习习近平总书记重要讲话、指示批示和重要论述、理论文章等。围绕庆祝建党100周年及党史学习教育两大重点党建工作，以“传承红色基因”为主题，在离退休系统广泛开展系列主题党日活动，深化在职工作队伍与离休支部党建品牌创建。引导离退休人员做川油精神的讲述者、传播者，组织和协助编撰的革命回忆录《致敬石油老兵》《红色记忆百年足迹》《军魂育油魂》《枪炮与钻井的人生乐章》《山河大地——抗战老兵董中林传记》在各兄弟油田和离退休群体中获得广泛赞誉。（商　倩）

【老年文体活动】 2022年，西南油气田公司印发《关于组织四川油气田广大离退休老干部、老党员认真学习宣传贯彻党的二十大精神的通知》，引导广大老同志在思想上先行一步，在学习上见深度，行动上求实效。组织3.1万余名离退休人员收看第11场和第12场全国离退休干部网上专题报告会；指导办好《夕阳红文苑》杂志；依托石油老年大学、老年文体协会、自管小组等机构，发挥离退休文艺力量骨干作用，与街道和社区联合举办文艺汇演、诗书画摄影作品展览、形势目标任务巡回宣讲等形式多样的老年文体活动。与社区共同深挖老石油精神，推举石油老劳模、老先进组成“党史宣讲团”，走进川渝街道和社区传播正能量。 （商　倩）

【基础管理】 2022年，西南油气田公司离退休服务管理对象约5.8万人，其中离休干部110人、退休干部13 438人、退休工人28 404人（新中国成立前老工人24人）、退休“五七”职工3 442人、退休大集体职工83人、离退休供养直系亲属11 000余人（含遗属2 300余人）；同时还代管四川销售公司、四川石化公司、中油工程公司和宝石机械厂等单位的退休人员2 465人。离退休人员居住范围涉及川渝两地28个地市150余个区（县）1 000余个街道（乡镇）3 000余个社区（居、村委会），还有部分人员居住于省外和国外。加强离退休职工管理办公平台的运行维护，保障离退休工作规范运行。加强离退休新闻宣传报道和信息上报工作，下达新闻宣传和信息考核指标，定期通报信息上报和采用量，离退休系统全年向各级（部门）门户网站上报信息700余篇，《石油金秋报》发表文章100余篇。 （商　倩）

社会保险管理

【概述】 2022年，四川油气田社会保险工作以习近平新时代中国特色社会主义思想为指导，全面贯彻党的二十大精神，践行以服务为中心的发展思想，提升社会保险保障水平，推进各项工作。全面实现“四个100%”，即社会保险、企业补充保险缴费率100%，住房公积金归集率100%，各项待遇支付率100%，资金安全率100%。建立健全四川油气田企业补充医疗保险制度；推进西南油气田公司“十四五”职工幸福生活工程；开展提质增效价值创造行动，落实社保地方惠企惠民政策；加强与地方有关部门协调，使企业和员工受益，维护企业和谐稳定。 （杨　枢）

【社会基本保险业务】 2022年，四川油气田缴纳养老保险费23.78亿元，工伤保险费0.79亿元，失业保险费1.08亿元，基本医疗保险和生育保险费7.4亿元。全年申报工伤待遇0.2亿元，发放在职员工和退休人员死亡待遇0.78亿元。根据地方为企业减负相关文件精神，为四川油气田申请失业保险稳岗补贴、一次性扩岗补助5 000余万元。完成四川油气田2023年正常退休3 143人、2022年提前退休150人的退休档案送审工作；调整四川油气田44 247名退休人员养老金待遇，待遇调整后人均养老金增加161.4元。 （杨　枢）

【企业补充医疗保险业务】 2022年，四川油气田企业补充医疗保险缴费5.51亿元；与中意人寿保险公司四川省分公司签订《团体补充医疗保险》《团体补充医疗（优化）保险》和《重大疾病保险》投保协议，支付保费2.38亿元；理赔补充医疗保险2.19亿元。分析研判集团公司补充医疗保险政策，在不突破上限制度的原则下，精准化调整四川油气田补充医疗保障项目，全面提高重疾和高龄人员医疗费用报销比例，其中重病人员平均报销比例达98%，切实减轻患病员工医疗负担。2022年，线上理赔案件84 867件，金额0.92亿元；集团重病理赔案件6 113件，金额0.25亿元；App自助理赔一般门诊费12.41万人次，金额0.95亿元。 （杨　枢）

【企业年金管理】 2022年，四川油气田推进新企业年金办法实施工作，管理西南油气田公司40家参保单位43 604个企业年金个人账户。2022年底，西南油气田公司企业年金人均账户净值17.35万元。完成各项补贴发放工作，退休人员生活补贴（集团公司过渡年金）、企业过渡年金业务平均直发成功率99.98%，集团公司考核结果为优秀。 （杨　枢）

【有偿解除劳动合同退休人员补助】 2022年，四川油气田加强有偿解除劳动合同人员生活补贴、补助金、慰问金、物业费发放管理工作，全年发放有偿解除劳动合同退休人员各项待遇2.14亿元，为1993—1998年提前退休人员发放补助费3 000余万元。 （杨　枢）

【社保业务综合管理】 2022年，四川油气田加强社保财务、内控、系统等管理工作，提升社保业务综合管理水平。打造新一代社保公积金综合服务平台和配套App，基于现有业务系统框架，全面梳理工作流程，新系统打破数据壁垒，形成智能业务体系和多维度决策支持体系，实现“互联网+社保、公积金”的转型升级，促进四川油气田社保、公积金事业高质量发展。与资阳市住房公积金管理中心、攀枝花市住房公积金管理中心签订“互助互学一家亲”活动协议，开展支部共建活动。 （杨　枢）

住房公积金管理

【概述】 2022年，西南油气田住房公积金管理中心融入和服务新发展格局，以提升精细化管理水平为重点，促进住房公积金管理运营更加规范，缴存职工使用更加便捷。全年各项住房公积金业务平稳运行，资金安全可控，较好完成年度工作目标任务。住房公积金管理中心第二党支部被西南油气田公司党委授予先进基层党组织（“双强”基层党组织）称号，同时命名为西南油气田公司示范党支部（10个）。 （王　斌）

2022年4月11日，西南油气田公司总会计师何强（右三）在成都听取社保（公积金）中心工作汇报　　杨　枢　摄

【住房公积金业务】 2022年，四川油气田职工61 314人缴存归集住房公积金26.3亿元，同比增长2.69%，历年缴存总额251.91亿元，比2021年末增长11.65%，缴存余额49.52亿元；职工住房公积金账户年度结息7 364.45万元，人均个人账户利息1 201元；办理提取住房公积金33 894人次近22亿元，同比增长6.27%。其中，住房类消费提取18.98亿元，非住房消费提取3.15亿元，分别占提取总额的86.29%、13.71%，历年职工提取总额近202.4亿元，比2021年末增长10.83%；新增发放个人住房公积金贷款297笔近1.4亿元，支持职工购建房3.26万平方米，当年个人住房贷款回收资金3 115.02万元，住房贡献率77.47%，贷款余额3.96亿元，累计发放个人住房公积金贷款2 220笔6.15亿元。办理油气田内职工调动转移1 222人次资金8 460.83万元，通过全国住房公积金异地转移接续平台，办理职工异地调动转入282人次资金1 126.76万元，办理职工异地调动转出40人次资金145.61万元。住房公积金各项业务收入近1.68亿元，其中存款利息收入1.58亿元，委托贷款利息收入0.1亿元；住房公积金各项业务支出7 370.33万元，其中支付缴存职工利息7 364.45万元，支付贷款及银行业务手续费5.88万元。实现增值收益9 301.05万元，其中提取贷款风险准备金395.71万元，提取城市廉租住房建设补充资金8 905.34万元，增值收益率1.9%，贷款风险准备金余额6 592.24万元。累计提取城市廉租住房建设补充资金3.79亿元，当年上缴城市廉租住房建设补充资金近2.9亿元。 （王　斌）

【基础管理】 2022年，西南油气田住房公积金管理中心通过信息化网办业务提升，27 280名员工办理“按年或按月约定提取”业务，线上业务办理有效缓解了疫情防控下缴存职工的使用提取，保障住房公积金业务正常开展。根据西南油气田公司党委巡察发现的问题，完成“三会一课”等整改事项5项；加强制度建设，完成四川油气田住房公积金缴存、提取、贷款3个实施细则等办法（制度）的制定、印发、执行，实现合规管理，守牢安全底线。结合石油缴存职工跨省、直辖市和多个设区城市居住和工作的特点，因地制宜开展异地住房公积金贷款工作，自重庆、成都地区商转公试点工作开展后，累计审核商转公住房贷款1 020笔46 900万元，配比商业贷款资金14 300万元，贷款职工在有效还款期内减少贷款利息

支出近亿元。开展云南普洱家益“春风云庭”个人住房公积金贷款项目，办理74笔，发放贷款资金2 564.6万元，满足住房公积金缴存职工购房需求。全年因民间借贷案件协助司法冻结查询职工7人次，协助司法扣划4人次划转住房公积金资金23.22万元，保障油气田住房公积金运行平稳。开展党建联建，与城市住房公积金管理中心签订“互助互学一家亲”活动协议，与西南油气田公司科研院所开展党支部共建活动，举办“四川油气田公积金政策”专题讲座，助力“我为员工群众办实事”实践活动走深走实。（王　斌）

责任编辑：闵　军

中国石油

党群工作·精神文明建设

The Communist Party-Masses Work/Spiritual Civilization Construction

党的建设

【概述】 2022年，西南油气田公司党委坚持以习近平新时代中国特色社会主义思想为指导，全面贯彻党的二十大精神，围绕企业“六大标杆”总体目标，坚持抓基层打基础，注重党建协作，推动基层党建和基层治理有机衔接、良性互动、融合发力，党的建设展现新面貌。

川庆钻探工程公司党委坚持以习近平新时代中国特色社会主义思想为指导，落实新时代党的建设总要求和新时代党的组织路线，贯彻集团公司党组决策部署，担起全面从严治党政治责任，深化“三级联动”党建工作机制，以党的政治建设为统领全面推进党的各项建设，以高质量党建引领保障企业高质量发展。（闵怡薇　王静丽）

【党组织及党员队伍】 2022年底，西南油气田公司有基层党组织1 003个，其中党委138个、党总支37个、党支部828个。有中共党员15 787人，其中在岗职工党员15 695人、离退休党员92人。研究生学历1 714人，大学本科学历7 526人，大学专科学历3 686人，中专及高中、中技2 578人，初中及以下283人；35岁以下党员3 365人，36～45岁党员4 213人，46～55岁党员6 283人，56～60岁党员1 834人，60岁以上党员92人。在岗党员中，有管理岗位党员7 258人、专业技术岗位党员3 726人、操作技能岗位党员4 711人。

2022年底，川庆钻探工程公司党委下属基层党委71个、党总支52个、党支部998个。有党员12 689人，占职工总数61.42%，其中女党员1 472人，占党员总数的11.6%。35岁以下1 965人，占15.49%；36～45岁4 772人，占37.6%；46～55岁4 701人，占37.05%；56～59岁1 251人，占9.86%。本科以上学历6 661人，占52.49%；大专学历3 343人，占26.35%；中专学历638人，占5.03%，高中及以下文化程度2 047人，占16.13%（以上数据不包括参股企业）。（闵怡薇　王静丽）

【基层组织建设】 2022年，西南油气田公司党委发布《关于进一步推进基层党建“三基本”建设和“三基”工作有机融合工程实施方案》，围绕全面落实有机融合8项机制27项举措，推进“655”[1]重点工作机制，明确融合工程推进路径和方法，推动基层党组织的组织优势转化为发展优势，提升基层党建工作质量，为推进企业党的建设全面走在所在地区前列夯实基础。组织党的二十大代表和四川省第十二次党代会代表候选人推荐、考察、意见征集和材料组稿工作，总经理、党委副书记何骁当选四川省第十二次党代会代表，重庆气矿谢利平当选党的二十大代表。组织片区19家单位通过线上形式召开西南华南党建工作协作区启动会，审议并通过协作区工作运行方案，发布协作区“13359”[2]工作机制，以季刊形式分主题发布协作区党建专刊，促进各成员单位间联合开展党建活动，交流党建工作经验，分享党建成果，推动协作区党建互联共建常态化运转。落实党建工作责任制和党组织书记述职评议考核，层层压紧压实党建工作责任，党建工作获集团公司考评A档，党建工作水平始终保持两个“走在前列”。

2022年，川庆钻探工程公司制定党的建设工作要点，召开党建工作部署会、提升基层党建工作质量推进会。印发《川庆钻探工程公司所属单位党委委员履行党建工作“一岗双责”实施办法》，督促所属单位党委委员扛起管党治党政治责任。开展所属单位2021年党建工作责任制考核评价，21家单位均为A档。集团公司对川庆钻探工程公司2021年度党建责任制考评结果为“A”档。开展所属单位党委书记2021年度抓基层党建述职评议，指导各单位全覆盖开展基层党组织书记抓党建工作述职评议，通过“抓书记”促进“书记抓”。通报巡察发现共性问题，督促川庆川东钻探公司、川庆苏里格项目经理部等8家单位做好川庆钻探工程公司党委巡察和作风建设专项巡察发现党

---

[1] “655”重点工作机制：第一个阶段是持续规范阶段，截至2023年6月，开展6项重点工作；第二个阶段是质量提升阶段，从2023年7月到2024年6月，开展5项重点工作；第三个阶段是巩固深化阶段，从2024年7月到2025年6月，推动实现“五个一”成果。

[2] “13359”：锚定一个发展目标，建立“三位一体联动”的沟通联系机制，践行“三步走”工作基调，建强“五项联合”运行机制，抓实九个工作载体。

建问题整改。推进基层党建"三基本"建设与"三基"工作有机融合，促进基层党建与基层管理全面融合、全面进步、全面过硬、更加有效。组织召开川庆钻探工程公司第二届党代会，完成换届选举。督促指导公司所属16家党委做好换届选举工作。推进党支部标准化规范化建设，分类构建基层党支部工作"六位一体"考评体系，加强党支部达标晋级管理。督促指导基层党支部召开组织生活会和开展民主评议党员，推行"1223"工作法，明确"1个流程、2个模板、2个清单、3个表样"，提高组织生活质量。开展基层党建巡回指导服务，围绕"树典型强示范、挖亮点立品牌、深调研促提升"，全覆盖指导服务两级党委委员党建工作联系点党支部，调研基层党建工作开展情况，打造"党建+"亮点示范品牌。（闵怡薇　王静丽）

【党员素质教育】 2022年，西南油气田公司党委以培养复合型、创新型、专业型的党务干部队伍为目标，规范党支部书记日常管理、教育培训等要求，组织开展基层党支部书记（党务工作者）示范培训班2期，邀请示范党支部书记进党校、进课堂，及时学习贯彻党的二十大精神，提高党务干部综合素质。

2022年，川庆钻探工程公司落实"两学一做"学习教育常态化制度化要求，加强习近平新时代中国特色社会主义思想和习近平总书记最新重要讲话精神、重要指示批示学习，将党的十九届六中全会精神和党的二十大精神纳入党员教育培训，建立常态化学习提醒机制，发布学习提醒7期。组织川庆钻探工程公司94名二级正职领导参加党的十九届六中全会精神专题培训和学习研讨。组织全体党员收听收看党的二十大开幕盛况，通过集中学习、主题党日和专题党课等形式宣贯会议精神。开展"接续奋斗勇担当，建功喜迎二十大"知识竞赛，12 647名党员参与竞赛，参与率99.7%。加强"三支队伍"建设。推行党支部书记"任职取证、基础业务、能力提升"梯级培训，举办2期示范培训班，培训227人。印发《关于规范基层党支部书记培训的实施办法》，实现书记轮训全覆盖。抓实新党员集中培训，举办积极分子（发展对象）、预备党员培训班、转正后第一年党员培训9期，培训874人，打造党性硬的党员队伍。开展主题实践活动，激励党员争当标杆旗帜先锋、攻坚克难先锋、价值贡献先锋、精益管理先锋。（闵怡薇　王静丽）

【党员发展】 2022年，西南油气田公司党委按照"控制总量、优化结构、提高质量、发挥作用"的总体要求，制订发展党员指导性计划，紧盯年轻后备干部、高技能人才、产业工人等重点群体，通过大渠道发现、宽领域推荐、建立人才库等方式，把各领域有向党组织靠拢意愿的优秀分子，纳入视野进行培养，优化党员队伍结构。运用"铁人先锋"党建信息化平台，对标"一人一档、一事一记、一步一审"规范要求，对递交入党申请至预备党员转正程序进行规范化的电子留档，推动线上线下资料双备份，做到工作有痕、核查有据、追责有力。全年发展党员285人。其中：女党员114人；少数民族4人；管理岗位108人，专业技术岗位98人，操作技能岗位79人；大学本科以上学历213人，大学专科39人；35岁以下209人。发展对象237人、入党积极分子863人、申请入党人员1 797人。

2022年，川庆钻探工程公司突出政治标准，注重在生产科研管理一线和青年员工中发展党员，对党员发展工作进行自检自查，全年发展党员184人。印发《关于加强四川越盛油气田技术服务有限公司自聘员工党员管理工作的意见》，指导川庆越盛公司党委审查接收自聘员工党员档案和平稳接收党员组织关系。（闵怡薇　王静丽）

【基础管理】 2022年，西南油气田公司党委召开庆祝中国共产党成立101周年暨基层党建"强基固本提升工程"总结会，表彰先进基层党组织69个、优秀共产党员124人、优秀党务工作者74人。发挥集团公司党建工作特邀研究员、西南油气田公司党建研究室和党建内训师作用，聚焦基层党建难点问题开展前瞻性研究，评选表彰2021年度党建研究成果70篇。开展发展党员及党费工作专项自查自改，成立专项督导检查小组，检查发现各类问题15项293条，征求到基层党组织意见建议2条，提高发展党员工作的科学化、规范化，增强党费收缴、使用和管理的透明度，持续提升企业基层党建工作质量水平。

2022年，川庆钻探公司开展庆祝建党101周年"七个一"系列活动。各级党组织开展集中学习1 716场次，主题党日1 777场次，各级领导干部组织书记讲授专题党课1 251场次，各单位党委开展"两优一先"评比表彰先进基层党组织185个，优秀共产党员1 003人，优秀党务工作者314人。加强党建理论研究工作，课题《川庆钻探公司党委“2161”党建体系探索实践》获集团公司党建研究成果二等奖。评选表彰2021年度优秀党建研究成果44篇。有2名集团公司党建工作特邀研究员，发挥“智库”作用。加强党建创新案例总结，3篇基层党建案例入选《国企党建》优秀案例。基层党组织积极贯彻落实疫情防控要求，维护党员群众生命安全，发挥党支部战斗堡垒作用和党员先锋模范作用，成都片区72名党员深入社区开展志愿服务。完成四川省国资委、集团公司党内统计工作，做好党费、党组织工作经费的管理、使用和监督。

（闵怡薇　王静丽）

【机关党建】 2022年，西南油气田公司机关党委坚持以习近平新时代中国特色社会主义思想为指引，深入学习贯彻党的二十大精神，严格落实习近平总书记对石油行业重要指示批示精神，全面推动各项工作部署落地实施。党的二十大召开前，开展“喜迎二十大，奋进新征程”职工健步走网络公开赛、“喜迎二十大，一起向未来”第九套广播体操比赛等系列主题活动，营造喜迎党的二十大的浓厚氛围。会议期间，组织机关各支部党员干部以集中收看和自行学习相结合，利用电视、电脑、手机等多种媒介，收听收看大会盛况。党的二十大结束后，各支部通过党员大会等形式学习宣传贯彻党的二十大精神，第一时间为各党支部配发《党的二十大文件汇编》等书籍资料，组织召开学习党的二十大报告专题会，机关两委委员、各党支部书记、部分支部委员35人参加会议。组织召开机关第二次党代会，听取和审议题为《当好模范表率，建设一流中枢，砥砺奋进开创机关党建工作新局面》工作报告，书面审议机关纪委工作报告，通过“两委”报告工作决议，选举产生机关第二届党的委员会和纪律检查委员会。会议决定围绕“两个保障”功能定位，瞄准“建成公司信赖、基层满意的机关”奋斗目标，落实“担当、务实、规范、融合、廉洁”工作要求，巩固“政治坚定、业务过硬、纪律严明、服务有力”模范表率机关建设成果，为企业夺取“上产500亿”新会战全面胜利、为打造新时代党建工作和天然气全产业链创新创效双标杆企业提供坚强保证。全年根据机关机构调整和人员变动情况，新成立党支部2个，针对性编制《机关党支部换届选举工作指引》，督促指导10个党支部按期完成换届选举，完成9个党支部支委增补调整工作。全年发展党员8人，转正预备党员11人，接转党组织关系103人次。组织机关二级副及以上党员领导干部、处（部）室关键岗位三级正人员100余人集中收看专题警示教育片《利剑啸歌》（第四集），参观天府家风馆等。组织开展“遇见更美的自己”女职工线上美妆主题直播沙龙活动，完成机关篮球场建设，举办“同心向党庆盛会，踔厉奋发向未来”篮球友谊联赛，指导开展应急医疗救护培训，在机关设置“健康小屋”，发放“健康工具包”，以更多实际行动关心关爱机关员工身心健康。

2022年，川庆钻探工程公司机关党委坚持以习近平新时代中国特色社会主义思想为指导，始终把政治建设摆在首位，落实政治责任。学习贯彻党的二十大精神，制定党员教育五项措施，开展“喜迎二十大·奋进新征程”、建党101周年系列庆祝活动，落实党员常态化学习教育制度，实现党员学习培训全覆盖。落实意识形态工作责任制，全年2次摸底机关意识形态工作情况。组织召开机关第二次党代会，总结机关第一次党代会以来的重点工作，提出未来五年整体工作部署，选举产生新一届两委委员。召开党员大会选举产生57名机关出席川庆钻探工程公司第二次党代会代表。推动党支部标准化规范化建设，印发6期重点工作提示，提升基础工作质量。健全建强支委班子，任命4名党支部书记，指导1个党支部按期换届、6个党支部完成补选，组织健全率100%。制定《机关党委所属党支部工作考核评价实施细则》，压实党建工作责任。强化分类指导，开展半年检查、年度考评，督导后进党支部整改提升。严肃党内政治生活，各党支部按要求完成民主生活会、组织生活会、民主评议党员等工作。深化党建联盟，6个党支部联合兄弟单位、基层单位开展互联共建。激发党员队伍活力，发展党员3人、转正4人，慰问困难党员34人次。组织“两优一先”评比，表彰优秀个人70人、先进党组织10个。落实全面从严治党要求，制定15条加强机关纪委建设具体措施，建立机关纪委工作机制。推进党风廉政建设，收集违规吃喝、违规操办升学宴等典型案例，常态化开展廉洁警示教育，签订党风廉政责任书527份。做实监督检查，牵头开展落实中央八项规定、巡察整改、警示教育等专项检查6次。持续推进作风建设，开展“五好处室”创建、为基层服务办实事活动，开展作风建设考评工作，服务基层满意度创新高。

（赵梓涵　徐郁文　付晓微）

纪检

【概述】 2022年，西南油气田公司两级纪检机构全面贯彻习近平新时代中国特色社会主义思想，把迎接党的二十大胜利召开和学习贯彻二十大精神作为首要政治任务，坚定不移正风肃纪反腐，推动全面从严治党向纵深发展，发挥监督保障执行、促进完善发展作用，为企业油气产量当量迈上3 000万吨新台阶、实现各项既定目标提供坚强保障。

2022年，川庆钻探工程公司党委以习近平新时代中国特色社会主义思想为指导，坚定不移纵深推进全面从严治党，反腐败斗争取得压倒性胜利并全面巩固，政治生态持续向好。两级纪委和巡察机构贯彻落实集团公司党组、纪检监察组和川庆钻探工程公司党委工作部署，一体推进不敢腐、不能腐、不想腐，健全完善巡察上下联动工作格局，发挥监督保障执行、促进完善发展作用，为打好抗疫保产提效主动仗、生产经营指标再创新高提供保障。

（王任杰　罗　璇）

【党风建设】 2022年，西南油气田公司党委坚定拥护“两个确立”，坚决做到“两个维护”，围绕“国之大者”“企之要情”，聚焦习近平总书记系列重要讲话和指示批示精神，跟进学习32次，督促各级党组织和党员干部全面学习贯彻，确保全方位融入生产经营和从严治党全过程。以迎接、学习、宣传、贯彻党的二十大精神为主线，立足服务保障“三个环境”，压实“三个责任”，主营业务稳步推进，企地关系更加和谐。党委制定贯彻落实党的二十大精神学习方案，班子成员带头宣讲11场次，纪委分层次、全方位开展督促检查，推动学习宣传贯彻走深走实。紧扣中央、集团公司党组重大决策部署，紧跟企业年度工作重点，紧盯“油公司”改革、疫情防控、提质增效、天然气保供等具体任务，细化7大类32项政治监督清单，突出跟进监督实效。党委研究部署党风廉政建设和反腐败工作，听取纪检工作专题汇报2次，采纳纪委意见建议；班子成员履行“一岗双责”，及时与党委管理领导人员开展谈心谈话。严肃党内政治生活，开展民主生活会跟踪监督46次，发现并推动问题整改500余项。修订落实全面从严治党主体责任清单，同步加强跟踪检查。强化“一把手”监督，制定监督手册，谈话函询有关单位“一把手”。严把选人用人、评先选优政治关、廉洁关，回复党风廉政意见5 855人次，提出暂缓或不宜意见11人次。

2022年，川庆钻探工程公司召开第二次党代会、2022年度党风廉政建设和反腐败工作会议，安排部署年度重点工作任务40项。修订全面从严治党主体责任清单，层层签订《党风廉政建设责任书》。结合纪律审查、党内巡察、专项检查和日常监督等情况，综合研判政治生态，健全纪委向党委汇报、纪委书记与党委书记和班子成员常态沟通、向职能部门反馈等工作机制，助推主体责任和监督责任同向发力、有效落实。聚焦“关键少数”，制定党委加强对“一把手”和领导班子监督的工作措施，开展所属单位党政主要领导和机关部门主要负责人述责述廉，综合运用谈话提醒、批评教育、“画像”评价等举措，督促领导干部严于律己、严负其责、严管所辖。定期组织对“三重一大”决策、民主生活会等制度落实情况的督导检查，督促21名党员领导干部就受到谈话函询、提醒诫勉、纪律处分等情况在民主生活会上作出检查或说明。动态更新廉政档案和监察对象信息，推动监督常在、形成常态。开展

2022年2月18日，西南油气田公司纪委书记徐晓炜在成都召开的2022年党的建设工作会上部署党风廉政建设和反腐败工作　郑海涛　摄

全面从严治党主体责任落实情况督导检查和专项考核，扣减4个单位考核分值、5名党委管理干部绩效薪酬。

（王任杰　罗　璇）

【党委巡察机构与人员】 2022年，西南油气田公司党委持续强化对巡察工作的组织领导，优化调整巡察工作领导小组，优选骨干专业优秀干部93人入巡察人才库；抽调2人次参加四川省国资委党委巡察，推荐5人参加党组巡视巡察培训师遴选，并进行多维度、全方位培训，提升巡察人才队伍综合力量。

2022年，川庆钻探工程公司党委印发《关于调整川庆钻探工程公司各类领导小组和专业委员会成员的通知》，党委巡察工作领导小组由执行董事、党委书记王治平任组长，总经理李雪岗、党委副书记喻著成、纪委书记樊尚珍任副组长，党委组织部、纪委办公室负责人、党委巡察办主任、副主任为成员，纪委书记负责巡察工作领导小组日常工作。2022年底，党委巡察办配备专兼职巡察干部9人，其中主任1人、副主任3人、副科长1人，巡察组配备巡察专员1人、副专员3人。14个所属单位开展巡察工作，配备专兼职巡察干部68人，其中专职12人。

（王任杰　罗　璇）

2022年8月16日，西南油气田公司党委在成都安排部署2022年第二轮巡察工作　郑海涛　摄

【党委巡察制度建设】 2022年，西南油气田公司党委以推进巡察工作科学化、规范化建设为重点，编制“提级巡察”模块化清单，固化工作方式，规范流程标准，形成经验模板，为党委多形式巡察工作开展有益尝试；转发《被巡视党组织落实巡视整改主体责任实施细则（试行）》，制定《关于加强西南油气田分公司两级巡察上下联动的若干措施（试行）》《关于开展内部巡察单位党委落实巡察工作主体责任的若干措施（试行）》，探索建立具有西南油气田公司特色的两级巡察上下联动机制，按照任务统筹、力量统筹、组织统筹、保障统筹和主体责任不变的原则，最大限度整合两级巡察监督力量，同步监督所属各管理层级党组织的领导干部，打通巡察“最后一公里”。

2022年，川庆钻探工程公司制定《关于加强巡察上下联动的实施意见》《所属单位党委落实巡察工作主体责任实施细则（试行）》《被巡察党组织落实巡察整改主体责任实施细则（试行）》3项巡察工作制度，推进所属相关单位党委巡察与川庆钻探工程公司党委巡察同频共振。编制巡察工作规范，建立钻井、井下等9个专业的巡察模块化清单，推动基层依规依纪依法开展巡察。

（王任杰　罗　璇）

【巡察组织与管理】 2022年，西南油气田公司党委坚定不移深化政治巡察，完成5年巡察全覆盖任务。全年成立巡察组8个，分两轮对18家二级、三级单位开展常规巡察、专项巡察、提级巡察，发现问题439个，移交问题线索2个，纪律处分4人，组织处理13人次。针对“油公司”改革、数字化建设、大额资金管理、科技创新体系建设等重大问题形成专题调研报告12份，为党委决策提供重要参考。首次对10家二级、三级单位19名“一把手”进行政治画像，首次探索开展提级巡察，为二级单位内部巡察“打版树样”。探索建立两级巡察上下联动机制，指导8家二级单位开展内部巡察，发现问题1 202个，提出整改建议288条，制定、修订制度23项，一体推进巡察工作延伸到支部、辐射到站队。

2022年，川庆钻探工程公司把“两个维护”作为政治巡察根本任务，围绕贯彻落实党中央和集团公司党组、川庆钻探工程公司党委关于党风廉政建设、提质增效、科技自立自强、疫情防控等重大部署，全年派出巡察组2个，对2个二级单位、6个三级单位开展作风建设专项巡察、提级巡察，发现问题120个，移交问题线索16个。党的十九大以来，川庆钻探工程公司党委开展常规巡察、专项巡察和提级巡察8轮，发现各类问题996个，移交问题线索96个。党委巡察工作走在集团公司工程技术服务企业前列，多次在集团公司巡视巡察工作会议上作经验交流发言。
（王任杰　罗　璇）

【巡视巡察整改】 2022年，西南油气田公司党委全面加强巡察整改和成果应用，深化双向反馈、双层监督、双重验收机制，促进机关部门与被巡察单位上下联动、同题共答。组织近30人次参加被巡察单位党组织巡察反馈问题整改专题民主生活会，压实被巡察单位整改责任。严格落实“一责任三把关”巡察整改责任机制，全程跟踪两轮巡察反馈问题整改，对上年两轮巡察的18家单位，开展整改验收，巡察反馈问题401个，完成整改385个，整改率96.01%，挽回经济损失76.37万元，推动制定、修订制度198项，组织措施505人。

2022年，川庆钻探工程公司深化集团公司党组2018年巡视反馈问题整改，把整改情况作为内部巡察监督重点，推动整改走深走实。制定被巡察党组织落实巡察整改主体责任实施细则，深化“三位一体”巡察成果运用和“一责任三把关”整改机制，加强整改验收和日常监督，约谈相关单位领导班子，压实责任推动整改。党委巡察工作领导小组召开专题会议，听取相关处室关于业务领域整改的情况，机关处室督促基层整改问题142个，组织专项治理、检查等16项。党的十九大以来，巡察反馈问题全部整改完成，给予纪律处分66人、组织措施2 308人次，推动制定、修订制度864个，挽回、避免经济损失4 126.85万元。
（王任杰　罗　璇）

【纪律审查】 2022年，西南油气田公司党委紧盯重要部门、关键岗位、关键环节，重点关注勘探开发、天然气销售、物资采购等业务，查处靠企吃企、化公为私、内外勾结等侵害企业利益问题，释放越往后越严的强烈信号。全年受理信访举报68件、处置问题线索65件次、立案13件、处分17人，分别同比下降17.1%、26.7%、45.8%、46.9%，主要纪律审查指标呈现“四个下降”态势；收缴涉案款26.39万元。运用“四种形态”处理131人次，同比下降44.3%，其中运用第一种形态处理106人次，占比80.9%。推进以案促改制度化常态化，形成办案、治理、监督、教育的完整闭环。剖析13名党员干部违纪案例，通报8名党员干部违规、违纪、违法问题，对8家单位印发“两书一函”25份。推进“反围猎”专项行动，制定工作任务10项、具体事项21条，签订《廉洁从业承诺书》9 904份，修订制度17项，废止制度69项，惩戒处理违规“三商”6家。研判、甄别挂牌信访举报件，最大限度减少对企业生产经营和干部个人影响。

2022年，川庆钻探工程公司从严查处虚报套取资金、违规经商办企业、接受可能影响公正执行公务的吃请和礼品、盗卖油料物资等问题，给予组织措施217人次，纪律处分32人，挽回经济损失163万元。开展执纪审查提质增效工程，加强信访举报和问题线索分析研判，建立核查、审查问题联合会商机制，推动疑难问题有效突破。全年纪律审查主要指标呈现“四降两升”良好态势，信访总量为近10年最低，减存遏增成效明显。印发监督检查和纪律检查建议书39份，提出管理建议46条，促进完善制度3项，指导4家案发单位做实以案“三促”，推动以案促改融入管党治党全局。谈话函询有关单位“一把手”和班子成员7人并予以采信，甄别剔除13件重复举报、无实质内容的举报，了结可查性不强的8件问题线索，减少对生产经营和干部个人影响。加强受处分人员回访教育，对6名影响期满、表现较好的干部进一步提拔使用不持异议，鼓励卸下包袱、干事创业。
（王任杰　罗　璇）

【监督检查】 2022年，西南油气田公司党委持续深化纪检监察体制改革，对6家油气生产和终端销售单位实行纪委书记专职化，更好履行专职专责。促进各类监督贯通融合，以“三道防线”倒逼“三个责任”落实，监督成效叠加放大。党委会、执行董事办公会和总经理办公会研究的153项“三重一大”决策事项，均接受近监督。领导班子成员深入基层单位开展调研督导，以上率下把监督嵌入生产经营管理各个环节。统筹两级纪检机构开展各类监督773项，督促整改问题167项。发挥党风廉政建设和反腐败协调小组作用，统筹制定联合监督任务40余项，发现并整改问题804个。立足天然气全产业链和“油公司”改革实际，发布监督工作重点17期，推动日常监督精准有力。加大联合监督信息系统应用力度，发现并处置问题54个，组织处理3人次。与纪检监察组四中心共同承担《中国石油纪检监察组监督工作手册》编制任务，修订印发

《西南油气田公司纪委回复党风廉政意见实施细则》。

2022年，川庆钻探工程公司以迎接党的二十大为主线，研究部署14项政治监督重点任务，建立形成“台账＋清单、定期跟进、限期办结、督查问责、动态更新”监督机制。聚焦习近平总书记重要指示批示精神和党中央重大决策部署，紧扣服务油气增储上产、科技立企、“合规管理强化年”、安全生产等重点任务强化监督，推动重大决策部署落地见效。开展疫情防控监督305次，督促整改问题253个，查处通报违反防疫规定典型案件。跟进提质增效重点举措落实情况，组织开展督查2 341次，发现问题581个，挽回避免经济损失113.38万元，节约资金1 602.34万元。推进科技自立自强监督，督促整改问题48个。开展监督依法合规经营综合治理专项行动，电子监督筛查发现应招标未招标、物资采购价格异常等问题数量分别同比下降24.4%、81.6%。强化巡察整改监督，全过程参加问题反馈、审核整改方案、报告，印发监督建议书10份，挽回经济损失27.31万元，追责问责132人次。发挥党风廉政建设和反腐败工作协调小组作用，推动构建业务主管部门专业监督、审计巡察专职监督和纪委专责监督“三道防线”，建立沟通协调、项目全周期管理、融合推进、成果共享等工作机制，立项开展监督185项，发现问题977个，责任追究1 389人次，挽回、避免经济损失736.64万元，建章立制29个，为构建高质量监督体系奠定基础。（王任杰　罗　璇）

【作风建设】 2022年，西南油气田公司党委坚决惩治违反中央八项规定精神和“四风”问题，全年查处此类案件2件，处分2人，组织处理4人次。紧盯重要节假日、重要节点，开展专项检查17次，全年通过“四不两直”、明察暗访等方式开展监督检查603次，对29家基层单位所属的2 762台车辆全覆盖“云检查”。开展违规吃喝问题专项治理，明确4项整治内容、8类整治重点，通过自查自纠，清退违规资金，谈话提醒439人、批评教育130人、警示约谈187人、通报批评6人，对1家单位行政主要领导开展党内问责。督促业务部门开展制度清理和流程优化再造，废止失效、无效制度457项，为基层减负。利用企业微信公众号、“廉政短信平台”等载体，推送“老石说纪”“反围猎”等系列廉洁教育推文49期，发送廉洁短信32 789条。

2022年，川庆钻探工程公司督导各级党组织深入学习习近平总书记关于作风建设重要论述，推动完善中央八项规定精神再学习、再落实工作机制。修订落实中央八项规定精神实施细则和党员干部操办婚丧喜庆事宜等制度。常态化开展正风肃纪督查，采取部门联动、纪巡联动方式，下沉基层开展突击检查32次，实现年度内二级单位督查全覆盖。开展违规吃喝专项治理，印发《治理违规吃喝问题十条禁令》，细化明确20项治理措施。统筹召开纪检系统、机关部门、所属单位3个层面座谈会，督导5家发生违规吃喝问题单位召开专题分析会，研判违规吃喝背后隐藏的腐败问题。围绕8个方面整治重点，采用巡察监督、审计监督、财务检查等多种方式开展自查自纠，全覆盖组织学习《违规吃喝要不得》系列漫画，引导党员干部自觉抵制“舌尖上”的不正之风。开展会风会纪专项检查，统筹推进“升学宴”“谢师宴”专项整治，以点带面推动作风建设向上向好。结合党史学习教育常态化长效化，教育引导广大党员干部自觉遵规守纪、清正廉洁、艰苦奋斗。发挥天府家风馆等阵地作用，常态化开展家风家规建设，组织两级领导班子成员、机关处室负责人等300人次到天府家风馆开展专项教育活动。（王任杰　罗　璇）

【反腐倡廉教育】 2022年，西南油气田公司党委坚持把警示教育融入日常、抓在经常。组织1 300余名中层领导干部及关键岗位人员收看《零容忍》《利剑啸歌》《围猎者说》等警示教育片，组织98名党员干部到四川省纪委监委所属的天府家风馆开展廉洁警示教育，对新提任和进一步使

2022年10月18日，西南油气田公司纪委书记徐晓炜对新提任领导干部开展集体廉洁谈话　　杨　淳　摄

用的 67 名中层领导开展“六个一”廉洁教育，首次将 15 名西南油气田公司级新聘技术专家纳入教育范畴。在西南油气田公司微信公众号、即时通联络群等平台推送 49 期“老石说纪”“反围猎”“违规吃喝”等系列廉洁教育推文，并组织学习 33 951 人次，转发评论 4 947 人次，利用“廉政短信平台”分层分级累计发送廉洁短信 32 789 人次。通过宣传引导、文化熏陶，探索建设具有西油特色的廉洁文化，推动不想腐成为党员干部的思想自觉和行动自觉。

2022 年，川庆钻探工程公司分层分类制定廉洁教育“套餐”，把握各阶段教育重点，定期编发领导干部廉洁教育学习资料，分批次组织党员干部观看《利剑啸歌》等警示教育片，对新任职党委管理干部开展“六个一”教育 2 次，开展纪法教育 15 场次，2 次行文通报典型案例 12 个。升级打造纪委办公室门户网站，定期更新廉政博览、警示教育等专栏，发挥廉洁宣教园地辐射作用。培塑新时代廉洁文化，提炼具有“川庆特色”的廉洁文化理念，指导所属单位结合实际，借力“互联网 +”优势，拍摄廉洁教育 MV，建立廉洁教育课件库，利用“一网一微”打造廉洁文化融媒体传播矩阵，增强廉洁教育感染力，营造崇廉尚洁、风清气正的风尚。（王任杰　罗　璇）

【队伍建设】 2022 年，西南油气田公司党委加强纪检干部选拔培养力度，补充调整所属单位纪委书记 10 人、纪委副书记 2 人，优化纪检队伍年龄、学历和专业结构。开展纪委书记履职考核，选取 19 家单位纪委书记开展现场述职测评；定期分析研判纪检干部队伍总体情况，确保始终忠诚干净担当。分层分级开展全员培训，选派 1 名业务骨干参加纪检监察组四中心实践锻炼，抽调 2 人次参加四川省国资委党委巡察，组织 35 名纪检干部参加西南油气田公司执纪审查、党委巡察；举办纪检业务能力提升培训班，300 余名专兼职纪检干部参加培训，实现全覆盖。印发加强新时代纪检干部监督、打听干预报备及责任追究等配套制度，督促纪检干部自觉接受监督约束。编印《监督执纪模拟卷》，规范线索管理、立案审查、处分处置等工作，狠抓“走读式”谈话安全，守住执纪审查“生命线”，案件质量在集团公司开展的质量评查中再次位列区域中心联系单位第一名。纪委关于政治监督具体化常态化课题，获西南油气田公司 2021 年度优秀党建研究成果一等奖。

2022 年，川庆钻探工程公司纪委领导班子带头学习习近平总书记重要指示批示精神及关于全面从严治党、党的自我革命等重要论述，开展集体学习和研讨 25 次。第一时间宣贯党的二十大会议精神，引导纪检干部准确把握形势任务，自觉践行高质量发展理念要求。修订所属单位纪委向上级纪委请示报告工作办法，健全完善上下贯通的工作机制。调整配备所属单位纪委书记、副书记 7 人次，从财务、审计等领域选配纪检干部 21 人。实施能力提升专项计划，持续深化纪委书记专项履职考核，督促补齐政治站位、能力素质等方面存在的短板。统筹开展纪检理论研讨和纪检干部培训，持续深化上挂锻炼、以案代训、跟岗实训，培训纪检巡察干部 279 人次，提升队伍履职能力。加强日常教育监督管理，分级开展谈心谈话、廉洁家访，覆盖率 100%。坚持刀刃向内，提级办理涉及纪检干部的问题线索，保持队伍纯洁可靠。（王任杰　罗　璇）

2022 年 9 月 29 日，西南油气田公司到省纪委天府家风馆开展廉洁教育活动　王任杰　供

工会工作

【概述】 2022 年，西南油气田公司各级工会坚持以习近平新时代中国特色社会主义思想为指导，学习贯彻党的二十大精神，落实党中央、集团公司党组和西南油气田公司党委各项决策部署，以宣传贯彻党的二十大为工作主线，推进“一个阵地、五个家”体系建设，发挥桥梁纽带作用，团结广大职工为建设 3 000 万吨油气田作出积极贡献，以

优异成绩迎接党的二十大胜利召开。

2022年8月15日，四川省总工会党组成员、经费审查委员会主任、女职工委员会主任徐真彦（左一）一行到西南油气田公司巾帼创新工作室指导工作　　丁扬阳　供

2022年，川庆钻探工程公司各级工会组织坚持以习近平新时代中国特色社会主义思想为统领，深入学习贯彻党的二十大精神，落实川庆钻探工程公司第二次党代会决策和部署，始终保持工会工作正确政治方向，坚持以职工为中心履职尽责，紧扣中心大局彰显担当作为，为企业和谐稳定发展发挥积极作用。　（丁扬阳　唐佳伟）

【企业民主管理】 2022年，西南油气田公司工会坚持定期向党委汇报反映职工群众热点问题和诉求，畅通职工维权和意见反馈渠道，坚决维护劳动关系领域的和谐稳定。推动职工疗休养制度修订完善和落实落地，支持和保障职工带薪休假权利。聚焦职工薪酬待遇和女职工劳动保护等要素，召集西南油气田公司行政和职工代表开展三方平等协商，签订新一轮集体合同、女职工专项集体合同。健全以职工代表大会为基本形式的企业民主管理，坚持重大决策听取职工意见，涉及职工切身利益重大问题及时通过职代会审议。坚持开门问策，恢复线下举办职工代表片区座谈会，结合“喜迎二十大，工会办实事”调研，收集办理职工代表围绕生产经营和职工幸福生活提出的意见建议218条，保障职工群众知情权、参与权、表达权和监督权。

2022年，川庆钻探工程公司组织召开三届三次职代会、工代会，审议通过《川庆公司工作报告》等6项报告；领导班子成员向职代会述职述廉述安全，由职工代表进行民主评议和测评，落实对领导干部的民主监督。征集办理职工提案14件，办复率和反馈满意度均为100%，《关于新冠肺炎疫情情况下如何开展工会活动的提案》等7件获优秀职工提案。发挥职代会联席会作用，在关系职工切身利益的政策制定上注重加强沟通反馈机制，审议通过《川庆钻探工程有限公司安全生产管理规定》等3项制度和办法。开展《集体合同》《女职工专项集体合同》履约检查，召开集体合同平等协商会，通报《集体合同》履约检查情况，经过认真协商双方达成基本共识。在三届三次职代会上续签了新一轮集体合同。印发《川庆钻探工程公司“职工信箱”管理办法》，推动建立“职工信箱”运行制度，拓宽企业与职工沟通渠道。加大工会对安全生产工作的监督力度，开展员工HSE意见收集与反馈工作，收集意见448条，办复率、满意率均100%。　（丁扬阳　唐佳伟）

【劳动和技能竞赛】 2022年，西南油气田公司工会落实《新时期产业工人队伍建设改革方案》精神，完善与“油公司”模式相匹配的“工字号”竞赛体系，开展四川省“5+1”现代产业劳动竞赛5项，实施西南油气田公司级劳动和技能竞赛6项，推动竞赛与生产经营深度融合。抢抓川渝千亿立方米天然气基地建设战略机遇，深化西南地区油气勘探开发“建设气大庆、建功十四五、奋进新征程”主题劳动和技能竞赛，构建“八赛八比”竞赛工作体系，作为竞赛主导单位，牵头完成竞赛阶段性总结，组织筹备竞赛推进会，扩大西南油气田公司在“气大庆”建设中的主导权和话语权。参与策划实施首届一线创新成果推介活动，征集一线优秀创新成果153项，首次实现一线创新成果跨单位规模化应用，激发群众性创新创效的技术驱动力和助力高质量发展的“乘数效应”。

2022年，川庆钻探工程公司组织开展川渝、长庆、新疆、海外、苏里格和威远页岩气风险作业服务区块及西南油气田公司老井挖潜项目等5项重点劳动竞赛，数字化转型、电（气）代油、新闻宣传、“安全里程碑”等4项专项劳动竞赛，参与西南地区油气勘探开发“建设气大庆，建功‘十四五’，奋进新征程”主题劳动和技能竞赛、长庆油田“岗位建功‘十四五’，油气跨越6800”全国引领性劳动和技能竞赛。优化各区域生产组织劳动竞赛项目和指标，546 个作业队伍刷新创造一大批新纪录、新指标。4 000 米以上深井、页岩气井、致密油气井钻井速度分别提高 5.01%、16.86%、19.3%，钻井总进尺增长 15.1%，获中油技服贺信 25 次，考核奖励 2 772 万元，川庆钻探工程公司被评为 2022 年度集团公司先进集体。把“安全里程碑”“安全生产月”等活动与 2022 年“安康杯”竞赛活动结合开展，强化职工安全生产意识，推动安全生产形势持续稳定向好。川庆钻探工程公司连续 14 年获全国“‘安康杯’竞赛优胜单位”称号。开展石油钻井工、井下作业工、工程测量员、特种装备操作工和固井工等 4 项省级（四川省、甘肃省）技能比赛，11 个单位 199 名选手参与，产生技术标兵 7 人、技术能手 38 人，9 名优秀社会化用工选手被录用为市场化员工，通过比赛促提升员工整体业务技能，为员工成长成才搭建平台。

（丁扬阳　唐佳伟）

2022 年 11 月 6 日，川庆安检院在广汉成功举办第二届安全监督职业技能比赛暨中油技服 2022 年钻井安全技能竞赛选拔赛　吴明扬　摄

【职工创新活动】 2022 年，川庆钻探工程公司组织开展 2020—2021 年度合理化建议和“五新五小”活动先进单位和个人推荐评选，合理化建议和“五新五小”成果征集评比，征集创新成果 220 项，评选表彰优秀成果 97 项，创造经济效益 7.63 亿元。川庆钻探工程公司首次获四川省“职工‘五小’活动先进单位”称号，2 项成果获中国技协技术创新优秀成果二等奖，3 个集体获四川省“职工‘五小’活动先进班组”称号，6 项成果获四川省职工“五小”活动优秀成果。2 个班组获甘肃省“创新型班组”称号，3 人分别获甘肃省“工人发明家”“职工发明之星”称号。

（唐佳伟）

【保障帮扶】 2022 年，西南油气田公司工会完善精准帮扶与全面普惠相结合的职工服务体系，职工每人每年 2 400 元的会员福利继续实现 100% 全覆盖，实施“重疾关爱续航行动”，全年开支帮扶资金 5 278 万元，慰问困难群体 2.2 万人次，取得良好社会效应。面对新冠肺炎疫情冲击，工会坚持把职工群众身体健康和生命安全放在首位，紧急下拨专项经费 350 万元，多方筹措配送防疫物资，坚决打好疫情防控攻坚战。深入基层一线，举办幸福讲堂、团体心理辅导活动 10 场，完成“西油心灵驿站”升级扩容，职工身边的心理健康服务更加贴心。开展“四季送”活动，筹措防暑降温物品 1 026 万元，慰问职工 3.8 万人次，定向资助困难职工子女 344 人次，提升职工群众获得感、幸福感、安全感。

2022 年，川庆钻探工程公司开展帮扶救助 1 188 人次，向困难职工家庭发放 613.5 万元。其中，节日帮扶 756 人 191.45 万元，金秋助学 166 人 46.75 万元，大病帮扶 110 人 264 万元，危急重病职工家庭专项帮扶 5 户 16 万元，灾难救助 13 人 6.1 万元，特低、低收入、收入较低且因患重大疾病等困难职工家庭“进家门送温暖”特别关爱帮扶 54 人 62 万元，生活帮扶 39 人 14.94 万元，其他帮扶 45 人 12.26 万元。利用国家和地方相关政策，组织 3 名困难人员参加四川省困难职工帮扶基金会关“癌”行动 · 重大

2022 年 4 月 25 日，西南油气田公司工会常务副主席马广文（中）受工会主席李宝军委托，代表西南油气田公司工会到长宁公司慰问劳模及部门员工　向欣荣　摄

疾病救助项目，每人获帮扶金 1 万元。（丁扬阳　唐佳伟）

【对口扶贫】 2022 年，西南油气田公司工会落实党中央和西南油气田公司党委决策部署，履行国企政治责任、社会责任，先后通过四川省帮扶基金会对四川省达州市、九龙县、平武县等地对口援建，为贫困学子捐款 34 万元，改善贫困地区学生学习环境，营造企地共建共享良好氛围。

2022 年，川庆钻探工程公司工会牵头开展乡村振兴和对外捐赠工作，在实施定点帮扶、消费帮扶、泸定抗震救灾、乌审旗社会发展等多项公益事业累计投入资金 831.32 万元。其中，投入资金 430.29 万元助力石渠县发展，包括消费帮扶 191.52 万元、捐款 100 万元建设石渠县瓦须乡高寒优质牧草人工种植基地、100 万元资助困难学生就学和表彰教育先进集体及个人、15.56 万元开展乡村振兴培训、12 万元为瓦须乡中心校制作保暖校服 695 套等；通过食堂采购、一线慰问、直销活动等方式完成消费帮扶 160.13 万元；在生产作业区域驻地投入 240.9 万元实施 8 个公益项目。（丁扬阳　唐佳伟）

【评优选优】 2022 年，西南油气田公司工会搭建提素建功平台，坚持正面激励，评比表彰工程建设项目数字化审计劳动竞赛、合气文化品牌传播推广劳动竞赛、“精益提升，助力 500 亿”设备管理劳动竞赛、“信息启航‘十四五’，数字转型开新篇”劳动竞赛、政策理论研究劳动竞赛、工程技术劳动竞赛、“安康杯”劳动竞赛、“提质增效”劳动竞赛、终端市场扩市增销劳动竞赛、“宝石花温暖万千家”今冬明春天然气保供劳动竞赛等 11 项竞赛活动；评比表彰 2022 年度先进集体和先进个人，其中“先进单位”15 个、“金牌班组”50 个、“劳动模范”35 人、“先进工作者”88 人；评比表彰 2022 年度女职工工作先进集体和先进个人，其中“‘五一’巾帼标兵岗 19 个、‘十佳’五一巾帼标兵”10 人、“五一巾帼标兵”28 人、“最美职工家庭”80 户。推选的熊波获全国五一劳动奖章，张铁茗获全国“‘安康杯’竞赛优秀个人”称号；川东北作业分公司、输气管理处重庆输气作业区获全国“‘安康杯’竞赛优胜单位”称号，重庆气矿江北天然气运销部两路中心站获全国“‘安康杯’竞赛优胜班组”称号，四川川港燃气有限责任公司重庆市渝川燃气有限责任公司国际复合中心站、重庆气矿永川采输气作业区丹 7 井中心站获重庆市“工人先锋号”称号，西南油气田公司获四川省五一劳动奖状，燃气分公司、蜀南气矿获四川省“‘安康杯’竞赛优胜单位”称号，川东北气矿黄龙场中心站、川中北部采气管理处北 2 集气站获四川省“‘安康杯’竞赛优胜班组”称号，西南油气田公司工会获四川省“‘安康杯’竞赛优秀组织单位”称号，西南油气田公司获集团公司“先进集体”称号；王小丹、王宇获重庆市五一劳动奖章，代娟、王霏、王晨姣获四川省五一劳动奖章，杨权获四川省“‘安康杯’竞赛优秀个人”称号，李勇、曹喜等 17 人获集团公司“先进工作者”称号。

2022 年，川庆钻探工程公司组织开展年度工作总结评比，评选表彰先进企业 10 个、先进集体 94 个、劳动模范 39 个、先进个人 94 人。向企业所在地省、市及上级推先选优，获四川省工人先锋号 1 个、甘肃省工人先锋号 2 个、甘肃省五一劳动奖章 2 人，集团公司先进工作者 12 人，“成都工匠”5 人，“成华工匠”6 人，131 支队伍分别获 2019—2021 年度集团公司工程技术金牌、银牌、铜牌。组织五一先进模范座谈会暨第十五批“工人先锋号”授牌仪式，授予川庆川东钻探公司 80025 钻井队等 38 个集体为第十五批工人先锋号。举办“强国复兴有我”劳模工匠宣讲活动，通过川庆门户网站、“川培在线”“今日川庆”和“职工之家”公众号等平台同期展播宣讲视频，职工观看播放量超 2 万人次。（丁扬阳　唐佳伟）

【女职工工作】 2022 年，西南油气田公司工会女工委实施女职工素质提升工程，组织开展“巾帼心向党，建功新征程”系列活动，承办四川省总工会女职工采气工技能竞赛，开展“巾帼风采”岗位练兵，女职工高级技师、技能专家 26 人，“汪华五一巾帼创新工作室”成为中国石油在川单位中，首家入选省级创新工作室的女职工工作室。开展“学党史守初心，育家风蕴书香”主题展示活动，搭载“玫瑰书香”等工作平台，引导女职工在“后疫情时代”的家庭健康和家教家风建设中发挥“半边天”作用。做实女职工特别关爱，开展“两癌”筛查，做好“四期”保护，推进“女职工大病互助保险”购买工作，完成女职工 1 500 余份 HPV 疫苗接种工作，积极争取政策支持，女

职工保健用品标准上浮50%，以实际行动回应职工所盼所需。（丁扬阳）

【宣教文体】 2022年，西南油气田公司工会第一时间举办“学习贯彻党的二十大精神暨工会干部素质能力提升培训班”，开展“中国梦·劳动美”主题宣教，建立健全“第一议题”落实机制，推动党的二十大精神在工会落地生根。建强用好职工之家、职工书屋等群众性宣教阵地，2家单位挂牌四川省“职工书屋”。讲好石油故事，发行《西油工匠》劳模画册，出版《党旗下的川渝石油人》，原创影视作品《青山真情》入围亚洲微电影艺术节“能源中国单元优秀奖”。围绕中心，服务大局，应用“党委领导、工会指导、协会主导”精密联动优势，发挥文联体协协会效用，组织开展丰富多彩的职工文体活动。助推“健康油气田”建设，“永远跟党走”健步走网络公开赛融入石油工业史的红色元素，寓教于乐吸引2.8万名职工踊跃参与，参赛人数创历届之最，传播健康工作、快乐生活的理念，西南油气田公司总成绩、职工参与率均排名集团公司第一。推广全民健身，组织参加“喜迎党的二十大”全国石油职工广播体操网络公开赛，各单位职工积极参与、精诚协作，2支代表队入围决赛，分获一等奖、二等奖。开展“万人千站颂党恩”网络展示、“最美油气田”摄影征稿，组织参加首届石油石化行业微影视大赛、“中国梦·劳动美——喜迎二十大，建功新时代”系列活动获12项荣誉，营造爱党爱国爱企浓厚氛围。

2022年，川庆钻探工程公司开展“争做健康达人”主题活动，通过“健康达人”的促进带动，引导广大职工养成健康生活习惯，营造健康向上的生活工作氛围；积极应对新冠肺炎疫情防控要求，组织开展“喜迎二十大，公司职工广播体操云比赛”，在职工中掀起你追我赶、健康比拼的良好热潮。选送的优秀作品获全国石油体协广播操大赛混合创编组一等奖，混合团体组三等奖、最佳人气奖；加大对“职工书屋”“职工思想教育基地”“职工心灵驿站”等职工小家的建设力度，为丰富职工精神文化生活提供载体。推荐申报的川庆井下作业公司职工书屋获评“2022年全国示范职工书屋”，川庆蜀渝公司职工书屋获评“2022年省级示范职工书屋”；开展女职工维权月、女职工权益保护知识竞赛和制作女职工关爱手册等“三八”节系列活动。收到“故事里的川庆”女职工讲述、女职工征文、手工及书画摄影等优秀作品221件，表彰91件。参与全国第十届“书香三八”活动，7篇作品获奖，川庆钻探工程公司工会第六次获活动优秀组织奖。（丁扬阳　唐佳伟）

【工会财务管理】 2022年，西南油气田公司工会加强财务工作顶层设计，修订《西南油气田分公司基层工会预算管理实施细则》，为合规开展各项工作提供更加完善的制度支撑。西南油气田公司工会连续5年被评为全国总工会被为财务工作先进单位，经费审查工作获四川省规范化建设特等奖，有关工作得到全国总工会、四川省总工会高度认可。（丁扬阳）

【工会组织建设】 2022年，西南油气田公司持续提升工会自身建设质量，召开西南油气田公司工会五届一次会员代表大会，完成“三委”换届改选，确立“一个阵地、五个家”体系建设的工作思路。推动制度优势转化为工作效能，加强顶层设计，修订完善规章制度，建立健全抓落实工作机制，完善工会工作标准化质量体系。选优配强工会干部，加大培训轮训力度，锤炼工作作风，把工会干部成长成才平台搭在基层一线，提高各级工会干部业务素质能力。指导基层工会按期换届，落实三级职代会制度，工会组建率和职工入会率持续保持100%。推进“互联网+”服务工程建设，以大数据集成的方式，实时展示、监督各级工会重点工作开展情况，打开工会组织展示风采的新窗口。

2022年，川庆钻探工程公司打造学习型工会组织和工会会员，助推工会多项基础工作上新台阶。加强“铁人先锋”党建平台的工会业务管理和指导，明确重点版块和提升措施，集团公司考核得分从年初80分提高至94分，排名进入集团公司前10名；通过“川庆职工之家”公众号及时宣贯党的二十大精神，营造全体工会会员感党恩听党话跟党走的浓厚氛围；以“互联网+”模式宣传工会为员工群众办实事、干好事和解难事，组织2.4万名职工参加“工会办实事、当好娘家人”活动满意度调查，参与率超过94%，为更好维权、更好服务提供工作思路和依据；剖析党委巡察反馈问题，印发《关于进一步加强工会相关工作的通知》，针对工作薄弱环节明确具体要求，提升工会服务广大员工的意识；制定《川庆钻探工程公司工会预算支出绩效评价管理实施办法》，把绩效理念融入工会预算编制、执行、监督全过程，促进工会财务管理更加规范有序；制（修）订《川庆公司荣誉表彰管理办法》《川庆公司劳动竞赛工作管理办法》《川庆公司职工职业技能比赛管理暂行办法》《川庆公司合理化建议和“五新五小”技术改进活动管理暂行办法》4项管理办法，规范荣誉表彰、群众性经济工作管理；出台《川庆公司工会票据管理办法》《川庆公司基层工会经费审查工作规范化建设考核内容及标准》2项制度，工会基础工作管理得到有效加强；组织开展“我为员工群众办实事”专项监督检查，以线上线下相结合的方式完成对川庆国际工程公司等20家单位的审计工作，确保把党委部署的民生实事落到实处。

（丁扬阳　唐佳伟）

【**劳模工作室**】 2022年，川庆钻探工程公司重点打造升级劳模、巾帼创新工作室，发挥示范引领作用。贺秋云、张冕两个工作室获评省级劳模和工匠人才创新工作室，冉鹏、潘勇两个工作室获评集团级劳模和工匠人才创新工作室；对7家川庆钻探工程公司劳模创新工作室进行验收，推动瓶颈技术攻关和科研项目成果转化。其中，潘勇工作室成功研发悬挂完井一体化封隔器，在当年推广应用58井次，创产值2 000余万元；贺秋云工作室参加西南、新疆、青海等油气田12口井集团公司重点井试油方案论证，推广新工艺新技术应用4项、创效1 200余万元；对2021年命名的巾帼创新工作室进行打造升级，以巾帼创新工作室建设带动“半边天”创新创造热情，营造学习创新、成长成才的浓厚氛围。女职工委员会获第四批四川省五一巾帼创新工作室创建工作优秀组织单位，1个女职工集体、2名女职工、1户职工家庭分获集团公司巾帼建功先进集体、先进个人、四川五一巾帼标兵和最美家庭，评选表彰2020—2021年度川庆钻探工程公司先进女职工集体10个、先进个人40人、最美职工家庭60个。

（唐佳伟）

【**为员工办实事**】 2022年，川庆钻探工程公司建立“我为员工群众办实事”长效机制，为职工群众做好事、办实事、解难题。各级工会开展一线工作调研，了解职工冷暖诉求，全年投入专项资金1 069.6万元，推动23家基层单位实施办实事项目122项，让企业发展成果惠及职工。组织“相约金秋，缘来油你”2022年单身职工联谊活动，邀请5家单位和高校的120余人参加，为单身职工交友拓宽渠道。组织的30名优秀技术工人、技能专家、劳模代表参加疗休养活动。开展以“致敬劳动者，送清凉送健康到一线”为主题的慰问活动，筹集活动慰问经费727.94万元，用于购置防暑降温慰问品和一般生活用品，调研基层单位、一线队伍1 296个，走访慰问职工38 934人次；川庆川东钻探公司工会、川庆页岩气项目经理部工会为职工购买地方工会的互助保险，缓解职工后顾之忧；川庆长庆钻井总公司工会为所属5个工程项目部、6个专业公司基层队站配置“健身工具箱”和“健身百宝箱”，在职工中营造企业关爱职工、人人关注健康、科学运动促进的氛围；川庆蜀渝公司工会升级改造“移动职工之家”营房，增加配备投影仪、净水器、书架、移动Wifi等设备，惠及施工一线近千名职工。

（唐佳伟）

2022年9月21日，西南油气田公司工会在四川工会“转作风、解难题、促发展、保稳定”专项行动推进会上作交流发言

丁扬阳　供

【**机关工会工作**】 2022年，川庆钻探工程公司机关工会工作坚持党建带工建，发挥职工主力军作用，发挥工会组织的桥梁作用。弘扬劳模精神、工匠精神，开展省级劳模春节、“五一”慰问活动，组织省级劳模体检，组织学习“五一”先进模范表彰会议精神，号召职工学习先进模范精神。开展2021年度机关先进评比，8人被评为川庆钻探工程公司先进个人，3个科室被评为川庆钻探工程公司先进集体；65人被评为川庆钻探工程机关先进个人，33

个集体被评为川庆钻探工程公司机关先进集体。组织参加2020—2021年女职工先进个人和最美职工家庭评选，3名女职工获“先进个人”称号，3个女职工家庭获“最美职工家庭”称号。开展节日慰问、生日慰问，慰问27名生病住院员工、20名退休人员。做好困难帮扶工作，为3名困难职工申请大病帮扶金6万元。推进健康企业建设，组织20名职工疗养，发放《中国居民膳食指南》书籍545份，组织开展健康知识大讲堂。开展“工会办实事、当好‘娘家人’”问卷调查，倾听职工群众的呼声和要求。组织参加川庆钻探工程公司第九套广播体操比赛获二等奖。丰富文体生活，各分工会、兴趣小组开展灵活多样的小型活动，开展女职工插花、水果拼盘、书香“三八”活动。参加“永远跟党走”全国石油职工第五届健步走网络公开赛，机关工会获川庆钻探工程公司优胜单位一等奖。加强机关工会民主管理，组织召开分工会主席会议2次，汇报机关工会工作，召开机关工会经费审查委会议，做好工会经费预决算工作。落实专项资金专款专用，通过川庆钻探工程公司工会“我为员工办实事”活动专项资金审计，机关工会被推荐参评四川省总工会年度基层工会财务会计工作先进单位。组织开展《新工会法》《女职工权益保护知识》《职业病防治知识》学习答题，引导职工增强法律意识，增强机关工会依法履职、依法维权的能力。机关工会获川庆钻探工程公司2019—2021年度“工会先进集体”称号。

（李　敏）

共青团工作

【概述】 2022年，西南油气田公司共青团和青年工作以习近平新时代中国特色社会主义思想为指导，全面学习贯彻党的二十大、党的十九届六中全会和共青团十八届六中全会精神，以中国共产党第二十次全国代表大会召开和中国共青团成立100周年为契机，围绕打造新时代党建工作和天然气全产业链创新创效双标杆目标，筑牢团员青年思想堡垒，发挥团员青年的生力军和突击队作用，提升共青团的“三力一度”（引领力、组织力、服务力和贡献度），为企业高质量发展贡献青春力量。

2022年，川庆钻探工程公司团委学习贯彻习党的二十大精神和习近平总书记在庆祝中国共产主义青年团成立100周年大会上的重要讲话精神，围绕“十四五”战略目标以及实施技术立企、成本领先、数字赋能三大战略，按照党委党建带团建工作要求，坚持做好共青团“两个服务”，发挥团青组织的生力军和突击队作用，为高质量发展贡献青春力量。

（程　姣　王茜雯）

2022年5月17日，西南油气田公司在成都举办“庆祝中国共产主义青年团成立100周年大会”精神座谈会　韩　超　摄

【组织建设】 2022年，西南油气田公司把“大抓团的基层建设”摆在首位，树立“从严治团”的鲜明导向，调整西南油气田公司党委青年工作委员会，印发《关于成立西南油气田公司共青团工作协作区的通知》和《关于共青团中国石油西南油气田分公司第二届委员会委员分工的通知》，从班子建设、团员管理、组织运行、阵地建设、作用发挥、青年评价6个方面，不断提升团的组织力、引领力、凝聚力。全年指导5家单位换届选举，指导调整1家团组织负责人，1家单位更名。持续规范基层团组织负责人年度述职评议，召开2021年度团青组织负责人述职交流会，健全激励约束机制，推动评先表彰与述职考核结果、日常工作表现挂钩。推进“四比四抓四促进”专项行动，推动团干部个人“比”、团组织整体“抓”；配发《中国石油团组织标准化规范化工作手册》等业务书籍280套，着力提升引领凝聚青年、组织动员青年、联系服务青年的能力。2名团干部通过考察成为共青团四川省第十五次代表大会代表；1名团干部到共青团四川省委组织部交流锻炼，并参加共青团中央2022年度团的领导机关和基层组织管干

部进修班（第 8 期）学习；1 名团干部到中共宣汉县委挂职锻炼；1 名团干部入选四川省企业青年讲师团成员，面向在川央企、国企团员青年宣讲团史，在培训锻炼中开拓视野，锤炼优良作风。截至 2022 年底，西南油气田公司有二级单位团委 21 个、二级单位直属团支部 10 个、三基单位团委 15 个、三级单位团支部 233 个，有二级青年工作办公室 39 个、三级青年工作办公室 268 个。现有 28 岁以下青年团员 1 219 人，35 岁以下青年 7 219 人，45 岁以下青年 13 388 人。

2022 年，川庆钻探工程公司团委加强团青工作自身建设，建立健全工作制度，提升团青队伍素质，调动团青干部积极性和创造性，护航团青工作水平，增强组织凝聚力。每月定期向集团公司团委汇报近期重点工作开展情况，专题向川庆钻探工程公司党委汇报共青团基本现状。开展基层团青组织情况调研工作，印发《关于进一步加强和改进公司共青团和青年工作的意见》。调整团委委员，优化、明确委员职责。举办第十四期团青干部培训班，对近两年新任职的各级团组织书记 40 人开展能力提升培训，助推共青团工作高质量发展。持续做好团中央《智慧团建》和集团公司《铁人先锋》信息化平台团青业务。推进《青春川庆》微信公众号轮班制，提升新媒体编辑策划能力。推进团组织规范化建设，指导 1 家二级单位成立直属团支部、1 家二级单位开展换届选举工作。

（程　姣　王茜雯）

【青年思想政治教育】 2022 年，西南油气田公司坚持“党管青年”“党管人才”原则，开展“知、懂、爱”——党组织书记谈青年培养活动，在《四川石油报》连续刊载 8 期、34 篇二级单位党组织书记署名文章，汇聚奋进新时代青春力量。持续推进“喜迎二十大、永远跟党走、奋进新时代”“学习二十大、永远跟党走、奋进新时代”主题教育活动和“学党史、强信念、跟党走”学习教育，以原文领学、视频导学、解读促学等多种形式，自上而下召开专题研讨会，通过党员带头学、青年跟进学，全年各级党组织书记讲团课 120 余次，召开专题学习 2 000 余次，覆盖青年 6 200 余人。围绕党的二十大胜利召开和建团百年两个重要时间节点，组织团员青年近 6 000 人以“线上 + 线下”的方式，通过专题研讨、图文解读、知识答题、分享青年心声等形式，学习贯彻党的二十大精神和习近平总书记在庆祝中国共产主义青年团成立 100 周年大会讲话精神，推动学习教育更加深入、更有深度。围绕“礼赞建团百年，筑梦青春韶华”“永远跟党走，奋进新征程”等主题，启动第一届“西油青年红色文化月”活动，举办青年文创作品展、承办国资委省企业团工委“学习二十大 永远跟党走，奋进新征程”主题演讲比赛，引领青年坚定理想信念，铸魂培根。全年推出谈学习二十大心得体会 20 期、谈百年感悟 20 期，发布心得感悟 200 余篇。以青年马克思主义者培养工程和青年精神素养提升工程为载体，引领石油青年思想上得到深刻淬炼。印发《西南油气田青年马克思主义者培养工程实施方案》《西南油气田公司青年精神素养提升工程实施方案》，制订培养计划、细化推进计划，紧扣“一个主题”，聚焦“三个问题”，部署“四个阶段”，抓好“五个动作”，制定理论学习、传统教育、对标讨论、岗位建功“四部曲”，引导石油青年强化理论武装，校准人生坐标，立大志、明大德、成大才、担大任。1 篇典型案例被共青团四川省委收录到内参专刊，全年发布青年精神素养提升工程简报 5 期，各级团干部讲团课 400 余次，开展集中学习研讨 1 300 余次，发布信息报道 1 000 余条，开展典型宣讲交流 200 余次，参观红色教育基地 100 余次，做到基层团组织和 35 周岁以下青年“两个全覆盖”。

2022 年，川庆钻探工程公司团委深化全体团员青年深刻领悟“两个确立”的决定性意义，不断增强“四个意识”，坚定“四个自信”，做到“两个维护”，团结引领广大团员青年坚定不移听党话、跟党走，让青春在火热实践中绽放绚丽之花。组织所属各级团青组织集中收看党的二十大开幕式、中国共青团成立 100 周年庆祝大会等。参加“青春耀百年，永远跟党走”系列主题团课，将听党话跟党走内化于心、外化于行。以《论党的青年工作》一书为主要内容，在“青春川庆”微信公众号重点推出系列专题团课，累计发布 33 期。邀请川庆钻探工程公司党委书记讲授专题团课《坚定理想信念，提升精神素养，以青春之名向党的二十大献礼》。所属 20 家单位团委邀请本单位党委书记讲授主题团课，引导团员青年坚定理想信念，增强争做中国人的志气、骨气、底气。参加集团公司团委“百年团史青年说”活动，策划制作“争当新长征突击手活动”主题团课，在各级团组织、团员青年中掀起学习热潮。落实好青年马克思主义者培养工程实施方案，遴选学员18人，组织“青马工程”培训2期。集中学习习近平总书记在中国人民大学考察调研时发表的《在青春的赛道上跑出当代青年的最好成绩》重要讲话精神，50名基层团员青年代表围绕“青年如何建功成才”，如何发展“青”字号队伍，助力企业生产经营工作持续向好等方面进行建言献策。牵头组建45人“青春理响”理论宣讲团，通过自选课题、专家辅导、集体备课的方式，推进党的理论深入人心、落地生根。推进青年精神素养提升工程，始终以“党建带团建”为抓手，做好顶层设计，召开启动会，细化工作措施，落实责任单位，定期抽查指导。各单位团青组织按照川庆钻探工程公司青年精神素养提升工程运行大表“集中学习、传统教育、对标讨论、岗位建功”4个阶段，紧扣关键环节，落实目标任务，抓实大学习，188个团支部，5 000余名团员青年围绕“三个问题”开展全员大讨论，激发团员青年奋斗热情，把精神素养提升成效转化为岗位建功的实际行动。（程　婈　王茜雯）

【青春建功实践活动】 2022年，西南油气田公司开展“转观念、勇担当、强管理、创一流”主题教育活动，围绕奋力夺取“上产500亿”新会战，深化“号岗队手”品牌，引领青年勇毅担当、冲锋在前，以主人翁的姿态投身企业高质量发展。在工程建设、提质增效、科研攻关、隐患整改、疫情防控等“急难险重新”任务中，集结200余支青年突击队深入重点区块和基层一线，累计排查解决问题1 000余项，成功创建一星级全国青年文明号1个、四川省青年文明号1个。围绕“加快实施创新驱动发展战略”要求，联合举办第二届天然气青年科技论坛，为西南油气田公司、川庆钻探工程公司、集团公司工程院西南项目部等单位青年科技工作者搭台架梯，汇聚石油青年“青创力量”。开展青年科技报告会、青年论坛、QC成果、“五小”评比、金点子征集等活动，创新建立青年之家、青年创新工作室、青年创客联盟、青年技能工作室21个，邀请专业讲师讲授创新创效讲座50余场，2 700余人次在线听讲，收集论文390篇，成果转化86个。

2022年，川庆钻探工程公司团委聚焦主责主业，以“青”字号品牌凝聚团员青年，强化岗位建功行动，展现青年担当，团结带领广大团员青年在企业高质量发展进程中发挥生力军和突击队作用。举办首届青年科技创意沙龙活动，近27个青年优秀创意项目参加交流汇报。从勘探开发（含数字智能技术）、工程技术、绿色低碳（含新能源）及安全环保三个专业中推荐多个优秀项目参加集团公司青年科技创意大赛，其中5个项目分获二等奖、三等奖。川庆钻探工程公司青年研究设计的“天然气环保燃烧技术”项目获首届“创青春”中国青年碳中和创新创业大赛全国铜奖、西南赛区创新组金奖，“钻井试油全生命周期‘鹰眼’系统”项目获首届“创青春”中国青年碳中和创新创业大赛西南赛区创新组银奖。

（程　婈　王茜雯）

【青年安全环保活动】 2022年，川庆钻探工程公司团委印发青年安全生产月活动方案，指导各单位团青组织开展生产安全事故警示教育周活动、青年安全生产咨询日活动，开展第五届青年安全小视频评选活动，从百余部作品中，评选出47部青年原创优秀作品在川庆钻探工程公司各级新媒体平台展播，得到青年员工点赞和转发，形成学习安全知识浓厚氛围。（王茜雯）

【青年志愿活动】 2022年，西南油气田公司找准企业关注、社会急需、青年能为的结合点，完善富有石油特色的“中心、安心、爱心、关心”四心志愿服务体系，推进志愿服务制度化、常态化。面临疫情、高温、地震、山火等灾害，迅速发出抗击疫情《倡议书》号召，组建140余支青年志愿服务队聚焦疫情防控、乡村扶贫、植树护绿、安全用气、社会关怀、健康科普等方面，开展“学雷锋树新风，学铁人立新功”“‘石油红’守护‘健康绿’”“筑梦未来，爱心助学”“百日行动‘青’力‘青’为”等志愿服务活动400余次，参与人数1 800余人，志愿服务总时长3 700余小时。《石油小伙：星光筑“长城”守护缙云山》一文在《中国青年》、“中国石油”官微、今日头条等平台刊载，展示新时代石油青年良好形象，体现企业社会责任担当。

2022年，川庆钻探工程公司团委开展“学雷锋树新风，学铁人立新功”主题的青年志愿服务活动，各级团青组织根据各单位实际和特点，针对重点生产工区域精准扶贫点开展形式多样的“服务基层”“关爱帮扶”等青年志愿活动，组织各单位团委开展团省委“逐梦计划”大学生社会实践项目的岗位发布、岗位实习以及岗位实习总结等工作，引导广大团员青年学习雷锋“为人民服务”的精神，把崇高理想信念和道德品质追求转化为具体行动，在平凡的工作和生活中讲奉献、勤奉献，以实际行动学习贯彻党的二十大精神。川庆钻探工程公司225支宝石花青年志愿服务队、分队、小队，全年开展志愿服务300余场次，参与服务人数3 500人，受益人数超1万人。

（程　姣　王茜雯）

【青年典型引领】 2022年，西南油气田公司注重典型选树，强化典型宣传，发挥先进典型示范引领由“点”到“线”、由“线”到“面”的辐射效应，形成崇尚先进、学习先进、争当先进的良好风气。开展“十大杰出青年”“两红两优”、基层“十佳大学毕业生”“十大杰出青年”等先进评选活动，2人获评四川省优秀共青团干部、5个青年典型获评四川省企业团系统“两红两优”、10个青年典型获集团公司“两红两优”；推荐1个优秀志愿服务项目，1个优秀志愿服务组织，2名优秀志愿者参评第十届“四川志愿，携手圆梦”志愿服务先进典型宣传推选活动。持续对先进典型实行分类跟踪和事迹宣传，通过网页、公众号等媒介，将青年先进典型的奋斗故事进行展播，激励广大青年员工学榜样、强力量，展风采、绽芳华。

2022年，川庆钻探工程公司团委紧扣服务青年的工作生命线，注重典型培养，引导青年以先进为榜样，立足岗位成长成才，贡献青春力量。开展第五届十大杰出青年评选活动，评选表彰杰出青年10人，优秀青年岗位能手15人。召开第五届“十大杰出青年”表彰大会，邀请9名青年代表分享各自矢志奋斗、成长成才历程。按照《关于推荐青年优秀人才工作的实施办法（试行）》推荐程序，向组织部门推荐60余名优秀青年人才，发挥“坚持为党育人，始终成为引领中国青年思想进步的政治学校”共青团属性与功能，当好青年优秀人才推荐“蓄水池”。川庆钻探工程公司团委获四川省“企业系统五四红旗团委”称号，川庆井下作业公司压裂酸化公司YS49121队获四川省“企业系统五四红旗团支部”称号，2人分获四川省企业系统优秀共青团干部、创新创效青年先锋；4人分获集团公司2020—2021年度优秀团员、优秀团青干部。

（程　姣　王茜雯）

【青年人才培养】 2022年，西南油气田公司关注人才培养，做青年的“铺路人”。建立“内部培训＋送外培训＋联合培训＋岗位轮训”四合一的青年干部培训机制，注重以“引进来、送出去、互相走”开拓工作视野，围绕青年成长成才现实需求，举办新入职员工培训、青工夜校、“一刻钟”科研青年小课堂、技术微课堂、班组小课堂等多形式、多主题的培训活动216场，用培训强化青年业务水平，提升自身综合素质。组织青年员工参加公第十七届“振兴杯”全国青年职业技能大赛、第一届“创青春”中国青年碳中和创新创业大赛、集团公司青年科技创意比赛等高级别赛事，获各类奖项11项，从技能水平、文化创新等多平台展示石油青年奋勇前进、创新开拓的精神风貌。

（程　姣）

【青年文化活动】 2022年，川庆钻探工程公司团委动员团员青年加四川省企业团工委祝建团100周年主题征文暨文艺创作大赛和集团公司“礼赞建团百年，筑梦青春韶华”庆祝建团一百周年青年文化作品创作大赛，其中获一等奖1部、二等奖1部、三等奖5部、优秀奖4部，川庆钻探工程公司团委获四川省企业团工委优秀组织奖、集团公司优秀组织奖。关注青年“急、难、愁、盼”问题，致力于“为青年办实事”，联合川庆钻探工程公司工会举办“相约金秋，原来‘油’你”青年联谊活动，为一线青年解决实

2022年6月22日，川庆钻探工程公司团委在成都举办首届青年科技创意沙龙活动　　李　璇　摄

际困难，提升青年获得感、安全感、幸福感。连续5年组织“青春川庆铁人足球队”参加成都市城市足球赛（企业组）比赛，取得优异成绩。协助企管法规处做好“法治在我心中”演讲比赛推荐、选拔、培训、视频制作工作。指导制作优秀演讲视频5部推报集团公司，其中3部作品分获集团公司一等奖、二等奖、三等奖。（王茜雯）

精神文明建设

【概述】2022年，西南油气田公司以习近平新时代中国特色社会主义思想为指导，围绕学习宣传贯彻落实党的二十大精神工作主线，贯彻落实习近平总书记对新时代宣传思想文化工作的重要指示和部署要求，把握正确的政治方向、舆论导向和价值取向，履行举旗帜、聚民心、育新人、兴文化、展形象的使命任务，弘扬石油精神和大庆精神铁人精神，抓好思想引领，筑牢舆论阵地，讲好川油故事，推动文化传承，夯实发展基础，扩大正面宣传，推进形象提升，为打造“双标杆”企业提供坚强思想保证和强大精神力量。

2022年，川庆钻探工程公司宣传思想文化工作以习近平新时代中国特色社会主义思想为指导，贯彻落实党的二十大精神，围绕中心、服务大局，承担起新时代宣传思想工作使命任务，推进宣传思想文化各项工作，为企业高质量发展提供思想文化保障。（陈　创　文　毅）

2022年10月12日，川庆钻探工程公司文化艺术工作者联合会在成都以视频方式召开工作会　谷学涛　摄

【政治理论学习】2022年，西南油气田公司发挥党委理论学习中心组的示范带动作用，编制年度中心组学习计划，通过多种形式对党的二十大精神、十九届六中全会精神，习近平总书记重要讲话和重要指示批示精神等内容进行专题学习，观看电视专题片《零容忍》，组织集体学习13次，40人次围绕学习主题开展研讨。丰富完善中心组学习平台，发布理论热点，更新学习内容，发布季度学习要点4期，理论热点109条，各级党委中心组学习交流信息308条。对党的十九届六中全会精神学习宣贯工作作出整体安排，西南油气田公司党委委员、各级领导干部、先进模范等开展宣讲2 545场次。组织集团公司学习贯彻党的十九届六中全会精神专题培训班研讨会，围绕8个主题开展研讨。开展党史学习教育，召开党史学习教育总结会议，回顾总结企业党史学习教育开展情况，对下一步开展党史学习教育作出安排。印发《西南油气田公司党委关于推动党史学习教育常态化长效化十六条措施》，完善制度机制，巩固拓展党史学习教育成果。

2022年，川庆钻探工程公司推进党史学习教育常态化长效化。召开党史学习教育总结会议，部署学习教育工作。印发《党委推进党史学习教育常态化长效化工作方案》，明确工作任务和责任部门，有序推进学习教育。制定党委学习宣传贯彻二十大精神重点工作任务分解表，明确工作任务和责任部门。两级党委中心组集中收看学习习近平总书记在党的二十大所作报告，广大员工收听收看党的二十大盛况和集团公司学习贯彻党的二十大精神宣讲报告会。按照集团公司专题学习重点内容要求，开展13个专题集中学习。围绕学习贯彻“两会”精神、习近平经济思想、《习近平谈治国理政（第四卷）》、习近平在省部级主要领导干部专题研讨班上的重要讲话等重点内容，开展专题研讨。两级党委中心组共集中学习241次、专题研讨131次。组织观看党的十九届六中全会精神学习短视频，制作“理响巴蜀”理论宣讲短视频，理论学习更加适应青年受众学习特点。建立“青春理响”理论宣讲机制，组建青年理论宣讲团，深入基层开展宣讲。组织参加四川省第十二次党代会专场答题挑战赛，以中国石油驻川企业第一名的成绩闯入半决赛，川庆钻探工程公司获优秀组织奖。开展“学习习近平总书记安全生产重要论述体会文章”征文活动，征集体会文章124篇。（陈　创　文　毅）

【主题教育活动】 2022年，西南油气田公司推进“转观念、勇担当、强管理、上台阶”主题教育活动，制订主题教育活动实施方案，全覆盖、多层次、立体化实施学习宣讲，领导班子成员结合业务工作开展专题调研并进行主题教育专题宣讲10次，两级中心组、开展专题学习176次，在官方微信推出线上微宣讲5期，在铁人先锋推出“形势、目标、任务、责任”专项测试题2套，在“中油e学”平台推出系列专题课程，各级组织开展线上线下宣讲1 445场，教育引导干部员工认清形势、牢记目标、明确任务、增强责任。开设主题教育专题网页，刊载主题教育相关工作动态、工作简报、经验交流、评论文章等277篇。开展“献言献计，群策群力”强管理大讨论，各单位分片分层开展形式多样、富有特色的大讨论，并在微信公众号开设专栏集中展示收集到的意见建议。

2022年，川庆钻探工程公司落实集团公司党组《关于新时代加强和改进思想政治工作的实施意见的通知》要求。开展专项课题研究，制作思想政治工作课件，建立员工思想动态分析机制并形成分析报告，基层干部思想政治工作能力和公司思想政治工作整体水平持续提升。组织开展国家和四川省文明单位预申报工作、“四心一高”（强核心、融中心、聚人心、暖民心，引领助推高质量发展）基层思想政治工作示范点创建工作，中国石油井控应急救援响应中心成功创建四川省“四心一高”基层思想政治工作示范点。开展“转观念、勇担当、强管理、创一流”主题教育活动、“强国复兴有我”群众性主题宣传教育活动，制订实施方案，统筹推进各项工作。制作形势任务教育宣讲课件，在机关和各单位25个分会场开展集中宣讲，参与员工人数3 686人。各单位党委深入基层一线开展集中宣讲1 300余场，受众3.5万人次。制订强化对标管理工作实施方案，查摆共性问题、短板弱项55项，提出对照整改措施69项。开展强管理、创一流系列劳动竞赛和岗位练兵、技术比武活动，推动管理提升岗位实践。开设新闻宣传专栏，报送集团公司简报5期，营造浓厚活动氛围。 （陈创 文毅）

2022年3月18日，川庆钻探工程公司机关在成都举办“转观念、勇担当、强管理、创一流”主题教育宣讲会　卢宏 摄

【意识形态工作】 2022年，西南油气田公司以党的二十大前后意识形态平稳受控为重点，强化网络意识形态阵地管控，持续做好西南油气田公司及所属单位报纸电视、期刊、微博微信等各类媒体平台进行全面摸底调查、备案登记。把意识形态工作纳入党群工作季度例会定期汇报内容，并研究部署意识形态工作，压紧压实主体责任。印发《关于2021年意识形态领域督查情况的通报》，通报2021年意识形态领域4个方面重点工作和3个方面存在问题，并对下一步工作提出要求。根据中共四川省委网络安全和信息化委员会办公室通知要求，开展网络意识形态工作自检自查，完成并上报自查大表和自查报告。开展党委意识形态专项检查，成立4个检查组，分4阶段完成所属二级单位意识形态专项检查，并形成工作报告，确保党的二十大前后意识形态领域平稳受控。

2022年，川庆钻探工程公司修订《川庆钻探工程公司党委落实意识形态工作责任制实施细则》，向党委专题汇报意识形态工作情况。加强意识形态阵地管理，开展意识形态阵地登记4 195个，关闭“各类群”556个、减少30%，阵地管理更加规范。开展专项督查，按照四川省国资委要求，完成党委意识形态工作责任制落实情况自查。结合党委巡察，督促有关单位党委整改落实意识形态5个方面19个问题。 （陈创 文毅）

【思想政治理论研究】 2022年，西南油气田公司提升政研工作质量，强化政研成果转化，开展2020—2021年度优秀政研成果评选表彰，征集成果168篇，评选出优秀政研成果一、二、三等奖80篇。在集团公司2020—2021思想政治工作研究会研究成果和学习贯彻习近平总书记“七一”重要讲话精神研学课题成果评选中，获一等奖2项、二等奖1项、三等奖3项。印发《关于加强2022年度四川省石油系统职工思想政治工作研究会课题研究及相关工作的通知》，收集各单位上报成果110余篇。组织集团公司思想政治工作案例、论文的推荐上报，编印《工作与研究》2期。

2022年，川庆钻探工程公司召开政研分会第三届理事会会议，总结部署政研工作，改选理事会成员，表彰先进单位和优秀成果，编印成果汇编和专刊杂志。开展政工课题研究，全年申报立项课题36个，其中集团公司项目2个。政工课题研究文章和成果获集团公司二等奖3项、优秀奖1项。（陈　创　文　毅）

【新闻宣传】 2022年，西南油气田公司紧扣建设3 000万吨大油气田、学习宣传贯彻党的二十大精神目标任务，做好勘探开发、冬季保供、绿色低碳转型、科技创新等系列特色鲜明的主题宣传，全年刊发外宣稿件13 000余篇，居“中国石油外媒宣传排行榜”第二名，为高质量发展营造良好氛围。在党的二十大召开期间，《人民日报》、中央电视台、《四川日报》等中央及省市主流媒体广泛报道西南油气田公司干部员工收听收看二十大开幕式；在央视“二十大时光”新闻特别栏目、人民日报“党的二十大特别报道”栏目中，党的二十大代表、西南油气田公司员工谢利平就保障国家能源安全、从严治党与自我革命接受采访，相关新闻累计阅读量超百万次。央视新闻联播及新闻直播间、《人民日报》、新华社等央级媒体宣传报道在四川盆地发现页岩气规模增储新层系，资源量达万亿立方米。12月26日，西南油气田公司油气产量当量迈上3 000万吨新台阶，在中央电视台、《人民日报》客户端等中央媒体第一时间发布消息，人民网、中新网、《四川日报》《四川观察》、四川经济网等媒体推出深度报道，提升了企业知名度和美誉度。1月14日，《西南油气田天然气日销量首破1亿方》消息被中国新闻网、中国石油今日要闻及官方微信、《中国石油报》等内外媒体刊载；3月10日，《中国青年报》客户端以《能源保供，中石油西南油气田交上温暖答卷》为题进行报道，形成多元立体、全方位的宣传态势，营造良好的舆论氛围；相国寺储气库完成注气并创历史新高，央视《朝闻天下》《新闻直播间》《正点财经》《中国新闻》《今日环球》五档栏目先后轮播10次，全面覆盖央视主要频道新闻类核心栏目，形成良好传播效果。12月2日，央视《新闻直播间》刊播“中国石油，已落实采暖季天然气资源量超千亿立方米”，对西南油气田公司积极增产保供进行报道。集团公司总经理侯启军在冬季保供总结大会上，对西南油气田公司冬季保供新闻宣传工作予以肯定。

2022年，川庆钻探工程公司持续抓好内宣工作。在“门户川庆”开辟“喜迎二十大”“提质增效”“抗疫保生产”“一线写真”“我有金点子”等重点栏目，累计编辑发布稿件2 000余篇，7篇报道获主要领导批示。申领《川庆钻探》刊号，出版4期，刊登优秀图文800余篇（幅），推出《9 010米何以打成》《夜空中最亮的星》《发现中完》《重返高含硫》等重点报道，反映川庆人攻坚克难、勇于创新的精神面貌。“今日川庆”提高推文数量，注重视频转播，关注度持续上升。全年推送推文364篇，总阅读量近100万人次，粉丝数量3.2万。与四川日报集团、中国新闻社四川分社签订战略合作协议，完善外宣工作平台和机制。在新华网、人民网等主流媒体发表稿件50篇，其中《双鱼001-H6井创中国陆上最深气井纪录》新闻报道在30余家主流媒体播放，总浏览量超300万人次，亮相央视《大国基石》系列纪录片，获社会广泛关注。在《中国石油报》发表稿件200篇，全面展示企业发展成效。制定门户网站管理制度，完成门户网站2.0升级，持续提升门户网站运维水平。（陈　创　文　毅）

【先进典型宣传】 2022年，西南油气田公司以学习宣传贯彻党的二十大精神为主线，宣传跨越3 000万吨油气产量当量进程中的涌现的各类先进典型人物和事迹，把倡导的石油精神、大庆精神铁人精神转化为职工看得见的形象事迹，凝聚起干事创业的澎湃正能量。党的二十大期间，党委宣传部周密策划西南油气田公司二十大代表谢利平典型人物宣传，提前收集整理谢利平个人素材，积极对接主流媒体报送线索。在党的二十大召开前，“封面新闻”“川观新闻”先后刊载谢利平先进事迹进行提前预热。在党的二十大召开期间，中央电视台新闻频道特别栏目“二十大时光”，在“解读二十大报告·坚定不移贯彻总体国家安全观”主题报道中，谢利平作为能源行业代表和基层员工接受采访并出镜发表观点，从宏观层面谈从严治党与自我革命。四川观察、《新京报》等主流媒体发布谢利平参会感悟专访稿件，对外打造西南油气田公司先进模范标杆，对内掀起学习宣传贯彻党的二十大精神热潮。2022年，西南油气田公司选送以“全国劳动模范”“北京冬奥会火炬手”杨忠为代表的10余名典型人物参与中央电视台《大国基石·气蕴华夏》和凤凰卫视《中国福气》2部纪录片的采访拍摄，弘扬石油人攻坚克难、甘于奉献的家国情怀，以及自强不息、砥砺前行的奋斗精神。搭建平台持续放大典型效益，川中油气矿电工熊波获全国五一劳动奖章，央视“新闻直播间”栏目播放熊波在生产现场接受采访，人民网刊载《笃定前行，不负韶华》，中新网刊载《全国五一劳动奖章获得者熊波：做有刻度有温度的“技术控”》等稿件。挖掘基层一线典型奋斗故事，对改革发展过程中涌现出的一大批劳动模范、先进个人等在“西油记”“川油人”公众号、《四川石油报》、四川石油电视等平台开展专题宣传，向集团公司推送公司先进典型宣传稿件，其中94人的先进事迹被集团公司采用并刊载。

2022年，川庆钻探工程公司开展“川庆榜样”选树表彰活动。授予贺秋云、张冕、杨玻、方福君“川庆榜样”称号，摄制先进事迹片4部，修改完善四川油气井灭火公司先进事迹片。印发《开展“川庆榜样”学习活动的通知》，推动“川庆榜样”学习宣传常态化、长效化，发挥先进典型示范引领作用。打造“榜样·先锋”重点专栏，宣传报道先进典型，营造争先学优氛围。

（陈　创　文　毅）

【舆情管理】 2022年，西南油气田公司开展有害敏感信息清查清除工作，确保全面肃清流毒影响。做好特殊敏感时段和重要节点网络意识形态工作，印发《关于做好党的二十大网络舆情管理工作的通知》，全年编发《涉稳舆情专报》36期，处置“西51井泄露着火事件”等敏感负面舆情77起，舆论环境平稳向好。更新完善《西南油气田公司新闻突发事件专项应急预案》，持续巩固“每日实时监测、每周梳理汇总，每月分析总结”舆情工作机制，做到四个“常态化”（常态化开展全网舆情监测、常态化预警舆情风险隐患、常态化总结舆情处置经验、常态化开展网评引导），西南油气田公司官微“西油记”和官方微博全年发布内容700余条，累计阅读超200万人次。遴选建成一支600人规模网评员队伍，维护网络意识形态安全。西南油气田公司获2022年度“集团公司优秀网评集体”称号。

2022年，川庆钻探工程公司加强舆情监控和处置。制订重点时段舆情升级管理方案，推行半小时核实、1小时报告、1小时启动处置的工作机制，加密网上舆情监测，监测发现敏感信息35条，均在第一时间跟进处理，未出现负面扩散和失控，舆情总体平稳。连续3年实施敏感舆情应急处置能力提升工程，查摆问题100余项，培训人员超200人。完成网评任务近5 000人次。

（熊晓奔　文　毅）

【企业文化建设】 2022年，西南油气田公司围绕举旗帜、聚民心、育新人、兴文化、展形象的使命任务，完善以川油精神和合气文化为重要支撑的新时代天然气产业文化建设，推动文化引领战略部署，提高企业文化软实力，用先进石油文化扬帆文化建设“新征程”。印发《文化引领专项工作实施方案》，明确文化引领重点任务和举措，让文化建设服务生产经营，用文化成果助推企业高质量发展。开展“西南油气田公司文化资源保护与利用措施研究”软科学项目，形成《西南油气田公司文化资源保护利用调研报告》和《西南油气田公司文化资源保护利用实施办法（试行）》。升级打造石油精神教育基地——相18井，新建改建二级单位文化展厅3个，筑牢石油精神教育高地。通过企业门户、新媒体、报纸立体宣传平台，三位一体推出“聚焦·文化引领在气田”大家谈栏目，发布专题栏目22期，巩固增强文化感知力与延伸力。创新推出解读视频《文化手册一点通》3期，借助“铁人先锋”平台，开展合气文化答题活动，在千里气田推动形成文化引领和文化传承的浓厚氛围。推动文化建设向纵深发展，承办四川省企业文化最佳实践企业现场会，川西北气矿获“四川省企业文化最佳实践企业”称号。策划拍摄完成微电影《晓光》，成为集团公司唯一获2022年度央企品牌故事大赛一等奖作品。选拔培训6名优秀讲解员服务中国西部国际投资贸易洽谈会，得到来访各方的一致好评，展示中国石油良好形象。深化企业合气文化内涵，形成案例《以文化人砥砺初心，以史为鉴开创未来》，该成果入选四川省国资系统宣传思想文化工作优秀案例集。

2022年，川庆钻探工程公司发布《企业文化建设“十四五”规划》，改版川庆钻探工程公司《文化手册》，推进以攻坚文化为主体、专项文化为支撑的“1733”攻坚文化建设体系。开展集团公司新版《文化手册》《员工手册》宣贯工作，宣传集团公司核心文化理念，更换重要文化场所标语，加强新的文化理念引领。摄制《打造陆上采油“隐形航母”》等一批微推介作品，用故事诠释石油精神。改版形象宣传片，摄制党建专题片，推进特色技术系列宣传片摄制，助力市场开拓。组织参展“西洽会”，CG STEER旋转导向钻井系统等3项创新成果入展。参加四川省国资委、集团公司、石油石化行业协会等各类微影视创作大赛，报送作品91部，展播35部。制定《品牌队伍建设实施意见》，塑造“复杂油气攻坚者”品牌形象。推进8队2站《安全文化建设指导手册》在基层应用。制定“家文化”建设指导意见，推进建设和谐川庆。丰富完善廉洁文化、绿色文化发展理念。召开文联工作会议，总结部署文联工作，修订文联章程，调整文联委员、各协会成员，表彰优秀文艺工作者和文艺骨干，制作文联工作宣传片。举办“强国复兴有我”书画摄影作品展，展出作品121幅，展现全体员工跟党奋斗、强国有我的坚定信心。举办美术能力提升培训班7期，培养一批绘画爱好者。

（陈创 文毅）

【基层建设】 2022年，西南油气田公司抓实融合提升，带动示范引领，深耕基层建设工作“责任田”。加强工作指导，分别到重庆气矿、净化总厂等10余个单位开展示范党支部考核，对20个“红旗单位”、50个“红旗班组”和40个“三基”工作示范点的建设工作进行调研，总结工作经验，挖掘工作特色，促进“示范变规范、标杆变标准”，督促发挥先进典型示范带头和“领跑者”作用。抓好“三基”工作示范点督促跟进，指导各示范点起到“点亮一盏灯，照亮一大片”的效果；抓好对“红旗单位”“红旗班组”的“回头看”，突出红旗等先进典型的品牌效应；抓好对“十佳百优”班组长的回访，指导班组“领头羊”们在班组建设中真正发挥“兵头将尾”作用；抓好“五型”班组创建考核，促进企业在“十四五”末“五型”班组创建达标率超85%。严格按照集团公司《关于进一步加强三基工作的指导意见》要求，以严作风、细要求、高标准，抓好18项主要任务的落实。推进“五型”班组创建，助力班组建设水平提升。推行“千名班组长培训计划”，抓好班组长素质提升培训，开展“培育‘五型’文化，提高自主管理水平”的专题讲座。完成集团公司“五型”班组创建调研工作，反映了自2018年集团公司自主调研以来相关工作的新情况新变化，针对提出3个方面9大问题形成了调研报告。深入川西北气矿中20井中心站、燃气公司南充松林加油加气站等20余个一线班组开展“五型”班组抽查，督促抓好基层各单位“五型”班组创建达标工作。截至2022年底，“五型”班组达标率80%，提前3年实现集团公司“十四五”末达80%目标，走在集团公司兄弟油田前列。

（米小双）

【统战事务】 2022年，川庆钻探工程公司印发《加强新时代川庆钻探工程公司统战工作十项重点措施》。调整党委委员联系统战代表人士名单，落实联谊交友制度。按照四川省委统战部、四川省国资委要求，开展无党派人士政治面貌认定、海外统战工作专题调研、意识形态工作情况报告和党外知识分子、统战代表人士发挥作用典型案例总结报送等工作。参加全省高校、国企海外统战工作座谈会并作书面经验交流。1人被推选为成都市成华区第八届政协委员。

（文毅）

维稳信访安保与平安建设

【概述】 2022年，西南油气田公司维稳信访安保工作坚持以习近平新时代中国特色社会主义思想为指导，深入学习贯彻党的十九届六中全会、党的二十大和二十届一中全会精神，以及习近平总书记关于平安中国建设、维护稳定、信访工作的重要指示批示精神，贯彻落实集团公司党组、西南油气田公司党委各项工作决策部署，以做好党的二十大维稳信访安保工作为主线，以防范化解突出治安稳定风险为重点，抓好维稳信访安保各项措施落实，为“打造双标杆企业和奋力夺取上产500亿新会战全面胜利”营造平安稳定的内外部环境。西南油气田公司获集团公司2022年度“平安企业”称号。

2022年，川庆钻探工程公司维稳信访安保防恐工作坚持“以人民为中心”，以信访法治化和安保防恐标准化建设为主线，把确保党的二十大和谐稳定作为全年重点，完成元旦春节、全国“两会”、北京冬（残）奥会、党的二十大等特别重点时段维稳信访安保防恐工作目标任务，获集团公司电报嘉勉。全年未发生危害国家安全事件、规模性群体事件、进京非访事件、暴力恐怖事件以及重特大治安刑事案件，为企业高质量发展创造平安稳定环境。川庆钻探工程公司获集团公司2022年度“平安企业”称号，川庆川东钻探公司等2个单位、田卫东等8人分别获集团公司“特别贡献先进集体”“先进个人”称号。

（宁　波　曾虹婷）

2022年9月22日，西南油气田公司党委在成都听取维稳信访及舆情工作汇报会

敬宇翔　摄

【维护稳定工作】 2022年，西南油气田公司加强组织领导和责任落实，提升维稳信访安保和平安建设科学管理水平。围绕党的二十大政治任务主线，印发《西南油气田分公司2022年维护稳定工作方案》，确定全年工作目标，制定详细工作措施。党的二十大前夕，印发《西南油气田分公司党的二十大特别重点阶段维稳信访安保工作方案》《西南油气田分公司维稳信访安保特别重点阶段责任令》，落实集团公司下达的10个方面32项任务措施，为各单位在政治大年做好稳定工作提供工作指引。

2022年，川庆钻探工程公司落实维护稳定和信访工作领导小组会议精神，与各二级单位签订维稳信访工作责任书22份，各二级单位与基层单位签订责任书397份。在党的二十大特别重点阶段，领导班子成员签订一岗双责“责任令”，召开维稳信访安保工作推进会，明确重点时段、目标任务，围绕责任落实、矛盾化解、排查评估、情报获取、应急处置、联防联动、舆情监测、安防保卫、值班值守9方面工作，落实23条举措，维稳办发布《工作提示函》，下达“责任令”全覆盖，压实责任、落实任务，实现维稳信访“三个绝不允许”、安保工作“三个坚决防止”工作目标。聚焦“五重一关键”，实施重点时段升级管控常态化，突出矛盾纠纷隐患排查治理、安保防恐风险防范化解，发现整改隐患115项。加大清欠专项工作风险管控，杜绝因拖欠民工工资影响企业正常工作等事件发生。加大风险源头防范，推动稳定风险评估制度化、规范化运行，对涉及员工切身利益、大局稳定、社会和谐等重要决策、重大改革应评尽评。年中组织召开维护稳定工作形势研判会，研判全局性、区域性、群体性稳定形势，把涉稳群体、人员纳入可控范围。实施矛盾纠纷排查调处机制，采取季度定期排查、“四重”专项排查、重点时段排查、个人极端案事件专项督查等形式，落实源头治理、多元化解，调处率100%，化解率87%。综合运用政策、法律、经济、行政等措施，通过教育、疏导、调解等渠道，处理大集体改制过程中出现的苗头性问题，协同地方政府和属事单位开展稳控化解。（宁　波　曾虹婷）

【信访工作】 2022年，西南油气田公司信访总量362批次、来访96批次，其中办理各渠道来源群众来信266件次。信访事项及时受理率100%、按期办结率100%，控制和最大限度减少规模性群访和进京访。西南油气田公司评定川中油气矿等6家单位信访接待场所为“员工群众满意窗口”，全年信访接待群众满意率超90%，员工群众满意度大幅提升。持续对中央、四川省、集团公司交办件进行督办，协调组织召开信访联席会议20次，带案下访8次，完成中央第二批交办件等积案。收集汇编“治重化积”典型案例8篇，经验交流材料7篇，推广经验做法，建立可持续的治重化积工作长效机制。根据2022年党风廉政建设和反腐败工作协调小组工作安排，维稳办牵头开展特殊群体待遇和费用落实情况专项监督检查工作。会同人力资源部、矿区管理部和社保中心相关人员组成专项工作检查组赴重庆气矿等4个单位开展现场监督检查，督促指导川西北气矿和输气管理处开展自查工作。

召开专题会4次，深入3个班组开展座谈，查阅相应台账等基础资料的，理顺特殊群体管理和服务部门的职责界面，确保特殊群体各项待遇和费用专款专用，提升相关工作人员服务意识，增强业务能力。全年召集（开）信访联席会议20余次，协调处理突出重要信访事项10余件（次），联合相关单位成立原石油总机厂公产房屋搬迁腾退维稳信访工作专班，指导家益公司并推动该事项工作方案进入实施阶段。组织协调多部门，成立专项工作组，推动解决南充石油新城房屋土地证办理，指导宝石花物业西南地区公司、四川宝石花医疗公司等单位做好相关业务整合改革涉及员工的稳定问题。通过属地信访局搭建平台，为企业提供保障，把长期滞留在京人员张某国带离回川，稳控在属地。提升信访法治化水平，以《信访工作条例》发布为契机，开展《信访工作条例》宣贯活动，通过“铁人先锋”组织线上答题扩大宣传覆盖面，参与职工超过11 000人次；5月信访法治宣传月开展期间，组织集中学习226次，开展宣讲活动52次，发放普法宣传资料7 000余份，组织法治知识讲座培训60场，法治宣传活动覆盖34 470人次。

2022年，川庆钻探工程公司开展“有诉必解、有访必接”活动。畅通网上信箱、电话、信（函）件等渠道，运用党组信箱、信访信息化管理平台、“川油心声”公众号、职工信箱等信息化平台，确保职工群众诉求得到回应。全年川庆钻探工程公司及所属二级单位维稳信访部门共处理群众来访24件（次），处理来信17件（次），处理电话访31件（次），办理完成集团公司交办信访件8件（次），实现矛盾纠纷排查、调处率100%，信访事项处理、办结率100%。重复信访明显减少，信访上行趋势有所转变。近6万人次参与《信访工作条例》宣贯，组织主题宣讲337场次，答题竞赛105场次，拍摄微电影22个。

（宁　波　曾虹婷）

【内保治安工作】 2022年，西南油气田公司加强对重点目标、重要部位、关键环节、人口密集场所的管理，主动与辖区派出所、街道社区沟通联络，协助开展治安防范、巡查巡护等工作，新冠肺炎疫情期间对执勤人员开展安全培训，加强西南油气田公司总部机关及周边治安秩序的管理。印发《西南油气田分公司全面开展“防盗反盗”工作长效机制建设方案》，并开展终端燃气行业“防盗反盗”综合整治专项检查工作，开展专项检查3次，发现并整改问题6处。保卫处加强敏感时段、重点时期治安防范，落实各项管控措施，完成干部大会、工作会、劳动竞赛等10余次重大活动期间的现场安保工作。

2022年，川庆钻探工程公司强化安保管理体系建设，以“实用、管用，持续改进”为原则，组织编制体系建设实施方案、管理手册、程序文件。完善野外施工作业现场、油气集输场站安防标准化建设，作业现场封闭区域数字化建设安保全面启动，完成川渝地区102支钻井队配套运行，长庆区域4套试运行系统落地。后勤保障服务场站标准化建设逐步完善，建成7个钻井液储配站视频监控中心、1个危化品车辆停放场所监控系统。在两个油气采输区块，建成标准化采输场站46个，配套巡线无人机3套。开展治安保卫风险隐患摸排治理，加大“反内盗”专项整治，完善常态化长效“八项机制”，突出应急演练、应急联动、应急处置，坚持打防一体、防治结合。在“三会”等大型会议、活动中，先期介入制订预案，实地安全巡查，建立可靠安全保卫屏障。组织群体性突发事件应急演练视频教学片拍摄制作。

（宁　波　曾虹婷）

【治安反恐】 2022年，西南油气田公司保卫处审定原有88个重点目标和拟新增的30个重点目标。联合四川省反恐办对自贡市、泸州市、内江市等多地开展反恐检查工作，并在党的二十大召开前夕，开展安保防恐维稳专项检查和重点目标检查督导，发现问题19项，立查立改6项，限期整改13项，确保重点时段平安稳定。组织输气管理处、川中油气矿等10家单位针对天然气管道的重点目标开展排查，督导各单位对在建产能项目严格按照“三同时”开展建设。9月30日，西南油气田公司完成四川省反恐办纳入认定计划的一级重点目标达标验收。

2022年，川庆钻探工程公司推进治安反恐防范建设，各级组织特别是在疆单位纳入属地党委政府领导，督导所属单位川庆新疆分公司开展隐患整改查漏补缺，重点强化现场反恐怖袭击应急演练实战化联动，累计演练56次2 260余人次，联合开展刑事治安突发事件等应急处置演练13次。四川省公安厅反恐总队、反恐办专家到现场开展安保防恐工作检查和调研，对标地方要求、企业标准，查差距、补短板、强弱项。开展川庆重庆运输总公司遂宁危化品停车场、钻井液公司泥浆储配站等重点作业场站、封闭区域安保防恐重点目标标准化建设督导。

（宁　波　曾虹婷）

【平安建设工作】 2022年，西南油气田公司提升平安油气田建设水平，印发《四川油气田2022年平安建设工作要点》，抓好各项工作落实。层层签订《平安建设责任书》1 085份，形成“纵到底，横到边”责任体系。从源头加强不稳定因素的排查与化解，按照调处流程更加明晰、表单更加显性、文字更加精炼的要求，组织专人修订《四川油气田不稳定因素和矛盾纠纷排查调处工作指导意见》，做到早排查、早发现、早调处。全年各级组织排查出不稳定因素和矛盾纠纷735项，化解率98.23%。拓宽员工群众诉求表达渠道，持续推广“党组信箱”和“川油心声”，配合党委办公室建立“党委信箱”，并于9月30日上线运行，做到全方位、多层次了解、发现、掌握社情民意和突出矛盾纠纷，并及时予以化解调处。细化平安建设工作举措，修订印发《四川油气田平安建设工作管理办法》，明确四川油气田平安建设的目标、要求、职责、考核与奖惩等内容。制定印发《四川油气田平安建设工作手册》，规范平安建设的基础工作和基础台账。开展平安创建活动，提出“一强二升三降”的创建目标和工作要求。全年通过专项检查、调研座谈、资料抽查等方式督促指导25个二级单位、15个三级单位、4个场站（班组）推进平安创建工作落地落实落细，确保企业和谐稳定。

2022年，川庆钻探工程公司坚持问题联治、矛盾联调、工作联动，开展“激活平安细胞，构筑和谐企业”平安创建活动，召开油气田层面、片区单位之间联席会议10余次。成立四川油气田龙潭区域“党建＋平安建设”联盟，川庆页岩气项目经理部等单位组织修路、捐资助学、文体比赛等活动，构建“和谐工区”。加强同地方党委政府、公安机关和街道社区联系沟通，参与地方政法组织维稳督导，把平安建设工作融入地方党委政府、政法机关工作大局，建立起省、市、县到镇一级的各级联系协调机制和联防联动机制，加入四川省油气田及输油气管道安全保护工作厅际联席会议。川庆钻探工程公司及所属单位全年签订《企地警共建协议》45份，召开企地警联席会议94次，开展互联共建活动40次。做好网上网下舆情监测，向集团公司报送维稳舆情监测报告28期。加大网络舆情监测范围和监测频率，收集、汇总、甄别、过滤有害信息和异常舆情，引导员工不信谣、不传谣，确保网络健康。

（宁　波　曾虹婷）

责任编辑：孔令兴

单位概览

Outline of Companies

SICHUAN OIL AND GAS FIELDS YEARBOOK

四川油气田年鉴 2023

中国石油

川中油气矿

【概况】川中油气矿矿权总面积2.18万平方千米，作业范围以四川遂宁、南充为中心，横跨四川省、重庆市的34个区（县），是川渝地区重要的“油气并举”的资源勘探、油气生产、销售及化工生产基地。截至2022年底，川中油气矿在矿权范围内发现含油气层系19个、油气田15个。其中，气田10个，累计探明天然气地质储量9 970亿立方米；油田5个，累计探明原油地质储量7 119万吨。设职能科室14个、直属机构7个、直属单位6个、基层单位22个，有在册在岗员工3 466人。有固定资产原值388.45亿元、油气资产净值114.65亿元。

2022年，川中油气矿新增天然气三级地质储量3 340亿立方米，天然气工业产量114.97亿立方米，石油液体产量5.23万吨，新建年产能5亿立方米，外销气量30.05亿立方米，上市业务实现营业收入140.46亿元，考核净利润78.62亿元，单位完全成本每千立方米控制在496元，全员劳动生产率319万元/人。（陈渝文）

【天然气勘探】2022年，川中油气矿寻求规模效益增储，获系列战略新发现。川中茅口组勘探开发一体化评价取得重大新进展，南充1井测获百万立方米高产工业气流，明确有利区8 700平方千米，在龙女寺地区新增控制储量609亿立方米，支撑二叠系开发概念设计。安岳气田二叠系栖霞组气藏滚动评价取得新成效，磨溪031-H3井成为磨溪构造首口测试获百万立方米气井，验证了高产井部署模式，支持开发有利区再部署7～9口井，为后期磨溪构造滚动建产10亿米^3/年奠定储量基础。台内磨溪8井区灯四气藏评价取得新成果，完成测试的试采井均获高产，井均测试产量85.6万米^3/日，刻画储层发育有利区230平方千米，落实可动用储量560亿立方米。西充含气区南充构造沙溪庙组致密气勘探取得新发现，充55井在沙溪庙组钻遇河道砂体33米，试采稳定，稳产能力强，计算井控储量近4 000万立方米，在南充构造初步刻画河道8期，估算资源量2 800亿立方米，有望成为川中致密气增储上产新阵地。（陈渝文）

【气田开发】2022年，川中油气矿突出科学管理和高效开发，气田管理水平持续增强。实施老区优化调整，精细组织龙王庙组气藏生产，科学控制主体区块生产规模，气藏压力与产能递减速度同比明显放缓。安排专项资金强化整体治水，保障磨溪102井、磨溪205井等正常排水，全国最强气田排水井磨溪X210井的日排水量稳定保持在500立方米，有效控制气藏水侵趋势。加强其他老区气田的分级分类管理，措施挖潜增产1.2亿立方米，总体日产量维持在230万立方米以上，综合递减率控制在2.3%。加快推进新区新层试采评价，川中茅口组呈现良好开发前景，川中油气矿直井测试产量历史最高的磨溪145井和四川盆地压力最高的天然气井角探1井先后投入试采，计算动态储量分别超40亿立方米、50亿立方米，总体表现出产气量、油压上涨，小时产水量、生产水气比下降的趋势，两口井合计日产量超85万立方米。加强灯影组气藏试采评价，深化认识试采特征，加快实施探井转采，5口新井新增年产能1.5亿立方米。充西—莲池区块雷三^{2}亚段首口探井充探1井投入试采，加深对海相致密油新领域的地质认识。推动致密气跨越式发展，强化投运保障，投产26个临时排采平台和4个浅冷站，新增日产能590万立方米。自主研发活动式井下节流器，并在15口井投用，大幅降低地面建设投资与后期运行成本。优化生产运维，已投产老井递减优于方案设计，多贡献产量4 100万立方米。提升开发管理水平，汲取西51井事件教训，开展油气井隐患排查与治理，全面摸排关停井生产潜力，复产井35口，新增产量3 300万立方米。全年管道无新增第三方隐患、未发生第三方破坏，站场完整性管理在西南油气田公司年度考核中排名第一。加强低负荷与掺混生产运行管理，以及设备全生命周期管控，净炼化装置安、稳、长、满、优运行时率大于99.5%，全面实现“三零”目标。（陈渝文）

【要素保障】2022年，川中油气矿围绕“内部动起来，外部联起来”的地企协调工作思路，与属地政府建立常态化、长效化协调工作平台，畅通各业务流程及手续办理渠道，全年完成项目新增用地7个、兄弟单位委托项目新增用地17个，获取项目前期批复107个、土地复垦项目34个。与开发事业部配合实施地质工程一体化，根据开发井储层情况，优化调整井轨迹与完钻井深，将完井方式从射孔完井调整为裸眼完井，提升单井测试产量。全年开发井完钻 7 口，完试 9 口，获工业气井 9 口，有效率 100%，井均测试产量 67.7 万米 ^{3}/ 日。坚持以效益效率为导向，推进钻前工程与地面建设一体化，实施标准化设计与看库设计，加强全工序统筹衔接与工艺革新，推广“大采购、大物流、小库存”模式，提前开展项目物资储备，加快产能建设节奏。全年新建产能装置 12 套，新增日产能 180 万立方米，其中在角探 1 井建成西南油气田公司首个脱硫脱水集成工艺站场，在磨溪 031–H3 井依托井下节流工艺运用新型开发井单井建设模式。（陈渝文）

【安全环保】 2022 年，川中油气矿推动 QHSE 一体化协同发展，提升全员安全环保执行力。固化“协同组织 + 专业主导”的体系审核组织模式，年度审核质量评分位居西南油气田公司第二。试点推行能力量化清单、安全积分奖励等自主管理举措，推动 QHSE 管理从标准化向自主化迈进。开展重点领域安全风险治理，落实安全生产大检查、危化品风险集中整治等系列专项行动，川中油气矿领导挂牌督办安全环保隐患治理，消除本质安全风险。设立专职远程监督岗，全面推广应用“安眼工程”，中高风险作业领导干部现场监管率、视频监控覆盖率均 100%，完成 2.2 万次风险作业。完成 1 148 个设施环境风险辨识与措施制定，4 个矿权通过国家与四川省绿色矿山评估，23 个重点站场 VOCs 检测均满足国家排放标准。完成磨溪净化厂硫黄回收装置尾气治理改造，减少二氧化硫尾气排放 450 吨。建成 2 座健康小屋和 36 个健康角，优化健康体检项目，加强职业健康监管，创建西南油气田公司首个集团公司和四川省“双达标”健康企业。（陈渝文）

【经营管理】 2022 年，川中油气矿强化统筹协调，提前 9 天完成年度天然气销售目标，保障市场供气平稳。瞄准重点客户，精准增销；加强需求侧管理，有序扩销；运用价价联动策略促销，全年增销天然气 8 500 万立方米，销售均价增至每立方米 2.01 元，销售收入增加近 10 亿元。深耕“地方政府产业 + 天然气”市场，抓重点市场开发，挖掘老客户潜力，新增销售规模 6 亿米 ^{3}/ 年，扩大市场后路。发挥联管会作用，统筹联动终端公司，加大下游市场开发，助力打造“黄金终端”。运用产、运、销联动优势，安排保供期间生产组织计划，提前安排龙王庙组气藏应急产量准备，抓好保供工程建设与生产保障，保障产能发挥。监控客户用气，注重效益导向，落实“保重点、保民生、保稳定”供气原则，在实现产销平衡的同时，保障 27 个县（区）市 194 个天然气用户平稳供气。（陈渝文）

【改革创新】 2022 年，川中油气矿推进大中心井站管理模式，完成新型作业区建设，开展电子监控，优化集中调控模式，管理界面明晰，组织架构高效精干。精简规章制度，优化业务流程，规章制度总数减至 108 项。全面清理外包项目，严控业务外委规模，有效降低外委成本。实施“引进来、走出去”合作模式，构建优势互补、协同攻关的科技创新机制。注重科研与生产经营高度契合，精准实施科研项目，科技成果应用率 90%，全年获国家授权发明专利 1 项、软件著作权 2 项，3 项科研成果获评省级科学技术进步奖，1 个项目成果获集团公司创新大赛专业组比赛一等奖，并以第一名成绩成为专业组中唯一入围集团公司创新大赛总决赛的项目。深化“两化”融合体系应用，建立信息化业务标准化管理体系。建成协同工作平台，打造数据中台与统一应用平台，以系统赋能支撑业务转型。开展生产信息系统报警治理与优化，规范参数设置和报警处置流程，一线站场平均日报警数下降 80%。围绕“清洁替代、战略接替、绿色转型”发展路径，快速推进新能源项目，在西南油气田公司主要生产单位中，川中油气矿新能源业务涉及面最广、项目实施最多、装机功率最大。（陈渝文）

【党建工作】 2022 年，川中油气矿党委策划“喜迎二十大，奋进新时代”主题成就展与“这五年 · 答卷”系列展示活动，制订学习宣传贯彻党的二十大精神工作方案和运行大表，组织专题学习及研讨 320 余次。推动川中油气矿党的建设“五大工程”落实落地，印发《党建工作责任制考核评价实施细则》，压实管党治党责任，完成 2021 年度、2022 年度党组织书记抓基层党建述职评议，实现党组织书记现场述职三年全覆盖；综合考评学习成果及能力素质，35 名基层党支部书记经考核获第一批“上岗资格证书”，开启“任职先认证、持证再上岗”的创新管理模式。拓宽党员护航重点工作的载体平台，在盐亭致密气上产区创新构建“地企党建联盟”，并聚焦新井投产、装置改造、冬季保供等方面“急难险重”任务，实施“党建项目化管理”，引导广大党员认领难题、聚力攻坚，保障各项重点任务完成。理清党建框架体系，编制《川中油气矿党建工作手册》，依据200余份制度文件，梳理出114条工作内容，并按层级分解职责，形成工作指南，为党建融入中心工作定职责、定标准、定方法。推进从严治党，在8家基层单位党组织开展巡察工作，发现并整改完成问题173项。开展“反围猎”活动，组织签订承诺书576份，开展专项廉洁谈话579人次。加强党建带团建工作，结合共青团建团100周年，紧扣“青春建功大气田”主题，发挥团员青年的生力军和突击队作用，川中油气矿团委获集团公司“五四红旗团委”称号，1个基层班组获“一星级全国青年文明号”荣誉，1名团干部被评为四川省优秀共青团干部。（陈渝文）

2022年1月27日，西南油气田公司执行董事、党委书记姜鹏飞（左二）到川中油气矿磨8井开展安全生产、党的建设、基层建设“三联系” 张舜 摄

【人才队伍建设】 2022年，川中油气矿完善人才库建设，采取现场答辩量化评分和投票方式公开遴选人才，选拔出13名基层领导；组织200余名一线技能骨干开展多轮技术比武，承办遂宁市天然气开发生产职工技能竞赛，带动高技能人才素质提升，5名选手在全国采油工职业技能竞赛与全国石油石化专业职业技能竞赛中获2银3铜。1项成果获集团公司创新大赛专业组比赛一等奖，1名高级技师获全国五一劳动奖章。（陈渝文）

【民生工程】 2022年，川中油气矿实施“十四五”职工幸福生活工程，对标落实15项具体措施，提升职工获得感、幸福感、安全感；持续为员工解难事、做实事，全年慰问帮扶困难人员3 767人次，支出帮扶资金8 652万元；落实离退休人员“两项待遇”，服务满意度98.2%；践行“枫桥经验”，筑牢平安建设根基，企业发展大局保持和谐稳定。（陈渝文）

邮政编码：629000
电话号码：0825-2516427
油网号码：516427　516427（传真）
单位地址：四川省遂宁市船山区香林南路178号

重庆气矿

【概况】 2022年底，重庆气矿设职能科室13个、直属机构10个（含一体化管理的重庆天然气销售与管道分公司所属机构3个）、直属单位8个、基层单位20个（含合资托管公司2个），其中上市部分机构48个、未上市部分机构1个。有员工3 490人，其中管理人员806人、专业技术人员444人、操作服务人员2 240人；有高级专业技术职称214人、中级专业技术职称715人、初级专业技术职称222人。上市部分油气资产原值298.55亿元，净值38亿元，累计折耗260.6亿元，固定资产原值28.93亿元，净值6.91亿元，折旧22.03亿元；未上市部分固定资产原值3.57亿元，净值2.43亿元，减值1.14亿元，折旧0.89亿元。有井数1 242口，其中生产气井441口、非生产气井754口、回注井47口。建有各类场站605座，其中有单井站342座、原料气集输站198座、净化气输配站65座。场站中具备增压功能的场站50座（107台增压机组），具备脱水功能场站23座（脱水装置33套），具备脱硫功能场站44座（干法脱硫装置79台、湿法脱硫装置1台），气田水处理及回注功能场站20座。有天然气集输管道4 823.6千米，其中采气管线459.85千米、集气支线1 091.28千米、集气干线1 826.31千米、输气管线1 446.17千米，气田水管道369.5千米。全年天然气累计

净产量 24.45 亿立方米（含页岩气 1.67 亿立方米），完成年度生产任务指标（23.8 亿立方米）的 106.76%。集输原料气 32.32 亿立方米，其中重庆气矿 24.45 亿立方米、川东北气矿转输重庆气矿 5.4 亿立方米、重庆页岩气公司 2.47 亿立方米。脱水处理天然气 22.68 亿立方米，增压处理天然气 14.74 亿立方米，泡排井生产天然气 6.46 亿立方米。进输气处大管线天然气 5.95 亿立方米（不含代输），输气处来气 57.76 亿立方米，销售天然气 107.89 亿立方米。历年累计发现构造 200 个（含页岩气），其中地面构造 61 个、潜伏构造 135 个、向斜构造 3 个、地区构造 1 个。已钻构造 163 个，其中地面构造 48 个、潜伏构造 111 个、向斜构造 3 个、地区构造 1 个。累计获气井 832 口，获气田 38 个、含气构造 30 个。累计获探明天然气地质储量 4 162.32 亿立方米、天然气可采储量 2 601.81 亿立方米。

（朱文光）

【天然气勘探】 2022 年，重庆气矿聚力资源突破，地质勘探多点开花。大页 1H 井在吴家坪组测试获气 32.06 万米 ³/ 日，系中国首次在二叠系吴家坪组页岩气勘探取得重大突破，开辟四川盆地页岩气规模增储新层系，预测资源量超万亿立方米，获集团公司唯一油气勘探重大突破特等奖。南雅向斜中兴 201 井钻遇凉一段页岩油气层 1 734 米，储层品质好，估算资源量 4 200 亿立方米。持续深化邻水—丰都地区茅口组地质认识，茅二 a 亚段滩相白云岩储层面积 2 725 平方千米，预测资源量 3 250 亿立方米，上试天东 29 井、苟西 2 井，分别获气 10.15 万米 ³/ 日、5.27 万米 ³/ 日。垫江—涪陵区块新探 1 井茅一段泥灰岩测试获气 4.46 万米 ³/ 日，评价有利区面积 3 000 平方千米，预测资源量 1.2 万亿立方米，获集团公司油气勘探重大突破三等奖。创新指状礁模式认识，大猫坪西云安 012-X11-C1 井测试获气 205.66 万米 ³/ 日，刷新川东生物礁最高测试产量纪录，进一步拓展开江—梁平海槽台缘带生物礁含气范围。精细构造再认识，落实冯家湾、沙塘潜伏构造形态，冯家湾区块云安 002-X10 井测试获气 73.53 万米 ³/ 日，表明石炭系依然是重庆气矿深化勘探开发的重要领域。开展五百梯、大池干井、东溪等气田储量复算，以及胡家坝石炭系等 5 个区块可采储量标定工作，取得大竹—渝北等 6 个到期探矿权证及大猫坪、卧龙河、高峰场等 10 个区块新采矿权证，保障勘探开发依法合规。

（朱文光）

【气田开发】 2022 年，重庆气矿坚持“常非”并举，深挖老区稳产潜力，提速页岩气产能建设，完成 24.1 亿立方米年产量奋斗目标，较年度计划超产 3 000 万立方米。

开发建产。抓新井快建快投，全年开钻 13 口、完钻 21 口、新投产 8 口，连续 3 年新建产能超 3 亿立方米。加快黄 202 井区页岩气开发，组建工作专班，精细地质导向和压裂组织，“铂金”靶体平均钻遇率由 70% 升至 87% 以上，其中黄 202H7-10 井靶体钻遇率 100%，黄 202H5 平台压裂最高 4 段 / 日，创渝西区块压裂时效新纪录。

精细挖潜。精细气藏描述及动态分析，落实老气田剩余可采储量 571.5 亿立方米。落实“一井一策”，精细化措施 143 井次，增产 4.68 亿立方米，开井率由 87.6% 升至 90.6%。创建三方合作挖潜新模式，在严控投资成本基础上，增加产量，提高采收率，实施合作项目 14 项，增产天然气 1 260 万立方米。

完整性管理。开展 51 井次气井产能维护及隐患治理作业，完成站场检测 7 座，修复严重缺陷 6 处，整改超限压力容器 85 台，实施 25 年以上老旧管道和主城区管道专项治理，建立全面感知、精准预警、智能运行、高效应急“四位一体”智慧管道平台。

产销协调。精细产运销协同及优化调配，减少气量影响 6 900 万立方米，发挥高含硫及页岩气区块产能。统筹停气检维修安排，全年优化检维修 373 项，减少气量影响 3 919 万立方米。保障天然气供应，精准实施“压非保民”策略，创在渝最高日供气量 3 186 万立方米纪录。面对极端高温天气，保障四川省投资集团有限责任公司、华能重庆两江燃机发电有限责任公司电厂满负荷发电，单日最高供气量 425 万立方米，同比增长 25%，缓解了重庆市电力迎峰保供压力。

重点项目。完成“两峡”（黄草峡、铜锣峡）正式建库前期工作和年度建设任务，2022 年开钻注采井 6 口，铜锣峡集注站、注采管线、110 千伏外供电工程按期开工，“两峡”全年注气 4.68 亿立方米，超计划 2 800 万立方米。完成万顺场储气库三维地震资料处理，开展项目可行性研究编制及技术攻关，初步确定库容 69 亿立方米。改建丹风场、寨沟湾、高都铺3个生产调节气田，形成日注气量80万立方米、日采气量21.5万立方米的生产调节规模。4个月建成天高线B段复线工程，较高含硫管道常规建设周期缩短3个月，保障万州区块整体产能发挥。完成土库曼斯坦阿姆河西部加迪恩等5个气田试运投产，新增日产能288万立方米，A区和B区全年外输商品气136.2亿立方米，完成年度计划的101.95%。（朱文光）

【安全环保】 2022年，重庆气矿统筹安全生产专项整治三年行动和安全环保管控2.0建设，安全生产形势总体平稳。贯彻党中央安全生产决策部署，系统开展五大专项排查整治，投入隐患治理资金1.2亿元，完成股份公司、西南油气田公司隐患治理督办项目21个，整改消除隐患441项，保障本质安全。开展油气水井隐患排查，发现隐患问题919井次，全部落实监控措施和整改计划。构建“大井控”管理架构，落实井控责任清单，设计把关51口井，井控检查139次，应急演练20次。制定主要安全风险防控措施15项，出台严监管“硬措施”8项，建立风险作业每日跟踪监管机制和突出问题“曝光台”，全员生产记分91人次121分，处罚承包商15个。深化基层站队QHSE标准化建设，实现管理、培训、检查、考核标准一体化，“管理、操作、现场”标准化水平提升，在西南油气田公司QHSE量化审核中评定为B1级。加强应急体系建设，承办西南油气田公司含硫天然气管道泄漏地企联动应急演练。严把产品气和采购物资质量关，强化计量监督检查，保障依法合规。自主研发环保信息化管理平台，实现井站环境数据“一张图”管理。推进绿色矿山建设，檀木场、板东2个矿权进入四川省绿色矿山库。攻关减污降碳关键技术，形成气田水池、脱水装置尾气除臭技术，创新抽吸回收管存气，减少碳排放4 800余吨。应对重庆市“11·1”等较大规模新冠肺炎疫情冲击，实现生产经营和疫情防控“两手抓”。加强员工身心健康管理，创建重庆市“健康企业”。（朱文光）

2022年1月17日，重庆气矿员工刘辉入选中国能源化学地质工会第七季“大国工匠”名录。图为刘辉在两路中心站操作球阀

王丽琴　摄

【改革创新】 2022年，重庆气矿加快转型发展，实践“大部门制”“大岗位”“大服务”方向，谋划机构、人员优化专项行动，实施组织体系优化提升工程。统筹实施生产组织调整、信息化建设、作业制度优化，对标完成新型采气作业区建设，减少有人值守站9座、中心站14座，压减30%，减少一线直接用工需求。推进三项制度改革，实施工编工效挂钩、岗位价值评价等改革举措，推行多元化工资总额决定机制，激励引导人力资源向重点区块、上产单位流动，外派长宁公司、阿姆河公司、致密油气项目部等单位361人，创收8 831万元。深化科技信息管理，投入经费1 088.5万元，实施科研项目44项，申报重庆市科学技术进步奖2项、中国石油和化工自动化应用协会科学技术进步奖2项。提前开展“两峡”储气库成果培育，以建设“透明、智能、绿色”储气库为目标，规划专项17个。开展生产数据深化治理，建成数字化融合平台和数据共享中心库，实现各专业数据共享、跨专业一体化应用。完成两化融合管理体系2.0贯标，通过国家工信部“3A”级认证评审。推进智能开关井、智能启停机、智能调度、智能诊断、激光甲烷、智慧管道等新技术、业务场景数字化落地，引领传统生产管理模式和劳动组织方式变革转型。（朱文光）

【经营管理】 2022年，重庆气矿紧扣“强管理”主题，编制提质增效价值创造专项工作实施方案，落实勘探开发、市场销售、管理创新、成本压降、“四算”管控等9个方面37项具体举措，全年增收1.52亿元，降本2 854万元，控投2 657万元，实现上市利润4.42亿元、重庆销售部利润19.45亿元、未上市部分控亏1.44亿元、天然气完全成本每立方千米1 211元、全员劳动生产率82.36

万元/人。聚焦完全成本高、投资效益差、创效盈利能力弱等短板弱项，谋划实施投资管控、成本压降专项行动，提升低成本发展能力。按照“非必要不外委”原则，优化、简化外委业务，全年取消外委11项，节约费用3 800万元，减少外雇人员400余人。发挥一体化优势，统筹市场开发、扩销增效、合规销售，开展线上交易、代输创效，全年销售天然气98.01亿立方米，完成年度奋斗目标的104.25%，新增市场储备规模22.71亿立方米，天然气销售量和市场储备规模均创历史新高，在重庆天然气市场占有率保持在72%。在西南油气田公司率先推行项目合作模式，用30天建成三岔坪增压站，合作开采增产433万立方米，实现销售收入685万元、利润210万元，探索出不占投资成本实现老气田增产的新路子。开展制度优化简化，压减制度数量，构建精干高效的制度体系。培育管理现代化成果，7项优秀成果获西南油气田公司创新成果奖。强化业务与合规融合，建设合规风险数据库，加强招标选商、合同管理等重点领域专项治理工作，开展屡查屡犯问题三年“回头看”专项测试，发现问题46个，追回多结算工程费用6.4万元，风险管控力持续增强。成立重庆气矿绿色能源工作领导小组，明确归口管理部门，发布绿色能源业务发展规划实施方案，推进机关办公楼、卧北中心站光伏试点，推动卡贝乐化工驰放气制氢项目，配合西南油气田公司低碳示范区建设工程和万州末站余压发电项目，方斗山农场成为西南油气田公司首个取得碳中和证书的碳汇林项目，绿色能源发展取得初步成效。（朱文光）

【党建工作】 2022年，重庆气矿党委围绕中心、面向基层，把党建优势转化为发展优势。组织党的二十大精神学习宣传系列活动，策划实施5大类25项举措，发挥党的二十大代表谢利平的宣讲引领作用，用党的最新战略部署和理论创新成果引领企业加快上产和高质量发展新征程。严格“第一议题”制度，采取“专题学习+集中研讨”相结合方式，学习习近平总书记重要讲话和重要指示批示精神。推进基层党建“三基本”建设与“三基”工作有机融合，形成“议事决策、学习教育、党建考核、党建项目领办、两组融合”“五个规范”，开展党员先锋岗、党员突击队、党员创岗建区、主题党日等活动，各级党组织和广大党员在项目建设、疫情防控等关键时刻充分发挥战斗堡垒和先锋模范作用。修订完善基层党支部工作指南2.0版本，调整基层党组织3个，完成34个党支部换届选举，党组织健全率、班班有党员率均保持100%，1个党支部被命名西南油气田公司“示范党支部”。召开采取气矿第二次团代会，推进青年精神素养提升工程，1人被评为西南油气田公司第六届“十大杰出青年”，增压西站中心站被评为西南油气田公司“青年安全生产示范岗”。构建“大监督”格局，开展违规吃喝专项整治、“反围猎”专项行动、“三商”专项排查工作，落实中央八项规定精神实施细则，开展警示教育1 300人次、谈心谈话300人次、诫勉谈话4人次，举一反三抓提级巡察、专项巡察整改，实现党内巡察五年全覆盖，纪律保障作用不断增强。（朱文光）

【人才队伍建设】 2022年，重庆气矿推进人才强企工程，加大干部培养力度，交流基层领导人员13人次，外派实践锻炼5人次。加强领军技能人才培育，王川洪获“大国工匠”称号，2人入选集团公司“石油名匠”培养计划。重庆气矿员工获西南油气田公司压缩机操作技能竞赛金牌、银牌、铜牌，获集团公司创新大赛生产创新专业赛一等奖，中国创新方法大赛重庆赛区一等奖。（朱文光）

【和谐矿区建设】 2022年，重庆气矿落实意识形态工作责任制，开展红色宣传教育、合气文化宣传贯彻和特色子文化培育，增强文化感召引领力。实施“十四五”职工幸福生活工程，推进员工宿舍改造、健康食堂创建、扶贫帮困、“夕阳红关爱工程”等工作，投入帮扶慰问金1 070万元，员工获得感、幸福感、安全感不断增强，获“全国和谐劳动关系创建示范企业”称号。重庆气矿牵头落实重庆片区稳定管控措施，举办“最美退役军人”评选活动，保障党的二十大等特殊重点时段的和谐稳定。（朱文光）

邮政编码：400707
电话号码：023-67313936　023-67329557
油网号码：351399　329557
单位地址：重庆市北碚区蔡家岗镇蔡通路398号

蜀南气矿

【概况】 蜀南气矿主要以天然气勘探、开发、集输和销售为主营业务，管辖面积3.16万平方千米。辖区内登记油气勘查区块8个，面积2.64万平方千米，其中6个区块为页岩气勘查项目，面积2.06万平方千米；登记采矿权区块50个，面积0.51万平方千米。勘探开发和生产作业区域分布在四川省和重庆市境内，担负新疆塔里木油田公司每年160亿立方米左右天然气的处理任务，为四川省6个地市137家用户提供产品销售服务。蜀南气矿设职能科室13个、直属机构7个、直属单位7个、基层单位21个，用工总量3 228人，实际在岗3 003人，其中合同化员工2 466人、市场化用工537人。有管理、专业技术人员911人（含保留待遇70人），占员工总数的30.3%；操作服务人员2 092人，占员工总数的69.7%。有中层领导人员11人、基层领导人员199人。2022年，蜀南气矿完成天然气工业产量42.4亿立方米，较考核指标增加1.9亿立方米。储气库完成1.2亿立方米注气任务。销售天然气33.6亿立方米，较考核指标增加1.7亿立方米。营业收入156.4亿元，较考核指标增加20.9亿元。实现账面利润33.8亿元，较考核指标增加4.4亿元。完全成本千立方米848元，较考核指标减少千立方米39元。生产石油液体1.1万吨，较考核目标值超产0.2万吨，完成率122%。

（蔡德强　陈锶洋）

【油气勘探】 2022年，蜀南气矿重点区层油气勘探取得多项突破，新增天然气三级储量2 626.6亿立方米。高石137井灯影组四段获新发现，测试产气106万米³/日；风险探井胜探1井测试产气54.7万米³/日，展现出向斜区茅口组勘探前景。自201井区新增天然气探明储量847亿立方米，自205井区新增预测储量1 669.5亿立方米，泸州北部深层页岩气评价井EUR超过1.2亿立方米，相关成果纳入西南油气田公司威远—渝西勘探发现项目，获集团公司勘探发现二等奖。拓展致密气勘探新领域，提出川南致密气评价接替区面积1.2万平方千米，明确大塔场—观音场、安岳地区为致密油气勘探开发现实区块。（蔡德强　陈锶洋）

2022年3月8日，四川省政协副主席、党组成员杜和平（前中）一行到蜀南气矿泸203井专题调研泸州深层页岩气勘探开发及综合利用情况　　施　洋　摄

【产能建设】 2022年，蜀南气矿创建生产建设一体化统筹模式，加快上产速度，全年投产新井28口，建成重点项目35个，新增年产能10.9亿立方米，调配区域资源总量183.4亿立方米，运维气量257.3亿立方米。其中，高石梯区块新投产12口井，新建产能5.7亿立方米，年产量突破32亿立方米；页岩气井开钻井23口，完钻井36口，投产新井16口，新增年产能5.2亿立方米。新增外输规模2 400万米³/日，新增脱水规模450万米³/日。加快先导试验钻井，牟储1井、老储1井提前40天钻至茅口组，提前开展老翁场先导试验注气压缩机组选型，完成年度建设及注气任务。（蔡德强　陈锶洋）

【气田开发】 2022年，蜀南气矿组织编制《高石梯地区深层多层系开发方案》，为高石梯区块上产奠定基础，新增井口日产能120万立方米，区块日产气量最高980万立方米。精细生产管理，编制单井试采方案5项，跟进区域内评价井钻井、压裂工程进展，助力自营页岩气产量任务完成。全面摸排500余口关停井生产潜力及存在问题，分级分类制定采油气工艺挖潜措施，完成井26井风险合作复产、纳55井等6井次智能间开设备安装，增产天然气950万立方米；建立工艺井三级动态分析制度，老气田排水采气34井次，增产天然气4 730万立方米。

（蔡德强　陈锶洋）

【生产运行】 2022年，蜀南气矿优化协同模式，高效组织生产运行维护。建立纵横向协调调度机制，加强管网科学调配，保障高石梯、页岩气重点区块天然气外输，天然气产业链运行模式进一步优化，生产运行综合时效提高17%。持续加强三大页岩气区块运行维护服务，运行维护页岩气111.42亿立方米。与塔里木油田公司创建“融合管理”运行维护模式，处理天然气145.5亿立方米。加强供地保障，全年供地42宗，取得临时用地批复116个，效率优于西南油气田公司平均水平。发挥三级协调机制作用，完成各类协调工作320余次，协调处置率提升25%，助力川南片区各单位建产项目实施。

（蔡德强　陈锶洋）

【塔里木油气工程分公司】 塔里木油气工程分公司是蜀南气矿下属基层单位，主要从事天然气开发、储运、处理和分析化验综合性服务业务。2022年，累计为塔里木油田公司处理天然气145.5亿立方米，生产凝析油42.12万吨、液化气46.41万吨、轻质油32.53万吨，轮南轻烃深加工天然气101.03亿立方米，克深、克拉开采天然气144.31亿立方米，外输原油556.45万吨，完成3个采油气管理区和1个能源公司装置立项检修。实现经营收入11 000万元，边际贡献2 500万元，各项指标均保持可控状态。

（蔡德强　陈锶洋）

【信息化建设】 2022年，蜀南气矿依托西南油气田公司三个“一体化”（勘探开发工程技术一体化、天然气生产过程管控一体化、天然气产运储销一体化），以数字化转型为核心，逐步构建“数字蜀南”。编制数字化转型行动提升总方案2.0和18个专项行动提升方案，统筹推进、实施64个数字化项目管理一张表，形成“周分析＋周统筹、月对接＋月通报”等机制。按照立足长远、整体设计、分步运行原则，规划建设综合智能指挥中心、电子身份证系统、智慧储气库、智能高石梯气田、数据治理与审核、数字化转型管理体系六大核心工程。上线生产运行指挥系统、生产建设统筹协调督办系统、气田水运输智能管理平台、消防在线监测及应急指挥系统，利用作业区数字化管理平台完成“一站一案一标准”配置。部署先进报警管理系统，每月通报报警数据，督促作业区开展原因分析，协调业务科室直线指导，中心站报警数量下降84%，站场无人值守率升至82%，异常停车影响产量同比减少23%。

（蔡德强　陈锶洋）

【安全环保】 2022年，蜀南气矿落实管理责任，夯实安全环保基础。开展“严惩厚爱抓监管，标本兼治强执行”安全主题活动，首次召开蜀南气矿承包商大会，发布承包商“严管厚爱”八条措施和安全管理九条禁令，全年处罚13家承包商违约金127万余元。开展全员隐患上报活动，累计上报隐患3 624个，奖励60余万元，实施隐患治理项目31个。在新冠肺炎疫情严防严控阶段，组织47名网格员动态排查员工涉疫情况，坚持每周全员核酸检测、开辟疫情保供绿色通道，保障员工健康和天然气供应；紧跟国家、地方人民政府及西南油气田公司防控政策调整，提前制定轮班备份方案，引导员工加强个人防护，平稳度过疫情高峰。践行“双碳”战略，“天然气＋新能源”融合发展，全年实施及部署光伏发电设备总装机规模785千瓦，年累计发电量5万千瓦·时，减少二氧化碳排放量39.7吨。开展污染物排查治理，完成33口井遗留钻井液处置，回注污水约1.3万立方米，处置废机油、油泥、油水混合物590吨。推进绿色矿山建设，安岳、合江、付家庙、南井4个矿山通过四川省自然资源厅绿色矿山遴选。

（蔡德强　陈锶洋）

【市场营销】 2022年，蜀南气矿强化营销增收、控投降本、管理增效，经营指标创历年同口径最好水平。加强市场调研，存量市场稳中有升，全年调增69家次客户1.1亿立方米合同量。创新交易模式，优化资源流转，完成首单天然气仓单二次转让交易，全年完成客户仓单买入量307万立方米、卖出量368万立方米。按政策推价创效，实现非居民天然气销售增效3.1亿元。（蔡德强　陈锶洋）

【管理创新】 2022年，蜀南气矿忙上产、强管理，不断激发内生动能。全面开展“1+17+N”（1个“十四五”增储上产管理提升总方案，17个增储保障能力等专项工作方案，N个补充子方案）管理提升工作。定期召开月度联席会、季度推进会，总结分析、审查纠偏，明确99个管理提升方向，开展32项制度性文件建设。对标先进推进业务流程，重塑关键环节，建立“1+4”（1个年度考核、4个过程性考核）效果验证考核标准，鼓励管理创新，设置“管理提升曝光台”，加大问题通报处罚力度，形成奖优罚劣的鲜明导向。谋划蜀南气矿“十四五”增储上产人力资源保障工程，制定“1+3”（1个气矿层面的人力资源保障主方案，主营业务板块、生产保障业务板块、辅助与后勤业务板块）人力资源保障方案和改革指导方案，推进三支队伍人才转换，采取“笔试 + 面试”方式择优选聘18名操作员工转换到管理、专业技术岗位。激活技能人才库，全年抽借各专业组成员152人次，参与重点项目32个。加快“三定”（定职责、定机构、定编制）改革，按“机关管理大部制、技术支持专业化、后勤保障集约化”模式，压减气矿机构数量、基层领导职数、定员数比例分别达23%、12%、18%。推进天然气集中调控改革，选取泸州采气作业区作试点，建立并推广“气矿—中心站”调控模式，试点干部担任中心站站长，探索一线管理提升新模式。统筹科研力量，解决关键难题，全年下达科研项目40项，申报发明专利3项，出版专著1部，发表SCI文章2篇、中文核心期刊4篇，完成一批现场试验成果推广应用。（蔡德强　陈锶洋）

【提质增效】2022年，蜀南气矿加强管理降本，落实提质增效，实现账面利润33.8亿元，实际完成比调整后预算增利5.8亿元。自营天然气商品量增加1.7亿立方米，零散气销量增加0.76亿立方米，零散气销售均价每立方米增加0.32元（含税）。单位完全成本账面完成每千立方米848元。开展三年成本大调查和基层单位预算执行情况调研工作，为下一步西南油气田公司开展成本压降三年行动及“零基预算”作准备。控制投资18 920万元，节约成本3 897万元，新增创收25 568万元，提质增效取得较好效果。（蔡德强　陈锶洋）

【合规管理】2022年，蜀南气矿加强依法合规管理，再审视64项改革任务，优化调整实施28项。严格初审西南油气田公司临时准入承包商和供应商10家、备案供应商6家、例外备案项目55个，向西南油气田公司推荐年度准入承包商9家。有序开展合资公司议案审查、上报，监督甲方股东代表、委派董事跟踪实施情况，全年审定、上报洲际华盛有限公司议案6个，协助华盛公司完成595万元第二期注册资本金缴付。组织人员参与蜀南气矿重大合同项目论证和谈判，指导和审查大塔场区块合作终止协议和下一步挖潜增效合作协议的签订。抓实重大事项法律论证及纠纷案件受控处理，作为试点单位配备总法律顾问，提升法律合规风险防控能力。（蔡德强　陈锶洋）

【企业文化】2022年，蜀南气矿擦亮“一核多点”企业文化名片，毛泽东主席视察隆昌气矿纪念馆被命名为“全国关心下一代党史国史教育基地”“四川省中共党史教育基地”“川渝工业文化教育实践基地”，全年接待团队419个1.8万人次。蜀南气矿党委牵头主创的《用好红色资源，赓续精神血脉》获评四川省企业文化建设优秀成果二等奖，企业文化影响力持续提升。（蔡德强　陈锶洋）

【党建工作】2022年，蜀南气矿突出政治引领，建立发布“第一议题”制度，制订党建与生产经营相融互促能力水平管理提升专项工作方案，发布《蜀南气矿基层党组织委员“一岗双责”实施意见》，修订“三重一大”决策制度工作规范和党委前置研究讨论重大经营管理事项清单，坚定“两个维护”的政治自觉。调整交流、选拔任用基层领导人员130人次，新提任35岁以下占比40%，完成49名高技能人才岗位聘任，进一步提高人才使用效能，打通成长通道，采取“笔试 + 面试”择优选聘18名操作员工转换到管理、专业技术岗位，全年发展党员17人，按期转正23人。制订学习宣传贯彻党的二十大精神工作方案，结合蜀南气矿改革发展实际，确立“决胜五十亿、奋斗千万吨”工作目标。开展“转观念、勇担当、强管理、创一流”主题教育，全年开展87次专题学习、155次线上线下宣讲，受众7 642人次。加强意识形态工作，蜀南气矿党委在西南油气田公司宣传思想文化工作会上作《内导外控知“晴雨”，护航上产新会战》经验交流发言。加强新闻宣传，全年在各类主流媒体发表新闻作品2 050余篇。签订《党风廉政建设责任书》574份，对57名新提任基层领导人员开展“六个一”廉洁从业教育，建立201名基层领导人员廉政档案，严肃处理违纪违规人员，给予开除党籍处分3人，诫勉谈话8人。开展14个专题项目监督检查30余次，系统推进全面从严治党主体责任清单落实情况专项检查、“反围猎”专项行动、党委巡察。清理和销毁历史遗留测绘涉密地形图 9 159 张，自制视频《用生命守护党的机密》在“中国保密在线”和国家“保密观”微信公众号展播，讲述人获全国“保密故事优秀讲述人”称号。（蔡德强　陈锶洋）

【和谐气矿建设】 2022 年，蜀南气矿坚持以人为本，持续营造和谐稳定发展环境。立项研究“探索疫情常态化防控形势下群众工作模式”党建课题，推出“倾听心声”热线电话和微信小程序两个线上交流平台。开展“送健康”关爱行动，建立心理援助志愿者服务队伍。完善职工健身活动中心，为中心站配置户外音响 27 套，为员工就医争取绿色通道，多途径为员工子女提供就业资讯，举办员工子女暑期托管班。节假日慰问困难人员 3 026 人，发放慰问金 302.9 万元，大病医疗救助困难人员 43 人，发放帮扶金 29.9 万元。开展创新创效专题青年大讲堂，首次举办蜀南气矿青年职业生涯展报会，助力青年岗位成长。准确把握党的二十大特别重点时段工作要求，专项排查政治大年不稳定因素，保障风险隐患全面受控。合规办理集团公司“治重化积”案件并通过结案评审，3 个一级重点目标、2 个二级重点目标通过四川省反恐办达标认定。落实离退休人员“两项待遇”，探索企地“党建共建、活动联办”工作机制，抓好退休人员社会化管理常态移交。

（蔡德强　陈锶洋）

邮政编码：646000
电话号码：0830−3921789
油网号码：421789
单位地址：四川省泸州市江阳区百子路 110 号

川西北气矿

【概况】 川西北气矿主要担负四川区域内北起广元、南至雅安、乐山地区的油气勘探开发、管道运输、油气产品和天然气化工产品的加工、销售任务，为广元至成都沿线及川西地区的 29 个县（市、区）提供工业、民用和商业天然气。2022 年底，川西北气矿设机关职能科（部）室 13 个、直属机构 6 个、直属单位 6 个、基层单位 18 个，其中江油天然气净化厂 2022 年 6 月底停产，仅保留牌子；江油综合服务站和四川川油众益园林有限公司为托管单位。在册员工 2 162 人。其中，男员工 1 546 人、女员工 616 人，在岗员工 2 028 人、退养歇业 16 人、外借外派 108 人、长期病假 10 人，专业技术人员 252 人、管理人员 525 人、操作服务人员 1 251 人。在岗员工中，有基层领导人员 152 人、三级工程师 111 人、二级工程师 7 人、一级工程师 3 人、主管技师 63 人、主任技师 31 人。有固定资产原值 187.22 亿元、净值 44.79 亿元。川西北气矿累计完钻井 717 口，获气井 363 口，纵向发现 13 套含油气层系、油气田 7 个、含气构造 26 个，探明天然气地质储量 2 231.76 亿立方米，拥有集气管道 305 条 1 017 千米，输气管道 52 条 903 千米。

2022 年，川西北气矿生产天然气地质产量 22.87 亿立方米（自营 22.67 亿立方米、天府致密气 0.2 亿立方米），完成年度计划（21.8 亿立方米）的 104.9%，同比增长 18.37%；工业产量 22.55 亿立方米，完成年度考核指标（21.3 亿立方米）的 105.87%，同比增长 17.51%。天然气工业产量创建矿以来年产量最高纪录。全年销售天然气 24.86 亿立方米，完成年度计划（24.7 亿立方米）的 100.68%，实现营业收入 66.46 亿元。“五项”费用 1 853 万元，较年度预算节约 242 万元。获西南油气田公司“先进单位”“QHSE 先进单位”称号，四川省“企业文化最佳实践企业”“企业文化建设先进单位”称号。（曹　向）

【勘探开发】 2022 年，川西北气矿在致密气和常规气效益勘探方面均取得突破。文兴气区致密气 2 口气井上试沙一段获工业气流，文 1 井测试获日产量 26.24 万立方米，创川西北部沙溪庙组直井测试产量新纪录，新增预测储量 809.25 亿立方米。天府 101 井、永浅 1 井须家河组多段获高产工业气流，天府气区沙溪庙组 8 口气井测试获气，新增探明储量 649.71 亿立方米。设立梓潼、东瓜场等重点区块专项项目 9 项，完成梓潼地区致密气整体部署方案，支撑文浅 1 井、东坡 1 井等井位部署。常规气勘探开发方面，双鱼石地区连获 2 口高产气井，双鱼 001−X9 井测试日产量超 150 万立方米；双鱼 001−H6 井完钻井深 9 010

米，打破中国陆上最深天然气水平井纪录的同时，钻遇白云岩658米，测试日产量超百万立方米；红星1井栖霞组测试获气日产量12.66万立方米，展现推覆体下盘原地构造良好勘探前景。井位论证部署步伐加快，实施梓潼—绵阳、平落坝三维地震勘探项目2项，满覆盖面积1 652平方千米，同比增长188%；加速海陆两相井位论证，获批复井位14口，同比增加7口；开展梓潼、东瓜场等重点区块专项9项，组织龙门山山前带复杂构造成像攻关，运行西南油气田公司勘探配套项目14项，为深化地质认识、井位部署创造有利条件。（曹　向）

【生产建设】 2022年，川西北气矿新投产气井6口，新增日产能150万立方米，贡献年产量2.85亿立方米，新区实现规模上产。西南油气田公司首个自营超深高含硫气藏一次性成功投运，硫化氢、有机硫一次性脱除工艺等多项技术在西南油气田公司属于首次运用。精心排水采气及间歇井生产管理，深化应用自动开关井技术，措施井年度增产天然气6 230万立方米，气井综合递减率–2.73%；与川庆地研院探索老井挖潜合作新路径，率先在西南油气田公司形成风险合作模板。剑阁净化厂“安稳长满优”运行，净化量同比增长31%；在苍溪天然气净化一厂建成国内首套胺液在线深度复活橇，摸索15%低硫负荷运行，创国内纪录，实现“两年一修”投产一次成功；轻烃装置生产石油液体6 222吨，提前135天完成全年石油液体产量任务，实现10余年来首次盈利；西南油气田公司首个自主设计、

2022年12月1日，中国石油最深天然气井双鱼001–H6井测试获高产工业气流　　罗元杰　摄

建设、运营的超深高含硫净化厂——苍溪天然气净化二厂通过装置性能预考核，打造“三优”精品工程样板；累计处理含硫天然气80余亿立方米后，国内首座处理高含硫气藏天然气净化厂——江油天然气净化厂停运。规划川西北气矿158座站场数字化转型配套改造，完成改造工程（一期）设计；在双鱼石区块开展多项示范项目建设，实现AI视频智能巡检、智能PID三维联动生产场景智能分析预警，19套系统集成“一张图”，智能化管控迈上新台阶。（曹　向）

【安全环保】 2022年，川西北气矿全面使用新冠肺炎疫情防控预警V9程序，应对多轮突发疫情，守住员工及家属“零疫情”底线。推动“安眼”系统运用，确保“无监控不作业”，风险管控能力稳提升。对内加强“全员全业务执行力建设”，强化责任抓落实，细化措施促提升；对外以《川西北气矿承包商HSE管理方案》为标准，严守严查严监督，严抓严管严考核，全年处罚21家承包商，处罚金额合计8万元。绿色低碳建设取实效，建成西南油气田公司首个甲烷管控示范工程，实现碳减排35 970吨。川西北气矿创建省级健康企业，高分通过绵阳市卫健委初评；通过西南油气田公司“油气田企业绿色矿山创建验收”自评验收审查，中坝气田、邛西气田、平落坝区块通过四川省自然资源厅年度绿色矿山遴选检查。开展安全专项整治，巩固安全生产专项整治三年行动成效，完成248项行动措施；开展安全生产大检查、危化品集中整治、安全培训“走过场”等多项检查，完成开发业务对标管理提升及开发生产管理现状专项调研第三轮“回头看”，以专项行动以督促改、以改促升，GHSE体系审核评级由B2级升至B1级。（曹　向）

【提质增效】 2022年，川西北气矿细化业务部门提质增效价值创造配套措施29个，开展专题调研7次，发布提质增效工作简报6期，提质增效取得成果10项，全年累计增收45 549万元，降本4 582万元，控制投资1 020万元，整体效益51 151万元。探索效益分析—评价—管理机制，推动财务管理转型升级；推行“管业务就要管成本、管预算”，开展成本大调查，制订压降方案，剖析产量与利润、完全成本不匹配问题根源，推动主要成本指标硬下降；三

年任期经营指标“半年一滚动、每月一对接”，生产经营持续优化；工程建设成本有效控降。利用镍基合金油管，修复双鱼001-X7井，节约投资约1 300万元；优化气井油基钻井液使用井段，减少钻完井现场含油危害废弃物产生量，单井平均用量500.54吨，同比下降68%，单井平均节约投资200万元；优化致密气开发配套技术，单井建设工程费用约190万元，较常规节约340万元，降低致密气开发成本，实现致密气井快建快投。（曹　向）

【科技创新】 2022年，川西北气矿召开川西北气矿首届勘探开发科技与信息创新大会，与华为公司成立联合实训基地，首次邀请国内6家权威石油学术期刊主编走进川西北，推选8篇“金点子”在《天然气工业》上发表；推进协同办公平台建设，打破“数据孤岛”，实现312张业务表单线上运行、移动办公，客户端覆盖率100%，业务平均办理时长由3天降至0.5天。双鱼001-H6井应用重大专项科研成果，机械钻速每小时3.61米，创区块井最优钻井指标；发表SCI、EI、中文核心等高级别论文3篇，申报发明专利3项、软件著作权6项，部分应用成果获中国石油和化工自动化应用协会科学技术进步奖二等奖；群众性技术创新活动取得成效，获西南油气田公司优秀创新成果一等奖4个、二等奖4个、三等奖2个，获奖数量和质量创历史最好成绩。（曹　向）

【新能源建设】 2022年，川西北气矿成立以主要领导为组长的新能源推进工作领导小组，提出规划目标，编制完成川西北气矿绿色能源业务发展规划实施方案，统筹部署“十四五”期间新能源工作。贯彻落实集团公司“清洁替代、战略接替、绿色转型”三步走总体部署，统筹考虑区域生产现状及新能源资源特点，克服极端天气、疫情高峰等诸多困难，做精做细新能源项目设计、施工建设和设备调试，在剑阁天然气净化厂建成西南油气田公司首个分布式光伏示范工程，新能源业务实现“零”的突破。开展平落坝气田伴生矿综合利用评价研究，研究卤水成因机制，落实其资源量，西南油气田公司首个储气库先导实验区块落地，川西北气矿天然气多元业务发展新框架初步建成。（曹　向）

【队伍建设】 2022年，川西北气矿出台《川西北气矿人才成长成才培养计划》，制定《川西北气矿人才强企工程实施方案》，实施“七大人才专项工程”，建立完善“生聚理用”人才发展机制；成立高技能人才工作室和一级工程师工作室，认领揭榜挂帅项目12个。全面落实改革三年行动实施方案，深化专业技术岗位序列改革，开展二级、三级工程师及以下技术人员的年度绩效考核，划分考核档次，挂钩岗位薪酬；推进岗位价值评价实践应用，初步建立以岗位价值为核心的薪酬分配体系。推进新型作业区建设转型升级，“中心站＋无人值守”管理模式基本成熟，盘活人员70人，新区上产、天然气净化业务人力需求得到保障。打造“龙门山大讲堂”“李白读书会”“青年科技论坛”等品牌项目，为人才培养搭好台、服好务，“师带徒”结对75对，外派17人至兄弟单位跟班锻炼、地方人民政府交流挂职，7名三级副职在川西北气矿机关、基层单位之间双向交流实践；推进青年精神素养提升工程，推行高校毕业生岗位双选，组建首批青年讲师团，落实英才培养计划，选拔推送集团公司“青年科技人才培养计划”人选4人、西南油气田公司优秀科技人才2人，1名青年人选西南油气田公司首批“青马工程”。（曹　向）

【党建工作】 2022年，川西北气矿党委严格落实“第一议题”制度，学习贯彻习近平总书记重要讲话和重要指示批示精神，全年召开党委会专题学习会5次、党委理论学习中心组学习会12次；学习贯彻党的二十大精神，按照“迎、保、学、贯”的工作思路，策划实施“喜迎二十大，五年看变化”等主题宣传活动，制订认真学习宣传贯彻党的二十大精神实施方案，组织集中收看大会盛况，邀请四川大学教授专题辅导，川西北气矿党政主要领导带头宣讲，推动党的二十大精神学习宣贯走实走深。贯彻全面从严治党要求，压实管党治党责任，完成巡察工作五年规划，实现巡察全覆盖目标，开展违规吃喝问题专项治理、“反围猎”专项行动等工作，巩固风清气正的政治生态；全面排查意识形态风险点，畅通地企交流渠道，构建舆情通联工作机制，保障意识形态领域态势平稳有序。开展党建与生产互融互促研究项目，加强创新实践“融合力”，制订“三基本”与“三基”有机融合实施方案，创新开展三基工作“红旗班组”结对共建活动，内外部结对8对；开展“转观念、勇担当、强管理、创一流”“爱岗、知岗、讲岗”等主题活动，多形式激发员工内在动力。

（曹　向）

【企业文化】 2022年，川西北气矿举办四川省企业文化最佳实践企业现场会，获四川省“企业文化最佳实践企业”“企业文化建设先进单位”称号，两位主要领导获评四川省“企业文化建设突出贡献人物”，多项重要成果获优秀成果奖；建成集古驿道文化、红军文化、知青文化和企业文化于一体的“征气驿道”，成为西南油气田公司首个企地文化融合共建项目。做强企业外部宣传，川西北气矿视频新闻（全力增储上产视频图像）首次登陆央视一套新闻栏目黄金档；参评四川油气田2021年度优秀新闻作品，报纸、电视、新媒体等30件作品获奖，高奖率24%，创川西北气矿参加油气田好新闻作品一次评选最多纪录。

（曹　向）

【和谐气矿】 2022年，川西北气矿开展“四送”及重点工程建设慰问活动，实施员工关爱工作，为一线员工购置按摩椅等文体器材，增设唱吧，搭建“幸福影院”，惠及员工1.2万余人次。以购促销惠农，参与“央企消费帮扶兴农周”，开展各项消费帮扶工作，累计采购额297.4万元；救助困难群体1 36人次，支出帮扶资金419万元，“金秋助学”发放助学金16.3万元；完成“中油涪滨花园”权证办理，修建、改造办公用房、倒班公寓、退休人员活动场地，打造健康食堂、健康步道，惠及员工群众，建设“最美”气矿。

（曹　向）

邮政编码：621700
电话号码：0816-3611138
油网号码：261138
单位地址：四川省江油市李白大道南一段517号川西北石油天然气大厦

川东北气矿

【概况】 川东北气矿位于四川盆地东北部，探区范围横跨川渝两地11个市（县、区），矿权总面积约0.56万平方千米，主要从事区域内的天然气勘探开发和销售业务。2022年底，设13个机关职能科室、4个直属机构、5个直属单位、6个基层单位，在岗员工679人，平均年龄40岁。气矿党委下设2个基层党委、1个党总支、6个直属党支部、14个基层党支部。有党员400人，占在册在岗员工总数的58.9%。当年开井72口，拥有单井站51座、多井集气站14座、输配气站5座、气田水回注站7座、阴极保护站8座、增压站11座、压缩机组22台、脱水站1座。全年生产天然气6亿立方米，销售天然气6.61亿立方米，实现净利润5.66亿元。

（邓　彬）

【天然气勘探】 2022年，川东北气矿围绕“高含硫规模建产、致密气效益开发、老气田稳产保效、新领域勘探发现”的总体目标，在多个领域取得成效。铁山坡气田首轮建产井单井测试产量均破百万立方米，升级增加SEC储量163.99亿立方米。重点风险探井宣探1井钻遇礁滩优质储层，累计厚度188米，估算获1 000亿立方米以上资源量。五宝浅020-H1井须家河组断缝体成藏新类型获气20.73万米^3/日，渡浅4井首次证实须二—须三含气，上试获气4.23万米^3/日，基本锁定致密气主攻层系及模式。川东地区陆相页岩油勘探处于早期评价阶段，会浅1H井克服套变等工程难点，在凉高山组见油气。明确桃花—七里北、九岭—亭子铺、正坝南—菩萨殿3个有利区，其中桃花地区礁滩资源量1 350亿立方米。综合评价现阶段须家河组五段有利勘探区，面积310平方千米，估算资源量248亿立方米。

（邓　彬）

【气田开发】 2022年，川东北气矿气田开发水平提档升级，生产天然气6亿立方米。抓运行计划管理，平均月度计划完成率103%。精益设备设施管理，强化水电讯保障，组织检维修作业，减少气量影响约1 700万立方米。五宝浅2-1井、五宝浅020-H1井试油排采阶段即接入管网生产，实现试油排采“零放空”，贡献产量 1 100 万立方米。开展龙会场等重点区块采油气工艺措施 26 井次，实施“连续油管 + 液氮气举”和“油管穿孔 + 泡沫排水”工艺，成功复产龙会 002–H5 井及龙会 002–X1 井，全年增产气量超 8 000 万立方米，创近 6 年新高。持续开展气井动态监测，实时优化气藏开发技术对策，开展大调查工作，全面系统梳理各区块开发潜力。规范应急物资管理，修订细则标准，提前开展高含硫气田投产应急物资储备。健全完善应急抢维修管理制度和程序，加强内外部应急抢维修队伍建设，开展“龙铁线”自然灾害天然气泄漏企地联合专项实战应急演练，提升应急保障能力。完成 200 口气井隐患排查治理并落实风险管控措施，其中黄龙 009–H2 井井口装置隐患治理作业刷新中国石油带压换阀最高含硫量纪录。常态化开展管道检测评价修复，持续提升管道腐蚀防控水平，连续 3 年管道失效率为 0，阴极保护有效率升至 95%。

（邓　彬）

【高含硫项目建设】 2022 年，川东北气矿主动担当作为，打造项目“安全清洁新典范、高效开发新标杆”。精准制定一井一策措施，提前完成高含硫区块老井封堵作业。用 12 天时间完成坡 5–X2 井川渝地区最深套管段铣作业，较计划提前 110 天完成坡 5 井柔性材料封堵作业。铁山坡区块已完钻 3 口井井身质量红线合格率 100%，技术套管和油层套管平均固井质量合格率分别为 99.1% 和 94.5%，刷新区块最优纪录。单井储层钻遇率大于 85%，累计获测试产量 405 万米^3/ 日，单井测试产量百万立方米以上。渡口河—七里北项目于 12 月 30 日取得四川省环评批复，大幅提前开工日期。

（邓　彬）

【科技与信息化】 2022 年，川东北气矿做好科技发展规划，把科技创新和信息化建设作为强企支撑。推进科技体制机制创新，选树科技领军人才，深化科技交流合作，达成意向联合攻关项目 10 余项。强化知识产权管理，4 项发明专利获国家知识产权局受理，1 项软件著作权正在申报。实施安眼工程、调控中心升级改造等项目，有力支撑“一体化展示、全时域监控、数字化指挥”大运行调控管理模式。升级完善开发生产等 5 张图建设，丰富电子沙盘应急指挥系统，增加问题隐患闭环管理等 40 个工作流，提升协同办公平台使用效率。率先开展无人机远程操控试验，实现远程启停、自主飞行巡检、气体监测和应急等功能。首次完成钛合金新材料在高含硫环境下的现场试验应用和分析。

（邓　彬）

【安全生产】 2022 年，川东北气矿制订安全环保管控能力提升及基层安全生产执行力建设实施方案，部署提升行动 204 项，实施率 100%。完善 QHSE 绩效考核机制，修订及优化部门和岗位责任清单 243 项，推动安全环保管控 2.0 走深走实。巩固提升安全生产专项整治三年行动成效，开展城镇燃气、房屋建筑物等 10 余项安全专项整治活动，问题整改率 100%。开展川东北气矿 QHSE 体系内审，排查问题 1 420 个，全部完成整改，强化管理追溯，以审促管作用明显，QHSE 评估定级得分 87.8 分，创历史最好成绩。完善应急管理体系，升级事故事件管理小程序，提升上报时效。严格落实“无监控不作业”要求，运用远程视频监控平台、“安眼”工程、作业区数字化管理平台等手段，对“两个现场”实现全覆盖全过程监控。坚持“以人为本”、精准防疫，实现疫情防控和安全生产两不误。获“四川省健康企业”称号，成为西南油气田公司首批获此荣誉的两家二级单位之一。持续推进绿色矿山创建，五灵山气田、温泉井气田初步通过四川省绿色矿山审核评估和遴选。

（邓　彬）

【经营管理】 2022 年，川东北气矿树立“一切成本皆可降”的理念，坚持“事前算赢”工作思路。聚焦技术创新、深化改革、精细管理等方面，制定 10 大类 48 项具体工作措施，推进提质增效价值创造行动，全年提质增效成果 9 844 万元。发挥预算管理导向作用，持续跟踪产量销量、折旧折耗等重点业务，加强预算分析和研判，实现完全成本节约每千立方米 42 元，全员劳动生产率增加 8 万元 / 人。实施零散气以产定销，增销近 3 000 万立方米，增利 1 400 万元。区域内首家大型化工企业（达州玖源）投产，用气超 8 000 万立方米。全年销售天然气 6.61 亿立方米，同比增长 63%，贡献利润 1.2 亿元，销量及效益均创历史新高。重构区域天然气市场，协调推进终端合资公司成立并取得主城区新增市场特许经营权，销售市场份额由 21% 提升至 33%。新增万源市储气调峰项目、四川正达凯项目 16

亿米³/年用气意向指标。优化制度体系，全年清理废除制度 32 项，压减率 37%。强化承包商管理，实现“全周期、全过程”管理，线上审批选商流程，最快一天可完成流转。（邓　彬）

2022 年 7 月 12—13 日，西南油气田公司总经理、党委副书记何骁（右二）一行到川东北气矿开展安全生产、党的建设、基层建设“三联系”工作和“为民办实事 夏季送清凉”慰问活动

王忠涛　摄

【党建工作】 2022 年，川东北气矿落实新时代党的建设总要求，健全全面从严治党体系，把党的政治优势、组织优势转化为企业高质量发展优势。筑牢思想政治基础。严格落实“第一议题”制度，通过党委中心组学习等方式贯彻落实习近平总书记重要讲话和指示批示精神，重点学习党的二十大精神，全年组织开展学习 23 次，学习内容 170 余项。持续加强组织建设，开展机关支部和中心站支部“一对一”结对共建活动，打造支部结对共建品牌，探索党建项目化管理、党建联盟新模式，确保党的基层组织始终工作开展在一线、作用发挥在一线，成为看得见的“生产力”。实施人才强企工程，搭建成长平台，加大培养力度，制订人才培养方案，实施优秀青年干部“启航 + 远航”培养计划。选拔优秀青年投入高含硫重大项目锻炼历练，3 名青年选手在西南油气田公司首届气藏动态分析专业技术竞赛中获佳绩，川东北气矿获团体二等奖。抓牢党风廉政建设，探索实施“五单五化”工作模式，强化过程管控，形成工作闭环。全年完成 6 个基层党组织党内巡察，开展专项监督检查 18 次，累计发现问题 107 个，提出整改建议 40 条，追回资金 5 万余元。（邓　彬）

【和谐气矿】 2022 年，川东北气矿打造“真帮实解、知情暖心”工会服务职工品牌，增进民生福祉。推动“十四五职工幸福工程”落地见效，完成 210 户职工集资楼的“两证”办理；成立“红娘志愿者服务队”为单身职工搭建优质婚恋平台；升级改造基地及中心站运动场所；完成龙会场中心站饮用水改造工程；开展全员慰问和精准帮扶，慰问金额 205 万元；推进健康企业创建，100% 完成接触有毒有害人员的职业健康体检，获“四川省健康企业”称号。引导促青年建功。打造“宝石花”青年志愿服务活动品牌，组织开展庆祝中国共产主义青年团成立 100 周年系列活动，举办“喜迎二十大 青春心向党”青年思辨会，活动受到集团公司团委和西南油气田公司团委的肯定，获西南油气田公司共青团和青年工作先进集体。履行社会责任，将“地方所需、企业所能”有机结合，助力万源市石塘镇贺家湾村和宣汉县桃花镇、峰城镇乡村振兴，川东北气矿领导带队开展工作调研 5 次，申请捐赠帮扶项目资金 30 万元，帮助村民销售自产农产品 7 800 余斤，消费购买开州区和九龙县等对口帮扶地农产品 135 万余元。（邓　彬）

邮政编码：635000
电话号码：0818-2699311　2699704（传真）
油网号码：319311　319704（传真）
单位地址：四川省达州市西外凤凰大道 436 号川东北气矿

川中北部采气处

【概况】 川中北部采气处隶属西南油气田公司，是集团公司首个“油公司”模式改革试点单位，成立于 2020 年 7 月 31 日，机关位于四川省遂宁市。主要负责川中古隆起高石梯—磨溪地区台缘带和蓬莱气田灯影组气藏的勘探开发业务，是西南油气田公司的主力生产单位和深化改革示范区。工作区域横跨遂宁市、绵阳市、南充市、资阳市、德阳市、成都市等 6 市 16 县，总面积超 1 万平方千米。已累计提交探明储量 3 599 亿立方米，具备天然气年产能力 35 亿立方米以上，管理集输管道 520 余千米，有资

产总额近 70 亿元，年经营收入超 40 亿元。设置“4 办公室 +4 中心”，全面实行“管理 + 技术”直接用工模式，人员编制控制在 127 人以内，目前实际在岗 90 人，平均年龄 35 岁。中共党员 65 人，占比 72%。

2022 年，川中北部采气处在蓬莱气田提交三级地质储量超 4 500 亿立方米，生产天然气 34.9 亿立方米，同比增加 2.7 亿立方米，增长近 8.5%。完成首个新型采气管理区建设并通过西南油气田公司验收，全年实现营收 42.34 亿元，全员人均劳动生产率 3 522 万元，单位完全成本控制在每千立方米 500 元内，效率效益指标居于业内上游。

（钟　琴　李　娟）

【气田勘探】 2022 年，川中北部采气处在东坝 1 井灯四段台缘带测试获日产天然气 20.28 万立方米，证实灯影组四段丘滩体发育、含气性好，开辟规模增储新层系；蓬深 3 井灯影组二段台缘带次级陡坎测试获日产天然气 22.06 万立方米，证实侵蚀残缘带岩溶储层发育、含气性好，开辟规模增储新区块；蓬探 106 井、中深 103 井灯影组二段测试分别获日产天然气 85.1 万立方米、126.88 万立方米，进一步夯实蓬莱气田蓬探 1 井—中江 2 井区灯影组二台缘带勘探开发潜力。蓬探 1 井区与西侧的中深 103 井区被断层封隔为两个气藏，具有不同的气水界面，两个井区合计提交探明储量 1 221 亿立方米。蓬探 1 井区东侧的蓬深 5 井区丘滩体发育且含气性好，含气面积东扩，新圈定含气面积 240 平方千米，预计新增储量规模 200 亿立方米；蓬深 1 井—东坝 1 井区灯四上亚段整体含气，圈定含气面积 807 平方千米，提交控制储量 2 387 亿立方米；蓬深 3 井区灯二下亚段储层发育、含气性好，圈定含气面积 405 平方千米，提交预测储量 945 亿立方米。

（李　娟）

2022 年 10 月 10 日，川中北部采气管理处自成立以来，累计产气量突破 60 亿立方米，达到 60.03 亿立方米。图为工作人员进行仪器设备检修　曹　爽　摄

【气田开发】 2022 年，川中北部采气处突出科学高效，气田开发水平不断提升。周密生产计划执行、严格产量“三级”监控、精准高位运行下生产调配，各月运行计划完成率均超 100%，实现气藏持续稳产。强化动态检测与跟踪分析，优质高效完成专项试井 15 井次、静流压点测 10 井次，不断深化气藏动静态认识，实现气藏科学开发。强化气藏产能维护，开展气井堵塞和积液治理技术攻关，全年实施 5 井次解堵措施，恢复产能 73 万米 ^{3}/ 日。深化新区试采评价，持续开展蓬探 1 井区渗流特征、水侵风险、产能及稳产能力评价，完成 3 口井、5 井次专项试井工作，气井整体试采效果好，产量持续稳定，井均日产天然气 22.6 万立方米。强化完整性管理，深化井、管道、站场的完整性管理体系建设，持续完善交接井标准，严格关键设备测试维保，生产井评价、监测和维护率 100%，全面完成长停井隐患排查和管理提升工作，确保气井本质安全。完成 25 条管道、4 座站场和 1 条管道的检测，实现全年管道、站场零失效、零破坏。高效推进产能建设，持续完善一体化项目管理机制，坚持“两同步、三提前、六确保”管理举措，全年建成投产单井 2 口、新增日产能 45 万立方米，新建试采集气站 1 座、试采干线 1 条，配套工程均较计划提前 20 天完成。提升生产现场综合管理，树立生产现场管理提升工作新标准，编制各专业管理提升项 630 余条，完成北 1 集气站、北 2 集气站生产现场标准化样板打造；严格执行联合巡检计划，大幅提高设备有效性；践行提质增效理念，试行水套炉燃料气用量控制逻辑变更、太阳能自动打水装置等多个节能降耗项目。强化电力系统管理，完成 112 千米电力线路 12 次全覆盖巡检、70 台次供电设备预试。开展 UPS 运行续航能力分析管理，完成 20 座井站 UPS 电池更换，电池平均续航时间由 4 小时提升至 55 小时。

（王亚辉　刘业俊）

【安全环保】 2022 年，川中北部采气处安全环保形势稳定受控，在西南油气田公司 QHSE 体系量化审核中保持

B1级良好成绩。修订、细化、分解QHSE过程指标35项，全员签订QHSE责任书151份。修订岗位责任清单2次，新增、调减19份。全年检查整改问题隐患5 926项，整改率97.1%。开展3轮安全大讨论、大反思活动，实施全员安全知识每日答题，对508个知识点进行考察，开展安全知识需求培训24期。编制《HSE要情通报》9期，追究责任人39人次，安全记分60分，扣发奖金1.89万元。硫化氢管控能力持续提高，出台必须佩戴空呼8项准则条文解释，开展硫化氢防护专项培训2次48人，实施全员空呼佩戴达标考核，查处2起未正确佩戴空呼违章行为；配齐补足便携式检测仪56台、激光甲烷检测仪16台；开展硫化氢专项检查，发现问题34项，完成整改34项，实现安防器材完好率、硫化氢培训取证率、空呼佩戴达标率和应急处置成功率4个100%管控。提升承包商安全监管能力，印发风险作业《承包商人员到场矩阵》，出台施工现场严重问题15条、钻试现场严重问题24条前馈式清单和考核标准；严格承包商兑现考核，表扬2家承包商典型优秀做法，对16家承包商发送HSE警示函，对20家承包商追责问责，其中扣罚违约金17.3万元，纳入黑名单7人、红牌警告1人、黄牌警告1人。持续保持“两个现场”严监管态势，777项风险作业全部受控运行；修订调控管理等3项制度，开展安全管理模式风险评估和地面集输系统风险评价，固化“一个气藏+一个中心”管理模式；紧盯施工现场风险防控，抓实作业许可管理，严控关键环节审核，修订发布风险作业目录及人员到场升级管理矩阵、313项JSA基础模板。创新监督检查管理体系，构建“4个1”的安全监督体系，细化监督检查负面清单，推进监督工作清单化、流程化管理，提升问题评判的规范性及有效性；完善远程数字化监督，依托安眼工程、移动视频开展监督，实现全气田、全时段、全过程的监控。（张　坤）

【经营管理】 2022年，川中北部采气处按照“四提升、四增效”总体部署，实施29项工作措施，通过预算倒逼、过程管控、责任落实等三项工作机制，确保措施落地执行，挖掘生产工艺、节能降耗等方面的提质增效潜力，实现综合效益1.19亿元，其中增加收入9 700万元，减少投资900万元，降低成本1 300万元。建立“目标引导—事前分解—过程预警—及时纠偏”投资控制机制，在西南油气田公司概算批复的基础之上预设压减指标并实行整体切块控制，完成的结算项目较投资概算整体节约11.8%。推进控本降费行动，优化生产运行成本，通过调整药剂加注制度、压减大修项目支出等方式，实现58个单项成本压减1 718万元。严控非生产性成本，“五项费用”较预算下降35%。贯彻西南油气田公司“合规管理强化年”方案要求，部署落实4个方面11项合规管理任务；开展内控测试和制度评价，识别问题45项，制定措施49条；明确合规管理责任，编制8个部门的《部门合规职责描述》、105个岗位的《员工岗位合规职责描述》；聘请第三方机构开展内控自我测试，发现并整改问题20项，全员合规意识和能力明显提升。（唐　春）

【“油公司”改革】 2022年，川中北部采气处优化调整实施7方面70项改革措施，通过新型采气管理区建设达标验收。推行新型劳动组织架构，开展数字化转型，推动生产管理从“中心井站+单井无人值守”转变为“生产指挥中心+多区域无人值守+多专业联合巡检”，构建生产管理新模式。推进组织和业务结构优化，建立“精干适度、权责统一、协同高效”组织管理模式。探索非核心管理业务市场化，创新操作服务业务市场化用工方式转型，完善“油公司”模式下的市场化运营支撑保障机制。挂钩岗位价值和绩效薪酬，实行“KPI+GS”（关键绩效指标考核法+目标管理法）考核相结合，建立以岗位价值为基础、以绩效考核为抓手、以在编员工挂钩为突破的“挣绩效”体系。探索关键核心业务管理新模式，打造与“油公司”模式相匹配的组织模式、运行机制、管控模式。（邓　欣）

【科技创新】 2022年，川中北部采气处科紧扣蓬莱气田“十四五”35亿立方米上产、高石梯—磨溪台缘带灯四气藏稳产以及“油公司”改革三大目标，深化蓬莱气田地质综合研究，做好增储上产技术支撑；强化动态监测评价及动态跟踪分析，实时优化配产及开发对标管理，提升气藏开发效果；拓展气田管理智能化、推动组织管理协同化、执行业务管理集约化，加速打造数字化新型“油公司”；建立“油公司”模式人力资源管理和企业文化，引领保障企业高质量发展基础，为管理处的建设与发展献计献策。承担西南油气田公司跨年科研项目2项、本级跨年科研项目 5 项，川中北部采气处新开科研项目 15 项，按期完成 16 项。

（李 娟）

【党建工作】 2022 年，川中北部采气处全面落实党建工作责任制，树立大抓基层导向，推动党建工作走实见效。持续开展习近平总书记重要指示批示精神再学习再落实再提升主题活动，党委班子成员带头宣讲党的二十大精神，召开党委理论学习中心组学习会 12 次，管理处党委全年组织“第一议题”学习 23 次，学习内容 124 项，“政治三力”不断提高；坚持民主集中制，规范党委前置研究，全年集体决策“三重一大”事项 65 项。健全完善两个责任清单，推进违规吃喝专项整治、“反围猎”专项行动，常态化开展安全生产大检查和疫情防控跟踪，严格落实中央“八项规定”精神，纠治“四风”，开展重要节日廉洁风险短信提醒，营造清朗政治生态。科学优化支部设置，完成全部机关党支部委员会提前换届工作；编制印发《示范党支部创建指导标准》，明确党支部示范建设导向；推行“微视频 + 微党课 + 微测试”学习教育方式，有效提升党员教育质量。开展党员项目领衔工作，针对生产经营中的重点难点确立 12 个项目，建好党员队伍，总结施工项目管理机制、员工技能提升工作法、气井堵塞预防与治理措施等经验做法。抓牢思想阵地，通过集中学习、“线上 + 线下”宣讲、大讨论等方式，巩固壮大主流思想舆论；注重媒体融合，在人民网等中央媒体刊载信息 5 篇，超额完成省部级、地市级媒体发布年度任务指标；意识形态平稳受控，开展专项讲座，创作拍摄“油公司”改革、党建引领、绿色矿山创建等多部宣传片和微电影，文化建设进入快车道。开展“我为员工办实事”实践活动，全员配发防疫物资包，完善一线健康及文体设备设施配置 20 余项，巩固食堂标准化建设，解决职工健康小屋、北 2 站员工健康角和宿舍等实际问题 40 余个，投入资金超 70 万元。川中北部采气处获西南油气田公司“平安创建先进单位”称号。

（冯 佳 李俊岑）

邮政编码：629000
电话号码：0825-2515668
油网号码：515668
单位地址：四川省遂宁市船山区凯旋下路 157 号

输气处

【概况】 输气处是国内从事净化天然气长输管道管理和天然气运营的专业化企业。2022 年底，设置职能科室 11 个、直属机构 6 个、直属单位 7 个、基层单位 17 个，有在册员工 1 799 人，平均年龄 42.2 岁。其中，管理人员 463 人（含科级干部 170 人），专业技术人员 175 人，操作服务员工 1 161 人。拥有博士、硕士学历的员工 69 人，高级技能人才 121 人。固定资产原值 181.34 亿元、净值 90.27 亿元。管理全长 5 488.69 千米、南北贯通的“三横、两纵、三环”“高低压分输、输配气分离”的全国独具特色的川渝环形输气管网系统，包括 57 条输气干线、70 条输气支线、118 座输配气站、2 座压气站、6 座清管站、225 座阀室、38 座阀井、80 座阴极保护站。2022 年，输气处把“安全平稳输供气”作为第一要务，将“强管理”工作要求贯彻到输气业务全链条，生产规模持续扩大，经营利润明显增长，管理体系更加优化，管理能力有效提升，完成各项生产经营任务和 KPI 指标，获西南油气田公司 2022 年度“先进单位”和“质量安全环保先进单位”称号。2022 年，输送天然气 332.83 亿立方米，完成年度指标 330 亿立方米的 100.86%；销售天然气 130.24 亿立方米，完成年度指标 128.03 亿立方米的 101.73%；单位管输成本每千立方米 82.64 元，较年度指标每千立方米 85.67 元下降 3.03 元；全员劳动生产率 155.49 万元 / 人，完成年度指标 135.04 万元 / 人的 115.14%。管输损耗、管道管理评价、“两金”（应收款项与存货）压控、QHSE 绩效考核、党建工作评价指标均在西南油气田公司控制范围内。

（冯 雪）

【管网运行】 2022 年，输气处完成 32 段次困难清管段清管，恢复清管秩序 18 段，管网平均输送效率提升约 3%。提前组织开展成都片区冬季管网供气瓶颈分析，拟定形成终端公司供气瓶颈改造项目 37 项，其中涉及在输气处站场、阀室接管 9 项，完成 4 项，其余按计划跨年实施。全面开展管网适应性分析，骨干管网方面，重点针对致密气外输北部管网、威江线投运等新工况提出前瞻性建议措施 19 项；区域管网方面，发现工艺流程、设备设施、建设标准等不适应问题46项；关键站场方面，发现连山站中国石化供气不适应问题2项，均已明确整改渠道。压气站年度检维修作业实现从“自主组织＋厂商配合”向“自主组织＋承包商配合”再蜕变，在铜梁压气站首次开展机组“边生产边检修”组织模式，最大程度降低对上产增产的影响。铜梁压气站、威运输气站获西南油气田公司“2021—2022年度设备精益管理示范站”称号。（冯　雪）

【天然气销售】 2022年，输气处拓展市场增加销量，抓输销联动，满足客户减、停、增用气需求，发挥可中断客户“移峰填谷”能力，保障新冠肺炎疫情期间和党的二十大召开等特殊时段客户用气稳定，全年可中断客户满负荷运行时长增长20%。与地方人民政府联动，助推优质用气项目落地，新增老客户扩能用气项目14个、新客户用气项目3个，新增天然气市场用气需求6.06亿米^3/年，同比增加4.41亿立方米。克服合同结算方法调整幅度大、合同量调整弹性小、客户接受难度高等问题，实现合同内气量依规推价、合同外气量依市推价到位，全年天然气销售均价1.99元/米^3，同比增长14.8%，天然气价格稳中有进。助力“黄金终端”增销增效，协助终端公司销售代输气2.2亿立方米，终端公司增加利润上亿元。（冯　雪）

2022年6月16日，输气处在成都组织开展“第一责任人安全倡议书”承诺签名活动　　郑剑雄　摄

【绿色发展】 2022年，输气处推进绿电业务，西南油气田公司首个外供清洁能源项目榕山输气站天然气余压发电项目成功并网发电，满负荷运行下年发电量500万千瓦·时，提供550万千瓦·时冷能供化工厂消纳。压气站管理上台阶，开发压缩机组性能曲线分析软件，初步实现节能降耗和启停过程风险把控功能，全年节电240余万千瓦·时。在黄土输气站建成首个自发自用分布式光伏发电示范项目，预计年发电量2.12万千瓦·时。完成威五线、威青线氮驱天然气回收技术试点，减少碳排放412.4吨，形成前期勘察、技术把关、过程管控的标准化实施流程。（冯　雪）

【安全工作】 2022年，输气处体系内审成绩（B1级）连续第10年保持在西南油气田公司第一梯队，QHSE体系内审质量评价排名西南油气田公司二级单位第一。常规人力监管和“安眼”工程远程监管协同发力，在“差异化、流程化、标准化”监管基础上实现实时监管，突出重点特殊时段施工作业方案、措施、监控3个方面升级管理，“两个现场”全面受控。统筹推动安全生产大检查、“护安2022”等一系列安全专项行动落实落地，安全生产专项整治三年行动收官。按计划完成公司级隐患治理项目11个，其中国家级督办项目籍眉线太和段安全隐患治理获省行业主管部门肯定。全面完成自用燃气、无燃气经营资质客户用气、房屋建筑物3个方面隐患清零，历时4年实现输气处无人值守站场阀室报警仪全覆盖，进一步消除安全管理死角。实施健康小屋投用、禁烟活动等一系列举措，健康管理从“疾病防治”向“健康风险防范”转变，健康企业创建通过集团公司验收，高分通过成都市卫健委验收。突出新冠肺炎疫情防控物资保障，结合地方疫情政策编制应急预案15项，疫情防控分类施策，实现生产经营和疫情防控“两手抓、两不误”。（冯　雪）

【管道管理】 2022年，输气处完善管道管理，管道智能管理平台、外部风险视频监控等技防手段不断优化，65段人口密集型高后果区实现“政府＋企业＋社会公众”的“巡、防、治”一体化管理，在第三方施工同比增加17.6%的情况下，保持管道周边第三方施工零破坏。利用枯水季节，完成450余处关键节点风险排查评估，汛前完成69项地灾隐患治理，保障管道安全度汛。锁定466项管道外部隐患，明确两年“清零”计划，2022年完成计划的64%。高效完成千余千米管道定检、第一批44座站场管道定检、两千余千米管道缺陷修复，管道本质安全

系数提升。启动“十四五”一级管道智能阴极保护全覆盖建设，按照“骨干优先、集中使用”的安装原则，全年覆盖50%的一级管道。优化“日常保养+周期性预防维护+春秋两季强制维保+关键设备强制更新”模式，输气处设备年度维保总台次由往年超10万台次减至2万余台次，减少作业区维保工作量，重点工艺设备维护率100%、工艺设备故障处置率100%。（冯　雪）

【改革调整】2022年，输气处突破性改革实现质的突破，持续性改革任务做到对标提升，完成改革三年行动84项改革任务和94项对标措施。持续深化“油公司”模式改革，成都地区乘用车业务实现汽车驾驶员优化派遣，完成梁平输气作业区基础管理提升试点，梁平、仪陇输气作业区“工编挂钩”试点形成岗薪匹配奖励、多劳多得奖励、优绩优酬奖励、强化绩效奖惩4项挂钩机制。赋予销售公司机关科室管理职能，将天然气气质检测与计量监督管理两大业务整合到计量监督检测中心，完成输气绵阳管道管理部设置与组建，提升安全生产管理能力。（冯　雪）

【管理创新】2022年，输气处构建形成“三个专业化平台+两个优质成果抓手”输气特色科研体系，正式发布行业、企业标准8项，实现输气处石油行业标准发布“零突破”。新型注脂嘴等4项成果获西南油气田公司首届一线创新成果评比一等奖、二等奖、三等奖，其中3项成果与西南油气田公司4家二级单位签订推广应用协议；全年获国家发明专利7件。按照“三个一体化”建设要求，全面建成“一站一中心”：成都输气站成为输气处首座高标准智能化示范站场；建成投用输气处调控中心，实现生产运行调控、管道风险调度、安全管理联合办公。管网调控模式从“输气处—作业区—站场”三级逐级调控向“输气处—站场”两级集中调控模式转变。在西南油气田公司二级单位中率先开展生产数据治理，建成处级物联网数据库和生产网物联网管理平台，为物联数据二次开发应用提供安全可靠平台。输气处机关办公业务实现数字化，上线审批电子化流程150余个，缩减了审批办理时间。完成12类业务集中集约化招标整合，全年一次招标成功率100%。践行“强管理”工作要求，在管道完整性管理、工程数字化管理、新型作业区建设、党建与生产经营融合等方面形成一批管理创新实践优秀成果，获全国石油石化企业管理创新优秀成果二等奖1项，四川省企业管理现代化创新成果一等奖2项、二等奖1项，四川省石油企业协会创新成果一等奖1项，西南油气田公司优秀党建研究成果二等奖1项。（冯　雪）

【党建工作】2022年，输气处落实“第一议题”制度，开展“第一议题”学习24次，落实举措34项。细化6大类20项具体工作，纵深推动“转观念、勇担当、强管理、创一流”主题教育活动。第一时间抓党的二十大精神的学习、宣传、贯彻，落实8方面27项举措56项具体内容，全面推动基层党建“三基本”建设与“三基”工作有机融合，2个作业区党支部被命名为西南油气田公司示范党支部，9篇有机融合优秀案例文章被“铁人先锋”平台采纳发布。全面落实人才强企工程的6大专项17类36项具体工作，通过3项措施提高博士研究生待遇，营造更具吸引力的人才政策环境。优化和巩固队伍建设，补充管道运行技术、地面建设一级工程师2人，4名基层领导人员转换到二级工程师岗位，20名操作服务岗位员工转换到一般管理和专业技术序列。“十四五”以来先后有7名员工获各级工匠称号，2022年涌现“中国质量工匠”1人。围绕党的二十大、保民生助冬奥、威江线建设等重点内容开展全方位、立体化、多角度内外宣传，8篇新闻稿件在人民网上刊发，作品《节奏》获全国职工微电影节三等奖。完成2 497人次精准帮扶、744名职工重疾关爱续航帮扶，收到困难职工感谢信11封。成立14个兴趣小组，利用线上平台打造“移动书屋”，完成2个作业区老旧员工周转房卫生间改造，员工幸福感、归属感进一步提升。输气处团委获集团公司“五四红旗团委”称号。平稳有序推进离退休常态化移交，加强春节、全国“两会”、国庆等特殊时段维稳安保工作，全年未发生非正常上访、越级访、群体访和治安案件，片区大局和谐稳定。（冯　雪）

邮政编码：610213
电话号码：028-85601201　028-85601898（传真）
内网号码：231201　231898
单位地址：四川省成都市天府新区华阳大道4段8号输气大厦

相国寺储气库公司

【概况】 相国寺储气库公司于2022年6月1日正式启动运营，机关位于重庆市渝北区。负责储气库生产运营专业化管理工作，管辖着西南地区首座地下储气库—相国寺储气库，为中卫—贵阳联络线及川渝地区季节调峰、事故应急供气，工作区域地跨重庆市渝北区、北碚区、铜梁区、璧山区、合川区。投入运行注采站11座、生产井22口、监测井5口、封堵井14口、集输场站2座、集注站1座、阀室9座。设有机关职能部门7个，基层单位2个，定员140人，实际在岗133人，平均年龄43.7岁，其中管理人员64人，专业技术人员18人，操作技能人员51人。中共党员71人，占比53.4%。2022年，相国寺储气库有限公司完成西南油气田公司下达的各项KPI指标，其中第八周期累计采气19.81亿立方米，第十周期累计注气21.5亿立方米，库容量达到44.06亿立方米，达容率97.9%，最大日调峰采气量达到2 884万立方米，单周期的日调峰能力、注气量、采气量、库存量四创历史新高。

（赵　丹）

【产能建设】 2022年，相国寺储气库公司启动相国寺储气库扩压增量工程建设项目，10月建成投用第一批5座微地震浅井监测台站，11月建成300万立方米应急采气装置，具备3 100米^3/日采气冲锋能力。持续优化压缩机组维护保养模式，月保用时由48小时缩短至12小时，每月增加注气量约2 000万立方米。加强统筹协调，将铜线相压力提升至8.5~9.1兆帕，保障日注气量1 400万立方米。

（赵　丹）

【经营管理】 2022年，相国寺储气库公司突出业务主导，推进生产型向经营型企业转变，深入推进提质增效价值创造行动，实现利润4.69亿元，较指标增长21%，完全成本控制在5.13亿元，较指标下降5%。完成储气库项目资产整体划转至重庆相国寺储气库有限公司，完成扩容达产项目预转资，账面固定资产原值90.72亿元。严控非生产支出，加强成本均衡性管理，节约成本支出2 765万元。加强技术创新，缩短压缩机组月保用时，完成铜梁压气站适应性改造实现1 400万米^3/日满负荷注气，全年较任务目标多注采气9.65亿立方米，增加收入1.36亿元。压控完全成本，严把造价审查关，推进概算分解全覆盖，全年大修项目审减金额约450万元。以西南油气田公司集约化招标为依据，实行综合单价对标，节约成本30万元。通过优化改造乙二醇再生系统、应国产化压缩机组配件、签订直购电合同等各项提质增效措施，节约费用810余万元。全年实现提质增效目标2 700万元。

（赵　丹）

【安全环保】 2022年，相国寺储气库公司巩固安全环保管控能力提升2.0建设成果，连续9年无安全生产、环境保护、质量管理事故，安全生产3 472天，安全环保形势稳定向好。实施差异化岗位安全生产责任清单，细化QHSE绩效考核标准，以考核结果督促直线责任、属地责任落实落地，连续两年在油气和新能源公司储气库业务专项审核中排名第一，连续三年在西南油气田公司QHSE体系审核中评定为B1级，相国寺集注站被西南油气田公司推荐参评集团公司2022年度先进HSE标准化站队，在西南油气田公司驻渝单位中率先取得危险化学品经营许可证。落实“双监督”“双区长”“无监控不作业”等管理要求，推行“业务＋外委”“现场＋安眼”的油公司监督模式，搭建问题（隐患）数字化管理平台，健全完善问题闭环管理机制。全年组织各类安全检查220余次，安全生产记分9人次12分，处罚承包商6个。推进绿色矿山建设和健康企业创建，加大生态环境保护风险管控力度，通过西南油气田公司“绿色矿山”专家组验收。坚持环境保护重大事项议事制度，将审议、研究、决策生态环境保护重大事项、生态环境保护风险管控报告等纳入相国寺储气库公司党委会议题，连续两年被评为重庆市北碚区“环境良好企业”。

（赵　丹）

【信息化建设】 2022年，相国寺储气库公司加快推进数字化转型工作，以“地质体—井筒—地面”三位一体耦合模型为着力点，运用机器人巡检、压缩机组实时在线状态监测、卫星遥测InSAR技术，全面掌握注采生产现状。建设生产数据自主传输通道，减少50%的生产数据传输节点，完成数据映射管理，是西南油气田公司二级单位中首

家实现 DCS 系统数据与西南油气田公司生产数据平台数据一一对应，实时动态管理的单位。（赵　丹）

【完整性管理】 2022 年，相国寺储气库公司开展储气库完整性管理体系研究，梳理形成地质气藏、井工程、地面系统完整性管理手册文件目录，确定程序文件 22 个，作业文件 107 个，“三位一体”完整性管理体系建设工作初见成效。采用卫星遥测 InSAR 技术，开展管道沿线地质灾害隐患排查，精准获取地灾隐患 18 处。完成扩容达产 6 口新井油套管腐蚀基线检测，各井均无明显腐蚀及结垢情况。引入光纤井下漏点检测技术，完成相储 17 井 A 环空异常带压诊断，精准查找漏点。持续开展站场 RBI 定量评价、RCM 评价、注采站低温适应性评价，指导现场制定针对性检测维护策略，夯实站场完整性管理基础。（赵　丹）

【科技攻关】 2022 年，相国寺储气库公司针对储气库全生命周期技术管理、风险管控等重点要求开展攻关，实施科研项目 17 项，投入研发经费 550 余万元。注重项目成果提炼，“相国寺储气库优化运行关键技术及应用”获中国石油和化工自动化应用协会二等奖和西南油气田公司 2022 年科学技术进步奖二等奖。强化知识产权管理，全年申请专利 6 件，受理 3 件，申报软件著作权 5 个，发布《储气库高限考核方案编制规范》等 4 项企业标准。加强项目推广应用，《相国寺储气库“地质体—井筒—地面”三位一体完整性管理探析与实践》等 5 篇论文入选第三届中国储气库科技创新与产业发展国际高峰论坛，《相国寺储气库压缩机运维管理分析》等 2 篇论文入选 2022 年全国天然气学术年会论文集，重庆相国寺储气库有限公司获得油田公司首届气藏动态分析劳动竞赛优胜单位奖。加强教研成果编撰，参与集团公司企标《油气田现场安全检查规范（第五部分 地下储气库场站）》等 3 项标准制修订，自主编制发布《气藏型地下储气库员工技能培训教材》。（赵　丹）

【党建工作】 2022 年，相国寺储气库公司加强党的领导，全面压实管党治党责任，党建责任制考评获得西南油气田公司 A 级，党建工作评价的单项得分较上年增长 7%。落实“第一议题”制度、开展中心组学习和“转观念、勇担当、强管理、创一流”主题教育活动，深入学习贯彻党的十九届六中全会精神、党的二十大精神和习近平总书记系列重要讲话精神，将学习成效转化推动公司高质量发展的动力。全年开展党委中心组集中学习 14 次，“三会一课”60 次，“第一议题”学习 23 次、主题党日活动 36 次，“形势、目标、任务、责任”教育宣讲 24 次，征集强管理意见建议 25 条。强化党风廉政建设，全覆盖签订《党风廉政建设责任书》和《廉洁从业承诺书》，成立党风廉政建设和反腐败工作协调小组，借助西南油气田公司纪委派驻第二纪检组监督力量，发挥党内监督的威慑作用。全面开展巡视巡察、审计等监督检查反馈问题再整改再落实工作，巩固整改成效。强化惠民措施落实，推进“十四五”职工幸福工程，开展慰问帮扶、智慧健康食堂建设、工间休息室改造等项目，改善一线生产生活条件，关心关爱员工身心健康，营造和谐稳定环境。（赵　丹）

2022 年 6 月 27 日，相国寺储气库党委与川庆川东钻探公司党委在重庆联合开展“寻根石炭系、喜迎二十大”主题党日活动

谭沁心　摄

【基层建设】 2022 年，相国寺储气库公司推进基层党建“三基本”建设和“三基”工作有机融合，成立推进工作领导小组，发布 8 项机制 27 条举措，推动基层党建与基层管理全面融合。党建微课《“铁人先锋”使用小技巧》获油气田公司首届微课大赛二等奖。落实党建公司责任制，开展基层党组织书记抓党建工作述职评议，机关第二党支部获西南油气田公司“示范党支部”称号，支部书记李力民获评西南油气田公司“最美书记”。（赵　丹）

【企业文化建设】2022年，相国寺储气库公司持续总结和丰富储采文化内涵，在公司主页开设“储采文化”专栏，进一步弘扬企业文化，制作并发布反映党员“储采”担当、爱岗敬业的微视频《答卷人》。打造相18井党员教育基地、储气库展厅和集注站文化走道，打造具有储气库特色的“文化走廊”。相18井党员教育基地被重庆市化医农林水利工会授牌“职工教育基地”。加大对外宣传力度，制作微信公众号栏目100期，发布文章230余篇，在各类媒体发表新闻作品120余篇。（赵　丹）

【队伍建设】2022年，相国寺储气库公司加大干部选拔任用力度，修订完善《重庆相国寺储气库有限公司基层领导人员管理办法》，规范选拔考核方式，全年新提拔基层领导人员8名。完善人才队伍建设工作机制，编制人才强企工程推进实施方案，明确8个方面84条措施。推进“青年素养提升工程”，团支部获西南油气田公司“五四红旗团支部”称号。建强技师工作室，发挥专业优势，着力解决一线生产难题，积极参加集团公司、重庆市等各类创新方法大赛，获中国石油第二届创新大赛生产创新工程建设专业比赛一等奖和西南油气田公司首届一线创新成果二等奖，研发实用型工具2项，获专利4项，出版专著1部。开展以“岗位做贡献、献礼二十大”为主题的提质增效劳动竞赛，参加重庆市2022年度“网上劳动技能竞赛”和“安康杯”劳动竞赛，13名员工获“星级员工”称号，3项“五新五小”成果获优秀展示奖，王涛获重庆市化医农林水利系统“最美职工”称号。（赵　丹）

邮政编码：401121
电话号码：023-67329035
油网号码：329035
单位地址：重庆市渝北区人和街道万年路432号附43-46号

天然气净化总厂

【概况】天然气净化总厂主要负责天然气净化业务，并利用脱除的含硫化合物生产硫黄。下辖2个净化公司和4个净化分厂，分布在川渝两地6个区县，设有11个职能科室、4个直属机构、6个直属单位、11个厂属基层单位，拥有在运净化装置16套，具有日处理原料天然气5 880万立方米、年处理原料天然气200亿立方米的生产能力，是国内起步最早、综合配套齐全、技术先进的大型天然气净化厂。同时开展大型净炼化装置检维修、天然气净化操作技能培训和职业技能鉴定等业务。下属单位重庆长发石油天然气安装工程有限责任公司，是川渝两地唯一一家成规模、体系完善的专业化天然气净化装置检维修公司，具有石油化工工程施工总承包二级资质。担负着土库曼斯坦阿姆河第一天然气处理厂、第二天然气处理厂和机修厂的生产运行管理。2022年，在册员工1 971人，在岗员工1 755人，一级工程师4人、高级专业技术职称82人，集团公司技能专家1人，企业技能专家9人、首席技师10人，获得高级技师资格48人、技师资格102人。（冯　艳）

【生产运行】2022年，天然气净化总厂进一步稳定川东片区老装置，夯实安岳气田次新装置，提前45天完成全年生产任务，处理原料天然气165.25亿立方米，生产硫黄23.9万吨，连续5年超千万吨级净化量。全过程管控生产装置运行，有效杜绝非计划停产。提前测试遂宁、安岳公司装置最大处理能力，开展预防性检修，高石梯—磨溪地区增加产能2.5亿立方米。采取临停消缺、抢抓地方政策机遇等方式，川东老区较计划增加产能2.5亿立方米。持续完善设备全生命周期管理，新建56台重要机泵在线监测、24台重要电机回路绝缘在线监测和2个基层单位10千伏高压开关柜在线评估系统，一类设备故障维修频率同比下降30%，设备完好率99.7%。科学制订各装置检修时间、任务、方案，全面实施“投产专家组＋专业化队伍”检修模式，试点大修安全网格化管理，较计划提前42天完成装置年度检修，11套装置实现“两年一修”，增加产能3.78亿立方米。（冯　艳）

【安全环保】2022年，天然气净化总厂连续12年获西南油气田公司HSE先进单位。开展主要负责人安全生产述职答辩，完成修订并率先试点《西南油气田公司违章记分管理办法》，主动记分97人次，问责人次同比增加10.30

倍，处罚金额增加20.6倍。推动基层站队QHSE标准化“百千示范工程”，培育出2家公司级优秀示范站队。开展2次体系内审，3次专项诊断，QHSE管理体系审核得分连续4年稳步提升，稳居西南油气田公司前列。完成9个国家专项行动和3个集团公司整治任务，试点检修安全网格化监管，重点领域风险防控能力显著提高。推进“无泄漏”净化厂建设，完成近11万个动静密封点挥发性有机物泄漏检测，减少泄漏量9 371.6千克。编制控制污染物排放优化方案，建立污染物升级管控阶段应急响应机制，尾气二氧化硫同比减排270吨。持续开展健康打卡，动态评估防控举措实施效果，及时调整优化，有效应对涉疫事件。强化感染人群心理疏导，统筹采购和调度防疫物资，顺利度过流行期，确保生产经营秩序稳定。（冯　艳）

【经营管理】 2022年，天然气净化总厂坚持“一切成本皆可降”理念，实现开源增收5.39亿元，降本增效5 956万元，控减投资819万元。严格执行选商规章制度，优化谈判模式，减少签约金额1 795.88万元，完成“强化投资精细管控”设定目标（400万元）的448.97%。实施全面预算管理，制订三年成本压减方案，建立“两级管控责任中心”“财务与业务一体化”成本管控体系。加强各单位能耗状况监控，精细调整工艺参数，持续跟踪能耗考核，电单耗下降6.2千瓦·时/万（米）^{3}，水总耗下降2.5万吨。参与电力市场改革、强化用电功率因数管控，抓好余压发电运维，节约电力费用支出约572万元。开展设备修旧利旧，推进重要成套设备配件国产化，降低生产成本支出88.9万元。自主建设智能运维应用系统，立足协同办公平台，建立流程表单289个，发起流程25 742次，流程使用率90%，节约成本204万元。（冯　艳）

2022年2月24日，遂宁市人大常委会主任周霖临（右二）、安居区委书记吴军（右三）到天然气净化总厂遂宁净化公司调研。图为在遂宁净化公司观景平台鸟瞰装置全貌　曾　玉　摄

【改革创新】 2022年，天然气净化总厂推进ECT、COS水解等“四新”技术现场应用，获国家发明专利授权4项，发布国家标准、企业标准各1项。联合科研院所、高校完成4项科技合作项目，“炼油与化工领域硫黄回收新技术研发与工业化应用”项目获评集团公司科学技术进步奖一等奖。坚持“减总量、提效能”，优化整合规章制度，废止85项，保留30项，削减率76.6%。优化管理创新驱动模式，统筹管理创新项目成果研究，获“管理创新优秀成果”三等奖1项，“管理创新优秀论文”二等奖1项。优化长发公司改革，精简管理层级、优化大修组织，奠定全年检修工作完成基础。实施忠县分厂“大岗位、大工种及工编挂钩”试点，探索有效工编挂钩薪酬激励方式，激励试点单位主动精简人员、控制用工总量，提高劳动生产率。（冯　艳）

【数字化转型】 2022年，天然气净化总厂按照“信息引领、业务主导、大力协同”工作原则，推进信息技术与业务工作深度融合。部署西南油气田公司首个“私有化”工业5G网络，完成气云成像系统建设和净化物联网示范建设，实现生产现场人、车、重要器具的精准定位与实时监控，现场感知能力与应急反应能力显著提升，风险环境人员暴露率进一步降低。建成“安眼工程”，实现风险作业实时自动监控。电站智能机器人部署比例达50%，电力系统人工巡检频次压减50%。实施自动化升级改造，39处现场操作实现远程操控、自动操作，人工劳动率与装置运行成本大幅降低。建成首个三维数字化透明净化厂，构建净化知识图谱及工厂百度，数据利用率提升28%，事故事件率明显下降。建设安全风险预警可视化系统，实现生产安全风险超前预警。建成首个基于三维模型、具备PID整定功能的净化厂，实现净化生产运行动态调节和参数实时优化，生产能耗有效降低。建设西南油气田公司首个动态仿真系统，实时模拟运行工况，利用机理模型与大数据分析推送最优运行参数建议，生产稳定性明显提升。（冯　艳）

【队伍建设】 2022年，天然气净化总厂加强专业化净化人才队伍建设，全面构建现代化、复合型人才结构体系。坚持选人用人导向，通过内部推选等方式，调整基层领导人员12人次。持续完善领导班子、基层领导人员长效考评机制，完成21名新提拔三级副职基层领导人员试用期考核工作。年度考核16名二级工程师和118名三级工程师，按规定比例拉通强制排序。举办天然气净化总厂第一届生产技术比武，覆盖4个专业，142名技术人员参赛。天然气净化总厂员工在集团公司首届油气田开发数字化运维技术竞赛中获1金2银，在西南油气田公司首届微课大赛中，获一等奖1个、二等奖2个、三等奖5个、优秀奖2个。在西南油气田公司首届一线创新成果推介活动中，获一等奖2个、三等奖2个，2个创新成果在西南油气田公司范围内推广应用并签订协议，获取经济效益9万余元。

（冯　艳）

【党建工作】 2022年，天然气净化总厂坚持党对国有企业的领导不动摇，不断推进党建工作融入中心工作。完成《基层党建“三基本”建设与“三基”工作有机融合工作方案》，提出28个措施、67条工作要点，形成党建工作与中心工作互融共进的行动指南。组织召开“转观念、勇担当、强管理、创一流”主题教育宣讲会、强管理业务研讨会，收集各类建议80多条，任务清单136条。树立大抓基层的鲜明导向，试点推进“党建项目化”“区域党建联盟”“党员积分制”等做法，夯实基层战斗堡垒。提高党员发展质量、规范党组织换届选举工作，优化调整4名党支部书记，推动党的组织和党的工作有效覆盖。开展履行全面从严治党“一岗双责”自评价，在政治、组织和工作纪律等7个方面、43项负面清单中找差距、查不足，关注党委落实主体责任、日常监督及领导班子成员廉洁自律等情况，强化党风廉政建设监督责任落实。把党的二十大报告精神贯穿到改革发展的各项工作，重点策划并推出“专家来了”“身边榜样”“升级改造”“喜迎二十大”等专题宣传，全年在人民网、《中国石油报》《四川石油报》等媒体发表稿件1 800余篇，国企网发表800余篇，展示净化人苦干实干、踔厉奋发的精神。（冯　艳）

邮政编码：400021
电话号码：023-67352205
油网号码：352205
通信地址：重庆市江北区龙山路542号天然气净化总厂

成都天然气化工总厂

【概况】 成都天然气化工总厂有特种深冷气体生产、零散气试采回收、硫黄销售、以氮气置换为主的工程技术服务、以安全阀校验及高压气瓶检测为主的检定检测等五大业务。主要产品有深冷气体、含氦标准气、液化天然气（LNG）、压缩天然气（CNG）等。2022年底，有员工总数252人（包含外借外派7人），其中管理及专业技术人员140人，操作服务人员112人。管理与专业技术人员中，高级专业技术职称28人，中级专业技术职称79人，初级专业技术职称及以下33人。有机构17个，其中机关科室8个，直属单位2个，基层单位7个。2022年，成都天然气化工总厂资产总额6 739.15万元，其中固定资产原值14 881.03万元，净值3 870.70万元。

2022年，成都天然气化工总厂生产特种气体9.67万立方米，零散气试采回收1.57亿立方米，硫黄销售29.45万吨。实现营业收入11.56亿元，账面利润5.34亿元，营业收入利润率46.19%，实现全员劳动生产率295.96万元/人。

（李娇琳　贺龄萱）

【生产经营】 2022年，成都天然气化工总厂持续巩固现有五大业务，提升装置高效运行水平、提高服务支撑能力，不断夯实发展基础。完成盐亭天然气处理厂工程项目的初步设计工作，“金秋气田金浅5H、秋林16、中浅1井区沙二气藏开发方案地面工程”（含盐亭天然气处理厂）初步设计通过集团公司审查。坚持“以销定产”，加强生产组织协调，根据全年销售计划统筹安排生产。新建回收站4个，在运行10个，回收能力达110万米^3/日，回收零散气1.57亿立方米，回收规模及回收气量分别同比增长18%和70%。负责13个净化厂的硫黄产品销售，年销售规模28万吨。全年累计完成氮气置换工程项目155项，置换管线2 000千米，置换场站75座，出动应急抢险2次。足202-H1平台化脱水装置累计处理天然气4 938万立方米，脱水合格率100%。在西南油气田公司范围内首次采用氮气平推流方式回收管道内放空天然气，完成威五线、威青线注氮与天然气回收工程施工作业，回收天然气19万立方米，减少二氧化碳排放量412吨，有效落实"天然气+"的绿色能源西南模式。完成川西北气矿剑阁区块礁滩气藏试采地面工程3个新建井站、1个联合集气站氦氮试压检漏联作施工，完成川东北作业分公司2022年度大修氦氮试压检漏联作项目，保障高含硫气藏开发生产的本质安全。全年处理无缝气瓶3 936支，CNG气瓶7 997支，校验安全阀5 112支。持续拓展安全阀校验业务，先后与燃气公司、川西北气矿、蜀南气矿等单位签订安全阀校验合同，全年完成安全阀校验业务收入同比增长13%。

（李娇琳　贺龄萱）

【安全环保】 2022年，成都天然气化工总厂贯彻安全发展理念，夯实了安全生产基础。持续做好新冠肺炎疫情防控常态化工作。动态研判涉疫风险，健全完善网格化管理，建立疫情防控预警管理系统，筑牢疫情防控安全防线。推进安全生产专项整治。监控风险薄弱点，完成安全生产三年专项整治行动。开展危化品专项检查，启动华阳厂区办公楼危房隐患治理工程。按照安全生产"十五条硬措施"，班子成员牵头成立5个专业检查小组，制定详细检查清单，督导全体员工进行风险再识别、隐患再排查，全年接受和开展检查503次，发现并整改问题388项。开展业务主导、专业机构实施的QHSE体系审核，由重问题发现向重管理溯源转变，闭环整改各级审核发现问题182个，针

2022年2月11日，成化总厂2022年零散气回收装置首站在自贡贡井区走马岭的"自211井橇装LNG回收装置"一次投料成功
任胜龙　摄

对零散气现场防爆等突出问题，追溯到设计、建设阶段，做到系统改进、整体提升。开展零散气井试采橇装回收试验站基层站队QHSE标准化手册和图册制修订工作，强化安全环保管理要求在基层有效落实。加强质量计量监管，通过第二方、第三方体系年度监督审核，强化质量管控水平。

（李娇琳　贺龄萱）

【基础管理】 2022年，成都天然气化工总厂结合"转观念、勇担当、强管理、创一流"主题教育活动，抓好提质增效价值创造行动。梳理形成各部门合规职责9份、岗位合规职责176份，明确合规责任，推进合规管理与业务深度融合。清理废止制度8条，压减制度总量，提升制度管理效率。开展内控自我测试工作，查找经营管理存在问题26项，结合内部控制专项测试发现问题20项，科学研判2023年度十大重大风险和管控方案。优化零散气价格体系，在前期制定的"价格修正因素"的基础上，形成"隐性因素显性化、定性因素定量化"的优化策略，在保证装置平稳运行的基础上实现效益最大化。开展零散气CNG推价工作，调研四川地区橇装CNG产品的市场行情和价格走势，形成反映供求变化的季节性差价体系推价方案，推价幅度达19.4%。加强沟通协调，克服用户需求计划不定、资源调配难度大等问题，液氮供应量较去年同期增长100%，保障勘探开发需求。推行自主检维修工作，减少外协检维修费用13万元。通过回收超期气瓶和不合格气瓶中的余气再精制的方式，全年回收余气2 934立方米，节约成本约80万元。持续压缩非生产性支出，严控"五项"费用，压减非生产性投资，在业务增长的情况下，"五项"费用同比压降133万元，积极推进资产轻量化，库存物资同比减少38%。

（李娇琳　贺龄萱）

【科技创新】 2022年，成都天然气化工总厂立足关键技术攻关，加速改革转型升级，支撑高质量发展。加强科研攻关。承担集团公司科研项目1项，公司科研项目5项，参与标准前期研究4项，获发明专利授权1项。成功研制出甲烷中氦和氢混合气体标准物质，氮气中氦和氢气体标准物质。推进创新成果转化能力。低温冷凝+变压吸附纯化工艺技术在金浅3井开展试验研究，探索装置BOG提氦新途径。做好致密天然气气质分析和定期跟踪采样检测

工作，为集团公司致密天然气开发利用提供数据支撑。牵头组织实施生产一线难题14项（集团公司级1项、公司级4项、厂处级9项），获公司一线创新成果三等奖1项，获公司合理化建议和“五新五小”优秀成果奖8项。加快信息化建设，完成信息化建设项目13项，新增移动式视频监控系统16套，实现所有在运零散气装置运行参数回传监管，完成零散气回收装置和施工作业现场视频回传监控。（李娇琳　贺龄萱）

【队伍建设】2022年，成都天然气化工总厂树立新时代选人用人导向，严格干部选拔任用工作程序，全年任免干部19人，其中提拔和进一步使用9人、交流调整4人、退出领导岗位5人，免职1人，调整、充实、完善三级单位领导班子10人。组织青年人才培养“一对一”工作，签订结对协议书11份，推进人才强企工程落地。开展三支人才队伍岗位转换，聘任6名操作服务人员到管理和专业技术岗位，畅通员工成长渠道。（李娇琳　贺龄萱）

【党建工作】2022年，成都天然气化工总厂贯彻落实新时代党的建设总要求，以高质量党建助推高质量发展。严格执行“第一议题”制度，深化党史学习教育成果，开展喜迎二十大系列活动。7个党支部按期完成换届工作，推进党建“三基本”建设与“三基”工作有机融合，开展“一支部一特色、一支部一品牌”的党支部党建特色品牌创建活动。制定下发《成都天然气化工总厂班组优化设置实施方案》《成都天然气化工总厂班组管理提升方案》，提升班组建设水平。强化监督执纪，健全完善纠正“四风”长效机制，开展违规吃喝问题专项整治、“反围猎”专项行动，筑牢党员干部拒腐防变思想防线。持续开展春送健康、夏送清凉、金秋助学、冬送温暖及一线慰问活动，全年慰问帮扶各类困难职工21人次，发放慰问金8.1万元，开展帮扶慰问老石油6人次。深化九龙县、重庆市开州区消费帮扶，巩固拓展脱贫攻坚成果，助力乡村振兴。（李娇琳　贺龄萱）

邮编：610213
电话号码：028-85607636
油网号码：237636
地址：四川省成都市天府新区华阳街道天研路152号

川东北作业分公司

【概况】川东北作业分公司成立于2019年1月14日，是中国石油与美国雪佛龙公司合作的川东北天然气项目的作业者，代表双方履行生产、安全、财务经营等管理职能。合作区块位于四川省达州市宣汉县和重庆市开州区境内，主力气田为罗家寨（滚子坪）气田，单井产量高、压力高、硫化氢含量高，天然气中硫化氢含量最高达14%。业务范围涵盖天然气生产、集输、净化及硫黄产销全部工作环节。截至2022年底，川东北作业分公司管辖23口井，其中生产井6口、封闭井16口，租赁回注井1口，新钻井1口。建成净化厂1座、采气井场2座、集气站1座、硫黄厂1座。管理管道总里程111.3千米（其中原料气集输管线为38千米），沿途设置可独立切断的阀室9座。设有7个职能部门、4个直属单位、4个基层单位。有中国石油员工570人、合作方员工16人，有高级专业技术职称90人、高级技师5人。党委管理中国石油党员339人，占员工总数的59.5%，代管业务外包党员30人。

2022年，川东北作业分公司生产天然气地质产量29.73亿立方米，产销硫黄39.4万吨，累计生产天然气超170亿立方米，获全国“‘安康杯’竞赛优胜单位”称号。（杨　琼）

【安全环保】2022年，川东北作业分公司聚焦现场风险防控，强化环保合规管理，连续4年获西南油气田公司“QHSE先进单位”称号。创新建立优良作业体系量化审核标准，针对18个优良作业管理流程开展自评估提升，跟踪高风险流程52项里程碑与38项领先滞后指标，管理体系运行良好。开展全装置预先危险性分析再验证，自主开展安全生产大检查993次，核实验证风险作业保护措施52 005项，在隐患排查治理与安全风险管控方面得到广泛认可。鼓励和引导员工行使停工责任权99次，有效预防26次潜在安全事故发生。开展环境全要素监测336次，蝉联四川省“环保诚信企业”称号。开展承包商员工安全培训及能力验证25 878人次，清退承包商1家，激励3 246枚龙币，承包商主动提高优良作业自主管理业绩。开展三级联合应急演练99场次，支援地方火灾救援5次。关注员工身心健康，做好新冠肺炎疫情防控，建立健康小屋、心理咨询室，职业健康体检率100%，通过四川省健康企业建设专家组评估。（郝崇志）

【生产管理】2022年，川东北作业分公司满产运行300天，有效生产时率99.7%，关键设备设施完好率保持98%。“一井一策”制定针对性稳产措施，清除集气管道硫沉积3.3吨，验证气藏动态储量789亿立方米，罗家寨主力气藏各项开发指标持续向好。新编开停产操作程序31个，工艺操作更加科学规范。从工艺安全管理流程前端介入，强化审核审批及优良作业指导，推动工艺安全管理方式由“内审”向“帮助”转变。历时54天完成752个大修技改项目，一次性升级更换3套脱硫吸收塔、3套进气过滤分离器，创下投产以来工作量最大、难度最大、检修工期最短纪录。处理各类生产异常情况270余次，预判调整工艺参数120次，确保生产运行计划符合率超99.5%，异常联锁临停事件同比减少30%，非计划产损气量同比减少40%，生产运行精细化管理水平进一步提升。（郝崇志）

【产能建设】2022年，川东北作业分公司安全完钻罗家24井，试获无阻流量1 183.65万立方米高产工业气流，是中国石油担任川东北天然气项目作业者以来，在罗家寨气田钻获的第一口日产超200万立方米的高含硫工业气井。钻井过程充分融合中国石油及雪佛龙公司的钻完井技术优势，创下“须家河机械钻速最快”“雷口坡—飞仙关造斜周期最短、一趟钻进尺最长、机械钻速最高”等四项纪录，井身质量合格率100%，靶体钻遇率100%、优质储层钻遇率98.13%。推动罗家寨气田B井区开发建设，完成罗家21井、22井、23井实施论证工作，形成B井区平台选址推荐方案，并协调解决用地、钻井搬迁，启动钻前工程施工建设工作。B井区开发关键影响因素高桥中学迁建，取得实质性进展。完成征地拆迁工作，环评、水土保持等40余项专项审批，工期相比原计划下降50%，教学班级规模、用地规模分别下降25%和28.7%，投资总成本得到有效控制。（杨　琼）

2022年3月2日，川东北作业分公司在宣汉县南坝镇幼儿园开展“文明实践暖人心、地企共建促和谐”学雷锋志愿服务活动
冯　博　摄

【合规管理】2022年，川东北作业分公司持续完善管理模式。建立联管会首席定期会晤机制，加强重大问题沟通协调，确保合作关系稳定。搭建谈判协商工作平台，加快工作计划与预算的审查、报批效率。将法律、合规管理前移，构建“业法融合”联动机制，制定实施28项措施保障合作经营风险全面受控。出台《川东北天然气项目例外事项管理程序（试行）》，提升运营决策效率，审慎启动1次，保障罗家24井井控安全措施合理实施。动态评价规章制度104个，完成制度建设计划43项，梳理适用性业务流程1 071项，形成管理清单。接受西南油气田公司对川东北天然气项目气田水拉运专项审计及作业权移交专项审计，推进2017—2020年联合账簿审计发现未关闭问题整改，进一步强化合规管理。（杨　琼）

【经营管理】2022年，川东北作业分公司多措并举实现首气以来最大盈利性增长，单位操作成本控制历年最低。优化调整20项工作计划与预算，严格执行预算和资金配置计划，同步跟踪重点工作落实情况，全面预算管理目标导向作用充分发挥。修正增加SEC证实储量，减少折旧折耗成本支出，为西南油气田公司常规气SEC储量增长作出突出贡献。在硫黄产销比99.7%的基础上积极推价提效，创下硫黄销售历史最高均价，销售规模稳居全国第四、集团公司第一。积极推动降库工作，联合账运维库3年以上无动态物资占比较作业权移交前下降14%，推动库存资

金占用总体下降 12.5%，向西南油气田公司内部平库油管 1 060 根，首次实现库存积压物资正向收益。（郝崇志）

【党建工作】2022 年，川东北作业分公司严格落实“第一议题”制度，党委专题学习 29 次，各级党组织学习 143 次。创新建立“1346”党建工作项目化管理模式及“五联”工作法，促进基层党建“三基本”建设和“三基”工作深度融合。组织三级副及以上领导干部签订党风廉政责任书，签约率 100%。加大 11 名基层领导干部跨专业领域交流锻炼，推荐提拔中层领导及一级工程师 5 人，推荐优秀年轻后备干部 9 人。开展培训 65 项，移交后员工培训投入较作业权移交前平均增加 52%，搭建“罗永辉高含硫气田开发技师工作室”，领衔开展 4 个创新基金项目和一线生产难题研究，促进技能人才队伍水平提升。为属地经济贡献税收同比增长 15.3%，助力乡村振兴消费增长 2 倍，向属地学校和敬老院捐赠农产品 335 吨，支援建设项目 132 万元。（郝崇志）

邮政编码：610021
电话号码：028-63218884
油网号码：63218884
单位地址：四川省成都市滨江东路 9 号香格里拉中心 26 楼

长宁公司

【概况】长宁公司由股份公司出资 55%、四川省能源投资集团有限责任公司出资 30%、宜宾发展控股集团有限公司出资 10%、北京国联能源产业投资基金（有限合伙）出资 5%，4 家股东共同组成，注册资本 10 亿元人民币，后增至 75 亿元人民币，是国内首家企地合资的页岩气勘探开发公司，承担“率先建立国家级页岩气示范区和促进地方经济社会发展”的双重任务，旨在建成国际国内具有较强竞争力和较大影响力的页岩气开发公司。长宁公司勘探开发目标区块位于四川省西南部，矿权面积 6 000 余平方千米，横跨四川、云南两省 4 市 18 县，初步落实龙马溪组—五峰组页岩气资源量近 1 万亿立方米。长宁公司按照“油公司”模式运行，实行扁平化管理，设管理部门 10 个，在册员工 140 人，员工由各股东方委派。

截至 2022 年底，长宁公司累计生产页岩气 252.02 亿立方米，完成钻井 584 口，完成压裂 518 口，建产投产 500 口，日产量最高 2 031 万立方米；固定资产原值 332.83 亿元，固定资产净值 182.69 亿元，累计利润总额 96 亿元。长宁公司产量规模稳居川南第一和西南油气田公司第二，安全生产发展大局平稳受控，获 2022 年“四川企业 100 强”“四川服务业企业 100 强”及四川省人均利润第一企业，获国家教育部科学技术进步奖一等奖、四川省科技发明一等奖，获四川省数字化转型优秀企业、四川省数字化转型领军人物、四川省生态环境良好企业、四川省石油企协管理创新奖，西南油气田公司先进集体、HSE 先进单位、维稳信访先进单位等荣誉。

2022 年，长宁公司生产天然气 55.35 亿立方米，实现页岩气销售收入 67.48 亿元，净利润 7.4 亿元。全年完成投资 63.53 亿元，新开钻 28 口，完钻 53 口，投产井 61 口，投运页岩气井地面装置 16 套，新增页岩气年产能 16.99 亿立方米。（李　晶）

【勘探开发】2022 年，长宁公司 50 亿立方米方案区立体开发取得突破。立体开发先导试验井宁 209H50-5 井的Ⅰ类储层厚度 8 米，水平段 1 600 米，Ⅰ类储层钻遇率 89%，采用压裂工艺 2.0，完成 1 537 米压裂改造，生产 3 个月以上，预测最终可采储量（EUR）1.04 亿立方米。宁 209H42-1 井的Ⅰ类储层厚度 8 米，水平段 1 300 米，受Ⅱ级断层影响，Ⅰ类储层钻遇率 71%，采用压裂工艺 2.0，完成 1 241 米压裂改造，生产 3 个月以上，预测最终可采储量 0.8 亿立方米。两口井按 1 800 米标准井折算均达到方案设计要求，证实主体区可以通过立体开发提高采收率，夯实老气田持续稳产的资源基础。通过先导井实施，明确立体开发Ⅰ类区 28 平方千米，可部署立体开发井 37 口。深化宜 202 井区地质工程认识，评价产能建设风险，启动宜 205 井区先导试验方案和宜 203 井区试采方案编制，拉开宜 202 井区产能建设序幕。新建年产能 17 亿立方米，产量连续 3 年保持 55 亿立方米以上。抓新井钻试提速提效，投产新井 61 口，产气 10.74 亿立方米，全年超产 0.92 亿立方米。抓老井产能维护和挖潜，组织气田大修和开展低压平台挖潜，老井全年产气 44.6 亿立方米。高效完成年

度检修任务，最大限度减少产量影响，为保障国家能源安全、促进区域发展作出新贡献。（李　晶）

【地面建设】 2022年，长宁公司在组织宁209井区北区新井投产时，克服时间紧、任务重、难度大、风险高等困难，建成集输管线51.46千米、集气站1座、平台井站11座。采取提前开展压缩机基础施工及橇外工艺深度预制等措施，缩短建设、调试、试运周期，建成增压工程7项，累计增产气量2 000万立方米。面对新井排采带来部分拟建设区域与岩溶发育区域重叠导致初设、环评、物资等滞后的挑战，克服海拔高、地形地貌险峻、地方协调等困难，组织13次现场办公，优化管网架构和工艺流程，灵活调配工程余料，实现“快定、快改、快投”，建成供水及返排液线路40.94千米、泵站14座，保障今冬明春供消平衡。在钻前工程道路建设、矿建工程方面提速提效，优化实施工序，严把进度关，8个钻前工程平均有效工期缩短2.6天，同时按期完成矿建工程1项。（李　晶）

2022年5月8日，西南油气田公司宁209H47–10井采用215.9毫米钻头，在龙马溪组水平段日进尺828米，创中国页岩气钻井速度新纪录
代　锋　摄

【工程技术】 2022年，长宁公司开钻平台13个，开钻井28口，完钻井53口，进尺27.13万米。完成压裂井67口1 957段，注入压裂液393.07万立方米，注入支撑剂39.15万吨。完成带压下完井管柱119口、换阀作业24口、修井56口。克服高温、限电及新冠肺炎疫情等多方困难，超前开展生产组织，多方协调，全面完成产能任务。试验纳微米封堵材料，突破大坝东区“旋导禁区”，宁209H69–2井215.9毫米井眼龙马溪组造斜段—水平段全程采用旋转导向工具，钻井周期缩短至55.98天，创大坝东区钻井周期最短纪录。创新套铣＋切割一体打捞工艺，解决连续油管卡钻技术难点，形成连续油管打捞技术模板，完成宁209H21–3井打捞工作，成功复产，年累计贡献产量389.9万立方米。全面推广“日费制”钻井，当年完钻“日费制”开发井42口，平均钻井周期53.2天，较当年总承包井钻井周期降低30%，钻井成本控制在集团公司批复范围内，并创造日进尺828米、半年内“四开四完”等一系列提速纪录。深度融合提质增效专项方案，严格落实措施，完成全年提质增效目标。持续优化支撑剂组合，石英砂比例提高至78%，累计节约费用3 854万元。开展新材料试验，探索控投降本新途径，开展5口井覆膜石英砂试验，节约573万元。引入市场化机制，促成临时采输气流程下浮13%，节约600万元。全年完成控投降本5 027万元，超年度计划527万元。严格把关入井液体、材料和工具，入井材料检测全覆盖。固井质量合格率95%，入井套管质量合格率100%，井身质量合格率100%，未发生违反集团公司“七条红线”的情况。实现“精细压裂全过程控制”，压裂设计执行率98%，井筒完整性100%，单井最终可采储量1.22亿立方米，同比提高18%。（李　晶）

【生产运行】 2022年，长宁公司处置各类异常关停560余次，气量影响由年初的700万米³/月降低到年末的300万米³/月。优化气量调配20余次，通报场站等压力预警30余次，全年多生产天然气3 000余万立方米；优化各类停气作业80余次，全年作业较计划少影响气量1 000万余立方米；宁216中心站检修较计划少影响气量410万立方米；建成增压站4座，年增产气量2 780万立方米；沉着应对地震、大面积停电、集气站及脱水站连锁等生产突发应急事件7次，未发生一起安全环保事件。宜208井钻机搬安13.6天，提前6.4天完成该环节考核，创川渝地区页岩气井搬安周期最短纪录。开展“市、县、镇、社”四级联动，开展县级及以上工作对接30余次，现场协调解决阻工阻路事件210余起，平均每起处理时间0.6天。创新“主黑＋支硬”工作举措，推动道路恢复还建22条，总里程49.8千米，同比增长204%，同比缩短道路的断道时间8天。通过公开招标方式选择承包商，较控制价节省费用400万元。保障62口钻井、27口井压裂供电和128座

平台、37台增压机设备、93座泵站、返排液处理站的供电，累计供电21 667万千瓦·时。通过优化内部电网结构、减少停电检修50次、组织应急电力保障415台次应对夏季限电等措施，多贡献产量1 250万立方米；开展电力设备同步预试，提升工区防雷水平，优化电网结构及电力线路等，非计划停电次数下降34.62%，停电时长减少87.5小时，较预期减少产量影响270万立方米，多争取负荷4 700千瓦，多消耗返排液11 550立方米；通过优化生产运行组织方式、优化基本电费缴纳方式、加大投建运模式管控力度等措施，2022年降本1 200万元。生产井区产生返排液122.5万立方米，取清水224.6万立方米，累计转供水347.1万立方米，保障21个平台68口井压裂用水需求，保障正常生产转水与返排液处理站用水需求。全年管网转供水143.1万立方米，其中压裂供水123.7万立方米，返排液处理站达标外排19.4万立方米，返排液回用率84.2%，同比下降14.3%；全年临时供水204万立方米，保障16个平台48口井压裂用水需求。强化油气资产管理，完成37个场站设备资产核对；推进闲置设备再利用工作，完成除砂、分离橇修复6台，压缩机组搬迁利旧7台，节约费用484万元。执行地方人民政府、上级部门相关要求，未发生因地震、洪汛等引发的人员伤亡和油气生产安全事故。加强应急处置保障，完善《长宁公司自然灾害突发事件专项应急预案》，开展自然灾害突发事件应急演练，2022年应对宜宾市境内强度3.0及以上地震14次。组织“8·12”“8·15”“9·9”“10·7”等多次静默期间现场抢险保供工作，协助办理《四川省重点物资运输车辆通行证》237份，高质量完成静默期间保供任务。（李　晶）

【物资采购与管理】 2022年，长宁公司接收物资需求计划242份，实施采购金额6.49亿元，其中地面建设大宗物资采购0.31亿元。入库2 876万元，出库2 117万元，集中采购率95.8%，目录执行率98.7%，同比上升2.3%，居西南油气田公司前列。全年入库3 603项物资，出库3 264项物资，出库率90.61%，降库64%，库存年周转16次。推行看库设计，看库提料和精准匹配计划优化仓储，油套管库存从2021年初的11 175吨降至3 283吨，库存下降65.79%，支撑剂从2021年初的4万吨降至1.5万吨，库存下降62.5%，盘活资金约4 988.12万元。在川南页岩气范围内率先共享调剂使用油套管，按照存期超过半年期、1年期、2年期分类处理，累计向西南油气田公司内部单位、川庆钻探工程公司调剂油套管积压物资1 839.15吨，回收资金2 508万元。压裂支撑剂废料控制在单平台平均不超过20吨，产生率约0.42%。委托公开招标项目52项，涉及金额95 846万元，完成招标项目47个，涉及金额79 246万元，资金节约率7.35%，综合招标成功率79.14%，同比下降3.49%。其中，工程类项目5个，涉及金额6 446万元，成功率84%；服务类项目42个，金额6.8亿元，成功率78.57%。可不招标项目申报58项，金额24.88亿元，招标率47.27%，同比上升6.8%。全年实施招标限下采购项目282个，金额22.89亿元，其中应用西南油气田公司集采（集中采购）成果库项目83个，金额2亿元。（李　晶）

【安全环保】 2022年，长宁公司围绕《安全环保管控能力提升方案2.0》重点工作要求，完成各项QHSE指标，全面实现零缺陷、零污染、零事故、零排放“四零”目标，连续9年被评为西南油气田公司HSE先进单位。坚持新冠肺炎疫情防控常态化管理，定期召开防疫领导小组会议，组织核酸检测，坚持环境采样和每日消毒，严格审查人员流动和新进工区人员资料，全年审查5 222人，跟踪重点和中高风险地区26人，员工疫苗接种率100%。修订完善各项应急预案，开展天然气管线泄漏演练1次，提升应急处置能力。开展承包商HSE履职能力提升培训，制订个人安全行动计划、修订安全生产责任清单、全员签订QHSE责任书。建立风险作业清单监督机制，强化关键环节过程监管和重点时段、领域隐患排查治理，固化领导干部带班值守，定期开展“四不两直”、节假日专项检查。全年开展安全联系29次、“四不两直”现场检查42次，节假日和特殊时段安全生产专项检查11次，治理安全隐患项目7项。完成返排液处理站污染源在线监测系统建设，实现在线数据向地方监控系统及集团公司污染源在线监控平台的稳定传输、外排水数据的实时监控；组织污染源在线监测系统运行管理培训，开展在线监测系统专项风险自查并完成整改闭环。完成返排液处理站回用水管道建设并投运，全年进原水量38.8万立方米，达标外排水量19.2万立方米，回用水量19.6万立方米。转运处置油基岩屑，累计产生油基岩屑44 587吨，处置油基岩屑44 669吨。开展固废专项检查，开展188个场所地表水、地下水、土壤、外派口废水日常监测，开展噪声投诉纠纷监测30余次。建立环境因素识别清单、重点环境因素识别清单、环保设施台账，完成宜202井区选址踏勘工作，通过四川省绿色矿山“回头看”检查，通过四川省环保督察。开展企业环境信用评价，连续4年获“环境信用良好企业”称号。定时取样分析气质，严格控制月输差率，2022年平均输损率2.29%；强化节能目标管理，节能节水指标综合完成率100%。启动“健康企业”创建，倡导健康生活方式，通过四川省“健康企业”创建评审验收。全员配发劳动保护用品和各项保健津贴，开展员工健康体检，建立员工健康档案，2022年员工健康体检率100%，无新增职业病患者。组织学习驾驶班危害因素辨识及管理，开展交通安全警示教育。（李　晶）

【经营管理】 2022年，长宁公司下达投资计划63.54亿元，完成率100%。开展《长宁页岩气田年产50亿立方米产能建设稳产方案——宁209H32平台等21口井实施方案》和《长宁页岩气田年产50亿立方米产能建设稳产方案——宁209H42平台等20口井实施方案》的编制工作，2022年12月5日获西南油气田公司批复。配合西南油气田公司完成集团公司下达的页岩气勘探开发项目自评价长宁区块工作，组织完成2021年度投产井经济效益评价。全年销售页岩气52.83亿立方米，销售收入67.36亿元。加强全过程造价管控，完成各专业“四算”编审1 211项，金额70.94亿元，完成结算755项，金额42.14亿元，完成结算项目164个。（李　晶）

【管理创新】 2022年，长宁公司获“西部数字化转型领军企业”称号，班子成员获“西部数字化转型领军人物”称号，连续3年上榜四川省100强企业、四川省服务业100强企业，名次逐年提升。2022年首次上榜“四川数字经济企业50强”，排名第15，企业人均利润全省排名第一。开展管理创新申报工作，获四川省企业管理创新奖5项、四川省石油协会管理创新奖4项、西南油气田公司管理创新奖2项。（李　晶）

【合规管理】 2022年，长宁公司修订规章制度62项，修订业务流程33项，内控自我测试发现问题51项，在规定期限内全部完成整改。参照西南油气田公司《关于印发〈西南油气田分公司安全生产（HSE）合同（2021修订版）〉标准合同文本的通知》，全面修订HSE标准合同文本，发布标准合同文本92个，其中HSE标准文本8个。2022年10月27日，长宁公司完成新版营业执照变更工作，法定代表人由“余朝毅”变更为“赵松”。根据长宁公司法定代表人变更情况，适时调整公司副总经理、党委副书记、纪委书记、工会主席和部门（基层单位）行政负责人的2022年合同签约授权范围和额度，合同分层级按类别审查签约，实现公司总经理、副总经理、部门行政负责人三级审批权限。2022年，兴文县宏能煤业有限公司诉长宁公司采矿权纠纷涉诉金额14 473.13万元，长宁公司胜诉，退还长宁公司一审反诉费及二审案件受理费833 600元。（李　晶）

【党建工作】 2022年，长宁公司党委结合“党建＋业务”工作主线，牵头专项战略发展及精益管理调研，完成中国共产党长宁公司第一次代表大会筹备选举工作。组织干部、党员代表到宜209井场开展联合党支部活动，通过联合党支部开展现场调研、党委委员讲党课、邀请专家讲授专业知识及党员岗位述职等形式，让党员领导干部全面了解主营业务和上产状况。优化党建工作资源配置，将机关党支部从原先的3个调整成5个。制定《长宁公司基层党支部工作考核评价实施细则（试行）》，构建季度支部考评、月度党建平台考评机制，落实党建工作一岗双责。召开庆祝中国共产党成立101周年暨先进表彰大会，首次将宝石花鑫盛、业务支撑服务单位的优秀党员纳入表彰范围，提升各参建方的积极性和凝聚力。畅通人才发展通道，聘任2名企业高级专家、1名一级工程师，充实专业技术人才队伍。多项党建类成果获西南油气田公司优秀党建成果二等奖、优秀奖，四川省企业管理成果二等奖等荣誉。落实《中共中国石油天然气集团有限公司党组关于新时代加强和改进思想政治工作的实施意见》，制定关于新时代加强和改进思想政治工作实施清单。成立主题教育专题宣讲团，主要领导带头，分管领导到一线宣讲，线上线下宣讲受众900余人次。集中开展党委中心组（扩大）理论学习12次，发布宣传稿件170余篇，在“铁人先锋”党建公众号发布稿件近20篇。围绕“党的二十大”策划“致敬每一位奋斗不息的长宁人”等系列报道，推出《长宁公司成为中国石油首家页岩气超二百亿立方米生产单位》《长宁 H30–7 井 311.2 毫米井眼打破川南页岩气钻井纪录》等重大生产节点信息 10 余篇，展现发展成就，获中央级、省级媒体平台关注。开展廉洁谈心谈话，学习严重违纪违法典型案例，深化承包商廉洁从业教育。创新监督方式，打造联合监督网络，建立月度通报机制，开展 22 次监督检查，开展“反围猎”专项行动、“三商”专项排查、监察对象信息采集等专项监督。落实中央八项规定精神，开展专项检查 3 次，开展违规吃喝问题专项整治工作 2 轮。配合完成上级专项巡察，针对各级巡察发现的共性问题，开展 3 次自查自纠，巩固“三不腐”长效机制。落实维稳安保措施，宁 201 井区中心站通过国家一级治安反恐重点目标达标验收，党的二十大期间维稳信访工作获西南油气田公司电报嘉奖。协助中国扶贫基金会组织“旭航助学”志愿者活动及助学金发放。与省级媒体打造长宁特色的公益品牌，与四川日报社合作成立四川童声合唱团宜宾分团，与四川传媒集团联合发起“四川发布·精神午餐”进校园公益读书活动，开创企地合作新局面。（李　晶）

邮政编码：610051
电话号码：028−86010775
油网号码：210775
单位地址：四川省成都市成华区猛追湾横街 99 号世茂大厦

勘研院

【概况】 勘研院是从事天然气勘探开发综合性应用科学研究的机构，立足西南油气田公司常规气、致密油气勘探开发参谋部、技术研究中心、技术支持中心职能定位，开展四川盆地常规气、致密油气的勘探开发理论技术研究和生产技术支撑，以及页岩气分析实验工作。2022 年，支撑探井综合成功率 80%，开发井及滚动评价井成功率均 100%。新增探明地质储量 2 053 亿立方米、控制地质储量 3 267 亿立方米、预测地质储量 3 513 亿立方米、SEC 证实地质储量 638 亿立方米。科研生产工作完成率 100%，安全环保生产无事故。下设研究所（室、中心）、机关部门机构 23 个，其中机关职能科室 8 个、基层单位 14 个、托管投资公司 1 个（四川科力特油气技术服务有限公司）。西南油气田海外技术支持中心（正处级）与勘探开发研究院“一套机构、两块牌子”。在册 570 人，其中博士研究生 62 人（含博士后 8 人）、硕士研究生 284 人、大学本科 179 人、大专及以下 45 人；有教授级高级工程师 6 人、副高级专业技术职称人员 171 人，中级专业技术职称人员 284 人，初级及以下人员 38 人。有企业技术专家 2 人、一级工程师 13 人。固定资产原值 40 890 万元，净值 17 590 万元。房屋原值 19 606 万元，净值 12 109 万元。各种办公及科研设备 2 800 台（套），原值 21 284 万元，净值 5 482 万元。（蒲柏宇）

【科研工作及成果】 2022 年，勘研院围绕各级重大专项项目、集团（股份）公司科技及预探项目、西南油气田公司科技攻关和勘探前期项目、接替领域的科研和目标评选、重点探井跟踪等开展科研生产工作，并开展日常管理各类指令性科技攻关、勘探目标研究、前期工作、行业企业标准及公司内部委托等综合研究项目总计 241 个。推动科技成果集成及技术有形化，2022 年牵头申报省部级科技奖励 6 项，获科技奖励 5 项，其中获得四川省科学技术进步奖 2 项，获集团公司科技奖励 3 项。获集团公司首次软科学研究优秀成果奖 1 项，10 项成果获 2022 年度西南油气田公司科学技术进步奖，其中特等奖 1 项，1 件专利获西南油气田公司专利银奖。申请发明专利 50 件，授权发明专利 16 件，其中国外专利 2 件，登记国家软件著作权 3 项，实现知识产权新突破。牵头负责标准项目 20 项，其中国际标准培育项目 2 项、国家标准 3 项、行业标准英文版 1 项、西南油气田公司企业标准 14 项，首次制定团体标准 1 项。完成 2023 年标准立项，其中新制定行业标准 3 项。充分发挥标准引领作用，持续推动技术进步、掌握行业话语权，以高标准引领高质量发展，牵头制定的国家标准《页岩和泥岩岩石薄片鉴定》获能源行业页岩气标准化技术委员会标准创新贡献项目一等奖。（蒲柏宇）

【勘探基础地质研究】 2022 年，勘研院围绕重点勘探领域，开展基础地质研究，取得多项创新认识。形成原—古特提斯域演化控制碳酸盐岩关键成藏地质单元的理论认识。提出川西地区超深层海相层系位于扬子克拉通西北缘，特提斯洋的多幕次拉张活动，形成从震旦系至二叠系的多期裂陷槽、多个古隆起，发育盆地内最优质烃源岩和多套储层，是探索万亿规模战略接替资源的重大领域，支撑万米科探井论证通过。深化海西期盆地构造—沉积演化认识，形成栖霞组“一缘三高带”、茅口组“一缘一隆”勘探方向，资源规模超万亿立方米。突破以往认为四川盆地下二叠统不发育规模孔隙型储层的传统认识，支撑二叠系勘探连续获得重大新发现。建立海相非常规领域三类成藏新模式，川东吴家坪组深层海相优质页岩富集成藏模式、雷口坡组三段 2 亚段蒸发环境成烃成油新模式、茅一段泥岩灰岩互层成藏新模式，论证部署 3 口风险井均获重大发现，证实了地质认识，开辟盆地非常规油气勘探新领域。提出以须家河组为主力烃源岩形成一套含气系统、两套成藏体系，沙溪庙组斜坡区多套河道砂体叠置含气，大面积、集群式分布。重新构建须家河组等时地层格架，明确了各时期湖—砂对接关系，指出富气区带，高效支撑勘探部署。提出川东北渡口河—七里北地区飞仙关组发育早期边缘带厚层鲕滩储层的创新性认识，改变了以往的斜坡相认识，拓展了勘探区带，论证部署宣探 1 井，钻获礁滩气层 180 米，有望开辟千亿立方米增储新阵地。（蒲柏宇）

2022 年 2 月 23—24 日，勘研院在成都参加股份公司召开的四川盆地 2022 年第一轮风险探井目标审查视频会　周　刚　摄

【区带目标井位研究】 2022 年，勘研院深化四川盆地“四新”领域研究，风险勘探取得重要新进展，全年论证通过风险探井 6 口。提出吴家坪组页岩气勘探新领域，大页 1H 井吴家坪组钻获优质页岩气储层，测试获日产气 32 万立方米，有利区资源量超万亿立方米，开辟盆地页岩气勘探新阵地。提出碳酸盐岩蒸发环境成藏新认识，充探 1 井雷口坡组泥灰岩测试获日产凝析油 47 立方米、气 10.9 万立方米，揭示海相非常规勘探新领域。钻探证实蓬莱气区震旦—下古生界纵向 4 套产层叠置发育、立体成藏，形成蓬探 1 井区、东坝 1 井区、角探 1 井区三大成藏富集区块，获得地质储量 7 964 亿立方米。红星 1 井钻探证实龙门山复杂构造下盘发育原地隐伏构造带的地质认识，栖霞组测试获高产气流，实现盆缘冲断带下盘勘探的历史性突破。多口井钻探证实角探 1—南充—龙女寺地区是茅口组二段富集有利区，评价有利含气面积 1 390 平方千米，是千亿立方米级规模增储的现实区块。栖霞组、灯影组四段台内立足“滩体 + 一二级走滑断裂破碎带”部署评价井 5 口，其中 4 口试油获百万立方米高产，井均无阻流量 162 万米 ^{3}/ 日，为碳酸盐岩薄储层效益开发提供新路径。完善灯影组二段“丘滩 + 岩溶”优质储层发育模式，2 口先导试验井井均无阻流量 188 万米 ^{3}/ 日，有力保障安岳气田上产 180 亿立方米。围绕重点产能建设领域，论证通过井位 81 口，完成试油井 47 口，累计测试日产气 3 179 万立方米，同比提高 38.8%。（蒲柏宇）

【致密油气研究】 2022 年，勘研院陆相致密气高效勘探成效显著。组织地质、物探一体化攻关研究，支撑天府沙溪庙组千亿立方米大气田高效探明。重新认识须家河组，明确富气区带，天府 101 井、永浅 1 井须家河组获高产工业气流，新增预测储量 1 760 亿立方米。立足于川中核心建产区整体部署，实现择优探明，外围甩开部署力争新发现。沙溪庙组部署探井 30 口，完成试油 24 口，工业气井 20 口，成功率 83%。须家河组部署探井 10 口，目前待钻。开发方面对标行业、精细研究，采用先进适用技术，强化比选论证，制定一流开发指标，形成有效方案编制程序，实现方案编制与储量申报并行，科学高效编制 4 项开发方案。持续优化完善开发主体技术序列，部署开发井 120 口，成功率 98%，培育 39 口无阻流量超百万立方米气井，2022 年新增年产能 17.8 亿立方米，建成 26 亿立方米年产规模，强力支撑致密气加快上产工程。（蒲柏宇）

【开发研究】 2022年，勘研院做好川中古隆起开发上产方案研究，遵循“立体开发、效益建产”思路，完成《安岳气田高石梯多层系开发方案》《蓬探1井区灯二气藏开发方案》《龙女寺—合川二叠系开发概念设计》3项重要方案编制工作，囊括4个层系10个区块，动用储量4 100亿立方米，设计新增产能超60亿立方米以上。着力盆地稳产重点气藏开发优化研究，完成磨溪龙王庙、川东北高含硫、川西超深层3大重点领域气藏专题动态跟踪分析，持续优化开发稳产对策，支撑三大气藏以110亿米³/年生产规模持续稳产6年以上。开发关键技术取得4项新突破，形成基于“地面—井筒—气藏”一体化模型的全生产流程动态预报及分析方法，实现单井实时配产、排水采气工艺和地面工况调整的联动优化，保障龙王庙组特大型气藏长期稳产和提升采收率。量化揭示高含硫气藏元素硫的赋存和运移机理，明确硫沉积的分子构型、聚集形态和析出位置，支撑硫溶剂研发和解堵工艺优选，保障不同类型高含硫气藏全生命周期高效开发。建立针对低渗底水气藏的水侵动态评价技术，制定兼顾提高单井产量与控水开发的技术对策，支撑川中古隆起灯二气藏的效益开发。建立多重介质储气库高速渗流与注采能力分析技术，实现缝洞型储气库库容动用量化评价，支撑了建库关键参数的确定，为四川首个储气库群快速建设提供保障。（蒲柏宇）

【气藏评价技术研究】 2022年，勘研院围绕安岳气田上产180亿立方米、高含硫气藏上产及“两峡”储气库等公司开发五大重点领域7个层系15个区块组织气藏评价和井位中心工作，强化地质—地震、静—动态、技术—效益三结合，气藏评价取得多项技术突破。建立“有利沉积微相+走滑断裂”井位部署模式，探索出一条碳酸盐岩薄储层效益开发新路径，栖霞组、灯影组四段台内立足“滩体+一二级走滑断裂破碎带”部署评价井完成试油，5口评价井4口获百万立方米高产，井均无阻流量162万米³/日。完善灯影组二段“丘滩+岩溶”优质储层发育模式，建立高石1井区灯影组二段有效井部署模式，2口先导试验井均获百万立方米高产工业气流，井均无阻流量188万米³/日。针对铜锣峡、黄草峡储气库高效注采井井位目标优选难题，建立裂缝型储层地震响应模式，优选出井位部署有利区面积8.85平方千米，提出建议井位目标18口，西南油气田公司采纳批复注采井14口，为储气库建设提供有力保障。（蒲柏宇）

【地球物理研究】 2022年，勘研院围绕盆地勘探开发的地质需求，地球物理特色技术取得重要进展。创新复杂窄河道砂体刻画与含气性精细预测技术，“隐蔽”窄型河道砂体吻合率100%、储层含气性预测吻合率90%，是致密气实现高效勘探开发的关键保障。形成优势道集叠加技术，实现茅口组10米以上储层地震准确识别，有效支撑川中茅口组勘探开发井位部署。完善超深层弱信号“保真去噪、多次波压制、宽频处理”技术，支撑蓬莱气区多层系圈闭刻画，助推纵向立体勘探和规模储量提交。研发电成像有效缝洞精细刻画与定量表征技术，有效缝洞自动识别精度大于80%，为试油选层提供可靠依据。形成致密气含气性测井判别技术，建立川中—川西沙河街组一段致密砂岩甜点评价标准和产能预测模型，产能级别预测符合率达80%以上。（蒲柏宇）

【新能源技术研究】 2022年，勘研院加强新能源技术支撑，筑牢绿色发展业务根基。开展磨溪龙王庙气藏采出水地热利用先导试验和公司地热资源潜力评价工作，建立西南油气田公司地热井基础库，助推地热开发有利区的发现。开展XAI气储气库选址评价工作，锂、溴资源分析评价，明确攻关目标和方向。支撑公司CCS与CCUS选址筛库，牵头编制完成卧龙河茅口组气藏注二氧化碳驱气提高采收率先导试验方案，为国内首个CCUS-EGR先导试验方案，助力西南油气田公司“双碳”行动方案有序实施。（蒲柏宇）

【规划方案编制】 2022年，勘研院规划研究多向发力，战略引领作用不断提升。牵头编制并正式发布西南油气田公司“十四五”系列规划，加强指标论证，科学研究四川盆地勘探发现、产量增长客观规律，融入国家能源规划大局，谋划2025年上产500亿发展蓝图，获集团公司优秀规划成果一等奖，并获西南油气田公司“规划先进单位”称号。高水平推进西南天然气大庆战略研究，践行“双碳”发展目标，周密论证储量产量增长、理论技术需求、装备保障等关键要素，明确“气大庆”主要内涵及实现路

径，为西南油气田公司长期发展战略的制定提供决策依据。（蒲柏宇）

【勘探开发动态跟踪】2022年，勘研院作好重点区块精细跟踪与动态分析，及时支撑西南油气田公司开发生产组织与调整，发挥决策支撑作用。气田开发大调查、老区挖潜、重点气藏精细动态分析等重点工作成效显著，支撑了西南油气田公司开发基础管理、生产组织和开发部署。全面完成西南油气田公司气田开发大调查3年计划预定目标，牵头总结巩固提升工作。编制2022年度老区挖潜部署方案，建立4大类老区合作开发项目池，为老区效益挖潜和长期稳产打下坚实基础。深入开展高石梯—磨溪台缘带灯影组四段气藏精细气藏描述和动态分析工作，支撑PUD储量升级及补充井论证部署。深入开展磨溪雷一[1]、安岳须家河二段等老区气藏提高采收率技术对策研究，支撑提高采收率现场试验实施。（蒲柏宇）

【储量及矿权研究】2022年，勘研院全面超额完成储量指标。高质量提交天然气探明地质储量2 053亿立方米、控制地质储量3 267亿立方米、预测地质储量3 513亿立方米，三级储量合计8 835亿立方米，超任务指标835亿立方米。开展SEC储量评估，新增SEC储量638亿立方米，为西南油气田公司KPI指标及利润指标完成奠定坚实基础。持续开展探矿权分级分类评价，刻画退减边界，编制申报材料，完成到期探矿权变更延续及探转采工作，助力西南油气田公司新增采矿权4 461平方千米，创历史新高。（蒲柏宇）

【储气库建设】2022年，勘研院储气库评价研究工作取得新成果，支撑西南油气田公司决策部署。推动相国寺扩压增量方案实施。完成相国寺“九注八采”后储气库库容及产能变化规律研究，完善四维地质力学模型，开展储气库封闭性分析及风险评估，提出年度注气和采气方案，保障相国寺储气库年度注气21.5亿立方米，达容率再创新高，达99.8%，调峰能力增加到3 100万米^3/日。高质量完成“两峡”储气库可研方案编制。围绕提升两峡储气库设计水平的核心任务，担当两峡评价设计的技术核心，针对异常高压裂缝性气藏注采甜点识别与建库关键参数优化，攻关形成复杂断裂系统裂缝识别技术和异常高压气藏建库上限压力设计方法。针对多层含硫气藏改建储气库，形成基于组分模型的硫化氢含量变化规律预测模型，支撑国内首个中含硫气藏改建储气库实践。“两峡”储气库可研方案均一次性通过勘探与生产西南油气田公司及集团公司审查，新增最大调峰能力2 880万米^3/日，工作气量18.5亿立方米。加快新库可行性研究方案研究。跟踪牟家坪、老翁场储气库先导试验动态，跟进牟家坪、老翁场及万顺场三维地震处理解释进展，推进岩溶缝洞型储气库储集空间描述及可动性评价、多重介质储层高强度注采机理研究及有水气藏改建储气库关键技术攻关，为新库可行性研究方案编制奠定基础。（蒲柏宇）

【分析实验技术研究】2022年，勘研院分析实验技术研发取得新成果。全年完成各类实验分析样品6.8万样次，完成分析检测报告1 075份，现场取样测试分析186井次，有效支撑西南油气田公司油气勘探生产。建立页岩油储层内原油赋存特征表征实验体系，为页岩油优质储层划分及甜点优选工作提供适用的实验体系及方法。研发适用于多尺寸圆柱体岩样径向电阻率测试装置，为各向异性数据刻度测井数据提供实验支撑。研发自动化孔渗分析仪器，持续提升实验分析效率，为西南油气田公司增储上产提供实验数据支撑和决策依据。（蒲柏宇）

【信息化建设】2022年，勘研院信息化建设加快推进，支撑两化融合持续深化。聚焦平台建设，完成协同研究平台基础环境建设，年底上线试运行区带目标评价、井位研究两大场景。助力科研管理，全新改版协同办公平台，支撑构建勘研院高效运营办公环境。保障交流协作，通过对勘研院四大视频会议系统的云化集成和升级改造，扩展了视频会议系统支持服务能力和范围，有效提升远程视频协作能力和会议沟通效率。（蒲柏宇）

【科研保障】2022年，勘研院进一步推进科研服务管理。全面完成盘库工作，彻底厘清档案“家底”，保障账实相符。《天然气勘探与开发》首次被日本科学技术振兴机构数据库收录，期刊学术价值、办刊质量等方面得到国际同行认可。推进科技大厦弱电系统改造工程，完成大厦智能

设施优化换代，推进基础设施提质增效升级。（蒲柏宇）

【企业管理】2022年，勘研院成立由主要领导任组长，分管领导任副组长，机关各部门负责人为成员的“合规管理强化年”领导小组，加强组织领导。全面落实合规管理强化年4类18项工作措施，经营管理能力不断提高，获14项四川省企业管理创新成果。费用管控及风险预警水平进一步提升，加计扣除助力西南油气田公司减税增利1 800万元，投资完成率创历史最好水平。深入落实西南油气田公司合规管理新部署、新要求，优化制度流程、严格过程管控、强化监督考核，合规管理责任精准，岗位合规风险受控，员工合规管理理念和依法合规治企能力持续提升。（蒲柏宇）

【安全环保】2022年，勘研院坚持新冠肺炎疫情防控网格化管理，动态实时调整防疫措施，推行疫苗接种全覆盖，形成切实有效疫情防控管理机制。成都疫情升级期间，勘研院快速响应，严格按照西南油气田公司防控要求，升级各项防疫管控措施，保证了安全生产经营平稳推进。开展省级健康企业创建工作，强化责任担当，推进健康企业建设。优化完善职业卫生和员工健康管理体制机制，建立健全健康管理规章制度，组织分析实验中心相关员工进行职业健康体检并开展职业病危害因素检测。加快推广健康工作和生活方式，规范开展员工体检、员工心理健康咨询、健康风险评估和干预，有效降低心脑血管疾病等慢性病的健康风险，减少非生产亡人事件，提升员工整体健康水平。（蒲柏宇）

【党建工作】2022年，勘研院认真贯彻落实“第一议题”制度，深入学习习近平总书记系列重要讲话精神，通过搭建专栏、专题培训、讨论交流等形式，形成党的二十大精神学习热潮。持续健全完善“三重一大”决策制度，促进党的领导作用充分发挥。全面从严治党深入推进，举一反三抓好西南油气田公司党委巡察“回头看”问题整改。推进政治监督具体化常态化，构建上下联动工作格局，提升一体推进“三不”综合效应，巩固风清气正的政治生态。始终把品牌文化作为发展的内生动力，持续打造“蓝金引擎”党建品牌，丰富英才文化载体，代表西南油气田公司打造的“汪华五一巾帼创新工作室”，成为中国石油在川首家省级女职工创新工作室。拓展文化建设思路和路径，获四川省企业文化建设先进单位，研究成果、案例分别获四川省企业文化建设成果一等奖3项，二等奖1项。牢固树立大抓基层鲜明导向，推动党建“三基本”建设与“三基”工作有机融合，引导基层党支部结合实际制定有机融合具体措施，形成特色、打造样板，保障有机融合在基层落地生根。基层党支部先后获“四川省青年文明号”、西南油气田公司“示范党支部”，基层党支部政治功能和组织能力有效提升。（蒲柏宇）

【工会与群团工作】2022年，勘研院首次统一组织开展院2022年7项主题劳动竞赛工作，以赛促干布局进一步完善。积极申报公司优秀合理化建议和“五新五小”优秀创新成果，获一等奖3项、二等奖6项、三等奖3项。优化和精选节日慰问品、扶贫帮困、送清凉品类，满足员工多样化需求。深入推进“我为员工群众办实事”实践活动，先后为女职工“送惊喜”，为高温下坚守的员工“送清凉”，为隔离封控员工“送物资”，为科技大厦、CPE、实验中心办公区增购按摩器材、健身器材，为员工争取中油优途集团客户优惠，为员工新增购买重大疾病、女职工特殊疾病、意外伤害3个险种，不断提升员工幸福感、获得感和归属感。组织参加西南油气田公司“喜迎二十大 一起向未来”职工第九套广播体操比赛，获团队和个人奖项。开展勘研院“奋进新征程 建功新时代”健步走活动、首届“蓝金引擎”杯乒乓球系列赛选拔赛、“喜迎二十大 奋进新征程”绘画展等文体活动，持续满足和丰富员工文体活动需求。组织开展集团公司和西南油气田公司第七届新媒体内容创作大赛作品征集，上报作品4项。策划完成“喜迎二十大”“学习二十大”“强管理”“勘研记录”等系列专题宣传，党建与中心工作最新成果第一时间得到全面展示。组织拍摄完成院“七一”专题电视宣传片，先后在四川石油电视台、集团公司铁人先锋党建微视、央视频等宣传平台播出，反响热烈。“创勘号”2022年发表259篇文章，累计阅览量30.32万人次。认真贯彻落实西南油气田公司党委青年精神素养提升工程各项安排部署，积极推动勘研院两级团组织工作落实落地，引导广大团员青年坚定理想信念、强化使命担当。开展“喜迎二十大、永远跟党走、奋进新征程”主题实践活动，召开庆祝建团100周年暨青年成长成才交流会。首次以网络投票和现场评审会的方式开展院2021—2022年度“青年科技先锋”评选活动，创作的“青年科技先锋”网络投票推文212万人浏览，80万人投票，展示了青年科技人才风采。组织青年员工自主作词、演唱的《无悔青春》主题MV，先后登上“西油记”公众号、集团公司视频号，展现了青年科研人员在公司增储上产、科技攻关中的积极作为。首次联合盆地中心、西南物探研究院、中国石化西南油气公司勘探开发研究院举办院第十二届青年科技报告会，搭建青年展示平台、提升青年科研业务技能，支撑公司高质量发展。参加集团公司第二届创新大赛青年科技创意比赛，加强青年人才培养。（蒲柏宇）

邮政编码：610041
电话号码：028−86015478
油网号码：215478
单位地址：四川省成都市高新区天府大道北段12号中石油科技大厦

天研院

【概况】 天研院是西南油气田公司的技术支持单位和科技创新能力建设的重要力量，是国际标准化组织天然气上游领域分技术委员会（SO/TC 93/5C3）主席单位和秘书处及国内技术归口单位，全国天然标准化技术委员会（SACTC24）、国家能源业页岩标准化技术委员会（NEA/TC26）秘书处承担单位，是加拿大阿尔伯塔硫磺研究（ASRL）理事单位。有国家级平台3个、省级平台2个、集团公司级平台2个，取得国家实验室认可（CNAS）、国家计量认证（CMA）、1SO9000国际质量认证等多项资质。形成集科研装备研制、实验方法建立、创新成果技术支撑力量，以及中间实验验证、工业推广应用、标准体系构建于一体的6大专业24项技术系列，研究领域涵盖天然气开发全过程。设有行政管理、技术研发、成果转化、服务支撑4类机构，有在职员工460余人，其中技术专家14人、教授级高级工程师7人，博士及博士后40人、硕士120人。有基层党支部12个，党员247人，占比50%以上。建院以来，形成科技成果470余项，其中国家技术发明奖5项、国家科学技术进步奖5项、省部级奖89项。主导制定国际标准4项、国际技术报告2项、国家标准60项。获授权专利192件，其中发明专利141件，国际专利7件。（张庆南）

【科研管理】 2022年，天研院科研成果获集团公司科学技术进步奖一等奖1项（连续3年获省部级一等奖），获得集团公司专利银奖2项，获西南油气田公司专利金奖1项。申报发明专利77件，同比增长30%，2件专利作为集团公司首件国际标准必要专利获批申报。授权发明专利35件（国际发明专利3件），其中国家发明专利《一种抗硫液体胶塞及制备方法》成功填补了西南油气田公司液体胶塞暂堵压井技术领域专利的空白。发表SCI和EI论文28篇，同比增长50%。（张庆南）

【流量检定与校准】 2022年，天研院聚焦西南油气田公司高含硫原料天然气贸易交接，攻关形成高含硫流量计现场评价技术，提出高含硫计量系统性能控制指标为3%~5%，为西南油气田公司高含硫流量计性能评价和产品选型提供决策依据。承担西南油气田公司200余个天然气样品和172个油品品质检测任务，完成1 000台（次）流量计检定校准，提出高含硫井口贸易交接流量计量偏差控制指标。（张庆南）

【分析与测试】 2022年，天研院研发天然气产品气质量指标检测一体化集成设备，一次进样可完成28个组分检测，检测效率提高近1倍，实现天然气一次进样4项关键技术指标完全检测。首次建立紫外吸收光谱法分析硫化氢检测技术，检测范围达到（0.1 ~ 50）毫克/米^3。（张庆南）

【腐蚀与防护】 2022年，天研院首次揭示致密气条件下的腐蚀行为及主控因素，创建集“材料防腐、工艺优化、药剂防腐”三位一体的腐蚀控制技术。自主研发两种活性SRB快速检测方法（显色法及平板培养法），检测时间由现有的7天缩短到1天以内，检测下限达到101级。全面承担龙王庙、高石梯、龙岗、双鱼石等重点区块与净化厂腐蚀管控，控制腐蚀小于 0.076 毫米 / 年，站场工艺管线失效率下降 80% 以上。（张庆南）

【天然气净化】2022 年，天研院自主研发的百万立方米级天然气固定床羰基硫水解成套技术一次投产成功，每年可减少天然气脱损 1 000 万立方米，填补了中国该领域的技术空白。研发高吸收性能、较低再生能耗的混合胺脱碳溶剂，二氧化碳脱除率高达 85% ~ 99%。优化了氧化吸收工艺技术，实现了天然气净化厂尾气二氧化硫超低排放。开发胺液在线深度复活技术，建成国内首套胺液在线深度复活工业装置，实现了受污染的脱硫溶液即时复活，污水排放量较其他胺液净化装置减少约 40%。完成 13 个净化厂溶液、催化剂 227 个样品分析评价和 3 套装置的性能考核，复活受污染的脱硫溶液 930 立方米，为荣县净化厂改造项目提供络合铁脱硫技术工艺包。（张庆南）

2022 年 11 月 24 日，天研院自主研发的百万立方米级的天然气固定床羰基硫水解成套技术一次投产成功　张庆南　供

【油气田化学】2022 年，天研院提升高温酸液体系耐温性能，有力支撑中国陆上最深气井双鱼 001-H6 井、西南油气田公司 2022 年重点探井中深 103 井测试获高产气流，日产超百万立方米。研制温敏激发微胶囊及高温胶凝剂，200℃下的胶凝酸黏度提升至 18 兆帕·秒，一定程度上解决了胶凝酸在超高温条件下的降解问题。形成耐温达 150℃的固体泡排剂，具有缓溶功效（80℃ 1 小时后完全溶解），形成深层页岩气临时泡沫排水采气工艺，深层页岩气泡排先导性试验中初期产气量增长 50% 左右。开展酸化技术服务 30 井次，累计获得天然气井口测试产量 807 万米 ^{3}/ 日，支撑高石梯—磨溪、川西深层以及蓬莱气区等高温碳酸盐岩储层高效开发。（张庆南）

【新能源技术】2022 年，天研院首次研发出一种二元熔融盐催化体系，可利用高浓度甲烷裂解联产碳纳米管和氢气，实现单程转化率大于 35%，连续运转 40 小时性能保持稳定。自主打通整套“气田水预处理 + 吸附—膜—沉淀耦合提锂”工艺路线并建立室内全流程工艺模拟装置，气田水预处理后可实现各类杂质的深度脱除且不损失有价元素，耦合提锂过程可实现大于 80% 锂资源回收，产出的碳酸锂纯度达到工业级（大于 98.5%）。牵头编制《西南油气田公司 CCS/CCUS 专项行动方案》，参与编制《西南油气田公司绿色能源业务发展框架规划》《西南油气田公司碳达峰实施方案》等纲领性规划，牵头新能源技术动态编写。（张庆南）

【标准化工作】2022 年，天研院获中国标准创新贡献奖项目奖三等奖 1 项，为当年中国标准创新贡献奖油气领域唯一奖项。获第五届集团公司优秀标准奖一等奖 2 项、三等奖 1 项。获第一届页岩气标委会优秀标准奖特等奖 1 项。ISO/TR:7262《天然气 - 煤层气质量指标及 ISO/TC193 现行标准的适应性》国际技术报告正式发布，填补煤层气质量检测国际标准空白。获批立项国际标准 / 技术报告 3 项，“天然气—上游领域—滑溜水降阻性能测试方法”成为我国页岩气领域首个立项的国际标准。《天然气颗粒物含量和粒径测定方法》等 4 项国际标准提案在 ISO/TC 193（SC 1/SC 3）年会上得到认可。持续推进牵头的国家、行业等各级标准制修订和研究项目工作，3 项国家标准、2 项行业标准、2 项集团公司企业标准发布，7 项国家标准报批。首次主导 A 类国家计量比对项目，标准化工作获集团公司感谢信。（张庆南）

【平台建设】2022 年，天研院落实 4 个国家市场监管重点实验室（天然气质量控制和能量计量）建设项目 3 385 万元，28 台（套）设备正式进入购置流程。腐蚀与防护现

场试验基地完成现场装置的施工图设计，进入实施阶段。天然气净化现场试验基地获批建设经费 3 742 万元，已完成装置深化设计。与工程院等联合申报“深层天然气井工程四川省重点实验室”，负责高温高压气井工作液技术研究，钻完井工作液研究所建设有序推进。组织召开 8 次学术（技术）委员会会议，完成国家能源高含硫气藏开采研发中心开放基金课题指南编制，促进高含硫气藏安全高效开发学术交流发展。推动设备全寿命周期精益管理。编制《天研院设备及实验室共享管理办法（试行）》，建立设备分类分级管理模式，提高设备管理创新创效能力。多样化开展天研院设备提质增效工作，节约成本 100 余万元。多渠道落实科研设备 98 台（套），共 4 441 万元，超出“十三五”期间新增设备总和。（张庆南）

【成果转化】 2022 年，天研院研制催化剂产品成功销往俄罗斯卢克石油公司并在比尔姆地区炼厂硫黄回收装置上一次开车成功，实现国产气体净化产品欧洲市场零突破。脱硫剂成功拿下中国石油技术开发有限公司出口乍得、尼日尔订单，硫黄回收催化剂、CT4–42 分别出口印度尼西亚、土库曼斯坦，国际市场大幅拓展。油田化学、防腐防护产品市场拓展取得优异成绩，成功与浙江油田公司、大庆油田井下作业分公司、新疆油田公司等外部单位签下产品订单，黏土稳定剂首次中标国内市场，成果转化成效进一步突显。（张庆南）

【质量安全环保】 2022 年，天研院开展 QHSE 体系审核，高分通过西南油气田公司集中审核，首次实现体系审核从 B2 级升至 B1 级，完成 52 个问题整改验证。基层站队 QHSE 标准化建设持续加强，各研究所“两册一图”进一步完善。强化安全生产管理。全面落实“安全生产十五条硬措施”，组织安全大检查 131 次，发现问题隐患 67 项，全部落实整改。建立完善“天研院 2022 年安全环保风险分级防控清单”，组织“两个现场”专项检查，采取“大监督”管理模式，确保承包商作业全过程受控，生产现场和实验室现场监督管理能力切实提升。严格执行生态环境保护重大事项议事规则，党委会审议通过 2022 年生态环境风险管控工作报告，3 项环保隐患完成整改。持续加强固废合规管理，全年处置危废 51 种 137 吨。高分通过成都市健康企业建设验收，积极应对多轮突发疫情，平稳度过感染高峰期，全面落实职业病综合防控，提升健康管理和健康文化建设水平。申报四川省天府质量奖，已受理并公示。形成 8 项 QC 成果，其中一项获集团公司 2022 年度三等奖。严把自产产品质量关，完成质检、分析测试报告及检定证书放行 1 373 份，保质保量完成集团和公司质量抽检任务。（张庆南）

【党建工作】 2022 年，天研院严格落实“第一议题”制度，及时跟进学习习近平总书记最新重要讲话和指示批示精神，掀起学习宣传贯彻落实党的二十大精神热潮。组织开展“转观念、勇担当、强管理、创一流”主题教育活动，全年开展党委中心组学习研讨 12 次、专题宣讲 14 次，12 个基层党支部 400 余人次开展学习研讨。夯实基层党建基础，完善修订《党支部工作手册》。举办党支部书记、三级领导人员、技术技能骨干等培训班，开展党支部书记现场述职，促进党建“第一责任”“一岗双责”落实。2022 年新备案西南油气田公司党建课题 3 项，获西南油气田公司优秀党建研究成果一等奖、优秀奖各 1 项，完成 2021 年度党建研究课题评审表彰及 2022 年党建课题立项。强化人才队伍建设。加大优秀年轻干部选拔培养力度，建立“三位一体”考核体系。加强领军人才培育，推荐 2 人入选集团公司优秀科技人才，3 人入选西南油气田公司优秀科技人才，2 人入选西南油气田公司“英才计划”。统筹推进三支人才队伍序列转换工作，7 名操作技能骨干通过竞聘转换到专业技术岗位和一般管理岗位。强化全面从严治党。抓好巡视、审计问题再整改再落实，评估整改效果并形成报告。围绕公务接待、敏感时段违规吃喝等问题进行专项整治，开展两节期间纠“四风”监督检查，发送廉洁短信。盯紧关键岗位、重要领域和重要人员，开展专项排查，签订“反围猎”承诺书和“三商”诚信廉洁承诺书。组织三级领导人员开展廉洁谈话和新提拔干部“六个一”廉洁从业教育。（张庆南）

【企业文化】 2022 年，天研院成立新媒体工作室，完成官微改版，策划《天研独家记忆》等系列微文，完成“热议二十大”“年度杰出科学家”等专题报道。各级融媒体平台报道天研动态 330 余次，6 篇新闻作品获评四川油气田年度优秀作品，天研院主页信息发布 1 100 篇，西南油气田公司主页采用 260 篇。创作纪录片《初创之路》、动漫电影《风范长存》，推出“小天表情包 2.0”，获西南油气田公司第六届新媒体内容创作大赛奖励 3 项、四川省企业文化建设优秀成果及论文 6 项。参加西南油气田公司劳动竞赛和“五新五小”创新成果评比获佳绩，获西南油气田公司 2021 年度工会工作先进集体。升级职工健康小屋、食堂管理、健身房以及文体活动中心等，全面推进“三大关爱行动”与“四季送”活动，全力打造幸福天研。组织“青”字号品牌和青年标杆活动 30 余次，组织庆祝建团百年“五四”评优表彰会，2 名青年获集团公司创新大赛青年科技创意比赛一等奖、二等奖，获评“四川省企业系统五四红旗团支部”、集团公司青年文明号等荣誉。开展消费帮扶和对巴中凤溪镇中心小学教育帮扶，连续 13 年在威玻希望小学开展志愿服务。（张庆南）

邮政编码：610213
电话号码：028-85604664
油网电话：235664
单位地址：四川省成都市华阳镇天研路 218 号

工程院

【概况】 工程院是集井工程方案设计、工程技术研发、成果转化应用、现场技术监督、质量检测管理、实验评价及井完整性管理于一体的综合性科研生产单位，与西南油气田公司工程技术监督中心、西南油气田油气井工程质量监督站、西南油气田分公司井完整性管理中心实行“一套班子、四块牌子”管理模式。有钻井工程、完井试油、储层改造、采气工艺、井完整性等 5 大领域 172 项主体技术，其中精细控压压力平衡法固井等 10 项技术处于国际领先水平，水平井高强度低伤害多缝压裂等 24 项技术处于国际先进水平。具备开展岩石力学参数测试、压裂酸化材料评价、采气工艺实验评价、井下工具检测、固井水泥浆评价、钻井液性能测试等测试评价和配套工具的研发能力。有国家实验室认可（CNAS）、国家计量认证（CMA）、ISO 9001 质量管理体系认证等多项资质，是“国家能源高含硫气藏开采研发中心”“中国天然气工程技术研发系统”核心成员单位，是“中国石油碳酸盐岩气藏开采”“中国石油海外阿姆河气田采气工程技术”支撑单位。2022 年底，有在册员工 437 人，平均年龄 39 岁；正高级职称 1 人，副高级职称 111 人；博士研究生 16 人，硕士研究生 136 人，在站博士后 6 人。设职能科室 9 个；设钻井研究（设计）所、完井试油研究所、压裂酸化研究所、采气工艺研究所、井下工具研究所、井完整性技术研究所、质量检测与评价所 7 个科研单位；设油气井增产技术实验室、采气工艺实验室、固井技术实验室 3 个实验室；设钻井试油监督室、地质监督室 2 个监督室，设成果转化平台 1 个，即圣诺公司；设科技信息档案室、科研服务中心 2 个后辅单位。有实验科研设备 156 台（套）、软件 51 套，拥有 CMA、CNAS 及 ISO 9001 等认证资质，获五大领域 334 项检测参数认证 / 认可，取得集团公司钻井工程设计甲级资质。（蒋　锐　王阳飞）

【科研成果】 2022 年，工程院首次牵头获集团公司技术发明二等奖、绿色矿山产业联盟科学技术进步奖一等奖和能源行业页岩气优秀标准二等奖。主持制定并发布国内首个页岩气排采工艺技术领域行业标准。申请发明专利 75 件，授权 39 件（含俄罗斯专利 1 件），出版专著 6 部，发表 SCI 论文 22 篇，主导撰写的酸压、固井机理等 4 篇论文在 SCI 二区发表。首次成功立项集团公司国际标准培育项目。承担各级项目 115 项，省部级项目占 36.5%。牵头

2022 年 11 月 15—16 日，西南油气田公司在工程院举办第二届天然气青年科技论坛　丰欣平　摄

股份公司300亿立方米重大专项课题8、课题9验收，综合评价为“优”。集团公司和勘探与生产分公司两个项目顺利通过阶段检查，24项西南油气田公司项目验收优良率100%。（蒋　锐　王阳飞）

2022年4月28日，西南油气田公司执行董事、党委书记姜鹏飞（后左七）到工程院看望慰问劳动模范　丰欣平　摄

【科技攻关】2022年，工程院创新蓬莱气区钻井提速技术，蓬深8井、12井提速75.83%，蓬探108井、109井缩短周期40.9%，支撑区域储量申报。攻关致密气“二开一趟钻”技术，钻井周期突破10天以内，刷新致密气最快纪录。优化超深井试油工艺技术，升级管柱力学分析技术，探井试油复杂率降至5.88%。创新致密气地质工程一体化设计、复合暂堵压裂，天府气田完试水平井77口，井均无阻流量89万米^3/日，推动致密气加快建产。创建老井挖潜增效新模式，关停井复产气量1 533万立方米，实现关停井“起死复生”。自主研发全金属可溶桥塞系列，在页岩气、致密气区块应用1 082套，节约作业及配套费用1 000余万元，创造效益2 000余万元。创新研发小直径可溶桥塞，在泸203井区、阳101井区10口井成功应用，节约套变处理费7 000万元以上，填补国内外大套变井机械封隔技术空白。（蒋　锐　王阳飞）

【技术支撑】2022年，工程院实现涵盖钻井、录井、试油、储层改造、采气工艺、修井工艺及完整性评价等为一体的全生命周期井工程设计甲方主导，完成工程（工艺）设计及评价1 511井次，编制重点开发方案36项。完成钻完井、储层改造、采气工艺、绳索试井、带压作业等现场技术支撑1 362井次。完成桥塞评价、支撑剂评价、水泥石评价等各类室内实验5 000余套次。钻井工程提速，蓬莱气区六开六完井完钻周期缩短23.5%；金秋气田沙溪庙组水平井钻井周期缩短20.14%；自主研制299毫米膨胀管在足203H5-8井下入段长828.14米，刷新国内膨胀管裸眼封堵段长纪录。完井试油提效，形成高含硫气井完井试油作业风险量化评价体系，确保铁山坡气井安全作业；推广高含硫气井衬管完井工艺，保障坡002-X2井等3口井高效完井；攻关钨合金镀层油管防腐技术，相较镍基合金油管，高产含硫井成本降低73%。储层改造提产，建立蓬莱气区超深多层系差异化酸压技术，支撑勘探获工业气井10口，实现灯影组二段效益增储、灯影组四段和龙王庙重大突破；完善地质工程一体化精准酸压技术2.0，在高石梯—磨溪区块灯影组四段等常规气应用17口井，同比提产28.43%。采气工艺稳产，页岩气平台柱塞错峰协调生产200余口井，水淹次数降低90%，年增产6.7亿立方米；在常规气实施自动间开、气举等工艺，日维护产量25万立方米；POC远程技术支持806井次，日维护产量1 000余万立方米，年节约运维成本超500万元。井完整性护航，建立关停井风险评价方法，编制国家应急管理部《陆上石油天然气停产井安全风险防控指南》；“三高”气井完整性评价全覆盖，环空异常带压占比降低6.4%。井下工具增效，自主研制全金属可溶桥塞，通井时效提高50%以上；自主研制无线监测柱塞，实时监测柱塞位置的压力、温度；应用超高压套管启动滑套，解决深层页岩气建立首段压裂通道的难题。修井工艺提质，研制高钢级套管段铣工具，段铣效率提高15%~20%，助推B环空带压治理；支撑坡5-X1井、坡5-X2井等高含硫井封堵作业，较计划分别提前80天、24天完成。（蒋　锐　王阳飞）

【平台建设】2022年，工程院完成编制《深层天然气井工程四川省重点实验室申请报告》，通过四川省科技厅审查。对标集团公司“百千示范工程”完成实验室QHSE标准化升级。建成云游实验室网上展厅，扩大实验室对外影响力。建成完井试油工程设计与管理系统、国内首个井完整性技术支持中心，上线钻井工程设计与管理系统，编制公司井工程数据库建设方案，“三包”信息化管理组织模式在公司范围内推广。与渤海钻探、川庆钻探共建实训基地，探索“甲乙方合作，精准化培养”的实习新模式。按

照西南油气田公司要求设立井完整性技术研究所，为井完整性管理人才培养搭建平台。（蒋　锐　王阳飞）

【监督管理】 2022 年，工程院新设立川东、川西监督前线项目部，健全 4 个项目部专业监督配置，实现对钻试作业“零距离全覆盖”支撑。住井监督处罚施工队伍 168 次、下达停钻通知 48 井次，监督覆盖率 100%；巡井监督共巡井 2 069 井次，季度巡井覆盖率 100%。组建日费制监督团队 57 人，开展页岩气钻井日费制监督 22 口井，实现日费制钻井纪录 8 项。升级工程技术与监督管理系统 3.0，优化五大应用场景，推进全专业监督数字化。井工程质量监督建立了标准化质量监督备案机制，形成井筒质量突出问题判定标准，开展井工程质量巡查 633 井次，查处问题 974 项，质量监督巡查覆盖率 100%。井工程 HSE 监督实现日常检查、专项检查、季度巡检、远程监督“4 个全覆盖”监管，建立“公司 + 项目建设单位 + 监督中心”三方联管联查机制，制定突出问题处罚和判定标准，驻井、季度巡井和远程技术支撑覆盖率 100%。（池崇荣　王阳飞）

【质量检测】 2022 年，工程院进一步强化检测到位率和覆盖率，开展钻完井液、酸液、油化剂等入井流体材料及工具检测 2 356 井次，同比增长 32%，不合格整改率 100%；水泥浆抽检覆盖率达 95%；钻井液、压裂液、酸液、水泥浆井抽检覆盖率达 100%，促使不合格率持续降低，助力西南油气田公司现场质量控制效果明显，获得先进油田化学检验检测机构荣誉称号。建立院级 CMA 资质体系，对质检所及 3 家实验室具备的检测能力进行整合扩项，整合检测参数 311 项，扩项检测参数 75 项，共取得国家市场监管总局 CMA 资质 386 项授权参数，实现 CMA 资质的统一管理，提升体系运行效率，成为西南地区石油石化行业 CMA 授权参数最多及能力最全的检验检测机构，行业权威性显著提升。（蒋　锐　王阳飞）

【安全管理】 2022 年，工程院持续强化 QHSE 管理，针对 2019 年以来审核发现的 450 项问题进行检查，补齐 QHSE 管理短板。开展安全生产月活动，领导班子带头进行安全承诺宣誓。完成对 82 名科级干部、关键岗位人员的安全环保履职能力评估。开展隐患排查治理，强化新作业许可管理，确保作业现场安全受控。获西南油气田公司 QHSE 先进单位。一体推进重点领域安全风险集中治理、安全环保管控 2.0、安全生产专项整治三年行动，领导班子“四不两直”检查 17 次，各级开展安全生产检查近 60 次，“两个现场”管理显著增强。支撑西南油气田公司钻井、井下作业井控实施细则的修订和宣贯工作。派遣专家 28 人次参与西南油气田公司井控检查 7 次，井控巡查组开展特殊时段巡查 12 次，发现问题全部闭环整改。落实党的二十大期间西南油气田公司井控升级管理举措，EISC 中心 24 小时领导带班值守，确保井控风险管控到位。成功应对成都、广汉多轮本土新冠肺炎疫情，疫苗接种率 96.7%、加强针 97.1%。（蒋　锐　王阳飞）

【合规管理】 2022 年，工程院完成西南油气田公司内控专项测试，31 项问题全部整改闭环。签订合同同比增长 10.43%，招标项目同比增长 6 倍，做到应招尽招。完成供应商、承包商考核，1 家纳入黑名单，推荐 6 家获西南油气田公司准入。首次获四川省“守合同重信用”企业称号。工程院圣诺公司盈利 2 766.88 万元，获四川省“专精特新”中小企业、德阳市“院士专家工作站”、广汉市创新发展先进单位等荣誉。“三新项目”加计扣除 8 375 万元，“两金”压控指标全面完成。推动西南油气田公司二级物资目录扩项，采购成本下降 5%。（刘　青　王阳飞）

【队伍建设】 2022 年，工程院启动“红日”计划、“星火”计划、“工匠”计划，选聘 2 名监督前线项目部经理、5 名优秀项目经理、4 名优秀实验研究员。3 人入选集团公司“青年科技人才培养计划”，1 人入选西南油气田公司“英才计划”，3 人获评西南油气田公司“优秀科技人才”，2 人分获“成都工匠”“成华工匠”，19 人获广汉市人才项目奖励。获“振兴杯”全国青年职业技能大赛创新创效竞赛全国总决赛银奖 1 项，中国创新方法大赛全国总决赛三等奖 1 项，集团公司第二届创新大赛一等奖和二等奖各 1 项。（蒋　锐　王阳飞）

【党建工作】 2022 年，工程院严格落实“第一议题”制度，坚持全面系统学、及时跟进学、联系实际学，开展专题学习16次。深入学习领会党的二十大精神，通过党委中心组、“三会一课”等方式，开展学习及宣讲55次，在全院迅速掀起学习热潮。高标准完成巡察整改，形成整改措施182项，全部完成整改，修订制度22项，提醒谈话51人次，经济处罚4人次。落实全面从严治党责任，建立党委委员年度履责清单，梳理出党委班子人均33项履职内容，构建“明责、知责、履责”的闭环责任管理体系。保持重点时段平安稳定，党委专题部署党的二十大特殊时期专项工作，全面落实安全稳定、意识形态、风险排查、舆情管控等重点工作，守护了和谐稳定的总体局面。

（蒋　锐　王阳飞）

【民生工程】 2022年，工程院制定实施“十四五”职工幸福工程。建成西南油气田公司首家健康食堂，设立健康小屋，看望慰问疾病、困难员工，多维度关爱职工身心健康。改造科研实验楼，新增办公室39间，高效更换办公区空调161台，专项整治房屋建筑物安全，持续改善办公环境，让员工体会到更多的获得感和幸福感。

（蒋　锐　王阳飞）

邮政编码：610017
电话号码：028-86010394　028-8601384（传真）
油网号码：210394　210387
单位地址：四川省成都市青羊区小关庙后街25号

安研院

【概况】 安研院是从事石油天然气安全环保技术研究的应用型研究院，承担着西南油气田公司安全环保“技术研发、决策支持、监督服务”的职责，负责安全环保、节能减排、管道检测与完整性管理、工程及物资采购质量与HSE监督及培训等方面的技术支撑、技术研发与推广应用工作。具有四川省建委授权的“四川省建设工程质量安全监督总站石油分站”、中国石油天然气集团有限公司石油天然气工程质量监督总站授权的“石油天然气川渝工程质量监督站”资质。有CNAS实验室、CNAS检查机构及压力管道检验许可证书，取得国家安全生产监督管理总局颁发的“安全评价资质证书”和“危险化学品专项安全评价资质证书”等资质。申请国家专利114件，其中发明专利94件、实用新型专利20件；获授权专利43件，其中发明专利23件、实用新型专利20件；获认定技术秘密9件，取得软件著作权登记30件。设有机关职能科室9个，基层单位8个及托管公司2个。有合同化员工298人，市场化员工44人，大学本科以上人员在员工中所占比例为81.8%。有高级专业技术职称100人，其中教授级高级专业技术职称1人、高级专业技术职称99人，中级专业技术职称138人。

（尹彦蓓）

【科研工作】 2022年，安研院申报发明专利39件，受理专利33件，授权专利7件，获省部级奖3项，学会协会奖3项，西南油气田公司级奖7项。发表SCI等核心论文8篇，编制发布国家标准4项，行业标准2项，科技成果同比增长225%。在环保方面，成功将页岩气压裂返排液技术在生产现场应用，迈出科技成果工业化应用的第一步，“页岩气压裂返排液综合处理技术及成套处理装备”成果获四川省科协推荐，参加四川省双碳与新能源专场发布会。在完整性管理方面，启动地面设施完整性实验基地建设，完成组装车间和牵拉试验场主体工程，具备西南油气田公司全口径管道漏磁牵拉试验条件。同时，聚焦高级别项目立项，牵头开展集团公司“十四五”战略性技术攻关课题“油气藏型储气库全生命周期安全评估体系研究”，形成地质体、井筒与地面系统“三位一体”的完整性评估方法，储气库管理水平由技术跟随转为技术引领。全年承担集团公司项目3项、油气和新能源公司项目6项、西南油气田公司项目34项。

（尹彦蓓）

【检测与技术服务】 2022年，安研院在完整性管理方面，开展管道外检测578条、管道内检测2条，完成64座站场现场检测、103座站场RBI评价、2座站场RCM评价、3套高风险处理装置检测评价。完成6套内检测器采购验收工作，自主研发的基线检测器在输气管道现场成功应用。制定西南油气田公司技术报告和内检测管理规定，进一步提升集输管道完整性管理水平。在安全环保决策支撑方面，支撑西南油气田公司高含硫、页岩气、致密气等重点上产区块项目安全环保合规性评价工作，渡口河—七里北气田“环境影响评价报告”取得四川省生态环境厅批复。协助建立西南油气田公司国际业务社会安全管理体系，获评集团公司社会安全管理五维绩效优秀等级。推进西南油气田公司重大危险源普查评估、在役装置 HAZOP 分析。推进西南油气田公司 800 余项工程建设项目“三同时”审查，保障项目安全环保程序合规。在 HSE 体系支撑工作方面，完成集团公司对 12 家企业全要素量化、专项内审指导和环保专项审核任务。牵头完成集团公司基层站队 HSE 标准化建设管理办法。支撑西南油气田公司集中审核、内审指导任务，创新“前馈式审核方法”，形成“QHSE 管理弱项清单库”和“重复问题负面清单”。在绿色低碳发展方面，支撑西南油气田公司“双碳”业务顶层设计，牵头完成《碳达峰行动方案》《低碳生产建设方案》等 10 余项方案。聚焦集团公司聚磺钻井岩屑属性认定难点，开展“油气田聚磺钻井岩屑污染特性调查与评估”研究。开展“生态碳汇、碳减排方法学、碳储量测算”战略研究，支撑西南油气田公司完成方斗山农场林业碳汇项目建设，助力西南油气田公司取得首张碳中和证书。承担国家甲烷泄漏监测试点、遗留钻井液池和固化池隐患核查等技术支撑工作 90 余项。在 HSE 培训方面，开展智慧教室建设，实现自动跟踪直播、虚拟演播、多元化课件制作等功能。建立培训标准化课程体系，形成“硫化氢防护培训标准化体系”，全年完成培训项目 54 期，培训 3 779 人次。《承包商入场安全检查评估》在西南油气田公司首届微课大赛中获一等奖。（尹彦蓓）

2022 年 7 月 7 日，西南油气田公司质量安全环保处与安研院在成都游击斗争史料馆联合开展主题党日活动　　胡思琪　摄

【QHSE 监督】 2022 年，安研院完成“安眼工程”开发建设并上线运行，通过全覆盖 AI 智能识别功能摄像头，解决了监督工作中的盲区和空白，自“安眼工程”启用至 2022 年底，共叫停无监控作业 200 余项，复核 AI 报警信息 6 500 余个，及时制止现场违章 5 000 余次，保障了党的二十大、成都突发新冠肺炎疫情期间“两个现场”安全监管全覆盖。聚焦西南油气田公司重点产能建设项目，创新“一体化”监督工作模式，通过分区管理、固定驻场的方式，将监督工作重心下沉、关口前移，保障重点建设项目从物资采购到施工建设全周期管控。发挥工程质量监督、采购物资监督联合优势，通过实体抽检问题联动追溯管理短板，工程原材料问题联动追溯物资检验手段，实现采购物资监督与工程质量监督深度融合。梳理监督工作典型经验和工作流程，建立西南油气田公司质量、安全和环保监督标准化体系，形成监督工作导图 246 项、标准化监督内容 4 413 项，从监督管理、油气生产、地面建设、重点专项及管理执行五个方面，进一步规范标准化监督工作。（尹彦蓓）

【信息化建设】 2022 年，安研院在协同办公基础上完成“卓越系统”建设，把优化业务管理流程措施落到实处，提高办公效率。推动“安眼工程”建设，助力西南油气田公司成为集团公司首个完成“安眼工程”开发建设并上线运行的单位，违章上报和处置跃升至分钟级。（尹彦蓓）

【企业管理】 2022 年，安研院推进提质增效价值创造行动，全年生产经营类产值同比提升 36%，基本运行费预算节约率 7%，四项费用预算节约率为 8%，投资完成率 97%，自有资金投资压降成本 5%。全面推行“随机选商”系统，实现选商工作“集中集约化公开招标与随机选商”100% 全覆盖。在西南油气田公司物资采购与招标管理考评中，成为唯一获 A 类招标管理授权的科研院所。挖掘外部市场潜力，开展“青海油田高后果区识别”“煤层气公司体系审核员培训”等新市场项目，业务市场逐步向外拓展。全年签订生产经营类合同 4 000 余万元，生产经营能力进一步提升。开展“基础管理年”活动，全面梳理规章制度、管理流程、工作标准，持续完善基础管理体系，提升科学化、精细化、规范化管理水平。立足“系统

策划、整体管控、按时办结、高效运行”管理理念，基于协同办公平台，建立具有安研院特色的“卓越”办公系统，提升员工工作效率和基础管理水平。（尹彦蓓）

【人才队伍建设】 2022年，安研院按照西南油气田公司“人才强企工程”决策思路，有序推进“人才兴安”工程，谋划“启航”“引航”“头雁领航”的“三航”人才专项计划。引进节能低碳、内检测等专业博士3人，推荐选拔青年技术骨干入选集团公司青年科技人才、西南油气田公司优秀科技人才、“青马工程”“英才计划”等7人次，聘任一级工程师3人、技术总监20人。全年开展“专家论坛”“安研讲坛”“博士论坛”30次。作为安全环保专业唯一代表，企业技术专家向启贵入选西南油气田公司《西油工匠》画册。（尹彦蓓）

【党建工作】 2022年，安研院深入学习宣传贯彻党的二十大精神，邀请四川省委宣讲团专家作专题辅导，领导干部带头宣讲党的二十大精神。严格落实第一议题制度，召开党委理论学习中心组学习14次，组织主题教育专题宣讲30余场，讲授专题党课20余次。四川天宇公司党支部成功创建公司“示范党支部”，安研院连续3年在西南油气田公司年度党建工作责任制考核中评为A级。制定党建结对联建工作思路，分别与四川省环科院、西南油气田公司质量安全环保处、工程院等23家单位开展党建结对联建活动，解决实验室建设、科研攻关等实际生产问题。强化基层党组织建设，发布《党支部工作实务操作手册》，升级焕新党建活动阵地。围绕西南油气田公司增储上产的安全环保难点问题，在重点项目一线设立临时联合党小组，成立“川东北高含硫气田开发地面工程质量安全环保监督党员突击队”“内检测能力建设党员先锋队”等，带领员工群众攻克难题。加强对党风廉政建设和反腐败工作的集中统一领导，全年专题研判党风廉政建设和反腐败工作3次，组织全员覆盖廉洁谈话2次。修订完善监督人员行为规范，开展监督人员专项监督工作57次。（尹彦蓓）

【企业文化】 2022年，安研院获评成都市文明单位，高分通过成都市健康企业验收。持续推进安心文化建设与推广，打造安心文化因子体系，凝练出“铁军”“卫士”“先锋”为核心的安研精神，围绕安全、环保两大专业，打造“安宝”“环宝”两大IP形象。打造原创微电影《安心之路》，获四川省总工会第八届职工微影视大赛银奖。（尹彦蓓）

【工会群团工作】 2022年，安研院推进青年精神素养提升工程，开展“知、懂、爱——党组织书记谈培养青年”座谈交流、建团百年系列主题团日活动、“安心”青年志愿服务、“青智工程”、乡村振兴调研等工作。开展“我为员工群众办实事”，落实“2022年惠民工程”，精准帮扶困难员工，建设女职工母婴室、心理咨询室、淋浴房等。组织接害岗位员工职业健康体检，配备并开展全员AED操作培训。应对新冠肺炎疫情，及时向全员发放防疫物资，多渠道采购防疫药品，为全体员工发放中药预防汤剂，组织康复员工进行肺部CT、心脏功能等检查。完善“安之家”各项功能，以“工会＋七大文体协会”“线上＋线下”相结合的形式，开展健步走、绿色骑行、瑜伽培训等文体活动，组织“安心合唱团”献礼西南油气田公司油气当量3 000万吨发布会，丰富员工群众的精神文化需求。（尹彦蓓）

邮政编码：610041
电话号码：028−82972808　028−82972838
028−82972856（传真）
油网号码：236808　236838　236856（传真）
单位地址：四川省成都市天府大道北段12号

页岩气研究院

【概况】 页岩气研究院是国内首个页岩气勘探开发技术创新和应用研究的专业化机构。是集页岩气勘探、开发、钻井、完井与压裂、信息与情报为一体的综合性研究单位，定位为西南油气田公司页岩气勘探开发的“一部三中心”，即页岩气勘探开发决策参谋部、技术研发中心、技术支持中心和人才培养中心。主要负责西南油气田公司页岩气勘探开发的地质研究、规划部署、方案设计、技术优选、现场服务、人才培养。以面向四川盆地和国内页岩气勘探开发，集“资源评价、开发设计、工程设计、数字化集成、情报调研”为一体，打造“重大基础应用研究与原发创新、主体技术攻关与配套集成、科研成果转化与现场应用、专业技术队伍建设与人才培养”四位一体的综合性研究机构，建设“人才、技术、管理、党建、业绩”五个一流的页岩气研究院。

2022 年，页岩气研究院机关设职能科室 5 个，即综合办公室（党委办公室）、科研管理科、计划财务科、人事科（党委组织部）、企管法规科。下设正科级基层单位 8 个，即规划与资源评价研究所、开发研究所、水平井钻井研究所、完井与压裂研究所、信息与情报研究室、地球物理研究所、动态研究所、四川中页利华新能源科技有限公司。机关定员 43 人，其中二级正副职职数 5 人，三级正副职数 17 人（含助理、副总师职数 3 人）。基层单位定员 142 人，其中三级正副职数 23 人。在册员工 180 人，其中合同化用工 125 人、市场化用工 55 人，管理人员 56 人，专业技术人员 110 人，操作服务人员 14 人，女员工 73 人。有科研、办公设备及软件 598 台（套），资产总额 13 790.77 万元。其中科研软件 59 套，资产总值 8 759.92 万元。办公试验大楼、科研办公设备设施等固定资产 539 项，资产总额 5 030.85 万元。（罗昱暄）

【科研工作成果】 2022 年，页岩气研究院获省部级以上科技奖励 3 项，其中“多旋回强挤压背景下海相页岩气‘甜点’评价及富集高产模式研究”项目成果获中国石油天然气集团公司基础研究二等奖，“川南页岩气新一代压裂技术及应用”项目成果获中国石油天然气集团公司科技进步一等奖，“可溶材料研发与可溶桥塞研制”项目成果获集团公司科学技术进步奖二等奖。获西南油气田公司科学技术进步奖一等奖 1 项、二等奖 3 项、三等奖 3 项，获四川省石油学会科学技术进步奖一等奖 2 项、二等奖 3 项、三等奖 4 项，四川省石油学会科学技术进步奖二等奖 1 项，获中国石油天然气集团公司专利优秀奖 1 项，西南油气田公司专利金奖 1 项、优秀奖 1 项。授予院级科学技术进步奖一等奖 1 项、二等奖 1 项、三等奖 4 项。（杨　柳）

【泸州区块深层高温高压页岩气井优快钻完井关键技术】 该技术获西南油气田公司科学技术进步奖一等奖，在钻井上主要有两方面创新点。一方面基于能量守恒原理，考虑井筒—地层各控制区径向轴向传热机理和钻头破岩、钻柱旋转、水力做功及摩阻生热等复杂热源的影响，首次建立符合水平井传热机制的瞬态温度场模型，精度 95% 以上，为井温预测、地面降温、井底控温奠定理论基础。综合地震数据、三维地质模型、测井解释，运用地质统计学原理与序贯高斯模拟插值方法，首次形成三压力三维展布预测技术，为降密度提供理论依据。另一方面创新提出以“地面降温 + 欠平衡 + 抗高温旋导”为核心的深层高效钻井技术系列，有效降低井底温度 10℃至 20℃，降低钻井液密度 0.2 ～ 0.35 克 / 厘米^3，机械钻速由 5.44 米 / 时提升至 8.1 米 / 时，储层钻遇率由 82% 提升至 95.7%。（张　震）

【储量评价工作】 2022 年，页岩气研究院按照集团公司储委要求及时转观念，从提交地质储量变为提交可动用、经济可采的储量，高质量完成页岩气三级储量 6 000 亿立方米。面临新形势和新挑战，页岩气研究院评价所首次在预测储量区开展经济性评价，首次计算五峰组—龙马溪组一段 I+II 类储量，细化各类储层评价标准，最终提交威远页岩气田预测地质储量 4 524.73 亿立方米，渝西页岩气田预测地质储量 696.31 亿立方米，累计提交预测储量 5 221.04 亿立方米，为下一步开发方案的编制提供基础。自 201 井区探明地质储量 647 亿立方米通过国家储量委员会审查。（冉乙钧）

【多级断裂精细预测与分类研究】 2022 年，页岩气研究院针对多级断裂预测精度不够、“易引起工程复杂”的断裂分类难问题，按照“成像—预测—跟踪—预警”四步走，全面攻关泸州深层页岩气多级断裂精细刻画，做好工程预警支撑。开展资料品质溯源，采用起伏地表小平滑面叠前深度偏移融合速度建模技术，成像精度更高，对比分析 2 782 平方千米地震数据、58 口井轨迹剖面，“深偏”数据与井轨迹吻合率平均 79%，比“时偏”数据高 28%。攻关强屏蔽信号去除，机器学习，分频带分方位 PCA 融合等 4 类新方法的探索，断裂预测精度由 62% 提升至 66%。

基于地质导向解释结果、远距离压窜指示、微地震监测指示等三类工程“硬指标”，迭代更新泸州北区多级断裂分布置信图，证实泸州北区断裂发育160条。建立泸州区块井间压窜风险评价指标和图版，识别远距离易压窜风险断裂161条，已压井区域验证符合率64%。（罗浩然）

2022年6月27日，页岩气研究院在成都召开庆祝建党101周年暨先进表彰大会 梁智鹏 摄

【地质力学一体化量化模拟技术】2022年，页岩气研究院压裂所建立地应力解释方法和标准化解释流程及质控体系，三维地应力模型精度提升到90%以上。探索建立断裂稳定性评价模型，明确断裂稳定性的主控因素及其影响规律，定量评价泸203井区断裂失稳风险，支撑了风险区划分和开发节奏优化。依托深层高产井培育，构建“1234”压裂地质工程一体化支撑模式，实现压裂一体化支撑模式的升级换代，模型精度和运行效率得到有效提升。（宋雯静）

【深层页岩气返排特征及返排制度优化研究】2022年，页岩气研究院开展“深层页岩气返排特征及返排制度优化研究”。项目针对深层页岩气井返排特征差异明显、规律复杂问题，开展返排特征分析，明确不同地质工程条件对返排动态特征的影响规律，并根据矿物组成、含水饱和度等条件划分不同返排井类型。针对影响返排特征的背后机理不明确的问题，首次建立支撑缝+自支撑缝导流能力评价实验方法，通过室内实验掌握不同类型裂缝导流能力变化规律及支撑剂运移规律，确定组合裂缝的临界压差和返排最佳压差范围。基于低场核磁共振技术，首次利用甲烷、重水作为流动介质开展了页岩闷井—返排过程气液两相流动机理实验，掌握了闷井—返排过程中页岩基质—裂缝中气液两相置换机理和动态分布特征。建立深层页岩气液两相流动格子Boltzmann(LBM)微观模拟方法，模拟页岩基质及基质+裂缝双重介质中闷井–返排气液两相流动过程，明确页岩润湿性、孔隙结构、温度、压力等因素对压裂液渗吸及返排特征的影响规律，从微观尺度进一步揭示影响返排特征的气液两相流动机理，并且根据LBM方法计算了不同孔隙结构页岩的气水相渗曲线和毛管压力曲线，解决当前无法通过实验获取页岩气液两相流动参数的难题。选取典型井建立返排优化数值模拟模型，通过重要流动参数校正进而优化迭代模型，形成适应不同类型返排井的返排制度图版，有效指导深层页岩气井的现场返排。（张　砚）

【质量安全环保】2022年，页岩气研究院以习近平生态文明思想和总书记关于安全生产的重要论述为指引，严格执行西南油气田公司质量安全环保相关管理规定，在页岩气研究院党委和行政班子的正确领导下，将质量安全环保节能工作与科研生产重点工作紧密结合，按照西南油气田公司“控风险、除隐患、推体系、强业务、严监管、保目标”工作思路，围绕“防风险、保安全、迎二十大”主线，以深化执行力建设为重点，持续打造安全环保2.0，抓集中整治、抓“四全”“四查”、抓污染防治，进一步明确岗位安全生产责任，积极推行QHSE管理体系，严格落实各项QHSE工作安排，加大安全生产监督管理和风险管控力度，持续提升全员安全意识和技能，安全环保治理体系和治理能力再上新台阶。（何　斌）

【党建工作】2022年，页岩气研究院党委坚持把方向、管大局、促落实，紧密围绕科研生产中心工作，牢牢把握“求实、求效、求特色”的工作原则，推动各项事业不断前进。多措并举深入学习宣传贯彻习近平总书记系列重要讲话精神和党中央、集团公司党组、西南油气田公司党委重大决策部署，认真领悟党的二十大精神，坚决捍卫“两个确立”、做到“两个维护”，全情投入到深层页岩气攻坚。通过开展知识竞赛、参观天府家风馆、成都博物馆、邛崃红军纪念馆等活动，和举办基层党建、舆论宣传专题培训班等，切实把全员智慧力量凝聚到目标任务上来。结合基层党建“三基本”建设与“三基”工作有机融合安排，

制定党支部规范建设标准，细化考核方案，建立起导向鲜明、重点突出的“五位一体”量化考评体系。将基层党支部作为贯彻决策部署、组织推进工作、联系服务员工的重要抓手，构建“思想引领—业务融合—服务保障”管理逻辑闭环，支撑西南油气田公司页岩气生产。开展“转观念、勇担当、强管理、创一流”主题教育活动，制定全面从严治党任务清单和责任清单，落实好全面从严治党具体部署和工作安排，共研究、建立、健全《三重一大实施办法》《选商管理办法》等各项规章制度10余项。推进“三不”机制建设，构建“大监督”格局，旗帜鲜明支持监督执纪问责，警示震慑作用充分发挥。坚持党管人才原则，深入实施“领军人才”计划，建立优秀科研青年、党务工作者后备人才库，精准实施实践性和个性化培养。健全“师带徒”培养机制，实施“人才＋项目”培养模式，创新搭建“智慧碰撞”交流平台，深化开展岗位创新、难题攻关、大讲堂等活动，分类施策打造“橄榄型”人才梯队。（潘一铭）

【群团工作】 2022年，页岩气研究院团委坚持以习近平新时代中国特色社会主义思想为指导，深入学习贯彻党的二十大精神，按照西南油气田公司团委和页岩气研究院党委要求，开展青年精神素养提升工程，团结动员广大团员青年为全力推进“五个一流”页岩气研究院建设贡献青春智慧和力量。把学习贯彻习近平新时代中国特色社会主义思想、党的二十大精神和建团100周年作为首要政治任务，组织开展系列特色活动12次。健全共青团组织机构，成立两个团支部，改选、任命8名团支部书记。结合“青年大学习”“智慧团建”“铁人先锋”等平台，开展“7+1”系列活动和形势任务宣讲6次。组织青年广泛参与青年学术交流、青年成果交流、青年科研座谈等特色活动，开启青年脑力风暴，激发青年创新潜力，获西南油气田公司青年论坛一等奖、三等奖，集团公司盆地中心青年论坛二等奖、三等奖，中国创新方法大赛全国总决赛三等奖。深入推进“一个阵地、五个家”体系建设，开展“喜迎二十大、建功页岩气”“学习二十大、奋进新征程”等系列活动，组织创作并拍摄制作庆祝建院五周年职工MV。举办“永远跟党走 建功页岩气”网络健步走团体公开赛，参加集团公司网络健步走公开赛，获西南油气田公司优胜单位二等奖、团结奋进奖，4名职工获个人奖，页岩气研究院工会获优秀组织奖。（潘一铭）

邮政编码：610051
电话号码：028-86017108　028-86010705　028-86018551
油网号码：217108 210705 218551
单位地址：四川省成都市建设北路一段83号

集输工程所

【概况】 集输工程所成立于2020年7月，主要负责西南油气田公司集输工艺、集输工程自动化、重点设备和装置完整性管理、技术评价与推广应用。2022年底有在册员工134人，其中博士7人（含在读博士2人）、硕士研究生36人、本科70人，高级专业技术职称50人，党员97人。机关设综合办公室（党群工作部）、科研管理科、计划财务科、人事科（党委组织部）、企管法规科（内控与风险管理科）5个职能部门。下设规划研究室、设计研究室、工程研究室、信息技术应用研究室、评价实验中心5个基层单位。有四川利能燃气工程设计有限公司、四川腾龙石油输气防腐有限公司2个托管公司。其中四川利能燃气工程设计有限公司与设计研究室、信息技术应用研究室按“一套人马、两块牌子”模式运行。（邓钦月）

【科研工作】 2022年，集输工程所按照“一部四中心一平台”职能定位，围绕科研、生产、经营目标，以科技创新引领高质量发展，践行“天然气＋科技”创新创效模式，“天然气集输管网腐蚀及风险防控技术”首次入选集团公司十大科技进展，“天然气管道本质安全保障关键技术”首获集团公司科学技术进步奖二等奖，“一种确定管道实际输送能力的方法和装置”首获西南油气田公司专利银奖。获四川省科学技术进步奖三等奖1项，首次发布集团公司企业标准1项。实施《西南油气田公司集输工程技术研究所成果转化创效方案》，技术服务创造收益800万元。开展“基于光学法的天然气地面长输系统颗粒物粒径分布测定”研究，形成颗粒物粒径分布的测定方法等规范性流程，弥补国内当前天然气地面长输系统颗粒物粒径分布的测定方法规范空白。优化设置智能管网运行、工艺及系统优化、管道防护评价、关键设备评价四大实验功能区，初步落实建设条件。设备健康管理中心已启动建设，气液两相流环道实验装置已完成初设。完成6个项目长竞聘、团队组建，完善项目制管理办法，初步形成完全项目制管理考核模式，完成6个完全项目制项目阶段考评工作。全年34项各类科技项目按计划有序推进，参与国家"十四五"研发项目"纯氢与天然气掺氢长输管道输送及应用关键技术"申报，参与完成集团公司重点试验专项立项，完成2023年西南油气田公司8个课题的立项申报。（邓钦月）

【支撑技术】 2022年，集输工程所开展集团公司、股份公司专项规划分析8项，支撑川气出川资源统筹工作。围绕西南油气田公司上产500亿立方米总体部署，开展5项规划编制，支撑大川中安岳、蓬莱、致密气和川南页岩气快速上产。开展重庆地区三库联动适应性分析，支撑重庆地区管网优化调整改造。提升骨干管网及局部区域管网输配能力每年130亿立方米，保障西南油气田公司上产畅通。完成大川中气区、页岩气等重点区域开发试采方案及概念设计28项，支撑大川中地区、页岩气等每年118亿立方米规模建产。完成三台区块、盐亭区块、简阳区块、蓬莱气区、威远页岩气自201井区相关天然气探明储量开发概念设计，助力西南油气田公司成功申报新增探明储量超千亿立方米。滚动开展1 000余千米管道阴极保护效果评价，以系统评价助推西南油气田公司管道技防能力提升。组织制定页岩气平台"两相计量+中压除砂"优化工艺模板，平台单井地面投资降低25%，节约70万元。制定适合致密气特点的"井下节流（涡流加热）+带液计量+选配除砂"地面工艺模板，已在9个平台应用，平台单井地面投资降低27%，节约170万元。开展年度商品率跟踪分析工作，编制2022年天然气商品率提升行动方案，部署具体项目及措施35项，合理控制生产用耗，西南油气田公司商品率95.63%，超额完成股份公司考核指标（95.48%）。（邓钦月）

2022年5月30日，集输工程所党委在毛泽东主席视察隆昌气矿纪念馆开展"重温川油史、奋进新征程"主题党日活动
邓钦月　摄

【生产技术管理】 2022年，集输工程所开展云台激光甲烷检测、次声波泄漏检测、分布式光纤振动预警、超声波阀门内漏检测等5项"四新"技术应用现状调查与分析，形成技术报告及指导意见，助力西南油气田公司管道技防水平升级。修订集输生产管理规定/规程10项，编制西南油气田公司地面系统用能、全流程成本分析等重要报告9份，西南油气田公司地面生产管理技术支撑中心职能充分发挥。编制并发布西南油气田公司《燃气管道及站场完整性管理体系文件》等制度，完善燃气领域完整性技术及体系建设。完成西南油气田公司2 000余千米输气管道高后果区风险评价和地灾敏感点识别工作。支撑西南油气田公司首个燃气无泄漏示范区建设，完成燃气无泄漏示范区完整性管理自评估与审核。形成数字化交付工作量基线标准、地面工程建设标准和工程案例结构化入库与智能检索、推送机制机理，牵头承担西南油气田公司地面工程协同工作管理平台方案编制，提出基于区域数据湖、3个"一体化"的地面工程协同总体架构和思路，助力形成勘探开发协同一体化系统。开展管道掺氢、输送、分离技术、二氧化碳管道输送及封存工艺等技术研究，支撑西南油气田公司多项CCUS和CCUS-EGR方案编制。（邓钦月）

【合作交流】 2022年，集输工程所构建高层次科研合作机制，成功合作"西南油气田输气管网在线仿真技术研究"院士工作站项目，搭建产学研用一体化创新平台。在"天然气学术年会"等会议投稿论文4篇，其中"基于光学法

的天然气地面长输系统颗粒物粒径分布测定”在“青年科技论坛”中获二等奖，“泄漏监测技术在川渝管网应用现状及适应性研究”获西南油气田公司第一届开发领域集输专业技术交流一等奖。依托高校、科研院所、西南油气田公司等平台，参加各类技术交流30余次。（邓钦月）

邮政编码：610042
电话号码：028-86017505
油网号码：217505
单位地址：四川省成都市武侯区航空路1号国航世纪中心A座23楼—24楼

经研所

【概况】 经研所是国内唯一以天然气为特色成建制的经济研究机构。是中国软科学研究会团体会员，法国国际天然气信息中心(CEDIGAZ)中国区会员。集团公司以经研所为依托设有中国石油天然气价格研究中心。中国石油学会天然气专业委员会经济学组、中国石油学会石油经济专业委员会天然气经济学组、四川省石油学会经济与企业文化专业委员会、四川省石油企协天然气经济研究分会挂靠经研所，并承办发行《天然气技术与经济（双月刊）》。下设办公室（党总支办公室）、财务科、科研管理科、企管法规科、党群工作科5个职能部门，天然气市场研究室、战略与政策研究室、天然气价格研究室、党建研究室、经济评价与规划研究室、经济信息研究室、经济信息研究室、新能源经济研究室7个科研科室，《天然气技术与经济》编辑部、科研服务中心2个科研辅助部门。2022年底，有员工83人，其中干部76人，工人7人。有博硕士41人、本科学历40人，高级专业技术职称33人。有固定资产原值2 123.95万元，净值1 378.65万元。（贾 杰）

【科研工作】 2022年，经研所高质量服务西南油气田公司气大庆建设，承担“中国西南天然气大庆战略研究”项目的3个专题已取得阶段成果。支撑西南油气田公司绿色低碳转型，编写集团公司2022年11期领导参阅《关于推动川渝地区天然气发电与水风光融合发展的建议》和四川省政府2022年第8期领导参阅《抢抓能源革命机遇，打造世界级光伏产业集群的建议》。推进数字化转型，完成《天然气经济研究所数字化转型行动方案》编制。建成天然气经济科研工作平台（一期），形成“数据共享+模型分析+辅助决策”的科研新模式。依托西南油气田公司协同办公系统，持续完善基于基础管理应用场景的综合系统搭建，提升管理效率。稳步推进天然气经济大数据实验室建设，设计大数据研究平台架构，完成大数据分析模型工具箱开发与私有化部署。强化知识产权及成果挖掘，编制《知识产权及成果挖掘三年行动工作清单》，推进完成知识产权及高级别奖励等指标。开展高级别奖励顶层设计，编制完成经研所2022年高级别奖励申报方案，完成年度高级别奖励申报。深挖技术潜力，获国家软件著作权证书1项，出版专著2部，发表论文25篇，其中核心期刊4篇。（贾 杰）

【企业管理】 2022年，经研所持续深化三项制度改革，健全完善绩效考核体系，制定《2022年天然气经济研究所绩效合同关键指标考核说明》，组织各科室、基层单位签订年度业绩合同。贯彻落实西南油气田公司实施任期制管理要求，继续“年度考核定薪酬、任期考核定去留”思路，强化考核结果应用，激发微观主体活力和经研所发展活力。抓实降本增效，树立精益管理思想，编制《天然气经济研究所2022年提质增效价值创造行动实施方案》，严控非生产性支出，加强“五项”费用管控和投资成本管控。加强科研经费管理，开展项目预算全过程管控和全成本核算，跟踪研发投入进度情况。加强预算过程管控，强化预算考核。优化资产配置结构，牵头资产轻量化工作，对资产进行全面清查，掌握不良资产、报废资产、闲置资产管理现状，减少资产存量。强化依法合规管理，编制《西南油气田公司部门合规职责描述》《西南油气田公司员工岗位合规职责描述》《西南油气田公司合规高风险岗位人员风险清单》。召开依法合规治企和强化管理对照检查专题会，统一思想认识。夯实合同基础管理，加强市场、合同过程管控，增强抗风险能力。（贾 杰）

2022 年 1 月 27 日，经研所在成都召开工作会暨五届一次职代会、党建工作会　　谢雯娟　摄

【党建工作】 2022 年，经研所强化政治思想建设，落实“第一议题”制度，深入学习党的十九届六中全会精神、党的二十大精神和习近平总书记系列讲话、批示和重要文章，组织中心组学习 12 次，累计学时超 85 小时。开展党史学习教育、“转观念、勇担当、强管理、创一流”主题教育、“党的二十大”主题宣传活动，以专题党课、专题培训、党日活动、观看红色电影、主题征文等为载体，开展党课 7 次，宣讲 7 次，受众 367 人次，推进主题教育与科研深度融合。修订“三重一大”制度，完善党总支前置研究讨论重大经营管理事项清单，完善企业高质量决策部署机制。加强干部人才队伍建设，开展科室长及业务骨干培训，抓实干部培养开发，通过人才后备队伍建设和师带徒等工作，提前做好人才战略储备。完成二级、三级工程师和大学毕业生转正竞聘，深化专业技术岗位序列管理。着眼“高精尖缺”，运用“大学生招聘、博士后工作站、成熟人才招聘”3 个平台，引进 1 名专业技术成熟人才、1 名出站博士后、3 名大学毕业生，落实《经研所人才强所三年行动计划》。制定《天然气经济研究所党总支构建不敢腐不能腐不想腐有效机制的推进方案》《天然气经济研究所 2022 年廉洁从业风险岗位、廉洁风险点排查及防控措施明细表》等制度文件，开展“反围猎”专项行动和“三商”排查工作。纠治“四风”，修订《中共天然气经济研究所总支部委员会关于贯彻落实中央八项规定精神的实施细则》。紧盯节假日关键节点，组织多部门开展全覆盖现场联合检查 5 次，发送节日廉洁提醒短信 239 条。强化经研文化建设，加强对先进人物、先进团队、先进事迹的宣传报道和典型培养选树，开展劳模宣讲会，形成崇尚先进、学习先进、争当先进的浓厚氛围。坚持上报信息、对外材料采取三级审核，发布信息及宣传报道 123 篇，西南油气田公司采纳比率 80%。抓牢意识形态，落实《天然气经济研究所意识形态实施细则》，编制并下发《天然气经济研究所舆情突发事件应急处置预案》。开展帮扶帮困慰问工作，更新困难人员档案表，在重大节日期间开展送温暖活动，慰问员工 10 人，发放慰问金 26 000 元。加强开展工会活动，成立兴趣小组 8 个，组织文体活动 10 余次，以党建、工会和科研相结合方式常态化开展青年活动，发挥群团组带作用。

（贾　杰）

邮政编码：610051
电话号码：028−86011471
油网号码：211471　212428
单位地址：四川省成都市府青路一段 19 号石油园三楼

勘探事业部

【概况】 勘探事业部是西南油气田公司直属二级单位，负责川渝地区油气勘探项目的组织与实施，完成勘探实物工作量、投资任务、地质任务和储量任务等勘探重点工作。2022 年底，设职能科室 9 个、基层单位 5 个，在册员工 164 人。党支部 7 个，党员 136 人，占员工比例 82.9%。

2022 年，勘探事业部克服新冠肺炎疫情反复、高温限电、地震灾害等多重困难，新增天然气三级储量连续 19 年保持高峰增长。完成二维地震 560 千米、三维地震 7 020 平方千米，三维地震完成工作量创历年之最，完成 VSP 测井 6 口。新开钻井 23 口、完钻井 33 口，全年进尺 17.1 万米。试油结束井 37 口，获油气井 33 口，探井成功率 82.8%，井口测试产量 906.8 万米^3/ 日。完成投资成本、安全环保、反腐倡廉、依法经营、综合治理和队伍建设考核目标。

（刘婷婷）

【勘探成果】 2022 年，勘探事业部四新领域风险勘探成效显著，大页 1H 井在二叠系吴家坪组页岩储层测试获高产工业气流，获集团公司勘探重大发现特等奖。东坝1井、充探1井、新探1井分别在灯影组四段台缘带、雷三^{2}亚段、茅口组一段取得新突破，分别获集团公司勘探重大发现一等奖、二等奖、三等奖。蓬莱气区立体勘探高效推进，多层系勘探获突破性进展，形成三大立体成藏富集区块，万亿立方米储量基础夯实。安岳气田扩展评价、龙女寺下二叠统茅口组、天府气田须家河组、盆地致密气勘探也取得了一批新成果新进展。（刘婷婷）

【工作成效】 2022年，勘探事业部支撑探井井位部署30余口，梓潼、绵阳、南充三维在采集速度、资料品质等方面明显提升。探井运行效率稳中有进，环评获批、钻机搬迁周期较目标值节约9.9天、3.7天，支撑探井前期准备周期再压缩。钻井生产时效同比提升1.9%，达到89.8%。钻井故障复杂时效同比减少4.5%，降至8.4%。试油平均周期同比缩短10.5天，压减至52.2天。井工程质量生命线更加牢固，以井眼轨迹设计、钻具组合优化、钻井参数优选为抓手，实现井身质量合格率100%。执行“三年井筒质量计划”方案，固井质量合格率同比提高3.2%，提升至93.6%。勘探项目实施创造多项新纪录，蓬深6井完钻垂深9 026米刷新亚洲最深直井纪录，堪称“地下珠峰”；红星1井系国内首口八开八完超深井；龙兴1井成功探索盆地最高地层压力试油改造技术。获西南油气田公司QHSE先进单位，内控与风险管理工作获西南油气田公司“杰出”级评定，连续两年被评为四川省石油企业管理协会先进会员单位。（刘婷婷）

【勘探技术】 2022年，勘探事业部试点推广物探新技术，首次实现无人机回收节点QC数据，较人工提速30倍。推广山地井炮源驱动技术，采集效率提高38%。推广激光雷达技术，障碍识别精确率超85%，测量正点率较邻区提高4%，可控震源布设速度提升30%。抓钻完井提速提效攻关，开展以井身结构拓展为核心的钻井工艺迭代升级，优化形成蓬莱气区“上部地层有机盐聚合物、中部地层有机盐聚磺、下部地层JFS聚磺或油基钻井液”特色钻井液技术，完善大尺寸井段“强抑制、低黏切”钻井液体系，形成小井眼钻井液防塌配套技术。发展高效安全试油技术，升级射孔—酸化—测试联作工艺，较非联作工艺周期缩短18.5%。应用177.8毫米、127毫米等系列通刮一体化工具，深井井筒准备周期平均节约4～5天。形成“交替注入+闭合酸化”深度酸压工艺，大幅提高酸蚀裂缝长度和导流能力，单井产量提高47.5%。创新“机械+暂堵”复合分段精准酸压工艺，有效解决超深层碳酸盐岩储层高温高闭合应力改造难题。应用录井新工艺，试验在线油基钻井液油水比测量，丰富录井流体性质判别手段。首次引入随钻方位电阻率地质导向，有效提高碳酸盐岩非均质性强薄储层钻遇率。多项测井技术实现突破，首次应用双密度测井技术、国产CPlog方位侧向测井仪器，蓬深13井开展RIT钻后测井试验，复杂井况下电成像随钻采集技术初步储备。（刘婷婷）

2022年10月30日，西南油气田公司蓬莱气区评价井中深103井灯二气藏测试获日产天然气126.88万立方米，成为蓬莱气区蓬探1井区灯影组二段气藏第三口百万立方米级气井　高平　摄

【管理创新】 2022年，勘探事业部探井精益管理体系持续完善，立足“甲方主导”把好设计源头关，依托项目管理部靠前指挥，构建“1+N”多专业、全领域团队协作模式，践行“物探—地质—工程—运行—经济”五位一体勘探理念，探井项目管理全面提质提效。推动数字化转型，结合各专业需求开展勘探场景线上设计，持续充实协同管理平台业务表单创建。搭建《跟踪基础信息管理数据库》，实现模块化资料一键提取及跟踪评价可视化操作。（刘婷婷）

【安全环保】 2022年，勘探事业部开展安全生产记分18人次，依托第三方体系内审、公司体系审核，系统性查问

题、补短板，连续两年 QHSE 体系审核定级为 B1 级。对标新《安全生产法》，修订 QHSE 体系管理手册、“1+3”应急预案。突出重点领域风险管控，狠抓井控、危险化学品、环境保护等专项整治，组织车辆消防、房屋建筑等隐患排查。特殊敏感时段升级管控，加强一级、二级风险井专家驻井，领导带头 24 小时工程智能支持中心（EISC）值守，落实井控安全包保责任。推进井控安全提升，年度上级检查开具井控问题井均减少 23.9%，发生溢流同比下降 44.4%，平均处置时间减少 34.5%，连续安全生产向 7 000 天目标迈进。优化油基岩屑场外处置承包模式，建立废水转运“点对点”运行大表，实现依法合规、经济最优。（刘婷婷）

【党的建设】 2022 年，勘探事业部深入学习宣贯党的二十大精神，严格执行“第一议题”制度，深入落实党委参与企业重大决策职能。修订《全面从严治党主体责任清单》，压实“两个责任”。强化党风廉政建设和反腐败工作，严把选人用人、评先选优政治关、廉洁关，深化纠“四风”树新风，“三不”一体推进，严肃开展“反围猎”、违规吃喝两个专项行动。推进“转观念、勇担当、强管理、创一流”主题活动，紧扣“强管理”内涵开展岗位实践、广泛讨论，贯彻落实习近平总书记关于安全生产工作的重要论述。锻造“三强”勘探铁军，利用生产前线历练平台，固化“师带徒”培育模式，着力培养“一专多能”复合型勘探人才，1 人入选西南油气田公司“英才计划”并获评优秀。党建课题获四川省企业党建文化优秀成果一等奖、集团公司党建研究成果优秀奖，党建与勘探融合创新案例获石油石化企业管理现代化创新优秀成果二等奖。巩固国家安全人民防线建设，完成年内重点敏感时段维稳目标，获西南油气田公司电报嘉勉。（刘婷婷）

【和谐企业建设】 2022 年，勘探事业部推进惠民工程，实施“三大关爱行动”，开展“四季送”“我为员工群众办实事”活动，推进“四有”服务，夏季高温限电供冰、年末疫情调控配药，彰显人文关怀。打造“勘探先锋文化”，立足“一网一微”加大多方媒体稿件推送，讲好新时代勘探故事，全年发表稿件超 130 篇（条），获西南油气田公司合气文化品牌传播推广劳动竞赛优秀组织单位。推动企地共建，参与贫困地区消费帮扶、捐资助学活动，投身乡村振兴工程，建立健全企地长效沟通协调机制。发挥群团桥梁纽带作用，推进“一个阵地、五个家”建设，强化职工之家建设，有序组织茶道、摄影等兴趣小组活动。深化“青字号”活动，学习贯彻习近平总书记在庆祝共青团成立 100 周年大会上的重要讲话精神，获石油青年文学一等奖一项。关心关爱员工身心健康，传达宣贯各级疫情防控规定，强化防疫物资、应急食品保障。开展《职业病防治法》宣传，落实个性化健康体检全员覆盖，配备健康小屋等基础医疗设施。（刘婷婷）

邮政编码：610041
电话号码：028-86013032
油网号码：213032
单位地址：四川省成都市高新区天府大道北段 12 号

开发事业部

【概况】 开发事业部主要负责西南油气田公司井工程管理。下设办公室（党委办公室）、计划财务科、人事科（党委组织部）、工程技术科（生产指挥中心）、质量安全环保科、企管法规科（内控与风险管理科）、党群工作科 7 个机关职能科室，地质管理中心、钻井管理中心、完井管理中心、井控管理中心、生产保障中心、工程项目造价中心、QHSE 监督站 7 个基层单位。设有川中、川东北、川西北、重庆、泸州、长宁 6 个临时联合项目部。

2022 年，开发事业部有在册员工 190 人，其中机关 54 人、基层 136 人。二级管理人员 9 人，企业专家 2 人，一级工程师 9 人，三级管理人员 45 人。高级及以上专业技术职称 77 人（含教授级高级专业技术职称 2 人），占员工总数 40.53%；中级专业技术职称 96 人，占员工总数 50.53%。钻完井、试油工程、地质等专业技术人员 113 人，占员工总数 59.47%。有党员 155 人，占员工总数 81.58%，外部技术支撑人员 99 人。（胡　静）

【地质工程一体化】 2022 年，开发事业部强化钻前地质风险识别，开展钻前评估460口井，调整足203H7-1井、坡002-X2井等12口井轨迹，保障钻井平均复杂时效在6.5%低位运行。强化钻井实时跟踪，开展实时钻井风险评估398井次，提出井轨迹优化21口，风险提示符合率88%。双鱼001-H6井采用直推存储式测井仪器克服井控风险高、钻具黏卡的复杂工艺难题，耗时75小时取全取准所有测井资料，刷新国内陆上最深气井、中国石油最深井两项测井纪录。该工艺技术应用31井次，测井一次成功率96.8%。坡002-H4井XPT测试求取多个点的地层压力，确定气水界面，为水平段靶体优选提供了依据。通过电成像+井温测井准确判断铜储4井、铜储8井井漏位置、裂缝或溶洞发育规模情况，为后期工程或固井方案论证提供可靠参数。资201井通过对实钻岩性及“伽马能谱+元素录井”综合分析，确定返出岩性硅质含量高，优化钻头选型，有效保障筇竹寺组取心工作完成。（胡　静）

【钻井工艺技术】 2022年，开发事业部把科学钻井理念与区域成功经验相结合，分区块编制《开发事业部钻井液技术管理办法》《黄202区块提速模板》《钻具管理与使用办法》。形成“大数据分析+机械比能+机速热力图”和“MSE对比分析法”实时提速技术，“钻柱力学分析+温度场模拟优化+ECD全过程监管+摩阻扭矩实时管控”长水平段小井眼配套技术，引入“气滞塞”“双液堵漏法”和“双密度钻井液压井”等复杂处置新技术手段。规范高含硫气井安全高效钻完井配套技术，参与制定《西南油气田公司高含硫井队伍配套标准》《西南油气田公司高含硫钻井指南》等相关标准，总结钻头选型、钻井参数、钻井液性能、井下工具选择经验，建立铁山坡区块钻井提速模板，坡002-H4井直径177.8毫米+直径193.68毫米尾管悬挂固井施工完成，成功攻克高含硫区块压力窗口窄、盐水侵、轨迹复杂等技术难点。攻克储气库恶性井漏和技术套管固井质量差的技术难题，针对铜锣峡储气库的“裂缝型”储层特点，及时调整“三开”中完固井方案，直接采用“正注穿鞋+多次反打灌返、水泥浆到达漏层即稠化”工艺技术，确保铜储4井339.7毫米技术套管固井优质率79.25%，合格率87.63%，固井质量超过集团公司“红线”标准，成功治理储气库恶性井漏并高质量完成技术套管固井作业。通过采用平衡压力法可固化工作液体系候凝堵漏技术，实现足203H7-4井的漏层承压从1.02克/厘米^{3}提升至1.5克/厘米^3，并完成专利申报。通过“漂浮+旋转下套管”技术，实现复杂井段和长水平段套管顺利下入。采用清水带帽强钻技术，宁209H50-5井钻井周期较同平台缩短超过50%，复杂时效缩短49.27%。（胡　静）

【生产运行】 2022年，开发事业部完成6个区块38口井优化施工方案，发出优化措施49 239条，执行率96.61%，预警异常1 398井次，符合率100%。委托工程设计175井次，组织工程设计会审45次，变更设计31井次。完善施工现场分级管理制度，重要环节、关键工序到现场技术把关，机关全年派出上井把关人员286人次，前线联合项目部坚持每天到各个现场督促落实。总结长宁“日费制”经验，在泸州、大足、阳101区块9口深层页岩气井开展日费制试验，平均钻井周期指标较区块指标提升16.2%，平均机械钻速较区块指标提升59.7%。抽检钻井液材料21井次、样品103批次，抽检钻井液性能8井次，发现未取得集团公司油化剂产品质量认可证书产品4井次、钻井液性能不合格3井次，扣罚承包商违约金25.3万元，清退不合格油化品273.7吨。（胡　静）

【机构改革】 2022年，开发事业部深入推进机构改革调整，坚持“机构设置扁平化、人力资源集约化、管理责任唯一化、决策指挥高效化”原则，压减机关管理机构22%，机关定员优化核减7%，基层单位增长28%，基层单位定员增长8%。（胡　静）

【提质增效】 2022年，开发事业部强化井工程项目“事前—事中—事后”全过程控制，实现控投降本、提质增效。完善区块成本控制指标，分类别建立投资控制目标，将单项工程降本措施落实到各关键控制节点。介入方案审查，强化开发方案及区块指标有效执行，从严从紧控制投资，概算超区块指标情况显著降低。突出效益导向，结合钻完井工艺及技术参数形成技术上可行、经济上合理的施工方案。制定技术经济对标依据，按井别建立各区域的经济模板。加强钻井施工过程跟踪监控，对实施项目超目标成本事项进行分级预警，分级审批，建立预警管理台账，对照投资管控成本进行预警效果分析，控制钻井成本。2022年预警管理优化设计方案减少投资3 760万元。全面推广压裂返排液重复利用，实现致密气、页岩气跨区域、跨井别重复利用141.72万立方米，同比增加量17万立方米，节约投资约3 060万元。全面实施油基岩屑自主管理，处置油基岩屑10.78万吨，节约费用4 050万元。

（胡　静）

2022年4月14日，开发事业部与川东北气矿、川庆川东钻探公司、万源市罗文镇天然气开发地方工作指挥部、罗文镇政府在川庆70135钻井队承钻的坡002-H4井，组织开展高含硫井控突发事件地企联动应急演练　胡　静　摄

【安全环保】 2022年，开发事业部强化以井控为核心的安全环保，发挥井控处置“第一时间、第一现场、第一处置”关键作用，推动安全环保管控2.0。完善管理架构，深化井控风险分级管理。生产指挥中心与钻井工程技术服务单位开展EISC联动，划分渝西、泸州/自贡、长宁3个页岩气片区，根据层位井控风险程度实行红黄绿三级管理制度，由企业技术专家、一级工程师分别对片区实施承包，对承包井进行日常跟踪。在“七一”、党的二十大召开期间等重要时段，由二级副及以上领导、一级工程师或专家带头值班，一级井控风险井21口、二级井控风险井100口包保领导管理全覆盖。开展风险分析研判329井次，全部制定出针对性预案与措施。与川庆钻探工程公司签订应急保障合同，实时掌握应急压裂车值班情况。建成应急站7座，储备水基钻井液4 929.5立方米，值班罐车24辆，100千米直线距离支撑服务范围覆盖率93.4%，平均运距由145千米缩短至124千米。落实清洁生产，升级环保合规管控。及时处置136井次油基岩屑，实现完工现场清零。开展水基岩屑转运及处置招标，强化钻井清洁生产自主管理。严格落实关键岗位过“安全关”，开展全员QHSE综合绩效考核4次。严格承包商管理，下发整改通知单246份、开具问题2 830个，待岗劝退10人，处罚承包商19家，扣罚金额81万元。

（胡　静）

【党建工作】 2022年，开发事业部把政治标准和政治要求贯穿党的建设始终，推动全面从严治党向纵深发展，全面提升党建工作水平。优化党组织机构设置，召开年度党的建设工作会、党风廉政建设和反腐败工作会、开发事业部第一次党员代表大会，系统谋划今后一段时间党的工作。把学习贯彻习近平新时代中国特色社会主义思想作为首要政治任务，全年组织“第一议题”、党委中心组学习49场次，学习党的二十大精神、习近平总书记重要讲话、重要指示批示等内容300余项。推进人才强企工程，实施干部人才锻造专项工程。践行我为员工群众办实事，常态化开展职工生日、节假日、送清凉慰问活动，累计慰问职工及承包商人员1 400余人次，累计支出61万余元。提升维稳信访保密工作质效，多措并举推进健康企业建设，开展专项劳动竞赛，掀起建功立业热潮。定期开展“形势、目标、任务、责任”和“强管理”主题教育活动，建强宣传文化主阵地，信息、新闻、党建宣传工作迈上新台阶。拍摄制作“开发新征程”党建宣传片，讲好井工程故事。制订“共建共享共赢”基层党建活动实施方案，组织召开主题党建工作联席会，围绕井工程项目建设重点，开展形式多样的联合共建活动30余场次，助力钻试工程提速提效。严格落实“三重一大”决策、民主生活会制度，开展新提拔科级干部“六个一”廉洁教育。压实监督责任，紧盯权力运行关键环节，组织开展廉洁风险点识别。持之以恒反“四风”，开展违规吃喝问题专项整治、“反围猎”专项行动，抓好巡察、审计反馈问题再整改、再落实。（胡　静）

邮政编码：610066
电话号码：028-86015917　028-86015937
油网号码：213605
单位地址：四川省成都市锦江区下沙河铺街59号联合广场

重庆页岩气公司

【概况】 2022年，重庆页岩气公司机关设置综合办公室、计划经营部、财务资产部、人力资源部、勘探开发部、生产运行部、井工程管理部和质量安全环保部8个部门，员工70人，其中中国石油派驻员工52人、其他股东单位派驻员工10人、市场化员工8人。全年完成钻前工程平台6座，开钻2口井，完钻33口井，完成钻井进尺179 347米，完成压裂18口井，完成试油12口井，日均产气约160万立方米，年生产页岩气2.5亿立方米，销售页岩气2.4亿立方米，商品率96%，持续保持安全环保“四零”目标。

（袁敬睿）

【勘探开发】 2022年，重庆页岩气公司持续深化勘探开发节奏，夯实规模建产资源基础。渝西区块首个预测储量顺利获批，在编制多套方案基础上进一步优化有利目标区，高质量完成渝西区块首个储量计算工作，证实足203井区新增含气面积153.73平方千米、新增Ⅰ+Ⅱ类储层预测地质储量696.31亿立方米、技术可采储量139.26亿立方米。足203井区开发方案建设初见成效，已实施产能建设井37口，足203H3平台井均EUR达到1.41亿立方米，全年新井贡献产量0.28亿立方米，新建产能1.16亿立方米。足201井区试采工程高效实施，优选足201井区南部优质储层发育区为试采建产区，估算五峰组—龙一[1]亚段Ⅰ+Ⅱ类储层资源量为1 002.74亿立方米，预计2024年建成产能2.73亿立方米，为下一步该井区20亿开发方案编制提供科学依据。优质完成足201南三维地震采集，首次应用山地井炮源驱动激发技术，采集效率较相邻工区提升近25%，西山构造“三角区”复杂地质构造成像实现“从无到有”质的突破。系统落实可持续发展资源，运用广域电磁法技术，开展江页探1井区344.7千米测网勘查；摸索形成深层页岩气广域电磁法采集参数、方法处理、反演流程等关键模板，成功刻画中—高阻发育区，为江201井部署及三维地震勘探满覆盖边界选择提供支撑。

（袁敬睿）

【工程技术】 2022年，重庆页岩气公司推进科技创效，打破工程技术瓶颈。坚持地质工程一体化，建立渝西区块地质导向技术模板，通过钻前精细三维模型设计导向方案，钻中采用元素录井、随钻方位伽马识别小层，钻后迭代模型指导邻井导向等措施，33口完钻井全年平均铂金靶体钻遇率96.58%。优化可复制一体化钻井提速模板，足203H9平台实现钻井周期76天，刷新渝西足203井区钻井提速新纪录。全年四开平均钻井周期29天、平均进尺2 889米，旋导完钻率100%，多项钻井指标刷新年内川渝深层页岩气新纪录。打造深层页岩气压裂技术标杆，持续完善压裂2.0工艺技术，实现平均压裂时效2.08段/日，最高时效4段/日。严格落实作业分析和多手段实时监控，有效预防套变和压窜风险，实现零丢段、零套变，创年内川渝深层页岩气压裂指标最好成绩。

（袁敬睿）

【生产组织】 2022年，重庆页岩气不断强化生产组织，抓好产运销一体化管控。科学发挥老井产能，对管柱不完善井、生产稳定井、生产波动井分类开展精细管理，通过“一井一策一工艺”单井分析、加强产量动态监控、开展6项采气工艺先导试验，完善深层页岩气采气工艺模板，全年老井贡献1.21亿立方米，超产0.43亿立方米。发挥新井产能，提前预判各类不利因素对新井产能的负面影响，根据工程进度实时调整配产方案，优化同平台压裂、闷井、排采工作制度，组织新井分批投产，全年15口新井产气1.29亿立方米。精细组织生产运维，以“生产井尽产尽销、排采井颗粒归仓”为目标，制订运行计划，执行工艺纪律，周密组织足202脱水站大修等检维修作业。高效组织产销衔接，提前谋划内部集输、外输管网，基本建成足203井区、足201井区集输环网，提前具备400万米^3/日地面集输能力、300万米^3/日脱水处理能力，为今冬明春天然气保供及规模上产奠定坚实基础。有效提升生产核心要素保障能力，全年完成压裂供水项目6个、钻井压裂网电应用项目13个，返排液、水电供给等要素保障进一步加强。利用自产页岩气资源，在安全环保的前提下，为2个钻井平台及3个压裂平台提供22 000千瓦·时用电负荷的可靠电能保障，最大限度弥补网电缺口，化解2022年重庆大范围、长时间极端高温下的限电影响。（袁敬睿）

【安全环保】 2022年，重庆页岩气公司安全环保形势持续稳定向好。启动QHSE体系规划建设，以体系建设升级为主线，规划QHSE管理能力中长期发展路线，全年着重从“安全生产执行力建设”等4个方面提升本质安全管理水平。升级风险作业监管手段，推行可视化监管模式，共完成30个钻井平台、地面项目“安眼工程”，组建监督巡查机制，落实节假日及特殊敏感时段风险作业升级管控，保障风险作业报备率、监管覆盖率均100%。构建安全正向激励机制，设立两类风险管理激励奖项，促进安全管理从“重结果”到“过程与结果并重”的理念转变。开展HSE观察卡评优活动，激发全员安全管理主动性、积极性。持续增强污染防治能力，实时开展工区环境因素监测，统筹部署压裂返排液回用，持续完善油基岩屑应急处置响应流程，全年合规处置油基岩屑2.44万吨、水基岩屑10.18万吨，实现“零堆存”“零外排”目标，综合防治、减排降本初见成效。 （袁敬睿）

【企业管理】 2022年，重庆页岩气公司坚持“油公司”运营模式，管理创效能力稳步提升。抓实合规管理，协同推进管理制度与业务流程的配套建设，修订关键业务流程57条，新建36条，流程优化率达23%。开展专项审计、内控测试、重大风险识别与评估，查摆存在的漏洞和薄弱环节，稳步提升合规管理水平。强化投资管控，梳理全年投资计划，构建动态分析机制，完善成本管控体系，标准井价格指标同比下降6.5%。深化提质增效，制定4项年度目标，推进实施钻前工程设计2.0等21项重点措施落实落地，节约成本1 166万元。成立退税、补贴工作专班，全年留抵退税9 932万元，争取页岩气财政补贴2 861万元。培育发展生态，切实推进职工四大“幸福”工程，丰富发展工会“一个阵地、五个家”体系内涵，持续抓好新冠肺炎疫情防控和员工健康管理，致力营造和谐舒心的“家”文化氛围。积极配合政府开展“乡村振兴、公路硬化、人居环境整治”等公益活动，促进地方社会经济发展，培育“互惠共赢”的良好地企生态。 （袁敬睿）

【党建工作】 2022年，重庆页岩气公司团结带领党员干部群众贯彻落实党的二十大作出的重大决策部署，以高质量党建引领高质量发展。加强党的政治建设，坚持以习近平新时代中国特色社会主义思想为指导，深入学习党的二十大精神，落实“第一议题”制度，全年组织中心组学习13次，学习文件、文章60余篇，开展专题研讨6次，参加学习200余人次。筑牢思想阵地，落实意识形态工作责任制，推动主题教育活动走深走实，树立正确的政治方向、舆论导向和价值取向。抓好重点工作、重大工程、重要活动的宣传报道，推行“正向奖励＋指标考核”机制激发宣传活力，打造企业文化软实力，增强员工认同感与归属感。成立4个党员突击队与5个党员技术攻关组，开展老井挖潜、钻井提速等6项专项攻关，推动基层党建工作与生产经营深度融合。队伍建设稳步提升，编制人才强企工作方案，制定9类15项具体措施，选配高素质、强能力的同志兼职党务工作，培养党务和业务“双优”的复合型干部。新提拔干部3名，35岁左右基层领导人员占比提升至43%。作风建设不断深化，综合运用外部审计、内控测试、民主测评等监督方式，加大重点领域监督力度，严防“四风”反弹。加强党风廉政建设工作部署与宣传教育，增强党员干部拒腐防变的意识和能力，推进作风建设长效化。 （袁敬睿）

2022年9月16日，重庆页岩气公司在重庆召开党员大会
袁敬睿 摄

邮政编码：401120
电话号码：023-67680628
单位地址：重庆市北部新区黄山大道中段64号高科总部广场F幢

四川页岩气公司

【概况】 四川页岩气公司由中国石油（持股35%）、四川省能源投资集团有限责任公司（持股25%）、北京市燃气集团有限责任公司（持股10%）、中国华电集团清洁能源有限公司（持股10%）、内江投资控股集团有限公司（持股10%）、自贡市国有资产能源投资有限责任公司（持股10%）6家股东共同出资组建，是四川省内第二家页岩气勘探开发合资合作公司。2022年底，四川页岩气公司机关设置办公室（党委办公室）、计划经营部、财务资产部、人力资源部（党委组织部）、生产运行部、勘探开发部、井工程管理部、基建工程部、质量安全环保部、党群工作部10个部门，下设生产建设项目部、QHSE监督站2个直属单位。有股东方派出员工112人，其中西南油气田派出员工97人、其他股东方派出员工15人；董事长1人，高级管理人员9人，挂职锻炼1人，教授级专业技术职称人员2人，高级专业技术职称人员43人，博士研究生5人、硕士研究生27人、本科77人。2022年，完成投资51.79亿元，完成率98.71%。生产页岩气14.7亿立方米，首次跨入百万吨级生产企业行列。全年销售页岩气14.08亿立方米，实现销售收入18.37亿元，净利润4.33亿元。

（黄诗鸿）

【页岩气勘探】 2022年，四川页岩气公司高效完成3个开发方案报批，泸州区块开发规划方案设计规模200亿立方米，阳101井区和泸206井区两个开发方案设计规模60亿立方米，为规模上产提供科学指导。划分开发实施单元和套变风险区，差异化设计井位部署参数，一次性取得阳101井区、泸206井区22个平台138口井井位批复。强化联管联动联责，加强井控管理，优化技术模板，开展“大扭矩螺杆+定制PDC钻头”提速试验，应用“地面降温+高温旋导+欠平衡”钻井提速组合拳，平均钻井周期缩短至95天以内，钻井工程优快推进。加强过程管控，铂金靶体钻遇率85.4%，同比提高3.1%，考核指标完成率114%。全面推行深层页岩气工艺2.0和“双控+双优”模式，一体化统筹复杂防控，减少套变压窜复杂。推广“平台整体拉链压裂”作业模式，制定三大类复杂预防与处置模板，压裂施工与复杂处置协同作业，复杂处置时间缩短30%，压裂作业时效提升至1.5段/日。按照处理解释一体化思路开展泸201—泸202井区三维地震处理解释，支撑了泸州区块中部评价井的部署实施和先导试验方案编制，提前启动泸201西三维地震勘探工作；精细论证9口评价井井位，泸212井、泸213井测井和岩心初步评价成果表明，泸州区块中部连续Ⅰ类储层厚度、储层品质、保存条件与北部成熟建产区相当，推动第二个万亿立方米储量区评价。

（黄诗鸿）

【页岩气建产】 2022年，四川页岩气公司加快推进重点地面工程建设，扩大上产配套规模，打造泸州地区深层页岩气百亿集输系统。按照“三提前”原则，制定“三优化”方案，坚持“三同步”理念，完成阳101脱水站二期、阳101脱水站干气联络线等重点工程建设，阳101—泸203井区外输能力提升至80亿米^3/年。全年高质量完成钻前平台23个，新建储水池23座，容量1.3万立方米，新建道路3195米；新建平台14座，集气站1座，增压站1座，脱水站1座，集输管线36千米、返排液管线52千米，泵站22座，为建设百亿立方米页岩气田提供产能保障。

（黄诗鸿）

2022年8月8日，四川页岩气公司泸214井钻前工程施工完成，上报具备搬安条件　　邹剑波　摄

【生产运行】 2022年，四川页岩气公司坚持量效兼顾，精细气井管理，形成不同压力等级下的差异化控压生产制

度。针对不同生产阶段压窜井，总结出相应的产能恢复方法，压窜井的井均产能恢复程度55%。抓老井产能维护，总结出泸州区块页岩气井下油管的“黄金期”，创新性开展电驱橇装气举作业，全年完成各项采气工艺措施1 187井次，累计增产气量1.1亿立方米，维护气量4.6亿立方米，老井年产气量7.16亿立方米，完成率109%。调整压裂平台返排液建设时序，优化转供水系统流程，现场作业平稳有序，排采期返排液回用率100%，综合回用率63%。整体部署、分步实施，建成249千米供电线路，100%满足生产用电需求，落实评价井跨区域分散性供电，实现评价井及平台用电“配套同步”。开展工程余料清理，盘点资产、摸清家底，进一步强化物资管理。（黄诗鸿）

【企地协调】 2022年，四川页岩气公司加强与地方政府沟通，将协调工作纳入“一把手”工程主抓，形成地企“双线双轨”协调运行机制和“合体发力、双管齐下、联合攻关”工作模式。实行“协调片区负责制”，明确协调工作三级责任，全年开展协调440余次，协调总量增长40%，平均处置时间缩短至2.5日/宗，协调处置率提升30%。深化企地联席、干部交流等常态化沟通机制，协调解决土地使用、土地复垦等问题50余个，108亩工程用地全部交付村社恢复生产。按照“开发一个气田，发展一方经济，造福一方百姓”理念，积极融入乡村振兴，出资助力资源地基础设施建设，相继实施乡村道路扩建维修、农田抽水抗旱、自来水供水等重点民生工程，切实履行国有企业职责使命。（黄诗鸿）

【科技创新】 2022年，四川页岩气公司坚持科技先行、技术立企，强化科技成果和知识产权管理，完成企业标准发布5项，专利申请2项，获授权1项，受理1项。完善“以我为主、联合攻关”的开放式科研模式，联合高等院校开展泸州区块高温高压深层页岩气井优快钻井关键技术研究，单井日进尺首次突破500米，单趟进尺最高2 830米。推进“控液提砂”压裂提效试验，加强压裂液性能研究，差异化设计压裂液配方，携砂效率显著提升，确保加砂强度的同时，有效降低用液强度。高标准推进数字化气田建设，地质导向可视系统、AI智能应用管理平台、物联网、A2系统、“安全小卫士”同步发力，手机端、PC端实时大数据监测，信息化建设提速提效。（黄诗鸿）

【管理创新】 2022年，四川页岩气公司剖析在管理理念、管控方法等方面存在的突出矛盾和问题，深化组织机构改革，成立生产建设项目部和QHSE监督站，保障快速上产和优化运行。明确职能部室专业化管理和两个直属单位属地管理界面，形成权责明晰、岗位尽责的良好局面。构建“易岗易薪、工效挂钩”的薪酬分配制度，绩效奖金坚持向创效多的部门和“生产一线”“苦脏累险”“贡献突出”岗位倾斜。（黄诗鸿）

【安全环保】 2022年，四川页岩气公司坚持守住安全生产底线，把安全发展理念贯穿到企业发展各领域和全过程。强化安全培训、承包商监管，统筹推进安全生产专项整治三年行动等工作，落实13大类升级管理措施、102项升级管控清单，保障“两个现场”安全平稳受控。强化工业废物“产、转、处”全过程管控，规范和明确工程废物、钻井液废弃物处置流程和相关要求，强化过程监管和环境风险防控，全年水基岩屑资源化利用7.7万吨，油基岩屑资源化处置3.8万吨，工业固废合规处置率100%。落实“健康小屋”建设、急救设备配置和员工心理健康讲座，编制个性化体检套餐，员工健康水平持续提升。（黄诗鸿）

【效益经营】 2022年，四川页岩气公司以效益建产为中心，实施“生产经营一体化”管理模式，加强资金、投资、成本、招标等各方面管控，推进创新增效、管理增效、降本增效，深挖产业链各环节潜力，全年实现销售收入18.37亿元，累计增收创效14 150万元，节约投资6 780万元，压减开支5 000万元，单井投资严格控制在6 500万元以内，经营效果显著。（黄诗鸿）

【合规管理】 2022年，四川页岩气公司坚持“合规经营就是核心竞争力”理念，完善制度体系建设，修订7项，新增2项，废止13项。推进法治建设，开展合规风险辨识，重大风险评估和管控工作，建立清单，落实管控责任和措施。通过审计3次，内控测试2次，发现问题40余项，提出整改方案和管理措施50余条，有效防范和控制经营风险。加大合同审查审批督办力度，引入法律顾问，开展“一对一”业务指导，提高合同管理水平。按照国务院国资委《中央企业“控股不控权”问题专项整治工作方案》要求，持续修订完善《四川页岩气公司章程》，优化法人治理结构。正式启动增资扩股筹备工作，奠定规模上产基础。（黄诗鸿）

【党建工作】 2022年，四川页岩气公司坚持“党建+”理念，明确党的建设与生产经营、工程建设、民生福祉等各项工作的深度融合机制。落实“第一议题”制度，开展“转观念、勇担当、强管理、创一流”主题教育活动，统一“能源的饭碗必须端在自己手里”的思想观念。探索“优才管理四部曲”，强化人才队伍建设，全年推荐提拔二级副1人，选拔任用中层干部6人，多部门、多岗位交流调整员工19人。打造“五位一体”大监督格局，通过监督“全覆盖”“全协同”“全流程”，推动纪检、组织、内控、审计、企管法规五大监督主体贯通协调、共享资源，打造联合监督格局。（黄诗鸿）

邮政编码：610053
电话号码：028-86018652
油网号码：218652
单位地址：四川省成都市成华区猛追湾横街99号世茂大厦

新能源事业部

【概况】 新能源事业部主要负责西南油气田公司新能源市场开发、新能源项目一体化管理及新能源技术研究等工作。2022年7月，根据西南油气田公司《关于新能源事业部机构编制调整的批复》，新能源事业部机构调整为综合办公室、计划财务科、项目管理科、市场开发科4个科室。有在册员工19人，其中硕士及以上学历5人，占员工总数26.3%，高级专业技术职称9人，占员工总数39.1%，党员18人，占员工总数94.7%，队伍平均年龄39.6岁。（谢雯洁）

【光伏发电】 2022年，新能源事业部开拓风光市场，出击区外市场，组建工作专班，到6省20余市县与当地政府及企业开展风光资源获取对接工作100余次。发挥“天然气+”优势，与地方政府及中电建成勘院等10余家企业签订战略合作协议，与相关企业组建资源竞争联合体，做好获取风光指标的储备。推进西南油气田公司2022年分布式光伏示范工程、泸天化宁夏和宁化学分布式光伏一期工程落地，启动集团公司首个矿权范围外分布式光伏发电项目宁夏和宁化学分布式光伏一期工程建设，打通了依托下游天然气用户开展“天然气+”业务的实施路径。（谢雯洁）

【余压发电】 2022年，新能源事业部打造余压名片，推进西南油气田公司2022年天然气余压发电示范工程、天然气净化总厂万州分厂产品气余压发电配套工程落地。启动集团公司首个规模化推广应用的西南油气田公司余压发电示范工程，为下一步中国石油余压发电业务“规模化、效益化、产业化”发展提供样板。（谢雯洁）

【氢能研究】 2022年，新能源事业部强化应用研究，与科研机构、设备厂家、设计单位等组织技术交流10余次，提升人员技术水平，配合西南油气田公司总体安排，参与中国石油川渝企业组建“川渝氢能产业发展促进会”，发挥制氢、输氢、用氢等方面的整体优势，打造氢能全产业链协同发展一体化平台。助力攀枝花氢能示范城市建设，编制完成《攀枝花氢能“制运加”示范项目专项方案》，针对大理州能源局提出的氢能利用诉求，编制《“绿氢绿氨”专项方案》，为后续深化合作奠定基础。（谢雯洁）

【伴生资源开发】 2022年，新能源事业部推进伴生资源开发，着力油气效益提升，利用气田采出水成功制得工业级碳酸锂产品，利用气田采出水余热建设ORC发电装置，为气藏控水高效开发探索综合利用提供路径。开拓区外利用市场，开展成都天府新区等重点区域浅层地热能开发利用前期工作、大理州地热开发利用方案研究，签订战略合作协议，共同开拓云贵藏地区地热利用市场。（谢雯洁）

【CCS/CCUS研究】 2022年，新能源事业部协助西南油气田公司承办中国石油首届 CCS/CCUS-EGR 专题研讨会，助力前瞻成果研讨，为 CCUS 技术发展注入新活力。协助开展卧龙河气田 CCUS-EGR 先导试验工程建设，为建立西南油气田公司低碳示范区，搭建天然气 CCUS 技术体系，落地国内首个天然气 CCS/CCUS 工程打下基础。（谢雯洁）

【计划财务】 2022 年，新能源事业部按时编制完成“两批一调整”前期工作计划，申报并落实前期项目 21 项、资金 154 万元，为项目落地创造有利条件。全面搭建财务系统，助力财务、物资、项目管理工作开展。打通保证金申报渠道，针对光伏行业资源竞配单位中标后需缴纳履约保证金特点，提出“股份公司授予西南油气田公司专项担保总额度后可根据项目具体需求使用授信额度”的提议，为后续项目竞配提供借鉴。（谢雯洁）

【信息化建设】 2022 年，新能源事业部按照“总体构建、模块组装、分步建设”原则，完成《西南油气田公司新能源业务数字化建设方案》编制，在新能源业务起步发展同时，实现信息化赋能。加速展示分布式光伏示范工程场站大屏，推动西南油气田公司首个新能源项目信息化建设落地。（谢雯洁）

【安全环保】 2022 年，新能源事业部健全 QHSE 安全管理体系，编制发布《事业部 QHSE 岗位职责》等 10 余项 QHSE 制度文件。组织开展《职业病防治法》《消防法》等安全专题学习，营造安全氛围。完成光伏、余压示范项目、万州余压以及和宁光伏项目的安全预评价和职业病危害预评价，保障工程合法合规。按照“业务主导，属地配合”原则，通过“加强安全技术交底、严肃现场安全监督、严格施工程序把关”方式，保障全年施工现场安全受控。做好新冠肺炎疫情常态化防控工作，建立疫情快速反应和应急处理机制，将事业部疫情风险降至最低。（谢雯洁）

【合规管理】 2022 年，新能源事业部协助西南油气田公司对营业经营范围进行调整，新增发电、供电、碳捕捉、碳封存等新能源相关业务，进一步明确新能源业务发展方向。第一时间启动组建四川西油新能源有限公司工作，为竞配攀枝花市新能源项目提供前置必要条件，也为后续拓展甘孜州、凉山州等区外新能源项目开发奠定基础。先后 10 余次到市场监督管理局办理分支机构登记、申领营业执照相关事宜，为合规开展新能源业务奠定基础。（谢雯洁）

【人才队伍建设】 2022 年，新能源事业部按照“线上＋线下”双结合设计思路，邀请国内知名专家授课，通过“中油 e 学”培训平台，讲授《锚定双碳目标，加快推动化石能源的低碳化零碳化》等课程，参训人员线下积极讨论互动，培训效果良好。精准推荐管理人员赴攀枝花发改委挂职，秉持“挂职锻炼促交流、携手合作共发展”的合作模式，提升挂职人员业务管理水平，加强双方合作交流，助力资源获取，架起与当地政府合作共赢桥梁。（谢雯洁）

2022 年 1 月 4 日，西南油气田公司与攀枝花市人民政府在攀枝花市签订战略合作协议 杨舒然 摄

【党建工作】 2022 年，新能源事业部落实“第一议题”制度，专题研究习近平生态文明思想的贯彻执行，将生态环境保护工作纳入年度重点工作，召开党总支中心组学习会 12 次，集中学习 12 天。通过党总支“领头学”、党支部“联合学”、党员干部“集中学”等多种形式学习“党的二十大精神”，将生产经营与党的二十大精神有机结合，提升党员干部履责能力和政治执行力。印发《新能源事业部重要事项议事规则》等 3 项制度。严格执行“三重一大”决策制度，召开党总支会 17 次，经理办公会 10 次，落实民主集中制。抓牢阵地建设，完善党组织构架，成立事业部第一党支部、第二党支部，开展党支部换届选举工作。

开展“建功新能源、喜迎二十大”等主题活动，组织参观毛泽东视察隆昌纪念馆、赵一曼纪念馆。举办主题宣讲3场次、相关主题专题研讨2场次，各支部共召开党员大会24次，支委会24次，推进党建“三基本”与“三基”工作的有机融合。（谢雯洁）

邮编：610066
电话电话：217014
油网号码：028-86017014
单位地址：四川省成都市成华区府青路一段3号

致密油气项目部

【概况】 致密油气项目部主要负责川中—川西过渡带致密油气勘探开发全过程（勘探—评价—产能建设—生产）管理。有区块面积18 200平方千米，地跨大英—盐亭、简阳—乐至、西充—遂宁、龙泉驿—邛崃等4个探矿权登记区，行政区划隶属于绵阳市三台县、盐亭县、梓潼县、游仙区，德阳市中江县，成都市金堂县、龙泉驿区、简阳市，眉山市仁寿县，资阳市雁江区、乐至县，遂宁市船山区、射洪市、蓬溪县，南充市顺庆区、高坪区、嘉陵区、阆中市、西充县、南部县、蓬安县等7市21县区。

2022年，致密油气项目部下设7个科室，在岗员工71人，队伍平均年龄37岁，其中高级专业技术职称23人、中级专业技术职称48人。有党员57人，正式党员56人，预备党员1人。资产总额38.2亿元，固定资产原值0.18亿元，净值0.16亿元。

2022年，致密油气项目部提交天然气三级地质储量3382亿立方米、SEC储量148.8亿立方米，生产天然气15.7亿立方米，凝析油2.3万吨，实现营业收入20.02亿元，利润总额8.68亿元，完全成本每千立方米799.7元，全面完成各项目标任务。（李美娜　徐冷慧赟）

【地质勘探】 2022年，致密油气项目部坚持高效勘探，规模增储取得新突破，获集团公司油气勘探重大发现成果三等奖，天府气田致密气勘探第三次获集团公司嘉奖。简阳区块沙一段评价勘探效果显著。完成探井22口，获工业气井18口，平均测试产量15.4万米^3/日，永浅202测试产气56.68万米^3/日，创盆地沙溪庙直井测试产量新纪录。勘探证实沙河街组一段3套砂体富气，整体落实探明储量1 200亿立方米，仅用两年时间探明千亿立方米大气田，根据实施进度申报探明地质储量650亿立方米。探井转开发生产17口，探转采比率65.5%，获井口产能120万米^3/日，勘探开发一体化实施效果显著。金秋区块沙河街组一段甩开预探实现平面扩区。完成评价井2口，金华201井测试产气5.98万米^3/日，金浅509-1-H1井测试产气39.8万米^3/日，落实含气面积182平方千米，申报控制储量272亿立方米，为集中评价勘探奠定基础。简阳区块须家河立体勘探取得重要进展。利用深井兼探，天府101须家河组三段测试产气28.07万米^3/日、须家河组五段测试产气8.62万米^3/日，永浅1须家河组四段测试产气31.26万米^3/日，施探1合层测试产气4.06万米^3/日，初步证实简阳须家河纵向立体成藏、多层含气、不产地层水，勘探潜力巨大，落实须家河组四段含气面积1 133平方千米，申报预测储量1 760亿立方米。

（李美娜　徐冷慧赟）

【生产建设】 2022年，致密油气项目部突出效益开发，油气产量迈上新台阶。加快开发前期准备。发挥项目制管理优势，坚持“方案编制与储量研究、井位论证、地面初设”三同步原则加快前期工作节奏，编制各类开发方案和初步设计30余项，有效支撑快速上产。高效推进金秋区块上产工程。配套完善四大开发主体技术序列，培育39口无阻流量超百万立方米大气井，井均测试产气37万米^3/日、无阻流量87万米^3/日，井均定产9万米^3/日，较开发方案提高13%，用17亿立方米开发工作量建成23亿立方米年产能力，开发效果效益良好。超前准备投产投运。协同属地矿区统筹产能建设与开发生产各环节，及时完成内输管线建设，确保气井获产后即具备投产外输条件。联合协作单位成立完工项目投运、保运小组，分工合作，各司其职，确保单井和集气站按时投产投运和平稳生产，生产能力迈上800万米^3/日。提前发挥生产能力。针对致密气排液周期长、放空天然气多等特点，创新采用“测试流程+除砂器”混输至浅冷站集中脱水脱烃后外输和“测试流程+除砂器+脱水脱烃橇”直接外输两种模式，气井具备生产条件后立即接入管线排采，提前发挥气井产能、减少油气资源浪费、为后期地面优化简化创造条件，2022年采用该模式投产26个平台58口井，生产天然气7.03亿立方米。强化开发动态分析。构建“项目部总体统筹+属地矿区现场管理+科研院所技术支撑”的一体化动态分析模式，严格按照“三结合、三统一”要求，定期组织开展月度、季度分析会，强化压力、产量、稳产能力、EUR等技术指标对标分析，水平井EUR达1.4亿立方米。精细开发生产组织。落实“一井一策”分类开发管理，实时优化调整生产制度，确保投产井产能充分发挥及长期稳产。精细“上新稳老”各项措施，老井完成产量8.42亿立方米、新井完成产量7.28亿立方米，新井贡献率45%，全年生产天然气15.7亿立方米，实现年产量翻两番，产量净增长12.2亿立方米，增量占西南油气田公司增量的40%。

（李美娜　徐冷慧赟）

2022年11月1日，西南油气田公司秋林220-8-H2井测试获日产天然气95.34万立方米，无阻流量211.74万立方米，金秋区块沙溪庙组致密气再获高产工业气流　　王锦西　摄

【地面建设】2022年，致密油气项目部强化地面建设创造新纪录。按照“初步设计与开发方案、施工图与初步设计、现场施工与手续办理”三同步原则，强化地企沟通协调，提前完善用林用地等评价手续，平台建设周期由45天缩短至38天，缩短15%，浅冷集气站建设周期控制在120～150天内，各建产平台试油前均配套建成集输管线，基本形成致密气产能建设快建快投工作模式。提前物资采购储备，分批次提前组织开展长周期、非标设备技术规格书和图纸审查，形成致密气常用物资通用技规书，滚动做好物资储备，确保建设物资供应及时到位，满足项目快速建设需求。完善承包商HSE管理，实施多元化“人防+技防”，坚持“无视频不施工”原则，召开专题分析会5次，停工整改9次，确保施工现场“质量、安全、进度”全面受控。全年钻前工程完工28个，平均施工周期39天，较考核指标提前6天。建成浅冷站4座，投运28个平台63口井，管线270千米，新增配套产能600万米³/日，尤其是金秋区块17亿立方米开发地面工程4个井区均创造“当年批复、当年建成、当年投产”的新纪录。

（李美娜　徐冷慧赟）

【提质增效】2022年，致密油气项目部着眼质量效益，推进提质增效行动。围绕提质增效价值创造目标，强化行动方案制定与落实，统筹地质、工程、科技、经济等各项业务，在持续规模增储、降低钻前工程成本、促进钻井工程提速、推动地面投资下降等方面持续发力，取得提质增效成果27 713万元，其中增加收入3 265万元，减少投资23 891万元，降低成本557万元。经营效益持续提升。全年实现营业收入20.02亿元，同比增加15.85亿元。天然气单位完全成本每千立方米799.70元，每千立方米同比减少127.41元，利润总额8.68亿元，同比增加7.73亿元，各项经营效益指标创历史新高。天府气田简阳区块储量攻坚多专业统筹，克服新冠肺炎疫情防控、高温限电、地企协调等困难，高效推进各环节，平均钻机搬迁7.0天、钻井周期9.7天、完井周期3.4天，创沙溪庙组多项区域新纪录，按时完成储量任务。深化地质认识评价，及时组织勘研院等多家单位，强化联合设计论证，高质高效完成60口钻井设计、100口试油设计，井均设计用时7天，较计划提前3天，保障井工程加快运行。加强生产全过程全要素组织衔接，优化固化钻完井及储层改造技术，水平井钻井周期由18.6天缩短至17.3天，缩短7.5%，压裂时效由2.2段/日提高至2.5段/日，提高10.8%。采用“地质导向+录井技术+地震迭代预测”一体化导向模式，水平井砂体钻遇率100%，优质储层钻遇率 91.1%，同比提升 7%。金浅 8 井区通过多轮次迭代，优质储层钻遇率由早期 70% 提升至 90%。优化升级“段内多簇＋变黏滑溜水＋暂堵转向＋高强度连续加砂”低伤害长裂缝压裂技术2.0，水平井平均测试产气42.3万米³/日，无阻流量 100.1 万米³/日，同比提高 9.0%，无阻流量大于 50 万米³/日的 I 类气井占比由 60% 提升至 80%。

（李美娜　徐冷慧贇）

【安全环保】 2022 年，致密油气项目部守牢新冠肺炎疫情防控底线，构建安全环保长效机制，安全环保风险全面受控。QHSE 管理能力持续提升。开展 QHSE 体系内审，管理体系持续改进，西南油气田公司 QHSE 体系审核提升至 B1。安全环保总体受控。以“两个现场”为抓手，践行安全环保管控 2.0，推进“安眼”工程，确保所有场站施工视频监控覆盖率 100%，识别凝析油返排液、临时排采生产、地面建设、承包商管理等 4 项重大风险，制定专项管控措施确保总体受控。成立 QHSE 监督站，组建安全管理团队，强化重点项目驻站监督和一般项目巡回检查，开展监督检查 1 647 次，发现问题 5 018 个，下发 QHSE 违约处罚 39 次，处罚承包商 42 家，罚款 152.7 万元。建设项目合规推进。多方协调主管部门及时开展专项评价，多举措加快建设项目安全环保合规手续办理，全年开展各类评价 148 个，完成各项验收 45 个，保障致密气快速增储上产。

（李美娜　徐冷慧贇）

【管理创新】 2022 年，致密油气项目部坚持创新驱动发展，推动经营理念、组织模式、管理方式变革，提高资源配置效率，释放发展活力。按照“油公司”组织运行，实行“大部制、多职能”精简设置 7 个部门，优化职责界面、业务流程，各部门协调配合、推动工作、合规管理更加顺畅、高效，工作质效持续提升。把人才培养作为重大任务来抓，结合“大岗位”管理，持续完善培训体系，搭建锻炼成长平台，优化拓宽人才成长渠道，涌现出一批集团公司和西南油气田公司劳模和先进个人，打造素质过硬、精干高效的管理和技术人才队伍。试点项目制管理新模式，按照西南油气田公司 13 项授权清单，分级建立授权管理体系，制定 12 项配套实施细则，明晰制度流程、提升运行效率。推进标准化研究和应用。按照“管用、够用、实用”原则，在地面工程技术工艺路线标准化基础上，完成设计总说明书、PID 流程、三维模型及定型图，探索致密气钻前—地面建设一体化设计，固化 12 种钻机布局模式，初步形成西南油气田致密气标准化设计 1.0 版，实现地面工艺优化简化并降低生产能耗，提高油气开发综合效益。管理创新成果丰硕，系统梳理致密气快速增储上产管理经验，《致密油气钻井投资成本控制浅析》获集团公司发展计划部优秀论文一等奖，《致密气勘探开发提质增效价值管理创新与实践》获西南油气田公司创新优秀成果一等奖，《油公司体制下致密气勘探开发项目群管理模式探索》获西南油气田公司优秀论文一等奖。

（李美娜　徐冷慧贇）

【党建工作】 2022 年，致密油气项目部党总支学习贯彻党的二十大精神，领会习近平新时代中国特色社会主义思想，以高质量党建力促致密气快速规模效益勘探开发再上新台阶。召开党群工作例会，明确各阶段党建目标任务，促进党建工作与中心工作深度融合，为中心工作提供组织保障。从严加强党的领导，持续完善“三重一大”决策程序，全年召开党总支会 17 次，集体研究通过“三重一大”议题 55 个。持续推进党员干部“三个在一线”，组织开展“砥砺奋进 100 天，攻坚上产 600 万”主题实践活动，成立 3 支党员突击队，推动日生产能力突破 800 万立方米。涌现出一批优秀共产党员，获集团公司荣誉 2 项、西南油气田公司荣誉 5 项，优秀党员代表在西南油气田公司“七一”表彰大会上作典型经验发言。定期分析研判，常态化开展员工思想动态分析，召开维稳信访安保工作会，组织策划多方面宣传报道，展现“担当 奋斗 成长”致密气形象。修订主体责任清单，细化班子成员工作清单 42 项，推动主体责任落实见效。做实巡察整改，健全制度规范 12 项，批评教育 21 人，处罚承包商 13.61 万元。

（李美娜　徐冷慧贇）

邮政编码：610051
电话号码：028−86017143　028−86011905
油网号码：217143　211905
单位地址：四川省成都市成华区猛追湾横街 99 号世茂大厦 14 层

信通中心

【概况】 信通中心是西南油气田公司下属唯一从事通信信息技术服务的专业化单位。主要从基础设施、数据服务、技术平台、业务应用、项目建设、运维保障、技术研究、网络安全、标准规范等方面为集团公司、西南地区企业、各片区油田等用户单位提供信息化专业支撑，服务范围跨越川渝全境及云南、贵州等地，是集团公司西南区域网络中心。

2022年底，信通中心下设职能科室10个，直属机构1个，直属单位7个，基层单位5个，股权托管公司1个。在册员工686人，其中大学本科及以上316人。高级专业技术职称50人、中级专业技术职称216人、高级技师7人、技师24人。一级工程师3人，三级副及以上领导人员66人。固定资产原值32 996.92万元，净值9 460.06万元，无形资产原值12 163.64万元，净值4 707.24万元。

2022年，信通中心围绕西南油气田公司下达的各项绩效考核指标，实现经营收入3.93亿元，同比增收3.31万元，增长9.2%。发生总成本5.76亿元，其中内部成本4.24亿元、外部成本1.53亿元，完全成本较西南油气田公司下达指标节约率2.93%，"两金"压控指标完成120%。

（韩胜男）

【生产运行】 2022年，信通中心围绕端网、数据等关键核心业务，提升敏捷运维服务效率。做优端网服务，全年运维光缆总里程数11 378千米、信息化场站2 635个、应用系统75个，运行正常率99.5%，服务满意度99.85%，提升场站生产视频监控在线率95.6%。探索打造多云资源统一管理和运营能力，实现"一张网、一个平台、一套流程"。做实数据管理，完成西南油气田区域数据湖开发环境部署，初步完成四大主营业务数据梳理。构建数据管理模型，按西南油气田公司天然气主营业务分类建立数据目录，为下一步开展数据交易、数据经营打牢基础。做专网络安全，健全网络安全防护体系，高效完成西南油气田公司网络安全一体化顶层设计，网络安全远程检测22次，问题整改率100%，重保期间抵御外部攻击事件5.8万余次，保障内网系统零攻陷。推进操作系统国产化工作，鼓励员工参与集团公司第二届网络安全攻防大赛并获一等奖。做强"两化"融合能力，2022年通过国家"两化"融合管理体系3A级贯标认证，成为四川省首家获3A级"两化"融合贯标认证的企业。

（韩胜男）

【数字化建设】 2022年，信通中心开展项目集群式管理，推进数字化建设取得重要进展。完成设计标准库、运维故障库、建设机具库、施工队伍库、迭代对象库、迭代方法库等专业库建设，实现项目各资源要素受控。深度解析西南油气田公司全业务链一体化协同需求及新能源与四川页岩气业务需求，形成天然气生产管控、产运储销一体化总体方案，得到西南油气田公司领导高度评价。推进勘探、开发、管道、生产运行、投资管控、资产管理等平台设计，聚焦西51井燃爆事件完成无人场站、低功耗物联网标准化设计方案编制，得到用户单位认可。围绕核心领域持续健全数字化建设标准规范，编制完成《西南油气田公司新建产能智能化建设指导意见》《致密气页岩气通信信息建设标准化设计技术规范》《地面集输仪表及自控系统管理办法》，指导西南油气田公司智能油气田建设标准化运行。推进铁山坡气田、致密气、页岩气等产能配套项目，保障川东北高含硫、川中致密气、川南页岩气区块增储上产。按照集团公司"共建共享"要求，推动统一算力中心如期建成投运，满足西南油气田公司持续增加的算力需求。推动"安眼工程"在集团公司上游板块率先投运，为打通安全管理与"两个现场"的信息壁垒、提升风险管控能力和安全生产业绩提供范本。

（韩胜男）

2022年5月13日，信通中心牵头的《天然气产销一体化协同方案》在成都获西南油气田公司审查通过　　吴昶　摄

【科技创新】2022年，信通中心围绕西南油气田公司天然气主营业务核心需求，深化业务场景与端网、数据、AI技术融合，输出多项高价值的创新产品与服务。以智能油气田云、网、边、端、安、AI算法模型为研究对象，启动迭代升级体系建设。开展通信信息一体化橇装设备产品化，形成3套产品系列，4台样机分别在川东北、川西北、川中片区开展试用。聚焦勘探、开发、管道、营销主营业务数据挖掘痛点，集成A1、A2、勘探平台、工监系统等15套系统，构建西南油气田公司主营业务数据资源目录，涵盖3.9万余项数据资源条目，编制完成《西南油气田公司2023—2025年数据资源化方案与实施路径》。开展BI数据分析环境建设，搭建西南油气田数据报表开发系统，实现7套业务系统数据库一平台集成，并自主开发50余张开发指标看板，形成示范效应，在西南油气田公司14个二级单位推广取得良好效果，节约成本600余万元。建立无人机管理平台，集成探索无人机智能巡检服务市场化运营模式，成功完成无人机在川南和川西片区试点工作，取得良好效果。（韩胜男）

【企业管理】2022年，信通中心统筹做好规划计划工作，通过收集需求并加工形成对西南油气田公司有价值的项目建议计划129项，在西南油气田公司规划计划处的指导下统一资金渠道，在信息化建设所需物资和费用上按“分散下达、集中使用”的方式进行有益尝试。按照“油公司”业务归核和专业化要求，聚焦设计、建设、运维、迭代、管理业务板块，完成组织架构和人员优化调整，促进业务板块化、板块项目化、项目市场化、市场品牌化。将重点制度转化为工作流程，全年精简制度76项，组织发布45条主要业务流程，提升运行质量、效率和效益，获成都市“守合同重信用企业”称号。加速财务转型升级，以市场为导向，全面梳理和完善收入、成本结构，初步建立量价体系。利用信息化手段开发完善经营管理工具，实现财务数据一键式获取、生产经营数据协同共享。（韩胜男）

【安全生产】2022年，信通中心采取有效举措加强风险防控，实现安全环保形势稳定向好。推进安全生产专项整治三年行动，实施行动50项，实施率100%。开展“安全环保管控2.0”，在5大重点领域部署43项提升行动，形成安全环保与业务并行共抓的工作局面。落实西南油气田公司QHSE体系审核发现问题整改，严格闭环销项，整改完成率100%。优化基层站队QHSE标准化建设，完成目视化整改200项，完善风险防控措施250项。打造安全环保管控能力，推进“安眼系统”等信息化手段运用。创新审核述职强化管理水平，不断提升风险防控和安全履职能力，完成西南油气田公司下达的各项QHSE绩效考核指标。抓好新冠肺炎疫情防控工作，依托自主搭建的协同平台疫情防控系统，建立员工、员工家属及承包商三类人员2 071人的数据库，确保疫情防控和生产经营两手抓两不误。连续6年获西南油气田公司QHSE先进单位。

（韩胜男）

【队伍建设】2022年，信通中心推进“人才强企”工程，助力西南油气田公司智能油气田建设。以打造专业人才梯队为目标，强化培训管理，对人员分类分级，初步建立科目、师资、教材、题库、测试、应用六要素为主的培训体系，优化培训方式，强化培训测试，探索培训结果使用，确保培训效果。建成智信学院，提档升级“智信大讲堂”，举办第一期数字化转型优才培训班，内部参训260人次。优化培养模式，安排20名业务骨干与西南油气田公司首席签订“师徒协议”、10名技术人员到川渝页岩气项目部等6家重点生产单位实践锻炼，提升快速响应需求、预测需求的能力。创新激励机制，修订《信通中心专项奖管理实施方案细则》，增加在设计、建设、运维、迭代专业技术领域奖励设置，进一步激发员工干事创业激情和企业转型发展内生动力。以打造过硬干部队伍为目标，建立健全契约化管理和激励约束机制，加强干部交流和选拔任用工作，全年调整干部23人次。

（韩胜男）

【党建工作】2022年，信通中心全面落实新时代党的建设总要求，以高质量党建引领保障高质量发展。坚决执行“第一议题”制度，完成习近平重要指示批示精神再学习、再落实、再提升工作，学习党的二十大精神，开展党史学习教育和“转观念、勇担当、强管理、创一流”主题教育。全年各级党组织开展中心组学习73次，主题教育宣讲活动6次，专题研讨12次。持续抓好双融双促工作，推进党的建设与生产经营管理深度融合，严格贯彻落实党建工作责任制，以优化考核评价体系为抓手，助推党建工作规范化、标准化水平不断提升，获西南油气田公司党建工作责任制考核A级。根据机构调整情况，同步调整党组织设置，成立4个临时党支部，确保党的组织覆盖率100%。开展“转作风、强执行、提效能、树形象”专项行动，推行“限时办结”机制，重点事项按时完成率和服务满意率大幅提升。围绕主营业务，开展好新闻宣传工作，以智信文化品牌内聚合力、外展形象，提升影响力。深化“智信之家”建设，多形式开展“相亲相爱一家人”系列活动，推进我为员工办实事，增强员工归属感和幸福感。开展青年精神素养提升工程，搭建发展平台，为智能油气田建设充沛后备力量。获2020—2021年度四川省企业文化建设先进单位，获西南油气田公司“信息启航‘十四五’、数字转型开新篇”劳动竞赛特别贡献奖、新闻报道先进集体，2022年西南油气田公司先进单位。

（韩胜男）

邮政编码：610051
电话号码：028-86013538
油网号码：211088
单位地址：四川省成都市踏水桥北街60号首创天禧68三栋

燃气分公司

【概况】 燃气分公司是西南油气田公司下属专业从事天然气终端销售业务的分支机构。主营业务为天然气终端市场开发与销售、CNG加气站、加油站开发与经营。市场区域覆盖川渝15市46区（县）、工业园区15个（不含转供），工业及城市燃气市场主要分布在成都、乐山、绵阳、雅安等9市27区（县），CNG销售市场主要分布在重庆、南充、泸州、广安等12市28区（县）。输配气站24座，CNG站26座，管道总长2 990.69千米。承担着向成都、乐山、雅安、绵阳等地的输供气任务及南充、泸州、重庆部分区域的CNG供应及成品油销售业务。有燃气用户34.65万户，其中工业用户425户、民用用户34万户、商业及集体客户4 935户，自营CNG站27座，转供CNG站15座，转供城市燃气25户。

2022年底，燃气分公司设有机关职能科室11个、直属机构3个、直属单位3个、基层单位17个。从业人员1 553人，含中国石油员工、对外投资公司股东方委派员工、华油借聘、宝石花油服外派及业务外包从业人员。其中中国石油员工536人、对外投资公司股东方委派员工108人、华油公司借用人员71人，宝石花油服外派员工10人。中国石油员工中，管理、技术人员423人，技能操作人员113人。销售天然气19.28亿立方米、成品油7 718吨，营业收入49亿元、净利润1.68亿元，获西南油气田公司2022年度“QHSE先进单位”称号。（伍小莲）

【安全环保】 2022年，燃气分公司开展QHSE体系量化审核，分层级、分专业对570人开展安全履职能力评估，“优秀”人员同比增长3.61%、“良好”人员增长0.93%，“一般”人员下降4.28%、“较差”人员下降0.27%。开展基层站队对标，HSE标准化建设复评验收结果合格。定期开展危害因素辨识和风险危害排查，构建隐患“早发现，早预防，早治理”体系，完成安全生产大检查、房屋建筑物安全隐患专项整治、燃气安全生产“百日行动”。运用隐患管理平台系统，包片督办5个业务专班、5个督查小组，498个问题、1 277处管道及生产设备设施隐患按时闭环整改。开展承包商管理提升专项整治，抓特殊敏感时段升级管控和冬季“八防”，8个A类作业实行分管领导和部门负责人“双到现场、驻点监督”，推进“巡护+巡检”管控新模式，完成578千米压力管道、43座站场工业管道定检工作，在2022年西南油气田公司“三项工具”审核中位列生产单位第一名。打造西南油气田公司燃气无泄漏示范区，建立适应燃气无泄漏区建设的文件体系、标准体系和技术体系，建成中国石油首个燃气无泄漏示范区。完成燃气分公司生态环境保护排查工作，启动新津CNG站、鱼洞CNG站噪声超标隐患治理项目。组织各项生态环境专题会议11次，排查企业废水排污，未发生环保问题。管控自产产品生产过程，开展气质检测、水露点检测和加臭剂检测，加强关键质量控制点监管，自产产品出厂合格率100%，控制工程项目勘察设计、采办、施工、检测、验收等各环节质量，管材质量抽查合格率100%，强制检定计量器具周检率100%。开展全员健康体检、健康知识宣传培训，检查接害岗位员工上岗前、在岗期间、离岗时的职业健康，分析常见病、多发病，实施“1+X”健康体检，完成职业病危害因素检测和6座场站职业病危害现状评价。 （许　靖）

【市场营销】 2022年，燃气分公司制定“一区一策”“一户一策”价格政策，对五通桥园区、天新园区大型工业客户实施价格优惠政策，增销天然气2 000万立方米。推进雅安中弘、夹江干燥塔、五通桥协鑫等成熟项目落地，增销天然气7 000万立方米。组织华油公司、川港公司等多方资源代输气7 054万立方米，增效1.72亿元。取得内江威荣气田留存气的代输代销权，新增销量1 900万立方米。引进外部资源，与浙江油田、大庆油田等单位对接，与成化总厂、吉林油田等内部单位开展零散气业务合作，取得川渝流转区块及蜀南气矿老井挖潜5口试采气井销售权，试采气销量8 544万立方米，利润622万元。储备CNG、LNG下游客户36家，销售区域从四川省拓展至广东、广西、贵州、云南等省（自治区）。新增各类燃气用户2.02万户，用户总数34.6万户。跟踪重点项目，推进绿色转型，编制甘孜州6县天然气点供方案，组建内江威远化工园区项目和资阳安岳发电合资合作项目，布局分布式综合能源供应和光伏、风电、氢能等业务。提升用户服务水平，开展重点客户服务600余次，解决新开用户气源指标、用户合同量、用气保障等问题。建立重点工业用户协同联动机制，签订天然气购销合同，监控分析履约情况。加强对客户用气结构管理，开展转供城市燃气结构气核查，落实经理负责制，客户满意度99%。 （颜函汝）

2022年1月14日，燃气分公司与四川安岳县人民政府、四川省投资集团有限责任公司在安岳县签订《安岳县综合能源开发利用合资合作框架协议》 李　爽　摄

【生产运行】 2022年，燃气分公司统筹协调莲花首站等开口接管10项，投运项目4项，投运重点客户15家，新增投运量5 015万立方米，LNG零散气增量8 270万立方米。编制发布《燃气分公司2022年夏季安全生产方案》《燃气分公司今冬明春保供方案和应急预案》《燃气分公司“油公司”模式信息化生产组织优化建议实施方案设计》，编制完成7家单位、5座监控中心、6座中心站、11座有人值守站的改造方案，减少人员配置14人，节约成本75万元。11家基层单位与调控中心实现双向语音对讲、视频监控功能。完成《燃气分公司调控中心SCADA系统运行操作手册》，提升系统利用率。召开生产管理委托试点总结会，将犍为中油能源实业投资有限责任公司生产管理委托给新顺通沐川分公司，盘活区域内资源，减少生产安全人员配置9人，直接经济效益150万元。编制《燃气分公司应急抢险维修管理制度》，完成应急物资配备、抢险单位及人员资质排查。修订《燃气分公司电力管理实施细则》，电力降本增效69万元。梳理存量土地问题，关停邻水站，土地遗留问题销项36项，取得铁钱庙供气工程7 394平方米的土地权证。 （李可男）

【基建工程】 2022年，燃气分公司建成输气管道24.6千米，燃气管道1.3千米。建成配气站1座，改造阀室1座，建成调压计量橇装设备3套，建成锅炉两套。燃气安装项目完成24项，新安装民用用户17 535户，提升管道输配气能力270万米^3/日，增加蒸汽供应能力30吨/时。完成铁钱庙阀室至雅安配气总站供气工程和五通桥新型工业基地输配系统即协鑫新能源供气工程2项重点项目。强化施工图设计管理，开展审查施工图设计48项，其中投资项目11项（施工图代初布设计5项）、燃气安装业务37项（限上项目14项），审查设计变更54份，其中投资项目38份、燃气安装业务16份。开展城镇燃气集约招标，实施“中压及以下城镇燃气管道工程施工集中集约招标（依规招标）”，6家承包商单位中标，最高结算下浮率8%，

平均结算下浮率6%，29个燃气安装项目（含抢险维修合同）采用集约化招标结果，节约工程成本约130万。强化承包商施工现场管控，重点工程全面落实“无监控不作业”，对承包商下达处罚通知书3份，出具黄牌警告1次。

（李珲玲）

【管道与设备管理】 2022年，燃气分公司完成所辖埋地管道测绘、管道高后果区（事故后果区）识别、管道风险评价及1 111千米压力管道定检。开展城镇燃气安全排查整治，分类分级整治管道及场站设备设施隐患，整改1 277项，整改完成率100%。按“常态化巡护 + 风险点治理”管理思路，运行管道智能巡线系统2.0，开展第二轮老旧管道排查，实施老旧管道分级管控592.11千米，完成老旧管道整改8.21千米；开展燃气管道高失效片区治理，换管治理2.74千米。循环分析站场生产设备操作规程和操作卡流程，打造叶高山中心站2021—2022年度西南油气田公司设备精益管理示范站。合规管理104台达到设计使用年限的压力容器，定检特种设备219台次、校验安全阀379台次、有效性测试CNG压缩机PLC61台次，大修CNG压缩机1台（次）。完工验收邛崃市天新产业功能区四川恒博公司供气工程等4个项目，完工交接邛崃市天新产业功能区璞泰来片区供气工程。修订《2022版风险作业配合方案模板》，审查管道、场站设备相关施工图设计、风险作业方案70余项，开展工艺与设备变更65次。

（王　璞）

【信息化建设】 2022年，燃气分公司信息化系统建设工程项目通过竣工验收，“对外投资公司客户信息管理系统抄表平台升级改造工程”完成试运行并正式上线。开展“安眼工程”建设，完成7家基层单位涉及30个场站、111个摄像头的视频数据接入工作，实现数据共享。完成“零散气产运销一体化管理平台”方案审查，组织“终端燃气生产管理系统”开展试运行与等保测评备案工作，完成3个一级模块、74个二级模块及254个功能点的开发，实现生产现场工作流程线上化。完善网络安全防护体系，完成19台对外投资办公网汇聚层防火墙加固工作，新增48项安全策略部署，关闭6项高危风险端口，优化2台中油内网网络安全设备，发布8期《燃气分公司网络安全监督月报》，整改网络安全漏洞202项。开展2次网络安全专项检查，整改83项问题；参加网络安全攻防演练3次，完成10个单位61台电脑病毒查杀处置工作，降低网络安全风险。编制重保方案，加强监控及值班值守，为党的二十大、冬（残）奥会、全国“两会”等重要时段保驾护航。

（周子涵）

【企业经营管理】 2022年，燃气分公司聚焦改革转型，提升治理水平。优化生产管理委托，减少人员配置，实现经济效益150万元，精简8座具备改造条件的值守站人员，节约成本75万元。加强项目设计审查，建立“周督办、月通报、进场指导”三级管理模式，初步设计审减金额1 100万元。转变物资采购模式，加强集中采购管理，开展城镇燃气工程施工集约招标，节约成本230.9万元。加强投资计划、阶段运行和效果评价“三跟踪”，获西南油气田公司“十四五”规划工作先进集体。优化投资导向，将投资管控能力纳入业绩考核指标，压减2 917万元。定期对投资项目执行闭环检查，首次组织4个投资项目后评价成果转换，加速报告成果推广应用。开展内控手册适应性分析，完成业务流程风险控制管理清单，落实防控措施，内控与风险管理体系考核获得西南油气田公司“杰出”级评价。强化市场准入及选商管理，实现对工程、物资和服务采购业务线上全覆盖。开展“合规管理强化年”活动，清理各项规章制度。组织依法合规治企和强化管理对照检查问题整改工作，27条整改措施逐一跟踪销项。加强财务稽核审计，开展“五项”费用等专项检查20次，整改审计问题27项。落实提质增效措施，增收5.87亿元，降本2 536万元，超额完成增收3.3亿元，降本343万元的计划目标。推广燃气服务多元创效，实现产值3 298.71万元，利润738.32万元。推动三项制度改革，加强行政和党务干部双向交流，提拔基层领导人员16名，35岁及以下基层领导人员占比23.8%。首次在基层领导年度考核中推行优秀率强制分布，形成“业绩考核 + 履职测评 + 重点考核”三位一体考核体系。推动规范任期制契约化管理，梳理党委会、执行董事会、经理办公会权责范围，细化各治理主体工作规则、决策清单，加强股东行权管理，完成4家法人实体董事会建设。完善差异化考核机制，加大重点激励、精准激励和补充激励力度，调动员工的积极性和主动性。取得“燃气企业文化建设研究”设计专利2个、软件著作1项，发表科技论文9篇，2个自控科技项目通过中期评审。5项企业最高计量标准再次获得省级计量授权，成为终端公司中唯一建标单位。（薛　源）

【党建工作】2022年，燃气分公司党委突出政治建设，压实各级党组织政治责任，明确17条具体举措，将全面贯彻落实党的二十大精神与党史学习教育、“转观念、勇担当、强管理、创一流”主题教育活动相结合，采取网络学习、专家讲学等方式开展集中培训3次，完成党员3年轮训全覆盖，组织召开党委会29次，审议议题85项，开展“第一议题”学习16次，加强对基层单位“第一议题”制度监督检查，推动学习宣传贯彻习近平总书记重要指示批示精神落实机制常态化、制度化。突出强基固本，依托信息化手段构筑多层次、开放式学习平台，打造“智慧型＋共享型”机关党支部活动阵地，强化“铁人先锋”应用督办，举办3期党员政治素质提升线上培训班，党员3年轮训全覆盖。系统推进“转观念、打基础，抓融合、见实效，树品牌、创一流”党建工作思路，加强党支部“日常考核＋半年考核＋年终考核”，按照“压实责任—量化考核—反馈整改”闭环管理。推进支部互联共建，构建“大党建”工作格局，机关党支部按照“党群＋经营＋生产技术”模式重组优化。制定印发党支部互联共建工作方案，各党支部与10余家兄弟单位及政、企、社区互联，聚焦主责主业，围绕生产安全、疫情防控、高温保供等重要任务开展“党建＋”系列活动，夹江营销部获西南油气田公司“示范党支部”称号。加强领导班子和干部队伍建设，优化干部队伍结构，提拔16名干部，其中“90后”5人。组织一线操作员工全员培训，开展第2批优秀管理、技术、技能骨干年度考核，强化兼职培训师、高技能人才管理。签订“领导人员、关键岗位人员廉洁从业承诺书”418份，创建廉洁示范工程12个。开展巡视巡察、审计、违规吃喝等反馈问题整改落实“回头看”，紧盯工程建设、物资采购、市场拓展等重点领域，节假日“四风”问题易发、多发关键时点，严肃查处利益输送、“吃拿卡要”。创新培育廉洁文化，编制《廉洁风险防控手册》，排查廉洁风险点664个，制定防控措施850个，创作“燃廉洁正气”廉洁之歌、廉洁之旅桌游，扩大燃气特色廉洁影响力。（薛　源　黎　蔚）

【精神文明建设】2022年，燃气分公司注重思想建设，落实意识形态工作责任制，加强新闻宣传力度，西南油气田公司采用信息214篇，在权威主流媒体发表新闻作品220篇，3篇新闻作品获四川油气田好新闻奖。4项劳动竞赛获四川省“‘安康杯’竞赛优胜单位”称号。深化“青年引航”“青春建功”等品牌建设，组建首届“青年讲师团”，激发青年员工建功立业。突出民生福祉，开展全员健康体检、健康知识宣传培训，组织6座场站开展职业病危害现状评价，开展检后咨询、三伏贴等系列健康服务，因地制宜打造“健康小屋”“母婴室”，增设功能齐全的健身房、乒乓球室及心理辅导室。投入261.8万元开展困难慰问、大病医疗专项援助、节日送温暖活动，运用企地共建共治机制，化解矛盾纠纷，为职工群众办实事、做好事、解难事。（薛　源）

邮政编码：610017
电话号码：028-86911498
油网号码：211948
单位地址：四川省成都市狮子巷55号

新闻中心

【概况】新闻中心承担着西南油气田公司、川庆钻探工程公司两个单位的新闻宣传职能，具体负责《四川石油报》、四川石油电视频道、“川油人”公众号、“中国石油西南油气田”抖音号、四川石油新闻网《新闻桥》的编辑、发行、刊播工作及日常管理工作。

2022年底，新闻中心设职能部门9个，包括管理部室3个、报纸业务部室3个、电视业务部室3个。有在册员工53人，其中高级专业技术职称10人、中级专业技术职称33人；硕士研究生6人，大专及本科以上学历53人；党员47人。《四川石油报》继续保持全国企业报“先进报纸”第一方阵行列，“四川石油频道”继续位列集团公司影视中心先进集体行列。（张　东）

【新闻宣传工作】 2022年，新闻中心编辑出版《四川石油报》135期、544个版面，其中专题策划87个。四川石油电视频道播出《四川石油新闻联播》143期，纪实栏目38期，气田视点18期，专题片40余部。“川油人”微信公众号发布内容271期，阅读量136万人次；“中国石油西南油气田”抖音号发布内容32条，阅读量突破16万人次；《新闻桥》刊印6期。新闻中心行政党支部被评为西南油气田公司示范党支部，1名员工获四川省记者协会十佳编辑，4名员工分获西南油气田公司“劳动模范”“优秀党务工作者”“疫情防控先进个人”等称号。（张 东）

【重大主题宣传】 2022年，新闻中心在国家级和省部级媒体刊播新闻报道180余篇条，其中央视5条，央视频10余条，同比增长23%。开设“转观念、勇担当、强管理、创一流”主题教育各类专栏3个，策划专题2个，完成高层领导调研等指令性采访209次，同比增长16%。实现西南油气田公司重大关切全方位报道，策划推出“冬季保供”“改革这三年”等20余个特色主题报道，新闻形态更加丰富。全年“报视网微刊”刊播发布646期，无政治错误、无失实事件、无重大事件漏报。高效完成年度重要会议、高层领导调研等宣传任务200余次。（张 东）

【重大成就宣传】 2022年，新闻中心围绕油气勘探开发销售和党的建设业务主线，全媒体开展“3000万吨新闻专项行动”劳动竞赛，《四川石油报》推出年度特刊《气壮山河》，四川石油电视频道推出《四川盆地发现新增页岩气资源量万亿立方米》等新闻在中央电视台播出，反响热烈形成“刷屏”效应。“川油人”公众号推出H5制作《你不知道的“3000万吨”，画面过于真实！》，为提振担当作为的精气神营造浓厚舆论氛围。（张 东）

【重大精神宣传】 2022年，新闻中心全媒体推出“苦干实干、勇毅前行、学思践悟二十大”“砥砺奋发向未来”“非凡十年油气田”“奋斗‘振’当时”等系列专题策划20余个。与西南油气田公司机关部门联合推出“西南油气田公司示范党支部展播”“科技先锋在一线”“专家问诊一线行”等栏目50余期。制作石油人“喜迎二十大”表情包，策划发布员工认真收听收看党的二十大新闻，党的二十大代表谢丽平接受央视采访等，保障党的二十大热度持续升温。（张 东）

【新闻服务】 2022年，新闻中心全力保障新闻宣传的“指令性”“需求型”“定制化”服务，实现各项采访无漏报、无迟报、无误报。联合西南油气田公司党委组织部、党委宣传部等开设“我们的党建故事”“新版企业文化手册宣贯”“汇聚奋进新时代的青春力量”等专栏专题，联合西南油气田公司工会推出“西油花开向未来”系列报道，4次到甘孜州九龙县大山深处完成乡村振兴新闻特写，提高新闻中心新闻产品的覆盖面和影响力。（张 东）

【媒体融合】 2022年，新闻中心通过整合资源、规范流程、优化栏目，开设“示范党支部”“党组织书记谈青年培养”等专栏，实现报纸、电视、新媒体等信息资源的多形态呈现。人才强企专题片《一起向未来》亮相“中油e学”线上培训平台，《向阳花开》受到集团公司人力资源部关注和肯定。“川油人”微信公众号完成改版升级，全媒体方式完成《四川石油报》数字报网页建设，同步上线手机端“二维码读报”。（张 东）

【基础管理】 2022年，新闻中心建立“舆情监测处置、人员动态报告、网络安全保障”3个升级管理工作机制，严格落实“三审三校”逐级负责制，完成媒体历史资料抢救数字化工作和纸媒编采系统、媒体资源管理系统等保定级工作。严格财务资产管理，编制完成《新闻中心成本压降三年行动实施方案》，全程监督合同履行，严控各类风险。（张 东）

【安全健康管理】 2022年，新闻中心落实岗位安全责任制，开展安全大检查，及时发现和整改安全隐患。强化新冠肺炎疫情防控工作，建立人员动态和健康状况报备制度，在疫情防控特殊时期采购发放防疫物资5批次。举办安全消防及健康知识培训讲座，提升员工安全意识、责任意识、风险意识及健康意识。（张 东）

【理论建设】 2022年，新闻中心持续打造“五位一体”学习模式，持续推动“第一议题”制度实效化，组织党委中心组理论学习 15 次，举办“第一议题”专题学习 9 次，充分结合舆论宣传主责主业，全面推动党的创新理论与最新成果落地见效。（张　东）

【意识形态工作】 2022 年，新闻中心组织召开 2 次意识形态工作专题研究会，优化固化意识形态工作“六到位”运行机制，把意识形态工作纳入党建工作责任制、重要议事日程和部门绩效考核。全媒体发布内容无政治错误、无失实事件、无重大事件漏报。（张　东）

【党风廉政建设】 2022 年，新闻中心逐级签订《党风廉政建设责任书》和《廉洁从业承诺书》35 份，组织党委中心组专题学习廉洁从业相关精神。引导党员干部进一步增强纪律规矩意识，开展集体廉洁谈话 30 余人次，有效建立“横向到边、纵向到底”的党风廉政建设责任网络。（张　东）

【队伍建设】 2022 年，新闻中心抓实员工队伍思想教育，开展大讨论建言献策、大练兵提技增能，把思想和行动统一到高质量发展上来。修订实施“师带徒”管理办法，15 对师徒成功结对。加强党员突击队和青年突击队建设，发挥先锋模范带头作用。依托“中油 e 学”，开展“新闻选题与策划”“融媒体时代”等采写技巧和宣传报道创新培训，增补《四川石油报》2022 年特约记者，发展充实通联与采写骨干。（张　东）

2022 年 11 月 2 日，西南油气田公司机关在成都举办篮球友谊联赛　韩　超　摄

【权益保障】 2022 年，新闻中心组织开展记者节“同庆盛会、融聚力量”等主题活动 4 场次，坚持开展文体兴趣小组活动，集中开展广播体操比赛，创造良好团队氛围。切实办好为民惠民实事，开展大病帮扶、日常走访慰问员工 9 人次，协调安排 12 名女职工及女性家属接种 HPV 疫苗。搭建青年员工成长成才平台，1 名青年员工获四川省企业团系统主题演讲比赛第一名。按照福利费开支范围及标准，职工福利费支出 137 万元。（张　东）

邮政编码：610051
电话号码：028-86018406（传真）
油网号码：218406
单位地址：四川省成都市府青路一段 3 号档案楼

华油公司

【概况】 华油公司是西南油气田公司三大终端燃气销售平台公司之一，主要从事城市燃气、CNG、管道安装、分布式能源、劳保用品等。市场主要分布在四川天府新区、龙泉驿、双流、温江、郫都，泸州、自贡、宜宾、德阳、眉山、内江、江油，重庆主城区及长寿、万州、江津、永川，广西百色，云南曲靖、楚雄，贵州开阳，陕西榆林、安徽定远等 50 多个市区县。各类燃气管道 3.31 万千米，用户数 476.7 万户。

2022 年底，华油公司机关设职能部室 11 个，直属机构 6 个，直属单位 7 个。基层单位 42 个（含凯源机关本部和 10 个凯源基层单位）。分支机构 4 个，所属各类法人实体 99 个，其中全资及控股公司 53 个，参股公司 21 个，再投资公司 23 个，受托管理单位 2 个。管理站场 127 座，其中 CNG 站 29 座，LNG 站、CNG–LNG 联合站 3 座，有人值守输配站 66 座，无人值守配气站 29 座。阀室（井）14 410 座，调压箱（柜）73 870 座。中国石油员工 2 752 人，其中高级专业技术职称 74 人、中级专业技术职称 733 人、初级专业技术职称 368 人。资产总额 101.44 亿元，负债总额 49.08 亿元，所有者权益总额 52.35 亿元，资产负债率 48.39%，净资产收益率 14.39%。

2022年，华油公司销售天然气56.45亿立方米，完成西南油气田公司工作目标55.2亿立方米的102.26%，奋斗目标56.5亿立方米的99.9%，占西南油气田公司川渝地区市场销量的18.45%，占终端市场销量的54.23%。实现营业收入130.08亿元，实现净利润7.84亿元。（彭扬翊）

【提质增效】 2022年，华油公司推进“转观念、勇担当、强管理、创一流”主题教育和提质增效价值创造行动，实现净利润7.84亿元（含输气公司1.05亿元）、经营收入130.08亿元（含输气公司0.2亿元），实现销售天然气首破56亿立方米、曲靖华油和开阳石达等公司首次扭亏为盈的两个历史性突破。QHSE体系审核评估定级提升至B1级，实现“三零”目标。完成燃气安全隐患大排查大整治专项行动，完成德中输气站适应性改造工程的全流程实施程序，提前10日完成古蔺大寨外输天然气供气工程，提前20日完成淮州新城气源管道工程实体建设，半年时间更换到期表具38.64万只，增长276.98%，开创华油公司成立以来换表历史高位。提升服务效能，便民服务实现收入2.94亿元、利润7 700万元，新增市场规模2.49亿立方米、新增用户26.73万户，获西南油气田公司“2022年度先进集体”；首获“四川省守合同重信用企业”称号；跻身“中国服务业企业500强”，名列第352位。（彭扬翊）

【安全环保】 2022年，华油公司抓风险作业计划、领导干部带队到场、隐患定期公示，建立突出问题定期通报和险情跟踪分析机制，确保“两个现场”1 241项高风险作业安全受控，24小时险情处置率提至99%。创新“高精准泄漏检测—车犬联动”新模式，建立信息共享、联合执法工作机制，全年整改隐患3 021项，更新老旧管道249.53千米，管道失效自主发现率同比提升3.86%。在安全生产大检查、城镇燃气安全生产“百日行动”、安全生产专项整治三年行动中，投入资金6 254万元治理隐患项目274项。补齐管道基础管理短板，完成0.96万千米GIS标准化转换及0.33万千米基础数据录入，安装管网哨兵949台、AI智能监控视频90台，创新在泸天司试点“人机共巡”，保障管道安全运行。完成冬保项目改造25项，双流工业园至东升直径406毫米高压管道工程、中和临时撬等重点保供项目投运，累计供气712万立方米。升级优化入户安检系统功能，逻辑关联关键管理环节，实现全流程管控显性化，在温天司等4家单位上线试点，创新实施的启封通气及入户安检管理模式获西南油气田公司管理创新三等奖。（彭扬翊）

【市场营销】 2022年，华油公司统筹做好扩销增效，筹备中国石化资源2.8亿立方米、重庆页岩气1.3亿立方米，为区外市场拓展增强底气。完成万华化学整体项目上产，新投产项目16个，增销1.42亿立方米。开辟市场新路径，解决永浅12井、204井致密气产销受制问题，保障上游勘探开发后路畅通。针对不同区域、用户类别和外部竞争态势分类施策，以增资扩股、股权收购、资产收购、合资新设、全域整合及特许经营权投标等方式，开展泸县燃气市场全域整合、高竹新区合资合作、内江新区合资新设等19个项目，新增市场3 943平方千米。坚持以资源换市场、以股权换市场，开展遵义市播州、仁怀及习水等地合资合作，拓展区外市场。主导编制古蔺地区燃气规划，引入浙江油田大寨和云山坝片区页岩气资源，为整合古蔺燃气市场打下基础。启动首个LNG加工及加注合作项目，推进眉山金象化工、龙泉驿经开区、重庆璧山骏宽科技产业园等分布式能源项目，为多元化发展注入活力。聚焦客户服务，契合静态管理期间用户“不出门、不走动”生活方式，实施户内改造10万余户，推广保险、报警器销售及校准、自闭阀销售安装等便民服务，成为除主营业务外新的利润增长点。（彭扬翊）

2022年12月6日，华油公司领导班子在机关参加江泽民追悼会
廖易 摄

【改革调整】 2022年，华油公司围绕战略布局构建精准激励总体框架和改革路径，修订绩效、薪酬、专项奖等管理办法，完善精准激励实施细则，打破绩效奖分配与职称硬挂钩的壁垒，提升绩效奖在薪酬总额中的占比，激发员工创效力。优化机构和岗位“三定”体系，以岗位价值评估为基础，搭建职位发展体系和与其相匹配的宽带薪酬体系。实施绩效定级和结果反馈，提高绩效考核公平性合理性。优化机构设置，撤销川南、重庆仓储中心，开展物资分公司全员公开选聘竞聘，转移安置59人，适度压减人员充实到一线，引导员工向输配气站、油气管道保护、客户服务等主营业务岗流动。培养选拔优秀年轻干部，制订专业技术人才队伍综合能力素质提升计划，突出技能人才开发。聚焦生产一线成果转化，“配气站噪音来源分析及应对措施”应用于龙天司经开区配气站。研发国家实用新型专利“一种燃气快速双放散双调压楼栋调压箱”，解决我国城市楼栋调压箱无双放散双调压一体式功能的技术难题，获西南油气田公司2022年度一线创新成果二等奖，并推广至需求单位。 （彭扬翊）

【精细管理】 2022年，华油公司开展“合规管理强化年”活动，结合不同股权性质和经营业务实际情况，规范制度体系建设，废止制度6项，精简规章制度至186项。发布华油公司层面首版合同示范文本，明确监管权责堵塞管理漏洞，编制重大风险管控表、员工岗位合规职责描述，完成各项制度、文件、方案等法律审查38项，出具审查意见书29份。融合《西南油气田公司授权管理实施细则》《天然气终端公司生产经营分级授权管理指导意见》要求，优化业务授权范围措施9条，调动各级管理主体能动性。引入勘察设计竞争机制，规范设计收费和投资审查，节约勘察设计费299万元，审减投资4 877.5万元，审减率11.1%。加大整改项目结算滞后问题，强化各级过程管控，实现单向造价管控向双向互动式发展、结果管控向过程控制发展。开展眉山片区应急抢险业务整合试点，压减2个台班和30%费用，应对电力市场化改革，实现电价应降尽降，全年节约87.3万元。完成加臭剂转换62台，土地隐患整改64项，有效防控生产经营风险。 （彭扬翊）

【党建工作】 2022年，华油公司党委学习宣传贯彻党的二十大精神和习近平总书记重要讲话指示批示精神，落实“第一议题”制度，教育引导党员干部增强“四个意识”、坚定“四个自信”、做到“两个维护”。坚持民主集中制，厘清党委班子与经营班子的权责边界，明确党委会、执行董事会和总经理办公会有关事项，在机关实现党委会“把方向、管大局、保落实”，执行董事会“定战略、作决策、防风险”，总经理办公会“谋经营、抓落实、强管理”有机统一，研究决策重大事项244项、督办事项309项。完善两级班子成员“一岗双责”职责清单，压实分管领域党建职责，整合党建资源，树立大抓基层的鲜明导向，组建首批党建内训师队伍，将党建活动融入中心工作，推进2个基层党建“三基本”建设与“三基”工作有机融合示范点创建，打造具有终端燃气特色的“温江美气”“绿能燃梦”等党建品牌。落实全面从严治党，强化党风廉政建设，开展党委内部巡察、“反围猎”专项行动和“三商”业务清查，检查违规吃喝行为，常态化监督问题整改，结合11起典型违纪违法案例，编制警示教育读本，教育员工严守廉洁“高压线”。开展“青字号”学习实践活动，推进“一个阵地、五个家”建设，组织主题劳动竞赛，激发员工群众主动性和创造性。慰问特困员工、困难员工、生病住院员工、遗属514人次，向一线站点发放慰问品130万元，关爱新冠肺炎疫情防控期间员工群众，形成关心帮扶困难群体常态机制。 （彭扬翊）

邮政编码：610041
电话号码：028-82978116
油网号码：234116
单位地址：四川省成都市高新区天府一街695号中环岛广场A座

川港燃气公司

【概况】 川港燃气公司于2010年8月成立，注册资本9亿元。昆仑能源有限公司占股51%，四川石油管理局有限公司占股49%。2022年底，川港燃气公司有从业人员1 591人，其中中国石油员工1 245人、对方股东员工124人、社聘员工77人、宝石花油服21人、华油借聘

124人。川港燃气公司党委下设基层党委5个、直属党支部20个、基层党委所属党支部21个，基层单位党组织覆盖率100%，有党员712人，占全体员工的57.19%。川港燃气公司有分支机构（分公司）14个、全资及控股公司8个、控制性经营的参股公司29个、再投资公司4个，机关设置部（室）11个，有直属机构4个、直属单位3个。川港燃气公司是西南油气田公司在川渝地区从事终端燃气业务的三大平台之一，取得四川省住建厅颁发的燃气经营许可证，主要从事城市管道天然气、陆上LNG加气站和江河加注码头的规划、建设与运营，城市燃气、CNG、LNG的销售，投资管理与租赁等业务，形成管道燃气业务和LNG业务两大核心业务。管道燃气业务主要辐射川、渝、云、贵125个区域市场，开发工业园区60个，管理各类管道12 646.4千米，其中输气管道368.2千米，燃气管道12 278.2千米。有各类站场70座，其中CNG站7座、LNG站6座、配气站57座。供气用户总数超过167万户，供气面积4 392平方千米，年销售天然气规模超28亿立方米。LNG业务主要分布于川渝地区的遂宁、乐山、攀枝花、重庆等地区，年销售规模2 600万立方米。

2022年，川港燃气公司销售天然气28.34亿立方米，同比增加3.2亿立方米，增长12.7%；实现经营收入64.14亿元，同比增加11.17亿元，增长21.09%；实现净利润2.8亿元，同比增加0.28亿元，增长11%。三项指标均创历史新高。安全环保实现“四零”目标，“五项”费用控制在规定指标范围内，两级班子无违纪违规行为，无维稳、治安事件发生。（曾林莉）

【企业改革与管理】 2022年，川港燃气公司开展董事会建设试点工作，以本部、攀枝花川港公司等所属法人实体董事会建设为重点，依法落实董事会职权，制定议事规则7个，设立专门委员会4个，完善配套制度26项，完成西南油气田公司下达的试点建设目标。推进制度体系“瘦身”“健身”，精简制度46项，逐步构建“油公司”模式新型管理运行机制。推进岗位价值评价试点，构建以岗位价值为核心、业绩贡献为导向的岗位职级体系和薪酬分配体系，为完善薪酬精准激励机制夯实基础。统筹优化组织体系，深化三级机构改革，完成南充嘉能、彭州、遂宁等6家公司的组织机构和定员调整，推动业务向专业化、效益化发展。推行领导人员任期制和契约化管理，按照少而精和“跳起摸高”的原则制定考核指标与目标值，形成“一人一版”的领导人员责任书与协议书、“一岗一版”的岗位说明书和权责清单。（曾林莉）

【经营管理】 2022年，川港燃气公司升级合规管理体系，编制部门、岗位《合规职责描述》《合规高风险岗位人员风险清单》，全覆盖梳理合规风险；优化内控测试流程制度，试点“内控风险提示”“内控管理简报”等机制，启动问题责任追究机制，批评195人，通报34次，扣减薪酬3万余元，增强全员合规意识。加强招标、合同、市场准入、物资采购等重点领域合规管理，规范合同文本、招标管理制度、证照等交易管理基础工作，全年签订合同4 517份，履约率100%；物资目录式集中采购占比88.89%，公开招标项目19个。加强“三商”监督管理，开展专项排查和规范标准工作，严控所属单位天然气价格优惠调整工作，推动依法合规管理全面融入生产经营过程。开展依法合规主题教育培训、劳动竞赛、主题演讲比赛等工作，全年组织法律培训59次、法律知识竞赛答题17次，发放普法资料、书籍4 500余本，提升员工法治素养。开展重大经营决策法律论证3次，参与四川省燃协管理条例修订立法，提出“增加燃气安全知识宣传条款”等15条修订意见，推动燃气行业良性发展。（曾林莉）

【天然气市场开发】 2022年，川港燃气公司扩销增效，以企企联合、地企融合等方式，推进市场竞合发展，完成彭州川港公司和达州川港国兴燃气公司增资扩股，新增区域面积270平方千米；与彭山工投、彭山港华合资组建眉山市彭山经开燃气有限公司，新增区域面积36平方千米；利用四川省“打造万亿级绿色化工基地”契机，推动福建永荣、和邦生物、吉星化纤及圣效化工等项目签约、落地，全年批复新项目103个，新增市场年用气规模3.4亿立方米；紧盯区外湘西、黔北等市场及区内德阳中江凯州新城、开州浦里新区等新规划区和安居工业园、射洪锂电化工园等规划扩展区，扩大终端市场份额；利用推价节点，在顺价工作上“钉钉子”，实现非居供气增效6 300万元；多渠道统筹资源，灵活调配代输资源，探索零散气就地消纳新模式，减少购气成本4.63亿元；挖掘便民服务

产值潜力，以“双渠道”“双政策”推进创效 3 325.3 万元。（曾林莉）

【安全环保】 2022 年，川港燃气公司深化 QHSE 管理体系建设，推动体系实效运行，审核评级由 B2 级升至 B1 级，达到上游业务水平。健全安全生产责任体系，修订安全生产责任清单 1 259 份，建立全员安全履职评估工作机制和 QHSE 绩效考核体系，营造履责氛围。巩固提升安全生产专项整治三年行动成效，统筹推进安全生产大检查和城镇燃气隐患、房屋建筑物等专项整治，形成终端公司首个站场隐患判定标准和 28 项制度性成果，整改站场、管道安全隐患 2 566 项、用户安全隐患 25.3 万项，首次实现用户隐患数量硬下降。夯实环保基础管理，严格执行环境监测方案，健全废弃物管理线上线下链条，嘉陵加油加气站取得排污许可证，3 家 CNG 加气站完成排污许可登记管理，全面完成环保节能目标。针对特殊敏感时段，建立升级管控项目清单，制定升级管控措施，强化风险研判和精准防控，有效管控风险作业 372 次。加强应急管理工作，首创终端应急物资配备标准，形成应急预案体系和应急抢险资源整合管理模式，全年开展应急演练 663 次。坚持“以人为本”，建立常态化新冠肺炎疫情防控向应急处置快速转换机制，有效应对多轮新冠病毒疫情；完成职业病危害场所检测、职业病防治法宣传、健康企业创建工作，为员工撑起健康安全“保护伞”。截至 2022 年底，川港燃气公司连续安全生产 4 549 天，安全环保形势稳定受控。（曾林莉）

2022 年 6 月 21 日，川港公司 2022 年重点工程建设项目之一的攀枝花门站至米易供气管道工程组焊开工。图为项目负责人在施工现场督导检查 岳芯如 摄

【生产运行】 2022 年，川港燃气公司完善《站场工艺参数设置指导意见》《站场建设形象目视化图册》等基础规范，推进资料管理目视化、参数设置的标准化统一，工艺纪律管理成绩列三大终端公司首位。从设备定义、评定标准和管理要求三个方面明确三类设备管理工作界面，进一步细化和补充设备全生命周期管理内容，全面提升设备精益化管理。加强基建工程项目全过程管理，突出重点、破解难点，完工重点建设工程 14 项、燃气用户工程 203 项，监督检查符合率 100%，创造西南油气田公司第一次“一孔两管”穿越和中国石油天然气管道第一次成功穿越金沙江“两个第一”。推进管道完整性管理深化应用，部署管网哨兵泄漏监测、AI 智能识别、智能无人机巡线等系统，应用 PPB 级泄漏检测 + 嗅探犬检测等技术，全年管道失效率下降 19.2%，自主发现率提高 0.9%，预警效率、检测精度、巡护质量明显提升。开展 INSAR、无人值守站、台式激光甲烷检测报警等新技术试点，建立 SCADA 系统、完整性管理系统、AI 视频监控系统和客户管理系统的“3+1”运行模式，总体生产运行水平稳中有升。（曾林莉）

【党建工作】 2022 年，川港燃气公司严格执行“第一议题”制度，深入开展习近平总书记重要讲话重要指示批示精神、党的二十大会议精神学习，全年组织中心组学习 9 次 12 天，二十大专题学习 10 余次，中心组成员学习交流发言 14 人次，出勤率 98.5%。有机融合党建“三基本”建设与“三基”工作，固化“支部抓班子、支委带队伍、党员带群众”机制，不断拓展党建 +、党员项目领办等载体，让党建成为看得见、摸得着的战斗力、生产力、凝聚力。贯彻落实人才强企工程，一体化推进干部“蓄水池”和校企“孵化园”建设，全年提拔 35 岁以下年轻干部 14 人，本科以上学历人员 46 人，基层领导人员平均年龄较去年下降 1.2 岁，实现领导干部年龄结构年轻化、学历水平高等化。围绕建团 100 周年，创新“三学”模式、打造“三青”品牌、聚焦“三力”目标，强化青春聚力，有效激发青年创新创效活力。深入开展“建设气大庆、建功十四五、奋进新征程”“服务创造效益”等主题劳动竞赛 80 项，征集合理化建议和“五新五小”成果 20 项，重庆国际复合中心站获重庆市工人先锋号。坚持从严从实总基调，压紧压实主体责任，完善政治监督工作机制，打造廉

洁品牌，开展“违规吃喝”专项整治和“反围猎”专项行动，强化“回头看”监督检查，推动问题整改见底见效，全年接收上级转办案件1起，司法移送案件1起，处分2人次，组织处理7人次。（曾林莉）

【公益帮扶】2022年，川港燃气公司开展“喜迎党的二十大”广播体操、职工健步走、职工微影视等大型文体赛事活动20余项，丰富员工文化生活。推进精准帮扶，全年慰问4 990人次，发放慰问金86.55万元；扶贫帮困137人次，发放资金30.9万元。加强维稳信访和安保防恐工作，探索“访调对接”新模式，细化管辖范围内各类稳定风险基础数据，强化企地协同、警企联动，有效化解不稳定因素，巩固安定和谐良好局面。采购扶贫产品，举办专场扶贫产品推介会，完成扶贫物品采购114万元，完成上级下达的指标任务。做好定点帮扶和对口支援，向南充市嘉陵区曲水镇胜兴村、达州市高新区幺塘乡柏阁社区捐款12万元。（曾林莉）

邮政编码：610017
电话号码：028-86017085
油网号码：217085
单位地址：四川省成都市青羊区红星路一段12号

物资分公司

【概况】物资分公司主要负责西南油气田公司和川庆钻探公司物资采购、招标、仓储、配送、质量控制工作，资产总额41.94亿元，有供货厂商及代理商1 500余家。2022年底，设机关科室10个、直属单位3个、二级单位9个。有装卸设备桥（门）式起重机46台、汽车吊19台、叉车60台，仓储面积56万平方米，其中库房12.7万平方米、吊棚2.6万平方米、料场40.7万平方米。2022年，获评“西南油气田公司先进单位”和“西南油气田公司QHSE先进单位”荣誉。（韩　静）

【物资保障】2022年，物资分公司依托西南油气田公司和集团公司西南区域各企业加快产能建设趋势，拓展业务领域，追回川庆流失工作量3.85亿元、拓展共享业务1.86亿元，外部工作量跃升至44.8亿元，占比52.3%，完成结算工作量85.59亿元，同比增长27.6%，供应链综合成本节约11亿元。（韩　静）

【机构调整】2022年，物资分公司按照“大采购、大物流、小库存”发展思路，优化业务结构与资源配置，撤销物资供应项目部、物资质量控制中心，成立川南、川东北项目部，保障服务紧跟区块、贴近现场，业务管理职能上收至机关科室，整合需求、采购、质控3个专业，加快“岗位协同”落地，运行效率提升30%，差异处理时效提高50%。（韩　静）

【采购业务】2022年，物资分公司提前介入重点项目可行性研究、初步设计，按照“项目策划＋采购策划”模式，编制保供策划5个。建立油套管、支撑剂等9个大宗物资需求预测模型锁定资源。建立重点项目保供过程台账，处理供需差异7次。运用资源统筹、共享调剂和改代利用等手段，解决紧急需求变更21起。参与油套管、石英砂等25类一级物资集采，将“西南方案”带入集团集采，助推西南油气田公司成为石英砂、橇装等大宗重要物资授权组长单位。探索标准化建设、创新目录形成方式、优化审批流程，推动集采指标治理，二级物资目录采购率51%，目录采购首次成为最主要采购方式。初步建成供应商动态信用评价机制，供应商履约质效显著提升。开展金属材料市场价格预测，形成价格信息简报，支撑采购策略制定和集采目录价格调整。推行“厂家储备＋生产储备”模式，代储代销扩大至150个物资品种；针对油套管等大宗关键物资，实行原材料、半成品、成品滚动储备、梯次供货，多维度提升保障能力。（韩　静）

【物流业务】2022年，物资分公司优化区域仓储物流布局，形成六大区域库群、502条多式联运路由，年均节约综合物流成本1 325万元。加强调控大宗物资实物流通，在全年油套管供应工作量增长44%的基础上，区域库存始终保持低位运行，压裂支撑剂库存周转18.5次创历史新高。建立库存结构分析模板，针对顶层设计、管理、实操提出专业建议，压降西南油气田公司两年及以上油套管积压库存43%，减少资金占用5 400万元。设计多式联运服务清单，建立一次运输运费测算模型，编制区域二次集中配送方案并在川中片区试点，节约运输成本37%。（韩 静）

【共享服务】 2022年，物资分公司强化资金统筹，帮助用户化解断供风险。开展供应链造价，制定单价制与费率制造价模式，为区域物资共享服务提供计费标准。紧跟西南油气田公司新能源发展布局，与新能源事业部建立合作关系，保障分布式光伏示范工程物资供应。全年追回流失工作量3.85亿元。拓展大庆油田、吉林油田2家新用户，大宗物资共享率92.7%，同比增长59.5%，页岩气外部参建单位供应工作量首次突破10亿元，达12.49亿元。恢复土库曼斯坦分公司平台功能，为阿姆河气田稳产、土库曼斯坦300亿立方米及后续项目物资保障做好支撑准备。加强四川石油物资实业发展有限公司急难险重物资商业储备，解决西南油气田公司零星需求90%以上，完成净利润指标2 160万元。（韩 静）

【安全生产】 2022年，物资分公司对标新《安全生产法》，健全全员安全生产责任体系，推进基层站队标准化建设，开展安全生产大检查和安全隐患专项治理行动，安全环保管控能力显著提升。按照“两个遵循”开展疫情防控工作，实现常态化新冠肺炎疫情防控，最大限度减少疫情对员工身心健康和生产经营的影响。（韩 静）

2022年4月26日，物资分公司在成都表彰十大优秀青年
韩 真 摄

【党建工作】 2022年，物资分公司围绕生产经营中心工作，推动党建工作质量提升。建成党员示范岗57个、党员责任区149个、党员突击队21支，8名党员分别获西南油气田公司劳动模范、优秀青年标兵和优秀共产党员等荣誉，2个基层党支部被评为“西南油气田公司示范党支部”“西南油气田公司先进基层党组织”。建立“内宣+上宣+外宣”机制，策划宣传重点，上级录用信息、公众号发布推文等合计400余篇，推出20个系列专题报道激发员工广泛共鸣。抓思想教育引导，唱响舆论宣传“主旋律”。承办四川省总工会职工联谊活，开展建团百年系列活动，评选“十大优秀青年”，优选2名青年参加西南油气日公司及四川省“青马工程”。（韩 静）

邮政编码：610017
电话号码：028-86014823
油网号码：214823 214822 214024
单位地址：四川省成都市青羊区小关庙街6号

家益公司

【概况】 家益公司是西南油气田公司从事综合性房地置业投资的未上市单位，具有房地产开发二级资质。2022年底，家益公司机关设职能部门7个，有直属单位4个、子公司2个，在册员工107人，其中合同化用工103人、市场化用工4人。有党员79人。有高级专业技术职称24人、中级专业技术职称46人、初级专业技术职称22人，按岗位属性划分，在册员工中，有管理岗97人、专业技术岗9人、操作服务岗1人。家益公司围绕西南油气田公司打造“双标杆”企业目标，聚焦主责主业，开展提质增效价值创造专项行动，完成投资3.44亿元，完成率95.8%；实现营业收入2.97亿元，实现考核净利润2.22亿元，较下达指标1.65亿元增加0.57亿元，增长34.5%；人均劳动生产率276万元/人，较下达指标267万元/人增加9万元/人；“五项”费用“两金压控”下降率和非生产性费用均控制在考核指标内。（吴冬妮）

【项目建设】 2022年，家益公司完成普洱“春风云庭”项目系列设计变更、招投标及精装修调价等重点工作，建成投用售楼部及景观示范区工程，完成45栋房屋主体封顶。承办普洱市2022年“安全生产月”启动仪式暨安全文明标准化工地观摩活动。华创星空城油气大厦项目于3月31日开工，5月23日取得施工许可证，进入实质施工阶段，至年底完成基坑支护与土石方工程、桩基工程。助力西南油气田公司“十四五”职工幸福生活工程，编印推进实施方案及工作任务分解表，提出高新南区天然气科研中心及职工生活配套基地项目利用思路和建设方案。西南油气田公司机关员工运动场建成并投入使用。（吴冬妮）

【项目管理】 2022年，家益公司攻坚重点土地及地面资产处置工作，依法合规搬迁腾退原石油总机厂第1栋和第14栋房屋，搬迁腾退率100%。年初签订南充炼油厂收储合同，6月取得集团公司批复文件，完成14宗土地和地上建筑物注销、移交工作，取得收储款3.7亿元。与泸州市龙马潭区人民政府、蜀南气矿沟通协调，拟定泸州炭黑厂土地及地面资产处置建议方案，确定工作方向。启动西南油气田公司存量土地及地面资产盘活利用工作，签订筹备阶段服务协议。撰写《西南油气田公司自有耕地业务规划发展方案》并上报集团公司。参与宝石花医疗4个医院土地及地面资产划转工作，完成政策咨询、资产摸底、方案编制等工作，协助其取得集团公司批复。持续强化存量土地及地面资产管理工作，全年实现租赁收入798万元。遂宁石油南苑C组团地块“变支为收”，实现降本增效约105万元。完成资阳二车队土地误差换证工作，以及“家益庭园”6个车位和“家益欣城”1户住宅的产权证办理工作。三水农场新农耕项目开工，进入试点阶段；编制简阳农场果树种植试点方案，邀请农业专家现场踏勘，开展翻土、施肥、嫁接等工作试点；落实龙泉宝狮湖红玉桃推广、销售工作，一期工作试点成功，持续创收。（吴冬妮）

【市场营销】 2022年，家益公司多渠道抓普洱“春风云庭”项目销售工作。利用项目3月开盘契机开展内部认购选房，引入营销代理及渠道分销，国庆期间在成都、普洱开展项目亮相活动，在普洱高铁站和飞机场广告展位进行宣传。与宝石花物业、北京华油集团等内部单位合作，在宝石花物业各地区公司辖区推介，同时在石油商旅、即时通等App上宣传；与华盛公司签订商业销售协议，先后到浙江油田在川单位、青海油田开展推介；利用新媒体开展购房选房直播，拍摄《小莉看房》短视频，开展劳动竞赛和“老带新”营销活动。全年选房545套，销售车位52个、商铺38套。加强市场调研，随行就市调整销售策略，推进南充“江畔春色”项目销售工作，全年销售住宅58套、车位53个、商铺2套。“凤凰富居”项目改“坐销”为“行销”，开展上门宣传、现场看房、答疑等工作，全年销售车位100个、商铺39套。依法合规解决南充“江天一色”项目历史遗留问题，回笼资金218万余元。（吴冬妮）

2022年3月23日，家益公司开发的“家益·春风云庭”项目在成都开盘　　蔡文文　摄

【经营管理】 2022年，家益公司开展财务共享系统前期调研、试运行工作，抓常态化资金安全管理、会计信息质量问题业务集中稽查和回头看，发现并整改问题40项。开展2016—2021年税务专项自查自纠，化解税务风险。落实“中小微企业和个体工商户房租减免”“欠费不停供”“清理拖欠中小企业账款及保障农民工工资及时足额支付”专项工作，减免98户房屋租金408.25万元，无断供水电、应付未付民营企业款项、拖欠民工工资现象发生。以合规管理体系建设为主线，依法合规经营，签订合同203份，金额7.12亿元，合同订立率、法律审查率、履约率100%，家益公司获2021年度成都市双A级守合同重信用企业称号。建立2018—2022年合同档案台账1 026

条，梳理市场、合同、招标等业务制度7项，以及2020—2022年“三商”基本情况与发生业务情况信息196条。开展“三重一大”、合同、招标业务测试，覆盖率100%。梳理适用西南油气田公司的制度571项，开展依法合规对照检查，查摆问题19项，制定18个方面30条整改措施并逐一落实。完善工程技术管理制度，印发《市场管理实施细则》《设计管理工作指引》，收集更新工程技术法律、法规、规范、制度清单，增补最新通用规范8项。加强设计管理，全年审查合格施工图6项，完成普通设计变更29项、重大设计变更3项。开展质量隐患排查，印发质量问题整改单11次，完成整改65项。细化物资采购管理，摸底精装修主材，严把材料质量进场验收关，抽检普洱“春风云庭”项目材料24批次。（吴冬妮）

【安全环保】2022年，家益公司编制《安全环保管控2.0版本实施方案》和任务分解大表，形成并落实4方面81项措施。修订管理岗位生产责任清单，细化QHSE责任书过程性指标内容及权重，QHSE责任书签订率100%。开展“四不两直”检查686次，到联系点及承包点开展活动144次。开展QHSE体系审核，发现并整改问题125项。开展年度风险辨识评价，识别出风险因素65项，其中重大风险25项，建立完善风险分级防控清单。开展安全生产大检查活动，发现并整改问题隐患175项。开展房屋建筑物安全专项整治，检查建筑物166栋，发现并整改问题11项。开展燃气安全专项整治，发现管辖小区、经营用户燃气隐患26项。开展典型火灾案例警示教育，组织消防应急演练，发现并治理各类消防问题隐患60项；组织开展新冠肺炎疫情防控应急演练，档案室火灾、自然灾害突发事件演练。召开疫情防控领导小组会11次，部署疫情防控工作，编制疫情防控常态化及特殊敏感时段升级管控方案、应急预案，及时发放口罩、洗手液、消毒液等防疫物资。督促在建项目承包商、生产性场所承租方加强工作场所职业危害因素监测、职业健康和风险评估，开展特殊作业岗位负面清单学习，保障无违规人员上岗。签订健康企业建设承诺书，推进“1+X”全员健康体检，员工体检率100%。（吴冬妮）

【党建工作】2022年，家益公司党委召开党的建设工作会，提出“深化党建品牌建设、推进党建工作与生产经营深度融合”总体目标，安排部署党建工作“六大工程”。编制印发党的二十大精神学习要点和《意识形态工作实施方案》，开展党的二十大网络舆情管理专项工作。学习贯彻习近平总书记重要讲话重要指示批示精神，开展党委会“第一议题”学习8次、中心组学习13次。召开党史学习教育总结会和专题民主生活会，以及“守初心，担使命，奋力打好大会战”主题党日活动，巩固党史学习教育成果。推进基层党建“三基本”建设和“三基”工作有机融合，完成2021年度党建工作责任制考评，综合评定为A档。完成基层党支部组织生活会和党建工作调研，落实“六位一体”考评标准，打造“党建+”特色品牌，开展“创岗建区”活动，成立党员突击队，开展党员积分管理，评选“季度党员之星”。各党支部完成党建信息化平台“三会一课”、主题党日等基础数据300余条，党费线上缴纳率100%。以落实西南油气田公司党委巡察整改为主线，针对4个方面28个问题制定整改措施131条，完成率100%；开展“违规吃喝”专项治理、“反围猎”专项行动、巡察及审计问题的再整改再落实、项目建设及疫情防控督导等工作，全面从严治党向纵深发展。开展党风廉政建设专题讲座、谈心谈话、新任职干部任前教育；建立完善基层领导人员廉政档案35份。（吴冬妮）

【队伍建设】2022年，家益公司推进岗位评价工作，初步搭建起岗位职级体系，打造高素质干部队伍。编制“聚光计划”实施方案，提拔“80后”基层领导2人，向西南油气田公司推荐优秀年轻干部9人。完成领导班子成员年度测评，加强契约制管理及考核评价，开展基层领导人员年度述职、述廉工作。完成职称评审及2022年度职称推荐评审。综合党建、业务、综合管理等方面，培训员工146人次。（吴冬妮）

【精神文明建设】2022年，家益公司突出文化引领，创新宣传思想文化工作。开展习近平总书记重要指示批示精神再学习、再落实、再提升主题活动和“转观念、勇担当、强管理、创一流”主题教育活动，线上线下宣讲10次；“百炼成刚”“追根溯源”主题宣讲在员工中反响热烈。完成公众号改版，推出多篇有深度、有温度、有影响力的新闻报道。发挥群团组织优势，完善《“家”文化手册》，丰富“家”文化内涵。常态化开展“四送”活动，持续推进“三大关爱行动”。推进“我为员工群众办实事”实践活动，改善网络环境、推行共享打印、更换老旧办公家具，员工办公环境得到改善。开展“强体质·抗疫情”健康驿站活动，助力疫情防控和复工复产。联合华盛公司参加西南油气田职工第九套广播体操比赛，获优秀组织奖、混合团体组二等奖、混合创编组三等奖，与华盛公司携手开展“播种新希望，迈向新征程”植树活动。开展“喜迎二十大·益心向党”系列活动，凝聚干事创业向心力。组织青年收看庆祝中国共产主义青年团成立100周年大会，青年精神素养提升工程取得实效。（吴冬妮）

邮政编码：610051
联系电话：028-86011353
油网号码：211353
单位地址：四川省成都市成华区府青路一段34号

华成监理公司

【概况】 华成监理公司是西南油气田华盛公司控股的独立法人企业和二级单位，具备化工石油工程、房屋建筑、市政公用工程三项国家甲级监理资质。是四川省建设工程质量安全与监理协会理事单位，中国建设监理协会、中国建设监理协会石油天然气分会、成都市建设监理协会会员单位。已取得质量管理体系、职业健康安全管理体系和环境管理体系认证。主要从事油气工程监理业务，覆盖西南油气田公司各油气工程项目。

2022年，华成监理公司承监项目395个，其中跨年项目178个、新开项目217个，全年完工项目232个、在建项目163个。管理咨询业务承揽合同27项，全过程咨询业务承揽合同16项。有员工403人，其中西南油气田公司合同化员工30人、股东员工10人、社会化员工363人。机关及直属管理人员67人，各项目部、管理咨询组技术类员工336人。有注册监理工程师64人，一级建造师13人，一级造价师5人，注册安全工程师3人，注册设备监理师2人。高级专业技术职称26人，中级专业技术职称125人。硕士7人，本科115人，大专236人。下设监理项目部、管理咨询项目部、全过程工程咨询项目部。

截至2022年12月31日，新签订合同金额1.91亿元，同比增加4 000万元，增长26%。年度营业收入11 589万元，同比增长12%。实现净利润750万元，全面完成考核指标，同比增长24%。监理业务现场人员人均创效由2021年的31.5万元增加至41万元，同比增长30%。（陈　洋）

【主营业务】 2022年，华成监理公司介入运行检修、隐患治理、升级改造等各类工程项目，承监工程395项，川渝地区监理市场占有率保持90%以上。保障蓬探1井集气站与干线工程、天然气净化厂双达标改造工程等重点工程质量达标。深耕长宁公司、蜀南气矿、相国寺储气库、四川页岩气、川中北部采气管理处等市场，服务业主由9个增加至11个。管理咨询业务涵盖常规气、页岩气、致密气，承揽6个业主、16个项目的咨询工作，实现全过程工程咨询零基础起步。（陈　洋）

【安全环保】 2022年，华成监理公司开展专项检查11次，组织涉疫群体排查16轮6 000余人次，检查承包商防控情况428次。坚持“业务主导+专业监管”“三管三必须”原则，开展“安康杯”“安全管控2.0”、安全生产隐患大排查大治理、安全生产大检查等多个专项活动。强化A类、B类风险作业管控，开展JSA工作安全分析、指导与抽查，对已发现问题全部整改。全年未发生一般A级及以上生产安全事故、环境违法违规事故、事件。监理、咨询业务、全过程咨询业务服务质量合格率100%，健康体检服务覆盖率100%，废弃物合规处置率100%。（陈　洋）

【科研成效】 2022年，华成监理公司首次主编国家能源局行业标准《石油天然气建设工程监理规范第2部分·平行检验》（SY/T4116.2），推进集团公司《油气田地面建设工程标准化承包商HSE技术规范》研发，修订报批西南油气田公司标准《石油天然气建设工程监理平行检验技术规范》（Q/SY XN 0406–2014）。攻克西南油气田公司首条适宜于高含硫环境的双金属复合管道工艺焊接施工等技术难点，申报西南油气田公司管理创新论文《持续探索，努力打造“油公司”模式下的一体化地面建设项目管理新模式》。总结形成隧道穿越、大口径管线自动焊检测、橇装设备监造等6项工程节点监理技术。（陈　洋）

【机构调整】2022年，华成监理公司完善专业化治理机制，将原片区综合性管理项目部改为按专业类型垂直管理的业务项目部。新建监理、管理咨询、全过程工程咨询3个业务项目部，精简机关和基层项目部5个，形成“业务项目部＋工程监理部/管理咨询组”架构，剥离基层后勤、市场开发、资料归档等非业务职能，归入各专业部室。“专业务、优职能、高效率”的两级管理架构基本定型。（陈　洋）

【队伍建设】2022年，华成监理公司加强干部队伍梯队建设，完善基层领导人员考核管理制度，开展基层项目部副经理公开竞聘，采取竞争上岗方式进行机关部室副职选拔，调整基层班子成员10人次。选拔用才，激发队伍活力。畅通三序列发展通道，健全能上能下机制，安排能力水平强的员工到重点项目、关键岗位锻炼，对岗位表现不佳、业务满意度不高的员工进行储备或转岗。多措育才，提升专业素养。制订培训培养方案，建立以需求为导向的培训机制和“差异化”培养措施，举办健康、合规等培训班3次，组织财务、数字化等各专业培训15人次。着力技能竞赛，推进以赛代训常态化，首次开展分专业、分等级、分方向的岗位技能大比武等劳动竞赛活动。做好政策扶持，从津贴上、薪资上考虑，鼓励员工考证取证，全年17人通过国家监理工程师职业资格考试。多方引才，充实队伍力量。聚焦“高精尖缺”，在原有校园招聘、社会招聘的基础上，采取协议薪酬方式，引进高含硫、数字化、长输管道等高精尖稀缺人才，保障重点项目、数字化转型的顺利推进。（陈　洋）

2022年5月27日，华成监理公司在成都召开五届一次会员代表大会　陈　洋　摄

【党建工作】2022年，华成监理公司用习近平新时代中国特色社会主义思想武装头脑、指导实践。学习宣贯党的二十大精神，深化“第一议题”制度，执行“三重一大”决策机制和程序，执行民主集中制原则，加强意识形态领域工作。开展首次基层党支部书记年度述职，促进支部建设第一责任人职责履行。制定党建工作要点、党支部标准化手册，改组党总支升级为党委，完成支部调整优化，实现所有党员、员工本质一体化管理，管党治党进入新阶段。优化工会桥梁纽带作用，及时回应员工诉求，创新实践“党建＋文体”模式，做好群团、青工、妇女等各项工作，凝聚党政群工团强大合力。（陈　洋）

邮政编码：610051
电话号码：028−86012302
邮网号码：212302
单位地址：四川省成都市新鸿路406号

重庆协调小组

【概况】重庆协调小组主要负责51家不同层级中国石油驻渝单位与重庆市及相关部门的联系，强化驻渝石油企业之间的联系，及时协调解决驻渝石油企业在生产经营、安全环保、维稳信访、应急处置和媒体舆情等方面的事务。2022年底，重庆协调小组有员工18人，其中高级专业技术职称10人、中级专业技术职称8人。（陈　维）

【主要工作】2022年，重庆协调小组按照“统筹服务抓关键，协调地企促发展”目标，围绕生产经营、安全环保、维稳信访、新闻媒体舆情、应急处置等方面统筹协调，全年协调事务22项，其中为石油企业协调服务16项、为地

方政府协调服务6项。配合完成集团公司党组成员、副总经理谢军到重庆参加中国西部国际贸易洽谈会相关服务工作。协调完成西南油气田公司执行董事、党委书记姜鹏飞向重庆市汇报工作相关事宜。在新冠肺炎疫情静默管理期间，协调重庆市新冠防疫指挥部和市级部门，为渝保供企业员工申请保供证明和电子通行证，保障重庆市油气正常供应。协调重庆市政协和高新区管委会，做好对重庆销售公司、华油凯源燃气公司、川港渝川公司的市场拓展和天然气安装及保障工作。按照新的《信访工作条例》要求，作为石油行业牵头协调部门，被列为重庆市信访联络成员单位，接入重庆市委信访系统。（陈　维）

【党建工作】 2022年，重庆协调小组党支部坚持以习近平新时代中国特色社会主义思想为指导，学习贯彻党的二十大会议精神。落实“第一议题”制度，开展党史学习教育，推动“不忘初心，牢记使命”主题教育，开展“转观念、勇担当、强管理、创一流”等形势任务目标主题教育活动。落实“两个责任”，履行领导班子成员党建工作“一岗双责”，落实“三会一课”制度，召开党员大会4次、支委会12次，开展主题党日活动12次，支部书记讲专题党课2次，发展预备党员1人。（陈　维）

2022年6月30日，西南油气田公司执行董事、党委书记姜鹏飞（左前四）在重庆向重庆市市长胡衡华（右前三）汇报工作　陈　维　供

【派驻纪检组工作】 2022年，西南油气田公司纪委派驻第二纪检组与重庆协调小组合署办公，对3家被监督单位强化政治监督。抓政治监督，推进全面从严治党责任落实，重点监督检查落实“第一议题”制度、领导班子及成员贯彻落实上级决策部署、干部选拔任用情况等。抓日常监督，编制监督工作清单。按要求开展保供和防疫专项监督检查、“反围猎”专项行动监督检查、违规吃喝问题重点抽查、节前监督检查、廉洁从业警示教育和协助案件核查等工作。（陈　维）

邮政编码：400021
电话号码：023-67352588
油网号码：352588
地址：重庆市江北区大庆村400号

综合服务中心

【概况】 综合服务中心隶属西南油气田公司，属未上市二级单位机构序列。主要负责西南油气田公司和四川石油管理局资产租赁、离退休人员、特殊群体、综治维稳及其他矿区业务的管理工作；承接原四川川油物业公司存续业务、成都综合管理项目部业务，对四川川油众益园林有限公司进行托管。

2022年底，综合服务中心设综合办公室、财务资产科、人事科（党委组织部）、矿区业务管理科4个职能科室，设维稳信访管理部（保卫部）、离退休管理部（老干部服务管理中心）、社保中心成都管理所3个直属单位，以及成都综合服务站、四川川油众益园林有限公司2个基层单位；有在册员工266人，其中硕士研究生3人、本科学历82人、专科学历114人；有中共党员123人，占比47%。（罗瑜晖）

【离退休管理服务】 2022年，综合服务中心服务管理对象5886人，其中离退休人员5415人（含离休干部10人、局级干部28人、处级干部431人和托管人员343人），退休“五七”人员165人、退休大集体人员84人、离退休供养直系亲属（含遗属）222人。建立企地共建联办长效机制，持续推进“夕阳红”关爱工程，保证离退休人员“两项待遇”的落实。落实政治待遇，为5400余名离退休人员订阅报刊，组织召开调研会，传达通报上级相关

文件精神及企业改革、发展等情况，收集改善离退休服务工作的意见和建议。与宝石花医院建立一对一家庭医生关爱长效联系机制，帮助解决老干部紧急救助、精神慰藉等方面的困难。为离休干部、退休人员发放和报销统筹外费用，组织3 700余名离退休人员进行年度健康体检，确保离退休人员的各项待遇100%落实。组织老年大学建校30周年庆典活动、开展“迎新春送春联”活动及组织“建言二十大暨中国特色社会主义新时代”专题活动，坚定老同志永远感党恩、听党话、跟党走的信心和决心。 （罗瑜晖）

【维稳信访】2022年，综合服务中心开展“激活平安细胞，构筑和谐企业”活动，管理成都片区5 474名特殊群体人员，其中有偿解出劳动合同人员4 317人、其他利益群体1 157人。与属地街道、派出所签订平安共建协议，从源头上消减各种不稳定因素，掌握社情民意，做好对涉稳舆情、治安动态和员工群众关心的热点、难点、敏感问题的分析研判，加强对涉稳重点人员、重点群体、重点问题和重点领域的排查掌控，协助兄弟单位处理不稳定事件，发挥成都城东片区维护稳定工作牵头单位的作用。全年未发生1例异常到集团公司总部机关、四川省、北京上访事件发生。信访事项处理率100%，初信初访结案率100%，矛盾纠纷排查率100%，重要信息报告及处理率100%。全年接待群众300余人次，稳控重点人群3个，稳控重点人员50余人次，派遣特勤人员协助工作及巡逻8 000余人次，完成全国“两会”、党的二十大等时段、时期的维稳任务。获西南油气田公司2020—2021年度维稳信访综治内保工作先进单位、成都市青羊区平安单位等称号。 （罗瑜晖）

【社保业务】2022年，综合服务中心持续开展西南油气田公司、川庆钻探工程公司驻成都片区51家单位2.1万余人（含在职员工1.29万人、成都片区退休职工5 500人、有偿解解除劳动合同领取养老金人员2 700人）的基本医疗、补充医疗保险、养老保险及退休管理、企业年金、工伤保险等各项工作。归集缴纳基本医疗保险、生育保险费2.3亿元。完成本单位在职员工各类保险金2 165.77万元缴纳，其中基本养老保险994.5万元、企业年金541.62万元、基本医疗354.11万元、失业保险29.55万元、补充医疗保险236.69万元、工伤保险9.3万元。全年理赔补充医疗保险团险住院、特殊疾病门诊8 768人次463.9万元、集团重病保障理赔553人次167.8万元、重大疾病全自费自购药理赔132人次22.36万元、在职职工疾病身故、因工疾病身故保险理赔2人13万元、综合意外保险理赔5人4.4万元、一般门诊报销6 536人787.77万元、工伤及工亡待遇补助金1人87.66万元、离退休死亡人员丧葬费及抚恤金108人399万元。各类保险理赔费用1.6万人次1 945.89万元。全年新增有偿解除劳动合同领取养老金人员生活补贴登记人员68人；有偿解除合同领取养老金人员资格认证，本所认证3 540人，跨所认证1 523人。申报发放有偿解除合同的领取养老金人员生活补贴893万元、物业补贴420万元、节日补贴719万元、疗养费192万元，以及申报发放各类补贴合计1 331万元。全年在四川省社会保险企业平台管理系统和中意保险系统处理完善信息50人次，接收新增退休人员230人。完成48人省社保局档案审核工作。集中处理2021年死亡退休人员门诊费用78人金额13.54万元。 （罗瑜晖）

【资产管理】2022年，综合服务中心推进资产管理信息化建设，搭建资产运营管理平台，把资产管理、租户管理、合同管理、缴费管理，安全管理5大功能板块，特别是以安全风险防控为核心的资产全过程管理纳入平台，完成6 647项资产基础数据的收集和录入工作，实现对资产安全、信息、运营的规范化、精细化管理，降低资产安全管控风险，提升资产利用率，促使资产效益最大化。制定、修订多项资产管理制度，建立资产管理、租赁管理、隐患管理台账，夯实资产管理基础，总体实现经营性资产向集约化管理运营的转变。为推动资产管理提质增效，杜绝承租方转租、分租问题发生。按照“一房一地一策”原则，根据房屋区域、地块、结构进行分类定价，以成都片区为试点先易后难推进资产租赁，全年签订资产租赁合同2 100份，资产租赁收入5 181万元，实现资产“接得住、管得好”的工作目标。 （罗瑜晖）

【矿区业务】2022年，综合服务中心推进健康食堂创建，为成都片区9家石油单位750名在职员工和千余名离退休人员提供绿色健康的餐饮服务。增设爱心窗口，邀请专业营养师指导配餐，在菜品色、香、味上下功夫的同时，更加注重食物的科学营养搭配，做到食材多样化和均衡化，让一线就餐员工吃到更加健康、安全、可口的饭菜。打造健康食堂，推行减盐、减油、减糖“三减三健”理念，从源头把控制油、盐、糖的消耗使用，降低油、盐、糖过量摄入，每周合理搭配菜谱，让员工吃得放心、吃得健康。落实西南油气田公司新冠肺炎疫情防控工作要求部署，牢固树立“生命至上、健康无价”理念，坚持疫情防控和员工健康和安全餐饮并重，常态化坚持进入场所扫码测温，坚持亮绿码、48小时核酸检车预防为主、防治结合，守牢安全，健康入口底线，打造合理膳食“安全、营养、健康”综合食堂。实施总部机关办公区水、电、气能源保供工作，全年安全平稳转供生产用水14万立方米、用电1 232万千瓦·时、用气50万立方米。水电气支出1 083万元，其中水费支出62万元、电费支出876万元、燃气费145万元。与电力公司建立沟通联系机制，加强机关综合食堂、直燃机房重点用气部位安检，对1座10千伏变配所和5座低压配电室（箱）开展春季检修，为总部机关片区迎峰度夏、特殊时段的安全平稳用能提供保障。

（罗瑜晖）

【安全环保】 2022年，综合服务中心坚持“控风险、除隐患、推体系、强业务、抓监管、保目标”的工作思路，按照“统一、规范、可操作”的原则从制度体系完善、责任落实、基础夯实、管理提升等方面，完成A版QHSE管理手册的编制发布工作，形成安全生产责任清单。开展房屋建筑安全隐患大排查大整治，对所管理的房屋土地资产进行QHSE管理现状分析和隐患排查，建立隐患台账，形成隐患排查报告、隐患治理报告、风险管控报告，识别出风险隐患2万余项，把排查识别的95项房屋安全隐患上报集团公司，其中93项整改到位、2项重新界定责任归属。面对错综复杂的疫情形势，综合研判、精准防控，妥善解决综合食堂从业人员涉疫问题，上报专项疫情简报19期。储备抗原试剂、抗病毒药品、N95口罩等防疫物资，做好员工后勤保障。全年为员工提供1万余次核酸检测服务，开展环境消杀5 000余次。

（罗瑜晖）

2022年6月16日，综合服务中心收到承租户致谢锦旗

罗瑜晖　摄供

【内控管理】 2022年，综合服务中心开展内控体系建设，通过优化业务流程、强化内控测试、落实风险管控措施，有针对性地找短板、抓问题、提措施，确定适用上级制度315项，新建制度（规范）42项，建立业务流程196个。树立“管理出效率、管理出效益”的理念，建立资金分级分类授权及成本费用审批管理制度，按授权开展过程监督，确保资金本质安全。强化风险管控，紧抓重点领域、业务板块、关键环节和敏感时期的重大风险，严把项目投资、工程建设、资产监管，严禁虚假合同、暗箱操作、违规分包等行为。加强合同管理，查找和改进管理漏洞及不足，完善管控措施，全年签订合同2 998份，标的金额24 564万元，完成合同结算1 705份，收付款金额11 075万元。完成宪法周法制宣传，参与集团公司“八五”普法网络专题班学习及全员合规培训。引导法律顾问参与重要工作，组织法律顾问咨询工作会议25次，给出法律建议共56份，起草法务文件15份、审查法务文件120份、书面法律意见书、律师函5份、业务现场法律咨询3次，职工电话、微信等通信工具法务咨询243次，提升员工合规意识，推进依法合规治企。

（罗瑜晖）

【专项工作】 2022年，综合服务中心牵头西南油气田公司所属36家单位、260余人参与专项清查工作，在清查实施过程中运用信息化手段，完成公有房屋清查工作。建立完善房屋清查过程考核工作标准，摸清公有房屋家底，形成一套翔实的公有房屋基础数据，为提升企业公有房屋管理质量，探索公有房屋管理新模式，盘活优势管理资源提供有价值的决策支持，为推进数字化资产运营管理提供坚实的基础信息支撑。围绕国家有关部委、集团公司对中小微企业服务业租金“应免尽免，应免快免”决策部署，在确保依法合规和保证企业利益基础上，完成1 123户中小微企业及个体工商户为期6轮的租金减免工作，累计减免租金2 249万元，减免次数2 348次，减租工作量占西南油气田公司上市及未上市的80%以上。创新推出的短信预报、减租公告、法律承诺书、现场公示等做法获集团公司、四川省国资委的赞扬，并作为模板进行推广。承办西南油气田公司机关“我为碳中和种棵树”义务植树活动。

（罗瑜晖）

【党建工作】2022年，综合服务中心坚持以习近平新时代中国特色社会主义思想为指导，围绕迎接、宣传、贯彻党的二十大这一主线，推动党的二十大精神落地生根。党委认真落实“第一议题”制度，组织学习第一议题43项，党委理论学习中心组学习13次，党的二十大专题研讨3次，提高政治“三力”、做到“两个维护”。主要领导带头传达学习宣讲党的二十大精神，党委成员分赴各单位现场宣讲4次，推动党的二十大精神直通一线，印发《关于开展“喜迎党的二十大”系列主题活动的通知》，抓好“永远跟党走”红色故事讲述、“喜迎二十大，颂歌献给党”主题朗诵、“喜迎二十大，强国复兴有我”征文比赛等系列庆祝活动。开展“转观念、勇担当、强管理、创一流”主题教育活动，制作主题教育活动学习宣贯展板，完成活动简报11期；深化形势、目标、责任教育，领导班子集中专题学习研讨4次，到基层主题宣讲、专题调研5场，讲透形势、讲清任务；开展“强管理，我能为企业做什么”全员大讨论活动、“强管理，我为中心高质量发展献一策”金点子征集活动，以及“夯基础，强管理”6个项目劳动竞赛，确保主题教育学习宣贯全面覆盖。发挥党支部“三会一课”政治教育功能，各级党组织负责人分别上专题党课15次，组织“建功新时代，喜迎二十大”专题学习26次，推进“三基本”建设与“三基”工作有机融合，提升铁人先锋党建信息化平台应用效果，党员干部的示范性、先进性进一步增强，基层党建更具活力。完成党风廉政建设责任书及廉洁从业承诺书签订工作，签约覆盖率100%。开展党风廉政教育，各级党组织观看电视专题片《零容忍》，制作“纪律学习之窗”学习专栏，提高党员干部廉洁意识；对新提拔的11人开展“六个一”廉洁教育；开展违规“吃喝”“反围猎”等专项行动，强化风险防控，健全完善“三不腐”机制，营造风清气正的良好政治生态。召开首届一次会员代表大会，成立综合服务中心首届工会委员会，选举产生中心第一届工会委员7人，“三委会”（工会委员会、工会经费审查委员会、工会女职工委员会）委员5人，成立基层分工会7个。组织“喜迎二十大、建功新时代”职工趣味活动、职工健步走活动、“学习二十大、奋进新征程”知识答题等形式多样的文体活动；全年慰问困难群体人员1 097人次，发放慰问费用131万元；助学帮扶对困难人员子女3人，把改革发展成果惠及员工群众，增强员工群众的获得感、幸福感、安全感。

（罗瑜晖）

邮政编码：610056
电话号码：028-86013169
油网号码：213136
单位地址：四川省成都市成华区府青路一段34号

宝石花油服公司

【概况】2020年1月22日，宝石花油服公司由四川省华鑫盛油气运营管理有限公司混合所有制改革而成立。定位为西南油气田公司用工方式转型的主平台，发挥人力资源服务和业务外包规范管理两大职能作用。承揽国家能源战备通道中缅天然气管道—楚攀支线运维以及生产辅助业务服务，服务于西南油气田公司所属31家二级单位、109家三级单位，涉及勘探、开发、管道、销售等专业技术服务，采气、输气、净化、化工、消防、应急等操作服务，管理驾驶、管道巡护、仓储、终端燃气等102项业务外包项目，业务范围覆盖川、渝、滇、贵所辖10余个市县。2022年底，宝石花油服公司机关设立综合办公室（党群工作部）、财务资产部、人力资源部（党委组织部）、生产运行部（安全环保部）、经营管理部5个职能部室；楚攀输气管道运维项目部、成都项目部、泸州项目部、广安项目部4个项目部；1个分公司，即重庆分公司；1个子公司，即达州开元石油服务有限公司。有员工1 550余人。 （雍雅婷）

【组织机构调整】 2022年，宝石花油服公司落实董事会职权和自主经营授权，将部分原属于股东会决策范围的事项授权董事会实施，扩大经营自主权。优化内部组织机构建设，设立四川宝石花鑫盛油气运营服务有限公司党委组织部。规范区域人力资源服务和业务外包管理，相继成立成都、泸州、广安项目部，拓展重庆分公司业务范围，明晰管理界面，充实管理团队，形成“宝石花油服公司机关—基层业务单元”两级组织管理架构和规范化管理框架。 （雍雅婷）

【业务外包管理】 2022年，宝石花油服公司践行“规范业务外包管理”职能，持续拓展业务市场。构建业务外包管理制度体系，形成业务外包监督整改机制。全年承揽业务107项，同比增加30项，终端市场业务增加20项，业务规模不断扩大。 （雍雅婷）

【人力资源服务】 2022年，宝石花油服公司推进人才招聘工作，完成8批次人才招聘，招聘管理、专业技术、生产操作和应届高校毕业生393人。通过企企合作、企地联动、企校互促等方式，拓展员工培训方式，提升业务技能，驻场员工的优质服务得到服务单位高度评价。200余名员工得到服务单位点名嘉奖，3名员工在第四届全国石油石化专业职业技能竞赛暨集团公司首届技术技能大赛消防战斗员竞赛中获团体金牌和3枚个人银牌，为宝石花油服公司优质服务品牌赢得口碑。 （雍雅婷）

2022年6月30日，宝石花油服公司在成都召开庆祝中国共产党成立101周年暨先进表彰大会 向恒 摄

【党建工作】 2022年，宝石花油服公司落实“第一议题”制度，学习宣传贯彻党的二十大精神和习近平总书记重要讲话及对石油能源行业的重要指示批示精神。设立5个党支部，探索混合所有制企业党建工作研究与创新，获西南油气田公司优秀党建研究成果奖1项、四川省石油系统优秀政研成果奖2项。落实意识形态工作责任制，开展“形势、目标、任务、责任”主题教育宣讲。配合西南油气田公司党委对宝石花油服公司党委巡察工作，完成问题整改。完善“三重一大”决策制度和议事规则，规范权力运行，促进党的领导作用发挥。开展“转观念、勇担当、强管理、创一流”主题教育活动，成立主题教育领导小组，开展主题宣讲，以管理提升为重点，持续提升发展质量和效益。结合工作目标和实际，形成《践行人力资源服务职能行动方案》等重大专项方案成果，全员参与“知责、思为、担当”大学习大讨论活动，保障各项决策部署贯彻落实。 （雍雅婷）

邮政编码：610051
电话号码：028-86017409
油网号码：217409
单位地址：四川省成都市成华区府青路一段3号

宝石花汽车服务公司

【概况】 宝石花汽车服务公司主要承担西南油气田公司、川庆钻探工程公司等6家局级机关和成都地区34个二级单位的车辆服务。2022年，在册员工总数155人，其中管理人员31人，占员工总数的20%；驾驶员104人，占员工总数的67.1%；后勤辅助人员20人，占员工总数的12.9%。机关设综合管理部（党委组织部）、财务资产部、质量安全环保部、生产运行部和计划经营部，基层设成都一分公司、成都二分公司、成都三分公司3个生产服务单位。有各类车辆534辆，原值6 301万元。

2022年，宝石花汽车服务公司实现营业收入2.26亿元，净利润1 138万元，经营指标创历年最好水平，员工收入大幅提升。（马　绰）

【改革发展】 2022年，宝石花汽车服务公司推进驾驶员洗车费、停车费、差旅费包干业务，统一相关费用标准，简化报销流程，提升业务管理实效。完成第一批6家单位176名驾驶员的回归业务，理顺乘用车业务一体化管理模式。在全面承担乘用车业务整合任务的基础上，探索制度创新，首次为西南油气田公司各单位提供非乘用车辆更新服务，完成68台客货两用车的保障任务。通过自筹资金的方式更新补充车辆94台，做好用车服务保障。（马　绰）

【安全环保】 2022年，宝石花汽车服务公司安全行驶里程1 071万公里，累计安全运行6 750天。督促符合条件人员接种新冠肺炎疫苗加强针，正式员工完成“应接尽接”目标，业务外包人员完成全员接种目标。落实道路交通安全管理主体责任，杜绝一般B级及以上的交通安全事故，保障整合后的生产运行安全。全年累计接受上级安全检查和开展安全生产自检自查30次，发现问题隐患93项，已全部完成整改。利用GPS监控平台功能，监控执行任务车辆运行，全年监控车辆50 421台次。抽查节假日、夜间运行、停放车辆1 480台次。核实集团公司、西南油气田公司反馈车辆报警信息855条，发现超速行驶、疲劳驾驶行为18起。开展专项安全检查8次，发现和整改问题48项。开展“道路风险辨识”“防御性驾驶技能”等专题培训，线下分批次培训驾驶员200余人。召开安全学习例会147次，开展各类安全经验分享147次，参加学习人数24 679人次，实现驾驶员安全教育学习全覆盖。开展“消防应急演练”“自然灾害应急救援”等应急演练14次，参演人数1 400余人次。开展防御性驾驶技能培训及“争做防御性驾驶培训师”劳动竞赛，为防御性驾驶评估工作打下基础。编制实施《宝石花汽车服务公司健康企业建设工作方案》，抓好员工健康管理工作，员工健康体检和驾驶员职业健康体检率100%。（马　绰）

【经营管理】 2022年，宝石花汽车服务公司签订收入类合同63份，签约用户数、合同总额同比大幅增加。探索非报废资产处置途径，对4台不具备经营价值的车辆进行处置，提高资产使用效率和收益率。制订《2022“管理转型推进年”活动方案》，年度考评得分96.52分，达到预期目标。业务监督工作常态化，针对西南油气田公司公车使用管理专项巡察、“雷霆行动”专项检查中发现的类似问题开展专项监督检查。常态化开展用户回访工作，认真了解用户需求，收到来自8家单位共10封感谢信，用户满意度持续提升。（马　绰）

2022年5月6日，宝石花汽车服务公司首次提供非乘用车辆更新服务，展现汽车服务业务机制体制的改革成效　马　绰　摄

【党建工作】 2022年，宝石花汽车服务公司召开第一次党代会，选举第一届“两委”委员，按期完成换届选举。发挥党委“把方向、管大局、保落实”作用，召开党委会30次，研究“三重一大”事项14项，召开总经理办公会15次。召开党委理论中心组学习会议14次，学习贯彻习近平新时代中国特色社会主义思想、习近平总书记系列重要讲话和重要指示批示精神及党的二十大精神，指导推进西南油气田公司乘用车业务整合。培养选拔优秀年轻干部，坚持正确选人用人导向，全年提拔、调整基层领导人员12人次。面向干部员工征集关于“强管理”的意见建议16条，保障主题教育活动成果为生产经营提质增效。党委书记带头、领导班子成员和各党支部书记、劳动模范代表开展宣讲6次，受众110人次。加强廉洁教育，发送廉洁过节提醒语1 074人次，严明党的政治纪律和规矩。（马　绰）

【精神文明建设】 2022年，宝石花汽车服务公司为基层配置健身器材，为一线驾驶员“送清凉”，在重要节点慰问

生活困难、生病职工 13 人次，慰问金额 1.05 万元。大病帮扶、金秋助学 5 人次，慰问金额 2 万元。慰问困难党员 24 人次，慰问金额 3.5 万元。干部群众关系团结和谐，员工队伍保持健康稳定良好态势。（马　绰）

邮政编码：610051
电话号码：028-86013030
油网号码：213030
单位地址：四川省成都市成华区建设北路一段 49 号附 6 号

四川宝石花医疗公司

【概况】 四川宝石花医疗公司位于四川成都天府新区，是宝石花健康投资控股有限公司与四川石油管理局有限公司合股建立。旗下有四川宝石花医院（原四川石油总医院，三级综合型医院）、成都宝石花医院（原四川石油成都医院，一级综合型医院）、重庆宝石花医院（原重庆石油医院，一级综合型医院）、江油宝石花医院（原江油川西北石油医院，二级综合型医院），各医院均为独立法人。2022 年底，四川宝石花医疗公司机关下设办公室（党委办公室）、人力资源部（党委组织部）、财务资产部、业务发展部、运营管理部、党群工作部、医学装备信息部、安全环保部 8 个部室。

2022 年，四川宝石花医疗公司实现业务收入 71 163 万元，同比增加 6 796 万元，增长 10.6%。净利润亏损 537 万元，同比减亏 800 万元。急诊量 536 348 人次，同比增长 0.41%；入院量 29 084 次，同比减少 1.05%；住院手术量 11 761 台次，同比减少 4.46%；体检量 82 612 人次，同比增长 16.8%；药占比、耗占比均完成预算目标。（肖　相）

【疫情应对】 2022 年，四川宝石花医疗公司面对川渝地区多次大规模暴发新冠肺炎疫情，所属医院干部员工按照驻地政府、医疗行政主管部门有关要求，在保证医院诊疗业务正常开展的同时，承担辖区内全员核酸采集、重点人群核酸采集等多项任务，抽调医务人员到成都市临检中心、成都市公卫中心、川渝隔离酒店等地支援地方新冠肺炎疫情防控工作。所属 4 家医院出动工作人员约 1.6 万人次，采集核酸近 713.6 万余人次，多次受到各级地方政府肯定和表彰。（肖　相）

2022 年 10 月 25 日，宝石花医疗公司医务人员紧急出征支援新疆项目新冠肺炎疫情防控　陈　苗　摄

【学科建设】 2022 年，四川宝石花医疗公司开展“医院管理年”“质量提升年”活动，医疗质量持续改进。获“2021 年度医疗服务质量与安全考核”优秀医疗机构荣誉，总分在 56 家医疗机构中排名第三，标志着医疗质量和安全管理整体水平稳居成都市三级综合医院前列。梳理各层级质量管理责任体系，对标完善医院各级管理委员会，新增委员会 3 个，由管理委员会、质量管理部、各科室医疗质量管理工作小组负责各层级质量管理工作的落实。完善医疗质量管理制度，对照评审标准梳理出预案 20 条，制度 217 条，流程 42 条，划分责任部门；对 2022 年医疗技术目录、高风险目录等进行梳理，完成手术授权与再授权工作；健全完善医疗质量安全及医疗风险的管控制度。完善院长行政查房制度，组织领导及相关职能部门到各科室了解管理、运营、专科建设方面情况 26 次，收集科室个性问题 76 个，解决完成率 100%。完善门诊坐诊考核制度，要求“门住一体化”的科室排班坐诊，执行出勤打卡，调整门诊医生坐诊时间，加强周末及节假日门诊管理。开设助产士、母乳喂养特色专科门诊，打造全新的“互联网＋医疗健康”服务模式。聘请医疗质量管理专家刘志勤教授定期到医院指导医疗质量和运营管理，指导科室 21 个，开展各级质量教育培训 40 次，培训考核 5 600 人次。签订护士长目标管理责任书，修订护理质量管理评价标准，对 26 项通用监测项目及 13 项专科护理项目进行考核监管，修

订《跌倒/坠床风险评估单》及相关制度，制定VTE相关工作制度及流程等，强化患者及护理人员风险意识。疏通院外交通，通过与交通部门的多次沟通协商，在显眼位置设立指示牌，调整人行通道道闸宽度。在候诊区新增报到就诊系统，大厅增加专人帮助，减少患者等待时间。优化流程，召开专项质控会，优化急性心梗、急性脑卒中、严重创伤的绿色通道抢救流程。提供“一站式”老年诊疗服务，实现老年病的现代化、规范化、人性化综合管理，四川宝石花医院获批“四川省第一批老年友善医疗机构”。

（肖　相）

【油田服务】 2022年，四川宝石花医疗公司把油田购买服务业务作为解决当前医疗业务受新冠肺炎疫情严重影响这一现实问题的重要举措，通过“一支撑四统一”（政策支撑，收费标准统一、市场安排统一、合同模版统一、服务标准统一）多措并举，在疫情防控、职业病防治、提供油气生产医疗卫生保障上，争取西南油气田公司、川庆钻探工程公司、四川销售公司、东方地球物理勘探公司等驻川渝石油企业的政策扶持，购买服务项目、内容、合同签订均创历史新高。全年签订各类购买服务合同2.33亿元，同比增加6 513万元，增长38.7%。（肖　相）

【提质增效】 2022年，四川宝石花医疗公司结合宝石花医疗健康投资控股集团有限公司《关于加强公立医院运营管理的指导意见》，在二级及以上医院开展扩大科室自主运营试点工作。四川宝石花医院泌尿外科、产科、康复医学科3个科室开展科室自主运营试点。通过紧扣科室结余目标值，对量化目标值进行核算考核，同步兑现奖励，激励科室推进管理模式和运营理念转变，力争实现扭亏为盈。自主运营科室均在新冠肺炎疫情受损较重的8—10月实现业务指标的同比或环比增长。推行全员全过程成本核算，运用全成本核算系统优化分摊方式，制定科室收益成本率指标，每月编表，每季分析，推行全员全过程成本核算，纳入考核。重新开展药品耗材采购谈判，对每项采购通过招标选商方式，确保各项成本的透明化。从物资采购、设备维护保养、能源保障到临床科室医用材料，实行全方位管控。（肖　相）

【深化改革】 2022年，四川宝石花医疗公司按照上级深化改革工作相关要求，推动医院回归公立性质，为下一步融入区域紧密型医联体打下基础。与西南油气田公司相关处室沟通，印发《关于协同做好宝石花医疗深化改革的通知》，为所属医院开展购买服务工作提供支撑，促进改革过程中员工队伍的稳定。做好房屋土地无偿划转工作，成立专项工作领导小组召开专项工作会议，研讨划转范围，按通知要求对划转流程、属地政府意见、存在困难进行初步梳理。

（肖　相）

【党建工作】 2022年，四川宝石花医疗公司在党的二十大召开前后，开展系列宣传学习。组织党委中心组学习会议11次，班子成员出席率87%以上。组织“第一议题”学习22次，跟进学习习近平总书记重要讲话精神和重要指示批示精神，党委委员先后讲授党课5场次。印发《基层党支部工作考核评价办法（试行）》，推动基层党建工作与生产经营深度融合。守好意识形态阵地，将意识形态工作纳入每期党委中心组学习内容中，加强意识形态工作方式方法研究。分析和梳理在深化改革工作中员工集中反映的主要问题，了解和研究员工思想动态。全年召开意识形态工作专题会议2次。制作宣传橱窗13期，学科专委会宣传3期，微信服务号关注人数同比增长68%，订阅号同比增长135%。四川宝石花医院获“2021年度最佳品牌传播医疗机构星耀医院”称号。强化权力制约监督，签订党风廉政建设责任书66份，组织领导干部、关键岗位员工、“三商”签订各类承诺书28份。在重大节假日，严查违规吃喝、公车私用、公款旅游、收受购物卡等问题。加强廉洁教育，利用每期党委中心组学习，观看廉洁教育警示片。开展2022年度集体廉洁谈话、对新提拔的中层干部开展“六个一”廉洁教育。营造反腐氛围，持续通报典型案例，发布《医疗机构工作人员廉洁从业九项准则》。加大执纪审查力度，开展违规吃喝问题专项整治工作，对2019—2022年的业务招待情况进行排查，针对排查发现的问题提出整改要求。抓医德医风建设，修订《四川宝石花医院医德医风考评实施办法》，处理来访、来电、地方机构转办投诉件75件，投诉电话回访率100%。开展慰问活动，全年慰问帮扶困难员工100人次，发放帮扶资金18.4万元。慰问抗疫一线人员4 499

人，慰问海外抗疫、值守隔离酒店、亚定点医院医护人员 67 人次。开展劳动竞赛、合理化建议和文体活动，调动广大职工干事创业的积极性、主动性和创造性。开展“建功新时代，喜迎二十大”攻坚创效竞赛活动，四川宝石花医院多次在地方技能竞赛中获得优异成绩。全年评选出年度先进集体 8 个，劳动模范 10 人，先进工作者 72 人。（肖　相）

邮政编码：610213
电话号码：028-259098
油网号码：259098
单位地址：四川省成都市天府新区华阳街道通济巷 26 号四川宝石花医院综合楼

川庆长庆指挥部

【概况】 川庆长庆指挥部负责川庆钻探工程公司在长庆地区的施工作业单位与地方人民政府、长庆油田公司的公共关系协调、生产运行协调、质量安全环保、市场开发、井控管理、维护稳定与信访等工作，施工区域覆盖陕西省、甘肃省、宁夏回族自治区、内蒙古自治区四省（自治区）。2022 年底，川庆长庆指挥部有在册职工 54 人，其中二级正 11 人、三级正 11 人、三级副 6 人。有高级专业技术职称 39 人、中级专业技术职称 12 人。设党总支 1 个、党支部 3 个，有共产党员 53 人。

2022 年，川庆长庆指挥部完成钻井进尺 593 万米、试油压裂 13 208 层次、固完井 3 512 口，其中水平井分别完成 210.5 万米、9 575 层次、841 口，分别同比增长 9.2%、31%、15.3%，超额完成川庆钻探工程公司考核指标。在长庆区域实现经营收入 153.32 亿元，同比增长 9.5%，创近 10 年新高。全年实现考核利润 3.3 亿元，超额完成钻探工程公司指标，首次实现整体盈利。（刘春平）

【协调关系】 2022 年，川庆长庆指挥部秉承“油田发展我发展”理念，加强与长庆油田公司沟通协作，完善“责任共担、要事共商、资源共用、成果共享”的协同发展工作机制，维护和巩固川庆钻探工程公司在长庆市场的主力军地位，支撑长庆油田公司建成国内首个 500 亿立方米战略大气区和 200 万吨页岩油示范区、油气产量当量突破 6 500 万吨。发挥中油技服长庆油田保障协调组作用，携手兄弟企业在长庆区域完成钻井进尺 732 万米、同比增加 97 万米，油田市场服务保障率 48.6%，超额完成中油技服考核指标。（刘春平）

【市场开发】 2022 年，川庆长庆指挥部抓牢长庆主体市场，承揽油田“急、难、险、重”任务，规模占领水平井等高端市场，一体化总包陇东页岩油、致密气、储气库等项目，实施元 284 井区水平井重复压裂总包，推动天然气评价、盐下高含硫等重点项目工程总包，长庆市场占有率 35.4%、其中水平井市场份额 57.7%。壳牌长北、道达尔苏南反承包市场赢得甲方肯定。延长油田市场取得突破，签订战略合作框架协议，实施延长油田致密（页岩）油一体化总包项目，当年完钻 56 口进尺 19.7 万米、压裂 1 口，迈出川庆钻探工程公司服务保障鄂尔多斯盆地油气勘探开发里程碑式第一步。（刘春平）

【组织运行】 2022 年，川庆长庆指挥部优先保障勘探评价，打成榆阳 1 井等重点探井 36 口，实现长 73 页岩油新类型勘探重大突破，支撑探明宁夏青石峁气田、发现横山气田。打造页岩油、致密气示范工程，深化甲、乙方一体化项目管理，推广大平台布井、工厂化作业等高效建产模式，陇东页岩油项目完成压裂 4 350 层、完井 165 口，分别同比增长 35.9%、22.2%，完成华 H100 平台 31 口水平井压裂，实现达产、达效预期目标。致密气项目完成压裂 2152 层完井 235 口，平台压裂效率 5.79 层 / 日，创造亚洲陆上最长水平段（5 256 米）压裂新纪录。保障建成投用油田最大天然气储气库（苏东 39–61 储气库群），全年完成气井完井下投产管柱 1 405 口，完成保供任务。严守集团公司井筒质量“七条红线”，推进井筒质量 9 项专项治理，严把入井材料、工具质量关，井身质量合格率 98.5%，固井质量合格率 95%、同比提高 3%，全年试获超百万立方米高产气井 44 口、超 50 吨高产油井 6 口、重大勘探发现井 7 口，收获中油技服贺信 6 封、甲方表扬信 100 余封。（刘春平）

【安全环保】 2022年，川庆长庆指挥部统筹抓好安全生产和新冠肺炎疫情防控，落实安全生产十五条硬措施，推进双重预防机制建设，开展安全生产专项整治三年行动，重点防控高危作业、承包商、特种设备、危化品等风险，区域各单位未发生一般C级及以上生产安全环保事故，取得历年最好QHSE业绩。加强井控和应急联动管理，执行油田井控管理实施细则，突出抓好超前注水区块、二氧化碳注气区和合作队伍等重点领域管控，规模应用控压钻井256口，同比增长26.1%，降低井控风险。落实井控应急联动服务保障责任，开展井控应急联合演练，提升应急响应水平，保持井控形势平稳受控。推进绿色低碳发展，贯彻落实习近平生态文明思想，执行黄河流域生态环境保护工作措施，推进清洁化生产，完善钻井液不落地配套装置和工艺技术，推行压裂返排液区域集约化处理，钻井液重复利用率71%，压裂返排液回用率62.4%、同比提升2.8%。（刘春平）

【提质增效】 2022年，川庆长庆指挥部开展“转观念、勇担当、高质量、创一流”主题教育，推动拓市场、促创新、调结构、降成本、提效能，提升区域发展动能。统筹实施提质增效价值创造行动，明确关键节点任务，实施挂图作战，化解生产不均衡、大宗物资涨价、工程服务降价等生产经营难题，提质增效累计贡献7.88亿元。推动钻井提升井间施工效率、推广“一趟钻”工程，平均井间周期缩短至17.92天，整体提速5.1%；完善推广大平台生产组织经验，推行压裂平台分区分组作业，整体提速20.6%，7支自有队伍突破中油技服500段压裂目标。统筹推进区域钻井压裂电（气）代油，自有钻机电代油覆盖率54%，完成电驱钻井70.3万米、电驱压裂2 043层，完成用电1.2亿千瓦·时、用气397万立方米，减碳2.69万吨。（刘春平）

【党建工作】 2022年，川庆长庆指挥部学习贯彻中国共产党的二十大精神，弘扬石油精神和大庆精神铁人精神。与长庆油田公司基层党组织共建区域党建联盟，在定边生产基地率先建成陕西省首个石油行业党建协作区。开展“我为员工群众办实事”活动，推动银川河东、甘肃庆阳、内蒙古河南乡3个生产生活基地建设，启动高沟口倒班公寓项目建设，改善贺旗基地办公生活条件，持续优化西安员工餐厅运行模式，推进健康企业建设。加强企地共建，在庆阳市抗洪救灾、助农产品购置等方面履行社会责任。（刘春平）

邮政编码：710018
电话号码：029-86978888 029-86978666（传真）
单位地址：陕西省西安市未央路151号长庆大厦

川庆川东钻探公司

【概况】 2022年底，川庆川东钻探公司设置机关部室13个、二级单位10个，附属单位7个，在编钻井队50支。用工总量3 890人，其中合同化用工2 275人、市场化用工554人、业务外包引进1 061人。有高级专业技术职称94人、中级专业技术职称355人。有技能专家10人，其中集团公司技能专家2人、企业技能专家8人。有首席技师10人、高级技师15人、技师117人。固定资产原值23.09亿元，净值8.85亿元。主要装备有钻机50台，其中9000米钻机2台、8000米钻机4台（含越盛钻机1台）、7000米钻机31台（含越创钻机3台、越盛钻机1台）、6000型（液压智能）钻机1台（自带顶驱1套）、5000米钻机11台、4000米钻机1台，自有顶驱34套（含越创顶驱11套）。（宋　静）

【生产经营】 2022年，川庆川东钻探公司开钻井62口，完成井52口，钻获进尺35.16万米，同比增长12.6%。钻成集团公司首口筇竹寺水平预探井资201井；钻获一批重要高产井，其中罗家24井测获日产天然气206万立方米；发现一批勘探新层系，其中大页1H井在页岩气新层系获重大发现。所承钻井获集团公司勘探发现特等奖1项、一等奖1项、三等奖1项。全年实现营业收入21.97亿元，实现提质增效2.8亿元。定向作业54口井，进尺19.59万米，实现收入7 038万元，同比增加1 608万元，再创历史新高。完成川庆钻探工程公司考核指标。（宋　静）

【安全环保】 2022年，川庆川东钻探公司深化QHSE体系建设，杜绝有责溢流及以上井控事故、一般C类及以上生产安全事故、一般及以上环境污染事件。开展安全专项整治活动6次，落实安全技术措施37项，投入资金4 727.26万元。制定安全环保责任清单239份，HSE职责口袋卡807张；各级领导签订QHSE责任书90份；全员执行安全环保责任清单；修订完善质量安全环保制度9项，新制定1项。印发《川东钻探公司劳动防护用品管理实施细则》《川东钻探公司计量管理实施办法》《川东钻探公司道路交通安全管理实施办法》3项安全管理规章制度。狠抓风险防控，汇编69项非常规作业工作安全分析模板和上锁挂签清单；突出地企联动、甲乙方互动，开展三级井控演练4井次；发布“安全脸谱”2期，推动分级管控、针对性帮扶。全年完成季度QHSE考核，发放奖励1 615万元。落实“生态环境保护、绿色企业创建”活动方案，制定环保措施11项，明确创建任务6个，重点实施项目19项。实施清洁生产91井次，实施电代油89井次，用电量13 707万千瓦·时，减少柴油消耗3.84万吨，减排二氧化碳12.23万吨，减少碳排放3.3万吨，减少氮氧化物排放410.66吨。废水、废气达标排放率和固体废物处置率、危险废物合规处置率、废弃钻井液处理率均100%。制定收集安全环保课件、教案20项，在东钻学堂App组织学习2 500余人次；开展安全生产管理人员资格培训2期，参加学习考核141人次；开展环境保护、应急救护培训2期，新人场员工承包商、安全骨干等培训9期；开展科级、股级干部安全培训199人次。（宋　静）

【钻井提速提效】2022年，川庆川东钻探公司推进井筒作业整体提速工作，钻机月速850米/（台·月），同比提高4.68%，平均机械钻速5.12米/时，同比提高4.28%；平均中完及完井周期12.47天，下降20.81%；优化拆、迁、安模板，平均井间周期28.19天，下降20.97%；钻机试油修井105台月，同比减少12.14%，新开井单层试油周期48.49天，下降11.85%。推广“三大两高”参数强化，页岩气区域平均钻机月速1 582米/（台·月），同比提高13.16%；德探1井、蓬深13井开创蓬莱气区六开井、五开井最快完钻纪录；罗家24井创罗家寨区块215.9毫米井眼9.3天最快完钻、1 067.85米一趟钻进尺最长、10.86米/时最高机械钻速3项钻井纪录，标志着集团公司自主开发罗家寨高含硫井取得重大进展。页岩气井年进尺上2万米队伍有4支，常规井年进尺上万米队伍有2支。（宋　静）

【科技进步】2022年，川庆川东钻探公司参与集团公司项目9项、中油技服统筹项目4项、川庆钻探工程公司项目60项（含牵头4项）。获科技奖励8项，其中省级科学技术进步奖2项、川庆钻探工程公司科学技术进步奖6项。“复杂井钻井力学分析与安全控制关键技术及应用”“磨高构造复杂深井多压力系统窄密度窗口钻井技术集成研究与推广应用”分别获重庆市科学技术进步奖二等奖、三等奖；“游车智能防下砸技术”获中国职工技术创新成果二等奖。开展“磨溪—高石梯构造复杂深井优快钻井技术”等11项科研成果推广应用。完善取心技术，全年完成取心作业20井次，取心进尺1 019.56米，同比增加443.96米，取心收获率96.6%。其中，蓬深7井螺杆取心新技术在蓬莱气区沧浪铺组首次成功运用；自221井采用“三筒＋螺杆”取心，4趟钻完成取心进尺101米，收获率100%；德探1井刷新国内超深井震旦系灯影组单趟次取心进尺最多纪录；蓬深5井创新开展孕镶金刚石取心钻头试验，完成蓬莱气区灯影组二段最长取心进尺。（宋　静）

【精细化管理】2022年，川庆川东钻探公司开展能耗费治理，实施电代油，每米进尺能耗同比下降9.8%，降本3 041万元。开展专项费用治理，修理费同比下降20.21%，降本2 316万元；运输费同比下降16.38%，降本2 857万元。开展设备设施、物资、服务共享，就近开展机修、钻具检维修服务；片区共享牙轮钻头，费用同比下降64.8%；共享陶瓷缸套，节约采购费51万元。开展人力资源共享，动员停等人员代班1 238人次，盘活后辅人力资源，新增对外输出53人，定向队伍补充7人，压减股级单位2个，23名管理岗人员转到生产岗。加大对外合作步伐，罗家寨高含硫和铜锣峡储气库项目首口井完钻，引入西部钻探吐哈钻井进入黄草峡储气库。推进安防门禁系统实施，创收930万元；利用泸州基地为外部钻井队提供钻具、井控检维修服务，创收523万元。无压痕下油管业务产值580万元；自主加工地脚螺栓、新型钻井液等，产值441万元；新增旋挖作业，完成旋挖52井次，产值841万元。成功实施川渝首次钻机“气代油”。（宋　静）

【“三基”工作】 2022年，川庆川东钻探公司推进“三标一规范”建设，开展钻井标准化现场“红黑榜”评比18期。强化基层建设，发布《川庆川东钻探公司2022年钻井队基础资料指导目录》，资料数量精简33%；发布《川庆川东钻探公司2022年度基层检查项目实施计划表》，精简基层检查项目；修订完善《川东钻探公司党建工作管理实施细则》，推进党支部标准化规范化建设，确定4盒6册82项记录台账，形成规范统一的基层党组织资料台账管理体系。丰富和优化“东钻夜校”培训内容，全年举办48期、参培6 383人次；开展“八五”全员普法教育。优化领导班子年龄结构，全年调整交流科级干部40人次，选聘3名三级副职钻井队队长，推荐选聘川庆钻探工程公司一级工程师1人，增聘8名二级工程师、3名三级工程师，新聘集团公司技能专家1人、企业技能专家5人，14人被集团公司授予特级技师职业技能等级资格，公开竞聘和组织选拔经营管理或专业技术岗位人员13人，2名社会化员工被录用为市场化员工。（宋　静）

【党建工作】 2022年，川庆川东钻探公司加强基层党组织建设，完善基层党组织机构设置，新成立基层党支部4个，撤销党支部3个，基层党组织健全率100%。截至2022年底，有基层党委7个、基层党支部100个，党员总数1 012人，其中钻井队党员335人。新发展党员17人。全年举办“第一议题”党委会议13期，印发学习资料11期，专题研讨3次。聚焦党的十九届六中全会、党的二十大等重要会议，组织开展党委中心组集中学习17次、专题研讨11次。修订“三重一大”决策制度实施细则，召开党委会17次、审议“三重一大”议题115个。组织党建课题研究和党课征集，1个课题推荐至集团公司参加优秀党建研究成果评比，2个课题分获川庆钻探工程公司党建成果一等奖、二等奖，3个党课分获川庆钻探工程公司优秀党课一等奖、二等奖。开展庆祝建党101周年“七个一”系列活动，表彰五星级党员97人。组建甲乙方党建联盟，落实党建片区联盟、机关基层联盟。党建责任制考核连续3年在川庆钻探工程公司名列前茅。加强党史学习引领，印发《中共川东钻探公司委员会推动党史学习教育常态化长效化方案》，建立集中培训、专题研讨、辅导讲座和线上平台相结合的常学常抓机制。发放党史书籍，采取集中学习或自学的方式完成《中华人民共和国简史》《社会主义发展简史》《改革开放史》学习。开展“寻根石炭系，喜迎二十大”联合主题党日活动，组织参观爱国主义教育基地相18井现场。获川庆钻探工程公司“接续奋斗勇担当·建功喜迎二十大”知识竞赛优秀组织奖。（宋　静）

【党风廉政建设】 2022年，川庆川东钻探公司贯彻落实十九届中央纪委六次全会精神及集团公司、川庆钻探工程公司党风廉政建设和反腐败工作会议精神，制定印发《川东钻探公司党风廉政建设和反腐败工作协调小组工作规则》，召开党委会3次。组织层层签订《党风廉政建设责任书》和《廉洁从业承诺书》，签约人数1 107人，实现全覆盖。完成对新提任科、股级干部任前廉洁教育活动23人次，开设“党风廉政建设”专栏加强廉洁从业教育。完成川庆钻探工程公司作风建设专项巡察问题整改、内部巡察工作。连续获川庆钻探工程公司“巡察工作先进党组织”称号。（宋　静）

【企业文化】 2022年，川庆川东钻探公司推进“转观念、勇担当、强管理、创一流”主题教育活动，编写“形势、目标、任务、责任”教育宣讲材料，开展宣讲238场次，开设主题教育活动专栏，围绕“强管理”主题形成典型经验材料187篇。开展钻井一线业务外包员工思想动态调研，整理员工建议781条。开展形象文化“怎么看、怎么建”线上大讨论。强化意识形态工作，开展意识形态工作培训11场次，修订《川东钻探公司党委意识形态工作管理实施细则》。收集2018—2022年优秀研究成果，向川庆钻探工程公司报送优秀政研论文12篇，其中《川东钻探“家文化”建设研究与落地》获川庆钻探工程公司一等奖，2篇获二等奖，1篇获三等奖。推进形象文化建设落地，制作宣传展板63幅，与重庆市渝北区空港实验小学联合开展“探秘地宫能源、拥抱低碳生活”中国石油开放日活动。全年编发新闻稿件3 296条，参与川庆钻探工程公司新闻劳动竞赛，获优胜个人一等奖、二等奖、三等奖。30件新闻作品获奖，居川庆钻探工程公司首位。在国家级、省部级媒体上稿53篇，同比提高20%。提升文化产品创作质量，12个作品入选集团公司第七届新媒体作品大赛，

2部微电影入选全国首届石油化工微影视大赛，6个作品在川庆钻探工程公司“强国复兴有我”主题书画摄影展比赛中获奖。 （宋　静）

2022年9月3日，川庆川东钻探公司联合重庆市渝北区空港实验小学举办“探秘地宫能源、拥抱低碳生活”中国石油开放日活动
刘雨晴　摄

【工会工作】 2022年，川庆川东钻探公司推进“我为员工群众办实事”实践活动，为员工办实事解难题57项。开展“提速度、降成本、优模式、强管控”等主题劳动竞赛。多支队伍在中油技服和川庆钻探工程公司的劳动竞赛中获奖，其中70557队连续3个季度获中油技服页岩气区块竞赛一等奖。获2022年四川省职工职业技能大赛暨川庆第六届钻井工（井控）技能比赛团体第二名，3名选手被川庆钻探工程公司选拔参加集团公司井控技能大赛。全年帮扶慰问困难职工167人次，发放帮扶金89.65万元。改善员工生产生活条件，新制野营房、餐厅98套，更新食堂餐具、餐桌等设施，研制推行智能餐厅配套提篮。建设健康小屋，开展保健服务，推送心理健康服务知识讲座7场次。开展合理化建议，全年收集合理化建议294条，上报14条，其中2条获特等奖、1条获一等奖、1条获二等奖、3条获三等奖。获川庆钻探工程公司“合理化建议优秀组织单位”称号。组织承办川庆钻探工程公司“强国复兴有我”劳模工匠重庆片区宣讲会，策划拍摄的《固井大师——廖富国》获川庆钻探工程公司劳模讲述比赛一等奖，产生省部级“五一劳动奖章”2人。协助举办“铁山坡党建联盟”活动。工会创编的云广播体操获川庆钻探工程公司优秀创编奖。3幅女职工作品在川庆“书香三八”活动中获奖。获集团公司“维稳信访安保防恐工作特别贡献集体”、重庆市“经信委信访稳定工作突出贡献单位”等称号。 （宋　静）

【团青工作】 2022年，川庆川东钻探公司制定《川东钻探公司共青团和青年工作管理办法（试行）》，规范基层团青组织。开展“以史述今·百名青年述百年团史”活动，制作推送20期；开展7期“思政金课”学习研讨；围绕“三对比”“建功38万米”开展青年大讨论；成立青年读书会，举办线下读书分享。深化“青”字号创建活动，开展青年突击队活动47次，青年志愿者活动20次，拍摄青年安全小视频10部，收集青年“四个一”活动建言21条、故事5个。评选“青年安全示范岗”并向川庆公司推荐2支队伍。1人获集团公司“优秀团员”称号，1人获川庆钻探工程公司“十大杰出青年”称号。 （宋　静）

邮政编码：401147
联系电话：023-67320396
油网号码：320396
单位地址：重庆市渝北区红石路258号
单位英文简称：CCDC ChuanDong Drilling Company

川庆川西钻探公司

【概况】 2022年底，川庆川西钻探公司设机关部室12个，二级单位5个，代管多元经济企业1个，有川渝项目部4个、钻井队55支。有在册员工总量4283人，其中干部857人。有副高级专业技术职称105人、中级专业技术职称478人，专业技术人才队伍主要由钻井、机械、安全环保及油气田开发的专业人员构成。有在用钻机55台，钻机新度系数0.38；在用顶驱49台，新度系数0.43。二层台机械手43套，配置率78%。固定资产原值28.47亿元，净值10.82亿元。 （谢绍祥）

【生产经营】 2022年，川庆川西钻探公司实现经营收入26.4亿元，完成川庆钻探工程公司下达考核指标，扭亏解

困初见成效。全年动用钻机 55 台，开钻井 88 口，完钻井 100 口，完成总进尺 48 万米，同比增长 12.1%。其中，关联交易 16.6 万米，同比增长 13.1%。13 支钻井队年进尺上万米，连续 5 年蝉联川渝页岩气钻井标杆“榜首”，收到中油技服贺信表扬 6 次，刷新优异技术指标 50 余项，钻获双鱼 001-X9 井、南充 1 井等高产井 11 口。获川庆钻探工程公司 2022 年度“先进企业”称号。（谢绍祥）

【安全环保】 2022 年，川庆川西钻探公司全年未发生井喷事故，未发生一般 C 级及以上生产安全事故，环保节能、职业健康、质量管理等方面指标均控制在川庆钻探工程公司下达指标范围内。全员签订 QHSE 责任书和安全生产承诺。完善“责任、制度、问责”三大机制。梳理优化授权清单、工作清单与安全环保责任清单，优化二级单位、项目部专职安全管理人员配置，定期召开专职安全管理人员例会，完善安全管理网络。制定、修订安全环保管理制度 16 项，作业程序及指南 49 项。问责或降职处理 30 名履职不到位的责任人，以高压态势倒逼责任落实与意识提升。以“铁人精神”“信息化建设”“项目安全管理”为主题开展自主管理队伍试点，开展安全生产劳动竞赛，评选季度安全之星 35 人。启动基层队站“三标一规范”2.0 建设，树立 22 个示范队，51 支队伍安装应用智能门禁与现场风险管控信息系统，打造标准化样板。推广“易企考”App、“周四讲坛”等云端课堂，使安全培训方式更加贴近岗位需求。抓住“高危作业、隐患排查、关口前移、疫情防控”4 个关键。实施高危作业预约报备制度，编制并实施“特殊敏感时段升级管控措施清单”“禁止作业清单”“项目部、EISC 中心、值班干部监管职能矩阵”，风险分级防控机制更加健全。推进安全生产专项整治三年行动与重点领域集中整治，全年投入隐患治理资金 4 364.78 万元，立项整改隐患 30 项。每月更新典型事故事件失误操作清单，累计发布安全风险提示与预警信息 115 期，提升基层安全风险防控针对性和预见性。4 239 人完成疫苗接种，应接尽接人数 100%，全力构建全员免疫屏障。全年各项安全环保考核成绩位列川庆钻探工程公司前列，连续多年获川庆钻探工程公司“QHSE 先进单位”称号。（谢绍祥）

【科技进步】 2022 年，川庆川西钻探公司投入科研经费 1.33 亿元，参与科研项目 124 项，获四川省石油学会科学技术进步奖二等奖 1 项、川庆钻探工程公司科学技术进步奖一等奖 2 项、川庆钻探工程公司科技创新团队奖 1 项，期刊上发表论文 23 篇。推广 9 类应用科研成果 27 项，创造良好经济效益。申请实用新型 2 项，发明 4 项，其中初审合格 3 件、受理 1 件。通过科研项目开展、新技术新工具的研发应用，形成一批切实解决生产需求的技术和工具，降低复杂事故，提速效果显著。（谢绍祥）

【钻井提速】 2022 年，川庆川西钻探公司统筹钻机布局、开展井位优选、创新旋挖作业，持续攻坚“组织停工、井间周期、中完及完井作业、钻机试油”4 大环节，释放大钻机潜能，钻机利用率 97.8%，生产组织节约 600.6 天；用好“中完提速”5 个工具，中完作业提速 20.1%；新开井钻机试油平均单层周期减少 13.8%。实施“主附分离”搬安模式，永浅 209 井、永浅 213 井分别以 6.7 天、5.9 天刷新中国石油在川渝地区 40 型、50 型钻机最快搬迁安装提速纪录。开展低效施工治理，由最高 60.6 天降低至最低 10.4 天。优化执行技术模板，持续强化参数保障，平均机械钻速、钻机月速分别提高 6.3%、8.5%，平均单队进尺提升 12.1%，深井、页岩气井、致密气井分别提速 11.7%、9.3%、10%。充分发挥“张勇工作室”作用，组建堵漏、钻具、提速攻关专业技术团队 3 个，成立单井动态跟踪工作小组 4 个，系统攻坚当前提速瓶颈和施工难点，故障复杂时率下降 13.9%；完成集团公司重点风险探井、全国首口“八开八完”红星 1 井、中石油最深井和中国陆上最深气井双鱼 001-H6（9 010 米）。在蓬莱气区，蓬深 8 井、蓬探 106 井分别以 418.2 天、260 天创射洪—盐亭区块、中江—蓬莱区块“六开六完”最快完钻周期纪录。在深层页岩气区块，泸 203H9-5 井以 81.3 天创深层页岩气泸 203 区块最快钻完井周期纪录。在威远页岩气区块，川庆 50017 队实现 8 开 6 完，完成进尺 3.4 万米，蝉联川渝页岩气钻井英雄榜“榜首”，实现五连冠。在致密气区块，5 井次日进尺上千米，川庆 50046 队实现 11 开 10 完，完成进尺 3.45 万米，刷新川渝地区历史最高纪录；其中承钻的金浅 12-8-H2 以 8.2 天创致密气水平井最快完钻周期纪录。（谢绍祥）

【提质增效】 2022年，川庆川西钻探公司部署推进6个方面34项提质增效措施，提升企业经营创效能力。抓开源创收“效益点”，新签合同金额22.8亿元、增长2.1%；关联交易竣工结算井平均认可率提升7%。推进人力资源、设备设施、工程技术、物资管理、后勤保障、应急资源共享，实现创效降本7 462.8万元。开拓外部市场，全民后辅服务创收5 718万元。协调优化设计，实现增收4 448.6万元。加快低效无效资产处置，实现收入2 419万元。推动“要素+变动成本管理”，燃料及动力费、运输费、修理费等重点费用均不同程度降低，变动成本下降4%。“电代油”用电量1.77亿千瓦·时，同比增长60.8%，创历史新高，节约本2.4亿元。开展合同集中立项、履行结算及后评价工作，审减费用1 800万元。加强物资采购管理，钻井队其他材料费用节约成本920.8万元；推行可重复使用物资共享，节约成本524.7万元。全面实施“按质换油”，节约成本444.7万元。盘活人力资源，压减后辅单位社会化用工19人，节约成本235.1万元。开展修旧利废，实现降本374万元。推进单井创效工作，目标周期、成本达标率分别提升23.8%、23.4%。 （谢绍祥）

【数字化建设】 2022年，川庆川西钻探公司围绕构建“智慧钻探”，以数字化钻井队转型为支点，重点推进“数字钻井”，坚持抓实“数字+基础管理”“数字+工程技术”“数字+安全生产”“数字+经营效益”四大赋能模块建设，持续优化现场数字钻井效率，全面实现提质增效。全年完成15支数字化和17支轻量化数字钻井队的打造，其中川庆70227队获川庆钻探工程公司2022年“奋战数字化转型，建功高质量发展”专项竞赛第一名。完成单井绩效考核模板、生产物料精细化管理模块、员工综合信息平台的搭建工作；完成司钻房一键呼叫系统、作业搬安现场移动视频监控系统的全面部署；升级完善EISC生产工程技支持中心管理模块，实现任务过程可追溯、成果效率可量化。 （谢绍祥）

【党建工作】 2022年，川庆川西钻探公司严格执行“第一议题”制度，编制印发学习目录6期，第一时间通过党委会传达学习习近平总书记重要讲话和重要指示批示精神12期147篇，开展“建功新时代，喜迎二十大”习近平总书记重要指示批示精神再学习再落实再提升主题活动。组织全体党员收听收看党的二十大开幕，两级党委理论学习中心组围绕党的十九届六中全会精神、党的二十大精神等内容，开展集中学习98次、专题研讨40次。严把岗位准入门槛，搭建干部成长平台，全年调整提拔三级正、副职54人次；评估新提拔三级正副职、钻井队管理和专业技术人员安全履职能力170人次，选聘副科级钻井队队长、党支部书记9人，入选集团公司青年科技人才1人。召开第三次党代会，按期完成党委和14个党组织换届选举。开展3个环境政治监督、“第一议题”制度落实、高水平科技自立自强等专项监督10项101次，督促整改共性问题37个。紧盯结算增益、提速提效、办公费管理、安全环保等中袋领域开展立项监督检查15项，发现整改问题116个。推进“反围猎”专项行动，开展“反酒驾醉驾、反违规吃喝、反围猎”的常态化警示教育。 （谢绍祥）

【企业文化建设】 2022年，川庆川西钻探公司开展“建功新时代，喜迎二十大”主题活动，推动党史学习教育常态化、长效化，牢牢把握意识形态工作的领导权，忠诚捍卫“两个确立”、践行“两个维护”。做实思想政治工作，融合推进“形势、目标、任务、责任”和“转观念、勇担当、强管理、创一流”主题教育，编发宣讲“套装”，通过“主会场+视频远程+自媒体推送”三位一体的形式开展集中宣讲，确保实现宣讲教育全覆盖。开展党的二十大精神学习教育，召开理论中心组学习会、专题培训班、学习报告会，邀请四川省委党校教授举办党的二十大专题辅导讲座。推进文化有形化建设，升级改造企业文化展厅，制作发布宣传片《油气攻坚开拓者》和廉洁文化宣传MV《清风西钻》。开展中国石油优秀故事和典型案例征集，创建川庆90011队品牌队伍和双鱼001-H6井品牌工程。推进《安全文化建设指导手册》落地，安全生产专项整治三年行动顺利收官。在《中国石油报》、川庆钻探工程公司门户网站等局级及以上媒体刊载新闻稿件592篇，公司级媒体刊载新闻稿件2 212篇。双鱼001-H6井创纪录新闻在《央视新闻》客户端等12个国家级媒体、6个省部级媒体立体呈现，并且该井试油作业场景首次被收录至央视一台专题片《大国基石》，在石油行业内外引起反响。专题策划中完提速、超深井攻坚等系列报道，挖掘、展现亮点

举措和动人故事，拍摄《4小时集中办公》《石油工人版本草纲目之毽子操》等视频作品，展现企业品牌形象和团队精神。（谢绍祥）

2022年4月28日，川庆50004钻井队党支部书记尹珩获“四川省五一劳动奖章” 张 玥 摄

【“三基”工作】 2022年，川庆川西钻探公司坚持和规范“三会一课”、主题党日、组织生活会、民主评议党员等制度；严把党员发展质量关和组织换届程序关，保持基层党组织健全率和党建平台上线率100%，全年发展党员18人，按期转正35人；在庆祝中国共产党成立101周年之际，表彰先进基层党组织23个、优秀共产党员110人、优秀党务工作者26人。制定《川西钻探公司“党建引航，夺旗争先”活动实施方案》，每季度对钻井队各党支部进行考核授旗，考核结果作为评价党支部书记抓党建工作绩效、选拔任用的重要依据；探索基层党建“三基本”与“三基”工作相融互促，探索开展“共建、共享、共赢”特色党建品牌联建活动，牵头制定《‘共建、共享、共赢’特色党建品牌联建应用实施方案》，55家单位先后通过“党建协作区”“支部互联共建”“企地联建”等形式组织开展46次“三共”特色党建活动，搭建与业主方、地方及协作方的多渠道沟通交流平台。获川庆钻探工程公司2021年度党建工作责任制考核A档。（谢绍祥）

【工会工作】 2022年，川庆川西钻探公司37支钻井队获川庆钻探工程公司表彰125项（次），奖励金额500余万元；组织承办川庆钻探工程公司石油钻井工（井控）技能比赛，获团体第一名、优秀组织奖、优胜班组第三名，包揽个人优胜奖前6名，实现比赛成绩、赛务组织“双圆满”目标。开展合理化建议和“五新五小”活动，8项优秀成果获川庆钻探工程公司奖励，获川庆钻探工程公司“合理化建议和‘五新五小’活动先进单位”称号。积极推先选优，1人获集团公司“先进工作者”称号，1人获四川省“五一劳动奖章”，13人获川庆钻探工程公司“劳动模范”“先进个人”称号；14支钻井队分获集团公司金牌队、银牌队、铜牌队，12支钻井队获分川庆钻探工程公司金牌、银牌、铜牌队，10个基层站队获川庆钻探工程公司“先进集体”称号；川庆70227队被授予四川省工人先锋号，3个单位被授予川庆钻探工程公司第十五批工人先锋号。发挥劳模创新工作室引领示范作用，1人被评为“成都工匠”，2人被评为“成华工匠”。全年为13名重大疾病职工及家庭申请大病帮扶资金30余万元；慰问生病住院职工121人（次），发放11万余元。消费帮扶石渠县15万元。在全国第十届“书香三八”活动评比中，3名女职工获全国奖励，1人获“一封家书”类一等奖。践行“我为员工群众办实事”专项活动，把发展成果进一步惠及员工，改善一线生产生活条件，完成新都基地“职工之家”改造，血糖检测仪、小冰箱、烘干箱等相继投用，“健康小屋”“健步走”“心理疏导”服务全面落实，员工幸福指数提档升级。获川庆钻探工程公司“工会先进集体”称号。（谢绍祥）

【团青工作】 2022年，川庆川西钻探公司制定《党建带团建指导意见》和《青年精神素养提升专题学习进度大表》，印发《团青工作要点》，组织青年团员集中观看中国共产主义青年团成立100周年庆祝大会，利用主题团日和团课在青年精神素养大学习、大讨论、大实践中创新工作路径；推荐4个科技创新项目参加川庆公司青年科技创意沙龙活动，其中由川庆50004队宋东东团队主创的“复合片抗冲击性能评价方法研究”获川庆钻探工程公司优秀青年科技创意项目优秀奖；川庆90005队队长林师瑶获川庆钻探工程公司第五届“十大杰出青年”称号，川庆50617队队长齐泽宇获集团公司2020—2021年度集团公司优秀共青团员称号；在集团公司“礼赞建团百年，筑梦青春韶华”青年文化作品创作大赛中，《职业病防治联盟》和《中场休息》分别获短视频三等奖和摄影作品三等奖。（谢绍祥）

邮政编码：610051
电话号码：028-86012616
油网号码：212616
单位地址：成都市成华区泰安街 1 号
单位英文名称：CCDC Chuanxi Drilling Company

川庆长庆钻井总公司

【概况】 2022 年底，川庆长庆钻井总公司设置职能部门 11 个、附属机构 6 个、工程项目部 5 个、专业公司（中心）11 个，有员工 4687 人。党委下设基层党委 9 个、党总支 10 个、党支部 251 个，现有党员 2 702 人。运行自营钻机 148 部（含 50 型及以上钻机 75 部）、合作钻机 80 部，全年完成进尺 593 万米，收入 79.1 亿元，超额完成川庆钻探工程公司考核指标，实现扭亏为盈，未发生一般 C 级及以上生产安全事故和环境事件。获中油技服“市场开发先进单位”称号，川庆钻探工程公司“先进企业”“提质增效先进单位”和“QHSE 先进单位”称号。（李宝宝　高晓军）

【市场布局】 2022 年，川庆长庆钻井总公司坚持规模化占领高端高效市场，把 80% 自有钻机集中部署在气井、页岩油等 9 个重点市场，持续稳固反承包市场，保障苏里格内部市场，气井进尺同比增加 112 万米，占长庆油田公司气井工作量的 37.7%。持续做大总包市场，牵头实施气评价、盐下高含硫和储气库等 6 个一体化总包项目。开拓延长战略接替市场，组织 14 部钻机集中攻坚，完成进尺 18 万米，形成“长庆 + 延长”市场格局。（李宝宝　高晓军）

【生产组织】 2022 年，川庆长庆钻井总公司完井 1 839 口，进尺 593 万米（含水平井 210.5 万米），同比增加 50 万米，长庆油田公司市场占有率 35.4%（含水平井 57.7%）。动态调整钻机 85 队次，争取 25 个大平台施工，钻机利用率 85.3%，同比提升 3.8 个百分点。推进单井全工序定额周期对标管理，制订井筒作业整体提速方案，生产时率 97.1%，队均年进尺同比增加 2 100 米。推进拆、搬、安项目化管理，优化作业流程，平均井间周期 18.9 天，同比缩短 4.79 天。强化区域生产一体化统筹，加强“2 小时”保障圈建设，专业服务能力持续提升。

（李宝宝　高晓军）

【技术提速】 2022 年，川庆长庆钻井总公司整体提速 5.16%，刷新技术指标 83 项。成立提速小组 20 个，升级提速模版 26 个，推行“一井一策一方案”，推进激进钻井和一趟钻工程，机械钻速提高 12%，页岩油水平井“二开一趟钻”完成率 19%，4 口气水平井实现分段一趟钻。加强重点项目攻关，完成 5 口盐下高含硫井、41 口 5 000 米以上深井和 5 口二氧化碳注气更新井施工，青石峁气井提速 30%。围绕长水平段轨迹控制、塌漏防治、深井提速等瓶颈持续攻关，页岩油大井丛平均钻井周期缩短至 20 天以内。持续开展故障复杂专项治理，加强 EISC 远程决策和驻井帮促，故障复杂时率同比下降 11%。

（李宝宝　高晓军）

【经营管理】 2022 年，川庆长庆钻井总公司收入 79.1 亿元，超额完成川庆钻探工程公司考核指标，实现扭亏为盈。围绕自有钻机产值增长、专业服务创收创效和单位变动成本下降“三大工程”，制定提质增效价值创造专项行动工作措施 28 项，全年实现提质增效 3.4 亿元。推进对外创收，开展全产业链专业服务，实现创收 2.78 亿元。强化钻井队全过程成本管控，持续完善区块定额，严格成本节超兑现，节支增效 2.04 亿元。推进依法合规治企，修订管理制度 37 项，对 9 个单位开展内控测试，实施科研费等 5 项专项财务稽核。推进资产轻量化，处置各类报废资产 2.28 万件。（李宝宝　高晓军）

【科技研发】 2022 年，川庆长庆钻井总公司投入 1.3 亿元实施 97 项科研项目，形成 12 项自主创新技术成果，其中 7 项获局级及以上科学技术进步奖、3 项成果被集团公司定为“国际先进水平”、1 项获中国专利一等奖。开展近钻头方位伽马联动检测检验装置研制，加快套管悬浮器和稳定器等自研产品试验定型，推动 PDC 钻头研制应用，打造科技进步拳头产品。在 70232 钻井队创新建成首套“井场数字化办公中心”，实现动态数据采集及分析、现场及远程指挥调度。（李宝宝　高晓军）

【工程质量】 2022年，川庆长庆钻井总公司坚守井筒质量“七条红线”，推进井筒质量整治三年行动，强化井身质量、钻具失效等9项专项整治，全年井身质量合格率98.67%，未发生两井相碰、井斜超标等质量事故。强化入井材料检验，全年各级累计抽检1 964批次，整体合格率98.63%。开展QC质量管理活动，获厅局级及以上奖励20余项。川庆长庆钻井总公司被评为甘肃省2022年度质量管理小组活动优秀企业。 （李宝宝　高晓军）

2022年5月13日，川庆长庆钻井总公司在礼泉举办2022年石油钻井工、随钻测量工专业职工职业技能竞赛　苏建军　摄

【安全环保】 2022年，川庆长庆钻井总公司各项QHSE指标均控制在川庆钻探工程公司下达范围之内。推进双重预防机制建设，强化重点领域风险管控，常态化排查事故隐患，投入6 630万元实施49个安技项目，分级立项治理隐患96个。开展安全生产专项整治三年行动和“作业安全年”活动，突出整治拆、搬、安和检维修等12项关键作业，评选最受控作业示范队15支。围绕15条安全管理硬措施，全覆盖开展安全生产大检查，常态化实施“四查”管理，推广钻井队101安全工作法，排查治理各类隐患1 241项。强化“三标一规范”建设，推广51项作业方式研究成果。完善清洁生产工艺，实施电代油1.06亿千瓦·时、气代油325万立方米，自有钻机电代油覆盖率54%。 （李宝宝　高晓军）

【党建工作】 2022年，川庆长庆钻井总公司落实“第一议题”和党委中心组学习制度，全年集中学习47次、专题研讨7次。制订学习宣传贯彻党的二十大精神实施方案，组织宣贯党的二十大精神165场次。巩固密组织党建基础月和建党101周年“九个一”系列庆祝活动。系统部署55项党委年度重点工作，召开3次党群例会安排阶段性重点工作，全覆盖开展党群工作督导检查。研究确立党的建设“十四五”发展规划和8个专项规划，研究176项重大议题。建设标准化示范党支部，建立完善208个党员活动阵地，评定优秀党支部63个、达标党支部189个。深化党建“三联”活动，建立各级委员联系点751个。分7个区域实施党支部书记、党务工作者集中培训7期。完善“区域项目制+专业化”大党建工作模式，宁定区域率先建成陕西省首个石油行业党建协作区。选树16个“党建+”特色品牌，党建创新课题获川庆钻探工程公司政研论文和成果一等奖。 （李宝宝　高晓军）

【人才队伍建设】 2022年，川庆长庆钻井总公司制定“十四五”人才队伍建设规划和“五大人才工程”实施方案。强化“三支人才队伍”建设，实施领导班子成员任期制和契约化管理，优化调整各级领导班子9个，选拔交流三级正副职干部44人，选聘13名三级副职钻井队负责人；深化双序列改革，增设一级工程师岗位5个，完成5名企业技能专家年度考核，聘任高级技师2人、技师29人；引进硕士、博士6人，本科生35人，择优推荐61名优秀社会化用工成为川庆越盛公司员工。创新“企校合作”培养模式，与西南、西安石油大学共建硕士“双师”培养工作站，与庆阳职业技术学院合作实施技能操作人才订单式培养。实施提素工程，举办各类培训班115期、培训13 856人次。开展远程学历教育，78人取得大专以上学历，其中社会化员工70人。《人才强企工程案例》被评为2022年度国企党建创新优秀案例。 （李宝宝　高晓军）

【党风廉政建设】 2022年，川庆长庆钻井总公司修订完善《落实全面从严治党主体责任清单》。召开党风廉政建设和反腐败工作会，并部署7个方面重点工作。开展少数领导干部违纪违规集中治理，“一对一”约谈10个单位的25名党政主要领导，全面压实管党治党责任。强化正风肃纪，处置问题线索14件，处分违反《资产管理六条禁令》的干部1人。开展“反围猎”专项行动，召开“三商”廉洁警示教育大会3次，完善工作制度5项。常态化开展廉洁教育，

将党纪法规纳入日常业务培训和“三会一课”。落实巡察工作主体责任，完成川庆钻探工程公司提级巡察和内部巡察，专题研究巡察整改工作3次，制定整改措施214条，组织处理70人次，修订完善制度11项。（李宝宝　高晓军）

【思想文化建设】 2022年，川庆长庆钻井总公司严格落实意识形态工作责任制，加强7大类716个意识形态阵地的建设和管理，全面落实“八个严禁”规定。开展“一人一事”思想政治工作，定期开展员工思想动态排查分析。建强内部融媒体阵地，策划21期专题报道，累计刊发稿件3 700篇，向局级以上媒体推送410篇、拍摄专题宣传片9部。开展群众性创作活动，26部文艺作品在集团公司、川庆钻探工程公司获奖，安全文化建设成果在川庆钻探工程公司交流。开展新时代石油精神和大庆精神铁人精神再学习再教育再实践活动，坚持用“石油魂”锻造过硬队伍。开展思想政治研究，6篇论文分获川庆钻探工程公司优秀政研论文一等奖、二等奖、三等奖，川庆长庆钻井总公司被评为政研工作先进单位。全年未发生违规外发和失泄密事件。（李宝宝　高晓军）

【和谐企业建设】 2022年，川庆长庆钻井总公司建设志丹县、乌审旗、河南乡3个一体化生产生活基地，改善生产生活环境。实施薪酬分级分类调节，一线员工人均收入实现稳定增长。率先创建健康企业，投入770万元实施全员健康体检，建立心脑血管疾病健康预警平台，为98支钻井队配发健康随诊包，建成“健康小屋”。投入1 438.6万元落实会员慰问、困难帮扶和健康疗休养等惠民暖心工程。组织立功创优劳动竞赛，奖励竞赛成果718万元，2人获川庆钻探工程公司“技术能手”称号，2名社会化员工实现身份转聘。举办首届全民健身运动会，分片区组织7场“喜迎二十大、建功新时代”职工文艺展演，开展“文化快车”下基层活动13场次。深化“青年突击队”等青字号创建活动，选树首届科技创新青年。开展“四重”问题专项排查，持续推进私家车“五条禁令”、管制器械等专项整治，依法合理解决员工诉求，及时化解不稳定因素。开展“平安企业”创建活动，实施重点阶段维稳安保升级防控，党的二十大等重点时期和关键节点大局和谐稳定。（李宝宝　高晓军）

邮政编码：710018
电话号码：029–86594635　029–86598237（传真）
单位地址：陕西省西安市未央路151号长庆大厦2601室
单位英文名称：CCDC Changqing General Drilling Company

川庆新疆分公司

【概况】 川庆新疆分公司是塔里木油田公司党工委油服成员单位。2022年底，川庆新疆分公司有机关科室10个、附属单位5个、基层单位9个，有钻井队26支、试修队5支，有员工2 075人，其中合同化、市场化员工1 105人（含少数民族员工160人），业务外包用工970人。有大学本科及以上学历233人，有高级及以上专业技术职务41人、中级专业技术职称192人，有川庆钻探工程公司企业高级专家1人、一级工程师4人、三级工程师10人，有高级技师3人、技师18人。有基层党委2个、党总支1个、党支部53个，党员464人。主要装备有钻机26台，其中9000型钻机3台、8000型钻机2台、7000型钻机16台、7000型以下浅钻钻机5台，有修井机6台、顶驱21台。设备新度系数0.17。承钻的富源303–H2井、满深5–H9井等6口井获高产油气流，助力富满油田油气产量突破300万吨；迪北5井试获高产油气流，推动库车北部构造带勘探取得突破。在2022年塔里木油田公司承包商综合考评中，川庆新疆分公司排7家勘探公司榜首。川庆新疆分公司获中油技服“市场创新先进集体”，川庆钻探工程公司“先进企业”“提质增效价值创造先进单位”，塔里木油田公司“QHSE先进单位”“井控先进单位”等称号。（雷成杰）

【生产任务完成情况】 2022年，川庆新疆分公司动用钻机26部，开钻井72口，完钻井71口，进尺29.16万米。钻机利用率93.2%，同比提高7.2个百分点，9支队伍年进尺超万米，4支队伍年进尺超2万米。试修作业动用修井机6台，开工井36口，完工井35口，作业时率81%，同比提高20个百分点。井下事业部完成常规固井作业191井次，同比增长16.5%；注水泥塞等193井次，同比增长

2.66%；固井作业注水泥量 30 890 吨，同比增长 30%；压裂酸化作业 57 井次，同比减少 25.97%，注入液量 3.08 万余立方米，注入地层总砂量 770.8 吨。钻采事业部完成定向井、欠平衡等各类技术服务 119 井 /（层次），同比下降 3.25%。测试工程事业部完成地面计量、地层测试服务 58 井次。运输事业部完成运输货运量 19.8 万吨，同比减少 32.19%；货物周转量 1.54 亿吨·公里，同比提高 32.14%。钻井液事业部完成钻井液服务 48 井次，进尺 15.58 万米。井控主体设备维修 2 681 台（套），井控现场检维修 587 井次，井控现场安装试压 2 456 井次。（雷成杰）

【钻井技术指标】 2022 年，川庆新疆分公司加强地质、工程、泥浆、装备和定向“五位一体”技术管理，集成应用垂钻、旋导、大扭矩螺杆等提速工具，推广“四合一”钻具组合应用，完善库车山前、塔河南、塔中、致密气区域提速模板，全年完钻 71 口井，平均完井周期 92.57 天，提速 20.44%，塔里木地区完井周期 164.05 天，提速 6.8%，致密气完井周期 26.59 天，提速 38.39%。其中，大北 13 井完钻周期 139.9 天，克深 1901 井完钻周期 266.6 天，均刷新区块最快完钻周期纪录，获中油技服贺信表扬。富满区块 10 口井同比区块平均完井周期缩减 31.32 天，领跑富满区块钻井提速。（雷成杰）

2022 年 6 月 13 日，新疆维吾尔自治区巴音郭楞蒙古自治州党委书记任广鹏（中）到川庆新疆分公司 70584 钻井队承钻的中深 101 井调研指导工作　彭　敏　摄

【生产组织】 2022 年，川庆新疆分公司深耕塔里木市场，推动勘探开发双轮驱动，先后获取井位 35 口，占比 21.88%，名列塔里木油田第二名。调整市场重心向库车山前、塔河南岸转移，先后获取大北 13 井、博孜 19 井等 12 口勘探井位，区域占比 41.38%。推进区域资源共享，开展博大、塔中、塔西南、川渝区域人员、工具、材料、井控服务、车辆机具等资源共享，有效提高生产组织效率、降低整体运行成本；建成塔中钻井液储备站，实现应急资源共享与区域钻井液统筹调剂。应对新疆历史上最为严重的疫情，成立生产保障专班，发挥领导、机关、项目部、钻修井队各方作用，累计开展沟通协调 700 余次，向各级地方政府、甲方发送专项申请 100 余份，保障 600 余车次、1.8 万吨重点物资通行，实现复工 80 井次。（雷成杰）

【安全环保】 2022 年，川庆新疆分公司全年未发生一般 C 级及以上安全环保事故，实现“十二个杜绝”目标。坚持严抓井控管理，制作标准化关井应急演练视频，突出现场井控实战演练，派驻专家驻井把关 49 井次，发现处置溢流 14 井次，平均关井时间 1 分钟，平均压井准备时间 3.64 小时，平均处置时间 11.94 小时，杜绝 20 兆帕以上高套压及井控险情。全面强化安全监管，落实国务院安全生产 15 条硬措施，开展安全生产三年专项整治行动，制定印发特殊敏感时段升级、禁止作业管理清单，强化承包商和拆、搬、安等重点领域和关键环节风险管控，升级管理高危作业 8 691 项。运用“现场 + 视频”方式全覆盖开展安全生产检查，排查治理隐患 4 万余项。推进环保治理，实施清洁生产 48 井次，开展电代油 49 口井，累计用电 8 734 万千瓦·时，同比增长 125%，替换柴油 2.18 万吨，减少碳排放 1.81 万吨。成立新冠肺炎疫情防控专班，统筹抓好疫情管控期间生产生活物资、日常药品保障，保护干部员工及家属的生命安全和身体健康；抓住疫情防控政策“窗口期”，协调组织 113 人包机返岗，保障一线生产平稳运行和人员有序接替。（雷成杰）

【经营管理】 2022 年，川庆新疆分公司科学调整市场经营模式，率先在塔里木油田实施单井总承包管理，第一口试点井富源 3-H3 井创区块最快完井纪录并取得良好经济效益，受到中油技服贺信表彰；打破常规探索新型合作模式，在塔里木油田公司创新实施产量分成的风险合作总包业务，推进迪北侏罗系难动用储量开发项目，实现三季度部署四季度开钻。加强依法合规经营，修订印发《内

控与风险管理手册》，开展“合规管理强化年”活动，推进“严肃财经纪律、依法合规经营”综合治理行动，严格招标谈判过程管控，全年合同招标率93.6%。规范招标谈判方案前置会审，工程、物资、服务采购资金同比下降8.2%。新疆地区全面推进电代油，单米动力综合成本同比下降4.2%；提升水基钻井液重复利用率，单米进尺成本同比下降3.1%。（雷成杰）

【技术攻关】 2022年，川庆新疆分公司推广实施6个项目技术，完成2个局级、13个处级科研项目，申报“套管水力切割技术”等国家专利3项，获授权2项。开展“塔里木寒武系优快钻进技术研究与试验”，在塔里木地区塔西南区块罗斯202井试验，集成应用预弯钻具组合、大扭矩螺杆、高效PDC钻头、混合钻头，用时109.5天钻至完钻井深6 390米，较设计周期提前30.5天。同时该井以机械钻速7.73米/时、21.72米/时分别刷新寒武系盐下井和碳酸盐潜山井平均机械钻速和单只钻头最快机械钻速纪录2项。开展“塔里木台盆区超深水平井提速钻井技术研究与实验”科研项目，在塔里木地区富源区块试验，集成应用预弯钻具组合、异形齿PDC、混合钻头、大扭矩螺杆等提速工具，应用主动防漏、治漏技术，应用“三大、两高”钻井参数，用时118.27天安全完成钻井总承包改革试点井富源3-H3井（8 136米）施工作业，创塔里木探区8 000米以深完成井最快钻完井周期纪录。（雷成杰）

【党群工作】 2022年，川庆新疆分公司组织喜迎党的二十大系列活动，利用电视、网络、讲座等多种形式开展学习研讨、集中宣讲，推进大会精神进一线、进班组、进岗位。召开第一次党代会，完善基层党建“三基本”与“三基”工作有机融合机制，开展“甲、乙方党建联盟”“新疆区域党建联盟”等联合党建活动，构建“资源共享、平等互利、优势互补、协同发展”新党建格局，形成一系列特色党建品牌。推进“大部室”改革，合并减少机关科室1个，机关减员2人。健全选人用人机制，13名35岁以下优秀年轻干部走上科、股级岗位；畅通专业技术人员培育渠道，转聘优秀社会化技术人员6人，引进成熟人才5人，年龄结构有效优化。完善教育培训体系，建立“培训大讲堂”、教育培训中心专项培训、教导示范队跟岗培训、基层站队师带徒四级联动培训体系。推进全面从严治党，严格落实中央八项规定精神，精心组织内部巡察，开展反围猎专项行动、违规吃喝专项整治，通报违法违纪典型案例，筑牢党员干部拒腐防变防线。发挥宣传阵地作用，营造干事创业浓厚氛围，《创造历史，南天山8 000米深井首次300天内完钻》等4篇报道首次登上中央电视台。严格落实意识形态工作责任制，持续肃清流毒影响。加强保密工作日常管理，杜绝失泄密事件。严格落实维稳安保责任，开展“民族团结一家亲”活动。开通网上“员工诉求直通车”，全面摸排解决员工急难愁盼问题。下拨党组织工作经费、工会经费273万元用于疫情防控，发放新冠肺炎疫情专项补助908万元，投入306万元落实大病帮扶、金秋助学等惠民政策。（雷成杰）

邮政编码：841000
电话号码：0996-2173731　029-2173439
单位地址：新疆库尔勒市石化大道塔指小区兴塔路68幢
英文名称：CCDC Xinjiang Branch Company

川庆国际工程公司

【概况】 川庆国际工程公司是川庆钻探工程公司开展海外业务的主导者、合同的经营主体和海外市场的开拓者，负责建立和完善海外业务经营管理体系，组织和协调川庆钻探工程公司所属专业公司对海外项目的实施，主要从事海外油气工程技术服务和国际贸易，具备向各油气资源国和国际油气公司提供油气工程技术一体化服务的成熟技术和能力。

川庆国际工程公司下辖10个分公司，分别为土库曼斯坦分公司、巴基斯坦分公司、厄瓜多尔分公司、中东分公司、吉尔吉斯斯坦分公司、阿富汗分公司、秘鲁分公司、玻利维亚分公司、伊拉克分公司、伊朗分公司。其中，授权土库曼斯坦分公司管理吉尔吉斯斯坦分公司，厄瓜多尔分公司管理秘鲁、玻利维亚分公司，中东分公司管理伊拉克、伊朗分公司。设国内基层单位4个，分别为进出口业务管理中心、物资采供中心、海外技术商务支持保障中心、西安服务站；机关设职能部室11个、附属单位4个，分别为办公室（党委办公室）、市场开发部、生产协调部、工程技术部、装备部、质量安全环保部、财务资产部、人力资源部（党委组织部）、企管法规部、党群工作部、纪委办公室；附属单位分别为安全监督站、财务结算中心、信息管理站、井控管理办公室。

川庆国际工程公司有各类型号钻、修井机34部（含钻机24部、修井机10部）。其中，土库曼斯坦分公司有钻机8部、修井机4部，巴基斯坦分公司有钻机8部，厄瓜多尔分公司有钻机7部、修井机4部，阿富汗分公司有钻机1部、修井机2部。

截至2022年底，川庆国际工程公司固定资产原值19.05亿元，净值0.53亿元。用工总量2 149人，其中中方员工667人、外籍员工1 482人。在册员工474人中，其中博士学历1人、硕士学历54人、本科学历289人，有正高级专业技术职称1人、副高级专业技术职称113人、中级专业技术职称215人。借聘内部单位人员157人，劳务派遣人员36人。有党员401人，其中海外项目党员254人。（马　里）

【经营业绩】2022年，川庆国际工程公司实现收入25亿元、利润1.25亿元，收入和利润创近3年新高。攻克土库曼斯坦复兴气田3口续钻井难题，取得厄瓜多尔ISHPINGO最大单体总包项目，扭转巴基斯坦项目经营困局，整体发展质量得到巩固提升。获川庆钻探工程公司“先进企业”“QHSE先进单位”和“提质增效先进单位”等称号。（马　里）

【工作量完成情况】2022年，川庆国际工程公司钻修井工程技术服务市场主要分布在土库曼斯坦、巴基斯坦、厄瓜多尔。其中，土库曼斯坦市场服务方式为工程技术服务总包制，主要甲方业主为中油国际阿姆河天然气公司、土库曼斯坦天然气康采恩；巴基斯坦市场服务方式为日费制，主要甲方业主为巴基斯坦石油天然气开发有限公司（OGDCL）、巴基斯坦国家石油公司（PPL）；厄瓜多尔市场服务方式为总包、日费制，主要甲方业主为厄瓜多尔国家石油公司（PEC）、中油国际安第斯公司。

2022年，动用钻、修井机29台，钻井75开77完、试修152开154完，钻井进尺21.11万米，分别同比增长17%、15%、17%，创近3年新高。厄瓜多尔P油田增产服务项目年产原油119万桶，累计产量突破400万桶，收到甲方感谢信30封。（马　里）

【市场开发】2022年，川庆国际工程公司签订各类合同45个，金额6.11亿美元，完成上级下达指标的190%。签约3个技术服务项目合同金额1.06亿美元，创新以中国和土库曼斯坦天然气购销款解决甲方资金难题。凭借优异服务质量，厄瓜多尔ISHPINGO钻井总包合同获业主追加工作量至3.57亿美元，创该市场单体项目签约金额最高纪录，厄瓜多尔总统亲临现场主持投产仪式。新（续）签巴基斯坦国家石油公司（PPL）、巴基斯坦石油天然气开发有限公司（OGDCL）6部钻机服务合同，中标POL公司1部钻机日费服务项目，首次进入联合能源公司钻机维保市场，OPI总包项目进展顺利，钻机市场占有率稳居当地首位。坚持竞合共赢，与中国石化厄瓜多尔项目签订技术服务和一般贸易合同。成功进入哈萨克斯坦单项技术服务市场。跟踪土库曼斯坦506等潜在项目，持续推介川庆钻探工程公司特色技术。突出市场开发“一对一”沟通交流，建立主要领导带队定期拜访甲方工作机制。多渠道开展市场开发人员合同管理、法律财税、外语等能力素质提升培训。（马　里）

【重点项目】2022年，川庆国际工程公司深化甲、乙方协同提效，统筹协调包机、中国和土库曼斯坦物资专列、油套管特批车皮等非常规手段，确保阿姆河第六轮钻井、复兴气田3口续钻井、厄瓜多尔ISHPINGO总包等重点海外项目安全高效运行。土库曼斯坦项目面对复兴气田续钻井项目“六高”世界级钻井难题，克服长期弃井封闭遗留的井身结构非标、井筒内存在塞下气、窄间隙固井难度大等实际困难，利用川庆钻探工程公司工程技术一体化优势，发挥专家把关作用，创新应用防气窜柔性水泥浆体系、温时凝胶堵漏技术等一批新技术新工艺，提前3个月拿下西方油服啃不下的“硬骨头”，创造区块7项新指标新纪录，3口井日产近千万立方米，集团公司高层为此称“川庆钻探工程公司打井技术世界一流”，康采恩公司分别向集团公司、川庆钻探工程公司致信感谢。提前完成阿姆河“6·30”“9·30”重点阶段任务，保障国内冬季保供，被阿姆河公司授予“最佳承包商”称号。厄瓜多尔项目妥善应对全国大罢工带来的冲击，保障厄瓜多尔 ISHPINGO、安第斯等重点项目推进，完成 PCR 等 3 个新兴项目合同。厄瓜多尔 ISHPINGO 项目双机同平台作业，用时 10 天完钻首井，开创厄瓜多尔钻井工厂化作业先河。CCDC–37、25 机组分别成为川庆钻探工程公司最快突破 1 万米、2 万米进尺的钻井队，CCDC–25 机组无损工纪录突破 3 000 天，得到中油国际拉美公司高度肯定并召开表彰会。巴基斯坦项目按照“控规模、保安全、创效益”的思路，推进中方保障团队建设与本土化队伍远程运管机制。通过远程监控系统加强指导，首次在 –16℃高寒地区安全完成作业。中东项目有效发挥窗口和平台作用，保障 3 大分公司急特物资供应及中海油三级井控应急救援服务项目启动。（马　里）

【安全环保健康工作】2022 年，川庆国际工程公司学习贯彻习近平生态文明思想和习近平总书记关于安全生产重要论述，落实安全管理“两个理念”“一个信念”，各类风险总体平稳受控，未发生一般 C 级及以上生产安全环保事故。围绕国务院“十五条安全生产”硬性措施，开展安全生产大检查、“护安 2022”等重点风险领域专项活动，安全生产专项整治三年行动计划圆满收官。对照中国石化被应急管理部约谈开展自查整改，上级及自主体系审核发现 436 项问题整改完成率 100%，排查整治现场危害因素、隐患 8 205 项，辨识纠正违章 1 139 起，HSE 体系水平保持 B1 良好级。采取“线上理论”+“线下考核”相结合，完成涉外防恐、HSE 等培训 37 期、333 人次。完善“四位一体”医疗保障体系，按时完成员工健康体检和健康评估，建立医疗服务绿色通道，优化提升海外员工健康管理 2.0 系统。跟踪研判项目国周边地区军事冲突、巴基斯坦社会安全形势变化和厄瓜多尔全国大罢工等事件进展，发布社会安全风险预警 66 次。对新冠肺炎疫情新形势下海外项目社会安全及衍生风险进行拉网式动态排查，组织开展应急撤离联动演练，确保海外项目风险全面受控。推进健康企业建设，协调国内知名医疗机构开展健康咨询视频问诊，协调 SOS 包机接送急重病员工到第三国治疗。参与集团公司海外员工帮助计划（EAP），研究开发健康管理系统“云平台”，为重点人群配发可穿戴式电子设备 50 套，全天候监测员工健康状况。（马　里）

【企业管理】2022 年，川庆国际工程公司聚焦商务与合同、项目组织管理、人才选育管用、绩效考核 4 项变革，贯彻“盈利是目的、商务是核心、合同是准则、回款是主线”的管理理念，推动发展数量和质量提升。明确提质增效 12 项目标、23 项措施，同比创效 7 640 万元，海外市场签约贡献率、固定资产周转率位列技服四大钻探工程公司前列，取得新冠肺炎疫情以来的最好业绩。分国别制定税收筹划方案，同比减少所得税 781 万元。通过增供气款、联合清欠等各种措施，累计回款 24 亿元，完成回款任务。机关管理费用、“五项”费用分别同比压减 22%、51%。加强物资“采储发用”环节精细管控，完成出口 4.6 万吨，单位运费下降 65%，物资库存下降 19%，物资积压下降 31%，大幅超额完成川庆钻探工程公司下达的指标。制订完善巴基斯坦项目扭亏实施方案，中方人员数量压减 67%，开辟利润项下卢比回款新渠道，减少汇兑损失超过千万元，完成全年控亏目标。制定“合规管理强化年”17 项工作部署，按照“管业务必须管合规”的原则，开展境外业务相关经营风险梳理排查，发布川庆钻探工程公司境外业务依法合规负面清单，提升运用合同维护企业权益的能力。协同发挥国内外专业律师作用，胜诉信德省税务纠纷案，避免经济损失 1 400 万元，受集团公司通报表扬。梳理与海外业务不相适应的规定要求和考核指标，持续优化绩效考核，严格落实二次分配政策。推行领导人员任期制和契约化管理，建立处级领导人员绩效考核评分规则。（马　里）

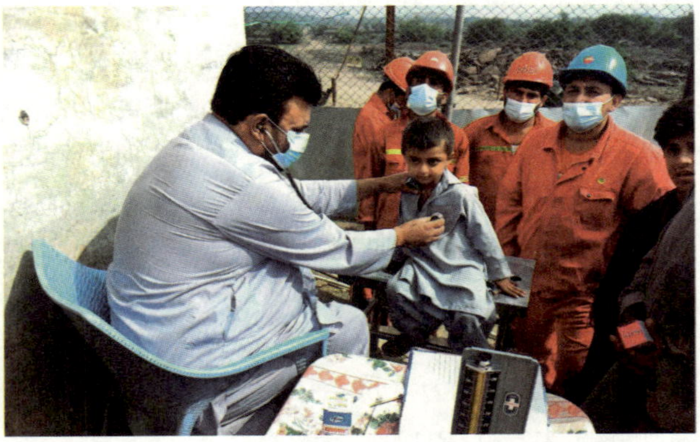

2022 年 8 月 1 日，川庆巴基斯坦分公司派驻队医生为当地村民把脉问诊并提供医疗药品　　李林祯　摄

【精神文明建设】2022 年，川庆国际工程公司坚持以习

近平新时代中国特色社会主义思想为指引，深入学习党的十九届历次全会和二十大精神，牢记总书记关于“能源的饭碗必须端在自己手里”的殷切嘱托，党的建设向海外纵深推进，有力实现“五不减弱”。召开第二次党代会，选举新一届“两委”，明确未来5年党建工作思路目标。完善基层党建“三基本”建设与“三基”工作有机融合机制，启动4个国内外党建联盟，深化“四创四当”主题实践。加强团青组织建设，提升青年精神素养。贯彻党管人才方针，创新“生聚理用”人才机制，强化国际化人才队伍建设。机关三级副岗位全面推行竞争上岗，全年提拔三级正职、副职26人，推荐一级工程师2人，选聘二级、三级工程师13人。推进国内外“双循环”机制，海外项目间实现人才流动35人次，329名中方员工拓展“第二岗位”。落实重大政治任务和政治责任，抓实天然气保供专项监督。一体推进“三不”机制贯通融合，深入纠治“四风”。持续肃清流毒影响。聚焦重点领域，开展合规管理监督，着眼构建长效机制。强化疫情防控、提质增效、违规吃喝、“反围猎”等专项监督治理，开展联合监督检查5项。

始终聚焦员工“急、难、愁、盼”问题，采取空地联运中转第三国、包机等方式完成人员倒休652人次，实现长期在岗人员应休假尽休假。升级“三送”思想政治工作法，不断改善海外员工生产生活条件，投入401万元慰问海外员工、升级海外文体设施、维修改造营房324栋。推进中外文化相融互促，内外宣量质齐升，聚焦海外项目重大进展的新闻作品获中国石油新闻作品一等奖。开展“美美与共”主题宣传12次，“喜迎二十大”随手拍、征文活动反响热烈，微电影《逐梦》获中国石油新媒体创作大赛一等奖。发挥先进典型示范引领作用，31个集体、192人次获得川庆钻探工程公司级及以上荣誉。服务乡村振兴战略，助力石渠县巩固拓展脱贫攻坚成果。抓好党的二十大等重大敏感时段维稳信访工作，开展平安企业创建。（马　里）

邮政编码：610051

电话号码：028-86012770　028-86011909（传真）

油网号码：212770　211909（传真）

单位地址：成都市成华区猛追湾街6号

单位英文名称：CNPC Chuanqing Drilling Engineering Company Limited International Ltd.

川庆苏里格项目经理部

【概况】 2022年，川庆苏里格项目经理部推进“技术立企、成本领先、数字赋能”三大战略，贯彻新发展理念，突出稳中求进工作总基调，构建新发展格局，推动苏里格油气风险合作开发项目迈上新台阶。2022年底，设置机关职能部室7部1室、附属机构2个、基层单位5个，有员工140人，其中干部89人、工人51人，平均年龄42.3岁。有高级专业技术职称17人、中级专业技术职称44人。有党员人数95人，占员工总数的67.86%。川庆苏里格项目经理部风险合作开发区5个（苏5、桃7、苏59、苏46、苏119区块），工区面积4 348平方千米。天然气基本探明+探明储量规模3 591.8亿立方米，复核5个区块基本探明地质储量2 298.93亿立方米。动用地质储量849.7亿立方米，动用率为36.96%。300亿立方米方案规划5个区块建成年产能20.3亿立方米，规划年产量19.1亿立方米。建成无人值班集气站17座，投产井1 467口。全年天然气产量19.12亿立方米，超额完成计划产量目标，为2015年以来再次突破19亿立方米大关。区块年综合递减率18.48%，低于苏里格气田20%的要求。凝析油销量突破12 900吨，创历年新高。实现营业收入16.59亿元，完成川庆钻探工程公司下达利润总额指标的114.6%，净资产收益率7.2%；单位操作成本每千立方米160.4元，商品量完全单位操作成本每千立方米549.5元，收入结算率100%。获川庆钻探工程公司“提质增效价值创造先进单位”称号。（蒋　勇）

【天然气产能建设】 2022年，川庆苏里格项目经理部实际建成年产能5.2亿立方米，计划建产指标完成率100%。全年办理土地手续46个井场115口井、管线手续26条2.55千米，均无违法占地。钻前工程避免钻机等待，钻井完成进尺25.8万米，钻井完井60口，试气完试58口，储层改造57口井69井次328层。加强全过程工程质量管控，井身质量合格率100%，固井质量合格率95.56%，地面工程合格率100%。产建井静态Ⅰ+Ⅱ类井比例92%，同比提高3.1%；动态Ⅰ+Ⅱ类井比例74.5%，同比提高6.9%，各项技术指标持续向好。敷设管线43.6千米，安装井口55口，投产新井63口，新井产量2.07亿立方米，新井产量贡献率10.89%，新建产能转化率30%。苏59区块建成年产能3.4亿立方米、天然气产量达3亿立方米，产能产量实现突破；苏46区块建成年产能1.5亿立方米，开发前景明朗。

“拓西稳中”提升产建效益。面对接替资源缺乏的困境，精细“西区”部署，全年西区平均亿立方米产能投入20口井，为历年最优水平。在所获高产井中，无阻流量50万立方米以上的气井有17口，其中区、西区9口；无阻流量100万立方米以上的气井9口，其中西区5口，西区效益建产成果显著。坚持产建与评价并行，落实苏46-4-66、苏46-16-62、苏59-20-51有利建产区，合计面积32.8平方千米，为西区下一步上产、稳产夯实资源基础。在“中区”应对桃7区块资源品质劣质化，精细刻画河道发育特征，形成大井丛水平井立体开发的部署思路，“地质选区、地震选点”，针对区块二类、三类致密储层单砂体薄、优质储层连续性差的特点，利用水平井动用地质“甜点”。

水平井开发。全年水平井占比53.33%，创历史新高。通过“一井一策一方案”优选水平井结构与工艺，完钻32口水平井平均水平段长896.7米，平均砂体钻遇率94.51%、储层钻遇率70.47%。深化地质工程一体化，采用地震资料等时切片技术以提高薄储层的识别能力、采用三维地质建模描述水平井箱体的储层变化为地质导向轨迹、试气段簇划分、储层改造参数的优化提供依据。针对苏5-15-37H较差的显示更新迭代地质模型，重新制定合理的储层改造参数，测试无阻流量110.8万米^3/日；针对苏46-16-69X1通过地质—地震综合分析预测钻遇的泥岩段周围砂体较为发育，在泥岩段射孔压裂，成功实现改造。

梳理水平井产层走向、导向调整、轨迹控制、井眼状况，提高储层钻遇率。优化完善试气、压裂工艺技术，升级配套装备，保障水平井高效投产，兼顾时效和经济性，形成以油管为主、连续油管为辅的水平井井筒准备工艺；以“可溶桥塞分段+体积压裂”为主的试气压裂主体工艺；以带压下钻（实施13口井）、连续油管速度管（实施17口井）兼顾的带压完井工艺，夯实产建提速提效基础。

（蒋　勇）

【天然气生产】 2022年，川庆苏里格项目经理部围绕19亿立方米产量目标，编制生产计划及运行曲线，完成全年油气产量任务。精细气井管理，面对气田开发中后期气井普遍产液的实际，摸索出适合不同工况和生产特征的排采工艺，推进“地质—开发—工程”三维一体化气井分析模式，形成以“解堵—增能”排采措施的技术体系，气井故障判断准确率与气井措施成功率提升到93%。全年实施泡排、柱塞、复合排采、同步回转增压气举等工艺，增产4.09亿立方米。深化气井“一类一法、一井一策”措施，强化气井差异化管理，针对性开展气井问诊，跟踪气井生产动态，开展挖潜排采工艺提高气井产能，气井利用率95.5%，开井率80%。其中，诊断复产35井次，增加老井产量12.24万立方米；实施新井工艺措施10口井，增产气量205万立方米；长停井挖潜治理10口，累计增产708.73万立方米；开展产水积液井的复合工艺治理试验井17口，累计增产1 132.31万立方米。优化轻烃生产管理，推动“一站一实验一比例”加注管理方式，开展注入化学药剂类配伍性试验，提高破乳质量。开展分离器含油量检测工作，依据规范科学指导分离器设备更新改造及维修保养工作，提高产出液分离效率。

（蒋　勇）

2022年2月12日，川庆苏里格项目经理部在内蒙古乌审旗召开2022年工作会暨党建工作会　林一阳　摄

【质量安全环保与节能节水】 2022年，川庆苏里格项目经理部以践行“两个维护”的政治高度对待安全环保工作，守住安全生产、绿色发展的红线。QHSE管理体系高效运行，签订QHSE责任书14份、QHSE岗位责任书143份，开展体系内审2次，对川庆钻探工程公司QHSE审核发现的8项严重问题进行追责考核。组织风险分级防控再辨识，形成生产安全风险防控方案7个。践行双重预防工

作机制，突出高危作业、井控、管道泄漏、危化品等隐患排查整治，做到全覆盖、零容忍，重大风险全面受控。党委召开生态环境保护专题会议2次，落实生态环保重大事项议事制度。抓好建设项目安全、环保“三同时”，取得建设项目环境影响评价报告书等文件批复。技术措施节能106.4吨标准煤，节水1.65万立方米，能源消耗总量4.92万吨。制订9大类23项整治重点工作方案，辖区内未发生环境污染和信访举报事件，通过中央环保督察组督察检查。抓好特种设备管理，注册率、检验率、合格率100%。测评128名员工的履职能力，二次评估不合格者被清退，评估51名承包商项目负责人，不称职者不得以负责人身份提供服务。建立健全质量风险分级防控机制，入井材料性能现场检测合格率100%。加强标准化建设，完成基层队站“三标一规范”2.0提档升级。准确把握新冠肺炎疫情防控新形势新要求，坚持民需导向，全力维护正常生产生活秩序。职业健康体检率、职业危害场所检测率及新冠肺炎疫苗接种完成率均100%。全年未发生生产安全事故和环境污染、生态破坏事件，未发生较大及以上质量责任事故；安全生产指标全部达标，环保节能指标超额完成，健康管理稳步持续巩固。川庆苏里格项目部获川庆钻探工程公司“QHSE先进单位”称号。（蒋　勇）

【企业管理】 2022年，川庆苏里格项目经理部推进组织管理体系、工作运行体系、合规制度体系建设，构建项目治理效能和项目管理提升长效机制，激发发展动能。以“合规强化年”为契机，开展作风建设、基层减负活动，取消各类报表19个。明确64个高风险岗位合规职责清单，建立生产运营、数据信息等6大业务领域风险数据库。开展合规风险分析评估，专项审查制度33项。优化合规监管体系，严格内部合规性审核，与65家内外部承包商签订合规承诺书。巩固国企改革三年行动成效，围绕核心业务简化优化管理程序，探索重复压裂改造风险合作、排采工艺增产分成、区块承包等“项目+专业化”运行模式创新，形成优势互补、运行高效、共建共享的市场拓展新格局。强化项目对标对表指引，找差距、补短板，增强内生动力。推进“三项制度”改革，单位利润、人均营业收入和劳动生产率均保持在川庆钻探工程公司先进行列。（蒋　勇）

【科技进步】 2022年，川庆苏里格项目经理部开展生产技术瓶颈攻关，超额完成川庆钻探工程公司年度科技工作下达的量化考核指标。全年运行科技项目26项，其中新开课题11项，安排经费1 738.99万元，新增科技创新成果3项，组织申请专利4件，获国家专利授权3项，有效专利达到9件，获川庆钻探工程公司科技奖励1项，组织18项成熟技术推广、应用，实现经济效益1.59亿元。科技创新能力由B–级进入B+级业务驱动创新阶段，科技创新能力和管理水平逐年提升。强化党对科技管理工作领导，完善科学技术委员会，根据科技创新能力量化审核细则开展工作，推行重点项目“揭榜挂帅”试行。举办科技创新管理培训1次，组织科委会2次，项目季度分析会4次。运行科研项目26个，按照开题设计经费使用1 726.42万元，使用率96%，完成川庆钻探工程公司下达指标。召开苏里格项目经理部第三届青年技术论文发布会，评选一等奖1篇、二等奖2篇、三等奖3篇。组织科研人员参加中国石油学会、举办的4场视频交流会、讲座等，拓宽科技人员视野。（蒋　勇）

【党建工作】 2022年，川庆苏里格项目经理部坚持党建引领高质量发展，以“大党建”为核心，统筹推进党的各项建设，推动党建与生产经营深度融合、创新实践，连续2年获“四川油气田平安建设先进”称号，党建工作始终保持川庆钻探工程公司A档序列。加强政治建设，发挥政治引领作用，增强党员干部“四个意识”，坚定“四个自信”，做到“两个维护”。坚持习近平新时代中国特色社会主义思想武装头脑，党委中心组完成学习计划12期，传达学习“第一议题”96篇，形成以“党委中心组为龙头，6大支部为重点，党员干部为骨干”的理论学习教育机制，实现理论研学全参与、全覆盖两个100%目标。川庆苏里格项目经理部党委获川庆钻探工程公司党委网络培训优秀组织奖。促进提升两级党组织政治引领能力，推动完善全面从严治党制度规范体系，制定、修订党委工作规则、“三重一大”决策制度实施细则、全面从严治党责任清单等7个治理制度。坚持每年党建会和每季度党群例会工作机制，45项党建工作与生产经营中心工作同谋划、共部署、齐推进。围绕新冠肺炎疫情防控、提质增效等重大决策部署，跟进监督重要事项39个，发现并督促整改问题58个。

落实组织生活制度，两级党组织高质量召开民主生活会或组织生活会，发现并整改党史学习、主题教育、肃清流毒等问题28个。加强党建“三基本”和“三基”建设。落实新时代党的建设总要求和新时代党的组织路线，提升基层党务工作者履职能力。开展“两优一先”评比，表彰优秀共产党员6人、优秀党务工作者2人、先进基层党组织1个。坚持党支部达标晋级与落实党建责任清单考核相结合，6名党支部书记述职评议，2人被确定为优秀，2名党支部书记受到谈话提醒、4名部室负责人受到批评教育的处理。召开庆祝中国共产党成立101周年大会暨专题党课，2篇党课获川庆钻探工程公司党委奖励。开展“喜迎二十大，奋进新征程”主题党日活动，46人次党员赴中国石油井控应急救援响应中心、天府家风馆，苏里格片区8家单位“党建联盟”30名党员前往城川红色教育基地开展主题党日活动。打造油气开发领先者的品牌形象和特色文化，在《中国石油报》《四川石油报》、铁人先锋等上稿1 000余篇，公众号出刊60期，内宣、外宣作品同比提升8%。《川庆牌苏里格》微电影入选集团公司融媒体大赛优秀作品，《法治在心中》演讲短视频获川庆钻探工程公司一等奖、集团公司二等奖。开展“青”字号工程，团青工作朝气蓬勃，2个基层组织申报集团公司“青年安全生产示范岗”。推进实施人才强企工程，制定《二级、三级工程师管理办法》，规范专业技术岗位人选的选拔、使用、考核等措施。举办两级机关管理人员培训班，开展科级干部年度述职评议考核，专题宣贯《集团公司员工内部违规处理办法》，帮促提升思想素质和业务能力、管理水平。全面落实从严治党主体责任，建立党风廉政建设责任网络，围绕依法合规治企，完善合规管理体系，修订并组织签订党风廉政建设责任书30份，签订承包商廉洁从业责任公约22份。节假日坚持向党员干部及管理人员发送廉洁祝福短信900余条。聚焦提质增效、疫情防控等重点工作，防范化解各类风险，提高风险管控能力，强化“监督的再监督”，确保“6+14”项监督检查有序进行，促进企业经济效益增长和运行效率提升。持续巩固党委巡察问题整改成果，“6+14”项监督检查成效明显。 （蒋　勇）

【和谐企业建设】 2022年，川庆苏里格项目经理部坚持以人为本，营造和谐稳定的发展环境和“家文化”氛围。开展节日、生日、婚丧、生育、住院等慰问和文体活动，全年慰问支出40余万元，受益员工1 600余人次。健全“我为员工群众办实事”长效机制，开展“夏送清凉、冬送温暖”活动，集团公司消费帮扶15万余元，为一线员工更新夏凉被100余套，为“三巡”人员配备水壶和防晒冰丝面罩，集气站台球室、乒乓球室的基础设施建设加快推进。参与“乡村振兴”战略工程，积极构建和谐社会环境，捐赠140万元用于旗县道路修建、项目帮扶、金秋助学等，在无定河村植树3 700余株。发挥工团桥梁纽带作用和服务职能，通过“大干100天，实现冬季保供目标”等劳动竞赛，推动群众性经济技术创新活动助力高质量发展，7个项目申报川庆钻探工程公司合理化建议与技术改进成果。开展青年安全生产示范岗创建活动，2个基层组织申报集团公司“青年安全生产示范岗”。工会坚持开展健康向上、特色鲜明、形式多样的群众性文体活动，组织参加川庆钻探工程公司“云广播体操”比赛，增补集气站文化角书籍并开展“站对站”交换阅读，丰富职工文化生活。关心关爱青年员工婚恋，组织单身员工参加四川省总工会、川庆钻探工程公司工会联合举办的“相约金秋，缘来‘油’你”联谊活动，切实为青年服好务。完善维稳信访网格化建设，做好春节、全国“两会”、国庆、党的二十大召开等特殊时段的维稳信访工作，走访一线员工60人以上，及时化解风险矛盾，没有集体集中性群体上访事件，维稳信访工作受到川庆钻探工程公司电报嘉勉。 （蒋　勇）

邮政编码：610052
办公电话：028-82971175
办公地址：成都市成华区华泰路42号越盛能源大厦
英文全称：CCDC Sulige Project Management Department

川庆井下作业公司

【概况】 川庆井下作业公司是为油气勘探开发提供压裂酸化、固井、连续油管工程技术服务，研制和生产井下工具、油田化学添加剂产品的专业化公司。2022年底，有机关职能部室13个、机关附属机构8个，有基层单位16个（含多经改制划入单位—装备技术服务公司），有一线主体队伍19支，其中固井队7支、压裂酸化队8支、连续油管作业队4支。在册职工总数2 141人（含多经人员321人），其中合同化员工1 586人，市场化用工555人；高级、中级专业技术职称分别为90人、370人，高级技师、技师分别为3人、56人。有YLC1860-140/奔驰4150型、YLC105-1340/奔驰4144型，FC-2251/C500B型等压裂车组，GJC100-26Ⅱ、GJC70-30Ⅱ、GJC45-21型固井车组，50.8毫米CTU/奔驰4144K、60.3毫米连续油管车组，CH360k/奔驰4158K、UEM1150FCMC/奔驰4144K液氮泵车等各类在用辆设备551台（含租赁），设备固定资产原值27.45亿元，净值10.02亿元，设备新度系数0.37。产值、利润继续在高位保持上扬。获川庆钻探工程公司“先进企业”“提质增效价值创造先进单位”等称号。

（陈　燕）

【工作量完成情况】 2022年，川庆井下作业公司完成压裂酸化4 418层次、正规固井1 165井次、连续油管作业962井次，分别同比增长12.5%、13.7%、17.6%。压裂酸化注入总液量827万立方米、支撑剂108.8万吨，分别同比增长23.9%、40%；固井注入水泥量15.5万吨，同比增长22.3%。销售井下工具175套、油化产品2.6万吨。新探1井创国内泥灰岩储层加砂强度工程纪录，大坝1井开创基质孔隙型碳酸盐岩储层压裂先河。致密气项目工作量翻两番，10个平台无阻流量上百万立方米。攻克“地下珠峰”双鱼001-H6井陆上最深井酸化施工难题，获云安012-X11-C1井等8口百万立方米级高产井，在克深1901井、遂探1井等创多项固井施工纪录。（陈　燕）

【市场开发】 2022年，川庆井下作业公司立足国内基础市场，优化市场结构，扩展非常规油气服务市场，拓展新业务市场及一体化服务市场，市场占有率稳中有升，川渝市场占有率继续保持领先，川渝深层页岩气集团外部市场份额78%，对外开拓中曼新区储层改造、洛克公司八角场固井任务，中标大港油田公司、吐哈油田公司等油化项目，新签合同49亿元。（陈　燕）

【生产经营管理】 2022年，川庆井下作业公司统筹资源调配，各队伍、专业相互支撑、补位，川渝地区压裂酸化“18+2”同时作业，连油26套机组高效运行、新购8 500米小管径对口服务超深井，10余支专业准备、维保小分队服务一线，平均压前准备周期压缩至14.05天，综合压裂时效提升15.4%。单机单队战斗力不断提升，4支队伍年压裂超400段。采取“自有设备优先、提高电驱占比、杜绝大量零租”原则优化组织和共享举措，节约近1亿元。抓采购降本，保质控价，实现设备租赁价格降幅超10%。抓科技成果创效，环保多用体积改造压裂稠化剂、连续油管“一趟管”井筒高效作业技术等创效3 500余万元。完善EISS（电子信息系统）子系统功能，EISC（钻井工程作业智能支持中心）“重装”换代，建立健全三大专业“领导带班、专家值班”机制，助现场解决“危、急、难”问题。

（陈　燕）

【设备管理】 2022年，川庆井下作业公司制定、修订《井下作业公司设备管理实施细则》等管理制度8项。召开装备HSE分委会4次，组织清理设备安全操作规程390项，开展自动化项目5项，完成主体专业全部19支小队级手机端及平台网页端线上运行工作，实现设备信息及时填报与监控，把设备信息管理系统的使用情况纳入考核。开展高压管汇管理系统2.0升级工作，推进电动压裂泵在页岩气平台应用、区域维保体系建设、预防性检维修及外协修理降价谈判等10余项管理措施的开展，开展特种设备自检自查4次、组织应急演练6项，重点落实特种设备“三落实、两有证、一检验、一预案”管理工作，做到特种设备带病运行零容忍。组织租赁设备检查2次，排查整改隐患17项，开展现场电气安全专项检查、作业现场火险防控专线检查、吊装铭牌安装及吊点专项检查、固井灰罐专项检查、特种设备专项检查等9次。开展设备技术交流35次。

（陈　燕）

【财务资产管理】 2022年，川庆井下作业公司推广财务共享统一报表平台上线，财务凭证共享上线率100%。实现井下作业成本、固井作业成本、研发支出及所有损益类科目自动结转，时间由1小时缩短至10分钟。强化预算过程管控，召开资金预算会12次，规范大额资金管理程序，严把资金出口关。实施预算精细化管理，健全完善预算考核配套政策，加大百元营业收入成本指标考核力度，真实反映各单位经营成果。加强“两金”压控指标考核，确保资金及时回笼。强化合规管理，开展财务稽核。强化提质增效，确保企业整体经济效益，加强纳税管理，减轻企业负担。开展资产分类评价管理，完成工程施工设备、出租用固定资产等3 585项。（陈　燕）

【科技创新】 2022年，川庆井下作业公司开展科研项目84项，投入经费2.45亿元，形成3 500米深页岩气压裂工艺等重大核心技术4项，研制悬挂完井一体化封隔器等9项重大工具及深层页岩气藏耐温160℃~175℃稠化剂等6种油化产品，开发“连续油管疲劳分析软件1.0”等特色软件4套。川南页岩气压裂工艺2.0技术应用推动页岩气压裂技术升级换代，致密气全域支撑压裂技术支撑沙溪庙、苏里格高效开发；全过程自动精细控压固井技术、高强膨胀韧性防窜水泥浆、高压封隔式尾管悬挂器等有力保障蓬莱、高石梯—磨溪等高压气井固井质量；连油泡沫钻磨技术助力解决致密气低压井地层漏失开发难题；变黏压裂液体系替代胍胶在苏里格推广应用，助力上产19亿。打造压裂数字化平台，YS63149队成为川庆钻探工程公司首支数字化压裂示范队。（陈　燕）

【人才培养】 2022年，川庆井下作业公司推进人才强企工程，培育造就一支素质优良的队伍。2人入选集团公司青年科技人才培养计划主体专业人员，2人入选第十四批四川省学术和技术带头人及后备人选。择优推荐川庆钻探工程公司千人计划人选，推荐国际化人才1人、管理型人才4人、创新型人才6人、技术型人才8人、技能型人才8人。引进高层次人才杨柳青，创建“杨柳青专家工作室”。评审推荐正、副高级专业技术职称66人、中级专业技术职称评审12人、新聘初级专业技术职称18人，聘任二级、三级工程师36人，新增技师16人，新进大学生11人。（陈　燕）

2022年1月4日，川庆井下作业公司在威204H54钻井平台连接井口高压管汇　　庞　圆　摄

【安全环保】 2022年，川庆井下作业公司制定、修订HSE制度16个，落实“四查”要求和四环节风险管控机制，试点实施压裂、固井关键作业安全风险管控计划。健全全员安全生产岗位责任清单，落实“十五条硬性措施”。精准风险防控，强化“两个清单”执行，规范高危作业预约报备。系统识别新工况下高压、井控风险，在深层页岩气区块推广使用大通径高压管汇，提升本质安全水平。优化连油装备配套，提升响应速度、实战能力，编制压裂酸化应急处置程序等“指导说明”。推广清洁生产一体化、雨污分流改造等成果，促进节能减排和“电代油”，节能351吨标准煤、节水15.6万吨，“电代油”减少碳排放1.19万吨、减少氮氧化合物排放54.73吨。驻井监督1 203人次，完成监督任务532井次3 778层次，安排巡监43人次112井次，排查各类隐患18 340项，查纠违章935起。（陈　燕）

【党建工作】 2022年，川庆井下作业公司开展党委中心组集中学习12次，专题研讨7次，共享“形势、任务、目标、责任、教育”学习资料51期。推动党的二十大精神落地生根，开展“接续奋斗勇担当、建功喜迎二十大”主题党日活动，组织全体党员围绕“怎么看”“怎么干”谈认识、谈体会、谈打算，收集建议意见55条；开展专题党课讲授，党委委员开展专题宣讲，系统阐述和解读报告的主要内容和核心要义；以“铁人先锋”等为载体开展党的二十大系列专项知识竞赛，通过线上学、练、测、赛，营造“人人参赛、整体提升”的浓厚氛围。健全完善党组织机构，成立党支部2个、撤销党支部2个，基层党组织健全率100%。修订党建工作责任制考核评价实施细则，开展党建工作年度述职，评议基层党组织18个、基层党

支部52个。打造井下特色“党建品牌”，扩大党建联盟影响力，规范施工作业现场党建“目视化”建设。与西南油气田公司开发事业部，搭建联合党建平台，开展“建功新时代、喜迎二十大”联合主题党日活动。开展党建课题研究，1个课题被评为《国企》杂志2022年度“国企党建创新优秀案例”，3篇论文分获川庆钻探工程公司2018—2022年优秀政研论文一等奖、二等奖和三等奖。举办科、股级干部党群类和行政类培训班各1期，参培干部86人，形成优秀政研成果20篇。开展党员轮训工作，覆盖率100%，党员年度学习不低于32学时。吸收预备党员15人，预备党员转正19人。 （陈　燕）

【领导班子建设】 2022年，川庆井下作业公司开展领导干部队伍情况分析研判，大胆选用“信念坚定、勤政务实、敢于担当、清正廉洁”的好干部，注重调结构、搭平台、促交流、激活力，加大对德才兼备、实绩突出、群众公认的优秀年轻干部的选拔力度，构建涵盖“选、育、管、用”各环节的干部管理制度体系。制定《川庆井下作业公司2022年度选拔任用工作计划》，坚持选人用人和班子建设工作重心前移，开展5批次54人次科级干部选拔任用工作。科级干部调整执行预审制度，推行竞争上岗方式，科级干部平均年龄下降近2岁，实现老、中、青年龄梯次配备。 （陈　燕）

【宣传工作】 2022年，川庆井下作业公司开展5个层次主题宣讲125次，设置门户网站、屏幕端口、“井下纵横”公众号及《四川井下》杂志专题栏目8个，多形式、全方位开展主题教育。完成意识形态阵地登记7类337项，重视员工思想动态，建立员工思想状况动态分析机制，开展“五必谈”“六必访”36次，集体座谈、个别访谈等谈心谈话102次。引导员工增强“主人翁”意识，建立“家文化”示范点3个。以“一专业一手册”为标准，推动《安全文化建设指导手册》在15支基层队落地施行。参与集团公司新媒体大赛、随手拍活动创作，完成川庆钻探工程公司特色技术专题片等拍摄，制作各类“井下元素”宣传纪录片、微电影等作品10余项，充分展示企业文明创建成果及井下队伍“铁军”形象。弘扬劳模精神、工匠精神，完善“榜样”“思路”两大品牌新闻栏目，激发先锋模范示范引领效益。全年向“井下纵横”公众号推送推文54篇，在《中国石油报》等局级以上媒体刊登稿件4篇，在川庆门户、《四川石油报》《时代川庆》等媒体刊登稿件451篇，连续多年排名川庆钻探工程公司二级单位前列，获四川油气田优秀新闻作品摄影类一等奖1个、消息类三等奖1个。 （陈　燕）

【工会和共青团工作】 2022年，川庆井下作业公司落实职代会制度，征集并落实职代会职工提案18件。开展劳动竞赛、技术技能比武、合理化建议征集、创新创效活动等，共27个平台、100井次获川、渝地区生产作业全面提质增效奖励，YS68146队以年施工502段登顶中油技服川渝地区页岩气压裂施工竞赛排名榜首，GJ36212队、YS67148队获2022年新疆地区“创新模式挖潜降耗”提质创效重点劳动竞赛服务单位（队伍）奖。征集合理化建议、技术改进项目34个，获川庆钻探工程公司表彰10个。发挥职工文化活动中心平台和体育兴趣小组引领作用，组织职工在工作之余开展篮球、羽毛球等健身活动。参加川庆钻探工程公司职工广播体操云比赛并获混合团体和混合创编2个一等奖。开展2022年庆祝“三八”国际劳动妇女节读书、征文、“特殊时期一封家书”、庆“五·一”等系列文化活动。坚持“党建带团建，抱团有创新”理念，召开青年素养提升工程推进会，针对青年员工现状，部署7项25条具体措施，将团建占党建工作责任制考核比例由3%提升至5%。创新开展团青工作，整合片区青年人才资源，以“团建区域联盟”为载体，把开展青年突击队、青年文明号、青年岗位能手、青年安全生产示范岗、职业技能竞赛等“青”字号活动作为提升团建质量的重要抓手，激发青年活力。参与青年科技创意活动，获川庆钻探工程公司二等奖1项，三等奖2项。 （陈　燕）

【和谐企业构建】 2022年，川庆井下作业公司开展职工帮扶、疗养工作联合监督检查，审核符合疗养条件790人，发放疗养金额270余万元，开展大病帮扶慰问117人次，发放慰问金17.3万余元。开展元旦、春节等节日慰问，发放慰问金543余万元。新冠肺炎疫情期间为职工发放慰问品2.14万元。承办四川油气田龙潭区域“党建+平安建设”联盟成立仪式，强化重大改革、重要政策的稳定风险研判，确保党的二十大等特殊时段、新疆等重点区域安全稳定。落实维护稳定工作责任，与17家基层单位逐级签订责任书，畅通信访诉求渠道，增强源头管控，安排部署信访举报减存量、遏增量16条措施，信访举报同比下降60%，形成三级维稳信访内保综治管理稳定体系。

（陈　燕）

邮政编码：610051
电话号码：028-86019188　028-86019288（传真）
油网号码：219188　219288（传真）
单位地址：成都市成华区龙潭工业园华盛路46号
单位英文名称：CCDC Downhole Service Company

川庆长庆井下技术作业公司

【概况】 川庆长庆井下技术作业公司主要从事试油试气、压裂酸化、测试试井、连续管作业、带压完井、修井侧钻等专业化工程技术服务业务。具有井下工具、化工助剂研发生产能力，是储层研究、工程设计、施工监测、分析评价与现场作业一体化的专业技术服务公司。2022年底，用工总量2 154人，其中合同化员工1 298，市场化员工856人；干部915人，其中经营管理干部532人，专业技术干部358人。高级专业技术职称120人，中级专业技术职称556人；川庆钻探工程公司企业高级专家2人，一级工程师8人；集团公司石油名匠1名，集团公司技能专家2名，企业级技能专家6人，首席技师3名；在聘高级技师9名，技师61名。设机关职能部门12个，机关附属单位5个，生产项目部6个，基层单位21个，小队级单位71个。有各类主要专业设备1 273台（套）、生产生活辅助设施5 916台（套）。主要包括各型试修装备、压裂装备、连续油管装备、测试试井装备、带压作业装备、修完井装备、氮气作业装备、二氧化碳作业装备、自动化装备及生产生活辅助类装备，其中压裂车130台，试修及连续油管专业设备204台（套），测试设备56台（套）；电驱压裂设备5000型36台、3000型18台，共23.4万水马力。

（韩　硕）

【生产任务完成情况】 2022年，川庆长庆井下技术作业公司完成试油气压裂酸化13 208层次（特殊作业1 158层）、完井1 860口，分别同比增长28.6%和19.9%，创公司成立五十年最好水平。始终将市场作为生存发展之基，完成新建产建井1 415口，占长庆油田新建市场31.1%；承揽大井丛、水平井766口，水平井市场占有率保持60%以上。开发老井技措市场445口，实施封堵作业334口、排采作业7口，分别同比增长74.9%和128.6%。持续提高带压作业、连续油管市场份额，分别完成535口井、1 449井次。主动出击延长油田页岩油致密气市场，承揽83口水平井总包一体化服务，工作成效受到甲方高度评价和贺信赞许。总包壳牌、苏南反承包市场试气压裂综合完井业务，首次在苏南分公司9口丛式井应用自研压裂液体系，打破反承包市场液体服务外部垄断格局。完善推广大平台分区分组作业经验，生产整体提速20.6%，7支自有队伍突破中油技服500段压裂目标。总结固化页岩油压裂技术模板和致密气工厂化作业提速模板，页岩油、致密气分别完成4 350层165口和2 152层235口。实施华H100总包平台31口井压裂任务，施工改造效果明显。合H9平台“双压裂”效率提升32%。靖51-29平台成功打造千万方级项目，累计无阻流量达1 286万立方米。高度重视新区、新层系勘探，青石峁区域两口百万立方米高产井支撑宁夏区境天然气开发评价步入快速上产阶段；岭页1H井（116.8吨/日）实现页岩油新类型勘探重大突破；银探3井（5.3吨/日）乌拉力克组首获古生界工业油流；榆160H井、纳林1H井煤系致密气取得历史性突破。全年试获高产井57口，获中油技服贺信5封、甲方感谢信73封。

（韩　硕）

【质量安全环保与节能节水】 2022年，川庆长庆井下技术作业公司开展安全生产三年专项整治活动，推进“十五条硬性措施”落地。实施安全技术措施项目22项，系统治理吊装作业等重大安全环保事故隐患14项。辨识盐下高含硫试气、本溪组异常高压层作业等新领域井控风险。全面推进清洁化生产，回用返排液84万立方米，回用率同比提高2.8个百分点。规模化实施二氧化碳压裂53口，应用二氧化碳注气完井工艺18井次，二氧化碳泵注和埋存用量超10万吨。动用电驱压裂设备20.4万水马力，完

成电（气）代油压裂 2 043 层，替代燃油 4 491 吨、减碳 3 727 吨。（韩　硕）

【经营管理】 2022 年，川庆长庆井下技术作业公司实现经营收入 66.08 亿元，利润 1.33 亿元，全面完成经营考核指标。大力提倡全员参与提质增效价值创造行动，总结固化 6 项具体成果，实现创效 3.25 亿元。推进平台安全创效目标成本管理，实行线上预算 228 个平台，百元收入营业成本指标同比压减 3.1 元。加强日常收支结算执行力度，超额完成自由现金流指标。全面压减非生产性成本支出，压缩内设机构、岗位 20%，控降“五项”费用 10%。实施 6 类 60 项老旧、低效设备性能提升工程，装备保障能力有效恢复。扎实开展质量管理提升年活动，制修订质量管理制度 12 项。严控工程质量，主体施工合格率全面达标，主要故障复杂时效全面受控。群众性质量活动 1 项成果获中央企业质量管理小组成果二等奖。（韩　硕）

【科技进步】 2022 年，川庆长庆井下技术作业公司投入科研经费 1.85 亿元、同比增长 9.5%，承担各级科研项目 115 项，推广创新科技成果和新工艺试验项目 40 项 650 井次。组建 12 支科技创新团队，重点研究解决高含硫试气、超长水平井作业、液体回用等热点技术难题，刷新国内连续管通井射孔最长水平段（3 931 米）和亚洲陆上天然气最长水平段（5 256 米）施工纪录；攻克常规油管 TDY 底封带压拖动压裂技术应用瓶颈，单井最高带压拖动压裂 6 段，施工效率提升 40%；实施国内首次连续油管底封拖动 + 前置二氧化碳工艺试验，实现两项技术强强联合；穿心连续管“嫁接”工程测井技术，实现井筒可视化在线监测技术突破。应用 TiFrac 压裂地质工程一体化平台，实现压后评估和产能预测，服务延长总包项目等技术效益市场 41 井次。应用自研可回收压裂液体系 50 井次，回用率 90% 以上。升级全自动高精度液添撬，研发井口快速插拔装置，应用柔性压裂管汇系统，施工准备时长缩短 40%，有力支撑大平台高效施工。（韩　硕）

【党建工作】 2022 年，川庆长庆井下技术作业公司落实党委中心组学习和“第一议题”制度，跟进学习习近平总书记重要讲话精神 130 篇。召开公司第三次党代会，推进党建提升工程，完善“三基本”建设与“三基”工作有机融合机制。打造智慧党建新模式，依托铁人先锋平台，配套智能化考核和数据展示软件，集成数据自动提取、实时提醒、动态分析、智能考核为一体的智慧化党建工作体系，搭建咸阳基地“1+9”、项目部“1+N”党建联盟架构，创新“521”建设标准的智慧化党建联盟活动阵地，实现党员联在线上、支部建在网上，党建工作模式从信息化向智慧化转变。创新实施以“分级分类、全员述职、考核排序、强制分布”为核心的“四结合”“四考核”干部全员述职考核排序评价体系，工作做法在集团公司人力资源部网站发布。推进主题教育活动，开展青年精神素养提升工程，发挥党建带团建引领作用。升级企业文化展厅、工具技术展厅和廉洁从业教育厅，提升“压裂文化”影响力。成功承办甘肃省职工职业技能竞赛，14 人荣获甘肃省技术标兵、技术能手。健全党风廉政建设责任体系，逐级压实两个责任，一体推进“三不”机制建设，纠治“四风”问题，深化廉洁警示教育。（韩　硕）

【民生工程】 2022 年，川庆长庆井下技术作业公司践行共建共享发展理念，坚持发展成果惠及全员。稳步提高员工收入和福利待遇；落实好轮休、带薪休假、疗休养等普惠政策；切实保障员工教育培训、成长成才等切身利益。做好“我为员工群众办实事”实践活动，筹资 210 万元办好 11 件民生实事，帮扶慰问职工 609 万元，加快推进职工宿舍改造等重点项目，解决车辆单位现场食宿难题。畅通党委连心桥表达新通道，务实采纳员工群众良言妙计，精准实施扶贫帮困，解决员工群众普遍关心的“急难愁盼”问题。创新开展时效性强、阶段效果显著的专题劳动竞赛等活动，开展主题文化、体育健身等群众性文体活动，凝聚全员干事创业、砥砺奋进的合力。（韩　硕）

邮政编码：710018
电话号码：029-86599008　029-86599000（传真）
单位地址：陕西省西安市未央区未央路 151 号长庆大厦
单位英文名称：CCDC Changqing Downhole Technology Company

川庆试修公司

【概况】 川庆试修公司于2020年1月1日成立，主要从事试油试气、测试试井、修井特作、带压连油等业务。2022年底，川庆试修公司设机关职能科室10个、附属机构5个、三级单位4个。有基层队伍69支，其中试修队29支、测试队32支、带压作业队7支、连续油管队1支。用工总量1 880人，正式员工1 135人，社会化用工745人。正式员工中有合同化员工919人、市场化员工216人，有干部433人（含“以工代干”85人）、工人730人。有高级专业技术职称57人、中级专业技术职称187人，有高级技师19人、技师51人，有技能专家4人，其中集团公司技能专家1人、川庆钻探工程公司技能专家3人。有川庆钻探工程公司企业技术专家2人、一级工程师4人。固定资产原值5.88亿元，净值1.15亿元。有修井机41台（含租用2台）、带压作业机10套、测试流程109套、试井设备6套、井下测试工具23套、连续油管1套。全年营业收入11.3亿元，完成考核利润1 213万元，超川庆钻探工程公司下达的利润指标285万元。获2022年川庆钻探工程公司“先进企业”称号。（季　征）

【生产任务完成情况】 2022年，川庆试修公司施工1 406井次，完工1 119井次，完工井完成年初计划125.73%。施工井同比增加264井次，增长24.06%；完工井同比增加194井次，增长20.97%。其中，带压作业施工200井次、完工195井次、试油修井施工114井次、完工94井次、隐患治理施工57井次、完工41井次、地面测试施工589井次、完工362井次、地层测试及计量施工74井次、完工56井次、钢丝作业施工372井次、完工371井次。全年完工井在施工井次大幅增长的情况下，川渝地区生产时效92.4%，增长0.82%。完善预警管理体系，规范复杂处置程序，故障复杂时效1.6%，下降0.2%。作业机搬迁68井次，搬迁运距10 275千米，平均搬迁运距151.1千米。（季　征）

【市场开发】 2022年，川庆试修公司与各建设方及协作方签订框架合作协议30份，单井合同10份。以特色技术开辟优质市场，高端市场开发不断取得新突破。以最高分中标重庆天然气储运公司储气库未来三年修井项目，新签吉林油田公司试油总包4 000万元合同，开拓重庆页岩气、东方物探、渤海钻探、洲际华盛等公司试油修井市场。永久式封隔器处理技术以100%成功率登中油技服特色技术展示榜，昆1–1井大修任务获中油技服“打造了超深井小井眼大修打捞技术样板工程”称赞，合同成交价较传统市场提升470%。抢抓带压市场机遇，中标浙江油田公司未来三年70井次作业项目，首次进入中国石化市场。优化价格体系，提升结算效益，牵头协调技服成员企业与甲方多层次沟通，稳住测试排采结算价格趋势，取得带压作业服务结算价格逆势上浮20%的成绩。（季　征）

【质量安全环保与节能节水】 2022年，川庆试修公司杜绝一般A类生产安全事故、火灾、环境污染等事故的发生，QHSE指标均在控制范围内。逐级开展生产安全风险再辨识，辨识出464项危害因素、198项环境风险、职业卫生风险1项，分专业分层级制定管控措施。修订完善质量安全环保管理制度、梳理288个岗位安全环保职责与安全生产责任清单。累计预约申报高危作业13 045起、把关614人次，高危作业风险持续受控。累计暂存并处置一般工业固废106井次0.99万立方米、危险废物31井次0.18万吨，累计转运处置各类废水13.13万立方米。开展返排液直接回用8.52万立方米，回用占比44.2%；试修废水回用0.5万立方米，回用占比31.9%。推行动力机组“按质换油”，节约费用31.12万元；实施电代油36个平台，累计用电173.95万千瓦·时，创造直接经济效益约38万元。组织健康体检1 114人次，开展职业病危害作业场所检测38个基层队117个点位，接触危害因素岗位员工和特殊作业人员职业健康体检126人次。（季　征）

【工程技术】 2022年，川庆试修公司试油完成47井次79层次，井次和层次均呈现上升趋势，井次同比增长14.89%、层次增长10.13%，单层平均油周期52.21天，故障复杂5.88%，生产时效88.9%。单层试油周期同比缩短16.74%，生产时效提高0.66%、故障复杂时效下降14.66%。在龙兴1井创造川、渝地区最高地层压力和井口关井压力、双鱼001–H6创中国陆上最深天然气井试油纪录、金浅511–6平台创四川盆地致密气区域平台累计无阻流量纪录；昆1–1井创国内封隔器管柱打捞最高井温纪录等14项试油新纪录，收到中油技服贺信6封。（季　征）

【科技进步】2022年，川庆试修公司开展科研项目44项，其中集团公司项目4项，中油油服项目1项，川庆钻探工程公司项目27项、处级项目10项，股份公司横向项目2项。编制《试修公司科技项目现场试验管理细则》，修订《试修公司科技计划与项目管理实施办法》等4项科研管理制度。川庆钻探工程公司召开首届“科技与信息化创新大会”，重大科技成果“高温高压超深井试油测试关键装备与技术”入选“十三五”十大科技成果，贺秋云获“川庆榜样”称号。组织申报发明专利11件，其中2项为A类专利，获得授权发明专利5件。牵头组织申报各级科技奖励11项，其中省部级奖励3项、局级奖励8项。获科技奖励6项，其中获中国石油和化学工业联合会等省部级奖励2项、局级奖励4项。（季　征）

【提质增效】2022年，川庆试修公司推进提质增效专项行动工作，实现提质增效8 746万元，完成目标预算194%。加强重点成本项目管控，分解下达修理费、运输费和现场施工费等三项重点成本项目控制指标，定期分析管控效果并严格考核，确保成本降低。制定《川庆试修公司川渝地区全面共享工作实施细则》，推进人员、设备设施跨区域

2022年10月12日，川庆钻探工程公司党委副书记、工会主席喻著成（后右四）为川庆试修公司的“四川省劳模工匠人才创新工作室”揭牌　徐宏伟　摄

共享，全年工程技术共享效益2 904.25万元，共享人工成本降低280.24万元，设备设施共享预估效益507.04万元，物资管理年共享节约费用54.43万元。优化收入结算流程，加速结算进度，力争应收尽收，实现收入结算率94.43%。1～12月，通过技术手段创收840万元，创效420万元。挖掘自有优势技术潜力，在青海油田昆1–1井等推广应用创收390万元。（季　征）

【党建工作】2022年，川庆试修公司开展党的十九届六中全会精神宣贯，组织铁人先锋党的十九届六中全会精神宣贯答题2期，56个党支部470人参与。组织参与川庆钻探工程公司“接续奋斗勇担当、建功喜迎二十大”知识竞赛，参与党员483人，参与率100%，其中5人获川庆钻探工程公司表彰。召开川庆试修公司第一次党员代表大会，选举产生第一届党委委员、纪委委员和“两委”书记、副书记。按照“四同步”“四对接”原则，撤销党支部6个，成立党支部8个，13个党支部完成支委增补、选举工作，基层党组织健全率100%。制订党建示范点创建方案，通过典型带动、引领示范，在基层党组织营造学先进、比先进、作贡献、当表率的浓厚氛围。严格入党积极分子吸收、发展对象确定和预备党员的培养教育与考察，发展新党员10人，预备党员转正13人。（季　征）

【人才建设】2022年，川庆试修公司加大培养选拔调整力度，注重班子合理搭配和整体功能发挥，选拔调整一批优秀干部，优化各级领导班子，提升班子整体力量。全年调整科级干部8人次，股级干部138人次。从操作岗位选拔优秀员工48人代理管理或专业技术岗位，从操作岗位聘用13人到管理或专业技术岗位，配齐配强各基层队班子。大胆启用优秀年轻干部，提拔任用40岁以下科级干部2人。引进高校毕业生18人，做好新进大学生“三级”培训管理工作。推进专业技术序列改革，选聘（推荐）企业高级专家及二级、三级工程师9人。（季　征）

【企管法规】2022年，川庆试修公司推进“合规管理强化年”“对标管理提升年”、依法合规经营等多项综合治理专项行动，持续完善内控与风险管理体系，提升管理执行力和风险管控能力。动态调控发展规划，靠实生产指标和投

资需求，科学编制2023年业务发展和投资建议计划，滚动优化“十四五”后三年发展规划与投资安排。完善绩效考核机制，突出业绩正向引导，科学合理设置考核体系，发挥绩效奖励的激励作用。全员“八五”普法教育完成率100%，法律顾问参与重要涉法决策事项率100%。清理压缩冗余，构建完的制度体系，现行规章制度160项。开展合规高风险岗位自查，厘清合规职责，强化合规义务，设定合规风险数据库。净化承包商资源，实现动态考核评价、现场检查、准入管控、HSE培训等多维度过程管理。（季 征）

【企业文化建设】 2022年，川庆试修公司印发《川庆试修公司“转观念、勇担当、强管理、创一流”主题教育活动运行大表》，党委书记带头开展“转观念、勇担当、强管理、创一流”主题教育宣讲，组织3个组深入基层开展线下主题教育宣讲，线下宣讲60余次，实现形势任务教育全覆盖。在《中国石油报》《四川石油报》、“时代川庆”、川庆钻探工程公司门户网页、“今日川庆”微信公众号等平台发表各类文章125篇，技术比赛（视频）在中国石油推特发布，总浏览量26.5万次，总互动量3万次。《中国石油“升级换代”试修技术助力清洁绿色环保生产》获四川省新闻奖，试修特色技术亮剑青海油田助力提质增效在中新网刊登，树立企业良好形象。（季 征）

【工团工作】 2022年，川庆试修公司开展以“比速度、比效率、比周期、比效益、比安全”为主要内容的“大战120天，确保双完成”劳动竞赛，助力提质增效向纵深推进。打造完成“贺秋云劳模专家创新工作室”，通过川庆钻探工程公司授牌验收。开展“我为员工办实事”，配发夏送清凉物品31万余元，为基层一线员工购买床上寝具、体育运动器材、健康检测、科普书籍等15.79万元。开展困难帮扶31人，发放助困资金10.2万元。组织中国共产主义青年团成立100周年系列活动，举办“五四”青年座谈会，购买《习近平总书记关于青少年和共青团工作论述摘编》等书籍45套，利用铁人先锋App，开展“学百年团史，创发展先锋”知识竞赛15期，超1 000人次参与答题，开展学习宣贯习近平在庆祝中国共产主义青年团成立100周年大会上的重要讲话精神主题团日活动。（季 征）

邮编：610081
电话：028-86017195
油网：217195
单位地址：成都市成华区华泰路42号越盛能源大厦
单位英文名：CNPC Chuanqing Drilling Engineering oil Testing-Workover Company Limited

川庆长庆固井公司

【概况】 川庆长庆固井公司是一个集固井施工、固井技术研究、固井技术服务，以及固井工具和添加剂研发生产、固井新工艺推广应用于一体的综合性固井工程技术服务公司。截至2022年底，机关设置科室8个、部室2个、附属机构5个，基层设有项目部（工程部）6个、固井工艺技术研究所1个、物资供应站1个、固井中队10支，托管陕西固德石油工程有限公司。有各类用工1 366人，其中管理人员162人、专业技术人员205人、操作人员835人。有设备1 454台（套），资产原值5.22亿元，资产净值2.52亿元，新度系数为0.48。有100–30型、75–30型、45–21型等水泥车110台、下灰车103台，在用批混车、背罐车等生产辅助车辆25台、水泥储罐540具。建有自动化和半自动化固井水泥干混站6座，年混配能力35万吨以上，单日最高混配能力超3 600吨。建立油气井水泥化验室7个，有各类化验仪器87台（套），其中进口仪器22台（套）。（尹 泺）

【市场开发】 2022年，川庆长庆固井公司优化市场开发策略，紧盯规模市场、效益市场，落实三级市场开发责任，推进“六位一体”市场开发模式，多层面深化市场交流，多举措争抢市场份额，长庆油田市场服务保障率同比提高1.4%，合同签订金额、市场收入分别同比增长2.1%和10.8%。加强重点市场攻关，成立市场开发专班7个，跟进保障延长油田公司一体化项目，总包盐下井、风险探井、储气库等项目，进入采气二厂子米区块，服务壳牌长北、道达尔苏南反承包项目，拓展油气井井筒治理市场。（尹 泺）

【生产组织】 2022年，川庆长庆固井公司坚持资源价值创造导向，统筹调配固井保障资源，根据油气产建区域分布，建立生产资源共享圈4个，制定固井业务共享清单，促进“大资源”管理模式形成。建立不同井型资源配置标准，推动固井装备、水泥材料、技术服务、人力资源协同保障，缩短服务保障半径，减少跨区域作业335井次，降低运行里程24.5万千米。针对各区域施工井型不同，均衡搭配水泥车、下灰车数量，合理安排外委运力，自有设备使用率86%。推进精益生产管理，加大生产预警调峰，实施精准生产调度，实施“全天候”固井保障，非生产时效同比下降7.7%，推动固井提速提效，刷新生产纪录指标12项。 （尹　泺）

【安全环保】 2022年，川庆长庆固井公司落实新《安全生产法》，完成安全技术措施项目8项，换版HSE体系文件，修订单位及岗位安全环保职责。制定十大风险防控方案，落实安全生产“十五条硬措施”，细化58项落地举措，组织安全生产大检查和QHSE体系审核，验收安全生产三年专项整治成果。创建绿色企业，完成设备按质换油70吨，节能27吨标准煤。推进健康固井建设，组织健康问诊、健康体检和心理健康调研，建成健康小屋2个，配备健康监测设备500余套。培育“遵守、尊重、干预”的特色安全文化，推广应用《固井队安全文化建设指导手册》，全年安全环保、疫情防控态势保持总体平稳。 （尹　泺）

【提质增效】 2022年，川庆长庆固井公司制定提质增效“升级版”，从管理、创收、节支3个方面把提质增效工作细化为39项工作目标，建立提质增效月度分析机制。抓好全面预算管理，推进业财融合，开展生产经营指标对标评标，加大财务数据与生产指标联动分析，物资、工程、服务采购总节约率7.6%，提升全员劳动价值。严控生产成本，提高自有设备使用率，全过程控降生产运行成本，加强物资采购源头管控，建立物资采购市场价格体系。推进技术提质降本，加大低密高强、高强韧性水泥浆体系及油井免钻分级箍、天然气井常规分级箍推广应用，加强实验室管理，优化区域水泥浆配方，规范水泥添加剂加量。全年完成提质增效同比增长14.3%，收入贡献超预期目标。 （尹　泺）

【创新驱动】 2022年，川庆长庆固井公司推进理念创新、管理创新、技术创新，围绕甲方需求和技术瓶颈，加大科研攻关力度，开展科研项目38项，形成低温增强剂、直连式尾管悬挂器等新材料新工具。成立科技创新团队3个，完成重点科技攻关4项，推广技术成果7项。与3所高校、2个院所开展技术交流，与1所院校签订战略合作框架协议，携手推进低密度材料、自动化装备、信息化技术课题研究，形成合作成果8项。全年完成科研项目26项，管理创新成果12项，申报专利5项，取得授权专利3项，获甘肃省职工优秀技术创新成果奖1项，川庆钻探工程公司科学技术进步奖2项。 （尹　泺）

【质量攻坚】 2022年，川庆长庆固井公司开展“固井质量强化年”活动，对标井筒质量“七条红线”和固井质量验收标准，制定实施质量提升措施13项43条。强化重点项目技术管理，建立盐下含硫井及子米区块天然气固井等7个专班，成立质量专项治理小组9个，加大技术专家“点对点”质量帮促和重点井EISC技术支撑。狠抓质量基础管理，规范固井施工设计，建立关键材料必检清单，严格固井质量排名考核。全年固井质量合格率95%、提高3%，油井合格率92.6%、气井合格率98.2%，油气井固井质量实现双达标、双提升。 （尹　泺）

【数智建设】 2022年，川庆长庆固井公司推动数字化转型、智能化发展，开展“信息化建设攻坚年”活动，组建8个信息化项目专班。升级交通管理信息系统，开发固井设备管理系统，完成EISS智能化生产运行系统与灰库过磅系统、BDS车辆管理系统数据集成，实现路单管理数据自动填报。建成数字化指挥中心和2个项目部EISC，实现重点井固井远程会诊和技术支持。加大安全监管信息化建设，配备现场监督电子手持终端，开发应用驾驶行为监控系统，通过信息预警、指导与反馈功能，形成正向履责监督和反向倒追隐患责任“双向闭合”机制。加快数字化固井中队建设，组建“一键式”水泥车组2套，配置视频监控装置110台（套），实现固井现场自动化施工、数字化监测、远程化支持，信息化建设初显成效。 （尹　泺）

【党建工作】 2022年，川庆长庆固井公司严格落实“第一议题”、党委理论中心组学习制度，推进清单化理论武装，跟进学习党的二十大精神和习近平总书记重要讲话、重要指示批示，坚决捍卫“两个确立”，肃清流毒影响。召开川庆长庆固井公司第二次党代会，完成“两委”（党委、纪委）换届选举，明确党建“2351”奋斗目标。推动党建“三基本”与“三基”工作有效融合，开展党员“四创四当”主题实践，推进党支部“三级联动”，机关与基层党支部结对 10 个，开展“党建 +”系列活动 20 余次。深化全面从严治党，一体推进“三不”机制，开展“违规吃喝”专项治理和“反围猎”专项活动，组织“三公”自查自改和“三商”警示教育。整改完成川庆钻探公司作风建设专项巡察反馈问题 14 项。 （尹　泺）

【人才强企】 2022 年，川庆长庆固井公司实施人才强企，制定推进“九大人才工程”落实落地措施 45 项，开展经营管理人员“政治提升、能力提升、作风提升”专项行动，锻造“三强”干部队伍。推进领导班子功能强化，全年提拔、调整三级正（副）职干部 34 人次，促进管理人员多岗锻炼、梯次成长，拓宽选人渠道。推行“专家领衔 + 创新团队”培养模式，成立专业技术人才培养交流中心，建立一线技术人员“双向双培”机制，交流锻炼技术人员 13 人，增加一级、二级、三级工程师 8 人，表彰优秀人才 27 人。 （尹　泺）

【队伍管理】 2022 年，川庆长庆固井公司推进“家文化”建设，关注员工“急、难、愁、盼”，启动高沟口倒班公寓项目建设，办成民生实事 8 项。搭建工团桥梁纽带，开展“四提两创”六大类劳动竞赛，表彰竞赛成果 61 项、奖励 112.7 万元。加大操作技能队伍培养，协办甘肃省 2022 年职工职业技能竞赛暨川庆钻探公司第五届固井工职业技能比赛。严抓依法合规管理，建立参股企业管理清单，促进参股企业依法合规经营。开展“三型”机关创建，组织文风会风专项整治，两级机关作风持续向好。加强信访维稳安保工作，推进派出参股企业人员签订劳动合同，员工队伍稳定，平安固井创建取得显著成效，发展大局和谐稳定。 （尹　泺）

2022 年 10 月 6 日，川庆长庆固井公司第四固井工程项目部员工在定边生产生活基地开展庆国庆活动　　王　恬　摄

邮政编码：710018
电话号码：029-86594516 029-86598344（传真）
单位地址：陕西省西安市未央区未央路 151 号长庆大厦
单位英文名称：CCDC Changqing Well Cementing Company

川庆钻采院

【概况】 川庆钻采院于 2010 年 5 月由原钻采工艺技术研究院、工程技术研究院重组整合而成，专业从事石油天然气钻井完井、油气田增产稳产、井控等新工艺新技术研发、工程设计、产品生产及技术服务业务，为客户提供一流的钻井完井工程设计、技术服务及相关产品，形成适应“三高、三低”油气田及页岩气、致密油气等非常规油气资源勘探开发的 12 项特色技术系列，塑造“三高、三低”钻完井工程设计、精细控压钻完井、水平井优快钻井、气体钻井、个性化 PDC 智能制造、特色钻井液、“川式”取心、可回收清洁压裂液、井筒工程一体化信息等优势品牌，川庆特色技术服务品牌深受国内外客户的信赖和好评。业务遍及国内各油气田和土库曼斯坦、厄瓜多尔、巴基斯坦、秘鲁等国家，客户包括中国石油、中国石化、中国海油的旗下分公司，以及壳牌、雪佛龙等国际石油公司，为“亚洲第一超深井、陆上最深井”“中国第一口水平井、气体钻水平井、七分支水平井、全过程欠平衡井、陆上最深天然气水平井”“攻克世界陆地钻井‘魔窟’的土库曼斯坦钻井液技术难题”“国内最大单体海相整装气藏勘探突破”“长宁、威远、昭通国家级页

岩气示范区建设”等标志性勘探开发重要成果发挥巨大作用。2022年底，设机关职能部门10个、附属单位4个、院属基层单位17个。在册员工782人，其中硕士研究生以上学历213人。有教授级高级专业技术职称10人、高级专业技术职称236人、中级专业技术职称296人。有川庆钻探工程公司首席技术专家3人、企业高级技术专家5人、一级工程师15人，集团公司技能专家1人、川庆钻探工程公司技能专家2人，有固定资产原值7.5亿元，净值2.37亿元。2022年，川庆钻采院实现收入14.24亿元、增长5%，利润5 399万元、增长9%，超额完成指标。获川庆钻探工程公司“先进企业”“提质增效价值创造行动先进单位”“科技创新先进单位”“信息化工作先进单位”等称号，获中油技服“科技先进单位”、四川油气田“平安创建先进单位”等称号。（曾鹏宇）

【科技创新】 2022年，川庆钻采院策划10个重大科技发展方向，获局级级以上科技奖21项（含省部级6项），申报发明专利143件、授权发明专利58件，登记软件著作权27项，形成高温随钻测量、直井随钻测斜、多次开关旁通阀等21项新工具新产品，旋导系统研发团队获集团公司“1025专项”突出贡献团队奖。与西南油气田工程院签订战略合作协议，与长庆油气院共建一体化设计中心。CG STEER-150型旋导系统工业化应用取得重大进展，精细控压钻完井技术持续升级，井筒工程一体化信息技术加快向数字应用转型，溢流监测预警、复杂井漏治理、套损井小套管固井、储层深度解堵增产等技术进一步完善。（曾鹏宇）

2022年9月29日，川庆钻采院在广汉市召开中国共产党川庆钻采院第三次党代会　　吴玲瑶　摄

【工程技术工作】 2022年，川庆钻采院编制《钻采工程技术研究院井筒作业整体提速实施方案》，确定13类34项提速目标，制订推进任务清单，明确责任部门和责任人、时间节点、工作目标及纠偏管理；健全靠前技术支撑体系，建立“领导亲自抓、分片专人管、工作专项推”的工作机制，实施13个提速工程，编制井筒提速方案，优化6个提速模板，推广自主创新成果42项，支撑双鱼001-H6井打成中国陆上最深天然气井，支撑蓬莱气区难钻地层平均单趟进尺提高45%，支撑致密气区、高含硫井、页岩气区目的层平均钻速分别提高36%、12%、11%，支撑塔里木油田公司塔中、哈得、富满等区块45口井提速26%，长庆油田公司控压钻井256口、复杂时间减少90%，完成土库曼斯坦复兴气田3口续钻井精细控压钻井重大任务。全年创造50余项领先工程纪录，收到中油技服贺信9次、甲方表扬信23次，助推西南、长庆、塔里木三大油气田产量当量再创新高。（曾鹏宇）

【质量安全环保】 2022年，川庆钻采院贯彻落实习近平生态文明思想和总书记关于安全生产重要论述，制定安全生产“十五条硬性措施”，打造多项安全环保科技利器，开展“一月一讲堂”安全培训，整治井控、“四新”、承包商等重点领域安全风险，实现QHSE目标。开展“合规管理强化年”活动，制定、修订制度17项，宣贯中央企业合规管理办法和集团公司员工违规行为处理规定，合同法律审查率100%，有效防控法律合规风险。（曾鹏宇）

【深化提质增效】 2022年，川庆钻采院实施提质增效价值创造行动，坚持开源与节流并举，扩展川页司、重页司、长城钻探、洛克石油等旋转导向、控压钻井、定向井、钻井液、压裂技术服务项目，中标塔里木油田精细控压、随钻测量和厄瓜多尔Ishpingo等高端项目，新签合同金额15.7亿元，开源增收2.98亿元，获川庆钻探工程公司市场开发突出贡献奖；收集业务部门和生产单位意见后，制定《钻采工程技术研究院2022年提质增效价值创造行动实施方案》。三年提质增效价值创造行动结束，累计开源增收2.98亿元，开源创效1 193万元，降本节支2 793万元。（曾鹏宇）

【党建工作】 2022年，川庆钻采院学习宣贯党的二十大精神和习近平总书记重要讲话及指示批示精神，制定贯彻落实总书记重要指示批示精神4个实施方案，“两个维护”更加坚决有力。召开中国共产党川庆钻探工程有限公司钻采工程技术研究院第三次党员代表大会，加强意识形态和宣传思想文化工作，开展“转观念、勇担当、强管理、创一流”等活动，建立2个党建联盟，“三基本”与“三基”有效融合，引领高质量发展走深走实。微视频《烈焰丹心忠于党、信仰不灭铸忠魂》被中共中央组织部评为优秀作品二等奖。调整配备科级干部36人次，引进博士3人，新聘2人为企业高级专家、5人为一级工程师。推进廉洁风险防控体系化信息化，不断纠“四风”、肃流毒，政治生态风清气正。党委获川庆钻探工程公司党委“巡察工作先进基层党组织”称号。 （曾鹏宇）

【企业宣传工作】 2022年，川庆钻采院加强院门户网建设工作，围绕主题教育、特色技术、提质增效、先进人物等主题，推出“学习二十大”“贯彻二十大”“盘点2022，接力2023”等系列专题策划，为各项工作推进营造舆论氛围；加大对外宣传力度，唱响川庆钻采院特色技术“好声音”，截至2022年底，在川庆钻采院网刊发稿件超1 200篇、川庆钻探工程公司门户网超120篇、《川庆钻探》7篇、《四川石油报》19篇、《中国石油报》4篇，《科技利器登顶“地下珠峰”》9 000米深井报道首登《人民日报》，并相继在“中国网”“中国报道”等官方主页转载，展示川庆钻采院风采。提升新媒体微信公众号质量，“今日川庆”公众号推文27篇，“钻采之窗”公众号全年推文130篇，《钻采工艺》超400篇论文入选中国知网资源总库。 （曾鹏宇）

【工会与群团工作】 2022年，川庆钻采院执行职代会精神，支持工团组织开展劳动竞赛、技能比赛、创新创效、合理化建议、“青”字号等活动，2个集体命名为省级工人先锋号，1项成果获评四川省职工“五小”活动优秀成果，川庆钻采院获川庆钻探工程公司2020—2021年度“合理化建议和‘五新五小’活动先进单位”称号，获集团公司青年科技创意大赛奖2项、四川省企业团工委主题演讲比赛奖1项。坚持为员工办实事，升级改造职工食堂。创建健康企业，建成健康小屋，全员健康体检。开展各类慰问4 000人次以上，开展送春联、猜灯谜、各类球赛等活动，持续提升员工获得感、幸福感。 （曾鹏宇）

邮政编码：618300
电话号码：0838-5151338　0838-5152350（传真）
油网号码：251338　252350（传真）
单位地址：四川省广汉市中山大道南二段88号
单位英文名称：CCDC Drilling & Production Engineering Technology Research Institute

川庆地研院

【概况】 川庆地研院主要从事油气田地质研究、油气田勘探开发方案编制与研究、综合录井、地质导向等技术服务及施工作业。已发展成为一个多学科、跨国际、科研生产一体化的综合性研究院，在诸多研究领域独具特色，处于国内外先进水平。设有机关部室11个和基层单位19个。有员工1 276人，其中合同化员工862人、市场化员工414人。有博士38人、硕士145人、本科425人。有正高级专业技术职称4人、副高级职称137人、中级专业技术职称391人。有集团公司技能专家2人、川庆钻探工程公司技术专家2人、一级工程师7人和二级、三级工程师42人。 （李　劼）

【生产组织】 2022年，川庆地研院采取“一队多机”“一机双录”“片区录井队长”等多种模式和操作岗位社会化的“5+1”模式，提高生产效能。全年录井1 434口、进尺396万米，同比增长26%；完成单井跟踪90口，地质设计2 560口；关键层位卡准率、油气显示发现率、异常预报率均100%。地质导向140井次，储层平均钻遇率97%。油化施工8万余井次，实验分析1万余个。车辆安全行驶超过177万千米。全方位跟踪重点井、重点施工井段，各类业务安全平稳运行。 （李　劼）

【科技成果及应用】 2022年，川庆地研院形成8大勘探开发技术体系、6大录井技术系列，7项科技成果达国际先进、国际领先水平。新增档案 3 393 件，申报发明专利 34 件，获省部级科技奖、专利奖 27 项，多项成果应用于自营区块。获川庆钻探工程公司“十三五”科技创新先进单位称号。在苏里格，获 9 口百万立方米气井，全年产量创历史新高。在威远页岩气井区立体开发研究取得多项成果。在厄瓜多尔 P 油田，加强储层预测攻关，加快南部开发规划，落实 4 个潜力区。全年产油超历史同期水平。在阿姆河项目，形成增压开采优化、精细建模等技术体系，保障 34 个气田平稳生产。在西南油气田老井挖潜，先导试验初显成效，优选 5 个区块、措施井 53 口。确定 5 个潜力接替区块，论证地质目标 48 个，为后续产能奠定基础。（李　劼）

【信息化建设】 2022 年，川庆地研院研发完成“数字井场集成技术深化与推广研究”“工程作业智能支持系统 3.0”。勘探开发地质综合支持平台（GSP）达到国际先进水平，实现井筒地质全数据管理、线上生产协同、远程技术支撑为一体。发挥 EISC 工程地质一体化作用，形成“专家决策 + 指令直达 + 现场执行”的技术支持架构，高效支撑高风险井安全钻井。以集团公司中国石油工程作业智能支持系统（EISS）和院勘探开发地质综合支持平台（GSP）为基础信息平台，推进工程技术智能支持中心（EISC）建设，实现录井全过程管控，转变传统管理为“人工 + 智能”远程技术支持。获川庆钻探工程公司“‘十三五’信息化工作先进单位”称号。（李　劼）

【市场开拓】 2022 年，川庆地研院优化川渝录井市场服务模式，持续扩展元素录井、伽马能谱录井等高附加值业务市场规模，维持录井板块创效能力。海外维持土库曼斯坦、伊拉克、厄瓜多尔等地质技术服务等项目，国内新增部分川渝地区地质研究业务。科研生产一体化板块拓展岩气井设计、跟踪评价业务，开拓试气地质设计；分析化验业务加强与川渝地区业主方的沟通交流，获得更多的硫化氢检测及气水分析工作量。新增部分川渝地区地质导向、特殊录井、单井开发方案服务，牵头推进川庆钻探工程公司与西南油气田公司老区措施挖潜增效风险合作。（李　劼）

2022 年 7 月 20 日，川庆地研院成立的“吴家杰巾帼创新工作室”获集团公司“巾帼建功先进集体”称号　　李　璇　供

【质量安全环保】 2022 年，川庆地研院坚持以习近平总书记关于安全生产重要论述和生态文明思想为指导，以安全生产专项整治三年行动为抓手，严格落实安全生产“十五条硬性措施”，完成“十二杜绝、七达到、五完成”工作目标，完成三年整治行动目标。完成“两个专题”“五个专项”等 75 项具体工作，未发生一般 C 级及以上生产安全事故、环境污染事件。开展危险化学品专项整治、安全培训“走过场”等多个专项活动，及时整改发现的问题隐患；系统归纳总结相似问题，形成督查情况报告，杜绝重复问题发生。加强绿色企业各项工作落实，推进绿色企业建设，把办公区白炽照明灯更换为 LED 节能灯。通过北京中油认证公司的监督审核。分别接受中油技服、川庆钻探工程公司体系审核各 2 次，并及时整改发现的问题。开展内控体系审查，对全部 11 个机关部室、19 个基层单位分别 2 次检查。完成各项 QHSE 工作指标，健康安全环保形势整体平稳受控。（李　劼）

【合规管理】 2022 年，川庆地研院组织各个基层单位对现行 7 项基层管理标准化手册开展评价，提出修改意见涉及章节 16 个 67 条。强化风险防控，明确 5 大风险，识别管控风险 23 项。推进风险防控专业化、内控建设流程化、合规培训常态化、合同管理精细化、基层管理标准化、绩效考核差异化，合规管理体系更加有效，规章制度更加健全，企业管理体系更加精细。持续为基层减负，强化对标管理，探索新途径、提炼新成果，3 篇创新成果获四川石油企协奖项。合同退回率下降，合同审批时效提高，合同管理水平提升；全年未发生合同纠纷，合同交易风险得以有效控制。川庆地研院获“全国用户满意企业”称号。（李　劼）

【财务管理】 2022年，川庆地研院强化全员、全过程、全方位成本分析，突出成本管控、“两金”压控，严控超预算支出。提高成本决策支撑水平，细化预算责任单元，坚持“账面数据”考核模式，加大清欠催收力度，提高资金使用效益。“五项费用”压降超30%，非生产性费用实现下降。系统部署物资采购，稳定供应链，降低采购成本。合理合规降低企业所得税。明确9个方面23项提质增效措施，完成率107%。 （李　劼）

【保密管理】 2022年，川庆地研院落实保密责任制，明确各单位保密工作分管领导及专兼职管理人员，对保密工作进行网格式管理，逐级落实保密责任。对涉商密人员和保密重点部门部位进行复审。开展保密管理量化评估考核，落实“泄密追责”和评先评优“保密工作一票否决制”。开展保密专项培训，运用保密专题党课、“铁人先锋”等手段，定期组织保密知识学习，实现科研、重点岗位涉密人员保密教育全覆盖，员工保密意识稳步提升。成立反间谍安全防范工作领导小组，印发《关于进一步做好涉外人员管理工作的通知》，做好对涉外人员的管理工作。规范涉密信息存储销毁管理，对涉密资料和内部资料进行销毁，销毁文件近万份，总重量超2吨。 （李　劼）

【队伍建设】 2022年，川庆地研院编制《川庆地研院人才强企工程行动方案》，印发《关于开展“人才强企工程推进年”活动的通知》，推动各项人才措施落实落地。全年提拔交流科级干部29人，推动领导班子结构优化和干部队伍有序接替。分级分类推进“一化五型”建设，推荐28人入选川庆钻探工程公司首批“千人计划”培养人选，建立“一化五型”人才库。评聘高级专业技术职称16人，选聘技师、高级技师28人，创建并大力打造“吴家杰巾帼创新工作室”，将其打造成为川庆地研院青年科研人才孵化基地，2人获重庆市“五一劳动奖章”，1人获成华区“成华工匠”。开展双序列转换，增补选聘二级、三级工程师21人。培养年轻干部七种能力，完善优化“测训评改”一体化培训模式。结合后备干部推荐及日常分析研判，建立川庆地研院后备人才库。实施青年科技人才培养计划，1人成功入选集团公司青年科技人才培养计划。引进博士后1人、博士后进站人员1人。做实做优做强6个川庆钻探工程院级创新团队。 （李　劼）

【党建工作】 2022年，川庆地研院党委逐步完善党委“第一议题”制度、学习贯彻习近平总书记重要指示批示精神机制，贯彻落实党的十九大精神，推动学习宣贯党的二十大精神走深走实，全年组织完成中心组学习12次，集中研讨10次。落实“两学一做”学习教育常态化制度化要求，建立党员常态化学习提醒机制，推动习近平新时代中国特色社会主义思想学习入脑入心。推进“三级联动”党建工作机制，推动院党委班子成员深入基层调查研究，发现和解决问题。推进党建“三基本”建设与“三基”工作相互融合、互相促进，抓好三支队伍建设，全面提升党的建设质量。开展“转观念、勇担当、强管理、创一流”主题教育活动，组织各党支部集中收看中国共产党第二十次全国代表大会，领会报告精神实质和丰富内涵，把党的二十大精神学习好、领会好、贯彻好。按季度开展员工思想动态分析，守住意识形态阵地。 （李　劼）

【党风廉政建设】 2022年，川庆地研院党委推进全面从严治党，坚持有形覆盖与有效覆盖相统一，完成对属30个基层党支部的常规巡察，并对4个基层党支部开展巡察“回头看”和作风专项巡察。开展2021年内部巡察整改验收工作，巡察反馈的120个问题全部完成整改，配合川庆钻探工程公司党委提级巡察组对所属2个基层党支部的巡察工作，做好巡察整改“后半篇文章”。开展对14名新提任科级干部的廉洁从业“六个一”专题教育，组织536名党员干部观看《零容忍》《围猎：行贿者说》等专题警示教育片。通过“一微一网”平台，向党员干部推送党纪法规解读、“反围猎”相关学习材料、典型问题通报等资料38次，促进形成良好学习氛围。开展机关作风建设专项整治，推动全院作风形象扭转。 （李　劼）

【企业文化建设】 2022年，川庆地研院制定企业文化研究方案，文化阵地建设实现新突破，完成6家基层单位党建长廊、活动阵地的标准化升级改造。打造“地研信息化宣传阵地”，制作宣传展板45块，在各区域通过电子宣传屏实现多地信息实时推送。强化《录井队安全文化建设指导手册》在生产一线的推广应用，摄制完成并发布《录井现场标准化操作教学片》，选送4部作品参加川庆钻探工程公司“青年安全小视频”比赛，其中创意MV《安全莫吉托》参与“主播讲安全”活动，并在“今日川庆”媒体平台展播。参与川庆钻探工程公司“提升新闻质效，助力高质量发展”专项劳动竞赛，在中国石油新媒体平台刊登新闻1篇、《四川石油报》刊登新闻6篇、川庆各板块刊登63篇，多项数据同比有所提升。完成川庆地研院门户网站2.0升级，“川庆地研”公众号累计推送104期，订阅用户2 510人，占员工总数的190%，覆盖全体员工及家属；全年累计点击量9万余人次。 （李　劼）

【工团工作】 2022年，川庆地研院开展“提质提效、科技创效、管理增效”和“HSE三标一规范”“单井（单项目）创效”劳动竞赛，提升全院科技创新、市场竞争、盈利创效、服务保障等综合能力。参加川庆钻探工程公司广播体操比赛并获二等奖。牵头成立实践活动领导小组，完善立项制度，优先对重大、急需民生项目进行审定、拨款。打造川庆地研院首个无纸化会议办公系统，为录井作业部修建塑料篮球场，为一线基地增配洗衣机、微波炉，为食堂安装厨房空调，为办公大楼安装纯净水净化器，用心改善员工生产、工作、生活条件，办好“暖人心”实事。在团员青年中开展思想调研，了解青年员工思想动态，解决青年员工在工作、生活中的困惑和难题。开展户外素质拓展、红色纪念馆参观等活动，丰富青年员工业余文化生活，培养青年阳光健康心态。开展川庆地研院首届“十大杰出青年”评选，激励全院青年员工立足岗位、奉献青春，提高技术技能水平和业务能力，争当推动院高质量发展的生力军。 （李　劼）

【维稳信访与内保综治】 2022年，川庆地研院围绕维稳信访工作目标，压实稳定责任，建立矛盾纠纷调解机制，化解不稳定因素，完成全年特殊重要敏感稳定工作任务，实现全年生产经营秩序井然有序，队伍和谐稳定。将维稳工作纳入院党建考核制度，压实责任。在全国“两会”、党的二十大等特别重点时段，实施升级管控，下达特别重点阶段责任令，部署特别重点阶段维稳信访安保防恐工作。建立“反内盗”工作小组、制订方案，以文件、会议、检查等方式组织推动“反内盗”长效机制建设工作，本年新发内盗案件数为0。完成《信访工作条例》宣传视频及宣传动漫的拍摄制作，加强文件政策制度宣贯，从源头解心结、防隐患。坚持企地警联动，形成企地、企警长效工作联系机制，完成临街商铺腾退收回工作。在党的二十大召开之前，回收全部9间商铺房屋，未发生暴力事件及网络负面舆情。 （李　劼）

邮政编码：610051
电话号码：028-86015192
油网号码：215192
单位地址：成都市建设北路一段83号
单位英文名称：CCDE Geological Exploration & Development Research Institute

川庆安检院

【概况】 川庆安检院为全国石油行业唯一集安全环保监督服务、技术检测评价服务、安全环保工程服务为一体的科技型企业。已取得国际标准化组织石油和天然气工业用材料设备和海上结构钻采设备中国技术归口单位、国家安全生产石油井控和钻采设备检测检验中心、石油工业井控装置质量监督检验中心等4个国家冠名机构、4个中国石油冠名机构头衔，建有1个国家级实验室、18个专业实验室，有CNAS检验机构认可证书、CNAS实验室认可证书、检验检测机构资质认定证书、API SpecQ2、BV ISO 9001质量管理体系认证、BV ISO 14001环境管理体系认证、国家安全生产检测检验、中国特种设备检验检测机构核准证（综合检验机构）等30余项国际、国家或行业内资质等38项国际、国家或行业内资质。形成三大类19项特色技术服务能力，可为油气生产全过程提供全方位“油气服务保障、装备检测检验、QHSE专业咨询”3大业务板块的37项专业技术服务。业务遍及国内各大油气田以及伊拉克、古巴、土库曼斯坦等国家。截至2022年底，有在册职工562人，其中合同化员工428人、市场化员工134人，有干部283人、工人279人，有博士研究生4人、硕士研究生 53 人、大学本科 207 人，有高级专业技术职称 63 人（含教授级高级工程师 1 人）、中级专业技术职称 145 人。设置机关部室 8 个，机关直属单位 4 个，基层单位 13 个。基层单位分布在广汉市、成都市、重庆市、新疆维吾尔自治区、遂宁市、泸州市等地。（刘瀚琳）

【市场开发】 2022 年，川庆安检院国内市场新签合同量 7.5 亿元，同比增长 18.43%。海外市场成功续签哈法亚 CPF3 运维、艾哈代布人力资源保障等项目，新签合同 4 550 万元。汇聚远程腐蚀在线监测仪、微生物菌剂及处理技术等 8 项创新成果产品，加大新技术、新产品市场推广力度。利用特种设备 DD2 和 DD3、固井水泥及添加剂等新资质，新签合同 4 350 万元。进入华润集团、中国石化及中国石油技术开发有限公司等新市场，新签合同 1 800 万元。拓展环保厕所运维及微生物菌种技术服务等新业务，新签合同 900 万元。全年召开市场分析会 10 次，共享市场信息、协调解决问题。中海油服综合检验检测、商业储备油分公司防爆电气检测项目获川庆钻探工程公司市场开发突出贡献奖。建立投标管理模块，推进市场信息化建设，实现投标全过程信息化管理，全年中标项目 18 个，中标金额超 1 亿元。打通业务壁垒，机关部门统筹推进，基层单位资源共享，签订四川页岩气公司等一体化合同 2 600 万元。（刘瀚琳）

【安全监督】 2022 年，川庆安检院围绕“严管理、强考核、重惩罚、抓执行”的监督工作思路，持续优化监督机构，强化监督履职，转化监督成果，监督作用更加凸显。组建川渝前线指挥中心，构建“站、室、部”3 级管理网格，设置井控、搬安、高危、隐患闭环管理专岗，形成“网格 + 专职”的监督履职管理模式。实施监督履职过程跟踪 53 693 人次，升级隐患闭环验证 113 794 项；开展监督履职能力评估 1 309 人次，专项培训 4 070 人次，确保能岗匹配。推进“监督画像”“数据分析”等模块建设，建立高效率、信息化的安全监督工作管控平台。研发钻井作业隐患违章智能辨识系统，上线运行 80 项案例，在 30 个现场部署应用，成果与集团公司董事长、总经理连线演示，智慧化监督走在集团公司前沿。树立抗疫情、勇抢险的先进典型，1 人获集团公司奖励，251 人获川庆钻探工程公司奖励。全年派驻安全监督 1 618 人次，外包监督 137 人次，覆盖率 100%。排查整治隐患 220 178 项，辨识纠正违章 16 099 起，参与井控应急响应 16 井次。聚焦井控、质量与事故复杂控制，开展川渝地区井筒质量巡检 150 井次，发现问题 773 项，塔里木派驻监督 1 766 井次，排查整治隐患 11 535 项，连续获塔里木油田工程监督服务单位第一名。（刘瀚琳）

2022 年 6 月 1 日，川庆钻探公司党委副书记、工会主席喻著成（中左六）向获四川省“工人先锋号”的安全监督站授牌 马瑞艺 摄

【环境保护】 2022 年，川庆安检院加强资质升级扩项，通过资质复评审工作，新取得油气回收检测资质，遂宁市、泸州市、重庆市 3 个监测所新扩项和变更申请评审 110 多项。完成泸州所实验楼升级改造，加快 GC-MS 仪器安装和调试工作，推进土壤、地下水监测能力建设，建设成“全国环境监测二级站”雏形。加大自建环境监测信息平台应用和建设力度，基本实现数据信息化，环境监测信息系统可实现从采样到报告出示全过程信息化、一体化，可实现各类数据对比、筛选、查看，新增加质量、统计模块，完成系统手机端 App 的开发。全年共得监测数据 47 753 个，完成应急和纠纷监测 43 井次。完成环境质量监测水质环境质量现状调查 197 井和场站 667 点次，在 169 个井和场站完成地下水监测 398 点次，18 个钻井平台完成土壤样监测 93 个点次，测试放喷环境空气监测共 7 井 26 点次，固体废物资源化利用过程监测 148 点次，完成甲烷泄漏检测 26 个场站；完成川渝和长庆区域川庆内部污染源监测固定场所废水监测 73 次，钻井废水、压裂废水监测 89 井 162 井次，生活污水 117 井次，钻井边界噪声监测 387 井次，固定场所厂界噪声监测 92 点次，柴油机尾气监测 13 井次。（刘瀚琳）

【技术检测】 2022年，川庆安检院管道检验业务以西南油气田公司、塔里木油田公司、国家管网集团、中燃集团等业务市场为依托，“稳川渝、突山东”，市场发展呈现稳步增长态势。全年累计完成管道检验2 679条，走线3 593千米。优化市场结构，合理安排生产资源，全力保障生产项目平稳运行，累计完成无损检测89 840件（套），压力容器6 104台，安全阀1 064只，钻杆2 400根。产品性能检测以西南油气田公司、塔里木油田公司、川庆钻探工程公司为主导市场，累计完成井口、阀门、采油（气）树气密封检测1 261套，防喷器、节流压井管汇、四通、储能器声发射检测2 615台，防喷器型式试验38台（套）。材料分析业务完成监督抽查240批次，委托检测170批次。井口装置检测全力推进长庆油田、华北油田市场，累计完成井口检测192套。依托资质评估开展钻修机委托检测，累计完成各类钻机检验184台（套）、井架检测127台（套），完成钻修井机资质评估67套。发挥井场电气检测和防爆检测优势，累计完成电气检测304井（站），完成防雷防爆检测1 185点（站）、完成防爆电气检测250个场站。（刘瀚琳）

【质量安全环保与节能节水】 2022年，川庆安检院修订实施《全员安全生产责任清单》，严格履行直线责任，开展“四不两直”检查、安全记分管理和安全里程碑活动，坚持月度例会查摆问题及制定措施，追溯严重问题7个，从制度、技术和管理上遏制违章、消除隐患。落实“四风险”管控要求，优化五级动态风险管理模式，完善84个专业风险矩阵卡，发布隐患、违章图册4期，检查作业现场6 598队次，管控高风险作业290队次。修订安全环保制度5项，开展科级干部QHSE培训252人次。创新实施覆盖全年的“大内审”，在川庆钻探工程公司QHSE审核报告中作为亮点通报。推动现场标准化，4家单位获评川庆钻探工程公司级示范队。严格报告质量管理，总结提炼检测检验“十不准”要求。抓好常态化新冠肺炎疫情防控，购置防疫药品和物资120余万元，开展核酸检测12余万人次。向疫情防控期间坚守现场的员工发放超时津补贴70.33万元，奖励在新疆闭环生产的先进个人15.7万元。与四川省节能协会合作成立“四川省石油石化绿色低碳技术服务中心”。协助川庆钻探工程公司制定“十四五双碳发展技术路径规划”，开展“电（气）代油”经济型效益评价、风光等新能源利用试点建设，助力川庆钻探工程公司完成年度“双碳”战略目标。（刘瀚琳）

【经营管理】 2022年，川庆安检院坚持以经济效益为中心的经营理念，把精益合规理念贯穿生产经营全过程。优化生产作业网格管理，强化每日作业计划审核，严格特殊敏感时段高危作业升级管控，开展车辆等停原因与运行效率分析，狠抓队伍生产效率提升。推进专业技术人员区域统筹调剂，强化运输资源优化整合，全年完成价值工作量6.47亿元。对在用的129项制度建设情况开展合规性专项检查，对标清理现行管理制度。规范内部采购监管体系，叫停各类合同谈判17次。完成合规培训591人，考核通过率100%。全年无行政罚没和法律纠纷事件。开展合同项目计划管理，持续提升合同管理水平。严格把关承包商准入审核，开展承包商实地核查，完成98家承包商年度业绩考评。持续开展内控流程的修订、维护及内控手册的更新，强化内控与风险管控。经营能力持续提升。强化精益管理，制定实施院提质增效价值创造行动方案，推进川渝地区全面共享工作，全年提质增效实现3 105万元。倒排收入资金结算计划，统筹协调资金结算进度。分级制定“两金”压控考核目标，确保资金安全。（刘瀚琳）

【科技进步】 2022年，川庆安检院运行科研项目55项，其中集团公司项目5项、四川省项目4项、中油技服项目3项。发挥“专家＋团队”作用，优化科研队伍结构，形成以“环保、安全、井控及检测检验、低碳与新能源”为核心的四大创新工作室，提升科研创效水平。1项成果获川庆钻探工程公司科技奖励，全年申请专利20件，其中获授权专利9件、计算机软件著作权登记8件。出台《安检院科技成果转化奖励办法》，把钻井作业违章行为智能辨识系统等3项技术纳入新成果推广应用，全年推广应用项目20项，利用新技术开展技术服务增加产值1.44亿元，实现利润2 800余万元。参与川庆钻探工程公司新能源发展规划，研究落实石油行业双碳评估办法、碳达峰路径方法及碳排放审查资质获取，推进行业内节能低碳技术研究。加快信息化、数据化建设力度，推进能源管控系统、新冠肺炎疫情安全打卡系统、违章智能识别系统等信息化建设项目，开展实施 QHSE 数据管控与分析平台建设，其中疫情安全打卡模块推广到全川庆钻探工程公司内使用，助力企业信息化高质量发展。（刘瀚琳）

【队伍建设】 2022 年，川庆安检院坚持党管干部、党管人才原则，统筹推进领导力提升、创新团队汇智、技能人才锻造、考核分配机制深化改革等“四大专项工程”，构建人才工作新格局。优化“一人一策”培养方案，建立各层级干部岗位后备人才库。按照“三强”干部标准选配干部，向川庆钻探工程公司输送一级副处干部 1 人、二级正（副）职干部 3 人。全年调整提拔三级正、副职干部 71 人次，其中提拔 18 人（含 35 岁及以下 6 人），进一步使用 3 人，交流 50 人次。推荐一级工程师 2 人，选聘二级、三级工程师 12 人，1 人入选集团公司青年科技英才计划。整合撤并设备检验检测、职卫油化、环境监测和环保工程等 4 个基层单位，持续优化基层领导班子结构，做优做强井控设备检验和环保业务。成立环保、低碳和新能源工作室，精简、整合安全、井控及检测检验工作室，科研队伍结构持续优化。开展专项劳动竞赛和职业技能比赛，获四川省“工人先锋号”“‘五小’活动先进班组”“‘五小’优秀成果”各 1 个，2 人分别获四川省职业技能竞赛二等奖、三等奖。全年开展培训班 139 期，参培 8 431 人次，送外培训 400 余人次，持有各类资质人员 337 人次。（刘瀚琳）

【党建工作】 2022 年，川庆安检院开展党的二十大精神学习宣贯工作，贯彻全面从严治党战略方针，发挥党委“把方向、管大局、促落实”的领导作用，深刻领悟“两个确立”的决定性意义，增强“四个意识”、坚定“四个自信”、做到“两个维护”。学习习近平总书记最新重要讲话和指示批示精神 18 场次、开展党委中心组学习 12 场次、专题研讨 6 场次。召开第三次党代会，选举新一届两委委员，总结五年来的工作成绩，明确未来发展方向。全年召开党委会 18 次、院长办公会 10 次，决策重大事项 212 项。落实党风廉政建设责任，100% 签订党风廉政建设责任书和廉洁从业承诺书。抓好巡察反馈共性问题整改，开展院内部 2 个基层党组织专项巡察工作，彰显利剑作用。印发《党建工作评价办法》，召开党建工作会议，进行党组织书记述职评议，严格党建考核逗硬，推进基层党建“三基本”建设与“三基”工作有机融合，强化基层党组织战斗堡垒作用。（刘瀚琳）

邮政编码：618300
电话号码：0838-5150027
油网号码：250027　252134（传真）
单位地址：四川省广汉市绍兴路三段 11 号
单位英文名称：CCDC Safety Environment Quality Supervision & Testing Research Institute

川庆蜀渝公司

【概况】 川庆蜀渝公司是川庆钻探工程公司的独资子公司。2022 年底，有机关部室 11 个，基层设重庆、川南、川中、川西北、成都、新疆、机械 7 个分公司，以及勘察设计所、物资采供中心 2 个单位，自贡、苏里格项目部 2 个，代管 1 家多元经济企业（重庆石油川东钻探建筑安装工程有限公司）。在册职工 1 054 人，其中干部 383 人、工人 671 人，有高级专业技术职称 56 人、中级专业技术职称 238 人、初级及以下专业技术职称 89 人，有技能专家 2 人、高级技师 11 人、技师 50 人，有高级工 371 人、中级工 125 人。

2022 年，川庆蜀渝公司主营业务主要是钻前工程、房建、资源化利用、勘察设计等，施工钻前工程 172 个，其中新开工 150 个，钻具搬迁 158 个，新开工工作量同比减少 26%。其中，川渝地区钻前工程同比减少 29%；苏里格地区钻前工程同比减少 29%，新疆地区钻前工程同比减少 100%，土库曼斯坦钻前工程同比增长 100%。施工房建及其他工程 269 个（含跨年 69 个），完工 219 个。资源化利用工程施工 54 个项目（跨年 32 个、新开 22 个），完工 22 个项目，在建 32 个项目。累计收集、转运水基岩屑 54 349.78 立方米，收集转运废水 717 立方米，激活处理岩屑 57 238.54 立方米，待烧结处理岩屑 18 293 立方米。有重载场面 PC 板 7 434 张（新生产 PC 板 2 288 张，3 米板 5 146），二次使用 3 个平台 1 312 张，待投入使用 1 279 张。全年实现收入 13.49 亿元，完成川庆钻探工程公司下达的经营指标。

在用生产设备251台（套），资产原值7 033万元，资产净值1 735万元，可用大型施工设备63台（履带式挖掘机27台、轮式挖掘机1台、装载机14台、压路机21台），天泵车1台、临电设备设施49套，综合新度系数0.23，综合利用率84.42%，关键重点设备完好率98.53%，故障停机率0.58%。2022年末资产总额73 271万元，其中固定资产原值13 723万元，净值3 545万元。（殷安庆　周　学）

【市场开发及管理】 2022年，川庆蜀渝公司对接业主单位，签订钻前工程框架合同14项，全年实际新增合同金额4.47亿元，关联交易钻前工程市场占有率继续保持100%。发挥本土优势，拓展矿权流转、风险合作区块市场份额，新增四川页岩气合同金额1.42亿元、浙江油田合同金额0.45亿元，分别同比增长147%、742%。不等不靠、主动出击，参与多元竞争性市场，重视前期调研、抓细投标组织，中标渡口河—七里北净化厂场坪、新建石油射孔器材及配套件生产线、井控应急救援响应中心等大型项目5个，中标其他公开招标项目16个，中标金额3.45亿元，同比提升385%。川庆蜀渝公司14项资质、重庆建安有限公司7项资质获集团公司准入，获建筑装饰工程设计、承装（修、试）电力业务许可证两项资质，为站稳传统市场、打开新兴市场打下基础。（殷安庆　周　学）

【生产组织】 2022年，川庆蜀渝公司抓细项目策划，无缝对接“土地—施工”，赢得尽早开工先决条件。抓实“全链条”管理，严格工期目标，面对疫情、高温、限电带来的影响，找准关键部位、关键工序，充分发挥大型机械设备效能，克难奋进，迅速完成致密气多轮提速保储任务。川渝地区完成钻前工程128个，平均有效工期39天，同比提速2.5%，开路先锋再创佳绩，多家业主单位发来感谢信。组织精干团队，优化资源配置，入园技改、铁山坡气田脱水站等2个重点工程完工，龙远大厦装修获业主和使用方高度评价，铜锣峡储气库边坡工程、新建石油射孔器材生产线项目等4个大型项目高效推进。（殷安庆　周　学）

【质量安全环保与节能节水】 2022年，川庆蜀渝公司完善质量体系，修订《质量管理办法》，建立《质量岗位责任清单》《质量风险分级防控清单》。强化过程控制，精准质量检查，开展重点项目技术交底、现场指导及工程资料治理专项活动，推广实施质量三级管控、工序可追溯管理、关键部位质量管控等手段，做到制度完善、责任明确、风险可控。修订完善《“三标一规范”2.0手册》，促进提档升级。建立高危作业清单制上报制度，开展安全生产培训“走过场”“护安2022”等专项活动，排查消除隐患700余项。开展常态化“四不两直”、HSE体系审核及安全生产大检查，审核机关14次和施工现场18个，对发现的问题全部整改。全年实现“零事故、零污染”。推进健康企业建设，落实全员体检和职业病检查，完成川庆钻探工程公司健康管理系统全员建档工作、合规使用安全生产费为施工现场配备医用急救包、小型空调等物资，为健康助力。（殷安庆　周　学）

【科技进步】 2022年，川庆蜀渝公司在研科技项目5项。其中，川庆钻探工程公司D类在研项目3项(1项年中验收)，在研处级项目2个。1项D类项目和2个E类项目已通过验收，1项D类项目待验收。生产信息数据传输系统和机械云管理信息化平台已正式运行，运行状态良好，符合预期。重点开展钻前工程井场（路）面黏土石化技术研究，在威远、磨溪区块5个项目应用，该技术能有效改善饱和土含水率，提高承载力，加快施工进度，可替代片石层或水稳层。2022年授权发明专利“一种脱油岩屑用于沥青混凝土道路面层的应用方法”和“一种模块化方井的装配方法”。所属工程技术人员收集工法4篇、论文17篇、技术总结14篇。（殷安庆　周　学）

【企业管理】 2022年，川庆蜀渝公司坚持全要素、全过程目标成本管理，以合同、造价、资金等为关键点，优化流程、信息共享，促进项目管理前、后端融合，收、支有依据。推进依法合规治企，开展“八五”普法、合规管理强化年活动，妥善处置法律纠纷4起，事后合同数量同比下降11%，合同审批时效较去年提前2.26天，排川庆钻探工程公司第一名。高度重视项目审计，3次召开处级专题会议研究部署、制定方案、落实整改，建立公司—基层—项目三级沟通协调机制，保障企业利益。严格承包商管理，以“诚信履约、安全履约、规范履约”为目标，实行前置承诺制，引入熔断机制，建立负面清单，暂停、取消

承包商资格2家。推进物采改革，各单位成立物资采购办公室，落实物资采购责任。 （般安庆 周 学）

【经营管理】 2022年，川庆蜀渝公司拟定月度、季度收入结算计划和目标值，并细化到各业主单位、单项工程结算目标，完成川庆钻探工程公司下达的季度收入结算率指标。对外加强与业主单位沟通，每月主动召开专题结算工作对接会15余次，多渠道动态掌握业主单位投资、资金计划情况。定期组织与业主单位集中办公、专职人员盯办等方式加速对外结算工作推进，邀请业主单位和咨询机构到川庆蜀渝公司开展结算项目对接。梳理重点区域、重点项目结算，专职人员全面统筹管控，做好结算预警。建立激励约束制度，研究完善对结算工作的考核政策。牵头组织“工程项目结算”劳动竞赛，对结算工作完成好的单位和个人进行奖励。强化内部结算，对内明确结算策略、落实工作分工和责任，编制《蜀渝公司工程项目预结算风险要素控制清单》，召开结算工作推进会10余次；建立行政主要领导承诺书制度，实行基层单位主要领导责任制，签署单位承诺书。结合生产运行情况，加强目标成本审核，杜绝“先干后报、干了再报、用多少报多少”，确保工程项目目标成本控制符合率100%。 （般安庆 周 学）

【提质增效】 2022年，川庆蜀渝公司加强“两利四率”等关键指标的牵引约束，推进结算工作由事后向事中延伸，办理结算14.19亿元。实施资金“预警”“奖罚”考核模式，收回款项12.79亿元，开具商票1.32亿元，节约资金成本430万元，收支循环得到持续改善。加强税务管理，实现川、渝跨省异地纳税本地基本户预约扣款模式，获新疆库尔勒税务局316万元增值税存量留抵退税。优化采购管理，坚持“应招才招、招以致用”，推行集约化、多元化采购，线上采购率99.87%。落实川、渝基地共享，解决自贡基地历时8年遗留问题，回收补偿资金100万元。开展提质增效价值创造行动，持续压减各项可控费用，全年完成提质增效目标任务的118%。多元经济实现利润169万元，完成考核指标。 （般安庆 周 学）

【党建工作】 2022年，川庆蜀渝公司把迎接党的二十大胜利召开和贯彻落实二十大精神作为贯穿全年的重要工作，安排部署84项措施，组织不同层面的集中收看、学习研讨、宣贯等活动，600人次参与。落实“第一议题”制度，学习97项内容，开展基层落实“第一议题”制度情况专项监督。召开第二次党代会，确定目标任务，部署6项重点工作。强化品牌建设，与西油公司造价中心等单位开展党建联盟，构建“共商共建共享”党建新格局，组建党建工作指导服务队，强化“三基本”与“三基”深度融合，“一支部一特色、一小组一亮点”基层党建品牌被推荐参评集团公司党建研究成果。 （般安庆 周 学）

2022年1月28日，川庆蜀渝公司泸探1井项目部组织青年员工开展十九届六中全会集中学习活动 周 学 摄

【队伍建设】 2022年，川庆蜀渝公司新建《科股级岗位人员选拔任用工作规范（试用）》，修订《加强党委联系服务专家人才工作的实施意见》，出台《川庆蜀渝公司专家人才管理办法》。修订完善《拟提拔人员知识测试题库》。加强干部考核及结果运用，对考核排名靠后的11个科级干部和17名股级岗位人员开展提醒谈话。落实《人才强企工程行动方案》，首个“人力资源培训基地”揭牌，与西南石油大学土木工程与测绘学院建立融洽、紧密的战略伙伴关系，组织100名技术骨干参加2期“百人计划”培训班，打造具有创新意识和实践能力的复合型人才队伍。开展工程测量员、施工机械操作工技能鉴定，91人参加。2人获“四川省职工职业技能比赛技术能手”及“川庆公司青年岗位能手”称号。 （般安庆 周 学）

【廉政建设】 2022年，川庆蜀渝公司签订党风廉政建设责任书472份、重点岗位廉洁从业承诺书445份。开展以“清

廉实干担当，共建廉洁蜀渝”为主题第18个党风廉政建设宣传教育月活动，开展警示教育宣讲900余人次参加，发布《每周一案》45期。开展谈心谈话48人次，约谈提醒基层单位“一把手”2人次。推进“反围猎”专项行动，制订方案清单，确定3个阶段、8项任务、23条具体工作。组织140多家“三商”代表召开诚信守法警示教育大会。核查川庆钻探工程公司移交违规经商办企业问题线索1件，党纪政纪处分3人。审查回复选人用人、评先选优等有关意见334人次。修订《机关人员及所属单位负责人履职待遇、业务支出管理办法》《关于进一步贯彻落实中央八项规定精神实施细则》，规范党员干部操办婚丧喜庆事宜，发送工作提示5个、廉洁短信990余条，节前约谈提醒105人次。对机关党总支开展政治巡察，实现基层党组织全覆盖。严抓“后半篇”文章，推动整改2021年两轮巡察发现问题，完成率98.7%。巩固违规经商办企业专项整治成果，建立“三商”“一承诺两筛查”长效监督机制，着力深化靠前监督，筛查比对291家企业高管、股东信息675条，发现、整改问题6个，问责基层单位2个、责任人3名，取消竞争性谈判中选资格2家。 （般安庆　周　苧）

【企业文化】 2022年，川庆蜀渝公司开展“转观念、勇当担、强管理、创一流”主题教育。突出“两端一号一屏”，构建融媒体宣传格局，向中国石油青年微信公众号、“今日川庆”和“青春川庆”微信公众号各供稿21篇、川庆蜀渝公司微信公众号发送推文317篇，1条视频被“铁人先锋”App采用。清理关闭微信、QQ工作群，完成意识形态阵地再清理再登记，协助处置3起网络舆情。为全员订购、发放集团公司新版《企业文化手册》，并组织开展多形式、全方位宣传，“绿色发展、奉献能源，为客户成长增动力、为人民幸福赋新能”理念深入人心。拍摄完成商务宣传片，发布《钻前工程队安全文化建设指导手册》，参与完成川庆钻探工程公司“攻坚文化”脉络梳理，党建巡礼片《蜀渝铁军永远跟党走》深受广大党员群众好评。组织员工参加各层级新媒体大赛、随手拍等活动，上报微电影、微视频等各类作品30项，获川庆钻探工程公司首届职工文化艺术节奖项5个，《舞动蜀渝》视频被“铁人先锋”App采用。2人获川钻探工程公司“优秀文艺工作者”“优秀文艺骨干”称号。 （般安庆　周　苧）

【群团工作】 2022年，川庆蜀渝公司推进民主管理，召开职代会、工代会、联席会，审议涉及职工利益的规章制度3项，办理、反馈职工提案6件。落实劳动保护监督和HSE意见反馈，为施工一线配备小型空调105台。开展9个专项劳动竞赛，助力生产经营提速提效。17个钻前工程项目获川庆钻探工程公司劳动竞赛工期奖，1项合理化建议获川庆钻探工程公司二等奖。推进“我为员工群众办实事”，升级改造“移动职工之家”28套，9件民生实事按期逐项落实到位。关心职工群众，安排疗养381人128万元，走访慰问施工项目102个、一线职工679人次，帮扶困难职工及子女58人次，通过电话、视频、慰问信、办实事等方式慰问安抚因疫情被封控的前线职工和后方家属。关爱女职工，调增特殊权益津贴、“三八节”活动专项经费，并将两癌筛查项纳入专项集体合同。设立“小规模、高质量”的兴趣小组16个，为基层单位配置健身器材、文体用品，开展瑜伽舞蹈、阅读绘画、友谊比赛等文体活动100余场次，获川庆钻探工程公司广播体操云比赛二等奖。 （般安庆　周　苧）

邮政编码：610081
电话号码：028-86013677
油网号码：213677
单位地址：四川省成都市金牛区解放路一段田家巷5号
单位英文名称：Sichuan shu-Yu Petroleum Construction & Installation Co.,Ltd

川庆重庆运输总公司

【概况】 川庆重庆运输总公司隶属于生产服务板块。截至2022年底，有合同化员工703人、市场化用工116人，其中干部236人、工人583人，有高级专业技术职称15人、中级专业技术职称91人，有高级技师1人、技师8人；有社会化用工702人，其中多经企业合同化员工131人、市场化用工12人、社会化用工52人。设机关职能部室10个、附属机构3个，下设基层单位11个、参股企业1个。自有营运车531台，运力12 261吨，其中运输车174台，运力3 730吨；半挂车33台，运力990吨；油罐车30台，运力605吨；背罐车20台，运力100吨；酸罐车22台，运力352吨；下灰车40台，运力970吨；真空吸排车7台；泥浆罐车19台，吨位304吨；运砂车10台，吨位180吨；随车吊2台，装载机26台，叉车1台，应急车2台，吊车110台，4 475吨起吊能力；载人车辆67台。管理服务商营运车辆3 500余台。天然气处理能力62万米³/日。固定资产原值39 794万元，净值11 705万元。（陈泽音）

【生产经营指标】 2022年，川庆重庆运输总公司搬迁钻机291台次，同比减少7台次，下降2.35%；搬迁试油队686队次，同比增加58队次，增长9.24%；完成货运量858.48万吨，同比增加27.01万吨，增长3.25%；完成货物周转量13.95亿（吨·公里），同比减少0.97亿（吨·公里），下降6.5%；完成吊车作业59.73万台·时，同比增加0.16万台·时，增长0.27%，安全行驶里程8 963.4万千米。年处理天然气8 698万立方米。实现产值21.57亿元，考核利润1 353万元，均创历史新高。（陈泽音）

【运输生产】 2022年，川庆重庆运输总公司优化生产组织，把数字化管理手段融入生产全流程，助力钻井生产再提速提效，专业运输实力充分展现。打破忙闲不均的常态，有序开展生产保障，密切关注甲方生产动态，强化沟通，全面掌握生产信息；明晰企业三级管理脉络，发挥部门统筹作用，安排高效有序，自有、服务商车辆集结有力，生产保障更加高效。优化运行方案，突出行程计划管理，利用GPS监控系统实现全过程跟踪，调整运行路线，

2022年10月11日，川庆重庆运输总公司川中生产区凌晨出发执行搬迁任务 唐阳睿 摄

提升运行效率。围绕“川庆一盘棋”整体部署，打造“2小时资源共享圈”，从7个方面推进全面共享，实施“基地+驻点”就近保障模式，创新开展钻机搬迁分段集成运输、共享运输模式，钻机搬迁提速2.91%，共享钻机平均节约运输周期1.46天，全年为川庆钻探工程公司节约运输费3 100万元。掌握新冠肺炎疫情防控政策、办理各管辖区域通行证，提前做好人、车准备，创新开展“跨省接力，换人不换车”搬迁方式。强化应急管理，科学布局3.79万车次，完成中深101井、蓬深5井、龙兴1井等急料物资运输411井次、4.08万吨、1 813车次。（陈泽音）

【安全管控】 2022年，川庆重庆运输总公司以QHSE体系建设为根基，持续优化QHSE管理方案，抓重点、强过程、补短板，夯实管理基础。修订完善员工岗位工作职责、安全环保职责及岗位安全环保责任清单，全面签订安全承诺书，逐级签订安全目标责任书。推行区长负责制，统筹区域内资源共享，协调管驾人员，弥补车辆分散、人员流动的管理短板，安全管控空间得到拓展。修订《QHSE工作奖惩规定》，调整考核标准，实行全员生产积分管理，强化考核兑现，促进全员自觉履职。推动双重预防机制建设成果应用，优化“八项重大风险”管控措施，制定特殊敏感时段禁止作业清单及安全环保升级管理清单，从深从实推进安全生产包保制；开展安全生产三年整治行动，围绕“十五条硬性措施”强化安全生产大检查，风险管控能力持续增强。推动检查督导方式多样化，排查治理隐患3 708项，查处违章行为1 634起。缩减监控监督死角，实现作业全过程“现场监督+远程监控”，推行“旁站+巡回”监督双重机制，落实危化品运输“两单两卡”管控，开展标准化场站改造，高危风险点源全面受控。开展科、股级安全履职能力评估54人次，安全环保履职考核819人次，确保能岗匹配。常态化开展安全经验分享、“安全大家谈”，编制安全类两级培训项目97个，举办安全类、资质类培训115班次，开展“安全知识每周一测”答题测试9 725人次，全员安全意识和安全技能明显提升。（陈泽音）

【市场开拓】 2022年，川庆重庆运输总公司积极应对甲方压缩运输成本的不利局面，优化市场策略，深入研判市场

走向，主动出击、精准突破，实现 4 个区域差异化发展。构建“2443”市场格局，专题分析内外部形势和企业发展现状，开展风险评估，有计划、有目标推进市场拓展，建立“部门统筹引领—基层努力维护—中队（项目部）高效保障”的三级管理机制。强化全员市场竞争意识，拓宽市场信息收集渠道，强化分析、细分需求、精准识别；推进合同谈判签订工作，新签合同额增长率3.5%。把握油气发展新机遇，跟进常规气、页岩气、致密气等发展趋势，以现有市场为辐射中心，着力拓展新业务。川渝地区深耕中油内部市场潜力，拓展钻机搬迁及配套业务，把握载人车辆发展机遇，基础市场持续巩固；长庆区域以优质服务站稳苏里格地区内部市场，有效拓展返排液、泥浆、岩屑、残砂等运输业务，牢牢把握成品油、废机油运输及井间转运等项目机遇，长庆区域市场规模保持稳定；新疆区域密切跟踪新疆分公司、油建、西部钻探的市场动态，实现二堪清洁化生产业务总包，获取试修公司流程搬迁业务，新疆区域市场结构持续稳固；青海区域继续跟进新能源发展黄金期，做优天然气回收处理业务，新建 3 个场站，天然气回收业务增长 43%，有效拓展东部地区运输吊装业务，青海区域收入稳中有升。关注外部市场业务，跟进巨龙钢管厂、长江造型市场，新增西三线、西四线项目，稳步拓展西油物总相关业务，形成产值增长有力支撑。（陈泽音）

【企业管理】 2022 年，川庆重庆运输总公司全面贯彻“四精”工作要求，紧盯重点，强化过程导向、结果导向，持续向管理提升要质量效益，精益管理效果进一步显现。强化顶层设计，新增制度 4 项、修订 16 项、废止 16 项，制度体系更加合理。着力构建“四精”管理体系，梳理 91 项重点工作同步推进，推行“一单位一措施”，深化月度分析，逐月开展通报，严格考核兑现，强调归纳总结，推动工作质效双提升。强化“标准化”建设，适时开展专题分析，做好“编制—审核—试运行—反馈—优化”全流程管控，加强考核管理，全年完成标准编制 170 项，规范化管理基础更加夯实。开展“合规管理强化年”活动，开展法律宣传教育及合规管理培训，编制年度风险管理报告，完善 12 项管理流程及风险控制措施，专题整治违法违规问题，以制度规范、流程标准推进依法合规治企。开展法律风险防控体系研究，深化重大事项联合会审机制，突出重要管理节点风险法律提示；运用法律武器保护企业合法权益，应对并取得法律诉讼胜利案件 3 起，系列历史遗留问题成功解决。持续优化服务商线上结算流程，编制服务商支付费用结算管理工作规范，确保服务商支付标准、合规。（陈泽音）

【提质增效】 2022 年，川庆重庆运输总公司深入推进提质增效价值创造行动方案，立目标、定措施、严考核，实现提质增效 6 318 万元，完成率 201%。开展提质增效月度分析，突出过程管控，及时纠偏提升，严格专项考核，从严从实推动 157 项提质增效措施落实。推动市场开源，增收 1.55 亿元；稳步推动管理增效，创效 3 586 万元；合理盘活闲置资产，创收 215 万元。开展问题专项治理，严格“六费挂钩”联合考核，开展单车绩效精准激励，深化油料管理预警项目研究，单车成本始终受控。全流程管控成本，“五项”费用同比下降 11%；推行商旅平台应用，差旅费支出同比下降 15%，非生产性成本控制有效。推进“两金”压控，制订针对性欠款催收计划，落实催收责任到人，适时争取法律援助，较好完成欠款催收指标。（陈泽音）

【服务商管理】 2022 年，川庆重庆运输总公司着力提升服务商双重管理能力，初步实现服务商全过程数智化管控，服务商使用风险持续降低。构建服务商三级管理格局，优化完善“1+2+1”管理体系，持续细化管理流程、界面，明确管理职责，推进服务商管理系统化、标准化、合规化。严格服务商准入，压实审查委员会职责，优化审批流程，实现源头精准把控。着力培育核心服务商，强化风险评估，做好帮促提升，开展评先选优，严格退出机制，有效提高服务商整体素质。开展服务商管理调研，采取现场走访 + 网络问卷形式，收集有效建议 1 123 条；编制关键服务商 HSE 审核检查方案，按进度完成联系审核，服务商双重管理能力不断提升。开展服务商资质年审，全面更新、审验在用服务商运营资质、人车证件，清理长期未使用服务商 10 家，确保服务商使用安全、合规。加大服务商培训教育力度，建立服务商人员培训矩阵，编制年度培训计划，推行微信培训小程序，确保培训全覆盖。优化服务商智助管理平台，新增准入状态智能管控、准入资源有效性分析等功能，配套开发“运总安全行”小程序，基本实现服务商管控数智化。（陈泽音）

【信息技术】 2022年，川庆重庆运输总公司推进“数智引领”，统筹“两大中心、四个平台”同频发展，深化推广应用，加快流程规范化、数据标准化建设，为高质量发展提供数智支持。推动标准化数据库建设应用，不断完善平台基础档案，建立采集标准、优化采集流程，强化安全标准平台及数据库分析，完成14个菜单、60余个界面设计；深化物流信息化平台应用，新建设备全生命周期数据管理，推进服务商准入数据与川庆一体化平台对接，优化功能40余项，升级15次，平台运行更趋规范、高效。整合“好运来”载人车辆、货运平台、快递程序，建成“好运来快运”平台，加大用户反馈信息运用，不断提升用户体验感，初步打开平台经济窗口。开展智能化主动预警研究，积极推进“车辆主动安全预警+360全景导航+车载酒精检测”三维一体系统应用，展现智能技术全面监控优势，运行风险进一步削减。加大网络安全管理力度，构建“办公终端—服务器—网络设备—视频终端”四维防护系统，突出应急管理，强化安全检查，做好风险排查，筑牢网络安全防线。（陈泽音）

【装备技术】 2022年，川庆重庆运输总公司持续优化设备选型，加强设备管理，开展技术攻关，设备完整性、可靠性有效提升。密切关注市场变化，紧紧围绕公司发展定位，深入开展设备适应性研究，向特色技术和油田专用车辆倾斜，购置创效能力强的专业设备，设备专业化优势持续增强。优化设备管理制度及操作规程，制定应用14项工作规范，完善重点设备风险清单，设备管理根基更加牢固。常态化开展车辆检查保养，专项实施131台车辆标准化检维修及防腐，开展电气设备、防雷设备等专项检查，推动12项针对吊车支腿基础下沉的具体防范措施落实，完成吊车结构件安全技术项目，确保设备本质安全。组织开展“强规范、提质效”设备管理劳动竞赛活动，突出“标准化、成本、综合、创新、服务商”5个专项，设备管理水平全面提升。坚持科技创新，开展设备科研项目研究3项，深化钻机搬迁工艺流程、天然气场站建设等成果应用，推动科研项目成果转化。（陈泽音）

【队伍建设】 2022年，川庆重庆运输总公司加强“四好班子”建设，严格党委理论中心组学习制度，组织党委理论中心组学习13期，专题研讨4次；落实第一议题制度，科学决策“三重一大”事项123项，为引领公司正确发展奠定坚实基础。推进人才强企战略，专题研究制定干部培养任用11条刚性措施，健全人才选拔培养机制，拓宽人才引进渠道，建立后备人才管理台账，充实后备人才库，推进“聘干”工作，为高质量发展提供人才支撑。持续优化基层领导班子结构，定期分析、科学配置，全年提拔、调整16人次，新提拔科级干部中大学生占比80%，40岁以下科级干部占比提升6%；强化年轻干部选拔任用，搭建科级干部“一对一”帮促平台，组织一般管理岗位的31名大学生集体述职，召开高素质人才座谈会，促进年轻干部快速成长。有效发挥技术专家作用，开展“师徒”帮教；推动专业职称评定，完成6名副高级职称、5名中级职称和21名初级职称的评审、推荐、申报工作。开展两级培训3 465人次，送外培训877人次。（陈泽音）

【精神文明建设】 2022年，川庆重庆运输总公司以“喜迎二十大胜利召开、宣贯二十大精神”为主线，推动“11156”工作部署落实，党的建设迈上新台阶。不断优化党建工作制度设计，推行党组织书记抓基层党建工作述职评议考核实施办法，建立健全考核、激励制度，基层党建工作更趋规范化、制度化。持续深化基层党建“三基本”建设与“三基”工作有机融合，构建月度重点工作“提醒—跟踪—考核”全过程管理链条，适时开展党建共性问题整改联合监督检查，推动党建工作走深走实。开展“转观念、勇担当、强管理、创一流”主题宣讲20余场次、1 000余人次，凝聚全员强大发展合力。坚持开展“党员先锋岗”评选，评选党员先锋岗142人，党员先锋模范作用全面发挥。召开第二次党代会，首次明确企业精神和经营理念，提出“五大”发展战略，安排部署各项重点工作。深化巡察工作，完成全覆盖常规巡察；开展2021年巡察反馈问题整改验收工作，验收整改问题64项。坚持不懈纠治四风问题，开展违规吃喝专项治理，做好经商办企业专项治理“回头看”；常态化开展纪律教育，组织548名党员干部和关键岗位人员关注“石油清风”公众号，学习6期《老石说违纪违规吃喝要不得》系列原创漫画，参加“每周一测”3 589人次，营造风清气正发展氛围，全年无违规违纪事件发生。严格落实意识形态工作责任，清理解散外网平台16个，巩固和发展爱国统一战线，推进“我为员工群众办实事”实践活动，发放慰问、帮扶金251万元，调高生活补助、运行费标准，整改遂宁南坝基地，疫情期间派送“爱心包”，开展全覆盖护肺行动，不断增强员工幸福感、获得感。（陈泽音）

邮政编码：400021
电话号码：023-67311592　023-67301932（传真）
油网号码：310932
单位地址：重庆市江北区红石路299号
单位英文名称：CCDC chongqing Transprttation Co.ltd

川庆长庆监督公司

【概况】 川庆长庆监督公司主要承担261支钻井队、271套试油（气）机组、苏里格项目经理部17座集气站及地面建设现场的HSE监督工作，负责长庆油田公司14个产建项目组、苏里格“5+1”2个经理部、冀东油田西部分公司的工程监督工作，工作区域覆盖陕西、甘肃、宁夏、内蒙古四省（自治区）。截至2022年底，设机关部室8个、附属单位2个，基层设QHSE监督站5个、监督部4个，控参股企业1个（西安德安注册安全工程师事务所有限公司）。用工总量1 180人。全年未发生一般C级及以上生产安全事故、交通安全、火灾爆炸、食物中毒等事故事件，无谎报（瞒报）信息现象。（湛　兵）

【HSE监督】 2022年，川庆长庆监督公司完善监督流程，规范《项目安全监督计划书》，修订《监督巡回检查表》，刚性落实“持表对标”检查和旁站监督要求，标准化监督持续推进。编制高危作业监督清单，明确现场升级监督措施，试油（气）带压作业、大平台施工实行派驻监督，优选一级监督派驻高含硫井，推行拆、搬、安作业监督干部负责制，升级作业许可认可，累计旁站监督搬迁800队次、连油带压作业627场次，叫停吊装作业11场次，验证作业许可20 865项，治理井筒质量问题523项，高危作业风险得到有效管控。落实“一队一策”“一井一策”监督方案，开展不同时段专项排查，强化重点工序风险管控，动态风险管控监督更加到位。落实全员井控责任，签订井控目标责任书、员工井控承诺书，开展新版井控细则宣贯培训，细化《现场安全监督井控应急响应程序》，制定《起下钻作业井控安全监督措施》，突出“三确认一汇报两核实”措施执行监督，做实井控履职能力评估，处罚井控违章1 081起，井控风险管控更加有力。督促做好陇东、乌审旗区域中央环保督查发现问题的整改落实，修订完善环境保护监督检查表，强化现场“三废一液”的隐患排查，治理环境隐患8 305项。建立事故、事件资源库，开展启动、汛期、井控、冬季事故案例警示展板宣讲1 693队次、警示教育26 006人次，监督培训效能显著。建立专（兼）职监控队伍，实行专家、领导坐岗带班，全年视频监控治理不符合4 513项、纠正不安全行为4 810起、叫停2队次、整改监督履职问题164项，EISC监督作用得到较好发挥。（湛　兵）

【工程监督】 2022年，川庆长庆监督公司工程监督承揽区块更加集中。建立“两表一图”，完善监督人员与施工队伍动态配比，监督运行更加高效。坚守井筒质量“七条红线”，保工程质量22项“零容忍”底线，严把30道工序监督关口，避免重大工程质量问题5井次，钻井井身质量合格率99.8%，固井质量合格率95.9%，较上年有显著提升。针对新增搬迁工序监督，开展井场搬迁作业现状与风险管控调研，实行专职搬迁监督，累计查处现场搬迁问题3 667项，油田多元化队伍拆、搬、安作业风险得到控制。加大与油田各方深度合作，为甲方项目组选派钻井项目长、井控安全支撑人员、工程技术服务人员119人，为勘探事业部提供QHSE体系建设服务，承办工程监督取证培训，主动开展钻、录、带压、连油作业人员考评，利用甲方远程视频加大现场监督，构建论文、科研项目共研共享机制，建立联席会议制度，增强服务保障能力。（湛　兵）

【提质增效】 2022年，川庆长庆监督公司开展“转观念、勇担当、强管理、创一流”主题教育宣讲，利用“一网一微”平台推介宣贯，自上而下制订提质增效方案，降本节支成为全员共识。修订《综合绩效考核办法》《岗位责任制综合检查考核实施细则》，人均产值同比增长9%，考核激励作用更加凸显。拓展长庆主体市场，签订工程监督收入合同62份，签约金额2.78亿元，同比增长29.3%。开拓长庆区域零星技术服务市场，在产建监督服务合同以外，增加措施井改造监督服务合同14份，实现收入408万元；增加技术支撑保障合同26份，实现收入2 200万元，同比增长15.9%，为企业经营夯实基础。通过反复协商，勘探、评价项目监督费用结算系数有所改善，工程监督盈利能力得到提升。坚持“事前算赢”，严格过程考核，“五项”费用比近3年平均水平压减40%，机关管理费用比近3年平均水平压减3%，“两金”压控、收入结算率均在川庆钻探工程公司考核指标之内。（湛　兵）

【科研创新】 2022年，川庆长庆监督公司升级“川庆监督管理系统”、优化手持终端功能、完善远程视频监控管理，加快监督数字化进程不断。发布行业标准1项、川庆钻探工程公司标准3项，填补安全监督及井筒质量巡查监督空白。全年申报处级科研项目3项，参与川庆钻探工程公司科研项目3项、中油技服科研项目2项。开展软科学研究，多篇论文和QC成果获行业表彰，监督理论研究不断深化。开展太阳能等绿色能源在石油勘探开发过程中的利用研究，为转变发展做出有益尝试。建立视频培训平台，全面推行远程移动办公，新增11项工作线上运行，基层报销时间平均减少3天，信息化办公成为新常态。（湛　兵）

2022年2月12日，川庆长庆监督公司第三QHSE监督站在牛玉琴治沙基地开展义务植树活动　陈贝贝　摄

【企业管理】 2022年，川庆长庆监督公司分层压实QHSE责任，逐级做好体系审核，加强车辆动态监控，做细驻地安全检查，发展基础更加稳固。简化业务流程，制定、修订规章制度23项，夯实合规管理基础。规范派出人员、一体化监督管理，实行安全生产靠前承包，落实“四个半小时”督查要求，开展月度履职核查验证，治理监督履职问题5 472项。开展带压、连油等“四新”培训1 100人次，新增持双证监督269人，对5名高校毕业生实施“一人一册”双导师培养，为23名录井监督指定师傅，机关基层双向交流6人，“学本领、勇作为”氛围更加浓厚。加强外包队伍管理，优化薪酬激励体系，畅通成长成才渠道，聘用社会化技术专家38人、班组长33人、总监4人，外包人员归属感和认同感显著增强。（湛　兵）

【党建工作】 2022年，川庆长庆监督公司将“第一议题”制度延伸到基层党支部，扩大党委中心组政治理论学习范围，固化“三会一课”，坚持每周班子碰头会轮流领学，党员干部政治素养不断提升。坚持民主决策，明确党委会前置审议事项清单、制定基层单位重要事项议事规则，召开党委会12次，决策“三重一大”事项83项，党委把方向、管大局、促落实作用得到更好发挥。强化意识形态阵地管理，加强网络舆情监测，开展有害敏感信息再清除，彻底肃清流毒影响，政治生态得到持续净化。开展作风建设深入年和监督履职专项整顿，举一反三做好川庆钻探工程公司党委巡察反馈共性问题自查自纠，做实做细内部巡察和联合监督，党建工作与生产经营深度融合，高质量党建引领保障高质量发展成效更加显著。坚持党建带团建，开展青年志愿服务活动，推进青年精神素养提升工程，争创“青年安全生产示范岗”，引导团员青年参与微电影、短视频、微动漫等新媒体创作，选送4人参加川庆钻探工程公司“青年人才基础力提升和巩固训战营”培训，立足新时代、争做新青年成为共识。（湛　兵）

【群团工作】 2022年，川庆长庆监督公司加强企业文化建设，讲好监督故事，通过网页专栏宣传、微信公开推介、劳模亲身讲述，赋予“权威、刚正、负责”新的时代内涵，“油气安全质量守护者”的行业形象深入人心。始终心系员工冷暖，困难帮扶26人次、金秋助学7人次、生日和节日慰问4 000余人次，与因新冠肺炎疫情管控不能及时倒休的监督员谈心疏导163人次，安排职工疗养

115 人，给一线监督员配备保温壶，机关工作人员配备午休折叠床，陇东新驻地按期投用。开展拒绝管制品、“四重”、安保防恐风险隐患排查，抓好生产启动、冬残奥会、全国“两会”、党的二十大期间的信访维稳，落实“三禁一反”要求，做到“四个一律禁止”，队伍和谐稳定。推进健康企业建设，畅通员工健康咨询及就医通道，完善高危疾病人员名单，强化重点人群监管，倡导“争做健康达人”，建成全覆盖健康小屋 8 个，共享发展成果取得新成效。（湛　兵）

邮政编码：710018
电话号码：029−86592424　029−86592867（传真）
单位地址：陕西省西安市未央区未央路 151 号长庆大厦
单位英文名称：CCDC Changqing Petroleum Engineering Supervision Company

川庆钻井液公司

【概况】 川庆钻井液公司是中国石油天然气集团公司 4 家专业化钻井液技术服务公司之一，主营业务包括钻井液、完井液设计及技术服务、科研以及相关业务的技术培训和咨询论证；钻井液、完井液材料产品研发、生产、销售和检测服务；川渝地区钻井液、完井液存储和应急保障服务；清洁生产现场服务等。有专业化仪器设备 300 余台（套），具备同时为 120 台钻机提供钻井液、完井液技术服务的能力。在国内主要服务于西南油气田公司、吉林油田公司、塔里木油田公司、新疆油田公司、大庆油田公司等，业务分布于川、渝、新疆等省（直辖市、自治区）。截至 2022 年底，川庆钻井液公司设机关职能部门（五部两室）7 个、机关附属单位 2 个、所属二级单位 7 个，在册职工 549 人（含新疆二勘及国外劳务输出 32 人），其中合同化用工 421 人、市场化用工 128 人；有干部 256 人，其中企业技术专家 2 人、一级工程师 2 人、高级专业职称 52 人、中级专业职称 169 人、初级专业职称 27 人；有工人 293 人，其中企业技能专家 1 人、首席技师 2 人、高级技师 3 人、技师 44 人；有博士研究生 6 人、硕士研究生 27 人。资产总额 40 472.72 万元。

2022 年，川庆钻井液公司在钻井液技术服务方面，服务进尺 89.54 万米，同比增长 21.61%；在完井液技术服务方面，服务 93 井次，同比下降 14.68%；在清洁生产方面，完成 93 个平台 164 井次现场服务，完成油基岩屑甩干处理 8.98 万吨，收集处理水基岩屑 5.2 万吨。全年实现产值 12.02 亿元。独立法人企业方面，威能公司产值 2.37 亿元，首次突破 2 亿元大关，发展态势持续向好。（刘夕侨）

【提质增效】 2022 年，川庆钻井液公司部署提质增效 7 个方面 23 项工作措施，完成提质增效金额 4 248.27 万元。稳固川渝地区关联交易市场，深耕新疆区域市场，做大川、渝地区清洁生产业务，实现水基、油基清洁生产一体化服务，与西南油气田公司勘探事业部签订油基岩屑终端处置服务合同，首次实现和建设方直接合作。强化经营成本管控，开展运输费管控、完井液和清洁生产作业成本专题分析，完善区块预算成本管理，发挥技术方案和财务预算的融合指导作用。统筹开展资金、资产、税务管理。全力推进造价、结算工作。修订《川庆钻井液公司结算管理办法》，明确结算程序和责任分工，加强与建设方的沟通协调，参与建设方的合同和价格谈判，确保企业效益。（刘夕侨）

【生产运行】 2022 年，川庆钻井液公司完善生产组织运行，加强物资保障，发挥钻井液场站、重晶石粉中心库、化工料物资库作用，实现川、渝地区“2 小时共享圈”全覆盖，增强区域一体化保障能力，全年保障重晶石 35.41 万吨、化工料 5.33 万吨、油料 1.99 万吨，钻井液转运 23.2 万立方米。立足生产应急和井控需要，以钻井液场站为依托，调配罐车实施 24 小时值班，为西南油气田公司、大庆油田公司等多家单位提供应急保障服务 48 井次。加强生产全过程经营管控，细化分解重晶石、钻井液、完井液运输费用等具体指标，加强转运精准调度压减运费成本，重晶石粉万米运费、钻井液万米运费得到进一步压减。强化现场加重设备设施管理和维护，协同推进设备自动化、智能化建设，开展实验仪器修旧利废工作、修复率 98.05%，装备水平得到提升。发挥 EISC 远程支撑作用，完善钻井液工作平台系统建设，实现 26 口井数字化现场

应用；搭建运行管理系统成本分析模块，助推生产经营一体化。（刘夕侨）

【工程技术】2022年，川庆钻井液公司统筹技术提质、降本、增效，保障重点区块优快钻进。建立施工分级审批制度，严格抓好节点监管，修订工艺管理规范，细化钻井液提速模板10个，编制工艺规范4项，助推主要作业区提速提效见实效，刷新工程技术指标105井次。加强完井液技术管控，试油周期实现硬下降；深化深井超深井钻井液技术运用，助推双鱼001-H6井刷新中国陆上最深天然气水平井纪录。联合打造“地质、工程、钻井液一体化”井漏治理远程支撑中心，助推井漏治理取得“一高双降”良好成效，一次堵漏成功率63.66%，同比提高6.43%，万米漏失量914.28立方米，同比下降27.32%。开展蓬莱气区酸气污染专项治理，受污染井数大幅下降，平均治理周期有效缩短。落实集团公司井筒质量三年整治行动，严格对入井材料和流体质量进行监管，加强对物资供应商的前置审查，加大钻井液性能巡检力度，井筒质量持续提升。健全井控管理体系，细化工艺安全操作规范，加强对井控应急处置的培训，推广复合除硫技术，助推川东北高含硫项目实现自主开发。加强蓬莱气区抗酸气污染技术攻关，新体系在高石009-H4井首试成功。开展完井液抗污染研究，活性专用完井液技术在现场应用良好。推进科研成果转化创效，实施专利和技术许可，获经济效益超千万元。（刘夕侨）

【质量安全环保】2022年，川庆钻井液公司QHSE体系有效运行，安全环保形势平稳受控，获川庆钻探工程公司“QHSE先进单位”称号。推行安全生产清单制管理，建立“三标一规范”2.0示范队4个，现场标准化管理水平显著提升。开展安全生产三年专项整治、“护安2022”等活动，严格抓好高危作业、危化品、井控等重点领域集中整治，自查整改隐患2 789个、违章267个。培育全员安全文化，开展各层级QHSE培训，员工风险管控意识逐步增强。加强质量、标准管理，统筹推进井筒质量整治三年行动计划，加强钻井液性能巡检、钻井液处理剂抽检工作，参与编制国家级标准《页岩气勘探开发油基岩屑处理方法及控制指标》，填补国内油基岩屑处置领域空白。威能公司建成CNAS检测中心，并通过国家高新技术企业认定。推进清洁生产，开展油、水基清洁生产及资源化再利用工作，具备全过程资源化服务能力。践行绿色健康发展，启动绿色企业创建活动，推进节能减排、环保工作，制定《员工健康管理办法》，把健康理念融入生产经营全过程，转型发展稳健有力。（刘夕侨）

【企业管理】2022年，川庆钻井液公司制定、修订规章制度10项，在用规章制度96项（含党建类制度20项），制度合法合规性审查率100%。持续深化依法合规治企和强化管理工作，健全完善合规管理体系，开展“合规管理年”系列活动。优化流程管控，针对11项管理制度梳理完善15项管理流程，完善7个业务审批流程，助推企业重大风险全面受控。开展对标管理，分业务、分区域建立30个对标指标库，从生产技术、经营管理等方面开展全方位、常态化对标。规范合同管理，强化合同考核机制，办理时效显著提升。深化改革释放活力，推进三项制度改革，规范成都管理部下设机构，优化调整重庆实验室至威能公司，管理架构更科学合理。完善市场化薪酬分配机制，优化绩效考核体系，干事创业动能活力更足。（刘夕侨）

【党建工作】2022年，川庆钻井液公司落实习近平新时代中国特色社会主义思想和党的二十大精神，部署推进党的建设4个方面17项工作，持续肃清政治流毒影响，坚定捍卫“两个确立”、做到“两个维护”。开展政治理论学习，发挥党委班子引领示范作用，开展“第一议题”学习15次，党委理论中心组集中学习12次，专题研讨13次。开展形势任务宣讲和“转观念、勇担当、强管理、创一流”主题教育活动，围绕“强管理”关键词开展大讨论14次。把牢意识形态关口，抓好新闻宣传、企业文化建设，在《四川石油报》、川庆钻探工程公司门户等媒体刊发新闻321篇，企业影响力显著提升。完善“大党建”工作格局，实行清单制管理，加强党支部标准化规范化建设。推进基层党建“三基本”与“三基”工作有机融合，抓好“四个融合”打造“红色赋能”工程，开展“金牌作业队”“红色领航旗”等一批党建品牌创建，基层党支部更加坚强有力。持续优化干部队伍建设，调整配备科级干部16人次。制定人才强企工程三年规划，不断深化“三支队伍”建设，畅通技能人才成长通道，开展钻井液技师技能等级认定、参加技能竞赛等工作，技能人才队伍建设加快进程。强化政治监督，一体推进“三不”，针对提质增效、现场物资、差旅费报销等重点领域开展监督检查，上级党委专项巡察整改取得阶段性成果，开展内部首轮巡察。（刘夕侨）

【工会与群团工作】 2022年，川庆钻井液公司落实工会工作职责，维护职工合法权益，巩固和谐劳动关系，做好职代会提案收集上报，1条提案获川钻探工程公司优秀提案二等奖。修订《劳动竞赛工作实施细则》，参与2022年川、渝地区“优模式、强管控”提速创效重点等4项劳动竞赛，开展“细管理、增效益”提速创效等3项劳动竞赛，助推生产提质提速。开展评先选优活动，5个集体获川庆钻探工程公司先进集体称号，2个集体被评为川庆钻探工程公司工人先锋号，2个班组获川庆钻探工程公司“‘安康杯’优胜班组”称号；1人获川庆钻探工程公司劳动模范，2人获川庆钻探工程公司“先进个人”称号，2人分被评为2022年“成都工匠”和“成华工匠”。召开川庆钻井液公司成立10周年座谈会暨表彰“十大突出贡献职工”仪式，表彰2012—2022年“十大突出贡献职工”10人。开展“我为员工群众办实事”活动，发布《机关办事指南》，为职工办事提供便利。关心关爱员工，做好困难职工慰问帮扶、金秋助学等工作，为员工配发应急箱包、防暑降温用品、防疫物资等，保持大局和谐稳定。

（刘夕侨）

2022年9月26日，川庆钻井液公司纪委在成都组织开展“守初心、倡廉洁、传家风、扬正气”主题教育活动　　岳　杨　摄

邮政编码：610056
电话号码：028-86010829
油网号码：210829
单位地址：四川省成都市成华区猛追湾街26号
英文名称：CCDC Drilling Fluid Technology Service Company

川庆页岩气项目经理部

【概况】 川庆页岩气项目经理部成立于2014年4月10日，是川庆钻探工程公司按照集团公司加快“长宁—威远国家级页岩气示范区”总体部署成立的二级单位，主要负责威远区块页岩气风险合作勘探开发和川渝致密气合作开发。截至2022年底，川庆页岩气项目经理部有员工262人，其中管理及专业技术人员149人、技能操作人员113人；有一级工程师2人和二级、三级工程师5人；有高级专业技术职称43人、中级专业技术职称81人；有博士研究生8人、硕士研究生46人；平均年龄42.3岁。机关设1室6部，分别为综合办公室、生产协调部、计划经营部、财务资产部、质量安全环保部、工程技术部和勘探开发部；下辖威远采输作业区、抢险保供中心和页岩气地质工程研究所。

2022年，川庆页岩气项目经理部生产页岩气26亿立方米，同比增加7 000万立方米、增长2.77%，连续8年产量增长，历年累计产气118.09亿立方米。获四川省五一劳动奖状、川庆钻探工程公司“先进企业”和“提质增效先进单位”称号，连续3次获“四好班子”称号。威远采输作业区获四川省工人先锋号。（胡法翔）

【产能建设】 2022年，川庆页岩气项目经理部投产新井31口，新井产量6.7亿立方米。开钻井35口，完钻井41口，同比增长10.81%，平均水平段长1 921米，平均完钻周期51.13天，同比提速6.11%。压裂完成34口井，施工633段。完成钻前平台9个，建成资中35千伏电力专线和24个场站供电工程，全年用电2.3亿千瓦·时。围绕“大井丛+长水平段”高效开发模式，多专业联合推进裂缝发育页岩坍塌机理、双密度控压钻井技术、钻井液固壁技术、提速配套工具、高压固井附件等技术攻关和工具试验，区域平均机械钻速首次突破 10 米 / 时、水平段长首次突破 1 900 米。不断完善地质地震一体化工作模式，提高随钻过程构造和地质复杂预测精度，入靶成功率 100%，加强轨迹精细控制，平均 4 米箱体钻遇率 97.3%，铂金靶体钻遇率 96.1%，创历年新高。推进以“多缝换缝网、粉砂换陶粒、暂堵换排量”为技术理念的压裂工艺 2.0，针对储层差异性实施“一区一策、一井一策、一段一策”，平均加砂强度、液体效率均创历史最高水平。全年千米测试日产量和千米 EUR，分别提升 5.7% 和 4.3%。“甜蜜”区千米测试日产量同比增长 35.44%，实现“甜蜜”区再提效。（胡法翔）

【高产井培育】 2022 年，川庆页岩气项目经理部建成 3 个半支百万立方米平台，完成测试气井 28 口，平均单井测试日产量同比提升 15.32%。针对高套变风险区，强化“精细裂缝建模 + 长段多簇复合暂堵”等套变综合防治技术攻关试验，适度平衡单簇缝内压力与天然裂缝剪切滑移风险，套变率 26.5%，较上年下降 15.5%。深化“压窜通道精细识别 + 缝端暂堵防压窜技术 + 邻井压力实施监测 + 压裂参数动态调整”技术研究，先导试验井有效降低裂缝扩展，压窜井次同比下降 29.8%。（胡法翔）

【勘探评价】 2022 年，川庆页岩气项目经理部精细威远东部区域优质储层评价，明确区域 7 个电性特征层的厚度展布特征。精细划分区块 9 个开发单元，建立沉积微相模型、相控储层参数模型和页岩气藏储层离散裂缝网络建模，储层物性认识更精细。依据储层条件实现差异化部署，优选“甜蜜”区、“甜蔗”区资源动用。优化落实“甜橘”区、“柠檬”区稳产期井位和规划井位，稳产期 2 区的井数分别占总井数的 31% 和 12%，平均水平段长分别为 1 968 米和 2 183 米，部署威 204H47 井、威 204H79 井等 5 个大井丛平台，单平台最多部署 12 口井，均成功压裂投产。创新嵌入式裂缝数值模拟与气井动态分析技术，开展页岩微观储渗特征与纳米排驱提高采收率技术研究，先导试验井威 204H52-4 井千米 EUR 较邻平台井提高 6.3%，为深层龙马溪组页岩气高效开发奠定坚实技术基础。实施威 205 井区 204 平方千米三维地震勘探，部署评价井 3 口，可持续发展基础得到加强。（胡法翔）

【科技进步】 2022 年，川庆页岩气项目经理部牵头川庆钻探工程公司及以上课题 19 项，参与 26 项，重点开展地质精细建模、精细暂堵评价、深层页岩压裂工艺优化、纳米排驱提高采收率、开发动态监测、一体化软件研发等关键难题研究。其中，2 项页岩气特色技术经专家鉴定达到国际领先水平；获集团公司、中国石油和化学工业联合会等省部级科学技术进步奖一等奖 4 项，新增授权发明专利、软件著作权、标准、学术论文等有形化成果超过 30 项，地质工程研究所获川庆钻探工程公司公司“科技创新团队”称号。（胡法翔）

【开发生产】 2022 年，川庆页岩气项目经理部建成集气站 1 座、平台站 7 座，采集气管线 17.27 千米，转运水管线 12.46 千米，形成“五站六线”互联互通，“枢纽节点 + 联络干线 + 井区环线”的集输网络，打破内部集输瓶颈，实现区域产量精细调控。投运增压机组 21 台，多级增压系统全面形成，老井平台增压全覆盖，完善“高压直输、低压增压、高低压分输、集中 + 平台结合”的集输系统，全年“零停机”完成压缩机保养。强化管道完整性管理，人工巡检巡护 3.2 万千米，无人机巡回检查 3 113 千米，完成水保修复 17 处，升级管线防腐技术，全年无管道失效事件发生。加强动态生产跟踪，建立老井管理 PDCA 循环，识别气井异常超 152 井次，开展动态分析 1 086 井次，调整气井生产制度及生产方式，创新形成“水平段油管加深 + 地面增压 + 电驱高压压缩机循环气举 + 泡沫排水”复合工艺模式，开展不压井更换穿孔油管、负压开采试验和中性—弱酸性螯合解堵液洗井，泡沫排水助力 48 口间开井转变为连续生产井，开展增产措施 4 454 井次，全年增产气量 2.37 亿立方米，挖潜增产效果明显。（胡法翔）

【致密气风险合作】 2022 年，川庆页岩气项目经理部开钻井控 14 口，完钻井 18 口，平均钻井周期 15.71 天，9 口井无阻流量超百万立方米，中浅 2 平台测试产量创造区块“四个第一”。其中，中浅 1 井区 6 号砂组测试产量第一，中浅 1 井区 8 号砂组测试产量第一，川渝致密气单井测试产量第一，金秋气田平台测试产量第一。完成交接 21 口

井，提振西南油气田公司致密气效益开发信心。（胡法翔）

【提质增效】2022年，川庆页岩气项目经理部通过部署大井丛、优化定向工具使用、增长压裂段长、降低用液强度、石英砂替代陶粒、市场化购电、重复利用设备等措施，降低单井投资，单井投资控制同比下浮6.35%。优化老井挖潜增产工艺，"精准施策、一井一策"，减少低效无效措施；加快气田水管网建设，多举措推进气田水转运，节约运输费、外运处置费近千万元；加强重点、大额费用控制，强化成本动因分析，完成川庆钻探工程公司下达的完全成本控制指标。突出成本管控、"两金"压控，科学组织和调配资金，深化产融结合，资金管理安全高效。加强沟通协调，新签订的风险服务合同延续原结算收款模式，实现资金快速回笼。资产负债率、两金压控、自由现金流均优于川庆钻探工程公司下达目标，利润再创新高。（胡法翔）

【企业管理】2022年，川庆页岩气项目经理部合规管理更加规范，干部员工法治意识显著增强，2起法律案件取得胜诉。推进风险防控专业化、内控建设流程化，发布项目经理部内控管理手册，常态化开展合规管理三级培训，全年制定、修订制度45项，规章制度更加健全，企业管理体系更加精细。（胡法翔）

【质量安全环保】2022年，川庆页岩气项目经理部更新补充QHSE法律法规清单、标准规范22项，制定、修订管理制度4项。完成13个平台钻井工程竣工环保验收和34条管线的水土保持验收。建立发布《质量风险分级防控清单》，落实质量管理主体责任，开展井筒质量专项检查，严把采购质量关，川庆钻探工程公司抽查和项目经理部自行送检合格率97%。开展油气场站、管道天然气泄漏风险评估，辨识场站危害因素600余项。完成10项安全技术措施项目，生产现场本质安全有效提升。优化7项应急处置流程，开展油气场站和管道天然气泄漏、火灾、防汛等各级各类应急演练55次，持续提升应急能力。开展员工安全环保履职能力评估56人次，HSE培训9期843人次，压力容器、井控等持证率100%。抓好作业场所职业病危害因素检测和职业健康体检，年度健康体检率100%，未发生非生产亡人事件。制订闭环安全生产方案，新冠肺炎疫情封控期间80余人在现场和机关值守；内江疫情封控期间制定保障措施30余项，协调车辆通行证60余台，有效保障疫情期间安全平稳生产。（胡法翔）

【员工队伍建设】2022年，川庆页岩气项目经理部强化年轻干部培养。落实"人才强企工程推进年"各项要求，首次举办科股级干部能力提升培训班，实施员工分级分类培训，建立新员工三年期跟踪培养方案，编制采气工"口袋书"，举办第三届采输气实操技能大赛，完成4名优秀操作技能人员聘干。开展党委联系服务专家及高层次人才工作，全年联系26人次，完成二级、三级工程师考核等级划分。（胡法翔）

【党建工作】2022年，川庆页岩气项目经理部捍卫"两个确立"，践行"两个维护"，制定20余项措施推进党的二十大会议精神贯彻走深走实，深入学习贯彻落实习近平总书记重要讲话及指示批示精神，"第一议题"学习121篇，深入党史学习教育，严格落实意识形态工作责任制，持续肃清政治流毒，净化政治生态。深化大党建格局，持续完善"三个清单"党建管理模式，促进党的"三基本"建设与"三基"工作有机融合，推进区域党建联盟和党支部标准化、规范化建设，党建与生产、经营、安全深度融合。在川庆钻探工程公司党建责任制年度考核中再次获评A档，排名稳步上升。（胡法翔）

【党风廉政建设】2022年，川庆页岩气项目经理部聚焦重大决策部署，重点项目、重要工作合规管理，开展专项和联合监督检查，有力保障生产经营推进落实，完成川庆钻探工程公司作风建设专项巡察整改及验收。坚持开展廉洁教育、以案促改，一体推进"三不腐"体制机制建设，开展"反围猎"专项行动，打造风清气正的页岩气发展环境。（胡法翔）

【民生实事】2022年，川庆页岩气项目经理部推进"我为员工群众办实事"8项重点工作，坚持薪酬分配倾斜关键、艰苦岗位和业绩突出员工。改善基层员工工作环境和生活条件，建设健康小屋、基层健身房、阳光菜地等，2个基层单位搬迁内江倒班基地。开展扶贫帮困、节日慰问、全民健身等普惠服务，为和谐稳定发展创造良好条件。

（胡法翔）

邮政编码：610051
办公电话：028-86018723
油网号码：218723
单位地址：四川省成都市猛追湾街6号
英文全称：Shale Gas Exploration and Development Department

川庆页岩气工程项目部

【概况】 川庆页岩气工程项目部于2018年6月设立，代表川庆钻探工程公司统一开展川渝页岩气、致密油气工程服务管理，履行“组织、协调、督促、把关”职能，行使“统一市场开发、统一协调、统一技术、统一结算”等“四统一”职责；2021年，川庆页岩气工程项目部开始在川渝页岩气市场统一引进钻井队伍。川庆页岩气工程项目部主要负责管辖西南油气田公司自营及合作的页岩气、致密油气区块，以及吉林油田公司、浙江油田公司等非常规气川渝流转区块，施工作业区域横跨川、渝9地市。截至2022年底，川庆页岩气工程项目部累计管辖钻井队伍78支，其中页岩气49支、致密气29支。引进中国石化钻井队23支、民营钻井队2支、长城钻探工程公司钻井队1支，西部钻探工程公司钻井队4支，渤海钻探工程公司钻井队4支。页岩气工程项目部设立市场与综合管理部、生产技术部（EISC中心）、财务经营部、质量安全环保部4个职能部门。在册职工22人，其中男员工18人、女员工4人。有高级专业技术职称8人，中级专业技术职称14人。

2022年，川庆页岩气工程项目部全年工作量大幅增长，页岩气区块年累计动用钻机49台，开钻井69口，完钻井43口，完成进尺47.09万米，进尺同比增长354.1%；年累计动用压裂机组12套，完成911段压裂，压裂段数同比增长1.1%。致密气区块年累计动用钻机29台，年开钻井76口，完钻井89口，完成进尺28.92万米，进尺同比增长39.24%；年累计动用8套压裂机组，完成887段压裂，压裂段数增长64%。全年引进钻机34台，完成进尺33.2万米，较考核指标增加2.6万米。全年创造钻井纪录12项、压裂测试纪录6项。

（曾　茜）

【生产组织】 2022年，川庆页岩气工程项目部负责大安区块、渝西区块的页岩气工程技术服务一体化项目管理，在重庆市永川区设立渝西页岩气前线指挥部，项目部牵头与川庆钻探工程公司其他参建单位开展联合办公，履行“组织、协调、督促、把关”职能，对外代表川庆钻探工程公司开展大安区块、渝西区块页岩气项目管理。截至2022年底，川庆页岩气项目部在隆昌市、永川区有页岩气2个前线指挥点，管理以联合办公方式实施，统筹“运行管理、生产协调、引进队伍”，依托EISC智能支持中心，强化现场监管。自开展联合办公以来，川庆页岩气项目工程部整合一体化优势资源，开展钻试一体化、区块总包、平台总包等多种承包模式，实现“工作量承揽、对外协调、工作量分配、内部协调、执行技术模板、现场标准化建设、内部结算、安全环保管理”八个统一。全年生产效率持续提高，钻井进尺月度计划偏差率5.73%，优于考核目标14.27个百分点。钻井乙方组停时效0.72%，优于“小于1%”的考核目标。钻机综合利用率98.76%，优于考核目标13.76个百分点。钻机套搬周期14.53天、压裂准备时间14.05天，分别较考核目标提速19.28%、6.33%。

（曾　茜）

【工程提速】 2022年，川庆页岩气工程项目部总体钻完井周期52.16天，提速29.22%。深层页岩气、致密气分别提速18.75%、20.52%。钻井故障复杂时率3.16%，下降19.83%；非地质原因导致的复杂时率2.93%，下降23.6%。页岩气区块、重点区块模板执行率分别为100%、97.33%；井身质量、固井质量合格率分别为97.8%、94.23%；一次堵漏成功率提高15.38%，均达到考核指标。精细生产组织，全力推动提速。抓好钻井中完、完井作业生产组织，协调优化测井、通井、套管试压等工艺，中完、完井作业分别提速20.15%、7.64%，创造自201井区三开最快中完周期3.31天、最快完井作业周期6.40天等纪录。精益技术管理，确保创先争优。细化深层页岩气钻井提速6个方面13项方案，50506队创深层页岩气最高年进尺2.66万米纪录。开展中上部难钻地层综合提速攻关，二叠系地层井漏治理，龙马溪组降密度控故障复杂攻关，制订“一井一策，一段一措施”提速方案，保障大安区块前三开井整体提速 38.7%。自 201H54-4 井创自 201 井区最快钻井周期 77.23 天纪录；自 221 井创深层页岩气评价井直井最快钻井周期 56.67 天。永浅 201 井创致密气区块钻井周期 7.77 天纪录。精准专项治理，控故障降复杂。开展断层及微幅构造精细解释，蚂蚁体裂缝预测，建立过破碎带、断层等地质复杂工程技术风险等 5 个管控清单。故障复杂时率降低 19.83%，未发生旋导埋井事件，成功捞获自 201H62-2 井落井密度源。致密气区块通过强化油基钻井液封堵性、抑制性，降低钻井液密度，实现零卡钻。依托堵漏攻关组力量，推进井漏治理攻关，一次性堵漏成功率提高 15.38%。 （曾　茜）

【市场经营】 2022 年，川庆页岩气工程项目部把提升效益摆在首位，清收陈年欠款，不断提高市场占有率，保持市场经营态势持续向好。西南油气田公司自营深层页岩气市场占有率 62.98%，同比增长 28.12%；致密气市场占有率 100%。全年新签合同同比增长 60.38%；市场收入 36.03 亿元，同比增长 60.67%，回笼资金 44 亿元。拓展四川页岩气公司、浙江油田公司大安区块等新兴市场，进入重庆页岩气压裂高效市场。持续优化差异化竞合共赢市场策略，成功开拓平台、区块、钻前网电钻试一体化、钻井日费制总包等 7 种总包模式。四川页岩气公司、开发事业部、大安区块评价井合同效益谈判取得重大成效，较平台井增加 800 万 ~ 900 万元 / 井。自 301 井等 3 口井评价井费用缺口吉林油田拟通过调整川南开发方案解决。招标 61 支钻井队伍，39 支已办理中国石油资质，累计动用引进钻机 26 台。精准研判市场，致密气区块及时引进渤海钻探等中国石油成员企业钻机 8 台，确保致密气市场占有率 100%。开展“清收攻坚年”“清理对油气田企业 2021 年底未结算投资和工作量”等专项活动，清理项目 234 个，清理金额 16.77 亿元。完成川庆钻探工程公司督办浙江油田公司 1 221.34 万元陈年欠款的清收。 （曾　茜）

【科研攻关】 2022 年，川庆页岩气工程项目部保障国家科技重大专项成果、自主创新科技成果推广应用，参与川庆钻探工程公司科研项目，解决现场生产卡点、难点。开展自研 CG-STEER 旋导抗高温升级试验 2 井次，在 130℃以下寿命大于 100 小时，在 130 ~ 138℃寿命 70 ~ 90 小时，实现国产替代。在致密气区块，推广应用自研 CG-STEER 旋导 53 口井，平均机械钻速 15.84 米 / 时，24 口井单趟进尺超 1 500 米，秋林 221-8-H2 井创 CG-STEER 旋导单趟钻最高进尺 3 570 米纪录。推广运用自研 ATK 系列油基钻井液专层钻头 29 口井，平均机械钻速 19.27 米 / 时，单只钻头进尺最高 3 010 米。持续深化页岩气“长段短簇 + 暂堵匀扩 + 控液增砂”体积压裂 2.0 技术现场应用和技术升级，致密气全域加砂技术攻关。助力自 301 井创自贡区块单井测试日产量 40.2 万立方米纪录；金浅 511 平台测试日产 263.38 万立方米、无阻流量 762.39 万米^3/ 日，刷新致密气平台井无阻流量纪录；秋林 220-8-H2 井测获日产 95.34 万立方米、无阻流量 211.74 万立方米，刷新致密气金秋区块单井日产和无阻流量纪录。 （曾　茜）

【安全环保】 2022 年，川庆页岩气工程项目部深化 QHSE 管理体系和双重预防工作机制建设，通过专项整治安全系列行动，强调整治实效，提升风险管控能力。修订完善制度 23 项，健全 QHSE 管理制度体系。抓短板薄弱点，从 8 个方面 50 个单项数据分析，开展短板专项整治。抓薄弱队伍，开展队伍画像，强化风险等级差异化管控。抓薄弱人员，开展引进队伍 HSE 关键岗位、监督、环境监理三类人员画像。狠抓责任落实，消除隐患风险。抓网格化监管责任落实，完善网格化监管，明确现场 121 个关键作业及页岩气工程部等 7 方各级 450 项管理活动。抓高危作业风险管控落实，形成高危作业监督模式，落实预约报备、升级审批、作业前能力测评、旁站监护、升级管理等相关措施。交叉作业和拆、搬、安作业，履行区长及挂牌制，制定并落实风险管控方案。抓风险预警机制落实，定期发布风险提示，跟踪现场预警风险管控情况；抓隐患清零闭环落实，持续推进“日记录、周通报、月分析、季整治、年总结”整改闭环机制。抓资源共享，组织承包商深度参与 QHSE 管理，集中解决各承包商工作难点、突破监管瓶颈，实现“联管、联防、联责”补齐管理短板。狠抓井控管理，严守安全红线。制定井控规范细则，细化重点流程，强化钻开油气层验收、风险层段技术交底、特殊敏感时段井控升级、井控“一把手”管理、井控重点井领导包保管理等日常管控。强化应急管理，建立溢流关井快速处置程序，全年溢流14井次均及时、科学处置，杜绝有责溢流及高套压事件发生，实现溢流发现及时率100%、正确关井及时率100%。持续开展井筒质量整治三年行动专项活动，井身质量合格率97.8%、固井质量合格率94.23%。（曾　茜）

【党建工作】 2022年，川庆页岩气工程项目部以学促行铸魂，提升思想引领力。引导党员干部加强政治学习，把学习成果内化为思想引领。通过研讨学、专题学、自学等20余次，学懂弄通习近平新时代中国特色社会主义思想。把上级党组、集团公司、川庆钻探工程公司各类会议文件精神，纳入“三会一课”，集中宣贯学习17次。打造标准化支部，严肃党内政治生活。领导班子签订岗位聘任协议，契约化管理，压实责任。落实“三重一大”制，领导干部双重身份参加民主生活会，持续落实巡察反馈问题整改，加强民主监督。推进主题活动，弘扬伟大建党精神。开展“建功新时代、喜迎二十大”等系统主题活动，全员收看二十大开幕，开探索“党建+安全、保密”模式，持续推进“三基本”建设和“三基”工作有机融合。开展廉洁教育学习，集中警示案例学习5次，做好节假日廉洁提醒。开展违规吃喝问题专项治理专项工作，明确岗位风险措施，强化招待费管理。做好重点人员监察，落实中央八项规定。（曾　茜）

2022年8月22日，川庆页岩气项目经理部、威远采输作业区、抢险保供中心机关搬迁至内江市经济开发区综合倒班基地
许晓天　摄

邮政编码：610051
办公电话：028-86013906
油网号码：213908
单位地址：四川省成都市成华区猛追湾街道6号川庆科研大厦

川庆井控应急救援中心

【概况】 川庆井控应急救援中心是国家油气田井控应急救援专业抢险队伍，根据集团公司要求，负责区域范围内油气井井喷事件的抢险救援，完成国家、集团安排的国内外井控应急救援任务，负责井喷抢险技术研究与装备、工具研发，负责精神传承和警示教育等7项职责。通过持续研发配套，形成清障切割、冷却掩护、井口重建、检测仪器、安全防护、应急通信等八大类主题设备。2022年，完成集团公司专项投资14项设备配备，钢圈槽修复器、全地形大排量雪炮、大尺寸环形管道切割装置等已列装，抢险推土机器人、长臂抢险机器人等装备正在进行信息化改造，主要抢险设备均可远程操作，基本实现近井口作业无人化。截至2022年底，有设备数量248台（套），固定资产2.4亿元。以基地日常练兵为基础，带压作业、隐患治理现场练兵为拓展，提升人员应急实战能力，完成大安2H井、西51井等4井次井控险情。新建基地项目于2022年9月23日正式开工，建设内容包括科研培训综合楼、应急救援装备库房等单体建筑。按照“四位一体”建设要求，科研综合培训大楼建成后将为应急指挥、科技研发、警示教育、室内培训、体能训练等提供条件。2022年底，有机关部室3个、基层单位3个，有在册员工62人，其中处级干部4人、科级干部9人，有技术干部25人（高级工程师占比36%），技能人员32人，有技师5人、高级技师5人，首席技师1人，高级技师和技师占比31%，党员占比79%。获四川省“‘安康杯’劳动竞赛优胜单位”、川庆钻探工程公司“井控先进单位”“工人先锋号”等称号。（陈凯英）

【科技进步】 2022年，川庆井控应急救援中心建立健全技术创新机制，坚持“全员创新”理念，全年承担各级科

研项目8项，结题验收3项，科研成果获中国职业安全健康协会科学技术进步奖一等奖1项，获局级以上科技奖励5项、川庆钻探工程公司科学技术进步奖1项，集团公司一线创新成果三等奖1项、川庆钻探工程公司一线操作员工岗位创新成果一等奖1项，申报国家发明专利6件、授权3件。推进集团公司重大科技专项"陆上井控应急关键装备与配套技术研究"下设课题3、4、5的研究任务攻关，突破多项技术难题瓶颈。完成作业机具在两种导热类型下的失效分析计算；量化切割机具和重置机具的耐火耐温技术目标，设计"耐温金属材料+耐火耐温涂层+自喷淋系统"结合的防护技术方案，此方案大幅提升耐火耐温作业的准度、精度及安全性。针对切割和重置不同工况，分别设计"高清视频监测+距离感知系统"的首次切割可视化技术方案与"红外测温系统+距离感知系统"的再次切割可视化技术方案，实现对井口装置切口的准确快速定位。攻克桅杆式井口重置装置、激光远程点火装置、基于数字孪生远程操控技术的抢险破拆机器人等工程难题攻关，相关样机正在试制阶段。结合现场生产技术的难点、卡点，组织开展"压裂井口带压强行封堵技术研究""基于VR技术的隐患治理作业培训平台研制"等4项川庆钻探工程公司新开科研项目立项筹备工作。（陈凯英）

【应急救援能力建设】 2022年，川庆井控应急救援中心健全24小时值班等5项制度，制定《井控突发事件专项应急预案》，形成"各清其职、各司其责"响应体系，完成西51井、大安2H井等4口井应急处置任务。科学制订年度作训计划，形成"优化方案+轮换实训+总结提升"练兵模式，开展演练78次，以练带训开展带压作业、井口隐患治理39井次。建立应急救援培训流程、培训大纲，录制视频教程，开展培训师遴选和锻炼。编制分层级、分专业、分岗位培训矩阵，开展岗位培训、技术技能培训、新购设备转培、实操作训等71次。应急救援保障能力显著提升。完成7个应急装备购置专项投资项目。基地建设项目按进度计划有序高效推进。立项开发设备管理信息化模块，开展设备全生命周期管理，全年完成操作规程验证22项。持续推进设备小型化、模块化、集装化。

（陈凯英）

【井控技术支撑】 2022年，川庆井控应急救援中心全力支撑集团公司井控管理，参加集团公司两个井控最高风险区域井控检查、井控实施细则评审、"三评估三分级"复审、冬季井控安全检查、QHSE体系审核等工作，促进各区域井控管理水平提升；参与修订国家标准1项、集团企业标准1项，发布集团公司企业标准1项，连续2年获集团公司致信表扬。参与川庆钻探工程公司井控工作，首次独立组队完成川、渝地区一级井控风险井驻井跟班检查和关键岗位井控能力评估，支撑博孜25井井漏复杂处置等任务，参与编制《长庆高含硫区块调研》报告，为长庆油田公司岩下高含硫气藏安全钻井打下坚实基础，编制井下作业《井控突发事件应急模板》，规范井下作业井控突发事件处置。以老带新，持续做好西南油气田公司勘探事业部、开发事业部、四川页岩气公司井控支撑的基础上，拓展大庆油田公司西南、吉林油田公司川南井控支持服务市场。完成中油国际ADM公司、安第斯公司等4个海外项目井控管理，远程支撑1次溢流处置，中海油伊拉克米桑油田井控保障与支持服务项目落地并顺利运行。（陈凯英）

【企业管理】 2022年，川庆井控应急救援中心开展"能力提升年"活动，治理体系初步建立，治理能力明显提升。对标国际一流，优化发展目标，发展规划更加科学。优化组织架构，推行"小机关大部室"管理模式，资源潜力得到充分发挥。创新融合模式，推行"基层机关化，机关基层化"，运行效率明显提升。创新提质增效，深度解析提质增效内涵，系统推行"四提质三增效"模式，员工意识显著增强，创效成果佳，全年增收增效449万元，降本增效445万元。创建内控体系，新建制度流程64个，发布施行中心《风险管理与内部控制手册》，编制《重点业务风险辨识与防控清单》，企业风险可防可控。优化绩效管理，分部门分科室分别制定个性化绩效考核责任书，严格季度考核兑现，年度重点工作有效落实。启动信息化管理工程，形成中心"十四五"信息化建设设计方案，完成系统部署和底层搭建，设备动态管理和合同动态管理模块上线测试，推进信息化建设工程。推进维稳信访综治工作常态化，实现中心平安和谐、稳定发展，获川庆钻探工程公司电报嘉勉。（陈凯英）

【队伍建设】 2022年，川庆井控应急救援中心实施人才强企工程。建立所属领导班子和领导人员综合考核评价和任期制管理实施细则，完成基层领导人员任期制和契约化责任书签订9人。提拔科级干部3人，选聘救援作训部作业指挥岗2人、井口操作岗7人、灭火操作岗5人。制订二级、三级工程师和高技能人才管理办法，聘任二级工程师3人、三级工程师2人，上报5人参加技师（含高级技师）职业技能鉴定，组织12人签订专业技术人才和高技能人才年度工作任务书。同新员工签订“三师带徒”协议5人次。细化完善人才强企工程行动施工运行图；召开党委扩大会议专题研究人才工作；编制中心员工全要素管理信息表单，制订中心员工“一人一卡一案”培养计划，增强人才培养针对性，以“专家工作室”“劳模创新工作室”为载体，打造“复合型管理、专家型技术、骨干型技能”三支人才队伍；组织员工开展石油商务英语培训，为中心海外井控支撑业务拓展夯实商务英语交流水平。（陈凯英）

【安全环保】 2022年，川庆井控应急救援中心建立健全四级架构QHSE管理体系，梳理完善管理流程25项，持续推进基层标准化建设，打造“三标一规范2.0”川庆钻探工程公司级示范队1支，车间6S管理有序推进，一次性通过川庆钻探工程公司B1级量化定级和第三方QHSE管理认证，获川庆钻探工程公司QC成果三等奖1项、四川省质量信得过班组1个，实现QHSE工作阶段性目标。完善风险分级防控机制，辨识HSE风险122项，质量风险62项，环境因素28项，建立四色安全风险空间分布图，细化风险防控工作清单，严格“五升级”管控，确保党的二十大等特殊时段重点领域风险全面受控。落实生态环境保护禁令和重大事项议事规则，加强“碳中和、碳达峰”知识宣贯，梳理固废管理流程，建立废弃物分类管理清单，确保固废处理合规化。开展作业场所职业卫生现状评价和检测，优化不同年龄段员工体检项目，开展员工心理健康评估和个人健康评估2次，建立职工及家属就医绿色通道，强化高血压、糖尿病等高风险人群健康状态跟踪，采取有效监控干预措施，助推健康企业建设。（陈凯英）

【党建工作】 2022年，川庆井控应急救援中心帜鲜明讲政治，党建引领坚强有力。严格落实“第一议题”制度和党委理论学习中心组学习计划，组织学习宣贯党的十九届六中全会、党的二十大及习近平总书记对石油工业重要指示批示精神，用践行“两个维护”新作为彰显政治担当。推进基层党建“三基本”建设与“三基”工作有机融合，开展“党建引领红旗扬、谱写发展新篇章”主题实践活动，开展“党建+”“四创四当”等活动，建成“党建联盟”2个，开展党建课题研究3个，党组织政治功能和组织力持续增强。推进全面从严治党，构建监督“三道防线”，抓实正风肃纪，强化廉洁教育，大力推进廉洁文化建设，积极构建“反围猎”高墙，持续深化“三不”机制建设。开展主题教育活动，不断增强全体干部员工责任感和使命担当。（陈凯英）

2022年5月25日，川庆井控应急救援中心救援作战党支部与西南石油大学钻井提速科研团队党支部在广汉市签订党建联盟协议
周卫 摄

【企业文化】 2022年，川庆井控应急救援中心研究制定《井控应急救援响应中心2022年宣传思想文化工作要点》，明确全年新闻宣传“七类主题”和任务指标。全年编发新闻稿件428篇。其中，41篇稿件获刊国家应急中心门户网站、川庆钻探工程公司门户网等上级媒体。拍摄的微视频《烈焰丹心忠于党，信仰不灭铸忠魂》获第十六届全国党员教育电视片观摩交流活动二等奖。加强“抢险灭火陈列馆”建设，发挥好石油精神教育和井控警示教育整体功能，接待各界参观人士30余场次560余人次。打造特色企业文化，编制中心文化建设方案，坚持守正创新，研究提炼“烈焰炼铁骨、丹心报祖国”灭火文化。打造特色企

业文化，被四川省国资委确定为“四心一高”基层思想政治工作示范点。（陈凯英）

【群团工作】 2022年，川庆井控应急救援中心完善中心两级工会组织，紧贴员工心声，竭诚服务职工群众，推动“一线员工吃不上热饭问题”“费用报销问题”等9项民生实事落实落地。开展植树、义务献血、送清凉、慰问劳模、困难职工等活动，开展中心劳动竞赛项目4项，揭牌成立“刘伟劳模创新工作室”，激发创新活力。推进青年素养提升工程，组织开展系列文体活动，成功组织“五一”综合体能竞赛活动，建成“三组一堂”兴趣小组，组织参加广汉片区篮球比赛，组织川庆钻探工程公司第六届乒乓球比赛选拔赛，开展新春趣味游园、“三八”节点餐式赠书、“七一”劳模寄语、“八一”退伍军人座谈、“迎中秋庆国庆”等活动。开展第一届优秀青年岗位能手评选，3人获“优秀青年岗位能手”称号。一线难题项目“失控着火井井口切割对正方法优化及配套装置改进”获川庆钻探工程公司首届创新大赛生产创新比赛一等奖。参加川庆钻探工程公司“喜迎党的二十大”职工广播体操云比赛，获混合团体组三等奖。（陈凯英）

邮政编码：618300
电话号码：0838-252903
油网号码：252960
单位地址：四川省广汉市福州路四段川庆井控应急救援响应中心
单位英文名称：CNPC Well Control Emergency Response Center

川庆越盛公司

【概况】 川庆越盛公司业务涵盖工程技术服务、油化产品生产与销售、机械制造、新能源与环保业务、产融结合、后辅保障六大板块。2022年底，川庆越盛公司有机关部门10个、基层单位5家，有全资子企业16家，其中与川庆钻探工程公司合作管理的子企业14家、与中国石油测井公司、东方地球物理勘探公司合作管理的子企业2家。有钻井类资质14项、环境污染防治工程等级确认证书等清洁生产资质8项，有井控装备生产企业、国际货运代理企业、检验检测机构认定、建筑企业安全生产许可、电力承装（修、试）、危险化学品经营等各类资质38项。有集团公司重晶石粉、石英砂一级供应商、集团公司唯一授权内部商密测评单位等内部资质。截至2022年，川庆越盛公司整体工作量同比增长12.15%，实现合并经营收入71.92亿元，同比增长14%；实现合并利润总额7 338.42万元，同比增长58%。经营成果创历史新高，获川庆钻探工程公司“先进企业”“提质增效先进单位”称号。（刘　欣）

【生产经营】 2022年，川庆越盛公司突出在重点业务、重要市场、重点项目上坚持“一体化”统筹，发挥整体优势。新增川庆钻探工程公司优势目录93项，价值工作量7.8亿元。新增川庆钻探工程公司服务、产品价格体系6类59项，调整6类34项，协调恢复建安公司四川、重庆区域定额计价，恢复意通公司岩屑、氯化钾等3项化工产品价格，运输价格上涨3%。协调26项子企业产品标准通过川庆钻探工程公司集中评审。指导4家子企业化工产品获取中国石油一级供应商准入资质。牵头与浙江油田公司签订大安区块108口钻井现场的电（气）代油服务合同，合同金额3.2亿元，统筹协调所属越创公司、大有公司相关生产要素，全年实现供电服务1 152.15万千瓦·时。统筹所属意通公司、鑫源公司资源，拓展长庆油田公司市场，保障完成4个大型页岩油水平井施工平台的电驱压裂服务。为川庆新疆分公司、川庆川西钻探公司、川庆川东钻探公司和川庆长庆钻井总公司提供钻机租赁和升级改造服务，协调完成川庆钻探工程公司第二办公区越盛能源大厦的装修入驻。梳理分析子企业业务规模和发展能力，投资1.71亿元，支持业务拓展和设备设施更新150项。与川庆长庆钻井总公司沟通协调乌审旗河南乡生产基地建设。助力PDC钻头拓展川渝地区、土库曼斯坦市场，实现海外市场零突破。努力克服疫情管控和高温限电等困难，为川庆钻探工程公司相关单位组织供应石英砂49.75万吨、重晶石粉9.81万吨、成品油1.12万吨、压裂水5.56万吨，满足现场生产需要。川庆越盛公司全年为川庆钻探工程公司所属17个二级单位提供紧缺专业人才190人，推优进

入中国石油系统6人。（刘　欣）

【存量业务发展】 2022年，川庆越盛公司所属越创、大有、意通公司电代油业务年供电量均突破1亿千瓦·时；钻采科技自研钻头业务成为第一批创新经营试点项目；恒溢、华油公司推进油田化学产品生产线、射孔枪生产基地建设。越创公司旋挖钻表层服务、燃气发电，鑫源公司电驱压裂、二氧化碳泵注等新业务都取得显著成绩。（刘　欣）

【市场拓展】 2022年，川庆越盛公司所属钻采科技、鑫源公司井下工具远销非洲、土库曼斯坦等海外市场；所属井下科技公司、威能公司、恒溢公司油化产品畅销塔里木、吐哈等油田；所属建安公司加大土地服务外部市场开拓；所属德安公司石油工程监督业务拓展玉门、长庆市场。所属建安公司、德安公司和安齐盛公司在完全竞争市场收入占比分别达53.19%、29.84%、19.61%。收购企业2家（成都龙远科技有限公司、重庆越盛环保科技有限公司）。参股企业2家（参股泸州聚购科技发展有限公司30%、参股四川科宏天然气工程有限公司3.3%）。（刘　欣）

2022年11月1日，川庆越盛公司在成都专题传达学习党的二十大精神　叶蘅枘　摄

【技术立企】 2022年，川庆越盛公司威能公司认定国家高新技术企业，建成首个CNAS实验室并投用；吉赛特公司连续5年保持“国家高新技术企业”称号；固德公司、井下科技公司新产品在页岩气、苏里格等区块取得良好应用成果；宏大公司新技术列入优势产品服务目录；川秦公司新成果获国家行业协会奖励。支持的10余项科研项目有序开展并取得阶段性成果。（刘　欣）

【经营成效】 2022年，川庆越盛公司聚焦服务油气主业，打造品牌业务，围绕中心重心，拓展效益市场。16家企业全部实现盈利，部分企业收入利润再创新高，大有、威能、意通公司全年收入增长分别达40.27%、38.8%、29.27%，越创、大有、意通公司全年利润增幅分别达588.87%、480.38%、392.1%。（刘　欣）

邮政编码：610051
电话号码：028−8617664（含传真号）
油网号码：217664
单位地址：四川省成华区龙潭寺龙远科技大厦20楼
单位英文名称：Sichuan Yuesheng Energy Group Lid

川庆纪检审计中心

【概况】 川庆纪检审计中心设立于2018年1月，主要负责审计、纪律审查、合规管理监督等工作的具体实施和运行。截至2022年底，有在册员工48人，大学本科及以上学历48人，高级及以上专业技术职称18人。川庆纪检审计中心党总支下设党支部3个，党员41人。（唐培哲）

【纪检工作】 2022年，川庆纪检审计中心加强执纪审查标准化建设，配合编制《监督执纪工作规程》《监督执纪模拟卷》，制定《纪检项目质量控制办法》，明确质量管理责任和标准。推行执纪审查责任制、集体会审、“交叉互检”和“3579”现场核查目标时限管理制，守住执纪审查质效生命线。创新执纪监督方法，通过“内外协同、上下协作”等方式，探索建立“督办制”，领导靠前指挥，纠正偏差，解决核查中遇到的疑难问题，查办违反中央八项规定精神、违规经商办企业、盗卖化工料等案件。全年承办问题线索44件、案件审查调查14件、参与案件审理15件，分别同比增长91%、600%、150%，初核查实率80%，任务办结率100%，工作量占川庆钻探工程公司执纪审查业务的60%，挽回经济损失152.67万元，占

川庆钻探工程公司纪检机构挽回经济损失的93%。配合编制监督建议书、纪律检查建议书29份，提出管理建议44条，运用“四种形态”批评教育帮助和处理247人次，同比增长187%，强化“不敢腐”的震慑力度。

（唐培哲）

【审计工作】 2022年，川庆纪检审计中心加强审计项目全过程管理，完善项目质量管理制度，建立考评机制，分析通报基础性质量问题55个，督促审前调查及时形成复核底稿、实施方案突出审计重点、深入查证揭示问题，压实各层级质量管理责任。推进“超前准备”“无缝对接”项目组织模式，探索“两段式”审计方法，强化现场督导，查处废旧物资处置损失、支出结算损失、建设项目工作量失真等影响企业效益发展的问题，经济成效显著，管理促进作用明显，工作成果得到领导肯定。全年完成审计项目30个，同比增长25%，审计资金总额640.65亿元，同比增长119%，发现各类问题259个，问题金额3.67亿元，同比增长26%，挽回经济损失2 092.85万元，同比增长10%，提出审计建议19条，出具风险提示函5份，促进修订、完善制度13个，规范流程25项，提出问责处理意见37条，发挥审计监督服务作用。（唐培哲）

【配合监督】 2022年，川庆纪检审计中心加强与业务主管部门、被审计单位沟通，全年与各业务部门沟通交流40余次，协助各部门从管理体系上整改问题，发挥监督服务作用。配合上级工作，优选业务骨干参加集团公司审计、案件质量评查及川庆钻探工程公司巡察、联合监督13人次，有力支撑专项监督。（唐培哲）

【内部管理】 2022年，川庆纪检审计中心优化纪检审计业务流程，职责界面清晰，业务运行顺畅。坚持科学决策，组织召开总支会、办公例会24次，审议议题、研究部署重点工作139项。健全激励约束机制，制定员工业绩考核实施细则，首次开展内部评先选优活动，表彰先进集体3个，先进个人11人，优秀初核、审计项目组10个。推进提质增效价值创造行动，把提质增效贯穿纪检审计项目实施全过程，督办工作8次，完成年度考核指标。狠抓安全环保工作，签订QHSE责任书49份。开展危害因素辨识，强化执纪过程安全管控，签订项目安全责任书79份，配置执纪安全工具箱4套。编制审计信息化工作推进方案，建立审计依据共享云平台，在7个项目中使用数据仓库模型进行分析，发现20项疑点问题，推进业务向信息化转型发展。协调实现集中办公，解决办公地点分散、协调不畅等问题。（唐培哲）

【队伍建设】 2022年，川庆纪检审计中心加强领导班子建设，科学合理分工，提升班子引领发展能力。畅通干部成长渠道，推荐处级干部1人，新提拔科级干部3人，激励员工快速成长。盘活人力资源，择优招聘年轻员工7人，补充“新鲜血液”。持续强化上下联动，组织基层纪检人员上挂锻炼17人次，缓解用人紧张压力。丰富员工培训渠道，制定通用类培训计划，送培10人次。完善内部培训，开展“师带徒”，签订培养协议，制订个性化学习计划，强化结果考核，推进“以案代训、以审代训”落地见效。提升总结改进能力，组织开展案件复盘、审计工作经验交流等内部培训，征集分享纪检审计优秀案例、先进事迹、微课、微案例25篇，员工素质能力显著提升。开展作风建设年活动，学习集团公司查处的违反中央八项规定精神案例通报和川庆钻探工程公司作风建设相关制度，沉浸式、情景式开展党风廉政建设，组织党员干部参观天府家风馆，开展廉洁教育4次，员工队伍严格遵守纪检、审计“十不准”，发展环境风清气正。面对任务倍增、时间减半的高强度工作，干部员工不辞劳苦，最长单次出差超2个月，展现员工队伍敢担当、有作为的良好风貌。

（唐培哲）

2022年5月27日，川庆纪检审计中心在成都召开党总支换届选举党员大会 唐培哲 供

【党建工作】 2022年，川庆纪检审计中心落实“第一议题”制度，开展中心组理论学习13次，专题研讨7次。落实喜迎党的二十大22项活动安排，开展“接续奋斗勇担当、建功喜迎二十大”主题活动，川庆纪检审计中心获优秀组织奖、26人获优胜个人奖。开展肃清流毒检查2次，保密自查整改问题4项，制作宣传展示栏14个，门户网站发稿60余篇。推进“转观念、勇担当、强管理、创一流”主题教育，层层宣讲形势目标任务，组织“怎么看，怎么干”大讨论，党员干部在项目一线主动挑大梁、担重任，发挥党组织战斗堡垒和党员先锋模范作用。（唐培哲）

邮政编码：610051
办公电话：028-86010573
油网号码：210573
单位地址：四川省成都市成华区猛追湾街6号

川庆培训中心

【概况】 川庆培训中心为中国石油集团公司在西南地区重点专业教育培训机构，承担着在职培训、特殊（专项）培训的职能，同时是“中共川庆钻探工程有限公司委员会党校”“四川石油学校”。2022年底，有教职工163人，其中干部109人，有党员104人。设科室17个，其中机关科室6个、基层科室11个。有基层党支部7个、基层工会7个。（蒋　伟）

【培训教学情况】 2022年，川庆培训中心承接各级各类培训班468期，培训96 878人次。其中，线上培训151期，71 639人次；线下培训317期，25 239人次。立足川庆钻探工程公司、依托川渝地区、服务集团公司，与送培方发展战略结对捆绑，瞄准企业发展痛点，抢抓机遇占领市场新蓝海。与西南油气田公司等8家单位签订年度框架培训协议，达成长期合作意向；新开发成都理工大学、华西集团、中华人寿、国家管网等集团外部市场；与大港油田公司、长庆油田公司、勘探开发研究院、西藏销售公司、青海销售公司、四川销售公司、西南化工销售公司、独山子石化、广东石化、云南石化、四川石化等兄弟单位合作不断深化。紧盯市场需求、围绕业务方向搭设课程体系，推进培训产品的优化升级，加快迈向产业价值链中高端。以独创的DIPDF模型为底层逻辑，定制化升级明星项目，驱动企业正副职领导力、中青班、内训师等高附加值项目推陈出新。加强川庆培培训中心在线、培训管理一体化平台、直播平台的信息化建设，优化完善云服务，推进培训全生命周期数智化管理，打造智慧川培。将云端技术与培训赛事及会议服务相结合，首创“线下+直播”会议新模式，完成中国共产党川庆钻探工程公司第二次代表大会，承办集团公司2022年新入职员工集中培训等重要任务。持续发展培训咨询服务，与企业开启战略合作，打造全面支撑企业发展战略、适应人才发展需求的培训体系咨询服务。推行完善培训项目长负责制，组织师资团队跨部门、跨领域协作交流，以项目开发驱动师资队伍建设，形成最具实力的培训支撑。克服新冠肺炎疫情影响，拓展线上培训，推广送教上门，OMO线上线下融合模式逐步成熟，保障川庆钻探工程公司一线生产建设。严把运行质量关口，重视流程管控，严抓班级运行，根据适时反馈动态调整，实现学员满意率、考试通过率“双促进”“双提升”。（蒋　伟）

【安全环保】 2022年，川庆培训中心制定年度QHSE工作方案，签订责任书15份，实现基层单位、员工岗位全覆盖。按岗位职责和工作实际编制个人安全行动计划，完成率100%。以两级审核为契机，强化沟通交流，提升QHSE体系管理能力。2次接受川庆钻探工程公司QHSE管理体系审核，评定为B1级。对照川庆钻探工程公司QHSE管理体系审核提出的问题，按时完成整改销项。实施综合安全检查4次，消防、食品卫生、防汛等各类专项检查8次，各级人员370人次按期完成安全承包点检查。严格人员进出的信息申报和审批流程关。紧跟疫情形势调整防控方案，加强班级运行和疫情防控的统筹协调，有序疏散学员和教职员工，严控疫情风险。同所在社区加强联动，超前预判组织参培学员、教职员工以及劳务人员进行核酸检测4.8万人次。全年未发生人员踩踏或食品中毒事故、未发生一般B类及以上生产安全事故。（蒋　伟）

【基础设施建设】 2022年，川庆培训中心完成一培训区A区住宿楼、网球场翻新、乒乓馆天幕安装，以及三培训区一号楼三单元、篮球场等维修翻新工作。完善校园硬件设施，增强培训实力。开展服务人员岗前培训和再教育，提升服务至上的理念。（蒋　伟）

【科研成果】2022年，川庆培训中心加大科研投入，15个科技项目结题验收，全年新申报科技项目9个，发挥科研服务生产、促进生产的职能。川庆井控培训中心参与集团公司井控重大科研专项，为丰富教学内容、改良培训方法提供遵循。增强教研活动实效性，针对国家、行业以及企业最新标准，结合国际、国内井控典型案例优化教材、教案与课件，精准修订完善题库，严谨治学、专业培训蔚然成风。（蒋　伟）

【队伍建设】2022年，川庆培训中心坚持人才引领驱动，激发创新动力和创效活力。依法依规选用干部，加强人力资源管控，加强综合分析，注重专业搭配，发挥综合研判在干部选拔任用中的先导作用；强化党委在选人用人中的领导把关和纪委书记全过程监督作用，提升选人用人质量。全年调整配备科级干部12人次。根据人才队伍现状调查和需求分析，制订师资人才能力素质提升培训计划和项目设计人才培训计划，组织三级正、副职经营管理能力、青年骨干综合管理能力提升培训、党支部书记和党务工作者业务培训等8期200人次。优化人力资源配置管理。着眼师资队伍建设，积蓄发展内生动力，引进新入职硕士研究生1人，从内部选聘3名井控三级工程师。推行完善项目长负责制，以项目驱动人才队伍建设。加大培训战略咨询、体系研究和项目设计等新型人才培养，在主要培训业务版块推进师资培养、培训项目设计与课程开发一体化建设。（蒋　伟）

2022年10月20日，川庆培训中心联合四川天府新区书法协会在成都举办"川培颂中华"主题书画摄影作品展　赖陈诚　摄

【企业管理】2022年，川庆培训中心秉持依法合规理念，以提质增效为抓手，追求稳健效益发展。限制人工、控制外包，持续压减固定成本。推广精细化运营，增强内部师资培育力度，优化课程编排，双向发力节省课酬。全年专兼职教师授课学时7 876学时，压减外聘教师课酬费用，落实化提质增效任务。精准贯彻财税政策，主动压减变动成本。加强对承包商（供应商）管理、合同管理、物资采购及设备管理等工作的检查督导力度。开展知识产权宣传周活动，启知识产权强企新征程，推动新时代全员普法工作取得新进展。压实保密工作责任，签订保密责任书和承诺书，强化全员保密意识。开展保密宣传周、保密知识讲座暨学习交流、保密宣传教育作品征集评选活动，筑牢保密防线，全年无失泄密情况发生。坚持精准反馈、前置介入，促进各业务部门落实培训质量的保障举措，提升全员质量意识。（蒋　伟）

【党建和精神文明建设】2022年，川庆培训中心健全全面从严治党体系，推进"党建+生产经营"融合发展。坚持以新时代党的建设总要求为纲领，推动党建融入中心工作。把党的政治建设摆在首位，以习近平新时代中国特色社会主义思想为指导，学习贯彻党的十九大及十九届历次全会精神、党的二十大精神，常态化开展"第一议题"和党委理论学习中心组学习。坚持集体领导、民主集中、个别酝酿、会议决定的原则，召开党委会14次，研究通过议题74项。推动制度优势转化为治理效能，依照规定程序制发党委规范性文件。加大对"三重一大"决策制度、党委工作规则、意识形态管理实施细则等制度的监督执行力度。健全组织保障，确保重点工作按时推进，专项活动蓬勃开展。压紧压实党建责任，组织"八个一"系列活动庆祝中国共产党成立101周年。各级党组织书记、党员领导干部开展讲授专题党课和展播15次。组织开展形式多样、内容丰富的主题党日活动7次。为基层发放党建类书籍42套。坚持民主管理和校务公开同步聚合，围绕重大经营管理事项和职工切身利益等问题公开信息22次。搭建竞技与交流平台，促成劳动竞赛和技能比武互融共进。

开展“我为员工群众办实事”实践活动，用心用情为员工排忧解难，依法保障员工合法权益。在集团公司、中国石油海外官方平台、川庆钻探工程公司门户网、《四川石油报》等平台登载信息稿件56篇。坚持以“党建带团建”的工作思路，凝聚青年力量，开展志愿服务活动，参与龙灯山社区联合抗疫志愿服务、成都市全国文明城市创建志愿服务等专项任务，获成都市高新区党建共建先进单位、龙灯山社区年度优秀共建单位等称号，履行央企社会责任，树立石油人向上向善的精神风貌。（蒋　伟）

邮政编码：610213
电话号码：028-82975082
油网号码：255082
单位地址：四川省成都市高新区中和街道龙灯山路二段1760号
单位英文简称：CCDC Training Center

川庆酒店管理公司

【概况】 川庆酒店管理公司主要从事酒店经营和物业管理。酒店客源市场主要是北京、上海、西安、重庆等国内市场和美国、英国、澳大利亚等境外市场。物业主要服务于川庆钻探工程公司、西南油气田公司、集团公司共享服务中心等石油内部市场，政府部门和社会机构等外部市场。按照“用心极致，追求完美”的服务理念，坚守“服务主业提供保障，服务社会提升价值”的企业使命，实施“人才立企、技术赋能、成本领先、多元发展”四大战略，坚持“依托酒店、发展物业、深耕石油、多元发展”工作思路，以提质增效为主线，以改革创新为动力，推进治理体系和治理能力现代化，加快打造独具石油特色的“酒店＋物业”服务领跑者。截至2022年底，有在册职工50人，其中有干部35人，有副高级专业技术职称2人、中级专业技术职称11人。有非全日制用工475人，劳务派遣用工2人，劳务外包用工218人。有机关部室6个，有酒店1个，房间223间、床位341个，会议室9个、洽谈室1个，餐饮包间9个、餐厅2个、餐位357个，有物业管理公司1个、在管物业项目14个，服务总面积35万平方米。（房　茜）

【经营情况】 2022年，川庆酒店管理公司实现收入同比增长3.22%，创成立以来新高。连续15年超额完成川庆钻探工程公司下达的任务指标，连续2年实现账面盈利。物业发展迈上新台阶，实现收入同比增加9 477万元，有在管项目14个，服务业主单位25个，服务面积35万平方米，日均接待用餐4 800余人，创历史新高。完成四川省十三届人大五次会议、都江堰卫健委医疗队等重要团队服务保障工作，用心用情服务业主8 500余人，新冠肺炎疫情封闭管理期间获各方感谢信16封。党委获川庆钻探工程公司党委“四好领导班子”称号。（房　茜）

【党建工作】 2022年，川庆酒店管理公司制定17项举措喜迎党的二十大，推进习近平总书记重要指示批示精神再学习再落实再提升，开展“第一议题”学习133项，捍卫“两个确立”，做到“两个维护”。常态化长效化推动党史学习教育，开展“转观念、勇担当、强管理、创一流”主题教育。坚持文化塑造品牌，发布首部形象宣传片，修订企业文化手册，建立融媒体工作机制，微信公众号粉丝数同比增长200%。践行“2349”党建模式，深化示范党支部建设，总结党建品牌案例。推进“三基本”建设与“三基”工作有机融合，获川庆钻探工程公司2021年党建责任制考核A档。推进区域党建联盟建设，加入四川油气田龙潭区域“党建＋平安建设”联盟，党的建设、平安建设再上台阶。完成所属3个党支部换届选举，选优配强党支部委员。坚持党建带群建，组建志愿者服务队17人参与社区疫情防控工作。压实全面从严治党责任，深化“三不”机制建设，统筹开展重点领域监督检查10项，抓好常态化廉洁教育，靶向纠治形式主义、官僚主义。大力实施人才立企战略，制订工程行动方案，推进“五大工程”，提拔“80后”中层管理人员2人，建立工程专家库入库7人，1人获“青羊工匠”、川庆钻探工程公司“青年岗位能手”称号。搭建人才价值提升平台，8人参加国际“金钥匙”培训，推荐3人参加川庆钻探工程公司“青马训练营”等培训。建立“我为员工群众办实事”长效机制，授牌职工之家5个，办理“机关为基层办实事”12项，收集基层员工意见19条，解决“老大难”问题。慰问疫情封控期间员工480人次13万元；协调员工自发爱心捐款6万元。开展“青”字号精品活动，连续11年植树“阳光林”，累

计植树 2 000 余株。压实维稳信访安保保密工作责任，大局和谐稳定。（房　茜）

【市场开发】 2022 年，川庆酒店管理公司牢固树立市场意识，整合市场信息，新签合同金额 2 105 万元。酒店超常举措稳市场稳收益，想方设法开拓石油市场、政府市场、商务（OTA）市场、会议培训市场，平均出租率高于行业水平。优化营销矩阵，加强节日促销，创收 92 万元；深入社区营销，创收近 60 万元；拓宽 OTA 合作，提高议价能力。坚持“流量思维”，抖音官方粉丝数增长 70%。物业多措并举拓市场增效益，抓好现有物业续约服务，发挥保障主业作用；深耕区域市场，做好渤海钻探、成都益民集团等 12 个项目开发，新承接中国石油西北管道局、川庆井下作业泸州分公司、川庆页岩气威远采输作业区物业项目，收入同比增长 9%。（房　茜）

【品质服务】 2022 年，川庆酒店管理公司筑牢“抓安全从质量出发 抓质量从品控入手”理念，开展“质量提升年”活动，建立质量“曝光台”。对标行业头部企业，组织到香格里拉酒店集团、绿地中心等交流学习，明确对标指标 8 项。酒店打造三国主题宴全新亮相，作为成都主城区唯一商务高星级酒店入围美团直播会。科研楼物业项目通过成都市物业示范项目复评。实施机房和基础网络改造，提升信息化基础运行水平。完善经营决策支持平台，升级客房、餐饮和会议预订软件，推进物资、财务联动融合，激活数据价值。引进消毒机器人、测温机器人、高压冲洗车等智能设备，推进人工替代，提升服务体验，赋能增值服务。（房　茜）

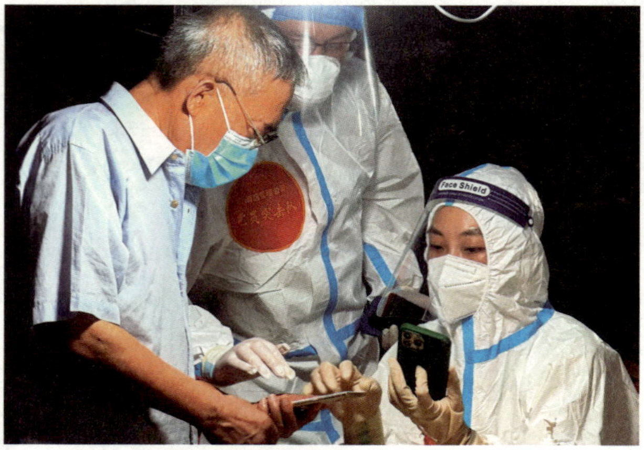

2022 年 7 月 27 日，川庆酒店管理公司党员先锋队支援成都石油社区新冠肺炎疫情防控防疫工作　曾　琰　摄

【强化管理】 2022 年，川庆酒店管理公司推进改革三年行动计划，理顺北京蓉驿致家酒店法人治理结构，完成中层领导人员任期制改革和契约化管理。开展“三定”（定职责、定机构、定编制），落实人工成本峰值管理，盘活用工存量，严控用工规模，人均创收 14 万元。深化提质增效价值创造，分解落实 12 项指标，在减免小微企业房租 60 万元的情况下，实现开源增收 83 万元，节流降本 288 万元。大宗食材集中采购节约成本 9%，用足政策“退、减、免”税 51 万元、获得专项扶持资金 20 万元。完成提质增效目标 116%。深化依法治企，推进“合规管理年”任务 7 项，各部门及重点岗位合规职责清单编制率 100%，“中油 e 学”依法合规专题培训和普法培训完成率 100%，全员依法合规意识和能力明显提升。（房　茜）

【质量安全环保】 2022 年，川庆酒店管理公司强化“五防一控”风险管控，以“三标一规范”2.0 示范点建设为抓手，持续完善“332+6511”管理模式。严格落实“十五条硬性措施”，完成安全生产专项整治三年行动，开展安全生产大检查，完善“3+N”责任清单 62 份，发现整改问题隐患 377 项。开展全员“十问岗位安全”活动，完善设施设备解说词。加快绿色企业建设，巩固金叶级绿色酒店成果，推动光伏能项目改造，推进“电代气”工作，能耗同比下降 29%。推进健康企业建设，完善员工健康档案，开展健康知识讲座。精准高效应对多轮多点疫情，因时因势优化防控措施，守住不发生聚集性新冠肺炎疫情底线。（房　茜）

邮政编码：610021
电话号码：028-86012188　028-86012222（传真）
油网号码：212188
单位地址：四川省成都市红星路一段 18 号附 2 号
单位英文名称：CCDC Hotel Management Company

责任编辑：叶玉茹　孔令兴

中国石油

机构·人物

Organizations & Figures

组织机构设置与调整

【组织机构设置】 2022年初，西南油气田公司设置机关职能处室17个、机关附属机构2个、直属机构11个、二级单位44个。经机构调整，2022年底，设置机关职能处室16个、机关附属机构2个、直属机构11个、二级单位44个。西南油气田公司2022年底组织机构体系见图1。

2022年底，川庆钻探工程公司设置机关职能处室15个、机关附属机构9个、直属机构3个、二级单位25个。川庆钻探工程公司组织机构体系见图2。

（赵小森　邱金华）

【内部机构调整】 2022年，西南油气田公司有工程技术处8个处（部）室和重庆气矿等11个所属单位调整内部机构编制（表1）。

2022年，川庆钻探工程公司调整页岩气工程项目部等3个内部机构编制（表2）。（赵小森　邱金华）

【新建（增）机构】 2022年，西南油气田公司新建（增）规划计划处新能源管理科等机构19个（表3）。

2022年，川庆钻探工程公司新建（增）企管法规处（内控与风险管理处）专职董监事办公室等机构5个（表4）。（赵小森　邱金华）

【内部机构更名】 2022年，西南油气田公司将新能源项目部等30个机构更名（表5）。

2022年，川庆钻探工程公司将四川越盛实业开发总公司等8个机构更名（表6）。（赵小森　邱金华）

【撤销（并）机构】 2022年，西南油气田公司撤销（合并）技术咨询中心勘探咨询部等45个机构（表7）。

2022年，川庆钻探工程公司撤销2个机构，将4个机构整合为2个机构（表8）。（赵小森　邱金华）

表1　2022年西南油气田公司机构编制调整一览表

时　间	机构编制调整主体	文件号
3月10日	工程技术处	司劳资〔2022〕11号
3月10日	物资设备管理部	司劳资〔2022〕12号
4月26日	重庆气矿、蜀南气矿、川西北气矿、华油公司、川港公司	司劳资〔2022〕31号
5月9日	物资分公司	西南司劳〔2022〕11号
5月13日	相国寺储气库公司	川油局〔2022〕9号
7月1日	川渝页岩气前线指挥部	司劳资〔2022〕53号
7月21日	物资设备管理部	西南司劳〔2022〕17号
7月21日	企管法规处（内控与风险管理处）	西南司劳〔2022〕17号
8月29日	页岩气研究院	司劳资〔2022〕73号
9月5日	企业文化处（党委宣传部、新闻办公室、团委）	西南司劳〔2022〕18号
9月5日	企管法规处（内控与风险管理处）	西南司劳〔2022〕18号
9月26日	通信与信息技术中心	西南司劳〔2022〕20号
10月17日	人力资源部（党委组织部）	西南司劳〔2022〕23号
11月2日	信息管理部	司人资〔2022〕3号
12月28日	宝石花油服公司	司人资〔2022〕56号

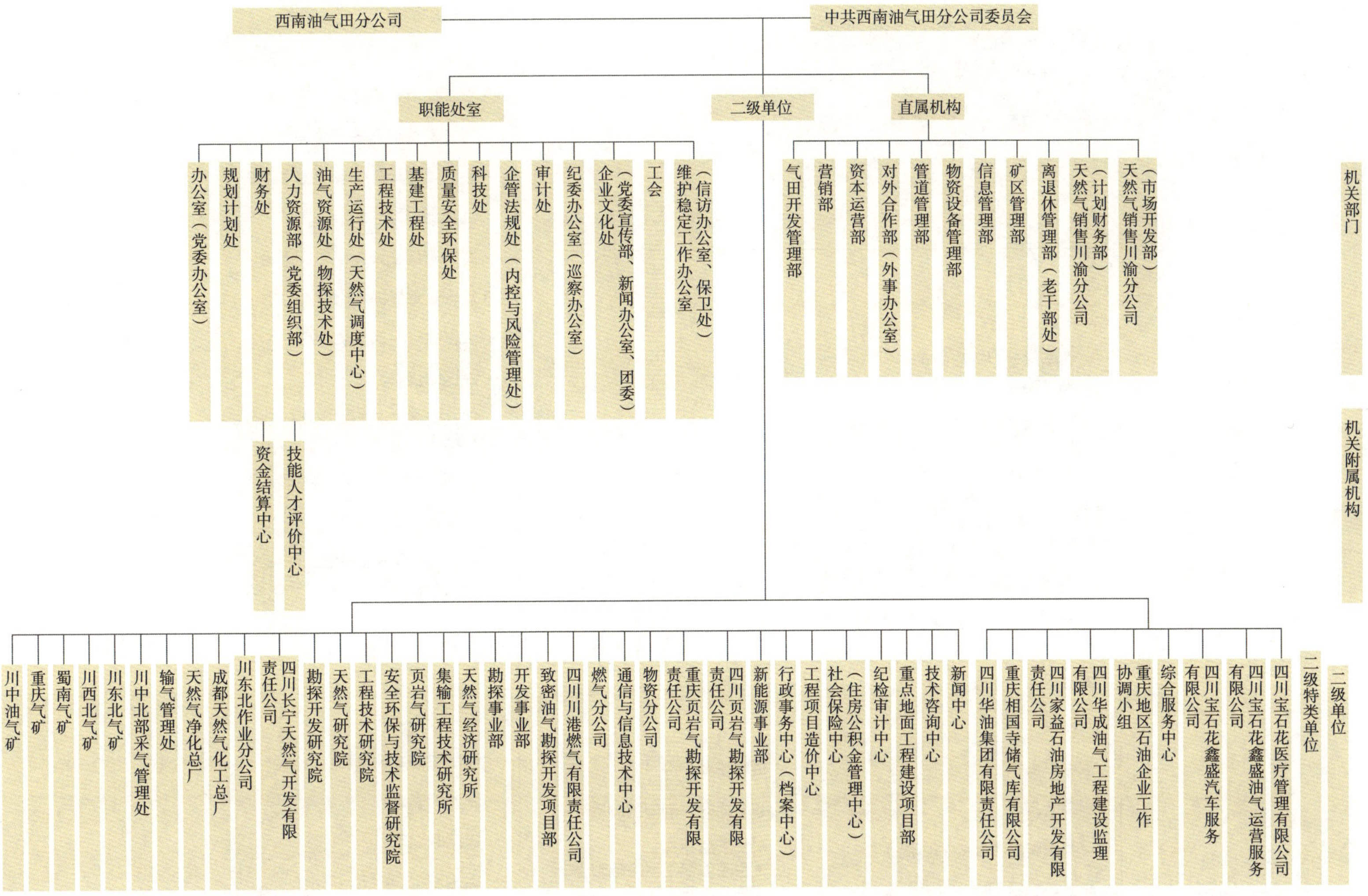

图1　2022年底西南油气田公司组织机构图

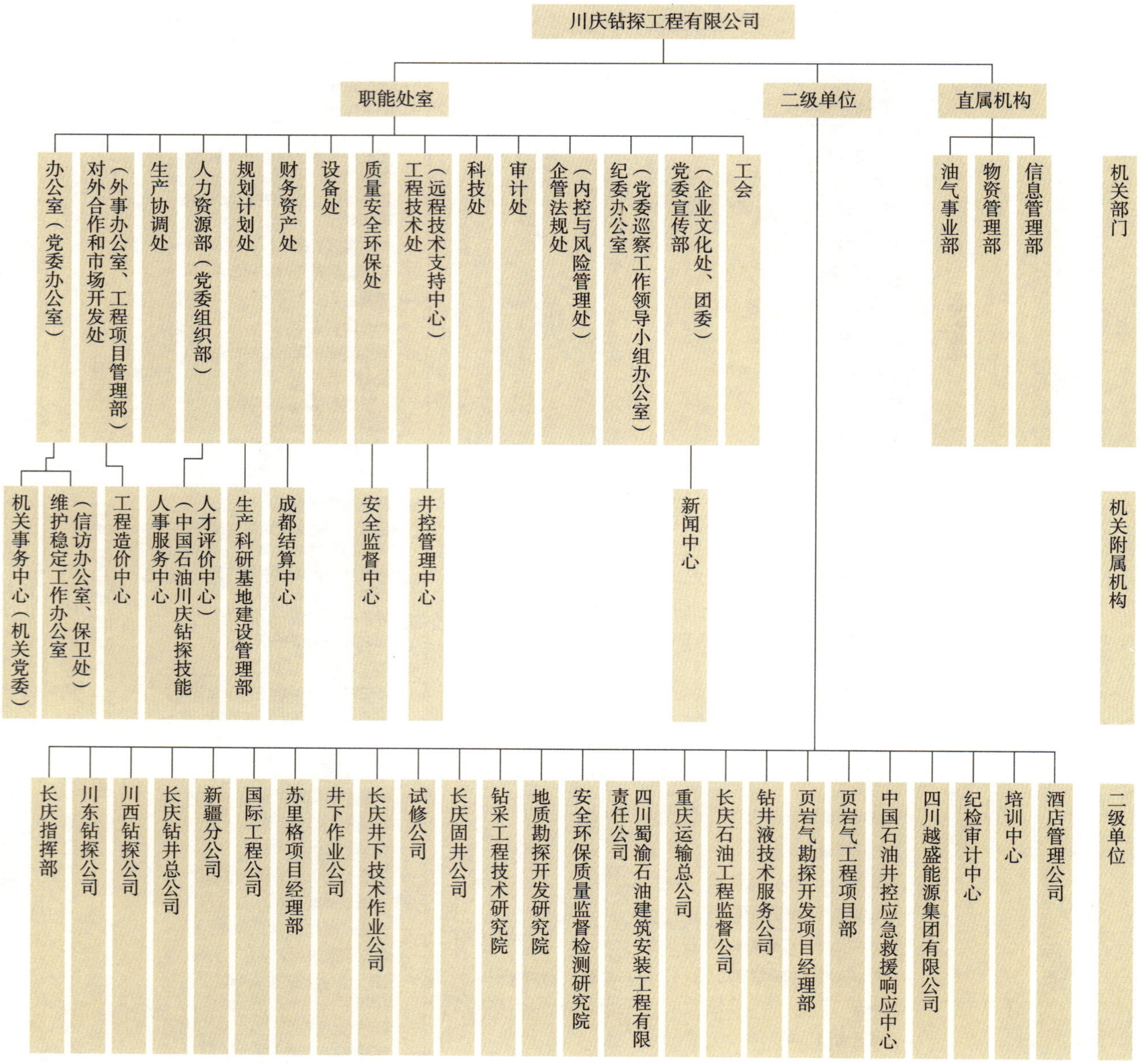

图 2　2022 年川庆钻探工程公司组织机构图

表 2　2022 年川庆钻探工程公司机构编制调整一览表

时　间	机构编制调整主体	文件号
2 月 14 日	川庆页岩气工程项目部	川庆劳发〔2022〕7 号
4 月 18 日	川庆新疆分公司	川庆劳发〔2022〕18 号
11 月 18 日	川庆安检院	川庆劳发〔2022〕47 号

表 3　2022 年西南油气田公司新建（增）机构编制一览表

时　间	名　称	文件号	备　注
1 月 10 日	规划计划处新能源管理科	西南司劳〔2022〕1 号	
3 月 10 日	工程技术处测录井与监督科	司劳资〔2022〕11 号	
3 月 11 日	输气处绵阳输气管道管理部	西南司劳〔2022〕6 号	
3 月 16 日	四川页岩气公司 QHSE 监督站	西南司劳〔2022〕15 号	
3 月 16 日	四川页岩气公司生产建设项目部	西南司劳〔2022〕15 号	
4 月 28 日	蜀南气矿储气库建设项目部	司劳资〔2022〕32 号	
5 月 9 日	物资分公司川南物资供应项目部	西南司劳〔2022〕11 号	
5 月 9 日	物资分公司川东北物资供应项目部	西南司劳〔2022〕11 号	
6 月 24 日	开发事业部地质管理中心	西南司劳〔2022〕14 号	
6 月 24 日	开发事业部生产指挥中心	西南司劳〔2022〕14 号	
6 月 24 日	开发事业部 QHSE 监督站	西南司劳〔2022〕14 号	
7 月 19 日	新能源事业部市场开发科	司劳资〔2022〕64 号	
10 月 17 日	人力资源部（党委组织部）	西南司劳〔2022〕23 号	人事处（党委组织部）、劳动工资处整合
10 月 17 日	西南油气田公司党委机构编制委员会	西南司劳〔2022〕23 号	
10 月 17 日	西南油气田公司党委机构编制委员会办公室	西南司劳〔2022〕23 号	人力资源部（党委组织部）加挂牌子
11 月 15 日	西南油气田公司知识产权管理办公室	司人资〔2022〕22 号	科技处加挂牌子
11 月 7 日	西南油气田公司井完整性管理中心	西南司人资〔2022〕1 号	工程技术研究院加挂牌子
11 月 7 日	工程技术研究院井完整性技术研究所	西南司人资〔2022〕1 号	
11 月 29 日	蜀南气矿工艺技术所	西南司人资〔2022〕13 号	

表 4　2022 年川庆钻探工程公司新建（增）机构编制一览表

时　间	名　称	文件号	备　注
1 月 29 日	企管法规处（内控与风险管理处）专职董监事办公室	川庆劳发〔2022〕5 号	成立
9 月 13 日	川庆钻探工程公司延长项目经理部	川庆劳发〔2022〕29 号	临时机构
10 月 27 日	川庆钻采院新能源研究中心、《钻采工艺》编辑部	劳资处发〔2022〕87 号	与科技研发中心合署
11 月 18 日	川庆安检院井控装置质量监督检验研究所（石油工业井控装置质量检验中心）	川庆劳发〔2022〕47 号	成立
12 月 26 日	川庆钻探工程公司人事服务中心（中国石油川庆钻探技能人才评价中心）	川庆劳发〔2022〕50 号	成立

表 5　2022 年西南油气田公司机构更名一览表

时　间	单位（部门）	更名前名称	更名后名称	文件号
1 月 26 日	西南油气田公司	新能源项目部	新能源事业部	西南司劳〔2022〕3 号
3 月 10 日	工程技术处	钻井工程科	钻井科	司劳资〔2022〕11 号
3 月 10 日	工程技术处	试油与测井科	试油科	司劳资〔2022〕11 号
3 月 10 日	工程技术处	井控录井监督科	井控科	司劳资〔2022〕11 号
3 月 10 日	质量安全环保处	技术科	健康管理科	司劳资〔2022〕13 号
5 月 9 日	物资分公司	采购技术中心（物资编码管理办公室）	采购中心（物资编码管理办公室）	西南司劳〔2022〕11 号
5 月 9 日	物资分公司	物流技术中心	物流中心	西南司劳〔2022〕11 号
6 月 24 日	开发事业部	行政事务中心	生产要素保障中心	西南司劳〔2022〕14 号
7 月 19 日	规划计划处	概算管理科	投资控制科	司劳资〔2022〕65 号
10 月 17 日	人力资源部（党委组织部）	培训与综合管理科	培训管理科	西南司劳〔2022〕23 号
11 月 29 日	重庆气矿	人事科（党委组织部）	人力资源部（党委组织部）	西南司人资〔2022〕12 号
11 月 29 日	重庆气矿	规划计划科	规划计划部	西南司人资〔2022〕12 号
11 月 29 日	重庆气矿	生产运行科	生产运行部	西南司人资〔2022〕12 号
11 月 29 日	重庆气矿	质量安全环保科	质量安全环保部	西南司人资〔2022〕12 号
11 月 29 日	重庆气矿	企管法规科（内控与风险管理科）	企管法规部（内控和风险管理部）	西南司人资〔2022〕12 号
11 月 29 日	重庆气矿	党群工作科	党群工作部	西南司人资〔2022〕12 号
11 月 29 日	重庆气矿	工艺研究所	工艺技术所	西南司人资〔2022〕12 号
11 月 29 日	重庆气矿	重庆应急抢险维修中心	重庆应急抢险维修大队	西南司人资〔2022〕12 号
11 月 29 日	重庆气矿	汽车服务中心	汽车服务大队	西南司人资〔2022〕12 号
11 月 29 日	蜀南气矿	工艺研究所	采气工程技术服务大队	西南司人资〔2022〕13 号
11 月 29 日	蜀南气矿	企管法规科（内控与风险管理科）	企管法规部（内控和风险管理部）	西南司人资〔2022〕13 号
11 月 29 日	蜀南气矿	党群工作科	党群工作部	西南司人资〔2022〕13 号
11 月 29 日	蜀南气矿	规划计划科	规划计划部	西南司人资〔2022〕13 号
11 月 29 日	蜀南气矿	财务科	财务部	西南司人资〔2022〕13 号
11 月 29 日	蜀南气矿	人事科（党委组织部）	人力资源部（党委组织部）	西南司人资〔2022〕13 号
11 月 29 日	蜀南气矿	生产运行科	生产运行部	西南司人资〔2022〕13 号
11 月 29 日	蜀南气矿	质量安全环保科	质量安全环保部	西南司人资〔2022〕13 号
11 月 29 日	蜀南气矿	川南地区土地供给与对外协调工作组	川南协调和土地管理部	西南司人资〔2022〕13 号
11 月 29 日	蜀南气矿	汽车服务中心	汽车服务大队	西南司人资〔2022〕13 号
11 月 29 日	蜀南气矿	计量自控中心	自控计量站	西南司人资〔2022〕13 号

表 6　2022 年川庆钻探工程公司机构更名一览表

时　间	单位（部门）	更名前名称	更名后名称	文件号
3 月 22 日	川庆钻探工程公司	四川越盛实业开发总公司	四川越盛能源集团有限公司	川庆劳发〔2022〕11 号
4 月 18 日	川庆新疆分公司	轮南前线指挥部	勘探项目部	川庆劳发〔2022〕18 号
4 月 18 日	川庆新疆分公司	塔中前线指挥部	开发项目部	川庆劳发〔2022〕18 号
4 月 18 日	川庆新疆分公司	试修作业事业部	浅钻试修项目部	川庆劳发〔2022〕18 号
4 月 18 日	川庆新疆分公司	物资供应站	物资保障中心	川庆劳发〔2022〕18 号
11 月 18 日	川庆安检院	石油机械与特种设备检验所	特种设备检验所	川庆劳发〔2022〕47 号
11 月 18 日	川庆安检院	环境监测中心（中国石油川渝环境应急监测中心）	环境与职业健康监测所(中国石油川渝环境应急监测中心)	川庆劳发〔2022〕47 号
11 月 18 日	川庆安检院	环保工程技术研究所（环境监理站）	环境工程与油田化学检测技术研究院（环境监理站）	川庆劳发〔2022〕47 号

表 7　2022 年西南油气田公司撤销（合并）机构一览表

时　间	名　称	文件号	备　注
5 月 9 日	物资分公司物资供应项目部	西南司劳〔2022〕11 号	
5 月 9 日	物资分公司物资质量控制中心	西南司劳〔2022〕11 号	
6 月 24 日	开发事业部生产运行科	西南司劳〔2022〕14 号	
6 月 24 日	开发事业部地质技术科	西南司劳〔2022〕14 号	
6 月 24 日	开发事业部工程技术科	西南司劳〔2022〕14 号	
10 月 17 日	人事处（党委组织部）	西南司劳〔2022〕23 号	整合为人力资源（党委组织部）
10 月 17 日	劳动工资处	西南司劳〔2022〕23 号	
10 月 17 日	人事处（党委组织部）人事档案与综合科	西南司劳〔2022〕23 号	整合为档案信息与综合管理科
10 月 17 日	劳动工资处人事信息科	西南司劳〔2022〕23 号	
11 月 29 日	重庆气矿维稳信访管理部	西南司人资〔2022〕12 号	整合进入办公室（党委办公室）
11 月 29 日	重庆气矿开发科	西南司人资〔2022〕12 号	整合为开发管理部
11 月 29 日	重庆气矿井工程管理科	西南司人资〔2022〕12 号	
11 月 29 日	重庆气矿管道管理部	西南司人资〔2022〕12 号	
11 月 29 日	重庆气矿科技科	西南司人资〔2022〕12 号	整合为信息科技部
11 月 29 日	重庆气矿信息管理部	西南司人资〔2022〕12 号	
11 月 29 日	重庆气矿信息站	西南司人资〔2022〕12 号	整合为自控计量和环境监测站
11 月 29 日	重庆气矿计量检测中心	西南司人资〔2022〕12 号	
11 月 29 日	重庆气矿环境节能监测中心	西南司人资〔2022〕12 号	
11 月 29 日	重庆气矿重庆综合服务站	西南司人资〔2022〕12 号	整合为重庆综合服务中心（矿区管理部）
11 月 29 日	重庆气矿矿区业务管理部	西南司人资〔2022〕12 号	
11 月 29 日	重庆气矿离退休管理部（老干部科）	西南司人资〔2022〕12 号	

续表

时　间	名　称	文件号	备　注
11 月 29 日	重庆气矿采气培训基地	西南司人资〔2022〕12 号	整合为人力资源服务中心
11 月 29 日	重庆气矿第一技能人才评价工作站	西南司人资〔2022〕12 号	
11 月 29 日	重庆气矿保险中心重庆管理所（重庆养老保险代办所）	西南司人资〔2022〕12 号	
11 月 29 日	重庆气矿行政事务中心	西南司人资〔2022〕12 号	整合为行政事务中心
11 月 29 日	重庆气矿新闻中心	西南司人资〔2022〕12 号	
11 月 29 日	重庆气矿地质科	西南司人资〔2022〕12 号	整合为地质技术所
11 月 29 日	重庆气矿地质研究所	西南司人资〔2022〕12 号	
11 月 29 日	蜀南气矿维稳信访管理部（保卫部）	西南司人资〔2022〕13 号	整合进入办公室（党委办公室）
11 月 29 日	蜀南气矿地质科	西南司人资〔2022〕13 号	整合为地质技术所
11 月 29 日	蜀南气矿勘探开发研究所	西南司人资〔2022〕13 号	
11 月 29 日	蜀南气矿井工程管理科	西南司人资〔2022〕13 号	整合为开发管理部
11 月 29 日	蜀南气矿开发科	西南司人资〔2022〕13 号	
11 月 29 日	蜀南气矿管道与销售部	西南司人资〔2022〕13 号	
11 月 29 日	蜀南气矿矿区业务管理部	西南司人资〔2022〕13 号	整合为川南综合服务中心
11 月 29 日	蜀南气矿离退休管理部	西南司人资〔2022〕13 号	
11 月 29 日	蜀南气矿川南综合服务站	西南司人资〔2022〕13 号	
11 月 29 日	蜀南气矿川南社保所	西南司人资〔2022〕13 号	整合为行政事务中心
11 月 29 日	蜀南气矿档案室	西南司人资〔2022〕13 号	
11 月 29 日	蜀南气矿新闻中心	西南司人资〔2022〕13 号	
11 月 29 日	蜀南气矿行政事务中心	西南司人资〔2022〕13 号	
11 月 29 日	蜀南气矿泸州应急抢险维修中心	西南司人资〔2022〕13 号	整合为泸州应急抢险维修大队
11 月 29 日	蜀南气矿试修作业中心	西南司人资〔2022〕13 号	
11 月 29 日	蜀南气矿科技科	西南司人资〔2022〕13 号	整合为信息科技部
11 月 29 日	蜀南气矿信息管理部	西南司人资〔2022〕13 号	

表 8　2022 年川庆钻探工程公司撤销（合并）机构一览表

时　间	名　称	文件号	备　注
4 月 18 日	新疆分公司市场开发科	川庆劳发〔2022〕18 号	整合为市场经营科
	新疆分公司企管计划科		
11 月 18 日	安检院职业卫生和油田化学监测所	川庆劳发〔2022〕47 号	
12 月 26 日	人事处（党委组织部）	川庆劳发〔2022〕50 号	整合设立人力资源部（党委组织部）
	劳动工资处		
12 月 28 日	西安结算中心	川庆劳发〔2022〕51 号	

领导机构名录

【行政领导名录】 2022年，西南油气田公司行政领导班子成员及总经理助理、副总师名录见表9，四川石油管理局有限公司行政领导名录见表9。川庆钻探工程公司行政领导班子成员及总经理助理、副总师名录见表10。

（闵怡薇　王静丽）

【党委领导名录】 2022年，中共西南油气田公司委员会成员名录见表11，中共川庆钻探工程公司委员会成员名录见表12。

（闵怡薇　王静丽）

【纪委领导名录】 2022年，中共西南油气田公司纪律检查委员会成员名录见表13，中共川庆钻探工程公司纪律检查委员会成员名录见表13。

（王任杰　黄玉兰）

【工会领导名录】 2022年，西南油气田公司第五届工会委员会名表见表14，川庆钻探工程公司第三届工会委员会见表14。

（丁扬阳　唐佳伟）

表9　2022年西南油气田公司（四川石油管理局有限公司）行政领导名表

单位名称	职　务	姓　名
西南油气田公司	执行董事	张道伟（1月7日前）
		姜鹏飞（1月7日后）
	总经理	何　骁
	副总经理	康建国（4月14日前）
		董焕忠
		乐　宏
		何小川
		雍　锐
		佘朝毅（6月9日后）
	总会计师	陈景富（3月16日前）
		何　强（3月16日后）
	总工程师	乐　宏
	安全总监	乐　宏
	总地质师	杨　雨
	总经理助理	朱力洋
		唐建荣
		张　明
		李　海（11月14后）
	安全副总监	朱　进
	副总工程师	陈力力
	副总经济师	赵　伟（5月30日后）
	副总地质师	杨洪志（11月14日后）
四川石油管理局有限公司	执行董事、总经理	张道伟（1月7日前）
		姜鹏飞（1月7日后）

表 10　2022 年川庆钻探工程公司行政领导名表

职　务	姓　名	备　注
执行董事	王治平	
总经理	李雪岗	
副总经理	伍贤柱	伍贤柱（集团公司井控抢险首席专家）
	金学智（11 月 17 日前）	
	张志东（3 月 16 日后）	
	孙　虎（3 月 16 日后）	
安全总监	李雪岗（1 月 5 日后，3 月 16 日前）	
	张志东（3 月 16 日后）	
总工程师	谭　宾	
纪委书记	樊尚珍	
总会计师	何　强（3 月 16 日前）	
	张新刚（3 月 16 日后）	
总经理助理	李顺平（11 月 15 日前）	
	曾　翀	
	卢尚勇	
安全副总监	刘　石（11 月 15 日前）	
副总工程师	王　鹏（挂职锻炼，11 月 15 日前）	
	孙　虎（3 月 16 日前）	
	张汉信（11 月 15 日后）	
副总经济师	朱春荣	
总法律顾问	朱春荣	

表 11　2022 年西南油气田公司党委成员名表

职　务	姓　名
党委书记	张道伟（1 月 7 日前）
	姜鹏飞（1 月 7 日后）
党委副书记	何　骁
	李宝军（2021 年 12 月 23 日后）
党委委员	张道伟（1 月 7 日前）
	姜鹏飞（1 月 7 日后）
	何　骁
	李宝军
	康建国（4 月 14 日前）
	董焕忠

续表

职　务	姓　名
党委委员	陈景富（3 月 16 日前）
	何　强（3 月 16 日后）
	乐　宏
	徐晓炜
	杨　雨
	何小川
	雍　锐
	佘朝毅（6 月 9 日后）

表 12　2022 年川庆钻探工程公司党委成员名表

职　务	姓　名
党委书记	王治平
党委副书记	李雪岗
	喻著成
党委委员	王治平
	伍贤柱
	金学智（11 月 17 日前）
	何　强（3 月 16 日前）
	李雪岗
	谭　宾
	樊尚珍
	喻著成
	孙　虎（3 月 16 日后）
	张志东（3 月 16 日后）
	张新刚（3 月 16 日后）

表 13　2022 年西南油气田公司、川庆钻探工程公司纪律检查委员会名表

职　务	中共西南油气田公司纪律检查委员会	中共川庆钻探工程公司纪律检查委员会
书　记	徐晓炜	樊尚珍
副书记	曾　科（6 月 20 日前）	杨　帅
	刘力铭（11 月 14 日后）	
委　员	徐晓炜	樊尚珍
	谭敬明（6 月 1 日前）	杨　帅
	杨　刚（6 月 1 日后）	曾　翀

续表

职　务	中共西南油气田公司纪律检查委员会	中共川庆钻探工程公司纪律检查委员会
委　员	曾　科（6 月 20 日前）	李　林
	刘力铭（11 月 14 日后）	徐志勇
	王　旊	蔡激扬
	殷小卫	刘利军
	李　璞	张　晨
	李　磊	黄玉兰

表 14　2022 年西南油气田公司、川庆钻探工程公司工会成员名表

职　务	西南油气田公司第五届工会委员会	川庆钻探工程公司第三届工会委员会
主　席	李宝军（2021 年 12 月 23 日后）	喻著成
副主席	马广文（常务副主席）　韩　旭	香　军　陈　帅　杨　健
委　员 （按姓氏笔画排序）	马广文　王　奕（女）　毛　宏　毛建人　付　冠 冯　勐　刘　超　米　庆　李　剑　李　斌 李龙云　李宝军　李朝贵　李登华　杨　忠 杨　春　杨　琳（女）　杨洪志　杨毓杰　何　佳 余有金　张　明　张祥仁　陈　军　苟昭辉 赵　伟　赵　培　香　进　夏　伟　高大明 梅小兵　蒋　可　蒋永劲　韩　旭 雷　程（女）　谭　艳（女）　熊　波	丁　进（女）　马　佳　尹　川　卢明雄 田　华　田　杨　朱　书　向晓彦　李　平 杨　健　杨爱忠　杨舜尧　何洁如（女） 张晓曦　陈　帅（女）　罗　强　宝　靖（女） 胡志宏　钟　辉　香　军　侯　斌　贺绍强 秦　刚　聂小明　唐佳伟　唐晓兵　梁　波 董　礼　董剑南　喻著成　曾　剑　曾　翀 雷　震　熊　伟　薛清恩

川渝协调组

【概述】 2022 年，川渝协调组成员单位有 29 家，其中局级单位 7 家。川渝地区石油企业主要业务涵盖川渝地区的中国石油勘探与生产、炼油与化工、油气销售、工程技术服务、物资招标、运输服务、装备制造、金融保险服务等专业，根据部分单位主要领导调整情况，协调组部分成员作出相应调整。（陈　莎）

【川渝协调组成员单位】 2022 年，川渝协调组成员单位有：西南油气田公司、川庆钻探工程公司、四川销售分公司、四川石化公司、重庆销售分公司、西南化工销售分公司、昆仑金融租赁公司、中国石油共享运营公司成都中心、昆仑燃气公司四川分公司、工程建设公司西南分公司、中国石油成都润滑油分公司、西北销售公司川渝分公司、运输公司四川分公司、昆仑燃气公司西南分公司、宝石机械成都装备制造分公司、宝石钢管资阳石油钢管公司、济柴动力成都压缩机分公司、燃料油公司西南销售分公司、中意人寿保险公司四川省分公司、中意财产保险公司四川分公司、昆仑保险经纪公司四川分公司、昆仑银行运营服务中心、测井公司西南分公司、东方地球物理勘探公司西南物探分公司、大庆油田公司重庆分公司、中国华油集团公司四川分公司、中国石油招标中心西南分中心、中意人寿保险公司重庆分公司、西部钻探公司西南项目经理部（表 15）。（陈　莎）

表15　2022年川渝协调组成员名表

单　位	姓　名	职　务
西南油气田公司	姜鹏飞	执行董事、党委书记，中国石油驻川渝地区企业协调组组长
	何　骁	总经理，中国石油驻川渝地区企业协调组副组长
	刘怀平	办公室主任，中国石油驻川渝地区企业协调组办公室主任
川庆钻探工程公司	王治平	执行董事、党委书记，中国石油驻川渝地区企业协调组副组长
	李雪岗	总经理，中国石油驻川渝地区企业协调组成员
	卢尚勇	总经理助理兼办公室主任
四川销售分公司	赵厚川	执行董事、党委书记，中国石油驻川渝地区企业协调组副组长
	周运华	办公室主任
四川石化公司	刘国海	董事长、党委书记，中国石油驻川渝地区企业协调组副组长
	安宏利	总经理、党委副书记，中国石油驻川渝地区企业协调组成员
	任相玉	办公室主任
重庆销售分公司	吴恩海	执行董事、党委书记，中国石油驻川渝地区企业协调组副组长
	蔡向阳	总经理、党委副书记，中国石油驻川渝地区企业协调组成员
	刘谦骋	总法律顾问、办公室主任
西南化工销售分公司	戴　永	党委书记、总经理，中国石油驻川渝地区企业协调组副组长
	温云飞	办公室主任
昆仑金融租赁公司	桂王来	董事长、党委书记，中国石油驻川渝地区企业协调组副组长
	贺金霞	总经理，中国石油驻川渝地区企业协调组成员
	张玉良	办公室主任
中国石油共享运营公司成都中心	郭延峰	党委书记、总经理，中国石油驻川渝地区企业协调组成员
	何军民	办公室主任
昆仑燃气公司四川分公司	张维勤	党委书记、总经理，中国石油驻川渝地区企业协调组成员
	张　路	办公室主任
工程建设公司西南分公司	郭成华	党委书记、总经理，中国石油驻川渝地区企业协调组成员
	刘　刚	办公室主任
中国石油成都润滑油分公司	周玉学	总经理，中国石油驻川渝地区企业协调组成员
	张少龙	办公室主任
西北销售公司川渝分公司	朱学成	党委书记、总经理，中国石油驻川渝地区企业协调组成员
	刘立才	总经理助理、办公室主任
运输公司四川分公司	范风清	总经理，中国石油驻川渝地区企业协调组成员
	张又万	办公室主任

续表

单　位	姓　名	职　务
昆仑燃气公司西南分公司	唐习锋	党委书记、总经理，中国石油驻川渝地区企业协调组成员
	温亚飞	办公室主任
宝石机械成都装备制造分公司	郑家伟	总经理，中国石油驻川渝地区企业协调组成员
	杨　纯	办公室主任
宝石钢管资阳石油钢管公司	张　毅	总经理，中国石油驻川渝地区企业协调组成员
	罗小波	办公室主任
济柴动力成都压缩机分公司	秦飞虎	党委书记、总经理，中国石油驻川渝地区企业协调组成员
	陈定中	办公室主任
燃料油公司西南销售分公司	周文钦	总经理，中国石油驻川渝地区企业协调组成员
	王宏君	办公室主任
中意人寿保险公司四川省分公司	张　立	总经理，中国石油驻川渝地区企业协调组成员
	陈　华	办公室主任
中意财产保险公司四川分公司	赵文渊	临时负责人，中国石油驻川渝地区企业协调组成员
	魏先强	办公室主任
昆仑保险经纪公司四川分公司	谢均源	总经理，中国石油驻川渝地区企业协调组成员
	王　进	副总经理
昆仑银行运营服务中心	程艳丽	党委书记、总经理，中国石油驻川渝地区企业协调组成员
	王德美	办公室主任
测井公司西南分公司	蒋　钢	党委书记，中国石油驻川渝地区企业协调组成员
	李忠明	办公室主任
东方地球物理勘探公司西南物探分公司	王勤耕	总经理，中国石油驻川渝地区企业协调组成员
	张　林	办公室主任
大庆油田公司重庆分公司	鞠志忠	经理、党总支书记，中国石油驻川渝地区企业协调组成员
	李大涛	经理助理兼办公室主任
中国华油集团公司四川分公司	陈昌生	总经理，中国石油驻川渝地区企业协调组成员
	薛　熔	办公室主任
中国石油招标中心西南分中心	范海威	总经理，中国石油驻川渝地区企业协调组成员
	冯　豪	办公室主任
中意人寿保险公司重庆分公司	孙　飞	总经理，中国石油驻川渝地区企业协调组成员
	高　松	办公室主任
西部钻探公司西南项目经理部	范光永	总经理，中国石油驻川渝地区企业协调组成员
	李春祥	办公室主任

机关部门及直附属单位

【机关部门】 2022 年底，西南油气田公司设机关部门 16 个，主要领导人员名录见表 16。

2022 年底，川庆钻探工程公司设机关部门 15 个，各部门领导人员名录见表 17。（闵怡薇　王静丽）

【机关附属】 2022 年底，西南油气田公司设机关附属 2 个，主要领导人员名录见表 18。

2022 年底，川庆钻探工程公司设机关附属单位 9 个，各单位领导人员录见表 19。（闵怡薇　王静丽）

【直属机构】 2022 年，西南油气田公司直属单位有 11 个，主要领导人员名录见表 20。

2022 年，川庆钻探工程公司直属单位有 3 个，各单位领导人员名录见表 21。（闵怡薇　王静丽）

表 16　2022 年西南油气田公司机关部门主要领导人员名表

机关职能处（部）室名称	职　务	姓　名
办公室（党委办公室）	主任	赵　伟（6 月 27 日前）
		刘怀平（6 月 27 日后）
规划计划处	处长	刘海峰
财务处	处长	冯　勐
人事处（党委组织部）（10 月 17 日前）	处长（部长）	张　明（9 月 30 日前）
劳动工资处（10 月 17 日前）	处长	张　明（9 月 30 日前）
人力资源部（党委组织部）（10 月 17 日后）	主任（部长）	张　明（9 月 30 日后）
油气资源处（物探技术处）	处长	谢继容
生产运行处（天然气调度中心）	处长（主任）	黄雪松
工程技术处	处长	陈力力
基建工程处	处长	文　志（5 月 23 日前）
		罗　明（5 月 23 日后）
质量安全环保处	处长	朱　进
科技处	处长	党录瑞
企管法规处（内控与风险管理处）	处长	杨　刚
审计处	处长	王　虓
纪委办公室	主任	曾　科（6 月 27 日前）
		刘力铭（6 月 27 日后主持工作，11 月 14 日后）
企业文化处（党委宣传部、新闻办公室、团委）	处长（部长、主任）	苟朝晖
	团委书记	何　理（5 月 23 日后）
工会	常务副主席	马广文
	女工委主任	谭　艳（5 月 23 日前）
		袁　涛（5 月 23 日后）
	经审委主任	韩　旭
维护稳定工作办公室（信访办公室、保卫处）	主任	张祥仁（5 月 23 日前）
		张　英（5 月 23 日后）

表 17　2022 年川庆钻探工程公司机关部门领导人员名表

机关职能处（部）室名称	职　务	姓　名
办公室（党委办公室）	主任	卢尚勇
	副主任	刘思冬
		兰　宇
对外合作和市场开发处（外事办公室、工程项目管理部）	处长	李官华
	副处长	勾　建（正处级，11 月 15 日前）
		侯新荣
		吴　俊
		林　斌（副主任，3 月 14 日后）
生产协调处	处长	万永生
	副处长	徐　英（8 月 23 日前）
		王海平（8 月 23 日前）
		杨华斌（11 月 15 日前）
		刘　刚
人事处（党委组织部）	处长（部长）	曾　翀
	副处长（副部长）	王　涛
		胡　志
	党委副处级组织员	曾世洪
劳动工资处	处长	董剑南
	副处长	傅红村
		曹中渝
		杜　东（11 月 15 日前）
规划计划处	处长	蒋国平
	副处长	刘恒刊（8 月 23 日前）
		宋庆波
		王德康（8 月 23 日后）

续表

机关职能处（部）室名称	职　务	姓　名
财务资产处	处长	聂小明
	副处长	吴　茜
		曹晓丽
		谢　钊
设备处	处长	张增年
	副处长	孟　军（6月20日前）
		刘东方
		张　洪
		黎宗琪（3月14日后，11月15日前）
质量安全环保处	处长	刘　石（8月23日前）
		徐非凡（8月23日后）
	副处长	杨厚天
		贺吉安
		马文胜
工程技术处（远程技术支持中心）	处长	付　强
	副处长	薛让平
		胡　军
		叶林祥
		戴　巍（3月14日前）
		曾　静（3月14日后）
		张　平（3月14日后）
		王德康（8月23日前）
科技处	处长	谢永竹（8月23日前）
		谢祥锋（8月23日后）
	副处长	徐　文（11月15日前）
		谢　意

续表

机关职能处（部）室名称	职　务	姓　名
审计处	处长	李　林
	副处长	罗世清（3月14日前）
		蒋光斌（3月14日后）
		张兴俊（3月14日后）
企管法规处（内控与风险管理处）	处长	蔡激扬
	副处长	潘　登
		孙中磊
		熊　伟
纪委办公室（党委巡察工作领导小组办公室）	纪委副书记	杨　帅
	纪委办公室主任	杨　帅
	纪委办公室副主任	徐志勇（正处级）
		张　晨
		刘利军（3月14日前）
	党委巡察工作领导小组办公室主任	徐志勇（兼）
	党委巡察工作领导小组办公室副主任	杨运杰（正处级）
		曾世洪（兼）
		邓　平（副处级）
党委宣传部（企业文化处、团委）	处长	侯　斌
	副处长	邱开烈（3月14日前）
		陈　军
		刘玉学（3月14日后）
	团委书记	侯　斌（8月23日后）
	团委副书记	胡雪姣
工会	主席	喻著成
	副主席	香　军
		陈　帅（副处级）
		杨　健（副处级）

表 18　2022 年西南油气田公司机关附属单位领导人名表

单位名称	职　务	姓　名
资金结算中心	临时负责人	杨　涛（兼）
技能人才评价中心	主任	（5 月 23 日前空缺） 郭　伶（5 月 23 日后兼）

表 19　2022 年川庆钻探工程公司机关附属单位领导人名表

单位名称	职　务	姓　名
机关事务中心（机关党委）	主任	曾　剑（正处级）
	副主任	兰　宇（兼，副处级）
		田　明（副处级，3 月 14 日后）
	机关党委书记	喻著成
	机关党委常务副书记	曾　剑
	机关纪委书记	黄玉兰（3 月 14 日后）
	机关工会主席	曾　剑
职称改革办公室	主任	王　涛（兼）
中国石油川庆钻探技能人才评价中心	主任	傅红村（兼）
成都结算中心	主任	谢　钊（兼）
西安结算中心	主任	王立军
安全监督中心	主任	周　浩
井控管理中心	主任	王　勇（兼）
新闻中心	主任	陈　军（兼）
生产科研基地建设管理部	经理、党支部副书记	戴正海（党支部副书记，8 月 23 日前）
	党支部书记	谢祥锋（8 月 23 日前）
		戴正海（8 月 23 日后）
	副经理	张同建
		廖绪彬（8 月 23 日前）
		谢祥锋（8 月 23 日前）
		袁坤德（11 月 15 日前）
川庆钻探工程公司党委巡察组	巡察专员	杨运杰（正处级）
	巡察副专员	杨勇军（副处级，3 月 14 日前）
		王学钦（副处级）
		程小宝（3 月 14 日后）
		杜　刚（3 月 14 日后）

表 20　2022 年西南油气田公司直属单位主要领导人员名录

单位名称	职　务	姓　名
气田开发管理部	主任	杨洪志
营销部	主任	张　川
资本运营部	主任	朱国武（临时主持）
对外合作部（外事办公室）	主任	刘成根
管道管理部	主任	钱　浩
物资设备管理部	主任	王　欣
信息管理部	主任	刘晓天
矿区管理部	主任	肖玉辉
离退休管理部（老干部处）	主任	张　英
计划财务部	主任	杨再勇
市场开发部	主任	朱力洋

表 21　2022 年川庆钻探工程公司直属单位领导人员名录

单位名称	职　务	姓　名
物资管理部	主任	徐　迪
	副主任	杨　铃　范旭潮
信息管理部	主任	李志荣（11 月 15 日前）
		喻建胜（11 月 15 日后）
	副主任	江　涛（6 月 20 日前）
		刘　炯
		陈思锦（8 月 23 日后）
维护稳定工作办公室（信访办公室、保卫处）	主任	黄　宁
	副主任	李建伟
油气事业部	主任	何怀银（11 月 15 日前）
		张　庆（11 月 15 日后）
	副主任	戴　勇（3 月 14 日前）
		徐继东
		刘子平（3 月 14 日后，11 月 15 日前）
工程造价中心	主任	李　银
	副主任	包小红
		刘电辉

二级单位主要领导人员

【西南油气田公司二级单位】2022年，西南油气田公司有二级单位44个，主要领导人员名录见表22。（闵怡薇）

【川庆钻探工程公司二级单位】2022年，川庆钻探工程公司有二级单位25个，领导人员名录见表23。（王静丽）

表22　2022年西南油气田公司二级单位主要领导人员名表

单位名称	行政正职	党委（党总支、党支部）书记
川东北作业分公司	文士豪（9月4日前） 葛　枫（9月4日后）	文士豪（9月4日前） 葛　枫（9月4日后）
长宁公司	佘朝毅（6月9日前） 赵　松（6月9日后）	佘朝毅（6月9日前） 赵　松（6月9日后）
川中油气矿	方　进	杨子海
重庆气矿（重庆天然气销售与管道分公司）	赵　松（6月27日前） 赵　伟（6月27日后）	朱　愚（6月27日前）（6月27日后空缺）
蜀南气矿	李　海	戴志向（9月30日前） 杨　春（9月30日后）
川西北气矿	杜　强	蒋　彬
川东北气矿	青　春	李　杰
川中北部采气处	贾　静	香　进
输气处	安建川	李红亮
相国寺储气库公司	蒋华全	李　剑（9月30日前） 李　斌（9月30日后）
天然气净化总厂	王　军	梅　林（9月30日前） 李　剑（9月30日后）
成化总厂	高立新	胡光辉
勘研院	文　龙	雷　程
天研院	常宏刚（9月30日前） 熊　钢（9月30日后）	谯华平
工程院	范　宇	刘力铭（6月27日前）（6月27日后空缺）
安研院	李　静	文　明
页岩气研究院	吴建发	李跃纲
集输工程所	程　华（9月30日前） 戴志向（9月30日后）	曲　林
经研所	何润民	刘用成
勘探事业部	黄平辉	余有金
开发事业部	段国彬	唐诗国

续表

单位名称	行政正职	党委（党总支、党支部）书记
致密油气项目部	葛　枫（9 月 30 日前） 肖　尧（9 月 30 日后）	肖　尧（9 月 30 日前） 许深皓（9 月 30 日后）
华油公司	（5 月 23 日前空缺） 曾润奇（5 月 23 日后）	邹光国（含任执行董事）
川港燃气公司	邓经纬	石　磊（含任董事长）
燃气分公司	陈　革	曾　勇（含任执行董事）
信通中心	张继斌	杜　波
物资分公司	张　勇	樊新胜
重庆页岩气公司	李　维	付永强（6 月 27 日前） 朱　愚（6 月 27 日后）
四川页岩气公司	唐建荣	唐建荣
新能源事业部	胡　剑	熊　波
行政事务中心（档案中心）	刘怀平（6 月 27 日前） （6 月 27 日—9 月 30 日空缺） 代华明（9 月 30 日后）	刘怀平（5 月 23 日前） 段义贤（5 月 23 日后）
工程项目造价中心	邱　斌	李登华
社会保险中心（公积金中心）	李天祥	杨　琳
纪检审计中心	殷小卫	李　璞
重点地面工程建设项目部	周德志	何　甫
技术咨询中心	陈水银	蒋　骥（5 月 23 日前） 王良锦（5 月 23 日后）
新闻中心	周泽山（9 月 30 日前） 李　磊（9 月 30 日后）	李　斌（9 月 30 日前） 李勇军（9 月 30 日后）
宝石花汽车服务公司	孟宪雨	孟宪雨
重庆协调组	赵　松（6 月 27 日前） 赵　伟（6 月 27 日后）	刘金全
重庆分公司	刘金全	—
家益公司	王蜀源	张　刚（含任董事长）
华成监理公司	董晓文	郭争光
宝石花物业公司	唐大兴	唐宗文
宝石花油服公司	李阳波	李阳波
宝石花医疗公司	（11 月 14 日前空缺） 谭　靖（11 月 14 日后）	谭　靖
综合服务中心	谭敬明	—
四川华盛能源公司	朱国武	夏　晖

表 23　2022 年川庆钻探工程公司二级单位领导人员名表

单位名称	行政正职	党委（党总支、党支部）书记
川庆长庆指挥部	李雪岗（指挥，1 月 12 日前）	孙　虎（党总支书记）
	金学智（指挥，1 月 12 日后，4 月 29 日前）	
	孙　虎（指挥，4 月 29 日后）	王海平（党总支书记，8 月 23 日后）
川庆川东钻探公司	王明华	朱占林
川庆川西钻探公司	罗　鑫	胡　影
川庆长庆钻井总公司	张汉信（8 月 23 日前）	吕凤军
	王运功（8 月 23 日后）	
长庆钻总管具公司	何文涛（副处级，4 月 12 日前）	—
第一工程项目部	王　浩（经理，副处级）	王　浩
第二工程项目部	石仲元（经理，副处级）	石仲元
第三工程项目部	贺会锋（经理，副处级）	贺会锋
第四工程项目部	杨勇平（经理，副处级）	杨勇平
第五工程项目部	周荣海（经理，副处级）	周荣海
川庆新疆分公司	徐　杨	习延红
川庆国际工程公司	郑　重	林　平
厄瓜多尔分公司	张　雄	—
巴基斯坦分公司	刘晓明	—
土库曼斯坦分公司	李明胜（3 月 14 日后）	李明胜（3 月 14 日后，8 月 23 日前）
		徐先觉（8 月 23 日后）
中东分公司	颜玉川	—
川庆苏里格项目经理部	欧阳诚（8 月 23 日前）	吴汉平（8 月 23 日前）
	吴永春（8 月 23 日后）	姚立新（8 月 23 日后）
川庆井下作业公司	马思平（3 月 14 日前）	刘　伟（3 月 14 日前）
	刘　伟（3 月 14 日后）	余才焌（3 月 14 日后）
川庆长庆井下技术公司	樊兴安	刘文祥
川庆试修公司	王东林	韩建禹
川庆长庆固井公司	袁　卓	王汝宇（3 月 14 日前）
		张明力（3 月 14 日后）
川庆钻采院	许期聪	陈　倩

续表

单位名称	行政正职	党委（党总支、党支部）书记
川庆地研院	李香华（8 月 23 日前） 欧阳诚（8 月 23 日后）	唐建侯
川庆安检院	张志东（3 月 16 日前）	陈晓彬（负责全面工作，4 月 29 日后，8 月 23 日前）
	陈晓彬（8 月 23 日后）	刘万家（8 月 23 日后）
川庆蜀渝公司	杨　志（3 月 14 日前） 王遂泸（3 月 14 日后）	罗　勇
川庆重庆运输总公司	巫　波（3 月 14 日前） 伍　兵（3 月 14 日后）	陈晓超
川庆长庆监督公司	苏金柱	李　明
川庆钻井液公司	冉启华	黄　春（3 月 14 日前） 徐　辉（3 月 14 日后）
川庆页岩气项目经理部	张　庆（11 月 15 日前） 何怀银（11 月 15 日后）	袁　诚
川庆页岩气工程项目部	干建华（经理）	干建华（党支部书记）
川庆越盛公司	熊光明（3 月 14 日前） 巫　波（3 月 14 日后）	张　杰（1 月 18 日后）
川庆纪检审计中心	蒋光斌（主任）	徐志勇（党总支书记，3 月 14 日前） 刘利军（党总支书记，3 月 14 日后）
川庆培训中心（四川石油学校）	钟　瑛	钟　瑛 陈开明（11 月 15 日前） 杜　东（11 月 15 日后）
川庆党校	校　长（空缺） 副校长：钟　瑛 陈开明（11 月 15 日前） 杜　东（11 月 15 日后）	—
川庆酒店管理公司	赵彩虹	赵彩虹
川庆井控应急救援中心	罗　园（主任，8 月 23 日后）	罗　园（8 月 23 日后）
中国石油井控装置质量检验中心	喻建胜（主任，11 月 15 日前） 邓勇刚（主任，11 月 15 日后）	—

技术管理专家及高级专业技术人员

【享受国务院政府特殊津贴专家】 2022年，四川油气田享受国务院政府特殊津贴人员23人，其中西南油气田公司有黄先平、陈更生、杨雨、刘辉、杨跃明、杨光、向启贵、余忠仁、冯曦、胡勇、郭贵安、余进、王川洪13人，川庆钻探工程公司有伍贤柱（钻井工程）、钱斌（油气田开发）、姚声贤（测井）、任兴国（测井）、刘国良（油气田开发）、韩烈祥（钻井工程）、李洪兴（钻井工程）、张冕（油气田开发）、张勇（钻井工程）、刘贵义（钻井工程）10人。（张浩森　王静丽）

【集团公司技术专家名录】 2022年，川庆钻探工程公司有集团公司井控抢险专家4人，分别是伍贤柱、谭宾、晏凌、罗园；有集团公司井控资深专家4人，分别是孙虎、付强、王勇、叶林祥；有集团公司井控高级专家20人，分别是邓乐、姚先荣、任晓彬、吴会胜、胥宏图、李爱、王华平、罗琼英、陶思才、黄忠、王均良、王武、莫光文、曾静、李兵、柳志勇、卿玉、刘宝军、王茂林、花仁敬。（张浩森　王静丽）

【技术专家】 2022年，西南油气田公司在聘期内的技术专家145人，其中企业首席技术专家14人（表24），企业高级专家18人（表25），一级工程师113人（表26）。

2022年，川庆钻探工程公司在聘期内的技术专家129人，其中企业首席技术专家6人（表27），企业高级专家41人（表28），一级工程师82人（表29）。

（张浩森　王静丽）

表24　2022年西南油气田公司企业首席技术专家名录

工作单位（部门）	姓　名	专　业
技术咨询中心	陈更生	勘探开发
	沈　平	地质勘探
	胡　勇	油气田开发
	杨跃明	地质勘探
	傅敬强	天然气净化与化工
	余　进	天然气储运与计量
	黄先平	油气勘探
	郭绪明	天然气储运与计量
	郑有成	钻完井工程
	文　明	油气田开发
	李　勇	天然气储运与计量
	郭贵安	油气田开发
	文绍牧	油气田开发
	贺志明	经济与管理

表 25　2022 年西南油气田公司企业高级专家名录

工作单位（部门）	姓　名	专　业
油气资源处	赵路子	地质勘探
技术咨询中心	蒋伟雄	地质勘探
重庆气矿	钟克修	油气勘探
蜀南气矿	吕宗刚	地质勘探
	黎隆兴	油气田开发
川东北气矿	曾汇川	地质勘探
输气处	马学峰	天然气储运与计量
成化总厂	李均方	天然气净化与化工
长宁公司	曾　光	钻完井工程
	吴春林	修井工程
	蔡从德	地面工程
勘研院	肖富森	地球物理
	冯　曦	油气田开发
天研院	何金龙	天然气净化与化工
工程院	胡锡辉	钻完井工程
安研院	向启贵	HSE 与节能减排
勘探事业部	邓传光	钻完井工程
开发事业部	李润川	钻井工程

表 26　2022 年西南油气田公司一级工程师名录

工作单位（部门）	姓　名	专　业
技术咨询中心	赵传斌	经济与管理
	张振应	经济与管理
	伍丽红	矿权储量评估
	戴　忠	环保
	李恒根	经济与管理
	汪云福	信息技术
	刘泽军	化工与设备
	林　倩	经济与管理
	徐　境	经济与管理
	宁　飞	储气库气藏工程

续表

工作单位（部门）	姓　名	专　业
川中油气矿	李俊良	地质工程
	罗孝雄	采油气工艺
重庆气矿	许清勇	气田开发
	冯青平	地质工程
	何志强	地面工程
	沈大均	安全工程
蜀南气矿	李　弢	地质工程
	董应兴	地面工程
	刘旭光	天然气净化
	陈　平	安全
	董荣祥	经济与管理
	李建林	地质工程
川西北气矿	李　梅	地质工程
	杜　诚	油气藏工程
	龚　兵	经济与管理
川东北气矿	任洪明	开发地质
	汪　洋	采气工艺
	黄继超	安全
输气处	罗　敏	管道运行技术
	张登高	信息技术
	殷　朋	工程技术
	黄　成	HSE 与计量技术
	王　靖	管道运行技术
	薛献忠	地面工程
天然气净化总厂	周　军	天然气净化
	郑　民	天然气净化
	陈邦海	安全
	王　燕	经济与管理
成化总厂	丁　力	天然气净化与化工
	李文艺	安全
	范明燕	经济与管理

续表

工作单位（部门）	姓　名	专　业
川东北作业分公司	兰云霞	采气工艺
	贾长青	油气田开发
	李丁川	安全工程
	彭维茂	天然气净化
	张俊良	钻井工程
长宁公司	杨建英	采气工艺
	何　焱	地面工程
	杨晓敏	安全
	高德伟	钻完井工程
	周　兵	油气田开发
勘研院	李国辉	综合地质研究
	王世谦	非常规油气藏勘探
	刘义成	开发地质
	周克明	开发实验
	刘　均	油气藏工程
	夏崇双	油气藏工程
	何东溯	信息工程
	余宗胜	勘探部署
	朱占美	开发地质
	陈颖莉	开发部署
	苑保国	综合地质研究
	何绪全	测井
	黄　平	物探
	罗旻海	技术经济评价
天研院	温崇荣	天然气净化
	刘友权	油气田化学
	黄红兵	产品制备工艺
	段继芹	天然气流量测试
	罗　勤	天然气分析测试
	曾文平	天然气分析测试
	涂振权	天然气分析测试

续表

工作单位（部门）	姓　名	专　业
天研院	唐永帆	腐蚀与防护
	张春阳	油气地面工程
	李万俊	天然气流量测试
	陈　文	腐蚀与防护
	陈昌介	天然气净化
	蒋泽银	油气田化学
工程院	谢南星	采气工艺技术
	向建华	采气工艺技术
	尹　强	井下工具研发技术
	韩慧芬	采气工艺实验评价技术
	李　力	储层改造技术
	刘祥康	修井工艺技术
	唐　庚	完井、试油工艺技术
	常洪渠	钻井工程
	卢正东	地质
安研院	罗方宇	环保
	江　丽	环境节能监测
	周　劲	HSE 监督
	乔　蓓	安全
	秦　林	管道完整性检测与评价
	熊　军	环保工程
	卓先德	安全工程
页岩气研究院	张德宽	地质综合研究
	林盛旺	完井试油工艺
经研所	熊　伟	天然气价格与市场
	周　娟	战略管理与政策研究
勘探事业部	胡　华	综合地质研究
	赵晓红	物探
开发事业部	倪根生	地质工程
	陆英权	经济与管理
	赵俊生	钻完井工程

续表

工作单位（部门）	姓　名	专　业
开发事业部	刘文忠	钻完井工程技术
	米光勇	钻完井工程
	刘　波	钻完井工程
致密油气项目部	肖红林	地质工程
信通中心	孙　韵	信息工程
	鲍自翔	安全
	岳　松	经济与管理
四川页岩气公司	王　琳	钻完井工程
	周安富	地质工程
	马　翔	气藏工程

表 27　2022 年川庆钻探工程公司企业首席专家名录

工作单位（部门）	姓　名	专　业
川庆地研院	刘顶运	钻井工程
川庆钻采院	晏　凌	钻井工程
	陆灯云	油气田开发
	李晓明	钻井工程
川庆井下作业公司	钱　斌	油气田开发
	杨柳青	机械

表 28　2022 年川庆钻探工程公司企业高级专家名录

工作单位（部门）	姓　名	专　业
川庆川东钻探公司	谯抗逆	钻井工程
川庆川西钻探公司	李洪兴	钻井工程
	陶思才	钻井工程
	王　勇	钻井工程
川庆长庆钻井总公司	王均良	钻井工程
	张建卿	钻井工程
	王万庆	钻井工程
	宋顺平	机械
	刘胜娃	信息工程

续表

工作单位（部门）	姓　名	专　业
川庆长庆固井公司	贾　芝	钻井工程
川庆钻采院	王长宁	钻井工程
	韩烈祥	钻井工程
	韦海防	钻井工程
	钱浩东	信息工程
	陈　平	油气田开发
川庆试修公司	贺秋云	钻井工程
	邓　乐	油气田开发
	张明友	油气田开发
川庆钻井液公司	周华安	钻井工程
	黄　平	钻井工程
川庆国际工程公司	李晓阳	钻井工程
川庆井下作业公司	陈　敏	钻井工程
	石孝志	油气田开发
	管　彬	油气田开发
川庆新疆分公司	买买提吐尔逊 · 塔里甫	钻井工程
川庆长庆井下技术作业公司	张　冕	油气田开发
	白明伟	机械
川庆油气事业部	刘子平	油气田开发
川庆越盛公司	李建忠	油气田开发
川庆蜀渝公司	谭树成	地面建设与油气储运
川庆生产科研基地建设管理部	袁坤德	地面建设与油气储运
川庆长庆监督公司	刘建平	安全环保
川庆地研院	吴大奎	物探
	李　立	地质勘探
川庆安检院	彭远春	安全环保
	赵维斌	安全环保
川庆生产协调处	杨华斌	钻井工程
川庆信息管理部	江　涛	信息工程
川庆科技处	徐　文	钻井工程
川庆设备处	孟　军	机械
	黎宗琪	机械

表 29　2022 年川庆钻探工程公司一级工程师名录

工作单位（部门）	姓　名	专　业
川庆川东钻探公司	刘德平	钻井工程
	王华平	钻井工程
	周永建	钻井工程
	张　建	机械
川庆川西钻探公司	刘春林	钻井工程
	姚先荣	钻井工程
	叶长文	钻井工程
	罗　辉	机械
川庆长庆钻井总公司	马　喜	钻井工程
	张延兵	钻井工程
	李录科	钻井工程
	李润苗	钻井工程
	王清臣	钻井工程
	石宪峰	机械
	苏兴华	信息工程
川庆新疆分公司	孙　俊	钻井工程
	莫光文	钻井工程
	刘　平	钻井工程
	陈　亮	安全环保
川庆国际工程公司	王成学	钻井工程
	吉永忠	钻井工程
	贺　彬	钻井工程
	何志强	钻井工程
	李　强	机械
川庆长庆固井公司	魏周胜	钻井工程
	周兴春	钻井工程
	兰小林	钻井工程
川庆钻采院	邓祥华	钻井工程
	王文斌	钻井工程
	陈俊斌	钻井工程
	胡　超	钻井工程

续表

工作单位（部门）	姓　名	专　业
川庆钻采院	魏　强	钻井工程
	庞东晓	钻井工程
	王培峰	钻井工程
	陈小荣	钻井工程
	唐　贵	钻井工程
	贾利春	钻井工程
	李　勇	油气田开发
	白云海	油气田开发
	刘　彬	机械
	李前春	机械
	张治发	信息工程
川庆井下作业公司	杨万忠	钻井工程
	张成金	钻井工程
	刘运楼	钻井工程
	张道鹏	油气田开发
	潘正富	油气田开发
	朱炬辉	油气田开发
	潘　勇	油气田开发
	陈明忠	油气田开发
川庆试修公司	何明格	油气田开发
	贾　海	油气田开发
	潘　登	油气田开发
	付建华	油气田开发
川庆长庆井下技术作业公司	刘国良	油气田开发
	兰建平	油气田开发
	曹　欣	油气田开发
	陈万林	油气田开发
	许洪星	油气田开发
	欧阳伟平	油气田开发
	费节高	油气田开发
	苏敏文	机械

续表

工作单位（部门）	姓　名	专　业
川庆钻井液公司	李茂森	钻井工程
	杨兰平	钻井工程
川庆地研院	陈　果	地质勘探
	欧阳明华	物探
	韩　翀	物探
	王自明	油气田开发
	何　健	油气田开发
	余　佳	油气田开发
川庆安检院	陈立云	安全环保
	金雪梅	安全环保
	李　辉	安全环保
	万　夫	机械
川庆页岩气项目经理部	饶晓东	钻井工程
	吴　磊	地质勘探
川庆蜀渝公司	张明政	地面建设和油气储运
川庆生产科研基地建设管理部	李华平	地面建设和油气储运
川庆长庆监督公司	秦等社	安全环保
川庆工程技术处	徐勇军	机械
川庆培训中心	李　强	钻井工程
川庆长庆指挥部	郭百利	钻井工程

【高级专业技术人员】 2022年，西南油气田公司晋升高级专业技术职称643人（西南司职改〔2022〕1号、2号、3号和4号，人资〔2022〕20号、22号和98号），其中朱勇等315人任职资格时间从2021年12月30日起开始计算，刘昱等328人任职资格时间从2022年12月30日起开始计算。

2022年，川庆钻探工程公司有176人晋升高级专业技术职务任职资格（川庆职改发〔2022〕7号、川庆职改发〔2023〕1号），赵鹏等176人任职资格资历时间从2022年12月30日起开始计算。

西南油气田公司

2021年度评审通过的高级专业技术职称人员

1. 高级工程师（234人）

川渝页岩气前线指挥部：王　恒

川中油气矿：杨　帆　范　罡　何承宏　李正勇　刘文祝　苏　静　唐　松　谢开宏　杨宏伟　杨鸿淋　杨志荣　游　杰　游天行　张洪铭　郑荣军

重庆气矿：范劲松　何大凤　何　鑫　李　彭　李　青　刘　波　龙俨丽　王春禄　韦元亮　徐发波　张文济　易图云

蜀南气矿：刘家屹　沈秋媛　朱　庆　聂　权　陈昌武　陈　军　商绍芬　胡贵运

梁　明　但　涛　王　浩　代先慎
徐　里　曾正荣
川西北气矿：练兴元　李永振　唐　刚　陈长兵
杨　勇　彭　武　王旭丽　李荣容
江　涛　尧长杰　黄忠华
川东北气矿：梅志宏　曾　勇　周永志　张诗通
杨浚玮　胡　波　李　奎
川中北部采气管理处：蔡永良　粟　鹏　张　坤
输气处：曾　林　梅茜迪　田　晨　陶　键
李晓霜　杜　艳　王　磊　梁　力
许　多　王青柳
储气库管理处：李力民　禹贵成　盛　勇
天然气净化总厂：贺晓敏　曾　强　唐　龙
蒋吉强　陈　洪　易　容
苟列生　杨程杰
成化总厂：陈吉刚　李佳晋
川东北作业分公司：沈若飞　佘思维　罗　然
韩荣学　唐朝勇　何培东
蒲世权　刘　洋　苏鹏程
长宁公司：王　冬　陈　满　肖　坤　梁　谷
勘研院：丁孔芸　陈延贵　周　源　关　旭　李　纲
李　龙　李雪松　刘　鑫　庞艳君　彭　英
戚　涛　孙　波　田兴旺　徐昌海　叶　茂
张　飞　张富利　张　苏　赵　益　周　华
周　燕　邓思思
天研院：王晓琴　张　镨　李　克　黄　灵　吴贵阳
吴明鸥　杨　安　王　川　赵志恒　郑　凯
工程院：李文哲　王　斌　王威林　罗　增　帅春岗
赵志宏　余　江　侯培培　夏连彬　高新平
谭　健　王先兵　郑　莉
安研院：李长勇　刘光富　杨　杰　石　锋　李英存
鲍明昱　吴　懈　赵　靓　蒋国斌　周　莉
王红娟　张　毅　古　冉　焦艳军　李烨楠
李柯江　李冀川　李　宇
页岩气研究院：廖茂杰　曾　然　田　冲　王颂夏
王星皓　张洞君　赵圣贤　朱仲义
沈　骋
集输工程技术研究所：王　勇　吴国霈　伍坤一
曾　诚
勘探事业部：肖振华　陈洲洋　陈颖杰　李文皓
余良志　展　燕　何宇霖　郭鸿喜
开发事业部：余兆才　郑云东　饶福家　阳　强
唐　勇　夏国勇
致密油气项目部：冯　逢　刘鹏飞　杨　林
川港燃气公司：彭峻峰　张　斌　何　平　董春娟
唐　奕　万群峰
燃气分公司：杜志波　王　璐　伍淑辉　易　伟
张瀚月
信通中心：陈柯宇　陈　文　贾　涛　彭　健
冉艳曦　叶康林
四川页岩气公司：陈　强　刘雪梅　余林瑶
工程项目造价中心：黄　婕　邹　志
纪检审计中心：李　立
重点地面工程建设项目部：潘　辉　万运华
技术咨询中心：李静雯　温梦晗
华油公司：黄　林　周金田　蒲　文　邓永林
家益公司：韩　滔
2. 高级经济师（15 人）
重庆气矿：刘　川
蜀南气矿：郑　伟
川西北气矿：邓亚雄
川东北气矿：冷楠林
输气处：管　静
天然气净化总厂：江秋辉
川东北作业分公司：李　露
长宁公司：叶一霖
勘研院：陈俊宇
物资分公司：冯小琴
华油公司：何继荣
人事处（党委组织部）：闵怡薇
营销部：叶　畅　陶　玲
矿区管理部：李　莉
3. 高级会计师（18 人）
川中油气矿：张　斌
重庆气矿：邓忠燕
蜀南气矿：管　宏
川西北气矿：谢　婷
川中北部采气管理处：饶　勇

输气处：袁　艳
长宁公司：任晓莉
勘研院：郭红梅
安研院：何　振
经研所：敬代骄
页岩气研究院：徐晨萌
燃气分公司：曾婉苏
社会保险中心（住房公积金管理中心）：向阳珏
华油公司：马芙蓉
华成监理公司：杨利平
财务处：鲍思峰　姚婷婷
计划财务部：张先洁
4. 高级审计师（1 人）
审计处：杜　爽
5. 高级政工师（47 人）
川中油气矿：蒲世彪　王茂林　李晓兰
重庆气矿：夏　伟　陈子玮　江　河
蜀南气矿：刘勤勤　杜　斌　鹿晓艳
川西北气矿：刘　刚　李　洁　官世君
川东北气矿：周　安　文　艺
输气处：杨安益　熊　波
储气库管理处：刘　燕
天然气净化总厂：钟　云
川东北作业分公司：赵海均　龚晓东
长宁公司：肖　丹
勘研院：车　琴
天研院：杨明举
安研院：张　华
勘探事业部：陈　姝　林　琳
川港燃气公司：周熙萍　李　群
燃气分公司：陈　革
信通中心：胡　敏
物资分公司：张育瑛
行政事务中心（档案中心）：闵　军
社会保险中心（住房公积金管理中心）：周　凌
纪检审计中心：喻　超
华油公司：王　宇　任钦雁
家益公司：姜　敏
综合服务中心：兰　瑛
办公室（党委办公室）：石　卉
人事处（党委组织部）：李雪梅　王　雪
企管法规处（内控与风险管理处）：张　勇
纪委办公室（巡察办公室）：付　辉
企业文化处（党委宣传部、新闻办公室、团委）：张仪晖
工会：王平勇
维护稳定工作办公室（信访办公室、保卫处）：杨清川
离退休管理部（老干部处）：刘春蓉
上述人员任职资格时间从2021年12月30日起开始计算。

西南油气田公司

2022 年度评审通过高级专业技术职称人员

1. 高级工程师（236 人）
川渝页岩气前线指挥部：吴双
川中油气矿：李　亮　姚宴波　王　刚　郑　强　张仕强　张　杰　梁永龙　胡　霖　侯　波　李志宽　蒋　志　唐　峰　贺定长　舒绍锋　车继明
重庆气矿：陈智雍　张　傲　杨　凯　李　媛　吴建祥　张　睿　赵俊超　吴毅龙　韩光谱　成艳玲　周　仁　文　明　陈　燕
蜀南气矿：冉　林　何　江　庞春晓　罗玉合　向清林　张　理　何顺华　凡田友　雷跃雨　霍振永　宋　亮
川西北气矿：李　强　倪　丹　朱　涛　李　诚　郭建新　陈　健　蓝　强　肖　林　窦上凯　刘　鹏　李　勇　张　霖　杨　涛　李旭成　洪建伟
川东北气矿：雷小华　肖　俊　王　普　杨鸣峰　向　毅　陶科宇　张　琦　张　义　王平祥　徐明星
川中北部采气管理处：王立恩　张家富　陶　金
输气处：丁　川　廖呈龙　陈　银　毛敏强　陈　韬　王　勇　胡春华　蒋　婕　王　旺　钟思敏　李　勋　毛学彬
重庆相国寺储气库有限公司：王　岩　胡滨涛
天然气净化总厂：林国军　席红志　唐兴波

涂婷娟　曹　杰　蒋军锋
沈荣华
成化总厂：杨武英　张瑞春
川东北作业分公司：杨渊宇　李　宏　张　强
郭奎良　潘向东　刘　欢
马　骥　熊　杰　刘卓旻
许万川　胡　吉　王　毅
长宁公司：聂　舟　龙仕元　周　昊 徐天源
勘研院：干大勇　吴煜宇　代瑞雪　陶夏妍
王　容　陈艳茹　青胜兰　陈双玲　韦腾强
朱　华　谈健康　张　亚　钟　原　彭瀚霖
曾乙洋　李　舫　张　旋　李　滔　何溥为
兰雪梅　王　蓓　魏　星　万　莹　缪海燕
赵　涵　张少敏　王　尉
天研院：邱奕龙　万元周　沈　琳　肖　杰　刘　爽
谭雪琴　朱宏扬　屈珊珊　冉田诗璐
工程院：舒　刚　徐卫强　王　锐　彭　庚　汪传磊
曾　冀　叶颉枭　唐寒冰　江　源　彭　欢
苟兴豪　刘燕烟　吴　珂　钟　华　刘　辉
王福云　程兴洁　张　智
安研院：杨　刚　孙玉伟　韩雷凯　崔铭芳　齐昌超
何国鸿
页岩气研究院：陈　娟　刘　佳　杨雨然　朱逸青
吴天鹏　黄　山　胡　燕
集输工程技术研究所：温　庆
经研所：王盟浩　王瑞莲
勘探事业部：张　宇　汪晓星　吴　坷　张　昊
黄　坤
开发事业部：何小平　黄学刚　邓　勇　宋文杰
王　文　罗　乐　刘雨舟　赵靖影
致密油气项目部：王锦西　易建国　王海屹
川港燃气公司：吕　郑　杨　毅　邵金凤　李光照
燃气分公司：黎登辉　刘　宏　龙　坤
信通中心：汪　亮　唐　青　杨云杰　吴　昶
杨　涛
重庆页岩气公司：汪怡佳　李　斌
四川页岩气公司：刘　晓 陈　珂　吴　昊
行政事务中心（档案中心）：李长春
工程项目造价中心：罗　超　林　莉　孟　然

重点地面工程建设项目部：陈　尹　余　勇
技术咨询中心：韩　建
华油公司：郭　丹　胡晓科　雷现梅　罗　翀
苟晓充　罗　庆
家益公司：黄显林
华成监理公司：程　建
规划计划处：刘　昱
油气资源处（物探技术处）：谢　忱
生产运行处（天然气调度中心）：邢鹏飞
工程技术处：曾　嵘　谯青松
基建工程处：王天宇
气田开发管理部：朱　讯　何　敏　艾志鹏　李林峰
物资设备管理部：张锦涛
2. 高级经济师（21 人）
重庆气矿：文陆军
蜀南气矿：张　陵
川西北气矿：杨　莉
川东北气矿：徐　达
输气处：李国宁
长宁公司：石　凯
勘研院：邓　佳　赵晓兰
页岩气研究院：宋晓红
经研所：李孜孜　李森圣
勘探事业部：郑筱雨
开发事业部：黄　瑾
物资分公司：谭　毅
四川页岩气公司：任　丽
社会保险中心（住房公积金管理中心）：王　斌
华油公司：唐　荔
综合服务中心：罗婷婷
办公室（党委办公室）：张　燕
企管法规处（内控与风险管理处）：黄韬澄
信息管理部：龚　诚
3. 高级会计师（15 人）
川中油气矿：徐　勇
蜀南气矿：陈　怡
川西北气矿：胡小英
天然气净化总厂：佘映梅
工程院：黎　雪

燃气分公司：曾　勇
物资分公司：陈雪梅
社会保险中心（住房公积金管理中心）：石永付
纪检审计中心：肖　雲
重点地面工程建设项目部：唐源羚
综合服务中心：李培培
财务处：王智雄　周洋宇
离退休管理部（老干部处）：魏　薇
计划财务部：黄　放
4. 高级政工师（56人）
川渝页岩气前线指挥部：李　懿
川中油气矿：米　庆　刘小英　李　波
重庆气矿：张晓冬　刘　斌　李建川
蜀南气矿：田文楷　黄孟霓
川西北气矿：张　莉　侯宗坤
川东北气矿：曹永富　李　洋
输气处：陈吉权　谢嘉蔓　张慧敏
天然气净化总厂：江　展
川东北作业分公司：黄开伟
长宁公司：蒋　可
勘研院：刘　超　李　婕
天研院：王　磊
工程院：郭　静
页岩气研究院：张秀英
经研所：谢雯娟
勘探事业部：韩小雨
开发事业部：曾　镰
川港燃气公司：邓　莉　王　琦
燃气分公司：王　奕
信通中心：张　艺
物资分公司：唐　宁　翁　静
行政事务中心（档案中心）：颜　琳
工程项目造价中心：庞渝燕
社会保险中心（住房公积金管理中心）：杨　琳
纪检审计中心：江　路
技术咨询中心：杨　帆　白松涛　邱永君
新闻中心：彭　璐
华油公司：刘江琴
家益公司：丁　劼

重庆协调小组：宋泽励
综合服务中心：陈天伦　谭攀峰
办公室（党委办公室）：刘建青　詹玉霞
人力资源部（党委组织部）：曹　强
纪委办公室（巡察办公室）：梁青城
企业文化处（党委宣传部、团委）：黄吉鑫　彭　刚
工会：崔　嘉　邓晓燕
维护稳定工作办公室(信访办公室、保卫处)：束　海
离退休管理部（老干部处）：冉　煜
上述人员任职资格时间从2022年12月30日起开始计算。

川庆钻探工程公司

1. 高级工程师（138人）：
川庆长庆指挥部：赵　鹏
川庆川东钻探公司：张君毅　王　栋　王松涛
李秋茂　孙中明　张恒勇
杨　杰　尹　江　肖　红
川庆川西钻探公司：瞿　雄　李　萌　陈　志
陈应烟　杨保良　谭雷川
湛　峰　万书宇
川庆长庆钻井总公司：陈　华　史配铭　倪沛增
颜　力　贾彦强　陈　琪
吴农宣　种奋刚　孔维升
李占柱　丛　成　胡开拓
何以晴　陈胜伟　韩先锋
宋春艳
川庆新疆分公司：邹　涛　舒义勇　黄晓嘉　王　盼
川庆国际工程公司：黎　凌　向朝纲　曲雪东
李　旭　马鹏程　单　辉
川庆苏里格项目经理部：姚战利
川庆井下作业公司：赵启阳　黄　伟　冯　彬
袁吉祥　胡小强　曾凌翔
付　鹏　陈　英　李　彬
王志喜　吴　朗
川庆长庆井下技术作业公司：陶长州　王改红
席仲琛　陈世波　王海庆
周　波　赵庆磊　赵　伟
李志杰　段晓军　邓斌奇
郑松柏　陈　璟　路安平

川庆试修公司：廖　刚　朱铁栋　李　亮　包小平
川庆长庆固井公司：曾　勇　沈　明　曹亚萍
川庆钻采院：万夫磊　张家振　梁玉林　景岷嘉
韩　雄　颜　海　舒　梅　赵文庄
陈财政　张继川　张　斌　王所良
唐冬珠　李　雷　黄崇君　陶俊亦
白云海　张　健
川庆地研院：汪春浦　孙　丽　高仪君　伍翊嘉
吴家杰　黎　菁　朱　童　黎　江
向　前　漆　麟　阮　聪　汪　莹
吴宗蔚　付晓龙
川庆安检院：王仕强　任　建　彭　鑫　张　健
罗　刚　冯　玥　廖　浩　蔡科涛
川庆蜀渝公司：江　维　王　欣　唐　波　王奕博
川庆重庆运输总公司：苏治国
川庆钻井液公司：贾兴明　刘　政　蒋羿黎　郑建昆
胡　钱　刘智敏　卢　虹
川庆页岩气勘探开发项目经理部：唐克松　何　封
肖剑锋
川庆井控应急救援中心：罗卫华　胡光辉　刘俊男
川庆钻探工程公司机关：朱仁发　毛　虎　肖琳波
2. 高级经济师（8 人）：
川庆长庆钻井总公司：张瑞香　闫领群
川庆国际工程公司：周绪峰　杨　凯
川庆重庆运输总公司：甘江川
川庆越盛能源集团有限公司：罗　锐
川庆钻探工程公司机关：严　勇　毛　斌
3. 高级会计师（4 人）：
川庆长庆钻井总公司：魏海梅
川庆国际工程公司：王　川
川庆试修公司：曾丽鸿
川庆钻探工程公司机关：廖定坤
4. 高级审计师（1 人）
川庆纪检审计中心：田　涛
5. 高级政工师（25 人）：
川庆川东钻探公司：王　林
川庆川西钻探公司：汪正伍　刘　航
川庆长庆钻井总公司：耿新军　杨增亮
川庆国际工程公司：徐　伟
川庆井下作业公司：刘宇程
川庆长庆井下技术作业公司：刘迎迎　陈　凤
川庆试修公司：张亮宇
川庆长庆固井公司：李　斌
川庆钻采院：程阿师
川庆地研院：冷　伟　龚开惠
川庆安检院：王麒麟
川庆蜀渝公司：舒　泸
川庆重庆运输总公司：陈　赟
川庆长庆石油工程监督公司：李正君
川庆页岩气项目经理部：袁　诚
川庆越盛公司：袁　梦
川庆纪检审计中心：杨辉煌
川庆钻探工程公司机关：朱　杰　黄　勤　文　毅
何　巧

（张浩淼　王静丽）

技能专家及高级技能人员

【集团公司技能专家】 2022 年，西南油气田公司获聘在聘期内的集团公司技能专家有 12 人（表 30）。

2022 年，川庆钻探工程公司聘期内的集团公司技能专家有 14 人（表 31）。（向凤武　邹　俊）

【技能专家】 2022 年，西南油气田公司聘任在聘期内的技能专家 52 人（表 32）

2022 年，川庆钻探工程公司在聘期内的技能专家有 41 人（表 33）。（向凤武　邹　俊）

【资深技师名录】 2022 年，西南油气田公司聘任在聘期内的资深技师 58 人（表 34）。（向凤武）

【高级技师名录】 2022 年，西南油气田公司新取得高级技师职业技能等级资格 17 人（表 35）。

2022 年，川庆钻探工程公司新增高级技师 26 人（表 36），职业资格时间从 2022 年 12 月 31 日起开始计算（劳资处发〔2023〕4 号）。（向凤武　邹　俊）

表 30　2022 年西南油气田公司获聘集团公司技能专家名表

单　位	姓　名	工　种
川中油气矿	李忠良	采油工
	陈本学	采气工
	胡　勇	天然气净化操作工
重庆气矿	刘　辉	采气工
	王川洪	采气工
蜀南气矿	宋殷俊	采气工
川西北气矿	鲁大勇	仪表维修工
输气处	王　帅	电焊工
	谢宗宝	输气工
相国寺储气库公司	姜婷婷	采气工
	李　强	天然气压缩机修理工
天然气净化总厂	唐忠渝	天然气净化操作工

表 31　2022 年川庆钻探工程公司获聘集团公司技能专家名表

单　位	姓　名	工　种
川庆川东钻探公司	张　杰	石油钻井工
	熊　刚	电工
川庆川西钻探公司	张　勇	石油钻井工
	苏　伟	石油钻井工
川庆长庆钻井总公司	李　缨	石油钻井工
	王亚红	石油钻井工
川庆井下作业公司	方福君	井下作业工
川庆长庆井下技术公司	田　军	井下作业工
	王国锋	井下作业工
川庆井控应急救援中心	刘贵义	石油钻井工
川庆钻采院	高　强	钻井液工
川庆试修公司	汪　敏	采气测试工
川庆地研院	许绍俊	录井工
	郑　永	录井工

表 32　2022 年西南油气田公司技能专家名表

单　位	姓　名	工　种
川中油气矿	杨贤辉	采气工
	杨　忠	采气工
	张晓辉	采气工
	马大兵	采油工
	马　彪	采油工
	蒲怀强	天然气净化操作工
	王　云	仪表维修工
	陈　强	维修电工
重庆气矿	夏仲华	采气工
	甘德顺	采气工
	谢利平	采气工
	李　明	采气工
	万　戈	采气工
	蒋　伟	天然气压缩机操作工
	钟朝富	采输气仪表工
	代志军	采输气仪表工
	杨卫东	电工
蜀南气矿	郭梁柱	采气工
	何　剑	采气工
	黄　全	采气工
	陈　兰	采气工
	李　莎	采气工
	邹定国	采气工
	邱宗毅	采气工
	马庭红	天然气压缩机操作工
	古有聪	采输气仪表工
川西北气矿	侯宗伦	采气工
	李　庆	采气工
	徐　斌	采气工
	钟　涛	采气工
	罗　刚	采气工
	羊　映	采输气仪表工
	李爱民	天然气净化操作工

续表

单　位	姓　名	工　种
川东北气矿	陈小明	采气工
输气处	陈蓉萍	输气工
	刘旭兵	输气工
	滕世明	采输气仪表工
	郑立东	采输气仪表工
	罗洪宇	采输气仪表工
	周　健	电焊工
	崔　嘉	油气管线安装工
天然气净化总厂	徐　飞	天然气净化操作工
	梁　革	天然气净化操作工
	罗　斌	天然气净化操作工
	温　涛	仪表维修工
	韩慧明	仪表维修工
	汪　斌	仪表维修工
	金綦庆	维修电工
	郑　杰	维修电工
	罗　涛	电焊工
工程院	王　柯	采气工
华油公司	杨　林	油气管线安装工

表 33　2022 年川庆钻探工程公司技能专家名表

单　位	姓　名	工　种	技能等级
川庆川东钻探公司	冯志军	石油钻井工	高级技师
	李高文	石油钻井工	高级技师
	段绪林	石油钻井工	高级技师
	胡　诚	石油钻井工	高级技师
	魏　彬	石油钻井工	高级技师
	谢昌斌	钻井柴油机工	高级技师
	杨　成	钻井柴油机工	高级技师
	潘亚松	电工	高级技师
川庆川西钻探公司	聂　高	石油钻井工	高级技师
	赵文东	石油钻井工	高级技师

续表

单　位	姓　名	工　种	技能等级
川庆川西钻探公司	刘　强	钻井柴油机工	高级技师
	余建勇	钻井柴油机工	高级技师
	任　涛	钻井柴油机工	高级技师
	闵光平	石油钻井工	高级技师
川庆长庆钻井总公司	王晓伟	石油钻井工	高级技师
	黄东平	钻井柴油机工	高级技师
	苟学宁	钻井柴油机工	高级技师
	郑国栋	柴油机修理工	高级技师
	朱亚峰	钻井柴油机工	高级技师
川庆井下作业公司	李　林	固井工	高级技师
	李先刚	井下作业工	高级技师
	蒋　涛	井下作业工	高级技师
	徐铁军	井下作业工	高级技师
	谢文成	井下作业工	高级技师
川庆长庆井下技术作业公司	晏　军	井下作业工	高级技师
	何　炜	井下作业工具工	高级技师
	张海涛	井下作业工具工	高级技师
	侯俊耀	车工	高级技师
	徐孝山	电焊工	高级技师
	景立军	汽车修理工	高级技师
川庆试修公司	伍建勇	石油钻井工	高级技师
	马　兵	井下作业工	高级技师
	邵友勤	采气测试工	高级技师
川庆钻井液公司	唐润平	钻井液工	高级技师
川庆钻采院	黄述春	石油钻井工	高级技师
	李　刚	钻井柴油机工	高级技师
川庆地研院	黄　弋	录井工	高级技师
	刘　迪	录井工	高级技师
	张　柯	录井工	高级技师
川庆蜀渝公司	宁　桥	工程测量员	高级技师
川庆井控应急救援中心	李红兵	石油钻井工	高级技师

表 34　2022 年西南油气田公司资深技师名表

单　位	姓　名	工　种
川中油气矿	廖丁辉	采气工
	赵　东	采油工
	钟万华	采油工
	龙德林	天然气净化操作工
	刘振华	天然气净化操作工
	秦　军	电焊工
重庆气矿	赵周红	采气工
	邹　励	采气工
	胡　建	采气工
	程　锋	采气工
	李小平	采气工
	余　慧	采气工
	张海涛	天然气压缩机操作工
	何春燕	天然气压缩机操作工
	郑　静	采输气仪表工
蜀南气矿	王玉梅	采气工
	陈兴平	采气工
	陈晓华	采气工
	邱　静	天然气压缩机操作工
	林　波	天然气压缩机操作工
	梁小青	天然气压缩机操作工
	吴利锋	天然气净化操作工
	胡　涛	油气管线安装工
	杨　波	电工工
川西北气矿	李　全	采气工
	李　化	采气工
	杨　敏	采气工
	郭　敏	采气工
	庞　成	采气工
	齐梓荣	采输气仪表工
	唐剑波	维修电工工
川东北气矿	林大川	采输气仪表工
	钟兴伟	天然气压缩机修理工

续表

单　位	姓　名	工　种
输气处	董　兵	输气工
	黄贵胜	输气工
	徐　东	输气工
	陈德彬	输气工
	武　强	输气工
	吴　鸿	输气工
	温传平	输气工
	汪　洋	输气工
	母　明	油气管线安装工
	张义兵	维修电工工
相国寺储气库公司	陈　彪	天然气压缩机操作工
天然气净化总厂	夏　进	天然气净化操作工
	杨　阳	天然气净化操作工
	苟永健	天然气净化操作工
	吴　静	天然气分析工
	孙沪虹	天然气分析工
	王　琪	仪表维修工
	陈德华	油气管线安装工
	付　博	油气管线安装工
	何光明	维修电工工
	罗明平	电焊工
成化总厂	文联勇	天然气提氦操作工
工程院	杨永韬	采气测试工
华油公司	李　巍	输气工
	龙德翠	输气工

表 35　2022 年西南油气田公司高级技师名表

单　位	姓　名	工　种
川中油气矿	刘　涛	采气工
川西北气矿	周方涛	仪器仪表维修工
	赵宁川	仪器仪表维修工

续表

单 位	姓 名	工 种
输气处	周学健	输气工
	邓 强	输气工
	李芹宴	输气工
	徐 东	输气工
天然气净化总厂	罗建国	变电站运行值班员
	李 莉	天然气净化操作工
	李 化	天然气净化操作工
	徐 彬	天然气净化操作工
	周 洪	仪器仪表维修工
	李 祁	仪器仪表维修工
	吴 静	天然气净化操作工
川东北作业分公司	安永刚	变电站运行值班员
	蒋育兵	天然气净化操作工
工程院	罗 伟	井下作业工

表 36　2022 年川庆钻探工程公司高级技师名表

单 位	姓 名	工 种
川庆川东钻探公司	陈习民	石油钻井工
	古 旭	石油钻井工
	谭 刚	石油钻井工
	唐 爽	石油钻井工
	杨建军	石油钻井工
	赵兴盛	石油钻井工
	贺 刚	电工
川庆川西钻探公司	文启兵	石油钻井工
	薛沁嵩	石油钻井工
	陈 辉	石油钻井工
	罗 军	石油钻井工
	邹芳斌	石油钻井工
川庆长庆井下技术作业公司	何 炜	井下作业工
	李 铭	井下作业工

续表

单 位	姓 名	工 种
川庆试修公司	陈 军	井下作业工
	陈 智	井下作业工
	王成林	井下作业工
	张国红	井下作业工
	郑勇明	井下作业工
川庆地研院	苟建伟	录井工
	何 鑫	录井工
	黄 弋	录井工
	许绍俊	录井工
	杨盛武	录井工
	张 柯	录井工
	郑 永	录井工

先进集体与人物

【国家级表彰】 2022 年，四川油气田获国家级表彰的先进集体 3 个、先进个人 2 个（表 37）。 （丁阳扬 田 杨）

【省部级表彰】 2022 年，四川油气田获省部级表彰的先进集体 24 个（表 38）、先进个人 40 个（表 39），其中西南油气田公司先进集体 9 个、先进个人 22 人，川庆钻探工程公司先进集体 15 个，先进个人 18 人。 （丁阳扬 田 杨）

【厅局级表彰】 2022 年，四川油气田获厅局级表彰的先进集体 170 个、先进个人 257 人。其中，西南油气田公司先进单位 15 个（表 40）、金牌班组 50 个（表 40），劳动模范 35 人（表 42）、先进工作者 88 人（表 44）；川庆钻探工程公司先进企业 10 个（表 41）、先进集体 95 个（表 41）、劳动模范 39 人（表 43），先进个人 95 人（表 45）。

（丁阳扬 田 杨）

表 37 2022 年四川油气田获国家级表彰的先进集体与个人

获奖名称	获奖集体与个人
全国“安康杯”竞赛优胜单位	川东北作业分公司
	输气处重庆输气作业区
全国“安康杯”竞赛优胜班组	重庆气矿江北天然气运销部两路中心站
全国五一劳动奖章	熊波 川中油气矿轻烃厂维修班班长
全国“安康杯”竞赛优秀个人	张铁茗 西南油气田公司工会生产部（经审办）部长

表 38　2022 年四川油气田获省部级表彰的先进集体

获奖名称	获奖集体
四川省五一劳动奖状	西南油气田公司 川庆页岩气项目经理部
重庆市工人先锋号	川港燃气公司重庆市渝川燃气有限责任公司国际复合中心站 重庆气矿永川采输气作业区丹 7 井中心站
四川省工人先锋号	川庆安检院安全监督站 川庆川西钻探公司 70227 钻井队 川庆井下作业公司 YS49121 队 川庆钻采院定向井技术服务公司 川庆地研院开发研究所 川庆页岩气勘探开发项目经理部威远采输作业区
甘肃省工人先锋号	川庆长庆固井公司 GJ12214 队 川庆钻采院长庆增产稳产实验室
四川省“安康杯”竞赛优胜单位	蜀南气矿 燃气分公司
四川省“安康杯”竞赛优胜班组	川东北气矿黄龙场中心站 川中北部采气管理处北 2 集气站
四川省“安康杯”竞赛优秀组织单位	西南油气田公司工会
四川省职工“五小”活动先进单位	川庆钻探工程公司
四川省劳模和工匠人才创新工作室	贺秋云劳模和工匠人才创新工作室（川庆钻探工程公司）
甘肃省示范性劳模和工匠人才创新工作室	张冕劳模和工匠人才创新工作室（川庆钻探工程公司）
集团公司先进集体	西南油气田公司 川庆钻探工程公司

表 39　2022 年四川油气田获省部级表彰的先进个人

获奖名称	姓名	职　务
重庆五一劳动奖章	王小丹	输气处梁平输气作业区经理、党委副书记
	王　宇	华油公司党委委员、副总经理兼重庆凯源公司党委书记、经理
四川省五一劳动奖章	代　娟	川中油气矿科技科科长
	王　霏	输气处仪陇作业区油气管道保护工
	王晨姣	输气处合江作业区纳溪输气站输气工
	李秋茂	川庆川东钻探公司
	尹　珩	川庆川西钻探公司
	马思平	川庆井下作业公司
甘肃省五一劳动奖章	黄　亮	川庆川东钻探公司
	李录科	川庆长庆钻井总公司
四川省“安康杯”竞赛优秀个人	杨　权	质量安全环保处交通安全管理科科长

续表

获奖名称	姓名	职　务
集团公司先进工作者	李　勇	川中油气矿南广采油气作业区生产运行中心安全环保管理岗
	曹　喜	重庆气矿永川采输气作业区副经理
	黄　蓝	蜀南气矿长宁页岩气作业区技术信息室主任
	朱　伟	川西北气矿邛崃采气作业区平落集气中心站站长
	张　力	川东北气矿达州应急抢险维修中心主任、党支部副书记
	赵　兵	输气处机动设备管理站机动设备维护
	廖　铁	天然气净化总厂万州分厂副厂长
	张俊良	川东北作业分公司钻井工程一级工程师
	陈　智	长宁公司前线开发建设项目部二级工程师
	王小娟	勘研院致密油气技术支持中心党支部书记、副主任
	彭　欢	工程院油气井增产技术实验室增产工艺评价组负责人
	张德良	页岩气研究院开发研究所副所长
	李雪彬	华油公司龙泉驿华油兴能天然气有限公司油气管道保护工
	王文强	宝石花医院眼耳鼻喉科主任
	王　柯	信通中心规划计划科副科长
	魏俊吉	致密油气项目部勘探开发科开发生产管理岗
	未　勇	西南油气田公司办公室（党委办公室）调研科科长
	何　劲	川庆钻井液公司
	刘兴凯	川庆川东钻探公司
	罗　鑫	川庆川西钻探公司
	种奋刚	川庆长庆钻井总公司
	马　龙	川庆新疆分公司
	龙宽平	川庆国际工程公司
	胡凯伦	川庆井下作业公司
	刘　磊	川庆长庆井下技术作业公司
	贺秋云	川庆试修公司
	袁　卓	川庆长庆固井公司
	许期聪	川庆钻采院
	李枝林	川庆钻采院
	王　欣	川庆地研院
集团公司劳模和工匠人才创新工作室	冉鹏劳模和工匠人才创新工作室（川庆钻探工程公司） 潘勇劳模和工匠人才创新工作室（川庆钻探工程公司）	

表 40　2022 年西南油气田公司先进单位与金牌班组一览表

荣誉名称	获奖单位	
先进单位（15 个）	川中油气矿、重庆气矿、蜀南气矿、川西北气矿、输气处、天然气净化总厂、长宁公司、勘研院、天研院、川港燃气公司、华油公司、信通中心、物资分公司、开发事业部、致密油气项目部	
金牌班组（50 个）	川中油气矿	遂宁采油气作业区磨溪雷一^{1}总站集气站、地质研究所开发研究组、磨溪开发项目部龙王庙西区中心井站、仪陇采油气作业区角探 1 井、射洪采油气作业区秋林集气总站、消防大队消防二班、南广采油气作业区磨溪 31X1 集气站
	重庆气矿	开州采输气作业区沙罐坪站、万州采输气作业区大猫坪中心站、永川采输气作业区黄 202 中心站、梁平采输气作业区天东 29 井中心站、大竹采输气作业区大竹中心站
	蜀南气矿	泸州采气作业区阳 101 井中心站、安岳采气作业区高石梯集气总站中心站、工艺研究所工艺作业八班、泸州应急抢险维修中心抢险一班、合江采气作业区坝 2 井中心站
	川西北气矿	邛崃采气作业区平落集气中心站、江油采气作业区中 20 井中心站、苍溪天然气净化一厂净化操作二班
	川东北气矿	黄龙场中心站、自控信息中心仪修班
	输气处	成都输气作业区成都输气站、仁寿输气作业区籍田输气站、重庆输气作业区铜梁压气站、绵阳输气管道管理部广汉输气站
	相国寺储气库公司	相国寺集注站生产运行组
	天然气净化总厂	忠县分厂生产二班、安岳净化公司净化生产二班、遂宁净化公司净化工段净化四班
	川东北作业分公司	罗家寨生产作业区采气中心站 D 班组
	勘研院	分析实验中心高含硫天然气工程实验室
	天研院	天然气净化研究所脱硫技术研发室
	成化总厂	氦气分厂生产四班
	川港燃气公司	四川联发公司高新客服中心、重庆市渝川燃气公司国际复合配气站
	燃气分公司	沙湾营销部嘉农输气站、重庆营销部永川加气东站
	华油公司	龙泉驿华油兴能公司停气碰口班组、泸州川油公司酒业园区配气站、成都市郫都区兴能公司德源配气站、重庆凯源公司 CNG 分公司鸳鸯加气站
	四川宝石花医疗公司	消化内分泌内科护理组
	信通中心	总站信息系统运维班、重庆总站信息系统运维班
	物资分公司	川中物资供应公司遂宁站、川东物资供应公司白市驿站
	宝石花汽车服务公司	成都一分公司七分队、成都二分公司六分队
	宝石花物业西南油气田地区公司	成都物业项目油田机关办公物业服务区

表 41　2022 年川庆钻探工程公司先进集体一览表

荣誉名称	获奖单位	
先进企业（10 个）	川庆钻采院、川庆川西钻探公司、川庆国际工程公司、川庆长庆钻井总公司、川庆新疆分公司、川庆井下作业公司、川庆试修公司、川庆页岩气项目经理部、川庆长庆固井公司、川庆越盛公司	
先进集体（95）	川庆川东钻探公司	90031 钻井队、80025 钻井队、70516 钻井队、50506 钻井队、70557 钻井队、70237 钻井队、70570 钻井队、50210 钻井队、钻具井控公司套油管作业队
	川庆川西钻探公司	90011 钻井队、80023 钻井队、90028 钻井队、70581 钻井队、70253 钻井队、50017 钻井队、50046 钻井队、40123 钻井队、成都大有石油钻采工程有限公司机电工程公司安装工程队、钻具井控公司维修加工车间
	川庆长庆钻井总公司	50280 钻井队、50697 钻井队、50285 钻井队、40520Y 钻井队、50624 钻井队、40632 钻井队、40010Y 钻井队、40530Y 钻井队、50053 钻井队、50578 钻井队、钻井技术服务公司管具公司陇东服务部
	川庆新疆分公司	50035 钻井队、70524 钻井队、90002 钻井队、D22521 队、工程技术科、勘探项目部
	川庆国际工程公司	CC70008 队、土库曼斯坦分公司财务资产部、CC70037 队、厄瓜多尔分公司生产运行部、CC70026 队、企管法规部、工程技术部
	川庆苏里格项目经理部	第二作业区
	川庆井下作业公司	GJ35205 队、连续油管作业 1 队、油田化学技术服务队、YS47124 队、物资公司
	川庆长庆井下技术作业公司	YS49129 队、YS48133 队、S00504 队、S00508 队、DY06621 队
	川庆试修公司	重庆项目部、DY07626 队、CS2213 队、CS2222 队
	川庆长庆固井公司	井筒治理工程部、第一固井工程项目部 GJ12219 队、苏里格固井工程部 GJ12216 队
	川庆钻采院	欠平衡钻井技术服务公司、科技研发中心、钻井完井设计中心、钻井液完井液研究所
	川庆地研院	第三录井作业部、工艺技术研究所、页岩气技术中心方法研究室、西北录井项目部生产技术办、L10804 队、L10698 队、L10703 队
	川庆安检院	安全监督站
	川庆蜀渝公司	物资采供中心、机械分公司川中作业队、苏里格项目部
	重庆运输总公司	安齐盛公司川南运输中队、成都分公司广汉运输中队、青海运输事业部冷湖运行中队、渝运分公司
	川庆长庆监督公司	第一 QHSE 监督站
	川庆钻井液公司	综合服务中心清洁生产项目部、ZY5115C 队、ZY5081 队、ZY5078 队、ZY5112 队
	川庆页岩气项目经理部	勘探开发部
	川庆井控应急救援中心	救援作训部
	川庆越盛公司	人事劳资部（党委组织部）
	川庆培训中心	财务资产科
	川庆酒店管理公司	成都天府阳光酒店
	川庆钻探工程公司机关	财务资产处资金管理科、工程技术处钻井科、机关事务中心公共事务科

表 42　2022 年西南油气田公司劳动模范一览表

姓　名	工作单位	职务 / 工种
李　勇	川中油气矿南广采油气作业区生产运行中心	安全环保管理岗
邓　川	川中油气矿消防大队消防一班	副班长
曹　喜	重庆气矿永川采输气作业区	副经理
李　兵	蜀南气矿人事科（党委组织部）	科长（部长）
黄　蓝（女）	蜀南气矿长宁页岩气作业区技术信息室	主任
朱　伟	川西北气矿邛崃采气作业区平落集气中心站	站长
张　力	川东北气矿达州应急抢险维修中心	主任、党支部副书记
王亚辉	川中北部采气管理处项目建设与运维中心	主任
赵　兵	输气处机动设备管理站	机动设备维护
刘　燕（女）	相国寺储气库公司党群工作部	部长、工会副主席
廖　铁	天然气净化总厂万州分厂	副厂长
张俊良	川东北作业分公司	钻井工程一级工程师
陈　智	长宁公司前线开发建设项目部	二级工程师
蒲俊伟	重庆页岩气公司勘探开发部	副部长
张小涛	四川页岩气公司勘探开发部	二级工程师
王小娟（女）	勘研院致密油气技术支持中心	党支部书记、副主任
吴贵阳	天研院腐蚀与防护研究所	二级工程师
彭　欢	工程院油气井增产技术实验室增产工艺评价组	负责人
李　虹（女）	安研院质量监督室采购物资监督部	部长
张德良	页岩气研究院开发研究所	副所长
罗昱海	经研所	一级工程师
张瑞春	成化总厂工艺技术研究所	三级工程师
张　鑫	川港燃气公司重庆市渝川燃气有限责任公司万州分公司	工程师
徐龙德	燃气分公司新津营销部	压缩机操作工
李雪彬	华油公司龙泉驿华油兴能天然气有限公司	油气管道保护工
王文强	四川宝石花医疗公司四川宝石花医院眼耳鼻喉科	主任
王　柯	信通中心规划计划科	副科长
杨　伟	物资分公司	纪委副书记、纪委办公室主任
郑海涛	新闻中心采编二部	副主任
刘　成	勘探事业部勘探项目管理三部	副部长
米光勇	开发事业部钻	完井工程一级工程师
魏俊吉	致密油气项目部勘探开发科	开发生产管理岗
未　勇	西南油气田公司办公室（党委办公室）调研科	科长
青　红（女）	审计处审计项目管理科	科长
王永波	气田开发管理部	副主任工程师

表43　2022年川庆钻探工程公司劳动模范一览表

姓　名	工作单位	职务/工种
陈　俊	川庆川东钻探公司70516钻井队	队长、党支部副书记
李小龙	川庆川东钻探公司70255钻井队	司钻
项　军	川庆川东钻探公司50506钻井队	司钻
袁小兵	川庆川西钻探公司川西北钻井工程项目部	经理、党支部副书记
邱远强	川庆川西钻探公司50017钻井队	队长、党支部副书记
商世强	川庆川西钻探公司80001钻井队	司钻
赵旭东	川庆长庆钻井总公司50285钻井队	队长、党支部副书记
赵卫东	川庆长庆钻井总公司50624钻井队	队长、党支部副书记
朱明明	川庆长庆钻井总公司钻井技术研发中心	三级工程师
杨　超	川庆长庆钻井总公司40649钻井队	司钻
王　浩	川庆长庆钻井总公司第一工程项目部	经理、党委书记
邬大勇	川庆新疆分公司90002钻井队	司钻
范荣贵	川庆新疆分公司工程技术科	副科长
徐　杨	川庆新疆分公司	总经理、党委副书记
陈鹏飞	川庆国际工程公司土库曼斯坦分公司	井下作业部经理
王　伟	川庆国际工程公司厄瓜多尔分公司	综合办公室主任
管红刚	川庆国际工程公司土库曼斯坦分公司	物资清关部主任
李军龙	川庆苏里格项目经理部产能建设项目部	副经理
梅安鑫	川庆苏里格项目经理部	副总经理、总地质师
刘　洋	川庆井下作业公司井下技术研发中心	二级工程师
韩金井	川庆井下作业公司YS63149队	队长、党支部副书记
陈　磊	川庆长庆井下技术作业公司对外合作项目部	经理兼党总支副书记
孙国玉	川庆长庆井下技术作业公司生产协调科	科长
王文武	川庆长庆井下技术作业公司	副总经理
程　祝	川庆试修公司DY15121队	主操作手
沈　明	川庆长庆固井公司第二固井工程项目部	经理、党总支副书记
王　兰	川庆钻采院钻井液技术服务公司	副经理
邓　虎	川庆钻采院	副院长
辛　军	川庆地研院工艺技术研究所	所长、书记
金雪梅	川庆安检院安全工程技术研究所	一级工程师
邓勇刚	川庆安检院	副院长、总工程师
李俊吉	川庆蜀渝公司川南分公司	测量员

续表

姓　名	工作单位	职务 / 工种
唐道贵	川庆重庆运输总公司遂宁分公司	驾驶员
徐亚鹏	川庆长庆石油工程监督公司靖边监督部	经理
苏金柱	川庆长庆石油工程监督公司	总经理、党委副书记
徐　毅	川庆钻井液公司成都管理部	副经理
冉启华	川庆钻井液公司	总经理、党委副书记
熊　靖	川庆页岩气项目经理部威远采输作业区威 204 井区集气总站	副站长
万永生	川庆钻探工程公司生产协调处	处长

表 44　2022 年西南油气田公司先进工作者一览表

姓　名	工作单位	职务 / 工种
王为民	川中油气矿潼南项目部生产运行中心	副主任
王丽姣（女）	川中油气矿财务共享服务中心成本核算组	副组长
王宏伟	川中油气矿信息管理部	副部长
石　磊	川中油气矿净化科	副科长
朱征兵	川中油气矿仪陇采油气作业区	副经理
肖　辉	川中油气矿遂宁应急抢险维修中心采油气工艺试修组	组长
余　燕（女）	川中油气矿地质科	副科长
陈　镖	川中油气矿遂宁采油气作业区	副经理
莫宣彦	川中油气矿水电管理中心 110kV 丁家坪供电班	班长
戴利江	重庆气矿汽车服务中心	经理、党委副书记
郝　靖	重庆气矿地质科	副科长
李　正（女）	重庆气矿计量检测中心生产组	副组长
龙海斌	重庆气矿垫江采输气作业区	电工
漆华庆（女）	重庆气矿综合服务站石桥铺服务班	物管员
吴晓镇	重庆气矿江北采输气作业区东溪中心站	班长
唐　勇	蜀南气矿汽车服务中心三队驾驶一班	班长
黄　平	蜀南气矿储气库建设项目部	设备管理主管
向星靓（女）	蜀南气矿 QHSE 监督站	QHSE 监督员
徐　春	蜀南气矿安岳油气处理厂维修班	班长
赵江涵	蜀南气矿开发科	主管
杨汉杰	蜀南气矿规划计划科	科长

续表

姓　名	工作单位	职务 / 工种
梁焱森	蜀南气矿合江采气作业区牟 8 井中心站	站长
叶　辉	川西北气矿苍溪天然气净化二厂	党委委员、副厂长
肖智光	川西北气矿开发科	高级主管
罗　静（女）	川西北气矿地质勘探开发研究所	三级工程师
杨桢剑	川西北气矿江油应急抢险维修中心	党委委员、副经理
胡永刚	川东北气矿达州销售部	党支部书记、经理
黄道建	川东北气矿工程项目造价中心	主管
王　霏	输气处仪陇输气作业区	油气管道保护工
王　东	输气处质量安全环保科	副科长
彭基华	输气处仁寿输气作业区	党委委员、副经理
朱小江	输气处梁平输气作业区技术信息室管道组	组长
何　严	输气处南充输气作业区	技术输气工
周俊池	相国寺储气库公司相国寺集注站技术安全组	组长
熊　勇	天然气净化总厂质量安全环保科	科长
王得胜	天然气净化总厂忠县分厂生产技术办公室	副主任
温　涛	天然气净化总厂长发公司	仪表维修企业技能专家
伍治源	天然气净化总厂遂宁天然气净化有限公司净化工段	工段长
罗永辉	川东北作业分公司宣汉净化厂天然气团队	组长
曾　洪	川东北作业分公司土地与地方关系协调中心	主任
代　锋	长宁公司井工程管理部	副部长
马　杰	长宁公司质量安全环保部	二级工程师
胡廷惠（女）	重庆页岩气公司	总经理助理、财务资产部部长
胡　焱（女）	四川页岩气公司	办公室（党委办公室）副主任
钟　原	勘研院区域地质研究所一室	主任
李隆新	勘研院天然气开发研究所	所长、副书记，储气库研究所所长
李金金	天研院天然气净化研究所	所长
李　伟（女）	天研院油气田开发化学研究所	副所长
陆林峰	工程院完井试油研究所完井试油研究室	负责人
王阳飞	工程院办公室（党委办公室）	主任
熊朝刚	安研院党群工作科	科长、工会副主席
沈　骋	页岩气研究院完井与压裂研究所	高级工程师

续表

姓　名	工作单位	职务 / 工种
张文艳（女）	集输工程所评价实验中心	主任
周　娟（女）	经研所	一级工程师
吴　波	成化总厂工程技术服务中心技术服务班	副班长
吕一多	川港燃气公司彭州川港燃气有限公司	副总经理
董　春	川港燃气公司南充川港经开燃气有限公司	党支部书记、总经理
杨　毅	川港燃气公司基建工程管理部	部长
青　峰	燃气分公司成都台商投资区天然气开发有限公司	经理、党支部副书记
唐　兵	燃气分公司生产技术部	副部长
刘立平	华油公司重庆凯源公司北城分公司管道工程技术部	部长
任彬文	华油公司榆林榆川公司财务资产部	副部长
黄　龙	华油公司川西北分公司中川加油加气站	站长
祝月勤（女）	华油公司重庆市永川区石油天然气安装工程有限公司	油气管道保护工
王焕佳	家益公司项目运营中心	副书记、副主任
朱　瑾（女）	四川宝石花医院病员服务部	主任
王　聪	四川宝石花医院医学影像科	副主任
余　言	信通中心办公室（党委办公室）	主任
杨　洋	信通中心网络安全监督中心	工程师
冯志鹏	物资分公司川东物资供应公司	经理、党委副书记
郭本涛	物资分公司川南物资供应项目部	副主任工程师兼仓储办公室主任
唐　洁（女）	综合服务中心财务资产科	副科长
蔡　洪	宝石花汽车服务公司成都一分公司三分队	分队长
韩　涛	宝石花油服公司生产运行部（安全环保部）	工程师
陈　果	宝石花物业西南油气田地区公司川西北物业项目	经理、党总支书记
罗　静（女）	宝石花物业西南油气田地区公司运营管理部	副经理
张　渝（女）	勘探事业部企管法规科	主管
赵　昊	开发事业部长宁联合项目部	二级工程师
周成效	致密油气项目部计划财务科	钻井造价岗
郑忠云	重点地面工程建设项目部技术管理科	副科长
唐建刚	华成监理公司生产运营部	部长
袁宇舟（女）	财务处机关财务科	科长
李林娟（女）	油气资源处矿权储量科	科长

续表

姓　名	工作单位	职务 / 工种
蒲军宏	工程技术处	副主任工程师
谭龙华	质量安全环保处安全科	科长
陈奉华	企管法规处企业管理科	副科长
梁明璐	工程项目造价中心物探钻井工程管理科	科长
唐　煌	纪检审计中心副主任	审计师

表 45　2022 年川庆钻探工程公司先进个人一览表

单　位	姓　名
川庆川东钻探公司	戴　军　付　焘　万　俊　刘　林　青　凡　沈务超　杨光平　朱绍文　段绪林
川庆川西钻探公司	文启兵　程　全　杨建全　彭　浩　王　稳　贺先志　孙钰童　姜　勇　陈　健
川庆长庆钻井总公司	席帅印　杨　林　林泉清　刘顶将　向贤斌　胡　刚　陈胜伟　张旭东　刘海停　胡大利
川庆新疆分公司	陈燕青　李　鹏　杨　朴　张相虎　沈劲松
川庆国际工程公司	兰晓辉　魏国安　宋晓亮　王国庆　麦彦军　张富坤　熊景明
川庆苏里格项目经理部	王吉宁
川庆井下作业公司	任世雄　邬　毅　刘　勇　胡凯伦　鲁学彬
川庆长庆井下技术作业公司	陈晓刚　张文宝　高金洪　张宁刚　伏佳佳　胡耀辉
川庆试修公司	黄　船　赵光磊　赵光文　蔡学伟
川庆长庆固井公司	康　明　张　磊　郭一兵
川庆钻采院	徐　洋　左　星　刘　伟
川庆地研院	余　伟　邢会民　胡　春　李　剑
川庆安检院	罗秋明　曾　钟
川庆重庆运输总公司	毛志刚　徐　冬　李建斌　黄志亮
川庆长庆监督公司	杨耀斌　张小刚
川庆钻井液公司	杨　波　汪　凯
川庆页岩气项目经理部	邓　才
川庆井控应急救援中心	孔祥州
川庆越盛公司	吴俊萍
川庆培训中心	杜　云
川庆酒店管理公司	赵彩虹
川庆钻探工程公司机关	梁治国　汪　涵　杨厚天　谭沁汶　何洁如　赵　芸　卢祥子　赵洪斌　周文龙

英模事迹简介

【熊波】 全国五一劳动奖章获得者，男，汉族，1974年出生，四川泸州人，大专，高级技师，中共党员，西南油气田公司川中油气矿轻烃厂维修电工。先后解决现场生产技术难题300多项，参与重大技术改造30余项，完成3个QC课题的编制工作，项目成果获西南油气田公司QC成果一等奖、二等奖；被授予国家实用专利1项。主持编写培训课件40余套，独立完成电力、水电课件10套，修订完善电气操作规程35套次，培训电力行业人员上千人次，在他的指导帮助下，数十人取得技师、高级技师技能资格。以教练员身份带队参加全国油气开发专业电工技能比赛，其学员包揽个人金牌、银牌、铜牌，并摘得团体和团队两枚铜牌。曾获四川省五一劳动奖章。

（丁扬阳）

责任编辑：闵　军

附　录

Appendixes

专业组织

西南油气田公司劳动竞赛委员会

主　　任：李宝军
委　　员：朱力洋　张　明　朱　进　陈力力
赵　伟　刘海峰　冯　勐　谢继容
黄雪松　文　志　党录瑞　杨　刚
王　彪　曾　科　苟昭辉　马广文
韩　旭　谭　艳　张祥仁　杨洪志
张　川　朱国武　刘成根　钱　浩
王　欣　刘晓天　肖玉辉　张　英
杨再勇　何　理

劳动竞赛委员会下设办公室，办公室设在工会。

西南油气田分公司
原油轻烃液化气乙烷销售领导小组

组　　长：何小川
副 组 长：张　川
成　　员：李　龙　王智雄　刘　巍　陈学锋
郑志斌　范　锐　任　伟

原油轻烃液化气乙烷销售领导小组办公室设在营销部，张川任办公室主任，任伟任办公室副主任。

西南油气田分公司2022年度地震勘探
高效实施一体化领导小组

一、领导小组

组　　长：杨　雨　杨举勇
成　　员：赵路子　谢继容　杨洪志　黄平辉
葛　枫　王勤耕　巫芙蓉

职责：负责项目总体协调、项目重大决策下达。

领导小组下设技术专家组和执行组。

二、技术专家组

勘探地震组长：黄先平
开发地震组长：陈更生　郭贵安
成　　　　员：邓志文　钱忠平　肖富森　温铁民
赵晓红　魏林芳　刁永波　梁　虹
李忠、周北华

职　　责：采集、处理、解释关键技术把关。

三、执行组

组　　长：张宇生　周　鸣
成　　员：唐青松　刘　勇　赵容容　冉　崎
肖　尧　张晓斌　蒋祖励　杨　晓
臧殿光　李　乐

西南油气田分公司股权企业管理委员会

主　　任：姜鹏飞
副 主 任：何　骁　董焕忠　何　强
委　　员：李宝军　乐　宏　徐晓炜　杨　雨
何小川　雍　锐　佘朝毅

西南油气田分公司合规管理委员会

主　　任：姜鹏飞
副 主 任：何　骁　李宝军　董焕忠　何　强
乐　宏　徐晓炜　杨　雨　何小川
雍　锐　佘朝毅
成　　员：朱力洋　张　明　朱　进　陈力力
刘怀平　刘海峰　冯　勐　谢继容
黄雪松　罗　明　党录瑞　杨　刚
贺　年　王　彪　刘力铭　李　磊
苟昭辉　马广文　张　英　杨洪志
张　川　朱国武　刘成根　钱　浩
王　欣　刘晓天　肖玉辉　杨再勇

西南油气田分公司内部产品及
劳务价格管理委员会

主　　任：何　强
副 主 任：冯　勐　王智雄
成　　员：黄　宓　赵洪斌　陈　宇　刘孝锋
李铁军　邓　刚　饶　勇　李　欣
陈方兵　王　皓　邓晓峰　何春蕾

张雨华　王　凯　梅小兵　王　浩
王　刚　黄俊锋　张　瑞

西南油气田分公司燃气管道泄漏专项整治领导小组

一、领导小组成员

组　　长：何小川
成　　员：朱　进　钱　浩　冯　勐　刘海峰
朱国武　邹光国　陈　革　邓经纬
李　静　程　华

二、工作小组成员

组　　长：钱　浩
成　　员：肖启强　王　峰　林　冬　李明华
李　佳　王　飞　牟洪陶　黎登辉
曾婉苏　张瀚月　黄义淋　周金田
唐　兵　范利勇　魏　滨　蒋振东
汪　科　张文艳　唐柳怡　黄　海
夏太武　杨　刚　高　健　孙明楠
汪钰森

西南油气田公司 QHSE 信息与设备专业委员会

主　　任：董焕忠
副 主 任：傅敬强
委　　员：刘晓天　敬兴胜　王智雄　郭　伶
唐玉林　肖长久　周　朗　罗　明
刘春艳　邹小龙　于　磊　张亚明
朱国武　刘成根　郑晓春　刘泽军
康洪强　汪云福　周晓亮　陈敬东
汪　亮　马科笃　林钟灵

西南油气田公司双碳与新能源领导小组

一、双碳与新能源领导小组

组　　长：姜鹏飞　何　骁
常务副组长：董焕忠
副 组 长：李宝军　康建国　何　强　乐　宏
徐晓炜　杨　雨　何小川　雍　锐
成　　员：傅敬强　余　进　郭绪明　郭贵安
郑有成　文绍牧　贺志明　朱力洋
张　明　朱　进　陈力力　赵　伟
刘海峰　冯　勐　黄雪松　文　志
党录瑞　杨　刚　杨洪志　张　川
朱国武　钱　浩　王　欣　刘晓天

二、双碳与新能源工作组

组　　长：董焕忠
副 组 长：文绍牧　朱力洋　朱　进　刘海峰
胡　剑
成　　员：熊　波　敬兴胜　余鹏宇　王智雄
孙开俊　肖长久　马　勇　罗　明
刘春艳　邹小龙　郑志斌　于　磊
张亚明　高久生　郑晓春　刘泽军
周晓亮　李　军　邓　波　胡昌全
杨　辉　李　建　任艳辉　陈　林
晏贤臣　杨　颖　王鸿宇　邓晓峰
欧　威　刘旭宁　彭　先　宋　彬
李文哲　林　冬　吴建发　陈敬东
王富平　梅小兵　邓经纬　刘文蜀
魏源良　廖　欣　王道成

三、双碳与新能源工作办公室

主　　任：刘海峰
副 主 任：敬兴胜
成　　员：秦章晋　李　琦　陈　宇　王开宇
邢鹏飞　徐伟宁　李　捷　贾　宇
彭子成　谭箭航　陈仕锦　王　宇
龙征海　陈　雪　王　农　吴　曦
王晓东　胡俊坤　米　杰

双碳与新能源工作办公室设在规划计划处。

川庆钻探工程公司 HSE 委员会

主　　任：王治平
副 主 任：李雪岗　喻著成　伍贤柱　金学智
何　强　樊尚珍　谭　宾
成　　员：高自力　刘顶运　陈军强　岳砚华
王多金　晏　凌　陆灯云　李晓明

钱　斌　吴述普　姚声贤　李顺平
朱春荣　王　鹏　孙　虎

以及机关各处室（直属单位）、机关事务中心（机关党委）、生产科研基地建设管理部负责人、质量安全环保处班子成员、长庆指挥部分管相关业务副指挥、安检院和长庆监督公司负责人

办公室设在质量安全环保处，刘石任办公室主任。

川庆钻探工程公司网络安全与信息化工作指导委员会（暨川庆钻探工程公司数字化转型智能化发展工作领导小组）

主　　任：王治平
副 主 任：李雪岗　何　强　谭　宾
成　　员：喻著成　伍贤柱　金学智　樊尚珍
刘顶运　陈军强　晏　凌　陆灯云
吴述普　李顺平　朱春荣　曾　翀
王　鹏　孙　虎　卢尚勇　刘　石

以及办公室（党委办公室）、对外合作和市场开发处、生产协调处、人事处（党委组织部）、劳动工资处、规划计划处、财务资产处、设备处、质量安全环保处、工程技术处、科技处、审计处、企管法规处、党委宣传部（企业文化处、团委）、油气事业部、物资管理部、信息管理部、生产科研基地建设管理部负责人、办公室（党委办公室）分管相关业务副主任和信息管理部班子成员

办公室设在信息管理部，李志荣任办公室主任。

川庆钻探工程公司厂务公开领导小组

组　　长：王治平
副 组 长：喻著成　何　强　樊尚珍
成　　员：办公室（党委办公室）、人事处（党委组织部）、劳动工资处、规划计划处、财务资产处、审计处、企管法规处、纪委办公室、党委宣传部（企业文化处、团委）、工会、维护稳定工作办公室（信访办公室、保卫处）、机关事务中心（机关党委）负责人

办公室设在工会，香军任办公室主任，杨健任副主任。

川庆钻探工程公司乡村振兴和对口支援工作领导小组

组　　长：王治平
副 组 长：喻著成　何　强　朱春荣　曾　翀
卢尚勇
成　　员：规划计划处、财务资产处、劳动工资处、审计处、企管法规处、纪委办公室、党委宣传部（企业文化处、团委）、工会、机关事务中心（机关党委）负责人，以及人事处（党委组织部）副处级组织员和党委宣传部分管相关业务副处长

办公室设在工会，香军任办公室主任，曾剑、曾世洪、陈帅任办公室副主任。

川庆钻探工程公司帮扶中心领导小组

组　　长：王治平
副 组 长：喻著成
成　　员：劳动工资处、财务资产处、审计处、纪委办公室、工会、维护稳定工作办公室（信访办公室、保卫处）负责人，以及企管法规处分管相关业务副处长

办公室设在工会，香军任办公室主任，陈帅任副主任。

川庆钻探工程公司企业年金管理委员会

主　　任：王治平　李雪岗
副 主 任：何　强
成　　员：人事处（党委组织部）、劳动工资处、财务资产处、企管法规处、审计处、工会负责人，以及劳动工资处分管相关业务副处长

办公室设在劳动工资处，杜东任办公室主任。

《川庆钻探工程有限公司年鉴》编纂委员会

主　　任：王治平　李雪岗
副 主 任：喻著成　伍贤柱　金学智　何　强
　　　　　樊尚珍　谭　宾
成　　员：李顺平　朱春荣

以及公司机关各处室（直属单位）、机关事务中心（机关党委）、生产科研基地建设管理部负责人

办公室设在办公室（党委办公室），刘思冬任办公室主任。

川庆钻探工程公司应急管理工作领导小组

组　　长：王治平　李雪岗
副 组 长：喻著成　伍贤柱　金学智　何　强
　　　　　樊尚珍　谭　宾
成　　员：高自力　刘顶运　陈军强　岳砚华
　　　　　王多金　晏　凌　陆灯云　李晓明
　　　　　钱　斌　吴述普　姚声贤　李顺平
　　　　　朱春荣　王　鹏　孙　虎

以及公司机关各处室（直属单位）、机关事务中心（机关党委）、生产科研基地建设管理部负责人、生产协调处分管业务副处长

办公室设在生产协调处，谭宾任办公室主任，卢尚勇、刘石、万永生、付强任副主任。

川庆钻探工程公司科学技术委员会（知识产权管理委员会）

主　　任：王治平　李雪岗
副 主 任：喻著成　伍贤柱　金学智　何　强
　　　　　樊尚珍　谭　宾
成　　员：高自力　刘顶运　陈军强　岳砚华
　　　　　王多金　晏　凌　陆灯云　李晓明
　　　　　钱　斌　吴述普　姚声贤　李顺平
　　　　　朱春荣　王　鹏　孙　虎

以及公司机关各处室（直属单位）、机关事务中心（机关党委）、生产科研基地建设管理部负责人、科技处班子成员

办公室设在科技处，谢永竹任办公室主任。

川庆钻探工程公司油气合作开发领导小组

组　　长：王治平　李雪岗
副 组 长：喻著成　伍贤柱　金学智　何　强
　　　　　樊尚珍　谭　宾
成　　员：高自力　刘顶运　陈军强　岳砚华
　　　　　王多金　晏　凌　陆灯云　李晓明
　　　　　钱　斌　姚声贤

以及办公室（党委办公室）、对外合作和市场开发处、生产协调处、人事处（党委组织部）、劳动工资处、规划计划处、财务资产处、设备处、质量安全环保处、科技处、企管法规处、纪委办公室、党委宣传部（企业文化处、团委）、工会、油气事业部、物资管理部、信息管理部负责人

办公室设在油气事业部，何怀银任办公室主任。

川庆钻探工程公司深化人事劳动分配制度改革专项领导小组

组　　长：王治平　李雪岗
副 组 长：喻著成　伍贤柱　金学智　何　强
　　　　　樊尚珍　谭　宾
成　　员：李顺平　朱春荣　王　鹏　孙　虎

以及公司机关各处室（直属单位）、机关事务中心（机关党委）负责人、人事处分管相关业务副处长和劳动工资处班子成员

办公室设在人事处（党委组织部）、劳动工资处，曾翀、董剑南任办公室主任。

川庆钻探工程公司参股企业管理委员会

主　　任：王治平　李雪岗
副 主 任：喻著成　伍贤柱　金学智　何　强
　　　　　樊尚珍　谭　宾
成　　员：李顺平　朱春荣

以及公司机关各处室（直属单位）、越盛公司负责人、企管法规处分管相关业务副处长

办公室设在企管法规处（内控与风险管理处），蔡激扬任办公室主任。

川庆钻探工程公司员工培训工作领导小组

组　　长：王治平　李雪岗

成　　员：喻著成　伍贤柱　金学智　何　强
樊尚珍　谭　宾　高自力　刘顶运
陈军强　岳砚华　王多金　晏　凌
陆灯云　李晓明　钱　斌　李顺平
朱春荣　王　鹏　孙　虎

以及生产协调处、人事处（党委组织部）、劳动工资处、工程技术处、党委宣传部（企业文化处、团委）负责人

办公室设在劳动工资处，傅红村办公室主任。

川庆钻探工程公司中长期规划工作领导小组

组　　长：王治平　李雪岗

成　　员：喻著成　伍贤柱　金学智　何　强
樊尚珍　谭　宾　高自力　刘顶运
陈军强　岳砚华　王多金　晏　凌
陆灯云　李晓明　钱　斌　吴述普
姚声贤　李顺平　朱春荣　王　鹏
孙　虎

以及公司机关各处室、油气事业部、物资管理部、信息管理部、工程造价中心、维护稳定工作办公室（信访办公室、保卫处）、生产科研基地建设管理部负责人。

办公室设在规划计划处，蒋国平任办公室主任。

川庆钻探工程公司质量管理委员会

主　　任：王治平　李雪岗

成　　员：喻著成　伍贤柱　金学智　何　强
樊尚珍　谭　宾　高自力　刘顶运
陈军强　岳砚华　王多金　晏　凌
陆灯云　李晓明　钱　斌　吴述普
姚声贤　李顺平　朱春荣　王　鹏
孙　虎

以及公司机关各处室、油气事业部、物资管理部、信息管理部、工程造价中心、生产科研基地建设管理部负责人、质量安全环保处分管相关业务副处长

办公室设在质量安全环保处，刘石任办公室主任。

川庆钻探工程公司节能减排和清洁生产领导小组

组　　长：王治平　李雪岗

成　　员：喻著成　伍贤柱　金学智　何　强
樊尚珍　谭　宾　陈军强　王多金
李顺平　朱春荣　孙　虎

以及公司机关各处室、油气事业部、物资管理部、信息管理部、工程造价中心、生产科研基地建设管理部负责人、质量安全环保处分管相关业务副处长

办公室设在质量安全环保处，刘石任办公室主任。

川庆钻探工程公司职称改革工作领导小组

组　　长：王治平　李雪岗

副 组 长：喻著成

成　　员：伍贤柱　金学智　何　强　樊尚珍
谭　宾　李顺平　朱春荣　曾　翀
王　鹏　孙　虎　卢尚勇　刘　石

下设工程系列，经济、会计、审计系列，政工专业等3个高级专业技术职务评审委员会。

办公室设在人事处（党委组织部），王涛任办公室主任。

川庆钻探工程公司人才工作领导小组

组　　长：王治平　李雪岗

副 组 长：喻著成

成　　员：伍贤柱　金学智　何　强　樊尚珍
谭　宾

以及办公室（党委办公室）、生产协调处、人事处（党委组织部）、劳动工资处、规划计划处、财务资产处、设备处、质量安全环保处、工程技术处（远程技术支持中心）、科技处、企管法规处（内控与风险管理处）、纪委办公室（党委巡察办公室）、党委宣传部（企业文化处、团委）、油气事业部、信息管理部负责人

办公室设在人事处（党委组织部），曾翀任办公室主任。

川庆钻探工程公司维护稳定和信访工作领导小组

组　　长：王治平　李雪岗
副 组 长：喻著成
成　　员：朱春荣　孙　虎

以及办公室（党委办公室）、对外合作和市场开发处、人事处（党委宣传部）、劳动工资处、规划计划处、财务资产处、企管法规处、纪委办公室、党委宣传部（企业文化处、团委）、工会、信息管理部、机关事务中心（机关党委）、维护稳定工作办公室负责人、办公室（党委办公室）分管相关业务副主任和维护稳定工作办公室（信访办公室、保卫处）班子成员

办公室设在维护稳定工作办公室（信访办公室、保卫处），黄宁任办公室主任。

川庆钻探工程公司井控工作领导小组

组　　长：王治平　李雪岗
常务副组长：伍贤柱
副 组 长：金学智　谭　宾
成　　员：高自力　刘顶运　岳砚华　王多金
晏　凌　陆灯云　李晓明　钱　斌
吴述普　李顺平　孙　虎

以及办公室（党委办公室）、对外合作和市场开发处、生产协调处、人事处（党委组织部）、劳动工资处、规划计划处、财务资产处、设备处、质量安全环保处、工程技术处、油气事业部、信息管理部、物资管理部负责人、工程技术处分管相关业务企业技术专家和长庆指挥部分管相关业务副指挥

办公室设在工程技术处，付强任办公室主任，叶林祥任副主任。长庆地区设井控管理办公室，孙虎任办公室主任，张岳荣任副主任。

川庆钻探工程公司防汛领导小组

组　　长：王治平　李雪岗
副 组 长：伍贤柱　谭　宾
成　　员：喻著成　金学智　何　强　樊尚珍
高自力　刘顶运　陈军强　岳砚华
王多金　晏　凌　陆灯云　李晓明
钱　斌　吴述普　姚声贤　李顺平
朱春荣　王　鹏　孙　虎

以及公司机关各处室（直属单位）、机关事务中心（机关党委）、生产科研基地建设管理部负责人

办公室设在生产协调处，万永生任办公室主任。

川庆钻探工程公司关键核心技术科技攻关领导小组

组　　长：王治平　李雪岗
副 组 长：伍贤柱　谭　宾
成　　员：高自力　刘顶运　陈军强　岳砚华
王多金　晏　凌　陆灯云　李晓明
钱　斌

以及办公室（党委办公室）、生产协调处、人事处（党委组织部）、劳动工资处、规划计划处、财务资产处、设备处、质量安全环保处、工程技术处、科技处、油气事业部、物资管理部、信息管理部、钻采院、地研院、安检院负责人

办公室设在科技处，谢永竹任办公室主任。

川庆钻探工程公司全面深化改革领导小组

组　　长：王治平　李雪岗
副 组 长：金学智　喻著成　伍贤柱　何　强
樊尚珍　谭　宾
成　　员：李顺平　朱春荣

以及公司机关各处室（直属单位）负责人

办公室设在企管法规处（内控与风险管理处），蔡激扬任办公室主任。

川庆钻探工程公司法治建设领导小组

组　　长：王治平　李雪岗

副 组 长：金学智　喻著成　伍贤柱　何　强

　　　　　樊尚珍　谭　宾

成　　员：李顺平　朱春荣

以及公司机关各处室（直属单位）、机关事务中心（机关党委）、生产科研基地建设管理部负责人

办公室设在企管法规处（内控与风险管理处），蔡激扬任办公室主任。

川庆钻探工程公司内控与风险管理体系建设领导小组

组　　长：王治平　李雪岗

副 组 长：金学智　喻著成　伍贤柱　何　强

　　　　　樊尚珍　谭　宾

成　　员：李顺平　朱春荣

以及公司机关各处室、油气事业部、物资管理部、信息管理部、维护稳定工作办公室（信访办公室、保卫处）、机关事务中心（机关党委）负责人

办公室设在企管法规处（内控与风险管理处），潘登任办公室主任。

川庆钻探工程公司三基暨管理提升工作领导小组

组　　长：王治平　李雪岗

副 组 长：金学智　喻著成　伍贤柱　何　强

　　　　　樊尚珍　谭　宾

成　　员：李顺平　朱春荣

以及公司机关各处室（直属单位）、机关事务中心（机关党委）负责人

办公室设在企管法规处（内控与风险管理处），孙中磊任办公室主任。

川庆钻探工程公司“四化”建设领导小组

组　　长：王治平　李雪岗

副 组 长：金学智　谭　宾

成　　员：高自力　刘顶运　陈军强　岳砚华

　　　　　王多金　晏　凌　陆灯云　李晓明

　　　　　钱　斌　吴述普　李顺平

以及办公室（党委办公室）、生产协调处、劳动工资处、规划计划处、财务资产处、设备处、质量安全环保处、工程技术处、科技处、企管法规处、党委宣传部（企业文化处、团委）、油气事业部、物资管理部、信息管理部负责人

领导小组下设推进办公室，推进办公室设在设备处，并分设标准化、专业化、自动化、信息化四个专项推进组。李顺平任办公室主任。

川庆钻探工程公司市场开发领导小组

组　　长：王治平　李雪岗

常务副组长：金学智

副 组 长：喻著成　伍贤柱　何　强　樊尚珍

　　　　　谭　宾

成　　员：办公室（党委办公室）、对外合作和市场开发处、生产协调处、人事处、劳动工资处、规划计划处、财务资产处、设备处、质量安全环保处、工程技术处、科技处、企管法规处、党委宣传部（企业文化处、团委）、油气事业部、工程造价中心负责人

领导小组办公室设在对外合作和市场开发处，负责公司市场开发管理日常工作，李官华任办公室主任。

川庆钻探工程公司提质增效领导小组

组　　长：王治平　李雪岗

常务副组长：何　强

副 组 长：喻著成　伍贤柱　金学智　樊尚珍

　　　　　谭　宾

成　　员：高自力　刘顶运　陈军强　岳砚华
王多金　晏　凌　陆灯云　李晓明
钱　斌　吴述普　姚声贤　李顺平
朱春荣　王　鹏　孙　虎

以及公司机关各处室（直属单位）、机关事务中心（机关党委）、生产科研基地建设管理部负责人

领导小组下设实施推进办公室，聂小明任办公室主任，曹晓丽任副主任。

川庆钻探工程公司预算委员会

主　　任：王治平　李雪岗
副 主 任：何　强
成　　员：喻著成　伍贤柱　金学智　樊尚珍
谭　宾　高自力　刘顶运　陈军强
岳砚华　王多金　晏　凌　陆灯云
李晓明　钱　斌　吴述普　姚声贤
李顺平　朱春荣　王　鹏　孙　虎

以及公司机关各处室（直属单位）、机关事务中心（机关党委）、生产科研基地建设管理部负责人

办公室设在财务资产处，聂小明任办公室主任，曹晓丽任副主任。

川庆钻探工程公司绩效考核领导小组

组　　长：王治平　李雪岗
副 组 长：何　强
成　　员：喻著成　伍贤柱　金学智　樊尚珍
谭　宾　高自力　刘顶运　陈军强
岳砚华　王多金　晏　凌　陆灯云
李晓明　钱　斌　李顺平　朱春荣
王　鹏　孙　虎

以及公司机关各处室（直属单位）负责人、财务资产处分管相关业务副处长

办公室设在劳动工资处，曹中渝任办公室主任。

川庆钻探工程公司职业病防治工作领导小组

组　　长：王治平　李雪岗
成　　员：王多金　孙　虎

以及办公室（党委办公室）、对外合作和市场开发处、生产协调处、人事处（党委组织部）、劳动工资处、规划计划处、财务资产处、设备处、质量安全环保处、工程技术处、科技处、企管法规处、党委宣传部（企业文化处、团委）负责人

领导小组办公室设在质量安全环保处，贺吉安任办公室主任。

川庆钻探工程公司标准化技术委员会

主　　任：李雪岗
副 主 任：伍贤柱　金学智　谭　宾
成　　员：高自力　刘顶运　陈军强　岳砚华
王多金　晏　凌　陆灯云　吴述普
姚声贤　李顺平　朱春荣　李晓明
王　鹏　孙　虎

以及办公室（党委办公室）、对外合作和市场开发处、生产协调处、人事处（党委组织部）、劳动工资处、规划计划处、财务资产处、设备处、质量安全环保处、工程技术处、科技处、企管法规处、油气事业部、物资管理部、信息管理部、工程造价中心、生产科研基地建设管理部负责人，设备处分管相关业务副处长、质量安全环保处班子成员、安检院负责人、工程技术处分管相关业务副处长和一级工程师

办公室设在质量安全环保处，杨厚天任办公室主任。

川庆钻探工程公司技能专家评审和考核领导小组

组　　长：李雪岗
副 组 长：伍贤柱
成　　员：高自力　刘顶运　陈军强　岳砚华
王多金　晏　凌　陆灯云　李晓明

钱　斌　李顺平　朱春荣　王　鹏
孙　虎

以及生产协调处、人事处（党委组织部）、劳动工资处、设备处、质量安全环保处、工程技术处、工会负责人、劳动工资处和信息管理部分管相关业务副处长

办公室设在劳动工资处，傅红村任办公室主任。

川庆钻探工程公司医务劳动鉴定委员会

组　　长：李雪岗
副 组 长：伍贤柱
成　　员：生产协调处、劳动工资处、质量安全环保处、工会、维护稳定工作办公室（信访办公室、保卫处）负责人

办公室设在劳动工资处，傅红村任办公室主任。

川庆钻探工程公司技能人才评价委员会

主　　任：李雪岗
副 主 任：董剑南
成　　员：高自力　刘顶运　陈军强　岳砚华
王多金　晏　凌　陆灯云　李晓明
钱　斌　王　鹏　孙　虎

以及生产协调处、人事处（党委组织部）、财务资产处、设备处、质量安全环保处、工程技术处、工会负责人、党委宣传部（企业文化处、团委）分管相关业务副处长

办公室设在劳动工资处，傅红村任办公室主任。

川庆钻探工程公司保密委员会（密码工作领导小组）

主　　任：喻著成　谭　宾
副 主 任：卢尚勇　李官华　付　强　谢永竹
李志荣
成　　员：生产协调处、人事处（党委组织部）、劳动工资处、规划计划处、财务资产处、设备处、质量安全环保处、工程技术处、审计处、企管法规处、纪委办公室、党委宣传部（企业文化处、团委）、工会、油气事业部、物资管理部、工程造价中心、维护稳定工作办公室（信访办公室、保卫处）、机关事务中心（机关党委）、生产科研基地建设管理部负责人、办公室（党委办公室）分管业务副主任

办公室设在办公室（党委办公室），兰宇任办公室主任。

川庆钻探工程公司劳动争议调解委员会

主　　任：喻著成
副 主 任：何　强　樊尚珍
成　　员：劳动工资处、规划计划处、财务资产处、设备处、质量安全环保处、企管法规处、工会、物资管理部、维护稳定工作办公室（信访办公室、保卫处）、机关事务中心（机关党委）负责人、劳动工资处分管相关业务副处长和公司所属单位工会主席

办公室设在工会，陈帅任办公室主任。

川庆钻探工程公司劳动竞赛委员会

主　　任：喻著成
副 主 任：金学智　樊尚珍　谭　宾
成　　员：公司机关各处室、油气事业部、物资管理部、信息管理部、维护稳定工作办公室（信访办公室、保卫处）、机关事务中心（机关党委）负责人

办公室设在工会，香军任办公室主任，杨健任副主任。

川庆钻探工程公司品牌管理委员会

主　　任：喻著成
副 主 任：卢尚勇
成　　员：对外合作和市场开发处、财务资产处、

企管法规处、党委宣传部（企业文化处、团委）负责人、办公室（党委办公室）和党委宣传部（企业文化处、团委）分管相关业务副处长

办公室设在办公室（党委办公室），卢尚勇任办公室主任。

川庆钻探工程有限公司档案工作领导小组

组　　长：喻著成
副 组 长：卢尚勇
成　　员：公司机关各处室（直属单位）、机关事务中心（机关党委）、生产科研基地建设管理部负责人、办公室（党委办公室）分管相关业务副主任

办公室设在办公室（党委办公室），刘思冬任办公室主任。

川庆钻探工程公司工会劳动保护监督检查委员会

主　　任：喻著成
副 主 任：刘　石　万永生　香　军
成　　员：劳动工资处、规划计划处、财务资产处、设备处、工程技术处、企管法规处、工会、物资管理部、机关事务中心（机关党委）负责人、劳动工资处分管相关业务副处长、公司所属单位工会主席和质量安全环保处安全管理科负责人

办公室设在工会，杨健任办公室主任。

川庆钻探工程公司绿化委员会

主　　任：喻著成
成　　员：机关事务中心（机关党委）负责人、人事处（党委组织部）、规划计划处、财务资产处、质量安全环保处、企管法规处、党委宣传部（企业文化处、团委）、生产科研基地建设管理部分管相关业务副处长、机关事务中心（机关党委）副主任

办公室设在机关事务中心（机关党委），曾剑任办公室主任。

川庆钻探工程公司专家委员会

主　　任：伍贤柱　喻著成
副 主 任：谭　宾
成　　员：高自力　刘顶运　陈军强　岳砚华
　　　　　王多金　晏　凌　陆灯云　李晓明
　　　　　钱　斌　吴述普　姚声贤　李顺平
　　　　　曾　翀　王　鹏　孙　虎　刘　石

以及生产协调处、人事处（党委组织部）、劳动工资处、设备处、质量安全环保处、工程技术处、科技处、油气事业部、信息管理部负责人

办公室设在人事处（党委组织部），曾翀任办公室主任。

川庆钻探工程公司资质初审领导小组

组　　长：伍贤柱
副 组 长：谭　宾　孙　虎
成　　员：对外合作和市场开发处、生产协调处、人事处（党委组织部）、设备处、质量安全环保处、工程技术处、企管法规处、纪委办公室、党委宣传部（企业文化处、团委）负责人

办公室设在工程技术处，薛让平任办公室主任，王贵刚任副主任。

川庆钻探工程公司承包商准入审查委员会

主　　任：金学智
成　　员：对外合作和市场开发处、生产协调处、劳动工资处、规划计划处、财务资产处、设备处、质量安全环保处、工程技术处、审计处、企管法规处、纪委办公

室、油气事业部、物资管理部、信息管理部负责人

办公室设在企管法规处（内控与风险管理处），孙中磊任办公室主任。

川庆钻探工程有限公司招标管理委员会

主　　任：金学智

成　　员：对外合作和市场开发处、生产协调处、劳动工资处、规划计划处、财务资产处、设备处、质量安全环保处、工程技术处、审计处、企管法规处、纪委办公室、油气事业部、物资管理部、信息管理部负责人、企管法规处分管相关业务副处长

办公室设在企管法规处（内控与风险管理处），蔡激扬任办公室主任。

川庆钻探工程公司设备管理委员会

主　　任：谭　宾

副 主 任：李顺平　张增年

成　　员：王多金　吴述普

以及对外合作和市场开发处、生产协调处、劳动工资处、规划计划处负责人、财务资产处、设备处、质量安全环保处、工程技术处、科技处、油气事业部分管相关业务副处长、机关事务中心（机关党委）副主任、公司所属单位分管设备副经理

办公室设在设备处，孟军任办公室主任。

川庆钻探工程公司设施完整性和可靠性分委会

主　　任：谭　宾

副 主 任：李顺平　张增年

成　　员：王多金　吴述普

以及规划计划处、工程技术处负责人、生产协调处、设备处、质量安全环保处、油气事业部、物资管理部分管相关业务副处长、设备处班子成员、机关事务中心（机关党委）副主任、公司所属单位分管设备副经理

办公室设在设备处，刘东方任办公室主任。

川庆钻探工程公司党的建设工作领导小组

组　　长：王治平

副 组 长：李雪岗　喻著成　樊尚珍

成　　员：党委办公室、党委组织部、纪委办公室、党委巡察办、党委宣传部、工会、维稳办、机关事务中心（机关党委）负责人，以及党委组织部副处级组织员。

领导小组办公室设在党委组织部，曾翀任办公室主任。

川庆钻探工程公司党委党风廉政建设和反腐败工作领导小组

组　　长：王治平

副 组 长：李雪岗　喻著成　樊尚珍

成　　员：伍贤柱　金学智　何　强　谭　宾

以及党委办公室、党委组织部、劳动工资处、审计处、企管法规处、纪委办公室、党委巡察办、党委宣传部、工会、团委负责人。

领导小组办公室设在纪委办公室，杨帅任办公室主任。

川庆钻探工程公司国家安全人民防线建设小组

组　　长：王治平

副 组 长：喻著成　金学智

成　　员：党委办公室、对外合作和市场开发处、党委组织部、科技处、党委宣传部、信息管理部、维稳办、国际工程公司负责人，以及党委办公室分管相关业务副主任。

建设小组办公室设在党委办公室，卢尚勇任办公室主任，林平任副主任。

川庆钻探工程公司宣传思想文化（意识形态）工作领导小组

组　　长：王治平
副 组 长：李雪岗　喻著成　伍贤柱　金学智
　　　　　何　强　樊尚珍　谭　宾
成　　员：公司机关各处室（直属单位）、机关事务中心（机关党委）、生产科研基地建设管理部负责人，以及党委宣传部班子成员。

领导小组办公室设在党委宣传部，侯斌任办公室主任。

川庆钻探工程公司党委巡察工作领导小组

组　　长：王治平
副 组 长：李雪岗　喻著成　樊尚珍
成　　员：党委组织部、纪委办公室负责人、党委巡察办主任、副主任。

巡察工作领导小组日常工作由樊尚珍同志负责。

川庆钻探工程公司统一战线工作领导小组

组　　长：王治平
副 组 长：喻著成
成　　员：党委办公室、党委组织部、劳动工资处、财务资产处、党委宣传部、工会、维稳办负责人，以及党委宣传部分管相关业务副处长。

领导小组办公室设在党委宣传部，侯斌任办公室主任。

川庆钻探工程公司舆情管理工作领导小组

组　　长：喻著成
副 组 长：侯　斌
成　　员：公司机关各处室（直属单位）、机关事务中心（机关党委）、生产科研基地建设管理部负责人，以及党委宣传部班子成员。

领导小组办公室设在党委宣传部，侯斌任办公室主任。

川庆钻探工程公司党委青年工作委员会

主　　任：喻著成
副 主 任：侯　斌　胡雪姣
成　　员：党委办公室、生产协调处、党委组织部、劳动工资处、规划计划处、财务资产处、质量安全环保处、工程技术处、科技处、审计处、企管法规处、纪委办公室、党委宣传部、团委、工会、机关事务中心（机关党委）负责人。

委员会办公室设在团委，胡雪姣任办公室主任。

川庆钻探工程公司党风廉政建设和反腐败工作协调小组

组　　长：樊尚珍
副 组 长：金学智
成　　员：党委办公室、对外合作和市场开发处、党委组织部、劳动工资处、规划计划处、财务资产处、设备处、质量安全环保处、科技处、审计处、企管法规处、纪委办公室、党委巡察办、党委宣传部、工会、物资管理部、机关事务中心（机关党委）负责人。

协调小组办公室设在纪委办公室，杨帅任办公室主任。

文件选编

西南油气田分公司劳动模范管理办法

第一章　总　则

第一条　为大力弘扬劳模精神、劳动精神、工匠精神，进一步规范和加强劳动模范管理，落实劳动模范待遇。根据《中华人民共和国工会法》《四川省劳动模范先进工作者评选管理办法》《中国石油天然气集团有限公司荣誉表彰管理办法》等有关规定，结合西南油气田分公司（以下简称“公司”）实际，制定本办法。

第二条　本办法所指的劳动模范包括：

（一）国家级：中共中央、国务院表彰的全国劳动模范。

（二）省部级：公司所在省（直辖市）政府表彰的劳动模范，中华全国总工会表彰的全国五一劳动奖章获得者，国家部委与人力资源社会保障部联合表彰的劳动模范，集团公司表彰的劳动模范。

（三）公司级：公司表彰的劳动模范，省（直辖市）总工会表彰的五一劳动奖章获得者，地市州表彰的劳动模范。

（四）在表彰文件中，明文规定享受国家级、省部级、公司级劳动模范相应待遇的人员。

第三条　本办法所指的劳动模范管理，包括劳动模范的评选表彰、奖励待遇和日常管理等工作。

第二章　管理职责

第四条　公司工会会同相关部门和各级工会，共同做好劳动模范的培养选树、评选表彰和管理服务工作。

第五条　劳动模范由公司工会统一管理，日常管理服务工作以劳动模范所在单位工会为主。

第六条　公司工会的主要职责：

（一）负责评选、表彰和奖励公司劳动模范。

（二）负责推荐参评上级部门评选表彰的劳动模范。

（三）负责落实劳动模范节日慰问、疗休养、健康体检、困难帮扶和荣誉津贴等待遇。

（四）会同相关部门关心劳动模范的思想、工作、学习和生活，不定期召开劳动模范座谈会。

（五）宣传劳动模范的先进事迹，推广其先进技术和工作方法，适当安排其参加有关社会活动。

（六）检查督促劳动模范各项政策的落实情况，依法维护其合法权益。

（七）根据上级有关政策规定，改进完善管理办法和措施。

第七条　劳动模范所在单位工会要建立劳动模范档案，掌握劳动模范的基础信息、先进事迹和其他方面的情况。劳动模范工作调动、退休、死亡等重大情况变更应及时上报公司工会备案。

第八条　公司所属单位参评所在地区劳动模范的，应提前上报公司工会备案。

第三章　评选表彰

第九条　劳动模范必须热爱祖国，坚持中国共产党的领导和社会主义制度，拥护党的基本路线、方针和政策，遵守国家法律法规，具有优秀的思想品质和职业道德。爱岗敬业、争创一流、艰苦奋斗、勇于创新、淡泊名利、甘于奉献，政治素质过硬、工作业绩突出，在群众中享有较高声誉。

第十条　劳动模范评选坚持面向基层、面向一线，坚持重业绩、重贡献、重先进性和坚持公开、公平、公正的原则。

第十一条　劳动模范按照民主程序评选产生，实行自下而上、逐级推荐评选原则。评选全国劳动模范原则上应从省部级劳动模范中推荐，评选省部级劳动模范原则上应从公司级劳动模范中推荐，评选公司级劳动模范原则上应从厂处级劳动模范中推荐。

第十二条　劳动模范评选对象为公司职工，女职工占有适当比例。

第十三条　职工参评上级部门表彰的劳动模范，根据上级文件要求，由公司工会提出推荐方案，在征求公司相关处（部）室意见的基础上，参评五一劳动奖的，提请公司工会主席办公会审定，参评全国劳动模范、省（直辖市）劳动模范和集团公司劳动模范的，提请公司党委会审定。

第十四条 公司表彰的劳动模范，其评选表彰工作原则上每年开展一次，由公司授予表彰对象“西南油气田公司劳动模范”称号。依照上级要求或因特殊情况需要，公司可即时表彰或调整表彰时间。

第十五条 公司表彰的劳动模范，其评选表彰工作按照以下程序进行：

（一）民主推荐：一是班组、队站、组室等择优推荐。二是基层单位民主评议产生推荐名单。三是报送厂处单位工会。

（二）厂处审核：一是厂处单位工会初审候选名单。二是厂处单位纪检监察、组织人事、安全环保、信访维稳等部门审核。三是厂处单位劳动竞赛委员会或党委会审定。四是厂处单位公示。五是报送公司工会。

（三）公司审核：一是公司工会复审候选名单。二是公司纪检监察、组织人事、安全环保、信访维稳等部门审核。三是公司工会会同相关处（部）室联评并提出建议名单。四是公司劳动竞赛委员会评审。五是公司党委会审定。六是公司公示。七是表彰奖励。

其中，中层领导人员由公司工会会同组织人事部门推荐参评。

第十六条 公司表彰的劳动模范，其《劳动模范登记表》分别由公司工会和劳动模范所在单位工会归档一份，本人人事档案归档一份。

第十七条 公司表彰的劳动模范，其奖章、荣誉证书和绶带，由公司工会统一制作。

第四章 奖励待遇

第十八条 劳动模范的奖励待遇，坚持精神与物质并重的原则。

第十九条 享受公司奖励。对公司表彰的劳动模范给予一次性物质奖励。公司级及以上劳动模范已获得有关部门相应奖励的，原则上不重复奖励。

第二十条 享受优先学习深造待遇。有关部门和劳动模范所在单位要积极创造条件，优先为劳动模范提供学习培训、进修、深造的机会。

第二十一条 享受优先晋升待遇。有关部门和劳动模范所在单位在技能晋升、职称评定工作中，同等条件下应优先考虑劳动模范。

第二十二条 享受疗休养待遇。劳动模范除享受职工正常的疗休养待遇外，在授予荣誉称号当年可享受一次由公司工会安排的劳动模范短期疗休养，时间、地点等具体内容按照上级部门和公司有关文件规定执行，费用从劳动模范所在单位福利费中报销。疗休养期间，劳动模范工资奖金等福利待遇不变。

第二十三条 享受节日慰问、健康体检等待遇。对象和标准按照上级部门和公司有关文件规定执行。

第二十四条 劳动模范出现以下情形之一的，一经查实，取消其荣誉称号，并停止享受相应待遇。

（一）伪造模范事迹的；

（二）主要模范事迹严重失实的；

（三）受到党内严重警告或行政记大过及以上处分的；

（四）依法被追究刑事责任的；

（五）有其他违法违纪行为，情节严重或造成恶劣影响的。

取消劳动模范荣誉称号按照取得劳动模范荣誉称号的审批程序申报批准。

第五章 日常管理

第二十五条 劳动模范是企业生产经营的骨干，是广大职工的杰出代表，劳动模范应当珍惜和保持其荣誉称号。严于律己，谦虚谨慎，不断发扬开拓创新、勤奋工作、刻苦钻研、无私奉献的精神，努力提高自身政治素质和业务素质，在本职工作中不断发挥先进模范作用。

第二十六条 各单位要经常走访和了解劳动模范的思想动态和工作生活情况，主动听取劳动模范的意见和建议，及时帮助劳动模范解决遇到的实际困难，使劳动模范有更多的精力用于生产和工作，持续发挥榜样示范作用。

第二十七条 各单位要高度重视和大力支持劳动模范的培养、宣传、教育和管理工作，努力提升劳动模范的政治地位、社会地位、职业地位。建立劳动模范先进示范的长效机制，形成尊重爱护劳动模范、人人学习劳动模范、人人争当劳动模范的良好氛围。

第二十八条 各单位要严格按照程序开展劳动模范的推荐评选，及时纠正违规行为。涉嫌违纪的，按照公司有关规定处理。

第二十九条 各单位要做到劳动模范管理工作落实到

位、信息准确、留存资料完备，及时纠正管理中出现的问题。涉嫌违纪的，按照公司有关规定处理。

第三十条 有关部门要严肃批评、坚决制止歧视、打击和报复劳动模范的行为。情节严重的，依法追究责任。

第六章 附 则

第三十一条 各单位结合实际，参照本办法规定执行或制定本单位的配套完善执行规范和操作流程。

第三十二条 本办法由公司工会负责解释。

第三十三条 本办法自发布之日起施行。原《西南油气田分公司劳动模范管理（暂行）办法》（西南司党〔2005〕22 号）同时废止。

西南油气田分公司专业技术岗位序列
技术专家管理办法

第一章 总则

第一条 根据集团公司关于进一步完善专业技术岗位序列制度的实施意见，为贯彻落实新时代人才强国战略，深入推进人才强企工程，加快西南油气田分公司（以下简称分公司）专业技术人才队伍建设，建成一支高素质专业化人才队伍，为分公司高质量发展提供坚强的科技人才保证和智力支持，特制定本办法。

第二条 本办法所指技术专家是专业技术岗位序列中根据管理权限由分公司管理的人员，包括：企业首席专家、企业高级专家、一级工程师。

第三条 本办法适用于分公司及所属各单位。

第二章 管理机构与工作职责

第四条 技术专家实行统一管理、分级实施。分公司负责制定技术专家管理政策及配套制度，负责技术专家岗位设置、聘任、调配、考核、调整等管理工作；所属单位负责企业高级专家和一级工程师的日常管理及年度考核工作，配合分公司开展技术专家的选聘及任期考核工作。

第五条 分公司成立专家委员会并下设专业评审组。

专家委员会主任由分公司主要领导担任，成员由分公司班子其他成员和专家组成，负责审议专业评审组的评审结果，研究确定技术专家聘任人选；专业评审组成员由相关专业的专家组成，由专家委员会主任确认，成员数不超过 9 人，实行动态运行，负责技术专家选拔考核的量化评审、评议等。

专家委员会办公室设在人力资源部（党委组织部），负责技术专家的管理，组织实施技术专家的选聘、考核等工作。

第三章 岗位设置与选聘

第六条 企业首席专家、企业高级专家岗位按油气勘探、油气田开发、钻完井工程、天然气储运与计量、天然气净化及新能源、HSE 与节能减排、信息技术、经济与管理技术等 8 个专业领域设置；一级工程师岗位按上述专业细分设置。

第七条 技术专家选聘工作坚持“公开、公平、公正、择优”原则，总数控制在集团公司批复的岗位职数内。选聘到技术专家岗位后，不再跨序列兼职兼岗。

第八条 参评人员除应具备以下基本条件外，还需满足根据参评岗位任职基本条件（附件 1）要求：

（一）自觉践行习近平新时代中国特色社会主义思想，坚决执行党和国家的方针政策，严格遵守党的政治纪律。

（二）诚实守信，爱岗敬业，担当实干，治学严谨，遵纪守法，廉洁从业，有强烈的事业心和责任感。

（三）具备相应专业领域深厚的理论知识、良好的专业素养、突出的业务能力、丰富的工作经验，行业影响力大。

（四）原则上应距离法定退休年龄一个聘期以上。

（五）身心健康，可以正常履职。

在技术专家岗位任职基本条件中，凡是有任期考核结果的以任期考核结果为准，无任期考核结果则按照“近三年年度考核结果均为称职及以上”执行。

对获得省部级奖励荣誉的，或研究成果丰硕、在行业内影响力较大、知名度较高的优秀专业人才，可放宽资历年限参加企业高级专家、一级工程师岗位选聘，具体破格参评条件见附件 2。

对因涉及违纪违法、问责和责任追究等影响使用的，不得参加技术专家选聘。

第九条 技术专家选聘主要采取竞争选聘、组织选聘和公开招聘等方式。

（一）竞争选聘适用于符合资格条件的人员较多、意见不够集中，需要进一步拓宽视野、全面了解和发现更多适合岗位人才的情形。主要程序为：

1. 制定方案。分公司根据人才队伍结构、生产业务发展需要以及岗位配置情况，制定技术专家选聘方案，报分公司主要领导审批同意后启动选聘工作。

2. 公布岗位。公布岗位设置情况，明确选聘岗位的专业、岗位层级、范围、数量和资格条件要求。资格条件包括《技术专家岗位任职基本条件》。

3. 申报推荐。员工按照公布的岗位要求，结合自身情况向本人所在单位申报，所属单位研究后提出推荐意见。

4. 资格审查。分公司人事部门组织对所属单位推荐的申报人员进行资格审查。

5. 评审选拔。按照个人述职、专业评审组量化评审、评议表决程序进行。专业评审组按照《技术专家量化评审指标》（附件 3）对申报人员进行量化评审，综合评议采取投票表决方式，将达到专业评审组成员总数三分之二以上赞成票的申报人员推荐到专家委员会评议审批。

对于同一岗位报名人数只有 1 人的，资格审查合格后，可直接将申报人员提交专家委员会进行评议审批。

6. 组织考察。分公司人事部门对符合条件人选进行考察，出具评价意见。

7. 评议审批。专家委员会对申报人员进行综合评议，根据评议结果投票表决，达到专家委员会成员总数三分之二以上赞成票为通过。对专家委员会评议通过的申报人员提交分公司党委会研究审批。

8. 结果公示。对审批通过人员进行公示，公示时间不少于 5 个工作日，公示内容包括申报岗位、申报通过人员的基本情况和主要业绩等。

9. 聘任上岗。公示通过后按管理权限履行聘任程序，签订《年度工作任务书》和《任期目标责任书》。

（二）组织选聘适用于人选比较突出，各方面认可度比较高的情形。主要程序为：

1. 制定方案。分公司人事部门依据岗位设置，制定选聘方案，确定提名人选，报分公司主要领导审批同意后启动选聘工作。

2. 发布预告。分公司人事部门根据选聘方案，在一定范围内发布选聘预告。

3. 民主推荐。分公司人事部门在预告发布范围内，组织开展民主推荐，确定考察对象。

4. 组织考察。分公司人事部门对考察对象进行考察，出具书面评价意见，确定拟聘任人选，提交分公司党委研究审定。

5. 结果公示。对审批通过人员进行公示，公示时间不少于 5 个工作日，公示内容包括选聘岗位、通过人员的基本情况和主要业绩等。

6. 聘任上岗。公示通过后按管理权限履行聘任程序，签订《年度工作任务书》和《任期目标责任书》。

（三）公开招聘适用于分公司内部没有合适人选且又特别需要补充、需面向社会开展选聘的情形。主要程序为：

1. 制定方案。分公司人事部门依据岗位设置，制定招聘方案，报分公司主要领导审批同意后启动招聘工作。

2. 发布招聘公告。分公司人事部门根据招聘方案，面向社会发布招聘公告，受理报名与资格审查。

3. 能力素质测评。分公司人事部门对符合条件人选开展能力素质测评，确定参加评审人选。

4. 评审选拔。分公司人事部门牵头组织开展量化评审和投票表决，赞成票数达到与会评委总数三分之二以上的，确定为考察对象。

5. 组织考察。分公司人事部门对考察对象进行考察，出具书面评价意见，确定拟聘任人选，提交分公司党委研究审定。

6. 结果公示。对审批通过人员进行公示，公示时间不少于 5 个工作日，公示内容包括选聘岗位、通过人员的基本情况和主要业绩等。

7. 聘任上岗。公示通过后按管理权限履行聘任程序，签订《年度工作任务书》和《任期目标责任书》。

第十条 序列转换。在满足任职条件的前提下，经营管理岗位、操作技能序列人才可通过规定的程序转入专业技术岗位序列，具体按照公司关于三支人才队伍岗位转换的相关文件执行，对应层级专业一致（或相近）的从业经历和资历予以互认。

第十一条 把技术专家岗位作为培养专业型领导人员的重要平台，对于政治素质过硬、工作实绩突出、群众公认度高，且具备一定管理水平的一级工程师、二级工程师，择优分别破格选拔到适合的二级正、二级副领导岗位任职。破格人员的所学专业为主体专业，且与现从事专业一致。具体破格选拔程序按照干部管理相关规定执行。

第四章　技术专家的管理

第十二条　技术专家的职责。技术专家年初制定年度工作计划，报业务分管领导审批，并报分公司专家委员会办公室备案。技术专家的职责主要包括以下方面：

（一）参与制定相关专业科技发展规划；

（二）承担本专业重大科研生产项目和课题；

（三）组织或参与重点工程、重大专项、关键技术攻关以及重点实验室建设；

（四）负责或参与重大技术决策，提供决策咨询，围绕发展全局开展专题研究形成重大决策咨询报告；

（五）承担本专业学术梯队建设等。

各级技术专家按照分级负责的原则开展工作，具体职责见《技术专家岗位基本职责表》（附件 4）。

第十三条　技术专家的培训。分公司及所属单位根据专家本人业务专长和工作需要，制定专家培训计划，突出专业前瞻性和创新性培训。

第十四条　技术专家的使用。技术专家由分公司统筹安排或委托所在单位安排工作。推行科技攻关“揭榜挂帅”制和科技项目“完全项目经理负责制”，分公司根据工作需要可调配技术专家到需要的关键项目，技术专家担任项目负责人的，赋予其科研技术路线决定权、科技团队组建权，团队成员的绩效考核、奖励分配决定权，促进科技团队长期稳定高效运行，充分发挥技术专家作用。

第十五条　技术专家的聘期管理。技术专家岗位实行聘期制，聘期一般为 3 年，对于从事高精尖缺科研攻关和关键领域基础研究的，若研究周期相对较长，聘期可与科研项目研究周期一致。在聘期内达到国家法定退休年龄，按期办理退休手续。

第十六条　健全完善技术专家退出机制。技术专家在聘期内有下列情况之一者，予以解聘：

（一）不再从事所聘岗位工作的；

（二）退休或劳动合同终止、解除的；

（三）个人原因，不能正常履职超过 1 年的；

（四）因涉及违纪违法、问责和责任追究应当退出的；

（五）不宜任职的其他情形。

技术专家主动提出辞去专家岗位的，应提前 30 日提交书面申请，经分公司批准后，办理解聘手续。

第十七条　技术专家离岗离企后，依法依规继续对原聘任岗位涉及的商业秘密和核心技术负有保密责任和义务，保密期限按照国家和企业有关规定执行。

第五章　技术专家的考核

第十八条　技术专家考核应坚持以下原则。

（一）分级管理。企业首席专家考核由集团公司人力资源部指导分公司人力资源部（党委组织部）组织实施，企业高级专家和一级工程师考核由分公司人力资源部（党委组织部）指导所属单位组织。

（二）突出实绩。以技术专家岗位职责为基础，突出价值导向，注重工作业绩，强调作用发挥。

（三）客观公正。结合岗位性质，科学合理制定考核标准，规范工作程序，确保考核结果公平公正。

（四）考用结合。坚持激励与约束相结合，强化精准激励，考核结果与绩效奖金和岗位聘任动态挂钩。

第十九条　技术专家聘期内实行年度考核和聘期考核。年度考核依据岗位职责开展，包括业绩考核和履职测评两部分，业绩考核以定量考核为主，履职测评以定性考核为主；年度考核中业绩考核权重占比 50%，履职测评权重占比 50%。聘期考核结果依据聘期内三个年度考核结果加权计算确定，权重分别为 30%、30%、40%；任职两个年度的权重分别为 40%、60%；任职一个年度的，年度考核结果视同聘期考核结果。

第二十条　业绩考核主要考查技术专家在创新引领、业务把关、智囊参谋、人才培养等方面作用发挥情况。依据《西南油气田分公司技术专家年度工作述职报告书》（详见附件 5），参照技术专家在专业特点和技术优势方面的作用发挥情况，采用“综合评价打分”的方式，组织开展专家年度业绩考核，企业首席专家由分公司主要领导（权重 80%）、业务分管领导（权重 20%）进行考核。

（一）创新引领。主要考核技术专家发挥领衔攻关和技术创新作用情况，突出考查短板领域和关键核心技术攻关突破能力，重点参考在本专业领域承担重大科研项目、重大课题或重点任务的级别、类别、难易程度、工作量大小、参与程度、进展成效和技术成果获奖情况，以及作为科技创新团队负责人，建设打造科技创新示范团队等方面作用发挥情况。

（二）业务把关。主要考核技术专家发挥把关定向作用情况，突出考查对本专业领域下一职级专家和专业技术人员的指导、审核和把关能力，重点参考在本专业领域提出技术评价建议，对技术路线进行把关情况，以及对重大项目、重大课题或重点任务方案科学性、规范性进行指导，对项目、课题或任务实施进度和阶段性成果进行评价评估等方面作用发挥情况。

（三）智囊参谋。主要考核技术专家发挥智力支撑作用情况，突出考查在企业重大决策部署中的建言献策能力，重点参考为分公司科学决策、职能部门科学管理提供技术性意见建议和咨询参谋，参与企业发展战略前瞻性预研和科技发展顶层设计，参与重大项目、重点工程选题立项的鉴定论证情况，以及开展技术分析、咨询会诊解决企业生产技术瓶颈难题攻关等情况。

（四）人才培养。主要考核技术专家发挥“传帮带”作用情况，突出考查在“人才强企”工程中的“育才”能力，重点参考在本专业领域培养下一职级专家、青年骨干情况，以及进行学术技术交流、培训讲课等方面情况。

第二十一条　履职测评主要考查专家职业道德、工作作风、担当作为、廉洁自律等方面情况。履职测评分层级与领导人员年度履职测评同步进行。

第二十二条　技术专家年度与聘期考核结果采用百分制计分，总得分大于等于 90 分的可为优秀（比例一般不超过 25%），大于等于 85 分的可为称职，大于等于 80 分且小于 85 分为基本称职，小于 80 分为不称职。考核结果应及时录入人力资源管理系统。

第二十三条　聘期考核结果作为岗位聘任的重要依据，聘期考核结果为“称职”及以上的，可直接续聘且有资格参加上一职级岗位选聘；聘期考核结果为“基本称职”的，须重新参加本职级岗位选聘，落选的参加低一职级选聘；聘期考核结果为“不称职”的参加低一职级选聘。

第六章　技术专家的待遇

第二十四条　技术专家的薪酬待遇：

技术专家的薪酬主要由岗位工资、津贴补贴、绩效奖金等部分构成。技术专家的年度技术津贴与绩效奖金之和可分别对应分公司一级副和所属单位二级正、二级副年度绩效奖金，并根据个人年度考核结果确定当年兑现标准。考核结果为“优秀”可按相同或略优于本单位管理序列对应层级岗位确定，企业高级专家最高可按分公司助理、副总师标准执行；考核结果为“称职”按不超过本单位管理序列对应层级岗位 90% 确定，考核结果为“基本称职”按不超过本单位管理序列对应层级岗位 80% 确定，考核结果为“不称职”的扣减当年绩效奖金直至全部扣除。对在重点工程和急难险重任务中做出突出贡献的，可按相关政策办法另行奖励。

（一）技术专家岗位工资、技术津贴执行集团公司统一标准，按岗位动态管理。岗位工资晋档参照经营管理人员“两年一晋档”模式。津贴标准为，企业首席专家每月 6000 元、企业高级专家每月 5000 元、一级工程师每月 2000 元。

（二）企业首席专家、企业高级专家、一级工程师交通补贴、误餐补贴、通讯补贴标准分别按照分公司一级副、二级正、二级副标准执行。

（三）技术专家的绩效奖金由分公司统一管理，与个人年度考核结果挂钩。企业首席专家由分公司实施兑现，企业高级专家、一级工程师由所属单位编制年度考核兑现方案，上报分公司审批同意后组织实施，所需金额在各单位年度工资总额内单列。

第二十五条　技术专家的政治待遇：

（一）技术专家具备专家委员会或专业评审组成员资格，优先推荐做出突出贡献的技术专家在“李四光地质科学奖”“孙越崎能源科学技术奖”“享受国家特殊津贴专家”等国家级、省部级重点人才工程及奖项的评选，积极为技术专家担任各级技术学术领导职务创造条件。

（二）分公司或所属单位重大技术决策要认真广泛听取技术专家意见。根据需要技术专家可参加分公司或所属单位本专业的科技规划、重点项目审查、重要科技攻关等会议。

（三）为技术专家授课搭建平台，支持技术专家出版、发行专业技术学术论文和著作。加大先进典型技术专家、优秀创新团队的挖掘、选树和宣传工作，将其作为一项长期的基础工作来抓，塑造一批在行业和国内“叫得响、传得开”的技术专家和科技创新团队。结合实际组织开展技术专家重点宣传，让典型人物、典型事迹深入人心。

（四）优先推荐技术专家赴国内外知名院校进行学术深造或派遣做访问学者。任期内至少参加2次国际国内学术会议、项目考察或集团公司、知名院校、学术机构组织的培训、学术交流及研讨。

（五）安排公司企业首席专家参加公司党委部署的主题教育活动、党的纪念和庆祝活动、公司节庆等重要政治活动；安排各级技术专家参加分公司年度工作会议、职代会、领导干部会议等重要会议；结合实际吸收公司首席专家列席公司党委理论中心组有关专题集体学习。每年组织公司领导至少看望慰问企业首席专家1次，收集党委联系服务专家过程中专家所提意见建议、困难问题，并向公司党委汇报后牵头督办落实，持续推动党委联系服务专家制度落实落地。

（六）集团公司到分公司考察干部时，在民主推荐、谈话了解等环节，吸纳企业首席专家、企业高级专家参与；分公司提拔使用科研及技术部门干部时，充分听取相关业务领域技术专家的意见。所属单位提拔使用三级正副职干部或选聘二三级工程师时，将本单位相关业务领域企业高级专家、一级工程师的意见作为重要参考依据。

第二十六条 技术专家的工作待遇：

（一）为技术专家创造良好的科研和工作环境，持续优化办公条件，配备必要的办公用品。分公司设专家工作室，企业首席专家在专家工作室办公，配置人员负责其组织、协调等管理工作。

（二）根据工作需要，所在单位为技术专家提供必要的经费用于开展重要技术攻关、组织、参与学术交流、专业培训和购买图书资料等。

（三）协调安排企业首席专家参加分公司及以上层面的专业会议和公务活动。主要包括：国家部委组织的技术类会议；集团公司及股份公司各类油气勘探、开发、工程技术年会；集团公司通知分公司参加的技术会议；分公司重要科研技术、生产经营专项会议，以及集团公司和省市区有关领导到分公司进行的生产经营工作调研活动；集团公司在四川召开的科研及生产专题会议；需要技术专家列席的分公司党委会、总经理办公会；分公司生产经营例会等。

（四）组织协调企业首席专家参与省部级及以上级别科研项目或在项目内担任一定的职务，优先聘任企业高级专家、一级工程师担任分公司科研项目负责人或参与分公司及以上级别科研项目。

（五）建立方案编制专家深度参与机制。分公司有关部门按照不同层级、不同专业、不同类别对规划方案、技术方案进行分级分类，制定需本领域专家决策支持、技术把关事项的明细清单，在编制方案时，明确相应层级、专业方向的技术专家参与，将各级技术专家审核把关职责镶嵌到技术方案决策流程中，作为行政决策的前置程序。原则上向集团公司、股份公司上报的技术方案或分公司重大技术方案，经牵头部门请示公司分管领导后，可由相关专业的企业首席专家承担或参与编制；分公司层面的技术方案或厂处级重大技术方案，牵头部门或有关单位可协商指定相关专业的企业高级专家、一级工程师承担或参与编制。

（六）建立专家自主组建团队机制。鼓励技术专家在自主选题攻关的基础上自主组建团队，协调技术专家组建横向上跨系统、跨单位、跨专业、跨体制，纵向上覆盖专业技术序列各层级人员的创新示范团队，集中优势力量开展技术攻关。技术专家提出团队人选经主管领导同意后，分公司各级组织人事部门、科技管理部门要保障为其配齐配强团队骨干，保持团队研究方向和成员相对稳定。

（七）探索实施专家联系点制度。建立技术专家与生产、科研一线定向联系帮扶长效机制，为技术专家安排一个生产、产能建设项目组或科研单位研究所室实行定点帮扶，各单位结合实际情况为每名一级工程师安排一个联系点，强化科研服务生产导向，使技术专家成为解决基层生产一线技术难题、促进分公司生产建设发展的“健康顾问”。

（八）支持保障技术专家“走出去”开展技术调研。技术专家可根据工作需要，经请示主管领导同意后，独立或组团赴兄弟单位、国内其他油气田或有关企事业单位进行技术调研，调研结束后形成调研报告并提交主管领导。

（九）健全完善科技创新容错纠错机制，营造鼓励创新、包容失败的环境氛围。宽容并纠正科技创新活动中可能出现的失败和偏差，鼓励先行先试，最大限度地支持和保护科技创新主体的积极性和合法权益，以消除技术专家对创新风险的顾虑和担心，为专家人才放下包袱潜心钻研“保驾护航”。

第二十七条　技术专家的福利待遇：

（一）确保专家待遇有效落实。技术专家聘任后，差旅费、物业费、取暖费、健康体检标准等相关福利待遇按照经营管理岗位序列相应层级有关标准执行。每年开展工作调研，对技术专家政治待遇、薪酬发放、福利待遇等制度执行情况进行全面深入了解，存在偏差的及时整改。

（二）建立学术休假制度。由分公司统一组织，技术专家所在单位配合，每2年举办一次技术专家的学术休假活动，持续落实好技术专家休假、疗养制度和节假日慰问。

（三）技术专家从事专项工作任务，应在经费、物资、技术、人力、场地等方面给予必要支持，做好工作条件和生活服务保障，相关标准上级管理制度有明确标准的执行上级规定，上级没有规定的，所属单位可依据上级相关管理制度精神，履行合规决策程序，自行确定享受的福利事项和标准，其中办公用房原则上参照经营管理岗位序列相应层级有关标准。

第七章　附则

第二十八条　本办法由人力资源部（党委组织部）负责解释。

第二十九条　本办法自印发之日起施行。《西南油气田分公司专业技术岗位序列技术专家管理办法（试行）》（西南司人〔2015〕67号）同时废止。

附件：1. 技术专家岗位任职基本条件

2. 技术专家破格参评条件

3. 技术专家量化评审指标

4. 技术专家岗位基本职责表

5. 西南油气田分公司技术专家年度工作述职报告书

川庆钻探工程有限公司
职业技能等级认定实施细则

第一章　总　则

第一条　为进一步规范川庆钻探工程有限公司（以下简称川庆钻探工程有限公司）职业技能等级认定工作，结合公司实际，制定本细则。

第二条　本办法适用于川庆钻探工程有限公司职业技能等级认定管理工作。川庆钻探工程有限公司控股公司通过法定程序执行本办法，参股公司参照执行。

第三条　职业技能等级认定是指由经集团公司批准设立的评价机构，按照国家职业技能标准或集团公司评价规范，对申报职业技能等级认定人员的职业能力水平进行的评价与认定活动。

第四条　职业技能等级分为初级工（五级）、中级工（四级）、高级工（三级）、技师（二级）、高级技师（一级）、特级技师六个等级。

第五条　川庆钻探工程有限公司职业技能等级认定坚持客观公正、实际实用、分级管理的原则。

第二章　评价机构与职责

第六条　集团公司设立职业技能等级鉴定指导中心（以下简称指导中心），川庆钻探工程有限公司职业技能等级认定机构由中国石油川庆钻探技能人才评价中心（以下简称评价中心）和中国石油川庆钻探技能人才评价工作站（以下简称评价站）组成。

第七条　评价中心设在劳动工资处，主要职责是：

（一）根据集团公司和地方有关认定的政策和规章制度，结合工作实际，制定川庆钻探工程有限公司相应的管理制度；

（二）负责所属评价站及相关人员的管理工作；

（三）负责向指导中心申报新增工种、评价规范；

（四）负责开发和管理川庆钻探工程有限公司职业技能等级认定题库；

（五）负责川庆钻探工程有限公司职业技能等级认定组织实施和开展内部质量督导工作；

（六）负责向指导中心呈报技师、高级技师、特级技师认定结果，颁发职业技能等级证书。

第八条　评价站原则上设在各单位人事劳资部门，业务上接受评价中心指导管理，具体负责技能等级认定的组织实施工作，设立的基本条件是：

（一）具有取得相应资格的专（兼）职管理人员和考评人员；

（二）具有与所认定职业（工种）及其等级相适应的考核场地、设备、检测仪器等基础设施；

（三）具有完善的办公场所、设备设施（含视频监控录像设备）、规章制度与操作规程。

第九条 各单位增设评价站，需上报《技能等级认定机构设立审批表》（附件 1）和配套的管理制度、管理人员和考评人员等情况，经川庆钻探工程有限公司和集团公司指导中心审批后，按相关要求执行。

第十条 评价站负责人调整、机构变更等重要事项须向评价中心进行报备。

第十一条 评价站经评价中心同意后，可向属地评价机构管理部门申报社会评价资质。

第三章 认定范围与申报条件

第十二条 列入集团公司工种目录的且在集团公司职业技能鉴定指导中心备案的职业（工种）纳入川庆钻探工程有限公司职业技能等级认定范围。

第十三条 鉴定申报应满足相应的条件。

（一）具备以下条件之一者可申报初级工（五级）：

1. 累计从事本职业或相关职业工作 1 年及以上；

2. 新入职完成本职业培训内容，经考核合格人员；

3. 本职业或相关职业学徒期满。

（二）具备以下条件之一的，可申报中级工（四级）：

1. 累计从事本职业或相关职业工作 6 年及以上；

2. 取得本职业或相关职业初级工（五级）职业技能等级证书后，累计从事本职业或相关职业工作 4 年及以上；

3. 中专或技校学历取得本职业或相关职业初级工（五级）证书后，累计从事本职业或相关职业工作 3 年及以上；

4. 大专及以上学历取得本职业或相关职业初级工（五级）证书后，累计从事本职业或相关职业工作 1 年及以上。

（三）具备以下条件之一的，可申报高级工（三级）：

1. 累计从事本职业或相关职业工作 11 年及以上；

2. 取得本职业或相关职业中级工（四级）职业技能等级证书后，累计从事本职业或相关职业工作 5 年（含）以上；

3. 中专或技校学历取得本职业或相关职业中级工（四级）职业技能等级证书后，累计从事本职业或相关职业工作 3 年及以上；

4. 大专及以上学历取得本职业或相关职业中级工（四级）职业技能等级证书后，累计从事本职业或相关职业工作 2 年及以上。

（四）具备以下条件之一的，可申报技师（二级）：

1. 取得本职业或相关职业高级工（三级）职业技能等级证书后，累计从事本职业或相关职业工作 4 年及以上；

2. 大专及以上学历取得本职业或相关职业高级工（三级）职业技能等级证书后，累计从事本职业或相关职业工作 3 年及以上。

（五）具备以下条件之一的，可申报高级技师（一级）：

1. 取得本职业或相关职业技师（二级）职业技能等级证书后，累计从事本职业或相关职业工作 4 年及以上；

2. 大专及以上学历取得本职业或相关职业技师（二级）职业技能等级证书后，累计从事本职业或相关职业工作 3 年及以上。

（六）取得高级技师（一级）职业技能等级证书 5 年以上的，可申报特级技师。

第十四条 长期（两年及以上）工作在艰苦边远地区（新疆地区，青海省柴达木盆地、冷湖、西宁地区，甘肃省玉门、敦煌）的主体生产工种从业人员或特殊时期坚守岗位，以及完成急难险重任务或参加应急抢险救援作出重大贡献的人员，经评价中心报指导中心同意后，可按油气主业班组长提前 3 年、油气主业其他岗位提前 2 年、生产保障岗位提前 1 年的原则放宽申报年限。

第十五条 在《中国石油工种目录》同一专业内转换职业（工种）的，经岗前培训合格后，可申请参加和原从事职业（工种）同等级的认定。在不同专业之间转换职业（工种）的，经岗前培训合格后，可申请参加不高于原认定等级的认定（不高于高级工）。

第十六条 参加第二职业（工种）职业技能等级认定的，申报等级不高于现从事职业（工种）的职业技能等级（不高于高级工）。

第十七条 转换工种人员在取得现从事工种职业技能等级证书一年后，可按累计工作年限申报现从事工种升级认定。

第四章 认定工种与题库

第十八条 工种目录由集团公司根据《国家职业分类大典》，结合生产实际和产业发展规划需要，制定发布和动态调整。各单位结合实际需新增工种的，向评价中心上报《新增职业技能等级认定工种审批表》(附件2),经评价中心评估通过后报指导中心审定。

第十九条 各工种的评价规范由指导中心按照国家有关技术规程,组织评价中心制定。新增和更新的由各单位提出申请,评价中心报指导中心审批后,结合实际组织制定。

第二十条 题库分为基础题库和认定题库。基础题库由指导中心组织建立,评价中心根据基础题库,组织各单位结合生产实际,建立技能等级认定题库,经指导中心审核批准后入库管理。

第二十一条 认定考试试题须从题库中抽取,评价机构在使用过程中收集整理题库存在的问题,及时组织修订完善。

第二十二条 评价机构建立专业、稳定、高效的命题专家队伍,并对命题专家定期开展业务培训、技术交流等活动,提高题库开发质量。

第五章 认定内容与方式

第二十三条 职业技能等级认定内容包括职业道德、职业能力和体现能力水平的工作业绩等,主要评价专业知识水平和执行操作规程、解决生产问题及完成工作任务的能力,以及岗位工作绩效、创新成果和实际贡献等。

第二十四条 评价中心结合川庆钻探工程有限公司发展与人才培养工作需要,采用多种评价方式开展认定。初级工、中级工、高级工、技师、高级技师主要采取理论知识考试、危害因素识别测试、操作技能考核等相结合的方式进行认定,其中高级技师还须撰写技术总结并参加技术答辩。

第二十五条 初级工、中级工、高级工、技师、高级技师理论知识考试、操作技能考核、技术答辩等实行百分制,各项成绩均达60分及以上者为认定合格。初级工、中级工、高级工单科成绩合格两年内有效(理论知识考试中的危害因素识别成绩为否定项)。

第二十六条 特级技师采取量化积分评定方式开展评定。根据积分晋级指标,重点评价高技能人才的能力素质、创新创效、业绩贡献等,具体量化积分标准见《中国石油特级技师晋级积分标准》(附件3)。

第六章 认定组织与实施

第二十七条 评价中心汇总各单位认定计划,制定川庆钻探工程有限公司年度评价工作计划,发布认定公告,明确职业(工种)、等级、申报条件、认定方式、报名时间和收费标准等,参评人员依据公告自愿报名,参评特级技师的人员,须根据积分标准自行积分,向评价中心提交相关申报材料。

第二十八条 评价机构对申报人员进行资格审查,并与相关单位进行确认,根据反馈情况制订认定实施计划,评价中心将相关资料报属地省级人社部门和指导中心备案。

第二十九条 初级工、中级工、高级工、技师和高级技师技能等级认定在评价中心指导下由负责实施认定的评价站按照以下程序进行,未设评价站的单位,按工种划分范围报相应评价站认定;无相应评价站的工种报评价中心同意后,可由所在单位人事劳资部门负责组织认定工作:

(一)根据认定工作实施计划,编排考场,准备好必要的设备设施;制作并发放准考证;选派理论知识考试监考人员和操作技能考核考评员,接受指导中心或评价中心指派的质量督导员进行过程督导;

(二)召开考前会,明确分工和工作要求;

(三)组织理论知识考试,采取闭卷方式进行,每个考场的监考人员不少于2人;

(四)组织操作技能考核,采取现场操作、模拟操作、口述、笔答等多种形式进行,每个工种每个考核项目考评人员不少于3名。

此外,申报高级技师技能等级认定的,还需组织技术答辩,评委根据所提交的技术总结进行问询,参评人员现场答辩,评委不少于5名。

第三十条 特级技师技能等级认定按照以下程序进行:

(一)评价中心对申报材料进行预审,确定有效积分,参评人员积分须不低于60分;

(二)评价中心组织召开评审会,评委根据积分情况和申报材料,对申报人选进行无记名投票,获得超过评委总数三分之二及以上同意的,为评审通过。

第三十一条 认定合格的人员,由评价中心报指导中心审批同意后颁发职业技能等级证书。

第三十二条 对于认定合格的人员，评价中心整理完善相关信息后报地区认定中心汇总，由地区认定中心统一报指导中心和属地省级人社部门审核发布。

第三十三条 评价机构要对评价结果进行分析，编制评价分析报告，及时向相关单位人力资源部门进行反馈。

第三十四条 评价机构须对考核进行全程录像，并妥善保管认定工作全过程资料，纸质材料保管不少于三年，电子材料不少于五年，确保评价过程可追溯、结果可倒查。

第三十五条 评价机构加强认定工作信息化建设，利用认定综合信息管理平台和数字化、智能化考场，全面提高认定工作时效。

第三十六条 职业技能等级证书由指导中心统一设计，评价中心核发，评价机构建立证书发放台账，中国石油职业技能等级证书查询平台（http://osta.cnpc.com.cn）可自主查询证书，电子证书与纸质证书具有同等效力。

第三十七条 职业技能等级证书编号共22位，由英文大写字母和阿拉伯数字组成，第1~5位为集团公司类别代码和机构代码“Y0001”，6~7位为所属企业所在地省级代码，8~13位为评价中心序列码，14~15位为证书核发年份后两位，第16位为职业技能等级代码（T为特级技师、1为高级技师、2为技师、3为高级工、4为中级工、5为初级工），17~22位为证书序列号。

第七章 破格晋升与直接认定

第三十八条 参加以下职业技能竞赛获得名次的，可破格或直接晋升职业技能等级，最高晋升至高级技师：

（一）经集团公司人力资源部推荐或确认，参加国家级一类、二类及职业技能竞赛获得表彰的优胜选手，晋升一级职业技能等级，其中：获得国家级一类竞赛前五名和国家级二类竞赛前三名(或金牌)的，直接晋升为高级技师；

（二）获得集团公司级职业技能竞赛个人奖牌的优胜选手，晋升一级职业技能等级，其中：获得金牌的，原是高级工及以下的，可直接晋升技师；原是技师的，直接晋升高级技师。获得银牌的，原是初级工或中级工的，直接晋升高级工；原是高级工或技师的，直接晋升一级职业技能等级。获得铜牌的，原是高级工及以下的，直接晋升一级职业技能等级；原是技师的，免于理论知识考试和操作技能考核，经技术答辩合格后，晋升高级技师；

（三）获得企业级职业技能竞赛个人奖牌的优胜选手，直接晋升一级职业技能等级（不高于高级工），其中：获得金牌的，原是初级工或中级工的，可直接晋升为高级工；原是高级工或技师的，免于理论知识考试和操作技能考核，经业绩考核或技术答辩合格后，晋升技师或高级技师。获得银牌的，原是初级工或中级工的，直接晋升一级职业技能等级；原是高级工或技师的，免于理论知识考试和操作技能考核，经业绩考核或技术答辩合格后，晋升技师或高级技师。获得铜牌的，原是初级工或中级工的直接晋升一级职业技能等级，原是高级工或技师的，可破格参加技师或高级技师的考评；

（四）经川庆钻探工程有限公司劳资部门推荐或确认，参加省级职业技能竞赛获得名次的优胜选手，其职业技能等级晋升参照集团公司级竞赛标准执行，如其晋升标准高于集团公司规定的，需经评价中心报指导中心审核确认；

（五）在国家、省部级和集团公司职业技能竞赛中获得“金牌教练”等荣誉的操作技能员工，直接晋升一级职业技能等级；

（六）对同一年在各类职业技能竞赛获得表彰的优胜选手，按就高的原则，晋升职业技能等级。

第三十九条 具备下列条件之一的，可由相应管理层级直接认定职业技能等级，最高直接认定到高级技师：

（一）获得省部（集团公司）级及以上科技进步奖或经川庆钻探工程有限公司申报获得国家发明专利，排名在前五名的，具有推广应用价值和良好经济效益，原是初级工、中级工的直接认定为技师，原是高级工、技师的直接认定为高级技师；

（二）获得国家、省级、集团公司劳动模范称号的，或五一劳动奖章的，以及省级以上政府特殊津贴的，直接认定为高级技师；

（三）获得地市（企业）级劳动模范、先进工作者等荣誉称号的，晋升一级职业技能等级；

（四）获得集团公司创新成果三等奖及以上的领衔人，直接晋升一级职业技能等级；

（五）经川庆钻探工程有限公司全面考核，聘任至特级技师及以上等级的技师，直接认定为高级技师。

第四十条 专业技术岗位转到操作岗的人员，具有助理级、中级和高级职称专业技术资格的可分别直接认定相关专业高级工、技师和高级技师等级。

专业技术岗位未转到操作岗的人员，具有员级、助理级、中级和副高级专业技术资格，分别申报相关专业中级工、高级工、技师和高级技师认定，取得职业技能等级满一年后可按照累计工作年限申报晋级认定。具有所申报职业（工种）相关专业毕业证书的，可免于理论考试。

第八章　督导与评估

第四十一条　职业技能等级认定质量督导是指按照职业技能等级认定的有关要求，对评价机构及有关人员贯彻集团公司职业技能等级认定政策制度、执行集团公司评价规范、使用认定题库及组织实施认定的过程进行监督和检查。

第四十二条　质量督导应坚持监督与指导并重，秉持公平公正原则，评价中心按照“随机＋交叉”的原则指派督导员对等级认定实施现场进行全过程内部督导，接受集团公司指导中心随机选派的外部质量督导员采用现场督导和“互联网＋监管”等方式，对评价机构评价实施过程、题库和实际工作结合度进行的全过程督导。

第四十三条　质量督导员在规定的职能范围内，依据有关职业技能等级认定法规、政策和工作程序，对认定场所、设备设施和认定组织实施监督检查；有权对考评过程中的违纪行为予以制止或提出处理意见，发现重大问题应报请派遣部门处理。

第四十四条　质量督导实行回避制度，质量督导员不能参加可能影响其客观公正督导的工作，不能兼任同场次考评工作。质量督导工作结束后，质量督导员应对被督导单位的认定工作提出评价意见，并以书面形式向派遣部门提交督导报告，对存在严重质量问题的评价机构（单位）提出警告，并限期整改。

第四十五条　评价站每年对认定工作开展情况进行自我评价，并将自我评价情况报评价中心备案。评价中心每三年对评价站认定工作进行综合评估，主要内容包括制度建设与执行情况、开展认定工作情况、考务管理、认定规范、设施设备、人员条件、认定收费、档案管理、评价效果等。根据评估结果，评价中心对先进评价站和优秀工作人员予以表彰奖励，对评估不合格的评价站，视情况予以处理，直至取消技能等级认定资格。

第九章　考评人员与质量督导员

第四十六条　职业技能等级认定考评人员（以下简称考评人员）是指在规定职业（工种）、等级和类别范围内，按照集团公司的评价规范，对参加职业技能等级认定人员的专业知识、技能水平和工作业绩进行考核、评审的人员。

第四十七条　考评人员分为考评员和高级考评员。考评员可承担高级工及以下级别的考核工作；高级考评员可承担特级技师及以下级别的考核工作。

第四十八条　考评人员为从生产现场选拔的具有敬业精神、公道正派、业务精湛、技术优良、素质过硬的专业技术或操作技能人员，考评员应具有高级工及以上职业技能等级或者中级及以上职称，高级考评员应具有技师及以上职业技能等级或高级职称。

经统一培训考核合格后，颁发聘书，有效期三年，期满后根据考核结果和需要，可重新聘任，换发证卡。

第四十九条　评价机构可采取定期轮换方式派遣考评人员。认定工作期间对亲属、师生、师徒等实行考评人员回避制度。

第五十条　考评人员聘期内无特殊情况原则上每年至少参与一次考评工作，工作期间享受考务报酬。

第五十一条　评价机构每年对考评人员的考评工作情况进行考核，并将结果反馈到考评人员所在单位。

第五十二条　质量督导员分为外部质量督导员和内部质量督导员。外部质量督导员由指导中心选派，代表指导中心对评价机构进行质量督导。内部质量督导员由评价中心选派，代表评价中心对评价站进行质量督导。质量督导员在执行督导任务期间，享受相关报酬。

第五十三条　质量督导员一般由评价中心从认定工作管理人员或具有三年以上考评工作经历的优秀考评人员中推荐，经指导中心统一培训考核合格后，颁发证书和聘书，有效期三年，期满后根据考核结果和工作需要，可重新聘任，换发证卡。

第五十四条　考评人员和质量督导员的证卡采用13位编码，由证卡类别代码(1位，0为质量督导员，1为高级考评员，2为考评员）、评价中心机构编码（取编码前6位）、年份（取公元年份后2位）、序列号(4位）组成。

第十章　经费管理

第五十五条　职业技能等级认定经费是开展职业技能等级认定工作的必要条件，主要用于命题、审题、印卷、阅卷、考核、答辩、制证等费用，认定人员(考务、考评、督导、监考等)考务报酬，标准(规范)、教材、题库开发与修订，认定平台的开发与维护，考核场地、设备设施、材料能源消耗、检测、租用车辆等。

第五十六条　职业技能等级认定经费来源包括个人缴纳和单位预算拨款两部分，认定经费不足部分，可从单位生产成本或职工教育经费中列支。评价中心根据有关规定制定川庆钻探工程有限公司等级认定经费管理办法，明确收支标准。费用的收缴、支出与使用严格按川庆钻探工程有限公司财务管理制度执行，实行收支两条线、专款专用。

第十一章　罚则

第五十七条　在参加职业技能等级认定中有违规行为的人员，2 年内不得申报认定，并视情节追究相关责任。

第五十八条　职业技能等级认定管理人员、考评人员、质量督导员和工作人员在认定工作中，如有弄虚作假、徇私舞弊、以权谋私、玩忽职守行为，将给予停止工作、取消其资格等处理，并视情节追究相关责任。

第十二章　附则

第五十九条　本细则由劳动工资处负责解释。

第六十条　本办法自印发之日起施行。《川庆钻探工程有限公司职业技能鉴定实施细则》(川庆制发〔2017〕4 号)同时废止。

川庆钻探工程有限公司能源计量管理办法

第一章　总则

第一条　为加强川庆钻探工程有限公司(以下简称川庆公司)能源计量工作，发挥能源计量工作在公司生产建设、经营管理和节能减排中的作用，提高公司的整体经济效益，维护合法权益，依据《中国石油天然气集团有限公司计量管理办法》《中国石油天然气集团有限公司节能节水管理办法》等规章制度，制定本办法。

本办法中的能源计量是指在能源流程中对各环节的数量、质量、性能参数、相关特征参数等进行检测、度量和计算。

第二条　本办法适用于公司及所属各单位的能源计量管理。

公司在境外从事生产经营活动的所属单位、项目或者机构在遵照当地法律法规的基础上参照执行本办法。

第三条　公司能源计量工作实行统一领导、分级管理、分工负责的管理体制。

第四条　公司能源计量工作的任务是：贯彻国家的计量和节能法律法规，确保能源计量检测数据的准确可靠；依靠先进科学技术和现代管理方法，提高能源计量管理水平，为公司节能降耗提供可靠的计量保证。

第二章　机构与职责

第五条　公司质量安全环保处负责归口管理能源计量工作。其主要职责是：

(一)贯彻国家计量和节能法律法规和有关能源计量工作的方针政策，结合公司的特点制订相应的规章制度。

(二)建立、完善能源计量的量值溯源体系，组织编制能源计量标准、规程和规范。

(三)研究解决公司生产、经营和科研工作中的能源计量问题，推广和应用能源计量检测新技术，完善能源计量检测体系。

(四)参与重大能源计量方案审查，组织能源计量考核和监督。

(五)指导公司能源计量技术机构的业务工作。

(六)负责建立公司能源计量器具台账和管理。

(七)调解处理公司的能源计量争议。

(八)组织能源计量技术培训与交流。

(九)完成上级交办的其他能源计量工作任务。

第六条　公司所属各单位是本单位计量工作的责任主体，其主要任务是：

(一)贯彻国家计量和节能法律法规，依据公司能源计量管理制度，制定本单位能源计量管理制度，并组织实施。

（二）制定本单位能源计量工作年度计划，并组织实施。

（三）负责基层单位能源计量器具的管理工作，逐级分类建立台账，组织开展检定、校准工作。

（四）组织建立并完善基层单位的能源计量检测体系，组织所属实验室开展能源计量认证、认可和能力验证工作。

（五）负责基层单位能源计量数据的监督管理，提高测量过程控制能力，推广应用能源计量检测新技术，保证能源计量数据的准确可靠。

（六）负责基层单位能源计量人员的培训、考核和日常监督管理。

（七）负责组织参与能源计量器具监督抽查。

（八）负责建立本单位能源计量器具台账。

（九）调解本单位内部的计量争议。

第七条 安全环保质量监督检测研究院是公司能源计量工作的技术支撑单位，其主要任务是：

（一）宣贯国家计量和节能法律法规及上级的有关制度。

（二）参与公司能源计量管理体系建设、制度和标准的制修订等工作。

（三）负责公司能源计量标准量值溯源体系建设。

（四）负责能源计量信息收集、“四新”技术的推广应用和评价。

（五）参与公司能源计量管理工作的监督检查和公司内部的计量争议活动。

（六）公司交办的其他能源计量事项。

第三章 配置与管理

第八条 各单位应根据生产建设、经营管理的需要配备必要的能源计量器具，配备的能源计量器具应当满足能源分类、分级、分项计量要求，其计量准确度等级、测量范围、使用条件、配备数量，应满足生产需要，并符合有关法律法规、标准规范的要求。

第九条 各单位后勤生产基地及办公楼应配备能源计量器具，生产、办公、生活用能用水应分开计量，分区、分类控制，重点耗能用水设备和系统应单独配备能源计量器具。

各钻探公司应按公司企业标准《钻井作业队能源计量器具配备规范》（Q/SYCQZ 1000）的要求，为钻井队配齐各类能源计量器具。

压裂队、固井队、试修队等其他作业队应按照GB 17167《用能单位能源计量器具配备和管理通则》、GB/T 20901《石油石化行业能源计量器具配备和管理要求》等有关标准、规范的要求，配备能源计量器具，确保能源消耗过程得到科学、准确的计量。

各作业队打水管线、水罐等应配备用水计量器具。

第十条 各单位购置的能源计量器具，到货后，应进行检定或校准验收，检定合格或校准满足要求后才能交付使用。

第十一条 各单位应当按照规定使用符合要求的能源计量器具，确保在用能源计量器具的量值准确可靠。未经检定或检定不合格，未经校准或经校准不能满足要求的能源计量器具及计量检测设备，一律不得使用。

第十二条 达到下列条件之一时，应对能源计量器具进行更新：

（一）使用时间达到或超过规定的使用年限，或计量性能得不到保证的；

（二）损坏或老化严重，并且已无使用功能或维修价值的；

（三）修理后不能满足性能要求，并且不能降级使用的；

（四）属于淘汰类型或技术落后，不能满足生产需要的。

第十三条 对在用的能源计量器具，各级计量管理部门应按照分级管理的原则，制定检定、校准或比对计划，开展检定、校准或比对工作，以保证能源计量器具的准确可靠。

第十四条 能源计量器具的检定、校准工作，应按相应的计量检定规程或校准规范进行，并定期溯源到上级能源计量标准或采用国家标准物质进行检定、校准。

第十五条 各单位应按照经济合理、就地就近、适当集中、资源共享、公司内部机构优先的原则，建立能源计量标准或委托相应的能源计量技术机构，完成本单位的能源计量器具检定、校准、检测和其他计量技术工作。

第十六条 各单位应建立能源计量器具及计量检测设备的文件化管理程序，采用分类管理、标志管理、信息化管理等先进的管理方法，提高能源计量器具管理水平。

第十七条 各单位使用的能源计量器具应采用彩色标签进行标识管理，具体按照《川庆钻探工程有限公司计量管理办法》规定执行。

第十八条 使用能源计量器具的单位和个人具有维护、保养的责任和义务，发现问题应及时报告有关计量管理部门，不得擅自拆卸、变动参数，损害能源计量器具的准确度。

第十九条 各单位应建立能源计量器具台账，每年年底进行更新，并报公司质量安全环保处备案。

第二十条 对能源计量器具的在用状况和管理情况，各级计量管理部门应组织监督抽查。

第四章 采集与应用

第二十一条 各单位要利用信息化技术实现能源计量数据的自动采集或人工录入，并建立能源计量数据采集记录，记录应完整、真实、准确、可靠，并按规定的期限予以保存。

第二十二条 各单位应将能源计量数据作为统计调查、统计分析的基础，节能节水统计报表数据应能追溯至计量采集记录。

第二十三条 各单位应利用能源计量数据定期分析节能节水统计报表，形成统计分析报告，为计量管理、节能节水改造提供可靠依据。

第二十四条 各单位应将能源计量数据作为开展能源审计、节能监测、能效对标、节能诊断、节能节水技术改造等工作的依据。

第五章 能源计量保证

第二十五条 各单位应建立和完善能源计量器具全生命周期管理制度和流程，加强能源计量器具的管理。

第二十六条 各单位应当加强能源计量数据管理，建立完善的能源计量数据管理制度。

各单位应当保证能源计量数据与能源计量器具实际测量结果相符，不得伪造或者篡改能源计量数据。

第二十七条 各单位计量主管部门要保证能源计量数据的存储、传输的安全、保密和可追踪。加强能源计量数据结果的统计、分析和应用，充分利用物联网、互联网、大数据等手段提升能源计量数据应用水平，加强计量监督。

第二十八条 发生能源计量争议时，有关计量主管部门应按实事求是、客观公正的原则予以处理，计量争议处理期间不得影响正常生产经营的运行。

第二十九条 各单位应当每年对其能源计量工作开展情况进行自查；发现问题的，应当及时整改。

第三十条 公司结合生产经营的实际情况，针对突出的能源计量问题，组织有关单位开展能源计量技术研究、制定标准规范，推广应用能源计量新技术。

第六章 能源计量人员

第三十一条 能源计量人员包括：能源计量管理人员，能源交接计量员，以及从事能源计量检定、计量校准等工作的人员。

第三十二条 重点用能单位应当配备专业人员从事能源计量工作。工作人员应当具有能源计量专业知识，定期接受能源计量专业知识培训，熟练掌握能源计量基础知识、有关计量法律法规和管理制度并经培训考核，合格后持证上岗。

第七章 奖励与处罚

第三十三条 公司鼓励员工积极参与能源计量工作的监督活动，对能源计量工作提出合理化建议并采纳的给予以表彰和奖励。

第三十四条 公司每年度对严格执行能源计量法规和制度，忠于职守，坚持原则，为能源计量工作做出成绩的单位和个人，予以表彰和奖励。

第三十五条 违反计量和节能法律、法规和管理制度，丧失公正地位、玩忽职守、破坏能源计量器具准确度、伪造能源计量数据、利用能源计量器具作弊的单位和个人，视情节轻重，分别给予批评教育、经济处罚、行政处分等处理，情节特别严重的，应报请有关部门处理。

第八章 附则

第三十六条 本办法由公司质量安全环保处负责解释。

第三十七条 本办法自印发之日起施行。

责任编辑：孔令兴

中国石油

索　引

Index

SICHUAN OIL AND GAS FIELDS YEARBOOK

四川油气田年鉴 2023

索　引
使用说明

一、本索引采用内容分析索引法编制。除大事记外，年鉴中有实质检索意义的内容均予以标引，以便检索使用。

二、索引基本上按汉语拼音音序排列，具体排列方法如下：以数字开头的，排在最前面；以英文字母打头的，列于其次；汉字标目则按首字的音序、音调依次排列，首字相同时，则以第二个字排序，并依此类推。

三、索引标目后的数字，表示检索内容所在的年鉴正文页码；数字后面的英文字母 a、b，表示年鉴正文中的栏别，合在一起即指该页码及左右两个版面区域。年鉴中用表格、图片反映的内容，则在索引标目后面用括号注明（表）、（图）字，以区别于文字标目。

四、为反映索引款目间的隶属关系，对于二级标目，采取在上一级标目下缩二格的形式编排，之下再按汉语拼音音序、音调排列。

0–9

A–Z

A

B

C

D

E

F

G

H

J

K

L

M

N

P

Q

R

S

T

W

X

Y

Z